LITERATURA HISPANOAMERICANA

Garland Reference Library of the Humanities (Vol. 1693)

LITERATURA HISPANOAMERICANA
una antología

David William Foster

Con la colaboración de
Roberto Forns Broggi
Patricia Murillo Valdez
Gustavo Oscar Geirola
Guillermo Núñez Noriega
José B. Alvarez IV

GARLAND PUBLISHING
New York & London / 1994

Library of Congress Cataloging-in-Publication Data

Literatura hispanoamericana : una antología / edited by David
William Foster ; con la colaboración de Roberto Forns Broggi
. . . [et al.].
xiv, 1201 p. ; 24 cm. — (Garland reference library of the
humanities ; vol. 1693)
    ISBN 0-8153-1538-4 (alk. paper). — ISBN 0-8153-1284-9
(pbk.)
    1. Spanish American literature.   I. Foster, David William.
II. Series.
PQ7083.L59   1994
860.9'98—dc20   93-26830
                                                                          CIP

Paperback cover design by Karin Badger.
Cover photo by Mariana Yampolsky, *Caricia, Caress* (Mexico, 1992)

Printed on acid-free, 250-year-life paper
Manufactured in the United States of America

INDICE DE MATERIAS

Indice

PREFACIO

Literatura hispanoamericana: una antología aspira a ser una antología comprehensiva de los textos más señeros de la literatura hispanohablante de América Latina. Su organización obedece a distintos criterios que imperan en la docencia en Estados Unidos, en función del contexto de la presentación de esta literatura a estudiantes de dicho país, ya sean anglohablantes o hispanohablantes.

Primero, se ha procurado un equilibrio en la representación cronológica. La enorme eclosión en la producción y en el reconocimiento de la literatura contemporánea ha sido contrabalanceada por la necesidad de recuperar los textos de la conquista y de la colonia, especialmente en el contexto del quinto centenario, y al mismo tiempo sin desmedro de la literatura que media entre estos dos polos cronológicos. El material servirá para una secuencia de cursos de un año lectivo, o una división en dos semestres centrada en el año 1880, el momento definitivo del modernismo, o una división en tres cuatrimestres: la conquista y la colonia corresponderán al primero, la independencia y el modernismo al segundo, con el tercero ocupándose de la época contemporánea. Al mismo tiempo, para no caer en divisiones fundamentadas en la literatura europea o en una armazón simplemente histórica, los textos, bien que se agrupan cronológicamente, no están repartidos bajo rótulos convencionales, los cuales, de todas maneras, no funcionan muy bien a nivel continental, debido a la enorme variación en las condiciones socioculturales de un país a otro.

Segundo, reconociendo la necesidad de un continuo proceso de análisis de la cobertura que se le da a la literatura hispanoamericana, dadas las extensiones cronológicas y geográficas que ella implica, la presente compilación pretende tomar en cuenta algunos de los énfasis de la historiografía reciente. Ello se verá en la inclusión de la autobiografía de Manzano, uno de los textos claves en la literatura afro-americana, en la incorporación de una amplia gama de textos firmados por escritoras, y en la inclusión de mucho material que no aparece en otras antologías, desde material de la historia personal de Rigoberta Menchú hasta textos teatrales completos, desde la prosa de Rubén Darío hasta un ensayo de Octavio Paz y otro de Borges e incluso la carta de Sor Juana.

Tercero, aunque no ha sido siempre posible cumplirlo, el principio rector aquí es la reproducción de textos completos: así se incluyen dos obras de teatro, dos novelas, el texto completo de "Las alturas de Macchu Picchú", la autobiografía de Manzano y el relato de Carlos Sigüenza y Góngora; asimismo en texto completo se incluye uno de los capítulos de *El laberinto de la soledad* de Octavio Paz y la *Respuesta* de Sor Juana. Toda antología no puede ser más que una selección en última instancia bastante jerarquizante, y la que indudablemente se ha ejercido aquí ha sido en aras de facilitar un conocimiento de una representación muy granada de la literatura latinoamericana que procura ir un poco más allá de la serie ya canonizada de las antologías anteriores.

Evidentemente, esta antología se destina a estudiantes con un nivel relativamente alto de preparación lingüística—por lo menos tres años de lengua a nivel universitario y, preferentemente, un curso de presentación general a conceptos de período, género y movimientos. Conceptualmente, el texto hace pareja con el *Handbook of Latin American Literature*, o como texto ancilar o como referencia de consulta. Por lo tanto, no se ha querido utilizar páginas de este texto para la presentación histórica y crítica de los textos, con la idea de que el estudiante dependerá de las exposiciones del profesor y las lecturas en fuentes paralelas como en el ya citado *Handbook*.

Todos los textos han sido reproducidos de reconocidas ediciones críticas y, salvo ligeras modificaciones para imponer una uniformidad ortográfica (la supresión del acento en pretéritos como *fue*, por ejemplo) y por razones de un diseño gráfico uniforme, se han conservado las particularidades de la fuente en lo que respecta a la puntuación, las mayúsculas, la letra cursiva y demás. La única excepción ha sido en el caso de *Martín Fierro*, donde las variaciones impuestas por los esfuerzos de Hernández de captar la pronunciación campestre se resienten a toda tentativa de conformación ortográfica. Las notas a los textos tienen la doble función de aclarar referencias culturales e históricas por uno lado, y, por otro, de anotar usos lingüísticos que no figuran en un buen diccionario bilingüe. A estos efectos se ha consultado como autoridad el *Collins Spanish-English, English-Spanish Dictionary*, de Colin Smith, uno de varios diccionarios notables por la acertada representación de vocablos y usos latinoamericanos que lo caracteriza.

Finalmente, se quiere agradecer a las editoriales que han concedido los permisos necesarios para la confección de esta antología, como también a muchas personas que han colaborado con sus conocimientos: Norma Mabee, Fanny Arango Ramos, Ana Brenes García, George Carver, Cristina Guzzo, and Lynne Stoner.

ACKNOWLEDGEMENTS

Fundación Miguel Angel Asturias for "Los brujos de la tormenta primaveral".

Emecé Editores and the heirs of Jorge Luis Borges for "El general Quiroga va en coche al muere"; "Fundación mitítica de Buenos Aires"; "Los espejos"; "El golem"; "Elogio de la sombra"; "El escritor argentino y la tradición"; "Tlön, Uqbar, Orbis Tertius"; "Sur"; "El aleph"; "La intrusa".

Editorial Porrúa, S.A. for selections from *Historia general de las cosas de Nueva España* by Bernardino de Sahagún; and *Historia verdadera de la conquista de la Nueva España* by Bernal Díaz del Castillo.

Editorial Castalia for selections from *La Araucana* by Alonso de Ercilla.

El Colegio Nacional, Mexico, D.F. for selections from *Obra completa* by Enrique González Martínez.

Fondo de Cultura Económica for selections from Sor Juana Inés de la Cruz, Ramón López Velarde, Rosario Castellanos, and Xavier Villaurrutia.

Antonio Azuela, the heirs of Mariano Azuela, and the Fondo de Cultura Económica for *Los de abajo; novela de la revolución mexicana.*

Patriominio Cultural de la Secretaría de Cultura de la Nación, Argentina, for selections from Leopoldo Lugones.

Fundación Biblioteca Ayacucho for selections from Ricardo Palma, José Martí, José Asunción Silva, and the Inca Garcilaso de la Vega.

Ediciones Cátedra for fragments from *Naufragios* by Alvar Núñez Cabeza de Vaca.

Agencia Literaria Carmen Balcells for "Cartas de Mamá"; "Axoltotl"; "Las armas secretas"; "Las babas del diablo" by Julio Cortázar; "Los funerales de la Mamá Grande" by Gabriel García Márquez; poetry selection and fragment of *Confieso que he vivido* by Pablo Neruda; "Es que somos muy pobres", "El llano en llamas", and "No oyes ladrar los perros" by Juan Rulfo.

Grant & Cutler for *Los infortunios de Alonso Ramírez* by Carlos Sigüenza y Góngora.

Banco de Crédito del Perú for poetry selection from Juan del Valle y Caviedes.

Mosca Azul Editores for poetry selection from César Vallejo.

Fundación Vicente Huidobro for poetry selection from Vicente Huidobro.

Siglo Veintiuno Editores for the selections from Rigoberta Menchú.

Octavio Paz and the Fondo de Cultura Económica for poetry selection from Octavio Paz and Chapter IV of his *El laberinto de la soledad.*

BARTOLOME DE LAS CASAS (México; 1474?-1566)

Breve relación de la destrucción de las Indias Occidentales[1]

De la Nueva España

En el año mil y quinientos y diez y siete se descubrió la Nueva España; y en el descrubrimiento se hicieron grandes escándalos en los indios, y algunas muertes por los que la descubrieron. En el año de mil y quinientos y diez y ocho fueron a robar y a matar los que se llaman cristianos, aunque ellos decían que iban a poblar. Y desde este año de diez y ocho hasta el día de hoy que estamos en el año de mil y quinientos y cuarenta y dos, ha rebosado y llegado a su colmo toda la iniquidad, toda la injusticia, toda la violencia y tiranía que los cristianos han hecho en las Indias; porque del todo han perdido todo temor a Dios y el Rey, y se han olvidado de sí mismos; porque son tantos y tales los estragos y crueldades, matanzas y destrucciones, despoblaciones, robos, violencias y tiranías, y en tantos y tales reinos de la gran tierra firme, que todas las cosas que hemos dicho, son nada en comparación de las que se hicieron.

Pero aunque las dijéramos todas, que son infinitas las que dejamos de decir, no son comparables ni en número ni en gravedad, a las que desde el año de mil y quinientos y diez y ocho se han hecho y perpetrado hasta este del mes de septiembre, y se cometen y se hacen las más grandes y abominables porque sea verdad la regla que arriba pusimos, que siempre desde el principio han ido creciendo en mayores desafueros y obras infernales.

Así que desde la entrada de la Nueva España, que fue a diez y ocho de abril del dicho año de diez y ocho hasta el año de treinta que fueron doce años enteros, duraron las matanzas y estragos, que las sangrientas y crueles manos y espadas de los españoles hicieron continuamente en cuatrocientas y cincuenta leguas entorno casi de la ciudad de México, y a su rededor, donde cabrán cuatro y cinco reinos tan grandes y harto más felices que España.

---

[1]también conocida como *Brevísima relación...*

Estas tierras todas eran las más pobladas y llenas de gentes, que Toledo, Sevilla, Valladolid y Zaragoza juntamente con Barcelona; porque no hay ni hubo jamás tanta población en estas ciudades, cuando más pobladas estuvieron; que Dios puso, y que había en todas las dichas leguas, que para andallas[2] en torno se han de andar más de mil y ocho cientas leguas.

Más han muerto los españoles dentro de los doce años dichos en las dichas cuatrocientas y cincuenta leguas, a cuchillo y lanzadas, y quemándolos vivos mujeres y niños, mozos y viejos, de cuatro cuentos de ánimas, mientras que duraron, como dicho es, lo que ellos llaman conquistas, siendo invasiones violentas de crueles tiranos condenadas no sólo por la ley de Dios, pero por todas las leyes humanas como lo son; y muy peores que las que hace el turco para destruir la Iglesia Cristiana. Y esto sin los que han muerto y matan cada día en la susodicha tiránica servidumbre, vejaciones y opresiones cotidianas.

Particularmente no podrá bastar lengua ni noticia e industria humana, a referir los hechos espantables que en distintas partes y juntos en un tiempo en unas, y varios en varias, por aquellos enemigos públicos y capitales enemigos del linaje humano, se han hecho dentro de aquel dicho circuito; y aun algunos hechos según las circunstancias y calidades que los agravan, en verdad que cumplidamente apenas con mucha diligencia, y tiempo y escritura no se pueda explicar. Pero alguna cosa de algunas partes diré con protestación y juramento de que no pienso, que explicaré una de mil partes.

Entre otras matanzas hicieron ésta en una ciudad grande de más de treinta mil vecinos, que se llama Cholula, que saliendo a recibir todos los señores de la tierra y comarca, y primero todos los sacerdotes con el sacerdote mayor a los cristianos en procesión, y con grande acatamiento y reverencia, y llevándoles en medio a aposentos del señor o señores de ella principales, acordaron los españoles de hacer allí una matanza o castigo, como ellos dicen, para poner y sembrar su temor y braveza en todos los rincones de aquellas tierras. Porque siempre fue esta una determinación en todas las tierras que los españoles han entrado, conviene a saber, hacer una cruel y señalada matanza, porque tiemblen dellos[3] aquellas ovejas mansas.

Así que enviaron para esto primero a llamar todos los señores y nobles de la ciudad, y de todos los lugares a ella sujetos con el señor principal,

---

[2]andarlas.

[3]de ellos.

y así como venían y entraban a hablar al capitán de los españoles, luego eran presos, sin que nadie los sintiese que pudiese llevar las nuevas.

Habíanles pedido cinco o seis mil indios que les llevasen las cargas; vinieron luego todos, y métenles en el patio de las casas. Ver a estos indios cuando se aparejan para llevar las cargas de los españoles, es haber[4] de ellos una gran compasión y lástima: porque vienen desnudos en cueros, solamente cubiertas sus vergüenzas, y con unas redecillas en el hombro con su pobre comida; pónense todos en cuclillas como unos corderos muy mansos.

Todos ayuntados y juntos en el patio con otras gentes que revueltas estaban, pónense a las puertas del patio españoles armados que guardasen, y todos los demás echan mano a sus espadas, y meten a espada y a lanzadas todas aquellas ovejas, que uno ni ninguno pudo escaparse que no fuese trucidado.[5]

A cabo de dos o tres días salían muchos indios vivos llenos de sangre, que se habían escondido y amparado debajo de los muertos (como eran tantos) e iban llorando ante los españoles pidiendo misericordia que no los matasen, de los cuales ninguna misericordia ni compasión hubieron, antes así como salían los hacían pedazos.

A todos los señores que eran más de ciento y que tenían atados, mandó el capitán sacar y quemar vivos en palos hincados en la tierra. Pero un señor, y quizá era el principal y rey de aquella tierra, pudo soltarse, y recogióse con otros veinte o treinta o cuarenta hombres al templo grande de que allí tenían, el cual era como fortaleza que llamaban Cu, y allí se defendió gran rato del día.

Pero los españoles, a quien no se les ampara nada mayormente en estas gentes desalmadas, pusieron fuego al templo, y allí los quemaron dando voces: ¡O malos hombres, qué os hemos hecho! ¿Por qué nos matáis? Andad, que a México iréis, donde nuestro universal señor Moctezuma[6] de vosotros nos hará venganza. Dícese, que estando metiendo a espada los cinco o seis mil hombres en el patio, estaba cantando del capitán de los españoles.

Mira Nerón de Tarpeia,[7]

---

[4]tener.

[5]despedazado.

[6](ca. 1480-1520), emperador azteca durante la conquista española de México.

[7]Nero Claudius Caesar Drusus Germanicus (37-68), emperador romano de notaria crueldad tiránica.

A Roma como se ardía,
Gritos dan niños y viejos,
Y de nada se dolía.

Otra gran matanza hicieron en la ciudad de Tepeaca, que era la mayor y de más vecinos y gente que la susodicha; donde mataron a espada infinita gente con grandes particularidades de crueldad.

De Cholula caminaron hacia México: y enviándoles el grande rey Montezuma[8] millares de presentes, y señores, gentes y fiestas al camino; y a la entrada de la calzada de México, que es a dos leguas, envióles a su mismo hermano acompañado de muchos grandes señores, y grandes presentes de oro, plata y ropas; y a la entrada de la ciudad saliendo él mismo en persona en unas andas de oro, con toda su gran corte a recibirles hasta los palacios en que los había mandado aposentar. *Y aquel mismo día, según me dijeron algunos de los que allí se hallaron*, con cierta disimulación, estando seguro *prendieron al gran rey Montezuma*, pusieron ochenta hombres que le guardasen, y después echáronle en grillos.

Pero dejando todo esto en que había grandes y muchas cosas que contar, sólo quiero decir una señalada que allí aquellos tiranos hicieron. Yéndose el capitán de los españoles al puerto de la mar a prender a otro cierto capitán que venía contra él: y dejado cierto capitán creo, con ciento y poco más hombres que guardasen al rey Montezuma, acordaron aquellos españoles de cometer otra cosa señalada para acrecentar su miedo en toda la tierra; industria, como dije, de que muchas veces han usado.

Los indios y gente y señores de toda la ciudad y corte de Montezuma no se ocupaban en otra cosa, sino en dar placer a su señor preso. Y entre otras fiestas que le hacían era en las tardes hacer por todos los barrios y plazas de la ciudad los bailes y danzas que acostumbran, y que llaman areitos: donde sacan todas sus galas y riquezas, y con ellas se emplean todos, porque es la principal manera de regocijo y fiestas; y los más nobles y caballeros de sangre real según sus grados hacían sus bailes y fiestas más cercanas a las casas donde estaba preso su señor.

En la más cercana parte a los dichos palacios estaban sobre dos mil hijos de señores, que eran toda la flor y nata de la nobleza de todo el imperio de Montezuma. A estos fue el capitán de los españoles con una cuadrilla de ellos; y envió otras cuadrillas a todas las otras partes de la ciudad, donde

---

[8]Moctezuma suele ser la forma que aparece en las crónicas, tal como aparece unas líneas anteriores en el texto de Las Casas.

hacían las dichas fiestas disimulados como que iban a verlas, y mandó que a cierta hora todos diesen en ellos.

Fue él, y estando enbebecidos y seguros en sus bailes dice: "Santiago y a ellos":[9] y comienzan con las espadas desnudas a abrir aquellos cuerpos desnudos y delicados, a derramar aquella generosa sangre, que uno no dejaron a vida. Lo mismo hicieron los otros en las otras plazas.

Fue una cosa esta, que a todos aquellos reinos y gentes puso en pasmo, angustia y luto, e hinchó de amargura y dolor. Y de aquí a que se acabe el lamentar y cantar en sus areitos y bailes, como en romances que acá decimos, aquella calamidad y pérdida de la sucesión de toda su nobleza, de que se preciaban de tantos años atrás.

Vista por los indios cosa tan injusta, y crueldad tan nunca vista en tantos inocentes sin culpa perpretrada, los que habían sufrido con tolerancia la prisión no menos injusta de su universal señor, porque él mismo se lo mandaba que no acometiesen, ni guerreasen a los cristianos; entonces pónese en armas toda la ciudad, y viene sobre ellos, y heridos muchos de los españoles apenas se pudieron escapar.

Ponen un puñal a los pechos al preso Montezuma que se pusiese a los corredores, y mándase que los indios no combatiesen la casa, sino que se pusiesen en paz. Ellos no curaron entonces de obedecelle en nada; antes platicaban de elegir otro señor y capitán que guiase sus batallas.

Y porque ya volvía el capitán que había ido al puerto con victoria, traía muchos más cristianos y venía cerca, cesaron el combate obra de tres o cuatro días, hasta que entró en la ciudad. El entrando, ayuntada infinita gente de toda la tierra, combaten a todos juntos de tal manera y tantos días, que temiendo todos morir acordaron una noche salirse de la ciudad.

Sabido por los indios, mataron gran cantidad de cristianos en los puentes de las lagunas con justísima y santa guerra, por las causas justísimas que tuvieron como dicho es; las cuales cualquiera que fuere hombre razonable y justo las justificará. Sucedió después el combate de la ciudad reformados los cristianos, donde hicieron estragos en los indios admirables y estraños,[10] matando infinitas gentes y quemando vivos muchos y grandes señores.

Después de las tiranías grandísimas y abominables que estos hicieron en la ciudad de México y en las ciudades y tierra mucha que hay por aquellos

---

[9] el grito de guerra de los españoles durante la reconquista contra los moros; Santiago es el santo patrono de España.

[10] extraños.

alrededores, diez, quince y veinte leguas de México, donde fueron muertas infinitas gentes, pasó adelante esta su tiránica pestilencia, y fue a cundir a inficionar y asolar a la provincia de Pánuco, que era una cosa admirable la multitud de las gentes que tenía, y los estragos y matanzas que allí hicieron.

Después destruyen por la misma manera la provincia de Cututepeque; y después la provincia de Ipilcingo y después de la Colima; que cada una es más tierra que el reino de León, y que el de Castilla. Contar los estragos, muertes y crueldades que en cada una hicieron, sería sin duda cosa dificilísima e imposible de decir y trabajosa de escuchar.

Es aquí de notar, que el título con que entraban, y por el cual comenzaban a destruir todos aquellos inocentes y despoblar aquellas tierras, que tanta alegría y gozo debieran causar a los que fueran verdaderos cristianos con su tan grande e infinita población, era decir que viniesen a sujetarse y obedecer al rey de España; donde no, que los habían de matar y hacer esclavos. Y los que no venían tan presto a cumplir tan irracionables y estúpidos mensajes, y a ponerse en las manos de tan inicuos, crueles y bestiales hombres, llamábanles rebeldes y alzados contra el servicio de su Majestad. Y así lo escribían acá al Rey nuestro señor.

Y la ceguedad de los que regían las Indias, no alcanzaba ni entendía aquello que en sus leyes está expreso y más claro que otro de sus primeros principios, conviene a saber, que ninguno es ni puede ser llamado rebelde si primero no es súbdito.

Considérese por los cristianos, y que saben algo de Dios y de razón y aun de las leyes humanas que tales pueden parar los corazones de cualquiera gente que vive en sus tierras segura, y no sabe que deba nada a nadie, y que tiene sus naturales señores, las nuevas que les dijeren así de súbito: daos a obedecer a un rey estraño que nunca visteis ni oísteis; y si no, sabed que luego os hemos de hacer pedazos; especialmente viendo por experiencia que así luego lo hacen.

Y lo que más espantable es, que a los que de hecho obedecen ponen en aspérrima servidumbre; donde con increíbles trabajos y tormentos más largos, y que duran más que los que les dan metiéndoles a espada, al cabo perecen ellos, sus mujeres e hijos, y toda su generación.

Y ya que con los dichos temores y amenazas, aquellas gentes u otras cualesquiera en el mundo van a obedecer y reconocer el señorío de rey estraño ¿no ven los ciegos y turbados de ambición y diabólica codicia, que no por eso adquieren un punto de derecho, como verdaderamente sean temores, y miedos aquellos cadentes inconstantísimos viros?[11]

Que de derecho natural, humano y divino es todo aire cuanto se hace; y no vale sino el reato[12] y obligación que les queda a los fuegos infernales; y aún a las ofensas y daños que hacen a los Reyes de Castilla, destruyéndole aquellos sus reinos, y aniquilándole, en cuanto en ellos es, todo el derecho que tienen a todas las Indias. Y estos son y no otros los servicios que los españoles han hecho a los dichos señores reyes en aquellas tierras, y hoy hacen.

Con este tan justo y aprobado título envió este capitán tirano otros dos tiranos capitanes muy más crueles y feroces, peores y de menos piedad y misericordia que él a los grandes y florentísimos[13] y felicísimos reinos de gentes plenísimamente llenos y poblados, conviene a saber, el reino de Guatemala que está a la mar del sur, y el otro de Naco y Honduras o Guaymura que está a la mar del norte, frontero el uno del otro, y que confinaban y partían términos, ambos a dos a trescientas leguas de México. El uno despachó por la tierra, y el otro en navíos por la mar con mucha gente de caballo y de pie cada uno.

Digo verdad, que de lo que ambos hicieron el mal, y señaladamente del que fue al reino de Guatemala, porque el otro presto mala muerte murió, podría expresar y colegir tantas maldades, tantos estragos, tantas muertes, tantas despoblaciones, tantas y tan fieras injusticias, que espantasen los siglos presentes y venideros, e hínchese de ellas un gran libro: porque éste excedió a todos los pasados y presentes, así en la cantidad y número de las abominaciones que hizo. como de las gentes que destruyó, y tierras que hizo desiertas porq.

El que fue por la mar y en navíos, hizo grandes robos, escándalos y aventamientos[14] de gentes en los pueblos de la costa. Saliéronle a recibir algunos con presentes en el reino de Yucatán que está en el camino Naco y Guaymura donde iba, después de llegado a ellos, envió capitanes y mucha gente por toda aquella tierra, que robaban, mataban y destruían cuantos pueblos y gentes había.

---

[11]El sentido de la palabra viros no queda muy claro aquí; parece tratarse de la palabra latina *vir* (hombres). Así, el sentido sería algo como los incontables varones que han caído.

[12]culpa.

[13]muy prósperos.

[14]destrucciones.

Y especialmente uno que llegó con trescientos hombres y se metió la tierra adentro hacia Guatemala, fue destruyendo y quemando cuantos pueblos hallaba, y robando y matando las gentes dellos. Y fue haciendo esto de industria más de ciento y veinte leguas; porque si enviasen tras él hallasen los que fuesen la tierra despoblada y alzada, y los matasen los indios en venganza de los daños y destrucciones que dejaban hechos.

Desde a pocos días mataron al capitán principal que le envió, y a quien este se alzó. Y después sucedieron otros muchos tiranos cruelísimos, que con matanzas y crueldades espantosas, y con hacer esclavos y venderlos a los navíos que les traían vino, vestidos y otras cosas, y con la tiránica servidumbre ordinaria; desde el año de mil quinientos treinta y cinco, asolaron aquellas provincias y reino de Naco y Honduras, que verdaderamente parecían un paraíso de deleites, y estaban más pobladas que la más frecuentada y poblada tierra que puede ser en el mundo. Y ahora pasamos y venimos por ellas, y las vimos tan despobladas y destruidas, que cualquiera persona, por dura que fuera, se le abrieran la entrañas de dolor. Más han muerto en estos años de dos cuentos de ánimas, y no han dejado en más de cien leguas en cuadro dos mil personas; y estas cada día las matan en la dicha servidumbre.

Volviendo la pluma a hablar del grande tirano capitán que fue a los reinos de Guatemala; el cual, como está dicho, excedió a todos los pasados, e iguala con todos los que hoy hay. Desde las provincias comarcanas a México que por el camino que él fue, según él mismo escribió en una carta al principal que le envió, estando el reino de Guatemala cuatrocientas leguas, fue haciendo matanzas y robos, quemando, robando, y destruyendo donde llegaba toda la tierra con el título susodicho, conviene a saber, diciéndoles que se sujetasen a ellos, hombres tan inhumanos, injustos y crueles, en nombre del rey de España, incógnito y nunca jamás de ellos oído; el cual estimaban ser muy más injusto y cruel que ellos, y aun sin dejallos deliberar, casi tan presto como el mensaje, llegaban matando y quemando sobre ellos.

De los grandes reinos y grandes provincias del Perú

En el año de 1531 fue otro tirano grande con cierta gente a los reinos del Perú, donde entrando con el título e intención, y con los principios que los otros todos pasados, porque era uno de los que se habían más ejercitado y más tiempo en todas las crueldades y estragos que en la tierra firme desde el año de 1513 se habían hecho, creció en crueldades, matanzas y robos sin fe ni verdad, destruyendo pueblos, opacando,[15] matando las gentes de ellos, y siendo causa de tan grandes males que han sucedido en aquellas tierras, que bien somos ciertos que nadie bastará a referirlos y encarecerlos hasta que los veamos y conozcamos claros el día del juicio; y de algunos que quería referir la deformidad, calidades y circunstancias que los afean y agravian, verdaderamente yo no podré, ni sabré encarecer.

En su infelice[16] entrada mató y destruyó algunos pueblos, y les robó mucha cantidad de oro. En una isla, que está cerca de las mismas provincias que se llama *Puna*, muy poblada y graciosa, recibiéndoles el señor y gente de ella como a ángeles del cielo, y después de seis meses habiéndoles comido todos sus bastimentos, y de nuevo descrubriéndoles las trojes del trigo, que tenían para sí, sus mujeres, e hijos los tiempos de seca y estériles, ofreciéndoselas con muchas lágrimas, que las gastasen y comiesen de su voluntad, el pago que les dieron a la fin fue, que los metieron a espada y alancearon mucha cantidad de gentes de ellos, y los que pudieron tomar a vida, hicieron esclavos, con grandes y señaladas crueldades otras que en ellas hicieron, dejando casi despoblada la dicha isla.

De allí vanse a la provincia de *Tumbalá*, que es en la tierra firme, y matan y destruyen cuantos pudieron. Y porque de sus espantosas y horribles obras huían todas las gentes, decían que se alzaban, y que eran rebeldes al rey.

Tenía este tirano esta industria, que a los que pedía y otros que venían a darles presentes de oro y plata, y de lo que tenían, decíales que trujesen[17] más, hasta que él veía que, o no tenían más, o no traían más, y entonces decía, que los recibía por vasallos de los reyes de España, y abrazábales, y hacía tocar dos trompetas que tenía, dándoles a entender, que desde en adelante no les había de tomar más, ni hacerles mal alguno; teniendo por lícito todo lo que les robaba, y le daban por miedo de las abominables nuevas que de él oían antes que él los recibiese bajo el amparo y protección del rey; como si después de recibidos debajo de la protección real, no los oprimiesen, robasen, asolasen y destruyesen, y él no les hubiera así destruido.

Pocos días después viniendo el rey universal y emperador de aquellos reinos, que se llamó *Atahualpa* con mucha gente desnuda y con sus armas de burla, no sabiendo cómo cortaban las espadas y herían las lanzas, y cómo

---

[15]usado aquí probablemente con el sentido de destruyendo.

[16]infeliz.

[17]trajesen.

corrían los caballos, y quien eran los españoles, que si los demonios tuvieran oro, los acometerán para se lo robar, llegó el lugar donde ellos estaban, diciendo ¿dónde están estos españoles? Salgan acá, no me mudaré de aquí, hasta que me satisfagan de mis vasallos que me han muerto, y pueblos que me han despoblado, y riquezas que me han robado.

Salieron a él, matáronle infinitas gentes, prendiéronle su persona que venía en unas andas, y después de preso tratan con él que se rescatase; promete de dar cuatro millones de castellanos y da quince; y ellos prométenle de soltarle.

Pero al fin no guardándole la fe ni verdad, como nunca en las Indias por los españoles se ha guardado, levántanle que por su mandado se juntaba gente; y él responde, que en toda la tierra no se movía una hoja de un árbol sin su voluntad, que si gente se juntase creyesen que él la mandaba juntar; y que preso estaba, que lo matasen.

No obstante todo esto le condenaron a quemar vivo, aunque después rogaron algunos al capitán, que lo ahogase, y ahogado lo quemaron. Sabido por él, dijo: ¿por qué me quemáis? ¿qué os he hecho? ¿No me prometisteis de soltar dándoos el oro? ¿No os di más de lo que os prometí? pues que así os lo queréis, enviadme a vuestro rey de España, y otras muchas cosas que dijo para gran confusión y detestación de la gran injusticia de los españoles; y en fin lo quemaron.

Considérese aquí la justicia y título de esta guerra; la prisión de este señor, y la sentencia y ejecución de su muerte; y la conciencia con que tienen aquellos tiranos tan grandes tesoros, como en aquellos reinos y a aquel rey tan grande, y a otros infinitos señores y particulares robaron.

De infinitas hazañas señaladas en maldad y crueldad, en extirpación de aquellas gentes cometidas por los que se llaman cristianos, quiero aquí referir algunas pocas, que un fraile S. Francisco a los principios vido,[18] y las firmó de su nombre, enviando traslados[19] por aquellas partes y otros a estos reinos de Castilla; y yo tento en mi poder un traslado con su propia firma, en el cual dice así:

"Yo fray Marcos de Niza[20] de la orden de San Francisco, comisario sobre los frailes de la misma orden en las provincias del Perú, que fue de los primeros cristianos que entraron en las dichas provincias digo, dando testimo-

---

[18]vio.

[19]copia de un parte.

[20](ca. 1510-ca. 1570).

nio verdadero de algunas cosas, que yo con mis ojos vi en aquella tierra, mayormente cerca del tratamiento y conquistas hechas a los naturales.

"Primeramente yo soy testigo de vista, y por experiencia cierta conocí y alcancé, que aquellos indios del Perú, es la gente más benigna que entre indios se ha visto, y allegada y amiga a los cristianos.

"Y vi que ellos daban a los españoles en abundancia oro y plata y piedras preciosas, y todo cuanto les pedían que ellos tenían, y todo buen servicio; y nunca los indios salieron de guerra sino de paz, mientras no les dieron ocasión con los malos tratamientos y crueldades; antes los recibían con toda benevolencia y honor en los pueblos a los españoles, dándoles comidas y cuantos esclavos pedían para servicio.

"Item[21] soy testigo y doy testimonio, que sin dar causa ni ocasión aquellos indios a los españoles, luego que entraron en sus tierras, después de haber dado el mayor cacique *Atahualpa* más de dos millones de oro a los españoles, y habiéndoles dado toda la tierra en su poder sin resistencia, luego quemaron al dicho *Atahualpa* que era señor de toda la tierra; y en pos de él quemaron vivo a su capitán general *Cochilimaca*, el cual había venido de paz al gobernador con otros principales.

"Asimismo, después de estos, a pocos días quemaron a *Chamba*, otro señor muy principal de la provincia de Quito, sin culpa, ni aun haber hecho por qué.

"Asimismo, quemaron a *Chapera*, señor de los *Canarios* injustamente.

"Asimismo, a Luis, gran señor de los que había en Quito, quemaron los pies, y le dieron otros muchos tormentos, porque dijese dónde estaba el oro de *Atahualpa*; del cual tesoro, como pareció, no sabía él nada.

"Asimismo quemaron en Quito a *Cocopanga* gobernador que era de todas las provincias de Quito, el cual por ciertos requerimientos, que le hizo, Sebastián de Benalcazar capitán del gobernador, vino de paz, y porque no dio tanto oro como le pedían, lo quemaron con otros muchos caciques y principales. Y a lo que yo pude entender, su intento de los españoles era, que no quedase señor en toda la tierra.

"Item, que los españoles recogieron mucho número de indios, y los encerraron en tres casas grandes cuantos en ellas cupieron, y pegáronles fuego, y quemáronles a todos sin hacer la menor cosa contra español, ni dar la menor causa.

---

[21]También.

"Y acaeció allí que un clérigo que se llama Ocaña sacó un muchacho del fuego en que se quemaba, y vino allí otro español, y tomóselo de las manos, y lo echó, en medio de las llamas, donde se hizo cenizas con los demás; el cual dicho español que así había echado en el fuego al indio, aquel mismo día volviendo al real, cayó súbitamente muerto en el camino, y yo fui de parecer que no le enterrasen.

"Item, yo afirmo, que yo mismo vi ante mis ojos a los españoles cortar manos, narices y orejas a indios e indias sin propósito, sino porque se les antojaba hacerlo; y en tantos lugares y partes que sería largo de contar.

"Y yo vi, que los españoles les echaban perros a los indios para que los hiciesen pedazos; y les vi así aperrar a muy muchos.

"Asimismo, vi yo quemar tantas casas y pueblos, que no sabría decir el número según eran muchos.

"Asimismo es verdad, que tomaban niños de teta por los brazos y los echaban arrojadizos cuanto podían; y otros desafueros y crueldades, sin propósito que me ponían espanto, con otras innumerables que vi, que serían largas de contar.

"Item, vi que llamaban a los caciques y principales indios que viniesen de paz seguramente, y prometiéndoles seguro, y en llegando luego los quemaban. Y en mi presencia quemaron dos, el uno en *Andón*, y el otro en *Tumbalá*; y no fue parte para se lo estorbar que no los quemasen con cuanto les prediqué.

"Y según Dios y mi conciencia en cuanto yo puedo alcanzar, no por otra causa sino por estos malos tratamientos, como claro parece a todos, se alzaron y levantaron los indios del Perú, y con mucha causa que se les ha dado.

"Porque ninguna verdad les han tratado, ni palabra guardado, sino que contra toda razón y justicia tiranamente los han destruido, con toda la tierra, haciéndoles tales obras, que han determinado antes de morir, que semejantes obras sufrir.

"Item digo, que por la relación de los indios hay mucho más oro escondido que manifestado, el cual por las injusticias y crueldades que los españoles hicieron, no lo han querido descubrir, ni lo descubrirán mientras recibieren tales tratamientos, antes querrán morir como los pasados.

"En lo cual Dios Nuestro Señor ha sido mucho ofendido, y su Majestad muy deservido y defraudado en perder tal tierra, que podía dar buenamente de comer a toda Castilla, la cual será harto dificultosa y costosa a mi ver de la recuperar".

Todas éstas son sus palabras del dicho religioso formales; y vienen también firmadas del Obispo de México, dando testimonio de que todo esto afirmaba el dicho padre fray Marcos.

Hase de considerar aquí lo que este padre dijo que vio, porque fue en cincuenta o cien leguas de tierra, y ha nueve o diez años, porque era a los principios, y había muy pocos, que al sonido del oro fueron cuatro o cinco mil españoles, y extendieron por muchos y grandes reinos y provincias más de quinientas y setecientas leguas, que las tienen todas asoladas, perpetrando las dichas obras y otras más fieras y crueles.

Verdaderamente desde entonces acá hasta hoy, más de mil veces más se han destruido y asolado de ánimas que las que he contado; y con menor temor de Dios y del Rey y piedad han destruido grandísima parte del linaje humano.

Más faltan, y han muerto de aquellos reinos hasta hoy, (que hoy también los matan) en obra de diez años, de cuatro cuentos de ánimas.

Pocos días ha, que acañaverearon[22] y mataron una gran reina mujer de *Elingue*, el que quedó por rey de aquellos reinos; al cual los cristianos por sus tiranías poniendo las manos en él le hicieron alzar y está alzado. Y tomaron a la reina su mujer, y contra toda justicia y razón la mataron, y aun dicen que estaba preñada, solamente por dar dolor a su marido.

Si se hubiesen de contar las particulares crueldades y matanzas que los cristianos en aquellos reinos del Perú han cometido, y cada día hoy cometen, sin duda ninguna serían espantables, y tantas que todo lo que hemos dicho de las otras partes se oscureciese y pareciese poco, según la cantidad y gravedad de ellas.

Breve relación de la destrucción de las Indias Occidentales. Notas de Ignacio Romerovargas. México, D.F.: Luciérnaga, 1957.

---

[22]herir o matar con cañas aguzadas.

ALVAR NUÑEZ CABEZA DE VACA (España; 1490?-1559?)

Naufragios

Capítulo IV. Cómo entramos por la tierra

Otro día adelante, el gobernador acordó de entrar por la tierra, por descubrirla y ver lo que en ella había. Fuímonos con él el comisario y el veedor[1] y yo, con cuarenta hombres, y entre ellos seis de caballo de los cuales poco nos podíamos aprovechar. Llevamos la vía del norte hasta que a hora de vísperas llegamos a una bahía muy grande, que nos paresció que entraba mucho por la tierra; quedamos allí aquella noche y otro día nos volvimos donde los navíos y gente estaban. El governador mandó que el bergantín fuese costeando la vía de la Florida y buscase el puerto que Miruelo el piloto había dicho que sabía, mas ya él lo había errado, y no sabía en qué parte estábamos, ni adónde era el puerto; y fuele mandado al bergantín que si no lo hallase, travesase[2] a La Habana y buscase el navío que Alvaro de la Cerda tenía, y tomados algunos bastimentos nos viniesen a buscar. Partido el bergantín, tornamos a entrar en la tierra los mismos que primero, con alguna gente más, y costeamos la bahía que habíamos hallado, y andadas cuatro leguas, tomamos cuatro indios, y mostrámosles maíz para ver si lo conocían, porque hasta entonces no habíamos visto señal dél. Ellos dijeron que nos llevarían donde lo había, y así nos llevaron a su pueblo, que es al cabo de la bahía, cerca de allí, y en él nos mostraron un poco de maíz que aún no estaba para cogerse. Allí hallamos muchas cajas de mercaderes de Castilla, y en cada una de ellas estaba un cuerpo de hombre muerto y los cuerpos cubiertos con unos cueros de venados, pintados. Al comisario le pareció que esto era especie de idolatría y quemó las cajas con los cuerpos. Hallamos también pedazos de lienzo y de paño, penachos que parecían de la Nueva España; hallamos también muestras

---

[1]inspector en la administración colonial.

[2]atravesar; cruzar; poner una embarcación en posición contra el viento, para que no avance.

de oro. Por señas preguntamos a los indios de adónde habían habido aquellas cosas; señaláronnos que muy lejos de allí había una provincia que se decía Apalache,[3] en la cual había mucho oro, y hacían seña de haber muy gran cantidad de todo lo que nosotros estimamos en algo. Decían que en Apalache había mucho, y tomando aquellos indios por guía, partimos de allí y andadas diez o doce leguas, hallamos otro pueblo de quince casas, donde había buen pedazo de maíz sembrado que ya estaba para cogerse, y también hallamos alguno que estaba ya seco; y después de dos días que allí estuvimos nos volvimos donde el contador y la gente y navíos estaban, y contamos al contador y los pilotos lo que habíamos visto y las nuevas que los indios nos habían dado. Y otro día, que fue primero de mayo, el gobernador llamó aparte al comisario y al contador y al veedor y a mí, y a un marinero que se llamaba Bartolomé Fernández, y a un escribano que se decía Jerónimo de Alaniz, y así juntos, nos dijo que tenía voluntad de entrar por la tierra adentro y los navíos se fuesen costeando hasta que llegasen al puerto, y que los pilotos decían y creían que yendo la vía de Palmas estaban muy cerca de allí; y sobre esto nos rogó le diésemos nuestro parecer. Yo respondía que me parecía que por ninguna manera debía dejar los navíos sin que primero quedasen en puerto seguro y poblado, y que mirase que los pilotos no andaban ciertos, ni se afirmaban en una misma cosa, ni sabían a qué parte estaban; y que allende de esto, los caballos no estaban para que en ninguna necesidad que se ofreciese nos pudiésemos aprovechar de ellos; y que sobre todo esto, íbamos mudos y sin lengua,[4] por donde mal nos podíamos entender con los indios, ni saber lo que de la tierra queríamos, y que entrábamos por tierra de que ninguna relación teníamos, ni sabíamos de qué suerte era, ni lo que en ella había, ni de qué gente estaba poblada, ni a qué parte della estábamos; y que sobre todo esto, no teníamos bastimentos para entrar adonde no sabíamos; porque visto lo que en los navíos había, no se podía dar a cada hombre de ración para entrar por la tierra más de una libra de bizcocho y otra de tocino, y que mi parecer era que se debía embarcar y ir a buscar puerto y tierra que fuese mejor para poblar, pues la que habíamos visto en sí era tan despoblada y tan pobre, cuanto nunca en aquellas partes se había hallado. Al comisario le pareció todo lo contrario, diciendo que no se había de embarcar, sino que yendo siempre hacia la costa fuesen en busca del puerto, pues los pilotos decían que no estaría sino diez o quince leguas de allí la vía de Pánuco, e que no era

---

[3]numerosa tribu de la costa septentrional del golfo de México.

[4]traductor.

posible, yendo siempre a la costa, que no topásemos con él, porque decían que entraba doce leguas adentro por la tierra, y que los primeros que lo hallasen, esperasen a los otros, y que embarcarse era tentar a Dios, pues desque[5] partimos de Castilla tantos trabajos habíamos pasado, tantas tormentas, tantas pérdidas de navíos y de gente habíamos tenido hasta llegar allí; y que por estas razones él se debía de ir por luengo[6] de costa hasta llegar al puerto, y que los otros navíos con la otra gente, se irían a la misma vía hasta llegar al mismo puerto. A todo los que allí estaban pareció bien que esto se hiciese así, salvo al escribano, que dijo que primero que desamparase los navíos, los debía dejar en puerto conocido y seguro y en parte que fuese poblada; que esto hecho, podría entrar por la tierra adentro y hacer lo que le pareciese. El gobernador siguió su parecer y lo que los otros le aconsejaban. Yo, vista su determinación, requeríle de parte de Vuestra Majestad que no dejase los navíos sin que quedasen en puerto y seguros, y así lo pedí por testimonio al escribano que allí teníamos. El respondió que, pues él se conformaba con el parecer de los más oficiales y comisario, que yo no era parte para hacerle estos requerimientos, y pidió al escribano le diese por testimonio cómo por no haber en aquella tierra mantenimientos para poder poblar, ni puerto para los navíos, levantaba el pueblo que allí había asentado, e iba con él en busca del puerto y de tierra que fuese mejor; y luego mandó a apercibir la gente que había de ir con él, que se proveyesen de lo que era menester para la jornada. Después de esto proveído, en presencia de los que allí estaban, me dijo que pues yo tanto estorbaba y temía la entrada por la tierra, que me quedase y tomase cargo de los navíos y la gente que en ellos quedaba, y poblase si yo llegase primero que él. Yo me excusé de esto, y después de salidos de allí, aquella misma tarde, diciendo que no le parecía que de nadie se podía fiar aquello, me envió a decir que me rogaba que tomase cargo de ello. Viendo que importunándome tanto, yo todavía me excusaba, me preguntó qué era la causa por que huía de aceptarlo; a lo cual respondí que yo huía de encargarme de aquello porque tenía por cierto y sabía que él no había de ver más los navíos, ni los navíos a él, y que esto entendía viendo que tan sin aparejo se entraban por la tierra adentro. Que yo quería más aventurarme al peligro que él y los otros se aventuraban, y pasar por lo que él y ellos pasasen, que no encargarme de los navíos, y dar ocasión que se dijese que como había contradicho la entrada, me quedaba por temor, y mi honra anduviese en

---

[5]desde que.

[6]a lo largo

disputa; y que yo quería más aventurar la vida que poner mi honra en esta condición. El, viendo que conmigo no aprovechaba, rogó a otros muchos que me hablasen en ello y me lo rogasen, a los cuales respondí lo mismo que a él; y así proveyó por su teniente, para que quedase en los navíos, a un alcalde que traía, que se llamaba Caravallo.

Capítulo XX. De cómo nos huimos

Después de habernos mudado, desde a dos días nos encomendamos a Dios Nuestro Señor y nos fuimos huyendo, confiando que aunque era ya tarde y las tunas se acababan, con los frutos que quedarían en el campo podríamos andar buena parte de tierra. Yendo aquel día nuestro camino con harto temor que los indios nos habían de seguir, vimos unos humos, y yendo a ellos, después de vísperas llegamos allá, donde vimos un indio que como vio que íbamos a él, huyó sin querernos aguardar; nosotros enviamos al negro tras él, y como vio que iba solo, aguardólo. El negro le dijo que íbamos a buscar aquella gente que hacía aquellos humos. El respondió que cerca de allí estaban las casas, y que nos guiaría allá. Así, lo fuimos siguiendo; y él corrió a dar aviso de cómo íbamos, y a puesta del Sol vimos las casas, y dos tiros de ballesta antes que llegásemos a ellas hallamos cuatro indios que nos esperaban, y nos recibieron bien. Dijímosles en lengua de mareames que íbamos a buscarlos, y ellos mostraron que se holgaban con nuestra compañía; y así, nos llevaron a sus casas, y a Dorantes y al negro aposentaron en casa de un físico, y a mí y a Castillo en casa de otro. Estos tienen otra lengua y llámanse avavares, y son aquellos que solían llevar los arcos a los nuestros e iban a contratar con ellos; y aunque son de otra nación y lengua, entienden la lengua de aquéllos con quien antes estábamos, y aquel mismo día habían llegado allí con sus casas. Luego el pueblo nos ofreció muchas tunas, porque ya ellos tenían noticia de nosotros y cómo curábamos y de las maravillas de nuestro Señor con nosotros obraba, que, aunque no hubiera otras, harto grandes eran abrirnos caminos por tierra tan despoblada, y darnos gente por donde muchos tiempos no la había, y librarnos de tantos peligros, y no permitir que nos matasen, y sustentarnos con tanta hambre, y poner aquellas gentes en corazón que nos tratasen bien, como adelante diremos.

Capítulo XXI. De cómo curamos aquí unos dolientes

Aquella misma noche que llegamos vinieron unos indios a Castillo, y dijéronle que estaban muy malos de la cabeza, rogándole que los curase; y después que los hubo santiguado y encomendado a Dios, en aquel punto los indios dijeron que todo el mal se les había quitado. Fueron a sus casas y trajeron muchas tunas y un pedazo de carne de venado, cosa que no sabíamos qué cosa era; y como esto entre ellos se publicó, vinieron otros muchos enfermos en aquella noche a que los sanase, y cada uno traía un pedazo de venado; y tantos eran, que no sabíamos a dónde poner la carne. Dimos muchas gracias a Dios porque cada día iba creciendo su misericordia y mercedes; y después que se acabaron las curas comenzaron a bailar y hacer sus areitos y fiestas, hasta otro día que el Sol salió. Duró la fiesta tres días, por haber nosotros venido, y al cabo de ellos les preguntamos por la tierra de adelante, y por la gente que en ella hallaríamos, y los mantenimientos que en ella había. Respondiéronnos que por toda aquella tierra había muchas tunas, mas que ya eran acabadas, y que ninguna gente había, porque todos eran idos a sus casas, con haber ya cogido las tunas; y que la tierra era muy fría y en ella había muy pocos cueros. Nosotros viendo esto, que ya el invierno y tiempo frío entraba, acordamos de pasarlo con éstos. A cabo de cinco días que allí habíamos llegado se partieron a buscar otras tunas a donde había otra gente de otras naciones y lenguas. Andadas cinco jornadas con muy grande hambre, porque en el camino no había tunas ni otra fruta ninguna, allegamos a un río, donde asentamos nuestras casas, y después de asentadas, fuimos a buscar una fruta de unos árboles, que es como hieros,[7] y como por toda esa tierra no hay caminos, yo me detuve más en buscarla: la gente se volvió y yo quedé solo, y viniendo a buscarlos aquella noche me perdí y plugo a Dios que hallé un árbol ardiendo, y al fuego de él pasé aquel frío aquella noche, y a la mañana yo me cargué de leña y tomé dos tizones, y volví a buscarlos, y anduve de esta manera cinco días, siempre con mi lumbre y carga de leña, porque si el fuego se me matase en parte donde no tuviese leña, como en muchas partes no la había, tuviese de qué hacer otros tizones y no me quedase sin lumbre, porque para el frío yo no tenía otro remedio, por andar desnudo como nací. Para las noches yo tenía este remedio, que me iba a las matas del monte, que estaba cerca de los ríos, y paraba en ellas antes que el Sol se pusiese, y en la tierra hacía un hoyo y en él echaba mucha leña, que se cría en muchos árboles, de

---

[7]yeros.

que por allí hay muy gran cantidad y juntaba mucha leña de la que estaba caída y seca de los árboles. Al derredor de aquel hoyo hacía cuatro fuegos en cruz, y yo tenía cargo y cuidado de rehacer el fuego de rato en rato, hacía unas gavillas de paja larga que por allí hay, con que me cubría en aquel hoyo, y de esta manera me amparaba del frío de las noches. Una de ellas el fuego cayó en la paja con que yo estaba cubierto, y estando yo durmiendo en el hoyo, comenzó a arder muy recio, e por mucha prisa que yo me di a salir, todavía saqué señal en los cabellos del peligro en que había estado. En todo este tiempo no comí bocado ni hallé otra cosa que pudiese comer; y como traía los pies descalzos, corrióme de ellos mucha sangre, y Dios usó conmigo de misericordia, que en todo este tiempo no ventó el norte,[8] porque de otra manera ningún remedio había de yo vivir. A cabo de cinco días llegué a una ribera de un río, donde yo hallé a mis indios, que ellos y los cristianos me contaban ya por muerto, y siempre creían que alguna víbora me había mordido. Todos hubieron gran placer de verme, principalmente los cristianos, y me dijeron que hasta entonces habían caminado con mucha hambre, que ésta era la causa que no me habían buscado. Aquella noche me dieron de las tunas que tenían, y otro día partimos de allí, y fuimos donde hallamos muchas tunas, con que todos satisfacieron[9] su gran hambre, y nosotros dimos muchas gracias a nuestro Señor porque nunca nos faltaba remedio.

Capítulo XXXI. De cómo seguimos el camino del maíz

Pasados dos días que allí estuvimos, determinamos de ir a buscar el maíz, y no quisimos seguir el camino de las Vacas, porque es hacia el Norte, y esto era para nosotros muy gran rodeo, porque siempre tuvimos por cierto que yendo la puesta del Sol habíamos de hallar lo que deseábamos. Así seguimos nuestro camino y atravesamos toda la tierra hasta salir a la mar del Sur; y no bastó estorbarnos esto el temor que nos ponían de la mucha hambre que habíamos de pasar, como a la verdad la pasamos, por todas las diez y siete jornadas que nos habían dicho. Por todas ellas el río arriba nos dieron muchas mantas de vacas, y no comimos de aquella su fruta. Nuestro mantenimiento era cada día tanto como una mano de unto de venado, que para estas necesidades procurábamos siempre de guardar, y así pasamos todas las diez y siete

---

[8]no hubo viento del norte.

[9]satisficieron.

jornadas y al cabo dellas atravesamos el río y caminamos otras diez y siete. A la puesta del Sol, por unos llanos, y entre unas sierras muy grandes que allí se hacen, allí hallamos una gente que la tercera parte del año no comen sino unos polvos de paja. Por ser aquel tiempo cuando nosotros por allí caminamos, hubímoslo también de comer hasta que, acabadas estas jornadas, hallamos casas de asiento, adonde había mucho maíz allegado, y de ello y de su harina nos dieron mucha cantidad, y de calabazas y frísoles[10] y mantas de algodón, y de todo cargamos a los que allí nos habían traído, y con esto se volvieron los más contentos. Nosotros dimos muchas gracias a Dios nuestro Señor por habernos traído allí, donde habíamos hallado tanto mantenimiento.

Entre estas casas había algunas de ellas que eran de tierra, y las otras todas son de esteras de cañas. De aquí pasamos más de cien leguas de tierra, y siempre hallamos casas de asiento y mucho mantenimiento de maíz y frísoles, y dábannos muchos venados y muchas mantas de algodón, mejores que las de la Nueva España. Dábannos también muchas cuentas y de unos corales que hay en la mar del Sur, muchas turquesas muy buenas que tienen de hacia el Norte; y finalmente, dieron aquí todo cuanto tenían, y a mí me dieron cinco esmeraldas hechas puntas de flechas, y con estas flechas hacen ellos sus areitos y bailes. Pareciéndome a mí que eran muy buenas, les pregunté de dónde las habían habido, y dijeron que las traían de unas sierras muy altas que están hacia el Norte, y las compraban a trueco de penachos y plumas de papagayos, y decían que había allí pueblos de mucha gente y casas muy grandes. Entre estos vimos las mujeres más honestamente tratadas que a ninguna parte de Indias que hubiésemos visto. Traen unas camisas de algodón, que llegan hasta las rodillas, y unas medias mangas encima de ellas, de unas faldillas de cuero de venado sin pelo, que tocan en el suelo, e enjabónanlas con unas raíces que limpian mucho, y así las tienen muy bien tratadas; son abiertas por delante y cerradas con unas correas; andan calzados con zapatos. Toda esta gente venían a nosotros a que los tocásemos y santiguásemos; y eran en esto tan importunos, que con gran trabajo lo sufríamos, porque dolientes y sanos, todos querían ir santiguados. Acontecía muchas veces que de las mujeres que con nosotros iban parían algunas, y luego en naciendo nos traían la criatura a que la santiguásemos y tocásemos. Acompañábannos siempre hasta dejarnos entregados a otros, y entre todas estas gentes se tenía por muy cierto que veníamos del cielo. Entretanto que con estos anduvimos caminamos todo el día sin comer hasta la noche, y comíamos tan poco, que ellos se espantaban de verlo.

---

[10]frijoles.

Nunca nos sintieron cansancio, y a la verdad nosotros estábamos hechos al trabajo, que tampoco lo sentíamos. Teníamos con ellos mucha autoridad y gravedad, y para conservar esto les hablábamos pocas veces. El negro les hablaba siempre, se informaba de los caminos que queríamos ir y los pueblos que había y de las cosas que queríamos saber. Pasamos por gran número de diversidades de lenguas; con todas ellas Dios nuestro Señor nos favoreció, porque siempre nos entendieron y les entendimos. Así, preguntábamos y respondían por señas, como si ellos hablaran nuestra lengua y nosotros la suya; porque, aunque sabíamos seis lenguas, no nos podíamos en todas partes aprovechar de ellas, porque hallamos más de mil diferencias. Por todas estas tierras, los que tenían guerras con los otros se hacían luego amigos para venirnos a recibir y traernos todo cuanto tenían, y de esta manera dejamos toda la tierra en paz, y dijímosles, por las señas por que nos entendían, que en el cielo había un hombre que llamábamos Dios, el cual había criado el cielo y la tierra, y que éste adorábamos nosotros y teníamos por Señor, y que hacíamos lo que nos mandaba, y que de su mano venían todas las cosas buenas, y que si así ellos lo hiciesen, les iría muy bien de ello; y tan grande aparejo hallamos en ellos, que si lengua hubiera con que perfectamente nos entendiéramos, todos los dejáramos cristianos. Esto les dimos a entender lo mejor que pudimos, y de ahí adelante, cuando el Sol salía, con muy gran grita abrían las manos juntas al cielo, y después las traían por todo su cuerpo, y otro tanto hacían cuando se ponía. Es gente bien acondicionada y aprovechada para seguir cualquiera cosa bien aparejada.

Capítulo XXXIV. De cómo envié por los cristianos

Pasados cinco días llegaron Andrés Dorantes y Alonso del Castillo con los que habían ido por ellos, y traían consigo mas de seiscientas personas que eran de aquel pueblo que los cristianos habían hecho subir al monte y andaban escondidos por la tierra, y los que hasta allí con nosotros habían venido los habían sacado de los montes y entregado a los cristianos, y ellos habían despedido todas las otras gentes que hasta allí habían traído. Venidos adonde yo estaba, Alcaraz me rogó que enviásemos a llamar la gente de los pueblos que están a la vera del río, que andaban escondidos por los montes de la tierra, y que les mandásemos que trajesen de comer, aunque esto no era menester, porque ellos siempre tenían cuidado de traernos todo lo que podían. Enviamos luego nuestros mensajeros a que los llamasen y vinieron seiscientas personas, que nos trujeron todo el maíz que alcanzaban, y traíanlo en unas ollas tapadas con barro en que lo habían enterrado y escondido, y nos trajeron todo lo más que tenían; mas nosotros no quisimos tomar de todo ello sino la comida, y dimos todo lo otro a los cristianos para que entre sí la repartiesen. Después de esto pasamos muchas y grandes pendencias con ellos, porque nos querían hacer los indios que traíamos esclavos, y con este enojo, al partir, dejamos muchos arcos turquescos que traíamos y muchos zurrones y flechas, y entre ellas las cinco de las esmeraldas, que no se nos acordó de ellas; y así, las perdimos. Dimos a los cristianos muchas mantas de vaca e otras cosas que traíamos; vímonos con los indios en mucho trabajo porque se volviesen a sus casas y se asegurasen y sembrasen su maíz. Ellos no querían sino ir con nosotros hasta dejarnos, como acostumbraban, con otros indios; porque si volviesen sin hacer esto, temían que se morirían; que para ir con nosotros no temían a los cristianos ni a sus lanzas. A los cristianos les pesaba de esto, y hacían que su lengua les dijese que nosotros éramos de ellos mismos, y nos habían perdido mucho tiempo había, y que éramos gente de poca suerte y valor, y que ellos eran los señores de aquella tierra, a quien habían de obedescer y servir. Mas todo esto los indios tenían en muy poco o nada de los que les decían; antes unos con otros entre sí platicaban, diciendo que los cristianos mentían, porque nosotros veníamos de donde salía el Sol, y ellos de donde se pone. Que nosotros sanábamos a los enfermos y ellos mataban los que estaban sanos; y que nosotros veníamos desnudos y descalzos, y ellos vestidos y en caballos y con lanzas. Que nosotros no teníamos codicia de ninguna cosa, antes todo cuanto nos daban tornábamos luego a dar, y con nada nos quedábamos, y los otros no tenían otro fin sino robar todo cuanto hallaban y nunca daban nada a nadie. De esta manera relataban todas nuestras cosas y las encarecían, por el contrario, de los otros; y así les respondieron a la lengua de los cristianos, y lo mismo hicieron saber a los otros por una lengua que entre ellos había, con quien nos entendíamos, y aquéllos que la usan llamamos propiamente primahaitu, que es como decir vascongados, la cual, más de cuatrocientas leguas de las que anduvimos, hallamos usada entre ellos, sin haber otra por todas aquellas tierras. Finalmente, nunca pudo acabar con los indios creer que éramos de los otros cristianos, y con mucho trabajo y importunación los hicimos volver a sus casas, y les mandamos que se asegurasen, y asentasen sus pueblos, y sembrasen y labrasen la tierra, que de estar despoblada, estaba ya muy llena de monte. La cual sin duda es la mejor de cuantas en estas Indias hay, y más fértil y abundosa de mantenimientos, y siembran tres veces en el año. Tienen muchas frutas y muy hermosos ríos, y otras muchas aguas muy buenas. Hay muestras grandes y señales de minas de oro e plata. La gente de ella es muy bien acondicionada; sirven a los cristianos (los que son amigos) de muy buena voluntad. Son muy dispuestos, mucho más que los de Méjico, y, finalmente, es tierra que ninguna cosa le falta para ser muy buena.

Despedidos los indios, nos dijeron que harían lo que mandábamos, y asentarían sus pueblos si los cristianos los dejaban; y yo así lo digo y afirmo por muy cierto, que si no lo hicieren será por culpa de los cristianos.

Después que hubimos enviado a los indios en paz, y regraciándoles el trabajo que con nosotros habían pasado, los cristianos nos enviaron, debajo de cautela, a un Cebreros, alcalde, y con él otros dos. Los cuales nos llevaron por los montes e despoblados por apartarnos de la conversación de los indios, y porque no viésemos ni entendiésemos lo que de hecho hicieron; donde parece cuánto se engañan los pensamientos de los hombres, que nosotros andábamos a les buscar libertad, y cuando pensábamos que la teníamos sucedió tan al contrario, porque tenían acordado de ir a dar en los indios que enviábamos asegurados y de paz. Así como lo pensaron, lo hicieron; lleváronnos por aquellos montes dos días, sin agua, perdidos y sin camino, y todos pensamos perecer de sed, y de ella se nos ahogaron siete hombres, y muchos amigos que los cristianos traían consigo no pudieron llegar hasta otro día a mediodía adonde aquella noche hallamos nosotros el agua. Caminamos con ellos veinte y cinco leguas, poco más o menos, y al fin de ellas llegamos a un pueblo de indios de paz, y el alcalde que nos llevaba nos dejó allí, y él pasó adelante otras tres leguas a un pueblo que se llamaba Culiacán, adonde estaba Melchor Díaz, alcalde mayor y capitán de aquella provincia.

Naufragios. Edición de Juan Francisco Maura. Barcelona: Editorial Cátedra, 1989.

BERNAL DIAZ DEL CASTILLO (Mexico; 1492-1581)

Historia verdadera de la conquista de la Nueva España

Capítulo LXXXVIII. Del grande y solemne recibimiento que nos hizo el gran Montezuma a Cortés y a todos nosotros en la entrada de la gran Ciudad de México

Luego otro día de mañana partimos de Estapalapa,[1] muy acompañados de aquellos grandes caciques que atrás he dicho; íbamos por nuestra calzada adelante, la cual es ancha de ocho pasos, y va tan derecha a la ciudad de México, que me parece que no se torcía poco ni mucho, y puesto que es bien ancha, toda iba llena de aquellas gentes que no cabían, unos que entraban en México y otros que salían, y los indios que nos venían a ver, que no nos podíamos rodear de tantos como vinieron, porque estaban llenas las torres y *cúes*[2] y en las canoas y de todas partes de la laguna, y no era cosa de maravillar, porque jamás habían visto caballos ni hombres como nosotros. Y de que vimos cosas tan admirables no sabíamos qué decir, o si era verdad lo que por delante parecía, que por una parte en tierra había grandes ciudades, y en la laguna otras muchas, y veíamoslo todo lleno de canoas, y en la calzada muchas puentes de trecho a trecho, y por delante estaba la gran ciudad de México; y nosotros aún no llegábamos a cuatrocientos soldados, y teníamos muy bien en la memoria las pláticas y avisos que nos dijeron los de Guaxocingo y Tlaxcala y de Tamanalco, y con otros muchos avisos que nos habían dado para que nos guardásemos de entrar en México, que nos habían de matar desde que dentro nos tuviesen. Miren los curiosos lectores si esto que escribo si había bien que ponderar en ello, ¿qué hombres ha habido en el universo que tal atrevimiento tuviesen?

---

[1]Ixtapalapa, pueblo al sur de la ciudad de México; hoy día parte del Distrito Federal.

[2]adoratorios (nahua).

Pasemos adelante. Ibamos por nuestra calzada; ya que llegamos donde se aparta otra calzadilla que iba a Cuyuacán,[3] que es otra ciudad adonde estaban unas como torres que eran sus adoratorios,[4] vinieron muchos principales y caciques con muy ricas mantas sobre sí, con galanía de libreas diferenciadas las de los unos caciques de los otros, y las calzadas llenas de ellos, y aquellos grandes caciques enviaba el gran Montezuma[5] adelante a recibirnos, y así como llegaban ante Cortés[6] decían en su lengua que fuésemos bien venidos, y en señal de paz tocaban con la mano en el suelo y besaban la tierra con la misma mano. Así que estuvimos parados un buen rato, y desde allí se adelantaron Cacamatzin, señor de Tuzcuco, y el señor de Iztapalapa, y el señor de Tacuba, y el señor de Cuyuacán a encontrarse con el gran Montezuma, que venía cerca, en ricas andas, acompañado de otros grandes señores y caciques que tenían vasallos.

Ya que llegábamos cerca de México, adonde estaban otras torrecillas, se apeó el gran Montezuma de las andas, y traíanle de brazo aquellos grandes caciques, debajo de un palio muy riquísimo a maravilla, y el color de plumas verdes con grandes labores de oro, con mucha argentería y perlas y piedras *chalchiuis*,[7] que colgaban de unas como bordaduras, que hubo mucho que mirar en ello. Y el gran Montezuma venía muy ricamente ataviado, según su usanza y traía calzados unos como *cotanas*,[8] que así se dice lo que se calzan; las suelas de oro y muy preciada pedrería por encima en ellas; y los cuatro señores que le traían de brazo venían con rica manera de vestidos a su usanza, que parece ser se los tenían aparejados en el camino para entrar con su señor, que no traían los vestidos con los que nos fueron a recibir, y venían, sin aquellos cuatro señores, otros cuatro grandes caciques que traían el palio sobre sus cabezas, y otros muchos señores que venían delante del gran Montezuma, barriendo el suelo por donde había de pisar, y le ponían mantas porque no pisase la tierra. Todos estos señores ni por pensamiento le miraban en la cara, sino los ojos bajos y con mucho acato, excepto aquellos cuatro deudos y

---

[3]Coyoacán.

[4]recintos para realizar ejercicios de adoración.

[5]Moctezuma (1480-1520), emperador azteca en el momento de la conquista española de México.

[6]Hernán Cortés (1485-1547), conquistador español de México.

[7]una piedra preciosa verde como la turquesa.

[8]chancletas.

sobrinos suyos que lo llevaban de brazo. Y como Cortés vio y entendió y le
dijeron que venía el gran Montezuma, se apeó del caballo, y desde que llegó
cerca de Montezuma, a una se hicieron grandes acatos. El Montezuma le dio
el bienvenido, y nuestro Cortés le respondió con doña Marina[9] que él fuese
el muy bien estado; y paréceme que Cortés, con la lengua[10] doña Marina,
que iba junto a Cortés, le daba la mano derecha, y Montezuma no la quiso
y se la dio a Cortés. Y entonces sacó Cortés un collar que traía muy a mano
de unas piedras de vidrio, que ya he dicho que se dicen margaritas, que tienen
dentro de sí muchas labores y diversidad de colores y venía ensartado en unos
cordones de oro con almizque[11] porque diesen buen olor, y se le echó al
cuello el gran Montezuma, y cuando se le puso le iba a abrazar, y aquellos
grandes señores que iban con Montezuma le tuvieron el brazo a Cortés que
no le abrazase, porque lo tenían por menosprecio.

Y luego Cortés con la lengua doña Marina le dijo que holgaba ahora
su corazón en haber visto un tan gran príncipe, y que le tenía en gran merced
la venida de su persona a recibirle y las mercedes que le hace a la contina.[12]
Entonces Montezuma le dijo otras palabras de buen comedimiento, y mandó
a dos de sus sobrinos de los que le traían de brazo, que era el señor de
Tezcuco y el señor de Cuyuacán, que se fuesen con nosotros hasta aposentar-
nos, y Montezuma con los otros dos sus parientes, Cuedlavaca y el señor de
Tacuba, que le acompañaban, se volvió a la ciudad, y también se volvieron con
él todas aquellas grandes compañías de caciques y principales que le habían
venido a acompañar; y cuando se volvían con su señor estábamoslos mirando
cómo iban todos los ojos puestos en tierra, sin mirarle, y muy arrimados a la
pared, y con gran acato le acompañaban; y así tuvimos lugar nosotros de entrar
por las calles de México sin tener tanto embarazo.

Quiero ahora decir la multitud de hombres y mujeres y muchachos
que estaban en las calles y azoteas y en canoas en aquellas acequias que nos
salían a mirar. Era cosa de notar, que ahora que lo estoy escribiendo se me
representa todo delante de mis ojos como si ayer fuera cuando esto pasó, y
considerada la cosa, es gran merced que Nuestro Señor Jesucristo fue servido
darnos gracia y esfuerzo para osar entrar en tal ciudad y me haber guardado

---

[9]mujer indígena que le sirvió a Cortés de intéprete, conocida también la
Malinche.

[10]intérprete.

[11]almizcle.

[12]a la continua = acto seguido.

de muchos peligros de muerte, como adelante verán. Doile[13] muchas gracias por ello, que a tal tiempo me ha traído para poderlo escribir, y aunque no tan cumplidamente como convenía y se requiere. Y dejemos palabras, pues las obras son buen testigo de lo que digo en alguna de estas partes, y volvamos a nuestra entrada en México, que nos llevaron a aposentar a unas grandes casas donde había aposentos para todos nosotros, que habían sido de su padre del gran Montezuma, que se decía Axayaca,[14] adonde, en aquella sazón, tenía Montezuma sus grandes adoratorios de ídolos y tenía una recámara muy secreta de piezas y joyas de oro, que era como tesoro de lo que había heredado de su padre Axayaca, que no tocaba en ello. Y asimismo nos llevaron a aposentar a aquella casa por causa que, como nos llamaban *teules*[15] y por tales nos tenían, que estuviésemos entre sus ídolos como que allí tenían. Sea de una manera o sea de otra, allí nos llevaron, donde tenían hechos grandes estrados y salas muy entoldadas de paramentos de la tierra para nuestro capitán, y para cada uno de nosotros otras camas de esteras y unos toldillos encima, que no se da más cama por muy gran señor que sea, porque no las usan; y todos aquellos palacios, muy lucidos y encalados y barridos y enramados.

Y como llegamos y entramos en un gran patio, luego tomó por la mano el gran Montezuma a nuestro capitán, que allí le estuvo esperando, y le metió en el aposento y sala adonde había de posar, que le tenía muy ricamente aderezada para según su usanza, y tenía aparejado un muy rico collar de oro de hechura de camarones, obra muy maravillosa, y el mismo Montezuma se le echó al cuello a nuestro capitán Cortés, que tuvieron bien que mirar sus capitanes del gran favor que le dio. Y después que se lo hubo puesto Cortés le dio las gracias con nuestras lenguas, y dijo Montezuma: "Malinche: en vuestra casa estáis vos y vuestros hermanos; descansa". Y luego se fue a sus palacios, que no estaban lejos, y nosotros repartimos nuestros aposentos por capitanías, y nuestra artillería asestada en parte conveniente, y muy bien platicado el orden que en todo habíamos de tener y estar muy apercibidos, así los de a caballo como todos nuestros soldados. Y nos tenían aparejada una comida muy suntuosa, a su uso y costumbre, que luego comimos. Y fue esta nuestra venturosa y atrevida entrada en la gran ciudad de

---

[13]Doyle = Le doy.

[14]Axayácatl.

[15]término con el cual los aztecas se referían a los conquistadores españoles, creyéndolos dioses o hijos del sol.

Tenustitlán[16] México, a ocho días del mes de noviembre, año de Nuestro Salvador Jesucristo de mil quinientos diecinueve años. Gracias a Nuestro Señor Jesucristo por todo, y puesto que no vaya expresado otras cosas que había que decir, perdónenme sus mercedes que no lo sé mejor decir por ahora hasta su tiempo. Y dejemos de más pláticas, y volvamos a nuestra relación de lo que más nos avino, lo cual diré adelante.

Capítulo CCX. De otras cosas y provechos que se han seguido de nuestras ilustres conquistas y trabajos

Ya habrán oído en los capítulos pasados de todo lo por mí recontado acerca de los bienes y provechos que se han hecho en nuestras ilustres y santas hazañas y conquistas. Diré ahora del oro y plata y piedras preciosas y otras riquezas de grana, hasta zarzaparrilla y cueros de vacas que de esta Nueva España han ido y van cada año a Castilla, a nuestro rey y señor, así de sus reales quintos como otros muchos presentes que le hubimos enviado así como le ganamos estas sus tierras, sin las grandes cantidades que llevan mercaderes y pasajeros; que después que el sabio rey Salomón fabricó y mandó hacer el santo templo de Jerusalén con el oro y plata que le trajeron de las islas de Tarsis, Ofir y Saba, no se ha oído en ninguna escritura antigua que más oro y plata y riquezas hayan ido cotidianamente a Castilla que de estas tierras; y esto digo así, porque ya que del Perú, como es notorio, han ido innumerables millares de pesos de oro y plata, en el tiempo que ganamos esta Nueva España no había nombre del Perú, ni estaba descubierto, ni se conquistó desde allí a diez años, y nosotros siempre desde el principio comenzamos a enviar a Su Majestad presentes riquísimos, y por esta causa y por otras que diré antepongo a la Nueva España, porque bien sabemos que en las cosas acaecidas del Perú siempre los capitanes y gobernadores y soldados han tenido guerras civiles, y todo revuelto en sangre, y en muertes de muchos soldados bandoleros, porque no han tenido el acato y obediencia que son obligados a nuestro rey y señor, y en gran disminución de los naturales, y en esta Nueva España siempre tenemos y tendremos para siempre jamás el pecho por tierra, como somos obligados a nuestro rey y señor, y pondremos nuestras vidas y haciendas en cualquier cosa que se ofrezca para servir a Su Majestad.

---

[16]Tenochtitlan.

Y además de esto miren los curiosos lectores que de ciudades y villas y lugares que están poblados en estas partes de españoles, que por ser tantos y no saber yo los nombres de todas se quedarán en silencio; y tengan atención a los obispados que hay, que son diez, sin el arzobispo de la muy insigne ciudad de México; y cómo hay tres Audiencias Reales, todo lo cual diré adelante, así de los que han gobernado como de los arzobispos y obispos que ha habido; y miren las santas iglesias catedrales, y los monasterios donde hay frailes dominicos, como franciscos y mercedarios y agustinos; y miren qué hay de hospitales, y los grandes perdones que tienen, y la santa iglesia de Nuestra Señora de Guadalupe, que está en lo de Tepeaquilla, donde solía estar asentado el real de Gonzalo de Sandoval cuando ganamos a México; y miren los santos milagros que ha hecho y hace de cada día, y démosle muchas gracias a Dios y a su bendita madre Nuestra Señora, y loores por ello que nos dio gracias y ayuda que ganásemos estas tierras donde hay tanta cristiandad; y también tengan cuenta cómo en México hay Colegio Universal donde se estudia y aprenden gramática y teología y retórica y lógica y filosofía y otras artes y estudios, y hay moldes y maestros de imprimir libros, así en latín como en romance; se gradúan de licenciados y doctores; y otras muchas grandezas y riquezas pudiera decir, así de minas ricas de plata que en ellas están descubiertas y se descubren a la continua, por donde nuestra Castilla es prosperada y tenida y acatada.

Y porque bastan los bienes que ya he propuesto que de nuestras heroicas conquistas han recrecido, quiero decir que miren las personas sabias y leídas esta mi relación desde el principio hasta el cabo, y verán que ningunas escrituras que estén escritas en el mundo, ni en hechos hazañosos humanos, ha habido hombres que más reinos y señoríos hayan ganado como nosotros, los verdaderos conquistadores, para nuestro rey y señor; y entre los fuertes conquistadores mis compañeros, puesto que los hubo muy esforzados, a mí me tenían en la cuenta de ellos, y el más antiguo de todos, y digo esta vez que yo, yo y yo, dígolo tantas veces, que yo soy el más antiguo y lo he servido como muy buen soldado a Su Majestad, y diré con tristeza de mi corazón, porque me veo pobre y muy viejo y una hija para casar y los hijos varones ya grandes y con barbas y otros por criar, y no puedo ir a Castilla ante Su Majestad para representarle cosas cumplideras a su real servicio y también para que me haga mercedes, pues se me deben bien debidas.

Dejaré esta plática, porque si más en ello meto la pluma, me será muy odiosa de personas envidiosas, y quiero proponer una cuestión a manera de diálogo, y es que habiendo visto la buena e ilustre fama que suena en el mundo de nuestros muchos y buenos y nobles servicios que hemos hecho a

Dios y a Su Majestad y a toda la Cristiandad, da grandes voces, y dice que fuera justicia y razón que tuviéramos buenas rentas y más aventajadas que tienen otras personas que no han servido en estas conquistas, ni en otras partes a Su Majestad, y asimismo pregunta que dónde están nuestros palacios y moradas, y qué blasones tenemos en ellas diferenciadas de las demás, y si están en ellas esculpidos y puestos por memoria nuestros heroicos hechos y armas, según y de la manera que tienen en España los caballeros que dicho tengo en el capítulo pasado que sirvieron en los tiempos pasados a los reyes que en aquella sazón reinaban, pues nuestras hazañas no son menores que las que esos señores hicieron, antes son de memorable fama y se pueden contar entre las muy nombradas que ha habido en el mundo, y además de esto pregunta la ilustre Fama por los conquistadores que hemos escapado de las batallas pasadas y por los muertos dónde están sus sepulcros y qué blasones tienen en ellos. A estas cosas se les puede responder con mucha verdad: ¡Oh, excelente y muy sonante ilustre Fama, y entre buenos y virtuosos deseada y loada, y entre maliciosos y personas que han procurado oscurecer nuestros heroicos hechos no los querrían ver ni oír vuestro tan ilustrísimo nombre para que nuestras personas no ensalcéis como conviene! Hágoos, señora, saber, que de quinientos cincuenta soldados que pasamos con Cortés desde la isla de Cuba, no somos vivos en toda la Nueva España de todos ellos, hasta este año de mil quinientos sesenta y ocho, que estoy trasladando esta mi relación, sino cinco, que todos los más murieron en las guerras ya por mí dichas, en poder de indios, y fueron sacrificados a los ídolos, y los demás murieron de sus muertes; y los sepulcros que me pregunta dónde los tienen, digo que son los vientres de los indios, que los comieron las piernas y muslos, y brazos y molledos, y pies y manos, y lo demás fueron sepultados, y sus vientres echaban a los tigres y sierpes y halcones, que en aquel tiempo tenían por grandeza en casas fuertes, y aquello fueron sus sepulcros, y allí están sus blasones. Y a lo que a mí se me figura con letras de oro habían de estar escritos sus nombres, pues murieron aquella crudelísima muerte por servir a Dios y a Su Majestad, y dar luz a los que estaban en tinieblas, y también por haber riquezas, que todos los hombres comúnmente venimos a buscar.

Y además de haber dado cuenta a la ilustre Fama, me pregunta por los que pasaron con Narváez[17] y con Garay[18]; y digo, que los de Narváez fueron mil trescientos, sin contar entre ellos hombres de la mar, y no son vivos de todos ellos sino diez y once, que todos los más murieron en las guerras y sacrificados, y sus cuerpos comidos de indios, ni más ni menos que los nuestros; y de los que pasaron con Garay de la isla de Jamaica, a mi cuenta, con las tres capitanías que vinieron de San Juan de Ulúa, antes que pasase Garay, y con los que trajo a la postre cuando él vino, serían por todos otros mil doscientos soldados, y todos los más de ellos fueron sacrificados a los ídolos en la provincia de Pánuco, y comidos sus cuerpos de los naturales de las mismas provincias. Y además de esto pregunta la loable Fama por otros quince soldados que aportaron a la Nueva España, que fueron de los de Lucas Vázquez de Ayllón,[19] cuando le desbarataron y él murió en la Florida, que qué se habían hecho. A esto digo, que no he visto ninguno, que todos son muertos, y hágoos saber, excelente Fama, que de todos los que he recontado, ahora somos vivos de los de Cortés cinco, y estamos muy viejos y dolientes de enfermedades, y lo peor de todo muy pobres y cargados de hijos e hijas para casar, y nietos, y con poca renta, y así pasamos nuestras vidas con trabajos y miserias. Y pues ya he dado cuenta de todo lo que me ha preguntado, y de nuestros palacios y blasones y sepulcros, suplícoos, ilustrísima Fama, que de aquí adelante alceis más vuestra excelente y virtuosa voz para que en todo el mundo se vean claramente nuestras grandes proezas, porque hombres maliciosos con sus sacudidas y esparcidas y envidiosas lenguas no las oscurezcan ni aniquilen, y procuréis que a los que Su Majestad le ganaron estas sus tierras y se les debe el premio de ello, y no se dé a los que no les debe, porque ni Su Majestad no tiene cuenta con ellos ni ellos con Su Majestad sobre servicio que le hayan hecho. A esto que he suplicado a la virtuosísima Fama, me responde y dice que lo hará de muy buena voluntad, y dice que se espanta cómo no tenemos los mejores repartimientos de indios de la tierra, pues que la ganamos y Su Majestad lo manda dar, como lo tiene el marqués Cortés, no se entiende que sea tanto, sino moderadamente.

Y más dice la loable Fama, que las cosas del valeroso y animoso Cortés han de ser siempre muy estimadas y contadas entre los hechos de vale-

---

[17]Pánfilo de Nárvaez (ca. 1470-1529), luchó sin éxito contra el poder de Cortés; explorador de la Florida y el Misisipí.

[18]Juan de Garay (1541-92). conquistador español y primer fundador de Buenos Aires; asesinado por los indios en el Paraguay.

[19]fechas desconocidas; capitán de familia noble que acompañó a Cortés.

rosos capitanes; y más dice la verdadera Fama, que no hay memoria de ninguno de nosotros en los libros e historias que están escritas del coronista Francisco López de Gómara,[20] ni en la del doctor Illescas,[21] que escribió *El Pontifical*, ni en otros modernos coronistas, y sólo el marqués Cortés dicen en sus libros que es el que lo descubrió y conquistó, y que los capitanes y soldados que lo ganamos quedamos en blanco, sin haber memoria de nuestras personas ni conquistas, y que ahora se ha holgado mucho en saber claramente que todo lo que he escrito en mi relación es verdad, y que la misma escritura trae consigo al pie de la letra lo que pasó, y no lisonjas y palabras viciosas, ni por sublimar a un solo capitán quiere deshacer a muchos capitanes y valerosos soldados, como ha hecho Francisco López de Gómara y los demás coronistas modernos que siguen su propia historia sin poner ni quitar más de lo que dice; y más me prometió, que de vivir la buena Fama que por su parte lo propondrá con voz muy clara y sonante a doquier que se hallare, y además de lo que ella declarará, que mi historia, si se imprime, después que la vean y oigan la darán fe verdadera y oscurecerá las lisonjas que escribieron los pasados.

Y allende de lo que he propuesto a manera de diálogo, me preguntó un doctor oidor de la Audiencia Real de Guatemala que cómo Cortés cuando escribió a Su Majestad y fue la primera vez a Castilla, por qué no procuró por nosotros, pues por nuestra causa después de Dios fue marqués y gobernador. A esto respondí entonces y ahora lo digo, que como tomó para sí al principio, cuando Su Majestad le hizo merced de la gobernación, todo lo mejor de la Nueva España, creyendo que siempre fuera señor absoluto y que por su mano nos diera indios o quitara, y a esta causa se presumió que no lo hizo ni quiso escribir, y también porque en aquel tiempo Su Majestad le dio el marquesado que tiene, y como le importunaba que le volviesen la gobernación de la Nueva España como de antes la había tenido, y le respondió que ya le había dado el marquesado, no curó de demandar cosa ninguna para nosotros que bien nos hiciese sino solamente para él; y además de esto habían informado el factor, veedor[22] y otros caballeros de México a Su Majestad que Cortés había tomado para sí las mejores provincias y pueblos de la Nueva España y que había dado a sus amigos y parientes, que nuevamente habían venido de Castilla, otros buenos pueblos, y que no dejaba para el real patrimonio sino poca cosa. Después alcanzamos a saber mandó Su Majestad que de lo que tenía sobrado

---

[20] (1512-72), autor de *La historia de las Indias y conquista de Mexico* (1552).

[21] Gonzalo de Illescas (?-1633), escritor y sacerdote español.

[22] un cargo de inspector de la administración virreinal.

diese a los que con él pasamos, y en aquel tiempo Su Majestad se embarcó
en Barcelona para ir a Flandes; y si Cortés en el tiempo que ganamos la Nueva
España, como otras veces he dicho en el capítulo que en ello habla, la hiciera
cinco partes y la mejor y ricas provincias y ciudades diera la quinta parte a
nuestro rey y señor, de su real quinto, bien hecho fuera, y tomara para sí una
parte, y media parte dejara para iglesias y monasterios y propios de ciudades
y que Su Majestad tuviera qué dar y hacer mercedes a caballeros que le sirvieron en las guerras; y las dos partes y media nos repartiera perpetuos con ellos,
nos quedáramos así Cortés con la una parte como nosotros; porque como
nuestro césar fue muy cristianísimo y no le costó a conquistar cosa ninguna,
nos hiciera estas mercedes.

Y además de esto, como en aquella sazón no sabíamos los verdaderos
conquistadores qué cosa era demandar justicia, ni a quién pedirle sobre
nuestros servicios, ni otras cosas de agravios y fuerzas que pasaban en las
guerras, sino solamente al mismo Cortéz, como capitán y que lo mandaba muy
de hecho, nos quedamos en blanco con lo poco que nos habían depositado
hasta que vimos que a don Francisco de Montejo,[23] que fue a Castilla ante
Su Majestad, le hizo merced de ser adelantado y gobernador de Yucatán y le
dio los indios que tenía en México y le hizo otras mercedes; y Diego de
Ordaz,[24] que asimismo fue ante Su Majestad, le dio una encomienda de
Señor Santiago y los indios que tenía en la Nueva España; y a don Pedro de
Alvarado,[25] que también fue a besar los pies a Su Majestad, le hizo adelantado y gobernador de Guatemala y Chiapa, y comendador de Santiago, y otras
mercedes de los indios que tenía; y a la postre fue Cortés, y le dio el marquesado y capitán general de la Mar del Sur; y después que los conquistadores
vimos y entendimos que los que no parecían ante Su Majestad no hay memoria
de hacernos mercedes, enviamos a suplicar que de lo que de allí adelante
vacase nos lo mandase dar perpetuo; y como se vieron nuestras justificaciones,
cuando envió la primera Audiencia Real a México, y vino en ella por presidente Nuño de Guzmán,[26] y por oidores el licenciado Delgadillo, natural de
Granada, y Matienzo, de Vizcaya, y otros dos oidores que en llegando a
México se murieron, mandó Su Majestad expresamente a Nuño de Guzmán

---

[23](1479-1548), conquistador español.

[24](?-1532), conquistador español.

[25](?-1541), uno de los principales capitanes de Cortés.

[26]Nuño Beltrán de Guzmán (?-1544), conquistador español que acompañó
a Cortés.

que todos los indios de la Nueva España se hiciesen un cuerpo, a fin que las personas que tenían repartimientos grandes, que les había dado Cortés, que no les quedasen tanto, y les quitasen de ello, y que a los verdaderos conquistadores nos diesen los mejores pueblos y de más cuenta, y que para su real patrimonio dejasen las cabezas y mejores ciudades, y también mandó Su Majestad que a Cortés que le contasen los vasallos y que le dejasen los que tenía capitulados en su marquesado, y los demás no me acuerdo qué mandó sobre ello; y la causa por donde no hizo el repartimiento Nuño de Guzmán y los oidores fue por malos consejeros, que por su honor aquí no nombro, porque le dijeron que si repartía la tierra, que después que los conquistadores y pobladores se viesen con sus indios perpetuos no los tendrían en tanto acato, ni serían tan señores de mandarles, porque no tendrían qué quitar ni poner, ni les vendrían a suplicar que les diese de comer, y de otra manera que tendrían qué dar de lo que vacase a quien quisiesen y que ellos serían ricos y tendrían mayores poderes; y a este fin se dejó de hacer. Verdad es que Nuño de Guzmán y los oidores, en vacando que vacaban indios, luego los depositaban a conquistadores y pobladores, y no eran tan malos como los hacían para los vecinos y pobladores, que a todos les contentaban y daban de comer, y si les quitaron redondamente de la Real Audiencia fue por las contrariedades que tuvieron con Cortés, y sobre el herrar de los indios libres por esclavos. Quiero dejar este capítulo y pasaré en otro, y diré acerca de los repartimientos perpetuos.

Historia verdadera de la conquista de la Nueva España. Introducción y notas de Joaquín Ramírez Cabañas. 4a ed. México, D.F.: Porrúa, 1966.

BERNARDINO DE SAHAGUN (México, 1499?-1590)

Historia general de las cosas de Nueva España

Libro I

EN QUE SE TRATA DE LOS DIOSES QUE ADORABAN LOS NATURALES DE ESTA TIERRA QUE ES LA NUEVA ESPAÑA

Capítulo II. Que trata de las diosas principales que se adoraban en esta Nueva España

La primera de estas diosas se llamaba *Cihuacóatl*.

Decían que esta diosa daba cosas adversas como pobreza, abatimiento, trabajos; aparecía muchas veces, según dicen, como una señora compuesta con unos atavíos como se usan en palacio.

Decían que de noche voceaba y bramaba en el aire; esta diosa se llama *Cihuacóatl*, que quiere decir mujer de la culebra; y también se llamaba *Tonántzin*, que quiere decir nuestra madre.

En estas dos cosas parece que esta diosa es nuestra madre Eva, la cual fue engañada de la culebra, y que ellos tenían noticia del negocio que pasó entre nuestra madre Eva y la culebra.

Los atavíos con que esta mujer aparecía eran blancos, y los cabellos los tocaba de manera que tenía como unos cornezuelos[1] cruzados sobre la frente; dicen también que traía una cuna a cuestas, como quien trae a su hijo en ella, y poníase en el *tianquiz*[2] entre las mujeres, y desapareciendo dejaba allí la cuna.

Cuando las otras mujeres advertían que aquella cuna estaba allí olvidada, miraban lo que estaba en ella y hallaban un pedernal como hierro de lanzón, con que ellos mataban a los que sacrificaban; en esto entendían que fue *Cihuacóatl* la que dejó allí.

---

[1]pequeños cuernos; la alusión será a un tipo de peinado.
[2]mercado.

Capítulo VII. Trata de la diosa que se llamaba *Chicomecóatl*. Es otra diosa Ceres[3]

Esta diosa llamada *Chicomecóatl* era la diosa de los mantenimientos, así de lo que se come como de lo que se bebe; a ésta la pintaban con una corona en la cabeza, y en la mano derecha un vaso, y en la izquierda una rodela con una flor grande pintaban: tenía su *cueitl*[4] y *huipilli* y sandalias, todo bermejo; y la cara teñida de bermejo.

Debío esta mujer ser la primera que comenzó a hacer pan y otros manjares y guisados.

Capítulo VIII. Trata de una diosa que se llamaba la madre de los dioses, corazón de la tierra y nuestra abuela

Esta diosa era la diosa de las medicinas y de las yerbas medicinales; adorábanla los médicos y los cirujanos y los sangradores,[5] y también las parteras, y las que dan yerbas para abortar; y también los adivinos, que dicen la buenaventura, o mala, que han de tener los niños, según su nacimiento.

Adorábanla también los que echan suertes con granos de maíz, y los que auguran, mirando el agua en una escudilla, y los que echan suertes con unas cordezuelas que atan unas con otras, que llaman *necatlapouhque*; y los que sacan gusanillos de la boca y de los ojos, y pedrezuelas de las otras partes del cuerpo, que se llaman *tetlacuicuilique*.

También la adoraban los que tienen en sus casas baños, o *temazcales*.

Y todos ponían la imagen de esta diosa en los baños y llamábanla *Temazcalteci*, que quiere decir la abuela de los baños.

Todos los arriba dichos hacían cada año una fiesta a esta diosa, en la cual compraban una mujer, y la componían con los ornamentos que eran de esta diosa, como parecen en la pintura que es de su imagen, y todos los días de su fiesta hacían con ella areito[6] y la regalaban mucho, y la halagaban porque no se entristeciese por su muerte, ni llorase; y le daban de comer

---

[3]diosa mitológica del poder generativo de la naturaleza, especialmente los cereales.

[4]falda.

[5]los que hacen la sangradura médica.

[6]una danza indígena.

delicadamente y convidaban con lo que había de comer y la rogaban que comiese, como a gran señora, y estos días hacían delante de ella ardides de guerra con vocerío y regocijo, y con muchas divisas de guerra, y daban dones a los soldados que delante de ella peleaban por hacerla placer y regocijo.

Llegada la hora cuando había de morir, después de haberla muerto con otros dos que la acompañaban en la muerte, la desollaban, y un hombre, o sátrapa,[7] vestíase su pellejo, y traíale vestido por todo el pueblo, y hacían con estos muchas vanidades.

Las vestiduras y ornato de esta diosa era que tenía la boca y barba, hasta la garganta, teñida con *ulli*, que es una goma negra; tenía en el rostro como un parche redondo, de lo mismo; tenía la cabeza a manera de una gorra hecha de manta, revuelta y anudada: los cabos del nudo caían sobre las espaldas; en el mismo nudo estaba injerido un plumaje del cual salían unas plumas a manera de llamas; estaban colgando hacia la parte trasera de la cabeza.

Tenía vestido un *huipilli*, el cual en la extremidad de abajo tenía una cortapisa[8] ancha y arpada; las maguas que tenía eran blancas y tenía sus cotaras[9] o sandalias en los pies; en la mano izquierda, una rodela con una chapa redonda de oro en el medio, y en la mano derecha tenía una escoba, que es instrumento para barrer.

Capítulo IX. Trata de una diosa llamada *Tzapotlatena*

Esta diosa que se decía *Tzapotlatena* fue una mujer, según su nombre, nacida en el pueblo de *Tzaptoal*, y por esto se llama la Madre de *Tzaptoal*, porque fue la primera que inventó la resina que se llama *úxitl*, y es un aceite sacado por artificio de la resina del pino que aprovecha para sanar muchas enfermedades y primeramente aprovecha contra una manera de bubas, o sarna, que nace en la cabeza, que se llama *quaxocociuiztli*, y también contra otra enfermedad es provechosa asimismo, que nace en la cabeza que es como bubas que se llama *chaquachiciuiztli*; y también para la sarna de la cabeza; aprovecha también contra la ronquera de la garganta; aprovecha también contra las grietas de los pies y de los labios.

---

[7]déspota; probablemente usado aquí en el sentido de alto funcionario.

[8]adorno agregado a una prenda de vestir.

[9]también cutara = chancleta.

Es también contra los empeines que nacen en la cara, o en las manos; es también contra el usagre,[10] contra otras muchas enfermedades es buena; y como esta mujer debió ser la primera que halló este aceite, contáronla entre las diosas y hacíanla fiesta y sacrificios aquellos que venden y hacen este aceite que se llama *úxitl*.

Capítulo X. Que trata de unas diosas que llamaban *Cihuapipíltin*

Estas diosas llamadas *Cihuapipíltin* eran todas las mujeres que morían del primer parto, a las cuales canonizaban por diosas, según está escrito en el sexto libro, en el capítulo XXVIII; allí se cuenta de las ceremonias que hacían a su muerte, y de la canonización por diosas; allí se verá a la larga.

Lo que el presente capítulo se trata es de que decían que estas diosas andan juntas por el aire, y aparecen cuando quieren a los que viven sobre la tierra, y a los niños los empecen[11] con enfermedades, como es dando enfermedad de perlesía, y entrando en los cuerpos humanos; y decían que andaban en las encrucijadas de los caminos, haciendo estos daños, y por esto los padres y madres vedaban a sus hijos e hijas que en ciertos días del año, en que tenían que descendían estas diosas, que no saliesen fuera de casa, porque no topasen con ellos estas diosas, y no les hiciesen algún daño; y cuando a alguno le entraba perlesía, y otra enfermedad repentina, o entraba en él algún demonio, decían que estas diosas lo habían hecho.

Y por eso las hacían fiesta y en esta fiesta ofrecían en su templo, o en las encrucijadas de los caminos, pan hecho de diversas figuras. Unos, como mariposas, otros de figura del rayo que cae del cielo, que llaman *xonecuilli*, y también unos tamalejos[12] que se llaman *xucuichtlamatzoalli*, y maíz tostado que llaman ellos *izquitl*.

La imagen de estas diosas tiene la cara blanquecina, como si estuviese teñida con color muy blanco, como es el *tízatl*, lo mismo los brazos y piernas; tenían unas orejeras de oro, los cabellos tocados como las señoras con sus cornezuelos; el *huipil* era pintado de unas olas de negro, las naguas tenía labradas de diversos colores, tenía sus cotaras blancas.

---

[10]un tipo de erupción escrufulosa en la cara de los niños.

[11]dañan, perjudican.

[12]tamales.

Capítulo XI. Que trata de la diosa del agua, que la llamaban *Chalchiuhtlícue*; es otra Juno[13]

Esta diosa llaman, *Chalchiuhtlícue*, diosa del agua, pintábanla como a mujer, y decían que era hermana de los dioses de la lluvia que llaman *Tlaloques*; honrábanla porque decían que ella tenía poder sobre el agua de la mar y de los ríos, para ahogar a los que andaban en estas aguas y hacer tempestades y torbellinos en el agua, y anegar los navíos y barcas y otros vasos que andan por el agua.

Hacían fiesta a esta diosa en la fiesta que se llama *etzalcualiztli*, que se pone en el segundo libro capítulo VII. Allí está a la larga las ceremonias y sacrificios con que la festejaban, allí se podrá ver.

Los que eran devotos a esta diosa y la festejaban eran todos aquellos que tienen sus granjerías en el agua, como son los que venden agua en canoas, y los que venden agua en tinajas en la plaza.

Los atavíos con que pintaban a esta diosa son: que la pintaban la cara con color amarillo, y la ponían un collar de piedras preciosas de que colgaba una medalla de oro; en la cabeza tenía una corona hecha de papel pintada de azul claro, con unos penachos de plumas verdes y con unas borlas que colgaban hacia el colodrillo, y otras hacia la frente de la misma corona, todo de color azul claro.

Tenía sus orejeras labradas de turquesas de obra mosaica; estaba vestida de un *huipil* y unas naguas pintadas del mismo color azul claro, con unas franjas de que colgaban caracolitos mariscos.

Tenía en la mano izquierda una rodela, con una hoja ancha y redonda que se cría en el agua; la llaman *atlacuezona*.

Tenía en la mano derecha un vaso con una cruz hecha a manera de la custodia en que se lleva el Sacramento, cuando uno solo le lleva, y era como cetro de esta diosa. Tenía sus cotaras blancas.

Los señores y reyes veneraban mucho a esta diosa, con otras dos, que eran la diosa de los mantenimientos que llamaban *Chicomecóatl*, y la diosa de la sal, que llamaban *Uixtocihuatl*, por que decían que estas tres diosas mantenían a la gente popular para que pudiese vivir y multiplicar.

Lo demás acerca de esta diosa se verá en el capítulo que he citado, del segundo libro, porque allí se trata copiosamente.

---

[13]en la mitología romana, la hermana y mujer de Júpiter y reina de los dioses, como también reina del casamiento.

Capítulo XXI. Que habla de muchos dioses imaginarios a los cuales todos llamaban *Tlaloques*

Todos los montes eminentes, especialmente donde se arman nublados para llover, imaginaban que eran dioses, y a cada uno de ellos hacían su imagen según la imaginación que tenían de ellos; tenían también imaginación que ciertas enfermedades, las cuales parece que son enfermedades de frío, procedían de los montes, o que aquellos montes tenían poder para sanarlas; y aquellos a quienes estas enfermedades acontecían, hacían voto de hacer fiesta y ofrenda a tal o a tal monte de quien estaba más cerca, o con quien tenía más devoción.

También hacían semejante voto aquellos que se veían en algún peligro de ahogarse en el agua de ríos, o de la mar.

Las enfermedades porque hacían estos votos eran la gota de las manos o de los pies, o de cualquiera parte del cuerpo; y también el tullimiento de algún miembro o de todo el cuerpo; y también el envaramiento del pescuezo, o de otra parte del cuerpo, o encogimiento de algún miembro, o el pararse yerto.

Aquellos a quien estas enfermedades acontecían, hacían voto de hacer las imágenes de estos dioses que se siguen: del dios del aire, la diosa del agua y el dios de la lluvia.

También la imagen del volcán que se llama *Popocatépetl* y la imagen de la Sierra Nevada;[14] y la imagen de un monte que se llama *Poiauhtecatl*, o de otros cualesquiera montes a quien se inclinaban por su devoción.

El que había hecho voto a alguno o a algunos montes o de estos dioses hacía su figura de una masa que se llama *tzoalli*, y poníalos en figura de personas; no lo hacía él por sus manos, porque no le era lícito, sino rogaba a los sátrapas, que eran en esto experimentados y para esto señalados, que le hiciesen estas imágenes a quien había hecho voto.

Los que las hacían poníanles dientes de pepitas de calabaza, y las ponían en lugar de ojos unos frijoles negros que son tan grandes como habas, aunque no de la misma hechura, y llámanlos *ayocotli*; en los demás atavíos poníanselos según la imagen con que los imaginan y pintan, al dios del viento, como *Quetzalcóatl*; al agua, como a la diosa del agua; a la lluvia como al dios de la lluvia, y a los otros montes según las imágenes con que los pintan.

---

[14]más conocido como Iztacíhuatl.

Después de hechas estas imágenes ofrecíanles papel de lo que ellos hacían, y era que un pliego de papel le echaban muchas gotas de la goma que se llama *ulli*, derretido; hecho esto colgaban al cuello de la imagen el papel, de manera que le cubría desde los pechos abajo, y con el remate de abajo arpaban el papel; también ponían estos mismos papeles goteados con *ulli*, y colgados de unos cordeles delante de las mismas imágenes, de manera que los papeles estaban asidos los unos de los otros, y meneábalos el aire porque estaban los cordeles en que estaban los papeles colgados atados a las puntas de unos varales, o báculos, que estaban hincados en el suelo y de la una punta del uno a la del otro, estaba atado el cordel o *mecatl*.

Ofrecían asimismo a estas imágenes vino, u *octli* o *pulcre*,[15] que es el vino de la tierra; y los vasos en que lo ofrecían eran de esta manera. Hay unas calabazas lisas, redondas, pecosas, entre verde y blanco o manchadas, que las llaman *tzlacayotli*, que son tan grandes como un gran melón; a cada una de estas partíanla por la mitad y sacábanle lo que tenía dentro, y quedaba hecha como una taza, y henchíanla del vino dicho y poníanlas delante de aquella imagen o imágenes, y decían que aquellos eran vasos de piedras preciosas que llaman *chalchihuitl*.

Todas estas cosas dichas hacían los sátrapas, que eran experimentados o estaban señalados para estos sacrificios. La otra gente no usaban hacer esto aunque fuese para en su casa.

Después de hechas las imágenes, aquellos por cuyo voto se hacían convidaban a los sátrapas para el quinto día, después de hechas las imágenes en que se había de hacer la fiesta; y llegado el quinto día pasaban aquella noche velando, cantando y bailando a honra de aquellas imágenes, y de los dioses que representaban, y aquella noche ofrecían cuatro veces tamales, que son como unos pastelejos redondos hechos de maíz, a los que cantaban y bailaban, que eran los sátrapas que habían hecho estas imágenes, y otros convidados para esta fiesta.

A todos daban comida cuatro veces en aquella noche, y todas cuatro veces tocaban instrumentos musicales, los que ellos usaban, que eran silbos que hacen metiendo el dedo meñique en la boca y tocando caracoles y flautas de las que ellos usaban.

Esto hacían unos mozos juglares que usaban de hacer esta música, y también a éstos les daban comida. Esto se hacía cuatro veces en esta noche; en amaneciendo, los sátrapas descabezaban aquellas imágenes que habían

---

[15]pulque.

hecho de masa; las descabezaban torciéndoles las cabezas, y tomaban toda aquella masa y llevábanla a la casa donde estaban todos juntos los sátrapas, que se llamaba *Calmecac*; y aquellos por cuyo voto se habían hecho aquellas imágenes, entrábanse luego donde estaban sus convidados: estaban con ellos todo aquel día, y a la tarde, de par de noche, bebían todos los viejos y viejas vino que llaman *pulcre*, u *octli*, por que éstos tenían licencia de beber este vino, y después que ya estaban medio borrachos, o del todo, se iban para sus casas.

Unos de ellos iban llorando, otros iban haciendo fieros como valientes y bailando, y pompeándose; otros iban riñendo unos con otros.

Los que hacían esta fiesta convidaban y apercibían para ella a los taberneros que hacían el *pulcre*, y exhortábanlos para que hiciesen buen vino, y los taberneros procuraban de hacer bien su vino, y para esto se abstenían cuatro días de llegar a mujer ninguna, por que tenían que si llegasen a mujer aquellos días el vino que hiciesen se había de acedar y estragar; absteníanse asimismo aquellos días de beber el *pulcre*, ni la miel de que se hace, ni aun mojando el dedo en ella lo llegaban a la boca hasta en tanto que el cuarto día se encetase[16] con la ceremonia que arriba se dijo.

Tenían por agüero, que si alguno bebía el vino, aunque fuese muy poco, antes que se hiciese la ceremonia del abrimiento de las tinajas como arriba se dijo, que se le había de torcer la boca hacia un lado, en pena de su pecado.

Decían también que si alguno se le secaba la mano o el pie, o se le acucharaba la mano o el pie; o le temblaba la cara, la boca o los labios, o si entraba en él algún demonio, todo esto decían que acontecía por que estos dioses de que aquí se trata se habían enojado contra él.

Después de acabada la fiesta, otro día luego de mañana el que había hecho la fiesta juntaba a sus parientes y a sus amigos, y a los de su barrio, con todos los de su casa, y acababan de comer y beber todo lo que había sobrado de la fiesta; a esto llamaban *apeoalo*, que quiere decir añadidura a lo que estaba comido y bebido; ninguna cosa quedaba de comer, ni de beber para otro día.

Decían que los gotosos haciendo esta fiesta sanaban de la gota, o de cualquiera de las enfermedades que arriba se dijeron, y los que habían escapado de algún peligro de agua con hacer esta fiesta cumplían con su voto.

---

[16]comenzase.

Acabada toda la fiesta los papeles y aderezos con que habían adornado estas imágenes, y todas las vasijas que habían sido menester para el convite, tomábanlo todo y llevábanlo a un sumidero que está en la laguna de México, que se llama *Pantítlan*, y allí lo arrojaban todo.

Libro II

QUE TRATA DEL CALENDARIO, FIESTAS Y CEREMONIAS, SACRIFICIOS Y SOLEMNIDADES QUE ESTOS NATURALES DE ESTA NUEVA ESPAÑA HACIAN A HONRA DE SUS DIOSES

Capítulo XX. De la fiesta y sacrificios que hacían en las calendas[17] del primero mes, que se llamaba *atlacahualo*, o *quauitleoa*

No hay necesidad en este segundo libro de poner confutación de las ceremonias idolátricas que en él se cuentan, porque ellas de suyo son crueles y tan inhumanas, que a cualquiera que las oyere le pondrán horror y espanto; y así no haré más de poner la relación simplemente a la letra.

En las calendas del primer mes del año, que se llamaba *quauitleoa*, y los mexicanos le llamaban *atlcahualo*, el cual comenzando segundo día de febrero, hacían gran fiesta a honra de los dioses del agua o de la lluvia llamados *Tlaloque*.

Para esta fiesta buscaban muchos niños de teta, comprándolos a sus madres; escogían aquellos que tenían dos remolinos en la cabeza y que hubiesen nacido en buen signo: decían que éstos eran más agradable sacrificio a estos dioses, para que diesen agua en su tiempo.

A estos niños llevaban a matar a los montes altos, donde ellos tenían hecho voto de ofrecer; a unos de ellos sacaban los corazones en aquellos montes, y a otros en ciertos lugares de la laguna de México.

El un lugar llamaban *Tepetzinco*, monte conocido que está en la laguna; y a otros en otro monte que se llama *Tepepulco*, en la misma laguna; y a otros en el remolino de la laguna que llamaban *Pantítlan*.

Gran cantidad de niños mataban cada año en estos lugares; y después de muertos los cocían y comían.

---

[17]primer día de cada mes.

En esta misma fiesta, en todas las casas y palacios levantaban unos palos como varales, en las puntas de los cuales ponían unos papeles llenos de gotas de *ulli*, a los cuales papeles llamaban *amateteuitl*; esto hacían a honra de los dioses del agua.

Los lugares donde mataban los niños son los siguientes: el primero se llama *Quauhtépetl*: es una sierra eminente que está cerca de Tlatelolco. A los niños, o niñas que allí mataban poníanlos el nombre del mismo monte, que es *Quauhtépetl*; a los que allí mataban componíanlos con los papeles teñidos de color encarnado.

Al segundo monte sobre que mataban niños llamaban *Ioaltécatl*; es una sierra eminente que esta cabe[18] Guadalupe; ponían el mismo nombre del monte a los niños que allí morían, que es *Ioaltécatl*, y componíanlos con unos papeles teñidos de negro con unas rayas de tinta colorada.

El tercer monte sobre que mataban niños se llama *Tepetzinco*; es aquel montecillo que está dentro la laguna frontero del *Tlatelolco*; allí mataban una niña y llamábanla *Quetzálxoch* porque así se llamaba también el monte por otro nombre; componíanla con unos papeles teñidos de tinta azul.

El cuarto monte sobre que mataban niños se llama *Poyauhtla* y es un monte que está en los términos de Tlazcala, y allí, cabe *Tepetzinco*, a la parte de oriente tenían edificada una casa que llamaban *ayauhcalli*, en esta casa mataban niños a honra de aquel monte y llamábanlos *Poyauhtla*, como al mismo monte, que está acullá en los términos de Tlaxcala; componíanlos con unos papeles rayados con aceite de *ulli*.

El quinto lugar en que mataban niños era el remolino o sumidero de la laguna de México, al cual llamaban *Pantítlan*; a los que allí morían llamaban *epcóatl*; el atavío con que los aderezaban eran unos atavíos que llamaban *epnepaniuhqui*.

El sexto lugar o monte donde mataban estos niños se llama *Cócotl*; es un monte que está cabe Chalco Ateneo; a los niños que allí mataban llamábanlos *Cócotl*, como al mismo monte, y aderezábanlos con unos papeles la mitad colorados y la mitad leonados.

El séptimo lugar donde mataban los niños era un monte que llaman *Yiauhqueme*, que está cabe *Atlacuihuaya*; poníanlos el nombre del mismo monte; ataviábanlos con unos papeles de color leonado.

---

[18]junto a, cerca de.

Estos tristes niños antes que los llevasen a matar aderezábanlos con piedras preciosas, con plumas ricas y con mantas y *maxtles*[19] muy curiosas y labradas, y con cotaras muy labradas y muy curiosas, y poníanlos unas alas de papel como ángeles y teñían los las caras con aceite de *ulli*, y en medio de las mejillas les ponían unas rodajitas de blanco; y poníanlos en unas andas muy aderezadas con plumas ricas y con otras joyas ricas, y llevándolos en las andas, íbanles tañendo con flautas y trompetas que ellos usaban.

Y por donde los llevaban toda la gente lloraba, cuando llegaban con ellos a un oratorio que estaba junto a *Tepetzinco*, de la parte del occidente, al cual llamaban *Tozócan*; allí los tenían toda una noche velando y cantábanles cantares los sacerdotes de los ídolos, porque no durmiesen.

Y cuando ya llevaban los niños a los lugares a donde los habían de matar, si iban llorando y echaban muchas lágrimas, alegrábanse los que los veían llorar porque decían que era señal que llovería muy presto.

Y si topaban en el camino algún hidrópico, teníanlo por mal agüero y decían que ellos impedían la lluvia.

Si alguno de los ministros del templo, y otros que llamaban *quaquacuiltin*, y los viejos, se volvían a sus casas y no llegaban a donde habían de matar los niños, teníanlos por infames e indignos de ningún oficio público de allí adelante, llamándolos *mocauhque*, que quiere decir dejados.

Tomaban pronóstico de la lluvia y de la helada del año de la venida de algunas aves y de sus cantos.

Hacían otra crueldad en esta misma fiesta, que todos los cautivos los llevaban a un templo que llamaban *Iopico*, del dios *Tótec*, y en este lugar, después de muchas ceremonias ataban a cada uno de ellos sobre una piedra como muela de molino, y atábanlos de manera que pudiesen andar por toda la circunferencia de la piedra, y dábanlos una espada de palo sin navajas, y una rodela, y poníanlos pedazos de madera de pino para que tirasen; y los mismos que los habían cautivado iban a pelear con ellos, con espadas y rodelas, y en derrocándolos llevábanlos luego al lugar del sacrificio, donde echados de espaldas sobre una piedra de altura de tres o cuatro palmos, y de anchura de palmo y medio en cuadro, que ellos llamaban *téchcatl*, tomábanlos dos por los pies y otros dos por las manos, y otro por la cabeza, y otro con un navajón de pedernal con un golpe se lo sumía por los pechos, y por aquella abertura metía la mano y le arrancaba el corazón, el cual luego le ofrecía al sol y a los otros dioses, señalando con él hacia las cuatro partes del mundo; hecho esto

---

[19] un tipo de bragas.

echaban el cuerpo por las gradas abajo, e iba rodando y dando golpes hasta llegar abajo; en llegando abajo tomábale el que le había cautivado, y hecho pedazos le repartía para comerle cocido.

EXCLAMACION DEL AUTOR

No creo que haya corazón tan duro que oyendo una crueldad tan inhumana, y más que bestial y endiablada, como la que arriba queda puesta, no se enternezca y mueva a lágrimas y horror y espanto; y ciertamente es cosa lamentable y horrible ver que nuestra humana naturaleza haya venido a tanta bajeza y oprobio que los padres, por sugestión del demonio, maten y coman a sus hijos, sin pensar que en ello hacían ofensa ninguna, mas antes con pensar que en ello hacían gran servicio a sus dioses. La culpa de esta tan cruel ceguedad, que en estos desdichados niños se ejecutaba, no se debe tanto imputar a la crueldad de los padres, los cuales derramando muchas lágrimas y con gran dolor de sus corazones la ejercitaban, cuanto al crudelísimo odio de nuestro enemigo antiquísimo Satanás, el cual con malignísima astucia los persuadió a tan infernal hazaña. ¡Oh señor Dios, haced justicia de este cruel enemigo, que tanto mal nos hace y nos desea hacer! ¡Quitadle, señor, todo el poder de empecer!

LIBRO VI

DE LA RETORICA Y LA FILOSOFIA MORAL Y TEOLOGIA DE LA GENTE MEXICANA, DONDE HAY COSAS MUY CURIOSAS, TOCANTES A LOS PRIMORES DE SU LENGUA, Y COSAS MUY DELICADAS TOCANTES A LAS VIRTUDES MORALES

Capítulo VIII. Del lenguaje y afectos que usaban cuando oraban al dios de la pluvia[20] llamado *Tlaloc* el cual tenían que era señor y rey del paraíso terrenal, con otros muchos dioses sus sujetos, que llamaban *Tlaloques*, y su hermana llamada *Chicomecóatl*: la diosa Ceres. Esta oración usaban los sátrapas en tiempo de seca para pedir agua a los arriba dichos: contiene muy delicada materia; están expresos en ella muchos de los errores que antiguamente tenían

---

[20]lluvia.

¡Oh señor nuestro humanísimo, y liberal dador y señor de las verduras y frescuras, y señor del paraíso terrenal, oloroso y florido, y señor del incienso o copal! ¡Ay dolor, que los dioses del agua vuestros sujetos se han recogido y escondido en su recogimiento—los cuales suelen dar las cosas necesarias, y son servidos con *ulli* y con *yauhtli* y con copal—y dejaron escondidos todos los mantenimientos necesarios a nuestra vida, que son piedras preciosas, como esmeraldas y zafiros; y lleváronse consigo a su hermana la diosa de los mantenimientos, y también se llevaron consigo la diosa del *chilli* o *ají*.

¡Oh señor nuestro, dolor de nosotros que vivimos, que las cosas de nuestro mantenimiento por tierra van, todo se pierde y todo se seca, parece que está empolvorizado[21] y revuelto con telas de arañas por la falta del agua!

¡Oh dolor de los tristes *maceguales*[22] y gente baja! ya se pierden de hambre, todos andan desemejados y desfigurados: unas orejas traen como de muertos; traen las bocas secas, como esparto, y los cuerpos que se les pueden contar todos los huesos, bien como figura de muerte; y los niños todos andan desfigurados y amarillos, de color de tierra, no solamente aquellos que ya comienzan a andar, pero aun también todos los que están en las cunas; no hay nadie a quien no llegue esta aflicción y tribulación de la hambre que ahora hay.

Hasta los animales y aves padecen gran necesidad por razón de la sequedad que hay; es gran angustia de ver las aves, unas de ellas traen las alas caídas y arrastrando, de hambre, otras que se van cayendo de su estado, que no pueden andar, y otras abiertas las bocas de sed y hambre; y los animales, señor nuestro, es gran dolor de verlos que andan azacadillando[23] y cayendo de hambre, y andan lamiendo la tierra de hambre, andan las lenguas colgadas y las bocas abiertas carleando[24] de hambre y de sed.

Y la gente toda pierde el seso, y se mueren por la falta de agua: todos perecen sin quedar nadie.

Es también, señor, gran dolor ver toda la haz de la tierra seca, ni puede criar ni producir las yerbas ni los árboles, ni cosa ninguna que pueda

---

[21]empolvado.

[22]los indios de condición humilde.

[23]dando tumbos.

[24]jadeando.

servir de mantenimiento; solía como padre y madre criarnos, y darnos leche con los mantenimientos y yerbas y frutos que en ella se criaban, y ahora todo está seco, todo está perdido, no parece sino que los dioses *Tlaloques* lo llevaron todo consigo, y lo escondieron donde ellos están recogidos, en su casa, que es el paraíso terrenal.

¡Señor nuestro: todas las cosas que nos solíades[25] dar por vuestra largueza, con que vivíamos y nos alegrábamos, y que son vida y alegría de todo el mundo, y que son preciosas como esmeraldas y como zafiros, todas estas cosas se nos han ausentado y se nos han ido!

Señor nuestro, dios de los mantenimientos y dador de ellos humanísimo y piadosísimo, ¿qué es lo que habéis determinado de hacer de nosotros?

¿Habéisnos por ventura desamparado del todo? ¿No se aplacará vuestra ira e indignación? ¿Habéis determinado que se pierdan todos vuestros siervos y vasallos, y que quede desolado y despoblado vuestro pueblo, reino o señorío? ¿Está ya determinado por ventura que esto se haga? ¿Determinóse en el cielo y en el infierno?

¡Oh señor, siquiera concededme esto, que los niños inocentes que aun no saben andar, y los que están aún en las cunas, sean proveídos de las cosas de comer, porque vivan y no perezcan en esta necesidad tan grande! ¿Qué han hecho los pobrecitos para que sean afligidos y muertos de hambre?

Ninguna ofensa han hecho, ni saben qué cosa es pecar, ni han ofendido a los dioses del cielo ni a los del infierno; y si nosotros hemos ofendido en muchas cosas, y nuestras ofensas han llegado al cielo y al infierno, y los hedores de nuestros pecados se han dilatado hasta los fines de la tierra, justo es que seamos destruidos y acabados; ni tenemos qué decir, ni con qué nos excusar, ni con qué resistir a lo que está determinado contra nosotros en el cielo y en el infierno.

Hágase, perdamos todos, y esto con brevedad por que no suframos tan prolija fatiga, que más grave es lo que padecemos que si estuviésemos en el fuego quemándonos.

Cierto, es cosa espantable sufrir el hambre, que es así como una culebra que con deseo de comer, está tragando la saliva y está carleando, demandando de comer, y está voceando porque le den comida; es cosa espantable ver la agonía que tiene demandando de comer; es esta hambre tan intensa, como un fuego encendido, que está echando de sí chispas o centellas.

---

[25]solíais

Hágase, señor, lo que muchos años ha que oímos decir a los viejos y viejas que pasaron, caiga sobre nos el cielo y desciendan los demonios del aire llamados *tzitzimites*, los cuales han de venir a destruir la tierra con todos los que en ella habitan, y para que siempre sean tinieblas y obscuridad en todo el mundo y en ninguna parte haya habitación de gente.

Estos los viejos lo supieron y ellos lo divulgaron, y de mano en mano ha venido hasta nosotros, que se ha de cumplir hacia el fin del mundo, después que ya la tierra estuviere harta de producir más criaturas. ¡Señor nuestro: por riquezas y pasatiempos tendremos que esto venga sobre nosotros!

¡Oh pobres de nosotros! tuviérades[26] ya por bien, señor, que viniera pestilencia, que de presto nos acabara, la cual plaga suele venir del dios del infierno. En tal caso, por ventura, la diosa de los mantenimientos y el dios de las mieses hubieran proveído de algún refrigerio, con que los que muriesen llevasen alguna mochila para andar el camino hacia el infierno.

Ojalá esta tribulación fuera de guerra, que procede de la impresión del sol, la cual él despierta como fuerte y valerosa en la tierra, porque en este caso tuvieran los soldados y valientes hombres, fuertes y belicosos, gran regocijo y placer en hallarse en ella, puesto que allí mueren muchos y se derrama mucha sangre, y se hinche el campo de cuerpos muertos y de huesos, y calaveras de los vencidos, y se hinche la haz de la tierra de cabellos de las cabezas que allí se pelan, cuando se pudren; y esto no se teme con tener entendido que sus almas van a la casa del sol, donde se hace aplauso al sol con voces de alegría, y se chupan las flores de diversas maneras, con gran delectación, donde son glorificados y ensalzados todos los valientes y esforzados que murieron en la guerra.

Y los niños chiquitos tiernos que mueren en la guerra son presentados al sol muy limpios y polidos[27] y resplandecientes, como una piedra preciosa, y para ir su camino a la casa del sol, vuestra hermana, la diosa de los mantenimientos, los provee de la mochila que han de llevar, porque esta provisión de las cosas necesarias, es el esfuerzo y ánimo y el bordón de toda la gente del mundo, y sin ella no hay vivir.

Pero esta hambre con que nos afliges, oh señor nuestro humanísimo, es tan aflictiva y tan intolerable, que los tristes de los *maceguales* no lo pueden sufrir ni soportar y mueren muchas veces estando vivos; y no solamente este daño siente la gente toda, pero también todos los animales.

---

[26]tuvieraís

[27]pulidos.

¡Oh señor nuestro piadosísimo, señor de las verduras, y de las gomas y de las yerbas olorosas y virtuosas!

Suplícoos tengáis por bien de mirar con ojos de piedad a la gente de este vuestro pueblo, reino o señorío, que ya se pierde, ya peligra, ya se acaba, ya se destruye y perece todo el mundo, hasta las bestias y animales y aves se pierden y acaban sin remedio ninguno.

Pues que esto pasa así, como digo, suplícoos tengáis por bien de enviar a los dioses que dan los mantenimientos, y dan las pluvias y temporales, y que son señores de las yerbas y de los árboles, para que vengan a hacer sus oficios acá al mundo; ábrase la riqueza y la prosperidad de vuestros tesoros, y muévanse las sonajas de alegría, que son báculos de los señores dioses del agua, y tomen sus cotaras de *ulli* para caminar con ligereza.

Ayudad, señor, a nuestro señor dios de la tierra, siquiera con una mollizna[28] de agua, porque él nos cría y nos mantiene cuando hay agua; tened por bien, señor, de consolar al maíz y a los *etles*,[29] y a los otros mantenimientos muy deseados y muy necesarios que están sembrados y plantados en los camellones de la tierra, y padecen gran necesidad y gran angustia por la falta de agua.

Tened por bien, señor, que reciba la gente esta merced y este favor de vuestra mano, que merezcan ver y gozar de las verduras y frescuras, que son como piedras preciosas, que es el fruto y la sustancia de los señores *Tlaloques*, que son las nubes que traen consigo y siembran sobre nosotros la pluvia.

Tened por bien, señor, que se alegren y regocijen los animales, y las yerbas, y tened por bien que las aves y pájaros de preciosas plumas como son el *quechol* y—zacuan vuelen y canten, y chupen las yerbas y flores.

Y no sea esto con truenos y rayos, significadores de vuestro enojo, porque si vienen nuestros señores *Tlaloques* con truenos y rayos, como los *maceguales* están flacos y toda la gente muy debilitada del hambre, espantarlos han,[30] y atemorizarlos han; y si algunos están ya señalados para que vayan al paraíso terrenal, heridos y muertos con rayos, sean solos éstos y no más, y no se haga daño, ni fraude a otro alguno a la demás gente que andan derramados por los montes y por las cabañas, ni tampoco dañen a los árboles, y magueyes y otras plantas que nacen de la tierra, que son necesarias para la vida, y mantenimiento y sustento de la gente pobre y desamparada y desecha-

---

[28]llovizna.

[29]frijoles.

[30]han de espantarlos; los espantarán.

da, que con dificultad pueden haber los mantenimientos para vivir y pasar la vida, los cuales de hambre andan las tripas vacías y pegadas a las costillas.

¡Oh señor humanísimo, generosísimo, dador de todos los mantenimientos, tened, señor, por bien de consolar a la tierra, y a todas las cosas que viven sobre la haz de la tierra! Con gran suspiro y angustia de mi corazón llamo, y ruego a todos los que sois dioses del agua, que estáis en las cuatro partes del mundo, oriente, occidente, septentrión y austro, y los que habitáis en las concavidades de la tierra, o en el aire, o en los montes altos, o en las cuevas profundas, que vengáis a consolar esta pobre gente y a regar la tierra, porque los ojos de los que habitan en la tierra, así hombres, como animales y aves, están puestos—y su esperanza—en vuestras personas. ¡Oh señores nuestros, tened por bien de venir!

Capítulo XVIII. Del lenguaje y afectos que los señores usaban hablando y doctrinando a sus hijas cuando ya habían llegado a los años de discreción: exhórtanlas a toda disciplina y honestidad interior y exterior y a la consideración de su nobleza para que ninguna cosa hagan por donde afrenten a su linaje, háblanlas con muy tiernas palabras y en cosas muy particulares

"Tú, hija mía, preciosa como cuenta de oro y como pluma rica, salida de mis entrañas, a quien yo engendré y que eres mi sangre y mi imagen, que estás aquí presente, oye con atención lo que te quiero decir, porque ya tienes edad de discreción: dios criador te ha dado uso de razón y de habilidad para entender, el cual está en todo lugar y es criador de todos; y pues que es así que ya entiendes, y tienes uso de razón para saber y entender cómo son las cosas del mundo y que en este mundo no hay verdadero placer, ni verdadero descanso, más antes hay trabajos y aflicciones y cansancios extremados, y abundancia de miserias y pobrezas.

¡Oh hija mía, que este mundo es de llorar y de aflicciones, y de descontentos, donde hay fríos y destemplanzas de aire, y grandes calores del sol, que nos aflige, y es lugar de hambre y de sed! Esto es muy gran verdad y por experiencia lo sabemos.

"Nota bien lo que te digo, hija mía, que este mundo es malo y penoso, donde no hay placeres, sino descontentos. Hay un refrán que dice, que no hay placer sin que no esté junto con mucha tristeza; que no hay descanso, que no esté junto con mucha aflicción, acá en este mundo; este es dicho de los antiguos, que nos dejaron para que nadie se aflija con demasiados lloros y con demasiada tristeza.

Nuestro señor nos dio la risa, y el sueño, y el comer y el beber con que nos criamos y vivimos, diónos también el oficio de la generación, con que nos multiplicamos en el mundo; todas estas cosas dan algún contento a nuestra vida por poco espacio; para que nos aflijamos continuos lloros y tristezas; y aunque esto es así, y este es el estilo del mundo, y están algunos placeres mezclados con muchas fatigas, no se echa de ver ni aun se teme, ni aun se llora, porque vivimos en este mundo, y hay reinos y señoríos, y dignidades y oficios de honra, unos cerca de los señoríos y reinos, otros cerca de las cosas de la milicia.

Esto que está dicho es muy gran verdad que pasa así en el mundo, mas nadie lo considera, nadie piensa en la muerte, solamente se considera lo presente, que es el ganar de comer y beber y buscar la vida, edificar casas y trabajar para vivir, y buscar mujeres para casarse; y las mujeres cásanse pasando del estado de la mocedad al estado de los casados; esto, hija mía, es así como he dicho.

Pues nota ahora y oye con sosiego, que aquí está tu madre y señora, de cuyo vientre saliste, como una piedra que se corta de otra, y te engendró como una yerba que engendra a otra, así tú brotaste y naciste de tu madre; has estado hasta aquí como dormida, ahora ya has despertado; mira y oye, y sábete que el negocio de este mundo es como tengo dicho. Ruego a dios que vivas muchos días.

"Es menester que sepas cómo has de vivir, y cómo has de andar tu camino, porque el camino de este mundo es muy dificultoso, y mira hija mía, palomita mía, que el camino de este mundo no es poco dificultoso, sino es espantablemente dificultoso.

Ten entendido, hija mía primogénita, que vienes de gente noble, de hidalgos y generosos; eres de sangre de señores y senadores que ha ya muchos años que murieron, y reinaron y poseyeron el trono y estrado del reino, y dejaron fama y honra a las dignidades que tuvieron y engrandecieron su nobleza; nota, hija mía, quiérote declarar lo que digo:

Sábete que eres noble y generosa, considérate y conócete como tal; aunque eres doncellita era preciosa como un *chalchihuite*[31] y como un zafiro, y fuistes labrada y esculpida de noble sangre de generosos parientes; vienes de parientes muy principales e ilustres, y esto que te digo, hija mía, bien lo entiendes, porque ya no andas amontonando la tierra y burlando con las tejuelas y con la tierra con otras niñas, que ya entiendes y tienes discreción y

---

[31]un tipo de piedra preciosa, parecida a la esmeralda.

usas de razón; mira que no te deshonres a ti misma, mira que no te avergüences a ti misma, mira que no avergüences y afrentes a nuestros antepasados, señores y senadores; mira que no hagas alguna vileza, mira que no te hagas persona vil, pues eres noble y generosa.

Ve aquí la regla que has de guardar para vivir bien en este mundo, entre la gente que en él vive, mira que eres mujer, nota lo que has de hacer de noche y de día, debes orar muchas veces y suspirar al dios invisible e impalpable, que se llama *Yoalli Ehécatl*; demándale con clamores y puesta en cruz en el secreto de tu cama y de tu recogimiento; mira que no seas dormidora, despierta y levántate a la media noche, y póstrate de rodillas y de codos delante de él; inclínate y cruza los brazos, llama con clamores de tu corazón a nuestro señor dios, invisible e impalpable, porque de noche se regocija con los que le llaman; entonces te oirá, entonces hará misericordia contigo, entonces te dará lo que te conviene y aquello de que fueres digna.

Y si por ventura antes del principio del mundo te fue dada alguna siniestra ventura, algún hado contrario en que naciste, orando y haciendo penitencia como está dicho se mejorará, y nuestro señor dios lo abonará.

Mira, hija, que de noche te levantes y veles, y te pongas en cruz; echa de ti de presto la ropa, lávate la cara, lávate las manos, lávate la boca, toma de presto la escoba para barrer, barre con diligencia, no te estés perezosa en la cama; levántate a lavar las bocas a los dioses y a ofrecerlos incienso, y mira no dejes esto por pereza, que con estas cosas demandamos a dios y clamamos a dios, para que nos dé lo que cumple.

Hecho esto comienza luego a hacer lo que es de tu oficio, o hacer cacao, o moler el maíz, o a hilar, o a tejer; mira que aprendas muy bien cómo se hace la comida y bebida, para que sea bien hecha; aprende muy bien a hacer la buena comida y buena bebida, que se llama comer y beber delicado para los señores, y a solos ellos se da, y por esto se llama *tetonal tlatocatlacualli tlatocaatl*, que quiere decir comida y bebida delicada, que a solos los señores y generosos les conviene; y mira que con mucha diligencia y con toda curiosidad y aviso aprendas cómo se hace este comida y bebida, que por esta vía serás honrada y amadas y enriquecida, donde quiera que dios te diere la suerte de tu casamiento.

Y si por ventura vinieres a necesidad de pobreza, mira, aprende muy bien y con gran advertencia el oficio de las mujeres, que es hilar y tejer; abre bien los ojos para ver cómo hacen delicada manera de tejer y de labrar, y de hacer las pinturas en las telas, y cómo ponen los colores y cómo juntan los unos con los otros para que digan bien, las que son señoras y hábiles en este arte; aprende bien cómo se urde la tela y cómo se ponen los lizos en la tela, cómo se ponen las cañas entre la una tela y la otra, para que pase por en medio la lanzadera.

Mira que seas en esto muy avisada y muy diligente; mira que no dejes de saber esto por negligencia o por pereza, porque ahora que eres mozuela tienes buen tiempo para entender en esto, porque tu corazón está simple y hábil y es como *chalchihuite* fino y como zafiro, y tiene habilidad porque aun no está amancillado de algún pecado: está puro y simple y limpio, sin mezcla de alguna mala afección, y también porque aun vivimos los que te engendramos, porque tú no te hiciste a ti, ni te formaste, yo y tu madre tuvimos este cuidado y te hicimos, porque esta es la costumbre del mundo, no es invención de alguno, es ordenación de nuestro señor dios que haya generación por vía de hombre y de mujer, para hacer multiplicación y generación.

"Y entre tanto que somos y vivimos, y en nuestra presencia y antes que muramos, antes que nos llame nuestro señor, conviénete mucho, hija mía muy amada, mi paloma, mi primogénita, que entiendas en estas cosas dichas y las sepas muy bien, para que después de nuestra muerte puedas vivir honrada y entre personas honradas, porque andar a coger yerbas o a vender leña, o a vender ají verde, o sal o salitre a los cantones[32] de las calles, esto en ninguna manera te conviene, porque eres generosa y desciendes de gente noble e hidalga.

Por ventura acontecerá lo que no pensamos y lo que nadie piensa, que alguno se aficionará a ti y te demandará, y si no estás experta en las cosas de tu oficio mujeril, ¿qué será entonces? ¿No nos darán con ello en la cara, y nos zaherirán, que no te enseñamos lo que era menester que supieses?

Y si por ventura entonces ya fuéremos muertos, yo y tu madre, murmurarán de nosotros porque no te enseñamos cuando vivíamos, y dirán: mal siglo hayan, porque no enseñaron a su hija; y tú provocarás contra ti riñas y maldiciones, tú serás causa de tu mal.

Y si ya fueres diestra, en lo que has de hacer, no habrá ocasión entonces de que nadie te riña, no tendrá lugar la reprehensión; entonces con razón serás loada y honrada, y tendrás presunción y te estimarás, como si estuvieses en los estrados de los que por sus hazañas en la guerra merecieron honra; presumirás de la rodela, como los buenos soldados; y si por venturas ya fueres diestra en tu oficio como el soldado en el ejercicio de la guerra, entonces, donde estuvieres, acordarse han de nosotros y nos bendecirán y honrarán por tu causa; y si por ventura no hicieres nada bien de lo que has

---

[32]esquina.

de hacer, maltratarte han, pelearte han, y por ti se dirá que con dificultad te lavarás, o que no tendrás tiempo para rascarte la cabeza.

"De estas dos cosas sólo dios sabe cuál te ha de caber, y para cuál de ellas te tiene, o que siendo diligente y sabia en tu oficio seas amada y tenida, o que siendo perezosa, y negligente y boba, seas mal tratada y aborrecida.

Mira, hija mía, que notes muy bien lo que ahora te quiero decir; mira que no deshonres a tus padres, ni siembres estiércol y polvo encima de tus pinturas, que significan las buenas obras y fama: mira que no los infames; mira que no te des al deleite carnal; mira que no te arrojes sobre el estiércol y hediondez de la lujuria; y si has de venir a esto, más valdría que tu murieras luego.

Mira, hija mía, que muy poco a poco vayas aprovechando en las cosas que te tengo dichas; porque si pluguiere a nuestro señor que alguno te quiera y te pida, no le deseches, no menosprecies la voluntad de nuestro señor porque él le envía, recíbele, tómale, no te excuses, no deseches ni menosprecies, no esperes a tres veces que te lo digan, no te hurtes, no te escabullas burlando.

Aunque eres nuestra hija, aunque vienes de parientes nobles y generosas, no te jactes de ello porque ofenderás a nuestro señor, y apedrearte han con piedras de estiércol y de suciedad, quiero decir que permitirá que caigas en vergüenza y confusión por tu mala vida, y también él se burlará de ti, y dirán ya quiere, ya no quiere; mira que no escojas entre los hombres el que mejor te parezca, como hacen los que van a comprar las mantas al *tiánquez* o mercado; recibe al que te demanda, y mira que no hagas como se hace cuando se crían las mazorcas verdes, que son *xilotes* o elotes, que se buscan las mejores y más sabrosas; mira que no desees algún hombre por ser mejor dispuesto; mira que no te enamores de él apasionadamente.

Si fuere bien dispuesto el que te demandare, recíbele; y si fuere mal dispuesto y feo, no le deseches; toma aquél porque lo envía dios y si no le quisieres recibir, él burlará de ti, deshonrarte ha, trabajando a ver tu cuerpo por mala vía; y después te apregonará[33] por mala mujer.

Mira, hija, que te esfuerces, y mira muy bien quién es tu enemigo, mira que nadie burle de ti, mira que no te des a quien no conoces, que es como viandante que nada bellaqueando y es bellaco; mira hija que no te juntes con otro, sino con sólo aquel que te demandó; persevera con él hasta que muera; no le dejes aunque él te quiera dejar, aunque sea pobrecito labra-

---

[33]pregonar.

dor, u oficial, o algún hombre común de bajo linaje; aunque no tenga qué como no le menosprecies, no le dejes, porque poderoso es nuestro señor de proveeros y honraros, porque es sabedor de todas las cosas y hace mercedes a quien quiere.

Esto que he dicho, hija mía, te doy para tu doctrina, para que te sepas valer; y con esto hago contigo lo que debo delante de dios; y si lo perdieres y lo olvidares, sea a tu cargo, que yo ya hice mi deber. ¡Oh hija mía muy amada, primogénita palomita, seas bienaventurada y nuestro señor te tenga en su paz y reposo".

Historia general de las cosas de Nueva España. Editada por Angel María Garibay. México, D.F.: Editorial Porrúa, 1956.

INCA GARCILASO DE LA VEGA (Perú; 1539-1616)

Comentarios reales

PROEMIO

AL LECTOR

Aunque ha habido españoles curiosos que han escrito las repúblicas del Nuevo Mundo, como la de México y la del Perú y las de otros reinos de aquella gentilidad, no ha sido con la relación entera que de ellos se pudiera dar, que lo he notado particularmente en las cosas que del Perú he visto escritas, de las cuales, como natural de la ciudad del Cuzco, que fue otra Roma en aquel Imperio, tengo más larga y clara noticia que la que hasta ahora los escritores han dado. Verdad es que tocan muchas cosas de las muy grandes que aquella república tuvo, pero escríbenlas tan cortamente que aun las muy notorias para mí (de la manera que las dicen) las entiendo mal. Por lo cual, forzado del amor natural de la patria, me ofrecí al trabajo de escribir estos *Comentarios*, donde clara y distintamente se verán las cosas que en aquella república había antes de los españoles, así en los ritos de su vana religión como en el gobierno que en paz y en guerra sus Reyes tuvieron, y todo lo demás que de aquellos indios se puede decir, desde lo más ínfimo de ejercicio de los vasallos hasta lo más alto de la corona real. Escribimos solamente del Imperio de los Incas, sin entrar en otras monarquías, porque no tengo la noticia de ellas que de ésta. En el discurso de la historia protestamos la verdad de ella, y que no diremos cosa grande que no sea autorizánodola con los mismos historiadores españoles que la tocaron en parte o en todo; que mi intención no es contradecirles, sino servirles de comento y glosa y de intérprete en muchos vocablos indios, que, como extranjeros en aquella lengua, interpretaron fuera de la propiedad de ella, según que largamente se verá en el discurso de la historia, la cual ofrezco a la piedad del que la leyere, no con pretensión de otro interés más que de servir a la república cristiana, para que se den gracias a Nuestro Señor Jesucristo y a la Virgen María su madre, por cuyos méritos e intercesión se dignó la Eterna Majestad de sacar del abismo de la idolatría tantas y tan grandes naciones y reducirlas al gremio de su Iglesia Católica Romana, madre y señora nuestra. Espero que se recibirá con la misma intención que yo la ofrezco, porque es la correspondencia que mi voluntad merece, aunque la obra no la merezca.

Otros dos libros se quedan escribiendo de los sucesos que entre los españoles, en aquella mi tierra, pasaron hasta el año de 1560 que yo salí de ella. Deseamos verlos ya acabados para hacer de ellos la misma ofrenda que de éstos. Nuestro Señor, etc.

LIBRO PRIMERO

Capítulo VIII. La descripción del Perú

Los cuatro términos que el Imperio de los Incas tenía cuando los españoles entraron en él son los siguientes. Al norte llegaba hasta el río Ancasmayu, que corre entre los confines de Quito y Pasto; quiere decir, en la lengua general del Perú, río azul; está debajo de la línea equinoccial, casi perpendicularmente. Al mediodía tenía por término al río llamado Maulli, que corre leste hueste[1] pasado el reino de Chile, antes de llegar a los araucos,[2] el cual está más de cuarenta grados de la equinoccial al sur. Entre estos dos ríos ponen poco menos de mil y trescientas leguas de largo por tierra. Lo que llaman Perú tiene setecientas y cincuenta leguas de largo por tierra desde el río Ancasmayu hasta los Chichas, que es la última provincia de los Charcas, norte sur; y lo que llaman reino de Chile contiene cerca de quinientas y cincuenta leguas, también norte sur, contando desde lo último de la provincia de los Chichas hasta el río Maulli.

Al levante tiene por término aquella nunca jamás pisada de hombres ni de animales ni de aves, inaccesible cordillera de nieves que corre desde Santa Marta hasta el Estrecho de Magallanes, que los indios llaman Ritisuyu, que es banda de nieves. Al poniente confina con la Mar del Sur, que corre por toda su costa de largo a largo; empieza el término del Imperio por la costa desde el cabo de Pasau, por do[3] pasa la línea equinoccial, hasta el dicho río Maulli, que también entra en la Mar del Sur. Del levante al poniente es angosto todo aquel reino. Por lo más ancho, que es atravesando desde la

---

[1]del este al oeste.

[2]los indios araucanos; ver texto de Alonso de Ercilla en esta antología.

[3]donde.

provincia de Muyupampa por los Chachapuyas hasta la ciudad de Trujillo, que está a la costa de la mar, tiene ciento y veinte leguas de ancho, y por lo más angosto, que es desde el puerto de Arica a la provincia llamada Llaricasa, tiene setenta leguas de ancho. Estos son los cuatro términos de lo que señorearon los Reyes Incas, cuya historia pretendemos escribir mediante el favor divino.

Será bien, antes que pasemos adelante, digamos aquí el suceso de Pedro Serrano que atrás propusimos, porque no esté lejos de su lugar y también porque este capítulo no sea tan corto. Pedro Serrano salió a nado a aquella isla desierta que antes de él no tenía nombre, la cual, como él decía, tenía dos leguas en contorno; casi lo mismo dice la carta de marear, porque pinta tres islas muy pequeñas, con muchos bajíos a la redonda, y la misma figura le da a la que llaman Serranilla, que son cinco isletas pequeñas con muchos más bajíos que la Serrana, y en todo aquel paraje los hay, por lo cual huyen los navíos de ellos, por caer en peligro.

A Pedro Serrano le cupo en suerte perderse en ellos y llegar nadando a la isla, donde se halló desconsoladísimo, porque no halló en ella agua ni leña ni aun yerba que poder pacer, ni otra cosa alguna con que entretener la vida mientras pasase algún navío que de allí lo sacase, para que no pereciese de hambre y de sed, que le parecían muerte más cruel que haber muerto ahogado, porque es más breve. Así pasó la primera noche llorando su desventura, tan afligido como se puede imaginar que estaría un hombre puesto en tal extremo. Luego que amaneció, volvió a pasear la isla; halló algún marisco que salía de la mar, como son cangrejos, camarones y otras sabandijas, de las cuales cogió las que pudo y se las comió crudas porque no había candela donde asarlas o cocerlas. Así se entretuvo hasta que vio salir tortugas; viéndolas lejos de la mar, arremetió con una de ellas y la volvió de espaldas; lo mismo hizo de todas las que pudo, que para volverse a enderezar son torpes, y sacando un cuchillo que de ordinario solía traer en la cinta, que fue el medio para escapar de la muerte, degolló y bebió la sangre en lugar de agua; lo mismo hizo de las demás; la carne puso al sol para comerla hecha tasajos y para desembarazar las conchas, para coger agua en ellas de la llovediza, porque toda aquella región, como es notorio, es muy lluviosa. De esta manera se sustentó los primeros días con matar todas las tortugas que podía, y algunas había tan grandes y mayores que las mayores adargas, y otras como rodelas y como broqueles, de manera que las había de todos tamaños. Con las muy grandes no se podía valer para volverlas de espaldas porque le vencían de fuerzas, y aunque subía sobre ellas para cansarlas y sujetarlas, no le aprovechaba nada, porque con él a cuestas se iban a la mar, de manera que la experiencia le decía a cuáles tortugas había de asometer[4] y a cuáles se había de rendir. En las conchas recogió mucha agua, porque algunas había que cabían a dos arrobas y de allí abajo.

Viéndose Pedro Serrano con bastante recaudo para comer y beber, le pareció que si pudiese sacar fuego para siquiera asar la comida, y para hacer ahumadas cuando viese pasar algún navío, que no le faltaría nada. Con esta imaginación, como hombre que había andado por la mar, que cierto los tales en cualquier trabajo hacen mucha ventaja a los demás, dio en buscar un par de guijarros que le sirviesen de pedernal, porque del cuchillo pensaba hacer eslabón, para lo cual, no hallándolos en la isla porque toda ella estaba cubierta de arena muerta, entraba en la mar nadando y se zambullía y en el suelo, con gran diligencia, buscaba ya en unas partes, ya en otras lo que pretendía, y tanto porfió en su trabajo que halló guijarros y sacó los que pudo, y de ellos escogió los mejores, y quebrando los unos con los otros, para que tuviesen esquinas donde dar con el cuchillo, tentó su artificio y, viendo que sacaba fuego, hizo hilas[5] de un pedazo de la camisa, muy desmenuzadas, que parecían algodón carmenado, que le sirvieron de yesca, y, con su industria y buena maña, habiéndolo porfiado muchas veces, sacó fuego. Cuando se vio con él, se dio por bienandante, y, para sustentarlo, recogió las horruras que la mar echaba en tierra, y por horas las recogía, donde hallaba mucha yerba que llaman ovas[6] marinas y madera de navíos que por la mar se perdían y conchas y huesos de pescados y otras cosas con que alimentaba el fuego. Y para que los aguaceros no se lo apagasen, hizo una choza de las mayores conchas que tenía de las tortugas que había muerto, y con grandísima vigilancia cebaba el fuego por que no se le fuese de las manos.

Dentro de dos meses, y aun antes, se vio como nació, porque con las muchas aguas, calor y humedad de la región se le pudrió la poca ropa que tenía. El sol, con su gran calor, le fatigaba mucho, porque ni tenía ropa con que defenderse ni había sombra a que ponerse; cuando se veía muy fatigado se entraba en el agua para cubrirse con ella. Con este trabajo y cuidado vivió tres años, y en este tiempo vio pasar algunos navíos, mas aunque él hacía su ahumada, que en la mar es señal de gente perdida, no echaban de ver en ella, o por el temor de los bajíos no osaban llegar donde él estaba y se pasaban de

---

[4]someter.

[5]tripas delgadas; hebra que se saca de un trapo de lienzo para curar las llegas y heridas.

[6]especie de alga con forma de huevo.

largo, de lo cual Pedro Serrano quedaba tan desconsolado que tomara por partido el morirse y acabar ya. Con las inclemencias del cielo le creció el vello de todo el cuerpo tan excesivamente que parecía pellejo de animal, y no cualquiera, sino el de un jabalí; el cabello y la barba le pasaba de la cinta.

Al cabo de los tres años, una tarde, sin pensarlo, vio Pedro Serrano un hombre en su isla, que la noche antes se había perdido en los bajíos de ella y se había sustentado en una tabla del navío y, como luego que amaneció viese el humo del fuego de Pedro Serrano, sospechando lo que fue, se había ido a él, ayudado de la tabla y de su buen nadar. Cuando se vieron ambos, no se puede certificar cuál quedó más asombrado de cuál. Serrano imaginó que era el demonio que venía en figura de hombre para tentarle en alguna desesperación. El huésped entendió que Serrano era el demonio en su propia figura, según lo vio cubierto de cabellos, barbas y pelaje. Cada uno huyó de otro, y Pedro Serrano fue diciendo: "¡Jesús, Jesús, líbrame, Señor, del demonio!" Oyendo esto se aseguró el otro, y volviendo a él, le dijo: "No huyáis hermano de mí, se que soy cristiano como vos", y para que se certificase, porque todavía huía, dijo a voces el Credo, lo cual oído por Pedro Serrano, volvió a él, y se abrazaron con grandísima ternura y muchas lágrimas y gemidos, viéndose ambos en una misma desventura, sin esperanza de salir de ella.

Cada uno de ellos brevemente contó al otro su vida pasada. Pedro Serrano, sospechando la necesidad del huésped, le dio de comer y de beber de lo que tenía, con que quedó algún tanto consolado, y hablaron de nuevo en su desventura. Acomadaron su vida como mejor supieron, repartiendo las horas del día y de la noche en sus menesteres de buscar mariscos para comer y ovas de leña y huesos de pescado y cualquiera otra cosa que la mar echase para sustentar el fuego, y sobre todo la perpetua vigilia que sobre él habían de tener, velando por horas, por que no se les apagase. Así vivieron algunos días, mas no pasaron muchos que no riñeron, y de manera que apartaron rancho, que no faltó sino llegar a las manos (por que se vea cuán grande es la miseria de nuestras pasiones). La causa de la pendencia fue decir el uno al otro que no cuidaba como convenía de lo que era menester; y este enojo y las palabras que con él se dijeron los descompusieron y apartaron. Mas ellos mismos, cayendo en su disparate, se pidieron perdón y se hicieron amigos y volvieron a su compañía, y en ella vivieron otros cuatro años. En este tiempo vieron pasar algunos navíos y hacían sus ahumadas, mas no les aprovechaba, de que ellos quedaban tan desconsolados que no les faltaba sino morir.

Al cabo de este largo tiempo, acertó a pasar un navío tan cerca de ellos que vio la ahumada y les echó el batel para recogerlos. Pedro Serrano y su compañero, que se había puesto de su mismo pelaje, viendo el batel cerca, por que los marineros que iban por ellos no entendiesen que eran demonios y huyesen de ellos, dieron en decir el Credo y llamar el nombre de Nuestro Redentor a voces, y valióles el aviso, que de otra manera sin duda huyeran los marineros, porque no tenían figura de hombres humanos. Así los llevaron al navío, donde admiraron a cuantos los vieron y oyeron sus trabajos pasados. El compañero murió en la mar viniendo a España. Pedro Serrano llegó acá y pasó a Alemania, donde el Emperador estaba entonces: llevó su pelaje como lo traía, para que fuese prueba de su naufragio y de lo que en él había pasado. Por todos los pueblos que pasaba a la ida (si quisiera mostrarse) ganara muchos dineros. Algunos señores y caballeros principales, que gustaron de ver su figura, le dieron ayudas de costa para el camino, y la Majestad Imperial, habiédolo visto y oído, le hizo merced de cuatro mil pesos de renta, que son cuatro mil y ochocientos ducados en el Perú. Yendo a gozarlos, murió en Panamá, que no llegó a verlos.

Todo este cuento, como se ha dicho, contaba un caballero que se decía Garci Sánchez de Figueroa, a quien yo se lo oí, que conoció a Pedro Serrano y certificaba que se lo había oído a él mismo, y que después de haber visto al Emperador se había quitado el cabello y la barba y dejádola poco más corta que hasta la cinta, y para dormir de noche se la entrenzaba, porque, no entrenzándola, se tendía por toda la cama y le estorbaba el sueño.

Capítulo XV. El origen de los Incas reyes del Perú

Viviendo o muriendo aquellas gentes de la manera que hemos visto, permitió Dios Nuestro Señor que de ellos mismos saliese un lucero del alba que en aquellas oscurísimas tinieblas les diese alguna noticia de la ley natural y de la urbanidad y respetos que los hombres debían tenerse unos a otros, y que los descendientes de aquél, procediendo de bien en mejor cultivasen aquellas fieras y las convirtiesen en hombres, haciéndoles capaces de razón y de cualquiera buena doctrina, para que cuando ese mismo Dios, sol de justicia, tuviese por bien de enviar la luz de sus divinos rayos a aquellos idólatras, los hallase, no tan salvajes, sino más dóciles para recibir la fe católica y la enseñanza y doctrina de nuestra Santa Madre Iglesia Romana, como después acá lo han recibido, según se verá lo uno y lo otro en el discurso de esta historia; que por experiencia muy clara se ha notado cuánto más prontos y ágiles estaban para recibir el Evangelio los indios que los Reyes Incas sujetaron, gobernaron y enseñaron, que no las demás naciones comarcanas donde aún no había llegado la enseñanza de los Incas, muchas de las cuales se están hoy tan bárbaras y brutas como antes se estaban, con haber setenta y un años que los españoles entraron en el Perú. Y pues estamos a la puerta de este gran laberinto, será bien pasemos adelante a dar noticia de lo que en él había.

Después de haber dado muchas trazas y tomado muchos caminos para entrar a dar cuenta del origen y principio de los Incas Reyes naturales que fueron del Perú, me pareció que la mejor traza y el camino más fácil y llano era contar lo que en mis niñeces oí muchas veces a mi madre y a sus hermanos y tíos y a otros sus mayores acerca de este origen y principio, porque todo lo que por otras vías se dice de él viene a reducirse en lo mismo que nosotros diremos, y será mejor que se sepa por las propias palabras que los Incas lo cuentan que no por las de otros autores extraños. Es así que, residiendo mi madre en el Cuzco, su patria, venían a visitarla casi cada semana los pocos parientes y parientas que de las crueldades y tiranías de Atahualpa (como en su vida contaremos) escaparon, en las cuales visitas siempre sus más ordinarias pláticas eran tratar del origen de sus Reyes, de la majestad de ellos, de la grandeza de su Imperio, de sus conquistas y hazañas, del gobierno que en paz y en guerra tenían, de las leyes que tan en provecho y favor de sus vasallos ordenaban. En suma, no dejaban cosa de las prósperas que entre ellos hubiese acaecido que no la trajesen a cuenta.

De las grandezas y prosperidades pasadas venían a las cosas presentes, lloraban sus Reyes muertos, enajenado su Imperio y acabada su república, etc. Estas y otras semejantes pláticas tenían los Incas y Pallas[7] en sus visitas, y con la memoria de bien perdido siempre acababan su conversación en lágrimas y llanto, diciendo: "Trocósenos el reinar en vasallaje", etc. En estas pláticas yo, como muchacho, entraba y salía muchas veces donde ellos estaban, y me holgaba de las oír, como huelgan los tales de oír fábulas. Pasando pues días, meses y años, siendo ya yo de diez y seis o diez y siete años, acaeció que, estando mis parientes un día en esta su conversación hablando de sus Reyes y antiguallas, al más anciano de ellos, que era el que daba cuenta de ellas, le dije:

—Inca, tío, pues no hay escritura entre vosotros, que es lo que guarda la memoria de las cosas pasadas, ¿qué noticia tenéis del origen y principio de nuestros Reyes? Porque allá los españoles y las otras naciones, sus comarcanas, como tienen historias divinas y humanas, saben por ellas cuándo empezaron a reinar sus Reyes y los ajenos y al trocarse unos imperios en otros, hasta saber cuántos mil años ha que Dios crió el cielo y la tierra, que todo esto y

---

[7]mujeres de sangre real en el imperio incaico.

mucho más saben por sus libros. Empero vosotros, que carecéis de ellos, ¿qué memoria tenéis de vuestras antiguallas?, ¿quién fue el primero de nuestros Incas?, ¿cómo se llamó?, ¿qué origen tuvo su linaje?, ¿de qué manera empezó a reinar?, ¿con qué gente y armas conquistó este grande Imperio?, ¿qué origen tuvieron nuestras hazañas?

El Inca, como holgándose de haber oído las preguntas, por el gusto que recibía de dar cuenta de ellas, se volvió a mí (que ya otras muchas veces le había oído, mas ninguna con la atención que entonces) y me dijo:

—Sobrino, yo te las diré de muy buena gana; a ti te conviene oírlas y guardarlas en el corazón (es frase de ellos por decir en la memoria). Sabrás que en los siglos antiguos toda esta región de tierra que ves eran unos grandes montes y breñales, y las gentes en aquellos tiempos vivían como fieras y animales brutos, sin religión ni policía, sin pueblo ni casa, sin cultivar ni sembrar la tierra, sin vestir ni cubrir sus carnes, porque no sabían labrar algodón ni lana para hacer de vestir; vivían de dos en dos y de tres en tres, como acertaban a juntarse en las cuevas y resquicios de peñas y cavernas de la tierra. Comían, como bestias, yerbas del campo y raíces de árboles y la fruta inculta que ellos daban de suyo y carne humana. Cubrían sus carnes con hojas y cortezas de árboles y pieles de animales; otros andaban en cueros. En suma, vivían como venados y salvajinas, y aun en las mujeres se habían como los brutos, porque no supieron tenerlas propias y conocidas.

Adviértase, porque no enfade el repetir tantas veces estas palabras: "Nuestro Padre el Sol", que era lenguaje de los Incas y manera de veneración y acatamiento decirlas siempre que nombraban al Sol, porque se preciaban descender de él, y al que no era Inca no le era lícito tomarlas en la boca, que fuera blasfemia y lo apedrearan. Dijo el Inca:

—Nuestro Padre el Sol, viendo los hombres tales como te he dicho, se apiadó y hubo lástima de ellos y envió del cielo a la tierra un hijo y una hija de los suyos para que los doctrinasen en el conocimiento de Nuestro Padre el Sol, para que lo adorasen y tuviesen por su Dios y para que les diesen preceptos y leyes en que viviesen como hombres en razón y urbanidad, para que habitasen en casas y pueblos poblados, supiesen labrar las tierras, cultivar las plantas y mieses, criar los ganados y gozar de ellos y de los frutos de la tierra como hombres racionales y no como bestias. Con esta orden y mandato puso Nuestro Padre el Sol estos dos hijos suyos en la laguna Titicaca, que está ochenta leguas de aquí, y les dijo que fuesen por do quisiesen y, doquiera que parasen a comer o a dormir, procurasen hincar en el suelo una barrilla de oro de media vara en largo y dos dedos en grueso que les dio para señal y muestra, que, donde aquella barra se les hundiese con solo un golpe que con ella diesen en tierra, allí quería el Sol Nuestro Padre que parasen e hiciesen su asiento y corte. A lo último les dijo: "Cuando hayáis reducido esas gentes a nuestro servicio, los mantendréis en razón y justicia, con piedad, clemencia y mansedumbre, haciendo en todo oficio de padre piadoso para con sus hijos tiernos y amados, a imitación y semejanza mía, que a todo el mundo hago bien, que les doy mi luz y claridad para que vean y hagan sus haciendas y les caliento cuando han frío y crío sus pastos y sementeras, hago fructificar sus árboles y multiplico sus ganados, lluevo y sereno a sus tiempos y tengo cuidado de dar una vuelta cada día al mundo por ver las necesidades que en la tierra se ofrecen, para las proveer y socorrer como sustentador y bienhechor de las gentes. Quiero que vosotros imitéis este ejemplo como hijos míos, enviados a la tierra sólo para la doctrina y beneficio de esos hombres, que viven como bestias. Y desde luego os constituyo y nombro por Reyes y señores de todas las gentes que así doctrináredes con vuestras buenas razones, obras y gobierno". Habiendo declarado su voluntad Nuestro Padre el Sol a sus dos hijos, los depidió de sí. Ellos salieron de Titicaca y caminaron al septentrión, y por todo el camino, doquiera que paraban, tentaban hincar la barra de oro y nunca se les hundió. Así entraron en una venta o dormitorio pequeño, que está siete u ocho leguas al mediodía de esta ciudad, que hoy llaman Pacárec Tampu, que quiere decir venta o dormida que amanece. Púsole este nombre el Inca porque salió de aquella dormida al tiempo que amanecía. Es uno de los pueblos que este príncipe mandó poblar después, y sus moradores se jactan hoy grandemente del nombre, porque lo impuso nuestro Inca. De allí llegaron él y su mujer, nuestra Reina, a este valle del Cuzco, que entonces todo él estaba hecho montaña brava.

Capítulo XIX. Proestación del autor sobre la historia

Ya que hemos puesto la primera piedra de nuestro edificio, aunque fabuloso en el origen de los Incas Reyes del Perú, será razón pasemos adelante en la conquista y reducción de los indios, extendiendo algo más la relación sumaria que me dio aquel Inca con la relación de otros muchos Incas e indios naturales de los pueblos que este primer Inca Manco Cápac mandó poblar y redujo a su Imperio, con los cuales me crié y comuniqué hasta los veinte años. En este tiempo tuve noticia de todo lo que vamos escribiendo, porque en mis niñeces me contaban sus historias como se cuentan las fábulas a los niños. Después, en edad más crecida, me dieron larga noticia de sus leyes y gobierno, cotejando el nuevo gobierno de los españoles con el de los Incas, dividiendo en particular los delitos y las penas y el rigor de ellas. Decíanme cómo procedían sus Reyes en paz y en guerra, de qué manera trataban a sus vasallos y cómo eran servidos de ellos. Demás de esto me contaban, como a propio hijo, toda su idolatría, sus ritos, ceremonias y sacrificios, sus fiestas principales y no principales, y cómo las celebraban. Decíanme sus abusos y supersticiones, sus agüeros malos y buenos, así los que miraban en sus sacrificios como fuera de ellos. En suma, digo que me dieron noticia de todo lo que tuvieran en su repúlica, que, si entonces lo escribiera, fuera más copiosa esta historia.

Demás de habérmelo dicho los indios, alcancé y vi por mis ojos mucha parte de aquella idolatría, sus fiestas y supersticiones, que aun en mis tiempos, hasta los doce o trece años de mi edad, no se habían acabado del todo. Yo nací ocho años después que los españoles ganaron mi tierra y, como lo he dicho, me crié en ella hasta los veinte años, y así vi muchas cosas de las que hacían los indios en aquella su gentilidad, las cuales contaré diciendo que las vi. Sin la relación que mis parientes me dieron de las cosas dichas y sin lo que yo vi, he habido otras muchas relaciones de las conquistas y hechos de aquellos Reyes. Porque luego que propuse escribir esta historia, escribí a los condiscípulos de escuela y gramática, encargándoles que cada uno me ayudase con la relación que pudiese haber de las particulares conquistas que los Incas hicieron de las provincias de sus madres, porque cada provincia tiene sus cuentas y nudos con sus historias anales y la tradición de ellas, y por esto retiene mejor lo que en ella pasó que lo que pasó en la ajena. Los condiscípulos, tomando de veras lo que les pedí, cada cual de ellos dio cuenta de mi intención a su madre y parientes, los cuales, sabiendo que un indio, hijo de su tierra, quería escribir los sucesos de ella, sacaron de sus archivos las relaciones que tenían de sus historias y me las enviaron, y así tuve la noticia de los hechos y conquistas de cada Inca, que es la misma que los historiadores españoles tuvieron, sino que ésta será más larga, como lo advirtiremos en muchas partes de ella.

Y porque todos los hechos de este primer Inca son principios y fundamento de la historia que hemos de escribir, nos valdrá mucho decirlos aquí, a lo menos los más importantes, porque no los repitamos adelante en las vidas y hechos de cada uno de los Incas, sus descendientes, porque todos ellos generalmente, así los Reyes como los no Reyes, se preciaron de imitar en todo y por todo la condición, obras y costumbres de este primer príncipe Manco Cápac. Y dichas sus cosas habremos dicho las de todos ellos. Iremos con atención de decir las hazañas más historiales, dejando otras muchas por impertinentes y prolijas, y aunque algunas cosas de las dichas y otras que se dirán parezcan fabulosas, me pareció no dejar de escribirlas por no quitar los fundamentos sobre que los indios se fundan para las cosas mayores y mejores que de su Imperio cuentan. Porque, en fin, de estos principios fabulosos procedieron las grandezas que en realidad de verdad posee hoy España, por lo cual se me permitirá decir lo que conviene para la mejor noticia que se pueda dar de los principios, medios y fines de aquella monarquía, que yo protesto decir llanamente la relación que mamé en la leche y la que después acá he habido, pedida a los propios míos, y prometo que la afición de ellos no sea parte para dejar de decir la verdad del hecho, sin quitar de lo malo ni añadir a lo bueno que tuvieron, que bien sé que la gentilidad es un mar de errores, y no escribiré novedades que no se hayan oído, sino las mismas cosas que los historiadores españoles han escrito de aquella tierra y de los Reyes de ella y alegaré las mismas palabras de ellos donde conviniere, para que se vea que no finjo ficciones en favor de mis parientes, sino que digo lo mismo que los españoles dijeron. Sólo serviré de comento para declarar y ampliar muchas cosas que ellos asomaron a decir y las dejaron imperfectas por haberles faltado relación entera. Otras muchas se añadirán que faltan de sus historias y pasaron en hecho de verdad, y algunas se quitarán que sobran, por falsa relación que tuvieron, por no saberla pedir el español con distinción de tiempos y edades división de provincias y naciones, o por no entender al indio que se la daba o por no entenderse el uno al otro, por la dificultad del lenguaje. Que el español que piensa que sabe más de él, ignora de diez partes las nueve por las muchas cosas que un mismo vocablo significa y por las diferentes pronunciaciones que una misma dicción tiene para muy diferentes significaciones, como se verá adelante en algunos vocablos, que será forzoso traerlos a cuenta.

Demás de esto, en todo lo que de esta república, antes destruida que conocida, dijere, será contando llanamente lo que en su antigüedad tuvo de su idolatría, ritos, sacrificios y ceremonias, y en su gobierno, leyes y costumbres, en paz y en guerra, sin comparar cosa alguna de éstas a otras semejantes que en las historias divinas y humanas se hallan, ni al gobierno de nuestros tiempos, porque toda comparación es odiosa. El que las leyere podrá cotejarlas a su gusto, que muchas hallará semejantes a las antiguas, así de la Santa Escritura como de las profanas y fábulas de la gentilidad antigua. Muchas leyes y costumbres verá que parecen a las de nuestro siglo, otras muchas oirá en todo contrarias. De mi parte he hecho lo que he podido, no habiendo podido lo que he deseado. Al discreto lector suplico reciba mi ánimo, que es de darle gusto y contento, aunque las fuerzas ni el habilidad de un indio nacido entre los indios y criado entre armas y caballos no puedan llegar allá.

LIBRO CUATRO

Capítulo XIII. Vida y ejercicio de las mujeres casadas

La vida de las mujeres casadas en común era con perpetua asistencia de sus casas; entendían en hilar y tejer lana en las tierras frías, y algodón en las calientes. Cada una hilaba y tejía para sí y para su marido y sus hijos. Cosían poco, porque los vestidos que vestían, así hombres como mujeres, eran de poca costura. Todo lo que tejían era torcido, así algodón como lana. Todas las telas, cualesquiera que fuesen, las sacaban de cuatro orillos. No las urdían más largas de como las habían menester para cada manta o camiseta. Los vestidos no eran cortados, sino enterizos, como la tela salía del telar, porque antes que la tejiesen le daban el ancho y largo que había de tener, más o menos.

No hubo sastres ni zapateros ni calceteros entre aquellos indios. ¡Oh, qué de cosas de las que por acá hay no hubieron menester, que se pasaban sin ellas! Las mujeres cuidaban del vestido de sus casas y los varones del calzado, que, como dijimos, en el armarse caballeros lo habían de saber hacer, y aunque los Incas de la sangre real y los curacas y la gente rica tenían criados que hacían de calzar, no se desdeñaban ellos de ejercitarse de cuando en cuando en hacer un calzado y cualquiera género de armas que su profesión les mandaba que supiesen hacer, porque se preciaron mucho de cumplir sus estatutos. Al trabajo del campo acudían todos, hombres y mujeres, para ayudarse unos a otros.

En algunas provincias muy apartadas del Cuzco, que aún no estaban bien cultivadas por los Reyes Incas, iban las mujeres a trabajar al campo y los maridos quedaban en casa a hilar y tejer. Mas yo hablo de aquella corte y de las naciones que la imitaban que eran casi todas las de su Imperio; que esotras,[8] por bárbaras, merecían quedar en olvido. Las indias eran tan amigas de hilar y tan enemigas de perder cualquiera pequeño espacio de tiempo, que, yendo o viniendo de las aldeas a la ciudad, y pasando de un barrio a otro a visitarse en ocasiones forzosas, llevaban recaudo para dos maneras de hilado, quiero decir para hilar y torcer. Por el camino iban torciendo lo que llevaban hilado, por ser oficio más fácil; y en sus visitas sacaban la rueca del hilado e hilaban en buena conversación. Esto de ir hilando o torciendo por los caminos era de la gente común, mas las Pallas, que eran las de la sangre real, cuando

---

[8]esas otras.

se visitaban unas a otras llevaban sus hilados y labores con sus criadas; y así las que iban a visitar como las visitadas estaban en su conversación ocupadas, por no estar ociosas. Los husos hacen de caña, como en España los de hierro; échanles torteros, mas no les hacen huecas a la punta. Con la hebra que van hilando les echan una lazada, y al hilar sueltan el huso como cuando tuercen; hacen la hebra cuan larga pueden; recógenla en los dedos mayores de la mano izquierda para meterla en el huso. La rueca traen en la mano izquierda, y no en la cinta: es de una cuarta en largo, tiénenla con los dedos menores; acuden con ambas manos a adelgazar la hebra y quitar las motas. No la llegan a la boca porque en mis tiempos no hilaban lino, que no lo había, sino lana y algodón. Hilan poco porque es con las prolijidades que hemos dicho.

LIBRO QUINTO

Capítulo IV. Cómo repartían el agua para regar. Castigaban a los flojos y descuidados

En las tierras donde alcanzaban poca agua para regar, la daban por su orden y medida (como todas las demás cosas que se repartían), porque entre los indios no hubiese rencillas sobre el tomarlas. Y esto se hacía en los años escasos de lluvias, cuando la necesidad era mayor. Medían el agua, y por experiencia sabían qué espacio de tiempo era menester para regar un hanega[9] de tierra, y por esta cuenta daban a cada indio las horas que conforme a sus tierras había menester holgadamente. El tomar el agua era por su vez, como iban sucediendo las hazas,[10] una en pos de otra. No era preferido el más rico ni el más noble, ni el privado o pariente del curaca, ni el mismo curaca, ni el ministro o gobernador del Rey. Al que se descuidaba de regar su tierra en el espacio de tiempo que le tocaba, lo castigaban afrentosamente: dábanle en público tres o cuatro golpes en las espaldas con una piedra, o le azotaban los brazos y piernas con varas de mimbre por holgazán y flojo, que entre ellos fue muy vituperado; a los cuales llamaban *mizquitullu*, que quiere decir huesos dulces, compuesto de *mizqui*, que es dulce, y de *tullu*, que es hueso.

---

[9]fanega.

[10]porción de tierra de sembradura; heredad.

Capítulo IX. Daban de vestir a los vasallos. No hubro pobres mendigantes

Así como había orden y gobierno para que hubiese ropa de vestir en abundancia para la gente de guerra, así también lo había para dar lana de dos a dos años a todos vasallos y a los curacas en general, para que hiciesen de vestir para sí y para sus mujeres e hijos; y los decuriones[11] tenían cuidado de mirar si se vestían. Los indios en común fueron pobres de ganado, que aun los curacas tenían apenas para sí y para su familia, y, por el contrario, el Sol y el Inca tenían tanto, que era innumerable. Decían los indios que, cuando los españoles entraron en aquella tierra, ya no tenían dónde apacentar sus ganados. Y también lo oí a mi padre y a sus contemporáneos, que contaban grandes excesos y desperdicios que algunos españoles habían hecho en el ganado, que quizá los contaremos en su lugar. En las tierras calientes daban algodón de las rentas reales, para que los indios hiciesen de vestir para sí y para toda su casa. De manera que lo necesario para la vida humana, de comer y vestir y calzar, lo tenían todos, que nadie podía llamarse pobre ni pedir limosna; porque lo uno y lo otro tenían bastantemente, como si fueran ricos; y para las demasías eran pobrísimos, que nada les sobraba; tanto que el Padre Maestro Acosta,[12] hablando del Perú, breve y compendiosamente dice lo mismo que nosotros con tanta prolijidad hemos dicho. Al fin del capítulo quince, Libro sexto, dice estas palabras: "Trasquilábase a su tiempo el ganado, y daban a cada uno a hilar y tejer su ropa para hijos y mujer, y había visita si lo cumplían, y castigaban al negligente. La lana que sobraba poníase en sus depósitos; y así los hallaron, muy llenos de éstas de todas las otras cosas necesarias a la vida humana, los españoles, cuando en ella entraron. Ningún hombre de consideración habrá que no se admire de tan noble y próvido[13] gobierno, pues, sin ser religiosos ni cristianos los indios, en su manera guardaban aquella tan alta perfección de no tener cosa propia y proveer a todo lo necesario y sustentar tan copiosamente las cosas de la religión y las de su Rey y señor". Con esto acaba aquel capítulo décimo quinto, que intitula: "La hacienda del Inca y tributo".

En el capítulo siguiente, hablando de los oficios de los indios, donde toca muchas cosas de las que hemos dicho y adelante diremos, dice lo que se

---

[11]jefe de antigua milicia romana

[12]José de Acosta (1540-1600), provincial de los jesuitas y autor de numerosos tratados.

[13]providente.

sigue, sacado a la letra: "Otro primor tuvieron también los indios del Perú, que es enseñarse cada uno desde muchacho en todos los oficios que ha menester un hombre para la vida humana. Porque entre ellos no había oficiales señalados, como entre nosotros, de sastres y zapateros y tejedores, sino que todo cuanto en sus personas y casa habían menester lo aprendían todos y se proveían a sí mismos. Todos sabían tejer y hacer sus ropas; y así el Inca, con proveerles de lana, los daba por vestidos. Todos sabían labrar la tierra y beneficiarla, sin alquilar otros obreros. Todos se hacían sus casas, y las mujeres eran las que más sabían de todo sin criarse en regalo, sino con mucho cuidado, sirviendo a sus maridos. Otros oficios que no son para cosas comunes y ordinarias de la vida humana tenían sus propios y especiales oficiales, como eran plateros y pintores y olleros y barqueros y contadores y tañedores,[14] y en los mismos oficios de tejer y labrar o edificar había maestros para obra prima y de quien se servían los señores. Pero el vulgo común, como está dicho, cada uno acudía a lo que había menester en su casa, sin que uno pagase a otro para esto, y hoy día es así, de manera que ninguno ha menester a otro para las cosas de su casa y persona, como es calzar y vestir y hacer una casa y sembrar y coger y hacer los aparejos y herramientas necesarias para ello. Y casi en esto imitan los indios a los institutos de los monjes antiguos, que refieren las vidas de los Padres. A la verdad, ellos son gente poco codiciosa ni regalada, y así se contentan con pasar bien moderadamente; que, cierto, si su linaje de vida se tomara por elección y no por costumbre y naturaleza, dijéramos que era vida de gran perfección, y no deja de tener harto aparejo para recibir la doctrina del Santo Evangelio, que tan enemiga es de la soberbia y codicia y regalo. Pero los predicadores no todas veces se conforman con el ejemplo que dan, con la doctrina que predican a los indios". Poco más abajo dice: "Era ley inviolable no mudar cada uno el traje y hábito de su provincia, aunque se mudase a otra, y para el buen gobierno lo tenía el Inca por muy importante, y lo es hoy día, aunque no hay tanto cuidado como solía". Hasta aquí es del Padre Maestro Acosta. Los indios se admiran mucho de ver mudar traje a los españoles cada año, y lo atribuían a soberbia, presunción y perdición.

La costumbre de no pedir nadie limosna todavía se guardaba en mis tiempos, que hasta el año de mil y quinientos y sesenta, que salí del Perú, por todo lo que por él anduve no vi indio ni india que la pidese; sola una vieja conocí en el Cuzco, que se decía Isabel, que la pedía, y más era por andarse

---

[14]músicos.

chocarreando de casa en casa, como las gitanas, que no por necesidad que hubiese. Los indios e indias se lo reñían, y riñéndole escupían en el suelo, que es señal de vituperio y abominación; y por ende no pedía la vieja a los indios, sino a los españoles; y como entonces aún no había en mi tierra moneda labrada, le daban maíz en limosna, que era lo que ella pedía, y si sentía que se lo daban de buena gana, pedía un poco de carne; y si se la daban, pedía un poco del brebaje que beben, y luego, con sus chocarrerías, haciéndose truhana, pedía un poco de *coca*, que es la yerba preciada que los indios traen en la boca, y de esta manera andaba en su vida holgazana y viciosa. Los Incas en su república tampoco se olvidaron de los caminantes, que en todos los caminos reales y comunes mandaron hacer casas de hospedería, que llamaron *corpahuaci*, donde les daban de comer y todo lo necesario para su camino, de los pósitos reales que en cada pueblo había; y si enfermaban, los curaban con grandísimo cuidado y regalo, de manera que no echasen menos sus casas, sino que antes les sobrase de los que en ellas podían tener. Verdad es que no caminaban por su gusto y contento ni por negocios propios de granjerías u otras cosas semejantes, porque no las tenían particulares, sino por orden del Rey o de los curacas, que los enviaban de unas partes a otras, o de los capitanes y ministros de la guerra o de la paz. A estos tales caminantes daban bastante recaudo; y a los demás, que caminaban sin causa justa, los castigaban por vagabundos.

Capítulo X. El orden y división del ganado, y de los animales extraños

Para poder tener cuenta con tanta multitud de ganado como tuvieron los Incas, lo tenían dividido por sus colores, que aquel ganado es de muchos y diversos colores, como los caballos de España, y tienen sus nombres para nombrar cada color. A los muy pintados, de dos colores, llaman *murumuru*, y a los españoles dicen *moromoro*. Si algún cordero nacía de diferente color que sus padres, luego que se había criado lo pasaban con los de su color; y de esta manera con mucha facilidad daban cuenta y razón de aquel su ganado, por sus nudos, porque los hilos eran de los mismos colores del ganado.

Las recuas para llevar los bastimentos a todas partes, las hacían de este ganado que los españoles llaman carneros, teniendo más semejanza de camellos (quitada la corcova) que de carneros; y aunque el cargarse los indios era común costumbre entre ellos, el Inca no lo permitía en su servicio, si no era a necesidad. Mandaba que fuesen reservados de todo el trabajo que se les pudiese excusar, porque decía que lo quería guardar para emplearlo en otras obras, en las cuales no se podía excusar y se empleaba mejor, como en labrar fortalezas y casas reales, hacer puentes y caminos, andenes y acequias y otras obras de provecho común, en que los indios andaban siempre ocupados.

Del oro y plata que los vasallos presentaban al Inca, dijimos atrás en qué y cómo se empleaba, en el ornato de los templos del Sol; y de las casas reales y de las escogidas, diremos cuando tratemos de ellas.

Las aves extrañas y los animales fieros y las culebras grandes y chicas, con todas las demás sabandijas malas y buenas que presentaban los curacas, las sustentaban en algunas provincias que hoy retienen los nombres de ellas, y también las tenían en la corte, así para grandeza de ella como para dar a entender a los vasallos que las habían traído que, pues el Inca las mandaba guardar y sustentar en su corte, le había sido agradable el servicio que con ellas le habían hecho, lo cual era de sumo contento para los indios.

De los barrios donde tenían estos animales, había alguna memoria cuando yo salí del Cuzco: llamaban Amarucancha (que quiere decir barrio de *amarus* que son las culebras muy grandes) al barrio donde ahora es la casa de los Padres de la Compañía de Jesús; asimismo llamaban Pumacurcu y Pumapchupan a los barrios donde tenían los leones, tigres y osos, dándoles el nombre del león, que llaman *puma*. El uno de ellos está a las faldas del cerro de la fortaleza; el otro barrio está a las espaldas del monasterio de Santo Domingo.

Las aves, para que se criasen mejor, las tenían fuera de la ciudad y de aquí se llamó Surihualla, que es prado de avestruces, un heredamiento que está cerca de una legua del Cuzco, al mediodía, que fue de mi ayo Juan de Alcobaza, y lo heredó su hijo Diego de Alcobaza, presbítero, mi condiscípulo.

Los animales fieros, como tigres y leones, culebras y sapos y escuerzo (demás de la grandeza de la corte), los mantenían para castigo de los malhechores, como en otra parte diremos, donde se tratará de las leyes que tuvieron para tales o tales delincuentes.

Esto es lo que hay que decir acerca de los tributos que daban a los Reyes Incas, y cómo lo gastaban ellos. De los papeles escritos de mano del curioso y muy docto Padre Maestro Blas Valera[15] saqué lo que se sigue, para que se vea la conformidad de lo que él iba diciendo con todo lo que de los principios, costumbres, leyes y gobierno de aquella república hemos dicho. Su Paternidad lo escribía por mejor orden, más breve y con mucha gala y

---

[15](ca. 1548-98), jesuita cronista español; tradujo al quechua catecismos y sermones.

hermosura, lo cual me movió sacarlo aquí, también como la conformidad de la historia, para hermosear la mía y suplir las faltas de ella con trabajos ajenos.

Capítulo XXI. Del nombre Viracocha, y por qué se lo dieron a los españoles

Volviendo al príncipe, es de saber que por el sueño pasado le llamaron Viracocha Inca o Inca Viracocha, que todo es uno, porque el nombre Inca no significa más antepuesto que pospuesto. Diéronle el nombre del fantasma que se le apareció, el cual dijo llamarse así. Y porque el Príncipe dijo que tenía barbas en la cara, a diferencia de los indios que generalmente son lampiños, y que traía el vestido hasta los pies, diferente hábito del que los indios traen, que no les llega más de hasta la rodilla, de aquí nació que llamaron Viracocha a los primeros españoles que entraron en el Perú, porque les vieron barbas y todo el cuerpo vestido. Y porque luego que entraron los españoles prendieron a Atahualpa, Rey tirano, y lo mataron, el cual poco antes había muerto a Huáscar Inca, legítimo heredero, y había hecho en los de la sangre real (sin respetar sexo ni edad) las crueldades que en su lugar diremos, confirmaron de veras el nombre Viracocha a los españoles, diciendo que eran hijos de su dios Viracocha, que los envió del cielo para que sacasen a los Incas y librasen la ciudad del Cuzco y todo su Imperio de las tiranías y crueldades de Atahualpa, como el mismo Viracocha lo había hecho otra vez, manifestándose al príncipe Inca Viracocha para librarle de la rebelión de los Chancas.[16] Y dijeron que los españoles habían muerto al tirano en castigo y venganza de los Incas, por habérselo mandado así el dios Viracocha, padre de los españoles, y ésta es la razón por la cual llamaron Viracocha a los primeros españoles. Y porque creyeron que eran hijos de su dios, los respetaron tanto que los adoraron y les hicieron tan poca defensa, como se verá en la conquista del reino, pues seis españoles solos (Hernando de Soto[17] y Pedro del Barco[18] entre ellos) se atrevieron a ir desde Casamarca al Cuzco y a otras partes, doscientas y trescientas leguas de camino, a ver las riquezas de aquella ciudad y de otras,

---

[16]grupo étnico enemigo de los Incas.

[17](1496-1542), conquistador español que acompañó a Pizarro.

[18]fechas desconocidas; conquistador español que ayudó a De Soto contra indios rebeldes.

y los llevaron en andas, por que fuesen más regalados. También les llamaron Incas, hijos del Sol, como a sus Reyes.

Si a esta vana creencia de los indios correspondieran los españoles con decirle que el verdadero Dios los había enviado para sacarlos de las tiranías del demonio, que eran mayores que las de Atahualpa, y les predicaran el Santo Evangelio con el ejemplo que la doctrina pide, no hay duda sino que hicieran grandísimo fruto. Pero pasó todo tan diferente, como sus mismas historias lo cuentan, a que me remito, que a mí no me es lícito decirlo: dirán que, por ser indio, hablo apasionadamente. Aunque es verdad que no se deben culpar todos, que los más hicieron oficio de buenos cristianos; pero entre gente tan simple como eran aquellos gentiles, destruía más un malo que edificaban cien buenos.

Los historiadores españoles, y aun todos ellos, dicen que los indios llamaron así a los españoles porque pasaron allá por la mar. Y dicen que el nombre Viracocha significa grosura de la mar, haciendo composción de *uira*, que dicen que es grosura y *cocha*, que es mar. En la composición se engañan, también como en la significación, porque conforme a la composición que los españoles hacen, querrá decir mar de sebo, porque *uira*, en propia significación, quiere decir sebo, y con el nombre *cocha*, que es mar, dice mar de sebo; porque en semejantes composiciones de nominativo y genitivo, siempre ponen los indios el genitivo delante. De donde consta claro no ser nombre compuesto, sino propio de aquel fantasma que dijo llamarse Viracocha y que era hijo del Sol. Esto puse aquí para los curiosos que holgaran de ver la interpretación de este nombre tan común, y cuánto se engañan en declarar el lenguaje del Perú los que no lo mamaron en la leche de la misma ciudad del Cuzco, aunque sean indios, porque los no naturales de ella también son extranjeros y bárbaros en la lengua, como los castellanos. Sin la razón dicha, para llamar Viracocha a los españoles diremos adelante otra que no fue menos principal, que fue la artillería arcabucería que llevaron. El Padre Blas Valera, interpretando la significación de este nombre, lo declara por esta dicción numen, que es voluntad y poderío de Dios; dícelo no porque signifique esto el nombre Viracocha, sino por la deidad en que los indios tuvieron al fantasma, que después del Sol le adoraron por dios y le dieron el segundo lugar, y en pos de él adoraron a sus Incas y Reyes y no tuvieron más dioses.

El Inca Viracocha quedó con tanta reputación acerca de sus parientes y vasallos, así por el sueño como por la victoria, que en vida le adoraron por nuevo dios, enviado por el Sol para reparo de los de su sangre, por que no se perdiese, y para remedio de la imperial ciudad y casa del Sol y de sus vírgenes, que no la destruyesen los enemigos. Y así le hacían la veneración y acatamiento con nuevas y mayores ostentaciones de adoración que a sus pasados, como que en él hubiese nueva y mayor deidad que en ellos, pues habían sucedido por él cosas tan extrañas y admirables. Y aunque el Inca quiso prohibir a los indios que no le adorasen, sino a su tío, el que se le había aparecido, no pudo acabarlo con ellos. Empero, quedó acordado que los adorasen a ambos igualmente, y que nombrando a cualesquiera de ellos, pues tenían un mismo nombre, se entendiese que los nombraban a ambos. Y el Inca Viracocha, para mayor honra y fama de su tío el fantasma, y de sí propio, edificó un templo, como poco adelante diremos.

El sueño puédese creer que el demonio, como tan gran maestre de maldad, lo causase durmiendo el príncipe, o que velando se le representase en aquella figura, que no se sabe de cierto si dormía o velaba; y los indios antes se inclinaban a afirmar que no dormía sino que velaba, recostado debajo de aquella peña. Y pudo hacer esto el enemigo del género humano por aumentar crédito y reputación a la idolatría de los Incas, porque, como viese que el reino de ellos se iba estableciendo y que los Incas habían de ser los legisladores de las supersticiones de su gentilidad y vana ley, para que fuesen creídos y tenidos por dioses y obedecidos por tales, haría aquella representación y otras que los indios cuentan, aunque ninguna para ellos de tanta admiración como la del Viracocha Inca, porque el fantasma vino diciendo que era hijo del Sol y hermano de los Incas; y como sucedió después el levantamiento de los Chancas y la victoria contra ellos, quedó el Inca en grandísima autoridad y crédito, hecho un oráculo para lo que de allí adelante quisiese ordenar y mandar a los indios. Este es el dios fantástico Viracocha que algunos historiadores dicen que los indios tuvieron por principal dios y en mayor veneración que al Sol, siendo falsa relación y adulación que los indios les hacen, por lisonjearlos, diciendo que les dieron el nombre de su más principal dios. Lo cierto es que no tuvieron dios más principal que el Sol (si no fue Pachacámac, dios no conocido), antes, por dar deidad a los españoles, decían a los principios que eran hijos del Sol, como lo dijeron del fantasma Viracocha.

Capítulo XXII. El Inca Viracocha manda labrar un templo. En memoria de su tío, el fantasma

Para mayor estima de su sueño y para perpetuarlo en la memoria de las gentes, mandó el Inca Viracocha hacer, en un pueblo llamado Cacha, que está a diez y seis leguas al sur de la ciudad del Cuzco, un templo a honor y reverencia de su tío, el fantasma que se le apareció. Mandó que la hechura del templo imitase todo lo que fuese posible al lugar donde se le apareció; que fuese (como el campo) descubierto, sin techo; que le hiciesen una capilla pequeña, cubierta de piedra; que semejase al cóncavo de la peña donde estuvo recostado; que tuviese un soberado, alto del suelo; traza y obra diferentes de todo cuanto aquellos indios, antes ni después, hicieron, porque nunca hicieron casa ni pieza con soberado.[19] El templo tenía ciento y veinte pies de hueco en largo y ochenta en ancho. Era de cantería pulida, de piedra hermosamente labrada, como es toda la que labran aquellos indios. Tenía cuatro puertas, a las cuatro partes principales del cielo; las tres estaban cerradas, que no eran sino portadas para ornamento de las paredes. La puerta que miraba al oriente servía de entrada y salida del templo; estaba en medio del hastial, y porque no supieron aquellos indios hacer bóveda para hacer soberado encima de ella, hicieron paredes de la misma cantería, que sirviesen de vigas, por que durasen más que si fueran de madera. Pusiéronlas a trechos, dejando siete pies de hueco entre pared y pared, y las paredes tenían tres pies de macizo; eran doce los callejones que estas paredes hacían. Cerráronlos por lo alto, en lugar de tablas, con losas de a diez pies en largo y media vara de alto, labradas a todas seis haces. Entrando por la puerta del templo, volvían a mano derecha por el primer callejón, hasta llegar a la pared de la mano derecha del templo; luego volvían a mano izquierda por el segundo callejón, hasta la otra pared. De allí volvían otra vez sobre mano derecha por el tercer callejón, y de esta manera (como van los espacios de los renglones de esta plana) iban ganando todo el hueco del templo, de callejón en callejón, hasta el postrero, que eran el doceno, donde había una escalera para subir al soberado del templo.

De frente de cada callejón, a una mano y a otra, había ventanas como saeteras, que bastantemente daban luz a los callejones; debajo de cada ventana había un vacío hecho en la pared, donde estaba un portero sentado, sin ocupar el paso del callejón. La escalera estaba hecha a dos aguas, que podían subir y bajar por la una banda o por la otra; venía a salir lo alto de ella de frente del altar mayor. El suelo del soberado estaba enlosado de unas losas negras muy lustrosas, que parecían de azabache, traídas de muy lejas tierras. En lugar del altar mayor había una capilla de doce pies de hueco en cuadro, cubierta de las mismas losas negras, encajadas unas en otras, levantadas en forma de chapitel de cuatro aguas: era lo más admirable de toda la obra. Dentro de la capilla, en el grueso de la pared del templo, había un tabernáculo, donde tenían puesta la imagen del fantasma Viracocha; a un lado y a otro

---

[19]desván.

de la capilla había otros dos tabernáculos, mas no había nada en ellos; solamente servían de ornamento y de acompañar la capilla principal. Las paredes del templo, encima del soberado, subían tres varas en alto, sin ventana ninguna; tenían su cornisa de piedra, labrada adentro y afuera, por todos cuatro lienzos. En el tabernáculo que estaba dentro de la capilla había una basa grande; sobre ella pusieron una estatua de piedra que mandó hacer el Inca Viracocha, de la misma figura que dijo habérsele aparecido el fantasma.

Era un hombre de buena estatura, con una barba larga de más de un palmo; los vestidos, largos y anchos como túnica o sotana, llegaban hasta los pies. Tenía un extraño animal, de figura no conocida, con garras de león, atado por el pescuezo con una cadena, y el ramal de ella en la una mano de la estatua. Todo esto estaba contrahecho de piedra, y porque los oficiales, por no haber visto la figura ni su retrato, no atinaban a esculpirla como les decía el Inca, se puso él mismo muchas veces en el hábito y figura que dijo haberla visto. Y no consintió que otro alguno se pusiese en ella, porque no pareciese desacatar y menospreciar la imagen de su dios Viracocha, permitiendo que la representase otro que el mismo Rey; en tanto como esto estimaban sus vanos dioses.

La estatua semejaba a las imágenes de nuestros bienaventurados apóstoles, y más propiamente a la del Señor San Bartolomé, porque le pintan con el demonio atado a sus pies, como estaba la figura del Inca Viracocha con su animal no conocido. Los españoles, habiendo visto este templo y la estatua de la forma que se ha dicho, han querido decir que pudo ser que el apóstol San Bartolomé llegase hasta el Perú a predicar a aquellos gentiles, y que en memoria suya hubiesen hecho los indios la estatua y el templo. Y los mestizos naturales del Cuzco, de treinta años a esta parte, en una cofradía que hicieron de ellos solos, que no quisieron que entrasen españoles en ella, la cual solemnizan con grandes gastos, tomaron por abogado a este bienaventurado apóstol, diciendo que, ya que con ficción o sin ella se había dicho que había predicado en el Perú, lo querían por su patrón, aunque algunos españoles maldicientes, viendo los arreos y galas que aquel día sacan, han dicho que no lo hacen por el apóstol sino por el Inca Viracocha.

Qué motivo tuviese el Inca Viracocha y a qué propósito hubiese mandado hacer aquel templo en Cacha y no en Chita, donde el fantasma se le apareció, o en Yahaurpampa, donde hubo la victoria de los Chancas, siendo cualquiera de aquellos dos puestos más a propósito que el de Cacha, no lo saben decir los indios, mas de que fue voluntad del Inca; y no es de creer sino que tuvo alguna causa oculta. Con ser el templo de tan extraña labor, como se ha dicho, lo han destruido los españoles, como han hecho otras muchas obras famosas que hallaron en el Perú, debiéndolas sustentar ellos mismos, a su costa, para que en siglos venideros vieran las gentes las grandezas con que sus brazos y buena fortuna habían ganado. Mas parece que a sabiendas, como envidiosos de sí propios, las han derribado por el suelo, de tal manera que el día de hoy apenas quedan los cimientos de esta obra, ni de otras semejantes que había, cosa que a los discretos ha lastimado mucho. La principal causa que les movió a destruir esta obra, y todas las que han derribado, fue decir que no era posible sino que había mucho tesoro debajo de ella. Lo primero que derribaron fue la estatua, porque dijeron que debajo de sus pies había mucho oro enterrado. El templo fueron cavando a tiento, ya aquí, ya allí, hasta los cimientos; y de esta manera lo han derribado todo. La estatua de piedra vivía pocos años ha, aunque toda desfigurada, a poder de pedradas que le tiraban.

LIBRO SEXTO

Capítulo VIII. Contaban por hilos y nudos; había gran fidelidad en los contadores

Quipu quiere decir anudar y nudo, y también se toma por la cuenta, porque los nudos la daban de toda cosa. Hacían los indios hilos de diversos colores: unos eran de un solo color, otros de dos colores, otros de tres y otros de más, porque las colores simples, y las mezcladas, todas tenían su significación de por sí; los hilos eran muy torcidos, de tres o cuatro liñuelos,[20] y gruesos como un huso de hierro y largos de a tres cuartas de vara, los cuales ensartaban en otro hilo por su orden a la larga, a manera de rapacejos. Por los colores sacaban lo que se contenía en aquel tal hilo, como el oro por amarillo y la plata por el blanco, por el colorado la gente de guerra.

Las cosas que no tenían colores iban puestas por su orden, empezando de las de más calidad y procediendo hasta las de menos, cada cosa en su género como en las mieses y legumbres. Pongamos por comparación las de España: primero el trigo, luego la cebada, luego el garbanzo, haba, mijo, etc. Y también cuando daban cuenta de las armas, primero ponían las que tenían por más nobles, como lanzas, y luego dardos, arcos y flechas, porras y hachas, hondas y las demás armas que tenían. Y hablando de los vasallos, daban cuen-

---

[20]cada cabo o ramal de las cuerdas y trenzas.

ta de los vecinos de cada pueblo, y luego en junto los de cada provincia: en el primer hilo ponían los viejos de sesenta años arriba; en el segundo los hombres maduros de cincuenta arriba y el tercero contenía los de cuarenta, y así de diez a diez años, hasta los niños de teta. Por la misma orden contaban las mujeres por las edades.

Algunos de estos hilos tenían otros hilitos delgados del mismo color, como hijuelas o excepciones de aquellas reglas generales; como digamos en el hilo de los hombres o mujeres de tal edad, que se entendían ser casados, los hilitos significaban el número de los viudos o viudas que de aquella edad había aquel año, porque estas cuentas eran anuales y no daban razón más que de un año solo.

Los nudos se deben por su orden de unidad, decena, centena, millar, decena de millar, y pocas veces o nunca pasaban a la centena de millar; porque, como cada pueblo tenía su cuenta de por sí y cada metrópoli la de su distrito, nunca llegaba el número de éstos o de aquéllos a tanta cantidad que pasase la centena de millar, que en los números que hay de allí abajo tenían harto. Mas si se ofreciera haber de contar por el número de centena de millar, también lo contaran; porque en su lenguaje pueden dar todos los números del guarismo, como él los tiene, mas porque no había para qué usar de los números mayores, no pasaban de la decena de millar. Estos números contaban por nudos dados en aquellos hilos, cada número dividido del otro; empero, los nudos de cada número estaban dados todos juntos, debajo de una vuelta, a manera de los nudos que se dan en el cordón del bienaventurado patriarca San Francisco,[21] y podíase hacer bien, porque nunca pasaban de nueve como pasan de nueve las unidades y decenas, etc.

En lo más alto de los hilos ponían el número mayor, que era la decena de millar, y más abajo el millar, y así hasta la unidad. Los nudos de cada número y de cada hilo iban parejos unos con otros, ni más ni menos que los pone un buen contador para hacer una suma grande. Estos nudos o quipus los tenían los indios de por sí a cargo, los cuales llamaban *quipucamayu*: quiere decir, el que tiene cargo de las cuentas, y aunque en aquel tiempo había poca diferencia en los indios de buenos a malos, que, según su poca malicia y el buen gobierno que tenían todos se podían llamar buenos, con todo eso elegían para este oficio y para otro cualquiera los más aprobados y los que hubiesen dado más larga experiencia de su bondad. No se los daban por favor, porque entre aquellos indios jamás se usó favor ajeno, sino el de su propia virtud.

---

[21]San Francisco de Asís (ca. 1181-1226), fundador de la orden franciscana.

Tampoco se daban vendidos ni arrendados, porque ni supieron arrendar ni comprar ni vender, porque no tuvieron moneda. Trocaban unas cosas por otras, esto es las cosas del comer, y no más, que no vendían los vestidos ni las casas ni heredades.

Con ser los quipucamayus tan fieles y legales como hemos dicho, habían de ser en cada pueblo conforme a los vecinos de él, que, por muy pequeño que fuese el pueblo, había de haber cuatro, y de allí arriba hasta veinte y treinta, y todos tenían unos mismos registros, bastaba que hubiera un contador o escribano, querían los Incas que hubiese muchos en cada pueblo y en cada facultad, por excusar la falsedad que podía haber entre los pocos, y decían que habiendo muchos, habían de ser todos en la maldad o ninguno.

Comentarios reales de los incas. Prólogo, edición y cronología de Aurelio Miró Quesada. Caracas: Biblioteca Ayacucho, 1976.

ALONSO DE ERCILLA (España; 1533-94)

La Araucana

CANTO PRIMERO. El cual declara el asiento y descripción de la Provincia de Chile y Estado de Arauco, con las costumbres y modos de guerra que los naturales tienen; y asimismo trata en suma la entrada y conquista que los españoles hicieron hasta que Arauco se comenzó a rebelar.

No las damas, amor, no gentilezas
de caballero canto enamorados,
ni las muestras, regalos y ternezas
de amorosos efectos y cuidados;
mas el valor, los hechos, las proezas
de aquellos españoles esforzados,
que a la cerviz de Arauco no domada
pusieron duro yugo por la espada.

Cosas diré también harto notables
de gente que a ningún rey obedecen,
temerarias empresas memorables
que celebrarse con razón merecen,
raras industrias, términos[1] loables
que más los españoles engrandecen
pues no es el vencedor más estimado
de aquello en que el vencido es reputado.

Suplícoos, gran Felipe[2], que mirada
esta labor, de vos sea recebida,
queda con darse a vos favorecida.
Es relación sin corromper sacada

---

[1]habilidades.
[2]Felipe II (1527-98), a quien Ercilla dedica su poema.

de la verdad, cortada a su medida,
no despreciéis el don, aunque tan pobre,
para que autoridad mi verso cobre.

Quiero a señor tan alto dedicarlo
porque este atrevimiento lo sostenga,
tomando esta manera de ilustrarlo
para quien lo viere en más lo tenga;
y si esto no bastare a no tacharlo
a lo menos confuso se detenga
pensando que, pues va a Vos dirigido,
que debe de llevar algo escondido.

Y haberme en vuestra casa yo criado,
que crédito me da por otra parte,
hará mi torpe estilo delicado
y lo que va sin orden, lleno de arte;
así de tantas cosas animado,
la pluma entregaré al furor de Marte:[3]
dad orejas, Señor, a lo que digo,
que soy de parte dello[4] buen testigo.

Chile, fértil provincia y señalada
en la región antártica famosa,
de remotas naciones respetada
por fuerte, principal y poderosa;
la gente que produce es tan granada,
tan soberbia, gallarda y belicosa,
que no ha sido por rey jamás regida
ni a estranjero[5] dominio sometida.

---

[3]dios romano de la guerra.

[4]de ello.

[5]extranjero; hay varios ejemplos a lo largo del poema de la sustitución de
del prefijo ex- por es-.

Es Chile norte sur de gran longura,[6]
costa del nuevo mar, del Sur llamado,
tendrá del leste[7] a oeste de angostura
cien millas, por lo más ancho tomado;
bajo el polo Antártico en altura
de veinte y siete grado, prolongado
hasta do[8] el mar Océano y chileno
mezclan sus aguas por angosto seno.

Y estos dos anchos mares que pretenden,
pasando de sus términos, juntarse,
baten las rocas y sus olas tienden,
mas esles impedido de allegarse;
por esta parte al fin la tierra hienden
y pueden por aquí comunicarse.
Magallanes, Señor, fue el primer nombre
que abriendo este camino le dio nombre.

Por falta de pilotos, o encubierta
causa, quizá importante y no sabida,
esta secreta senda descubierta
quedó para nosotros escondida;
ora sea yerro de la altura cierta,
ora que alguna isleta, removida
del tempestuoso mar y viento airado,
encallando en la boca, la ha cerrado.

Digo que norte sur corre la tierra,
y báñala del oeste la marina,
a la banda de leste va una sierra
que el mismo rumbo mil leguas camina;
en medio es donde el punto de la guerra
por uso y ejercicio más se afina.

---

[6]longitud.
[7]este.
[8]donde.

Venus y Amón[9] aquí no alcanzan parte,
sólo domina el iracundo Marte.

      Pues en este distrito demarcado,
por donde su grandeza es manifiesta,
está a treinta y seis grados el Estado[10]
que tanta sangre ajena y propia cuesta;
éste es el fiero pueblo no domado
que tuvo a Chile en tal estrecho puesta,
y aquel que por valor y pura guerra
hace en torno temblar toda la tierra.

      Es Arauco, que basta, el cual sujeto
lo más deste[11] gran término tenía
con tanta fama, crédito y conceto,[12]
que del un polo al otro se estendía,
y puso al español en tal aprieto
cual presto se verá en la carta mía;
veinte leguas contienen sus mojones,
poséenla diez y seis fuerte varones.

      De diez y seis caciques y señores
es el soberbio Estado poseído,
en militar estudio los mejores
que de bárbaras madres han nacido:
reparo de su patria y defensores,
ninguno en el gobierno preferido;
otros caciques hay, mas por valientes
son éstos en mandar los preeminentes.

      Sólo al señor de imposición le viene
servicio personal de sus vasallos,

---

[9]Venus es la diosa romana de la belleza y del amor; Amón, hijo de Lot
y la hija menor de éste, personifica el amor impuro.

[10]los dominios de la Arauca.

[11]de este.

[12]concepto.

y en cualquiera ocasión cuando conviene
puede por fuerza al débito apremiallos;[13]
pero así obligación el señor tiene
en las cosas de guerra dotrinallos[14]
con tal uso, cuidado y disciplina,
que son maestros después desta dotrina.

En lo que usan los niños en teniendo
habilidad y fuerza provechosa,
es que un trecho seguido ha de ir corriendo
por una áspera cuesta pedregosa,
y al puesto y fin del curso revolviendo,
le dan al vencedor alguna cosa:
vienen a ser tan sueltos y alentados
que alcanzan por aliento los venados.

Y desde la niñez al ejercicio
los apremian por fuerza y los incitan,
y en el bélico estudio y duro oficio,
entrando en más edad, los ejercitan;
si alguno de flaqueza da un indicio,
del uso militar lo inhabilitan,
y el que sale en las armas señalado
conforme a su valor le dan el grado.

Los cargos de la guerra y preeminencia
no son por flacos medios proveídos,
ni van por calidad, ni por herencia,
no por hacienda y ser mejor nacidos;
mas la virtud del brazo y la excelencia,
ésta hace los hombres preferidos,
ésta ilustra, habilita, perficiona[15]

---

[13]apremiarlos; hay varios ejemplos a lo largo del poema de este proceso de asimilación entre el infinitivo verbal y el pronombre postfijo.

[14]dotrinar = doctrinar.

[15]perfecciona.

y quilata[16] el valor de la persona.

Los que están a la guerra dedicados
no son a otro servicio constreñidos,
del trabajo y labranza reservados,
y de la gente baja mantenidos;
pero son por las leyes obligados
destar[17] a punto de armas proveídos,
y a saber diestramente gobernallas
en las lícitas guerras y batallas.

Las armas dellos más ejercitadas
son picas, alabardas y lanzones,
con otras puntas largas enastadas
de la facción[18] y forma de punzones:
hachas, martillos, mazas barreadas,
dardos, sargentas, flechas y bastones,
lazos de fuertes mimbres y bejucos,
tiros arrojadizos y trabucos.

Algunas destas armas han tomado
de los cristianos nuevamente agora,[19]
que el contino[20] ejercicio y el cuidado
enseña y aprovecha cada hora,
y otras, según los tiempos, inventado;
que es la necesidad grande inventora,
y el trabajo solícito en las cosas,
maestro de invenciones ingeniosas.

Tienen fuertes y dobles coseletes,[21]

---

[16]aquilata.
[17]de estar.
[18]hechura.
[19]ahora.
[20]continuo.
[21]un tipo de armamento.

arma común a todos los soldados,
y otros a la manera de sayetes,
que son, aunque modernos, más usados;
grevas, brazales, golas, capacetes[22]
de diversas hechuras encajados,
hechos de piel curtida y duro cuero,
que no basta ofenderle el fino acero.

     Cada soldado una arma solamente
ha de aprender, y en ella ejercitarse,
y es aquella a que más naturalmente
en la niñez mostrare aficionarse;
desta sola procura diestramente
saberse aprovechar, y no empacharse
en jugar de la pica el que es flechero,
ni de la maza y flechas el piquero.

     Hacen su campo, y muéstranse en formados
escuadrones distintos muy enteros,
cada hila de más de cien soldados;
entre una pica y otra los flecheros
que de lejos ofenden desmandados
bajo la protección de los piqueros,
que van hombro con hombro, como digo,
hasta medir la pica al enemigo.

     Si el escuadrón primero que acomete
por fuerza viene a ser desbaratado,
tan presto a socorrerle otro se mete,
que casi no da tiempo a ser notado;
si aquél se desbarata, otre arremete,
y estando ya el primero reformado,
moverse de su término no puede
hasta ver lo que al otro le sucede.

---

[22]formas de armamentos para, respectivamente, los pies, los brazos, el cuello y la cabeza.

De pantanos procuran guarnecerse
por el daño y temor de los caballos,
donde suelen a veces acogerse
si viene a suceder desbaratallos;
allí pueden seguros recharse,
ofenden sin que puedan enojallos,
que el falso sitio y gran inconveniente
impide la llegada a nuestra gente.

Del escuadrón se van adelantando
los bárbaros que son sobresalientes,
soberbios cielo y tierra despreciando,
ganosos de extremarse por valientes;
las picas por los cuentos arrastrando,
poniéndose en posturas diferentes,
diciendo: "Si hay valiente algún cristiano,
salga luego adelante mano a mano".

Hasta treinta o cuarenta en compañía,
ambiciosos de crédito y loores,
vienen con grande orgullo y bizarría
al son de presurosos atambores;[23]
las armas matizadas a porfía
con varias y finísimas colores,
de poblados penachos adornados,
saltando acá y allá por todos lados.

Hacen fuerzas o fuertes cuando entienden
ser el lugar y sitio en su provecho,
o si ocupar un término pretenden,
o por algún aprieto y grande estrecho
de do más a su salvo se defienden,
y salen de rebato a caso hecho,
recogiéndose a tiempo al sitio fuerte,
que su forma y hechura es desta suerte:

---

[23]tambores.

señalado el lugar, hecha la traza,
de poderosos árboles labrados
cercan una cuadrada y ancha plaza
en valientes estacas afirmados,
que a los de fuera impide y embaraza
la entrada y combatir, porque, guardados
del muro los de dentro, fácilmente
de mucha se defiende poca gente.

      Solían antiguamente de tablones
hacer dentro del fuerte otro apartado,
puestos de trecho a trecho unos troncones
en los cuales el muro iba fijado
con cuatro levantados torreones
a caballero[24] del primer cercado,
de pequeñas troneras lleno el muro
para jugar sin miedo y más seguro.

      En torno desta plaza poco trecho
cercan de espesos hoyos por defuera[25]:
cuál es largo, cuál ancho, y cuál estrecho
y así van sin faltar desta manera,
para el incauto mozo que de hecho
apresura el caballo en la carrera
tras el astuto bárbaro engañoso
que le mete en el cerco peligroso.

      También suelen hacer hoyos mayores
con estacas agudas en el suelo,
cubiertos de carrizo, yerba y flores,
porque puedan picar más sin recelo;
allí los indiscretos corredores,
teniendo sólo por remedio el cielo,
se sumen dentro y quedan enterrados
en las agudas puntas estacados.

---

[24]a mayor altura.
[25]fuera.

De consejo y acuerdo una manera
tienen de tiempo antiguo acostumbrada,
que es hacer un convite y borrachera
cuando sucede cosa señalada:
y así a cualquier señor, que la primera
nueva del tal suceso le es llegada,
despacha con presteza embajadores
a todos los caciques y señores

haciéndoles saber como se ofrece
necesidad y tiempo de juntarse
pues a todos les toca y pertenece,
que es bien con brevedad comunicarse;
según el caso, así se lo encarece,
y el daño que se sigue en dilatarse,
lo cual, visto que a todos les conviene,
ninguno venir puede que no viene.

Juntos, pues, los caciques del senado,
propóneles el caso nuevamente,
el cual por ellos visto y ponderado,
se trata del remedio conveniente;
y resueltos en uno y decretado,
si alguno de opinión es diferente,
no puede en cuanto al débito eximirse,
que allí la mayor voz ha de seguirse.

Después que cosa en contra no se halla,
se va el nuevo decreto declarando
por la gente común y de canalla,
que alguna novedad está aguardando;
si viene a averiguarse por batalla,
con gran rumor lo van manifestando
de trompas y atambores altamente,
porque a noticia venga de la gente.

Tienen un plazo puesto y señalado
para se ver sobre ello y remirarse:
tres días se han de haber ratificado

en la difinición[26] sin retratarse;[27]
y el franco y libre término pasado,
es de ley imposible revocarse,
y así como a forzoso acaecimiento,
se disponen al nuevo movimiento.

      Hácese este concilio en un gracioso
asiento de mil florestas escogido,
donde se muestra el campo más hermoso
de infinidad de flores guarnecido:
allí de un viento fresco y amoroso
los árboles se mueven con ruido,
cruzando muchas veces por el prado
un claro arroyo limpio y sosegado,

do una fresca y altísima alameda
por orden y artificio tienen puesta
en torno de la plaza y ancha rueda,
capaz de cualquier junta y grande fiesta,
que convida a descanso, y al sol veda
la entrada y paso en la enojosa siesta;
allí se oye la dulce melodía
del canto de las aves y armonía.

      Gente es sin Dios ni ley, aunque respeta
aquel que fue del cielo derribado,
que como a poderoso y gran profeta
es siempre en sus cantares celebrado;
invocan su furor con falsa seta[28]
y a todos sus negocios es llamado,
teniendo cuanto dice por seguro
del próspero suceso o mal futuro.

---

[26]definición = decisión.

[27]retractarse.

[28]secta.

Y cuando quieren dar una batalla
con él lo comunican en su rito:
si no responde bien, dejan de dalla,
aunque más les insista el apetito;
caso grave y negocio no se halla
do no sea convocado este maldito;
llámanle Eponamón, y comúnmente
dan este nombre a alguno si es valiente.

Usan el falso oficio de hechiceros,
ciencia a que naturalmente se inclinan,
en señales mirando y en agüeros,
por las cuales sus cosas determinan;
veneran a los necios agoreros
que los casos futuros adivinan;
el agüero acrecienta su osadía
y les infunde miedo y cobardía.

Algunos destos son predicadores
tenidos en sagrada reverencia,
que sólo se mantienen de loores
y guardan vida estrecha y abstinencia:
éstos son los que ponen en errores
al liviano común con su elocuencia,
teniendo por tan cierta su locura,
como nos[29] la Evangélica Escritura.

Y éstos que guardan orden algo estrecha
no tienen ley ni Dios, ni que hay pecados
mas sólo aquel vivir les aprovecha
de ser por sabios hombres reputados;
pero la espada, lanza, el arco y flecha
tienen por mejor ciencia otros soldados
diciendo que el agüero alegre o triste
en la fuerza y el ánimo consiste.

---

[29] nosotros.

En fin, el hado y clima desta tierra,
si su estrella y pronósticos se miran,
es contienda, furor, discordia, guerra
y a solo esto los ánimos aspiran;
todo su bien y mal aquí se encierra:
son hombres que de súbito se aíran,
de condición feroces, impacientes,
amigos de domar estrañas gentes.

Son de gestos robustos, desbarbados,
bien formados los cuerpos y crecidos,
espaldas grandes, pechos y levantados,
recios miembros, de niervos[30] bien fornidos;
ágiles, desenvueltos, alentados,
animosos, valientes, atrevidos,
duros en el trabajo y sufridores
de fríos mortales, hambres y calores.

No ha habido rey jamás que sujetase
esta soberbia gente libertada,
ni estranjera nación que se jatase[31]
de haber dado en sus términos pisada,
ni comarcana tierra que se osase
mover en contra y levantar espada:
siempre fue esenta,[32] indómita, temida,
de leyes libre y de cerviz erguida.

El potente rey Inga,[33] aventajado
en todas las antárticas regiones,
fue un señor en estremo aficionado
a ver y conquistar nuevas naciones,
y por la gran noticia del Estado

---

[30]nervios.
[31]jactase.
[32]exenta.
[33]Inca.

a Chile despachó sus orejones;[34]
mas la parlera fama desta gente
la sangre les templó y ánimo ardiente.

     Pero los nobles Ingas valerosos
los despoblados ásperos rompieron,
y en Chile algunos pueblos belicosos
por fuerza a servidumbre los trujeron,[35]
a do leyes y edictos trabajosos
con dura mano armadura introdujeron,
haciéndolos con fueros disolutos
pagar grandes subsidios y tributos.

     Dado asiento en la tierra y reformado
el campo con ejército pujante
en demanda del reino deseado
movieron sus escuadras adelante;
no hubieron muchas millas caminando,
cuando entendieron que era semejante
el valor a la fama que alcanzada
tenía el pueblo araucano por la espada.

     Los promaucaes de Maule[36], que supieron
el vano intento de los Ingas vanos,
al paso y duro encuentro les salieron,
no menos en buen orden que lozanos;
y las cosas de suerte sucedieron
que llegando estas gentes a las manos,
murieron infinitos orejones,
perdiendo el campo y todos los pendones.

     Los indios promaucaes es una gente
que está cien millas antes del Estado,

---

[34]jóvenes nobles del imperio incaico.

[35]trajeron.

[36]habitantes del llano central de Chile, entre los ríos de Cachapoal y
Maule.

brava, soberbia, próspera y valiente,
que bien los españoles la han probado;
pero con cuanto digo, es diferente
de la fiera nación, que cotejado
el valor de las armas y excelencia,
es grande la ventaja y diferencia.

      Los Ingas, que la fuerza conocían
que en la provincia indómita se encierra
y cuán poco a los brazos[37] ganarían
llegada al cabo la empezada guerra,
visto el errado intento que traían,
desamparando la ganada tierra,
volvieron a los pueblos que dejaron
donde por algún tiempo reposaron.

      Pues don Diego de Almagro,[38] Adelantado
que en otras mil conquistas se había visto,
por sabio en todas ellas reputado,
animoso, valiente, franco y quisto,[39]
a Chile caminó determinado
de estender y ensanchar la fe de Christo;
pero llegando al fin deste camino,
dar en breve la vuelta le convino.

      A sólo el de Valdivia[40] esta vitoria[41]
con justa y gran razón le fue otorgada,
y es bien que se celebre su memoria,
pues pudo adelantar tanto su espada;
éste alcanzó en Arauco aquella gloria
que de nadie hasta allí fuera alcanzada,

---

[37]para beneficio.

[38](1475-1538), conquistador a lado de Pizarro del imperio incaico.

[39]apreciado.

[40](ca. 1500-54), conquistador español de Chile.

[41]victoria.

la altiva gente al grave yugo trujo[42]
y en opresión la libertad redujo.

      Con una espada y capa solamente,
ayudado de industria que tenía,
hizo con brevedad de buena gente
una lucida y gruesa compañía,
y con designio y ánimo valiente
toma de Chile la derecha vía,
resuelto en acabar desta salida
la demanda difícil o la vida.

      Viose en el largo y áspero camino
por hambre, sed y frío en gran estrecho;
pero con la constancia que convino
puso al trabajo el animoso pecho,
y el diestro hado y próspero destino
en Chile le metieron, a despecho
de cuantos estorbarlo procuraron,
que en su daño las armas levantaron.

      Tuvo a la entrada con aquellas gentes
batallas y recuentros[43] peligrosos
en tiempos y lugares diferentes,
que estuvieron los fines bien dudosos;
pero al cabo por fuerza los valientes
españoles con brazos valerosos,
siguiendo el hado y con rigor la guerra,
ocuparon gran parte de la tierra.

      No sin gran riesgo y pérdida de vidas
asediados seis años sostuvieron,
y de incultas raíces desabridas
los trabajados cuerpos mantuvieron,
do a las bárbaras armas oprimidas

---

[42]trajo.

[43]reencuentros = combates.

a la española devoción trujeron
por ánimo constante y raras pruebas,
criando en los trabajos fuerzas nuevas.

    Después entró Valdivia conquistando
con esfuerzo y espada rigurosa,
los promaucaes por fuerza sujetando,
curios, cauquenes,[44] gente belicosa;
y el Maule y raudo Itata atravesando,
llegó al Andalién,[45] do la famosa
ciudad fundó de muros levantada,[46]
felice[47] en poco tiempo y desdichada.

    Una batalla tuvo aquí sangrienta,
donde a punto llegó de ser perdido;
pero Dios le acorrió en aquella afrenta,
que en todas las demás le había acorrido.
Otros dello darán más larga cuenta,
que les está este cargo cometido;
allí fue preso el bárbaro Ainavillo,
honor de los pencones[48] y caudillo.

    De allí llegó al famoso Biobío[49]
el cual divide a Penco del Estado,
que del Nibequetén, copioso río,
y de otros viene al mar acompañado;
de donde con presteza y nuevo brío,
en orden buena y escuadrón formado
pasó de Andalicán[50] la áspera sierra,

---

[44]dos tribus indígenas de Chile.

[45]ríos de Chile.

[46]Concepción.

[47]feliz.

[48]tribu indígena de Chile.

[49]río chileno.

[50]otra tribu indígena de Chile.

pisando la araucana y fértil tierra.

No quiero detenerme más en esto,
pues que no es mi intención dar pesadumbre;
y así pienso pasar por todo presto,
huyendo de importunos la costumbre;
digo con tal intento y presupuesto,
que antes que los de Arauco a servidumbre
viniesen, fueron tantas las batallas
que dejo de prolijas de contallas.

Ayudó mucho el inorante[51] engaño
de ver en animales corregidos[52]
hombres que por milagro y caso estraño
de la región celeste eran venidos
y del súbito estruendo y grave daño
de los tiros de pólvora sentidos,
como a inmortales dioses los temían
que con ardientes rayos combatían.

Los españoles hechos hazañosos
el error confirmaban de inmortales,
afirmando los más supersticiosos
por los presentes los futuros males
y así tibios, suspensos y dudosos,
viendo de su opresión claras señales,
debajo de hermandad y fe jurada
dio Arauco la obediencia jamás dada.

Dejando allí el seguro suficiente
adelante los nuestros caminaron;
pero todas las tierras llanamente,
viendo Arauco sujeta se entregaron
y reduciendo a su opinión gran gente,
siete ciudades prósperas fundaron:

---

[51]ignorante.
[52]domesticados.

Coquimbo, Penco, Angol y Santiago,
la Imperial, Villa-Rica, y la del Lago.

El felice suceso, la vitoria,
la fama y posesiones que adquirían
los trujo a tal soberbia y vanagloria,
que en mil leguas diez hombres no cabían,
sin pasarles jamás por la memoria
que en siete pies de tierra al fin habían
de venir a caber sus hinchazones,
su gloria vana y vanas pretensiones.

Crecían los intereses y malicia
a costa del sudor y daño ajeno,
y la hambrienta y mísera codicia,
con libertad paciendo, iba sin freno.
La ley, derecho, el fuero y la justicia
era lo que Valdivia había[53] por bueno
remiso en graves culpas y piadoso,
y en los casos livianos riguroso.

Así el ingrato pueblo castellano
en mal y estimación iba creciendo
y siguiendo el soberbio intento vano
tras su fortuna próspera corriendo;
pero el Padre del cielo soberano
atajó este camino permitiendo
que aquel a quien él mismo puso el yugo,
fuese el cuchillo y áspero verdugo.

El Estado araucano, acostumbrado
a dar leyes, mandar y ser temido,
viéndose de su trono derribado
y de mortales hombres oprimido,
de adquirir libertad determinado,

---

[53]tenía.

reprobando el subsidio[54] padecido,
acude al ejercicio de la espada,
ya por la paz ociosa desusada.

Dieron señal primero y nuevo tiento
(por ver con qué rigor se tomaría)
en dos soldados nuestros, que a tormento
mataron sin razón y causa un día;
disimulóse aquel atrevimiento
y con esto crecióles la osadía,
no aguardando a más tiempo abiertamente
comienzan a llamar y juntar gente.

Principio fue del daño no pensado
el no tomar Valdivia presta enmienda
con ejemplar castigo del Estado
pero nadie castiga en su hacienda.
El pueblo sin temor desvergonzado
con nueva libertad rompe la rienda
del homenaje hecho y la promesa,
como el segundo canto aquí lo espresa.

FIN

La Araucana. Edición, introducción y notas de Marcos A. Morínigo e Isaías
Lerner. Madrid: Editorial Castalia, 1979.

---

[54]aflicción.

CARLOS DE SIGUENZA Y GONGORA (México; 1645-1700)

Los infortunios de Alonso Ramírez

1. *Motivos que tuvo para salir de su patria; ocupaciones y viajes que hizo por la Nueva España; su asistencia en México hasta pasar a las Filipinas.*

Quiero que se entretenga el curioso que esto leyere por algunas horas con las noticias de lo que a mí me causó tribulaciones de muerte por muchos años. Y aunque de sucesos que sólo subsistieron en la idea de quien los finge se suelen deducir máximas y aforismos, que entre lo deleitable de la narración que entretiene cultiven la razón de quien en ello se ocupa, no será esto lo que yo aquí intente, sino solicitar lástimas que, aunque posteriores a mis trabajos, harán por lo menos tolerable su memoria trayéndolas a compañía de las que me tenía a mí mismo cuando me aquejaban. No por decir esto estoy tan de parte de mi dolor que quiera incurrir en la fea nota de pusilánime, y así, omitiendo menudencias que a otros menos atribulados que yo lo estuve pudieran dar asunto de muchas quejas, diré lo primero que me ocurriere, por ser en la serie de mis sucesos lo más notable.

Es mi nombre Alonso Ramírez y mi patria la ciudad de San Juan de Puerto Rico, cabeza de la isla que en los tiempos de ahora, con este nombre y con el de Borrinquen en la antigüedad, entre el Seno Mexicano y el Mar Atlántico divide términos. Hácenla célebre los refrescos que hallan en su deleitosa aguada cuantos desde la antigua navegan sedientos a la Nueva España, la hermosura de su bahía, lo incontrastable del morro que la defiende, las cortinas y baluartes coronados de artillería que la aseguran. Sirviendo aun no tanto esto—que en otras partes de las Indias también se halla—cuanto el espíritu que a sus hijos les reparte el genio de aquella tierra sin escasez a tenerla privilegiada de las hostilidades de corsantes. Empeño es este en que pone a sus naturales su pundonor y fidelidad, sin otro motivo, cuando es cierto que la riqueza que le dio nombre, por los veneros de oro que en ella se hallan, hoy por falta de sus originarios habitadores que los trabajen, y por la vehemencia con que los huracanes procelosos rozaron los árboles de cacao—que a falta de oro provisionaban de lo necesario a los que trabajaban—y por el consiguiente al resto de los isleños se transformó en pobreza.

Entre los que ésta había tomado muy a su cargo fueron mis padres, y así era la fuerza que hubiera sido, porque no lo merecían sus procederes. Pero ya es pensión de las Indias el que así sea. Llamóse mi padre Lucas de Villanueva, y aunque ignoro el lugar de su nacimiento, cónstame porque varias veces se lo oía que era andaluz. Y sé muy bien haber nacido mi madre en la misma ciudad de Puerto Rico, y es su nombre Ana Ramírez, a cuya cristiandad le debí en mi niñez lo que los pobres sólo le pueden dar a sus hijos, que son consejos para inclinarlos a la virtud. Era mi padre carpintero de ribera, e impúsome en cuanto permitía la edad al propio ejercicio, pero reconociendo no ser continua la fábrica, y temiéndome no vivir siempre, por esta causa—con las incomodidades que, aunque muchacho, me hacían fuerza—determiné hurtarle el cuerpo a mi misma patria para buscar en las ajenas más conveniencia.

Valime de la ocasión que me ofreció para esto una urqueta[1] del capitán Juan del Corcho, que salía de aquel puerto para el de La Habana, en que, corriendo el año de 1675, y siendo menos de trece los de mi edad, me recibieron por paje. No me pareció trabajosa la ocupación, considerándome en libertad y sin la pensión de cortar madera, pero confieso que tal vez presagiando lo porvenir dudaba si podría prometerme algo que fuese bueno, habiéndome valido de un Corcho para principiar mi fortuna. Mas ¿quién podrá negarme que dudé bien, advirtiendo consiguientes mis sucesos a aquel principio?

Del puerto de La Habana—célebre en cuantos gozan las Islas de Barlovento, así por las conveniencias que le debió a la naturaleza que así lo hizo como por las fortalezas con que el arte y el desvelo lo ha asegurado—pasamos al de San Juan de Ulúa en la tierra firme de Nueva España, de donde, apartándome de mi patrón, subí a la ciudad de la Puebla de los Angeles, habiendo pasado no pequeñas incomodidades en el camino—así por la aspereza de las veredas que desde Xalapa corren hasta Perote como también por los fríos que, por no experimentados hasta allí, me parecieron intensos. Dicen los que la habitan ser aquella ciudad inmediata a México en la amplitud que coge, en el desembarazo de sus calles, en la magnificencia de sus templos y en cuantas otras cosas hay que la asemejen a aquélla. Y ofreciéndoseme, por no haber visto hasta entonces otra mayor, que en ciudad tan grande me

---

[1]un barco de gran tamaño.

sería muy fácil el conseguir conveniencia grande, determiné sin más discurso que éste el quedarme en ella, aplicándome a servir a un carpintero para grangear el sustento en el interín que se me ofrecía otro modo para ser rico.

En la demora de seis meses que ahí perdí experimenté mayor hambre que en Puerto Rico. Y abominando la resolución indiscreta de abandonar mi patria por tierra adonde no siempre se da acogida a la liberalidad generosa, y haciendo mayor el número de unos arrieros, sin considerable trabajo me puse en México. Lástima es grande el que no corran por el mundo grabadas a punto de diamante en láminas de oro las grandezas magníficas de tan soberbia ciudad. Borróse de mi memoria lo que de la Puebla aprendí como grande desde que pisé la calzada en que por la parte de mediodía, a pesar de la gran laguna sobre que está fundada, se franquea a los forasteros. Y siendo uno de los primeros elogios de esta metrópoli la magnanimidad de los que la habitan—a que ayuda la abundancia de cuanto se necesita para pasar la vida con descanso que en ella se halla—atribuyo a fatalidad de mi estrella haber sido necesario ejercitar mi oficio para sustentarme. Ocupóme Cristóbal de Medina, maestro de alarife y de arquitectura con competente salario en obras que le ocurrían, y se gastaría en ello cosa de un año.

El motivo que tuve para salir de México a la ciudad de Oaxaca fue la noticia de que asistía en ella, con el título y ejercicio honroso de regidor, don Luis Ramírez, en quien, por parentesco que con mi madre tiene, afiancé, ya que no ascensos desproporcionados a los fundamentos tales cuales en que estribaban, por lo menos alguna mano para subir un poco. Pero conseguí después de un viaje de ochenta leguas el que, negándome aquél con muy malas palabras el parentesco, tuviese necesidad de valerme de los estraños, por no poder sufrir despegos sensibilísimos por no esperados. Y así me apliqué a servir a un mercader trajinante que se llamaba Juan López. Ocupábase éste en permutar con los indios mixes, chontales y cuicatecas por géneros de Castilla, que les faltaban los que son propios de aquella tierra, y se reducen a algodón, mantas, vainillas, cacao y grana. Lo que se experimenta en la fragosidad de la sierra—que para conseguir esto se atraviesa y huella continuamente—no es otra cosa sino repetidos sustos de derrumbarse por lo acantilado de las veredas, profundidad horrorosa de las barrancas, aguas contínuas, y atolladeros penosos, a que se añaden, en los pequeños, calidísimos valles que allí se hacen, muchos mosquitos y, en cualquier parte, sabandijas abominables a todo viviente por su mortal veneno.

Con todo esto atropella la gana de enriquecer, y todo esto experimenté acompañando a mi amo, persuadido a que sería a medida del trabajo la recompensa. Hicimos viaje a Chiapa de Indios, y de allí a diferentes lugares de las provincias de Soconusco y de Guatemala. Pero siendo pensión de los sucesos humanos interpolarse con un día alegre de la prosperidad la noche pesada y triste del sinsabor, estando de vuelta para Oaxaca enfermó mi amo en el pueblo de Talistaca, con tanto estremo[2] que se le administraron los sacramentos para morir. Sentía yo su trabajo, y en igual contrapeso sentía el mío gastando el tiempo en idear ocupaciones en que pasar la vida con más descanso. Pero con la mejoría de Juan López se sosegó mi borrasca, a que se siguió tranquilidad, aunque momentánea, supuesto que en el siguiente viaje—sin que le valiese remedio alguno—acometiéndole el mismo achaque en el pueblo de Cuicatlán le faltó la vida. Cobré de sus herederos lo que quisieron darme por mi asistencia, y despechado de mí mesmo[3] y de mi fortuna, me volví a México. Y queriendo entrar en aquesta ciudad con algunos reales intenté trabajar en la Puebla para conseguirlos, pero no hallé acogida en maestro alguno, y temiéndome de lo que experimenté de hambre cuando allí estuve, aceleré mi viaje.

Debíle a la aplicación que tuve al trabajo cuando le asistí al maestro Cristóbal de Medina por el discurso de un año, y a la que volvieron a ver en mí cuantos me conocían, el que tratasen de avecindarme en México. Y conseguilo mediante el matrimonio que contraje con Francisca Javier, doncella huérfana de doña María de Poblete, hermana del venerable señor Doctor Don Juan de Poblete, deán de la Iglesia Metropolitana, quien, renunciando la mitra arzobispal de Manila por morir como féniz en su patrio nido, vivió para ejemplar de cuantos aspiraren a eternizar su memoria con la rectitud de sus procederes. Sé muy bien que expresar su nombre es compendiar cuanto puede hallarse en la mayor nobleza y en la más sobresaliente virtud, y así callo—aunque con repugnancia—por no ser largo en mi narración cuánto me está sugiriendo la gratitud.

Hallé en mi esposa mucha virtud y merecile en mi asistencia cariñoso amor, pero fue esta dicha como soñada, teniendo solos once meses de duración, supuesto que en el primer parto le faltó la vida. Quedé casi sin ella a tan no esperado y sensible golpe, y para errarlo todo me volví a la Puebla. Acomodéme por oficial de Esteban Gutiérrez, maestro de carpintero, y sustentándose el tal mi maestro con escasez, ¿cómo lo pasaría el pobre de su oficial? Desesperé entonces de poder ser algo, y hallándome en el tribunal de mi propia conciencia no sólo acusado sino convencido de inútil, quise darme por

---

[2]extremo.
[3]mismo.

pena de este delito la que se da en México a los que son delincuentes: que es enviarlos desterrados a las Filipinas. Pasé pues a ellas en el galeón Santa Rosa, que a cargo del general Antonio Nieto, y de quien el almirante Leandro Coello era piloto, salió del puerto de Acapulco para el de Cavite el año de 1682.

2. Sale de Acapulco para las Filipinas. Dícese la derrota de este viaje, y en lo que gastó el tiempo hasta que lo apresaron ingleses.

Desengañado en el discurso de mi viaje de que jamás saldría de mi esfera, con sentimiento de que muchos con mayores fundamentos perficionasen las suyas, despedí cuantas ideas me embarazaron la imaginación por algunos años. Es la abundancia de aquellas islas, y con especialidad la que se posa en la ciudad de Manila, en extremo mucha. Hállase allí para el sustento y vestuario cuanto se quiere a moderado precio, debido a la solicitud con que por enriquecer los sangleyes[4] lo comercian en su parián, que es el lugar donde fuera de las murallas con permiso de los españoles se avecindaron. Esto y lo hermoso y fortalecido de la ciudad, coadyuvado con la amenidad de su río y huertas y lo demás que la hace célebre entre las colonias que tienen los europeos en el Oriente, obliga a pasar gustosos a los que en ella viven. Lo que allí ordinariamente se trajina es de mar en fuera, y siendo por eso las navegaciones de unas a otras partes casi continuas, aplicándome al ejercicio de marinero me avecindé en Cavite.

Conseguí por este medio no sólo mercadear en cosas en que hallé ganancia y en que me prometía para lo venidero bastante logro, sino el ver diversas ciudades y puertos de la India en diferentes viajes. Estuve en Madrastapatán—antiguamente Calamina o Meliapor, donde murió al Apostol Santo Tomé[5]—ciudad grande cuando la poseían los portugueses y hoy un monte de ruinas a violencia de los estragos que en ella hicieron los franceses y holandeses por poseerla. Estuve en Malaca, llave de toda la India y de sus comercios, por el lugar que tiene en el estrecho de Sincapura y a cuyo gobernador pagan anclaje cuantos lo navegan. Son dueños de ella y de otras muchas los holandeses, debajo de cuyo yugo gimen los desvalidos católicos que allí han quedado,

---

[4]residentes chinos de las Filipinas.

[5]referencia al Santo Tomás Apóstol quien, conforme con una creencia tradicional, murió apedrado cuando predicaba en el cono sur de la India.

a quienes no se permite el uso de la religión verdadera, no estorbándoles a los moros y gentiles sus vasallos sus sacrificios.

Estuve en Batavia, ciudad celebérrima que poseen los mismos en la Java Mayor, y adonde reside el gobernador y capitán general de los Estados de Holanda. Sus murallas, baluartes y fortalezas son admirables. El concurso que allí se ve de navíos de malayos, masacares, sianes, bugises,[6] chinos, armenios, franceses, ingleses, dinamarcos, portugueses y castellanos no tiene número. Hállanse en este emporio cuantos artefactos hay en la Europa y en los que en retorno de ellos la envía la Asia. Fabrícanse allí para quien quisiere comprarlas excelentes armas—pero con decir estar allí compendiado el universo lo digo todo. Estuve también en Macán, donde, aunque fortalecida de los portugueses que la poseen, no dejan de estar expuestos a las supercherías de los tártaros, que dominan en la gran China, los que la habitan.

Aun más por mi conveniencia que por mi gusto me ocupé en esto, pero no faltaron ocasiones en que por obedecer a quien no podía mandármelo hice lo propio, y fue una de ellas la que me causó las fatalidades en que hoy me hallo, y que empezaron así. Para provisionarse de bastimentos que en el presidio de Cavite ya nos faltaban, por orden del general don Gabriel de Cuzalaegui que gobernaba las islas, se despachó una fragata de una cubierta a la provincia de Ilocos, para que de ella como otras veces se hacía se condujesen. Eran hombres de mar cuantos allí se embarcaron, y de ella y de ellos, que eran veinte y cinco, se me dio el cargo. Sacáronse de los almacenes reales y se me entregaron para que defendiese la embarcación cuatro chuzos y dos mosquetes, que necesitaban de estar con prevención de tizones para darles fuego por tener quebrados los serpentines. Entregáronme también dos puños de balas y cinco libras de pólvora.

Con esta prevención de armas y municiones, y sin artillería—ni aún pedrero[7] alguno aunque tenía portas para seis piezas—me hice a la vela. Pasaron seis días para llegar a Ilocos y ocupáronse en el rescate y carga de los bastimentos como nueve o diez, y estando al quinto del tornaviaje[8] barloventeando con la brisa para tomar la boca de Mariveles, para entrar al puerto, como a las cuatro de la tarde se descubrieron por la parte de tierra dos embarcaciones. Y presumiendo no sólo yo sino los que conmigo venían que

---

[6]sianes = siameses; los otros aluden a grupos étnicos del archipiélago malayo.

[7]un arma que dispara piedras.

[8]viaje de regreso.

serían las que, a cargo de los capitanes Juan Bautista y Juan de Caravallo, habían ido a Pangasinán y Panay en busca de arroz y de otras cosas que se necesitaban en el presidio de Cavite y lugares de la comarca, aunque me hallaba a su sotavento proseguí con mis bordos sin recelo alguno, porque no había de qué tenerlo.

No dejé de alterarme cuando de breve rato vi venir para mí dos piraguas a todo remo, y fue mi susto en extremo grande reconociendo en su cercanía ser de enemigos. Dispuesto a la defensa como mejor pude con mis dos mosquetes y cuatro chuzos, llovían balas de la escopetería de los que en ellas venían sobre nosotros, pero sin abordarnos. Y tal vez se respondía con los mosquetes, haciendo uno la puntería y dando otro fuego con una ascua, y en el interín partíamos las balas con un cuchillo, para que habiendo munición duplicada para más tiros fuese más durable nuestra ridícula resistencia. Llegar casi inmediatamente sobre nosotros las dos embarcaciones grandes que habíamos visto—y de donde habían salido las piraguas—y arriar las velas de gavia pidiendo buen cuartel y entrar más de cincuenta ingleses con alfanjes en las manos en mi fragata todo fue uno. Hechos señores de la toldilla mientras a palos nos retiraron a proa, celebraron con mofa y risa la prevención de armas y municiones que en ella hallaron—y fue mucho mayor cuando supieron el que aquella fragata pertenecía al rey, y que habían sacado de sus almacenes aquellas armas. Eran entonces las seis de la tarde del día martes, cuatro de marzo de 1687.

3. *Pónese en compendio los robos y crueldades que hicieron estos piratas en mar y tierra hasta llegar a la América.*

Sabiendo ser yo la persona a cuyo cargo venía la embarcación, cambiándome a la mayor de las suyas me recibió el capitán con fingido agrado. Prometióme a las primeras palabras la libertad si le noticiaba cuáles lugares de las islas eran más ricos y si podría hallar en ellos gran resistencia. Respondíle no haber salido de Cavite sino para la provincia de Ilocos de donde venía, y que así no podía satisfacerle a lo que preguntaba. Instóme si en la isla de Caponis, que a distancia de catorce leguas está nordeste y sureste con Mariveles, podría aliñar sus embarcaciones y si había gente que se lo estorbase. Díjele no haber allí población alguna y que sabía de una bahía donde conseguiría fácilmente lo que deseaba. Era mi intento el que si así lo hiciesen los cogiesen desprevenidos no sólo los naturales de ella sino los españoles que asisten de presidio en aquella isla y los apresasen. Como a las diez de la noche surgieron donde les pareció a propósito, y en estas y otras preguntas que se me hicieron se pasó la noche.

Antes de levarse pasaron a bordo de la capitana mis veinte y cinco hombres. Gobernábala un inglés a quien nombraban maestre Bel. Tenía o- chenta hombres, veinte y cuatro piezas de artillería y ocho pedreros, todos de bronce. Era dueño de la segunda el capitán Donkin. Tenía setenta hombres, veinte piezas de artillería y ocho pedreros, y en una y otra había sobradísimo número de escopetas, alfanjes, hachas, arpeos, granadas y ollas llenas de varios ingredientes de olor pestífero. Jamás alcancé, por diligencia que hice, el lugar donde se armaron para salir al mar. Sólo sí supe que habían pasado al Mar del Sur por el estrecho de Maire, y que imposibilitados de poder robar las costas del Perú y Chile—que era su intento—porque con ocasión de un tiempo que encontrándoles con notable vehemencia y tesón por el leste[9] les duró once días, se apartaron de aquel meridiano más de quinientas leguas, y no siéndoles fácil volver a él, determinaron valerse de lo andado pasando a robar a la India, que era más pingüe. Supe también que habían estado en las Islas Marianas, y que batallando con tiempos deshechos y muchos mares, montando[10] los cabos del Engaño y del Bogiador, y habiendo antes apresado algunos juncos y champanes de indios y chinos, llegaron a la boca de Marive- les a donde dieron conmigo.

Puestas las proas de sus fragatas—llevaban la mía a remolque—para Caponis, comenzaron con pistolas y alfanjes en las manos a examinarme de nuevo y aun a atormentarme. Amarráronme a mí y a un compañero mío al árbol mayor, y como no se les repondía[11] a propósito acerca de los parajes donde podían hallar la plata y oro por qué nos preguntaban, echando mano de Francisco de la Cruz, sangley mestizo y mi compañero, con cruelísimos tratos de cuerda que le dieron quedó desmayado en el combés y casi sin vida. Metiéronme a mí y a los míos en la bodega, desde donde percibí grandes voces y un trabucazo.[12] Pasado un rato, y habiéndome hecho salir afuera vide[13] mucha sangre, y mostrándomela dijeron ser de uno de los míos a quien habían muerto, y que lo mismo sería de mí si no respondía a propósito

---

[9]este.

[10]subiendo.

[11]responder.

[12]disparo de trabuco.

[13]vi.

de lo que me preguntaban. Díjeles con humildad que hiciesen de mí lo que les pareciese porque no tenía que añadir cosa alguna a mis primeras respuestas. Cuidadoso desde entonces de saber quién era de mis compañeros el que había muerto, hice diligencias por conseguirlo, y hallando cabal el número me quedé confuso. Supe mucho después que era sangre de un perro la que había visto y no pesó del engaño.

No satisfechos de lo que yo había dicho, repreguntando con cariño a mi contramaestre, de quien por indio jamás se podía prometer cosa que buena fuese, supieron de él haber población y presidio en la isla de Caponis que yo había afirmado ser despoblada. Con esta noticia, y mucho más por haber visto, estando ya sobre ella, y por el largo de la costa dos hombres montados—a que se añadía la mentira de que yo nunca había salido de Cavite sino para Ilocos—y dar razón de la bahía de Caponis en que, aunque lo disimularon, me habían cogido, desenvainados los alfanjes, con muy grandes voces y vituperios dieron en mí. Jamás me recelé de la muerte con mayor susto que en ese instante, pero conmutáronla en tantas patadas y pescozones[14] que descargaron en mí que me dejaron incapaz de movimiento por muchos días. Surgieron en parte de donde no podían recelar insulto alguno de los isleños, y dejando en tierra a los indios dueños de un junco de que se habían apoderado el antecedente día al aciago y triste en que me cogieron, hicieron su derrota a Pulicondón, isla poblada de cochinchinas[15] en la costa de Camboja, donde tomado puerto cambiaron a sus dos fragatas cuanto en la mía se halló, y le pegaron fuego.

Armadas las piraguas con suficientes hombres, fueron a tierra y hallaron que los esperaban los moradores de ella, sin repugnancia. Propusiéronles que no querían más que proveerse allí de lo necesario, dándoles lado a sus navíos, y rescatarles también frutos de la tierra por lo que les faltaba. O de miedo o por otros motivos que yo no supe, asintieron a ello los pobres bárbaros. Recebían ropa de la que traían hurtada, y correspondían con brea, grasa y carne salada de tortugas, y con otras cosas. Debe de ser la falta que hay de abrigo en aquella isla, o el deseo que tienen de lo que en otras partes se hace en estremo mucho, pues les forzaba la desnudez o la curiosidad a cometer la más desvergonzada vileza que jamás vi: traían las madres a las hijas, y los mismos maridos a sus mujeres, y se las entregaban con la recomendación

---

[14]golpes.
[15]personas del sur de Vietnam.

de hermosas a los ingleses por el vilísimo precio de una manta o equivalente cosa.

Hízoseles tolerable la estada de cuatro meses en aquel paraje con conveniencia tan fea, pero pareciéndoles que no vivían mientras no hurtaban, estando sus navíos para navegar se bastimentaron de cuanto pudieron para salir de allí. Consultaron primero la paga que se les daría a los pulicondones[16] por el hospedaje, y remitiéndola al mismo día en que se abriesen al mar, acometieron aquella madrugada a los que dormían incautos y pasando a cuchillo aun a las que dejaban encinta y poniendo fuego en lo más del pueblo, tremolando sus banderas y con grande regocijo vinieron a bordo. No me hallé presente a tan nefanda crueldad, pero con temores de que en algún tiempo pasaría yo por lo mismo, desde la capitana, en que siempre estuve, oí el ruido de la escopetería y ví el incendio.

Si hubieran celebrado esta abominable victoria agotando frasqueras[17] de agua ardiente como siempre usan, poco importara encomendarla al silencio, pero habiendo intervenido en ello lo que yo vide, ¿cómo pudiera dejar de expresarlo si no es quedándome dolor y escrúpulo de no decirlo? Entre los despojos con que vinieron del pueblo—y fueron cuanto por sus mujeres y bastimentos les habían dado—estaba un brazo humano de los que perecieron en el incendio. De éste cortó cada uno una pequeña presa, y alabando el gusto de tan linda carne entre repetidas saludes le dieron fin. Miraba yo con escándalo y congoja tan bestial acción, y llegándose a mí uno con un pedazo me instó con importunaciones molestas a que lo comiese. A la debida repulsa que yo le hice me dijo que siendo español, y por el consiguiente cobarde, bien podría para igualarlos a ellos en el valor no ser melindroso. No me instó más por responder a un brindis.

Avistaron la costa de la tierra firme de Camboja al tercero día, y andando continuamente de un bordo y otro apresaron un champán[18] lleno de pimienta. Hicieron con los que lo llevaban lo que conmigo, y sacándole la plata y cosas de valor que en él se llevaban, sin hacer caso alguno de la pimienta, quitándole timón y velas y abriéndole un rumbo lo dejaron al garete para que se perdiese. Echada la gente de este champán en la tierra firme, y pasándose a la isla despoblada de Puliubi, en donde se hallan cocos y ñame con abundancia, con la seguridad de que no tenía yo ni los míos por donde

---

[16]personas de Pulicondón, una región del sur de Vietnam.

[17]estuche para llevar frascos.

[18]barco grande de fondo plano.

huir nos sacaron de las embarcaciones para colchar un cable. Era la materia de que se hizo bejuco verde, y quedamos casi sin uso de las manos por muchos días por acabarlo en pocos.

Fueron las presas que en este paraje hicieron de mucha monta, aunque no pasaron de tres: y de ellas pertenecía la una al rey de Siam y las otras dos a los portugueses de Macán y Goa. Iba en la primera un embajador de aquel rey para el gobernador de Manila, y llevaba para éste un regalo de preseas de mucha estima y muchos frutos y géneros preciosos de aquella tierra. Era el interés de la segunda mucho mayor porque se reducía a solos tejidos de seda de la China, en estremo ricos, y a cantidad de oro en piezas de filigrana que por vía de Goa se remitía a Europa. Era la tercera del virrey de Goa e iba a cargo de un embajador que enviaba al rey de Siam por este motivo: consiguió un ginovés[19]—no sé las circunstancias con que vino ahí—no sólo la privanza con aquel rey sino el que lo hiciese su lugarteniente en el principal de sus puertos. Ensoberbecido éste con tanto cargo les cortó las manos a dos caballeros portugueses que allí asistían, por leves causas. Noticiado de ello el virrey de Goa, enviaba a pedirle satisfacción y aun a solicitar que se le entregase el ginovés para castigarlo. A empeño que[20] parece que no cabía en larí esfera de lo asequible correspondió el regalo que, para granjearle la voluntad al rey, se le remitía. Vide y toqué con mis manos una como torre o castillo de vara en alto, de puro oro sembrada de diamantes y otras preciosas piedras. Y aunque no de tanto valor le igualaban en lo curioso muchas alhajas de plata, cantidad de canfora, ámbar y almizcle, sin el resto de lo que para comerciar y vender en aquel reino había en la embarcación.

Desembarazada ésta y las dos primeras de lo que llevaban les dieron fuego, y dejando así a portugueses como a sianes y a ocho de los míos en aquella isla sin gente, tiraron la vuelta de las islas Siantán, habitadas de malayos cuya vestimenta no pasa de la cintura y cuyas armas son crises.[21] Rescataron de ellas algunas cabras, cocos y aceite de éstos para la lantia[22] y otros refrescos. Y dándoles un albazo a los pobres bárbaros, después de matar algunos y de robarlos a todos, en demanda de la isla de Tamburlán vivaron afuera. Viven en ella masacares, y sentidos los ingleses de no haber hallado

---

[19]genovés.

[20]a pesar de que.

[21]un tipo de arma blanca usada en las Filipinas.

[22]la lámpara que sirve para alumbrar la brújula.

allí lo que en otras partes, poniendo fuego a la población en ocasión que dormían sus habitadores, navegaron a la grande isla de Borney. Y por haber barloventeado catorce días su costa occidental sin haber pillaje se acercaron al puerto de Sicudana en la misma isla.

Hállanse en el territorio de este lugar muchas preciosas piedras, y en especial diamantes de rico fondo, y la cudicia[23] de rescatarlos y poseerlos no muchos meses antes que allí llegásemos estimuló a los ingleses que en la India viven que pidiesen al rey de Borney—valiéndose para eso del gobernador que en Sicudana tenía—que les permitiese fatoría[24] en aquel paraje. Pusiéronse los piratas a sondar en las piraguas de la barra del río, no sólo para entrar en él con las embarcaciones mayores sino para hacerse capaces de aquellos puestos. Interrumpióles este ejercicio un champán de los de tierra, en que se venía de parte de quien la gobernaba a reconocerlos. Fue su respuesta ser de nación ingleses y que venían cargados de géneros nobles y exquisitos para contratar y rescatarles diamantes. Como ya antes habían experimentado en los de esta nación amigable trato, y vieron estos ricas muestras de lo que en los navíos que apresaron en Puliubi, les pusieron luego a la vista que se les facilitó la licencia para comerciar. Hiciéronle al gobernador un regalo considerable y consiguieron el que por el río subiesen al pueblo, que dista un cuarto de legua de la marina, cuando gustasen.

En tres días en que allí estuvimos reconocieron estar indefenso y abierto por todas partes el pueblo, y proponiendo a los Sicudanes no poder deternerse por mucho tiempo y que así se recogiesen los diamantes en casa del gobernador, donde se haría la feria, y dejándonos aprisionados a bordo y con bastante guarda, subiendo al punto de medianoche por el río arriba y muy bien armados dieron de improviso en el pueblo. Y fue la casa del gobernador la que primero avanzaron. Saquearon cuantos diamantes y otras piedras ya estaban juntas, y lo propio consiguieron en otras muchas a que pegaron fuego, como también algunas embarcaciones que allí se hallaron. Oíase a bordo el clamor del pueblo y la escopetería, y fue la mortandad—como blasonaron después—muy considerable. Cometida muy a su salvo tan execrable traición, trayendo preso al gobernador y a otros principales se vinieron a bordo con gran presteza, y con la misma se levaron saliendo afuera.

No hubo pillaje que a éste se comparase por lo poco que copaba y su excesivo precio ¿Quién será el que sepa lo que importaba? Vídele al capi-

---

[23]codicia.
[24]factoría.

tán Bel tener a granel llena la copa de su sombrero de solos diamantes. Aportamos a la isla de Baturiñan dentro de seis días, y dejándola por inútil, se dio fondo en la de Pulitiman, donde hicieron aguada y tomaron leña. Y poniendo en tierra después de muy maltratados y muertos de hambre al gobernador y principales de Sicudana, viraron para la costa de Bengala—por ser más cursada de embarcaciones—y en pocos días apresaron dos bien grandes, de moros negros, cargadas de rasos, elefantes, casas y sarampures,[25] y habiéndolas desvalijado de lo más precioso les dieron fuego, quitándoles entonces la vida a muchos de aquellos moros a sangre fría y dándoles a los que quedaron las pequeñas lanchas que ellos mismos traían para que se fuesen.

Hasta este tiempo no habían encontrado con navío alguno que se les pudiera oponer, y en este paraje—o por casualidad de la contingencia o porque ya se tendría noticia de tan famosos ladrones en algunas partes de donde creo había salido gente para castigarlos—se descubrieron cuatro navíos de guerra bien artillados y todos de holandeses a lo que parecía. Estaban éstos a sotavento, y teniéndose de loo[26] los piratas cuanto les fue posible, ayudados de la oscuridad de la noche, mudaron rumbo hasta dar en Pulialor y se rehicieron de bastimentos y de agua. Pero no teniéndose ya por seguros en parte alguna y temerosos de perder las inestimables riquezas con que se hallaban, determinaron dejar aquel archipiélago.

Dudando si desembocarían por el Estrecho de Sunda o de Sincapura, eligieron éste por más cercano aunque más prolijo y dificultoso, desechando el otro, aunque más breve y limpio, por más distante—o, lo más cierto, por más frecuentado de los muchos navíos que van y vienen de la Nueva Batavia, como arriba dije. Fiándose pues en un práctico de aquel estrecho, que iba con ellos, y ayudándoles la brisa y corrientes—cuando no es decible con banderas holandesas—y bien prevenidas las armas para cualquier acaso, esperando una noche que fuese lóbrega, se entraron por él con desesperada revolución y lo corrieron casi hasta el fin sin encontrar sino una sola embarcación al segundo día. Era ésta una fragata de treinta y tres codos de quilla, cargada de arroz y de una fruta que llaman bonga, y al mismo tiempo de acometerla, por no perder la costumbre de robar aún cuando huían, dejándola sola los que la llevaban—y eran malayos—se echaron al mar y de allí salieron a tierra para salvar las vidas.

---

[25]un tipo de tela.

[26]tipo de maniobras del barco.

Alegres de haber hallado embarcación en que poder aliviarse de la mucha carga con que se hallaban, pasaron a ella de cada uno de sus navíos siete personas con todas armas y diez piezas de artillería con sus peltrechos.[27] Y prosiguiendo con su viaje, como a las cinco de la tarde de ese mismo día, desembocaron. En esta ocasión se desaparecieron cinco de los míos, y presumo que valiéndose de la cercanía a la tierra lograron la libertad con echarse a nado. A los veinte y cinco días de navegación avistamos una isla––no sé su nombre––de que por habitada de portugueses, según decían o presumían, nos apartamos y desde allí se tiró la vuelta de la nueva Holanda, tierra aún no bastantemente descubierta de los europeos, y poseída a lo que parece de gentes bárbaras. Y al fin de más de tres meses dimos con ella.

Desembarcados en la costa los que se enviaron a tierra con las piraguas, hallaron rastros antiguos de haber estado gente en aquel paraje. Pero siendo allí los vientos contrarios y vehementes, y el surgidero malo, solicitando lugar más cómodo, se consiguió en una isla de tierra llana, y hallando no sólo resguardo y abrigo a las embarcaciones sino un arroyo de agua dulce, mucha tortuga y ninguna gente, se determinaron dar allí carena para volverse a sus casas. Ocupáronse ellos en hacer esto y yo y los míos en remendarles las velas y en hacer carne. A cosa de cuatro meses o poco más estábamos ya para salir a viaje, y poniendo las proas a la isla de Madagascar, o de San Lorenzo, con lestes a popa llegamos a ella en veinte y ocho días. Rescatáronse de los negros que la habitan muchas gallinas, cabras y vacas, y noticiados de que un navío inglés mercantil estaba para entrar en aquel puerto para contratar con los negros, determinaron esperarlo y así lo hicieron.

No era esto como yo infería de sus acciones y pláticas sino por ver si lograban el apresarlo, pero reconociendo cuando llegó a surgir que venía muy bien artillado y con bastante gente, hubo de la una a la otra parte repetidas salvas y amistad recíproca. Diéronles los mercaderes a los piratas agua ardiente y vino, y retornáronles éstos de lo que traían hurtado con abundancia. Ya que no por fuerza––que era imposible––no omitía diligencia el capitán Bel para hacerse dueño de aquel navío como pudiese. Pero lo que tenía éste de ladrón y de cudicioso, tenía el capitán de los mercaderes de vigilante y sagaz, y así sin pasar jamás a bordo nuestro––aunque con grande instancia, y con convites que le hicieron y que él no admitía, lo procuraban––procedió en sus acciones con gran recato. No fue menor el que pusieron Bel y Donkin para que no supiesen los mercaderes el ejercicio en que andaban, y para

---

[27]pertrechos.

conseguirlo con más seguro los mandaron a mí y a los míos—de quien únicamente se recelaban—el que pena de la vida no hablásemos con ellos palabra alguna, y que dijésemos que éramos marineros voluntarios suyos, y que nos pagaban. Contravinieron a este mandato dos de mis compañeros hablándole a un portugués que venía con ellos, y mostrándose piadosos en no quitarles la vida luego al instante, los condenaron a recebir cuatro azotes de cada uno. Por ser ellos ciento y cincuenta legaron los azotes a novecientos y fue tal el rebenque y tan violento el impulso con que los daban que amanecieron muertos los pobres al siguiente día.

Trataron de dejarme a mí y a los pocos compañeros que habían quedado en aquella isla, pero considerando la barbaridad de los negros moros que allí vivían, hincado de rodillas y besándoles los pies con gran rendimiento, después de reconvenirles con lo mucho que les había servido, y ofreciéndome a asistirles en su viaje como si fuese esclavo conseguí el que me llevasen consigo. Propusiéronme entonces, como ya otras veces me lo habían dicho, el que jurase de acompañarlos siempre, y me darían armas. Agradecíles la merced, y haciendo refleja a las obligaciones con que nací les respondí con afectada humildad el que más me acomodaba a servirlos a ellos que a pelear con otros, por ser grande el temor que les tenía a las balas. Tratándome de español cobarde y gallina, y por eso indigno de estar en su compañía—que me honrara y valiera mucho—no me instaron más.

Despedidos de los mercaderes y bien provisionados de bastimentos salieron en demanda del Cabo de Buena Esperanza en la costa de Africa, y después de dos meses de navegación, estando primero cinco días barloventeándolo, lo montaron. Desde allí por espacio de mes y medio se costeó un muy extendido pedazo de tierra firme hasta llegar a una isla que nombran de Piedras, de donde después de tomar agua y proveerse de leña, con las proas al oeste y con brisas largas, dimos en la costa de Brasil en veinte y cinco días. En el tiempo de dos semanas en que fuimos al luengo de la costa y sus vueltas, disminuyendo altura, en dos ocasiones echaron seis hombres a tierra en una canoa. Y habiendo hablado con no sé qué portugueses y comprádoles algún refresco se pasó adelante hasta llegar finalmente a un río dilatadísimo, sobre cuya boca surgieron en cinco brazas, y presumo fue el de las Amazonas, si no me engaño.

4. *Danle libertad los piratas. Y trae a la memoria lo que toleró en su prisión.*

Debo advertir antes de expresar lo que toleré y sufrí de trabajos y penalidades en tantos años, el que sólo en el condestable Nicpat y en Dick, cuartamaestre[28] del capitán Bel hallé alguna comiseración y consuelo en mis continuas fatigas, así socorriéndome ellos sin que sus compañeros lo viesen en casi extremas necesidades, como en buenas palabras con que me exhortaban a la paciencia. Persuádome a que era el condestable católico, sin duda alguna. Juntáronse a consejo en este paraje y no se trató otra cosa sino qué se haría de mí y de siete compañeros míos que habían quedado. Votaron unos, y fueron los más, que nos degollasen; y otros, no tan crueles, que nos dejasen en tierra. A unos y otros se opusieron el condestable Nicpat, el cuartamaestre Dick y el capitán Donkin, con los de su séquito, afeando acción tan indigna de la generosidad inglesa.

—Bástanos, decía éste, haber degenerado de quienes somos, robando lo mejor del Oriente con circunstancias tan impías. ¿Por ventura no están clamando al cielo tantos inocentes a quienes les llevamos lo que a costa de sudores poseían y a quienes les quitamos la vida? ¿Qué es lo que hizo este pobre español ahora para que la vida pierda? Habernos servido como un esclavo en agradecimiento de lo que con él se ha hecho desde que lo cogimos. Dejarlo en este río donde juzgo no hay otra cosa sino indios bárbaros, es ingratitud. Degollarlo, como otros decís, es más que impiedad, y porque no dé voces que se oigan por todo el mundo su inocente sangre, yo soy—y los míos—quien los patrocina.

Llegó a tanto la controversia, que estando ya para tomar las armas para decidirla, se convinieron en que me diesen la fragata que apresaron en el estrecho de Sincapura y con ella la libertad, para que dispusiese de mí y de mis compañeros como mejor me estuviese. Presuponiendo el que a todo ello me hallé presente, póngase en mi lugar quien aquí llegare y discurra de qué tamaño sería el susto y la congoja con que yo estuve.

Desembarazada la fragata que me daban de cuanto había en ella, y cambiado todo a las suyas, me obligaron a que agradeciese a cada uno separadamente la libertad y piedad que conmigo usaban, y así lo hice. Diéronme un astrolabio y un agujón, un derrotero holandés, una sola tinaja de agua y dos tercios de arroz, pero al abrazarme el condestable para despedirse me avisó cómo me había dejado, a escusas de sus compañeros, alguna sal y tasa-

---

[28]uno de los suboficiales del barco.

jos, cuatro barriles de pólvora, muchas balas de artillería, una caja de medicinas y otras diversas cosas. Intimáronme, haciendo testigos de lo que oía, el que si otra vez me cogían en aquella costa, sin que otro que Dios lo remediase, me matarían, y que para escusarlo gobernase siempre entre el oeste y noroeste, donde hallaría españoles que me amparasen. Y haciendo que me levase, dándome el buen viaje, o por mejor decir, mofándome y escarneciéndome, me dejaron ir.

Alabo a cuantos aun con riesgo de la vida solicitan la libertad, por ser sola ella la que merece aun entre animales brutos la estimación. Sacónos a mí y a mis compañeros tan no esperada dicha copiosas lágrimas, y juzgo que corrían gustosas por nuestros rostros por lo que antes las habíamos tenido reprimidas y ocultas en nuestras penas. Con un regocijo nunca esperado suele de ordinario embarazarse el discurso, y pareciéndonos sueño lo que pasaba se necesitó de mucha refleja[29] para creernos libres. Fue nuestra acción primera levantar las voces al cielo engrandeciendo a la divina misericordia como mejor pudimos, y con inmediación dimos las gracias a la que en el mar de tantas borrascas fue nuestra estrella. Creo que hubiera sido imposible mi libertad si continuamente no hubiera ocupado la memoria y afectos en María Santísima de Guadalupe de México, de quien siempre protesto que viviré esclavo por lo que le debo. He traído siempre conmigo un retrato suyo, y temiendo no lo profanaran los herejes piratas cuando me apresaron—supuesto que entonces quitándonos los rosarios de los cuellos y reprendiéndonos como a impíos y supersticiosos los arrojaron a el mar—como mejor pude se lo quité de la vista y la vez primera que subí al tope lo escondí allí.

Los nombres de los que consiguieron conmigo la libertad y habían quedado de los veinte y cinco—porque de ellos en la isla despoblada de Puliubi dejaron ocho, cinco se huyeron en Sincapura, dos murieron de los azotes en Madagascar y otros tres tuvieron la misma suerte en diferentes parajes—son Juan de Casas, español natural de la Puebla de los Angeles en Nueva España; Juan Pinto y Marcos de la Cruz, indios—pangasinán aquél y éste pampango; Francisco de la Cruz y Antonio González, sangleyes; Juan Díaz, malabar y Pedro, negro de Mozambique y esclavo mío. A las lágrimas de regocijo por la libertad conseguida se siguieron las que bien pudieron ser de sangre, por los trabajos pasados, los cuales nos representó luego al instante la memoria en este compendio.

---

[29]reflexión.

A las amenazas con que estando sobre la isla de Caponis nos tomaron la confesión para saber qué navíos y con qué armas estaban para salir de Manila, y cuáles lugares eran más ricos, añadieron dejarnos casi quebrados los dedos de las manos con las llaves de las escopetas y carabinas. Y sin atender a la sangre que lo manchaba nos hicieron hacer ovillos del algodón que venía en greña para coser velas. Continuóse este ejercicio siempre que fue necesario en todo el viaje, siendo distribución de todos los días sin dispensa alguna baldear y barrer por dentro y fuera las embarcaciones. Era también común a todos nosotros limpiar los alfanjes, cañones y llaves de carabinas con tiestos de loza de China, molidos cada tercer día, hacer meollar,[30] colchar cables, saulas y contrabrazas, hacer también cajetas, envergues y mojeles.[31] Añadíase a esto ir al timón y pilar el arroz que de continuo comían, habiendo precedido el remojarlo para hacerlo harina. Y hubo ocasión en que a cada uno se nos dieron once costales de a dos arrobas por tarea de un solo día, con penas de azotes—que muchas veces toleramos—si se faltaba a ello.

Jamás en las turbonadas que en tan prolija navegación experimentábamos aferraron velas. Nosotros éramos los que lo hacíamos, siendo el galardón ordinario de tanto riesgo crueles azotes, o por no ejecutarlo con toda priesa o porque las velas, como en semejantes frangentes[32] sucede, solían romperse. El sustento que se nos daba para que no nos faltasen las fuerzas en tan continuo trabajo, reducía a una ganta,[33] que viene a ser un almud,[34] de arroz, que se sancochaba como se podía, valiéndonos de agua de la mar en vez de la sal, que les sobraba y que jamás nos dieron. Menos de un cuartillo de agua se repartía a cada uno para cada día. Carne, vino, agua ardiente, bonga ni otra alguna de las muchas miniestras[35] que traían llegó a nuestras bocas, y teniendo cocos en grande copia, nos arrojaban sólo las cáscaras para hacer bonote[36]—que es limpiarlas y dejarlas como una estopa para calafatear—y cuando por estar surgidos los tenían frescos les bebían el agua y los arrojaban al mar.

---

[30] las fibras finas que forman la soga.

[31] la soga que se usan para asegurar el ancla.

[32] percances.

[33] medida de unos tres litros.

[34] también una medida, usado aquí como sinónimo de ganta.

[35] miniestras = menestras.

[36] un tipo de fibra extraída del casco del coco.

Diéronnos en el último año de nuestra prisión el cargo de la cocina, y no sólo contaban los pedazos de carne que nos entregaban sino que también los medían para que nada comiésemos. ¡Notable crueldad y miseria es ésta! Pero no tiene comparación a la que se sigue: ocupáronnos también en hacerles calzado de lona y en coserles camisas y calzoncillos, y para ello se nos daban contadas y medidas las hebras de hilo. Y si por echar tal vez menudos los pespuntes como querían faltaba alguna, correspondían a cada una que se añadía veinte y cinco azotes. Tuve yo otro trabajo de que se privilegiaron mis compañeros, y fue haberme obligado a ser barbero, y en este ejercicio me ocupaban todos los sábados sin descansar ni un breve rato, siguiéndosele a cada descuido de la navaja—y de ordinario eran muchos por no saber yo científicamente su manejo—bofetadas crueles y muchos palos. Todo cuanto aquí se ha dicho sucedía a bordo porque sólo en Puliubi y en la isla despoblada de Nueva Holanda, para hacer agua y leña y para colchar un cable de bejuco, nos desembarcaron.

Si quisiera especificar particulares sucesos me dilatara mucho, y con individuar uno u otro se discurrían los que callo. Era para nosotros el día de lunes el más temido, porque haciendo un círculo de bejuco en torno de la mesana, y amarrándonos a él las manos siniestras nos ponían en las derechas unos rebenques, y habiéndonos desnudado nos obligaban con puñales y pistolas a los pechos a que unos a otros nos azotásemos. Era igual la vergüenza y el dolor que en ello teníamos al regocijo y aplauso con que ellos lo festejaban.

No pudiendo asistir mi compañero Juan de Casas a la distribución del continuo trabajo que nos rendía, y atribuyéndolo el capitán Bel a la que llamaba flojera, dijo que lo curaría y por modo fácil. Perdóneme la decencia y el respeto que se debe a quien esto lee que lo refiera pero redújose éste a hacerle beber desleídos en agua los excrementos del mismo capitán, teniéndole puesto un cuchillo al cuello para acelerarle la muerte si lo repugnase. Y como a tan no oída medicina se siguiesen grandes vómitos que le causó el asco, y con que accidentalmente recuperó la salud, desde luego nos la recetó con aplauso de todos para cuando por nuestras desdichas adoleciésemos.

Sufría yo todas estas cosas porque el amor que tenía a mi vida no podía más, y advirtiendo que había días enteros que los piratas los pasaban borrachos, sentía no tener bastantes compañeros de quien valerme para matarlos, y alzándome con la fragata, irme a Manila. Pero también puede ser que no me fiara de ellos aunque los tuviera, por no haber otro español entre ellos sino Juan de las Casas. Un día que más que otro me embarazaba las acciones este pensamiento, llegándose a mí uno de los ingleses que se llamaba Cornelio y gastando larga prosa para encargarme el secreto, me propuso si tendría valor para ayudarle con los míos a sublevarse. Respondile con gran recato, pero asegurándome que ya convencidos a algunos de los suyos, cuyos nombres dijo, para lo propio, consiguió de mí el que no le faltaría llegando el caso, pero pactando primero lo que para mí seguro me pareció convenir.

No fue esta tentativa de Cornelio sino realidad, y de hecho había algunos que se lo aplaudiesen, pero por motivos que yo no supe desistió de ello. Persuádome a que él fue sin duda quien dio la noticia al capitán Bel de que yo y los míos lo querían matar, porque comenzaron a vivir de allí adelante con más vigilancia, abocando dos piezas cargadas de munición hacia la proa donde siempre estábamos, y procediendo en todo con gran cautela. No dejó de darme toda esta prevención de cosas grande cuidado, y preguntándole al condestable Nicpat mi patrocinador lo que lo causaba, no me respondió otra cosa sino que mirásemos yo y los míos cómo dormíamos. Maldiciendo yo entonces la hora en que me habló Cornelio me previne como mejor pude para la muerte. A la noche de este día, amarrándome fuertemente contra la mesana, comenzaron a atormentarme para que confesase lo que acerca de querer alzarme con el navío tenía dispuesto. Negué con la mayor constancia que pude, y creo que a persuasiones del condestable me dejaron solo. Llegóse éste entonces a mí, y asegurándome el que de ninguna manera peligraría si me fiase dél, y después de referirle enteramente lo que me había pasado, desamarrándome me llevó al camarote del capitán.

Hincado de rodillas en su presencia dije lo que Cornelio me había propuesto. Espantado el capitán Bel con esta noticia, haciendo primero el que en ella me ratificase con juramento, con amenaza de castigarme por no haberle dado cuenta de ello inmediatamente, me hizo cargo de traidor y de sedicioso. Yo con ruegos y lágrimas, y el condestable Nicpat con reverencias y súplicas, conseguimos que me absolviese, pero fue imponiéndome con pena de la vida que guardase secreto. No pasaron muchos días sin que de Cornelio y sus secuaces echasen mano, y fueron tales los azotes con que los castigaron que yo aseguro el que jamás se olviden de ellos mientras vivieren. Y con la misma pena y otras mayores se les mandó el que ni conmigo ni con los míos se entrometiesen. Prueba de la bondad de los azotes sea el que uno de los pacientes que se llamaba Enrique recogió cuanto en plata, oro y diamantes le había cabido, y quizás receloso de otro castigo se quedó en la isla San Lorenzo sin que valiesen cuantas diligencias hizo el capitán Bel para recobrarlo.

Ilación es, y necesaria, de cuanto aquí se ha dicho poder competir estos piratas en crueldad y abominaciones a cuantos en la primera plana de este ejercicio tienen sus nombres, pero creo el que no hubieran sido tan malos como para nosotros lo fueron si no estuviera con ellos un español, que se preciaba de sevillano y se llamaba Miguel. No hubo trabajo intolerable en que nos pusiesen, no hubo ocasión alguna en que nos maltratasen, no hubo hambre que padeciésemos ni riesgo de la vida en que peligrásemos que no viniese por su mano y por su dirección, haciendo él gala de mostrarse impío y abandonando lo católico en que nació por vivir pirata y morir hereje. Acompañaba a los ingleses—y era esto para mí y para los míos lo más sensible cuando se ponían de fiesta, que eran las Pascuas de Navidad y los domingos del año—leyendo o rezando lo que ellos en sus propios libros. Alúmbrele Dios el entendimiento para que enmendando su vida consiga el perdón de sus iniquidades.

5. *Navega Alonso Ramírez y sus compañeros, sin saber dónde estaban ni la parte a que iban. Dícense los trabajos y sustos que padecieron hasta varar en tierra.*

Basta de estos trabajos, que aun para leídos son muchos, por pasar a otros de diversa especie. No sabía yo, ni mis compañeros, el paraje en que nos hallábamos ni el término que tendría nuestro viaje, porque ni se entendía el derrotero holandés ni teníamos carta que entre tantas confusiones nos sirviera de algo, y para todos era aquella la vez primera que allí nos víamos.[37] En estas dudas, haciendo refleja a la sentencia que nos habían dado de muerte si segunda vez nos aprisionaban, cogiendo la vuelta del oeste, me hice a la mar. A los seis días, sin haber mudado la derrota, avistamos tierra que parecía firme por lo tendida y alta, y poniendo la proa al oesnoroeste me hallé el día siguiente a la madrugada sobre tres islas de poca ámbitu.[38] Acompañado de Juan de Casas, en un cayuco pequeño que en la fragata había, salí a una de ellas, donde se hallaron pájaros tabones y bobos,[39] y trayendo grandísima cantidad de ellos para cecinarlos me vine a bordo.

Arrimándonos a las costa proseguimos el largo de ella, y a los diez días se descubrió una isla, y al parecer, grande. Eran entonces las seis de la mañana, y a la misma hora se nos dejó ver una armada de hasta veinte velas de varios portes, y echando ellos bandera inglesa me llamaron con una pieza. Dudando si llegaría discurrí el que viendo ellos a mi bordo cosas de ingleses quizás no me creerían la relación que les diese, sino presumirían que había

---

[37]veíamos.

[38]también ámbito: la circunferencia de una isla.

[39]un tipo de pájaro de mar.

yo muerto a los dueños de la fragata y que andaba fugitivo por aquellos mares. Y aunque con turbonada que empezó a entrar—juzgando que me la enviaba Dios para mi escape—largué las velas de gavia, y con el aparejo siempre en la mano—cosa que no se atrevió a hacer ninguna de las naos inglesas—escapé con la proa al norte, caminando todo aquel día en noche sin mudar derrota.

Al siguiente día volví la vuelta del oeste a proseguir mi camino y al otro, por la parte del leste, tomé una isla. Estando ya sobre ella, se nos acercó una canoa con seis hombres a reconocernos. Y apenas supieron de nosotros ser españoles, y nosotros de ellos que eran ingleses, cuando, corriendo por nuestros cuerpos un sudor frío, determinamos morir primero de hambre entre las olas que no exponernos otra vez a tolerar impiedades. Dijeron que si queríamos comerciar hallaríamos allí azúcar, tinta,[40] tabaco y otros buenos géneros. Respodíles que eso queríamos, y atribuyendo a que era tarde para poder entrar, con el pretexto de estarme a la capa[41] aquella noche, y con asegurarles también el que tomaríamos puerto al siguiente día, se despidieron. Y poniendo luego al instante la proa al leste me salí a la mar.

Ignorantes de aquellos parajes, y persuadidos a que no hallaríamos sino ingleses donde llegásemos, no cabía en mí ni en mis compañeros consuelo alguno, y más viendo el que el bastimento se iba acabando y que, si no fuera por algunos aguaceros en que cogimos alguna, absolutamente nos faltara el agua. Al leste, como dije, y al lesnordeste corrí tres días y después cambié la proa al noroeste, y gobernando a esta parte seis días continuos, llegué a una isla alta y grande. Y acercándome por una punta que tiene al leste a reconocerla, salió de ella una lancha con siete hombres para nosotros. Sabiendo de mí ser español y que buscaba agua y leña y algún bastimento, me dijeron ser aquella isla de Guadalupe, donde vivían franceses, y que con licencia del gobernador—que se me daría sin repugnancia—podría provisionarme en ella de cuanto necesitase, y que si también quería negociación no faltaría forma, como no les faltaba a algunos que allí llegaban. Dije que sí entraría pero que no sabía por donde, por no tener carta ni práctico que me guiase, y que me dijese en qué parte del mundo nos hallábamos. Hízoles notable fuerza el oírme esto, e instándome ellos que de dónde había salido y para qué parte, arrepentido inmediatamente de la pregunta y sin responderles a propósito, me despedí.

---

[40]un tipo de tinte.

[41]una disposición de las velas para retardar el avance del barco.

No se espante quien esto leyere de la ignorancia en que estábamos de aquellas islas, porque habiendo salido de mi patria de tan poca edad nunca supe—ni cuidé de ello después—qué islas son circunvecinas y cuáles sus nombres. Menos razón había para que Juan de Casas, siendo natural de la Puebla, en lo mediterráneo de la Nueva España, supiese de ellas. Y con más razón militaba lo propio en los compañeros restantes, siendo todos originarios de la India Oriental, donde no tienen necesidad de noticias que les importe de aquellos mares. Pero no obstante bien presumía yo el que era parte de la América en la que nos hallábamos.

Antes de apartarme de allí les propuse a mis compañeros el que me parecía imposible tolerar más, porque ya para los continuos trabajos en que nos víamos nos faltaban fuerzas, con circunstancia de que los bastimentos eran muy pocos; y que pues los franceses eran católicos surgiésemos a merced suya en aquella isla, persuadidos a que haciéndoles relación de nuestros infortunios les obligaría la piedad cristiana a patrocinarnos. Opusiéronse a este dictamen mío con grande esfuerzo, siendo el motivo el que a ellos por su color y por no ser españoles los harían esclavos, y que les sería menos sensible el que yo con mis manos los echase al mar que ponerse ellos en las de extranjeros para experimentar sus rigores.

Por no contristarlos, sintiendo más sus desconsuelos que los míos, mareé la vuelta del norte todo el día y el siguiente al nornordeste, y por esta derrota a los tres días di vista a una isla. Y de allí habiéndola montado por la banda del sur, y dejando otra isla por la de babor, después de dos días que fuimos al noroeste y al oesnoroeste me hallé cercado de islotes, entre dos grandes islas. Costóme notable cuidado salir de aquí por el mucho mar y viento que hacía, y corriendo con sólo el trinquete para el oeste después de tres días discubrí una isla grandísima, alta y montuosa. Pero habiendo amanecido cosa de seis leguas sotaventado de ella para la parte del sur, nunca me dio lugar el tiempo para cogerla, aunque guiñé al noroeste. Gastados poco más de otros tres días sin rematarla y reconocidos dos islotes, eché al sudueste. Y después de un día sin notar cosa alguna ni avistar tierra, para granjear lo perdido volví al noroeste. Al segundo día de esta derrota descubrí y me acerqué a una isla grande. Vide en ella a cuanto permitió la distancia un puerto con algunos cayuelos fuera y muchas embarcaciones adentro.

Apenas vide que salían de entre ellas dos balandras con bandera inglesa para reconocerme que cargando todo el paño me atravesé a esperarlas. Pero por esta acción o por otro motivo que ellos tendrían no atreviéndose a llegar cerca, se retiraron al puerto. Proseguí mi camino y para montar una punta que salía por la proa goberné al sur, y montada muy para afuera volví al oeste y al oesnoroeste, hasta que a los dos días y medio llegué a una isla como de cinco o seis leguas de largo pero de poca altura, de donde salió para mí una balandra con bandera inglesa. Al punto cargué el paño y me atravesé, pero después de haberme cogido el barlovento, fue reconociéndome por la popa y muy de espacio[42] se volvió a la isla. Llaméla disparando una pieza sin bala, pero no hizo caso. No haber llegado a esta isla ni arrojádome al puerto de la antecedente era a instancias y lágrimas de mis compañeros, a quienes apenas vían cosa que tocase a inglés cuando al instante les faltaba el espíritu y se quedaban como azogados por largo rato. Estuve despechado entonces de mí mismo y determinado a no hacer caso en lo venidero de sus sollozos. Era supuesto que no comíamos sino lo que pescábamos, y la provisión de agua era tan poca que se reducía a un barril pequeño y a dos tinajas. Deseando dar en cualquiera tierra para—aunque fuese poblada de ingleses—varar en ella, navegué ocho días al oeste y al oessudueste, y a las ocho de la mañana de aquel día en que a nuestra infructuosa y vaga navegación se le puso término—por estar ya casi sobre él—reconocí un muy prolongado bajo de arena y piedra. No manifestando el susto que me causó su vista y orillándome a él como mejor se pudo, por una quebrada que hacía lo atravesé, sin que hasta las cinco de la tarde se descubriese tierra. Viendo su cercanía, que por ser en estremo baja—y no haberla yo por eso divisado—era ya mucha, antes que se llegase la noche hice subir al tope por si se descubría otro bajo de qué guardarlos. Y manteniéndome a bordo lo que quedó de el día, poco después de anochecer di fondo en cuatro brazas y sobre piedras. Fue esto con sólo un anclote, por no haber más, y con un pedazo de cable de cáñamo de hasta diez brazas ayustado[43] a otro de bejuco—y fue el que colchamos en Puliubi que tenía sesenta. Y por ser el anclote—mejor lo llamara rezón[44]—tan pequeño que sólo podría servir para una chata, lo ayudé con una pieza de artillería entalingada[45] con un cable de guamutil[46] de cincuenta brazas. Crecía el viento al peso de la noche, y con gran pujanza, y por esto y por las piedras del fondo poco después de las cinco de la mañana se rompieron los cables.

---

[42]despacio.

[43]atadas las sendas puntas de dos sogas.

[44]un tipo de gancho.

[45]unida.

[46]un tipo de fibra.

Viéndome perdido, mareé todo el paño[47] luego al instante por ver si podía montar una punta que tenía a la vista. Pero era la corriente tan en estremo furiosa que no nos dio lugar ni tiempo para poder orzar, con que arribando más y más y sin resistencia, quedamos varados entre múcaras[48] en la misma punta. Era tanta la mar y los golpes que daba el navío tan espantosos que no sólo a mis compañeros sino aun a mí, que ansiosamente deseaba aquel suceso para salir a tierra, me dejó confuso, y más halládome sin lancha para escaparlos. Quebrábanse las olas no sólo en la punta sobre que estábamos sino en lo que se vía de la costa con grandes golpes, y a cada uno de los que a correspondencia daba el navío pensábamos que se abría y nos tragaba el abismo. Considerando el peligro en la dilación, haciendo fervorosos actos de contrición y queriendo merecerle a Dios su misericordia sacrificándole mi vida por la de aquellos pobres, ciñéndome un cabo delgado para que lo fuesen largando me arrojé al agua. Quiso concederme su piedad el que llegase a tierra donde lo hice firme, y sirviendo el cabo de andarivel a los que no sabían nadar, y ellos convencidos de no ser tan difícil el tránsito como se lo pintaba el miedo, conseguí el que—no sin peligro manifiesto de ahogarse dos—a más de media tarde estuviesen salvos.

6. Sed, hambre, enfermedades, muertes con que fueron atribulados en esta costa. Hallan inopinadamente tierra católica y saben estar en tierra firme de Yucatán en la Septentrional América.

Tendría de ámbitu la peña que terminaba esta punta como doscientos pasos y por todas partes la cercaba el mar, y aun tal vez por la violencia con que la hería se derramaba por toda ella con grande ímpetu. No tenía arbol ni cosa alguna a cuyo abrigo pudiésemos repararnos contra el viento, que soplaba vehementísimo y destemplado. Pero haciéndole a Dios Nuestro Señor repetidas súplicas y promesas, y persuadidos a que estábamos en parte donde jamás saldríamos, se pasó la noche. Perseveró el viento y por el consiguiente no se sosegó el mar hasta de allí a tres días. Pero no obstante, después de haber amanecido, reconociendo su cercanía nos cambiamos a tierra firme, que distaría de nosotros como cien pasos y no pasaba de la cintura el agua donde más hondo. Estando todos muertos de sed, y no habiendo agua dulce en cuan-

---

[47]hacerse al mar.
[48]escollos.

to se pudo reconocer en algún espacio, posponiendo mi riesgo al alivio y conveniencia de aquellos míseros, determiné ir a bordo. Y encomendándome con todo afecto a María Santísima de Guadalupe me arrojé al mar, y llegué al navío, de donde saqué una hacha para cortar y cuanto me pareció necesario para hacer fuego. Hice segundo viaje, y a empellones o, por mejor decir, milagrosamente, puse un barrilete de agua en la misma playa. Y no atreviéndome aquel día a tercer viaje, después que apagamos todos nuestra ardiente sed, hice que comenzasen los más fuertes a destrozar palmas de las muchas que allí había para comer los cogollos. Y encendiendo candela, se pasó la noche.

Halláronse el día siguiente unos charcos de agua, aunque algo salobre, entre aquellas palmas, mientras se congratulaban los compañeros por este hallazgo, acompañándome Juan de Casas, pasé al navío—de donde en el cayuco que allí traíamos, siempre con riesgo por el mucho mar y la vehemencia del viento, sacamos a tierra el velacho,[49] las dos velas de trinquete y gavia, y pedazos de otras. Sacamos tambiém escopetas, pólvora y municiones, y cuanto nos pareció por entonces más necesario para cualquier accidente.

Dispuesta una barraca en que cómodamente cabíamos todos, y no sabiendo a qué parte de la costa se había de caminar para buscar gente, elegí sin motivo especial la que corre al sur, yendo conmigo Juan de Casas. Y después de haber caminado aquel día como cuatro leguas, matamos dos puercos monteses, y escrupulizando el que se perdiese aquella carne en tanta necesidad, cargamos con ellos para que los lograsen los compañeros. Repetimos lo andado a la mañana siguiente hasta llegar a un río de agua salada, cuya ancha y profunda boca nos atajó los pasos. Y aunque por haber descubierto unos ranchos antiquísimos hechos de paja estábamos persuadidos a que dentro de breve se hallaría gente, con la imposibilidad de pasar adelante después de cuatro días de trabajo nos volvimos tristes.

Hallé a los compañeros con mucho mayores aflicciones que las que yo traía, porque los charcos de donde se proveían de agua se iban secando y todos los compañeros estaban tan hinchados que parecían hidrópicos. Al segundo día de mi llegada se acabó el agua, y aunque por el término de cinco días se hicieron cuantas diligencias nos dictó la necesidad para conseguirla, excedía a la de la mar en la amargura que se hallaba. A la noche del quinto día postrados todos en tierra—y más con los afectos que con las voces por sernos imposible el articularlas—le pedimos a la Santísima Virgen de Guada-

---

[49]vela principal.

lupe el que, pues era fuente de aguas vivas para sus devotos y compadeciéndose de lo que ya casi agonizábamos con la muerte, nos socorriese como a hijos, protestando nosotros no apartar jamás de nuestra memoria para agradecérselo, beneficio tanto. Bien sabéis, Madre y Señora amantísima, el que así pasó, porque antes que se acabase la súplica viniendo por el suroeste la turbonada, cayó un aguacero tran copioso sobre nosotros, que refrigerando los cuerpos y dejándonos, en el cayuco y en cuantas vasijas allí teníamos, provisión bastante, nos dio las vidas.

Era aquel sitio no sólo estéril y falto de agua sino muy enfermo, y aunque así lo reconocían los compañeros, temiendo ellos morir en el camino, no había modo de convencerlos para que lo dejásemos. Pero quiso Dios que lo que no recabaron en súplicas lo consiguieron los mosquitos—que también allí había—con su molestia. Y ellos eran sin duda alguna los que en parte les habían causado las hinchazones que he dicho, con sus picadas. Treinta días se pasaron en aquel puesto, comiendo nosotros chachalacas, palmitos y algún marisco. Y antes de salir de él, por no omitir diligencia, pasé al navío que hasta entonces no se había escalimado,[50] y cargando con toda la artillería, la disparé dos veces.

Fue mi intento el que si acaso había gente la tierra dentro, podía ser que les moviese el estruendo al saber la causa, y que acudiendo allí ellos se acabasen nuestros trabajos con su venida. Con esta esperanza me mantuve hasta el siguiente día, en cuya noche—no sé cómo—tomando fuego un cartucho de a diez que tenía en la mano, no sólo me abrasó sino que me maltrató un muslo, parte del pecho y toda la cara, y me voló el cabello. Curado como mejor se pudo con ungüento blanco que en la caja de medicina que me dejó el condestable se había hallado, y a la subsecuente mañana, dándoles a los compañeros el aliento que yo más que ellos necesitaba, salí de allí.

Quedóse—ojalá la pudiéramos haber traído con nosotros aunque fuera a cuestas, por lo que adelante tiré—quedóse, digo, la fragata que en pago de lo mucho que yo y los míos servimos a los ingleses nos dieron graciosamente. Era—y no sé si todavía lo es—de treinte y tres codos de quilla y con tres aforros,[51] los palos y vergas eran de excelentísimo pino y la fábrica toda de lindo galibo,[52] y tanto que se corría ochenta leguas por singladura con

---

[50]tener estropeado, debido a la violencia de las olas, el relleno de soga y brea que impermea las junturas del barco.

[51]forro = el casco exterior del barco.

[52]la forma de las vigas del barco.

viento fresco. Quedáronse en ella y en las playas nueve piezas de artillería de hierro con más de dos mil balas de a cuatro, de a seis y de a diez, y todas de plomo. Quedáronse cien quintales de este metal, cincuenta barras de estaño, sesenta arrobas de hierro, ochenta barras de cobre del Japón, muchas tinajas de la China, siete colmillos de elefante, tres barriles de pólvora, cuarenta cañones de escopetas, diez llaves, una caja de medicina y muchas herramientas de cirujano.

Bien provisionados de pólvora de municiones y no otra cosa, y cada uno de nosotros con su escopeta, comenzamos a caminar por la misma marina la vuelta del norte, pero con mucho espacio, por la debilidad y la prisa de los compañeros. Y en llegar a un arroyo de agua dulce, pero bermeja, que distaría del primer sitio menos de cuatro leguas, se pasaron dos días. La consideración de que a este paso sólo podíamos acercarnos a la muerte—y con mucha priesa[53]—me obligó a que, valiéndome de las más suaves palabras que me dictó el cariño, les propusiese el que pues ya no les podía faltar el agua y como víamos que acudía allí mucha volatería que les aseguraba el sustento que tuviesen a bien el que acompañado de Juan de Casas me adelantase hasta hallar un poblado, de donde protestaba que volvería cargado de refresco para sacarlos de allí.

Respondieron a esta proposición con tan lastimeras voces y copiosas lágrimas que me la sacaron de lo más tierno del corazón en mayor raudal. Abrazándose de mí me pedían con mil amores y ternuras que no los desamparase, y que—pareciendo imposible en lo natural poder vivir el más robusto ni aun cuatro días—siendo la demora tan corta quisiese, como padre que era de todos, darles mi bendición en sus postreras boqueadas; y que después prosiguiese muy enhorabuena a buscar el descanso que a ellos les negaba su infelicidad y desventura en tan estraños climas. Convenciéronme sus lágrimas a que así lo hiciese, pero pasados seis días sin que mejorasen y reconociendo el que ya yo me iba hinchando y que mi falta les aceleraría la muerte—temiendo ante todas cosas la mía—conseguí el aunque fuese muy poco a poco se prosiguiese el viaje.

Iba yo y Juan de Casas descubriendo lo que habrían de caminar los que me seguían y era el último como más enfermo, Francisco de la Cruz, sangley, a quien desde el trato de cuerda que le dieron los ingleses antes de llegar a Caponis le sobrevinieron mil males, siendo el que ahora le quitó la vida dos hinchazones en los pechos y otra en el medio de las espaldas, que le

---

[53]prisa.

llegaba al cerebro. Habiendo caminado como una legua, hicimos alto. Y siendo la llegada de cada uno según sus fuerzas, a más de las nueve de la noche no estaban juntos, porque este Francisco de la Cruz no había llegado. En espera suya se pasó la noche, y dándole orden a Juan de Casas que prosiguiera el camino, antes que amaneciese volví en su busca. Hallélo a cosa de media legua ya casi boqueando pero en su sentido. Deshecho en lágrimas y con mal articuladas razones, porque me las embargaba el sentimiento, le dije lo que para que muriese conformándose con la voluntad de Dios y en gracia suya me pareció a propósito, y poco antes de medio día rindió el espíritu. Pasadas como dos horas hice un profundo hoyo en la misma arena, y pidiendole a la Divina Majestad el descanso de su alma lo sepulté, y levantando una cruz hecha de dos toscos maderos en aquel lugar, me volví a los míos.

Hallélos alojados adelante de donde habían salido como otra legua, y a Antonio González, el otro sangley, casi moribundo. Y no habiendo regalo que poder hacerle ni medicina alguna con qué esforzarlo, estándolo consolando, o de triste o de cansado me quedé dormido. Y dispertándome el cuidado a muy breve rato lo hallé difunto. Dímosle sepultura entre todos el siguiente día, y tomando por asunto una y otra muerte los exhorté a que caminásemos cuanto más pudiésemos, persuadidos a que así sólo se salvarían las vidas. Anduviéronse aquel día como tres leguas, y en los tres siguientes se granjearon quince. Y fue la causa de que, con el ejercicio de caminar, al paso que se sudaba se resolvían las hinchazones y se nos aumentaban las fuerzas. Hallóse aquí un río de agua salada, muy poco ancho y en extremo hondo, y aunque retardó por todo un día un manglar muy espeso el llegar a él, reconociendo nosotros después de sondarlo faltarle vado, con palmas que se cortaron se le hizo puente y se fue adelante, sin que el hallarme en esta ocasión con calentura me fuese estorbo.

Al segundo día que de allí salimos, yendo yo y Juan de Casas precediendo a todos, atravesó por el camino que llevábamos un disforme oso. Y no obstante el haberlo herido con la escopeta se vino para mí, y aunque me defendía yo con el mocho como mejor podía—siendo pocas mis fuerzas y las suyas muchas—a no acudir a ayudarme mi compañero me hubiera muerto. Dejámoslo allí tendido y se pasó de largo. Después de cinco días de este suceso llegamos a una punta de piedra, de donde me parecía imposible pasar con vida por lo mucho que me había postrado la calentura. Y ya entonces estaban notablemente recobrados todos, o por mejor decir, con salud perfecta.

Estaba hecha mansión,[54] y mientras entraban en el monte adentro a buscar comida me recogí a un rancho que con una manta que llevábamos al abrigo de una peña habían hecho, y quedó en guarda mía mi esclavo Pedro. Entre las muchas imaginaciones que me ofreció el desconsuelo en esta ocasión fue la más molesta el que sin duda estaba en las costas de la Florida en la América, y que siendo cruelísimos en estremo sus habitadores por último habríamos de rendir las vidas en sus sangrientas manos.

Interrumpióme estos discursos mi muchacho con grandes gritos, diciéndome que descubría gente por la costa, y que venía gente desnuda. Levantéme asustado, y tomando en la mano la escopeta me salí afuera. Y encubierto de la peña a cuyo abrigo estaba reconocí dos hombres desnudos con cargas pequeñas a las espaldas. Y haciendo ademanes con la cabeza como quien busca algo, no me pesó de que viniesen sin armas, y por estar ya a tiro mío les salí al encuentro. Estaban turbados ellos mucho, más sin comparación que lo que yo lo estaba, y lo mismo fue verme que arrodillarse, y puestas las manos comenzaron a dar voces en castellano y a pedir cuartel. Arrojé yo la escopeta, y llegándome a ellos los abracé. Y respondiéndome a las preguntas que inmediatamente les hice, dijeron que eran católicos y que acompañando a su amo que venía atrás y se llamaba Juan González y era vecino del pueblo de Tejosuco, andaban por aquellas playas buscando ámbar. Dijeron también el que era aquella costa la que llamaban de Bacalal en la provincia de Yucatán.

Siguióse a estas noticias tan en estremo alegres—y más en ocasión que la vehemencia de mi tristeza me ideaba muerto entre gentes bárbaras—el darle a Dios y a su Santísima Madre repetidas gracias. Y seguí disparando tres veces, que era contraseña para que acudiesen los compañeros. Con su venida, que fue inmediata y acelerada, fue común entre todos el regocijo. No satisfechos de nosotros los yucatecos, dudando si seríamos de los piratas ingleses y franceses que por allí discurren, sacaron de lo que llevaban en sus mochilas para que comiésemos. Y dándoles, no tanto por retorno cuanto porque depusiesen el miedo que en ellos víamos, dos de nuestras escopetas, no las quisieron. A breve rato nos avistó su amo, porque venía siguiendo a sus indios con pasos lentos, y reconociendo nosotros el que quería volver aceleradamente atrás para meterse en lo más espeso del monte—donde no sería fácil el que lo hallásemos—quedando en rehenes uno de sus dos indios, fue el otro a persuasiones y súplicas nuestras a asegurarlo.

---

[54]una permanencia de poca duración.

Después de una muy larga plática entre sí tuvieron vino, aunque con sobresalto y recelo, según por el rostro se le advertía y en sus palabras se denotaba, a nuestra presencia. Y hablándole yo con grande benevolencia y cariño, y haciéndole una relación de mis trabajos grandes y entregándole todas nuestras armas para que depusiese el miedo con que lo víamos, conseguí el que se quedase con nosotros aquella noche, para salir a la mañana siguiente donde quisiese llevarnos. Díjonos, entre varias cosas que se parlaron, que le agradeciésemos a Dios por merced muy suya el que no me hubiesen visto sus indios primero y a largo trecho. Porque si teniéndonos por piratas se retiraran al monte para guarecerse en su espesura jamás saldríamos de aquel paraje inculto y solitario, porque nos faltaba embarcación para conseguirlo.

7. Pasan a Tejosuco, de allí a Valladolid, donde experimentan molestias. Llegan a Mérida. Vuelve Alonso Ramírez a Valladolid y son aquellas mayores. Causa por qué vino a México, y lo que de ello resulta.

Si a otros ha muerto un no esperado júbilo, a mí me quitó la calentura el que ya se puede discurrir si sería grande. Libre pues de ella yo, salimos de allí cuando rompía el día, y después de haber andado por la playa de la ensenada una legua llegamos a un puertecillo, donde tenían varada una canoa en que habían pasado. Entramos en ella y quejándonos todos de mucha sed y haciéndonos desembarcar en una pequeña isla de las muchas que allí se hacen—a que viraron luego—hallamos un edificio al parecer antiquísimo compuesto de solas cuatro paredes, y en el medio de cada una de ellas una pequeña puerta y, a correspondencia, otra en el medio de mayor altura. Sería la de las paredes de afuera como tres estados. Vimos también allí cerca unos pozos hechos a mano y llenos todos de excelente agua. Después que bebimos hasta quedar satisfechos, admirados de que en un islote que bojeaba[55] doscientos pasos se hallase agua. Y con las circunstancias del edificio que tengo dicho supe el que no sólo éste sino otros que se hallan en partes de aquella provincia—y mucho mayores—fueron fábrica de gentes que muchos siglos antes que la conquistaran los españoles vinieron a ella.

Prosiguiendo nuestro viaje, a cosa de las nueve del día se divisó una canoa de mucho porte, y asegurándonos la vela que traían—que se reconoció ser del petate o estera, que todo es uno—no ser piratas ingleses como se

---

[55]circunavegar una isla para medir su circunferencia.

presumió, me propuso Juan González el que les embistiésemos y los apresásemos. Era el motivo, que para cohonestarlo se le ofreció, el que eran indios gentiles de la sierra los que en ella iban, y que llevándolos al cura de su pueblo para que los catequizase, como cada día lo hacía con otros, le haríamos con ello un estimable obsequio. A que se añadía el que habiendo traído bastimento para solos tres y siendo ya nueve los que allí ya íbamos, y muchos los días que sin esperanza de hallar comida habíamos de consumir para llegar a poblado, podíamos—y aun debíamos—valernos de lo que sin duda llevaban los indios.

Pareciome conforme a razón lo que proponía, y a vela y remo les dimos caza. Eran catorce las personas, sin unos muchachos que en la canoa iban, y habiendo hecho poderosa resistencia disparando sobre nosotros lluvias de flechas fueron atemorizados de los tiros de escopeta, que aunque eran muy continuos y espantosos, iban sin balas,—porque, siendo impiedad matar a aquellos pobres sin que nos hubiesen ofendido ni aun levemente, di rigurosa orden a los míos de que fuese así. Después de haberles abordado, le hablaron a Juan González, que entendía su lengua, y prometiéndole un pedazo de ámbar que pesaría dos libras, y cuanto maíz quisiésemos del que allí llevaban, le pidieron la libertad. Propúsome el que si así me parecía se les concediese, y desagradándome el que más se apeteciese el ámbar que la reducción de aquellos miserables gentiles al gremio de la Iglesia Católica como me insinuaron, no vine en ello. Guardóse Juan González el ámbar, y amarradas las canoas y asegurados los prisioneros, proseguimos nuestra derrota hasta que atravesada la ensenada y ya casi entrada la noche, saltamos en tierra.

Gastóse el día siguiente en moler maíz y disponer bastimento para los seis días que dijeron que habíamos de tardar para pasar el monte. Y echando por delante a los indios con la provisión, comenzamos a caminar. A la noche de este día, queriendo sacar lumbre con mi escopeta y no pensando estar cargada y no poniendo por esta inadvertencia el cuidado que se debía explotó saliéndoseme de las manos. Y lastimándome el pecho y la cabeza con el no prevenido golpe, se me quitó el sentido. No volví en mi acuerdo hasta que cerca de medianoche comenzó a caer sobre nosotros tan poderoso aguacero, que inundando el paraje en que nos alojamos y pasando casi por la cintura la avenida, que fue improvisa, perdimos la mayor parte del bastimento y toda la pólvora menos la que tenía en mi graniel.[56] Con esta incomodidad, y llevándome cargado los indios, porque no podía moverme, y dejándonos a

---

[56]recipiente de pólvora.

sus dos criados para que nos guiasen, Juan González se fue. Y habiéndose Juan González adelantado así para solicitarnos algún refresco como para noticiar a los indios de los pueblos inmediatos, adonde debíamos de ir, el que no éramos piratas como podían pensar, sino hombres perdidos que íbamos a su amparo, proseguimos.

Proseguimos por el monte nuestro camino, sin un indio y una india que los gentiles que valiéndose del aguacero se nos huyeron. Pasamos excesiva hambre hasta que dando en un platanal no sólo comimos hasta satisfacernos, sino que proveídos de plátanos asados se pasó adelante. Noticiado por Juan González el beneficiado de Tejosuco—de quien ya diré—de nuestros infortunios, nos despachó al camino en muy buen refresco. Y fortalecidos con él llegamos el día siguiente a un pueblo de su feligresía que dista como una legua de la cabeza y se nombra Tilá, donde hallamos gente de parte suya que con un regalo de chocolate y comida espléndida nos esperaba. Allí nos detuvimos hasta que llegaron caballos en que montamos, y rodeados de indios que salían a vernos como cosa rara llegamos al pueblo de Tejosuco como a las nueve del día.

Es pueblo no sólo grande sino delicioso y ameno. Asisten en él muchos españoles y entre ellos don Melchor Pacheco, a quien acuden los indios como a su encomendero. La iglesia parroquial se forma de tres naves y está adornada con excelentes altares, y cuida de ella como su cura beneficiado el licenciado don Cristóbal de Muros—a quien jamás pagaré dignamente lo que le debo y para cuya alabanza me faltan voces. Saliónos a recebir con el cariño de padre, y conduciéndonos a la iglesia, nos ayudó a dar a Dios nuestro señor las debidas gracias por habernos sacado de la opresión tirana de los ingleses, de los peligros en que nos vimos por tantos mares y de los que últimamente toleramos en aquellas costas. Y acabada nuestra oración, acompañados de todo el pueblo nos llevó a su casa.

En ocho días que allí estuvimos, a mí y a Juan de Casas nos dio su mesa abastecida de todo, y desde ella enviaba siempre sus platos a diferentes pobres. Acudióseles también, y a proporción de lo que con nosotros se hacía no sólo a los compañeros sino a los indios gentiles con abundancia. Repartió éstos, después de haberlos vestido, entre otros que ya tenía bautizados de los de su nación para catequizarlos. Y disponiéndonos para la confesión, de que estuvimos imposibilitados por tanto tiempo, oyéndonos con la paciencia y cariño que nunca he visto, conseguimos el Día de Santa Catalina que nos comulgase. En el interín que esto pasaba notició a los alcaldes de la villa de Valladolid, en cuya comarca cae aquel pueblo, de lo sucedido, y dándonos carta así para ellos como para el guardián de la vicaría de Tixcacal—que nos recibió con notable amor—salimos de Tejosuco para la villa, con su beneplácito. Encontrónos en este pueblo de Tixcacal un sargento que remitían los alcaldes para que nos condujese. Y en llegando a la villa y a su presencia les di carta. Eran dos estos alcaldes, como en todas partes se usa: llámase el uno don Francisco de Celerun—hombre, a lo que me pareció, poco entremetido y de muy buena intención—y el otro don Ceferino de Castro.

No puedo proseguir sin referir un donosísimo cuento que aquí pasó. Sabiéndose porque yo se lo había dicho a quien lo preguntaba ser esclavo mío el negrillo Pedro, estaba esperando uno de los que me habían examinado a que estuviese solo. Llegándose a mí y echándome los brazos al cuello, me dijo así: —¿Es posible, amigo y querido paisano mío, que os ven mis ojos? ¡Oh, cuántas veces se me han anegado en lágrimas al acordárme de vos! Quien me dijera que os había de ver en tanta miseria! ¡Abrazadme recio, mitad de mi alma, y dadle gracias a Dios de que esté yo aquí!

Pregúntéle quién era y cómo se llamaba, porque de ninguna manera lo conocía.

—¿Cómo es eso, me replicó, cuando no tuvistéis en vuestros primeros años mayor amigo? Y para que conozcáis el que todavía soy el que entonces era, sabed que corren voces que sois espía de algún corsario, y noticiado de ello el gobernador de esta provincia os hará prender, y sin duda alguna os atormentará. Yo, por ciertos negocios en que intervengo, tengo con Su Señoría relación estrecha, y lo mismo es proponerle yo una cosa que ejecutarla. Bueno será granjearle la voluntad presentándole ese negro, y para ello no será malo el que me hagais donación de él. Considerad que el peligro en que os veo es en estremo mucho. Guardadme el secreto y mirad por vos. Si así no se hace estoy persuadiéndoos a que no podré redimir vuestra vejación si lo que os propongo, como tan querido y antiguo amigo vuestro no tiene forma.

—No soy tan simple, le respondí, que no reconozca ser vuesa merced un grande embustero y que puede dar liciones[57] de robar a los mayores corsarios. A quien me regalare con trescientos de a ocho que vale, le regalaré con mi negro. Y vaya con Dios.

No me replicó, porque llamándome de parte de los alcaldes alguien, me quité de allí.

Era don Francisco de Celerun no sólo alcalde sino también teniente, y como de la declaración que le hice de mis trabajos resultó saberse por toda la villa lo que dejaba en las playas, pensando muchos el que por la necesidad

---

[57]lecciones.

casi extrema que padecía haría baratas,[58] comenzaron a prometerme dinero porque les vendiese siquiera lo que estaba en ellas. Y me daban luego quinientos pesos. Quise admitirlos y volver con algunos que me ofrecieron su compañía, así para remediar la fragata como para poner cobro a lo que en ella tenía. Pero enviándome a notificar don Ceferino de Castro el que debajo de graves penas no saliese de la villa para las playas, porque la embarcación y cuanto en ella venía pertenecía a la Cruzada, me quedé suspenso, y acordándome del sevillano Miguel encogí los hombros. Súpose también como al encomendero de Tejosuco, don Melchor Pacheco, le di un cris y un espadín mohoso que conmigo traía y de que por cosa extraordinaria se aficionó. Y persuadido don Ceferino de Castro por lo que le dije del saqueo de Sicudana a que tendrían empuñadura de oro y diamantes, despachó luego al instante por él con iguales penas. Y noticiado de que quería yo pedir de mí justicia y que se me oyese, al segundo día me remitieron a Mérida.

Lleváronme con la misma velocidad con que yo huía con mi fragata cuando avistaba ingleses, y sin permitirme visitar el milagroso santuario de Nuestra Señora de Itzamal, a ocho de diciembre de 1689 dieron conmigo mis conductores en la ciudad de Mérida. Reside en ella como gobernador y capitán general de aquella provincia don Juan José de la Bárcena, y después de haberle besado la mano yo y mis compañeros y dádole extrajudicial relación de cuanto queda dicho, me envió a las que llaman Casas Reales de San Cristóbal. Y a quince de diciembre por orden suyo me tomó declaración de lo mismo el sargento mayor Francisco Guerrero, y a siete de enero de 1690 Bernardo Sabido, escribano real, certificó de que después de haber salido perdido por aquellas costas me estuve hasta entonces en la ciudad de Mérida.

Las molestias que pasé en esta ciudad no son ponderables. No hubo vecino de ella que no me hiciese relatar cuanto aquí se ha escrito, y esto no una sino muchas veces. Para esto solían llevarme a mí y a los míos de casa en casa, pero al punto de mediodía me despachaban todos. Es aquella ciudad, y generalmente toda la provincia abundante y fértil y muy barata. Y si no fue el licenciado don Cristobal de Muros mi único amparo, un criado del encomendero de Melchor Pacheco que me dio un capote, y el ilustrísimo Señor Obispo don Juan Cano y Sandoval que me socorrió con dos pesos, no hubo persona alguna que, viéndome a mí y a los míos casi desnudos y muertos de hambre, estendiese[59] la mano para socorrerme. Ni comimos en las que lla-

---

[58]bajar el precio.
[59]extendiese.

man Casas Reales de San Cristóbal—son un honrado mesón en que se albergan forasteros—sino lo que nos dieron los indios que cuidan de él, y se redujo a tortillas de maíz y cotidianos frijoles. Porque rogándoles una vez a los indios el que mudasen manjar fueron diciendo que aquello lo daban ellos—póngase por esto en el catálogo de mis benefactores—sin esperanza de que se lo pagase quien allí nos puso, y que así me contentase con lo que gratuitamente me daban. Callé mi boca.

Faltándome los frijoles con que en las Reales Casas de San Cristóbal me sustentaron los indios. Y fue esto el mismo día en que, dándome la certificación, me dijo el escribano que tenía ya libertad para poder irme donde gustase. Valiéndome del alferez Pedro Flores de Ureña, paisano mío a quien si a correspondencia de su pundonor y honra le hubiera acudido la fortuna fuera sin duda alguna muy poderoso, y precediendo información que di con los míos, de pertenecerme—y con declaración que hizo el negro Pedro de ser—mi esclavo, lo vendí en trescientos pesos. Con que vestí a aquellos, y dándoles alguna ayuda de costa para que buscasen su vida permití—porque se habían juramentado de asistirme siempre—que pusiesen la proa de su elección donde los llamase el genio.

Prosiguiendo don Ceferino de Castro en las comenzadas diligencias, para recaudar con el pretexto frívolo de la Cruzada lo que la Bula de la Cena[60] me aseguraba en las playas y en lo que estaba abordo, quiso abrir camino en el monte para conducir a la villa en recuas lo que a hombros de indios no era muy fácil. Opúsosele el beneficiado don Cristóbal de Muros, previniendo que era facilitarles a los corsantes y piratas que por allí cruzan el que robasen los pueblos de su feligresía, hallando camino andable y no defendido para venir a ellos. Llevóme la cierta noticia que tuve de esto a Valladolid y quise pasar a las playas a ser ocular testigo de la iniquidad que contra mí y los míos hacían los que por españoles y católicos estaban obligados a ampararme y a socorrerme con sus propios bienes. Y llegando yo al pueblo de Tilá, con amenazas de que sería declarado por tridor al rey, no me consintió el alférez Antonio Zapata el que pasase de allí, diciendo que tenía orden de don Ceferino de Castro para hacerlo así.

A persuasiones y con fomento de don Cristóbal de Muros, volví a la ciudad de Mérida, y habiendo pasado la Semana Santa en el santuario de Itzamal, llegué a aquella ciudad el miércoles después de Pascua. Lo que decretó

---

[60]una de las muchas bulas papales de la época; ésta incluía una denuncia de los que se apropian de la propiedad de los náufragos.

el gobernador a petición que le presenté fue que tenía orden del Excelentísimo Señor Virrey de la Nueva España para que viniese a su presencia con brevedad. No sirvieron de cosa alguna réplicas mías, y sin dejarme aviar salí de Mérida domingo, dos de abril. Viernes, siete, llegué a Campeche. Jueves, trece, en una balandra del capitán peña salí del puerto. Domingo, dieciséis, salté en tierra en la Vera Cruz. Allí me aviaron los oficiales reales con veinte pesos, y saliendo de aquella ciudad a veinte y cuatro del mismo mes, llegué a México a cuatro de mayo.

El viernes siguiente besé la mano a Su Excelencia, correspondiendo a sus cariños afables a su presencia augusta, compadeciéndose primero de mis trabajos y congratulándose de mi libertad con parabienes y plácemes, escuchó atento cuanto en la vuelta entera que he dado al mundo queda escrito, y allí sólo le insinué a Su Excelencia en compendio breve. Mandóme, o por el afecto con que lo mira, o quizá porque estando enfermo divirtiese sus males con la noticia que yo le daría de los muchos míos, fuese a visitar a don Carlos de Sigüenza y Góngora, cosmógrafo y catedrático de matemáticas del Rey Nuestro Señor en la Academia Mexicana, y capellán mayor del Hospital Real del Amor de Dios de la Ciudad de México—títulos son estos que suenan mucho y valen muy poco, y a cuyo ejercicio le empeña más la reputación que la conveniencia. Compadecido de mis trabajos no sólo formó esta relación en que se contienen, sino que me consiguió con la intercesión y súplicas que en mi presencia hizo al Excelentísimo Señor Virrey, un decreto para que don Sebastián de Guzmán y Córdoba, Fator,[61] Veedor y Proveedor de las Cajas Reales me socorriese—como se hizo—; otro para que se me entretenga en la Real Armada de Barlovento hasta acomodarme; y mandamiento para que el Gobernador de Yucatán haga que los ministros que corrieron con el embargo o seguro de lo que estaba en las playas, y hallaron a bordo, a mí o a mi podatario,[62] sin réplica ni pretexto lo entreguen a todo. Ayudóme para mi viático con lo que pudo, y disponiendo que bajase a la Vera Cruz en compañía de don Juan Enriquez Barroto, Capitán de la Artillería de la Real Armada de Barlovento, mancebo excelentemente consumado en la hidrografía, docto en las ciencias matemáticas—y por eso íntimo amigo y huésped suyo en esta ocasión—me excusó de gastos.

---

[61]factor.

[62]poderhabiente; apoderado.

Infortunios que Alonso Ramírez, natural de la ciudad de San Juan de Puerto Rico, padeció. Editados por J. S. Cummings y Alonso Soons. London:Tamesis Texts, 1989.

JUANA INES DE LA CRUZ (México; 1648?-94)

"Respuesta de la poetisa a la muy ilustre Sor Filotea de la Cruz"

Muy ilustre Señora, mi Señora: No mi voluntad, mi poca salud y mi justo temor han suspendido tantos días mi respuesta. ¿Qué mucho si, al primer paso, encontraba para tropezar mi torpe pluma dos imposibles? El primero (y para mí el más riguroso) es saber responder a vuestra doctísima, discretísima, santísima, y amorosísima carta. Y si veo que preguntado el Ángel de las Escuelas, Santo Tomás,[1] de su silencio con Alberto Magno,[2] su maestro respondió que callaba porque nada sabía decir digno de Alberto, con cuánta mayor razón callaría, no como el Santo, de humildad, sino que en la realidad es no saber algo digno de vos. El segundo imposible es saber agradeceros tan excesivo como no esperado favor, de dar a las prensas mis borrones: merced tan sin medida que aun se le pasara por alto a la esperanza más ambiciosa y al deseo más fantástico; y que ni aun como ente de razón pudiera caber en mis pensamientos; y en fin, de tal magnitud que no sólo no se puede estrechar a lo limitado de las voces, pero excede a la capacidad del agradecimiento, tanto por grande como por no esperado, que es lo que dijo Quintiliano:[3] *Minorem spei, maiorem benefacti gloriam pereunt.*[4] Y tal que enmudecen al beneficiado.

Cuando la felizmente estéril para ser milagrosamente fecunda, madre del Bautista[5] vio en su casa tan desproporcionada visita como la Madre del

---

[1] (1226-74); considerado el más grande de los teólogos del catolicismo, autor de la *Suma contra los gentiles* y de la *Suma teológica.*

[2] (1193-1280), fraile dominico, teólogo, filósofo y alquimista.

[3] Marcus Fabius Quintilianus (35-?), famoso retórico romano.

[4] hay una gloria menor en las esperanzas, pero una grande en las beneficencias. Esta como las otras citas del texto que aparecen traducidas en las notas son del latín; la mayoría están tomadas de la Biblia.

[5] también llamado el "Precusor"; bautizó a Jesús.

Verbo,[6] se le entorpeció el entendimiento y se le suspendió el discurso; y así, en vez de agradecimientos, prorrumpió en dudas y preguntas: *Et unde hoc mihi?*[7] ¿De dónde a mí viene tal cosa? Lo mismo sucedió a Saúl[8] cuando se vio electo y ungido rey de Israel: *Numquid no filius Iemini ego sum de minima tribu Israel, et cognatio mea novissima inter omnes de Beniamin? Quare igitur locutus es mihi sermonem istum?*[9] Así yo diré: ¿de dónde, venerable Señora, de dónde a mí tanto favor? ¿Por ventura soy más que una pobre monja, la más mínima criatura del mundo y la más indigna de ocupar vuestra atención? Pues *quare locutus es mihi sermonem istum? Et unde hoc mihi?*[10]

Ni al primer imposible tengo más que responder que no ser nada digno de vuestros ojos; ni al segundo más que admiraciones, en vez de gracias, diciendo que no soy capaz de agradeceros la más mínima parte de lo que os debo. No es afectada modestia, Señora, sino ingenua verdad de toda mi alma, que al llegar a mis manos, impresa, la carta que vuestra propiedad llamó Atenagórica, prorrumpí (con no ser esto en mí muy fácil) en lágrimas de confusión, porque me pareció que vuestro favor no era más que una reconvención que Dios hace a lo mal que le correspondo; y que como a otros corrige con castigos, a mí me quiere reducir a fuerza de beneficios. Especial favor de que conozco ser su deudora, como de otros infinitos de su inmensa bondad; pero también especial modo de avergonzarme y confundirme: que es más primoroso medio de castigar hacer que yo misma, con mi conocimiento, sea el juez que me sentencie y condene mi ingratitud. Y así, cuando esto considero acá a mis solas, suelo decir: Bendito seáis vos, Señor, que no sólo no quisisteis en manos de otra criatura el juzgarme, y que ni aun en la mía lo pusisteis, sino que lo reservasteis a la vuestra, y me librasteis a mí de mí y de la sentencia que yo misma me daría—que, forzada de mi propio conocimiento, no pudiera ser menos que de condenación—, y vos la reservasteis a vuestra misericordia, porque me amáis más de lo que yo me puedo amar.

---

[6]la Virgen María.

[7]¿Por qué se me concede esto a mí?

[8]Primer rey de Israel (1020?-1000 a. de C.).

[9]¿No soy yo hijo de Benjamín, de la más pequeña de las tribus de Israel? Y mi familia ¿no es la más pequeña de todas las familias de la tribu de Benjamín? ¿Por qué, pues, me has dicho cosa semejante?

[10]¿Y esto qué tiene que ver conmigo?

Perdonad Señora mía, la digresión que me arrebató la fuerza de la verdad; y si la he de confesar toda, también es buscar efugios para huir la dificultad de responder, y casi me he determinado a dejarlo al silencio; pero como éste es cosa negativa, aunque explica mucho con el énfasis de no explicar, es necesario ponerle algún breve rótulo para que se entienda lo que se pretende que el silencio diga; y si no, dirá nada el silencio, porque ése es su propio oficio: decir nada. Fue arrebatado el Sagrado Vaso de Elección al tercer Cielo,[11] y habiendo visto los arcanos secretos de Dios dice: *Audivit arcana Cei, quae non licet homini loqui*.[12] No dice lo que vio, pero dice que no lo puede decir; de manera que aquellas cosas que no se pueden decir, es menester decir siquiera que no se pueden decir, para que se entienda que el callar no es no haber qué decir, sino no caber en las voces lo mucho que hay que decir. Dice San Juan que si hubiera de escribir todas las maravillas que obró nuestro Redentor, no cupieran en todo el mundo los libros; y dice Vieyra,[13] sobre este lugar, que en sola esta cláusula dijo más el Evangelista que en todo cuanto escribió; y dice muy bien el Fénix Lusitano[13] (pero ¿cuándo no dice bien, aun cuando no dice bien?), porque aquí dice San Juan todo lo que dejó de decir y expresó lo que dejó de expresar. Así, yo, Señora mía, sólo responderé que no sé qué responder; sólo agradeceré diciendo que no soy capaz de agradeceros; y diré, por breve rótulo de lo que dejo al silencio, que sólo con la confianza de favorecida y con los valimientos de honrada, me puedo atrever a hablar con vuestra grandeza. Si fuere necedad, perdonadla, pues es alhaja de la dicha, y en ella ministraré yo más materia a vuestra benignidad y vos daréis mayor forma a mi reconocimiento.

No se hallaba digno Moisés, por balbuciente, para hablar con Faraón, y, después, el verse tan favorecido de Dios, le infunde tales alientos, que no sólo habla con el mismo Dios, sino que se atreve a pedirle imposibles: *Ostende mihi faciem tuam*.[14] Pues así yo, Señora mía, ya no me parecen imposi-

---

[11] se refiere a Jesús.

[12] oyó palabras inefables que no le es dado al hombre expresar.

[13] Antônio Vieira (1608-97), predicador y escritor jesuita brasileño; la crítica que escribió Sor Juana sobre uno de sus sermones provocó el ataque a Sor Juana por Don Manuel Fernández de Santa Cruz y Sahagún, a quien ella le está contestando en esta "Respuesta".

[13] seudónimo del padre Vieira.

[14] Muéstrame tu rostro.

bles los que puse al principio, a vista de lo que me favorecéis; porque quien hizo imprimir la Carta tan sin noticia mía, quien la intituló, quien la costeó, quien la honró tanto (siendo de todo indigna por sí y por su autora), ¿qué no hará?, ¿qué no perdonará?, ¿que dejará de hacer y qué dejará de perdonar? Y así, debajo del supuesto de que hablo con el salvoconducto de vuestros favores y debajo del seguro de vuestra benignidad, y de que me habéis, como otro Asuero, dado a besar la punta del cetro de oro de vuestro cariño en señal de concederme benévola licencia para hablar y proponer en vuestra venerable presencia, digo que recibo en mi alma vuestra santísima amonesta-ción de aplicar el estudio a Libros Sagrados, que aunque viene en traje de consejo, tendrá para mí sustancia de precepto; con no pequeño consuelo de que aun antes parece que prevenía mi obediencia vuestra pastoral insinuación, como a vuestra dirección, inferido del asunto y pruebas de la misma Carta. Bien conozco que no cae sobre ella vuestra cuerdísima advertencia, sino sobre lo mucho que habréis visto de asuntos humanos que he escrito; y así, lo que he dicho no es más que satisfaceros con ella a la falta de aplicación que ha-bréis inferido (con mucha razón) de otros escritos míos. Y hablando con más especialidad os confieso, con la ingenuidad que ante vos es debida y con la verdad y claridad que en mí siempre es natural y costumbre, que el no haber escrito mucho de asuntos sagrados no ha sido desafición, ni de aplicación la falta, sino sobra de temor y reverencia debida a aquellas Sagradas Letras, para cuya inteligencia yo me conozco tan incapaz y para cuyo manejo soy tan indig-na; resonándome siempre en los oídos, con no pequeño horror, aquella ame-naza y prohibición del Señor a los pecadores como yo: *Quare tu enarras iusti-tias meas, et assumis testamentum meum per os tuum?*[15] Esta pregunta y el ver que aun a los varones doctos se prohibía el leer los Cantares[16] hasta que pasaban de treinta años, y aun el Génesis: éste por su oscuridad, y aquéllos porque de la dulzura de aquellos epitalamios[17] no tomase ocasión la impru-dente juventud de mudar el sentido en carnales afectos. Compruébalo mi gran Padre San Jerónimo,[18] mandando que sea esto lo último que se estudie, por

---

[15]¿Por qué tú hablas de mis mandamientos, y tomas mi testamento en tu boca?

[16]también llamados Salmos; texto bíblico.

[17]composición poética en que se celebra una boda.

[18](c. 340-420), uno de los padres más célebres del cristianismo y autor de la *Vulgata*, la versión latina de la Biblia; la orden religiosa de sor Juana lleva su nombre, los jerónimos.

la misma razón: *Ad ultimum sine periculo discat Canticum Canticorum, ne si in exordio legerit, sub carnalibus verbis spiritualium nuptiarum Epithalamium non intelligens, vulneretur;*[19] y Séneca[20] dice: *Teneris in annis haut clara est fides.*[21] Pues ¿cómo me atreviera yo a tomarlo en mis indignas manos, repugnándolo el sexo, la edad y sobre todo las costumbres? Y así confieso que muchas veces este temor me ha quitado la pluma de la mano y ha hecho retroceder los asuntos hacia el mismo entendimiento de quien querían brotar; el cual inconveniente no topaba en los asuntos profanos, pues una herejía contra el arte no la castiga el Santo Oficio,[22] sino los discretos con risa y los críticos con censura; y ésta, *iusta vel iniusta, timenda non est,*[23] pues deja comulgar y oír misa, por lo cual me da poco o ningún cuidado; porque, según la misma decisión de los que lo calumnian, ni tengo obligación para saber ni aptitud para acertar; luego, si lo yerro, ni es culpa ni es descrédito. No es culpa, porque no tengo obligación; no es descrédito, pues no tengo posibilidad de acertar, y *ad impossibilia nemo tenetur.*[24] Y, a la verdad, yo nunca he escrito sino violentada y forzada y sólo por dar gusto a otros; no sólo sin complacencia, sino con positiva repugnancia, porque nunca he juzgado de mí que tenga el caudal de letras e ingenio que pide la obligación de quien escribe; y así, es la ordinaria respuesta a los que me instan, y más si es asunto sagrado: ¿Qué entendimiento tengo yo, qué estudio, qué materiales, ni qué noticias para eso, sino cuatro bachillerías superficiales? Dejen eso para quien lo entienda, que yo no quiero ruido con el Santo Oficio, que soy ignorante y tiemblo de decir alguna proposición malsonante o torcer la genuina inteligencia de algún lugar. Yo no estudio para escribir, ni menos para enseñar (que fuera en mí desmedida soberbia), sino sólo por ver si con estudiar ignoro menos. Así lo respondo y así lo siento.

---

[19] al último lea, sin peligro, el Cantar de los Cantares; no sea que si lo lee a los principios, no entendiendo el epitalamio de las espirituales bodas bajo las palabras carnales, padezca daño.

[20] Lucius Annaeus Seneca (ca. 4 a.C.-65), filósofo, maestro del emperador Nerón.

[21] en los tiernos no es clara la fe.

[22] la entidad del Vaticano que administraba la Inquisición, velando por la integridad de la fe.

[23] justa o injusta no hay por qué temerla.

[24] a lo imposible nadie está obligado.

El escribir nunca ha sido dictamen propio, sino fuerza ajena; que les pudiera decir con verdad: *Vos me coegistis.*[25] Lo que sí es verdad que no negaré (lo uno porque es notorio a todos, y lo otro porque, aunque sea contra mí, me ha hecho Dios la merced de darme grandísimo amor a la verdad) que desde que me rayó la primera luz de la razón, fue tan vehemente y poderosa la inclinación a las letras, que ni ajenas represiones—que he tenido muchas—, ni propias reflejas—que he hecho no pocas—, han bastado a que deje de seguir este natural impulso que Dios puso en mí: Su Majestad sabe por qué y para qué; y sabe que le he pedido que apague la luz de mi entendimiento dejando sólo lo que baste para guardar su Ley, pues lo demás sobra, según algunos, en una mujer; y aun hay quien diga que daña. Sabe también Su Majestad que no consiguiendo esto, he intentado sepultar con mi nombre mi entendimiento y sacrificársele sólo a quien me le dio; y que no otro motivo me entró en religión, no obstante que al desembarazo y quietud que pedía mi estudiosa intención eran repugnantes los ejercicios y compañía de una comunidad; y después, en ella, sabe el Señor, y lo sabe en el mundo quien sólo lo debió saber, lo que intenté en orden a esconder mi nombre, y que no me lo permitió, diciendo que era tentación; y sí sería. Si yo pudiera pagaros algo de lo que os debo, Señora mía, creo que sólo os pagara en contaros esto, pues no ha salido de mi boca jamás, excepto para quien debió salir. Pero quiero que con haberos franqueado de par en par las puertas de mi corazón, haciéndoos patentes sus más sellados secretos, conozcáis que no desdice de mi confianza lo que debo a vuestra venerable persona y excesivos favores.

Prosiguiendo en la narración de inclinación, de que os quiero dar entera noticia, digo que no había cumplido los tres años de mi edad cuando enviando mi madre a una hermana mía, mayor que yo, a que se enseñase a leer en una de las que llaman Amigas, me llevó a mí tras ella el cariño y la travesura; y viendo que la daban lección, me encendí yo de manera en el deseo de saber leer, que engañando, a mi parecer, a la maestra, la dije que mi madre ordenaba me diese lección. Ella no lo creyó, porque no era creíble; pero, por complacer al donaire, me la dio. Proseguí yo en ir y ella prosiguió en enseñarme, ya no de burlas, porque la desengañó la experiencia; y supe leer en tan breve tiempo, que ya sabía cuando lo supo mi madre, a quien la maestra lo ocultó por darle el gusto por entero y recibir el galardón por junto; y yo lo callé, creyendo que me azotarían por haberlo hecho sin orden. Aún vive la que me enseño (Dios la guarde), y puede testificarlo.

---

[25]vosotros me obligasteis.

Acuérdome que en estos tiempos, siendo mi golosina la que es ordinaria en aquella edad, me abstenía de comer queso, porque oí decir que hacía rudos, y podía conmigo más el deseo de saber que el de comer, siendo éste tan poderoso en los niños. Teniendo yo después como seis o siete años, y sabiendo ya leer y escribir, con todas las otras habilidades de labores y costuras que deprenden las mujeres, oí decir que había Universidad y Escuelas en que se estudiaban las ciencias, en Méjico; y apenas lo oí cuando empecé a matar a mi madre con instantes e importunos ruegos sobre que, mudándome el traje, me enviase a Méjico, en casa de unos deudos que tenía, para estudiar y cursar la Universidad; ella no lo quiso hacer, e hizo muy bien, pero yo despiqué el deseo en leer muchos libros varios que tenía mi abuelo, sin que bastasen castigos ni reprensiones a estorbarlo; de manera que cuando vine a Méjico, se admiraban, no tanto del ingenio, cuanto de la memoria y noticias que tenía en edad que parecía que apenas había tenido tiempo para aprender a hablar.

Empecé a deprender gramática, en que creo no llegaron a veinte las lecciones que tomé; y era tan intenso mi cuidado, que siendo así que en las mujeres—y más en tan florida juventud—es tan apreciable el adorno natural del cabello, yo me cortaba de él cuatro o seis dedos, midiendo hasta dónde llegaba antes, e imponiéndome ley de que si cuando volviese a crecer hasta allí no sabía tal o tal cosa que me había propuesto deprender en tanto que crecía, me lo había de volver a cortar en pena de la rudeza. Sucedía así que él crecía y yo no sabía lo propuesto, porque el pelo crecía aprisa y yo aprendía despacio, y con efecto le cortaba en pena de la rudeza: que no me parecía razón que estuviese vestida de cabellos cabeza que estaba tan desnuda de noticias, que era más apetecible adorno. Entréme religiosa, porque aunque conocía que tenía el estado cosas (de las accesorias hablo, no de las formales), muchas repugnantes a mi genio, con todo, para lo total negación que tenía al matrimonio, era lo menos deproporcionado y lo más decente que podía elegir en materia de la seguridad que deseaba de mi salvación; a cuyo primer respeto (como al fin más importante) cedieron y sujetaron la cerviz todas las impertinencillas de mi genio, que eran de querer vivir sola; de no querer tener ocupación obligatoria que embrazase la libertad de mi estudio, ni rumor de comunidad que impidiese el sosegado silencio de mis libros. Esto me hizo vacilar algo en la determinación, hasta que alumbrándome personas doctas de que era tentación, la vencí con el favor divino, y tomé el estado que tan indignamente tengo. Pensé yo que huía de mí misma, pero ¡miserable de mí! trájeme a mí conmigo y traje mi mayor enemigo en esta inclinación, que no sé determinar si por prenda o castigo me dio el Cielo, pues de apagarse o embarazarse con tanto ejercicio que la religión tiene, reventaba como pólvora, y se verificaba en mí el *privatio est causa appetitus*.[26]

Volví (mal dije, pues nunca cesé); proseguí, digo, a la estudiosa tarea (que para mí era descanso en todos los ratos que sobraban a mi obligación) de leer y más leer, de estudiar, sin más maestro que los mismos libros. Ya se ve cuán duro es estudiar en aquellos caracteres sin alma, careciendo de la voz viva y explicación del maestro; pues todo este trabajo sufría yo muy gustosa por amor de las letras. ¡Oh, si hubiese sido por amor de Dios, que era lo acertado, cuánto hubiera merecido! Bien que yo procuraba elevarlo cuanto podía y dirigirlo a su servicio, porque el fin a que aspiraba era a estudiar Teología, pareciéndome menguada inhabilidad, siendo católica, no saber todo lo que en esta vida se puede alcanzar, por medios naturales, de los divinos misterios; y que siendo monja y no seglar, debía, por el estado eclesiástico, profesar letras; y más siendo hija de un San Jerónimo y de una Santa Pau-la,[27] que era degenerar de tan doctos padres ser idiota la hija. Esto me proponía yo de mí misma y me parecía razón; si no es que era (y eso es lo más cierto) lisonjear y aplaudir a mi propia inclinación, proponiéndola como obligatorio su propio gusto.

Con esto proseguí, dirigiendo siempre, como he dicho, los pasos de mi estudio a la cumbre de la Sagrada Teología; pareciéndome preciso, para llegar a ella, subir por los escalones de las ciencias y artes humanas; porque ¿cómo entenderá el estilo de la Reina de las Ciencias[28] quien aun no sabe el de las ancilas? ¿Cómo sin Lógica sabría yo los métodos generales y particulares con que está escrita la Sagrada Escritura? ¿Cómo sin Retórica entendería sus figuras, tropos y locuciones? ¿Cómo sin Física, tantas cuestiones naturales de las naturalezas de los animales de los sacrificios, donde se simbolizan tantas cosas ya declaradas, y otras muchas que hay? ¿Cómo si el sanar Saúl al sonido del arpa de David[29] fue virtud y fuerza natural de la música, o sobrenatural que Dios quiso poner en David? ¿Cómo sin Aritmética se podrán entender tantos cómputos de años, de días, de meses, de horas, de heb-

---

[26]la privación es causa de apetito.

[27](347-404), dama romana que fundó, bajo la dirección de San Jerónimo, un convento para hombres y tres para mujeres.

[28]la filosofía.

[29](ca. 1000-961 a. de C.), el segundo rey de Israel y autor de muchos salmos.

dómadas[30] tan misteriosas como las de Daniel,[31] y otras para cuya inteligencia es necesario saber las naturalezas, concordancias y propiedades de los números? ¿Cómo sin Geometría se podrán medir el Arca Santa del Testamento y la Ciudad Santa de Jerusalén, cuyas misteriosas mensuras hacen un cubo con todas sus dimensiones, y aquel repartimiento proporcional de todas sus partes tan maravilloso? ¿Cómo sin Arquitectura, el gran Templo de Salomón,[32] donde fue el mismo Dios el artífice que dio la disposición y la traza, y el Sabio Rey sólo fue sobrestante que la ejecutó; donde no había basa sin misterio, columna sin símbolo, cornisa sin alusión, arquitrabe[33] sin significado; y así de otras sus partes, sin que el más mínimo filete estuviese sólo por el servicio y complemento del Arte, sino simbolizando cosas mayores? ¿Cómo sin grande conocimiento de reglas y partes de que consta la historia se entenderán los libros historiales? Aquellas recapitulaciones en que muchas veces se pospone en la narración lo que en el hecho sucedió primero. ¿Cómo sin grande noticia de ambos Derechos podrán entenderse los libros legales? ¿Cómo sin grande erudición tantas cosas de historias profanas, de que hace mención la Sagrada Escritura; tantas costumbres de gentiles, tantos ritos, maneras de hablar? ¿Cómo sin muchas reglas y lección de Santos Padres se podrá entender la oscura locución de los Profetas? Pues sin ser muy perito en la Música, ¿cómo se entenderán aquellas proporciones musicales y sus primores que hay en tantos lugares, especialmente en aquellas peticiones que hizo a Dios Abraham,[34] por las Ciudades, de que si perdonaría habiendo cincuenta justos, y de este número bajó a cuarenta y cinco, que es sesquinona y es como de mi a re; de aquí a cuarenta, que es sesquioctava y es como de re a mi; de aquí

---

[30]semanas.

[31]hijo de Abigaíl y David; se dice que poseía la virtud de interpretar los sueños.

[32]primer templo de Jerusalén; fue construido por el Rey Salomón para albergar el arca que contenía las sagradas Tablas con las Leyes que Dios dio a Moisés.

[33]parte interior del cornisamento, que descansa sobre el capitel de la columna.

[34]esposo de Sarah, padre de Isaac y primer patriarca de Israel; se lo considera el padre de la fe en la tradición judeo-cristiana.

a treinta, que es sesquitercia,[35] que es la del diatesarón;[36] de aquí a veinte, que es la proporción sesquiáltera,[37] que es la del diapente;[38] de aquí a diez, que es la dupla,[39] que es el diapasón; y como no hay más proporciones armónicas no pasó de ahí? Pues ¿cómo se podrá entender esto sin Música? Allá en el Libro de Job le dice Dios: *Numquid coniungere valebis micantes stellas Pleidas, aut gyrum Arcturi poteris dissipare? Numquid producis Liciferum in tempore suo, et Vesperum super filios terrae consurgere facis?,*[40] cuyos términos, sin noticia de Astrología, será imposible entender. Y no sólo estas nobles ciencias; pero no hay arte mecánica que no se mencione. Y en fin, cómo el Libro que comprende todos los libros, y la Ciencia en que se incluyen todas las ciencias, para cuya inteligencia todas sirven; y después de saberlas todas (que ya se ve que no es fácil, ni aun posible) pide otra circunstancia más que todo lo dicho, que es una continua oración y pureza de vida, para impetrar de Dios aquella purgación de ánimo e iluminación de mente que es menester para la inteligencia de cosas tan altas; y si esto falta, nada sirve de lo demás.

Del Angélico Doctor Santo Tomás dice la Iglesia estas palabras: *In difficultatibus locorum Sacrae Scripturae ad orationem ieiunium adhibebat. Quin etiam sodali suo Fratri Reginaldo dicere solebat, quidquid sciret, non tam studio, aut labore suo peperisse, quam divinitus traditum accepisse.*[41] Pues yo, tan distante de la virtud y las letras, ¿cómo había de tener ánimo para escribir? Y así por tener algunos principios granjeados, estudiaba continuamente diversas cosas, sin tener para alguna particular inclinación, sino para todas en general: por lo cual, el haber estudiado en unas más que en otras, no ha sido en mí elección, sino que el acaso de haber topado más a mano libros de

---

[35]uno y un tercio.

[36]intervalo de una cuarta en música.

[37]que contiene la unidad y la mitad de ella.

[38]intervalo de quinta en música.

[39]que contiene un número doble de veces.

[40]¿Podrás tú atar los lazos de las Pléyades, o desatarás las ligaduras de Orión? ¿Sacarás tú a su tiempo las constelaciones de los cielos, o guiarás a la Osa Mayor con sus hijos?

[41]Ayunaba cuando leía los versos más difíciles de las Sagradas Escrituras. Y solía decirle a su compañero, Fray Reginaldo, que todo lo que sabía no era tanto el fruto de su estudio o de su labor, sino de la gracia de Dios.

aquellas facultades les ha dado, sin arbitrio mío, la preferencia. Y como no tenía interés que me moviese, ni límite de tiempo que me estrechase el contiuado estudio de una cosa por la necesidad de los grados, casi a un tiempo estudiaba diversas cosas o dejaba unas por otras; bien que en eso observaba orden, porque a unas llamaba estudio y a otras diversión; y en éstas descansaba de las otras: de donde se sigue que he estudiado muchas cosas y nada sé, porque las unas han embarazado las otras. Es verdad que esto digo de la parte práctica en las que la tienen, porque claro está que mientras se mueve la pluma descansa el compás y mientras se toca el arpa sosiega el órgano, *et sic de caeteris*;[42] porque como es menester mucho uso corporal para adquirir hábito, nunca le puede tener perfecto quien se reparte en varios ejercicios; pero en lo formal y especulativo sucede al contrario, y quisiera yo persuadir a todos con mi experiencia a que no sólo no estorban, pero se ayudan dando luz y abriendo camino las unas para las otras, por variaciones y ocultos engarces—que para esta cadena universal les puso la sabiduría de su Autor—, de manera que parece se corresponden y están unidas con admirable trabazón y concierto. Es la cadena que fingieron los antiguos que salía de la boca de Júpiter, de donde pendían todas las cosas eslabonadas unas con otras. Así lo demuestra el R. P. Atanasio Quirquerio en su curioso libro *De Magnete*.[43] Todas las cosas salen de Dios, que es el centro a un tiempo y la circunferencia de donde salen y donde paran todas las líneas criadas.

Yo de mí puedo asegurar que lo que no entiendo en un autor de una facultad, lo suelo entender en otro de otra que parece muy distante; y esos propios, al explicarse, abren ejemplos metafóricos de otras artes: como cuando dicen los lógicos que el medio se ha con los términos como se ha una medida con dos cuerpos distantes, para conferir si son iguales o no; y que la oración del lógico anda como la línea recta, por el camino más breve, y la del retórico se mueve, como la corva, por el más largo, pero van a un mismo punto los dos; y cuando dicen que los expositores son como la mano abierta y los escolásticos como el puño cerrado. Y así no es disculpa, ni por tal la doy, el haber estudiado diversas cosas, pues éstas antes se ayudan, sino que el no haber aprovechado ha sido ineptitud mía y debilidad de mi entendimiento, no culpa de la variedad. Lo que sí pudiera ser descargo mío es el sumo trabajo no sólo en carecer de maestro, sino de condiscípulos con quienes conferir y ejercitar lo estudiado, teniendo sólo por maestro un libro mudo, por condiscípulo un

---

[42]y así sucesivamente.

[43]Parece tratarse de una atribución equivocada.

tintero insensible; y en vez de explicación y ejercicio muchos estorbos, no sólo los de mis religiosas obligaciones (que éstas ya se sabe cuán útil y provechosamente gastan el tiempo) sino de aquellas cosas accesorias de una comunidad: como estar yo leyendo y antojárseles en la celda vecina tocar y cantar; estar yo estudiando y pelear dos criadas y venirme a constituir juez de su pendencia; estar yo escribiendo y venir una amiga a visitarme, haciéndome muy mala obra con muy buena voluntad, donde es preciso no sólo admitir el embarazo, pero quedar agradecida del perjuicio. Y esto es continuamente, porque como los ratos que destino a mi estudio son los que sobran de lo regular de la comunidad, esos mismos les sobran a las otras para venirme a estorbar; y sólo saben cuánta verdad es ésta los que tienen experiencia de vida común, donde sólo la fuerza de la vocación puede hacer que mi natural esté gustoso, y el mucho amor que hay entre mí y mis amadas hermanas, que como el amor es unión, no hay para él extremos distantes.

En esto sí confieso que ha sido inexplicable mi trabajo; y así no puedo decir lo que con envidia oigo a otros: que no les ha costado afán el saber. ¡Dichosos ellos! A mí, no el saber (que aún no sé), sólo el desear saber me le ha costado tan grande que pudiera decir con mi Padre San Jerónimo (aunque no con su aprovechamiento): *Quid ibi laboris insumpserim, quid sustinuerim difficultatis, quoties desperaverim, quotiesque cessaverim et contentione discendi rursus inceperim; testis est conscientia, tam mea, qui passus sum, quam eorum qui mecum duxerunt vitam.*[44] Menos los compañeros y testigos (que aun de ese alivio he carecido), lo demás bien puedo asegurar con verdad. ¡Y que haya sido tal esta mi negra inclinación, que todo lo haya vencido!

Solía sucederme que, como entre otros beneficios, debo a Dios un natural tan blando y tan afable y las religiosas me aman mucho por él (sin reparar, como buenas, en mis faltas) y con esto gustan mucho de mi compañía, conociendo esto movida del grande amor que las tengo, con mayor motivo que ellas a mí, gusto más de la suya: así, me solía ir los ratos que a unas y a otras nos sobraban, a consolarlos y recrearme con su conversación. Reparé que en este tiempo hacía falta a mi estudio, y hacía voto de no entrar en celda alguna si no me obligase a ello la obediencia o la caridad: porque, sin este freno tan duro, al de sólo propósito le rompiera el amor; y este voto (cono-

---

[44]De cuánto trabajo me tomé, cuánta dificultad hube de sufrir, cuántas veces desesperé, y cuántas otras veces desistí y empecé de nuevo, por él empeño de aprender, testigo es mi conciencia que lo ha padecido, y de las que conmigo han vivido.

ciendo mi fragilidad) le hacía por un mes o por quince días; y dando cuando se cumplía, un día o dos de treguas, lo volvía a renovar, sirviendo este día, no tanto a mi descanso (pues nunca lo ha sido para mí el no estudiar) cuanto a que no me tuviesen por áspera, retirada e ingrata al no merecido cariño de mis carísimas hermanas.

Bien se deja en esto conocer cuál es la fuerza de mi inclinación. Bendito sea Dios que quiso fuese hacia las letras y no hacia otro vicio, que fuera en mí casi insuperable; y bien se infiere también cuán contra la corriente han navegado (o por mejor decir, han naufragado) mis pobres estudios. Pues aún falta por referir lo más arduo de las dificultades; que las de hasta aquí sólo han sido estrobos obligatorios y casuales, que indirectamente lo son; y faltan los positivos que directamente han tirado a estorbar y prohibir el ejercicio. ¿Quién no creerá viendo tan generales aplausos, que he navegado viento en popa y mar en leche, sobre las palmas de las aclamaciones comunes? Pues Dios sabe que no ha sido muy así, porque entre las flores de esas mismas aclamaciones se han levantado y despertado tales áspides de emulaciones y persecuciones, cuantas no podré contar, y los que más nocivos y sensibles para mí han sido, no son aquéllos que con declarado odio y malevolencia me han perseguido, sino los que amándome y deseando mi bien (y por ventura, mereciendo mucho con Dios por la buena intención), me han mortificado y atormentado más que los otros, con aquel: *No conviene a la santa ignorancia que deben, este estudio; se ha de perder, se ha de desvanecer en tanta altura con su misma perspicacia y agudeza.* ¿Qué me habrá constado resistir esto? ¡Rara especie de martirio donde yo era el mártir y me era el verdugo!

Pues por la—en mí dos veces infeliz—habilidad de hacer versos, aunque fuesen sagrados, ¿qué pesadumbres no me han dado o cuáles no me han dejado de dar? Cierto, señora mía, que algunas veces me pongo a considerar que el que se señala—o le señala Dios, que es quien sólo lo puede hacer—es recibido como enemigo común, porque parece a algunos que usurpa los aplausos que ellos merecen o que hace estanque de las admiraciones a que aspiraban, y así le persiguen.

Aquella ley políticamente bárbara de Atenas, por la cual salía desterrado de su república el que se señalaba en prendas y virtudes porque no tiranizase con ellas la libertad pública, todavía dura, todavía se observa en nuestros tiempos, aunque no hay ya aquel motivo de los atenienses; pero hay otro, no menos eficaz aunque no tan bien fundado, pues parece máxima del impío Maquiavelo: que es aborrecer al que se señala porque desluce a otros. Así sucede y así sucedío siempre.

Y si no, ¿cuál fue la causa de aquel rabioso odio de los fariseos contra Cristo, habiendo tantas razones para lo contrario? Porque si miramos su presencia, ¿cuál prenda más amable que aquella divina hermosura? ¿Cuál más poderosa para arrebatar los corazones? Si cualquiera belleza humana tiene jurisdicción sobre los albedríos y con blanda y apetecida violencia los sabe sujetar, ¿qué haría aquélla con tantas prerrogativas y dotes soberanos? ¿Qué haría, qué movería y qué no haría y qué no movería aquella incomprensible beldad, por cuyo hermoso rostro, como por un terso cristal, se estaban transparentando los rayos de la Divinidad? ¿Qué no movería aquel semblante, que sobre incomparables perfecciones en lo humano, señalaba iluminaciones de divino? Si el de Moisés, de sólo la conversación con Dios, era intolerable a la flaqueza de la vista humana, ¿qué sería el del mismo Dios humanado? Pues si vamos a las demás prendas, ¿cuál más amable que aquella celestial modestia, que aquella suavidad y blandura derramando misericordias en todos sus movimientos, aquella profunda humildad y mansedumbre, aquellas palabras de vida eterna y eterna sabiduría? Pues ¿cómo es posible que esto no les arrebatara las almas que no fuesen enamorados y elevados tras él?

Dice la Santa Madre y madre mía Teresa,[45] que después que vio la hermosura de Cristo quedó libre de poderse inclinar a criatura alguna, porque ninguna cosa veía que no fuese fealdad, comparada con aquella hermosura. Pues ¿cómo en los hombres hizo tan contrarios efectos? Y ya que como toscos y viles no turvieran conocimiento ni estimación de sus perfecciones, siquiera como interesables ¿no les moviera sus propias conveniencias y utilidades en tantos beneficios como les hacía, sanando los enfermos, resucitando los muertos, curando los endemoniados? Pues ¿cómo no le amaban? ¡Ay Dios, que por eso mismo no le amaban, por eso mismo le aborrecían! Así lo testificaron ellos mismos.

Júntanse en su concilio y dicen: *Quid facimus, quia hic homo multa signa facit?*[46] ¿Hay tal causa? Si dijeran: éste es un malhechor, un transgresor de la ley, un alborotador que con engaños alborota el pueblo, mintieran, como mintieron cuando lo decían; pero eran causales más congruentes a lo que solicitaban, que era quitarle la vida; mas dar por causal que hace cosas señaladas, no parece e hombres doctos, cuales eran los fariseos. Pues así es, que cuando se apasionan los hombres doctos prorrumpen en semejantes en

---

[45]Santa Teresa de Jesús, también conocida como Teresa de Avila (1515-82), monja española, escritora y poeta mística.

[46]¿Qué haremos? Porque este hombre hace muchas señales.

consecuencias. En verdad que sólo por eso salió determinado que Cristo muriese. Hombres, si es que así se os puede llamar, siendo tan brutos, ¿por qué es esa tan cruel determinación? No responden más sino que *multa signa facit*. ¡Válgame Dios, que el hacer cosas señaladas es causa para que uno muera! Haciendo reclamo este *multa signa facit* a aquel: *radix Iesse, qui stat in signum populorum*,[47] y al otro: *in signum cui contradicetur*.[48] ¿Por signo? ¡Pues muera! ¿Señalado? ¡Pues padezca, que eso es el premio de quien se señala!

Suelen en la eminencia de los templos colocarse por adorno unas figuras de los Vientos y de la Fama, y por defenderlas de las aves, las llenan todas de púas; defensa parece y no es sino propiedad forzosa: no puede estar sin púas que la puncen quien está en alto. Allí está la ojeriza del aire; allí es el rigor de los elementos; allí despican la cólera los rayos; allí es el blanco de piedras y flechas. ¡Oh signo que te ponen por blanco de la envidia y por objeto de la contradicción! Cualquiera eminencia, ya sea de dignidad, ya de nobleza, ya de riqueza, ya de hermosura, ya de ciencia, padece esta pensión; pero la que con más rigor la experimenta es la del entendimiento. Lo primero, porque es el más indefenso, pues las riqueza y el poder castigan a quien se les atreve, y el entendimiento no, pues mientras es mayor es más modesto y sufrido y se defiende menos. Lo segundo es porque, como dijo doctamente Gracián,[49] las ventajas en el entendimiento lo son en el ser. No por otra razón es el ángel más que el hombre que porque entiende más; no es otro el exceso que el hombre hace al bruto, sino sólo entender; y así como ninguno quiere ser menos que otro, así ninguno confiesa que otro entiende más, porque es consecuencia del ser más. Sufrirá uno y confesará que otro es más noble que él, que es más rico, que es más hermoso y aun que es más docto; pero que es más entendido apenas habrá quien lo confiese: *Rarus est, qui velit cedere ingenio*.[50] Por eso es tan eficaz la batería contra esta prenda.

Cuando los soldados hicieron burla, entretenimiento y diversión de Nuestro Señor Jesucristo, trajeron una púrpura vieja y una caña hueca y una corona de espinas para coronarle por rey de burlas. Pues ahora, la caña y la púrpura eran afrentosas, pero no dolorosas; pues ¿por qué sólo la corona es

---

[47] la raíz de Isaí, la cual estará puesta como pendón a los pueblos.

[48] para señal que será contradicha.

[49] Baltasar Gracían (1584-1658), jesuita español y escritor de tratados filosófico y literarios.

[50] Raro será el que quiera ceder en ingenio.

dolorosa? ¿No basta que, como las demás insignias, fuese de escarnio e ignominia, pues ése era el fin? No, porque la sagrada cabeza de Cristo y aquel divino cerebro eran depósito de la sabiduría; y cerebro sabio en el mundo no basta que esté escarnecido, ha de estar también lastimado y maltratado; cabeza que es erario de sabiduría no espere otra corona que de espinas. ¿Cuál guirnalda espera la sabiduría humana si ve la que obtuvo la divina? Coronaba la soberbia romana las diversas hazañas de sus capitanes con diversas coronas: ya con la cívica al que defendía al ciudadano; ya con la castrense al que entraba en los reales enemigos; ya con la mural al que escalaba el muro; ya con la obsidional al que libraba la ciudad cercada o el ejército sitiado o el campo en los reales; ya con la naval, ya con la oval, ya con la triunfal otras hazañas, según refieren Plinio[51] y Aulo Gelio;[52] mas viendo y tantas diferencias de coronas, dudaba de cuál especie sería la de Cristo, y me parece que fue obsidional, que (como sabéis, señora) era la más honrosa y se llamaba obsidional de *obsidio*, que quiere decir cerco; la cual no se hacía de oro ni de plata, sino de la misma grama o yerba que cría el campo en que se hacía la empresa. Y como la hazaña de Cristo fue hacer levantar el cerco al Príncipe de las Tinieblas, el cual tenía sitiada toda la tierra, como lo dice en el libro de Job: *Circuivi terram et ambulavi per eam*[53] y de él dice San Pedro: *Circuit, quaerens quem devoret;*[54] y vino nuestro caudillo y le hizo levantar el cerco: *nunc princeps huius mundi eiicietur foras,*[55] así los soldados le coronaron no con oro ni plata, sino con el fruto natural que producía el mundo que fue el campo de la lid, el cual, después de la maldición, *spinas et tribulos germinabit tibi,*[56] no producía otra cosa que espinas; y así fue propísima corona de ellas en el valeroso y sabio vencedor con que le coronó su madre la Sinagoga; saliendo a ver el doloroso triunfo, como al del otro Salomón festivas, a éste llorosas las hijas de Sión, porque es el triunfo de sabio obtenido con dolor y celebrado con llanto, que es el modo de triunfar la sabiduría; siendo Cristo, como rey de ella, quien estrenó la corona, porque santificada en sus sienes, se quite el horror a los otros sabios y entiendan que no han de aspirar a otro honor.

---

[51]Gaius Plinius Secundus (23-79), naturalista y escritor romano.

[52](alrededor de 130--170 d. de J.C.); escritor romano.

[53]He rodeado la tierra, y la he recorrido.

[54]Anda alrededor, buscando a quien tragar.

[55]Ahora será lanzado fuera el príncipe de este mundo.

[56]Espinas y abrojos te producirá.

Quiso la misma Vida ir a dar la vida a Lázaro difunto; ignoraban los discípulos el intento y le replicaron: *Rabbi, nunc quaerebant te Iudaei lapidare, et iterum vadis illuc?*[57] Satisfizo el Redentor el temor: *Nonne duodecim sunt horae diei?*[58] Hasta aquí, parece que temían porque tenían el antecedente de quererle apedrear porque les había reprendido llamándoles ladrones y no pastores de las ovejas. Y así, temían que si iba a lo mismo (como las reprensiones, aunque sean tan justas suelen ser mal reconocidas), corriese peligro su vida; pero ya desengañados y enterados de que va a dar vida a Lázaro, ¿cuál es la razón que pudo mover a Tomás para que tomando aquí los alientos que en el huerto Pedro: *Eamus et nos, ut moriamur cum eo.*[59] ¿Qué dices, apóstol santo? A morir no va el Señor, ¿de qué es el recelo? Porque a lo que Cristo va no es a reprender, sino a hacer una obra de piedad, y por esto no le pueden hacer mal. Los mismos judíos os podían haber asegurado, pues cuando los reconvino, queriéndole apedrear: *Multa bona opera ostendi vobis ex Patre meo, propter quod eorum opus me lapidatis?*,[60] le respondieron: *De bono opere non lapidamus te, sed de blasphemia.*[61] Pues si ellos dicen que no le quieren apedrear por las buenas obras y ahora va a hacer una tan buena como dar la vida a Lázaro, ¿de qué es el recelo o por qué? ¿No fuera mejor decir: Vamos a gozar el fruto de agradecimiento de la buena obra que va a hacer nuestro Maestro; a verle aplaudir y rendir gracias al beneficio; a ver las admiraciones que hacen del milagro? Y no decir, al parecer una cosa tan fuera del caso como es: *Eamus et nos, ut moriamur cum eo.* Mas ¡ay! que el Santo temió como discreto y habló como apóstol. ¿No va Cristo a hacer un milagro? Pues ¿qué mayor peligro? Menos intolerable es para la soberbia oír las reprensiones, que para la envidia ver los milagros. En todo lo dicho, venerable señora, no quiero (ni tal desatino cupiera en mí) decir que me han perseguido por saber, sino sólo porque he tenido amor a la sabiduría y a las letras, no porque haya conseguido ni uno ni otro.

---

[57]Maestro, ahora querían apedrearte los judíos, ¿y otra vez allá?

[58]¿Por ventura no son doce las horas del día?

[59]Vamos también nosotros, para que muramos con él.

[60]Muchas buenas obras os he mostrado de mi Padre; ¿por cuál de ellas me apedreáis?

[61]Por buena obra no te apedreamos, sino por la blasfemia.

Hallábase el Príncipe de los Apóstoles, en un tiempo, tan distante de la sabiduría como pondera aquel enfático: *Petrus vero sequebatur eum a longe*;[62] tan lejos de los aplausos de docto quien tenía el título de indiscreto: *Nesciens quid discret*;[63] y aun examinado del conocimiento de la sabiduría dijo él mismo que no había alcanzado la menor noticia: *Mulier, nescio quid dicis. Mulier, non novi illum.*[64] Y ¿qué le sucede? Que teniendo estos créditos de ignorante, no tuvo la fortuna, sí las aflicciones, de sabio. ¿Por qué? No se dio otra causal sino: *Et hic cum illo erat.*[65] Era afecto a la sabiduría, llevábale el corazón, andábase tras ella, preciábase de seguidor y amoroso de la sabiduría; y aunque era tan *a longe*[66] que no le comprendía ni alcanzaba, bastó para incurrir sus tormentos. Ni faltó soldado de fuera que no le afligiese, ni mujer doméstica que no le aquejase. Yo confieso que me hallo muy distante de los términos de la sabiduría y que la he deseado seguir, aunque *a longe*. Pero todo ha sido acercarme más al fuego de la persecución, al crisol del tormento; y ha sido con tal extremo que han llegado a solicitar que se me prohiba el estudio.

Una vez lo consiguieron con una prelada muy santa y muy cándida que creyó que el estudio era cosa de Inquisición y me mandó que no estudiase. Yo la obedecí (unos tres meses que duró el poder ella mandar) en cuanto a no tomar libro, que en cuanto a no estudiar absolutamente, como no cae debajo de mi potestad, no lo pude hacer, porque aunque no estudiaba en los libros, estudiaba en todas las cosas que Dios crió, sirviéndome ellas de letras, y de libro toda esta máquina universal. Nada veía sin refleja; nada oía sin consideración, aun en las cosas más menudas y materiales; porque como no hay criatura, por baja que sea, en que no se conozca el *me fecit Deus*,[67] no hay alguna que no pasme el entendimiento, si se considera como se debe. Así yo, vuelvo a decir, las miraba y admiraba todas; de tal manera que de las mismas personas con quienes hablaba, y de lo que me decían, me estaban resaltando mil consideraciones: ¿De dónde emanaría aquella variedad de genios e ingenios, siendo todos de una especie? ¿Cuáles serían los temperamentos

[62]Pedro lo seguía de lejos.

[63]no sabiendo lo que decía.

[64]Pero él lo negó, diciendo: Mujer, no lo conozco.

[65]también éste estaba con él.

[66]a lo lejos.

[67]Dios me hizo.

y ocultas cualidades que los ocasionaban? Si veía una figura, estaba combinando la proporción de sus líneas y mediándola con el entendimiento y reduciéndola a otras diferentes. Paseábame algunas veces en el testero de un dormitorio nuestro (que es una pieza muy capaz) y estaba observando que siendo las líneas de sus dos lados paralelas y su techo a nivel, la vista fingía que sus líneas visuales corren rectas, pero no paralelas, sino que van a formar una figura piramidal. Y discurría si sería ésta la razón que obligó a los antiguos a dudar si el mundo era esférico o no. Porque, aunque lo parece, podía ser engaño de la vista, demostrando concavidades donde pudiera no haberlas.

Este modo de reparos en todo me sucedía y sucede siempre, sin tener yo arbitrio en ello, que antes me suelo enfadar porque me cansa la cabeza; y yo creía que a todos sucedía esto mismo y el hacer versos, hasta que la experiencia me ha mostrado lo contrario; y es de tal manera esta naturaleza o costumbre, que nada veo sin segunda consideración. Estaban en mi presencia dos niñas jugando con un trompo, y apenas yo vi el movimiento y la figura, cuando empecé, con esta mi locura, a considerar el fácil moto de la forma esférica, y cómo duraba el impulso ya impreso e independiente de su causa, pues distante la mano de la niña, que era la causa motiva, bailaba el trompillo; y no contenta con esto, hice traer harina y cernerla para que, en bailando el trompo encima, se conociese si eran círculos perfectos o no los que describía con su movimiento; y hallé que no eran sino unas líneas espirales que iban perdiendo lo circular cuanto se iba remitiendo el impulso. Jugaban otras a los alfileres (que es el más frívolo juego que usa la puerilidad); yo me llegaba a contemplar las figuras que formaban; y viendo que acaso se pusieron tres en triángulo, me ponía a enlazar uno en otro, acordándome de que aquélla era la figura que dicen tenía el misterioso anillo de Salomón, en que había unas lejanas luces y representaciones de la Santísima Trinidad, en virtud de lo cual obraba tantos prodigios y maravillas; y la misma que dicen tuvo el arpa de David, y que por eso sanaba Saúl a su sonido; y casi la misma conservan las arpas en nuestros tiempos.

Pues ¿qué os pudiera contar, Señora, de los secretos naturales que he descubierto estando guisando? Veo que un huevo se une y fríe en la manteca o aceite y, por contrario, se despedaza en el almíbar; ver que para que el azúcar se conserve fluida basta echarle una muy mínima parte de agua en que haya estado membrillo u otra fruta agria; ver que la yema y clara de un mismo huevo son tan contrarias, que en los unos, que sirven para el azúcar, sirve cada una de por sí y juntos no. Por no cansaros con tales frialdades, sólo refiero por daros entera noticia de mi natural y creo que os causaría risa; pero señora, ¿qué podemos saber las mujeres sino filosofías de cocina? Bien dijo

Lupercio Leonardo,[68] que bien se puede filosofar y aderezar la cena. Y yo suelo decir viendo estas cosillas: Si Aristóteles hubiera guisado, mucho más hubiera escrito. Y prosiguiendo en mi modo de cogitaciones, digo que esto es tan continuo en mí, que no necesito de libros; y en una ocasión que, por un grave accidente de estómago, me prohibieron los médicos el estudio, pasé así algunos días, y luego les propuse que era menos dañoso el concedérmelos, porque eran tan fuertes y vehementes mis cogitaciones, que consumían más espíritus en un cuarto de hora que el estudio de los libros en cuatro días; y así se redujeron a concederme que leyese; y más, Señora mía, que ni aun el sueño se libró de este continuo movimiento de mi imaginativa; antes suele obrar en él más libre y desembarazada, confiriendo con mayor claridad y sosiego las especies que ha conservado del día, arguyendo, haciendo versos, de que os pudiera hacer un catálogo muy grande, y de algunas razones y delgadezas que he alcanzado dormida mejor que despierta, y las dejo por no cansaros, pues basta lo dicho para que vuestra discreción y trascendencia penetre y se entere perfectamente en todo mi natural y del principio, medios y estado de mis estudios.

Si éstos, Señora, fueran méritos (como los veo por tales celebrar en los hombres), no lo hubieran sido en mí, porque obro necesariamente. Si son culpa, por la misma razón creo que no la he tenido; mas, con todo, vivo siempre tan desconfiada de mí, que ni en esto ni en otra cosa me fío de mi juicio; y así remito la decisión a ese soberano talento, sometiéndome luego a lo que sentenciare, sin contradicción ni repugnancia, pues esto no ha sido más de una simple narración de mi inclinación a las letras.

Confieso también que con ser esto verdad tal que, como he dicho, no necesitaba de ejemplares, con todo no me han dejado de ayudar los muchos que he leído, así en divinas como en humanas letras. Porque veo a una Débora dando leyes, así en lo militar como en lo político, y gobernando el pueblo donde había tantos varones doctores. Veo una sapientísima reina de Sabá,[69] tan docta que se atreve a tentar con enigmas la sabiduría del mayor de los sabios, sin ser por ello reprendida, antes por ello será juez de los incrédulos. Veo tantas y tan insignes mujeres: unas adornadas del don de profecía, como

---

[68]gramático romano.

[69]reyna llamada Balkis; fue a Jerusalén a visitar a Salomón atraída por la fama de su sabiduría.

una Abigaíl;[70] otras de persuasión, como Ester;[71] otras, de piedad, como Rahab;[72] otras de perseverancia, como Ana, madre de Samuel;[73] y otras infinitas, en otras especies de prendas y virtudes.

Si revuelvo a los gentiles, lo primero que encuentro es con las Sibilas,[74] elegidas de Dios para profetizar los principales misterios de nuestra Fe; y en tan doctos y elegantes versos que suspenden la admiración. Veo adorar por diosa de las ciencias a una mujer como Minerva,[75] hija del primer Júpiter y maestra de toda la sabiduría de Atenas. Veo una Pola Argentaria,[76] que ayudó a Lucano, su marido, a escribir la gran Batalla Farsálica.[77] Veo a la hija del divino Tiresias,[78] más docta que su padre. Veo a una Cenobia,[79] reina de los Palmirenos, tan sabia como valerosa. A una Arete,[80] hija de Aristipo,[81] doctísima. A una Nicostrata,[82] inventora de las letras latinas y eruditísima en las griegas. A una Aspasia Milesia[83] que

---

[70]segunda esposa de David.

[71]heroína que salvó a los judíos de la intención de exterminio de los persas.

[72]heroína judía que salvó la vida de dos hombres que envió Joshua para espiar Jericó; se dice que pudo haber sido madre de Boaz, un antepasado de Jesús.

[73]personaje bíblico; el libro I y II de Samuel forman parte de la Biblia.

[74]mujeres profetas de los griegos y de los romanos.

[75]diosa romana de la inteligencia, hija de Júpiter.

[76]esposa de Marcus Annaeus Lucanus (39-65), poeta latino nacido en Córdoba.

[77]poema épico de Lucano que describe la lucha entre César y Pompeyo que se efectuó en el año 48.

[78]adivino tebano; los habitantes de Tebas lo adoraron como a un dios.

[79]célebre reina (siglo III) de Palmira en el centro de lo que es actualmente Siria.

[80]protectora de Ulises y esposa de Alcínoo, rey de los feacios.

[81]filósofo griego nacido en Cirene (siglo IV a. de C.) y discípulo de Sócrates; creador de la escuela cirenaica, o sistema del hedonismo.

[82]poeta de Arcadia, que tenía un templo en Roma.

[83]célebre por su talento, su casa era el punto de cita de los filósofos y los escritores más célebres de su tiempo, y especialmente de Sócrates.

enseñó filosofía y retórica y fue maestra del filósofo Pericles.[84] A una Hipasia[85] que enseñó astrología y leyó mucho tiempo en Alejandría. A una Leoncia,[86] griega, que escribió contra el filósofo Teofrasto y le convenció. A una Jucia, a una Corina, a una Cornelia;[87] y en fin a toda la gran turba de las que merecieron nombres, ya de griegas, ya de musas, ya de pitonisas; pues todas no fueron más que mujeres doctas, tenidas y celebradas y también veneradas de la antigüedad por tales. Sin otras infinitas, de que están los libros llenos, pues veo aquella egipcíaca Catarina,[88] leyendo y convenciendo todas las sabidurías de los sabios de Egipto. Veo una Gertrudis,[89] leer, escribir y enseñar. Y para no buscar ejemplos fuera de casa veo una santísima madre mía, Paula, docta en las lenguas hebrea, griega, y latina y aptísima para interpretar las Escrituras. ¿Y qué más que siendo su cronista un Máximo Jerónimo, apenas se hallaba el Santo digno de serlo, pues con aquella viva ponderación y enérgica eficacia con que sabe explicarse dice: Si todos los miembros de mi cuerpo fuesen lenguas, no bastarían a publicar la sabiduría y virtud de Paula. Las mismas alabanzas le mereció Blesila,[90] viuda; y las mismas la eslarecida virgen Eustoquio, hijas ambas de la misma Santa; y la segunda, tal, que por su ciencia era llamada Prodigio del Mundo. Fabiola,[91] romana, fue también doctísima en la Sagrada Escritura. Proba Falconia,[92]

---

[84](495-429 a. de C.), estadista ateniense que se dice llevó al esplendor a Grecia clásica.

[85]nativa de Alejandría, célebre por su gran erudición y sus escritos sobre álgebra; fue asesinada por cristianos fanáticos en el 415 d. de J.C.

[86]célebre cortesana ateniense que estudió filosofía con Epicuro, de quien se dice fue su más renombrada alumna.

[87]hija de Scipio Africanus, madre de tiberio y Cayo Graco; escritora de algunas epístolas.

[88]virgen y mártir de Alejandría.

[89](siglo VII?), virgen y mártir.

[90](fines del siglo IV); se dice que bajo su petición San Jerónimo inició la traducción del Ecleciastés.

[91](siglo V), escribió a San Agustín lamentando la separación de los santos de las relaciones personales. San Jerónimo le envió dos volumenes de sus comentarios de Ezequiel.

[92]esposa del emperador Propus; abrió las puertas de Roma a los godos.

mujer romana, escribió un elegante libro con centones de Virgilio,[93] de los misterios de Nuestra Santa Fe. Nuestra reina Doña Isabel, mujer del décimo Alfonso,[94] es corriente que escribió de astrología. Sin otras que omito por no trasladar lo que otros han dicho (que es vicio que siempre he abominado), pues en nuestros tiempos está florenciendo la gran Cristina Alejandra,[95] Reina de Suecia, tan docta como valerosa y magnánima, y las Excelentísimas señoras Duquesa de Aveyro y Condesa de Villaumbrosa.[96]

El venerable Doctor Arce[97] (digno profesor de Escritura por su virtud y letras), en su Studioso Bibliorum excita esta cuestión: *An liceat foeminis sacrorum Bibliorum studio incumbere? eaque interpretari?*[98] Y trae por la parte contraria muchas sentencias de santos, en especial aquello de Apóstol: *Mulieres in Ecclesiis taceant, non enim permittitur eis loqui,*[99] etc. Trae después otras sentencias, y del mismo Apóstol aquel lugar ad Titum: *Anus similiter in habitu sancto, bene docentes,*[100] con interpretaciones de los Santos Padres; y al fin resuelve, con su prudencia, que el leer públicamente en las cátedras y predicar en los púlpitos, no es lícito a las mujeres; pero que el estudiar, escribir y enseñar privadamente, no sólo les es lícito, pero muy provechoso y útil; claro está que esto no se debe entender con todas, sino con aquellas a quienes hubiere Dios dotado de especial virtud y prudencia y que fueren muy provectas, y eruditas y tuvieren el talento y requisitos necesarios para tan sagrado empleo. Y esto es tan justo que no sólo a las mujeres, que por tan ineptas están tenidas, sino a los hombres, que con sólo serlo piensan que son sabios, se había de prohibir la interpretación de las Sagradas Letras, en no siendo muy doctos y virtuosos y de ingenios dóciles y bien inclinados; porque de lo contrario creo yo que han salido tantos sectarios y que ha sido

---

[93]Publius Vergilius Maro (70-19 a. de C.), poeta romano; la *Eneida* es un poema épico relativo a la fundación de Roma.

[94](1232-84), rey de Castilla y León y poeta notable.

[95](1626-89), reina de Suecia que abdicó, según Voltaire, porque prefería conversar con sabios que reinar sobre un pueblo de soldados.

[96]referencia desconocida.

[97]referencia desconocida.

[98]¿está permitido a las mujeres dedicarse al estudio de las Santas Escrituras, y hacer su interpretación?

[99]mujeres callen en las congregaciones; porque no les es permitido hablar.

[100]Las ancianas asimismo sean reverente en su porte..., maestras del bien.

la raíz de tantas herejías; porque hay muchos que estudian para ignorar, especialmente los que son de ánimos arrogantes, inquietos y soberbios, amigos de novedades en la Ley (que es quien las rehusa); y así hasta que por decir lo que nadie ha dicho dicen una herejía, no están contentos. De éstos dice el Espíritu Santo: *In malevolam animam non introibit sapientia.*[101] A éstos, más daño les hace el saber que les hiciera el ignorar. Dijo un discreto que no es necio entero el que no sabe latín, pero el que lo sabe está calificado. Y añado yo que le perfecciona (si es perfección la necedad) el haber estudiado su poco de filosofía y teología y el tener alguna noticia de lenguas, que con eso es necio en muchas ciencias y lenguas: porque un necio grande no cabe en sólo la lengua materna.

A éstos, vuelvo a decir, hace daño el estudiar, porque es poner espada en manos del furioso; que siendo instrumento nobilísimo para la defensa, en sus manos es muerte suya y de muchos. Tales fueron las Divinas Letras en poder del malvado Pelagio[102] y del protervo Arrio,[103] del malvado Lutero[104] y de los demás heresiarcas,[105] como lo fue nuestro Doctor (nunca fue nuestro ni doctor) Cazalla;[106] a los cuales hizo daño la sabiduría porque, aunque es el mejor alimento y vida del alma, a la manera que en el estómago mal acomplexionado y de viciado calor, mientras mejores los alimentos que recibe, más áridos, fermentados y perversos son los humores que cría, así estos malévolos, mientras más estudian, peores opiniones engendran; obstrúyeseles el entendimiento con lo mismo que había de alimentarse, y es que estudian mucho y digieren poco, sin proporcionarse al vaso limitado de sus entendimientos. A esto dice el Apóstol: *Dico enim per gratiam quae data est mihi, omnibus qui sunt inter vos: Non plus sapere quam oportet sapere, sed*

---

[101]la sabiduría no entrará en las almas malignas.

[102]heresiarca bretón (siglo V), creador de la secta del pelagianismo; negaba la eficacia de la gracia y el pecado original.

[103](280-336), sacerdote nacido en Alejandría y hereje famoso.

[104](1483-1546), monje agustino y jefe la reforma religiosa en Alemania.

[105]jefes de sectas heréticas.

[106]Agustín de Cazalla (1510-?), canónigo de la iglesia de Salamanca que propagó las ideas de la Reforma en Castilla la Vieja y murió quemado en Valladolid.

sapere ad sobrietatem: et unicuique sicut Deus divisit mensuram fidei.[107] Y en verdad no lo dijo el Apóstol a las mujeres, sino a los hombres; y que no es sólo para ellas el *taceant*,[108] sino para todos los que no fueren muy aptos. Querer yo saber tanto o más que Aristóteles o que San Agustín,[109] si no tengo la aptitud de San Agustín o de Aristóteles, aunque estudie más que los dos, no sólo no lo conseguiré sino que debilitaré y entorpeceré la operación de mi flaco entendimiento con la desproporción del objeto.

¡Oh si todos—y yo la primera, que soy una ignorante—nos tomásemos la medida al talento antes de estudiar, y lo peor es, de escribir con ambiciosa codicia de igualar y aun de exceder a otros, qué poco ánimo nos quedara y de cuántos errores nos excusáramos y cuántas torcidas inteligencias que andan por ahí no anduvieran! Y pongo las mías en primer lugar, pues si conociera, como debo, esto mismo no escribiera. Y protesto que sólo lo hago por obedeceros; con tanto recelo, que me debéis más en tomar la pluma con este temor, que me debiérades si os remitiera más perfectas obras. Pero, bien que va a vuestra corrección; borradlo, rompedlo y reprendedme, que eso apreciaré yo más que todo cuanto vano aplauso me pueden otros dar: *Corripiet me iustus in misericordia, et increpabit: oleum autem peccatoris non impinguet caput meum.*[110]

Y volviendo a nuestro Arce, digo que trae en confirmación de su sentir aquellas palabras de mi Padre San Jerónimo (ad Laetam, de institutione filiae[111]), donde dice: *Adhuc tenera lingua psalmis dulcibus imbuatur, Ipsa nomina per quae consuescit paulatim verba contexere; non sint fortuita, sed certa, et coacervata de industria. Prophetarum videlicet, atque Apostolorum, et omnis ab Adam Patriarcharum series, de Matthaeo, Lucaque descendat, ut dum aliud agit, futurae memoriae praeparetur. Reddat tibi pensum quotidie, de Scrip-*

---

[107]Digo, pues, por la gracia que me es dada, a cada cual que está ente vosotros, que no tenga más alto concepto de sí que el que debe tener, sino que piense de sí con cordura, conforme a la medida de fe que Dios repartió a cada uno.

[108]que se callen.

[109](354-396), obispo de Hipona y considerado el más grande padre de la Iglesia latina; famoso por sus *Confesiones*.

[110]que el justo me castigue, será un favor, y que me reprenda será un excelente bálsamo que no me herirá la cabeza.

[111]A Leta, sobre la educación de su hija.

turarum floribus carptum.[112] Pues si así quería el Santo que se educase una niña que apenas empezaba a hablar, ¿qué querrá en sus monjas y en sus hijas espirituales? Bien se conoce en las referidas Eustoquio y Fabiola y en Marcela, su hermana, Pacátula[113] y otras a quienes el Santo honra en sus epístolas, exhortándolas a este sagrado ejercicio, como se conocen la citada epístola donde noté yo aquel *reddat tibi pensum*, que es reclamo y concordante del *bene docentes* de San Pablo; pues el *reddat tibi* de mi gran Padre da a entender que la maestra de la niña ha de ser la misma Leta su madre.

¡Oh cuántos daños se excusaran en nuestra república si las ancianas fueran doctas como Leta,[114] y que supieran enseñar como manda San Pablo y mi Padre San Jerónimo! Y no que por defecto de esto y la suma flojedad en que han dado en dejar a las pobres mujeres, si algunos padres desean doctrinar más de lo ordinario a sus hijas, les fuerza la necesidad y falta de ancianas sabias, a llevar maestros hombres a enseñar a leer, escribir y contar, a tocar y otras habilidades, de que no pocos daños resultan, como se experimentan cada día en lastimosos ejemplos de desiguales consorcios, porque con la inmediación del trato y la comunicación del tiempo, suele hacerse fácil lo que no se pensó ser posible. Por lo cual, muchos quieren más dejar bárbaras e incultas a sus hijas que no exponerlas a tan notorio peligro como la familiaridad con los hombres, lo cual se excusara si hubiera ancianas doctas, como quiere San Pablo, y de unas en otras fuese sucediendo el magisterio como sucede en el de hacer labores y lo demás que es costumbre.

Porque ¿qué inconveniente tiene que una mujer anciana, docta en letras y de santa conversación y costumbres, tuviese a su cargo la educación de las doncellas? Y no que éstas o se pierden por falta de doctrina o por querérsela aplicar por tan peligrosos medios cuales son los maestros hombres, que cuando no hubiera más riesgo que la indecencia de sentarse al lado de

---

[112]Que su lengua se acostumbre a las dulzuras de los salmos. Hasta los hombres con los que poco a poco se irá acostumbrando a formar frases no deben ser escogidos al azar, sino seleccionados y repetidos con cuidado; hay que incluir a los profetas, por supuesto, y a los apóstoles, también, y a todos los patriarcas comenzando con Adán y así hasta Mateo y Lucas, así para que mientras hace otras cosas, irá disponiendo la memoria para el futuro. Que tu tarea diaria sea tomada de las flores de la Biblia.

[113]hijas de Santa Paula; ver nota 27.

[114]esposa del emperador Gratian, célebre por su humanidad y generosos sentimientos.

una mujer verecunda (que aun se sonrosea de que la mire a la cara su propio padre) un hombre tan extraño, a tratarla con casera familiaridad y a tratarla con magistral llaneza, el pudor del trato con los hombres y de su conversación basta para que no se permitiese. Y no hallo yo que este modo de enseñar de hombres a mujeres pueda ser sin peligro, si no es en el severo tribunal de un confesionario o en la distante docencia de los púlpitos o en el remoto conocimiento de los libros, pero no en el manoseo de la inmediación. Y todos conocen que esto es verdad; y con todo, se permite sólo por el defecto de no haber ancianas sabias; luego es grande daño el no haberlas. Esto debían considerar los que atados al *Mulieres in Ecclesia taceant*, blasfeman de que las mujeres sepan y enseñen; como que no fuera el mismo Apóstol el que dijo: *bene docentes*. Demás de que aquella prohibición cayó sobre lo historial que refiere Eusebio, y es que en la Iglesia primitiva se ponían las mujeres a enseñar las doctrinas unas a otras en los templos; y este rumor confundía cuando predicaban los apóstoles y por eso se les mandó callar; como ahora sucede, que mientras predica el predicador no se reza en alta voz.

No hay duda de que para inteligencia de muchos lugares es menester mucha historia, costumbres, ceremonias, proverbios y aun maneras de hablar de aquellos tiempos en que se escribieron, para saber sobre qué caen y a qué aluden algunas locuciones de las divinas letras. *Scindite corda vestra, et non vestimenta vestra*,[115] ¿no es alusión a la ceremonia que tenían los hebreos de rasgar los vestidos, en señal de dolor, como lo hizo el mal pontífice cuando dijo que Cristo había blasfemado? Muchos lugares del Apóstol sobre el socorro de las viudas ¿no miraban también a las costumbres de aquellos tiempos? Aquel lugar de la mujer fuerte: *Nobilis in portis vir eius*[116] ¿no alude a la costumbre de estar los tribunales de los jueces en las puertas de las ciudades? El *dare terram Deo*[117] ¿no significaba hacer algún voto? *Hiemantes*[118] ¿no se llamaban los pecadores públicos, porque hacían penitencia a cielo abierto, a diferencia de los otros que la hacían en un portal? Aquella queja de Cristo al fariseo de la falta del ósculo y lavatorio de pies ¿no se fundó en la costumbre que de hacer estas cosas tenían los judíos? Y otros infinitos lugares no sólo de las letras divinas sino también de las humanas, que se

---

[115]rasgaos vuestro corazón y no vuestras vestimentas.

[116]su marido es honorable en las puertas.

[117]dar su tierra a Dios.

[118]los del invierno (latín).

topan a cada paso, como el *adorate purpuram*,[119] que significaba obedecer al rey; el *manumittere eum*,[120] que significa dar libertad, aludiendo a la costumbre y ceremonia de dar una bofetada al esclavo para darle libertad. Aquel *intonuit coelum*,[121] de Virgilio, que alude al agüero de tronar hacia occidente, que se tenía por bueno. Aquel *tu nunquam leporem edisti*,[122] de Marcial,[123] que no sólo tiene el donaire de equívoco en el *leporem*, sino la alusión a la propiedad que decían tener la liebre. Aquel proverbio: *Maleam legens, quae sunt domi obliviscere*,[124] que alude al gran peligro del promontorio de Laconia.[125] Aquella respuesta de la casta matrona al pretensor molesto, de: *por mí no se untarán los quicios, ni arderán las teas*, para decir que no quería casarse, aludiendo a la ceremonia de untar las puertas con manteca y encender las teas nupciales en los matrimonios; como si ahora dijéramos: por mí no se gastarán arras ni echará bendiciones el cura. Y así hay tanto comento de Virgilio y de Homero[126] y de todos los poetas y oradores. Pues fuera de esto, ¿qué dificultades no se hallan en los lugares sagrados, aun en lo gramatical, de ponerse el plural por singular, de pasar de segunda a tercera persona, como aquello de los Cantares: *osculetur me osculo oris sui: quia meliora sunt ubera tua vino?*[127] Aquel poner los adjetivos en genitivo, en vez de acusativo, como *Calicem salutaris accipiam?*[128] Aquel poner el femenino por masculino; y, al contrario, llamar adulterio a cualquier pecado?

---

[119]venerad el púrpura.

[120]manumitirlos.

[121]el cielo tronó.

[122]tú nunca comiste liebre.

[123](43-104) poeta latino.

[124]navegar a lo largo de la costa de Malia es olvidar lo que uno tiene en casa.

[125]Lacedomonia, región al sur del Peloponeso cuya capital era Esparta.

[126]se le atribuye la autoría de la Ilíada y la Odisea, importantes poemas épicos de la guerra clásica.

[127]¡Oh, si él me besara con besos de su boca! Porque mejores son tus amores que el vino.

[128]tomaré el cáliz de la salvación.

Todo esto pide más lección de lo que piensan algunos que, de meros gramáticos, o cuando mucho con cuatro términos de Súmulas,[129] quieren interpretar las Escrituras y se aferran del *Mulieres in Ecclesiis taceant,* sin saber cómo se ha de entender. Y de otro lugar: *Mulier in silentio discat;*[130] siendo este lugar más en favor que en contra de las mujeres, pues manda que aprendan, y mientras aprenden claro está que es necesario que callen. Y también está escrito: *Audi Israel, et tace;*[131] donde se habla con toda la colección de los hombres y mujeres, y a todos se manda callar, porque quien oye y aprende es mucha razón que atienda y calle. Y si no, yo quisiera que estos intérpretes y expositores de San Pablo me explicaran cómo entienden aquel lugar: *Mulieres in Ecclesia taceant.* Porque o lo han de entender de lo material de los púlpitos y cátedras, o de lo formal de la universalidad de los fieles, que es la Iglesia. Si lo entienden de lo primero (que es, en mi sentir, su verdadero sentido, pues vemos que, con efecto, no se permite en la Iglesia que las mujeres lean públicamente ni prediquen), ¿por qué reprenden a las que privadamente estudian? Y si lo entienden de lo segundo y quieren que la prohibición del Apóstol sea trascendentalmente, que ni en lo secreto se permita escribir ni estudiar a las mujeres, ¿cómo vemos que la Iglesia ha permitido que escriba una Gertrudis, una Teresa, una Brígida,[132] la monja de Agreda[133] y otras muchas? Y si me dicen que éstas eran santas, es verdad, pero no obsta a mi argumento; lo primero, porque la proposición de San Pablo es absoluta y comprende a todas las mujeres sin excepción de santas, pues también en su tiempo lo eran Marta y María, Marcela, María madre de Jacob, y Salomé,[134] y otras muchas que había en el fervor de la primitiva Iglesia, y no las exceptúa; y ahora vemos que la Iglesia permite escribir a las mujeres santas y no santas, pues la de Agreda y María de la Antigua[135] no están canonizadas y corren sus escritos; y ni cuando Santa Teresa y las demás escri-

---

[129]compendios de los principios elementales de la lógica.

[130]que la mujer aprenda en silencio.

[131]oye Israel y calla.

[132]Santa Gertrudis (siglo VII), santa Teresa de Jesús (ver nota 45), santa Brígida (muerta en 525).

[133](1602-65) religiosa franciscana.

[134]mujeres que aparecen en el antiguo y en el nuevo testamento.

[135]Será María de San José, la Venerable, religiosa y escritora del siglo XVI y amiga y compañera de Santa Teresa.

bieron, lo estaban: luego la prohibición de San Pablo sólo miró a la publicidad de los púlpitos, pues si el Apóstol prohibiera el escribir, no lo permitiera la Iglesia. Pues ahora, yo no me atrevo a enseñar—que fuera en mí muy desmedida presunción—; y el escribir, mayor talento que el mío requiere y muy grande consideración. Así lo dice San Cipriano:[136] *Gravi consideratione indigent, quae scribimus.*[137] Lo que sólo he deseado es estudiar para ignorar menos: que según San Agustín, unas cosas se aprenden para hacer y otras para sólo saber: *Discimus quaedum, ut sciamus; quaedam, ut faciamus.*[138] Pues ¿en qué ha estado el delito, si aun lo que es lícito a las mujeres, que es enseñar escribiendo, no hago yo porque conozco que no tengo caudal para ello, siguiendo el consejo de Quintiliano: *Noscat quisque, et non tantum ex alienis praeceptis, sed ex natura sua capiat consilium?*[139]

Si el crimen está en la Carta Atenagórica, ¿fue aquélla más que referir sencillamente mi sentir con todas las venias que debo a nuestra Santa Madre Iglesia? Pues si ella, con su santísima autoridad, no me lo prohibe, ¿por qué me lo han de prohibir otros? Llevar una opinión contraria de Vieyra fue en mí atrevimiento, y no lo fue en su Paternidad llevarla contra los tres Santos Padres de la Iglesia? Mi entendimiento tal cual ¿no es tan libre como el suyo, pues viene de un solar? ¿Es alguno de los principios de la Santa Fe, revelados, su opinión, para que la hayamos de creer a ojos cerrados? Demás que yo ni falté al decoro que a tanto varón se debe, como acá ha faltado su defensor, olvidado de la sentencia de Tito Lucio:[140] *Artes committatur decor;*[141] ni toqué a la Sagrada Compañía en el pelo de la ropa; ni escribí más que para el juicio de quien me lo insinuó; y según Plinio, *non similis est conditio publicantis, et nominatim dicentis.*[142] Que si creyera se había de publicar, no fuera con tanto desaliño como fue. Si es, como dice el censor, herética, ¿por qué no la delata? y con eso él quedará vengado y yo contenta, que aprecio, como debo, más el nombre de católica y de obediente hija de mi Santa

---

[136]Tascio Cecilio Cipriano (siglo III), obispo de Cártago.

[137]las cosas que escribimos requieren más consideración.

[138]aprendemos algunas cosas para saberlas, otras para hacerlas.

[139]aprenda cada quien, no tanto por los preceptos ajenos, sino también tome consejo de su propia naturaleza.

[140]Será una errata por Tito Livio (59 a.C.-19), historiador latino.

[141]a las artes las acompaña el decoro.

[142]no es igual la condición del que publica que la del que sólo dice.

Madre Iglesia, que todos los aplausos de docta. Si está bárbara—que en eso dice bien—, ríase, aunque sea con la risa que dicen del conejo, que yo no le digo que me aplauda, pues como yo fui libre para disentir de Vieyra, lo será cualquiera para disentir de mi dictamen.

Pero ¿dónde voy, Señora mía? Que esto no es de aquí, ni es para vuestros oídos, sino que como voy tratando de mis impugnadores, me acordé de las cláusulas de uno que ha salido ahora, e insensiblemente se deslizó la pluma a quererle responder en particular, siendo mi intento hablar en general. Y así, volviendo a nuestro Arce, dice que conoció en esta ciudad dos monjas: la una en el convento de Regina, que tenía el Breviario de tal manera en la memoria, que aplicaba con grandísima prontitud y propiedad sus versos, salmos y sentencias de homilías de los santos, en las conversaciones. La otra, en el convento de la Concepción, tan acostumbrada a leer las Epístolas de mi Padre San Jerónimo, y locuciones del Santo, de tal manera que dice Arce: *Hieronymum ipsum hispane loquentem audire me existimarem*.[143] Y de ésta dice que supo, después de su muerte, había traducido dichas Epístolas en romance; y se duele de que tales talentos no se hubieran empleado en mayores estudios con principios científicos, sin decir los nombres de la una ni de la otra, aunque las trae para confirmación de su sentencia, que es que no sólo es lícito, pero utilísimo y necesario a las mujeres el estudio de las sagradas letras, y mucho más a las monjas, que es lo mismo a que vuestra discreción me exhorta y a que concurren tantas razones.

Pues si vuelvo los ojos a la tan perseguida habilidad de hacer versos—que en mí es tan natural, que aun me violento para que esta carta no lo sean, y pudiera decir aquello de *Quidquid conabar dicere, versus erat*—,[144] viédola condenar a tantos tanto y acriminar, he buscado muy de propósito cuál sea el daño que puedan tener, y no le he hallado; antes sí los veo aplaudidos en las bocas de las Sibilas; santificados en las plumas de los Profetas, especialmente del Rey David, de quien dice el gran expositor y amado Padre mío, dando razón de las mensuras de sus metros: *In morem Flacci et Pindari nunc iambo currit, nunc alcaico personat, nunc sapphico tumet, nunc semipede ingreditur*.[145] Los más de los libros sagrados están en metro, como el Cánti-

---

[143]me pareció escuchar al mismo San Jerónimo hablando en España.

[144]Todo lo que quería decir salía en versos.

[145]Corre ahora en versos yámbicos, en el modo de Horacio y Píndaro; ahora suena en alcaicos; ahora se hincha en sáficos; para luego llegar con pie quebrado.

co de Moisés;[146] y los de Job, dice San Isidoro, en sus Etimologías,[147] que están en verso heroico. En los Epitalamios los escribió Salomón; en los Trenos, Jeremías.[148] Y así dice Casiodoro[149]: *Omnis poetica locutia a Divinis scripturis sumpsit exordium.*[150] Pues nuestra Iglesia Católica no sólo no los desdeña, mas los usa en sus Himnos y recita los de San Ambrosio,[151] Santo Tomás, de San Isidoro y otros. San Buenaventura[152] les tuvo tal afecto que apenas hay plana suya sin versos. San Pablo bien se ve que los había estudiado, pues los cita, y traduce el de Arato:[153] *In ipso enim vivimus, et movemur, et sumus,*[154] y alega el otro de Parménides[155]: *Cretenses seper mendaces, malae bestiae, pigri.*[156] San Gregorio Nacianceno[157] disputa en elegantes versos las cuestiones de Matrimonio y la de la Virginidad. Y ¿qué me canso? La Reina de la Sabiduría y Señora nuestra, con sus sagrados labios, entonó el Cántico de la *Magnificat*;[158] y habiéndola traído por ejemplar, agravio fuera traer ejemplos profanos, aunque sean de varones gravísimos y doctísimos, pues esto sobra para prueba; y el ver que, aunque como la elegancia hebrea no se pudo estrechar a la mensura latina, a cuya causa el

---

[146]la más importante figura del Antiguo Testamento, guerrero, político, historiador, poeta, moralista y legislador de los hebreos.

[147]libro escrito por San Isidro, Obispo de Sevilla (600-36); se compone de veinte libros: gramática, retórica y dialéctica, matemáticas, leyes, astronomía, geografía,etc.

[148](ca. 650-590 a. de C.), uno de los cuatro profetas mayores.

[149]Casiodorus Magnus Aurelius (480-575); escribió una historia universal titulada *Chronica*, fundó de monastrios y escribió textos de teología.

[150]Todas las expresiones poéticas tenían su fuente en las Sagradas Escrituras.

[151](?-397), obispo de Milán y escritor de sermones y tratados teológicos.

[152](1221-74), padre de la Iglesia y autor de numerosas obras de filosofía y teología.

[153](siglo III a. de C.), poeta griego.

[154]Porque en él mismo vivimos y nos movemos y somos.

[155](siglo VI a. de C.), filósofo griego.

[156]Los de Creta siempre son mentirosos, malas bestias, vientres perezosos.

[157](328-89), apodado el Divino y obispo de Constantinopla.

[158]La Magnífica (Lucas, I, 46-55).

traductor sagrado, más atento a lo importante del sentido, omitió el verso, con todo, retienen los Salmos el nombre y divisiones de versos; pues ¿cuál es el daño que pueden tener ellos en sí? Porque el mal uso no es culpa del arte, sino del mal profeso que los vicia, haciendo de ellos lazos del demonio; y esto en todas las facultades y ciencias sucede.

Pues si está el mal en que los use una mujer, ya se ve cuántas los han usado loablemente; pues ¿en qué está el serlo yo? Confieso desde luego mi ruindad y vileza: pero no juzgo que se habrá visto una copla mía indecente. Demás, que yo nunca he escrito cosa alguna por mi voluntad, sino por ruegos y preceptos ajenos; de tal manera, que no me acuerdo haber escrito por mi gusto sino es un papelillo que llaman *El Sueño*.[159] Esa carta que vos, Señora mía, honrasteis tanto, la escribí con más repugnancia que otra cosa; y así porque era de cosas sagradas a quienes (como he dicho) tengo reverente temor, como porque parecía querer impugnar, cosa a que tengo aversión natural. Y creo que si pudiera haber prevenido el dichoso destino a que nacía—pues, como a otro Moisés, la arrojé expósita a las aguas del Nilo del silencio, donde la halló y acarició una princesa como vos—; creo, vuelvo a decir, que si yo tal pensara, la ahogara antes entre las mismas manos en que nacía, de miedo de que pareciesen a la luz de vuestro saber los torpes borrones de mi ignorancia. De donde se conoce la grandeza de vuestra bondad, pues está aplaudiendo vuestra voluntad lo que precisamente ha de estar repugnando vuestro clarísimo entendimiento. Pero ya que su ventura la arrojó a vuestras puertas, tan expósita y huérfana que hasta el nombre le pusisteis vos, pésame que, entre más deformidades, llevase también los defectos de la prisa; porque así por la poca salud que continuamente tengo, como por la sobra de ocupaciones en que me pone la obediencia, y carecer de quien me ayude a escribir, y estar necesitada a que todo sea de mi mano y porque, como iba contra mi genio y no quería más que cumplir con la palabra a quien no podía desobedecer, no veía la hora de acabar; y así dejé de poner discursos enteros y muchas pruebas que se me ofrecían y las dejé por no escribir más; que, a saber que se había de imprimir, no las hubiera dejado, siquiera por dejar satisfechas algunas objeciones que se han excitado, y pudiera remitir, pero no seré tan desatenta que ponga tan indecentes objetos a la pureza de vuestros ojos, pues basta que los ofenda con mis ignorancias, sin que los remita a ajenos atrevimientos. Si ellos por sí volaren por allá (que son tan livianos que sí harán), me ordenaréis lo que debo hacer; que, si no es intervi-

---

[159]texto poético-filosófico de sor Juana.

niendo vuestros preceptos, lo que es por mi defensa nunca tomaré la pluma, porque me parece que no necesita de que otro le responda, quien en lo mismo que se oculta conoce su error, pues, como dice mi Padre San Jerónimo, *bonus sermo secreta non quaerit*,[160] y San Ambrosio: *latere criminosae est conscientiae*.[161] Ni yo me tengo por impugnada, pues dice una regla del Derecho: *Accusatio non tenetur si non curat de persona, quae produxerit illam*.[162] Lo que sí es de ponderar es el trabajo que le ha costado el andar haciendo traslados. ¡Rara demencia: cansarse más en quitarse el crédito que pudiera en granjearlo! Yo, Señora mía, no he querido responder; aunque otros lo han hecho, sin saberlo yo: basta que he visto algunos papeles, y entre ellos uno que por docto os remito y porque el leerle os desquite parte del tiempo que os he malgastado en lo que yo escribo. Si vos, Señora, gustáredes[163] de que yo haga lo contrario de lo que tenía propuesto a vuestro juicio y sentir, al menor movimiento de vuestro gusto cederá, como es razón, mi dictamen que, como os he dicho, era de callar, porque aunque dice San Juan Crisóstomo:[164] *calumniatores convincere oportet, interrogatores docere*,[165] veo que también dice San Gregorio:[166] *Victoria non minor est, hostes tolerare, quam hostes vincere*;[167] y que la paciencia vence tolerando y triunfa sufriendo. Y si entre los gentiles romanos era costumbre en la más alta cumbre de la gloria de sus capitanes—cuando entraban triunfando de las naciones, vestidos de púrpura y coronados de laurel, tirando el carro, en vez de brutos, coronadas frentes de vencidos reyes, acompañados de los despojos de las riquezas de todo el mundo y adornada la milicia vencedora de las insignias de sus hazañas, oyendo los aplausos populares en tan honrosos títulos y renombres como llamarlos Padres de la Patria, Columnas del Imperio, Muros de Roma, Amparos de la República y otros nombres gloriosos—, que en este su-

---

[160]los buenos dichos no buscan el secreto.

[161]ocultarse es propio de la conciencia criminosa.

[162]una acusación no durará al menos que sea alimentada por la persona que la produjo.

[163]gustaréis.

[164](ca. 347-407), obispo de Constantinopla y predicador de Antioquía, también llamado "el de la boca de oro".

[165]los que difaman deben ser refutados y los que preguntan enseñados.

[166]obispo de Eliberi (actual Granada) por los años 357-84.

[167]No es menos victoria tolerar a los enemigos que vencerlos.

premo auge de la gloria y felicidad humana fuese un soldado, en voz alta diciendo al vencedor, como con sentimiento suyo y orden del Senado: Mira que eres mortal; mira que tienes tal y tal defecto; sin perdonar los más vergonzosos, como sucedió en el triunfo de César, que voceaban los más viles soldados a sus oídos: *Cavete romani, adducimus vobis adulterum calvum.*[168] Lo cual se hacía porque en medio de tanta honra no se desvaneciese el vencedor, y porque el lastre de estas afrentas hiciese contrapeso a las velas de tantos aplausos, para que no peligrase la nave del juicio entre los vientos de las aclamaciones. Si esto, digo, hacían unos gentiles, con sola la luz de la Ley Natural, nosotros, católicos, con un precepto de amar a los enemigos, ¿qué mucho haremos en tolerarlos? Yo de mí puedo asegurar que las calumnias algunas veces me han mortificado, pero nunca me han hecho daño, porque yo tengo por muy necio al que teniendo ocasión de merecer, pasa el trabajo y pierde el mérito, que es como los que no quieren conformarse al morir y al fin mueren sin servir su resistencia de excusar la muerte, sino de quitarles el mérito de la conformidad, y de hacer mala muerte la muerte que podía ser bien. Y así, Señora mía, estas cosas creo que aprovechan más que dañan, y tengo por mayor el riesgo de los aplausos en la flaqueza humana, que suelen apropiarse lo que no es suyo, y es menester estar con mucho cuidado y tener escritas en el corazón aquellas palabras del Apóstol: *Quid autem habes quod non accepisti? Si autem accepisti, quid gloriaris quasi non acceperis?*,[169] para que sirvan de escudo que resista las puntas de las alabanzas, que son lanzas que, en no atribuyéndose a Dios, cuyas son, nos quitan la vida y nos hacen ser ladrones de la honra de Dios y usurpadores de los talentos que nos entregó y de los dones que nos prestó y de que hemos de dar estrechísima cuenta. Y así, Señora, yo temo más esto que aquello; porque aquello, con sólo un acto sencillo de paciencia, está convertido en provecho; y esto, son menester muchos actos reflexos de humildad y propio conocimiento para que no sea daño. Y así, de mí lo conozco y reconozco que es especial favor de Dios el conocerlo, para saberme portar en uno y en otro con aquella sentencia de San Agustín: *Amico laudanti credendum non est, sicut nec inimico detrahenti.*[170] Aunque yo soy tal que las más veces lo debo de echar a perder o mezclarlo con tales defectos e imperfecciones, que vicio lo que de suyo fuera bueno. Y así,

---

[168]Tengan cuidado, romanos, pues les llevamos al adúltero calvo.

[169]¿Qué tienes que no hayas recibido? Si lo recibiste, ¿por qué te glorías como si no lo hubieras recibido?

[170]No hay que creer ni al amigo que alaba ni al enemigo que vitupera.

en lo poco que se ha impreso mío, no sólo mi nombre, pero ni el consentimiento para la impresión ha sido dictamen propio, sino libertad ajena que no cae debajo de mi dominio, como lo fue la impresión de la Carta Atenagórica; de suerte que solamente unos *Ejercicios de la Encarnación* y unos *Ofrecimientos de los Dolores*, se imprimieron con gusto mío por la pública devoción, pero sin mi nombre; de los cuales remito algunas copias, porque (si os parece) los repartáis entre nuestras hermanas las religiosas de esa santa comunidad y demás de esa ciudad. De los *Dolores* va sólo uno porque se han consumido ya y no pude hallar más. Hícelos sólo por la devoción de mis hermanas, años ha, y después se divulgaron; cuyos asuntos son tan improporcionados a mi tibieza como a mi ignorancia, y sólo me ayudó en ellos ser cosas de nuestra gran Reina:[171] que no sé qué se tiene el que en tratando de aría Santísima se enciende el corazón más helado. Yo quisiera, venerable Señora mía, remitiros obras dignas de vuestra virtud y sabiduría: pero como dijo el Poeta:

Ut desint vires, tamen est laudanda voluntas:
hac ego contentos, augoror esse Deos.[172]

Si algunas otras cosillas escribiere, siempre irán a buscar el sagrado de vuestras plantas y el seguro de vuestra corrección pues no tengo otra alhaja con que pagaros, y en sentir de Séneca, el que empezó a hacer beneficios se obligó a continuarlos; y así os pagará a vos vuestra propia liberalidad, que sólo así puedo yo quedar dignamente desempeñada, sin que caiga en mí aquello del mismo Séneca: *Turpe est beneficiis vinci.*[173] Que es bizarría del acreedor generoso dar al deudor pobre, con que pueda satisfacer la deuda. Así lo hizo Dios con el mundo imposibilitado de pagar: diole a su Hijo propio para que se le ofreciese por digna satisfacción.

Si el estilo, venerable Señora mía, de esta carta, no hubiere sido como a vos es debido, os pido perdón de la casera familiaridad o menos autoridad de que tratándoos como a una religiosa de velo, hermana mía, se me ha olvidado la distancia de vuestra ilustrísima persona, que a veros yo sin velo, no sucediera así; pero vos, con vuestra cordura y benignidad, supliréis o enmendaréis los términos, y si os pareciere incongruo el Vos de que yo he usado por parecerme que para la reverencia que os debo es muy poca reverencia la *Reverencia*, mudadlo en el que os pareciere decente a lo que vos

---

[171]la virgen María.

[172]Aunque falten las fuerzas, todavía hay que alabar la voluntad. Yo pienso que los dioses se contentan con ella.

[173]Es vergüenza ser vencido en beneficios.

merecéis, que yo no me he atrevido a exceder de los límites de vuestro estilo ni a romper el margen de vuestra modestia.

Y mantenedme en vuestra gracia, para impetrarme la divina, de que os conceda el Señor muchos aumentos y os guarde, como le suplico y he menester. De este convento de N. Padre San Jerónimo de Méjico, a primero día del mes de marzo de mil seiscientos y noventa y un años. B.V.M.[174] vuestra más favorecida

Juana Inés de la Cruz

Acusa la hidropesía de mucha ciencia, que teme inútil aun para saber y nociva para vivir.

Finjamos que soy feliz,
triste Pensamiento, un rato;
quizá podréis persuadirme,
aunque yo sé lo contrario:
que pues sólo en la aprehensión
dicen que estriban los daños,
si os imagináis dichoso
no seréis tan desdichado.
Sírvame el entendimiento
alguna de descanso,
y no siempre esté el ingenio
con el provecho encontrado.
Todo el mundo es opiniones
de pareceres tan varios,
que lo que el uno que es negro,
el otro prueba que es blanco.
A unos sirve de atractivo
lo que otro concibe enfado;
y lo que éste por alivio,
aquél tiene por trabajo.
El que está triste, censura

---

[174]Besa vuestra mano.

al alegre de liviano;
y el que está alegre, se burla
de ver al triste penando.

    Los dos Filósofos Griegos[175]
bien esta verdad probaron:
pues lo que en el uno risa,
causaba en el otro llanto.

    Célebre su oposición
ha sido por siglos tantos,
sin que cuál acertó, esté
hasta agora averiguado;

    antes, en sus dos banderas
el mundo todo alistado,
conforme el humor le dicta,
sigue cada cual el bando.

    Uno dice que de risa
sólo es digno el mundo vario;
y otro, que sus infortunios
son sólo para llorados.

    Para todo se halla prueba
y razón en que fundarlo;
y no hay razón para nada,
de haber razón para tanto.

    Todos son iguales jueces;
y siendo iguales y varios,
no hay quien pueda decidir
cuál es lo más acertado.

    Pues, si no hay quien lo sentencie,
¿por qué pensáis, vos, errado,
que os cometió Dios a vos
la decisión de los casos?

    ¿O por qué, contra vos mismo,
severamente inhumano,
entre lo amargo y lo dulce,
queréis elegir lo amargo?

    Si es mío mi entendimiento

---

[175]Platón (ca. 427-ca. 347 a. de C.) y Aristóteles (384-322 a. de C.).

¿por qué siempre he de encontrarlo
tan torpe para el alivio,
tan agudo para el daño?

      El discurso es un acero
que sirve por ambos cabos:
de dar muerte, por la punta;
por el pomo, de resguardo.

      Si vos, sabiendo el peligro,
queréis por la punta usarlo,
¿qué culpa tiene el acero
del mal uso de la mano?

      No es saber, saber hacer
discursos sutiles, vanos;
que el saber consiste sólo
en elegir lo más sano.

      Especular las desdichas
y examinar los presagios,
sólo sirve de que el mal
crezca con anticiparlo.

      En los trabajos futuros,
la atención, sutilizando,
más formidable que el riesgo
suele fingir el amago.

      ¡Qué feliz es la ignorancia
del que, indoctamente sabio,
halla de lo que padece,
en lo que ignora, sagrado!

      No siempre suben seguros
vuelos del ingenio osados,
que buscan trono en el fuego
y hallan sepulcro en el llanto.

      También es vicio el saber:
que si no se va atajando,
cuando menos se conoce
es más nocivo el estrago;

      y si el vuelo no le abaten,
en sutilezas cebado,
por cuidar de lo curioso
olvida lo necesario.

Si culta mano no impide
crecer al árbol copado,
quita la substancia al fruto
la locura de los ramos.

Si andar a nave ligera
no estorba lastre pesado,
sirve el vuelo de que sea
el precipicio más alto.

En amenidad inútil,
¿qué importa al florido campo,
si no halla fruto el Otoño,
que ostente flores el Mayo?

¿De qué le sirve al ingenio
el producir muchos partos,
si a la multitud se sigue
el malogro de abortarlos?

Y a esta desdicha por fuerza
ha de seguirse el fracaso
de quedar el que produce,
si no muerto, lastimado.

El ingenio es como el fuego:
que, con la materia ingrato,
tanto la consume más
cuanto él se ostenta más claro.

Es de su propio Señor
tan rebelado vasallo,
que convierte en sus ofensas
las armas de su resguardo.

Este pésimo ejercicio,
este duro afán pesado,
a los hijos de los hombres
dió Dios para ejercitarlos.

¿Qué loca ambición nos lleva
de nosotros olvidados?
Si es para vivir tan poco
¿de qué sirve saber tanto?

¡Oh, si como hay de saber,
hubiera algún seminario
o escuela donde a ignorar

se enseñaran los trabajos!
    ¡Qué felizmente viviera
el que, flojamente cauto,
burlara las amenazas
del influjo de los astros!
    Aprendamos a ignorar,
Pensamiento, pues hallamos
que cuanto añado al discurso,
tanto le usurpo a los años.

"Romance a San Pedro"

    Del descuido de una culpa,
un Gallo, Pedro, os avisa:
que aun lo irracional reprende
a quien la razón olvida.
    ¡Qué poco la Providencia
de instrumentos necesita,
pues a un Apóstol convierte
con lo que un Ave predica!
    Examen fue vuestra culpa
para vuestra Prelacía,[176]
que peligra de muy recto
quien de frágil no peligra.
    Tímido mueve el impulso
de la mano compasiva,
quien en su castigo propio
tiene del dolor noticia.
    En las ajenas flaquezas
siempre la vuestra se os pinta,
y el estruendo del que cae
os acuerda la caída.
    Así templan vuestros ojos
con la piedad la justicia,

---

[176]dignidad de prelado.

cuando lloran como reos
los que como jueces miran.

Arguye de inconsecuentes el gusto y la censura de los hombres que
en las mujeres acusan lo que causan.

Hombres necios que acusáis
a la mujer sin razón,
sin ver que sois la ocasión
de lo mismo que culpáis:
si con ansia sin igual
solicitáis su desdén,
¿por qué queréis que obren bien
si las incitáis al mal?
Combatís su resistencia
y luego, con gravedad,
decís que fue liviandad
lo que hizo la diligencia.
Parecer quiere el denuedo
de vuestro parecer loco,
al niño que pone el coco
y luego le tiene miedo.
Queréis, con presunción necia,
hallar a la que buscáis,
para pretendida, Thais,[177]
y en la posesión, Lucrecia.[178]
¿Qué humor puede ser más raro
que el que, falto de consejo,
él mismo empaña el espejo,
y siente que no esté claro?
Con el favor y el desdén
tenéis condición igual,

---

[177]cortesana ateniense que acompañó a Alexandro Magno (356-323 a. de
C.) en sus conquistas en Asia.

[178]famosa mujer romana que se dice llevaba vida hogareña, honesta y fiel.

quejándoos, si os tratan mal,
burlándoos, si os quieren bien.

    Opinión, ninguna gana;
pues la que más se recata
si no os admite, es ingrata,
y si os admite, es liviana.

    Siempre tan necios andáis
que, con desigual nivel,
a una culpáis por crüel
y a otra por fácil culpáis.

    ¿Pues cómo ha de estar templada
la que vuestro amor pretende,
si la que es ingrata, ofende,
y la que es fácil, enfada?

    Mas, entre el enfado y pena
que vuestro gusto refiere,
bien haya la que no os quiere
y quejaos en hora buena.

    Dan vuestras amantes penas
a sus libertades alas,
y después de hacerlas malas
las queréis hallar muy buenas.

    ¿Cuál mayor culpa ha tenido
en una pasión errada:
la que cae de rogada,
o el que ruega de caído?

    ¿O cuál es más de culpar,
aunque cualquiera mal haga:
la que peca por la paga,
o el que paga por pecar?

    Pues ¿para qué os espantáis
de la culpa que tenéis?
Queredlas cual las hacéis
o hacedlas cual las buscáis.

    Dejad de solicitar,
y después, con más razón,
acusaréis la afición
de la que os fuere a rogar.

    Bien con muchas armas fundo

que lidia vuestra arrogancia,
pues en promesa e instancia
juntáis diablo, carne y mundo.

*Procura desmentir los elogios que un retrato de la Poetisa inscribió la verdad,
que llama pasión.*

     Este, que ves, engaño colorido,
que del arte ostentando los primores,
con falsos silogismos de colores
es cauteloso engaño del sentido;
     éste, en quien la lisonja ha pretendido
excusar de los años los horrores,
y venciendo del tiempo los rigores
triunfar de la vejez y del olvido,
     es un vano artificio del cuidado,
es una flor al viento delicada,
es un reguardo inútil para el hado:
     es una necia diligencia errada,
es una afán caduco y, bien mirado,
es cadáver, es polvo, es sombra, es nada.

*Quéjase de la suerte: insinúa su aversión a los vicios, y justifica
su divertimiento a las Musas.*

     En perseguirme, Mundo, ¿qué interesas?
¿En qué te ofendo, cuando sólo intento
poner bellezas en mi entendimiento
y no mi entendimiento en las bellezas?
     Yo no estimo tesoros ni riquezas;
y así, siempre me causa más contento
poner riquezas en mi pensamiento
que no mi pensamiento en las riquezas.
     Y no estimo hermosura que, vencida,
es despojo civil de las edades,
ni riqueza me agrada fementida,

teniendo por mejor, en mis verdades,
consumir vanidades de la vida
que consumir la vida en vanidades.

En que da moral censura a una rosa, y en ella a sus semejantes.

Rosa divina que en gentil cultura
eres, con tu fragante sutileza,
magisterio purpúreo en la belleza,
enseñanza nevada a la hermosura.
Amago de la humana arquitectura,
ejemplo de la vana gentileza,
en cuyo sér unió naturaleza,
la cuna alegre y triste sepultura.
¡Cuán altiva en tu pompa, presumida,
soberbia, el riesgo de morir desdeñas,
y luego desmayada y encogida
de tu caduco sér das mustias señas,
con que con docta muerte y necia vida,
viviendo engañas y muriendo enseñas!

Sospecha crueldad disimulada, el alivio que la Esperanza da.

Diuturna[179] enfermedad de la Esperanza,
que así entretienes mis cansados años
y en el fiel de los bienes y los daños
tienes en equilibrio la balanza;
que siempre suspendida, en la tardanza
de inclinarse, no dejan tus engaños
que lleguen a excederse en los tamaños
la desesperación o confianza:

---

[179]desde hace mucho tiempo.

      ¿quién te ha quitado el nombre de homicida?
Pues lo eres más severa, si se advierte
que suspendes el alma entretenida;
      y entre la infausta o la felice suerte,
no lo haces tú por conservar la vida
sino por dar más dilatada muerte.

"Verde embeleso"...

      Verde embeleso de la vida humana,
loca Esperanza, frenesí dorado,
sueño de los despiertos intrincado,
como de sueños, de tesoros vana;
      alma del mundo, senectud lozana,
decrépito verdor imaginado;
el hoy de los dichosos esperado
y de los desdichados el mañana:
      sigan tu sombra en busca de tu día
los que, con verdes vidrios por anteojos,
todo lo ven pintado a su deseo;
      que yo, más cuerda en la fortuna mía,
tengo en entrambas manos ambos ojos,
y solamente lo que toco veo.

Resuelve la cuestión de cuál sea pesar más molesto en encontradas correspondencias, amar o aborrecer.

      Que no me quiera Fabio, al verse amado,
es dolor sin igual en mí sentido;
mas que me quiera Silvio, aborrecido,
es menor mal, mas no menos enfado.
      ¿Qué sufrimiento no estará cansado
si siempre le resuenan al oído
tras la vana arrogancia de un querido
el cansado gemir de un desdeñado?
      Si de Silvio me cansa el rendimiento,

a Fabio canso con estar rendida;
si de éste busco el agradecimiento,
        a mí me busca el otro agradecida:
por activa y pasiva es mi tormento,
pues padezco en querer y en ser querida.

Prosigue el mismo asunto, y determina que prevalezca la razón contra el gusto.

        Al que ingrato me deja, busco amante;
al que amante me sigue, dejo ingrata;
constante adoro a quien mi amor maltrata;
maltrato a quien mi amor busca constante.
        Al que trato de amor, hallo diamante,
y soy diamante al que de amor me trata;
triunfante quiero ver al que me mata,
y mato al que me quiere ver triunfante.
        Si a éste pago, padece mi deseo;
si ruego a aquél, mi pundonor enojo:
de entrambos modos infeliz me veo.
        Pero yo, por mejor partido, escojo
de quien no quiero, ser violento empleo,
que, de quien no me quiere, vil despojo.

Obras completas. Edición, prólogo y notas de Alfonso Méndez Plancarte.
México, D.F.: Fondo de Cultura Económica, 1951-57.

JUAN DEL VALLE Y CAVIEDES (España; 1645-98)

"A un médico tuerto con anteojos, que desterraron del Callao siendo él solo, porque mataba más que muchos juntos, y tenía por flor comerles la comida a los enfermos, diciendo los animaba a comer"

ROMANCE

Tuerto dos veces, por vista
la una, y otra por ciencia,
pues en la diablada tuya
nunca haces cosa a derechas.
    No llames siempre anteojos
los que traes, porque a medias,
antetuerto has de llamarle
si está la mitad a ciegas.
    Si no tienes más de un ojo,
ociosa está la vidriera:
parece remedio tuyo
por cosa que no aprovecha.
    Sin embargo, eres el rey
de la medical ceguera,
si todos a ciegas curan
y tú, no, porque es a tuertas.
    Tu vista nadie la entiende,
pues si se repara en ella,
tú no miras, sino apuntas:
tú no ves sino que asestas.
    ¿Cómo si apuntando curas
no atinas con las recetas,
pues das tan lejos del mal
que todas las curas yerras?
    A los enfermos les comes
las comidas, y aun las cenas,

para hacerles ese mal
y que se mueran de dieta.
　　　Ayúdales a beber
tus malditas purgas puercas,
y les darás media muerte,
y tú tendrás otra media.
　　　De las ayudas aleves,
parte también, que les echas,
y ejercitarás dos ojos
que en un tuerto es cosa nueva,
　　　Que comerles las viandas,
no es curarles las dolencias
sino curarte del hambre
canina, que te atormenta.
　　　Si con los enfermos curas
tus hambres y tus pobrezas,
ellos, los médicos son,
tú el enfermo, que remedian.
　　　Media visita debían
pagarte en Dios y en conciencia,
que quien medio ve al doliente,
no debe llevarla entera.
　　　Te destierran del Callao[1]
con descrédito de albéitar,
por enjalma[2] de Galeno[3]
o lomillos de Avicena.[4]
　　　Hínchete, doctor de paja,
que las albardas rellenas
no matan tanto, y tendrás
hecho tu plato con ellas.
　　　Que eres albarda, es sin duda,
y en ti se hallará la prueba,

---

[1]puerto principal del Perú.

[2]un tipo de aparejo de bestia de carga.

[3]Claudius Galenus (ca. 130-ca. 200), médico griego y filósofo de la medicina.

[4]Ibn Sina(980-1037), médico y filósofo árabe de Persia.

pues la Medicina tuya
por ser idiota está en jerga.

"Romance"

      Los curas encubridores
son de los médicos, puesto
que les tapan sus delitos
con enterrarles los muertos.
      Aunque son encubridores
hacen al contrario de esto,
pues lo que el médico mata
lo cantan por todo el pueblo.
      La piedra filosofal
tienen los curas en ellos
porque hacen, en enterrando,
oro y plata de sus yerros.
      Las parteras con bautismos
dan al contrario, provechos,
si ellas al nacer ayudan,
y al morir ayudan ellos.
      En la heredad de los curas,
médicos son jornaleros
porque enfermos les cultivan
a su cosecha de entierros.

"Loa al peritísimo Pedro de Utrilla aplaudiendo la curación de un potro que abrió a una dama, con tanta felicidad que no la mató"

      Pedro de Utrilla,[5] el Cachorro,

---

[5] cirujano limeño.

abrió un tumor no cerrado
por ser joven apostema
de las que andan relinchando,
        la cual pacía a una dama
las columnas de alabastro
cerca de la parte donde
pone *non plus*[6]el vendado.
        No curó conforme a reglas
uno con otro contrario
porque sanó un humor potro
de un cirujano caballo.
        La contraria siguió; porque
siendo marfil terso y claro
el muslo, y de ébano Utrilla,
curó lo negro a lo blanco.
        Rompiólo, y nótase en Pedro
dos efectos encontrados,
pues cuando vio el cielo abierto,
cogió el cielo con las manos.
        Miraba la llaga Utrilla,
y con tal médico a lado,
de San Lázaro bendito
se me figuró el retablo.
        Aunque se alabe la ninfa
que de los amantes chacos[7]
no llegó allí el perro muerto,
el vivo sí le ha llegado.
        La llaga sanó porque
la lamió con lengua y labios,
        que la llaga que no sana
Pedro, mal, dice un adagio.
        En la misma cura tuvo
estipendio bien sobrado,
porque sanguaza[8] y piltrafas

---

[6]no más (latín).

[7]campos; en otras ediciones, chascos, que parece tener más sentido.

[8]derivado peyorativo de sangre.

lo es de médicos del Rastro.[9]

      Ya Perico[10] con mis versos
temo que estará emperrado,
y si me muerde, en sus pelos,
libro el remedio, quemados.

      Si le hago saltar con ellos,
los honra, que es igualarlos
al rey de España y de Francia,
por quien también él da saltos.

      De esta manera o de otra,
el potro le dejó sano,
aunque la caballería,
muy puerca de los emplastos.

      Y así, en físicas cadencias,
cantaré en su idiota aplauso
lo que diré en otra copla,
que en esta no cabe tanto.

      Pedro de Utrilla es insigne
sobre cuantos cirujanos
por varios idiotas modos
tiran de la Muerte el Carro.

"Al casamiento de Pedro de Utrilla"

ROMANCE

      Pedro de Utrilla, el Cachorro,
dan en decir, que se casa
segunda vez, porque está
casado con su ignorancia.

      Un cuento de cuentos dicen
que por dote le señalan;
si un zambo le dan, ¿quién duda

---

[9]matadero de reses; feria pública para la venta de la carne.

[10]nombre familiar de Pedro; ladrón o ratero de poca monta.

zambo de zambos se llama?
  En el dote y en el novio
distinción ninguna se halla,
porque en tintos no hay distintos,
y esto en turbio es verdad clara.

  Un chasco lleva al revés,
su mujer, siendo de él, dama,
porque lleva un perro vivo,
por perro muerto que llaman.

  Ella con él se da a perros,
y él con ella se da a galgas,
no a piedras, que ruedan montes,
sino a las que en montes cazan.

  Otros dotes hay más pobres,
pues si con mujer mulata
una blanca no ha llevado,
ha llevado media blanca.

  Bravo cirujano dice
él mismo que es, y se engaña
en lo cirujano, que
en lo otro no, que es de casta.

  Pero así pasará el pobre,
que aunque su ignorante fama
dice que no vale un higo,
sé que vale muchas pasas.

  El la traerá bien vestida
a poder de curas malas,
y bien comida, si no
de manjares, de caracha.

  La boda fue muy cumplida,
si hubo morcillas sobradas,
y bofes, que todo aquesto[11]
hay en bodas de chanfaina.

  Siempre habrán de estar riñendo
Pedro y su mujer, por causa
que ella es moza, y este hombre

---

[11]esto.

se suele dar a las gatas.
     Un cachorrito barcino
de la primera camada
le suplico que me dé
para enseñarlo a las armas.
     Gócese un siglo con ella
y con sucesiones tantas
que para sustentar hijos,
gaste un Rastro de piltrafas.

"A una dama que por serlo paró en la caridad"

ROMANCE

     Tomando está las unciones
en la Caridad, Belisa,
que la caridad le vale
a quien es caritativa.
     Dicen que tiene unas gomas.
Sin duda se pegarían
del árbol de las ciruelas
que son las que gomas crían.
     Si a coyuntura le vienen,
no las tenga por desdicha,
que aunque a bulto le maltraten,
bien saben lo que lastiman.
     Tiene dolores vasallos
del Conde de las Canillas,
que, aunque más le da de codo,
no se apartan de afligirla.
     Si bien son tan sus criados
que le asisten de rodillas
y, como a gritos los manda,
al instante se le hincan.
     De pies a cabeza le andan
el arrabal y la villa,

y es porque, enfadada de ellos,
a pasearse los envía.

    El amor cobra en dolores
lo que le prestó en cosquillas,
conque a pagar viene en llanto
deuda que contrajo en risa.

    Muy mala espina le dan
a veces sus espinillas,
si con espinas la curan,
pues a la zarza la aplican.

    De su estrella se lamenta
porque en luceros peligra,
si cuanto causó la Venus
con el Mercurio lo quitan.

    Como gusanos de seda,
babas por la boca hila;
que el andar con dos capullos
no ha olvidado todavía.

    La boca tiene llagada,
y es admiración precisa
que tenga llagas quien tantos
callos de pedir tenía.

    A muchos supo vencer
no por valor, por marica,
con cuya belleza, amor
a todos se la tendía.

    Un esqueleto es su cuerpo,
de tantas anatomías,
como las tientas le han hecho
en el mondongo y las tripas.

    No extraña la flaqueza,
pues cuando estaba rolliza
era su flaqueza tanta
que caía de costillas.

    Hoy se halla con más parches
que tocan en la milicia,
que quien con pífanos anda
a los parches se dedica.

    Mas, qué mucho, si su sed

de tantos caños corría
que le salía agua al rostro
por rebosar la vasija.

      La costumbre del pedir
su propio dolor la imita,
porque en un continuo, ¡ay!
está de noche y de día.

      Purgar le hace sus pecados
el médico y sus visitas,
si por el curso le cura
lo que enfermó por la orina.

      Esperanza le van dando
de la salud y la vida,
y como aquestas son verdes
con sus abriles, relincha.

      No hay hueso que bien la quiera,
que esta enfermedad maldita,
que por la carne se adquiere,
siempre a los huesos se libra.

      Cuando en las piernas los tienen
tanto el rigor acrimina,
que dice que no hay achaque
que a éste llegue a la liga.

      La pobre tuvo las fiestas
primero que las vigilias,
si está ayudando su achaque
con una tienta continua.

      A puro azogue, presumo,
la tienen de volver piña,[12]
pues sino es pella, es pelleja
que es pella diminutiva.

      De andar el azogue en ella
tiene la culpa su mina,
la cual tiene más estacas
que todas las de las Indias.

---

[12]en su sentido metalúrgico: residuo de la fundición de la plata.

De famulias[13]y combillas[14]
la trabajan a porfía,
y de un ojo de negrillos
sale un humo que fastidia.

Venganza es de las estafas,
si a sus amantes decía:
el alma den, cuyo azogue
lo vengo a Huancavelica.[15]

Los billetes se le han vuelto
papelillos de botica,
y sus ayudas de costa,
en costa de otras jeringas.

El Cid[16] era de las damas
y el Bernardo[17]de las lindas,
si es la mayor peleadora
que lanza de amor enristra.

Siempre triunfaba de cuantos
más tiesas se las tenían,
que en amor la flojedad
es la mayor valentía.

Ella tiene un mal francés,
tan hijo de estas provincias,
que es nacido en la ciudad
que llaman de Picardía.

Para que sane la pobre,
Dios ponga tiento en Rivilla,[18]
que en estos lances es donde
él doctora en Medicina.

---

[13]un tipo de cuña que se usa para trabajar los metales.

[14]golpes violentos dados con el puño; diminutivo de tumba o sepulcro; pene.

[15]región minera de los Andes.

[16]El Cid Campeador, Rodrigo Ruy Díaz de Vivar (1030?-99), héroe militar medioeval, considerado la máxima figura épica de España.

[17]Bernardo del Carpio, figura legendaria del medioevo español.

[18]médico cirujano limeño.

"A una vieja del Cuzco, grande alcahueta y revendedora de dos
hijas mestizas como ella le escribió el autor este"

ROMANCE

Una mestiza consejos
estaba dando a sus hijas,
que hay de mestizas consejos
como hay el Consejo de Indias.

Al diablo se estaban dando
todas en cosas distintas;
la vieja se da por tercios,
por cuartos se dan las niñas.

Cuando era dama, muchachas,
—dijo la vieja maldita—
cualquier galán me soplaba,
aunque con todos comía.

Nunca tengáis fe con uno
que las damas unitivas
ayunan luego al instante
que llega la primer riña.

Tened siete, que otros tantos
tiene la semana días;
y al que no da, sea el suyo
de viernes o de vigilia.

Caballeros no queráis
tan sólo por hidalguía,
que en vuestro trato tenéis
sobra de caballería.

A nadie admitáis por versos
porque es todo chilindrinas,[19]
pues más vale un real en prosa
que en versos todas las Indias.

Por valiente a ningún jaque
habéis de dar ni un, mi vida,
que es de poco acuchilladas

---

[19]tonterías.

el querer por valentías.

    Dame y daréte ha de ser
el juego de vuestra esgrima,
y a los que heridas os dieren
les daréis vuestras heridas.

    Nunca os fiéis de palabras
ni de esperanzas marchitas,
porque nunca dio alcanzada
el que no dio pretendida.

    Sabed que Cupido es ya
el eco de su voz misma,
y el que no admitiere el eco
ni aun la C. ni U. consiga.

    A la dádiva primera
no os mostréis agradecida,
que el amor se juega como
la veintiuna en que se envida.

    Al primer favor que quieran,
envidad una mantilla;
si la dan, y piden otro,
envidad manto y basquiña.

    Si se consigue, al tercero,
envidad joya y sortija;
al cuarto envidad el resto
del caudal de la rapiña.

    Y si dijere, no quiero,
no os tendáis, porque no obliga
el juego a enseñar el punto
al que no quiere, al que envida.

    No tengáis gusto en amantes
porque os hallaréis perdidas,
que amor deja de ser trato
haciéndole golosina.

    Con los más ricos y feos,
haréis vuestra mercancía,
que los lindos quieren siempre
que les ferien las caricias.

    Estos dan su amor en cambio
del amor de las más lindas,

y los otros, desairados,
dan el suyo y algo encima.

      Nunca despreciéis los viejos,
que un viejo es famosa mina,
pues nadie os ha de pagar
más caras las niñerías.

      No desechéis los capones,
porque mejor que la risa
de las delicias de amor
paga un capón las cosquillas.

      Peje o rana a la capacha,
sin elección, hijas mías,
que a más moros, más ganancias
y a más amantes, más ricas.

"Para labrarse fortuna en los palacios"

SONETO

      Para hallar en palacio estimaciones,
se ha de tener un poco de embustero,
poco y medio de infame lisonjero,
y dos pocos cabales de bufones;

      tres pocos y un poquito de soplones
y cuatro de alcahuetes recauderos,
cinco pocos y un mucho de parleros,
las obras censurando y las acciones.

      Será un amén continuo a cuanto hablare
el señor o el virrey a quien sirviere,
y cuanto más el tal disparatare,

      aplaudir con más fuerza se requiere;
y si con esta ganga continuare,
en palacio tendrá cuanto quisiere.

"Privilegios del pobre"

El pobre es tonto si calla,
y si habla es un majadero;
si sabe es un hablador,
y si afable, es embustero.
Si es cortés, entrometido,
cuando no sufre, soberbio;
cobarde, cuando es humilde,
y loco cuando es resuelto.
Si valiente, es temerario;
presumido, si discreto;
adulador, si obedece,
y si se excusa, grosero.
Si pretende, es atrevido;
si merece, es sin aprecio;
su nobleza es nada vista,
y su gala, sin aseo.
Si trabaja, es condicioso,
y, por el contrario extremo,
un perdido, si descansa.
¡Miren, qué buen privilegio!

"A Cristo crucificado"

SONETO

Vos, para darme vida, Señor, muerto,
y yo, ¿mirándoos muerto tengo vida?
Atrozmente parece endurecida
o el que la tengo no parece cierto.
Vos, clavado en una cruz, desnudo y yerto,
con el cruel rigor de tanta herida,
¿y viviendo el que fue vuestro homicida?
¡Ingratitud notable y desacierto!
Y puesto que en matarme os desagrado,

mis culpas mueran y locos apetitos,
muera el mundo y la carne en el pecado;
      que homicida he de ser de mis delitos
porque viva el que tanto os ha costado
de penas y dolores infinitos.

"Muerte"

      Para vivir muerto importa
morir vivo, piensa el fin;
que es ensayo a eterna vida
antes de morir, morir.
      Son la cama y el sepulcro
hoyo en que todos caemos,
en la una mueren los vivos,
en la otra moran los muertos.

"Definiciones del amor en este soneto"

      Amor es nombre sin deidad alguna,
un agente del ser de cuantos nacen,
un abreviar de vida a cuantos yacen,
un oculto querer a otra criatura.
      Una fantasma o sombra de hermosura,
una falsa opinión que al mundo esparcen,
un destino de errar un cuanto hacen,
un delirio que el gusto hace cordura.
      Fuego es de pedernal si está encubierto;
aire es, si a todos baña sin ser visto;
agua es por ser nieto de la espuma;
      una verdad, mentira de lo cierto;
un traidor que, adulando, está bienquisto;
él es enigma y laberinto en suma.

Obras completas. Edición y estudios de María Leticia Cáceres, Luis Jaime Cisneros y Guillermo Lohmann Villena. Lima: Biblioteca Clásicos del Perú, Banco de Crédito del Perú, 1990.

ALONSO CARRIO DE LA VANDERA, "CONCOLOR-CORVO" (España; ca. 1715-78)

El Lazarillo de ciegos caminantes

Buenos Aires.—Descripción de la ciudad. Número de habitantes.— Correos.— Caminos. Los indios pampas.

Esta ciudad está situada al oeste del gran Río de la Plata, y me parece se puede contar con la cuarta del gran gobierno del Perú, dando el primer lugar a Lima, el segundo al Cuzco, el tercero a Santiago de Chile y a ésta el cuarto. Las dos primeras exceden en adornos de iglesias y edificios a las otras dos. La de mi asunto se adelantó muchísimo en extensión y edificios desde el año de 1749, que estuve en ella. Entonces no sabían el nombre de las quintas, ni conocían más fruta que los duraznos. Hoy no hay hombre de medianas conveniencias que no tenga su quinta con variedad de frutas, verduras y flores, que promovieron algunos hortelanos europeos, con el principal fin de criar bosques de duraznos, que sirven para leña, de que carecía en extremo la ciudad, sirviéndose por lo común de cardos, de que abunda la campaña, con notable fastidio de los cocineros, que toleraban su mucho humo; pero ya el presente se conduce a la ciudad mucha leña en rajas, que traen las lanchas de la parte occidental del Paraná,[1] y muchas carreteras que entran de los montezuelos de las Conchas.[2] Hay pocas casa altas, pero unas y otras bastantes desahogadas y muchas bien edificadas, con buenos muebles, que hacen traer de la rica madera del Janeiro por la colonia Sacramento.[3] Algunas tienen grandes y coposas parras en sus patios y traspatios, que aseguran los habitantes, así europeos como criollos, que producen muchas y buenas uvas. Este adorno es únicamente propio de las casas de campaña, y aún de éstas se

---

[1] uno de los afluyentes del Río de la Plata.

[2] el delta sobre el que está situado la ciudad de Buenos Aires; hoy llamado El Tigre.

[3] ciudad del Uruguay situada del otro lado del Río de la Plata de Buenos Aires.

desterró entre los colonos pulidos, por la multitud de animalitos perjudiciales que se crían en ellas y se comunican a las casas. En las ciudades y poblaciones grandes, además de aquel perjuicio superior al fruto que dan, se puede fácilmente experimentar otro de peores consecuencias, porque las parras bien cultivadas crían un tronco grueso, tortuoso y con muchos nudos, que facilitan el ascenso a los techos con buen descenso a los patios de la propia casa, de que se pueden aprovechar fácilmente los criados para sus insultos.

Su extensión es de 22 cuadras comunes, tanto de norte a sur como de este a oeste. Hombres y mujeres se visten como los españoles europeos, y lo propio sucede desde Montevideo a la ciudad de Jujuy, con más o menos pulidez. Las mujeres en esta ciudad, en mi concepto, son las más pulidas de todas las americanas españolas, y comparables a las sevillanas, pues aunque no tienen tanto chiste, pronuncian el castellano con más pureza. He visto sarao en que asistieron ochenta, vestidas y peinadas a la moda, diestras en la danza francesa y española, y sin embargo de que su vestido no es comparable en lo costoso al de Lima y demás del Perú, es muy agradable por su compostura y aliño. Toda la gente común, y la mayor parte de las señoras principales no dan utilidad alguna a los sastres, porque ellas cortan, cosen y aderezan sus batas y andrieles[4] con perfección, porque son ingeniosas y delicadas costureras, y sin perjuicio de otras muchas que oí ponderar en Buenos Aires, de gran habilidad, observé por muchos días el gran arte, discreción y talento de la hermosa y fecunda española *doña Gracia-Ana* por haberla visto imitar las mejores costuras y bordados que se le presentaban de España y Francia.

Las de medianos posibles, y aun las pobres, que no quiero llamarlas de segunda y tercera clase, porque no se enojen, no solamente se hacen y pulen sus vestidos, sino los de sus maridos, hijos y hermanos, principalmente si son de Tornay, como ellas se explican, con otras granjerías de lavar y almidonar, por medio de algunos de sus esclavos. Los hombres son circunspectos y de buenos ingenios.

No hay estudios públicos, por lo que algunos envían sus hijos a Córdoba[5] y otros a Santiago de Chile, no apeteciendo las conveniencias eclesiás-

---

[4]una palabra no registrada; posiblemente se trata de una deformación de la palabra francesa "andirenne" = un tipo de bata de mujer.

[5]referencia a Córdoba, Argentina, sede de una importante universidad a partir del siglo dieciocho.

ticas de su país, por ser de muy corta congrua[6] y sólo suficientes para pasar una vida frugal.

Gobierna esta ciudad y su jurisdicción, con título de gobernador y capitán general, el mariscal de campo don Juan José de Vértiz,[7] que nació, según entiendo, en el reino de México, y es actualmente administrador principal de correos de ella, con los agregados del Tucumán, Paraguay y ciudades de San Juan de la Frontera y Mendoza, en el reino de Chile, don Manuel de Basavilbaso,[8] mozo de más que común instrucción y juicio. Don Bartolomé Raimundo Muñoz sirve la plaza de interventor con infatigable tesón y acierto, y don Melchor Albín y don Nicolás Ferrari de Noriega, diestros plumarios, corren con los libros y expedición de las estafetas, con plazas de segundo y tercer oficial, a que se agrega un tercero destinado para cobranzas y reducciones de monedas, sencillas a doble, que actualmente está a un tres por ciento, habiendo valido otros años hasta catorce y dieciséis, por el mucho comercio que tenían los portugueses [...].[9]

En el Hospital de la Caridad, destinado para curar pobres mujeres, no han dado razón de las enfermas, y sólo se supo que el año de 1770 habían muerto siete, que se incluyeron en el número de finados.

Hasta el año de 1747 no hubo establecimiento de correos en Buenos Aires, ni en todo el Tucumán, no obstante el mucho comercio que tenía aquella ciudad con todas las tres provincias, reino de Chile y parte del Perú. Los comerciantes despachaban correos a su costa, según las necesidades, de que se aprovechaban algunos vecinos; pero los más escribían con pasajeros, que por lo general hacían sus viajes en carretas hasta Jujuy y Mendoza, volviendo las respuestas muy tarde o nunca.

El primero que promovió correos fijos a fines del 47 o principios del 48, fue don Domingo de Basavilbaso, gobernando aquella provincia el señor Andonaegui, mariscal de campo, de nación canario.

De la propuesta que hizo don Domingo dio traslado a la casa del conde de Castillejo, que despertando del descuido en que se hallaba, envió

---

[6]renta que percibe alguien de órdenes sagradas.

[7](1718-98), gobernador de Buenos Aires y, al fundarse el Virreinato del Río de la Plata en 1776, primer virrey.

[8](1731?-94), hijo de Domingo Basavilbaso, primer administrador de Buenos Aires; colaboró con la administración de Vértiz.

[9]Aquí se suprime una relación estadística sobre la ciudad de Buenos Aires.

poder al mismo don Domingo para que tomase en arrendamiento el oficio o le rematase en el mejor postor, como lo ejecutó, no conviniéndole en los términos que proponía la casa, y desde dicho año de 48 dio principio la época de correos de Buenos Aires y demás provincias del Tucumán.

Esta ciudad está bien situada y delineada a la moderna, dividida en cuadras iguales y sus calles de igual y regular ancho, pero se hace intransitable a pie en tiempo de aguas, porque las grandes carretas que conducen los bastimentos y otros materiales, hacen unas excavaciones en medio de ellas en que se atascan hasta los caballos e impiden el tránsito a los de a pie, principalmente el de una cuadra a otra, obligando a retroceder a la gente, y muchas veces a quedarse sin misa cuando se ven precisados a atravesar la calle.

Los vecinos que no habían fabricado en la primitiva y que tenían solares o los compraron posteriormente, fabricaron las casas con una elevación de más de una vara y las fueron cercando con unos pretiles de vara y media, por donde pasa la gente con bastante comodidad y con grave perjuicio de las casas antiguas, porque inclinándose a ellas el trajín de carretas y caballos, les imposibilita muchas veces la salida, y si las lluvias son copiosas se inundan sus casas y la mayor parte de las piezas se hacen inhabitables, defecto casi incorregible.

La plaza es imperfecta y sólo la acera del Cabildo tiene portales. En ella está la cárcel y oficios de escribanos y el alguacil mayor viven en los altos. Este Cabildo tiene el privilegio de que cuando va al fuerte a sacar al gobernador para las fiestas de tabla, se le hacen los honores de teniente general, dentro del fuerte, a donde está la guardia del gobernador. Todo el fuerte está rodeado de un foso bien profundo y se entra a él por puentes levadizos. La casa es fuerte y grande, y en su patio principal están las cajas reales. Por la parte del río tienen sus paredes una elevación grande, para igualar el piso con el barranco que desciende al río. La catedral es actualmente una capilla bien estrecha. Se está haciendo un templo muy grande y fuerte, y aunque se consiga su conclusión, no creo verán los nacidos el adorno correspondiente, porque el obispado es pobre y las canonjías no pasan de un mil pesos, como el mayor de los curatos. Las demás iglesias y monasterios tienen una decencia muy común y ordinaria. Hay muchos buenos caudales de comerciantes, y aun en las calles más remotas, se ven tiendas de ropas, que creo que habrá cuatro veces más que en Lima, pero todas ellas no importan tanto como cuatro de las mayores de esta ciudad porque los comerciantes gruesos tienen sus almacenes, con que proveen a todo el Tucumán y algo más.

No he conocido hacendado grueso, sino a don Francisco de Alzáibar, que tiene infinito ganado de la otra banda del río, repartido en varias estancias; con todo, mucho tiempo ha que en su casa no se ven cuatro mil pesos juntos. No he sabido que haya mayorazgo alguno ni que los vecinos piensen más que en sus comercios, contentándose con una buena casa y una quinta, que sólo sirve de recreación. La carne está en tanta abundancia que se lleva en cuartos a carretadas a la plaza, y si por accidente se resbala, como he visto yo, un cuarto entero, no se baja el carretero a recogerle, aunque se le advierta, y aunque por casualidad pase un mendigo, no le lleva a su casa porque no le cueste el trabajo de cargarlo. A la oración se da muchas veces carne de balde, como en los mataderos, porque todos los días se matan muchas reses, más de las que necesita el pueblo, sólo por el interés del cuero. Todos los perros, que son muchísimos, sin distinción de amos, están tan gordos que apenas se pueden mover, y los ratones salen de noche por las calles a tomar el fresco, en competentes destacamentos, porque en la casa más pobre les sobra la carne, y también se mantienen de huevos y pollos, que entran con mucha abundancia de los vecinos pagos. Las gallinas y capones se venden en junto a dos reales, los pavos muy grandes, a cuatro; las perdices, a seis y ocho por un real, y el mejor cordero se da por dos reales.

Las aguas del río son turbias, pero reposadas en unos tinajones grandes de barro, que usan comúnmente, se clarifican y son excelentes, aunque se guarden por muchos días. La gente común y la que no tiene las precauciones necesarias bebe agua impura y de aquella que a la bajada del río se queda entre las peñas, en donde se lava toda la ropa de la ciudad, y allí la cogen los negros, por evitar la molestia de internar a la corriente del río. Desde que vi repetidas veces una maniobra tan crasa, por la desidia de casi todos los aguadores, me causó tal fastidio que sólo bebí desde entonces del aljibe que tiene en su casa don Domingo de Basavilbaso, con tales precauciones y aseo que puede competir con los mejores de Europa. Dicen que tiene otro igual la casa que fabricó para su vivienda el difunto don Manuel del Arco, y acaso otros muchos vecinos solicitarán este aseo a costa de algún gasto considerable, y cuidado de recoger las aguas en tiempo oportuno, con las demás precauciones que usa la casa de Basavilbaso.

Esta ciudad y su ejido carecen de fuentes y manantiales superficiales, y así no tiene más riego que el de las lluvias. Sin embargo, algunos vecinos curiosos han hecho pozos en sus quintas para regar algunas flores y hortalizas. Algunos han conseguido agua dulce, pero los más encontraron veneros salitrosos y perjudiciales a árboles y plantas. Tiene el río variedad de pescado, y los pejerreyes crecen hasta tres cuartas, con su grueso correspondiente, pero son muy insípidos respecto de los de Lima. Se hace la pesca en carretas, que tiran los bueyes hasta que les da el agua a los pechos, hasta que el carretero se cansa de pescar y vuelve a la plaza, adonde le vende desde su carreta al precio que puede, que siempre es ínfimo.

En toda la jurisdicción de Buenos Aires y en mucha parte de la del Tucumán no se ha visto nieve. En la ciudad suelen caer algunas escarchas que varios curiosos reciben para helar algunas bebidas compuestas, que se regalan como extraordinarios exquisitos. Ponderándome cierto día don Manuel de Basavilbaso lo delicado de estas bebidas y la falta que hacían en aquella ciudad, le serené su deseo asegurándole que los habitantes de ella no necesitaban otro refrigerio que el de los baños del Río de la Plata y beber sus dulces aguas puras o las de los aljibes; que la nieve sólo se apetecía en los países ardientes y que para un gusto causaba tres dolores, sin entrar en cuenta los crecidos gastos de las aguas compuestas y exquisitos dulces que regularmente hay en las botillerías, que provocan a las damas más melindrosas y alivian de peso las faltriqueras del mayor tacaño. Se rió el amigo, y creo que desde entonces echó al olvido las escarchas, como lo hizo con las cenas de las noches de máscara, que ya se habían introducido en aquella ciudad, como los ambigús, a costa de mucho expendio y algunas apoplejías.

No creo que pasen de dieciséis coches los que hay en la ciudad. En otro tiempo, y cuando había menos, traían las mulas del campo y las metían en sus casas a la estaca, sin darles de comer, hasta que de rendidas ni podían trabajar, y mandaban traer otras. Hoy día se han dedicado a sembrar alcacer,[10] que traen a la ciudad con algunas cargas de heno para las caballerías, que se mantienen muy mal, a excepción de las de algunos pocos sujetos, que hacen acopio de laguna paja y cebada de las próximas campañas.

Por el cotejo de los que nacen y mueren, se infiere la sanidad del lugar. En los meses de junio, julio, agosto y septiembre se levantan muchas neblinas del río, que causan algunos accesos al pecho. Los pamperos, que son unos vientos fuertes, desde el sursudoeste al oessudoeste, incomodan bastantemente por su violencia, y en la campaña hacen estremecer las carretas que cargadas tienen de peso doscientas arrobas. De éstas haré una descripción más adelante, para los curiosos. Ahora voy a dar una noticia importante a los señores viajeros, y en particular a los que vienen de España con empleos a este dilatado reino.

Los provistos para la jurisdicción de la Audiencia de la Plata caminarán conmigo, eligiendo los bagajes más acomodados a su constitución; pero los provistos para el distrito de la real Audiencia de Lima, y con precisión los

---

[10]también alcacel = cebada todavía verde.

de Chile, tomarán en Buenos Aires las medidas para llegar a Mendoza al a-
brirse la cordillera, que por lo regular es a principios de noviembre. Este mes
es el de los alentados. El de diciembre y enero son regulares y corrientes. Febrero y marzo, meses de provinciales que nunca esperan a abril y parte de
mayo, por no exponerse a alguna tormenta que se adelante. Los cinco meses
restantes del año son arriesgados y trabajosos y, sin embargo, de las casillas
que se han puesto, sólo pueden aventurarse los correos, que caminan a pie,
por precisa necesidad una gran parte del camino, porque estando cubierto de
nieve, se morirían las bestias de hambre, y lo poco que se paga no alcanzaría
para llevarlas a media carga de paja y cebada, que no es imposible.

Hasta Mendoza y Jujuy se puede caminar cómodamente en coche,
silla volante[11] o carretilla, pero será preciso al que quisiere esta comodidad
y no experimentar alguna detención, adelantar un mozo para que apronte caballos, porque aunque hay muchas mulas hay pocas mansas, porque no las
usan en sus trajines, a excepción de los arrieros de San Juan de la Frontera,
con quienes también se puede caminar al uso del país, llevando buenas tiendas de campaña, para los muchos despoblados que hay, exponiéndose también
a una irrupción de indios pampas, que no saliendo más que en número de
ciento cincuenta, los pueden rebatir y contener doce buenos fusileros, que no
se turben con sus formidables alaridos, teniendo cuidado de sacar del Pergamino dos o más soldados, para que a mañana y tarde registren la campaña.
Estos pampas, y aun las demás naciones, tienen sus espías, que llaman bom-
beros, a quienes echan a pie y desarmados, para que haciendo el inocente,
especulen las fuerzas y prevenciones de los caminantes, tanto de caballería y
recuas como de carretería y demás equipajes, para dar cuenta a sus compañeros. No hay que fiarse de ellos en los despoblados, sino despedirlos con arrogancia, aunque digan que se acogen a la pascana por huir de sus enemigos.

Estos indios pampas son sumamente inclinados al execrable pecado
nefando. Siempre cargan a las ancas del caballo, cuando no van de pelea, a
su concubina o barragán, que es lo más común a ellos, y por esta razón no se
aumentan mucho. Son traidores, y aunque diestrísimos a caballo y en el manejo de la lanza y bolas, no tienen las correspondientes fuerzas para mantener
un dilatado combate. Siempre se ha vencido a los españoles o fue por sorpresa o peleando cincuenta contra uno, lo que es muy común entre indios contra
españoles y mestizos.

---

[11]carruaje de tiro de dos ruedas y de dos asientos.

En este camino, desde Saladillo de Ruy Díaz, donde se aparta para Chile, rara vez se encuentra pan y vino hasta San Luis de la Punta, de que se hará provisión en Buenos Aires, como asimismo de toda especería y demás que contribuye al regalo. En los pagos y estancias no falta todo género de carnes, y en Mendoza se hará provisión hasta el valle de la Aconcagua, adonde de principio la amenidad y abundancia del reino de Chile.

Ya es tiempo de sacar de Buenos Aires a los señores caminantes, que dirigiremos en carretas, por ser el viaje más usual y cómodo, por el itinerario siguiente, que dividiré en jurisdicciones, dando principio por la de Buenos Aires.

Breve comparación entre las ciudades de Lima y el Cuzco. Particularidades características.—Limeños y mexicanos. El traje de la limeña.—Causas de la vitalidad. Cosas singulares.—Camas nupciales, cunas y ajuares.

Pretendí hacer una descripción de Lima, pero el visitador me dijo que era una empresa que no habían podido conseguir muchos hombres gigantes, y que sería cosa irrisible que un pigmeo la emprendiese. Pero, señor visitador, ¿es posible que yo he de concluir un itinerario tan circunstanciado sin decir algo de Lima? Si, señor inca,[12] porque a Vm.[13] no le toca ni le atañe esta gran ciudad, porque en ella se da fin a mi comisión. Los señores don Jorge Juan, añadió, don Antonio de Ulloa[14] y el cosmógrafo mayor del reino, doctor don Cosme Bueno, escribieron con plumas de *cisne* todo lo más particular que hay en esta capital, a que no puede Vm. añadir nada sustancial con la suya, que es de *ganso*. Sin embargo, repliqué, sírvase Vm. decirme qué diferencia hay de esta gran ciudad a la de mi nacimiento. Supongo yo, señor inca, me respondió, que Vm. está apasionado por El Cuzco, su patria, y quisiera que dijera que excedía en todas sus circunstancias a la de Lima, pero está

---

[12]El texto pretende ser el informe, relatado al autor, de un guía, Concolorcorvo (= color de cuervo), de origen indígena (por eso, inca), quien informa al visitador real sobre las colonias.

[13]Vuestra merced.

[14]autores de un conocido tratado sobre Sudamérica en la que destaca su descripción de Lima: *Relación histórica del viaje a la América Meridional* (1748).

Vm. muy errado, porque dejando aparte la situación y ejidos,[15] debía Vm. observar que en esta gran capital se mantiene un virrey con grandeza y una asignación por el Rey que equivale a todas las rentas que tienen los mayorazgos del Cuzco. Tiene asimismo tres guardias costeadas por el Rey, de caballería bien montada y pagada; infantería y alabarderos, que no sirven solamente a la ostentación y grandeza, sino al resguardo de la persona y quietud de esta gran población, a que se agrega una Audiencia completa, tribunales de contaduría mayor, Real Inquisición, universidad, teatro de comedias y paseos públicos inmediatos a la ciudad, que no tiene la del Cuzco ni otra alguna del reino.

Esta mantiene doscientos cincuenta coches y más de mil calesas, que sólo se distinguen en que tienen dos ruedas y las arrastra una mula, y estar más sujeta a un vuelco. Nada de esto hay en su gran ciudad. En materia de trajes, tan loca es la una como la otra, con la diferencia de gustos y extensión de familias y comercio, en que excede Lima al Cuzco más que en tercio y quinto. En esta ciudad hay muchos títulos de marqueses y condes, y mucho mayor número de caballeros cruzados en las Ordenes de Santiago y Calavatra, que a excepción de uno y otro tienen suficientes rentas para mantenerse con esplendor, a que se agregan muchos mayorazgos y caballeros que se mantienen de sus haciendas y otras negociaciones decentes para vivir y dar lustre a la ciudad. No dudo que en la de su nacimiento, como en las otras de este vasto virreinato, haya familias ilustres, pero el número de todas ellas no compone el de esta capital, en donde se hace poco juicio de los conquistadores, pues aunque no faltaron algunos de esclarecidas familias, se aumentaron éstas cuando se firmó la conquista.

Con la erección de tribunales y otros empleos honoríficos, pasaron de España a esta capital muchos segundos de casas ilustres, unos casados y otros que tomaron estado aquí, y hasta muchos de los que fueron provistos para las provincias interiores, vinieron a establecerse aquí, como sucedió en todas las cortes del mundo. Muchos sujetos que vinieron de España sólo con el fin de hacer fortuna han tenido su nobleza oculta hasta que la consiguieron y pudieron mantener su lustre en un lugar tan costoso y en que está demasiado establecido el lujo. En El Cuzco y demás ciudades de la sierra, y parte de los valles, sólo es costoso el vestido y un menaje de casa, que dura con lucimiento algunos siglos. La señora principal del Cuzco mantiene cinco o seis criadas, que la sirven puntualmente y en que apenas gasta en vestirlas tanto como aquí a una negra de mediana estimación. En esta ciudad, sin tocar en

---

[15]terrenos comunitarios contiguos a un pueblo.

las haciendas, hay un fondo perdido de millón y medio de pesos, porque no hay esclavo, uno con otro, que ahorre al amo el gasto que hace con él. Las enfermedades, verdaderas o fingidas, no solamente son costosas a los amos, por los medicamentos, médico o cirujano, sino por su asistencia y falta de servicio. Cada negrito que nace en una casa de éstas tiene de costo al amo más de setecientos pesos hasta llegar a ponerse en estado de ser de provecho. Este mal no tiene remedio cuando estos partos son de legítimo matrimonio, pero pudieran remediarse en parte reduciendo los sirvientes a menor número, como sucede en todo el mundo.

La multitud de criados confunde las casa, atrae cuidados, entorpece el servicio y es causa de que los hijos se apoltronen y apenas acierten a vestirse en la edad de doce años, con otros inconvenientes que omito. El actual establecimiento, con el de los costosos trajes que se introducen desde la cuna con la demasiada condescendencia que tienen algunas madres, son dos manantiales o sangrías que debilitan insensiblemente los caudales.

No dudo, señor Concolorcorvo, que Vm., como no ha visto más que las casas por fuera y los techos, o, por mejor decir, terrados,[16] creerá que la en que yo habito es la mejor de la ciudad, porque tiene las armas de *Gato*[17] sobre la puerta principal, y hasta tres o cuatro piezas de bastante extensión. Esta casa, en el estado actual, la debe reputar Vm. por una de las que están en cuarto lugar; esto es, que hay otras muchas tres veces mejores. Los señores limeños no tienen la fantasía de adornar sus portadas con relieves y grandes escudos de armas, que hermosean las grandes ciudades. Los tejados aquí son inútiles, por la falta de lluvias, que en la realidad se pueden contar por notable falta para el despejo de su cielo y limpieza de sus calles, pues aunque atraviesan multitud de acequias, no corren por ellas aguas puras, porque siendo de poca profundidad y el agua escasa, sólo mantienen en ellas las aguas mayores y menores, con perjuicio de la salud y ruina de los edificios, como es público y notorio. El gran palacio del virrey, mirado por su frontispicio, parece una casa de Ayuntamiento de las que hay en las dos Castillas, pero su interior manifiesta la grandeza de la persona que la habita. Lo mismo sucede en otras casas de señores distinguidos, que Vm. verá con el tiempo.

La nobleza de Lima no es disputable, o lo será todas la demás del mundo, porque todos los años estamos viendo criollos que heredan señoríos

---

[16]sitio o patio de atrás de una casa, con el suelo de tierra.

[17]probablemente significa mercado al aire libre (de la palabra quechua "katu").

y mayorazgos de los más antiguos de España. Omito poner ejemplos por no agraviar a aquellas familias de que no tengo noticia formal, y porque mi intento no es hacer apología. El actual virrey, excelentísimo señor don Manuel de Amat y Junient, decoró mucho esta ciudad en paseos públicos y otras muchas obras convenientes al Estado. No puedo referirlas todas porque sería preciso escribir un gran volumen de a folio, y otra pluma, pero nadie puede negar que su genio e ingenio es y ha sido superior a todos los virreyes en materia de civilización y buen gusto.

Los ingenios de Lima parecen los más sobresalientes de todo el reino. Esto proviene de que tienen un cultivo más temprano y permanente. Un niño en esta ciudad se explica muy bien desde la edad de cuatro años, y un serrano apenas sabe explicarse en castellano puro a los ocho, con muchos solecismos, y esto proviene de que a un mismo tiempo estudian dos idiomas, que son la lengua de los naturales, que es la más común en sus casa entre nutrices,[18] criadas y madres y así, cuando van a la escuela castellana, que regularmente la enseña un bárbaro, dicen en lugar de: «dame un vaso de agua fría», «un vaso de agua fría dame», que corresponde a *uno chiri apamuy*, que reputan los ignorantes por grosería y fatuidad. Los vizcaínos (hablo de los comunes) usan de su propia colocación, y por esta razón comprenden mejor la lengua quechua.

Protesto a Vm., señor inca, que ha cerca de cuarenta años que estoy observando en ambas Américas las particularidades de los ingenios de los criollos y no encuentro diferencia, comparados en general, con los de la península. El cotejo que hasta el presente se hizo de los criollos de Lima con los que se avecindan aquí de España es injusto. Aquí raro es el mozo blanco que no se aplique a las letras desde su tierna edad, siendo muy raro el que viene de España con una escasa tintura, a excepción de los empleados para las letras. Bien notorio es que no siempre eligen los más sobresalientes, porque además de que éstos, fiados en sus méritos, no les puede faltar allá acomodo, no quieren arriesgar sus vidas en una dilatada navegación y mudanza de temperamentos, o no tienen protectores para colocarse aquí a su satisfacción. Si se mudara el teatro, esto es, que se proveyesen en Lima todos los empleados, se vería claramente que había en la península tantos sabios a proporción, y cualquiera ciudad de las de España comparable a ésta la igualaba en ingenios, juicio y literatura, sin traer a consideración a varios monstruos de aquellos,

---

[18]nodrizas.

tan raros que apenas en un siglo se ven dos, como el gran Peralta,[19] limeño bien conocido en toda la Europa, a quien celebró tanto la más hermosa y crítica pluma que produjo Galicia en el presente siglo.[20]

Con este motivo voy a satisfacer a los señores peruanos y demás criollos del imperio mexicano, de dónde provino la opinión común de la debilidad o corta duración de juicio para la continuación de las letras a los cuarenta o cincuenta años de edad. La ciudad de México es antípoda de la de Lima. El aire de ésta es húmedo en sumo grado. El de México es muy sutil y seco. El suelo de Lima pide, por su naturaleza, ser seco, y si se experimentan perjuicios es por la humedad que introducen las acequias, que tejen las casas y calles. Para hallar agua en Lima es preciso hacer una excavación de doscientas varas. En México, a menos de una vara se encuentra agua, pero es tal la actividad de los aires, que los cuartos bajos se preservan de las humedades con un tablado de menos de una cuarta de alto. En estos almacenes se conservan muchos años los efectos sin percibir humedad, y el azúcar, que se humedece en Lima en alacenas altas, se seca tanto en México en los suelos, que se hace un pedernal. Los metales conservan muchos años su lustre, y en Lima le pierden en corto tiempo, y así sucede con todo lo demás, que uno y otro acontece por la humedad o sequedad de los aires. Los de México están impregnados de sal, porque todos su contornos están llenos de este ingrediente. Hay una especie de sal, que parece tierra morena, llamada *tequesquite*, que dicen los naturales que corrompe y pudre los dientes, cubriéndolos con un sarro negro, y así es muy rara la dentadura que se mantiene con lustre blanco. Casi todos los mexicanos de ambos sexos padecen de esta destrucción desde edad muy tierna, y que ayudan las continuas fluxiones. Los pasmos son tan continuos, que rara vez entré en iglesia de algún concurso que no viese hombre o mujer que no le padezca, cayéndose en el suelo, como si les acometiera la *gota-coral*, a que se agrega torcérseles la boca y garganta, hasta llegar a besar con aquélla la oreja. El primer auxilio de los concurrentes es abrigar a los dolientes con las capas, que son capaces de sofocar a un hombre robusto, pero se ha visto y aprobado este remedio provisional.

---

[19]Pedro de Peralta Barnuevo (1664-1734), poeta, historiador y astrónomo peruano.

[20]Carrió de la Vandera se refiere aquí a los elogios de Benito Jerónimo Feijoo y Montenegro (1676-1764).

El *gálico* es tan común como las fluxiones, pero se cura con facilidad. El *matlasague*,[21] que es un tabardillo entripado, hace un destrozo grande, principalmente en los indios. El dolor de costado es muy temible y arriesgado; pero, sobre todo, las evacuaciones a un tiempo mismo por las dos puertas principales del cuerpo, que con mucha propiedad llaman los mexicanos *miserere*, y en conclusión, México es el lugar más enfermo que acaso habrá en todas las poblaciones del mundo. Los europeos, y aun los criollos nacidos y criados en las provincias interiores hasta edad robusta, no padecen o, por mejor decir, resisten por mucho tiempo las influencias malignas del lugar.

Los mexicanos, si mudar de traje, se distinguen de éstos, como las mujeres de los hombres. Son, por lo general, de complexión muy delicada. Raro se encuentra con su dentadura cabal a los quince años, y casi todos traen un pañuelo blanco, que les tapa la boca, de oreja a oreja. Unos por preservarse del aire, y otros por encubrir sus bocas de tintero,[22] como ellos se dicen unos a otros con gran propiedad, sin que se preserven de esta miseria las damas más pulidas; pero como esta imperfección es tan común, son tan apetecidas de propios y extranjeros como todas las demás del mundo, porque son muy pulidas y discretas como las limeñas, aunque éstas las exceden en el acento y tez, que procede de mantener hasta la senectud sus dientes y de la benignidad del aire y temperamento, propio para conservar el cutis más flexible y suave. Las señoras limeñas prefieren en sus rostros el color del jazmín al de rosa, y así son las damas del mundo que usan menos el bermellón.

Las señoras mexicanas, desde luego que al presente se despojarán de sus naturales dientes y tendrán un buen surtimiento de marfileños, que ya son del uso, para hacer su acento más suave y sonoro y competir con las limeñas burlándose de su *tequesquite* y ayudadas de su color rojo, dilatados cabellos, airosa marcha y otras gracias, pueden lucir en las cuatro partes del mundo. Si México se jacta de que en cada casa hay un molino, oponen las limeñas un batán, que sirve lo mismo, a excepción de que no se muele en éstos el cacao. Si en cada casa de México (no hablo con los pobres ni pobras[23]) hay una jeringa, aquí no faltan dos en cada casa de mediana decencia y probidad, y además tiene una botica de faltriquera para socorro de los males repentinos. Si es cierto lo que dice el formal y serio don José Ruiz de la Cámara, que conoció una vieja mexicana que sabía nueve remedios eficaces para curar las

---

[21]tifo.

[22]bocas sin dientes.

[23]forma poco común en femenino de pobres.

almorranas, aquí la más limitada mujer sabe más remedios que Hipócrates[24] y Galeno[25] juntos, para todo género de enfermedades. Esta ciencia la adquieren mexicanas y limeñas por la necesidad que tienen de vivir en sitios enfermizos. A mí me parece, le repliqué al visitador, que las señoras limeñas contraen muchas enfermedades por el poco abrigo de sus pies y precisas humedades que perciben por ellos. Está Vm. engañado, señor Concolorcorvo, me respondió el visitador. Las indias y demás gentes plebeyas andan descalzas, como en otras muchas partes del mundo la gente pobre, y no por esto contraen enfermedades. Las señoritas no son de distinta naturaleza. Se crían con este calzado débil y desde muy tierna edad se visten a media porta, como cortinas imperiales, y del mismo modo se abrigan que las que están acostumbradas a manto capitular o capa de colegial. Sin embargo, sus zapatos tienen dos inconvenientes o, por mejor decir, tres. El primero es dar una figura extraordinaria a sus pies, que por ser de uso patrio se les puede disimular. El segundo es lo costoso de estos zapatos, por su corta duración y exquisitos bordados, y lo tercero, por el polvo que recogen y se introduce por los grandes corredores, balcones y ventanas que abren en ellos, para la evaporación de sus encarcelados.

Las mexicanas se calzan y visten al uso de la Europa, según me han dicho, porque en mi tiempo usaban un traje mestizo que de medio cuerpo arriba imitaba en algo al de las indias, en los guipiles[26] y quisquémeles,[27] tobajillas[28] de verano y mantones de invierno, que corresponden aquí a los cotones de nueva invención entre las señoritas, voladores de verano y mantillas de bayeta frisada en tiempo de invierno. Para hacer un buen cotejo de limeñas y mexicanas sería preciso hacer un tratado difuso; pero no me puedo desentender de una particular gracia de las mexicanas. Estas se sirven mejor con pocos criados. Hablan poco con ellos, y muy pasito, y en los concursos, *loquantur arcana per digitos*[29], y son las más diestras *pantominas* de todo el mundo, pero he reparado que sus *mimos* no tienen una regla general, porque

---

[24](460-ca. 377 a.C.), médico griego, llamado el padre de la medicina.

[25]Claudius Galenus (ca. 130-200), físico y escritor romano sobre medicina y filosofía.

[26]más comúnmente huipil, la antigua prenda de la mujer mexicana.

[27]camisa que usan los incas para cubrirse el pescuezo.

[28]toallas.

[29]dicen cosas secretas con los dedos (latín).

he visto que algunas criadas que llegaban de nuevo a una casa confesaban que no entendían todavía las señas de sus amas, porque variaban de las antecedentes.

Asombrado estoy, le dije al visitador, de la habilidad y sutileza de las damas de México, que logran explicarse y ser entendidas por medio de los *mimos*. Confieso que no había oído semejante término desde que nací, y ahora, por lo que Vm. lleva dicho, vengo en conocimiento que esta voz corresponde a aquellos movimientos de rostro y manos con que se explican los recién nacidos y los mudos, a quienes entienden los que se hacen tratar con ellos, y es lástima que las señoras limeñas no introduzcan este idioma, para libertarse de gritar tanto en sus casas. Las limeñas, señor inca, son tan hábiles como las mexicanas, y unas y otras tanto como las demás del mundo, pero éstas son servidas de la gente más soez que tiene el género humano, y en particular, por lo que toca a los varones. Los criados en todo el mundo estudian el mejor modo de servir, y aquí la mayor destreza es estudiar en servir poco y mal. La señora más prudente y sufrida se impacienta todos los días tres o cuatro veces, aun criándose desde la cuna entre esta gente, que además de ser grosera por naturaleza, la envilece la forzada servidumbre, mal casi irremediable, si no se toma el arbitrio de negar los muchos socorros que se hacen a españolas y mestizas por una caridad desordenada. Bien sé que las personas de juicio serán de mi dictamen y que con poca reflexión que hicieran las petimetras adoptarían mi pensamiento y no mantendrían un número considerable de hipócritas y holgazanas, sin más título que tener la cara blanca. Ya va dilatada la digresión y es tiempo de volver a nuestro discurso.

La juventud mexicana es tan aplicada a las letras, desde su tierna edad, que excede en mucho a la de Lima. Luego que aprenden a escribir mal y a traducir el latín pero, la ponen en muchos colegios que hay, para que se ejerciten en la ciencia del *ergo*.[30] Todos los colegiales de México asisten a mañana y tarde a la Universidad, y es gusto ver a aquellos colegiales, que van en dos filas, disputar por las calles, y a otros repasar sus lecciones.

En la Universidad se convidan los chiquitos para resumir los silogismos. En los colegios no se ve otro entretenimiento que el del estudio y disputa, y hasta en las puertas de las asesorías y en las barberías no se oye otra cosa que el *concedo majorem, nego minorem, distingo consequens* y *contra ita argumentor*,[31] con todas las demás jergas de que usan los lógicos, de suerte

---

[30]manera irónica de referirse al estudio de la lógica.

[31]lugares comunes de la disposición erudita en latín.

que no hay barrio de toda aquella gran ciudad en donde no se oiga ese ruido, a pesar del que hacen los muchos coches y pregoneros de almanaques, novenas y otros impresos, como asimismo de los que venden dulces y otras golosinas.

De este continuo estudio se aumentan las reumas y fluxiones, más comunes entre la gente que se dedica al estudio y meditación nocturna, y por estas razones los sujetos más aplicados imposibilitan de continuar estas fuertes tareas, desde la edad de cincuenta años en adelante, y menos escribir asuntos de mucha importancia. Ellos mismos han publicado y publican esto, diciendo que sus cabezas están voladas. Cualquiera se lo cree al ver sus aspectos pálidos y descarnados y sus bocas desiertas de dientes y muelas: así sólo hacen composiciones que no necesitan mucha incubación como un sermón o la descripción de unas fiestas, con sus poesías muy chistosas y pinturas que alegran su imaginación. Este, señor inca, ha sido el principio para atribuir a los españoles americanos una debilidad de juicio que ni aun existe en los criollos de México de vida poltrona y valetudinaria. Yo comuniqué a muchos de éstos en México y los hallé de un juicio muy cabal, y muy chistosos en sus conversaciones, y al mismo tiempo advertí que aquella gran población tenía muchos abogados y médicos de trabajo continuo, y la mayor parte criollos de aquella gran ciudad. Por lo menos los abogados necesitan registrar libros, leer procesos, dictar pedimentos y hacer defensas en los reales estados. Para todo esto necesitan fatigar el discurso, como asimismo los médicos, que son los hombres más contemplativos, o a lo menos deben serlo, por lo mismo que son señores de horca y cuchillo. De todo lo dicho se infiere que una parte considerable de los criollos de México conserva la suficiente robustez y fortaleza de celebro para el estudio y meditaciones.

Esto supuesto, señor don Alonso, le repliqué, ¿qué principios tuvo la opinión de que los españoles americanos perdían el juicio a los cincuenta o sesenta años? A que me respondió, que el mismo que tuvo el gran Quevedo[32] para escribir la siguiente copla:

> Deseado he desde niño,
> y antes, si puede ser antes,
> ver un médico sin guantes,
> un abogado lampiño,
> un poeta con aliño
> y un criollo liberal

---

[32]Francisco Quevedo y Villegas (1580-1645), poeta y novelista español.

y no lo digo por mal.

Ni por bien, dijo el visitador, porque en la América, contrayéndome a la sátira contra los criollos, no solamente son liberales, sino pródigos. Es cierto que los peruleros son los más económicos de todos los americanos y aun con todo eso han disipado crecidos caudales en corto tiempo, no solamente en su país, sino en España y otras partes de la Europa, como es notorio.

Nadie ignora el fin de las generosidades de la juventud. Los hombres de juicio, que se mantienen honestamente, son tenidos en todo el mundo por avaros y hombres que se afanan por atesorar. Por lo general éstos, señor inca, no son aquellos avaros de que habla el Evangelio, sino unos hombres muy benéficos al Estado. Estos son los que remedian doncellas, socorren viudas y pobres de obligaciones, y que sostienen los hospitales. Los generosos, a quien celebra el mundo, no son más que unos disipadores de lo que produce, y por lo regular de la industria ajena. Toda su generosidad se reduce a aumentar su tren y a consumirse en cosas vanas, dejando a su familia y descendientes un patrimonio de viento.

Pero, volviendo a nuestro asunto, pregunto yo: ¿Qué agravio se hace a los españoles americanos con decirles que así como se adelanta de ellos el juicio, se desvanecía a los sesenta años de edad, o a los cincuenta, como aseguraron algunos? El señor Feijoo niega que se adelanta el juicio, pero concede que se adelanta la aplicación, que es lo mismo. Asienta que se gradúan muchos criollos de doctores en ambos derechos a la edad de veinte años. Antes de graduarse es natural que hayan sido maestros en las Facultades que estudiaron, como es común en la América, sin ser catedráticos. Es natural que a los treinta años restantes se ocupen en la enseñanza pública y progresos de sus estudios. Si los españoles europeos, y lo mismo digo de las demás naciones, dan principio a los estudios mayores desde la edad de veinte años, en que los americanos ya están graduados, o capaces de graduarse de doctores, es natural que aquéllos, por su más lento estudio, no se puedan graduar hasta la edad de treinta y cinco, hablando de los ingenios comunes, y tampoco puedan servir al orbe literario arriba de veinticinco años, como los criollos treinta, porque de sesenta años en adelante son muy pocos los que se dedican a la enseñanza pública, o porque causa mucha molestia o porque están ocupados en el ministerio secular y eclesiástico. Si los americanos saben tanto a la edad de cincuenta años como los europeos a la de sesenta, y fueron tan útiles por su doctrina y escritos, deben ser más aplaudidos, así como aquel operario que con igual perfección hace una estatua en un día, como otro en dos. Lo cierto es que hay países en que se conserva más que en otras partes la robustez del celebro,[33] y así entre Lima y México hay una gran diferencia. En México, la sequedad y sutilidad de los aires, otros influjos, destemplan el celebro y causan insomnios. Al contrario sucede en Lima, porque sus aires espesos y húmedos fortalecen los celebros, conciliando el sueño, con que dejan las potencias ágiles para continuar la tarea de meditación. Los mexicanos no pueden dejar de debilitarse mucho con los frecuentes baños de agua caliente.

¿Tiene Vm. otra cosa que preguntar, señor inca? Pregunto primeramente, le dije, si Vm. tiene por escandaloso el traje de las mujeres de Lima, y demás de este reino de Perú. Es Vm., me dijo, un pobre diablo de los muchos que hay en este reino y en otras partes del mundo. Los trajes patrios, y de uso común no son escandalosos. Los retratos de las grandes princesas católicas nos dan una idea de las costumbres de los países. Estas grandes señoras son un modelo de la honestidad y, sin embargo, descubren sus brazos hasta el codo, y su garganta y pecho hasta manifestar el principio en que se deposita nuestro primer alimento. El ajuste de su cintura para arriba, lo permite así en los trajes que llaman de corte, porque para los días ordinarios, en que no necesitan lucir sobre su pecho los costosos collares, usan pañuelos de finísimas gasas, que tapan el escotado. Este mismo orden, y aún con más rigor, sigue la grandeza, y a su imitación el pueblo honesto. Las que se exceden en este ceremonial son reputadas por deshonestas y escandalosas, y vituperadas de la gente de juicio. De medio cuerpo abajo, las señoras europeas se visten hasta el tobillo, y solamente las públicas danzarinas visten a media pierna, para manifestar la destreza de su cabriolas, pero tienen la precaución de ponerse calzones de raso liso negro, para no escandalizar al público.

Las señoras limeñas y demás que residen desde Piura a Potosí, y lo mismo digo de la gente plebeya, a excepción de las indias y negras bozales, siguen opuesto orden a las europeas, mexicanas y porteñas, quiero decir, que así como éstas fundan su lucimiento mayor desde el cuello hasta el pecho, y adorno de sus brazos y pulseras, las limeñas ocultan este esplendor con un velo nada transparente en tiempo de calores, y en el de fríos se tapan hasta la cintura con doble embozo, que en la realidad es muy extravangante. Toda su bizarría la fundan en los bajos, desde la liga a la planta del pie. Nada se sabe con certeza del origen de este traje, pero yo creo que quisieron imitar las pinturas que se hacen de los ángeles. Las señoras más formales y honestas en este país descubren la mitad de la caña de su pierna. Las bizarras o cham-

---

[33]cerebro.

beríes toman una andana de rizos, hasta descubrir el principio de la pantorilla, y las que el público tiene por escandalosas, y que en realidad lo son, porque este concepto es suficiente, elevan sus faldellines a media porta, como cortinas imperiales. Estas tratan a las señoras de juicio como señoras de antaño, y a las jóvenes que las imitan, como a opas. Aquéllas que son celebradas de la gente sin juicio, y a éstas las aplauden las personas de honor y talento, y mucho más los hombres y mujeres de virtud.

¿Hay más preguntas, señor inca? Si, señor, le respondí, y no acabaría hasta el día del juicio, si Dios nos diera a Vm. y a mí tanta vida como a Elías y Enoc.[34] Pregunto lo segundo: si en México y Lima, que Vm. reputa por las dos cortes más enfermizas del imperio español americano, ¿viven sus habitantes tantos como en los demás países de su dominio? Digo que sí. ¿Y en qué consiste?, le repliqué yo. A que me respondió que la misma destemplanza de los países obligaba a sus habitantes a hacerlos más cautos en sus alimentos. De México tengo poca práctica, pues aunque estuve en aquel dilatado imperio diez años, y de residencia en México más de cinco, no hice reflexión, porque no la tenía para un asunto de tanta seriedad, pero tengo presente haber comunicado muchos viejos de ambos sexos, de setenta años y de mucho juicio. Llegué a Lima el de 1746, con treinta años cumplidos, y aunque en los primeros cuatro me ocupé en ideas generales y en aquellas fantasías en que se ejercitan los mozos hasta esta edad, reconocí después que en Lima hay tantos viejos y acaso más que en otros países que se reputan por sanos.

He reflexionado que en la América viven más las mujeres que los hombres, en los países insanos. Las que no nacen bajo el signo del Cangrejo mueren regularmente de viejas y mantienen su juicio hasta la edad de ochenta años. Pudiera traer más de veinticuatro ejemplares de mujeres que pasan de ochenta años solamente en esta capital. La señora de quien oyó Vm. hablar esta mañana es de las más ilustres, y aseguran sus hijos, nietos y bisnietos de que está rodeada, que tiene cumplidos ochenta y seis años, y tiene otra hermana mayor en la Encarnación, con fama de mucho juicio y virtud. Ya sé de quién habla Vm., le repliqué, porque se nombró muchas veces en esta casa a la señora N. (No se puede nombrar porque las señoras limeñas, como todas las demás del mundo, no gustan de que se les cuenten sus años hasta después de su muerte.) Esta ilustre señora, en edad tan avanzada, y así como muchas mantiene su juicio, lee y escribe sin anteojos, con mucho acierto, y mantiene una conversación llena de sentencias chistosas, pero como éstas se dirigen al

---

[34]figuras bíblicas.

fin de alabar las costumbres antiguas y reprender las modernas, las gradúan las jóvenes por epidemias de viejas.

No ha muchos años que murió en esta capital un sujeto distinguido, y criollo de Lima, conocido por su antigua nobleza y literatura, y mucho más por su humor jocoso, y en el último período de su vida que discurro sería después de haber cumplido los noventa años, prorrumpió en la idea de vituperar todas las cosas del país y ensalzar las de la península, de tal suerte que un bisnieto le dijo un día que no le faltaba otra cosa que decir que la hostia consagrada de España era mejor que la que se consagraba aquí, a lo que respondió el longevo sin titubear: Sí, bisnieto, porque aquellas hostias son de mejor harina. Respuesta verdaderamente escandalosa si no se tomara en el estilo jocoso con que quiso reprender a su descendiente. Coetáneo al señor Bermúdez, criollo, hubo otro igual caballero de apellido Mendoza, europeo que conservó hasta los últimos instantes de su vida su humor jocoso. Al tiempo de darle la Santa Unción reparó que uno de aquellos monigotillos, que regularmente asisten a los párrocos, miraba con asombro su pálido semblante, ojos hundidos y nariz afilada, y en el mismo instante le hizo un gesto tan formidable, que el muchacho, arrojando la vela sobre la cama, corrió dando unos gritos como si le hubiera querido tragar un espectro. El padre que le ayudaba a bien morir le preguntó poco después si sentía que se moría, y respondió con su voz trémula que, como no se había muerto otra vez, no podía darle razón con formalidad. La gente de poco juicio atribuye a falta de juicio, lo que en realidad es tenerlo muy despejado hasta los últimos instantes de la vida: necedad más o menos.

¿Hay más preguntas, *seor*[35] Cangrejo, que ya me voy enfadando? Sí, señor, porque quiero saber si ha visto Vm. en esta ciudad alguna cosa singular, y que la distinga de las demás que ha visto en los dominios de nuestro Monarca. ¡Raro ofrecimiento! Supongo yo, me dijo, que Vm., el dicho Cangrejo, no querrá saber bagatelas, sino cosas de mucho peso. No, señor. Pues tome Vm. sobre sus hombros estas dos particularidades. La primera es la grandeza de las camas nupciales, y la segunda, de las cunas y ajuares de los recién nacidos en casas opulentas. Las primeras casi son *ad pompam*,[36] y las segundas, *ad usum*.[37] ¿Pues de qué se componen estas camas, cunas y ajua-

---

[35]señor.

[36]para ostentar.

[37]según el uso.

res tan ponderados? A que me respondió que su ropaje era el más exquisito que se tejía en las mejores fábricas de Europa. Colgaduras y rodapiés, a lo menos son de damasco carmesí, guarnecidas de los mejores galones y flecaduras de oro que se hacen en Milán. Las sobrecamas, guarnecidas del mismo modo, son del más rico tisú que se teje en León de Francia. Las sábanas y almohadas son del más fino lienzo que se fabrica en Cambray, guarnecidas de los más delicados y anchos encajes y puntas que tejen en Flandes, a que se agrega un paño grande, igualmente guarnecido, y tan transparente que se divisa por él la grandeza de las almohadas, que por la parte superior apenas tienen una cuarta de holán baptista. La cuna y ajuares del niño son de la misma estofa, sin contar con los dijes para adorno de la criatura, que regularmente son guarnecidos de brillantes, que no regulo más que por un gasto, porque sirven a los demás hijos, a excepción de los que hacen invisibles amas y criadas; de modo que los criollos de casas de mediana opulencia pueden jactarse de que se criaron en mejores pañales que todos los príncipes de la Europa aunque entre el Gran Señor con todo su serrallo.

Yo me alegrara, le dije al visitador, ver esa grandeza y palpar esos encajes y puntas. No será dificultoso el que Vm. vea, pero no le permitirán palpar con esas manos de carbonero, de recelo de una mancha o que les deje algún olor a chuño. Peor es negra, que huele a grajo, y la he visto hacer camas muy ricas. Pero no tanto como éstas, señor Concolorcorvo. Estas las hacen y deshacen señoritas que se mantienen de néctar y ambrosía. ¿Pues cómo, le repliqué yo, he visto a muchas señoras limeñas comer chicharrones, mondongo, chupe de queso, mazamorra y otras cosas que comen mis paisanas? Esas, señor inca, son damas de la Arcadia, que se acomodan al alimento pastoril y bailan al son de los albogues del semicapro dios,[38] pero éstas de que yo hablo son ninfas del Parnaso,[39] presididas del sacro Apolo,[40] que sólo se mantienen, como llevo dicho, de néctar y ambrosía, como los dioses. Sus entretenimientos son elevadas composiciones en prosa y verso, y cuando alguna quiere pasear todo el orbe en una hora, monta en el Pegaso,[41] que siempre está pronto y paciendo alrededor del sacro coro.

---

[38]Pan, en la mitología griega, el dios de los campos y de los bosques; fauno.

[39]en la mitología, el monte donde moraban los dioses.

[40]el dios de la música y de la poesía, entre otros atributos culturales.

[41]el caballo alado de la mitología griega.

El lazarillo de los ciegos caminantes. Edición, prólogo y notas por Emilio Carrilla. Barcelona: Labor, 1973.

JOSE JOAQUIN FERNANDEZ DE LIZARDI
(México; 1776-1927)

El periquillo sarniento

Prólogo, dedicatoria y advertencias a los lectores

Señores míos: Una de las cosas que me presentaba dificultad para dar a luz la VIDA DE PERIQUILLO SARNIENTO era elegir persona quien dedicársela, porque yo he visto infinidad de obras, de poco y mucho mérito, adornadas con sus dedicatorias al principio.

Esta continuación, o esta costumbre continuada, me hizo creer que algo bueno tenía en sí, pues todos los autores procuraban elegir mecenas o patronos a quienes dedicarles sus tareas, creyendo que el hacerlo así no podía menos que granjearles algún provecho.

Me confirmé más en esta idea cuando leí en un librito viejo que ha habido quienes han pactado dedicar una obra a un sujeto, si le daba tanto; otro que dedicó su trabajo a un potentado y después lo consagró a otro con distinto nombre; Tomás Fuller, famoso historiador inglés, que dividía sus obras en muchos tomos, y a cada tomo le solicitaba un magnate; otros que se han dedicado a sí mismos sus producciones, y otros, en fin, que han consentido que el impresor de sus obras se las dedique.

En vista de esto decía yo a un amigo:

—No, mi obra no puede quedarse sin dedicatoria; eso no, viviendo Carlos. ¿Qué dijera de mí el mundo, al ver que mi obrita no tenía al frente un excelentísimo, ilustrísimo, o, por lo menos, un señor usía que la hubiera acogido bajo su protección? Fuera de que no puede menos que tener cuenta el dedicar un libro a algún grande o rico señor; porque ¿quién ha de ser tan sinvergüenza que deje dedicarse una obra; desempolvar los huesos de sus a-buelos; levantar testimonios a sus ascendientes; rastrear sus genealogías; enredarlos con los Pelayos y Guzmanes;[1] mezclar su sangre con la de los re-

---

[1] héroes épicos de España.

yes de Oriente; ponderar su ciencia aun cuando no sepa leer; preconizar sus virtudes, aunque no las conozca; separarlo enteramente de la común masa de los hombres y divinizarlo en un abrir y cerrar de ojos? Y, por último, ¿quién será—repetía yo al amigo—tan indolente, que viéndose lisonjeado a roso y a velloso[2] *ante faciem populi*[3] y no menos que en letras de molde, se maneje con tanta mezquindad que no me costee la impresión, que no me consiga un buen destino, o, cuando todo turbio corra, que no me manifieste su gratitud con una docenita de onzas de oro para una capa, pues no merece menos el ímprobo trabajo de inmortalizar el nombre de un mecenas?

—¿Y a quién piensas dedicar tu obrita?—me preguntó mi amigo.

—A aquel señor que yo considerase se atreviera a costearme la impresión.

—¿Y a cuánto podrán abordar sus costos?—me dijo.

—A cuatro mil y ciento y tantos pesos, por ahí, por ahí.

—¡Santa Bárbara!—exclamó mi amigo, todo azorado—. ¿Una obrita de cuatro tomitos en cuarto cuesta tanto?

—Sí, amigo—le dije—, y ésta es una de las trabas más formidables que han tenido y tendrán los talentos americanos para no lucir, como debieran, en el teatro literario. Los grandes costos que tiene en el reino que gastarse en la impresión de las obras abultadas retraen a muchos de emprenderlas, considerando lo expuestos que están no sólo a no lograr el premio de sus fatigas, sino tal vez a perder hasta su dinero, quedándose inéditas en los estantes muchas preciosidades que darían provecho al público y honor a sus autores. Esta desgracia hace que no haya exportación de ninguna obra impresa aquí; porque haz de cuenta que mi obrita, ya impresa y encuadernada, tiene de costo por lo menos ocho o diez pesos; pues aunque fuera una obra de mérito, ¿cómo había yo de mandar a España un cajón de ejemplares, cuando si aquí es cara, allí lo sería excesivamente? porque si a diez pesos de costos se agregaban otros dos o tres de fletes, derechos y comisión, ya debería valer sobre trece pesos; para ganar algo en este comercio, era preciso vender los ejemplares a quince o dieciséis pesos, y entonces ¿quién la compraría allá?

—¡Válgame Dios!—dijo mi amigo—; ésa es una verdad; pero eso mismo debe retraerte de solicitar mecenas. ¿Quién ha de querer arriesgar su dinero para que imprimas tu obrita? Vamos, no seas tonto, guárdala o quémala, y no pienses en hallar protección, porque primero perderás el juicio. Ya

---

[2]totalmente; sin consideración alguna; sin excepción.
[3]delante de todo el mundo (latín).

parece que veo que gastas el dinero que no tienes en hacer poner en limpio y con mucha curiosidad tus cuadernos; que echas el ojo para dedicarlos al conde M, creyendo que porque es conde, que porque es rico, que porque es liberal, que porque gasta en un coche cuatro mil pesos, en un caballo quinientos, en un baile mil, en un juego cuanto quiere, admitirá benigno tu agasajo, te dará las gracias, te ofrecerá su protección, te facilitará la imprenta, o te dará, cuando menos, una buena galita,[4] como dijiste. Fiado en esto, vas a su casa, rastreas a sus parientes, indagas su origen, buscas en el diccionario de Moreri[5] alguna gran casa que tenga alusión con su apellido, lo encajas en ella quiera que no quiera, levantas mil testimonios a sus padres, lo haces descender de los godos, y le metes en la cabeza que es de sangre real y pariente muy cercano de los *Sigericos, Turismundos, Theudiselos* y *Athanagildos*;[6] a bien que él no los conoció, ni nadie se ha de poner a averiguarlo. Últimamente, y para decirlo de una vez y bien claro, trabajas cuanto puedas para hacerle una *barba* de primera clase; y ya concluida la dedicatoria, vas muy fruncido y se la pones a sus plantas. Entonces el señor, que ve aquel celemín[7] de papel escrito, y que sólo por no leerlo, si se lo mandaran, daría cualquier dinero, se ríe de tu simpleza. Si está de mal humor, o no te permite entrar a verlo, o te echa noramala luego que penetra tu designio; pero si está de buenas, te da las gracias y te dice que hagas lo que quieras de la dedicatoria; pero que los insurgentes... que las guerras y las actuales críticas circunstancias no le permiten serte útil por entonces para nada. Sales tú de allí todo mohíno, pero no desesperado. Vas y acometes con las mismas diligencias al marqués K, y te pasa lo mismo; ocurres al rico G, y te acontece lo propio; solicitas al canónigo T, *ídem*; hasta que cansado de andar por todo el alfabeto, y de trabajar inútilmente mil dedicatorias, te aburres y desesperas, y das con tu pobre trabajo en una tienda de aceite y vinagre. Es gana, hijo; los pobres no debemos ser escritores, ni emprender ninguna tarea que cueste dinero.

Cabizbajo estaba yo oyendo a mi amigo con demasiada confusión y tristeza, y luego que acabó le dije, arrancando un suspiro de lo más escondido de mi pecho:

---

[4]propina.

[5]Louis Moreri (1693-80); su *Gran Diccionario Histórico* apareció en Francia en 1674.

[6]algunas de las figuras históricas que aparecen en el *Diccionario* de Moreri.

[7]una medida de gran cantidad; aquí, un montón.

—¡Ay, hermano de mi alma! Tú me has dado un desengaño, pero al mismo tiempo una gran pesadumbre. Sí, tú me has abierto los ojos estrellándome en ellos una porción de verdades que por desgracias son irrefragables; y lo peor es que todo ello para en que yo pierdo mi trabajo; pues aunque soy limitado y, por lo mismo, de mis tareas no se puede esperar ninguna cosa sublime, sino bastante humilde y trivial, créeme, esta obrita me ha costado algún trabajo, y tanto más cuanto que soy un *chambón* y la he trabajado sin herramienta.

—Esto lo dirás por la falta de libros.

—Por eso lo digo; ya verás que esto ha multiplicado mis afanes; y será buen dolor que después de desvelarme, de andar buscando un libro prestado por allí y otro por acullá, después de tener que consultar esto, que indagar aquello, que escribir, que borrar algo, etc., cuando yo esperaba socorrer de algún modo mis pobrerías con esta obrita, se me quede en el cuerpo por falta de protección... ¡voto a los diablos!, más valía que se me hubieran quedado treinta purgas y veinte lavativas...

—Calla—me dijo mi amigo—,que yo te voy a proponer unos mecenas que seguramente te costearán la impresión.

—¡Ay, hombre! ¿Quiénes son?—preguntéle lleno de gusto.

—Los lectores—me respondió el amigo—. ¿A quiénes con más justicia debes dedicar tus tareas, sino a los que leen las obras a costa de su dinero? Pues ellos son los que costean la impresión, y por lo mismo sus mecenas más seguros. Conque aliéntate, no seas bobo, dedícales a ellos tu trabajo y saldrás del cuidado.

Le di las gracias a mi amigo; él se fue; yo tomé su consejo, y me propuse, desde aquel momento, dedicaros, señores lectores, la VIDA del tan mentado PERIQUILLO SARNIENTO, como lo hago.

Pero a usanza de las dedicatorias y a fuer de lisonjero o agradecido, yo debo tributaros los más dignos elogios, asegurado de que no se ofendará vuestra modestia.

Y entrando al ancho campo de vuestros timbres y virtudes, ¿qué diré de vuestra ilustrísima cuna, sino que es la más antigua y llena de felicidades en su origen, pues descendéis no menos que del primer monarca del universo?

¿Qué diré de vuestras gloriosas hazañas, sino que son tales, que son imponderables e insabibles?

¿Qué, de vuestros títulos y dictados, sino que sois y podéis ser, no sólo tú ni vos, sino usías, ilustrísimos, reverendísimos, excelentísimos y qué sé yo, si eminentísimos, serenísimos, altezas y majestades? Y, en virtud de esto, ¿quién será bastante a ponderar vuestra grandeza y dignidad? ¿Quién elogiará dignamente vuestros méritos? ¿Quién podrá hacer ni aun el diseño de vuestra virtud y vuestra ciencia? ¿Ni quién, por último, podrá numerar los retumbantes apellidos de vuestras ilustres casas, ni las águilas, tigres, leones, perros y gatos que ocupan los cuarteles de vuestras armas?

Muy bien sé que descendéis de un ingrato, y que tenéis relaciones de parentesco con los Caínes fratricidas, con los idólatras Nabucos, con las prostitutas Dalilas, con los sacrílegos Baltasares, con los malditos Canes, con los traidores Judas, con los pérfidos Sinones, con los Cacos ladrones, con los herejes Arrios, y con una multitud de pícaros y pícaras que han vivido y aún viven en el mismo mundo que nosotros.[8]

Sé que acaso seréis, algunos, plebeyos, indios, mulatos, negros, viciosos, tontos y majaderos.

Pero no me toca acordaros nada de esto, cuando trato de captar vuestra benevolencia y afición a la obra que os dedico; ni menos trato de separarme un punto del camino trillado de mis maestros *los dedicadores*, a quienes observo desentenderse de los vicios y defectos de sus mecenas, y acordarse sólo de las virtudes y lustre que tienen para repetírselos y exagerárselos.

Esto so, ¡oh serenísimos lectores, lo que yo hago al dedicaros esta pequeña obrita que os ofrezco como tributo debido a vuestros reales... méritos.

Dignáos, pues, acogerla favorablemente, comprando, cada uno, seis o siete capítulos cada día y suscribiéndoos por cinco o seis ejemplares a lo menos, aunque después os déis a Barrabás[9] por haber empleado vuestro dinero en una cosa tan friona y fastidiosa; aunque me critiquéis de arriba abajo, y aunque hagáis cartuchos o servilletas con los libros; que como costeéis la impresión con algunos polvos de añadidura, jamás me arrepentiré de haber seguido el consejo de mi amigo; antes desde ahora, para entonces y desde entonces para ahora, os escojo y elijo para únicos mecenas y protectores de cuantos mamarrachos escribiere, llenándoos de alabanzas como ahora, y pidiendo a Dios que os guarde muchos años, os dé dinero, y os permita em-

---

[8]Fernández de Lizardi nombra aquí a una serie paradigmática de figuras eponímicos de la cultura tradicional europea y española para designar a gente de baja moral.

[9]el reo que, por aclamación del pueblo, se salvó de la crucifixión para que Jesucristo fuera ajusticiado; símbolo de la ignorancia del vulgo.

plearlo en beneficio de los autores, impresores, papeleros, comerciantes, encuadernadores y demás dependientes de vuestro gusto.

Señores... etc.

Vuestro... etc.

EL PENSADOR

Advertencias generales a los lectores

Estamos entendidos de que no es uso adornar con notas ni textos de esta clase de obras *romancescas*,[10] en las que debe tener más parte la acción que la moralidad explicada, no siendo, además, susceptibles de una frecuente erudición; pero como la idea de nuestro autor no sólo fue contar su vida, sino instruir cuanto pudiera a sus hijos, de ahí es lo que no escasea las digresiones que le parecen oportunas en el discurso de su obra, aunque (a mi parecer) no son muy repetidas, inconexas ni enfadosas.

Yo, coincidiendo con su modo de pensar, y en obsequio de la amistad que le profesé, he procurado ilustrarla con algunas que pienso concurren a su misma intención. Al propio tiempo, para ahorrar a los lectores menos instruidos los tropezones de los latines, como él recuerda, dejo la traducción castellana en su lugar, y unas veces pongo el texto original entre las notas; otras sólo las citas, y algunas veces lo omito enteramente. De manera, que el lector en romance nada tiene que interrumpir con la secuela de la lectura, y el lector latino acaso se agradará de leer lo mismo en su idioma original.

Periquillo, sin embargo de la economía que ofrece, no deja de corroborar sus opiniones con la doctrina de los poetas y filósofos paganos.

En uso de las facultades que él me dio para que corrigiera, quitara o añadiera lo que me pareciera en su obrita, pude haberle suprimido todos los textos y autoridades dichas; pero cuando batallaba con la duda de lo que debía de hacer, leí un párrafo del eruditísimo Jamin[11] que vino a mi propósito, y dice así: "He sacado mis reflexiones de los filósofos profanos, sin omitir tampoco el testimonio de los poetas, persuadido a que el testimonio de éstos... aunque voluptuosos por lo común, establecía la severidad de las costumbres de un modo más fuerte y victorioso que el de los filósofos, de quienes hay

---

[10] escritas en idioma romance, es decir, no en latín.

[11] posiblemente una referencia a Don Nicolas Jamin (1730-82), escritor religioso francés.

motivo de sospechar que sola la vanidad les ha movido a establecer la austeridad de las máximas en el seno de una religión supersticiosa, que al mismo
tiempo lisonjeaba todas las pasiones. En efecto, al oír a un escritor voluptuoso
hablar con elogio de la pureza de las costumbres, se evidenciará que únicamente la fuerza de la verdad ha podido arrancar de su boca tan brillante testimonio".

Hasta aquí el célebre autor citado, en el párrafo XX del prefacio a
su libro titulado *El fruto de mis lecturas*. Ahora digo: si un joven voluptuoso,
o un viejo apelmazado con los vicios, ve estos mismos reprendidos, y las virtudes contrarias elogiadas, no en boca de los anacoretas y padres del yermo,
sino en la de unos hombres sin religión perfecta, sin virtud sólida y sin la luz
del Evangelio, ¿no es preciso que forme un concepto muy ventajoso de las
virtudes morales? ¿No es creíble que se avergüence al ver reprendidos y
ridiculizados sus vicios, no ya por los Pablos, Crisóstomos, Agustinos ni demás
padres y doctores de la Iglesia, sino por los Horacios, Juvenales, Sénecas,
Plutarcos[12] y otros ciegos semejantes del paganismo? Y el amor a la sana
moral, o el aborrecimiento al vicio que produzca el testimonio de los autores
gentiles, ¿no debe ser de un interés recomendable, así para los lectores como
para la misma sociedad? A mí, a lo menos, así me lo parece, y por tanto no
he querido omitir las autoridades de que hablamos.

El prólogo de Periquillo Sarniento

Cuando escribo mi vida, es sólo con la sana intención de que mis
hijos se instruyan en las materias sobre que les hablo.

No quisiera que salieran estos cuadernos de sus manos, y así se los
encargo; pero como no sé si me obedecerán, ni si se les antojará andar pres-
tándolos a éste y al otro, me veo precisado (para que no anden royendo mis
podridos huesos, ni levantándome falsos testimonios) a hacer yo mismo, y sin
fiarme de nadie, una especie de *Prólogo*; porque los prólogos son tapaboca de
los necios y maliciosos, y al mismo tiempo son, como dijo no sé quién, unos
remedios anticipados de los libros, y en virtud de esto digo: que esta obrita

---

[12]Quintus Horatius Flaccus (65-8 a.C.), poeta romano; Lucius Annaeus
Seneca (4 a.c.-65), filósofo, dramaturgo y estadista romano; Decimus Junius
Juvenalis (ca. 60-140), poeta satírico romano; Plutarco (ca. 46-120), biógrafo
e historiador griego.

no es para los sabios, porque éstos no necesitan de mis pobres lecciones; pero sí puede ser útil para algunos muchachos que carezcan, tal vez, de mejores obras en que aprender, o también para algunos jóvenes (o no jóvenes) que sean amigos de leer novelitas y comedias; y como pueden faltarles o no tenerlas a mano algún día, no dejarán de entretenerse y pasar el rato con la lectura de mi vida descarriada.

En ella presento a mis hijos muchos de los escollos en donde más frecuentemente se estrella la mocedad cuando no se sabe dirigir o desprecia los avisos de los pilotos experimentados.

Si les manifiesto mis vicios no es por lisonjearme de haberlos contraído, sino por enseñarles a que los huyan pintándoles su deformidad; y del mismo modo, cuando les refiero tal o cual acción buena que he practicado, no es por granjearme su aplauso, sino por enamorarlos de la virtud.

Por iguales razones expongo a su vista y a su consideración vicios y virtudes de diferentes personas con quienes he tratado, debiendo persuadirse a que casi todos cuantos pasajes refiero son ciertos, y nada tienen de disimulado y fingido sino los nombres, que los he procurado disfrazar por respeto a las familias que hoy viven.

Pero no por esto juzgue ninguno que yo lo retrato; hagan cuenta en hora buena que no ha pasado nada de cuanto digo, y que todo es ficción de mi fantasía; yo les perdonaré de buena gana el que duden de mi verdad, con tal que no me calumnien de su satírico mordaz. Si se halla en mi obrita alguna sátira picante, no es mi intención zaherir con ella más que al vicio, dejando inmunes las personas, según el amigo Marcial[13]

Hunce servare modum nostri novere libelli.
Parecere personis, dicere de vitiis[14]

Así, pues, no hay que pensar que cuando hablo de algún vicio retrato a persona alguna, ni aun con el pensamiento, porque el único que tengo es de que deteste el tal vicio la persona que lo tenga, sea cual fuere, y hasta aquí nada le hallo a esta práctica ni a este deseo de reprensible. Mucho menos que no escribo para todos, sino sólo para mis hijos, que son los que más me interesan, y a quienes tengo obligación de enseñar.

---

[13]Marcus Valerius Martiales (ca. 40-ca. 104), poeta romano, nacido en España.

[14]Nuestros libritos saben conservar este método: salvar a las personas; hablar de los vicios (latin); hay un error en el segundo verso, donde *Parecere* debería ser *Parcere*.

Pero aun cuando todo el mundo lea mi obra, nadie tiene que mosquearse cuando vea pintado el vicio que comete, ni atribuir entonces a malicia mía lo que en la realidad es perversidad suya.

Este modo de criticar o, por mejor decir, de murmurar a los autores, es muy antiguo, y siempre ejercitado por los malos. El Padre San Jerónimo[15] se quejaba de él, por las imposturas de Onaso,[16] a quien decía: *Si yo hablo de los que tienen las narices podridas y hablan gangoso, ¿por qué habéis de reclamar luego y decir que lo he dicho por vos?*

De la misma manera digo: si en esta mi obrita hablo de los *malos* jueces, de los escribanos *criminalistas*, de los abogados *embrolladores*, de los médicos *desaplicados*, de los padres de familia *indolentes*, etc., ¿por qué al momento han de saltar contra mí los jueces, escribanos, letrados, médicos y demás, diciendo que hablo mal de ellos o de sus facultades? Eso será una injusticia y una bobería, pues al que se queja algo le duele, y en este caso, mejor es no darse por entendido, que acusarse, sin que haya quien le pregunte por el pie de que cojea.

Comencé al principio a mezclar en mi obrita algunas sentencias y versos latinos; y sin embargo de que los doy traducidos a nuestro idioma, he procurado economizarlos en lo restante de mi dicha obra; porque pregunté sobre esto al señor Muratori,[17] y me dijo que los latines son los tropezones de los libros para los que no los entienden.

El método y el estilo que observo en lo que escribo es el mío natural y el que menos trabajo me ha costado, satisfecho de que la mejor elocuencia es la que más persuade, y la que se conforma más naturalmente con la clase de la obra que se trabaja.

No dudo que así por mi escaso talento, como por haber escrito casi *currente cálamo*,[18] abundará la presente en mil defectos, que darán materia para ejercitarse la crítica menos escrupulosa. Si así fuere, yo prometo escuchar a los sabios con resignación, agradeciéndoles sus lecciones a pesar de mi amor propio, que no quisiera dar obra alguna que no mereciera las más generales alabanzas; aunque me endulza este sinsabor saber que pocas obras habrá en

---

[15](ca. 340-420), erudito eclesiástico quien preparó el *Vulgato*, la traducción de la Biblia al latín.

[16]referencia desconocida.

[17]posiblemente una referencia a Antonio Ludovico Muratori (1672-1750), intelectual italiano y autor de muchos libros en latín.

[18]a vuela pluma.

el orbe literario que carezcan de lunares en medio de sus más resplandecientes bellezas. En el astro más luminoso que nos vivifica, encuentran manchas los astrónomos.

En fin, tengo un consuelo, y es que mis escritos precisamente agradarán a mis hijos, para quienes, en primer lugar, los trabajé, si a los demás no les acomodare, sentiré que la obra no corresponda a mis deseos, pudiendo decir a cada uno de mis lectores lo que Ovidio[19] a su amigo Pisón: "Si mis escritos no merecen tu alabanza, a lo menos yo quise que fueran dignos de ella. De esta buena intención me lisonjeo, que no de mi obra".

Quod si digna tua minus est mea lagina laude
At coluisse sat est: animum, non carmina, jacto.[20]

VIDA Y HECHOS DE PERIQUILLO SARNIENTO, ESCRITA POR EL PARA SUS HIJOS

CAPÍTULO I

COMIENZA PERIQUILLO ESCRIBIENDO EL MOTIVO QUE TUVO PARA DEJAR A SUS HIJOS ESTOS CUADERNOS, Y DA RAZON DE SUS PADRES, PATRIA, NACIMIENTO Y DEMAS OCURRENCIAS DE SU INFANCIA

Postrado en una cama muchos meses hace, batallando con los médicos y enfermedades, y esperando con resignación el día en que, cumplido el orden de la divina Providencia, hayáis de cerrar mis ojos, queridos hijos míos, he pensado dejaros escritos los nada raros sucesos de mi vida, para que os sepáis guardar y precaver de muchos de los peligros que amenazan y aun lastiman al hombre en el discurso de sus días.

Deseo que en esta lectura aprendáis a desechar muchos errores que notaréis admitidos por mí y por otros, y que, prevenidos con mis lecciones, no os expongáis a sufrir los malos tratamientos que yo he sufrido por mi culpa; satisfechos de que mejor es aprovechar el desengaño en las cabezas ajenas que en la propia.

---

[19]Publius Ovidius Naso (43 a.C.-ca. 17), poeta romano.
[20]el latín original de la cita precedente de Ovidio.

Os suplico encarecidamente que no os escandalicéis con los extravíos de mi mocedad, que os contaré sin rebozo y con bastante confusión; pues mi deseo es instruiros y alejaros de los escollos donde tantas veces se estrelló mi juventud, y a cuyo mismo peligro quedáis expuestos.

No creáis que la lectura de mi vida os será demasiado fastidiosa, pues como yo sé bien que la variedad deleita el entendimiento, procuraré evitar aquella monotonía o igualdad de estilo, que regularmente enfada a los lectores. Así es que unas veces me advertiréis tan serio y sentencioso como un Catón,[21] y otras tan trivial y bufón como un Bertoldo.[22] Ya leeréis en mis discursos retazos de erudición y rasgos de elocuencia; y ya veréis seguido un estilo popular mezclado con los refranes y *paparruchadas*[23] del vulgo.

También os prometo que todo esto será sin afectación ni pedantismo, sino según me ocurra a la memoria, de donde pasará luego al papel, cuyo método me parece el más análogo con nuestra natural veleidad.

Ultimamente, os mando y encargo, que estos cuadernos no salgan de vuestras manos, porque no se hagan el objeto de la maledicencia de los necios o de los inmorales; pero si tenéis la debilidad de prestarlos alguna vez, os suplico no los prestéis a esos señores, ni a las viejas hipócritas, ni a los curas interesables y que saben hacer negocio con sus feligreses vivos y muertos, ni a los médicos y abogados chapuceros, ni a los escribanos, agentes, relatores y procuradores ladrones, ni a los comerciantes usureros, ni a los albaceas herederos, ni a los padres y madres indolentes en la educación de su familia, ni a las beatas necias y supersticiosas, ni a los jueces venales, ni a los corchetes pícaros, ni a los alcaides tiranos, ni a los poetas y escritores remendones como yo, ni a los oficiales de la guerra y soldados fanfarrones hazañeros, ni a los ricos avaros, necios, soberbios y tiranos de los hombres, ni a los pobres que lo son por flojera, inutilidad o mala conducta, ni a los mendigos fingidos; ni los prestéis tampoco a las muchachas que se alquilan, ni a las mozas que se corren, ni a las viejas que se afeitan, ni... pero va larga esta lista. Basta deciros que no los prestéis ni por un minuto a ninguno de cuantos advirtiereis que les tocan las generales en lo que leyeren; pues sin embargo de lo que asiento en mi prólogo, al momento que vean sus interiores retrados por mi pluma, y a punto que lean alguna opinión, que para ellos sea nueva o no conforme con sus extraviadas o depravadas ideas, a ese mismo instante me califica-

---

[21]Marcus Porcius Cato (95-46 a.C.), filósofo y estadista romano.
[22]referencia desconocida.
[23]paparruchas.

rán de un necio, harán que se escandalizan de mis discursos, y aun habrá quien pretenda quizá que soy hereje, y tratará de delatarme por tal, aunque ya esté convertido en polvo. ¡Tanta es la fuerza de la malicia, de la preocupación o de la ignorancia!

Por tanto, o leed para vosotros solos mis cuadernos, o en caso de prestarlos sea únicamente a los verdaderos hombres de bien, pues éstos, aunque como frágiles yerren o hayan errado, conocerán el peso de la verdad sin darse por agraviados, advirtiendo que no hablo con ninguno determinadamente, sino con todos los que traspasan los límites de la justicia; mas a los primeros (si al fin leyeren mi obra), cuando se incomoden o se burlen de ella, podréis decirles, con satisfacción de que quedarán corridos: "¿De qué te alteras? ¿Qué mofas, si con distinto nombre de ti habla la vida de este hombre desarreglado?"[24]

Hijos míos, después de mi muerte leeréis por primera vez estos escritos. Dirigid entonces vuestros votos por mí al trono de las misericordias; escarmentad en mis locuras; no os dejéis seducir por las falsedades de los hombres; aprended las máximas que os enseño, acordándoos que las aprendí a costa de muy dolorosas experiencias; jamás alabéis mi obra, pues ha tenido más parte en ella el deseo de aprovecharos; y empapados en estas consideraciones, comenzad a leer.

MI PATRIA, PADRES, NACIMIENTO Y PRIMERA EDUCACION

Nací en México, capital de la América Septentrional, en la Nueva España. Ningunos elogios serían bastantes en mi boca para dedicarlos a mi cara patria; pero por serlo, ningunos más sospechosos. Los que la habitan y los extranjeros que la han visto pueden hacer su panegírico más creíble, pues no tienen el estorbo de la parcialidad, cuyo lente de aumento puede a veces disfrazar los defectos, o poner en grande las ventajas de la patria aun a los mismos naturales; y así, dejando la descripción de México para los curiosos imparciales, digo: que nací en esta rica y populosa ciudad por los años de 1771 a 73, de unos padres no opulentos, pero no constituidos en la miseria; al mismo tiempo que eran de una limpia sangre, la hacían lucir y conocer por

---

[24]Quid rides? Mutato nomine, de te fabella narratur. Nota de Fernández de Lizardi.

su virtud. ¡Oh, si siempre los hijos siguieran constantemente los buenos ejemplos de sus padres!

Luego que nací, después de las lavadas y demás diligencias de aquella hora, mis tías, mis abuelas y otras viejas del antiguo cuño querían amarrarme las manos, y fajarme o liarme como un cohete, alegando que si me las dejaban sueltas, estaba yo propenso a espantarme, a ser muy *manilargo* de grande, y por último, y como la razón de más peso y el argumento más incontrastable, decían que éste era el modo con que a ellas las habían criado, y que por tanto era el mejor y el que se debía seguir como más seguro, sin meterse a disputar para nada del asunto, porque los viejos eran en todo más sabios que los del día, y pues ellos amarraban las manos a sus hijos, se debía seguir su ejemplo a ojos cerrados.

A seguida sacaron de un canastito una cincha de listón que llamaban *faja de dijes*, guarnecida con *manitas de azabache*, el *ojo del venado*, *colmillo de caimán* y otras baratijas de esta clase, dizque para engalarme con estas religias del supersticioso paganismo el mismo día que se había señalado para que en boca de mis padrinos fuera yo a profesar la fe y santa religión de Jesucristo.

¡Válgame Dios, cuánto tuvo mi padre que batallar con las preocupaciones de las benditas viejas! ¡Cuánta saliva no gastó para hacerles ver que era una quimera y un absurdo pernicioso el liar y atar las manos a las criaturas! ¡Y qué trabajo no le costó persuadir a estas ancianas inocentes a que el azabache, el hueso, la piedra, ni otros amuletos de ésta ni ninguna clase, no tienen virtud alguna contra el aire, rabia, mal de ojos, y semejantes faramallas!

Así me lo contó su merced muchas veces, como también el triunfo que logró de todas ellas, que a fuerza o de grado accedieron a no aprisionarme, a no adornarme sino con un rosario, la santa cruz, un relicario y los cuatro evangelios, y luego se trató de bautizarme.

Mis padres ya habían citado los padrinos, y no pobres, sencillamente persuadidos a que en el caso de orfandad me servirían de apoyo.

Tenían los pobres viejos menos conocimiento de mundo que el que yo he adquirido, pues tengo muy profunda experiencia de que los más de los padrinos no saben las obligaciones que contraen respecto a los ahijados, y así creen que hacen mucho con darles medio real cuando los ven, y si sus padres mueren, se acuerdan de ellos como si nunca los hubieran visto. Bien es verdad que hay algunos padrinos que cumplen con su obligación exactamente, y aun se anticipan a sus propios padres en proteger y educar a sus ahijados. ¡Gloria eterna a semejantes padrinos!

En efecto, los míos, ricos, me sirvieron tanto como si jamás me hubieran visto; bastante motivo para que no me vuelva a acordar de ellos. Ciertamente que fueron tan mezquinos, indolentes y mentecatos, que por lo que toca a lo poco o nada que les debí ni de chico ni de grande, parece que mis padres lo fueron a escoger de los más miserables del hospicio de pobres. Reniego de semejantes padrinos, y más reniego de los padres que, *haciendo comercio del Sacramento del bautismo*, no solicitan padrinos virtuosos y honrados, sino que posponen éstos a los compadres ricos o de rango, o ya por el rastrero interés de que les den alguna friolera a la hora del bautismo, o ya neciamente confiados en que quizá, pues, por una contingencia o extravagancia del orden o desorden común, serán útiles a sus hijos después de sus días. Perdonad, pedazos míos, estas digresiones que rebosan naturalmente de mi pluma, y no serán muy de tarde en tarde en el discurso de mi obra.

Bautizáronme, por fin, y pusiéronme por nombre—Pedro, llevando después, como es uso, el apellido de mi padre, que era *Sarmiento*.

Mi madre era bonita, y mi padre la amaba con extremo; con esto y con la persuasión de mis discretas tías, se determinó *nemine discrepante*,[25] a darme nodriza, o chichigua como acá decimos.

¡Ay, hijos! Si os casareis algún día y tuviereis sucesión, no la encomendéis a los cuidados mercenarios de esta clase de gentes: lo uno, porque regularmente son abandonadas y al menor descuido son causas de que se enfermen los niños, pues como no los aman y sólo los alimentan por su mercernario interés, no se guardan de hacer cóleras, de comer mil cosas que dañan su salud, y de consiguiente la de las criaturas que se les confían, ni de cometer otros excesos perjudiciales, que no digo por no ofender vuestra modestia; y lo otro, porque es una cosa que escandaliza a la naturaleza que una madre racional haga lo que no hace una burra, una gata, una perra, ni ninguna hembra puramente animal y destituida de razón.

¿Cuál de éstas fía el cuidado de sus hijos a otro bruto, ni aun al hombre mismo? ¿Y el hombre dotado de razón ha de atropellar las leyes de la naturaleza, y abandonar a sus hijos en los brazos alquilados de cualquier india, negra o blanca, sana o enferma, de buenas o depravadas costumbres, puesto que en teniendo leche de nada más se informan los padres, con escándalo de la perra, de la gata, de la burra y de todas las madres irracionales?

¡Ah! Si estas pobres criaturas de quienes hablo tuvieran sindéresis, al instante que se vieran las inocentes abandonadas de sus madres, cómo

---

[25]sin oposición (latín).

dirían llenas de dolor y entusiasmo: "Mujeres crueles, ¿por qué tenéis el descaro y la insolencia de llamaros madres? ¿Conocéis, acaso, la alta dignidad de una madre? ¿Sabéis las señales que la caracterizan? ¿Habéis atendido alguna vez a los afines que le cuesta a una gallina la conservación de sus pollitos? ¡Ah! No. Vosotros nos concebisteis por apetito, nos paristeis por necesidad, nos llamáis hijos por costumbre, nos acariciáis tal cual vez por cumplimiento, y nos abandonáis por un demasiado amor propio o por una execrable lujuria. Sí, nos avergonzamos de decirlo; pero señalad con verdad, si os atrevéis, la causa por qué os somos fastidiosos. A excepción de un caso gravísimo en que se interese vuestra salud, y cuya certidumbre es preciso que la autorice un médico sabio, virtuoso y no forjado a vuestro gusto, decidnos: ¿Os mueven a este abandono otros motivos más paliados que el de no enfermaros y aniquilar vuestra hermosura? Ciertamente no son otros vuestros criminales pretextos, madres crueles, indignas de tan amable nombre; ya conocemos el amor que nos tenéis, ya sabemos que nos sufristeis en vuestro vientre por la fuerza, y ya nos juzgamos desobligados del precepto de la gratitud, pues apenas nos arrojáis en los brazos de una extraña, cosa que no hace el bruto más atroz". Así se produjeron estos pobrecillos si tuvieran expeditos los usos de la razón y de la lengua.

Quedé, pues, encomendado al cuidado o descuido de mi *chichigua*, quien seguramente carecía de buen natural, esto es, de un espíritu bien formado; porque si es cierto que los primeros alimentos que nos nutren nos hacen adquirir alguna propiedad de quien nos los ministra, de suerte que el niño a quien ha criado una cabra no será mucho que salga demasiado travieso y saltador, como se ha visto; si es cierto esto, digo: que mi primera nodriza era de un genio maldito, según que yo salí de mal intencionado, y mucho más cuando no fue una sola la que me dio sus pechos, sino hoy una, mañana otra, pasado mañana otra, y todas, o las más, a cual peores: porque la que no era borracha, era golosa; la que no era golosa, estaba gálica; la que no tenía este mal, tenía otro; y la que estaba sana, de repente resultaba encinta, y esto era por lo que tocaba a las enfermedades del cuerpo, que por lo que toca a las del espíritu, rara sería la que estaría aliviada. Si las madres advirtieran, a lo menos, estas resultas de su abandono, quizá no fueran tan indolentes con sus hijos.

No sólo consiguieron mis padres hacerme un mal genio con su abandono, sino también enfermizo con su cuidado. Mis nodrizas comenzaron a debilitar mi salud, y hacerme resabido, soberbio e impertinente con sus desarreglos y descuidos, y mis padres la acabaron de destruir con su prolijo y mal entendido cuidado y cariño; porque luego que me quitaron el pecho, que no costó poco trabajo, se trató de criarme demasiado regalón y delicado, pero siempre sin dirección ni tino.

Es menester que sepáis, hijos míos (por si no os lo he dicho), que mi padre era de mucho juicio, nada vulgar, y por lo mismo se oponía a todas las candideces de mi madre; pero algunas veces, por no decir las más flaqueaba en cuanto la veía afligirse o incomodarse demasiado, y ésta fue la causa porque yo me crié entre bien y mal, no sólo con perjuicio de mi educación moral, sino también de mi constitución física.

Bastaba que yo manifestara deseo de alguna cosa, para que mi madre hiciera por ponérmela en las manos, aunque fuera injustamente. Supongamos: quería yo su rosario, el dedal con que cosía, un dulcecito que otro niño de casa tuviera en la mano, o cosa semejante, se me había de dar en el instante, y cuenta como se me negaba, porque aturdía yo el barrio a gritos; y como me enseñaron a darme cuanto gusto quería, porque no llorara, yo lloraba por cuanto se me antojaba para que se me diera pronto.

Si alguna criada me incomodaba, hacía mi madre que la castigaba, como para satisfacerme, y esto no era otra cosa que enseñarme a ser soberbio y vengativo.

Me daban de comer cuanto quería, indistintamente a todas horas, sin orden ni regla en la cantidad y calidad de los alimentos, y con tan bonito método lograron verme dentro de pocos meses cursiento, barrigón y descolorido.

Yo, a más de esto, dormía hasta las quinientas, y cuando me despertaban, me vestían y envolvían como un tamal de pies a cabeza; de manera que, según me contaron, yo jamás me levantaba de la cama sin zapatos, ni salía del *jonuco*[26] sin la cabeza entrapajada.[27] A más de esto, aunque mis padres eran pobres, no tanto que carecieran de proporciones para no tener sus vidrieritas; teníanlas en efecto, y yo no era dueño de salir al corredor o al balcón sino por un raro accidente, y eso ya entrado el día. Me economizaban los baños terriblemente, y cuando me bañaban por campanada de vacante, era en la recámara muy abrigada y con una agua bien caliente.

De esta suerte fue mi primera educación física; ¿y qué podía resultar de la observación de tantas preocupaciones juntas, sino el criarme demasiado débil y enfermizo? Como jamás, o pocas veces, me franqueaban el aire, ni mi cuerpo estaba acostumbrado a recibir sus saludables impresiones, al menor

---

[26]chiribitil, covacha.
[27]cubierta, como con un trapo.

descuido las extrañaba mi naturaleza, y ya a los dos y tres años padecía catarros y constipados con frecuencia, lo que me hizo medio raquítico. ¡Ah!, no saben las madres el daño que hacen a sus hijos con semejante método de vida. Se debe acostumbrar a los niños a comer lo menos que puedan, y alimentos de fácil digestión proporcionados a la tierna elasticidad de sus estómagos; deben familiarizarlos con el aire y demás intemperies, hacerlos levantar a una hora regular, andar descalzos, con la cabeza sin pañuelos ni aforros, vestir sin ligaduras para que sus fluidos corran sin embarazo, dejarlos travesear cuanto quieran, y siempre que se pueda al aire fresco, para que se agiliten y robustezcan sus nerviecillos, y por fin, hacerlos bañar con frecuencia, y si es posible en agua fría, o cuando no, tibia y quebrantada, como dicen. Es increíble el beneficio que resultaría a los niños con este plan de vida. Todos los médicos sabios lo encargan, y en México ya lo vemos observado por muchos señores de proporciones y despreocupados, y ya notamos en las calles multitud de niños de ambos sexos vestidos muy sencillamente, con sus cabecitas al aire, y sin más abrigo en las piernas que el túnico o pantaloncito flojo. ¡Quiera Dios que se haga general esta moda para que las criaturas logren ser hombres robustos y útiles por esta parte a la sociedad!

Otra candidez tuvo la pobrecita de mi madre, y fue llenarme la fantasía de *cocos, viejos y macacos*, con cuyos extravagantes nombres me intimidaba cuando estaba enojada y yo no quería callar, dormir o cosa semejante. Esta corruptela me formó un espíritu cobarde y afeminado, de manera que aún ya de ocho o diez años, yo no podía oír un ruidito a medianoche sin espantarme, ni ver un bulto que no distinguiera, ni un entierro, ni entrar en un cuarto oscuro, porque todo me llenaba de pavor; y aunque no creía entonces en el *coco*, pero sí estaba persuadido de que los muertos se aparecían a los vivos cada rato, que los diablos salían a rasguñarnos y apretarnos el pescuezo con la cola cada vez que estaban para ello, que había bultos que se nos echaban encima, que andaban las ánimas en pena mendigando nuestros sufragios, y creía otras majaderías de esta clase más que los artículos de la fe. ¡Gracias a un puñado de viejas necias que, o ya en clase de criadas o de visitas, procuraban entretener al niño con cuentos de sus espantos, visiones y apariciones intolerables. ¡Ah, qué daño me hicieron estas viejas! ¡De cuántas supersticiones llenaron mi cabeza! ¿Qué concepto tan injurioso formé entonces de la divinidad, y cuán ventajoso y respetable hacia los diablos y los muertos! Si os casareis, hijos míos no permitáis a los vuestros que se familiaricen con estas viejas supersticiosas, a quienes yo vea quemadas con todas sus fábulas y embelecos en mis días; ni les permitáis tampoco las pláticas y sociedades con gente idiota, pues lejos de enseñarles alguna cosa de provecho, los imbuirán en mil errores y necedades que se pegan a nuestra imaginación más que unas garrapatas, pues en la edad pueril aprenden los niños lo bueno y lo malo con la mayor tenacidad, y en la adulta, tal vez no bastan ni los libros ni los sabios para desimpresionarlos de aquellos primeros errores con que se nutrió su espíritu.

De aquí proviene que todos los días vemos hombres en quienes respetamos alguna autoridad o carácter, y en quienes reconocemos bastante talento y estudio; y sin embargo, los notamos caprichosamente adheridos a ciertas vulgaridades ridículas, y lo peor es que están más aferrados a ellas que el codicioso Creso[28] a sus tesoros; y así suelen morir abrazados con sus envejecidas ignorancias; siendo esto como natural, pues, como dijo Horacio: *La vasija guarda por mucho tiempo el olor del primer aroma en que se infurtió*[29] *cuando nueva.*

Mi padre era, como he dicho, un hombre muy juicioso y muy prudente; siempre se incomodaba con estas boberías; era demasiadamente opuesto a ellas; pero amaba a mi madre con extremo, y este excesivo amor era causa de que por no darle pesadumbre, sufriera y tolerara, a su pesar, casi todas sus extravagantes ideas, y permitiera, sin mala intención, que mi madre y mis tías se conjuraran en mi daño. ¡Válgame Dios, y qué consentido y mal criado me educaron! ¿A mí negarme lo que pedía, aunque fuera una cosa ilícita en mi edad o perniciosa a mi salud? Era imposible. ¿Reñirme por mis primeras groserías? De ningún modo. ¿Refrenar los ímpetus primeros de mis pasiones? Nunca. Todo lo contrario. Mis venganzas, mis glotonerías, mis necedades y todas mis boberías pasaban por gracias propias de la edad, como si la edad primera no fuera la más propia para imprimirnos las ideas de la virtud y del honor.

Todos disculpaban mis extravíos y canonizaban mis toscos errores con la antigua y mal repetida cantinela de: *déjelo usted; es niño; es propio de su edad; no sabe lo que hace. ¿Cómo ha de comenzar por donde nosotros acabamos?*, y otras tonterías de este jaez, con cuyas indulgencias me pervertía más mi madre; y mi padre tenía que ceder a su impertinente cariño. ¡Qué mal hacen los hombres que se dejan dominar de sus mujeres, especialmente acerca de la crianza o educación de sus hijos

---

[28]rey del siglo seis a.C. de legendaria riqueza.

[29]del que se compenetró.

Finalmente, así viví en mi casa los seis años primeros que vi el mundo. Es decir, viví como un mero animal, sin saber lo que me importaba saber y no ignorando mucho de lo que me convenía ignorar.

Llegó, por fin, el plazo de separarme de casa por algunos ratos; quiero decir, me pusieron en la escuela, y en ella ni logré saber lo que debía, y supe, como siempre, lo que nunca había de haber sabido, y todo esto por la irreflexiva disposición de mi querida madre; pero los acontecimientos de esa época, os los escribiré en el capítulo siguiente.

El Periquillo Sarniento. Bercelona: Ramón Sopena Editor, 1933.

ANDRES BELLO (Venezuela; 1781-1865)

Gramática castellana

"Prólogo"

Aunque en esta Gramática hubiera deseado no desviarme de la no-menclatura y explicaciones usuales, hay puntos en que me ha parecido que las prácticas de la lengua castellana podían representarse de un modo más completo y exacto. Lectores habrá que califiquen de caprichosas las alteraciones que en esos puntos he introducido, o que las imputen a una pretensión extravagante de decir cosas nuevas: las razones que alego probarán, a lo menos, que no las he adoptado sino después de un maduro examen. Pero la prevención más desfavorable, por el imperio que tiene aun sobre personas bastante instruidas, es la de aquellos que se figuran en la gramática las definiciones inadecuadas, las clasificaciones mal hechas, los conceptos falsos, carecen de inconveniente, siempre que por otra parte se expongan con fidelidad las reglas a que se conforma el buen uso. Yo creo con todo, que esas dos cosas son inconciliables; que el uso no puede exponerse con exactitud y fidelidad sino analizando, desenvolviendo los principios verdaderos que lo dirigen; que una lógica severa es indispensable requisito de toda enseñanza; y que en el primer ensayo que el entendimiento hace de sí mismo es en el que más importa no acostumbrarle a pagarse de meras palabras.

El habla de un pueblo es un sistema artificial de signos, que bajo muchos respectos se diferencia de los otros sistemas de la misma especie: de que se sigue que cada lengua tiene su teoría particular, su gramática. No debemos, pues, aplicar indistintamente a un idioma los principios, los terminos, las analogías en que se resumen bien o mal las prácticas de otro. Esta misma palabra *idioma*[1] está diciendo que cada lengua tiene su genio, su fisionomía, sus giros; y mal desempeñaría su oficio el gramático que explicando la suya se limitara a lo que ella tuviese de común con otra, o (todavía peor)

---

[1] En griego *peculiaridad, naturaleza propia, índole característica*. Nota de Bello.

que supusiera semejanzas donde no hubiese más que diferencias, y diferencias importantes, radicales. Una cosa es la gramática general, y otra la gramática de un idioma dado: una cosa comparar entre sí dos idiomas, y otra considerar un idioma como es en sí mismo. ¿Se trata, por ejemplo, de la conjugación del verbo en castellano? Es preciso enumerar las formas que toma, y los significados y usos de cada forma, como si no hubiese en el mundo otra lengua que la castellana; posición forzada respecto del niño, a quien se exponen las reglas de la sola lengua que está a su alcance, la lengua nativa. Este es el punto de vista en que he procurado colocarme, y en el que ruego a las personas inteligentes, a cuyo juicio someto mi trabajo, que procuren también colocarse, descartando, sobre todo, las reminiscencias del idioma latino.

En España, como en otros países de Europa, una admiración excesiva a la lengua y literatura de los romanos dio un tipo latino a casi todas las producciones del ingenio. Era ésta una tendencia natural de los espíritus en la época de la restauración de las letras. La mitología pagana siguió suministrando imágenes y símbolos al poeta; y el período ciceroniano fue la norma de la elocución para los escritores elegantes. No era, pues, de extrañar que se sacasen del latín la nomenclatura y los cánones gramaticales de nuestro romance.

Si como fue el latín el tipo ideal de los gramáticos, las circunstancias hubiesen dado esta preeminencia al griego, hubiéramos probablemente contado cinco casos en nuestra declinación en lugar de seis, nuestros verbos hubieran tenido no sólo voz pasiva, sino voz media, y no habrían faltado aoristos y paulo-post-futuros en la conjugación castellana.[2]

Obedecen, sin duda, los signos del pensamiento a ciertas leyes generales, que derivadas de aquellas a que está sujeto el pensamiento mismo, dominan a todas las lenguas y constituyen una gramática universal. Pero si se exceptúa la resolución del razonamiento en proposiciones, y de la proposición en sujeto y atributo; la existencia del sustantivo para expresar directamente los objetos, la del verbo para indicar los atributos y la de otras palabras que modifiquen y determinen a los sustantivos y verbos a fin de que, con un número limitado de unos y otros, puedan designarse todos los objetos posibles, no sólo reales sino intelectuales, y todos los atributos que percibamos o imaginemos en ellos; si exceptuamos esta armazón fundamental de las lenguas, no

---

[2]Las declinaciones de los latinizantes me recuerdan el proceder artístico del *pintor de hogaño*, que, por parecerse a los antiguos maestros, ponía golilla y ropilla a los personajes que retrataba. Nota de Bello.

veo nada que estemos obligados a reconocer como ley universal de que a ninguna sea dado eximirse. El número de las partes de la oración pudiera ser mayor o menor de lo que es en latín o en las lenguas romances. El verbo pudiera tener géneros y el nombre tiempos. ¿Qué cosa más natural que la concordancia del verbo con el sujeto? Pues bien; en griego era no sólo permitido sin usual concertar el plural de los nombres neutros con el singular de los verbos. En el entendimiento dos negaciones se destruyen necesariamente una a otra, y así es también casi siempre en el habla; sin que por eso deje de haber en castellano circunstancias en que dos negaciones no afirman. No debemos, pues, trasladar ligeramente las afecciones de las ideas a los accidentes de las palabras. Se ha errado no poco la filosofía suponiendo a la lengua un trasunto fiel del pensamiento; y esta misma exagerada suposición ha extraviado a la gramática en dirección contraria; unos argüían de la copia al original; otros del original a la copia. En el lenguaje lo convencional y arbitrario abraza mucho más de lo que comúnmente se piensa. Es imposible que las creencias, los caprichos de la imaginación, y mil asociaciones casuales, no produjesen una grandísima discrepancia en los medios de que se valen las lenguas para manifestar lo que pasa en el alma; discrepancia que va siendo mayor y mayor a medida que se apartan de su común origen.

Estoy dispuesto a oír con docilidad las objeciones que se hagan a lo que en esta gramática pareciere nuevo; aunque, si bien se mira, se hallará que en eso mismo algunas veces no innovo, sino restauro. La idea, por ejemplo, que yo doy de los casos en la declinación, es la antigua y genuina; y en atribuir la naturaleza de sustantivo al infinitivo, no hago más que desenvolver una idea perfectamente enunciada en Prisciano: «Vim nominis habet verbum infinitum; dico enim *bonum est legere*, ut si dican *bona est lectio*.»[3] No he querido, sin embargo, apoyarme en autoridades, porque para mí la sola irrecusable en lo tocante a una lengua es la lengua misma. Yo no me creo autorizado para dividir lo que ella constantemente une, ni para identificar lo que ella distingue. No miro las analogías de otros idiomas sino como pruebas accesorias. Acepto las prácticas como la lengua las presenta; sin imaginarias elipsis, sin otras explicaciones que las que se reducen a ilustrar el uso por el uso.

Tal ha sido mi lógica. En cuanto a los auxilios de que he procurado aprovecharme, debo citar especialmente las obras de la Academia española

---

[3]gramático latino del siglo VI.

y la gramática de D. Vicente Salvá.[4] He mirado esta última como el depósito
más copioso de los modos de decir castellanos; como un libro que ninguno de
los que aspiran a hablar y escribir correctamente nuestra lengua nativa debe
dispensarse de leer y consultar a menudo. Soy también deudor de algunas
ideas al ingenioso y docto D. Juan Antonio Puigblanch en las materias filoló-
gicas que toca por incidencia en sus Opúsculos.[5] Ni fuera justo olvidar a Garcés,[6] cuyo libro, aunque solo se considere como un glosario de voces y frases
castellanas de los mejores tiempos, ilustradas con oportunos ejemplos, no creo
que merezca el desdén con que hoy se le trata.

Después de un trabajo tan importante como el de Salvá, lo único que
me parecía echarse de menos era una teoría que exhibiese el sistema de la
lengua en la generación y uso de sus inflexiones y en la estructura de sus
oraciones, desembarazado de ciertas tradiciones latinas que de ninguna manera le cuadran. Pero cuando digo *teoría* no se crea que trato de especulaciones
metafísicas. El señor Salvá reprueba con razón aquellas abstracciones ideológi-
cas que, como las de un autor que cita, se alegan para legitimar lo que el uso
proscribe. Yo huyo de ellas, no sólo cuando contradicen al uso, sino cuando
se remontan sobre la mera práctica del lenguaje. La filosofía de la gramática
la reduciría yo a representar el uso bajo las fórmulas en otros procederes intelectuales que los que real y verdaderamente guían al uso, es un lujo que la
gramática no ha menester. Pero los procederes intelectuales que real y verdaderamente le guían, o en otros términos, el valor preciso de las inflexiones y
las combinaciones de las palabras, es un objeto necesario de averiguación; y
la gramática que lo pase por alto no desempeñará cumplidamente su oficio.
Como el diccionario da el significado de las raíces, a la gramática incumbe
exponer el valor de las inflexiones y combinaciones, y no sólo el natural y
primitivo, sino el secundario y el metafórico, siempre que hayan entrado en
el uso general de la lengua. Este es el campo que privativamente deben abrazar las especulaciones gramaticales, y al mismo tiempo el límite que las cir-
cunscribe. Si alguna vez he pasado este límite, ha sido en brevísimas excursiones, cuando se trataba de discutir los alegados fundamentos ideológicos de
una doctrina, o cuando los accidentes gramaticales revelaban algún proceder

---

[4]*Gramática de la lengua castellana según ahora de habla* (1830).

[5]Antonio Puig Blanch (1775-1842), sacerdote y filólogo español.

[6]Gregorio Garcés, *Fundamento del vigor y elegancia de la lengua castellana*
(1791).

mental curioso: transgresiones, por otra parte, tan raras, que sería demasiado rigor calificarlas de importunas.

Algunos han censurado esta gramática de difícil y oscura. En los establecimientos de Santiago[7] que la han adoptado, se ha visto que esa dificultad es mucho mayor para los que, preocupados por las doctrinas de otras gramáticas, se desdeñan de leer con atención la mía y de familiarizarse con su lenguaje, que para los alumnos que forman por ella sus primeras nociones gramaticales.

Es, por otra parte, una preocupación harto común la que nos hace creer llano y fácil el estudio de una lengua, hasta el grado en que es necesario para hablarla y escribirla correctamente. Hay en la gramática muchos puntos que no son accesibles a la inteligencia de la primera edad; y por eso he juzgado conveniente dividirla en dos cursos, reducido el primero a las nociones menos difíciles y más indispensables, y extensivo el segundo a aquellas partes del idioma que piden un entendimiento algo ejercitado. Los he señalado con diverso tipo y comprendido los dos en un solo tratado, no sólo para evitar repeticiones, sino para proporcionar a los profesores del primer curso el auxilio de las explicaciones destinadas al segundo, si alguna vez las necesitaren. Creo, además, que esas explicaciones no serán enteramente inútiles a los principiantes, porque, a medida que adelanten, se les irán desvaneciendo gradualmente las dificultades que para entenderlas se les ofrezcan. Por este medio queda también al arbitrio de los profesores el añadir a las lecciones de la enseñanza primaria todo aquello que de las del curso posterior les pareciere a propósito, según la capacidad y aprovechamiento de los alumnos. En las notas al pie de las páginas llamo la atención a ciertas prácticas viciosas del habla popular de los americanos, para que se conozcan y eviten, y dilucido algunas doctrinas con observaciones que requieren el conocimiento de otras lenguas. Finalmente, en las notas que he colocado al fin del libro me extiendo sobre algunos puntos controvertibles, en que juzgué no estaría de más las explicaciones para satisfacer a los lectores instruidos. Parecerá algunas veces que se han acumulado profusamente los ejemplos; pero sólo se ha hecho cuando se trataba de oponer la práctica de escritores acreditados a novedades viciosas, o de discutir puntos controvertidos, o de explicar ciertos procederes de la lengua a que creía no haberse prestado atención hasta ahora.

He creído también que en una gramática nacional no debían pasarse por alto ciertas formas y locuciones que han desaparecido de la lengua co-

---

[7]Santiago de Chile.

rriente; ya porque el poeta y aun el prosista no dejan de recurrir alguna vez
a ellas, y ya porque su conocimiento es necesario para la perfecta inteligencia
de las obras más estimadas de otras edades de la lengua. Era conveniente manifestar el uso impropio que algunos hacen de ellas, y los conceptos erróneos
con que otros han querido explicarlas; y si soy yo el que ha padecido error,
sirvan mis desaciertos de estímulo a escritores más competentes, para emprender el mismo trabajo con mejor suceso.

No tengo la pretensión de escribir para los castellanos. Mis lecciones
se dirigen a mis hermanos, los habitantes de Hispano-América. Juzgo importante la conservación de la lengua de nuestros padres en su posible pureza,
como un medio providencial de comunicación y un vínculo de fraternidad
entre las varias naciones de origen español derramadas sobre los dos conti-
nentes. Pero no es un purismo supersticioso lo que me atrevo a recomendar-
les. El adelantamiento prodigioso de todas las ciencias y las artes, la difusión
de la cultura intelectual y las revoluciones políticas, piden cada día nuevos
signos para expresar ideas nuevas, y la introducción de vocablos flamantes,
tomados de las lenguas antiguas y extranjeras, ha dejado ya de ofendernos,
cuando no es manifiestamente innecesaria, o cuando no descubre la afectación
y mal gusto de los que piensan engalanar así lo que escriben. Hay otro vicio
peor, que es el prestar acepciones nuevas a las palabras y frases conocidas,
multiplicando las anfibologías de que por la variedad de significados de cada
palabra adolecen más o menos las lenguas todas, y acaso en mayor proporción
las que más se cultivan, por el casi infinito número de ideas a que es preciso
acomodar un número necesariamente limitado de signos. Pero el mayor mal
de todos, y el que no se ataja, va a privarnos de las inapreciables ventajas de
un lenguaje común, es la avenida de neologismos de construcción, que inunda
y enturbia mucha parte de lo que se escribe en América, y alternando la estructura del idioma, tiende a convertirlo en una multitud de dialectos irregulares, licenciosos, bárbaros; embriones de idiomas futuros, que durante una
larga elaboración reproducirían en América lo que fue la Europa en el tenebroso período de la corrupción del latín. Chile, el Perú, Buenos-Aires, Méjico,
hablarían cada uno su lengua, o por mejor decir, varias lenguas, como sucede
en España, Italia y Francia, donde dominan ciertos idiomas provinciales, pero
viven a su lado otros varios, oponiendo estorbos a la difusión de las luces, a
la ejecución de las leyes, a la administración del Estado, a la unidad nacional.
Una lengua es como un cuerpo viviente: su vitalidad no consiste en la constante identidad de elementos, sino en la regular uniformidad de las funciones que
éstos ejercen, y de que proceden la forma y la índole que distinguen al todo.

Sea que yo exagere o no el peligro, él ha sido el principal motivo que me ha inducido a componer esta obra, bajo tantos respectos superior a mis fuerzas. Los lectores inteligentes que me honren leyéndola con alguna atención, verán el cuidado que he puesto en demarcar, por decirlo así, los linderos que respeta el buen uso de nuestra lengua, en medio de la soltura y libertad de sus giros, señalando las corrupciones que más cunden hoy día, y manifestando la esencial diferencia que existe entre las construcciones castellanas y las extranjeras que se les asemejan hasta cierto punto, y que solemos imitar sin el debido discernimiento.

No se crea que recomendando la conservación del castellano sea mi ánimo tachar de vicioso y espurio todo lo que es peculiar a los americanos. Hay locuciones castizas que en la Península pasan hoy por anticuadas, y que subsisten tradicionalmente en Hispano-América, ¿por qué proscribirlas? Si según la práctica general de los americanos es más analógica la conjugación de algún verbo, ¿por qué razón hemos de preferir la que caprichosamente haya prevalecido en Castilla? Si de raíces castellanas hemos formado vocablos nuevos, según los procederes ordinarios de derivación que el castellano reconoce, y de que se ha servido y se sirve continuamente para aumentar su caudal, ¿qué motivos hay para que nos avergoncemos de usarlos? Chile y Venezuela tienen tanto derecho como Aragón y Andalucía para que se toleren sus accidentales divergencias, cuando las patrocina la costumbre uniforme y auténtica de la gente educada. En ellas se peca mucho menos contra la pureza y corrección del lenguaje, que en las locuciones afrancesadas, de que no dejan de estar salpicadas hoy día aun las obras más estimadas de los escritores peninsulares.

He dado cuenta de mis principios, de mi plan y de mi objeto, y he reconocido, como era justo, mis obligaciones a los que me han precedido. Señalo rumbos no explorados, y es probable que no siempre haya hecho en ellos las observaciones necesarias para deducir generalidades exactas. Si todo lo que propongo de nuevo no pareciere aceptable, mi ambición quedará satisfecha con que alguna parte lo sea, y contribuya a la mejora de un ramo de enseñanza, que no es ciertamente el más lucido, pero es uno de los más necesarios.

Gramática castellana. Notas e índices de Rufino J. Cuervo. México, D.F.: Editora Nacional, 1971.

ESTEBAN ECHEVERRIA (Argentina; 1805-51)

"El matadero"

A pesar de que la mía es historia, no la empezaré por el arca de Noé y la genealogía de sus ascendientes como acostumbraban hacerlo los antiguos historiadores españoles de América, que deben ser nuestros prototipos. Tengo muchas razones para no seguir ese ejemplo, las que callo por no ser difuso. Diré solamente que los sucesos de mi narración pasaban por los años de Cristo de 183... Estábamos, a más, en Cuaresma, época en que escasea la carne en Buenos Aires, porque la Iglesia, adoptando el precepto de Epícteto,[1] *sustine, abstine* (sufre, abstente), ordena vigilia y abstinencia a los estómagos de los fieles, a causa de que la carne es pecaminosa, y, como dice el provebio, busca a la carne. Y como la Iglesia tiene *ab initio*[2] y por delegación directa de Dios el imperio inmaterial sobre las conciencias y estómagos, que en manera alguna pertenecen al individuo, nada más justo y racional que vede lo malo.

Los abastecedores, por otra parte, buenos federales, y por lo mismo - buenos católicos, sabiendo que el pueblo de Buenos Aires atesora una docilidad singular para someterse a toda especie de mandamiento, sólo traen en días cuaresmales al matadero, los novillos necesarios para el sustento de los niños y de los enfermos dispensados de la abstinencia por la bula, y no con el ánimo de que se harten algunos herejotes, que no faltan, dispuestos siempre a violar los mandamientos carnificinos de la Iglesia, y a contaminar la sociedad con el mal ejemplo.

Sucedió, pues, en aquel tiempo, una lluvia muy copiosa. Los caminos se anegaron; los pantanos se pusieron a nado y las calles de entrada y salida a la ciudad rebosaban en acuoso barro. Una tremenda avenida se precipitó de repente por el Riachuelo de Barracas, y extendió majestuosamente sus turbias aguas hasta el pie de las barrancas del Alto. El Plata, creciendo embravecido, empujó esas aguas que venían buscando su cauce y las hizo correr hinchadas por sobre campos, terraplenes, arboledas, caseríos, y extenderse como un lago

---

[1](ca. 50-ca. 135) filósofo griego de la escuela estoica.

[2]desde el inicio (latín).

inmenso por todas las bajas tierras. La ciudad, circunvalada del Norte al Este por una cintura de agua y barro, y al Sud[3] por un piélago blanquecino en cuya superficie flotaban a la ventura algunos barquichuelos y negreaban las chimeneas y las copas de los árboles, echaba desde sus torres y barrancas atónitas miradas al horizonte como implorando misericordia del Altísimo. Parecía el amago de un nuevo diluvio. Los beatos y beatas gimoteaban haciendo novenarios y continuas plegarias. Los predicadores atronaban el templo y hacían crujir el púlpito a puñetazos. Es el día del juicio, decían, el fin del mundo está por venir. La cólera divina, rebosando, se derrama en inundación. ¡Ay de vosotros, pecadores! ¡Ay de vosotros unitarios impíos que os mofáis de la Iglesia, de los santos, y no escucháis con veneración la palabra de los ungidos del Señor! ¡Ay de vosotros, si no imploráis misericordia al pie de los altares! Llegará la hora tremenda del vano crujir de dientes y de las frenéticas imprecaciones. Vuestra impiedad, vuestras herejías, vuestras blasfemias, vuestros crímenes horrendos, han traído sobre nuestra tierra las plagas del Señor. La justicia del Dios de la Federación os declarará malditos.[4]

Las pobres mujeres salían sin aliento, anonadadas del templo, echando, como era natural, la culpa de aquella calamidad a los unitarios.

Continuaba, sin embargo, lloviendo a cántaros, y la inundación crecía acreditando el pronóstico de los predicadores. Las campanas comenzaron a tocar rogativas por orden del muy católico Restaurador, quien parece no las tenía todas consigo. Los libertinos, los incrédulos, es decir, los unitarios, empezaron a amedrentarse al ver tanta cara compungida, oír tanta batahola de imprecaciones. Se hablaba ya, como de cosa resuelta, de una procesión en que debía ir toda la población descalza y a cráneo descubierto, acompañando al Altísimo, llevado bajo palio por el Obispo, hasta la barranca de Balcarce, donde millares de voces, conjurando al demonio unitario de la inundación, debían implorar la misericordia divina.

---

[3]Así lo tiene Echeverría, por Sur.

[4]Durante la época a la que se refiere el texto de Echeverría, Buenos Aires estaba bajo el mando de Juan Manuel de Rosas (1793-1877), llamado el Restaurador de las Leyes. Como gobernador de Buenos Aires (1829-52), Rosas controlaba la Federación de las Provincias Unidas del Río de la Plata y sus allegados se denominaban federales; la oposición, a la que Rosas y la Federación perseguían implacablemente, se identificaba como los unitarios.

Feliz, o mejor, desgraciadamente, pues la cosa habría sido de verse, no tuvo efecto la ceremonia, porque bajando el Plata, la inundación se fue poco escurriendo en su inmenso lecho sin necesidad de conjuro ni plegarias.

Lo que hace principalmente a mi historia es que por causa de la inundación estuvo quince días el matadero de la Convalecencia sin ver una sola cabeza vacuna, y que en uno o dos, todos los bueyes de quinteros y *aguateros* se consumieron en el abasto de la ciudad. Los pobres niños y enfermos se alimentaban con huevos y gallinas, y los gringos y herejotes bramaban por el *beef-steay*[5] y el asado. La abstinencia de carne era general en el pueblo, que nunca se hizo más digno de la bendición de la Iglesia, y así fue que llovieron sobre él millones y millones de indulgencias plenarias. Las gallinas se pusieron a $6,[6] y los huevos a 4 reales, y el pescado carísimo. No hubo en aquellos días cuaresmales, promiscuaciones ni excesos de gula; pero en cambio se fueron al cielo innumerables ánimas y acontecieron cosas que parecen soñadas.

No quedó en el matadero ni un solo ratón vivo de muchos millares que allí tenían albergue. Todos murieron o de hambre o ahogados en sus cuevas por la incesante lluvia. Multitud de negras rebusconas de *achuras*, como los caranchos de presa, se desbandaron por la ciudad como otras tantas harpías prontas a devorar cuanto hallaran comible. Las gaviotas y los perros, inseparables rivales suyos en el matadero, emigraron en busca de alimento animal. Porción de viejos achacosos cayeron en consunción por falta de nutritivo caldo; pero lo más notable que sucedió fue el fallecimiento casi repentino de unos cuantos gringos herejes que cometieron el desacato de darse un hartazgo de chorizos de Extremadura,[7] jamón y bacalao y se fueron al otro mundo a pagar el pecado cometido por tan abominable promiscuación.

Algunos médicos opinaron que si la carencia de carne continuaba, medio pueblo caería en síncope por estar los estómagos acostumbrados a su corroborante jugo; y era de notar el contraste entre estos tristes pronósticos de la ciencia y los anatemas lanzados desde el púlpito por los reverendos padres contra toda clase de nutrición animal y de promiscuación en aquellos días destinados por la Iglesia al ayuno y la penitencia. Se originó de aquí una especie de guerra intestina entre los estómagos y las conciencias, atizada por el inesorable apetito y las no menos inexorables vociferaciones de los ministros de la Iglesia, quienes, como es su deber, no transigen con vicio alguno que

---

[5]Así lo tiene Echeverría, por *beef-steak*.

[6]Léase, seis pesos.

[7]una región de España.

tienda a relajar las costumbres católicas: a lo que se agregaba el estado de flatulencia intestinal de los habitantes, producido por el pescado y los porotos y otros alimentos algo indigestos.

Esta guerra se manifestaba por sollozos y gritos descompasados en la peroración de los sermones y por rumores y estruendos subitáneos en las casas y calles de la ciudad o donde quiera concurrían gentes. Alarmóse un tanto el gobierno, tan paternal como previsor, del Restaurador, creyendo aquellos tumultos de origen revolucionario y atribuyéndolos a los mismos salvajes unitarios, cuyas impiedades, según los predicadores federales, habían traído sobre el país la inundación de la cólera divina; tomó activas providencias, desparramó sus esbirros por la población, y por último, bien informado, promulgó un decreto tranquilizador de las conciencias y de los estómagos, encabezado por un considerando muy sabio y piadoso para que a todo trance y arremetiendo por agua y lodo, se trajese ganado a los corrales.

En efecto, el décimo sexto día de la carestía, víspera del día de Dolores, entró a nado por el paso de Burgos al matadero del Alto una tropa de cincuenta novillos gordos; cosa poca por cierto para una población acostumbrada a consumir diariamente de 250 a 300, y cuya tercera parte, al menos, gozaría del fuero eclesiástico de alimentarse con carne. ¡Cosa extraña que haya estómagos privilegiados y estómagos sujetos a leyes inviolables, y que la Iglesia tenga la llave de los estómagos!

Pero no es extraño, supuesto que el diablo con la carne suele meterse en el cuerpo, y que la Iglesia tiene el poder de conjurarlo: el caso es reducir al hombre a una máquina cuyo móvil principal no sea su voluntad sino la de la iglesia y el gobierno. Quizá llegue el día en que sea prohibido respirar aire libre, pasearse y hasta conversar con un amigo, sin permiso de autoridad competente. Así era, poco más o menos, en los felices tiempos de nuestros beatos abuelos que por desgracia vino a turbar la revolución de Mayo.

Sea como fuera; a la noticia de la providencia gubernativa, los corrales del Alto se llenaron, a pesar del barro, de carniceros, achuradores y curiosos, quienes recibieron con grandes vociferaciones y palmoteos los cincuenta novillos destinados al matadero.

—Chica, pero gorda—exclamaban—. ¡Viva la Federación! ¡Viva el Restaurador! Porque han de saber los lectores que en aquel tiempo la Federación estaba en todas partes, hasta entre las inmundicias del matadero y no había fiesta sin Restaurador como no hay sermón sin San Agustín.[8] Cuentan que

---

[8](354-430), obispo y erudito del temprano cristianismo.

al oír tan desaforados gritos las últimas ratas que agonizaban de hambre en sus cuevas, se reanimaron y echaron a correr desatentadas conociendo que volvían a aquellos lugares la acostumbrada alegría y la algazara precursora de abundancia.

El primer novillo que se mató fue todo entero de regalo al Restaurador, hombre muy amigo del asado. Una comisión de carniceros marchó a ofrecérselo a nombre de los federales del matadero, manifestándole *in voce*[9] su agradecimiento por la acertada providencia del gobierno, su adhesión ilimitada al Restaurador y su odio entrañable a los salvajes unitarios, enemigos de Dios y de los hombres. El Restaurador contestó a la arenga, *rinforzando*[10] sobre el mismo tema y concluyó la ceremonia con los correspondientes vivas y vociferaciones de los espectadores y actores. Es de creer que el Restaurador tuviese permiso especial de su Ilustrísima para no abstenerse de carne, porque siendo tan buen observador de las leyes, tan buen católico y tan acérrimo protector de la religión, no hubiera dado mal ejemplo aceptando semejante regalo en día santo.

Siguió la matanza, y en un cuarto de hora cuarenta y nueve novillos se hallan tendidos en la playa del matadero, desollados unos, los otros por desollar. El espectáculo que ofrecía entonces era animado y pintoresco aunque reunía todo lo horriblemente feo, inmundo y deforme de una pequeña clase proletaria peculiar del Río de la Plata. Pero para que el lector pueda percibirlo a un golpe de ojo, preciso es hacer un croquis de la localidad.

El matadero de la Convalecencia o del Alto, sito en las quintas del Sud de la ciudad, es una gran playa en forma rectangular colocada al extremo de dos calles, una de las cuales allí se termina y la otra se prolonga hacia el Este. Esta playa, con declive al Sud, está cortada por un zanjón labrado por la corriente de las aguas pluviales, en cuyos bordes laterales se muestran innumerables cuevas de ratones y cuyo cauce recoge, en tiempo de lluvia, toda la sangraza seca o reciente del matadero. En la conjunción del ángulo recto hacia el Oeste está lo que llaman la casilla, edificio bajo, de tres piezas de media agua con corredor al frente que da a la calle y palenque para atar caballos, a cuya espalda se notan varios corrales de palo a pique de ñandubay con sus fornidas puertas para encerrar el ganado.

Estos corrales son, en tiempo de invierno, un verdadero lodazal, en el cual los animales apeñuscados se hunden hasta el encuentro y quedan como

---

[9]en persona (latín).

[10]insistiendo (italiano).

pegados y casi sin movimiento. En la casilla se hace la recaudación del impuesto de corrales, se cobran las multas por violación de reglamentos y se sienta el juez del matadero, personaje importante, caudillo de los carniceros y que ejerce la suma del poder en aquella pequeña república por delegación del Restaurador. Fácil es calcular qué clase de hombre se requiere para el desempeño de semejante cargo. La casilla, por otra parte, es un edificio tan ruin y pequeño, que nadie lo notaría en los corrales a no estar asociado su nombre al del terrible juez y a no resaltar sobre su blanca cintura los siguientes letreros rojos: «Viva la Federación», «Viva el Restaurador y la heroica doña Encarnación Ezcurra»,[11] «Mueran los salvajes unitarios». Letreros muy significativos, símbolo de la fe política y religiosa de la gente del matadero. Pero algunos lectores no sabrán que la tal heroína es la difunta esposa del Restaurador, patrona muy querida de los carniceros, quienes, ya muerta, la veneraban como viva por sus virtudes cristianas y su federal heroísmo en la revolución contra Balcarce.[12] Es el caso que en un aniversario de aquella memorable hazaña de la mazorca,[13] los carniceros festejaron con un espléndido banquete en la casilla a la heroína, banquete al que concurrió con su hija y otras señoras federales, y que allí, en presencia de un gran concurso, ofreció a los señores carniceros en un solemne brindis su federal patrocinio, por cuyo motivo ellos la proclamaron entusiasmados patrona del matadero, estampando su nombre en las paredes de la casilla donde se estará hasta que lo borre la mano del tiempo.

La perspectiva del matadero a la distancia era grotesca, llena de animación. Cuarenta y nueve reses estaban tendidas sobre sus cueros y cerca de doscientas personas hollaban aquel suelo de lodo regado con la sangre de sus arterias. En torno de cada res resaltaba un grupo de figuras humanas de tez y raza distintas. La figura más prominente de cada grupo era el carnicero con el cuchillo en mano, brazo y pecho desnudos, cabello largo y revuelto, camisa y chiripá y rostro embadurnado de sangre. A sus espaldas se rebullían, caracoleando y siguiendo los movimientos, una comparsa de muchachos, de negras y mulatas achuradoras, cuya fealdad trasuntaba las harpías de las fábulas, y entremezclados con ella algunos enormes mastines, olfateaban, gruñían o se daban de tarascones por la presa. Cuarenta y tantas carretas toldadas con negruzco y pelado cuero se escalonaban irregularmente a lo largo

---

[11]mujer de Rosas, quien murió en 1838 y por quien el dictador mandó guardar luto durante dos años.

[12]Juan Ramón Balcarce, gobernador de Buenos Aires depuesto por Rosas.

[13]La Mazorca era la policía secreta de Rosas.

de la playa, y algunos jinetes, con el poncho calado y el lazo prendido al tiento cruzaban por entre ellas al tranco o reclinados sobre el pescuezo de los caballos, echaban ojo indolente sobre uno de aquellos animados grupos, al paso que más arriba, en el aire, un enjambre de gaviotas blanquiazules, que habían vuelto de la emigración al olor de carne, revoloteaban cubriendo con su disonante graznido todos los ruidos y voces del matadero y proyectando una sombra clara sobre aquel campo de horrible carnicería. Esto se notaba al principio de la matanza.

Pero a medida que adelantaba, la perspectiva variaba: los grupos se deshacían, venían a formarse tomando diversas actitudes y se desparramaban corriendo como si en medio de ellos cayese alguna bala perdida o asomase la quijada de algún encolerizado mastín. Esto era, que ínterin el carnicero en un grupo descuartizaba a golpe de hacha, colgaba en otros los cuartos en los ganchos a su carreta, despellejaba en éste, sacaba el sebo en aquél, de entre la chusma que ojeaba y aguardaba la presa de achura salía de cuando en cuando una mugrienta mano a dar un tarazón con el cuchillo al sebo o a los cuartos de la res, lo que originaba gritos y explosión de cólera del carnicero y el continuo hervidero de los grupos, dichos y gritería descompasada de los muchachos.

—Ahí se mete el sebo en las tetas la tía—gritaba uno.

—Aquél lo escondió en el alzapón—replicaba la negra.

—¡Ché, negra bruja, salí[14] de aquí antes que te pegue un tajo!—exclamaba el carnicero.

—¿Qué le hago, ño[15] Juan? ¡No sea malo! Yo no quiero sino la panza y las tripas.

—Son para esa bruja: a la m...

—¡A la bruja! ¡A la bruja!—repitieron los muchachos—: ¡Se lleva la riñonada y el tongorí![16]—Y cayeron sobre su cabeza sendos cuajos de sangre y tremendas pelotas de barro.

Hacia otra parte, entre tanto, dos africanas llevaban arrastrando las entrañas de un animal; allá una mulata se alejaba con un ovillo de tripas y resbalando de repente sobre un charco de sangre, caía a plomo, cubriendo con su cuerpo la codiciada presa. Acullá se veían acurrucadas en hileras 400 negras

---

[14]Los personajes que representan el pueblo se valen de las formas verbales correspondientes al pronombre voseo para la segunda persona singular.

[15]señor.

[16]esófago.

destejiendo sobre las faldas el ovillo y arrancando uno a uno los sebitos que el avaro cuchillo del carnicero había dejado en la tripa como rezagados, al paso que otras vaciaban panzas y vejigas y las henchían de aire de sus pulmones para depositar en ellas, luego de secas, la achura.

Varios muchachos, gambeteando a pie y a caballo se daban de vejigazos o se tiraban bolas de carne, desparramando con ellas y su algazara la nube de gaviotas que columpiándose en el aire celebraban chillando la matanza. Oíanse a menudo, a pesar del veto del Restaurador y de la santidad del día, palabras inmundas y obscenas, vociferaciones preñadas de todo el cinismo bestial que caracteriza a la chusma de nuestros mataderos, con las cuales no quiero regalar a los lectores.

De repente caía un bofe sangriento sobre la cabeza de alguno, que de allí pasaba a la de otro, hasta que algún deforme mastín lo hacía buena presa, y una cuadrilla de otros, por si estrujo o no estrujo, armaba una tremenda de gruñidos y mordiscones. Alguna tía vieja salía furiosa en persecución de un muchacho que le había embadurnado el rostro con sangre, y acudiendo a sus gritos y puteadas los compañeros del rapaz, la rodeaban y azuzaban como los perros al toro, y llovían sobre ella zoquetes de carne, bolas de estiércol, con groseras carcajadas y gritos frecuentes, hasta que el juez mandaba restablecer el orden y despejar el campo.

Por un lado, dos muchachos se adiestraban en el manejo del cuchillo tirándose horrendos tajos y reveses; por otro, cuatro ya adolescentes, ventilaban a cuchilladas el derecho a una tripa gorda y un mondongo que habían robado a un carnicero; y no de ellos distante, porción de perros flacos ya de la forzosa abstinencia, empleaban el mismo medio para saber quién se llevaría un hígado envuelto en barro. Simulacro en pequeño era éste del modo bárbaro con que se ventilan en nuestro país las cuestiones y los derechos individuales y sociales. En fin: la escena que se representaba en el matadero era para vista, no para escrita.

Un animal había quedado en los corrales de corta y ancha cerviz, de mirar fiero, sobre cuyos órganos genitales no estaban conformes los pareceres porque tenía apariencias de toro y de novillo. Llególe su hora. Dos enlazadores a caballo penetraron al corral en cuyo contorno hervía la chusma a pie, a caballo y orquetada[17] sobre sus nudosos palos. Formaban en la puerta el más grotesco y sobresaliente grupo varios pialadores y enlazadores de a pie con el brazo desnudo y armados del certero lazo, la cabeza cubierta con un pañuelo

---

[17]horqueteada.

punzó y chaleco y chiripá colorado, teniendo a sus espaldas varios jinetes y espectadores de ojo escrutador y anhelante.

El animal, prendido ya al lazo por las astas, bramaba echando espuma furibundo y no había demonio que lo hiciera salir del pegajoso barro donde estaba como clavado y era imposible pialarlo. Gritábanlo, lo azuzaban en vano con las mantas y pañuelos los muchachos prendidos sobre las horquetas del corral, y era de oír la disonante batahola de silbidos, palmadas y voces tiples y roncas que se desprendía de aquella singular orquesta.

Los dicharachos, las exclamaciones chistosas y obscenas rodaban de boca en boca y cada cual hacía alarde espontáneamente de su ingenio y de su agudeza excitado por el espectáculo o picado por el aguijón de alguna lengua locuaz.

—Hi[18] de p...[19] en el toro.

—Al diablo los torunos del Azul.

—Mal haya[20] el tropero que nos da gato por liebre.

—Si es novillo.

—¿No está viendo que es toro viejo?

—Como toro le ha de quedar. ¡Muéstreme los c..., si le parece, c...o!

—Ahí los tiene entre las piernas. ¿No los ve, amigo, más grandes que la cabeza de su castaño? ¿O se ha quedado ciego en el camino?

—Su madre sería la ciega, pues que tal hijo ha parido. ¿No ve que todo ese bulto es barro?

—Es emperrado y arisco como un unitario—. Y al oír esta mágica palabra, todos a una voz exclamaron:

—¡Mueran los salvajes unitarios!

—Para el tuerto los h...

—Sí, para el tuerto, que es hombre de c... para pelear con los unitarios.

—El matambre a Matasiete degollador de unitarios. ¡Viva Matasiete!

—¡A Matasiete el matambre!

—Allá va—gritó una voz ronca interrumpiendo aquellos desahogos de la cobardía feroz—. ¡Allá va el toro!

—¡Alerta! Guarda los de la puerta. ¡Allá va furioso como un demonio!

---

[18]hijo.

[19]En varios lugares Echeverría insinúa palabras gruesas sin citarlas con todas sus letras.

[20]malhaya.

Y en efecto, el animal acosado por los gritos y sobre todo por dos picanas agudas que le espoleaban la cola, sintiendo flojo el lazo, arremetió bufando a la puerta, lanzando a entrambos lados una rojiza y fosfórica mirada. Diole el tirón el enlazador sentando su caballo, desprendió el lazo de la asta, crujió por el aire un áspero zumbido y al mismo tiempo se vio rodar desde lo alto de una horqueta del corral, como si un golpe de hacha la hubiese dividido a cercén, una cabeza de niño cuyo tronco permaneció inmóvil sobre su caballo de palo, lanzando por cada arteria un largo chorro de sangre.

—Se cortó el lazo—gritaron unos—; allá va el toro—. Pero otros, deslumbrados y atónitos, guardaron silencio porque todo fue como un relámpago.

Desparramóse un tanto el grupo de la puerta. Una parte se agolpó sobre la cabeza y el cadáver palpitante del muchacho degollado por el lazo, manifestando horror en su atónito semblante, y la otra parte, compuesta de jinetes que no vieron la catástrofe se escurrió en distantas direcciones en pos del toro, vociferando y gritando: —¡Allá va el toro! ¡Atajen! ¡Guarda! —Enlaza, Siete Pelos. —¡Que te agarra, botija! —Va furioso; no se le pongan delante. —¡Ataja, ataja, Morado! —Dele espuela al mancarrón. —Ya se metió en la calle sola. —¡Que lo ataje el diablo!

El tropel y vocería era infernal. Unas cuantas negras achuradoras sentadas en hilera al borde del zanjón, oyendo el tumulto, se acogieron y agazaparon entre las panzas y tripas que desenredaban y devanaban con la paciencia de Penélope, lo que sin duda las salvó, porque el animal lanzó, al mirarlas, un bufido aterrador, dio un brinco sesgado y siguió adelante perseguido por los jinetes. Cuentan que una de ellas se fue de cámaras; otra rezó diez Salves en dos minutos, y dos prometieron a San Benito no volver jamás a aquellos malditos corrales y abandonar el oficio de achuradoras. No se sabe si cumplieron la promesa.

El toro, entre tanto, tomó hacia la ciudad por una larga y angosta calle que parte de la punta más aguda del rectángulo anteriormente descripto, calle encerrada por una zanja y un cerco de tunas, que llaman *sola* por no tener más de dos casas laterales y en cuyo aposado centro había un profundo pantano que tomaba de zanja a zanja. Cierto inglés, de vuelta de su saladero, vadeaba este pantano a la sazón, paso a paso, en un caballo algo arisco, y sin duda iba tan absorto en sus cálculos que no oyó el tropel de jinetes ni la gritería sino cuando el toro arremetía al pantano. Azoróse de repente su caballo dando un brinco al sesgo y echó a correr dejando al pobre hombre hundido media vara en el fango. Este accidente, sin embargo, no detuvo ni refrenó la carrera de los perseguidores del toro, antes al contrario, soltando carcajadas sarcásticas.

—Se amoló el gringo;[21] levántate, gringo—exclamaron, y cruzando el pantano amasaron con barro bajo las patas de sus caballos, su miserable cuerpo.

Salió el gringo, como pudo, después a la orilla, más con la apariencia de un demonio tostado por las llamas del infierno que de un hombre blanco pelirrubio. Más adelante al grito de: ¡al toro! ¡al toro!, cuatro negras achuradoras que se retiraban con su presa, se zambulleron en la zanja llena de agua, único refugio que les quedaba.

El animal, entre tanto, después de haber corrido unas 20 cuadras en distintas direcciones azorando con su presencia a todo viviente, se metió por la tranquera de una quinta donde halló su perdición. Aunque cansado, manifestaba bríos y colérico ceño; pero rodeábalo una zanja profunda y un tupido cerco de pitas, y no había escape. Juntáronse luego sus perseguidores que se hallaban desbandados y resolvieron llevarlo en un señuelo de bueyes para que expiase su atentado en el lugar mismo donde lo había cometido.

Una hora después de su fuga el toro estaba otra vez en el matadero, donde la poca chusma que había quedado no hablaba sino de sus fechorías. La aventura del gringo en el pantano excitaba principalmente la risa y el sarcasmo. Del niño degollado por el lazo no quedaba sino un charco de sangre; su cadáver estaba en el cementerio.

Enlazaron muy luego por las astas al animal que brincaba haciendo hincapié y lanzando roncos bramidos. Echáronle uno, dos, tres piales; pero infructuosos; al cuarto quedó prendido de una pata: su brío y su furia redoblaron; su lengua, estirándose convulsiva, arrojaba espuma, su nariz humo, sus ojos miradas encedidas. —¡Desgarreten ese animal!—exclamó una voz imperiosa. Matasiete se tiró al punto del caballo, cortóle el garrón de una cuchillada y gambeteando en torno de él con su enorme daga en la mano, se la hundió al cabo hasta el puño en la garganta mostrándola enseguida humeante y roja a los espectadores. Brotó un torrente de la herida, exhaló algunos bramidos roncos, vaciló y cayó el soberbio animal entre los gritos de la chusma que proclamaba a Matasiete vencedor y le adjudicaba en premio el matambre. Matasiete extendió, como orgulloso, por segunda vez el brazo y el cuchillo ensangrentado y se agachó a desollarle con otros compañeros.

Faltaba que resolver la duda sobre los órganos genitales del muerto, clasificado provisoriamente de toro por su indominable fiereza; pero estaban

---

[21]en esta época, cualquier extranjero; para fines de siglo, específicamente un inmigrante italiano.

todos tan fatigados de la larga tarea que la echaron por lo pronto en olvido. Mas de repente una voz ruda exclamó: —¡Aquí están los huevos!— Y sacando de la barriga del animal y mostrándolos a los espectadores, exhibió dos enormes testículos, signo inequívoco de su dignidad de toro. La risa y la charla fue grande; todos los incidentes desgraciados pudieron fácilmente explicarse. Un toro en el Matadero era cosa muy rara, y aun vedada. Aquél, según reglas de buena policía, debió arrojarse a los perros; pero había tanta escasez de carne y tantos hambrientos en la población, que el señor juez tuvo a bien hacer ojo lerdo.

En dos por tres estuvo desollado, descuartizado y colgado en la carreta el maldito toro. Matasiete colocó el matambre bajo el pellón de su recado y se preparaba a partir. La matanza estaba concluida a las 12, y la poca chusma que la había presenciado hasta el fin, se retiraba en grupos de a pie y de a caballo, o tirando a la cincha algunas carretas cargadas de carne.

Mas de repente la ronca voz de un carnicero gritó: —¡Allí viene un unitario!— Al oír tan significativa palabra, toda aquella chusma se detuvo como herida de una impresión subitánea.

—¿No le ven la patilla en forma de U? No trae divisa en el fraque[22] ni luto en el sombrero.

—Perro unitario.

—Es un cajetilla.

—Monta en silla como los gringos.

—¡La Mazorca con él!

—¡La tijera!

—Es preciso sobarlo.

—Trae pistoleras por pintar.[23]

—Todos estos cajetillas unitarios son pintores como el diablo.

—¿A que no te le animas, Matasiete?

—A que sí.

—¿A que no?

Matasiete era hombre de pocas palabras y de mucha acción. Tratándose de violencia, de agilidad, de destreza en el hacha, el cuchillo o el caballo, no hablaba y obraba. Lo habían picado; prendió la espuela a su caballo y se lanzó a brida suelta al encuentro del unitario.

---

[22]frac.

[23]por ostentar.

Era éste un joven como de 25 años de gallarda y bien apuesta persona, que mientras salían en borbotón de aquellas desaforadas bocas las anteriores exclamaciones, trotaba hacia Barracas, muy ajeno de temer peligro alguno. Notando empero, las significativas miradas de aquel grupo de dogos de matadero, echa maquinalmente la diestra sobre las pistoleras de su silla inglesa, cuando una pechada al sesgo del caballo de Matasiete lo arroja de los lomos del suyo tendiéndolo a la distancia, boca arriba y sin movimiento alguno.

—¡Viva Matasiete!—exclamó toda aquella chusma cayendo en tropel sobre la víctima como los caranchos rapaces sobre la osamenta de un buey devorado por el tigre.

Atolondrado todavía el joven, fue, lanzando una mirada de fuego sobre aquellos hombres feroces, hacia su caballo que permanecía inmóvil, no muy distante, a buscar en sus pistolas el desagravio y la venganza. Matasiete, dando un salto, le salió al encuentro y con fornido brazo, asiéndolo de la corbata, lo tendió en el suelo tirando al mismo tiempo la daga de la cintura y llevándola a su garganta.

Una tremenda carcajada y un nuevo viva estentóreo volvió a vitorearlo.

¡Qué nobleza de alma! ¡Qué bravura en los federales! Siempre en pandilla cayendo como buitres sobre la víctima inerte.

—¡Degüéllalo, Matasiete! Quiso sacar las pistolas. Degüéllalo como al toro.

—Pícaro unitario. Es preciso tusarlo.

—Tiene buen pescuezo para el violín.

—Tocale el violín.[24]

—Mejor es resbalosa.

—Probemos—dijo Matasiete, y empezó sonriendo a pasar el filo de su daga por la garganta del caído, mientras con la rodilla izquierda le comprimía el pecho y con la siniestra mano le sujetaba por los cabellos.

—No, no lo degüellen—exclamó de lejos la voz imponente del juez del Matadero, que se acercaba a caballo.

—A la casilla con él, a la casilla. Preparen la mazorca y las tijeras. ¡Mueran los salvajes unitarios! ¡Viva el Restaurador de las leyes!

—¡Viva Matasiete!

"¡Mueran! ¡Vivan!" repitieron en coro los espectadores, y atándole codo con codo, entre moquetes y tirones, entre vociferaciones e injurias, arrastraron al infeliz joven al banco del tormento como los sayones al Cristo.

---

[24]metáfora por degollar.

La sala de la casilla tenía en su centro una grande y fornida mesa de la cual no salían los vasos de bebida y los naipes sino para dar lugar a las ejecuciones y torturas de los sayones federales del Matadero. Notábase además, en un rincón, otra mesa chica con recado de escribir y un cuaderno de apuntes y porción de sillas entre las que resaltaba un sillón de brazos destinado para el juez. Un hombre, soldado en apariencia, sentado en una de ellas, cantaba al son de la guitarra la resbalosa, tonada de inmensa popularidad entre los federales, cuando la chusma, llegando en tropel al corredor de la casilla, lanzó a empellones al joven unitario hacia el centro de la sala.

—A ti te toca la resbalosa[25]—gritó uno.

—Encomienda tu alma al diablo.

—Está furioso como toro montaraz.

—Ya le amansará el palo.

—Es preciso sobarlo.

—Por ahora verga y tijera.

—Si no, la vela.

—Mejor será la mazorca.

—Silencio y sentarse—exclamó el juez dejándose caer sobre su sillón. Todos obedecieron, mientras el joven, de pie, encarando al Juez, exclamó con voz preñada de indignación:

—Infames sayones, ¿qué intentan hacer de mí?

—¡Calma!—dijo sonriendo el juez—. No hay que encolerizarse. Ya lo verás.

El joven, en efecto, estaba fuera de sí de cólera. Todo su cuerpo parecía estar en convulsión. Su pálido y amoratado rostro, su voz, su labio trémulo, mostraban el movimiento convulsivo de su corazón, la agitación de sus nervios. Sus ojos de fuego parecían salirse de las órbitas, su negro y lacio cabello se levantaba erizado. Su cuello desnudo y la pechera de su camisa dejaban entrever el latido violento de sus arterias y la respiración anhelante de sus pulmones.

—¿Tiemblas?—le dijo el Juez.

—De rabia, porque no puedo sofocarte entre mis brazos.

—¿Tendrías fuerzas y valor para eso?

—Tengo de sobra voluntad y coraje para ti, infame.

—A ver las tijeras de tusar mi caballo; túsenlo a la federala.

---

[25]es decir, las agresiones preconizadas en la tonada conocida como la resbalosa.

Dos hombres le asieron, uno de la ligadura del brazo, otro de la cabeza, y en un minuto cortáronle la patilla que poblaba toda su barba por bajo, con risa estrepitosa de sus espectadores.

—A ver—dijo el Juez—, un vaso de agua para que se refresque.

—Uno de hiel te haría yo beber, infame.

Un negro petizo púsosele el punto delante con un vaso de agua en la mano. Diole el joven un puntapié en el brazo y el vaso fue a estrellarse en el techo, salpicando el asombrado rostro de los espectadores.

—Este es incorregible.

—Ya lo domaremos.

—Silencio—dijo el Juez—; ya estás afeitado a la federala, sólo te falta el bigote. Cuidado con olvidarlo. Ahora vamos a cuentas. —¿Por qué no traes divisa?

—Porque no quiero.

—¿No sabes que lo manda el Restaurador?

—La librea es para vosotros, esclavos, no para los hombres libres.

—A los libres se les hace llevar a la fuerza.

—Sí, la fuerza y la violencia bestial. Esas son vuestras armas, infames. El lobo, el tigre, la pantera también son fuertes como vosotros. Deberíais andar como ellos en cuatro patas.

—¿No temes que el tigre te despedace?

—Lo prefiero a que maniatado me arranquen, como el cuervo, una a una las entrañas.

—¿Por qué no llevas el luto en el sombrero por la heroína?

—¡Porque lo llevo en el corazón por la Patria, por la Patria que vosotros habéis asesinado, ¡infames!

—¿No sabes que así lo dispuso el Restaurador?

—Lo dispusisteis vosotros, esclavos, para lisonjear el orgullo de vuestro señor y tributarle vasallaje infame.

—¡Insolente! Te has embravecido mucho. Te haré cortar la lengua si chistas. Abajo los calzones a ese mentecato cajetilla y a nalga pelada denle verga, bien atado sobre la mesa.

Apenas articuló esto el Juez, cuatro sayones salpicados de sangre, suspendieron al joven y lo tendieron largo a largo sobre la mesa comprimiéndole todos sus miembros.

—Primero degollarme que desnudarme, infame canalla.

Atáronle un pañuelo por la boca y empezaron a tironear sus vestidos. Encogíase el joven, pateaba, hacía rechinar los dientes. Tomaban ora sus miembros la flexibilidad del junco, ora la dureza del fierro y su espina dorsal era el eje de un movimiento parecido al de la serpiente. Gotas de sudor fluían por su rostro grandes como perlas; echaban fuego sus pupilas, su boca espuma, y las venas de su cuello y frente negreaban en relieve sobre su blanco cutis como si estuvieran repletas de sangre.

—Átenlo primero—exclamó el juez.

—Está rugiendo de rabia—articuló un sayón.

En un momento liaron sus piernas en ángulo a los cuatro pies de la mesa volcando su cuerpo boca abajo. Era preciso hacer igual operación con las manos, para lo cual soltaron las ataduras que las comprimían en la espalda. Sintiéndolas libres el joven, por un movimiento brusco en el cual pareció agotarse toda su fuerza y vitalidad, se incorporó primero sobre sus brazos, después sobre sus rodillas y se desplomó al momento murmurando: —¡Primero degollarme que desnudarme, infame canalla!

Sus fuerzas se habían agotado; inmediatamente quedó atado en cruz y empezaron la obra de desnudarlo. Entonces un torrente de sangre brotó borbolloneando de la boca y las narices del joven, y extendiéndose, empezó a caer a chorros por entrambos lados de la mesa. Los sayones quedaron inmóviles y los espectadores estupefactos.

—Reventó de rabia el salvaje unitario—dijo uno.

—Tenía un río de sangre en las venas—articuló otro.

—Pobre diablo: queríamos únicamente divertirnos con él y tomó la cosa demasiado a lo serio—exclamó el Juez frunciendo el ceño de tigre—. Es preciso dar parte; desátenlo y vamos.

Verificaron la orden; echaron llave a la puerta y en un momento se escurrió la chusma en pos del caballo del Juez, cabizbajo y taciturno.

Los federales habían dado fin a una de sus innumerables proezas.

En aquel tiempo los carniceros degolladores del Matadero eran los apóstoles que propagaban a verga y puñal la federación rosista, y no es difícil imaginarse qué federación saldría de sus cabezas y cuchillas. Llamaban ellos salvaje unitario, conforme a la jerga inventada por el Restaurador, patrón de la cofradía, a todo el que no era degollador, carnicero, ni salvaje, ni ladrón; a todo hombre decente y de corazón bien puesto, a todo patriota ilustrado amigo de las luces y de la libertad; y por el suceso anterior puede verse a las claras que el foco de la federación estaba en el Matadero.

Obras completas. Compilación y biografía por Juan María Gutiérrez. 2a ed. Buenos Aires: Ediciones Zamora, 1972.

DOMINGO FAUSTINO SARMIENTO (Argentina; 1811-88)

Facundo

> *On ne tue point les idées*
> Fortoul.[1]

> *A los hombres se degüella: a las ideas, no.*
> Fortoul.

A fines del año 1840, salía yo de mi patria, desterrado por lástima, estropeado, lleno de cardenales, puntazos y golpes recibidos el día anterior en una de esas bacanales sangrientas de soldadesca y mazorqueros. Al pasar por los baños de Zonda,[2] bajo las armas de la patria que en días más alegres había pintado en una sala, escribí con carbón estas palabras:

On ne tue point les idées

El gobierno, a quien se comunicó el hecho, mandó una comisión encargada de descifrar el jeroglífico, que se decía contener desahogos innobles, insultos y amenazas. Oída la traducción, "¡y bien!—dijeron—, ¿qué significa esto?..."

....
....
....
....
....

Significaba, simplemente, que venía a Chile, donde la libertad brillaba aún, y que me proponía hacer proyectar los rayos de las luces de su prensa hasta el otro lado de los Andes. Los que conocen mi conducta en Chile, saben si he cumplido aquella protesta.

---

[1] Hipólito Fortoul (1811-56), literato y político francés.

[2] baños termales cerca de San Juan, Argentina, ciudad natal de Sarmiento.

Introducción

> *"Je demande à l'historien l'amour de l'humanité ou*
> *de la liberté; sa justice impartiale ne doit pas être impassible.*
> *Il faut, au contraire qu'il souhaite, qu'il espère, qu'il souffre,*
> *ou soit heureux de ce qu'il raconte".*
>
> Villemain, *Cours de littérature.*[3]

> *Yo pido al historiador el amor a la humanidad o a*
> *la libertad; su justicia imparcial no debe ser impasible. Es*
> *necesario, al contrario, que desee, que espere, que sufra o sea*
> *feliz con lo que narra".*
>
> Villemain, *Cours de littérature.*

¡Sombra terrible de Facundo,[4] voy a evocarte, para que, sacudiendo el ensangrentado polvo que cubre tus cenizas, te levantes a explicarnos la vida secreta y las convulsiones internas que desgarran las entrañas de un noble pueblo! Tú posees el secreto: ¡revélanoslo! Diez años aún después de tu trágica muerte, el hombre de las ciudades y el gaucho de los llanos argentinos, al tomar diversos senderos en el desierto, decían: "¡No; no ha muerto! ¡Vive aún! ¡Él vendrá!" ¡Cierto! Facundo no ha muerto; está vivo en las tradiciones populares, en la política y revoluciones argentinas; en Rosas,[5] su heredero, su complemento: su alma ha pasado a este otro molde, más acabado, más perfecto; y lo que en él era sólo instinto, iniciación, tendencia, convirtióse en Rosas en sistema, efecto y fin. La naturaleza campestre, colonial y bárbara, cambióse en esta metamorfosis en arte, en sistema y en política regular capaz de presentarse a la faz del mundo, como el modo de ser de un pueblo encarnado en un hombre, que ha aspirado a tomar los aires de un genio que domina los acontecimientos, los hombres y las cosas. Facundo, provinciano, bárbaro, valiente, audaz, fue reemplazado por Rosas, hijo de la culta Buenos Aires, sin serlo él; por Rosas, falso, corazón helado, espíritu calculador, que hace el mal

---

[3]Francisco Villemain (1790-1870), literato francés.

[4]Juan Facundo Quiroga (1793-1835), caudillo de la provincia de La Rioja, asesinado en Barranco Yaco, según la historia tradicional, a la orden de Rosas (ver próxima nota).

[5]Juan Manuel Rosas (1793-1877), gobernador de la provincia de Buenos Aires y dictador de la Confederación Argentina.

sin pasión, y organiza lentamente el despotismo con toda la inteligencia de un Maquiavelo.[6] Tirano sin rival hoy en la tierra, ¿por qué sus enemigos quieren disputarle el título de *Grande* que le prodigan sus cortesanos? Sí; grande y muy grande es, para gloria y vergüenza de su patria, porque si ha encontrado millares de seres degradados que se unzan a su carro para arrastrarlo por encima de cadáveres, también se hallan a millares, las almas generosas que, en quince años de lid sangrienta, no han desesperado de vencer al monstruo que nos propone el enigma de la organización política de la República. Un día vendrá, al fin, que lo resuelvan; y la Esfinge Argentina, mitad mujer, por lo cobarde, mitad tigre, por lo sanguinario, morirá a sus plantas, dando a la Tebas del Plata,[7] el rango elevado que le toca entre las naciones del Nuevo Mundo.

Necesítase, empero, para desatar este nudo que no ha podido cortar la espada, estudiar prolijamente las vueltas y revueltas de los hilos que lo forman, y buscar en los antecedentes nacionales, en la fisonomía del suelo, en las costumbres y tradiciones populares, los puntos en que están pegados.

La República Argentina es hoy la sección hispanoamericana que en sus manifestaciones exteriores ha llamado preferentemente la atención de las naciones europeas, que no pocas veces se han visto envueltas en sus extravíos, o atraídas, como por una vorágine, a acercarse al centro en que remolinean elementos tan contrarios. La Francia estuvo a punto de ceder a esta atracción, y no sin grandes esfuerzos de remo y vela, no sin perder el gobernalle, logró alejarse y mantenerse a la distancia. Sus más hábiles políticos no han alcanzado a comprender nada de lo que sus ojos han visto, al echar una mirada precipitada sobre el poder americano que desafiaba a la gran nación. Al ver las lavas ardientes que se revuelcan, se agitan, se chocan bramando en este gran foco de lucha intestina, los que por más avisados se tienen, han dicho: "Es un volcán subalterno, sin nombre, de los muchos que aparecen en la América: pronto se extinguirá"; y han vuelto a otra parte sus miradas, satisfechos de haber dado una solución tan fácil como exacta, de los fenómenos sociales que sólo han visto en grupo y superficialmente. A la América del Sur en general, y a la República Argentina sobre todo, le ha hecho falta un Toc-

---

[6] Niccolò Machiavelli (1469-1527), estadista y escritor florentino, autor de *El príncipe.*

[7] Buenos Aires, a orillas del Río de la Plata, evocado mediante la alusión a la ciudad antigua sobre el Nilo.

queville,[8] que, premunido del conocimiento de las teorías sociales, como el viajero científico de barómetros, octantes y brújulas, viniera a penetrar en el interior de nuestra vida política, como en un campo vastísimo y aun no explorado ni descrito por la ciencia, y revelase a la Europa, a la Francia, tan ávida de fases nuevas en la vida de las diversas porciones de la humanidad, este nuevo modo de ser, que no tiene antecedentes bien marcados y conocidos. Hubiérase, entonces, explicado el misterio de la lucha obstinada que despedaza a aquella República; hubiéranse clasificado distintamente los elementos contrarios, invencibles, que se chocan; hubiéranse asignado su parte a la configuración del terreno y a los hábitos que ella engendra; su parte a las tradiciones españolas y a la conciencia nacional, inicua, plebeya, que han dejado la Inquisición y el absolutismo hispano; su parte a la influencia de las ideas opuestas que han trastornado el mundo político; su parte a la barbarie indígena; su parte a la civilización europea; su parte, en fin, a la democracia consagrada por la revolución de 1810, a la igualdad, cuyo dogma ha penetrado hasta las capas inferiores de la sociedad. Este estudio que nosotros no estamos aún en estado de hacer por nuestra falta de instrucción filosófica e histórica, hecho por observadores competentes, habría revelado a los ojos atónitos de la Europa, un mundo nuevo en política, una lucha ingenua, franca y primitiva entre los últimos progresos del espíritu humano y los rudimentos de la vida salvaje, entre las ciudades populosas y los bosques sombríos. Entonces se habría podido aclarar un poco el problema de la España, esa rezagada a la Europa, que, echada entre el Mediterráneo y el Océano, entre la Edad Media y el siglo XIX, unida a la Europa culta por un ancho istmo y separada del África bárbara por un angosto estrecho, está balanceándose entre dos fuerzas opuestas, ya levantándose en la balanza de los pueblos libres, ya cayendo en la de los despotizados; ya impía, ya fanática; ora constitucionalista declarada, ora despótica impudente; maldiciendo sus cadenas rotas a veces, ya cruzando los brazos, y pidiendo a gritos que le impongan el yugo, que parece ser su condición y su modo de existir. ¡Qué! ¿El problema de la España europea, no podría resolverse examinando minuciosamente la España americana, como por la educación y hábitos de los hijos se rastrean las ideas y la moralidad de los padres? ¡Qué! ¿No significa nada para la historia y la filosofía, esta eterna lucha de los pueblos hispanoamericanos, esa falta supina de capacidad política e industrial que los tiene inquietos y revolviéndose sin norte fijo, sin objeto

---

[8]Alexis Tocqueville (1805-59), estadista y autor francés, famoso por sus tempranas apreciaciones sobre los Estados Unidos.

preciso, sin que sepan por qué no pueden conseguir un día de reposo, ni qué mano enemiga los echa y empuja en el torbellino fatal que los arrastra, mal de su grado y sin que les sea dado sustraerse a su maléfica influencia? ¿No valía la pena de saber por qué en el Paraguay, tierra desmontada por la mano *sabia* del jesuitismo, un *sabio*[9] educado en las aulas de la antigua Universidad de Córdoba,[10] abre una nueva página en la historia de las aberraciones del espíritu humano, encierra a un pueblo en sus límites de bosque primitivos, y, borrando las sendas que conducen a esta China recóndita, se oculta y esconde durante treinta años su presa, en las profundidades del continente americano, y sin dejarla lanzar un solo grito, hasta que muerto, él mismo, por la edad y la quieta fatiga de estar inmóvil pisando un pueblo sumiso, éste puede al fin, con voz extenuada y apenas inteligible, decir a los que vagan por sus inmediaciones ¡vivo aún!, ¡pero cuánto he sufrido!, *¡quantum mutatus ab illo!*[11] ¡Qué transformación ha sufrido el Paraguay; qué cardenales y llagas ha dejado el yugo sobre su cuello, que no oponía resistencia! ¿No merece estudio el espectáculo de la República Argentina, que, después de veinte años de convulsión interna, de ensayos de organización de todo género, produce, al fin, del fondo de sus entrañas, de lo íntimo de su corazón, al mismo doctor Francia en la persona de Rosas, pero más grande, más desenvuelto y más hostil, si se puede, a las ideas, costumbres y civilización de los pueblos europeos? ¿No se descubre en él, el mismo rencor contra el elemento extranjero, la misma idea de la autoridad del Gobierno, la misma insolencia para desafiar la reprobación del mundo, con más, su originalidad salvaje, su carácter fríamente feroz y su voluntad incontrastable, hasta el sacrificio de la patria, como Sagunto y Numancia;[12] hasta abjurar el porvenir y el rango de nación culta, como la

---

[9]Gaspar Rodríguez de Francia (1766-1840), conocido como el Dr. Francia; dictador paraguayo.

[10]universidad en la ciudad de Córdoba, Argentina, fundada en el siglo XVIII por los jesuitas.

[11]que cambio desde aquel entonces (latín). Sarmiento termina esta larga frase con un punto de admiración, habiéndola abierto con un punto de interrogación.

[12]ciudades de España conocidas por su legendaria resistencia a sendas invasiones.

España de Felipe II[13] y de Torquemada?[14] ¿Es éste un capricho accidental, una desviación mecánica causada por la aparición de la escena, de un
genio poderoso; bien así como los planetas se salen de su órbita regular,
atraídos por la aproximación de algún otro, pero sin sustraerse del todo a la
atracción de su centro de rotación, que luego asume la preponderancia y les
hace entrar en la carrera ordinaria? M. Guizot[15] ha dicho desde la tribuna
francesa: "Hay en América dos partidos: el partido europeo y el partido americano; éste es el más fuerte"; y cuando le avisan que los franceses han tomado las armas en Montevideo y han asociado su porvenir, su vida y su bienestar
al triunfo del partido europeo civilizado, se contenta con añadir: "Los franceses son muy entrometidos, y comprometen a su nación con los demás gobiernos". ¡Bendito sea Dios! M. Guizot, el historiador de la *civilización* europea,
el que ha deslindado los elementos nuevos que modificaron la civilización
romana y que ha penetrado en el enmarañado laberinto de la Edad Media,
para mostrar cómo la nación francesa ha sido el crisol en que se ha estado
elaborando, mezclando y refundiendo el espíritu moderno; M. Guizot, ministro del rey de Francia, da por toda solución a esta manifestación de simpatías
profundas entre los franceses y los enemigos de Rosas: "¡Son muy entrometidos los franceses!" Los otros pueblos americanos, que indiferentes e impasibles, miran esta lucha y estas alianzas de un partido argentino con todo elemento europeo que venga a prestarle su apoyo, exclaman a su vez llenos de
indignación: "¡Estos argentinos son muy amigos de los europeos!" Y el tirano
de la República Argentina se encarga oficiosamente de completarles la frase,
añadiendo: "¡Traidores a la causa americana!" ¡Cierto!, dicen todos; ¡traidores!, ésta es la palabra. ¡Cierto!, decimos nosotros; ¡traidores a la causa americana, española, absolutista, bárbara! ¿No habéis oído la palabra *salvaje*, que
anda revoloteando sobre nuestras cabezas?

De eso se trata: de ser o no ser *salvaje*. ¿Rosas, según esto, no es un
hecho aislado, una aberración, una monstruosidad? ¿Es, por el contrario, una
manifestación social; es una fórmula de una manera de ser de un pueblo?
¿Para qué os obstináis en combatirlo, pues, si es fatal, forzoso, natural y
lógico? ¡Dios mío! ¡Para qué lo combatís!... ¿Acaso porque la empresa es
ardua, es por eso absurda? ¿Acaso porque el mal principio triunfa, se le ha

---

[13](1527-98), rey de España.

[14]Tomás de Torquemada (1420-98), organizador de la Inquisición en
España.

[15]François Pierre Guizot (1787-1874), estadista francés.

de abandonar resignadamente el terreno? ¿Acaso la civilización y la libertad
son débiles hoy en el mundo, porque la Italia gima bajo el peso de todos los
despotismos, porque la Polonia ande errante sobre la tierra mendigando un
poco de pan y un poco de libertad? ¡Por qué lo combatís!... ¿Acaso no estamos vivos los que después de tantos desastres sobrevivimos aún; o hemos perdido nuestra conciencia de lo justo y del porvenir de la patria, porque hemos
perdido algunas batallas? ¡Qué!, ¿se quedan también las ideas entre los despojos de los combates? ¿Somos dueños de hacer otra cosa que lo que hacemos,
ni más ni menos como Rosas no puede dejar de ser lo que es? ¿No hay nada
de providencial en estas luchas de los pueblos? ¿Concedióse jamás el triunfo
a quien no sabe perseverar? Por otra parte, ¿hemos de abandonar un suelo
de los más privilegiados de la América a las devastaciones de la barbarie,
mantener cien ríos navegables, abandonados a las aves acuáticas que están en
quieta posesión de surcarlos ellas solas desde *ab initio*?[16]
    ¿Hemos de cerrar voluntariamente la puerta a la inmigración europea
que llama con golpes repetidos para poblar nuestros desiertos, y hacernos, a
la sombra de nuestro pabellón, pueblo innumerable como las arenas del mar?
¿Hemos de dejar, ilusorios y vanos, los sueños de desenvolvimiento, de poder
y de gloria, con que nos han mecido desde la infancia, los pronósticos que con
envidia nos dirigen los que en Europa estudian las necesidades de la humanidad? Después de la Europa, ¿hay otro mundo cristiano civilizable y desierto
que la América? ¿Hay en la América muchos pueblos que estén, como el argentino, llamados, por lo pronto, a recibir la población europea que desborda
como el líquido en un vaso? ¿No queréis, en fin, que vayamos a invocar la
ciencia y la industria en nuestro auxilio, a llamarlas con todas nuestras fuerzas,
para que vengan a sentarse en medio de nosotros, libre la una de toda traba
puesta al pensamietno, segura la otra de toda violencia y de toda coacción?
¡Oh! ¡Este porvenir no se renuncia así no más! No se renuncia porque un
ejército de 20.000 hombres guarde la entrada de la patria: los soldados mueren en los combates, desertan o cambian de bandera. No se renuncia porque
la fortuna haya favorecido a un tirano durante largos y pesados años: la fortuna es ciega, y un día que no acierte a encontrar a su favorito, entre el humo
denso y la polvareda sofocante de los combates, ¡adiós tirano!; ¡adiós tiranía!
No se renuncia porque todas las brutales e ignorantes tradiciones coloniales
hayan podido más, en un momento de extravío, en el ánimo de masas inexper-
tas: las convulsiones políticas traen también la experiencia y la luz, y es ley de

---

[16]desde el comienzo (latín).

la humanidad que los intereses nuevos, las ideas fecundas, el progreso, triunfen al fin, de las tradiciones envejecidas, de los hábitos ignorantes y de las preocupaciones estacionarias. No se renuncia porque en un pueblo haya millares de hombres candorosos que toman el bien por el mal, egoístas que sacan de él su provecho, indiferentes que lo ven sin interesarse, tímidos que no se atreven a combatirlo, corrompidos, en fin, que no conociéndolo se entregan a él por inclinación al mal, por depravación: siempre ha habido en los pueblos todo esto, y nunca el mal ha triunfado definitivamente. No se renuncia porque los demás pueblos americanos no puedan prestarnos su ayuda; porque los gobiernos no ven de lejos sino el brillo del poder organizado, y no distinguen en la obscuridad humilde y desamparada de las revoluciones, los elementos grandes que están forcejeando por desenvolverse; porque la oposición pretendida liberal abjure de sus principios, imponga silencio a su conciencia, y por aplastar bajo su pie un insecto que la importuna, huelle la noble planta a que ese insecto se apegaba. No se renuncia porque los pueblos en masa nos den la espalda a causa de que nuestras miserias y nuestras grandezas están demasiado lejos de su vista para que alcancen a conmoverlos. ¡No!; no se renuncia a un porvenir tan inmenso, a una misión tan elevada, por ese cúmulo de contradicciones y dificultades: ¡las dificultades se vencen, las contradicciones se acaban a fuerza de contradecirlas!

Desde Chile, nosotros nada podemos dar *a los que perseveran* en la lucha bajo todos los rigores de las privaciones, y con la cuchilla exterminadora, que, como la espada de Damocles,[17] pende a todas horas sobre sus cabezas. ¡Nada!, excepto ideas, excepto consuelos, excepto estímulos; arma ninguna no es dado llevar a los combatientes, si no es la que la *prensa libre* de Chile suministra a todos los hombres libres. ¡La prensa!, ¡la prensa! He aquí, tirano, el enemigo que sofocaste entre nosotros. He aquí el vellocino de oro que tratamos de conquistar. He aquí cómo la prensa de Francia, Inglaterra, Brasil, Montevideo, Chile y Corrientes,[18] va a turbar tu sueño en medio del silencio sepulcral de tus víctimas; he aquí que te has visto compelido a robar el don de lenguas para paliar el mal, don que sólo fue dado para predicar el bien. He aquí que desciendes a justificarte, y que vas por todos los pueblos europeos y americanos mendigando una pluma venal y fratricida, para que por medio de la prensa defienda al que la ha encadenado! ¿Por qué no permites en tu patria, la discusión que mantienes en todos los otros pueblos? ¿Para qué,

---

[17]metáfora para describir cualquier peligro inminente.

[18]provincia del nordeste argentino.

pues, tantos millares de víctimas sacrificadas por el puñal; para qué tantas batallas, si al cabo habías de concluir por la pacífica discusión de la prensa?

El que haya leído las páginas que preceden, creerá que es mi ánimo trazar un cuadro apasionado de los actos de barbarie que han deshonrado el nombre de don Juan Manuel de Rosas. Que se tranquilicen los que abriguen este temor. Aun no se ha formado la última página de esta biografía inmoral; aun no está llena la medida; los días de su héroe no han sido contados aún. Por otra parte, las pasiones que subleva entre sus enemigos son demasiado rencorosas aún, para que pudieran ellos mismos poner fe en su imparcialidad o en su justicia. Es de otro personaje de quien debo ocuparme: Facundo Quiroga es el caudillo cuyos hechos quiero consignar en el papel.

Diez años ha que la tierra posa sobre sus cenizas, y muy cruel y emponzoñada debiera mostrarse la calumnia que fuera a cavar los sepulcros en busca de víctimas. ¿Quién lanzó la bala *oficial* que detuvo su carrera? ¿Partió de Buenos Aires o de Córdoba? La historia explicará este arcano. Facundo Quiroga, empero, es el tipo más ingenuo del carácter de la guerra civil de la República Argentina; es la figura más americana que la revolución presenta. Facundo Quiroga enlaza y eslabona todos los elementos de desorden que hasta antes de su aparición estaban agitándose aisladamente en cada provincia; él hace de la guerra local, la guerra nacional, argentina, y presenta triunfante, al fin de diez años de trabajos, de devastaciones y de combates, el resultado de que sólo supo aprovecharse el que lo asesinó.

He creído explicar la revolución argentina con la biografía de Juan Facundo Quiroga, porque creo que él explica suficientemente una de las tendencias, una de las dos fases diversas que luchan en el seno de aquella sociedad singular.

He evocado, pues, mis recuerdos, y buscado para completarlos, los detalles que han podido suministrarme hombres que lo conocieron en su infancia, que fueron sus partidarios o sus enemigos, que han visto con sus ojos unos hechos, oído otros, y tenido conocimiento exacto de una época o de una situación particular. Aún espero más datos de los que poseo, que ya son numerosos. Si algunas inexactitudes se me escapan, ruego a los que las adviertan que me las comuniquen; porque en Facundo Quiroga no veo un caudillo simplemente, sino una manifestación de la vida argentina, tal como la han hecho la colonización y las peculiaridades del terreno, a lo cual creo necesario consagrar una seria atención, porque sin esto, la vida y hechos de Facundo

Quiroga son vulgaridades que no merecerían entrar, sino episódicamente, en el dominio de la historia. Pero Facundo, en relación con la fisonomía de la naturaleza grandiosamente salvaje que prevalece en la inmensa extensión de la República Argentina; Facundo, expresión fiel de una manera de ser de un pueblo, de sus preocupaciones e instintos; Facundo, en fin, siendo lo que fue, no por un accidente de su carácter, sino por antecedentes inevitables y ajenos de su voluntad, es el personaje histórico más singular, más notable, que puede presentarse a la contemplación de los hombres que comprenden que un caudillo que encabeza un gran movimiento social, no es más que el espejo en que se reflejan, en dimensiones colosales, las creencias, las necesidades, preocupaciones y hábitos de una nación en una época dada de su historia. Alejandro es la pintura, el reflejo de la Grecia guerrera, literaria, política y artística; de la Grecia escéptica, filosófica y emprendedora, que se derrama por sobre el Asia, para extender la esfera de su acción civilizadora.

Por esto nos es necesario detenernos en los detalles de la vida interior del pueblo argentino, para comprender su ideal, su personificación.

Sin estos antecedentes, nadie comprenderá a Facundo Quiroga, como nadie, a mi juicio, ha comprendido, todavía, al inmortal Bolívar, por la incompetencia de los biógrafos que han trazado el cuadro de su vida. En la *Enciclopedia nueva* he leído un brillante trabajo sobre el general Bolívar,[19] en el que se hace a aquel caudillo americano toda la justicia que merece por sus talentos y por su genio; pero en esta biografía, como en todas las otras que de él se han escrito, he visto al general europeo, los mariscales del Imperio, un Napoleón menos colosal; pero no he visto al caudillo americano, al jefe de un levantamiento de las masas; veo el remedo de la Europa, y nada que me revele la América.

Colombia tiene llanos, vida pastoril, vida bárbara, americana pura, y de ahí partió el gran Bolívar; de aquel barro hizo su glorioso edificio. ¿Cómo es, pues, que su biografía lo asemeja a cualquier general europeo de esclarecidas prendas? Es que las preocupaciones clásicas europeas del escritor desfiguran al héroe, a quien quitan el *poncho* para presentarlo desde el primer día con el frac, ni más ni menos como los litógrafos de Buenos Aires han pintado a Facundo con casaca de solapas, creyendo impropia su chaqueta, que nunca abandonó. Bien: han hecho un general, pero Facundo desaparece. La guerra

---

[19]Simón Bolívar (1783-1830), héroe de la independencia latinoamericana, nacido en Caracas.

de Bolívar pueden estudiarla en Francia en la de los *chouanes*:[20] Bolívar es un Charette[21] de más anchas dimensiones. Si los españoles hubieran penetrado en la República Argentina el año 11, acaso nuestro Bolívar habría sido Artigas,[22] si este caudillo hubiese sido tan pródigamente dotado por la naturaleza y la educación.

La manera de tratar la historia de Bolívar, de los escritores europeos y americanos, conviene a San Martín[23] y a otros de su clase. San Martín no fue caudillo popular; era realmente un general. Habíase educado en Europa y llegó a América, donde el Gobierno era el revolucionario, y podía formar a sus anchas el ejército europeo, disciplinarlo y dar batallas regulares, según las reglas de la ciencia. Su expedición sobre Chile es una conquista en regla, como la de Italia por Napoleón. Pero si San Martín hubiese tenido que encabezar *montoneras*,[24] ser vencido aquí, para ir a reunir un grupo de llaneros por allá, lo habrían colgado a su segunda tentativa.

El drama de Bolívar se compone, pues, de otros elementos de los que hasta hoy conocemos; es preciso poner antes, las decoraciones y los trajes americanos, para mostrar en seguida el personaje. Bolívar es, todavía, un cuento forjado sobre datos ciertos: Bolívar, el verdadero Bolívar, no lo conoce aún el mundo, y es muy probable que, cuando lo traduzcan a su idioma natal, aparezca más sorprendente y más grande aún.

Razones de este género me han movido a dividir este precipitado trabajo en dos partes: la una, en que trazo el terreno, el paisaje, el teatro sobre que va a representarse la escena; la otra en que aparece el personaje, con su traje, sus ideas, su sistema de obrar; de manera que la primera esté ya revelando a la segunda, sin necesidad de comentarios ni explicaciones.

Señor don Valentín Alsina:[25]

---

[20]un grupo de guerrilleros realistas durante la Revolución francesa.

[21]François Anastase Charette, líder de los *chouanes*.

[22]José Gervasio Artigas (1764-1850), héroe de la independencia uruguaya.

[23]José de San Martín (1778-1850), libertador de Chile, del Perú y del Río de la Plata.

[24]tropas de guerrilleros gauchos del movimiento de la independencia en el Río de la Plata.

[25]Adolfo Alsina (1829-77), político argentino.

Conságrole, mi caro amigo, estas páginas que vuelven a ver la luz pública, menos por lo que ellas valen, que por el conato de usted de amenguar con sus notas, los muchos lunares que afeaban la primera edición. Ensayo y revelación, para mí mismo, de mis ideas, el *Facundo* adoleció de los defectos de todo fruto de la inspiración del momento, sin el auxilio de documentos a la mano, y ejecutada no bien era concebida, lejos del teatro de los sucesos y con propósitos de acción inmediata y militante. Tal como él era, mi pobre librejo ha tenido la fortuna de hablar en aquella tierra, cerrada a la verdad y a la discusión, lectores apasionados, y de mano en mano, deslizándose furtivamente, guardado en algún secreto escondite, para hacer alto en sus peregrinaciones, emprender largos viajes, y ejemplares por centenas llegar, ajados y despachurrados de puro leídos, hasta Buenos Aires, a las oficinas del pobre tirano, a los campamentos del soldado y a la cabaña del gaucho, hasta hacerse él mismo, en las hablillas populares, un mito como su héroe.

He usado con parsimonia de sus preciosas notas, guardando las más substanciales para tiempos mejores y más meditados trabajos, temeroso de que por retocar obra tan informe, desapareciese su fisonomía primitiva y la lozana y voluntariosa audacia de la mal disciplinada concepción.

Este libro, como tantos otros que la lucha de la libertad ha hecho nacer, irá bien pronto a confundirse en el fárrago inmenso de materiales, de cuyo caos discordante saldrá un día, depurada de todo resabio, la historia de nuestra patria, el drama más fecundo en lecciones, más rico en peripecias y más vivaz que la dura y penosa transformación americana ha presentado. ¡Feliz yo, si, como lo deseo, puedo un día consagrarme con éxito a tarea tan grande! Echaría al fuego, entonces, de buena gana, cuantas páginas precipitadas he dejado escapar en el combate en que usted y tantos otros valientes escritores han cogido los más frescos laureles, hiriendo de más cerca, y con armas mejor templadas, al poderoso tirano de nuestra patria.

He suprimido la introducción como inútil, y los dos capítulos últimos como ociosos hoy, recordando una indicación de usted, en 1846, en Montevideo, en que me insinuaba que el libro estaba terminado en la muerte de Quiroga.

Tengo una ambición literaria, mi caro amigo, y a satisfacerla consagro muchas vigilias, investigaciones prolijas y estudios meditados. Facundo murió corporalmente en Barranca-Yaco; pero su nombre en la Historia podía escaparse y sobrevivir algunos años, sin castigo ejemplar como era merecido. La justicia de la Historia ha caído, ya, sobre él, y el reposo de su tumba, guárdanlo la supresión de su nombre y el desprecio de los pueblos. Sería agraviar a la Historia escribir la vida de Rosas, y humillar a nuestra patria, recordarla, después de rehabilitada, las degradaciones por que ha pasado. Pero hay otros pueblos y otros hombres que no deben quedar sin humillación y sin ser aleccionados. ¡Oh! La Francia, tan justamente erguida por su suficiencia en las ciencias históricas, políticas y sociales; la Inglaterra, tan contemplativa de sus intereses comerciales; aquellos políticos de todos los países, aquellos escritores que se precian de entendidos, si un pobre narrador americano se presentase ante ellos como un libro, para mostrarles, como Dios muestra las cosas que llamamos evidentes, que se han prosternado ante un fantasma, que han contemporizado con una sombra impotente, que han acatado un montón de basura, llamando a la estupidez, energía; a la ceguedad, talento; virtud a la crápula e intriga, y diplomacia a los más groseros ardides; si pudiera hacerse esto, como es posible hacerlo, con unción en las palabras, con intachable imparcialidad en la justipreciación de los hechos, con exposición lucida y animada, con elevación de sentimientos y con conocimiento profundo de los intereses de los pueblos y presentimiento, fundado en deducción lógica, de los bienes que sofocaron con sus errores y de los males que desarrollaron en nuestro país e hicieron desbordar sobre otros... ¿no siente usted que el que tal hiciera podría presentarse en Europa con su libro en la mano, y decir a la Francia y a la Inglaterra, a la Monarquía y a la República, a Palmerston[26] y a Guizot, a Luis Felipe[27] y a Luis Napoleón,[28] al *Times* y la *Presse*: "¡Leed, miserables, y humillaos! ¡He ahí vuestro hombre!", y hacer efectivo aquel *ecce homo*,[29] tan mal señalado por los poderosos, al desprecio y al asco de los pueblos!

La historia de la tiranía de Rosas es la más solemne, la más sublime y la más triste página de la especie humana, tanto para los pueblos que de ella han sido víctimas, como para las naciones, gobiernos y políticos europeos o americanos que han sido actores en el drama o testigos interesados.

Los hechos están ahí consignados, clasificados, probados, documentados; fáltales, empero, el hilo que ha de ligarlos en un solo hecho, el soplo de vida que ha de hacerlos enderezarse todos a un tiempo a la vista del espectador y convertirlos en cuadro vivo, con primeros planos palpables y lontananzas necesarias; fáltale el colorido que dan el paisaje, los rayos del sol de la patria; fáltale la evidencia que trae la estadística, que cuenta las cifras, que impone

---

[26]Henry John Temple, vizconde Palmerston (1784-1865), estadista inglés.

[27]Louis Philippe (1773-1850), rey francés.

[28]Charles Louis Napoléon (1808-73), sobrino de Napoleón Bonaparte y emperador de Francia.

[29]He aquí el hombre (latín).

silencio a los fraseadores presuntuosos y hace enmudecer a los poderosos impudentes. Fáltame, para intentarlo, interrogar el suelo y visitar los lugares de la escena, oír las revelaciones de los cómplices, las deposiciones de las víctimas, los recuerdos de los ancianos, las doloridas narraciones de las madres, que ven con el corazón; fáltame escuchar el eco confuso del pueblo, que ha visto y no ha comprendido, que ha sido verdugo y víctima, testigo y actor; falta la madurez del hecho cumplido y el paso de una época a otra, el cambio de los destinos de la nación, para volver, con fruto, los ojos hacia atrás, haciendo de la historia, ejemplo y no venganza.

Imagínese usted, mi caro amigo, si codiciando para mí este tesoro, prestaré grande atención a los defectos e inexactitudes de la vida de Juan Facundo Quiroga ni de nada de cuanto he abandonado a la publicidad. Hay una justicia ejemplar que hacer y una gloria que adquirir como escritor argentino: fustigar al mundo y humillar la soberbia de los grandes de la tierra, llámense sabios o gobiernos. Si fuera rico, fundara un premio Monthion[30] para aquel que lo consiguiera.

Envíole, pues, el *Facundo* sin otras atenuaciones, y hágalo que continúe la obra de rehabilitación de lo justo y de lo digno que tuvo en mira al principio. Tenemos lo que Dios concede a los que sufren: años por delante y esperanza; tengo yo un átomo de lo que a usted y a Rosas, a la virtud y al crimen, concede a veces: perseverancia. Perseveremos, amigo: muramos, usted ahí, yo acá; pero que ningún acto, ninguna palabra nuestra revele que tenemos la conciencia de nuestra debilidad y de que nos amenazan para hoy o para mañana, tribulaciones y peligros.

Queda de usted su afectísimo amigo

Domingo F. Sarmiento.

Yungay, 7 de abril de 1851.

---

[30]un premio de virtud, concedia por la Academia Francesa.

Facundo o civilización y barbarie

CAPITULO I. Aspecto físico de la República Argentina y caracteres, hábitos e ideas que engendra

> *L'étendue des Pampas est si prodigieuse, qu'au nord elles sont bornées par des bosquets de palmiers, et au midi par des neiges éternelles.*
>
> Head.[31]

> *La extensión de las pampas es tan prodigiosa, que al norte ellas están limitadas por bosques de palmeras y al mediodía, por nieves eternas.*
>
> Head.

El continente americano termina al sur en una punta, en cuya extremidad se forma el Estrecho de Magallanes. Al oeste, y a corta distancia del Pacífico, se extienden, paralelos a la costa, los Andes chilenos. La tierra que queda al oriente de aquella cadena de montañas y al occidente del Atlántico, siguiendo el Río de la Plata hacia el interior por el Uruguay arriba, es el territorio que se llamó Provincias Unidas del Río de la Plata, y en el que aún se derrama sangre por denominarlo República Argentina o Confederación Argentina. Al norte están el Paraguay, el Gran Chaco y Bolivia, sus límites presuntos.

La inmensa extensión de país que está en sus extremos, es enteramente despoblada, y ríos navegables posee que no ha surcado aún el frágil barquichuelo. El mal que aqueja a la República Argentina es la extensión: el desierto la rodea por todas partes, y se le insinúa en las entrañas; la soledad, el despoblado sin una habitación humana, son, por lo general, los límites incuestionables entre unas y otras provincias. Allí, la inmensidad por todas partes: inmensa la llanura, inmensos los bosques, inmensos los ríos, el horizonte siempre incierto, siempre confundiéndose con la tierra, entre celajes y vapores tenues, que no dejan, en la lejana perspectiva, señalar el punto en que el mundo acaba y principia el cielo. Al sur y al norte, acéchanla los salvajes, que aguardan las noches de luna para caer, cual enjambre de hienas, sobre los ganados que pacen en los campos y sobre las indefensas poblaciones. En la

---

[31]Francis B. Head (1793-1875), funcionario y escritor inglés.

solitaria caravana de carretas que atraviesa pesadamente las pampas, y que se detiene a reposar por momentos, la tripulación, reunida en torno del escaso fuego, vuelve maquinalmente la vista hacia el sur, al más ligero susurro del viento que agita las yerbas secas, para hundir sus miradas en las tinieblas profundas de la noche, en busca de los bultos siniestros de la horda salvaje que puede, de un momento a otro, sorprenderla desapercibida. Si el oído no escucha rumor alguno, si la vista no alcanza a calar el velo obscuro que cubre la callada soledad, vuelve sus miradas, para tranquilizarse del todo, a las orejas de algún caballo que está inmediato al fogón, para observar si están inmóviles y negligentemente inclinadas hacia atrás. Entonces continúa la conversación interrumpida, o lleva a la boca el tasajo de carne, medio sollamado, de que se alimenta. Si no es la proximidad del salvaje lo que inquieta al hombre del campo, es el temor de un tigre que lo acecha, de una víbora que puede pisar. Esta inseguridad de la vida, que es habitual y permanente en las campañas, imprime, a mi parecer, en el carácter argentino, cierta resignación estoica para la muerte violenta, que hace de ella uno de los percances inseparables de la vida, una manera de morir como cualquiera otra, y puede, quizá, explicar en parte, la indiferencia con que dan y reciben la muerte, sin dejar en los que sobreviven, impresiones profundas y duraderas.

La parte habitada de este país privilegiado en dones, y que encierra todos los climas, puede dividirse en tres fisonomías distintas, que imprimen a la población condiciones diversas, según la manera como tiene que entenderse con la naturaleza que la rodea. Al norte, confundiéndose con el Chaco, un espeso bosque cubre, con su impenetrable ramaje, extensiones que llamaríamos inauditas, si en formas colosales hubiese nada inaudito en toda la extensión de la América. Al centro, y en una zona paralela, se disputan largo tiempo el terreno, la pampa y la selva; domina en partes el bosque, se degrada en matorrales enfermizos y espinosos; preséntase de nuevo la selva, a merced de algún río que la favorece, hasta que, al fin, al sur, triunfa la pampa y ostenta su lisa y velluda frente, infinita, sin límite conocido, sin accidente notable; es la imagen del mar en la tierra, la tierra como en el mapa; la tierra aguardando todavía que se la mande producir las plantas y toda clase de simiente.

Pudiera señalarse, como un rasgo notable de fisonomía de este país, la aglomeración de ríos navegables que al este se dan cita de todos los rumbos del horizonte, para reunirse en el Plata y presentar, dignamente, su estupendo tributo al océano, que lo recibe en sus flancos, no sin muestras visibles de turbación y de respeto. Pero estos inmensos canales excavados por la solícita mano de la naturaleza, no introducen cambio ninguno en las costumbres nacionales. El hijo de los aventureros españoles que colonizaron el país, detesta la navegación, y se considera como aprisionado en los estrechos límites del bote o de la lancha. Cuando un gran río le ataja el paso, se desnuda tranquilamente, apresta su caballo y lo endilga nadando a algún islote que se divisa a lo lejos; arribado a él, descansan caballo y caballero, y de islote en islote se completa, al fin, la travesía.

De este modo, el favor más grande que la Providencia depara a un pueblo, el gaucho argentino lo desdeña, viendo en él, más bien un obstáculo opuesto a sus movimientos, que el medio más poderoso de facilitarlos: de este modo, la fuente del engrandecimiento de las naciones, lo que hizo la celebridad remotísima del Egipto, lo que engrandeció a la Holanda y es causa del rápido desenvolvimiento de Norteamérica, la navegación de los ríos o la canalización es un elemento muerto, inexplotado por el habitante de las márgenes del Bermejo, Pilcomayo, Paraná, Paraguay y Uruguay. Desde el Plata, remontan aguas arriba algunas navecillas tripuladas por italianos y carcamanes; pero el movimiento sube unas cuantas leguas y cesa casi de todo punto. No fue dado a los españoles el instinto de la navegación, que poseen en tal alto grado los sajones del norte. Otro espíritu se necesita que agite esas arterias, en que hoy se estagnan los flúidos vivificantes de una nación. De todos estos ríos que debieran llevar la civilización, el poder y la riqueza, hasta las profundidades más recónditas del continente y hacer de Santa Fe, Entre Ríos, Corrientes, Córdoba, Salta, Tucumán y Jujuy,[32] otros tantos pueblos nadando en riquezas y rebosando población y cultura, sólo uno hay que es fecundo en beneficios para los que moran en sus riberas: el Plata, que los resume a todos juntos.

En su embocadura están situadas dos ciudades: Montevideo y Buenos Aires, cosechando hoy, alternativamente, las ventajas de su envidiable posición. Buenos Aires está llamada a ser, un día, la ciudad más gigantesca de ambas Américas. Bajo un clima benigno, señora de la navegación de cien ríos que fluyen a sus pies, reclinada muellemente sobre un inmenso territorio, y con trece provincias interiores que no conocen otra salida para sus productos, fuera ya la Babilonia americana, si el espíritu de la pampa no hubiese soplado sobre ella y si no ahogase en sus fuentes, el tributo de riqueza que los ríos y las provincias tienen que llevarla siempre. Ella sola, en la vasta extensión argentina, está en contacto con las naciones europeas; ella sola explota las ventajas del comercio extranjero; ella sola tiene poder y rentas. En vano le

---

[32]provincias de la Argentina, cuyas capitales llevan el mismo nombre.

han pedido las provincias que les deje pasar un poco de civilización, de industria y de población europea: una política estúpida y colonial se hizo sorda a estos clamores. Pero las provincias se vengaron mandándole en Rosas, mucho y demasiado de la barbarie que a ellas les sobraba.

Harto caro la han pagado los que decían: "La República Argentina acaba en el Arroyo del Medio".[33] Ahora llega desde los Andes hasta el mar: la barbarie y la violencia bajaron a Buenos Aires, más allá del nivel de las provincias. No hay que quejarse de Buenos Aires, que es grande y lo será más, porque así le cupo en suerte. Debiéramos quejarnos, antes, de la Providencia, y pedirle que rectifique la configuración de la tierra. No siendo esto posible, demos por bien hecho, lo que de mano de Maestro está hecho. Quejémonos de la ignorancia de este poder brutal, que esteriliza para sí y para las provincias, los dones que natura prodigó al pueblo que extravía. Buenos Aires, en lugar de mandar ahora luces, riqueza y prosperidad al interior, mándale sólo cadenas, hordas exterminadoras y tiranuelos subalternos. ¡También se venga del mal que las provincias le hicieron con prepararle a Rosas!

He señalado esta circunstancia de la posición monopolizadora de Buenos Aires, para mostrar que hay una organización del suelo, tan central y unitaria en aquel país, que aunque Rosas hubiera gritado de buena fe: *"¡Federación o muerte!"*, habría concluido por el sistema unitario que hoy ha establecido. Nosotros, empero, queríamos la unidad en la civilización y en la libertad, y se nos ha dado la unidad en la barbarie y en la esclavitud. Pero otro tiempo vendrá en que las cosas entren en su cauce ordinario. Lo que por ahora interesa conocer, es que los progresos de la civilización se acumulan en Buenos Aires solo: la pampa es un malísimo conductor para llevarla y distribuirla en las provincias, y ya veremos lo que de aquí resulta. Pero por sobre todos estos accidentes peculiares a ciertas partes de aquel territorio, predomina una facción general, uniforme y constante; ya sea que la tierra esté cubierta de la lujosa y colosal vegetación de los trópicos, ya sea que arbustos enfermizos, espinosos y desapacibles revelen la escasa porción de humedad que les da vida; ya, en fin, que la pampa ostente su despejada y monótona faz, la superficie de la tierra es generalmente llana y unida, sin que basten a interrumpir esta continuidad sin límites, las sierras de San Luis y Córdoba en el centro, y algunas ramificaciones avanzadas de los Andes, al norte. Nuevo elemento de unidad para la nación que pueble, un día, aquellas grandes soledades, pues

---

[33]El Arroyo Medio es un límite natural entre las provincias de Buenos Aires y Santa Fe.

es sabido que las montañas que se interponen entre unos y otros países y los demás obstáculos naturales, mantienen el aislamiento de los pueblos y conservan sus peculiaridades primitivas. Norteamérica está llamada a ser una federación, menos por la primitiva independencia de las plantaciones, que por su ancha exposición al Atlántico y las diversas salidas que al interior dan: el San Lorenzo al norte, el Mississipí al sur y las inmensas canalizaciones al centro. La República Argentina es "una e indivisible".

Muchos filósofos han creído, también, que las llanuras preparaban las vías al despotismo, del mismo modo que las montañas prestaban asidero a las resistencias de la libertad. Esta llanura sin límites, que desde Salta a Buenos Aires, y de allí a Mendoza, por una distancia de más de setecientas leguas, permite rodar enormes y pesadas carretas, sin encontrar obstáculo alguno, por caminos en que la mano del hombre apenas ha necesitado cortar algunos árboles y matorrales, esta llanura constituye uno de los rasgos más notables de la fisonomía interior de la República. Para preparar vías de comunicación, basta sólo el esfuerzo del individuo y los resultados de la naturaleza bruta; si el arte quisiera prestarle su auxilio, si las fuerzas de la sociedad intentaran suplir la debilidad del individuo, las dimensiones colosales de la obra arredrarían a los más emprendedores, y la incapacidad del esfuerzo lo haría inoportuno. Así, en materia de caminos, la naturaleza salvaje dará la ley por mucho tiempo, y la acción de la civilización permanecerá débil e ineficaz.

Esta extensión de las llanuras imprime, por otra parte, a la vida del interior, cierta tintura asiática, que no deja de ser bien pronunciada. Muchas veces, al salir la luna tranquila y resplandeciente por entre las yerbas de la tierra, la he saludado maquinalmente con estas palabras de Volney,[34] en su descripción de las Ruinas: *La pleine lune à l'Orient s'élevait sur un fond bleuâtre aux plaines rives de l'Euphrate".*[35] Y, en efecto, hay algo en las soledades argentinas que trae a la memoria las soledades asiáticas; alguna analogía encuentra el espíritu entre la pampa y las llanuras que median entre el Tigris y el Eufrates; algún parentesco en la tropa de carretas solitaria que cruza nuestras soledades para llegar, al fin de una marcha de meses, a Buenos Aires, y la caravana de camellos que se dirige hacia Bagdad o Esmirna. Nuestras carretas viajeras son una especie de escuadra de pequeños bajeles, cuya gente

---

[34]Constantin Volney (1757-1820), erudito francés.

[35]La luna llena hacia el Oriente se elevaba sobre un fondo azulado, en las llanas riberas del Eufrates (francés).

tiene costumbres, idiomas y vestidos peculiares, que la distinguen de los otros habitantes, como el marino se distingue de los hombres de la tierra.

Es el capataz un caudillo, como en Asia, el jefe de la caravana: necesítase, pare este destino, una voluntad de hierro, un carácter arrojado hasta la temeridad, para contener la audacia y turbulencia de los filibusteros de tierra, que ha de gobernar y dominar él solo, en el desamparo del desierto. A la menor señal de insubordinación, el capataz enarbola su *chicote* de fierro y descarga sobre el insolente, golpes que causan contusiones y heridas; si la resistencia se prolonga, antes de apelar a las pistolas, cuyo auxilio por lo general desdeña, salta del caballo con el formidable cuchillo en mano, y revindica, bien pronto, su autoridad, por la superior destreza con que sabe manejarlo. El que muere en estas ejecuciones del capataz, no deja derecho a ningún reclamo, considerándose legítima la autoridad que lo ha asesinado.

Así es, como en la vida argentina, empieza a establecerse por estas peculiaridades, el predominio de la fuerza brutal, la preponderancia del más fuerte, la autoridad sin límites y sin responsabilidad de los que mandan, la justicia administrativa sin formas y sin debates. La tropa de carretas lleva, además, armamento: un fusil o dos por carreta y a veces, un cañoncito giratorio en la que va a la delantera. Si los bárbaros la asaltan, forma un círculo, atando unas carretas con otras, y casi siempre resisten victoriosamente a las codicias de los salvajes, ávidos de sangre y de pillaje.

La árrea de mulas cae, con frecuencia, indefensa en manos de estos beduínos americanos, y rara vez los troperos escapan de ser degollados. En estos largos viajes, el proletario argentino adquiere el hábito de vivir lejos de la sociedad y a luchar individualmente con la naturaleza, endurecido en las privaciones, y sin contar con otros recursos que su capacidad y maña personal, para precaverse de todos los riesgos que le cercan de continuo.

El pueblo que habita estas extensas comarcas se compone de dos razas diversas, que, mezclándose, forman mediostintes imperceptibles, españoles e indígenas. En las campañas de Córdoba y San Luis,[36] predomina la raza española pura, y es común encontrar en los campos, pastoreando ovejas, muchachas tan blancas, tan rosadas y hermosas, como querrían serlo las elegantes de una capital. En Santiago del Estero,[37] el grueso de la población campesina habla aún la *quichua*, que revela su origen indio. En Corrientes, los

---

[36]provincias de la Argentina.
[37]provincia de la Argentina.

campesinos usan un dialecto español muy gracioso: —Dame, general, un chiripá—decían a Lavalle[38] sus soldados.

En la campaña de Buenos Aires, se reconoce todavía el soldado andaluz; y en la ciudad, predominan los apellidos extranjeros. La raza negra casi extinta ya—excepto en Buenos Aires—ha dejado sus zambos y mulatos, habitantes de las ciudades, eslabón que liga el hombre civilizado con el palurdo; raza inclinada a la civilización, dotada de talento y de los más bellos instintos de progresos.

Por lo demás, de la fusión de estas tres familias ha resultado un todo homogéneo, que se distingue por su amor a la ociosidad e incapacidad industrial, cuando la educación y las exigencias de una posición social no vienen a ponerle espuela y sacarla de su paso habitual. Mucho debe haber contribuido a producir este resultado desgraciado, la incorporación de indígenas que hizo la colonización. Las razas americanas viven en la ociosidad, y se muestran incapaces, aun por medio de la compulsión, para dedicarse a un trabajo duro y seguido. Esto sugirió la idea de introducir negros en América, que tan fatales resultados ha producido. Pero no se ha mostrado mejor dotada de acción la raza española, cuando se ha visto en los desiertos americanos abandonada a sus propios instintos.

Da compasión y vergüenza en la República Argentina comparar la colonia alemana o escocesa del sur de Buenos Aires y la villa que se forma en el interior: en la primera, las casitas son pintadas; el frente de la casa, siempre aseado, adornado de flores y arbustillos graciosos; el amueblado, sencillo, pero completo; la vajilla, de cobre o estaño, reluciente siempre; la cama, con cortinillas graciosas, y los habitantes, en un movimiento y acción continuos. Ordeñando vacas, fabricando mantequilla y quesos, han logrado algunas familias hacer fortunas colosales y retirarse a la ciudad, a gozar de las comodidades.

La villa nacional es al reverso indigno de esta medalla: niños sucios y cubiertos de harapos, viven con una jauría de perros; hombres tendidos por el suelo, en la más completa inacción; el desaseo y la pobreza por todas partes; una mesita y petacas por todo amueblado; ranchos miserables por habitación, y un aspecto general de barbarie y de incuria los hacen notables.

Esta miseria, que ya va desapareciendo, y que es un accidente de las campañas pastoras, motivó, sin duda, las palabras que el despecho y la humi-

---

[38]Juan Lavalle (1797-1841), general que encabezó la lucha contra Rosas.

llación de las armas inglesas arrancaron a Walter Scott:[39] "Las vastas llanuras de Buenos Aires—dice—no están pobladas sino por cristianos salvajes, conocidos bajo el nombre de *guachos* (por decir *Gauchos*), cuyo principal amueblado, consite en cráneos de caballos, cuyo alimento es carne cruda y agua y cuyo pasatiempo favorito es reventar caballos en carreras forzadas. Desgraciadamente—añade el buen gringo—, prefirieron su independencia nacional a nuestros algodones y muselinas". ¡Sería bueno proponerle a la Inglaterra, por ver, no más, cuántas varas de lienzo y cuántas piezas de muselina daría por poseer estas llanuras de Buenos Aires!

Por aquella extensión sin límites, tal como la hemos descrito, están esparcidas, aquí y allá, catorce ciudades capitales de provincia, que si hubiéramos de seguir el orden aparente, clasificáramos, por su colocación geográfica: Buenos Aires, Santa Fe, Entre Ríos y Corrientes, a las márgenes del Paraná;[40] Mendoza, San Juan, Rioja, Catamarca, Tucumán, Salta y Jujuy, casi en línea paralela con los Andes chilenos, Santiago, San Luis y Córdoba, al centro. Pero esta manera de enumerar los pueblos argentinos, no conduce a ninguno de los resultados sociales que voy solicitando. La clasificación que hace a mi objeto, es la que resulta de los medios de vivir del pueblo de las campañas, que es lo que influye en su carácter y espíritu. Ya he dicho que la vecindad de los ríos no imprime modificación alguna, puesto que no son navegados sino en una escala insignificante y sin influencia. Ahora, todos los pueblos argentinos, salvo San Juan y Mendoza, viven de los productos del pastoreo; Tucumán explota, además, la agricultura; y Buenos Aires, a más de un pastoreo de millones de cabezas de ganado, se entrega a las múltiples y variadas ocupaciones de la vida civilizada.

Las ciudades argentinas tienen la fisonomía regular de casi todas las ciudades americanas: sus calles cortadas en ángulos rectos, su población diseminada en una ancha superficie, si se exceptúa a Córdoba, que, edificada en corto y limitado recinto, tiene todas las apariencias de una ciudad europea, a que dan mayor realce la multitud de torres y cúpulas de sus numerosos y magníficos templos. La ciudad es el centro de la civilización argentina, española, europea; allí están los talleres de las artes, las tiendas del comercio, las escuelas y colegios, los juzgados, todo lo que caracteriza, en fin, a los pueblos cultos.

---

[39] (1771-1832), novelista inglés.

[40] río del nordeste argentino y uno de los tributarios del Río de la Plata.

La elegancia en los modales, las comodidades del lujo, los vestidos europeos, el frac y la levita tienen allí su teatro y su lugar conveniente. No sin objeto hago esta enumeración trivial. La ciudad capital de las provincias pastoras existe algunas veces ella sola, sin ciudades menores, y no falta alguna en que el terreno inculto llegue hasta ligarse con las calles. El desierto las circunda a más o menos distancia: las cerca, las oprime; la naturaleza salvaje las reduce a unos estrechos oasis de civilización, enclavados en un llano inculto, de centenares de millas cuadradas, apenas interrumpido por una que otra villa de consideración. Buenos Aires y Córdoba son las que mayor número de villas han podido echar sobre la campaña, como otros tantos focos de civilización y de intereses municipales; ya esto es un hecho notable.

El hombre de la ciudad viste el traje europeo, vive de la vida civilizada, tal como la conocemos en todas partes: allí están las leyes, las ideas de progreso, los medios de instrucción, alguna organización municipal, el gobierno regular, etc. Saliendo del recinto de la ciudad, todo cambia de aspecto: el hombre de campo lleva otro traje, que llamaré americano, por ser común a todos los pueblos; sus hábitos de vida son diversos; sus necesidades, peculiares y limitadas; parecen dos sociedades distintas, dos pueblos extraños uno de otro. Aun hay más: el hombre de la campaña, lejos de aspirar a semejarse al de la ciudad, rechaza con desdén, su lujo y sus modales corteses, y el vestido del ciudadano, el frac, la capa, la silla, ningún signo europeo puede presentarse impunemente en la campaña. Todo lo que hay de civilizado en la ciudad, está bloqueado allí, proscripto afuera, y el que osara mostrarse con levita, por ejemplo, y montado en silla inglesa, atraería sobre sí las burlas y las agresiones brutales de los campesinos.

Estudiemos, ahora, la fisonomía exterior de las extensas campañas que rodean las ciudades y penetremos en la vida interior de sus habitantes. Ya he dicho, que en muchas provincias, el límite forzoso es un desierto intermedio y sin agua. No sucede así, por lo general, con la campaña de una provincia, en la que reside la mayor parte de su población. La de Córdoba, por ejemplo, que cuenta 160.000 almas, apenas veinte de éstas están dentro del recinto de la aislada ciudad; todo el grueso de la población está en los campos, que, así como por lo común son llanos, casi por todas partes son pastosos, ya estén cubiertos de bosques, ya desnudos de vegetación mayor, y en algunas, con tanta abundancia y de tan exquisita calidad, que el prado artificial no llegaría a aventajarles. Mendoza, y San Juan sobre todo, se exceptúan de esta peculiaridad de la superficie inculta, por lo que sus habitantes viven principalmente de los productos de la agricultura. En todo lo demás, abundando los pastos, la cría de ganados es, no la ocupación de los habitantes, sino su medio de subsistencia. Ya la vida pastoril nos vuelve, impensadamente, a traer a la imaginación el recuerdo del Asia, cuyas llanuras nos imaginamos siempre cubiertas, aquí y allá, de las tiendas del calmuco, del cosaco o del árabe. La vida primitiva de los pueblos, la vida eminentemente bárbara y estacionaria, la vida de Abraham, que es la del beduíno de hoy, asoma en los campos argentinos, aunque modificada por la civilización de un modo extraño.

La tribu árabe, que vaga por las soledades asiáticas, vive reunida bajo el mando de un anciano de la tribu o un jefe guerrero; la sociedad existe, aunque no esté fija en un punto determinado de la tierra; las creencias religiosas, las tradiciones inmemoriales, la invariabilidad de las costumbres, el respeto a los ancianos, forman reunidos un código de leyes, de usos y de prácticas de gobierno, que mantiene la moral, tal como la comprenden, el orden y la asociación de la tribu. Pero el progreso está sofocado, porque no puede haber progreso sin la posesión permanente del suelo, sin la ciudad, que es la que desenvuelve la capacidad industrial del hombre y le permite extender sus adquisiciones.

En las llanuras argentinas, no existe la tribu nómade:[41] el pastor posee el suelo con títulos de propiedad; está fijo en un punto, que le pertenece; pero, para ocuparlo, ha sido necesario disolver la asociación y derramar las familias sobre una inmensa superficie. Imaginaos una extensión de dos mil leguas cuadradas, cubierta toda de población, pero colocadas las habitaciones a cuatro leguas de distancia, unas de otras, a ocho, a veces, a dos, las más cercanas. El desenvolvimiento de la propiedad mobiliaria no es imposible; los goces del lujo no son del todo incompatibles con este aislamiento: puede levantar la fortuna un soberbio edificio en el desierto; pero el estímulo falta, el ejemplo desaparece, la necesidad de manifestarse con dignidad, que se siente en las ciudades, no se hace sentir allí, en el aislamiento y la soledad. Las privaciones indispensables justifican la pereza natural, y la frugalidad en los goces trae, en seguida, todas las exterioridades de la barbarie. La sociedad ha desaparecido completamente; queda sólo la familia feudal, aislada, reconcentrada; y, no habiendo sociedad reunida, toda clase de gobierno se hace imposible: la municipalidad no existe, la policía no puede ejercerse y la justicia civil no tiene medios de alcanzar a los delincuentes.

Ignoro si el mundo moderno presenta un género de asociación tan monstruoso como éste. Es todo lo contrario del municipio romano, que reconcentraba en un recinto, toda la población, y de allí, salía a labrar los campos

---

[41]nómada.

circunvecinos. Existía, pues, una organización social fuerte, y sus benéficos resultados se hacen sentir hasta hoy y han preparado la civilización moderna. Se asemeja a la antigua Sloboda[42] esclavona,[43] con la diferencia que aquélla era agrícola y, por tanto, más susceptible de gobierno: el desaparramo de la población no era tan extenso como éste. Se diferencia de la tribu nómade, en que aquélla anda en sociedad siquiera, ya que no se posesiona del suelo. Es, en fin, algo parecido a la feudalidad de la Edad Media, en que los barones residían en el campo, y desde allí, hostilizaban las ciudades y asolaban las campañas; pero aquí faltan el barón y el castillo feudal. Si el poder se levanta en el campo, es momentáneamente, es democrático: ni se hereda, ni puede conservarse, por falta de montañas y posiciones fuertes. De aquí resulta, que aun la tribu salvaje de la pampa está organizada mejor que nuestras campañas, para el desarrollo moral.

Pero lo que presenta de notable esta sociedad, en cuanto a su aspecto social, es su afinidad con la vida antigua, con la vida espartana o romana, si por otra parte no tuviese una desemejanza radical. El ciudadano libre de Esparta o de Roma echaba sobre sus esclavos, el peso de la vida material, el cuidado de proveer a la subsistencia, mientras que él vivía libre de cuidados en el foro, en la plaza pública, ocupándose exclusivamente de los intereses del estado, de la paz, la guerra, las luchas de partido. El pastoreo proporciona las mismas ventajas, y la función inhumana del ilota[44] antiguo, la desempeña el ganado. La procreación espontánea forma y acrece indefinidamente la fortuna; la mano del hombre está por demás; su trabajo, su inteligencia, su tiempo, no son necesarios para la conservación y aumento de los medios de vivir. Pero si nada de esto necesita para lo material de la vida, las fuerzas que economiza no puede emplearlas como el romano: fáltale la ciudad, el municipio, la asociación íntima, y, por tanto, fáltale la base de todo desarrollo social; no estando reunidos los estancieros, no tienen necesidades públicas que satisfacer; en una palabra, no hay *res pública*.[45]

El progreso moral, la cultura de la inteligencia descuidada en la tribu árabe o tártara, es aquí no sólo descuidada, sino imposible. ¿Dónde colocar la escuela para que asistan a recibir lecciones, los niños diseminados a diez

---

[42]barrio en ruso; nombre del barrio alemán de Moscú en el siglo XVIII.

[43]eslava.

[44]antiguo habitante del valle de Laconia en Grecia.

[45]cosa pública (latín); origen de la palabra república.

leguas de distancia, en todas direcciones? Así, pues, la civilización es del todo irrealizable, la barbarie es normal, y gracias, si las costumbres domésticas conservan un corto depósito de moral. La moral sufre las consecuencias de la disolución de la sociedad; el curato es nominal, el púlpito no tiene auditorio, el sacerdote huye de la capilla solitaria o se desmoraliza en la inacción y en la soledad; los vicios, el simoniaquismo, la barbarie normal, penetran en su celda y convierten su superioridad moral, en elementos de fortuna y de ambición, porque, al fin, concluye por hacerse caudillo de partido.

Yo he presenciado una escena campestre digna de los tiempos primitivos del mundo, anteriores a la institución del sacerdocio. Hallábame en 1838 en la sierra de San Luis, en casa de un estanciero, cuyas dos ocupaciones favoritas eran rezar y jugar. Había edificado una capilla en la que, los domingos por la tarde, rezaba él mismo el rosario, para suplir al sacerdote y al oficio divino de que por años habían carecido. Era aquél un cuadro homérico: el sol llegaba al ocaso; las majadas que volvían al redil, hendían el aire con sus confusos balidos; el dueño de la casa, hombre de sesenta años, de una fisonomía noble, en que la raza europea pura se ostentaba por la blancura del cutis, los ojos azulados, la frente, espaciosa y despejada, hacía coro, a que contestaban una docena de mujeres y algunos mocetones, cuyos caballos, no bien domados aún, estaban amarrados cerca de la puerta de la capilla. Concluido el rosario, hizo un fervoroso ofrecimiento. Jamás he oído voz más llena de unción, fervor más puro, fe más firme, ni oración más bella, más adecuada a las circunstancias, que la que recitó. Pedía en ella, a Dios, lluvia para los campos, fecundidad para los ganados, paz para la República, seguridad para los caminantes... Yo soy muy propenso a llorar, y aquella vez lloré hasta sollozar, porque el sentimiento religioso se había despertado en mi alma con exaltación y como una sensación desconocida, porque nunca he visto escena más religiosa; creía estar en los tiempos de Abraham, en su presencia, en la de Dios y de la naturaleza que lo revela. La voz de aquel hombre candoroso e inocente me hacía vibrar todas las fibras, y me penetraba hasta la médula de los huesos.

He aquí a lo que está reducida la religión en las campañas pastoras: a la religión natural; el cristianismo existe, como el idioma español, en clase de tradición que se perpetúa, pero corrompido, encarnado en supersticiones groseras, sin instrucción, sin culto y sin convicciones. En casi todas las campañas apartadas de las ciudades, ocurre que, cuando llegan comerciantes de San Juan o de Mendoza, les presentan tres o cuatro niños de meses y de un año para que los bauticen, satisfechos de que, por su buena educación, podrán hacerlo de un modo válido; y no es raro que a la llegada de un sacerdote, se le presenten mocetones, que vienen domando un potro, a que les ponga el óleo y administre el bautismo *sub conditione.*[46]

A falta de todos los medios de civilización y de progreso, que no pueden desenvolverse, sino a condición de que los hombres estén reunidos en sociedades numerosas, ved la educación del hombre del campo. Las mujeres guardan la casa, preparan la comida, trasquilan las ovejas, ordeñan las vacas, fabrican los quesos y tejen las groseras telas de que se visten: todas las ocupaciones domésticas, todas las industrias caseras las ejerce la mujer: sobre ella pesa casi todo el trabajo; y gracias, si algunos hombres se dedican a cultivar un poco de maíz, para el alimento de la familia, pues el pan es inusitado como mantención ordinaria. Los niños ejercitan sus fuerzas y se adiestran, por placer, en el manejo del lazo y de las bolas, con que molestan y persiguen sin descanso a las terneras y cabras; cuando son jinetes, y esto sucede luego de aprender a caminar, sirven a caballo en algunos quehaceres; más tarde, y cuando ya son fuertes, recorren los campos, cayendo y levantando, rodando a designio en las vizcacheras, salvando precipicios y adiestrándose en el manejo del caballo; cuando la pubertad asoma, se consagran a domar potros salvajes, y la muerte es el castigo menor que les aguarda, si un momento les faltan las fuerzas o el coraje. Con la juventud primera, viene la completa independencia y la desocupación.

Aquí principia la vida pública, diré, del gaucho, pues que su educación está ya terminada. Es preciso ver a estos españoles, por el idioma únicamente y por las confusas nociones religiosas que conservan, para saber apreciar los caracteres indómitos y altivos, que nacen de esta lucha del hombre aislado, con la naturaleza salvaje, del racional, con el bruto; es preciso ver estas caras cerradas de barba, estos semblantes graves y serios, como los de los árabes asiáticos, para juzgar del compasivo desdén que les inspira la vista del hombre sedentario de las ciudades, que puede haber leído muchos libros, pero que no sabe aterrar un toro bravío y darle muerte; que no sabrá proveerse de caballo a campo abierto, a pie y sin el auxilio de nadie; que nunca ha parado un tigre, y recibídolo con el puñal en una mano y el poncho envuelto en la otra, para meterle en la boca, mientras le traspasa el corazón y lo deja tendido a sus pies. Este hábito de triunfar de las resistencias, de mostrarse siempre superior a la naturaleza, desafiarla y vencerla, desenvuelve prodigiosamente el sentimiento de la importancia individual y de la superioridad. Los argentinos, de cualquier clase que sean, civilizados o ignorantes, tienen una alta

---

[46]bajo condición (latín).

conciencia de su valer como nación; todos los demás pueblos americanos les echan en cara esta vanidad, y se muestran ofendidos de su presunción y arrogancia. Creo que el cargo no es del todo infundado, y no me pesa de ello. ¡Ay del pueblo que no tiene fe en sí mismo! ¡Para ése no se han hecho las grandes cosas! ¿Cuánto no habrá podido contribuir a la independencia de una parte de la América, la arrogancia de estos gauchos argentinos que nada han visto bajo el sol, mejor que ellos, ni el hombre sabio ni el poderoso? El europeo es, para ellos, el último de todos, porque no resiste a un par de corcovos del caballo. Si el origen de esta vanidad nacional en las clases inferiores es mezquino, no son por eso menos nobles las consecuencias; como no es menos pura el agua de un río porque nazca de vertientes cenagosas e infectas. Es implacable el odio que les inspiran los hombres cultos, e invencible su disgusto por sus vestidos, usos y maneras. De esta pasta están amasados los soldados argentinos, y es fácil imaginarse lo que hábitos de este género pueden dar en valor y sufrimiento para la guerra. Añádase que, desde la infancia, están habituados a matar las reses, y que este acto de crueldad necesaria, los familiariza con el derramamiento de sangre, y endurece su corazón, contra los gemidos de las víctimas.

La vida del campo, pues, ha desenvuelto en el gaucho, las facultades físicas, sin ninguna de las de la inteligencia. Su carácter moral se resiente de su hábito de triunfar de los obstáculos y del poder de la naturaleza: es fuerte, altivo, enérgico. Sin ninguna instrucción, sin necesitarla tampoco, sin medios de subsistencia, como sin necesidades, es feliz en medio de su pobreza y de sus privaciones, que no son tales, para el que nunca conoció mayores goces, ni extendió más altos sus deseos. De manera que si esta disolución de la sociedad radica hondamente la barbarie, por la imposibilidad y la inutilidad de la educación moral e intelectual, no deja, por otra parte, de tener sus atractivos. El gaucho no trabaja; el alimento y el vestido lo encuentra preparado en su casa; uno y otro se lo proporcionan sus ganados, si es propietario; la casa del patrón o pariente, si nada posee. Las atenciones que el ganado exige, se reducen a correrías y partidas de placer. La hierra, que es como la vendimia de los agricultores, es una fiesta cuya llegada se recibe con transportes de júbilo: allí es el punto de reunión de todos los hombres de veinte leguas a la redonda; allí, la ostentación de la increíble destreza en el lazo. El gaucho llega a la hierra al paso lento y mesurado de su mejor *parajero*,[47] que detiene a distancia, cruza la pierna sobre el pescuezo del caballo. Si el entusiasmo

---

[47]caballo.

lo anima, desciende lentamente del caballo, desarrolla su lazo y lo arroja sobre un toro que pasa, con la velocidad del rayo, a cuarenta pasos de distancia: lo ha cogido de una uña, que era lo que se proponía, y vuelve tranquilo a enrollar su *cuerda*.

CAPÍTULO II. Originalidad y carácter argentinos

> *Ainsi que l'océan, les steppes remplissent l'espirit du sentiment de l'infini.*
>
> Humboldt.[48]

> *Así como el océano, las estepas llenan al espíritu del sentimiento de lo infinito.*
>
> Humboldt.

Si de las condiciones de la vida pastoril, tal como la ha constituido la colonización y la incuria, nacen graves dificultades para una organización política cualquiera, y muchas más para el triunfo de la civilización europea, de sus instituciones, y de la riqueza y libertad, que son sus consecuencias, no puede, por otra parte, negarse que esta situación tiene su costado poético, y faces dignas de la pluma del romancista. Si un destello de literatura nacional puede brillar momentáneamente en las nuevas sociedades americanas, es el que resultará de la descripción de la lucha entre la civilización europea y la barbarie indígena, entre la inteligencia y la materia: lucha imponente en América, y que da lugar a escenas tan peculiares, tan características y tan fuera del círculo de ideas en que se ha educado el espíritu europeo, porque los resortes dramáticos se vuelven desconocidos fuera del país donde se toman, los usos sorprendentes, y originales los caracteres.

El único romancista norteamericano que haya logrado hacerse un hombre europeo es Fenimore Cooper,[49] y eso porque transportó la escena de sus descripciones fuera del círculo ocupado por los plantadores, al límite entre la vida bárbara y la civilizada, al teatro de la guerra en que las razas indígenas y la raza sajona están combatiendo por la posesión del terreno.

---

[48]Alexander von Humboldt (1769-1859), explorador y escritor alemán.

[49]John Fenimore Cooper (1789-1851), novelista norteamericano.

No de otro modo, nuestro joven poeta Echeverría[50] ha logrado llamar la atención del mundo literario español, con su poema titulado *La cautiva*. Este bardo argentino dejó a un lado a Dido y Argia, que sus predecesores los Varela[51] trataron con maestría clásica y estro poético, pero sin suceso y sin consecuencia, porque nada agregaban al caudal de nociones europeas, y volvió sus miradas al desierto, y allá en la inmensidad sin límites, en las soledades en que vaga el salvaje, en la lejana zona de fuego que el viajero ve acercarse cuando los campos se incendian, halló las inspiraciones que proporciona a la imaginación, el espectáculo de una naturaleza solemne, grandiosa, inconmensurable, callada; y entonces, el eco de sus versos pudo hacerse oír con aprobación, aun por la península española.

Hay que notar, de paso, un hecho que es muy explicativo de los fenómenos sociales de los pueblos. Los accidentes de la naturaleza producen costumbres y usos peculiares a estos accidentes, haciendo que donde estos accidentes se repiten, vuelvan a encontrarse los mismos medios de parar a ellos, inventados por pueblos distintos. Eso me explica por qué la flecha y el arco se encuentran en todos los pueblos salvajes, cualesquiera que sean su raza, su origen y su colocación geográfica. Cuando leía en *El último de los Mohicanos*, de Cooper, que Ojo de Halcón y Uncas habían perdido el rastro de los Mingos en un arroyo, dije para mí: "Van a tapar el arroyo". Cuando en *La pradera*, el Trampero mantiene la incertidumbre y la agonía, mientras el fuego los amenaza, un argentino habría aconsejado lo mismo que el Trampero sugiere al fin, que es limpiar un lugar para guarecerse, e incendiar a su vez, para poderse retirar del fuego que invade, sobre las cenizas del punto que se ha incendiado. Tal es la práctica de los que atraviesan la pampa para salvarse de los incendios del paso. Cuando los fugitivos de *La pradera* encuentran un río, y Cooper describe la misteriosa operación del Pawnie con el cuero de búfalo que recoge: "va a hacer la *pelota*,[52] me dije a mí mismo; lástima es que no haya una mujer que la conduzca, que entre nosotros son las mujeres las que cruzan los ríos con la *pelota* tomada con los dientes por un lazo. El procedimiento para asar una cabeza de búfalo en el desierto es el mismo que nosotros usamos para *batear*[53] una cabeza de vaca o un lomo de ternera. En fin,

---

[50]Esteban Echeverría (1805-51), poeta e intelectual argentino.

[51]Juan Cruz Varela (1794-1839), poeta y dramaturgo argentino; autor de dos tragedias llamadas *Dido* (1823) y *Argia* (1824).

[52]canoa.

[53]arcaísmo por bautizar, usado aquí en el sentido de sazonar.

mil otros accidentes que omito, prueban la verdad de que modificaciones análogas del suelo traen análogas costumbres, recursos y expedientes. No es otra la razón de hallar, en Fenimore Cooper, descripciones de usos y costumbres que parecen plagiadas de la pampa; así, hallamos en los hábitos pastoriles de la América, reproducidos hasta los trajes, el semblante grave y hospitalidad árabes.

Existe, pues, un fondo de poesía que nace de los accidentes naturales del país y de las costumbres excepcionales que engendra. La poesía, para despertarse, (porque la poesía es como el sentimiento religioso, una facultad del espíritu humano), necesita el espectáculo de lo bello, del poder terrible, de la inmensidad, de la extensión de lo vago, de lo incomprensible, porque sólo donde acaba lo palpable y vulgar, empiezan las mentiras de la imaginación, el mundo ideal. Ahora yo pregunto: ¿Qué impresiones ha de dejar en el habitante de la República Argentina, el simple acto de clavar los ojos en el horizonte, y ver... no ver nada; porque cuanto más hunde los ojos en aquel horizonte incierto, vaporoso, indefinido, más se le aleja, más lo fascina, lo confunde y lo sume en la contemplación y la duda? ¿Dónde termina aquel mundo que quiere en vano penetrar? ¡No lo sabe! ¿Qué hay más allá de lo que ve? ¡La soledad, el peligro, el salvaje, la muerte! He aquí ya la poesía: el hombre que se mueve en estas escenas, se siente asaltado de temores e incertidumbres fantásticas, de sueños que le preocupan despierto.

De aquí resulta que el pueblo argentino es poeta por carácter, por naturaleza. ¿Ni cómo ha de dejar de serlo, cuando en medio de una tarde serena y apacible, una nube torva y negra se levanta sin saber de dónde, se extiende sobre el cielo, mientras se cruzan dos palabras, y de repente, el estampido del trueno anuncia la tormenta que deja frío al viajero, y reteniendo el aliento, por temor de atraerse un rayo de dos mil que caen en torno suyo? La obscuridad se sucede después a la luz: la muerte está por todas partes; un poder terrible, incontrastable, le ha hecho, en un momento, reconcentrarse en sí mismo, y sentir su nada en medio de aquella naturaleza irritada; sentir a Dios, por decirlo de una vez, en la aterrante magnificencia de sus obras. ¿Qué más colores para la paleta de la fantasía? Masas de tinieblas que anublan el día, masas de luz ávida, temblorosa, que ilumina un instante las tinieblas, y muestra la pampa a distancias infinitas, cruzándola vivamente el rayo, en fin, símbolo del poder. Estas imágenes han sido hechas para quedarse hondamente grabadas. Así, cuando la tormenta pasa, el gaucho se queda triste, pensativo, serio, y la sucesión de luz y tinieblas se continúa en su imaginación, del mismo modo que cuando miramos fijamente el sol, nos queda, por largo tiempo, su disco en la retina.

Preguntadle al gaucho, a quién matan con preferencia los rayos, y os introducirá en un mundo de idealizaciones morales y religiosas, mezcladas de hechos naturales, pero mal comprendidos, de tradiciones supersticiosas y groseras. Añádase que, si es cierto que el flúido eléctrico entra en la economía de la vida humana y es el mismo que llaman flúido nervioso, el cual, excitado, subleva las pasiones y enciende el entusiasmo, muchas disposiciones debe tener para los trabajos de la imaginación, el pueblo que habita bajo la atmósfera recargada de electricidad hasta el punto que la ropa frotada, chisporrotea como el pelo contrariado del gato.

¿Cómo no ha de ser poeta el que presencia estas escenas imponentes:

"Gira en vano, reconcentra
su inmensidad, y no encuentra
la vista en su vivo anhelo
do fijar su fugaz vuelo,
como el pájaro en la mar.

Doquier, campo y heredades,
del ave y bruto guaridas;
doquier cielo y soledades
de Dios sólo conocidas,
que El sólo puede sondear".

Echeverría.

O el que tiene a la vista esta naturaleza engalanada?:

"De las entrañas de América
dos raudales se desatan:
el Paraná, faz de perlas,
y el Uruguay, faz de nácar.

Los dos entre bosques corren,
o entre floridas barrancas,
como dos grandes espejos
entre marcos de esmeraldas.

Salúdanlos en su paso
la melancólica pava,
el picaflor y el jilguero,
el zorzal y la torcaza.

Como ante reyes se inclinan
ante ellos seibos[54] y palmas,

---

[54]ceibo, un tipo de árbol.

> y le arrojan flor del aire,
> aroma y flor de naranja;
> luego, en el Guazú[55] se encuentran,
> y reuniendo sus aguas,
> mezclando nácar y perlas
> se derraman en el Plata".
>
> Domínguez.[56]

Pero ésta es la poesía culta, la poesía de la ciudad. Hay otra que hace oír sus ecos por los campos solitarios: la poesía popular, candorosa y desaliñada del gaucho.

También nuestro pueblo es músico. Esta es una predisposición nacional que todos los vecinos le reconocen. Cuando en Chile se anuncia, por la primera vez, un argentino en una casa, lo invitan al piano en el acto, o le pasan una vihuela, y si se excusa diciendo que no sabe pulsarla, lo extrañan y no le creen, "porque siendo argentino—dicen—debe ser músico". Esta es una preocupación popular que acusa nuestros hábitos nacionales. En efecto: el joven culto de las ciudades toca el piano o la flauta, el violín o la guitarra; los mestizos se dedican casi exclusivamente a la música, y son muchos los hábiles compositores e instrumentistas que salen de entre ellos. En las noches de verano, se oye sin cesar la guitarra en la puerta de las tiendas, y, tarde de la noche, el sueño es dulcemente interrumpido por las serenatas y los conciertos ambulantes.

El pueblo campesino tiene sus cantares propios.

El *triste*, que predomina en los pueblos del Norte, es un canto frigio, plañidero, natural al hombre en el estado primitivo de barbarie, según Rousseau.[57]

La *vidalita*, canto popular con coros, acompañado de la guitarra y un tamboril, a cuyos redobles se reúne la muchedumbre y va engrosando el cortejo y el estrépito de las voces. Este canto me parece heredado de los indígenas, porque lo he oído en una fiesta de indios en Copiapó,[58] en cele-

---

[55]cataratas de Iguazú, en la frontera entre Argentina, el Paraguay y el Brasil.

[56]Luis L. Domínguez (1819-62), poeta argentino.

[57]Jean Jacques Rousseau (1712-78), filósofo francés.

[58]ciudad chilena.

bración de la Candelaria;[59] y como canto no lo han de haber adoptado de los españoles argentinos. La *vidalita* es el metro popular en que se cantan los asuntos del día, las canciones guerreras: el gaucho compone el verso que canta, y lo populariza por la asociación que su canto exige.

Así, pues, en medio de la rudeza de las costumbres nacionales, estas dos artes que embellecen la vida civilizada y dan desahogo a tantas pasiones generosas, están honradas y favorecidas por las masas mismas, que ensayan su áspera musa en composiciones líricas y poéticas. El joven Echeverría residió algunos meses en la campaña, en 1840, y la fama de sus versos sobre la pampa le había precedido ya: los gauchos lo rodeaban con respeto y afición, y cuando un recién venido mostraba señales de desdén hacia el *cajetilla*,[60] alguno le insinuaba al oído: "Es poeta", y toda prevención hostil cesaba al oír este título privilegiado.

Sabido es, por otra parte, que la guitarra es el instrumento popular de los españoles, y que es común en América. En Buenos Aires, sobre todo, está todavía muy vivo el tipo popular español, el *majo*. Descúbresele en el compadrito de la ciudad y en el gaucho de la campaña. El *jaleo* español vive en el *cielito*: los dedos sirven de castañuelas. Todos los movimientos del compadrito revelan al majo: el movimiento de los hombres, los ademanes, la colocación del sombrero, hasta la manera de escupir por entre los dientes: todo es aún andaluz genuino.

Del centro de estas costumbres y gustos generales se levantan especialidades notables, que un día embellecerán y darán un tinte original al drama y al romance nacional. Yo quiero sólo notar aquí algunas que servirán a completar la idea de las costumbres, para trazar en seguida el carácter, causas y efectos de la guerra civil.

EL RASTREADOR

El más conspicuo de todos, el más extraordinario, es el *rastreador*. Todos los gauchos del interior son rastreadores. En llanuras tan dilatadas, en donde las sendas y caminos se cruzan en todas direcciones, y los campos en que pacen o transitan las bestias son abiertos, es preciso saber seguir las huellas de un animal, y distinguirlas de entre mil, conocer si va despacio o

---

[59]fiesta religiosa que se realiza el 2 de febrero en la que se bendicen los cirios.

[60]joven culto y elegante.

ligero, suelto o tirado, cargado o de vacío: esta es una ciencia casera y popular. Una vez caía yo de un camino de encrucijada al de Buenos Aires, y el peón que me conducía echó, como de costumbre, la vista al suelo: "Aquí va —dijo luego—una mulita mora muy buena...; ésta es la tropa de don N. Zapata..., es de muy buena silla..., va ensillada..., ha pasado ayer..." Este hombre venía de la Sierra de San Luis, la tropa volvía de Buenos Aires, y hacía un año que él había visto por última vez, la mulita mora, cuyo rastro estaba confundido con el de toda una tropa en un sendero de dos pies de ancho. Pues esto, que parece increíble, es, con todo, la ciencia vulgar; éste era un peón de árrea, y no un rastreador de profesión.

El *rastreador* es un personaje grave, circunspecto, cuyas aseveraciones hacen fe en los tribunales inferiores. La conciencia del saber que posee le da cierta dignidad reservada y misteriosa. Todos le tratan con consideración: el pobre, porque puede hacerle mal, calumniándolo o denunciándolo; el propietario, porque su testimonio puede fallarle. Un robo se ha ejecutado durante la noche: no bien se nota, corren a buscar una pisada del ladrón, y encontrada, se cubre con algo para que el viento no la disipe. Se llama en seguida al rastreador, que ve el rastro y lo sigue sin mirar, sino de tarde en tarde, el suelo, como si sus ojos vieran de relieve esta pisada, que para otro es imperceptible. Sigue el curso de las calles, atraviesa los huertos, entra en una casa y, señalando un hombre que encuentra, dice fríamente: "¡Este es!" El delito está probado, y raro es el delincuente que resiste a esta acusación. Para él, más que para el juez, la deposición del rastreador es la evidencia misma: negarla sería ridículo, absurdo. Se somete, pues, a este testigo, que considera como el dedo de Dios que lo señala. Yo mismo he conocido a Calíbar, que ha ejercido, en una provincia, su oficio, durante cuarenta años consecutivos. Tiene, ahora, cerca de ochenta años: encorvado por la edad, conserva, sin embargo, un aspecto venerable y lleno de dignidad. Cuando le hablan de su reputación fabulosa, contesta: "Ya no valgo nada; ahí están los niños". Los niños son sus hijos, que han aprendido en la escuela de tan famoso maestro. Se cuenta de él, que durante un viaje a Buenos Aires le robaron una vez, su montura de gala. Su mujer tapó el rastro con una artesa. Dos meses después, Calíbar regresó, vio el rastro, ya borrado e inapercibible para otros ojos, y no se habló más del caso. Año y medio después, Calíbar marchaba cabizbajo por una calle de los suburbios, entra a una casa y encuentra su montura, ennegrecida ya y casi inutilizada por el uso. ¡Había encontrado el rastro de su raptor, después de dos años! El año 1830, un reo condenado a muerte se había escapado de la cárcel. Calíbar fue encargado de buscarlo. El infeliz, previendo que sería rastreado, había tomado todas las precauciones que la imagen del cadalso le sugirió. ¡Precauciones inútiles! Acaso sólo sirvieron para perderle, porque comprometido Calíbar en su reputación, el amor propio ofendido le hizo desempeñar con calor, una tarea que perdía a un hombre, pero que probaba su maravillosa vista. El prófugo aprovechaba todos los accidentes del suelo para no dejar huellas; cuadras enteras había marchado pisando con la punta del pie: trepábase en seguida a las murallas bajas, cruzaba un sitio y volvía para atrás; Calíbar lo seguía sin perder la pista. Si le sucedía momentáneamente extraviarse, al hallarla de nuevo, exclamaba: "¡Dónde te *mi as dir!*"[61] Al fin llegó a una acequia de agua, en los suburbios, cuya corriente había seguido aquél para burlar al rastreador... ¡Inútil! Calíbar iba por las orillas sin inquietud, sin vacilar. Al fin se detiene, examina una yerbas y dice: "Por aquí ha salido; no hay rastro, pero estas gotas de agua en los pastos lo indican". Entra en una viña: Calíbar reconoció las tapias que la rodeaban, y dijo: "Adentro está". La partida de soldados se cansó de buscar, y volvió a dar cuenta de la inutilidad de las pesquisas. "No ha salido" fue la breve respuesta que, sin moverse, sin proceder a nuevo examen, dio el rastreador. No había salido, en efecto, y al día siguiente fue ejecutado. En 1831, algunos presos políticos intentaban una evasión: todo estaba preparado, los auxiliares de fuera, prevenidos. En el momento de efectuarla, uno dijo: "¿Y Calíbar?"—"¡Cierto!"—contestaron los otros, anonadados, aterrados.—¡Calíbar". Sus familias pudieron conseguir de Calíbar que estuviese enfermo cuatro días, contados desde la evasión, y así pudo efectuarse sin inconveniente.

¿Qué misterio es éste del rastreador? ¿Qué poder microscópico se desenvuelve en el órgano de la vista de estos hombres? ¡Cuán sublime criatura es la que Dios hizo a su imagen y semejanza?

EL BAQUEANO

Después del rastreador, viene el *baqueano,* personaje eminente y que tiene en sus manos la suerte de los particulares y de las provincias. El baqueano es un gaucho grave y reservado, que conoce a palmos, veinte mil leguas cuadradas de llanuras, bosques y montañas. Es el topógrafo más completo, es el único mapa que lleva un general para dirigir los movimientos de su campaña. El baqueano va siempre a su lado. Modesto y reservado como una tapia, está en todos los secretos de la campaña; la suerte del ejército, el éxito de una batalla, la conquista de una provincia, todo depende de él.

---

[61]me has de ir.

El baqueano es casi siempre fiel a su deber; pero no siempre el general tiene en él, plena confianza. Imaginaos la posición de un jefe condenado a llevar un traidor a su lado y a pedirle los conocimientos indispensables para triunfar. Un baqueano encuentra una sendita que hace cruz con el camino que lleva: él sabe a qué aguada remota conduce; si encuentra mil, y esto sucede en un espacio de cien leguas, él las conoce todas, sabe de dónde vienen y adónde van. Él sabe el vado oculto que tiene un río, más arriba o más abajo del paso ordinario, y esto en cien ríos o arroyos; el conoce en los ciénagos extensos, un sendero por donde pueden ser atravesados sin inconveniente, y esto en cien ciénagos distintos.

En lo más oscuro de la noche, en medio de los bosques o en las llanuras sin límites, perdidos sus compañeros, extraviados, da una vuelta en círculo de ellos, observa los árboles; si no los hay, se desmonta, se inclina a tierra, examina algunos matorrales y se orienta de la altura en que se halla, monta en seguida, y les dice, para asegurarlos: "Estamos en dereceras de tal lugar, a tantas leguas de las habitaciones; el camino ha de ir al Sur"; y se dirige hacia el rumbo que señala, tranquilo, sin prisa de encontrarlo y sin responder a las objeciones que el temor o la fascinación sugiere a los otros.

Si aún esto no basta, o si se encuentra en la pampa y la oscuridad es impenetrable, entonces arranca pastos de varios puntos, huele la raíz y la tierra, las masca y, después de repetir este procedimiento varias veces, se cerciora de la proximidad de algún lago, o arroyo salado, o de agua dulce, y sale en su busca para orientarse fijamente. El general Rosas, dicen, conoce, por el gusto, el pasto de cada estancia del sur de Buenos Aires.

Si el baqueano lo es de la pampa, donde no hay caminos para atravesarla, y un pasajero le pide que lo lleve directamente a un paraje distante cincuenta leguas, el baqueano se para un momento, reconoce el horizonte, examina el suelo, clava la vista en un punto y se echa a galopar con la rectitud de una flecha, hasta que cambia de rumbo por motivos que sólo él sabe, y, galopando día y noche, llega al lugar designado.

El baqueano anuncia también la proximidad del enemigo, esto es, diez leguas, y el rumbo por donde se acerca, por medio del movimiento de los avestruces, de los gamos y guanacos que huyen en cierta dirección. Cuando se aproxima, observa los polvos y por su espesor cuenta la fuerza: "Son dos mil hombres"—dice—, "quinientos", "doscientos", y el jefe obra bajo este dato, que casi siempre es infalible. Si los cóndores y cuervos revolotean en un círculo del cielo, él sabrá decir si hay gente escondida, o es un campamento recién abandonado, o un simple animal muerto. El baqueano conoce la distancia que hay de un lugar a otro; los días y las horas necesarias para llegar a él, y a más, una senda extraviada e ignorada, por donde se puede llegar de sorpresa y en mitad del tiempo; así es que las partidas de montoneras emprenden sorpresas sobre pueblos que están a cincuenta leguas de distancia, que casi siempre las aciertan. ¿Creeráse exagerado? ¡No! El general Rivera,[62] de la Banda Oriental, es un simple baqueano que conoce cada árbol que hay en toda la extensión de la República del Uruguay. No la hubieran ocupado los brasileros sin su auxilio; no la hubieran libertado, sin él, los argentinos. Oribe, apoyado por Rosas, sucumbió después de tres años de lucha con el general baqueano, y todo el poder de Buenos Aires hoy, con sus numerosos ejércitos que cubren toda la campaña del Uruguay, puede desaparecer, destruido a pedazos, por una sorpresa hoy, por una fuerza cortada mañana, por una victoria que él sabrá convertir en su provecho, por el conocimiento de algún caminito que cae a retaguardia del enemigo, o por otro accidente inapercibido o insignificante.

El general Rivera principió sus estudios del terreno el año de 1804: y haciendo la guerra a las autoridades, entonces, como contrabandista; a los contrabandistas, después, como empleado; al rey, en seguida, como patriota; a los patriotas, más tarde, como montonero; a los argentinos, como jefe brasileiro; a éstos, como general argentino; a Lavalleja,[63] como Presidente; al Presidente Oribe,[64] como jefe proscripto; a Rosas, en fin, aliado de Oribe, como general oriental, ha tenido sobrado tiempo para aprender un poco de la ciencia del baqueano.

EL GAUCHO MALO

Este es un tipo de ciertas localidades, un *outlaw*, un *squatter*, un misántropo particular. Es el *"Ojo de Halcón"*, el *Trampero* de Cooper, con toda su ciencia del desierto, con toda su aversión a las poblaciones de los blancos, pero sin su moral natural y sin sus conexiones con los salvajes. Llámanle el *Gaucho Malo*, sin que este epíteto lo desfavorezca del todo. La justicia lo persigue desde muchos años; su nombre es temido, pronunciado en voz baja, pero sin odio y casi con respeto. Es un personaje misterioso: mora en

---

[62]José Fructuoso Rivera (1788-1854), general y político uruguayo.

[63]Juan Antonio Lavalleja (1786-1853), general uruguayo de la guerra de la Independencia.

[64]Manuel Oribe (1792-1857), general y presidente del Uruguay.

la pampa, son su albergue los cardales, vive de perdices y *mulitas*;[65] si alguna vez quiere regalarse con una lengua, enlaza una vaca, la voltea solo, la
mata, saca su bocado predilecto y abandona lo demás a las aves mortecinas.
De repente, se presenta el *gaucho malo* en un pago de donde la partida acaba
de salir: conversa pacíficamente con los buenos gauchos, que lo rodean y lo
admiran; se provee *de los vicios*, y si divisa la partida, monta tranquilamente
en su caballo y lo apunta hacia el desierto, sin prisa, sin aparato, desdeñando
volver la cabeza. La partida, rara vez lo sigue; mataría inútilmente sus caballos, porque el que monta el gaucho malo es un parejero *pangaré*[66] tan célebre como su amo. Si el acaso lo echa alguna vez, de improviso, entre las
garras de la justicia, acomete a lo más espeso de la partida, y a merced de
cuatro tajadas que con su cuchillo ha abierto en la cara o en el cuerpo de los
soldados, se hace paso por entre ellos, y tendiéndose sobre el lomo del caballo, para sustraerse a la acción de las balas que lo persiguen, endilga hacia el
desierto, hasta que, poniendo espacio conveniente entre él y sus perseguidores,
refrena su trotón y marcha tranquilamente. Los poetas de los alrededores
agregan esta nueva hazaña a la biografía del héroe del desierto, y su nombra-
día vuela por toda la vasta campaña. A veces, se presenta a la puerta de un
baile campestre, con una muchacha que ha robado; entra en baile con su
pareja, confúndese en las mudanzas del *cielito*, y desaparece sin que nadie se
aperciba de ello. Otro día se presenta en la casa de la familia ofendida, hace
descender de la grupa a la niña que ha seducido, y, desdeñando las maldiciones de los padres que le siguen, se encamina tranquilo a su morada sin límites.

Este hombre divorciado con la sociedad, proscripto por las leyes; este
salvaje de color blanco, no es, en el fondo, un ser más depravado que los que
habitan las poblaciones. El osado prófugo que acomete una partida entera es
inofensivo para con los viajeros. El gaucho malo no es un bandido, no es un
salteador; el ataque a la vida no entra en su idea, como el robo no entraba en
la idea del *churriador*:[67] roba, es cierto; pero ésta es su profesión, su tráfico,
su ciencia. Roba caballos. Una vez viene al real de una tropa del interior: el
patrón propone comprarle un caballo de tal pelo extraordinario, de tal figura,
de tales prendas, con una estrella blanca en la paleta. El gaucho se recoge,
medita un momento, y después de un rato de silencio contesta: "No hay ac-

---

[65] animal de la Argentina parecida al *armadillo* norteamericano.

[66] términdo usado para cierta coloración del caballo.

[67] ladrón de ovejas.

tualmente caballo así". ¿Qué ha estado pensando el gaucho? En aquel momento, ha recorrido en su mente mil estancias de la pampa, ha visto y examinado todos los caballos que hay en la provincia, con sus marcas, color, señales particulares, y convencídose de que no hay ninguno que tenga una estrella en la paleta: unos las tienen en la frente; otros, una mancha blanca en el anca. ¿Es sorprendente esta memoria? ¡No! Napoleón conocía por sus nombres, doscientos mil soldados, y recordaba, al verlos, todos los hechos que a cada uno de ellos se referían. Si no se le pide, pues, lo imposible, en día señalado, en un punto dado del camino, entregará un caballo tal como se le pide, sin que el anticiparle el dinero sea un motivo de faltar a la cita. Tiene sobre este punto, el honor de los tahures sobre las deudas.

Viaja a veces a la campaña de Córdoba, a Santa Fe. Entonces se le ve cruzar la pampa con una tropilla de caballos por delante: si alguno lo encuentra, sigue su camino sin acercársele, a menos que él lo solicite.

EL CANTOR

Aquí tenéis la idealización de aquella vida de revueltas, de civilización, de barbarie y de peligros. El *gaucho cantor* es el mismo bardo, el vate, el trovador de la Edad Media, que se mueve en la misma escena, entre las luchas de las ciudades y del feudalismo de los campos, entre la vida que se va y la vida que se acerca. El *cantor* anda de pago en pago, "de tapera en galpón", cantando sus héroes de la pampa, perseguidos por la justicia, los llantos de la viuda a quien los indios robaron sus hijos en un *malón* reciente, la derrota y la muerte del valiente Rauch,[68] la catástrofe de Facundo Quiroga y la suerte que cupo a Santos Pérez.[69] El *cantor* está haciendo, candorosamente, el mismo trabajo de crónica, costumbres, historia, biografía, que el bardo de la Edad Media, y sus versos serían recogidos más tarde como los documentos y datos en que habría de apoyarse el historiador futuro, si a su lado no estuviese otra sociedad culta, con superior inteligencia de los acontecimientos, que la que el infeliz despliega en sus rapsodias ingenuas. En la República Argentina, se ven a un tiempo, dos civilizaciones distintas en un mismo suelo: una naciente, que, sin conocimiento de lo que tiene sobre su cabeza, está re-

---

[68]Frederick Rauch (1790-1829), soldado alsaciano que combatió indios en la Argentina.

[69]el capitán de la partida que asesinó en Barranca Yaco a Quiroga, el 16 de febrero de 1835.

medando los esfuerzos ingenuos y populares de la Edad Media; otra que, sin cuidarse de lo que tiene a sus pies, intenta realizar los últimos resultados de la civilización europea. El siglo XIX y el siglo XII viven juntos: el uno, dentro de las ciudades; el otro, en las campañas.

El *cantor* no tiene residencia fija: su morada está donde la noche lo sorprende; su fortuna, en sus versos y en su voz. Dondequiera que el *cielito* enreda sus parejas sin tasa, dondequiera que se apura una copa de vino, el cantor tiene su lugar preferente, su parte escogida en el festín. El gaucho argentino no bebe, si la música y los versos no lo excitan, y cada pulpería tiene su guitarra para poner en manos del *cantor*, a quien el grupo de caballos estacionados a la puerta, anuncia a lo lejos, dónde se necesita el concurso de su gaya ciencia.

El cantor mezcla entre sus cantos heroicos, la relación de sus propias hazañas. Desgraciadamente, el *cantor*, con ser el bardo argentino, no está libre de tener que habérselas con la justicia. También tiene que darla cuenta de sendas puñaladas que ha distribuido, una dos *desgracias* (¡muertes!) que tuvo y algún caballo o una muchacha que robó. El año 1840, entre un grupo de gauchos y a orillas del majestuoso Paraná, estaba sentado en el suelo, y con las piernas cruzadas, un cantor que tenía azorado y divertido a su auditorio, con la larga y animada historia de sus trabajos y aventuras. Había ya contado lo del rapto de la querida, con los trabajos que sufrió; lo de la *desgracia* y la disputa que la motivó; estaba refiriendo su encuentro con la partida, y las puñaladas que en su defensa dio, cuando el tropel y los gritos de los soldados le avisaron que esta vez estaba cercado. La partida, en efecto, se había cerrado en forma de herradura; la abertura quedaba hacia el Paraná, que corría veinte varas más abajo: tal era la altura de la barranca. El *cantor* oyó la grita sin turbarse; viósele de improviso sobre el caballo, y echando una mirada escudriñadora sobre el círculo de soldados con las tercerolas preparadas, vuelve el caballo hacia la barranca, le pone el poncho en los ojos y clávale las espuelas. Algunos instantes después, se veía salir de las profundidades del Paraná el caballo, sin freno, a fin de que nadase con más libertad, y el cantor tomado de la cola, volviendo la cara quietamente, cual si fuera en un bote de ocho remos, hacía la escena que dejaba en la barranca. Algunos balazos de la partida no estorbaron que llegase sano y salvo al primer islote que sus ojos divisaron.

Por lo demás, la poesía original del *cantor* es pesada, monótona, irregular, cuando se abandona a la inspiración del momento. Más narrativa que sentimental, llena de imágenes tomadas de la vida campestre, del caballo y las escenas del desierto, que la hacen metafórica y pomposa. Cuando refiere

sus proezas o las de algún afamado malévolo, parécese al improvisador napoli-
tano, desarreglado, prosaico de ordinario, elevándose a la altura poética por
momentos, para caer de nuevo al recitado insípido y casi sin versificación.
Fuera de esto, el cantor posee su repertorio de poesías populares: quintillas,
décimas y octavas, diversos géneros de versos octosílabos. Entre éstas hay muchas composiciones de mérito y que descubren inspiración y sentimiento.

Aún podría añadir a estos tipos originales, muchos otros igualmente
curiosos, igualmente locales, si tuviesen, como los anteriores, la peculiaridad
de revelar las costumbres nacionales, sin lo cual es imposible comprender
nuestros personajes políticos, ni el carácter primordial y americano de la
sangrienta lucha que despedaza a la República Argentina. Andando esta historia, el lector va a descubrir por sí solo dónde se encuentra el *rastreador*, el
baqueano, el *gaucho* malo, o el *cantor*. Verá en los caudillos cuyos nombres
han traspasado las fronteras argentinas, y aun en aquéllos que llenan el mundo con el horror de su nombre, el reflejo vivo de la situación interior del país,
sus costumbres y su organización.

Facundo. Edición anotada por la profesora Delia S. Etcheverry. Precedida de
un estudio de la señora Inés Cárdenas de Monner Sans. Buenos Aires: Ediciones Estrada, 1940.

GERTRUDIS GOMEZ DE AVELLANEDA (Cuba; 1814-73)

Guatimozín

IV. La fiesta popular

La melancolía del emperador[1] se hizo desde aquel día más constante y profunda, no siendo bastante a disiparla ni aun la llegada de su esposa, que volvió a México después de una corta ausencia.

Ocho años hacía que un feliz himeneo había unido a Moctezuma con la amable Miazochil, cuyas gracias y modestas virtudes le consolaron de la pérdida de la bella y altiva Mazaimazín, objeto de su primero amor y madre de Gualcazintla, de Tecuixpa y de tres niños que dejó en edad tierna. Menos hermosa Miazochil, pero más dulce, había cicatrizado con su ternura la herida dolorosa que aquella pérdida abrió en el corazón del monarca, de cuyo lado sólo pudo arrancarla la necesidad de mudar de aires, como único recurso aún no probado para destruir una pasión de ánimo que iba alterando visiblemente su salud.

Sin fuerzas para resistir una larga separación de su esposo y de su tierno hijo, único fruto de su himeneo, volvió Miazochil a la capital después de pasar algunas semanas en la ciudad de Tula, de la cual era señor un hermano suyo, y su regreso, deseado por el emperador, no produjo, sin embargo, el favorable efecto que esperaba.

La afección que iba dejando a Miazochil parecía trasladarse toda al ánimo de Moctezuma, y su familia observaba con dolor aumentarse de día en día aquella enfermedad moral, contra la cual eran inútiles todos los esfuerzos del arte.

Si la llegada de la emperatriz no había sido poderosa a restituir su alegría a Moctezuma, sirvió al menos de pretexto a los príncipes para ensayar otros medios que le distrajesen de sus tristes cavilaciones, y movidos de este deseo, y acaso también por la vanidad de lucir su destreza delante de los espa-

---

[1]Moctezuma (ca. 1480-1520).

ñoles, pidieron permiso al monarca para celebrar con la mayor pompa una de aquellas fiestas populares frecuentes en México, y a las cuales no desdeñaban asistir los mismos soberanos.

Obtenido el consentimiento, se dispuso todo rápidamente bajo la dirección del señor de Ixtapalapa, y se señaló el día y se eligió el sitio para una soberbia fiesta, que bien podremos llamar «torneo», aunque no fuese precisamente igual a los de Europa.

Alrededor de un vasto circo formado en la gran plaza de Tlatelolco[2] se constituyeron numerosas gradas en forma de anfiteatro para los espectadores y algunos palcos espaciosos destinados a la familia imperial.

El día diez de diciembre, señalado para la función, amaneció, tan sereno y hermoso en aquel clima feliz, como si tomase parte en el lucimiento de la fiesta.

A las diez de la mañana salió de su palacio Moctezuma con su familia, conducidos en magníficos palanquines y acompañados de brillante comitiva. Apenas entraron en sus palcos voló por todos los ámbitos de aquel extenso campo, lleno ya de numeroso concurso, el unámine grito de «¡Viva Moctezuma!, ¡viva la familia imperial!» y todas las manos tocaron la tierra en señal de veneración.

Ocupó Moctezuma la silla preferente en uno de los palcos, colocando a su derecha a su esposa y a su izquierda a Hernán Cortés[3] y ordenando se pusieran detrás varios personajes.

Se colocaron en otro palco las princesas Gualcazintla y Tecuixpa con sus hermanos; y a espalda suya algunos señores nobles y damas de la servidumbre de palacio.

Estaban el emperador y su esposa lujosamente ataviados, deslumbrando con el resplandor de sus joyas, no siendo de interior magnificencia el ornato de las princesas.

Llevaba la consorte Guatimozín una ligera túnica de exquisita blancura, ceñida a su esbelto talle con un cordón de hilos de oro, de cuyos extremos pendían gruesas borlas que casi tocaban en sus pulidos pies, calzados con unas ligeras sandalias de purísima plata. Sus hermosos brazos, descubiertos hasta el hombro, estaban engalanados con diversos brazaletes de plumas de tlauhtótotl (pájaro cardernal) y de papagayo, y conchitas marinas de un bellísmo

---

[2]Según la mayor parte de los historiadores, podía contener aquella plaza de cincuenta a sesenta mil almas. Nota de Gómez de Avellaneda.

[3](1485-1547), conquistador español de México.

carmesí, engarzadas en arillos de oro. Caía su negra y sedosa cabellera sobre su redonda espalda, y brillaba en torno de su frente una diadema de perlas que convenía perfectamente a su severo perfil de emperatriz. Dos robustos cangrejos de oro colgaban de sus orejas, y llevaba en las manos innumerables sortijas de diversas y preciosas piedras.

Tecuixpa vestía una corta falda de color de rosa, sobre otra talar[4] pajiza, ajustadas ambas a la cintura por una faja de piel de armiño cerrada por un broche de esmeraldas. Sobre su naciente seno, casi descubierto, se cruzaban varias cadenillas de oro con colgantes de pedrerías; y coronaba su cabeza, cuyos rizos numerosos le cubrían las orejas y parte del cuello, un penacho de plumas azules, sombreando agradablemente su rostro redondo y fresco, iluminado por dos ojos de fuego.

Plumas iguales a las de aquel penacho adornaban sus brazos, y sobre sus torneados tobillos subían trenzadas las cintas de color de rosa que sujetaban sus sandalias de oro.

Cortés y sus capitanes estaban también con todas sus galas militares. En el palco vecino al de las princesas se habían colocado los principales personajes extranjeros. Allí se veían el implacable Sandoval, el prudente Lugo, el fanático Dávila, el elegante Alvarado, que por su hermosura mereció entre los mexicanos el nombre de Tonatioh, que quiere decir Sol, pero en quien los vencidos nunca encontraron piedad. Allí estaban también Olid y el intrépido Orgaz y el joven gallardo Velázquez de León.[5]

Las nobles mexicanas, cuyos ojos eran atraídos por un momento hacia las bellas facciones de Alvarado, se detenían con mayor complacencia en la noble y expresiva fisonomía de Velázquez, que por su parte correspondía a aquellas lisonjeras miradas con las suyas llenas de franqueza y de pasión.

Presentó aquel recinto un espectáculo verdaderamente magnífico, en el momento en que, abriéndose las barreras del circo por orden de los príncipes de Ixtapalapa, de Matlalzinco y Xochimilco, que hacían las veces de mariscales de torneos y reyes de armas, aparecieron los contendientes.

Entraron sucesivamente cuatro cuadrillas de jóvenes guerreros vistosamente ataviados, con sus jefes al frente, y fueron desfilando por delante del palco regio, doblando la rodilla al saludar a Moctezuma.

Mandaba la primera el soberbio príncipe de Texcoco, cuyas atléticas proporciones encubría muy ligeramente de manto de finísimo algodón y de

---

[4]toga.
[5]soldados españoles que venían con Cortés.

color purpúreo que caía en torno de su cuerpo, sujeto sobre el pecho con una hebilla de oro. Anchas plumas blancas y azules cubrían la especie de zagalejo[6] que le caía desde más abajo de la cintura hasta la mitad de los muslo, dejando enteramente desnudo el resto de su cuerpo.

Un carcaj de primoroso trabajo con labores de oro pendía a su espalda, y llevaba el arco en su mano derecha y en la izquierda un ligero escudo. Entrelazábase con las plumas del alto penacho que adornaba su cabeza una cinta roja, a cuyos extremos colgaban numerosas borlas del mismo color en muestras de sus muchas hazañas y de su carácter de príncipe y caballero de las más alta orden militar del Imperio.[7] Seguíanle más de cincuenta nobles de sus estados, vestidos de la misma manera y con iguales colores, siendo la mayor parte de ellos caballeros del León o del Tigre, como lo advertían las figuras de dichas fieras pintadas en sus escudos.

Componían la segunda cuadrilla jóvenes de la alta nobleza de Tacuba, todos caballeros dél Aguila, llevando por jefe al bizarro Guatimozín que—lo mismo que su primo el de Texcoco—tenía la insignia de la orden suprema, con una cantidad de borlas que mostraba que eran sus hazañas más numerosas que sus años. Los mantos de esta cuadrilla eran blancos, y sus plumas verdes y encarnadas.

Dirigía la tercera el príncipe de Coyoacán, mancebo de aventajada estatura y acreditado valor, amigo íntimo de Guatimozín y amante favorecido de una hermana de éste. Mostrábase orgulloso de llevar en su cuadrilla no solamente los primeros nobles de sus estados, sino también algunos príncipes de los estados vecinos: todos ostentaban como él mantos azules y plumas negras y blancas.

La última cuadrilla, dirigida por el príncipe de Tepepolco, llevaba mantos matizados de rojo y blanco y plumas blancas y amarillas, formando aquella variedad de colores un conjunto galano y vistoso.

Los músicos, que ocupaban unas gradas bajo los palcos de la familia imperial, hicieron sonar a la vez sus caracoles, bandurrias, flautas y tambores,

---

[6] un tipo de túnica como las de un zagal.

[7] Instituyó Moctezuma varias órdenes militares: la más distinguida era aquella a cuyo frente estaba el mismo emperador y a la que no podían aspirar sino los nobles de sangre real. La insignia de esta orden era una cinta roja, cuyas borlas eran en número proporcionado a las hazañas del caballero. Véase a Solís. Nota de Gómez de Avellaneda, que remite el lector a la *Historia de la conquista de México* (1684) de Antonio Solís y Rivadeneira (1610-86).

concertados del mejor modo posible; y cuya armonía, aunque no muy suave, tenía algo de belicosa.

Después de varias danzas guerreras ejecutadas por las cuatro cuadrillas al son de la música, cuyo compás seguían en el choque de sus escudos, comenzóse la lucha por el tiro de flechas.

Dos blancos se habían colocado en el mismo sitio. En la cima de una palma de plata de proporcionada altura se había puesto horizontalmente una varita de unas quince pulgadas de largo, sostenida por un eje, sobre el cual giraba con rapidez al más ligero impulso que se diese a algunos de sus extremos. A uno de éstos estaba una fruta de corteza dura, algo mayor que una manzana, que, horadada por el medio, daba paso a un delgado cordón que la sujetaba a unos anillos de plata que había en aquella punta de la varita. Al otro extremo de ésta se veía igualmente sujeto un pajarillo de plata muy ligero, para equilibrar con su peso el de la fruta; pues el objeto que en aquella punta debía servir de blanco era una rodelita de manera, que apenas llegaba al grandor de una peseta, pendiente del pico del pájaro.

La fruta era el blanco general de los tiros, y la rodelita sólo se ponía para que los más diestros arqueros pudiesen, si lo deseaban, ensayar algunos tiros de mayor dificultad.

Ninguno, sin embargo, se mostró decidido a aventurar una prueba de tan fácil malogro, y todos eligieron el primer blanco, probando su destreza la mayor parte de ellos. La fruta quedó bien pronto cubierta de flechas, y otro tanto sucedió a varias más que sucesivamente la sustituyeron; pues de doscientas veinticinco flechas que se dispararon, doscientas por lo menos dieron en el blanco a cuarenta pasos de distancia. A cada tiro feliz la vara giratoria daba vueltas como una rehilandera, durando el aplauso de los espectadores lo que tardaba la vara en detener su giro y otro arquero en presentarse.

Difícil era declarar un vencedor en contendientes tan igualmente hábiles, y ya los mariscales—que este nombre daremos a los directores de los juegos—iban a ordenar se comenzasen otros, cuando saliendo de un grupo de su cuadrilla el arrogante príncipe de Texcoco, declaró en altas voces que iba a clavar una flecha en la casi invisible rodela que sostenía el pájaro. Toda la atención se fijó entonces con profundo silencio en el atrevido arquero, que plantándose con serenidad y desembarazo en la línea que señalaba de los cuarenta pasos de distancia del blanco, sacó de su carcaj una flecha, acomodóla con cuidado en el arco que levantó pausadamente hasta nivelarlo a sus cejas, miró de hito en hito al diminuto blanco que apenas podrían divisar ojos menos perspicaces, y adelantando un pie hizo volar la flecha que, despedida por tan robusto brazo, imprimió un movimiento rápido a la vara en el momento de clavarse en el centro de la rodela.

Unánime aclaración le proclamaba vencedor, cuando, acallándose súbitamente, volvió a reinar un silencio profundo. Guatimozín había aparecido en la línea con el arco en la mano y en actitud de disputar el triunfo a su orgulloso primo. La vara giraba todavía con mucha rapidez, y sonriéndose Cacumatzín miraba aquel largo movimiento que probaba la fuerza de su brazo, y comenzó a decir al príncipe de Tacuba con altanera confianza:

—Aprovecha el largo tiempo de reflexión que te impone la volubilidad del blanco, y no aventures una prueba en la cual no tienen dos hombres el acierto de Cacu...

No acabó de articular su nombre el príncipe de Texcoco. La flecha de Guatimozín, sorprendiendo a la varita en su rápido giro, se había clavado en la flecha misma del texcocano, que cayó en tierra hecha menudos fragmentos; y recibiendo un impulso contrario al que traía, la varita comenzó a voltear en opuesta dirección.

Un silencio de asombro siguió a este maravilloso tiro, hasta que, recobrados algún tanto los espectadores, prorrumpieron en desaforados aplausos.

Ningún arquero osó disputar el premio al esposo de Gualcazintla, que conducido en triunfo por los mariscales, lo recibió puesto de rodillas, de manos de aquella idolatrada hermosura.

Felicitáronle a porfía los mismos vencidos, y los guerreros españoles le saludaron como a un arquero sin igual, recibiendo él con modesta dignidad todas aquellas lisonjeras demostraciones, y buscando un premio más dulce en las miradas de su bella esposa. Comenzóse después el juego de la pelota, que consistía en mantener por largo tiempo en el aire unas bolas elásticas, dispidiéndolas con pequeñas palancas cada vez que descendían, hasta llevarlas hacia una línea trazada a mucha distancia. En este juego ninguno de los príncipes pudo igualar la destreza de dos jóvenes hermanos de la cuadrilla de Guatimozín. Eran aquellos adolescentes hijos de un valiente general muy estimado por Moctezuma: llamábanse Naohtalan y Cinthal, y nacidos en los estados del soberano de Tacuba, padre de Guatimozín, habían profesado siempre un particular cariño a este joven príncipe. El triunfo que acababan de obtener en la pelota le fue por tanto sumamente grato, y él mismo los llevó a recibir de manos de Tecuixpa el premio de su habilidad, que consistía en dos ricos brazaletes.

Comenzóse después la lucha: cada atleta eligió su contrario, y Cacumatzín, celoso de haber sido superado en el tiro de flechas por su joven primo, le desafió con altas y corteses palabras.

—Ven, pues, admirable arquero—le decía—y si quieres que le perdone el haberme quitado la dicha de recibir el carcaj de oro de la hermosa mano de Gualcazintla, hazte digno en la lucha de una de las coronas que la augusta emperatriz debe ceñir a la frente de los vencedores.

No esperó segunda provocación el yerno de Moctezuma, y arrojando el manto y el carcaj dejó descubiertas las bellas formas de su blanco cuerpo; formas delicadas en comparación de la hercúleas que al desnudarse dejó patentes su adversario.

Por grande que fuese la opinión que los espectadores tenían formada de la destreza del príncipe de Tacuba, no hubo ninguno que al hacer involuntariamente aquel cotejo se atreviera a pronosticar su victoria, y como era generalmente amado y el carácter violento de Cacumatzín no excitase las mayores simpatías, hubo un momento de emoción general, en el cual todas las miradas—fijas en el joven combatiente—parecían suplicarle renunciase a una lucha desigual, cuyo éxito no podía serle favorable.

Notólo Guatimozín, y una imperceptible sonrisa de desdén pasó fugaz sobre sus labios, mientras su arrogante adversario paseaba la vista por todos los espectadores, como si buscase testigos de su infalible triunfo.

A una señal de los mariscales, los contendientes se lanzan uno sobre el otro, y la primera embestida de Cacumatzín es tan vigorosa, que su contrario se bambolea en un momento entre sus membrudos brazos, y un grito unánime expresa el temor de los espectadores: «Ánimo, valor, príncipe de Tacuba!», exclaman.

La esperanza renace prontamente: Guatimozín ha logrado desembarazarse de su antagonista, como una anguila que se escurre de la mano del niño que procura empuñarla, y acometiendo a su vez echa su brazo izquierdo en torno de la cintura de Cacumatzín, y asiéndole con el derecho por el cuello, le da violentas sacudidas, a las que resiste el atleta como una ceiba azotada por el huracán.

Hace el joven príncipe mayores esfuerzos y no permanece ocioso su enemigo. Sus brazos se enlazan como dos bejucos que se abrazan a un mismo tronco; se sacuden, se oprimen, se rechazan mutuamente y vuelven a trabarse con mayor tenacidad. La fuerza de Cacumatzín agobia repetidas veces a su adversario: la elasticidad y ligereza de éste burlan otras tantas los esfuerzos de aquél, y empiezan a fatigarlo.

Aprovecha uno de esos momentos de cansancio Guatimozín, y embiste con mayor denuedo; persigue, estrecha a su enemigo; enlázale, sacúdele con todas sus fuerzas y procura inclinarle hacia un lado. En efecto, una de las rodillas del príncipe de Texcoco se dobla al impulso, y su mano izquierda casi toca la tierra. Los espectadores abren la boca para gritar «¡Victoria!», cuando enderezándose rápidamente el robusto mancebo, y rugiendo como el león que acaba de romper la red que lo aprisionaba, arremete a su adversario con irresistible pujanza.

La lucha entonces es rápida y sin tregua. Los dos cuerpos parecen uno solo: apriéntanse pecho con pecho; se enlazan brazos y piernas; la cabeza de cada uno se apoya en el hombro del otro para dar mayor fuerza al empuje caen a tierra sus penachos; mézclanse en desorden sus negras cabelleras; corre el sudor por todos los miembros de ambos: levántanse en torno una espesa polvoreda, y se oye el trabajoso resuello que sale de sus pechos a manera de ronquido.

Una palidez profunda cubre a Guatimozín, mientras parece que brotan sangre las mejillas y el desnudo pecho de texcocano. Pero ninguno cede, ninguno afloja, y ambos, sin embargo, parecen próximos a sucumbir.

El príncipe de Ixtapalapa da una voz y arroja en medio del circo la insignia de autoridad, a cuya demostración cesa repentinamente la lucha.

—Príncipes—dice entonces—: ambos habéis marecido la gloriosa corona.

El pueblo aplaude con entusiasmo aquella justa decisión; y la emperatriz previene iguales premios para los dos combatientes, que permanecen algunos minutos jadeando, sin voz y casi sin aliento.

Mientras habían luchado aquellos dos diestros lidiadores, otros muchos combates del mismo género habían sido de Coyoacán, que echó por tierra a tres robustos competidores; y el joven Naohtalan, que había conseguido derribar al cacique de Otumba, después que éste había triunfado de dos adversarios, uno de los cuales era Cinthal, hermano del osado joven que le arrebató después la victoria.

Premiados los vencedores, la fiesta tomó un carácter más popular. Nobles y plebeyos se mezclaron y confundieron en el vasto recinto: los músicos sustituyeron por tocatas alegres los sonidos fuertes y belicosos, y comenzó el baile, en el cual el más orgulloso príncipe no desdeñaba tener por pareja a la hija o mujer del labrador y del artesano.

Sucedíanse los corros; confundíanse los trajes lujosos con los ridículos; la alegría tomaba un carácter de delirio, siendo de admirar que en medio de aquel aparente desorden que mezclaba las clases y los sexos, no aconteciese jamás la menor desgracia; pues aquel pueblo inmenso, en su casi frenético placer, no incurría en ningún exceso contrario a la razón ni a la decencia.

Comió aquel día en público el emperador, y duró la fiesta hasta la proximidad de la noche, hora en la que se volvió con su familia y los capitanes españoles al palacio, donde se había dispuesto en refresco o ambigú en obsequio de los príncipes vencedores.

Cortés, que buscaba todos los medios posibles para imponer respeto e inspirar admiración, aprovechó la oportunidad de aquella fiesta—que se había celebrado con pretexto de la llegada de la emperatriz—para decir a Moctezuma que deseaban también los españoles festejar aquel fausto acontecimiento, y le pedían permiso para tener al día siguiente una de las fiestas militares que se estilaban en su país, la cual esperaba honrarían con su presencia el emperador y su familia.

Concediólo Moctezuma agradeciendo el obsequio, y entró en palacio apoyado en el brazo de Cortés, como dos amigos que se conocen de largo tiempo. No era afectado, sin embargo, el cariño que mostraba a aquel capitán; pues bien que se hubiese persuadido de que una grande y próxima calamidad la amenazaba, y de que eran aquellos extranjeros los ministros que había escogido el terrible Tlacatécotl[8] para ejecutores de su ira, sentía como a pesar suyo una especie de inclinación hacia Cortés, y parecía ligado a él por un sentimiento extraño, en que se mezclaban el afecto que le inspiraba por sus prendas militares, atrevido carácter y despejado talento, y el temor que estas mismas cualidades debían darle colocadas en un enemigo.

Estos pensamientos le acompañaron en la fiesta de familia que aquella noche se celebró en palacio, y la expresión adusta y melancólica de un semblante afligió a la tierna y tímida Miazochil que, ignorante de la causa, creyó haber enojado involuntariamente a su esposo.

Guatimozín, que observaba como ella a Moctezuma, inquietábase al ver que nada alcanzaba a disipar su tristeza, e inquietábase también al notar el valimiento que iban tomando los extranjeros con el atemorizado monarca.

Hernán Cortés por su parte, ajeno a lo que pasaba a su alrededor, fatigado de unos placeres en los cuales no tomaba parte, absorbíase con frecuencia en sus ambiciosas esperanzas, y meditaba los medios más seguros de apresurar su realización.

---

[8]Dios del mal. Algunos historiadores españoles han confundido este nombre con el de Tezcxatlipoca que era el dios creador, alma del mundo y rey del cielo. Nota de Gómez de Avellaneda.

De otro género eran los cuidados que en aquella noche turbaban el ánimo del príncipe de Texcoco, pero no menos importantes para su corazón.

Veía el fogoso joven con torvos ojos, a los de Velázquez de León fijos sin cesar en la graciosa Tecuixpa, y el rubor y la emoción que aquella muda preferencia causaba en la joven princesa hería cruelmente el orgullo y la pasión del texcocano. Amaba a su prima, que hacía cerca de dos años le estaba prometida por esposa, y aunque este compromiso no hubiese costado repugnancia a Tecuixpa, sabía Cacumatzín que nunca sus palabras más apasionadas habían excitado la dulce agitación que con sólo sus miradas producía el extranjero.

Devoraban sus ojos al joven capitán y era menester todo el respeto debido a Moctezuma para que contuviese su celosa ira.

En medio de todos aquellos semblantes, que expresaban diversas agitaciones, conservaba únicamente Gualcazintla su majestuosa calma.

No le había revelado su esposo las inquietudes del emperador, ni concebía ella que pudiesen existir. Los españoles eran a sus ojos unos hombres peligrosos por su religión y sus ciencias: acaso los aborrecía como enemigos de sus dioses; acaso les temía como capaces de corromper la sencillez de sus costumbres; pero no se le había ocurrido todavía la idea de que pudiesen ser destructores del más poderoso imperio americano.

Conservaba serena como su alma su hermosa y soberbia frente, pareciendo en aquella imponente tranquilidad un ser de naturaleza superior a la humana.

Retiráronse los españoles concluido el refresco, y Moctezuma se apresuró a encerrarse en su habitación sin dirigir una palabra de cariño a su desconsolada esposa, que con los ojos llenos de lágrimas corrió a exhalar en su solitario lecho mil tiernas quejas por su inmerecido abandono.

Gualcazintla y Guatimozín, privados de su precioso hijo todo el día, se apresuraron también a retirarse para cubrirle de besos, y solamente Tecuixpa permaneció en su silla, preocupada con sus pensamientos. Acercóse a ella Cacumatzín y le dijo con alterada voz:

—¿En qué te distraes tanto, Tecuixpa? ¿Piensas en las atrevidas miradas del imprudente extranjero, y en lo que habrá padecido mi corazón obligado a retardar su castigo?

Volvióse hacia él la princesa y con un gracioso gesto de desdén contestó:

—Cacumatzín, tus palabras son a veces tan desagradables como la voz del coyotl o la del cuguardo[9] y se parece tu corazón a la gran montaña de Popocatépetl[10] que se embravece sin motivo vomitando fuego, y sin motivo se aplaca.

—¿Piensas, pues, Tecuixpa—exclamó indignado el príncipe—, que se calmará mi ira sin castigar al culpable?

—Pienso—respondió ella con impaciencia—que harías muy mal en castigar una ofensa de la cual no se queja la ofendida, y que tus celos son más atrevidos que los ojos del extranjero.

Juntáronse las cejas del príncipe por la contracción que la cólera produjo en sus facciones; pero reprimiéndose trabajosamente,

—Severa estás conmigo, Tecuixpa—dijo—, y acaso te conviniera más guardar esa severidad para aquel que sin ningún derecho ni disculpa ha perseguido tus ojos toda la noche, sin respetar tu rango ni tu modestia; pero supuesto que no te crees ofendida, que llamas celos atrevidos a mi justa indignación, yo buscaré a ese extranjero y castigaré en él, no ya la osadía de mirarte, sino la fortuna de no haberte ofendido.

Una sonrisa burlesca y de infantil malicia fue la sola respuesta de la doncella, y marchóse dejando confuso y colérico al enamorado príncipe.

Permaneció un momento pensativo, y enseguida lanzóse fuera del salón murmurando con amargura:

—¡Moctezuma! ¡Moctezuma! ¡desgraciado de ti si fuera tan fácil a los extranjeros conquistar tu imperio, como el corazón de tus hijas!

"Al partir"

¡Perla del mar! ¡Estrella de occidente!
¡Hermosa Cuba! Tu brillante cielo
La noche cubre con su opaco velo,
Como cubre el dolor mi triste frente.

¡Voy a partir!... La chusma diligente,

---

[9] animales feroces de aquella parte de América. Nota de Gómez de Avellaneda.

[10] el volcán. Nota de Gómez de Avelleda.

Para arrancarme del nativo suelo
Las velas iza, y pronta a su desvelo
La brisa acude de tu zona ardiente.

¡Adiós!, ¡patria feliz, edén querido!
¡Doquier que el hado en su furor me impela,
Tu dulce nombre halagará mi oído!

¡Adiós!... Ya cruje la turgente vela...
¡El ancla se alza... El buque, estremecido,
Las olas corta y silencioso vuela!

"A mi jilguero"

No así las lindas alas
Abatas, jilguerillo,
Desdeñando las galas
De su matiz sencillo.

No así guardes cerrado
Ese tu ebúrneo pico,
De dulzuras colmado,
De consonancias rico.

En tu jaula preciosa
¿Qué falta a tu recreo?
Mi mano cariñosa
Previene tu deseo:

Festón de verdes hojas
Tu reja adorna y viste...
¡Mira que ya me enojas
Con tu silencio triste!

No de ingrato presumas,
Recobra tu contento,
Riza las leves plumas,

Da tus ecos al viento.

Mas no me escucha,
Que tristemente
Gira doliente
Por su prisión.
Troncha las hojas,
Pica la reja,
Luego se aleja
Con aflicción.

Ni un solo trino
Su voz exhala,
Mas bate el ala
Con languidez;
Y tal parecen
Sus lindos ojos
Llorar enojos
De la viudez.

Ya conozco, infelice,
Lo que tu voz suspende...
¡Tu silencio lo dice!
¡Mi corazón lo entiende!

No aspiras los olores
Del campo en que has nacido...
No encuentras tus amores...
No ves tu dulce nido.

Yo tu suerte deploro...
¡Por triste simpatía,
Cuando tu pena lloro,
También lloro la mía!

Que triste, cual tú, vivo
Por siempre separada
De mi suelo nativo...
¡De mi Cuba adorada!

No ya, jilguero mío,
Veré la fértil vega
Que el Tínima[11] sombrío
Con sus cristales riega;

Ni en las tardes serenas
—Tras enriscados montes—
Disipará mis penas
La voz de sus sinsontes.

Ni harán en mis oídos
Arrullo al blando sueño
Sus arroyos queridos,
Con murmullo halagüeño.

No verá el prado
Que vio otro día
La lozanía
De mi niñez,
Los tardos pasos
Que marque incierta,
Mi planta yerta
Por la vejez.
Ni la campana
Dulce, sonora,
Que dio la hora
De mi natal,
Sonará lenta
Y entristecida,
De aquesta[12] vida
Mi hora final.

El sol de fuego,
La hermosa luna,
Mi dulce cuna,

---

[11]riachuelo de Cuba, en la provincia de Camagüey.
[12]esta.

Mi dulce hogar...
           ¡Todo lo pierdo,
¡Desventurada!
Ya destinada
Sólo a llorar!

    ¡Oh, pájaro!, pues que iguales
Nos hacen hados impíos,
Mientras que lloro tus males,
Canta tú los llantos míos.

    De tu cárcel la dureza
Se ablandará con tal lloro,
Y endulzarás mi tristeza
Con ese pico de oro.

    Pero ¡qué! ¿Cantar rehúsas,
Cual condenando mi anhelo,
Y aun parece que me acusas
De ser causa de tu duelo?

    ¿No es igual mi cruda pena
A la que te agobia impía?
¿No nos une la cadena
De una tierna simpatía?

    «No, porque en extraña tierra
Tus cariños te han seguido,
Y allí la patria se encierra
Do[13] está el objeto querido.

    »De una madre el dulce seno
Recibe tu acerbo llanto,
Y yo, de consuelo ajeno,
Solo lloro y solo canto.

---

[13]donde.

»Eres libre, eres amada,
¡Yo, solitario, cautivo...,
Preso en mi jaula dorada,
Para divertirte vivo!

»¡Ah!, no, pues, mujer ingrata,
No te compares conmigo...
Tu compasión me maltrata,
Y tu cariño maldigo!»

Esto me dicen tus ojos,
Eso tu silencio triste...
¡Ya comprendo tus enojos!
¡Ya, jilguero, me venciste!

Libertad y amor te falta;
¡Libertad y amor te doy!
¡Salta, pajarillo, salta,
Que no tu tirana soy!

Salida franca
Ya tienes, mira,
Goza, respira...
Libre eres ya.
Torna a tu campo,
Torna a tu nido,
Tu bien perdido
Te espera allá.

Mas no me olvides,
Y a mi ventana
Llega mañana,
Saliendo el sol:
¡Que yo te escuhe,
Sólo un momento,
Libre y contento
Cantar tu amor!

"A la luna"

Tú, que rigiendo de la noche el carro,
Sus sombras vistes de cambiantes bellos,
Dando entre nubes—que en silencio arrollas—
       Puros destellos,

Para que mi alma te bendiga y ame,
Cubre veloz tu lámpara importuna...
Cuando eclipsada mi ventura lloro,
       ¡Vélate, Luna!

Tú, que mis horas de placer miraste,
Huye y no alumbres mi profunda pena...
No sobre restos de esperanzas muertas
       Brilles serena.

Pero ¡no escuchas! Del dolor al grito
Sigues tu marcha majestuosa y lenta,
Nunca temiendo la que a mí me postra,
       Ruda tormenta.

Siempre de infausto sentimiento libre,
Nada perturba tu sublime calma...
Mientras que uncida de pasión al yugo,
       Rómpese mi alma.

Si parda nube de tu luz celosa
Breve momento sus destellos vela,
Para lanzarla de tu excelso trono
       Céfiro vuela.

Vuela, y de nuevo tu apacible frente
Luce, y argenta la extensión del cielo...
¡Nadie, ¡ay!, disipa de mi pobre vida
       Sombras de duelo!

Bástete, pues, tan superior destino;
Con tu belleza al trovador inflama;

Sobre los campos y las gayas flores
    Perlas derrama;

    Pero no ofendas insensible a un pecho
Para quien no hay consolación ninguna...
Cuando eclipsada mi ventura lloro,
    ¡Vélate, Luna!

"El viajero americano"

    Del Anáhuac[14] vastísimo y hermoso
En una de las fértiles comarcas
De las que tienen por custodios fieles
Al Pinahuizapán y al Orizaba;[15]
Que unidos por cadena inmesurable
De montañas agreste y escarpadas,
Con nieve eterna ornadas sus cabezas,
Con fuego eterno ardidas sus entrañas
Se alzan a ser de una región de encantos
Inmutables y enormes atalayas;
En aquel punto do la vista mide
El horizonte de una gran sabana,
Y a par la cumbre del vecino monte
Que nombre lleva de perpetua fama.
Allí el viajero atónito divisa
—Bien que a través de la llanura vasta—
Desenvolverse un nuevo paraíso
En perspectiva caprichosa y clara.
Undulan, suspendidos en los aires,
Jardines bellos de abundantes galas
Con cenadores, parques, grutas, bosques,
Y lagos mil de cristalinas aguas,
Que parece sostienen silfos leves

---

[14]el valle de México.
[15]montañas volcánicas de México.

Sobre el matiz de sus movibles alas,
    De rocas empinadas se derrumban
En silencio soberbias cataratas,
Y en otra parte admíranse tendidos
Arcos inmensos de zafiro y nácar.
Mas no le basta al caminante absorto
Ver desde lejos maravillas tantas,
Que—seducido por su extraño hechizo—,
A gozarlas frenético se lanza.
    Ni duda ocurre a su exaltada mente,
Ni sospecha de riesgo le acobarda;
Pues sólo atento al goce que imagina,
Vuelva veloz y la distancia salva,
Llegando ronco, fatigado, inerte,
Al término feliz de su esperanza,
Donde obtiene, por fin, ver con asombro...
¡Un gran desierto que tapizan lavas!

    Tal es la historia del viajero, ¡oh, joven!
¡Allá en tu pecho por tu bien la graba;
Pues esa gloria—que tu afán excita—
Tan deslumbrante y bella en lontananza,
Y esa ventura que en su goce finges,
Son ilusiones ópticas del alma!

Guatimozín. Prólogo y notas de Mary Cruz. La Habana: Editorial Letras
Cubanas, 1979; *Antología poética*. Selección y prólogo de Mary Cruz. La
Habana: Editorial Letras Cubanas, 1983.

JUAN FRANCISCO MANZANO (Cuba; 1797-1854)

Autobiografía de un esclavo[1]

La señora doña Beatriz de Justiz Marquesa Justiz de Santa Ana, esposa del señor don Juan Manzano, tenía gusto de cada vez que iba a su famosa hacienda el Molino de tomar las más bonitas criollas, cuando eran de diez a once años; las traía consigo dándoles una educación conforme a su clase y condición, estaba siempre su casa llena de criadas, instruidas en todo lo necesario para el servicio de ella no haciéndose de este modo notable la falta de tres o cuatro que no estuviesen aptas por sus años dolencias o libertad y entre las escogidas fue una María del Pilar Manzano, mi madre, que del servicio de la mano de la señora Marquesa Justiz en su mayor edad, era una de las criadas de distinción o de estimación, o de *razón* como quiera que se llame tenía también aquella señora por costumbre, después del esmero con que criaba a estas sus siervas que el día que se quería alguna casar, como fuera con algún artesano libre, le daba ella la libertad en donación equipándola del todo como si fuese hija propia sin que perdiese por eso todo el favor y protección de la casa haciéndose extensiva hasta sus hijos y esposo (de lo cual hay muchos ejemplos que citar) de este modo sucedía que pero en la casa no nacían los hijos de tales matrimonios, siguiendo este orden de cosas se fueron menoscabando el gran número de aquella florida servidumbre por diversos accidentes y vino a ser María del Pilar el todo de la mano de la señora Marqués J. y como tuviese la suerte en este estado de ver casar a la señora Condesa de Buena vista y a la señora Marquesa de Prado Ameno vino por una casualidad a criar al señor don Manuel de Cárdenas y Manzano; pero no al pecho; pues habiendo enfermado su criandera la parda libre, Catalina Monzón, le tocó a ella seguir la cría con todas las dificultades que se infieren en un niño que deja un pecho y no quiere tomar otro; mientras ésta vencía todos los obstáculos de la cría nació el señor don Nicolás, su hermano, cuando se verificó el

---

[1]Esta reproducción del texto de Manzano incorpora discretas modificaciones en su ortografía, una división de los párrafos más largos, y el agregado de algunos encabezados, a fin de facilitar la lectura. Con el motivo de conservar el notable estilo oral del autor, se ha respetado en general su puntuación.

matrimonio de Toribio de Castro con María del Pilar a quienes debo el ser saliendo a Luz el año de...

Como ya he dicho no había nacido en la casa ninguno; de estos mi ama, la señora Marquesa Justiz, ya señora de edad, me tomó como un género de entretenimiento y dicen que más estaba en sus brazos que en los de mi madre que con todos los títulos de una criada de manos y media criandera había casado con el primer criado de la casa y dado a su señora un criollo que ella llamaba, el niño de su vejez. Aún viven testigos de esta verdad crecí al lado de mi señora sin separarme de ella mas que para dormir, pues ni al campo viajaba sin llevarme a mí en la volante. Con diferencia de horas para uno de días para otros nací temporáneo[2] con del señor don Miguel de Cárdenas y Manzano y con del el señor don Manuel Oreylli hoy conde de Buena vista y Marqués Justiz de Santa Ana. Ambas familias vivían todos en la grandísima y hermosísima casa contigua a La Machina dividida sólo por algunas puertas que separaban los departamentos pues eran tres grandes casas reunidas en una. Hasta sería ocioso pintar cual andaría yo entre la tropa de nietos de mi señora traveseando y algo más bien mirado de lo que merecía por los favores que me dispensaba mi señora, a quien yo también llamaba mama mía.

Cumplía yo ya seis años cuando por demasiado vivo más que todos, se me envió a la escuela en casa de mi madrina de bautismo Trinidad de Zayas: traíaseme a las doce y por la tarde para que mi señora me viera, la cual se guardaba de salir hasta que yo viniese porque de no, echaba la casa abajo, llorando y gritando, y era preciso en este caso apelar a la soba la que nadie se atrevía la cual se guardaría nadie darme porque ni mis padres se hallaban autorizado para ella y yo, conociéndolo, si tal cosa me hacían los acusaba. Ocurrió una vez que estando yo muy majadero me sacudió mi padre pero recio; súpolo mi señora y fue lo bastante para que no lo quisiera ver en muchos días, hasta que a instancia de su confesor, el padre Moya, religioso de San Francisco le volvió su gracia después de enseñarle aquel apelar a los derechos de padre que a mí le correspondían como a tal y los que a ella como a y ella a los de ama, ocupando el lugar de madre.

A la edad de diez años daba yo de memoria los más largos sermones de Fray Luis de Granada[3] y el numeroso concurso que visitaba la casa en que nací, me oía los Domingos cuando venía de aprender a oir la santa misa con mi madrina, pues aunque en la casa la había pero no se me permitía oírla

---

[2]contemporáneo.

[3]Escritor religioso español (1504-88).

allí por el juguete y distracción con los otros muchachos. Tenía ya diez años cuando instruído en cuanto podía instruirme una mujer por lo que hace a religión todo el catecismo lo daba todo de memoria como casi todos los sermones de Fray Luis de Granada y además sabía muchas y relaciones, loas, y entremeses, teoría regular y conocía la colocación de las piezas; me llevaron a la opera francesa y vine remedando a algunos por cuyos medios aunque siempre eran más por los sermones mis padres recibían de mi la porción de galas que recogía en la sala.

Pasando por otros pormenores ocurridos en los días que debía recibir el bautismo me ceñiré únicamente a lo agradable pues ahora voy corriendo por un jardín de bellísimas flores *una serie de felicidades*. Fui envuelto a la iglesia en el faldellín con que se bautizó la señora doña Beatriz de Cárdenas y Manzano celebrándose con Arpa que la tocaba mi padre por música con clarinete y flauta: quiso mi señora marcar este día con uno de sus rasgos de generosidad con coartando haber coartado a mis padres *dejándolos* en trecientos pesos a cada uno y yo debí ser algo mas feliz; pero pasé.

Tenía yo siete u ocho años cuando me preguntaban a mí qué oficio tenía y no había uno que yo dijera que ignoraba sabía y en esto parece que leía yo los días en que el porvenir me esperaban, en la carrera de mi vida llegaba ya el tiempo de en que mi ama fuera desprendiendo de mí para ponerme a oficio como en efecto se verificó teniendo como diez años se me puso a pupilo con mis padrinos llevando ya las primeras lecciones de sastre por mi padre. Entonces viajaba la señora Marquesa Justiz con frecuencia a su hacienda el Molino mi madre se declaraba en extremo fecunda pues ya tenía yo un hermano que me seguía otra que murió del mal llamado Blasa que no sé por qué especie de gracia nació libre mi padre se lamentaba que las cosas se hubieran hecho como se pactó él estuviera contento mis dos hijos varones están vivos y los otros dos vientres se han malogrado mas aquella bondadosísima señora fuente inagotable de gracias le volvió a renovar un documento ofreciéndole la libertad del en darle libre el otro vientre naciese lo que naciese y nacieron mellizos varón y hembra hubo en esto unas diferencias mas lo terminante del documento hizo que un tribunal diese la libertad a los dos porque ambos formaron un vientre la hembra vive con este motivo mis padres se quedaron en el molino al cuidado de la casa.

Cuando este acontecimiento la señora Marquesa Justiz había muerto ya en la misma hacienda todos sus hijos vinieron a la novedad y la asistieron hasta el último momento, yo me hallaba a la sazón a pupilo en La Habana, pero se le envió una volante a la señora doña Joaquina Gutiérrez y Zayas la que se presentó en casa de mi madrina y me pidió de parte de mi señora y

en el momento se puso en camino conmigo para Matanzas donde llegamos
al segundo día como a la una del día esta época por lo remota no está bien
fija en mi memoria sólo me acuerdo que mi madre y la señora doña Joaquina
y el padre estuvimos en fila en su cuarto ella me tenía puesta la mano sobre
un hombro mi madre y doña Joaquina lloraban, de lo que hablaban no sé
salimos de allí yo me fui a jugar y sólo me acuerdo que a la mañana siguiente
la vi tendida en una gran cama que grité y me llevaron al fondo de la casa
donde estaban las demás criadas enlutadas en la noche toda la negrada de la
hacienda sollozando rezaron el rosario yo lloraba a mares y me separaron
entregándome a mi padre.

Pasado algunos días o tiempo partimos para la Habana y la misma
señora doña Joaquina me condujo a la casa de mi madrina donde luego supe
que allí había dejado mi señora, pasaron algunos años sin que yo viese a mis
padres y creo no equivocarme en decir que habrían cinco años pues me acuerdo que habiendo vivido mucho tiempo con mi madrina en la calle nueva del
cristo ya yo cosía e iba a los ejercicios de juego con mi padrino que era sargento primero de su batallón Javier Calvo y nos mudamos a la calle del inqui-
sidor en el solar del señor Conde de Orreylli vi el bautismo famoso del señor
don Pedro Orreylli y lo vi vestir mamelucos y andar solo por la casa todo esto
sin saber si tenía amo o no y ya yo vestía mi balandrán de carranclán[4] de
lista ancha y entraba y salía de la casa sin que nadie me pusiese obstáculo.

Tendría yo algo mas de doce años cuando deseosas algunas antiguas
criadas de la casa deseaban verme y haciendo instancias a mi madrina lograron de ella que me mandase de visita a la casa de mi señora la Marquesa de
Prado Ameno lo que verificado que un domingo me vistieron de blanco con
mi balandransito de carranclán y pantalones de borlón apenas llegué a la casa
cuando todas me cargaron otra me llevaba de la mano acá y allá enseñándo-
me hasta que me condujeron al cuarto de la señora diciéndole quien era yo.
No sé decir lo que aquí pasó lo cierto es que al día siguiente me envió mi
señora a buscar con un criado estuve jugando todo el día mas a la noche
cuando me quería ir a casa de mi amada madrina no se me llevó; ella fue a
buscarme y yo no fui que sé yo por qué de allí a algunos días me hicieron muchos mamelucos de listado de corto y alguna ropita blanca para cuando salía
con la librea de paje para los días de gala tenía un vestido de usar pantalón
ancho de grana guarnecido de cordón de oro, chaquetilla sin cuello de raso
azul marino guarnecida de lo mismo morreón de tercio pelo negro galoneado,

---

[4]un tipo de camisa llevada por los esclavos.

con plumaje rojo y la punta negra dos argollitas de oro a la francesa y alfiler de diamante con esto y lo demás pronto olvidé mi antigua y recolecta vida los teatros paseos tertulias bailes hasta el día y otras romerías me hacían la vida alegre y nada sentía haber dejado la casa de mi madrina donde sólo rezaba, cosía con mi padrino y los domingos jugaba con algunos monifáticos[5] pero siempre solo hablando con ellos, a los pocos días tuve por allá a la misma señora doña Joaquina que me trataba como a un niño ella me vestía peinaba y cuidaba de que no me rozase con los otros negritos de la misma mesa como en tiempo de señora la Marquesa Justiz se me daba mi plato que comía a los pies de mi señora la Marquesa de Prado Ameno todas esta época la pasaba yo lejos de mis padres.

Cuando yo tenía doce años ya había compuesto muchas décimas de memoria causa porque mis padrinos no querían que aprendiese a escribir pero yo las dictaba de memoria en particular a una joven morena llamada Serafina cuyas cartas en décimas mantenían una correspondencia amorosa. Desde mis doce años doy un salto hasta la de catorce dejando en su intermedio algunos pasajes en que se verifica lo inestable de mi fortuna. Se notará en la relación esta dicha que no hay épocas fijas pero era demasiado tierno y sólo conservo unas ideas vagas pero la verdadera historia de mi vida comienza desde 189 en que empezó la fortuna a desplegarse contra mí hasta el grado de mayor encarnizamiento como veremos.

Sufría por la más leve maldad propia de muchacho, encerrado en una carbonera sin mas tabla ni con que taparme más de veinte y cuatro horas yo era en extremo medroso y me gustaba comer mi cárcel como se puede ver todavía en lo más claro de medio día se necesita una buena vela para distinguir en ella algún objeto aquí después de sufrir recios azotes era encerrado con orden y pena de gran castigo al que me diese ni una gota de agua, lo que allí sufría aquejado de la hambre, y la sed, atormentado del miedo, en un lugar tan soturno como apartado de la casa, en un traspatio junto a una caballeriza, y un apestoso y evaporante basurero, contigua a un lugar común tan infestado húmedo y siempre pestífero que sólo estaba separado por unas paredes todas agujeradas, guarida de deformes ratas que sin cesar me pasaban por encima tanto se temía en esta casa a tal orden que nadie se atrevía aunque hubiera coyuntura a darme ni un comino yo que tenía la cabeza llena de los cuentos de cosa mala de otros tiempos, de las almas aparecidas en este de la otra vida y de los encantamientos de los muertos, que cuando salían un

---

[5]figuras ridículas de animales o seres humanos.

tropel de ratas haciendo ruido me parecía ver aquel sótano lleno de fantasmas y daba tantos gritos pidiendo a voces misericordia entonces se me sacaba me atormentaban con tanto fuete hasta más no poder y se me encerraba otra vez guardándose la llave en el cuarto mismo de la señora. Por dos ocasiones se distinguieron la piedad del señor don Nicolás y sus hermanos introduciéndome por la noche algún poco de pan biscochado por una rendija o abertura de la puerta y con una cafetera de pico largo me dieron un poco de agua.

Esta penitencia era tan frecuente que no pasaba semana en que no sufriese de este género de castigo dos o tres veces, en el campo tenía siempre igual martirio yo he atribuido mi pequeñez de estatura y la debilidad de mi naturaleza a la amargosa vida que desde trece a catorce años he traído siempre flaco débil y extenuado llevaba en mi semblante la palidez de un convaleciente con tamañas ojeras no es de extrañar que siempre hambriento me comiese cuanto hallaba, por lo que se me miraba como el más glotón así era que no teniendo hora segura comía a dos carrillos tragándome la comida medio entera de lo que me resultaba frecuentes indigestiones por lo que yendo a ciertas necesidades con frecuencia me hacía acreedor a otros castigos mis delitos comunes eran, no oír a la primera vez que me llamasen si al tiempo de dárseme un recado dejaba alguna palabra por oír, como llevaba una vida tan angustiada sufriendo casi diariamente rompeduras de narices hasta echar por ambos conductos los caños de sangre rompedura sobre rompedura, lo mismo era llamárseme cuando me entraba un temblor tan grande que apenas podía tenerme sobre mis piernas, no pocas veces he sufrido por la mano de un negro vigorosos azotes porque se me suponía esto un fingimiento no calzaba zapatos sino cuando salía de paje.

Desde la edad de trece a catorce años la alegría y viveza de mi genio lo parlero de mis labios llamados pico de oro se trocó todo en cierta melancolía que se me hizo con el tiempo característica la música me embelesaba pero sin saber por qué lloraba y gustaba de tal consuelo cuando hallaba ocasión de llorar que siempre buscaba la soledad para dar larga rienda a mis pesares, lloraba pero no gemía ni se me anudaba el corazón sino en cierto estado de abatimiento incurable hasta el día.

Tendría yo unos quince o diez y seis años cuando fui llevado a Matanzas otra vez abracé a mis padres y a mis hermanos y conocí a los que nacieron después de mí, el carácter seco y la honradez de mi padre como estaba siempre a la vista me hacían pasar una vida algo más llevadera no sufría los horribles y continuos azotes ni los golpes de manos que por lo regular sufre un muchacho lejos de algún doliente suyo aunque siempre mis infelices cachetes y narices estaban...

Cinco años pasamos en Matanzas y era allí mi oficio al amanecer antes que nadie estaba en pie barría cuanto podía y limpiaba concluída esta diligencia me sentaba en la puerta de mi señora para cuando despertara que me hallase ahí enseguida para donde quiera que iba, iba yo como un falderillo[6] con mis bracillos cruzados cuando almorzaban o comían tenía yo cuidado de recoger todo lo que todos iban dejando y me había de dar mi maña de engullírmelo antes que se levantase la mesa porque al pararse había yo de salir tras ellos y llegada la hora de coser me sentaba a la vista de mi señora a costurar efectos de mujeres por lo que sé hacer túnicos camisones colgaduras colchones marcar en olan batis y coser en este género y hacer todas clases de guarniciones, llegada la hora del dibujo que era por un ayo que tenían los señoritos don Nicolás y don Manuel. La señorita doña Concepción y mi señora iba yo también y parado detrás del asiento de mi señora y permanecía todo el tiempo que duraba la clase todos dibujaban y Mr. Godfria que era el ayo recorría él todas las personas que dibujaban aquí diciendo esto allí corrigiendo con el creyón allá arreglando otra sección, por lo que veía hacer decir corregir y explicar me hallé en disposición de contarme por uno de tantos en clase de dibujo no me acuerdo cual de los niños me dio un lapicero viejo de bronce o cobre y un pedacito de creyón esperé a que botasen una muestra y al día siguiente a la hora de la clase después de haber visto un poco me senté en un rincón vuelta la cara para la pared empecé haciendo bocas ojos orejas cejas dientes y cuando consideraba ser hora de cotejar las muestras con las lecciones ante el director, Mr. Godfria yo envolvía mis lecciones las metía en el seno y esperaba la hora para que en cotejando se acabaran las dos horas de dibujo, y oía y veía de este modo llegué a perfeccionarme que tomando una muestra desechada pero entera aunque no mi perfecta, era una cabeza con su garganta que demostraba a una mujer desolada que corría con el pelo suelto ensortijado y batido por el viento los ojos saltones y llorosos y la copie tan al fiel que cuando la concluí mi señora que me observaba cuidadosamente haciéndose desentendida me la pidió y la presentó al director que dijo yo saldría un gran retratista y sería para él mucho honor que algún día retratase a todos mis amos desde entonces todos me tiraban al rincón donde yo estaba a medio acostar en el suelo muestra de todas clases y estando en esto bastante aventajado compuse una guirnalda de rosas y otras muchas cosas.

En esta época tanto como en todas las que serví a mi ama era aficionadísima a la pesca y en la tarde y la mañanas frescas nos íbamos por la orilla

---

[6]como un pequeño perro faldero.

del río San Agustín por la parte baja en que atraviesa por el Molino a buscar pesca yo le ponía la carnada en el anzuelo y recibía el pez que sacaba pero como la melancolía estaba encentrada en mi alma y había tomado en mi físico una parte de mi existencia yo me complacía bajo la guásima⁷ cuyas raíces formaba una especie de pedestal al que pescaba en componer algunos versos de memoria y todos eran siempre tristes los cuales no escribía por ignorar este ramo por esto siempre tenía un cuaderno de versos en la memoria y a cualquier cosa improvisaba supo mi señora que yo charlaba mucho porque los criados viejos de mi casa me rodeaban cuando estaba de humor y gustaban de oír tantas décimas que no eran ni divinas ni amorosas como propio producto de la inocencia se dio orden expresa en la casa que nadie me hablase pues nadie sabía explicar el género de mis versos ni yo me atreví nunca a decir uno aunque por dos veces me costó mi buena monda.

Como para estudiar mis cosas que yo componía por carecer de escritura hablaba solo haciendo gestos y afecciones según la naturaleza de la composición decían que era tal el flujo de hablar que tenía que por hablar hablaba con la mesa con el cuadro con la pared y yo a nadie decía lo que traía conmigo y sólo cuando me podía juntar con los niños les decía muchos versos y le cantaba cuentos de encantamientos que yo componía de memorias en el resto del día con su cantarcito todo concerniente a la aflictiva imagen de mi corazón mi ama que no me perdía de vista ni aún durmiendo porque hasta soñaba conmigo hubo de penetrar algo me hicieron repetir un cuento una noche de invierno rodeado de muchos niños y criadas, y ella se mantenía oculta en otro cuarto detrás de unas persianas o romanas. Al día siguiente por quitarme allá esta paja como suele decirse enseguida a mi buenas monda me pusieron una gran mordaza y parado en un taburete en medio de la sala con unos motes detrás y delante de los cuales no me acuerdo y recta prohibición para que nadie entrase en conversación conmigo pues cuando yo tratara de tenerla con alguno de mis mayores debían darme un gaznatón.⁸ Y de noche debía a las doce o una de la noche irme a dormir más de doce cuadras de distancia donde vivía mi madre yo era en extremo miedoso y tenía que pasar por este trago en las noches más lluviosas.

Con este y otros tratamientos algo peores mi carácter se hacía cada vez más taciturno y melancólico no hallaba consuelo más que recostado en las piernas de mi madre porque padre de genio seco... y éste se acostaba mientras

---

⁷árbol silvestre.
⁸golpe.

mi pobre madre y mi hermano Florencio me esperaban hasta la hora que yo viniera este último aunque estuviera dormido luego que yo tocaba la puerta y oía mi voz despertaba y venía a abrazarme cenábamos y nos íbamos juntos a la cama.

Unas tercianas que por poco dan conmigo en la sepultura me privaron seguir a mi señora a La Habana y cuando me hallé restablecido enteramente nadie hará en dos años lo que yo en cuatro meses, me bañaba cuatro veces al día y hasta de noche corría a caballo pescaba registré todos los montes subí todas las lomas comí de cuantas frutas había en las arboledas en fin disfruté de todos los inocentes goces de la juventud en esta época pequeñisima me puse grueso lustroso y vivo mas volviendo a mi antiguo género de vida mi salud se quebrantó y volví a ser lo que era entonces fue cuando recibí por un moreno sin querer una pedrada en la mollera que me llevaron privado a la cama y fue tan riesgosa que habiéndome abierto o hundido el casco se me descubría parte del cráneo cuya herida habiéndome durado abierta más de dos años aun todavía por tiempos se me resume, esta peligrosa herida me fue por mucho tiempo favorable pues yo era demasiado sanguíneo y de una naturaleza tan débil la más leve impresión me causaba una extraordinaria novedad que siempre resollaba por aquella parte abierta.

Así sucedió que habiéndoseme maltratado que sé yo por qué todo el padecimiento de aquel acto unido a tres días que se me dejó de en curar, atrajo sobre el cráneo una tela negra que fue menester tenaza hilo y agua fuerte para quemar era médico de la hacienda don qué sé yo Estorino entonces un señor a quien yo acompañaba a la caza y a la pesca hombre tan piadoso como sabio y generoso tomó a su cargo mi cura y el cuidado de mis alimentos y me curaba con sus propias manos hasta llegar al punto de no necesitarse más que tafetán inglés le debo esta fineza como otras muchas muchísimas a que le estoy sumamente reconocido él era el único que sabía mirar mis muchachadas como propios efectos de aquella edad a quien unía una imaginación traviesa.

Me acuerdo una vez haber pintado a una bruja echándole una ayuda a un diablo, aquél tenía el semblante afligido y la bruja risueño esta lámina causó a muchos grande risa pero yo tuve por más de dos meses bastante que llorar por lo que mi padre con la austeridad de su carácter me prohibió no tomase mientras él viviese los pinceles me quitó la cajita de colores y la tiró al río rompiendo la lámina que le había causado tanta risa.

Como desde que pude hacer algo fue mi primer destino el de paje tanto en La Habana como en Matanzas velaba desde mis más tiernos años más de la mitad de la noche en La Habana si no en las noches de teatro en las tertulias de en casa del señor Marqués de Monte Hermoso o en casa de las señoras Beatas de Cárdenas de donde salíamos a las diez y empezaba el paseo hasta las once o doce de la noche después de haber cenado y en Matanzas los días señalados o no señalados se comía en casa del señor Conde de Jibacoa o en la del señor don Juan Manuel Ofarrill donde quiera que fuese íbamos a hacer tarde y noche en casa de las señoras Gómez donde se reunían las personas más conocidas y decentes del pueblo a jugar partido de tresillo matillo o burro[9] yo no me podía separar detrás del espaldar de su taburete hasta la hora de partir que era por lo regular a las doce de la noche hora en que partíamos para el Molino si en el ínterin duraba la tertulia me dormía si al ir detrás de la volante por alguna casualidad se me apagaba el farol aunque fuese porque en los carrilones que dejan las carretas se llenan de agua y al caer la rueda saltaba entrándose por las labores del farol de hojalata al llegar se despertaba al mayoral o administrador, y yo iba a dormir al cepo y al amanecer ejercía éste en mí unas de sus funciones y no como a muchacho pero tanto dominio tiene el sueño sobre el espíritu humano que no pasaban cuatro o cinco noches cuando era repetido pues no me valía nadie nadie ni mi pobre madre más de dos veces con mi hermano les amaneció esperándome mientras yo encerrado esperaba un doloroso amanecer ya vivía mi madre tan recelosa que cuando no llegaba a la hora poco más o menos bajaba desde su bohío y acercándose a la puerta de la enfermería que era antes de los hombres donde estaba el cepo hacia la izquierda por ver si estaba allí me llamaba "Juan" y yo le contestaba gimiendo y ella decía de afuera "ay, hijo" entonces era el llamar desde la sepultura a su marido pues cuando esto ya mi padre había muerto tres ocasiones en menos de dos meses me acuerdo haber visto repetirse esta escena como otras al encontrarme en el camino pero una vez para mí más que todas memorables fue la siguiente.

Nos retirábamos del pueblo y era ya demasiado tarde como venía sentado como siempre asido con una mano a un barro y en la otra el farol la volante venía a un andar más bien despacio que a paso regular me dormí de tal modo que solté el farol pero tan bien que cayó parado, a unos veinte pasos abrí de pronto los ojos me hallé sin el farol vi la luz adonde estaba tíreme abajo corrí a cogerlo antes de llegar di dos caídas con los terrones tropezando al fin lo alcancé y quise volar en pos de la volante que ya me sacaba una ventaja considerable pero cuál fue mi sorpresa al ver que el carruaje apretó su marcha y en vano me esforzaba yo por alcanzarlo y que se me desapareció;

---

[9]juegos de naipes.

ya yo sabía lo que me había de suceder; llorando me fui a pie pero cuando llegué cerca de la casa de vivienda me hallé cogido por el señor Silvestre que era el nombre del joven mayoral éste conduciéndome para el cepo se encontró con mi madre que siguiendo los impulsos de su corazón vino a acabar de colmar mis infortunios.

Ella al verme quiso preguntarme qué había hecho cuando el mayoral imponiéndole silencio se lo quiso estorbar sin querer oír ruegos ni súplicas ni dádivas irritado porque le habían hecho levantar a aquella hora levantó la mano y dio a mi madre con el manatí este golpe lo sentí yo en mi corazón dar un grito y convertirme de manso cordero en un león todo fue una cosa me le zafé con un fuerte llamón del brazo por donde me llevaba y me le tiré encima con dientes y manos cuantas patadas manotazos y demás golpes que llevé se puede considerar y mi madre y yo fuimos conducidos y puestos en un mismo lugar los dos gemíamos a una allí en el ínterim mis hermanos Florencio y Fernando solos lloraban en su casa el uno tendría doce años y el otro cinco este último sirve hoy al médico señor don Pintado apenas amaneció cuando dos contramayorales y el mayoral nos sacaron llevando cada uno de los morenos su presa al lugar del sacrificio yo sufrí mucho más de lo mandado por guapito pero las sagradas leyes de la naturaleza obraron en otros efectos maravillosos, la culpa de mi madre fue que viendo que me tiraba a matar se le tiró encima y haciéndose atender pude ponerme en pie cuando llegando los guardieros del tendal nos condujeron puesta mi madre en el lugar del sacrificio por primera vez en su vida pues aunque estaba en la hacienda estaba exenta del trabajo como mujer de un esclavo que se supo conducir y hacerse considerar de todos; viendo yo a mi madre en este estado suspenso no podía ni llorar ni discurrir ni huir temblaba mientras sin pudor los cuatro negros se apoderaron de ella la arrojaron en tierra para azotarla pedía por Dios por ella todo lo resistí pero al oír estallar el primer fuetazo, convertido en león en tigre o en la fiera más animosa estuve a pique de perder la vida a manos del citado Silvestre pero pasemos en silencio el resto de esta escena dolorosa.

Pasado este tiempo con otra multitud de sufrimientos semejantes pasamos a La Habana de después de un año sin variar mi suerte en nada estábamos para partir para Matanzas y era entonces cuando empezaron a rodar las Monedas de Nuestro católico Monarca el señor don Fernando VII llegó un mendigo por una limosna diome mi señora una peseta de nuevo acuño pero tan nueva que parecía acabada de fabricar, el señor don Nicolás me había dado la noche antes una peseta que traía yo en el bolsillo; tanto vale ésta como ésta otra dije yo y cambiándola fui a dar al mendigo su limosna fuime a mi lugar a sentarme en la antesala cuidando de si me llamase o necesitara de alguien mi señora y de consiguiente saqué la peseta y estaba como el mono dándole vueltas y más vueltas leyendo y volviendo a leer sus inscripciones cuando escapándoseme de la mano la peseta cayó en el suelo que como era de hormigón y estaba entre junta la puerta y ventana al caer sonó dando su correspondiente bote no hubo bien caído cuando saliendo mi señora me pidió la peseta se la di la miró y se puso como una grana hízome pasar por su cuarto a la sala sentome en un rincón imponiéndome no me moviese de allí; para esto ya mi peseta estaba en su poder conocida por ser la misma suya que me había dado no hacía dos minutos.

Estaba la recua del ingenio de Guanabo actualmente descargando, con tales pruebas a la vista de esta fatal moneda cotejada con otras y que no había duda alguna ser la misma que acababa de darme no se quiso más pruebas se sacó la muda de cañamazo se compró la cuerda y el mulo en que yo debía ir estaba pronto sobrecogido estaba yo en lugar de retención extrañado que todos los niños y niñas se asomaban a la puerta llorando y mi señora entraba y salía muy silenciosa pero diligente sentose y escribió pregunté quedito por mi hermano y supe que estaba encerrado. Serían cerca de las nueve cuando veo entrar en la sala el negro arriero de cuyo nombre no me acuerdo ahora éste se acercaba a mí desligando la esquifación[10] habiendo ya dejado en el suelo una soga de henequén yo que esperaba mi común penitencia viendo el gran peligro que me amenazaba me escapé por otra puerta pues tenía tres entradas esta posesión, corrí a mi protector el señor don Nicolás y hallé allí que todos lloraban pues ocultos en este lugar les debía estos tributos propios de la infancia, la niña Concha me dijo: «Anda a donde está papá».

El señor Marqués me quería bien yo dormía con él porque no roncaba y en sus veces de jaqueca le daba agua tibia y le tenía la frente mientras arrojaba y si una noche y parte del otro día duraba este único mal que padecía yo no faltaba de su cabecera así cuando llegué a su escritorio que todo fue un relámpago, él estaba escribiendo para su ingenio y al verme echarme a sus pies me preguntó lo qué había se lo dije y me dijo—gran perrazo y por qué le fuiste a robar la peseta a tu ama,—no señor—repliqué yo—el niño me la dio,—cuándo—me dijo,—anoche—le contesté, subimos todos arriba preguntaron mostrando la moneda y dijo que no; a la verdad que la turbación mía no me dejó hacer una cabal relación que aclarase un hecho tan evidente; una pregunta cien amenazas el aspecto de las esquifaciones un ingenio tan temido en aquellos días por un tal Simón Díaz mayoral entonces cuyo nombre sólo

---

[10]un tipo de ropa que llevaban los esclavos.

infundía terror en la casa cuando con él amenazaban todo se acumuló en mi corta edad de dieciséis años y yo no supe ya responder sino rogar y llorar, el señor Marqués intercedió y por lo pronto me condujeron a mi calabozo, cuatro días con sus noches estuve allí sin ver el término de mi arresto por fin al quinto día como a las seis de la mañana abrieron la puerta pues en todo este tiempo no me alimentaba sino con lo que mi hermano y algún otro me daban por debajo de la puerta.

Sacado fuera se me vistió mi esquifación trájose la cuerda nueva y sentado sobre una caja de azúcar esperaba el momento en que todos estuviéramos unidos para partir por mar a Matanzas con todo el equipaje, mi hermano al pie de la escalera me miraba con los ojos lacrimosos e inflamados teniendo debajo el brazo un capotillo viejo que yo tenía y su sombrerito de paja él no había cesado de llorar desde que supo mi destino éramos tal en amarnos que no se dio el caso de él que comiese una media naranja sin que yo tomase igual parte haciendo yo también lo mismo comíamos jugábamos salíamos a cualquier mandado y dormíamos juntos así esta unión vinculada por los indisolubles lazos del amor fraterno se había roto y no como otras veces por algunas horas sino por algo más de lo que yo ni nadie se atrevió a imaginar.

Por fin toda la familia estaba pronta se me ató para conducirme como el más vil fascineroso estábamos en la puerta de la calle cuando nos hicieron entrar. La señorita doña Beatriz de Cárdenas hoy madre Purita en el convento de monjas Ursulinas fue la mediadora para que no se viese sacar de su casa en tal figura a uno a quien todos tendrían compasión pues era un niño se me desataron los brazos y una de las criadas contemporánea amiga y paisana de mi madre me ató un pañuelo a la cabeza como yo no usaba calzado ni sombrero nada más tuve que buscar salimos y nos embarcamos en la goleta de quien era patrón don Manuel Pérez y haciéndonos a la vela a pocas horas navegábamos para Matanzas. Tardábamos no sé por qué dos días y al siguiente al amanecer dimos fondo en el puerto a donde íbamos.

En cuanto llegamos mi hermano se dio prisa conmigo en echarnos en el bote en la navegación mi hermano me dio una muda de ropa que había cogido mía con la que me mudé en cuanto llegamos a bordo pues aquel traje puesto por primera vez en mi vida nos hacía a los dos un mismo efecto; así que llegamos a tierra con las demás familias como éramos pequeños y no teníamos que cargar debíamos irnos todos para la casa del comandante del Castillo el señor don Juan Gómez a quien se le dirigían cartas con órdenes acerca de la familia, nosotros que nada sabíamos de esto por una parte y por otra el deseo de ver a nuestra madre, cuando entramos por la calle del medio en la segunda bocacalle doblamos con disimulo y tomando la calle del Río nos enderezamos a paso largo para el Molino, como me vi desatar y que en todo este tiempo ni siquiera se me había mirado ni preguntado por aquel traje en que fui sacado ni mi conciencia en nada me hacía culpado iba alegre a paso largo para llegar a los brazos de mi madre a quien amaba tanto que siempre pedía a Dios me quitase a mí primero la vida que a ella porque no me creía con bastante fuerza para sobrevivirla.

Llegando en fin y haciendo al administrador Mr. Dení un corto cumplimiento sin decirle casi nada sino que detrás venía el resto de la familia picamos hasta dar con nuestra madre los tres abrazados formábamos un grupo mis tres hermanos más chicos nos rodeaban abrazándonos por los muslos, mi madre lloraba y nos tenía estrechados contra su pecho y daba gracias a Dios porque le concedía la gracia de volver a vernos todo esto de pie no había tres minutos de esta actitud cuando de repente llega a las puertas el moreno Santiago sirviente de la casa agitado bañado de sudor y colérico, él que sin saludar a la que le vio nacer y libró de que mi padre le sacudiese muchas veces el polvo en sus días de aprendizaje echando una grumetada que nos sobrecogió a todos me dijo sin el menor reparo—sal pa' afuera que desde el pueblo he venido corriendo dejándolo todo dado al diablo quién te mandó venir,—y quién me dijo que me esperara—le dije yo con una especie de rabia creyendo aquéllo como cosa suya y no juzgando el tamaño de mi mal agarróme por el brazo mi madre le preguntó qué había yo hecho y él contestó—ahora lo sabrá usted—y sacando la cuerda de La Habana me ató y condujo para el tendal donde ya me esperaba un negro a quien se me entregó tomamos el camino del ingenio de San Miguel y llegamos a él serían cerca de las once a todas estas en ayunas abrió la carta que se le envió de La Habana y con mucha dificultad hubo un par de grillos para mí pues siendo tan delgado costó mucho para cerrar tanto unas rocas que para quitárseme fue menester limarlos.

Por las cartas dirigidas al señor comandante debía yo de haber sido conducido con un comisionado por el camino de Yumurí a este lugar por la prisa que nos dimos originó esto otro. Veinticinco de mañana y otros tantos de tarde por espacio de nueve días cuartos de prima y de madrugada era el fundamento de la carta interrogome el mayoral díjele lisa y llana la verdad y por primera vez vi la clemencia en este hombre de campo no me castigó y siendo aplicado a todos los trabajos me esforzaba cuanto podía por no llevarlos pues todos los días me parecía que era llegada mi hora al cabo de quince días se me mandó buscar sin menester padrinos.

En otra ocasión me aconteció un paso muy semejante a éste viviendo en el pueblo frente a la iglesia en la casa del facultativo el señor Estorino mandado mi señora a cambiar una onza con el señor don Juan de Torres el hijo, fui para traerla, a mi llegada se me mandó poner el dinero que era menudo y pesetas sobre una mesita de caoba de las que estaban preparadas para tresillo en el gabinete al cabo de algún rato tomó mi señora el cambio sin contarlo como yo tenía por oficio cada media hora tomar el paño y sacudir todos los muebles de la casa estuvieren o no con polvo fui a hacerlo y tomando una mesa una de la media hoja que cerraba y abría parese que en la abertura de en medio se entró una peseta la que al dar con el paño saltó en el suelo y sonó mi ama que estaba en el cuarto siguiente al ruido salió y preguntándome por aquella moneda le dije lo que había ocurrido, contó entonces su dinero y lo halló de menos, la tomó sin decirme palabra.

Todo aquel día se pasó sin la menor novedad, mas al día siguiente como a las diez se apareció el mayoral del ingenio San Miguel hízome atar codo con codo y saliendo por delante debíamos ir para el ingenio entonces supe que sospechando que yo hubiese introducido en la rendija que formaba la desunión de las dos hojas de la mesita quería quedarme con ella, el mayoral cuyo nombre ni apellido me acuerdo al llegar a la calle del Río esquina opuesta a la medio fabricada casa del señor don Alejandro Montoro entonces cadete de milicias de Matanzas, se apeó y entrando en una fonda que allí había pidió de almorzar para él y para mí me consoló diciéndome que no tuviera cuidado habiéndome desatado primero cuando yo comía él hablaba con otro hombre también de campo y me acuerdo que le dijo —su pobre padre me ha suplicado, lo miré con caridad, yo también tengo hijos,— al cabo de algún rato nos levantamos, él me montó detrás en el aparejo y llegamos al ingenio estuve sentado toda la tarde en el trapiche de abajo me mandó de comer de lo que él comía y a la noche me entregó a una vieja que por su mucha edad no salía al trabajo y allí estuve cosa de nueve a diez días, cuando me mandó a buscar sin que yo hubiere sufrido el menor quebranto.

En esta época vivía mi padre pues fue este caso mucho más anterior al pasado mi padre y algún otro criado me preguntaban y examinaban sobre esto y yo les decía lo que había pasado pero mi ama nunca creyó sino que era algún ardid del que me valía; pero yo creo que el tratamiento que allí tenía fue disposición suya pues mi pronta vuelta y el ningún caso que hacía el mayoral de mí siendo tiempo de molienda me lo hacen creer así.

Este paso me sucedió en tiempos en que estuvo en España el señor don José Antonio y fue la primera vez en mi vida que vi ingenio después de ésta se siguieron una multitud de sinsabores todos sin motivos justos, un día de flato era para mí las señales de una tempestad y los flatos eran tan frecuentes que no puedo numerar los increíbles trabajos de mi vida bástame decir que desde que tuve bastante conocimiento hasta poco después de acabada la primera constitución de 1812 que me arrojé a una fuga, no hallo un solo día que no esté marcado con algún percance lacrimoso para mí. Así saltando por encima de varias épocas dejando atrás una multitud de lances dolorosos me ceñiré únicamente a los más esenciales como fuente o manantial de otras mil tristes vicisitudes.

Me acuerdo que una vez habiéndose roto las narices como se tenía de costumbre casi diariamente se me dijo—te he de matar antes de que cumplas la edad—esta palabra para mí tan misteriosa como insignificante me causó tanta impresión que al cabo de unos días lo pregunté a mi madre la que admirada me lo preguntó dos veces más y me dijo—más puede Dios que el demonio hijo—más nada me dijo que satisfaciese mi curiosidad mas ciertos avisos de algunos criados antiguos de mi nativa casa todos unánimes a y aun de mis mismos padrinos todos unánimes aunque alterados en algunos me han dejado alguna idea de esta expresión.

En otra ocasión me acuerdo que porque que sé yo qué pequeñez iba a sufrir, pero un señor para mí siempre bondadoso me apadrinaba como era de costumbre y dijo—mire Ud. que éste va a ser más malo que Rousseau y Voltaire, y acuérdese Ud. de lo que yo le digo—esta fue otra expresión que me hacía andar averiguando quiénes eran estos dos demonios cuando supe que eran unos enemigos de Dios me tranquilicé porque desde mi infancia mis directores me enseñaron a amar y a temer a Dios pues llegaba hasta tal punto mi confianza que pidiendo al cielo suavizase mis trabajos me pasaba casi todo el tiempo de la prima noche rezando cierto número de padrenuestros y Ave Marías a todos los santos de la corte celestial para que al día siguiente no me fuese tan nocivo como el que pasaba si me acontecía algunos de mis comunes y dolorosos apremios lo atribuía solamente a mi falta de devoción o enojo de algún santo que había echado en olvido para el día siguiente todavía creo que ellos me depararon la ocasión y me custodiaron la noche de mi fuga de Matanzas para La Habana como veremos pues tomaba el almanaque y todos los santos de aquel mes eran rezados por mí, diariamente.

Viviendo en la casa del señor Estorino como he dicho que sabía algo de dibujo pintaba decoraciones en papel hacía mis bastidores de güines[11] de

---

[11]bambúes.

cañas cimarronas o cujes de yayas[12] hacía figuras de naipes y de cartón y daba entretenimiento a los niños grandes funciones de sombras chinescas y concurrían algunos y algunas niños del pueblo hasta las diez o más de la noche hoy son grandes señores y no me conocen hacía títeres que parecían que bailaban solos estos eran de madera que yo formaba con un tajo de pluma y pintaban los hijos del señor don Félix Llano señor don Manuel y don Felipe Puebla señor don Francisco Madruga o farruco y otros y otros como el señor don José Fontón meneó delante de mí las orejas me propuse yo también yo menearlas y lo conseguí suponiendo la causa entonces fue cuando el señor don Beranés descubriendo en mí los primeros síntomas de la poesía me daba lo que llaman pie forzado y cuando versaba en la mesa me echaba a hurtadillas alguna mirada sin que mi señora lo penetrara pues a más de suplicárselo yo él tenía bastante confianza en la casa y sabía lo estirado que yo andaba esto mismo me sucedía con el padre Carrasedo con don Antonio Miralla y con don José Fernández Madrid todos en diferentes épocas.

Si tratara de hacer un exacto resumen de la historia de mi vida sería una repetición de sucesos todos semejantes entre sí desde mi edad de trece o catorce años mi vida ha sido una consecusión de penitencia encierro azotes y aflicciones así determino describir los sucesos más notables que me han acarreado una opinión tan terrible como nociva. Sé que nunca por más que me esfuerce con la verdad en los labios ocuparé el lugar de un hombre perfecto o de bien pero a lo menos ante el juicio sensato del hombre imparcial se verá hasta qué punto llega la preocupación del mayor número de los hombres contra el infeliz que ha incurrido en alguna flaqueza. Pero vamos a saltar desde los años 1810 11 y 12 hasta el presente de 1835 dejando en su intermedio un vastísimo campo de vicisitudes escogiendo de él los graves golpes con que la fortuna me obligó a dejar la casa paterna o nativa para probar las diversas cavidades con que el mundo me esperaba para devorar mi inexperta y débil juventud.

En 1810 si mal no recuerdo, como yo era el falderillo de mi señora pues así puede decirse porque era mi obligación seguirla siempre a menos que fuese a sus cuartos porque entonces me quedaba a las puertas impidiendo la entrada a todos o llamando a quien llamase o haciendo silencio si consideraba que dormía una tarde salimos al jardín largo tiempo ayudaba a mi ama a coger flores o a transplantar algunas maticas como género de diversión mientras el jardinero andaba por todo lo ancho del jardín cumpliendo con su obligación

---

[12]tallos de plantas flexibles que sirven para hacer bastidores.

al retirarnos sin saber materialmente lo que hacía cogí una hojita, una hojita
no más de geranio donato esta malva sumamente olorosa iba en mi mano mas
ni yo sabía lo que llevaba distraído con mis versos de memoria seguía a mi
señora a distancia de dos o tres pasos e iba tan ajeno de mí que iba haciendo
añicos la hoja de lo que resultaba mayor fragancia al entrar en una antesala
no sé con qué motivo retrocedió, hice paso pero al enfrentar conmigo llamole
la atención el olor colérica de pronto con una voz vivísima y alterada me
preguntó—qué traes en las manos; —yo me quedé muerto mi cuerpo se heló
de improviso y sin poder apenas tenerme del temblor que me dio en ambas
piernas, dejé caer la porción de pedacitos en el suelo tomándose las manos
se me olió y tomándose los pedacitos fue un montón una mata y un atrevimiento de marca mis narices se rompieron y enseguida vino el administrador
don Lucas Rodríguez emigrado de Santo Domingo a quien se me entregó.

Serían las seis de la tarde y era en el rigor del invierno la volante
estaba puesta para partir al pueblo yo debía seguirlos pero cuán frágil es la
suerte del que está sujeto a continuas vicisitudes, yo nunca tenía hora segura
y en esta vez se verificó como en otras muchas como veremos, yo fui para el
cepo en este lugar antes enfermería de hombres cabrán si existe cincuenta
camas en cada lado pues en ella se recibían a los enfermos de la finca y a más
los del ingenio San Miguel pero ya estaba vacía y no se le daba ningún empleo allí estaba el cepo y sólo se depositaba en él algún cadáver hasta la hora
de llevar al pueblo a darle sepultura allí puesto de dos pies con un frío que
helaba sin ninguna cubierta se me encerró.

Apenas me vi solo en aquel lugar cuando todos los muertos me parecía que se levantaban y vagaban por todo lo largo del salón una ventana media derrumbada que caía al río o zanja cerca de un despeñadero ruidoso que
hacía un torrente de agua golpeaba sin cesar y cada golpe me parecía un
muerto que entraba por allí de la otra vida considerar ahora qué noche pasaría no bien había empezado a aclarar cuando sentí correr el cerrojo entra un
contramayoral seguido del administrador me sacan una tabla parada a un
horcón que sostiene el colgadizo un mazo de cujes con cincuenta de ellos veo
al pie de la tabla el administrador envuelto en su capote dice debajo del
pañuelo que le tapaba la boca con una voz ronca amarra mis manos se atan
como las de Jesucristo se me carga y meto los pies en las dos aberturas que
tiene también mis pies se atan ¡Oh Dios! corramos un velo por el resto de
esta escena mi sangre se ha derramado yo perdí el sentido y cuando volví en
mí me hallé en la puerta del oratorio en los brazos de mi madre anegada en
lágrimas, ésta a instancias del padre don Jaime Florit, se retiró desistiendo del
intento que tenía de ponérsele delante qué sé yo con qué pretensión a las

nueve o poco más que se levantó mi señora fue su primera diligencia imponerse si se me había tratado bien el administrador que la esperaba me llamó y me le presentó, me preguntó si quería otra vez tomar unas hojas de su geranio como no quise responder por poco me sucede otro tanto y tuve a bien que decir que no, serían cosa de las once cuando me entró un crecimiento se me puso en un cuarto.

Tres días sin intermisión estuve en este estado haciéndome baños y untos mi madre no venía allí sino por la noche cuando consideraba que estuviesen en el pueblo, cuando ya se contaba con mi vida y que al sexto día andaba yo algún poco, cosa era de las doce cuando me encontré con mi madre que atravesaba por el tendal me encontró y me dijo—Juan aquí llevo el dinero de tu libertad ya tú ves que tu padre se ha muerto y tú vas a ser ahora el padre de tus hermanos ya no te volverán a castigar más, Juan cuidado he...—un torrente de lágrimas fue mi única respuesta y ella siguió y yo fui a mi mandado mas el resultado de esto fue que mi madre salió sin dinero y yo quedé a esperar qué sé yo qué tiempo que no he visto llegar.

Después de este pasaje me aconteció otro y es el siguiente estando en el Molino trajeron del ingenio unas cuantas aves capones y pollos como yo estaba siempre de centinela al que llegaba me tocó por desgracia recibirlas entré la papeleta dejando las aves en el comedor o pasadizo debajo de la glorieta que se halla a la entrada leyóse el papel y se me mandó llevarlo al otro lado para entregarse a don Juan Mato que era mayordomo o celador de aquella otra parte, tomelo todo despidiendo al arriero e iba contento pues en este intervalo respiraba yo entregué lo que recibí y me acuerdo que eran tres capones y dos pollos pasadas algunas dos semanas o algo más fui llamado para que diese cuenta de un capón que faltaba al momento dije que lo que vino fueron tres y dos pollos y que eso entregué quedose esto así mas a la mañana siguiente vi venir al mayoral del ingenio habló largo rato con mi señora y fuese, servimos el almuerzo y cuando yo iba a meterme el primer bocado aprovechando el momento porque pasado... me llamó mi ama mandome que fuese en casa del mayoral y le dijese qué sé yo qué cosa aquello me dio mal ojo se me oprimió el corazón y fui temblando, como yo estaba acostumbrado por lo regular a irme a entregar yo mismo de este modo iba receloso llegué a la puerta y estaban los dos el de la finca y el antes dicho dile el recado y haciéndose el sordo me dijo—entra hombre—como me hallaba en el caso de estar bien con estas gentes porque cada rato caía en sus manos le obedecí, iba a repetir el recado cuando el señor Domínguez que así era el apellido de él del ingenio me cogió por un brazo diciendo—a mí es a quien él busca,—sacó una cuerda de cáñamo delgada me ató como a un facineroso montó a caballo y echándome por delante me mandó correr y nos alejamos de aquellos contornos con prontitud.

Era el fin que ni mi madre ni mi segundo hermano ni los niños y niñas me viesen porque todos al momento llorarían y la casa sería un punto de duelo o me apadrinarían nos habíamos alejado como un cuarto de legua cuando fatigado de correr delante del caballo di un traspié y caí no bien había dado en tierra cuando dos perros o dos fieras que le seguían se me tiraron encima el uno metiéndose casi toda mi quijada izquierda en su boca me atravesó el colmillo hasta encontrarse con mi muela el otro me agujereó un muslo y pantorilla izquierda todo con la mayor voracidad y prontitud cuyas cicatrices están perpetuas a pesar de veinticuatro años que han pasado sobre ellas tirose del caballo y separó los perros y mi sangre corría en abundancia principalmente en la pierna izquierda que se me adormeció entelerio agarrome por la atadura con una mano echando una retahíla de obscenidades este jalón me desconyuntó el brazo derecho del que aún no he sanado porque en tiempos revueltos padezco en él de ciertos dolores como gotosos, caminando como pude llegamos al ingenio dos ramales con sus rocas me fueron puestas se me curaron las mordidas qué sé yo con qué unto y fui para el cepo.

Llegó la noche fatal toda la gente está en fila se me sacó al medio un contramayoral y el mayoral y cinco negros me rodean a la voz de—tumba—dieron conmigo en tierra sin la menor caridad como quien tira un fardo que nada siente uno a cada mano y pie y otro sentado sobre mi espalda se me preguntaba por el pollo o capón, yo no sabía qué decir pues nada sabía sufrí veinticinco azotes diciendo mil cosas diferentes pues se me mandaba a decir la verdad y yo no sabía cuál me parecía que al decir que me lo había hurtado cumplía y cesaría el azotar pero había que decir qué había hecho con el dinero y era otro aprieto dije que había comprado un sombrero—¿dónde está?—era falso dije que compré zapatos no hubo tal dije y dije y dije tantas cosas por ver con qué me libraba de tanto tormento nueve noches padecí este tormento nueve mil cosas diferentes decía al decirme—di la verdad—y azotarme ya no tenía qué decir que lo pareciese para que no me castigasen pero no porque yo tal cosa sabía acabada esta operación iba a arrear bueyes de prima o de madrugada según el cuarto que me tocaba todas las mañanas iba una esquela de lo que había dicho en la noche; al cabo de los diez días el lunes esparcida la voz por todo el ingenio ya se sabía a fondo la causa de aquel género de castigo cuando el arriero Dionisio Covadonga que era el arriero se presentó al mayoral diciéndole no se me castigase más porque el buscado capón o pollo se lo había comido el mayordomo don Manuel Pipa pues el día que él le dio las aves para que las condujese por la tarde al Molino con la papeleta se le quedó un pollo capón en la cocina sin advertirlo pero que a las once de la noche cuando él volvió del pueblo conduciendo las raciones del día siguiente lo vio y por la mañana lo avisó al mayordomo no creyendo sino que fuese alguno que lo había hurtado y escondido en su bohío que era la cocina, este le dijo que era de los que él debió haber llevado al Molino mas no obstante lo tomó y dejándolo en su cuarto al día siguiente su cocinera se lo guisó; llamada la morena Simona fue preguntada y declaró ser cierto dijo el mayoral que por qué no habían hablado más antes y dijo Dionisio que nadie sabía pues sólo se oía decir que capón capón pero sin saber cuál era, y que a no habérselo yo contado a la Simona y al Dionisio cuál era el buscado capón nadie hubiera comprendido, no sé si se dio parte de este asunto pero lo cierto es que desde aquel día cesó el castigo se me puso con un gran garabato a aflojar bagazo seco y apilar para que las canastas la condujeren a las hornallas.

En este día me tocó como uno de tantos ir a cargar azúcar para la casa de purga como no podía andar se me quitó una roca y todas se me hubieran quitado si no temieran que me fugara, estando metiendo hormas en uno de los tinglados hacia la izquierda acababa de soltar la horma y dado algunos pasos cuando parecía haberse desplomado el firmamento detrás de mí y era un gran pedazo del techo con unas cuantas viguetas que se derrumbó detrás de mí cogiendo al negro Andrés criollo yo con el susto caí por una abertura debajo de la casa de purga mi guardiero gritaba toda la negrada voceaba acudieron a sacar a Andrés y yo me salí como pude por la parte baja de la puerta.

Sacaron al antes dicho con mil trabajos y tenía todo el cráneo roto el pellejo del cerebro arrollado los ojos reventados. Condujéronlo al Molino y murió a pocas horas; a la mañana siguiente aún no había el aire bien disipado la neblina vi aparecerse al niño Pancho hoy señor don Francisco de Cárdenas y Manzano yo estaba débilmente en mi ejercicio de aflojar y apilar bagazo cuando se me presentó seguido de mi segundo hermano el cual me insinuó que venía por mí, el cambio de traje y de fortuna fue todo uno; cuando llegó el desgraciado a quien las vigas maltrataron se divulgó que yo estuve a pique de perecer también por lo que mi hermano que servía al niño Pancho alcanzó que pidiese a su madre por mí y lo consiguió sin la menor dificultad.

Cuando llegamos como tuve que venir a pie una legua de camino bastante escabroso ya el señorito se había adelantado en su jaca y mi hermano y el niño me presentaron a la señora mi ama la que por primera vez vi que me trató con compasión me mandó para lo interior de la casa, mi corazón estaba tan oprimido que ni la comida que era para mí la más sagrada y precisa atención, quería ver, caí en una tristeza tal que ni viendo a todos los muchachos enredados en juegos ni porque me llamaban salía de mi triste abatimiento comía poco y casi siempre llorando, con este motivo se me mandaba limpiar las caobas para que no estuviese o llorando o durmiendo toda mi viveza desapareció y como mi hermano me quería tanto se hizo entre ambos común este estado él no hacía más que estarme consolando pero este consuelo era llorando conmigo con este motivo ya no se me llevaba al pueblo detrás de la volante y todos caían sobre mí para hacerme jugar y yo no salía de mi melancólico estado entonces me dedicaron a dormir con el niño Pancho y mi hermano en un cuarto me compraron sombrero y zapatos cosa para mí muy nueva se me mandaba bañar y a paseos por la tarde e iba a las pescas y a cazar con un señor.

Pasado algún tiempo nos vinimos para La Habana y se me dejó con el señor Don Nicolás que me quería no como a esclavo sino como a un hijo a pesar de su corta edad entonces se me fue disipando aquella tristeza inveterada en mi alma y se me declaró un mal de pecho con una tos medio espasmódica que me curó el señor Don Francisco Luvián; el tiempo disipó ayudado de mi juventud todos mi males estaba bien tratado mejor vestido y querido tenía casaca que me mandaba hacer mi nuevo amo tenía muchos reales y era mi oficio recoser toda su ropa limpiar sus zapatos asearle su cuarto y darle de vestir sólo me privaba la calle y la cocina y el roce con personas de malas costumbres como este señor desde bien joven observó unas costumbres perfectas e irreprensibles quería que todo lo que estuviese a su alcance fuera lo mismo, y conseguí con él nunca haber recibido la más leve reconvención y lo quería sin tamaño; viéndolo que apenas aclaraba cuando puesto en pie le preparaba antes de todo la mesa sillón y libros para entregrase al estudio me fui identificando de tal modo con sus costumbres que empecé yo también a darme estudios, la poesía en todos los trámites de mi vida me suministraba versos análogos a mi situación ya próspera ya adversa, tomaba sus libros de retórica me ponía mi lección de memoria la aprendía como el papagayo y ya creía yo que sabía algo pero conocía el poco fruto que sacaba de aquello pues nunca había ocasión de hacer uso de ello, entonces determiné darme otro más útil que fue el aprender a escribir este fue otro apuro no sabía cómo empezar no sabía cortar pluma y me guardaría de tomar ninguna de las de mi señor sin embargo compré mi tajaplumas[13] y plumas compré papel muy fino y con algún pedazo de los que mi señor botaba de papel escrito de su letra lo metía

---

[13]cortaplumas.

entre llana y llana con el fin de acostumbrar el pulso a formar letras iba
siguiendo la forma que de la que tenía debajo con esta invención antes de un
mes ya hacía renglones logrando la forma de letra de mi señor causa para que
hay cierta identidad entre su letra y la mía contentísimo.

Con mi logrado intento me pasaba desde las cinco hasta las diez
ejercitando la mano en letras menudas y aún de día cuando tenía lugar lo
hacía también poniéndome al pie de algún cuadro cuyos rótulos fue de letras
mayúsculas con mucho ras logré imitar las letras más hermosas y llegué a
tenerla entonces que más parecían grabadas que de pluma el señor marqués
me encontró una vez y por lo que dijo acerca de ella llegué a creer que ya
sabía escribir entonces supo mi señor por los que me veían desde las cinco
con mi tren de escritura que yo pasaba todo el tiempo embrollado con mis
papeles no pocas veces me sorprendió en la punta de una mesa que había en
un rincón imponiéndome dejase aquel entretenimiento como nada correspondiente a mi clase que buscase que coser, en este punto no me descuidaba
porque siempre tenía alguna pieza entre manos para ganar prohibióseme la
escritura pero en vano todos se habían de acostar y entonces encendía mi
cabito de vela y me desquitaba a mi gusto copiando las más bonitas letrillas
de Arriaza[14] a quien imitando siempre me figuraba que con parecerme a él
ya era poeta o sabía hacer versos.

Pilláronme una vez algunos papelitos de décimas y el señor Don
Coronado fue el primero que pronosticó que yo sería poeta aunque se opusie-
ra todo el mundo supo cómo aprendí a escribir y con qué fin y aseguraba que
con otro tanto han empezado los más, en tanto que esto hacía mi señor estaba
en vísperas de enlazarse con la señorita doña Teresa de Herrera y yo era el
mercurio que llevaba y traía (pero por supuesto ya pedida) este distinguido
lugar me lucraba mucho pues tenía doblones sin pedir tantos que no sabía qué
hacer con el dinero y después de hacer gran provisión de papel pluma bonito
tintero buena tinta y regla de caoba lo demás se lo enviaba a mi madre en
efectivo.

Pasamos a Guanajay con motivo de la temporada que los señores
condes de Jibacoa hacen todos los años y allí mi futura ama no le quedó
favores que no me prodigase como la primera costura que me enseñó mi señora fue la de mujeres, al lado de señora Dominga mujer blanca su costurera
tuve a grande honor de costurar en algunos túnicos de mi señorita pues yo
sabía y sé de guarniciones colchones colgaduras de cama coser en holanes y

---

[14]Juan Bautista Arriaza y Supervilla (1770-1837), poeta español.

hasta marcar el holán cambray lo que me era muy celebrado en obsequio de la fina educación que me dio mi ama; entre mil contentos pasé todo el tiempo que duró la correspondencia hasta que serví las bodas y fui su paje de librea cuando salían a paseo y misa, con esta ama mi felicidad iba cada día en más aumento haciendo que se me guardase en el número de su familia las más pulidas consideraciones y mi señor por lo tanto la imitaba viéndome esmerarme en darle gusto en el cumplimiento de mis obligaciones.

Cosa fue de tres años poco más esta felicidad, cuando viniendo mi señora la de Matanzas oyó la fama de mis servicios en toda clase y sin saber yo por qué determinó llevarme otra vez consigo, era tal mi agilidad principalmente en la asistencia de enfermos así tan chiquitillo como parecía en mi edad de 18 años que se me pedía prestado en la familia cuando había algún enfermo de velarse como sucedió esta vez, asistía al señor Don José Ma. de Peñalver que estaba de cuidado por un dolor que padecía; yo no más le sabía templar el baño darle la bebida a tiempo ayudarle a levantar para ciertas diligencias sin apretones y enjugarle cuando se bañaba, en toda la noche no pegaba mis ojos con el reloj delante papel y tintero donde hallaba el médico por la mañana un apunte de todo lo ocurrido en la noche hasta las veces que escupía dormía roncaba sueño tranquilo o inquieto.

El señor Don Andrés Ferriles doctor Don Nicolás Gutiérrez y otros viéndome asistir enfermos me han celebrado este orden que he seguido en muchas ocasiones; yo estaba como dije asistiendo al señor Don José María cuando vino mi señora que impulsada de tantos elogios me insinuó la determinación que tenía con mucho cariño, yo la oí con tibieza pues se me nubló el corazón al considerar que iba de nuevo a unos lugares tan memorables y tristes para mí, no estaba el señor enteramente bueno pero seguía en cama; nos fuimos sin tardanza a la casa de la señora condesa de Buenavista su hermana para partir entre algunos días, no debía ir yo más donde mis otros señores, pero a pesar de esta orden fui a despedirme de ellos, el señor Don Nicolás que desde bien chico me quería, con mis servicios me lo había acabado de ganar, este y su reciente esposa se me despidieron llorando me regalaron con oro a cual más, la señorita me dio unos cuantos pañuelos de holán usados y dos doblones de a cuatro y mi señor me dio toda la ropa entre ella las dos casacas que me había mandado hacer y un doblón de a cuatro, de toda la familia me despedí y todos llorábamos pues vivíamos en la más perfecta unión; me fui tan contrito y entre en tantas reflexiones que por la mañana entre nueve y diez me determiné a pedir papel para buscar amo, asombrose mi señora de esto y me dijo que si yo no conocía mi bien y que si ella me llevaba era porque lo debía de hacer pues no debía de estar sino a su lado hasta que determinara de mí me volvió la espalda y sentí haberle dado aquella molestia a la hora de la comida en casa de la señora condesa movió la especie en la mesa manifestando a su hermana mi arrojo y se acaloró tanto que me dijo delante de todos que esa era la correspondencia mía a los desvelos que había puesto en mi educación me preguntó si me había puesto alguna vez la mano encima y por poco lo echo a perder todo, pero dije que no; me preguntó si me acordaba de la mamá mía y le dije que sí,—pues yo he quedado en su lugar ¿me oyes?—me dijo, y con esto será por entonces, concluido el rezo de por la tarde me llamó a solas la señora condesa en unión de la señora doña Mariana Pizarro para desimpresionarme creyendo que mis otros amos me hubiesen aconsejado, las hice saber que temía a mi señora por su genio vivo, pero nada bastó siempre quedando en su error, me dijo la señora condesa que yo debía de estar con mi ama y esperar de ella mi libertad.[15]

Partimos por fin a Matanzas haciendo mansión en el Molino se me señalaron obligaciones y en poco tiempo me hallé al frente de los que me vieron nacer y de tal modo que los oscurecía sobresaliendo en mi servicio se les daba en rostro cuando tenían algún descuido con la exactitud con que llenaba mis deberes esto me trajo grande ojeriza de los más en este tiempo ya yo andaba por toda la casa pero concluido el almuerzo iba a mis acostumbrados lugares donde cosía de todo en esta época nos fuimos a vivir al pueblo en la calle del Río casa del señor Don Félix Quintero estábamos allí hacía cosa de dos semanas cuando una mañana muy temprano se vino al comedor contiguo al dormitorio de mi señora un gallo fino y cantó yo dormía en este lugar si el gallo cantó más de una vez no lo sé pero cuando lo oí desperté lo espanté y me puse en pie, a la hora de costumbre se levantó mi señora y esto fue motivo para que si no buscase con tiempo al señor Don Tomás Gener por padrino hubiera ido a aprender a madrugar al Molino, yo tenía edad como de diez y nueve años y tenía cierto orgullito en saber cumplir mi obligación, y no me gustaba me mandasen las cosas dos veces ni que me abochornaran por trivialidades; pero el prurito de abatir el amor propio del que está más cerca de la gracia de su amo es un mal contagioso que hay en todas las casas grandes.

Así sucedió que por una de estas razones quiso uno abatirme ajándome con malas expresiones hasta llegar a decirme la tal de mi madre se la

---

[15]Ahora me acuerdo que el pasaje del geranio donato fue después de esto estando en el Molino porque fue cuando mi madre presentó el dinero para mi libertad y murió tres meses después de aire perlático. Nota del autor.

devolví con otra de igual tamaño diome una gaznatada que no pude evitar y le embestí, la señora no estaba en casa y yo debía irla a buscar a las diez en casa de la señora Gómez partime antes de tiempo y cuando tornamos a casa se lo contaron me interrogó en este asunto y me disculpé diciendo—el que me dice la tal de su madre está enemistado conmigo,—conque si te lo vuelve a decir volverás a faltar al respeto de mi casa,—díjele que no faltaría al respeto siempre que no me dijese tal expresión, al tercer o cuarto día fuimos a almorzar al Molino yo no estaba tranquilo esperando la hora de quiebra yo conocía las varias actitudes de mi vida y no dudaba de lo que me iba a suceder vi venir al mayoral y no tenía el ánimo ya para aguantar azotes, me escapé por la espalda del jardín y corrí tanto y en tan breve tiempo que cuando me buscaban por toda la casa yo estaba oculto entre los mangles camino del castillo.

Por la tarde me fui al pueblo en casa del señor conde Jibacoa que me llevó apadrinado; me daba vergüenza estos apadrinamientos y yo no estaba a gusto y lloraba a mares cuando me acordaba de la estimación que gozaba con mis otros amos en La Habana me afligía más la larga distancia que me separaba de ellos no pasaron cinco días sin que qué sé yo por qué nimiedad se mandó buscar un comisionado me ató en la sala y me condujo a la cárcel pública a las once del día a las cuatro vino un mozo blanco de campo me pidió, me sacaron se me vistió una muda de cañamazo se me quitaron los zapatos, y allí mismo me pelaron y con una soga nueva de henequén me ató mis brazos saliendo por delante para el Molino; el que ya había olvidado todo lo pasado, probando las delicias de unos amos jóvenes y amables, algún tanto envanecido con los favores prodigados a mis habilidades y algo alocado también con el aire cortesano que había tomado en la ciudad sirviendo a personas que me recompensaban siempre y se veía tratado de este modo me hacían pensar incesantemente que en La Habana lograría mejor fortuna.

Llegué pues al Molino, Don Saturnino Carrías joven europeo era administrador entonces me examinó acerca de la culpa que tenía por aquello se lo dije y me mandó al campo sin ponerme ni la mano ni las prisiones estuve allí como nueve días en los trabajos de la finca y una mañana que vino a almorzar mi señora me mandó buscar vistiome de ropa fina y detrás de la volante me condujó otra vez al pueblo y su servicio ya yo era un objeto conocido por el chinito o el mulatico de la María todos me preguntaban qué había sido aquello y me abochornaba satisfacer a tanto curioso; en estos tiempos fue la esposa del señor Apodaca gobernador de La Habana se le preparó en casa una función digna del personaje que era.

El pintor y maquinista el señor Aparicio fue conducido a Matanzas por horas para trabajar una transformación de un escaparate viejo en una hermosa cascada debía pintarse algunos emblemas alusivos a la rosa pues se llamaba la señora doña Rosa Gastón yo le ayudé y hasta concluida la obra me regaló media onza pues ayudándole una noche por gusto a llenar varias guirnaldas descubrió que le podía ser útil y con poco que le dije me pidió a mi señora no como oficial sino como peón pero yo le sombreaba en particular las rosas que por la variedad de formas de ella que conocía era diestro en este arte, al retirarse me dio media onza, y concluida la función fui gratificado como los demás con un doblón de a dos pesos yo guardaba este dinero con intención de gastarlo en La Habana. Descubrió mi ama que de media noche para el día se descamisaban los criados en un almacén jugando al monte, yo nada sabía de esto porque ni dormía allí ni se dejarían tampoco ver de mí pues esto era a puerta cerrada la primera diligencia de mi señora fue registrarme al día siguiente y hallándome con más dinero del que me había dado me juzgó cómplice quitome todo el dinero aunque le declaré el cómo lo había tenido pues debí habérselo dicho y fui otra vez al Molino tampoco me sucedió nada a pesar de las recomendaciones a los siete u ocho días se me mandó buscar discurrió algún tiempo sin la menor novedad cuando aconteció la muerte casi súbita de mi madre que se privó y nada pudo declarar a los cuatro días de este caso lo supe tributele como hijo y amante cuanto sentimiento se puede considerar entonces mi señora me dio los tres pesos para las misas del alma o de San Gregorio las que mandé decir al padre coadjutor algunos días después me mandó mi señora al Molino para que recogiese lo que mi madre me había dejado, di al administrador una esquela con la que me entregó la llave de su casa en la cual sólo hallé una caja grande muy antigua pero vacía, tenía esta caja un secreto que yo conocía hice saltar el resorte y hallé en su hueco algunas joyas de oro fino entre ellas las de más mérito eran tres manillones[16] antiguos de cerca de tres dedos de ancho y muy gruesas dos rosarios uno todo de oro y otro de oro y coral pero rotos y muy sucios hallé también un lío de papeles que testificaban varias deudas habiendo entre ellos uno de doscientos y pico de pesos y otro de cuatrocientos y tantos pesos estos debían cobrarse a mi señora y despúes de éstos otra porción de menores cantidades.

Cuando yo nací desde el campo me dedicó mi abuelo una potranca baya de raza fina y de ésta nacieron cinco que mi padre iba dedicando a cada uno de mis hermanos de ellas tres parieron también y vino de haber el número de ocho entre éstas particularmente una era deforme y parecía un caballo

---

[16]pulseras gruesas.

era rosilla oscura y siempre parecía que tenía el pelo untado en aceite, por lo que el señor Don Francisco Pineda la quiso comprar pero mi padre parece que pedía demasiado ésta y otra estando para parir se malograron en el servicio de la hacienda cargando baúles a La Habana de éstas había los recibos o pagarés.

Llegado el día siguiente di cuenta a mi ama de lo que había y también los recibos o papeletas pasados seis o más días pregunté a mi señora si había su merced revisado los papeles que le había entregado contestome en tono agradable que todavía di esta respuesta a la parda Rosa Brindis que cuidaba de la educación de mi hermana María del Rosario que como era libre a instancias de mi señora la tenía ella mientras fuera capaz de gobernarse ésta me instaba a que no dejase de recordarle cada vez que pudiese pues quería la parte de mi hermana para su manutención como que la había criado, ella sabía que la señora le tenía a mi madre guardado dinero para que lo partiese entre todos sus hijos si ella muriese y yo como mayor de todos debía andar esto con tal aviso cuando hubieron pasado algunos días más aguijado sin cesar de esta mujer me determiné a hablar con mi señora en segunda vez lleno de las más halagüeñas esperanzas; pero cual sería mi asombro cuando incómoda me respondió mi señora que si estaba muy apurado por la herencia que si yo no sabía que ella era heredera forzosa de sus esclavos en cuanto me vuelvas a hablar de la herencia te pongo donde no veas el sol ni la luna; marcha a limpiar las caobas; esta escena pasó en la sala del señor Don Félix Quintero serían las once de la mañana al día siguiente manifesté a la Rosa lo que había pasado no me acuerdo de todo lo que dijo sólo si que todas sus duras expresiones iban a caer sobre las cenizas de mi pobre madre de allí a dos días era algo más de las doce cuando se apareció pidió permiso para hablar a mi señora cuando se le concedió y estuvo con ella largo rato.

Yo estaba en la despensa que estaba frente a la puerta de la calle haciendo qué sé yo qué, cuando entró la Rosa díjome que fuera por allá por su casa cuando tuviese ocasión la hice esperar y le di de las tres manillas dos quedándome con una y también le di todos los pedazos de rosarios un relicario que dicen que en su tiempo no se tenía por una onza era grande guarnecido de cordones de oro lamas[17] del mismo metal y el divino rostro de Jesús estaba en el medio era muy abultado y tenía como dos cuartas de una cadenita muy curiosamente trabada todo de oro, envolviola bien, mas estando para partir mi señora que no me perdía nunca de vista, se acercó a nosotros y

---

[17]láminas.

manifestándole no era de su agrado tuviese aquella familiaridad conmigo ni ninguno de sus esclavos se concluyó con que ella no volvió a poner sus pies en casa.

Por lo que toca a mí desde el momento en que perdí la halagüeña ilusión de mi esperanza ya no era un esclavo fiel me convertí de manso cordero en la criatura más despreciable y no quería ver a nadie que me hablase sobre esta materia quisiera haber tenido alas para desaparecer trasplantándome en La Habana se me embotaron todos los sentimientos de gratitud y sólo meditaba en mi fuga pasados algunos días vendí a un platero la manilla me dio siete pesos y algunos reales por ella y en la noche cuando dejé a mi ama en casa de las señoras Gómez le llevé los pesos al padre coadjutor para misas por mi madre y los reales fueron en velas para las ánimas no tardó mucho tiempo mi señora en saber por el mismo padre que había mandado decir tantas misas preguntome de dónde tenía ese dinero mas como lo que yo menos apreciaba por entonces era vivir le dije sin rodeos que vendí una manilla, quiso saber a quién mas como di palabra al platero de no decirlo me sostuve diciendo que a uno que no conocía; —pues ahora sabrás para qué naciste—me dijo—tú no puedes disponer de nada sin mi consentimiento—fui preso al Molino ya era ésta la tercera vez preguntome Don Saturnino lo que había díjeselo todo con enfado la desesperación había ocupado el lugar de todos mis sentimientos mi madre era lo único que allí tenía y ésa no existía mis lágrimas corrían con abundancia mientras contaba a Don Saturnino la distribución del dinero; mandome desatar y me mandó para su cocina encargándome no saliese de allí, me daba de lo que él comía y dormía en el pesebre de los caballos, me enseñó la carta de recomendación, y a la verdad que me hubiera pesado toda la vida la licencia que me tomé. ¿Pero yo criado en la oscuridad de tanta ignorancia qué podía saber?

Al cabo de ocho o diez días me llamó y me hizo poner unas prisiones porque venía la señora a almorzar al día siguiente, y me mandó al campo encargándome si me preguntaban si había sufrido azotes que dijese que sí; a las nueve poco más recibió orden el contramayoral de enviarme para la casa de vivienda, me resistí a ir pero amenazado con dureza tuve por buen partido obedecer al administrador me recibió con una muda de ropa fina de color esto es pantalones y chupa que vestí cuando le fui a entregar aquellos andrajosos despojos me dijo con cierto aire de firmeza estas palabras que me aterraron—sabes lo que te digo que en menos de dos meses has venido a mi poder tres ocasiones y nada te ha sucedido pon los medios para no volver más porque te llevan los demonios, anda que la señora te espera anda y cuidado—

este señor de nacionalidad gallega era de genio vivo y duro de carácter era joven como de 25 a 28 años y tanto los del campo como los de la casa de vivienda le temían en sumo grado pues no sólo yo andaba en estos vaivenes, cuando llegué a los pies de mi señora me postré pedí perdón de mi falta me mandó sentar en el comedor y en acabando de almorzar me mandó un abundante plato que yo no probé; mi corazón ya no era bueno y La Habana juntamente con los felices días que en ella gocé estaban impresos en mi alma y yo sólo deseaba verme en ella notó mi señora el caso que había hecho de la comida y no dejó de maravillarse de que no me alegrase el corazón un buen plato.

Es de admirarse que mi señora no pudiese estar sin mí 10 días seguidos así era que mis prisiones jamás pasaban de 11 a 12 días pintándome como el más malo de todos los nacidos en el Molino de donde decía que era yo criollo esto era otro género de mortificación que yo tenía la amaba a pesar de la dureza con que me trataba y yo sabía muy bien que estaba bautizado en La Habana.

Estando otra vez en el pueblo no sé por qué me trata entonces con dulzura; si yo nunca podré olvidar que le debo muchos buenos ratos y una muy distinguida educación me mandaba a pasear por la tarde sabía que me gustaba la pesca y me mandaba a pescar si había maroma también; por la noche se ponía en casa de las señoras Gómez la manigua que luego fue monte y yo debía al momento que se sentaba pararme al espaldar de la silla con los codos abiertos estorbando así que los de pie no se le echasen encima o rozasen con el brazo sus orejas en acabando que era por lo regular a las doce o a una si ganaba llevaba yo el taleguillo para la casa y en llegando al recibirlo metía la mano y cuanto cogía lo daba sin contar sirviole de mucho asombro y contento cuando me vio haciendo un pantalón de mi cuenta lo cosía al maestro Luna que tenía su tienda en la casilla que estaba en la plazuela junto a la iglesia esta habilidad la aprendí por sí observando cómo estaba la de otros pantalones pues no sabiendo más que costurar túnicos y camisones y guarniciones desde que me llené o me llenaron de la idea de que sería libre pronto traté de llenarme de muchas habilidades ya era repostero y sacaba de mi cabeza muchas ideas a las que favorecía la idea de dibujo que adquirí con los diferentes maestros que enseñaban a los niños, en mis ratos ociosos que eran pocos inventaba doblones en pedacitos de papel y luego eran una curiosa servilleta la flor, la piña, la concha la charretera el abanico y otras de menos gracias, son frutos de mis ratos perdidos con ellas he lucido algún tiempo y otros lucen aún.

Tenía yo desde bien chico la costumbre de leer cuanto era leíble en mi idioma y cuando iba por la calle siempre andaba recogiendo pedacitos de papel impreso y si estaba en verso hasta no aprenderlo todo de memoria no rezaba así sabía la vida de todos los santos más milagrosos y los versos de sus rezos los de la novena de San Antonio los del trisagio en fin todos los de santos porque eran los que alcanzaban la mesa de mi señora en los días de comidas que eran casi diarios la coronaban regularmente tres o cuatro poetas improvisadores los que al concluirse la comida me dejaban bastantes versos tenía mi cáscara de huevos y mi pluma y apenas acababan mientras otros aplaudían otros rebosaban la copa yo detrás de alguna puerta copiaba los trozos que me quedaban en la memoria cuando mi ama dulcificó conmigo su genio yo dejé insensiblemente cierta dureza de corazón que había adquirido desde la última vez que me condenó a la cadena y el trabajo perseveando en no ponerme ni mandarme poner la mano había olvidado todo lo pasado y la amaba como a madre no me gustaba oír a los criados motejarla y hubiera acusado a muchos si no me constase que el que iba con un cuento era quien la ofendía porque aquel lo hizo donde ella no lo oyó y el que se lo decía se valía de este medio para molestarla; máxima que le oí repetir muchas veces yo estaba como nunca bien mirado y nada echaba de menos y me hacía el cargo de que era libre ya y que se esperaba que supiese trabajar y tuviera edad competente para recibirla esto me hizo internarme tanto en ciertas artes mecánicas y lucrativas que si hoy lo fuera no me faltaría no digo qué comer sino qué tener.

En esa época escribí muchos cuadernos de décimas al pie forzado que vendía Arriaza a quien tenía de memoria era mi guía; la poesía quiere un objeto a quien dedicarse, el amor regularmente nos inspira yo era demasiado inocente y todavía no amaba de consiguiente mis composiciones eran frías imitaciones.

Al cabo de tres meses o cuatro de mi último acontecimiento se armó viaje a Madruga donde debía mi señora tomar baños y fuimos en efecto, con sus males tomó mi señora su antiguo mal humor, se me echaba en rostro sin cesar la libertad que tomé en disponer de aquellas prendas habiendo menores que eran en número de cinco y esto se me repuntaba por hurto, —vaya usted a ver en qué manos se pondría la herencia y bienes de los otros, para que lo jugase todo en cuatro días— y sin cesar se me amenazaba con el Molino y Don Saturnino las últimas expresiones de éste estaban grabadas en mi corazón y yo no tenía la menor gana de volverme a ver con él pregunté cuántas leguas distaba de allí La Habana y supe que doce hallé que no las podría vencer en una noche de camino a pie y desistí de pensar más en verme en La

Habana esperando que cuando fuese alguna vez hacer que mi suerte se decidiese siempre con la idea de que era libre.

Un día, este día de resignación principio de cuantos bienes y males el mundo me ha dado a probar es como sigue era sábado debía antes del almuerzo según teníamos de costumbre asearme pues vestía dos veces a la semana, para ello me fui al baño de la paila que estaba al frente de la casa en un declive unos treinta pasos estándome bañando me llamaron por orden de la señora ya se puede considerar cómo saldría; me recibió preguntando qué hacía en el baño le contesté que me aseaba para vestir, —¿con qué licencia lo has hecho?—con ninguna—, contesté. —¿Y por qué fuiste?—para asearme, —esta escena fue en el comedero o colgadizo puerta de calle, allí mismo mis narices se rompieron y fui para adentro echando dos venas de sangre, esto me apesadumbró y abochornado de que a la otra puerta vivía una mulatica de mi edad primera que me inspiró una cosa que yo no conocía era una inclinación angelical un amor como si fuera mi hermana yo la regalaba sartas de maravillas de colores que ella recibía dándome algún dulce seco o fruta yo la había dicho que era libre y que mi madre había muerto poco había.

No bastando lo ya dicho como a las diez me hizo mi ama quitar los zapatos y me pelaron, aunque esto era muy frecuente, esta vez me sirvió de la mayor mortificación, y haciéndome tomar un barril me mandó cargase agua para la casa el arroyo distaba del frente de la casa unos treinta pasos haciendo una bajadita cuando llené mi barril me hallé en la necesidad no sólo de vaciarle la mitad sino también de suplicar a uno que pasaba que me ayudase a echarlo al hombro cuando subía la lomita que había hasta la casa con el peso del barril y mis fuerzas nada ejercitadas faltome un pie caí dando en tierra con una rodilla el barril cayó algo más adelante y rodando me dio en el pecho y los dos fuimos a parar al arroyo, inutilizándose el barril se me amenazó con el Molino y Don Saturnino a quien ya yo temía, se suponía aquel suceso como de premeditada intención y la amenaza era grave, no llegué a la noche sin desgarrar muchos esputos de sangre; este tratamiento me fue de nuevo en cuanto los errados cálculos que había formado de mi suerte desengañado de que todo era un sueño y que mi padecer se renovaba me acometió de nuevo la idea que tenía que verme en La Habana; al día siguiente que era domingo cuando la gente estaba en misa me llamó un criado libre de la casa y estando a solas con él me dijo; —hombre qué tú no tienes vergüenza de estar pasando tantos trabajos cualquier negro bozal está mejor tratado que tú, un mulatico fino con tantas habilidades como tú al momento hallará quien lo compre— por este estilo me habló mucho rato concluyendo con decirme que llegando al tribunal del capitán general haciendo un puntual relato de todo lo que me pasaba podía salir libre insinuome el camino que de allí venía La Habana diciéndome que aprovechara la primera oportunidad, que no fuera bobo esto me afligió muchísimo pues si al menor aviso temía más de lo regular, cuanto más temería con las terribles insinuaciones que me hizo, y que no pongo aquí por demasiado impertinentes.

Eran las once de la mañana del día lunes cuando vi llegar a Don Saturnino apeose y le tomaron el caballo, desde el momento en que este señor entró se me acibaró toda la vida el corazón me latía con incesante agitación y mi sangre toda en un estado de efervescencia no me dejaba sosegar regularmente el lugar común era mi cuarto de meditación mientras estaba en él pensaba en alguna cosa con sosiego, así estando en él como a las cuatro oí que hablaban dos una hembra y otro criado esta era de manos y preguntando aquél a qué vendría el administrador; ésta respondió con vivez —a qué ha de venir a llevarse a Juan Francisco—compadeciome aquello y yo quedé enterado de mi mala suerte; no me es dado pintar mi situación amarguísima en este instante un temblor general cundió por todo mi cuerpo y atacándome un dolor de cabeza apenas me podía valer; ya me veía atravesando el pueblo de Madruga como un facineroso atado pelado y vestido de cañamazo cual me vi en Matanzas sacado de la cárcel pública para ser conducido al Molino ya recordando las últimas amonestaciones, del ya citado Don Saturnino me veía en el Molino sin padres en él ni aun parientes y en una palabra mulato y entre negros; mi padre era algo altivo y nunca permitió no sólo corrillos en su casa pero ni que sus hijos jugasen con los negritos de la hacienda; mi madre vivía con él y sus hijos por lo que no éramos muy bien queridos, todo esto se me presentó a mi alborotada imaginación y en aquel momento determiné mi fuga, el que me había insinuado el partido que debía tomar como favorable, a eso de las cinco de la tarde me dijo —hombre saca ese caballo de allí y ponlo allá para que esté al fresco que así estará haciendo ruido y despertarán los amos cuando lo vayas a coger para Don Saturnino— diciéndome esto me entregó también las espuelas y díjome —allí está la silla sin pistolera tú sabrás dónde está todo para cuando se necesite— una mirada suya me convenció de que me hablaba para que aprovechara el tiempo este fue tal siempre muy llevado con mi padre y trataba a mi madre con algún respeto aún después de viuda, no estaba yo con todo esto bastante resuelto en considerar que dejaba a mis hermanos en el Molino y que tenía que andar toda una noche solo por caminos desconocidos y expuesto a caer en manos de algún comisionado. Pero cuál fue mi sorpresa cuando acabando todos de cenar estando yo sentado a solas sobre un trozo meditando si me determinaría o no, vi llegarse a mí a Don Saturnino que me preguntó dónde dormía le señalé sobre una barbacoa pero esto acabó de echar el resto a mi resolución, tal vez sin esta pregunta no me hubiera determinado nunca ya que yo era muy miedoso.

Bien pudo haber sido hecha esta pregunta con toda ignorancia y que todo fuesen habladurías de criados y que todo variase a la misma hora como otras ocasiones pero yo no pude recibirla sino de muy mal anuncio en vista de lo que estaba ya en mi conocimiento así determiné partir a todo riesgo, se me representó la mala suerte de un tío mío que habiendo tomado igual determinación por irse donde el Sr. Don Nicolás Sr. Don Manuel y señor Marqués fue traído como todo un cimarrón mas sin embargo estaba resuelto a echar una suerte y padecer con motivo velé hasta más de las doce aquella noche se recogieron todos temprano por ser noche de invierno y estaba algo lluviosa, ensillé el caballo por primera vez en mi vida púsole el freno pero con tal temblor que no atinaba a derechas con lo que hacía acabada esta diligencia me puse de rodillas me encomendé a los santos de mi devoción me puse el sombrero y monté cuando iba a andar para retirarme de la casa oí una voz que me dijo—Dios te lleve con bien arrea duro—yo creía que nadie me veía y todos me observaban pero ninguno se me opuso como lo supe después mas lo que me ha sucedido luego lo veremos en la segunda parte que sigue a esta historia.[18]

"El águila y los palomos"

Dos palomos, cuyos nidos
distaban bien poco trecho,
trabaron grande disputa
a consecuencia de celos.
Como todas las mañanas
volasen a un prado ameno,
a comer ciertas semillas
mal vigilados del dueño:
un día le dijo el uno
al otro: «Ya te lo advierto,

---

[18]En la circulación clandestina del manuscrito, hay dudas sobre si la segunda parte se perdió o fue destruida.

cuidado con molestarme,
pobre miserable, hambriento:
     tú eres de un triste criado
y yo soy de un caballero».
Y aleteando furioso,
le picaba al decir esto.
     Un águila que posada
entras las ramas de un cedro,
estábalos observando,
dijo lanzándose en medio:
     taimado, ¿por qué razón
alas y pico teniendo,
sufres que así te maltraten
sin defenderte a su tiempo?
     «Reina excelsa de las aves,
contestó el pobre gimiendo:
ya le hiciera yo pagar
su insolente atrevimiento;
     mas como él es de un señor
y yo de un mísero siervo,
sé que me aguarda la olla
si a lastimarle me atrevo».
     Mirando el águila al otro
«¡Hola! dijo, ¿es justo esto?
¿En la impunidad descansas
para maltratar sin riesgo?
     Pues atended lo que os digo,
vais a lidiar cuerpo a cuerpo.
A ti, palomo del grande,
antes de todo te ofrezco,
     que si al amo te quejares
por lo que te haga del siervo,
tengo un esbirro milago
nacido para su empleo,
     voraz cual jugador pobre,
que a ti, tu amada e hijuelos,
sabrá arrebatar del nido
con su garras de usuerero.
     A ese mandaré le traiga

a mi presencia con ellos,
si a éste maltratan por ti
para devoraros luego.
    Con que a lidiar, y no hay más
pretigio aquí que el denuedo,
haga cada cual por sí
y el que salga mal, silencio».
    No bien la reina acabó
su justo razonamiento,
cuando el humilde injuriado
embistió al otro, diciendo:
    «Aquí me pagarás todas
las injurias que me has hecho».
Tanto que el águila tuvo,
por caridad del soberbio,
    que separar el combate,
colocando un ala en medio,
y así el vano pudo apenas
escapar con el pellejo.
    Los que al infeliz ultrajan
en su influjo satisfechos,
tomen lección infalible
en semejantes ejemplos.
    Si un grande está contra ti
tu adversario sosteniendo,
oponle otro grande a él
y está el partido parejo.

Autobiografía, cartas y versos de Juan Fco. Manzano. Con un estudio prelimi-
nar por José L. Franco. La Habana, Cuadernos de Historia Habanera, 1937.

RICARDO PALMA (Perú; 1833-1919)

"Don Dimas de la Tijereta"

(Cuento de viejas, que trata de cómo un escribano le ganó un pleito al diablo)

I

Erase que se era, *y el mal que se vaya y el bien se nos venga*, que allá por los primeros años del pasado siglo existía, en pleno portal de Escribanos de las tres veces coronada ciudad de los reyes del Perú,[1] un cartulario de antiparras cabalgadas sobre nariz ciceroniana, pluma de ganso u otra ave de rapiña, tintero de cuerno, gregüescos[2] de paño azul y media pierna, jubón de tiritaña y capa española de color parecido a Dios en lo incomprensible, y que le había llegado por legítima herencia, pasando de padres a hijos durante tres generaciones.

Conocíale el pueblo por tocayo del buen ladrón a quien don Jesucristo dio pasaporte para entrar en la gloria, pues nombrábase don Dimas[3] de la Tijereta, escribano de número[4] de la Real Audiencia, y hombre que, a fuerza de *dar fe*, se había quedado sin pizca de fe, porque en el oficio gastó en breve la poca que trajo al mundo.

Decíase de él que tenía *más trastienda que un bodegón*, más camándulas que el rosario de Jerusalén,[5] que cargaba al cuello, y más doblas de a ocho, fruto de sus triquiñuelas,[6] embustes y trocatintas,[7] que las que cabían

---

[1]Lima.

[2]calzones muy anchos de los siglos XVI y XVII.

[3]nombre atribuido al buen ladrón, crucificado a la derecha de Jesucristo.

[4]es decir, miembro permanente.

[5]sarta de cuentos; hipocresía.

[6]rodeo o artería.

[7]fraudes.

en el último galeón que zarpó para Cádiz y de que daba cuenta la *Gaceta*.[8]
Acaso fue por él por quien dijo un caquiversista[9] lo de

> *Un escribano y un gato*
> *en un pozo se cayeron;*
> *como los dos tenían uñas*
> *por la pared se subieron.*

Fama es que al tal punto habíanse apoderado del escribano los tres
enemigos del alma, que la suya estaba tal de zurcidos y remiendos que no le
reconociera su Divina Majestad, con ser quien es y con haberla creado. Y
tengo para mis adentros que si le hubiera venido en antojo al Ser Supremo
llamarla a su juicio, habría exclamado con sorpresa: —Dimas, ¿qué has hecho
del alma que te di?

Ello es que el escribano, en punto a picardías, era la flor y nata de
la gente del oficio, y que si no tenía el malo por donde desecharlo, tampoco
el ángel de la guarda hallaría asidero a su espíritu para transportarlo al cielo
cuando le llegara el lance de las postrimerías.

Cuentan de su merced que, siendo mayordomo del gremio, en una
fiesta costeada por los escribanos, a la mitad del sermón acertó a caer un gato
desde la cornisa del templo, lo que perturbó al predicador y arremolinó al
auditorio. Pero don Dimas restableció al punto la tranquilidad, gritando: —No
hay motivo para barullo, caballeros. Adviertan que el que ha caído es un cofra-
de de esta ilustre congregación, que ciertamente ha delinquido en venir un
poco tarde a la fiesta. Siga ahora su reverencia con el sermón.

Todos los gremios tienen por patrono a un santo que ejerció sobre
la tierra el mismo oficio o profesión; pero ni en el martirologio romano existe
santo que hubiera sido escribano, pues si lo fue o no lo fue San Aproniano,[10]
está todavía en veremos y proveeremos. Los pobrecitos no tienen en el cielo
camarada que por ellos intercedan.

Mala pascua me dé Dios, y sea la primera que viniere, o déme
longevidad de elefante con saludo de enfermo, si en el retrato, así físico como
moral, de Tijereta he tenido voluntad de jabonear la paciencia a miembro viviente de la respetable cofradía del *ante mí* y el *certifico*. Y hago esta salvedad
digna de un lego confitado, no tanto en descargo de mis culpas, que no son
pocas, y de mi conciencia de narrador, que no es grano de anís, cuanto porque

---

[8]periódico oficial del Virreinato del Perú en el siglo XVIII.

[9]el que escribe versos graciosos.

[10]mártir romano.

ésa es gente de mucha enjundia, con la que ni me tiro ni me pago, ni le debo ni le cobro. Y basta de dibujos y requilorios, y andar andillo,[11] y siga la zambra, que si Dios es servido, y el tiempo y las aguas me favorecen, y esta conseja cae en gracia, cuantos he de enjaretar a porrillo y sin más intervención de cartulario. *Ande la rueda y coz con ella.*

II

No sé quién sostuvo que las mujeres eran la perdición del género humano, en lo cual, mía la cuenta si no dijo una bellaquería gorda como el puño. Siglos y siglos hace que a la pobre Eva le estamos echando en cara la curiosidad de haberle pegado un mordisco a la consabida manzana, como si no hubiera estado en manos de Adán, que era a la postre un pobrete educado muy a la pata la llana, devolver el recurso *por improcedente*, y eso que, en Dios y en mi ánima, declaro que la golosina era tentadora para quien siente rebullirse un alma en su almario. ¡Bonita disculpa la de su merced el padre Adán! En nuestros días la disculpa no lo salvaba de ir a presidio, magüer barrunto que para prisión basta y sobra con la vida asaz trabajosa y aporreada que algunos arrastramos en este valle de lágrimas y pellejerías. Aceptemos también los hombres nuestra parte de responsabilidad en una tentación que tan buenos ratos proporciona, y no hagamos cargar con todo el mochuelo al bello sexo.

¡Arriba, piernas,
arriba, zancas!
En este mundo
todas son trampas.

No faltará quien piense que esta digresión no viene a cuento. Pero ¡vaya si viene! Como que me sirve nada menos que para informar al lector que Tijereta dio a la vejez, época en que hombres y mujeres huelen, no a *patchouli*,[12] sino a cera de bien morir, en la peor tontuna[13] en que puede dar un viejo. Se enamoró hasta la coronilla de Visitación, gentil muchacha de veinte primaveras, con un palmito y un donaire y un aquel capaces de tentar al mismísimo general de los padres belethmitas,[14] una cintura pulida y remono-

---

[11]paso a paso.

[12]un tipo de yerba buena de la que se hace un perfume del mismo nombre.

[13]aturdimiento.

[14]seguidores de las ideas del teólogo francés Beleth del siglo XII.

na[15] de esa de mírame y no me toques, labios colorados como guindas, dientes como almendrucos, ojos como dos luceros y más matadores que espada y basto en el juego de tresillo o rocambor.[16] ¡Cuando yo digo que la moza era un pimpollo a carta cabal!

No embargante que el escribano era un abejorro recatado de bolsillo y tan pegado al oro de su arca como un ministro a la poltrona, y que en punto a dar no daba ni las buenas noches, se propuso domeñar a la chica a fuerza de agasajos; y ora le enviaba unas arracadas de diamantes con perlas como garbanzos, ora trajes de rico terciopelo de Flandes, que por aquel entonces costaban un ojo de la cara. Pero mientras más derrochaba Tijereta, más distante veía la hora en que la moza hiciese con él una obra de caridad, y esta resistencia traíalo al retortero.

Visitación vivía en amor y compañía con una tía, vieja como el pecado de gula, a quien años más tarde encorozó la Santa Inquisición por rufiana y encubridora, haciéndola pasear las calles en bestia de albarda, con chilladores delante y zurradores detrás. La maldita zurcidora de voluntades no creía, como Sancho, que era *mejor sobrina mal casada que bien abarraganada*; y endoctrinando pícaramente con sus tercerías a la muchacha, resultó un día que el pernil dejó de estarse en el garabato por culpa y travesura de un pícaro gato. Desde entonces, si la tía fue el anzuelo, la sobrina, mujer completa ya, según las ordenanzas de birlibirloque, se convirtió en cebo para pescar maravedises a más de dos y más de tres acaudalados hidalgos de esta tierra.

El escribano llegaba todas las noches a casa de Visitación, y después de *notificarla* un saludo, pasaba a exponerla el *alegato* de lo bien probado de su amor. Ella le oía cortándose las uñas, recordando a algún boquirrubio[17] que la echó flores y piropos al salir de la misa de la parroquia, diciendo para su sayo: —Babazorro,[18] arrópate, que sudas, y límpiate, que estás de huevo, o canturreando:

> No pierdas en mi balas,
>   carabinero,
>   porque yo soy paloma
>   de mucho vuelo.

---

[15]superlativo del adjetivo mona.

[16]juegos de naipes.

[17]rubio de boca = un extranjero, especialmente un inglés.

[18]joven atrevido; rústico, tosco.

>Si quieres que te quiera
>me ha de dar antes
>aretes y sortijas,
>blondas y guantes.

Y así atendía a los requiebros y carantoñas de Tijereta, como la piedra berroqueña[19] a los chirridos del cristal que en ella se rompe. Y así pasaron meses hasta seis, aceptando Visitación los alboroques,[20] pero sin darse a partido ni revelar intención de cubrir la libranza, porque la muy taimada conocía a fondo la influencia de sus hechizos sobre el corazón del cartulario.

Pero ya la encontraremos caminito de Santiago,[21] donde *tanto resbala la coja como la sana.*

III

Una noche en que Tijereta quiso levantar el gallo a Visitación, o lo que es lo mismo, meterse a bravo, ordenóle ella que *pusiese pies en pared,*[22] porque estaba cansada de tener ante los ojos la estampa de la herejía, que a ella y no a otra se asemejaba don Dimas. Mal pergeñado salió éste, y lo negro de su desventura no era para menos, de casa de la muchacha; y andando, andando, y perdido en sus cavilaciones, se encontró, a obra de las doce, al pie del cerrito de las Ramas. Un vientecillo retozón, de esos que andan preñados de romadizos, refrescó un poco su cabeza, y exclamó:

—Para mi santiguada que es trajín el que llevo con esa fregona que la da de honesta y marisabidilla, cuando yo me sé de ella milagros de más calibre que los que reza el *Flos-Sanctorum.*[23] ¡Venga un diablo cualquiera y llévese mi almilla en cambio del amor de esa caprichosa criatura!

Satanás, que desde los antros más profundos del infierno había escuchado las palabras del plumario, tocó la campanilla, y al reclamo se presentó el diablo Lilit. Por si mis lectores no conocen a este personaje, han de saberse

---

[19]granito.

[20]agasajos en una transacción comercial entre vendedor y comprador.

[21]famoso peregrinaje de España; ver el texto de Alejo Carpentier en esta antología.

[22]insistir con empeño y tesón.

[23]libro medieval en que se relata la vida de santos.

que los demonógrafos,[24] que andan a vueltas y tornas con las *Clavículas de Salomón*, libro que leen al resplandor de un carbunclo, afirman que Lilit, diablo de bonita estampa, muy zalamero y decidor, es el correveidile de Su Majestad Infernal.

—Ve, Lilit, al cerro de las Ramas y extiende un contrato con un hombre que allí encontrarás, y que abriga tanto desprecio por su alma, que la llama almilla. Concédele cuanto te pida, y no te andes con regateos, que ya sabes que no soy tacaño tratándose de una presa.

Yo, pobre y mal traído narrador de cuentos, no he podido alcanzar pormenores acerca de la entrevista entre Lilit y don Dimas, porque no hubo taquígrafo a mano que se encargase de copiarla sin perder punto ni coma. ¡Y es lástima, por mi fe! Pero baste saber que Lilit, al regresar al infierno, le entregó a Satanás un pergamino que, fórmula más o menos, decía lo siguiente:

«Conste que yo, don Dimas de la Tijereta, cedo mi almilla al rey de los abismos en cambio del amor y posesión de una mujer. Item,[25] me obligo a satisfacer la deuda de la fecha en tres años». Y aquí seguían las firmas de las altas partes contratantes y el sello del demonio.

Al entrar el escribano en su tugurio, salió a abrirle la puerta nada menos que Visitación, la desdeñosa y remilgada Visitación, que, ebria de amor, se arrojó en los brazos de Tijereta. *Cual es la campana, tal la badajada.*

Lilit había encendido en el corazón de la pobre muchacha el fuego de Lais,[26] y en sus sentidos la desvergonzada lubricidad de Mesalina.[27] Doblemos esta hoja, que de suyo es peligroso extenderse en pormenores que pueden tentar al prójimo labrando su condenación eterna, sin que le valgan la bula de Meco[28] ni las de composición.

IV

Como no hay plazo que no se cumpla, ni deuda que no se pague, pasaron, día por día, tres años como tres berenjenas, y llegó el día en que

---

[24]especialistas en demonios.

[25]lo mismo.

[26]cortesana griega famosa por su belleza y sus caprichos.

[27]famosa cortesana licenciosa de Roma; fue mujer escandalosa del emperador Tiberius Claudius Drusus Nero Germanicus (10 a.C-54).

[28]una de las muchas bulas de indulgencia emitidas en la época.

Tijereta tuviese que *hacer honor* a su firma. Arrastrado por una fuerza superior y sin darse cuenta de ello, se encontró en un verbo transportado al cerro de las Ramas, que hasta en eso fue el diablo puntilloso y quiso ser pagado en el mismo sitio y hora en que se extendió el contrato.

Al encararse con Lilit, el escribano empezó a desnudarse con mucha flema; pero el diablo le dijo:

—No se tome vuesa merced ese trabajo, que maldito el peso que aumentará a la carga la tela del traje. Yo tengo fuerzas para llevarme a usarced[29] vestido y calzado.

—Pues sin desnudarme no caigo en el cómo sea posible pagar mi deuda.

—Haga usarced lo que le plazca, ya que todavía le queda un minuto de libertad.

El escribano siguió en la operación hasta sacarse la almilla o jubón interior, y pasándola a Lilit, le dijo:

—Deuda pagada y venga mi documento.

Lilit se echó a reír con todas las ganas de que es capaz un diablo alegre y truhán.

¿Y qué quiere usarced que haga con esta prenda?

—¡Toma! Esa prenda se llama *almilla*, y eso es lo que yo he vendido y a lo que estoy obligado. *Carta canta.*[30] Repase usarced, señor diabolín, el contrato, y si tiene conciencia, se dará por bien pagado. ¡Como que esa almilla me costó una onza, como un ojo de buey, en la tienda de Pacheco!

—Yo no entiendo de tracamundanas, señor don Dimas. Véngase conmigo y guarde sus palabras en el pecho para cuando esté delante de mi amo.

Y en esto expiró el minuto, y Lilit se echó al hombro a Tijereta, colándose con él de rondón en el infierno. Por el camino gritaba a voz en cuello el escribano que había *festinación*[31] en el procedimiento de Lilit, que todo lo *fecho* y *actuado* era nulo y contra ley, y amenazaba al diablo alguacil con que si encontraba gente de justicia en el otro barrio le entablaría pleito, y por lo menos lo haría condenar en *costas*. Lilit ponía orejas de mercader a las voces de don Dimas, y trataba ya, por vía de amonestación, de zambullirlo en

---

[29]usted.

[30]Consta en lo escrito.

[31]prisa, velocidad.

un caldero de plomo hirviendo, cuando alborotado el Cocito[32] y apercibido Satanás del laberinto y causas que lo motivaban, convino en que se pusiese la cosa en tela de juicio. ¡Para ceñirse a la ley y huir de lo que huele a arbitrariedad y despotismo, el demonio!

Afortunadamente para Tijereta, no se había introducido por entonces en el infierno el uso de papel sellado, que acá sobre la tierra hace interminable un proceso, y en breve rato vio fallada su causa en primera y segunda instancia. Sin citar las *Pandectas*[33] ni el *Fuero juzgo*,[34] y con sólo la autoridad del *Diccionario de la Lengua*, probó el tunante su buen derecho; y los jueces, que en vida fueron probablemente literatos y académicos, ordenaron que sin pérdida de tiempo se le diese soltura, y que Lilit lo guiase por los vericuetos infernales hasta dejarlo sano y salvo en la puerta de su casa. Cumplióse la sentencia al pie de la letra, en lo que dio Satanás una prueba de que las leyes en el infierno no son, como en el mundo, conculcadas por el que manda y buenas sólo para escritas. Pero destruido el diabólico hechizo, se encontró don Dimas con que Visitación lo había abandonado, corriendo a encerrarse en un beaterio, siguiendo la añeja máxima de dar a Dios el hueso después de haber regalado la carne al demonio.

Satanás, por no perderlo todo, se quedó con la almilla; y es fama que desde entonces los escribanos no usan almilla. Por eso cualquier constipadillo vergonzante produce en ellos una *pulmonía de capa de coro y gorra de cuartel*, o una tisis tuberculosa de padre y muy señor mío.

V

Y por más que fui y vine, sin dejar la ida por la venida, no he podido saber a punto fijo si, andando el tiempo murió don Dimas de buena o mala muerte. Pero lo que sí es cosa averiguada es que lio los bártulos, pues no era justo que quedase sobre la tierra para semilla de pícaros. Tal es, ¡oh lector carísimo!, mi creencia.

---

[32]según la mitología greco-romana, el río que rodeaba el infierno y por cuyas márgenes vagaban durante cien años aquellos que habían sido privados de sepultura.

[33]recopilación de varias obras, en especial las de derecho civil; código del emperador Justiniano (527-65).

[34]compilación de leyes.

Pero un mi compadre me ha dicho, en puridad de compadres, que muerto Tijereta quiso su alma, que *tenía más arrugas y dobleces que abanico de coqueta,* beber agua en uno de los calderos de Pero Botero, y el conserje del infierno le gritó: —¡Largo de ahí! No admitimos ya escribanos.

Esto hacía barruntar al susodicho mi compadre que con el alma del cartulario sucedió lo mismo que con la de Judas Iscariote; lo cual, pues viene a cuento y la ocasión es calva, he de apuntar aquí someramente y a guisa de conclusión.

Refieren añejas crónicas que el apóstol que vendió a Cristo echó, después de su delito, cuentas consigo mismo, y vio que el mejor modo de saldarlas era arrojar las treinta monedas y hacer zapatetas, convertido en racimo de árbol.

Realizó su suicidio, sin escribir antes, como hogaño se estila, epístola de despedida, y su alma se estuvo horas y horas tocando a las puertas del purgatorio, donde por más empeños que hizo se negaron a darle posada.

Otro tanto le sucedió en el infierno, y desesperada y tiritando de frío, regresó al mundo, buscando donde albergarse.

Acertó a pasar por casualidad un usurero, de cuyo cuerpo hacía tiempo que había emigrado el alma, cansada de soportar picardías, y la de Judas dijo: «Aquí que no peco», y se aposentó en la humanidad del avaro. Desde entonces se dice que los usureros tienen alma de Judas.

Y con esto, lector amigo, y con que cada cuatro años uno es bisiesto, pongo punto redondo al cuento, deseando que así tengas la salud como yo tuve empeño en darte un rato de solaz y divertimiento.

"Los duendes del Cuzco"

(Crónica que trata de cómo el virrey poeta entendía la justicia)

Esta tradición no tiene otra fuente de autoridad que el relato del pueblo. Todos la conocen en el Cuzco tal como hoy la presento. Ningún cronista hace mención de ella, y sólo en un manuscrito de rápidas apuntaciones, que

abarca desde la época del virrey marqués de Salinas[35] hasta la del duque de
la Palata, encuentro las siguientes líneas:

«En este tiempo del gobierno del príncipe de Esquilache murió malamente en el Cuzco, a manos del diablo, el almirante de Castilla conocido por
el descomulgado».

Como se ve, muy poca luz proporcionan estas líneas, y me afirman
que en los *Anales del Cuzco* que posee inéditos el señor obispo Ochoa, tampoco se avanza más, sino que el misterioso suceso está colocado en época diversa
a la que yo le asigno.

Y he tenido en cuenta para preferir los tiempos de don Francisco de
Borja y Aragón[36] no sólo la apuntación ya citada, sino la especialísima circunstancia de que, conocido el carácter del virrey poeta, son propias de él las
espirituales palabras con que termina esta leyenda.

Hechas las salvedades anteriores en descargo de mi conciencia de cronista, pongo punto redondo y entro en materia.

I

Don Francisco de Borja y Aragón, príncipe de Esquilache y conde de
Mayalde, natural de Madrid y caballero de las Ordenes de Santiago y Montesa,
contaba treinta y dos años cuando Felipe III, que lo estimaba en mucho, lo
nombró virrey del Perú. Los cortesanos criticaron el nombramiento, porque
don Francisco sólo se había ocupado hasta entonces en escribir versos, galan-
teos y desafíos. Pero Felipe III, a cuyo regio oído, y contra la costumbre,
llegaron las murmuraciones, dijo: «Es verdad que es el más joven de los virreyes que hasta hoy han ido a las Indias; pero en Esquilache hay cabeza, y más
que cabeza, brazo fuerte».

El monarca no se equivocó. El Perú estaba amagado por flotas filibus-
teras; y por muy buen gobernante que hiciese don Juan de Mendoza y Luna,
marqués de Montesclaros, faltábanle los bríos de la juventud. Jorge Spitberg,
con una escuadra holandesa, después de talar las costas de Chile, se dirigió
al Callao. La escuadra española le salió al encuentro el 22 de julio de 1615,
y después de cinco horas de reñido y feroz combate frente a Cerro Azul o

---

[35]Esta es una de las tradiciones de Palma donde abundan las referencias
a la historia peruana y universal; para su primer abordaje, poco importar
disponer de una aclaración de cada una de las mismas.

[36](1581-1658), virrey del Perú.

Cañete, se incendió la capitana, se fueron a pique varias naves, y los piratas, vencedores, pasaron a cuchillo los prisioneros.

El virrey marqués de Montesclaros se constituyó en el Callao para dirigir la resistencia, más por llenar el deber que porque tuviese la esperanza de impedir, con los pocos y malos elementos de que disponía, el desembarco de los piratas y el consiguiente saqueo de Lima. En la ciudad de los reyes dominaba un verdadero pánico, y las iglesias no sólo se hallaban invadidas por débiles mujeres, sino por hombres que, lejos de pensar en defender como bravos sus hogares, invocaban la protección divina contra los herejes holandeses. El anciano y corajudo virrey disponía escasamente de mil hombres en el Callao, y nótese que, según el censo de 1614, el número de habitantes de Lima ascendía a 25.454.

Pero Spitberg se conformó con disparar algunos cañonazos, que le fueron débilmente contestados, e hizo rumbo para Paita. Peralta en su *Lima fundada*, y el conde de la Granja,[37] en su poema de *Santa Rosa*, traen detalles sobre esos luctuosos días. El sentimiento cristiano atribuye la retirada de los piratas a milagro que realizó la Virgen limeña, que murió dos años después, el 24 de agosto de 1617.

Según unos el 18, y según otros el 23 de diciembre de 1615, entró en Lima el príncipe de Esquilache, habiendo salvado providencialmente, en la travesía de Panamá al Callao, de caer en manos de los piratas.

El recibimiento de este virrey fue suntuoso, y el Cabildo no se paró en gastos para darle esplendidez.

Su primera atención fue crear una escuadra y fortificar el puerto, lo que mantuvo a raya la audacia de los filibusteros hasta el gobierno de su sucesor, en que el holandés Jacobo L'Hermite acometió su formidable empresa pirática.

Descendiente del Papa Alejandro VI (Rodrigo Borgia) y de San Francisco de Borja, duque de Gandía, el príncipe de Esquilache, como años más tarde su sucesor y pariente el conde de Lemos, gobernó el Perú bajo la influencia de los jesuitas.

Calmada la zozobra que inspiraban los amagos filibusteros, don Francisco se contrajo al arreglo de la hacienda pública, dictó sabias ordenanzas para los minerales del Potosí y Huancavelica, y en 20 de diciembre de 1619 erigió el tribunal del Consulado de Comercio.

---

[37]referencia desconocida.

Hombre de letras, creó el famoso colegio del Príncipe, para educación de los hijos de caciques, y no permitió la representación de comedias ni autos sacramentales que no hubieran pasado antes por su censura. «Deber del que gobierna—decía—es ser solícito por que no se pervierta el gusto».

La censura que ejercía el príncipe de Esquilache era puramente literaria, y a fe que el juez no podía ser más autorizado. En la pléyade de poetas del siglo XVII, siglo que produjo a Cervantes, Calderón, Lope, Quevedo, Tirso de Molina, Alarcón y Moreto,[38] el príncipe de Esquilache es uno de los más notables, si no por la grandeza de la idea, por la lozanía y corrección de la forma. Sus composiciones sueltas y su poema histórico *Nápoles recuperada* bastan para darle lugar preeminente en el español Parnaso.

No es menos notable como prosador castizo y elegante. En uno de los volúmenes de la obra *Memorias de los virreyes* se encuentra la *Relación* de su época de mando, escrito que entregó a la Audiencia para que ésta lo pasase a su sucesor, don Diego Fernández de Córdoba, marqués de Guadalcázar. La pureza de dicción y la claridad del pensamiento resaltan en este trabajo, digno en verdad, de juicio menos sintético.

Para dar idea del culto que Esquilache rendía a las letras, nos será suficiente apuntar que en Lima estableció una academia o *club* literario, como hoy decimos, cuyas sesiones tenían lugar los sábados en una de las salas del palacio. Según un escritor amigo mío y que cultivó el ramo de crónicas, los asistentes no pasaban de doce, personajes los más caracterizados en el foro, la milicia o la Iglesia. «Allí asistía el profundo teólogo y humanista don Pedro de Yarpe Montenegro, coronel de ejército; don Baltasar de Laza y Rebolledo, oidor de la Real Audiencia; don Luis de la Puente, abogado insigne; fray Baldomero Illescas, religioso franciscano, gran conocedor de los clásicos griegos y latinos; don Baltasar Moreyra, poeta, y otros cuyos nombres no han podido atravesar los dos siglos y medio que nos separan de su época. El virrey los recibía con exquisita urbanidad, y los bollos, bizcochos de garapiña, chocolate y sorbetes distraían las conferencias literarias de su convidados. Lástima que no se hubieran extendido actas de aquellas sesiones, que seguramente serían preferibles a las de nuestros Congresos».

Entre las agudezas del príncipe de Esquilache cuentan que le dijo a un sujeto muy cerrado de mollera que leía mucho y ningún fruto sacaba de

---

[38]Agustín Moreto y Cabaña (1618-69), prolífico dramaturgo y poeta español.

la lectura: «Déjese de libros, amigo, y persuádase que el *huevo mientras más cocido, más duro*».

Esquilache, al regresar a España en 1622, fue muy considerado del nuevo monarca Felipe IV, y murió en 1658 en la coronada villa del oso y del madroño.[39]

Las armas de la casa de Borja eran un toro de gules[40] en campo de oro, bordura de sinople[41] y ocho brezos de oro.

Presentado el virrey poeta, pasemos a la tradición popular.

II

Existe en la ciudad del Cuzco una soberbia casa conocida por la del *Almirante*; y parece que el tal almirante tuvo tanto de marino como alguno que yo me sé y que sólo ha visto el mar en pintura. La verdad es que el título era hereditario y pasaba de padres a hijos.

La casa era obra notabilísima. El acueducto y el tallado de los techos, en uno de los cuales se halla modelado el busto del almirante que la fabricó, llaman preferentemente la atención.

Que vivieron en el Cuzco cuatro almirantes lo comprueba el árbol genealógico que en 1861 presentó ante el Soberano Congreso del Perú el señor don Sixto Laza, para que se le declarase legítimo y único representante del Inca Huáscar,[42] con derecho a una parte de las huaneras,[43] al ducado de Medina de Ríoseco, al marquesado de Oropesa y varias otras gollerías. ¡Carillo iba a costarnos el gusto de tener príncipe en casa! Pero conste, para cuando nos cansemos de la república, teórica o práctica, y proclamemos, por variar de plato, la monarquía, absoluta o constitucional, que todo puede suceder, Dios mediante y el trotecito trajinero[44] que llevamos.

Refieríéndose a ese árbol genealógico, el primer almirante fue don Manuel de Castilla, el segundo don Cristóbal de Castilla Espinosa y Lugo, al

---

[39]Madrid.

[40]color rojo en la heráldica.

[41]color verde en la heráldica.

[42]último inca del Cuzco, muerto a principios del siglo XVI por su medio hermano Atahualpa.

[43]islas de guano en el litoral peruano.

[44]característico del trajín.

cual sucedió su hijo don Gabriel de Castilla Vázquez de Vargas, siendo el cuarto y último don Juan de Castilla y González, cuya descendencia se pierde en la rama femenina.

Cuéntase de los Castilla, para comprobar lo ensoberbecidos que vivían de su alcurnia, que cuando rezaban el Avemaría usaban esta frase: *Santa María, Madre de Dios, parienta y señora nuestra, ruega por nos.*

Las armas de los Castilla eran: escudo tronchado; el primer cuartel en gules y castillo de oro aclarado de azur; el segundo de plata, con león rampante de gules y banda de sinople con dos dragantes[45] también de sinople.

Aventurado sería determinar cuál de los cuatro es el héroe de la tradición, y en esta incertidumbre puede el lector aplicar el mochuelo a cualquiera, que de fijo no vendrá del otro barrio a querellarse de calumnia.

El tal almirante era hombre de más humos que una chimenea, muy pagado de sus pergaminos y más tieso que su almidonada gorguera. En el patio de la casa ostentábase una magnífica fuente de piedra, a la que el vecindario acudía para proveerse de agua, tomando al pie de la letra el refrán de que *agua y candela a nadie se niegan.*

Pero una mañana se levantó su señoría con un humor de todos los diablos y dio orden a sus fámulos para que moliesen a palos a cualquier bicho de la canalla que fuese osado a atravesar los umbrales en busca de elemento refrigerador.

Una de las primeras que sufrió el castigo fue una pobre vieja, lo que produjo algún escándalo en el pueblo.

Al otro día el hijo de ésta, que era un joven clérigo que servía la parroquia de San Jerónimo, a pocas leguas del Cuzco, llegó a la ciudad y se impuso del ultraje inferido a su anciana madre. Dirigióse inmediatamente a casa del almirante; y el hombre de los pergaminos lo llamó hijo de cabra y vela verde, y echó verbos y gerundios, sapos y culebras por esa aristocrática boca, terminando por darle una soberana paliza al sacerdote.

La excitación que causó el atentado fue inmensa. Las autoridades no se atrevían a declararse abiertamente contra el magnate y dieron tiempo al tiempo, que a la postre todo lo calma. Pero la gente de iglesia y el pueblo declararon excomulgado al orgulloso almirante.

---

[45]figuras que representan una cabeza de dragón con la boca abierta y mordiendo o tragando alguna cosa.

El insultado clérigo, pocas horas después de recibido el agravio, se dirigió a la Catedral y se puso de rodillas a orar ante la imagen de Cristo, obsequiada a la ciudad por Carlos V. Terminada su oración dejó a los pies del Juez Supremo un memorial exponiendo su queja y demandando la justicia de Dios, persuadido que no había de lograrla de los hombres. Diz que volvió al templo al siguiente día y recogió la querella proveída con un decreto marginal de *Como se pide: se hará justicia.* Y así pasaron tres meses, hasta que un día amaneció frente a la casa una horca, y pendiente de ella el cadáver del excomulgado, sin que nadie alcanzara a descubrir los autores del crimen por mucho que las sospechas recayeron sobre el clérigo, quien supo, con numerosos testimonios, *probar la coartada.*

En el proceso que se siguió declararon dos mujeres de la vecindad que habían visto un grupo de hombres *cabezones y chiquirriticos,*[46] vulgo duendes, preparando la horca; y que cuando ésta quedó alzada, llamaron por tres veces a la puerta de la casa, la que se abrió al tercer aldabonazo. Poco después el almirante, vestido de gala, salió en medio de los duendes, que sin más ceremonia lo suspendieron como un racimo.

Con tales declaraciones la justicia se quedó a oscuras, y no pudiendo proceder contra los duendes, pensó que era cuerdo el sobreseimiento.

Si el pueblo cree como artículo de fe que los duendes dieron fin del excomulgado almirante, no es un cronista el que ha de meterse en atolladeros para convencerlo de lo contrario, por mucho que la gente descreída de aquel tiempo murmurara por lo bajo que todo lo acontecido era obra de los jesuítas, para acrecer la importancia y respeto debidos al estado sacerdotal.

III

El intendente y los alcades del Cuzco dieron cuenta de todo al virrey, quien despues de oír leer el minucioso informe, le dijo a su secretario:

—¡Pláceme el tema para un romance moruno![47] ¿Qué te parece de esto mi buen Estúñiga?

---

[46]diminutivo de chico.

[47]de moros = exótico.

—Que vuecelencia[48] debe echar una mónita[49] a esos sandíos golillas que no han sabido hallar la pista de los fautores[50] del crimen.

—Y entonces se pierde lo poético del sucedido—repuso el de Esquilache, sonriéndose.

—Verdad, señor; pero se habrá hecho justicia.

EL virrey se quedó algunos segundos pensativo; y luego, levantándose de su asiento, puso la mano sobre el hombro de su secretario:

—Amigo mío, lo hecho está bien hecho, y mejor andaría el mundo si, en casos dados, no fuesen leguleyos trapisondistas y demás cuervos de Temis,[51] sino duendes, los que administrasen justicia. Y con esto, buenas noches y que Dios y Santa María nos tengan en su santa guarda y nos libren de duendes y remordimientos.

"Aceituna, una"

Acabo de referir que uno de los tres primeros olivos que se plantaron en el Perú fue *reivindicado* por un prójimo chileno, sobre el cual recayó por el hurto nada menos que excomunión mayor, recurso terrorífico merced al cual años más tarde restituyó la robada estaca, que a orillas del Mapocho u otro río fuera la fundadora de un olivar famoso.

Cuando yo oía decir *aceituna, una*, pensaba que la frase no envolvía malicia o significación, sino que era hija del diccionario de la rima o de algún quídam[52] que anduvo a caza de ecos y consonancias. Pero ahí verán ustedes que la erré de medio a medio, y que si aquella frase como esta otra: *aceituna, oro es una; la segunda, plata, y la tercera, mata,* son frases que tienen historia y razón de ser.

Siempre se ha dicho por el hombre que cae generalmente en gracia o que es simpático: *Este tiene la suerte de las aceitunas,* frase de conceptuosa

---

[48]vuestra excelencia.

[49]artificio, astucia, con suavidad y halago.

[50]autores.

[51]en la mitología griega, el dios de la justicia.

[52]algo indeterminado o de poco valor cuyo nombre se ignora o se quiere omitir.

profundidad, pues las aceitunas tienen la virtud de no gustar ni disgustar a medias, sino por entero. *Llegar a las aceitunas* era también otra locución con la que nuestros abuelos expresaban que había uno presentádose a los postres de un convite, o presenciado sólo el final de una fiesta. *Aceituna zapatera* llamaban a la oleosa que ha perdido color y buen sabor y que por falta de jugo empieza a encogerse. Así decían por la mujer hermosa a quien los años o los achaques empiezan a desmejorar: —Estás, hija, hecha una aceituna zapatera—. Probablemente los cofrades de San Crispín[53] no podían consumir sino aceitunas de desecho.

Cuentan varios cronistas, y citaré entre ellos al padre Acosta,[54] que es el que más a la memoria me viene, que a los principios, en los grandes banquetes, y *por mucho regalo y magnificencia*, se obsequiaba a cada comensal con una aceituna. El dueño del convite, como para disculpar una mezquindad que en el fondo era positivo lujo, pues la producción era escasa y carísima, solía decir a sus convidados: *caballeros, aceintuna, una.* Y así nació la frase.

Ya en 1565, y en la huerta de don Antonio de Ribera, se vendían cuatro aceitunas por un real. Este precio permitía a un anfitrión ser rumboso, y desde ese año eran tres las aceitunas asignadas para cada cubierto.

Sea que opinasen que la buena crianza exige no consumir toda la ración del plato, o que el dueño de la casa dijera, agradeciendo el elogio que hicieran de las oleosas: *aceituna, oro es una; dos son plata, y la tercera, mata,* ello es que la conclusión de la coplilla daba en qué cavilar a muchos cristianos, que después de masticar la primera y segunda aceituna no se atrevían con la última, que eso habría equivalido a suicidarse a sabiendas. Si la tercera mata, dejémosla estar en el platillo y que la coma su abuela.

Andando los tiempos vinieron los de *ño Cerezo*, el aceitunero del Puente, un vejestorio que a los setenta años de edad dio pie para que le sacasen esta ingeniosa y epigramática redondilla:

> *Dicen por ahí que Cerezo*
> *tiene encinta a su mujer.*
> *Digo que no puede ser,*
> *porque no puede ser eso.*

Como iba diciendo, en los tiempos de Cerezo era la aceituna inseparable compañera de la copa de aguardiente, y todo buen peruano hacía ascos

---

[53]santo patrono de los zapateros.

[54]José de Acosta (1540-1600), provincial de los jesuitas y autor de numerosos tratados.

a la cerveza, que para amarguras bastábanle las propias. De ahí la frase que
se usaba en los días de San Martín[55] y Bolívar[56] para tomar las *once*[57]
(hoy se dice *lunch*, en gringo): —Señores, vamos a remojar una aceitunita.

   ¿Y por qué—preguntará alguno—llamaban los antiguos las *once* al
acto de echar, después del mediodía, un remiendo al estómago? ¿Por qué?
                Once las letras son del aguardiente.
                Ya lo sabe el curioso impertinente.

   Gracias a Dios que hoy nadie nos ofrece ración tasada y que hogaño
nos atracamos de aceitunas sin que nos asusten frases. ¡Lo que va de tiempo
a tiempo!

   Hoy también se dice: *Aceituna, una; mas si es buena, una docena.*

"Una moza de rompe y raja"

I

El primer papel moneda

   Sin las noticias histórico-económicas que voy a consignar, y que vienen
de perilla en estos tiempos de bancario desbarajuste, acaso sería fatigoso para
mis lectores entender la tradición.

   A principios de 1822, la causa de la Independencia corría grave peligro
de quedar como la gallina que formó alharaca para poner un huevo, y ése hue-
ro. Las recientes atrocidades de Carratalá en Cangallo y de Maroto en Potosí,
si bien es cierto que retemplaron a los patriotas de buena ley, trajeron algún
pánico a los espíritus débiles y asustadizos. San Martín mismo, desconfiando
de su genio y fortuna, habíase dirigido a Guayaquil en busca de Bolívar y de
auxilio colombiano, dejando en Lima, el cargo del gobierno, al gran mariscal
marqués de Torretagle.

---

[55]José de San Martín (1778-1850), general argentino que proclamó la
independencia del Perú en 1821.

[56]Simón Bolívar (1783-1830), general venezolano que dirigió la lucha de
la independencia desde Venezuela hasta el norte del Perú.

[57]merienda que se toma a la tarde.

Hablábase de una formidable conspiración para entregar la capital al enemigo; y el nuevo Gobierno, a quien los dedos se le antojaban huéspedes,[58] no sólo adoptó medidas ridículas, como la prohibición de que usasen capa los que no habían jurado la Independencia, sino que recurrió a expedientes extremos y terroríficos. Entre éstos enumeraremos la orden mandando salir del país a los españoles solteros, y el famoso decreto que redactó don Juan Félix Berindoaga, conde de San Donás, barón de Urpín y oficial mayor de un ministerio. Disponía este decreto que los traidores fuesen fusilados y sus cadáveres colgados en la horca. ¡Misterios del destino! El único en quien, cuatro años más tarde, debió tener tal castigo cumplida ejecución fue en el desdichado Berindoaga, autor del decreto.

Estando Pasco y Potosí en poder de los realistas, la casa de Moneda no tenía barras de plata que sellar, y entre los grandes políticos y financistas de la época surgió la idea salvadora de emitir papel modeda para atender a los gastos de la guerra. *Cada uno estornuda como Dios lo ayuda.*

El pueblo, a quien se le hacía muy cuesta arriba concebir que un retazo de papel puede reemplazar al metal acuñado, puso el grito en el séptimo cielo: y para acallarlo fue preciso que don Bernardo de Torretagle escupiese por el colmillo, mandando promulgar el 1º de febrero un bando de espantamoscas, en el cual se determinaban las penas en que incurrían los que, en adelante, no recibiesen de buen grado los billetes de a dos y cuatro reales, únicos que se pusieron en circulación.

La medida produjo sus efectos. El pueblo refunfuñaba, y poniendo cara de vinagre agachó la cabeza y pasó por el aro; mientras que los hombres de Palacio, satisfechos de su coraje para imponer la ley a la chusma, se pusieron, como dice la copla, del *coup de nez.*[59]

> *en la nariz el pulgar*
> *y los demás en hilera,*
> *y... perdonen la manera*
> *de señalar.*

Sin embargo, temió el Gobierno que la mucha tirantez hiciera reventar la soga, y dio al pueblo una dedada de miel con el nombramiento de García del Río, quien marcharía a Londres para celebrar un empréstito, destinado a la amortización del papel y a sacar almas del purgatorio. El comercio, por su

---

[58]ser excesivamente suspicaz.

[59]pálidos, por el efecto de un golpe en la nariz, el sentido de la frase en francés.

parte, no se echó a dormir el sueño de los justos, y entabló gestiones; y al cabo de seis meses de estudiarse el asunto, se expidió el 13 de agosto un decreto para que el papel (que andaba tan despreciado como los billetes de hoy) fuese recibido en la Aduana del Callao y el Estanco de Tabacos. ¡Bonito agosto hicieron los comerciantes de buen olfato! Eso sí que fue *andar al trote para ganarse el capote*.

Cierto es que San Martin no intervino directamente en la emisión del papel moneda; pero el cándido pueblo, que la da siempre de malicioso y de no tragar anchoveta por sardina, se le puso en el magín que el Protector había sacado la brasa por mano ajena, y que él era el verdadero responsable de la no muy limpia operación. Por eso, cuando el 20 de agosto, de regreso de su paseo a Guayaquil, volvió San Martín a encargarse del mando, apenas si hubo señales de alborozo público. Por eso también el pueblo de Lima se había reunido poco antes en la Plaza Mayor, pidiendo la cabeza de Monteagudo, quien libró de la borrasca saliendo camino del destierro. Obra de este ministro fue el decreto de 14 de diciembre de 1821 que creaba el Banco nacional de emisión.

Fue bajo el gobierno del gran mariscal Rivas Agüero cuando, en marzo de 1823, a la vez que llegaba la noticia de quedar en Londres oleado y sacramentado el empréstito, resolvió el Congreso que se sellara (por primera vez en el Perú) medio millón de pesos en moneda de cobre para amortizar el papel, del que, después de destruir las matrices, se quemaron diariamente en la puerta de la Tesorería billetes por la suma de quinientos pesos hasta quedar extinguida la emisión.

Así se puso término entonces a la crisis, y el papel con garantía o sin garantía del Estado, que para el caso da lo mismo, no volvió a parecer hasta que... Dios fue servido de enviarnos plétora de billetes de Banco y eclipse total de monedas. Entre los patriotas y los patrioteros hemos dejado a la patria en los huesos y como para el carro de la basura.

Pero ya es hora de referir la tradición, no sea que la pluma se deslice y entre en retozos y comparaciones políticas, de suyo peligrosas en los tiempos que vivimos.

II

La "Lunareja"

Más desvergonzada que la Peta Winder[60] de nuestros días fue, en 1822, una hembra, de las de navaja en la liga y pata de gallo en la cintura, conocida en el pueblo de Lima con el apodo de la *Lunareja*, y en la cual se realizaba al pie de la letra lo que dice el refrán:

> *Mujer lunareja,*
> *mala hasta vieja.*

Tenía la tal un tenducho o covachuela de zapatos en la calle de Judíos, bajo las gradas de la catedral. Eran las covachuelas unos chiribitiles subterráneos, que desaparecieron hace pocos años, no sin resistencia de los canónigos, que percibían el arrendamiento de esas húmedas y feísimas madrigueras.

Siempre que algún parroquiano llegaba al cuchitril de Gertrudis la *Lunareja*, en demanda de un par de zapatos de orejita,[61] era cosa de taparse los oídos con algodones para no escucharla echar por la boca de espuerta que Dios la dio sapos, culebras y demás sucias alimañas. A pesar del riguroso bando conminatorio, la zapatera se negaba resueltamente a recibir papelitos, aderezando su negativa con una salsa parecida a ésta:

—Miren, miren al ladronazo de *Ñó*[62] San Martín, que, no contento con desnudar a la Virgen del Rosario, quiere llevarse la plata y dejarnos cartoncitos imprentados... ¡La perra que lo parió al muy pu...chuelero![63]

Y la maldita, que era *goda* hasta la médula de los huesos, concluía su retahíla de insultos contra el Protector cantando a grito herido una copla del *mizmiz*,[64] bailecito en boga, en la cual se le zurraba la badana al supremo delgado marqués de Torretagle.

> *Peste de pericotes*
> *hay en tu cuarto;*
> *deja la puerta abierta,*

---

[60]referencia desconocida.

[61]zapatos de lengüeta.

[62]Señor.

[63]un juego de palabras combinando puto y puchuelero = mezquino, de puchuela = cosa de poco valor.

[64]gato.

yo seré el gato.

¡Muera la patria!
¡Muera el marqués!
¡Que viva España!
¡Que viva el rey!

¡Canario! El cantarcito no podía ser más subversivo en aquellos días, en que la palabra *rey* quedó tan proscrita del lenguaje, que se desbautizó al peje-rey para llamarlo *peje-patria*, y al pavo real se le confirmó con el nombre de *pavo nacional*.

Los descontentos que a la sazón pululaban aplaudían las insolencias y obscenidades de la *Lunareja*, que propiedad de pequeños y cobardes es festejar la inmundicia que los maldicientes escupen sobre las espaldas de los que están en el poder. Así envaltentonada la zapatera, acrecía de hora en hora el atrevimiento, haciendo *huesillo*[65] a los agentes de Policía, que, de cuando en cuando, la amonestaban para que no escandalizase al patriota y honesto vecindario.

Impuesta de todo la autoridad, vaciló mucho el desgraciado Torretagle para poner coto al escándalo. Repugnaba a su caballerosidad el tener que aplicar las penas del bando en una mujer.

El alcalde del barrio recibió al fin orden de acercarse a la *Lunareja* y reprenderla; pero ésta, que, como hemos dicho, tenía *lengua de barbero, afilada y cortadora*, acogió al representante de la autoridad con un aluvión de dicterios tales, que al buen alcalde se le subió la mostaza a las narices, y llamando a cuatro soldados hizo conducir, amarrada y casi arrastrando, a la procaz zapatera a un calabozo de la cárcel de la Pescadería. Lo menos que le dijo a su merced fue:

Usía[66] *y mi marido*
van a Linares
a comprar cuatro bueyes:
vendrán tres pares.

Vivos hay todavía y comiendo *pan de la patria* (que así llamaban en 1822 al que hoy llamamos pan de hogaza) muchos que presenciaron los verídicos sucesos que relatados dejo, y al testimonio de ellos apelo para que me desmientan, si en un ápice me aparto de la realidad histórica.

---

[65]molestando.
[66]usted.

Al siguiente día (22 de febrero) levantóse por la mañana en la Plaza Mayor de Lima un tabladillo con un poste en el centro. A las dos de la tarde, y entre escolta de soldados, sacaron de la Pescadería a la *Lunareja*.

Un sayón o ministril la ató al poste, y le cortó el pelo al rape. Durante esta operación lloraba y se retorcía la infeliz, gritando:

—¡Perdone mi amo Torretagle, que no lo haré más!

A lo que los *mataperritos* que rodeaban el tabladillo, azuzando al sayón que manejaba tijera y navaja, contestaban en coro:

Dele, maestro, dele,
hasta que cante el miserere.[67]

Y la *Lunareja*, pensando que los muchachos aludían al estribilllo del *mizmiz*, se puso a cantar, y como quien satisface cantando la palinodia:

¡Viva la patria
de los peruanos!
¡Mueran los godos,[68]
que son tiranos!

Pero la granujada era implacable y comenzó a gritar con especial sonsonete:

¡Boca dura y pies de lana!
Dele, maestro, hasta mañana.

Terminada la rapadura, el sayón le puso a Gertrudis una canilla de muerto por mordaza, y hasta las cuatro de la tarde permaneció la pobre mujer expuesta a la vergüenza pública.

Desde ese momento nadie se resistió a recibir papel moneda.

Parece que mis palabras aprovecharon de la lección en cabeza ajena, y que no murmuraron más de las cosas gubernamentales.

III

El fin de una moza tigre

Cuando nosotros los insurgentes perdimos las fortalezas del Callao, por la traición de Moyano y Oliva, la *Lunareja* emigró al Real Felipe, donde Rodil la asignó sueldo de tres pesetas diarias y ración de oficial.

---

[67]canto solemne que se hace del Salmo 50 en las tinieblas de la Semana Santa.

[68]nombre peyorativo aplicado por los americanos a los españoles.

El 3 de noviembre de 1824 fue día nefasto para Lima por culpa del pantorrilludo Urdaneta, que proporcionó a los españoles gloria barata. El brigadier don Mateo Ramírez, de feroz memoria, sembró cadáveres de mujeres, y niños, y hombres inermes en el trayecto que conduce de la portada del Callao a las plazas de la Merced y San Marcelo. Las viejas de Lima se estremecen aún de horror cuando hablan de tan sangrienta hecatombe.

Gertrudis la *Lunareja* fue una de aquellas furiosas y desalmadas bacantes que vinieron ese día con la caballería realista que mandaba el marqués de Valleumbroso, don Pedro Zabala, y que, como refiere un escritor contemporáneo, cometieron indecibles obscenidades con los muertos bailando en torno de ellos la *mariposa* y el *agua de nieve*.[69]

El 22 de enero de 1826, fecha en que Rodil firmó la capitulación del Callao, murió la *Lunareja*, probablemente atacada de escorbuto, como la mayoría de los que se encerraron en aquella plaza. Mas, por entonces, se dijo que la zapatera había apurado un veneno y preferido la muerte a ver ondear en los castillos el pabellón de la República.

La *Lunareja* exhaló el último aliento gritando: «¡Viva el rey!»

"Los incas ajedrecistas"

I

ATAHUALPA[70]

Al doctor Evaristo P. Duclos, insigne ajedrecista.

Los moros, que durante siete siglos dominaron en España, introdujeron en el país conquistado la afición al juego de ajedrez. Terminada la expulsión de los invasores por la católica reina doña Isabel, era de presumirse que con ellos desaparecerían también todos sus hábitos y distracciones; pero lejos de eso, entre los heroicos capitanes que en Granada aniquilaron el último

---

[69] juegos populares.

[70] el inca que venció Pizarro y sus aliados para conquistar el Perú; murió en 1533.

baluarte del islamismo, había echado hondas raíces el gusto por el tablero de las sesenta y cuatro casillas o *escaques*, como en heráldica se llaman.

Pronto dejó de ser el ajedrez el juego favorito y exclusivo de los hombres de guerra, pues cundió entre las gentes de Iglesia: abades, obispos, canónigos y frailes de campanillas.[71] Así, cuando el descubrimiento y la conquista de América fueron realidad gloriosa para España, llegó a ser como patente o pasaporte de cultura social para todo el que al Nuevo Mundo venía investido con cargo de importancia el verle mover piezas en el tablero.

El primer libro que sobre el ajedrez se imprimiera en España apareció en el primer cuarto de siglo posterior a la conquista del Perú, con el título *Invención liberal y arte de axedrez, por Ruy López de Segovia, clérigo, vecino de la villa de Zafra*, y se imprimió en Alcalá de Henares en 1561. Ruy López es considerado como fundador de teorías, y a poco de su aparición se tradujo el opúsculo al francés y al italiano.

El librito abundó en Lima hasta 1845, poco más o menos, en que aparecieron ejemplares de *Philidor*, y era de obligada consulta allá en los días lejanísimos de mi pubertad, así como el *Cecinarrica* para los jugadores de damas. Hoy no se encuentra en Lima, ni por un ojo de la cara, ejemplar de ninguno de los dos viejísimos textos.

Que muchos de los capitanes que acompañaron a Pizarro en la conquista, así como los gobernadores Vaca de Castro y La Gasca, y los primeros virreyes Núñez de Vela, marqués de Cañete y conde de Nieva, distrajeron sus ocios en las peripecias de una partida, no es cosa que llame la atención desde que el primer arzobispo de Lima fue vicioso en el juego de ajedrez, que hasta llegó a comprometer, por no resistirse a tributarle culto, el prestigio de las armas reales. Según Jiménez de la Espada, cuando la Audiencia encomendó a uno de sus oidores y al arzobispo don fray Jerónimo de Loaiza la dirección de la campaña contra el caudillo revolucionario Hernández Girón, la musa popular del campamento realista zahirió la pachorra del hombre de toga y la afición del mitrado al ajedrez con este cantarcillo, pobre rima, pero rico en verdades:

> *El uno jugar y el otro dormir,*
> *¡Oh qué gentil!*
> *No comer ni apercibir,*
> *¡oh qué gentil!*

---

[71]fraile que presta servicio de altar como monaguillo; por ello, de segunda categoría.

Uno ronca y otro juega...,
¡y así va la brega!

Los soldados, entregados a la inercia en el campamento y desatendidos en la provisión de víveres, principaban ya a desmoralizarse, y acaso el éxito habría favorecido a los rebeldes si la Audiencia no hubiera tomado el acuerdo de separar al oidor marmota y al arzobispo *ajedrecista*.

(Nótese que he subrayado la palabra *ajedrecista*, porque el vocablo, por mucho que sea de uso general, no se encuentra en el Diccionario de la Academia, como tampoco existe en él el de *ajedrista*, que he leído en un libro del egregio don Juan Valera).

Se sabe, por tradición, que los capitanes Hernández de Soto, Juan de Rada, Francisco de Chaves, Blas de Atienza y el tesorero Riquelme se congregaban todas las tardes, en Cajamarca, en el departamento que sirvió de prisión al Inca Atahualpa desde el día 15 de noviembre de 1532, en que se efectuó la captura del monarca, hasta la antevíspera de su injustificable sacrificio, realizado el 29 de agosto de 1533.

Allí, para los cinco nombrados y tres o cuatro más que no se mencionan en sucintos y curiosos apuntes (que a la vista tuvimos, consignados en rancio manuscrito que existió en la antigua Biblioteca Nacional), funcionaban dos tableros, toscamente pintados, sobre la respectiva mesita de madera. Las piezas eran hechas del mismo barro que empleaban los indígenas para la fabricación de idolillos y demás objetos de alfarería aborigen, que hogaño se extraen de las *huacas*.[72] Hasta los primeros años de la república no se conocieron en el Perú otras piezas que las de marfil, que remitían para la venta los comerciantes filipinos.

Honda preocupación abrumaría el espíritu del Inca en los dos o tres primeros meses de su cautiverio, pues aunque todas las tardes tomaba asiento junto a Hernando de Soto, su amigo y amparador, no daba señales de haberse dado cuenta de la manera como actuaban las piezas ni de los lances y accidentes del juego. Pero una tarde, en las jugadas finales de una partida empeñada entre Soto y Riquelme, hizo ademán Hernando de movilizar el caballo, y el Inca, tocándole ligeramente en el brazo, le dijo en voz baja:

—No, capitán, no... ¡El castillo!

---

[72]monumentos o lugares sagrados de las culturas prehispánicas donde suelen encontrarse, entre otras cosas, entierros y ofrendas; hoy ruinas arqueológicas en su mayoría saqueadas.

La sorpresa fue general. Hernando, después de breves segundos de meditación, puso en juego la torre, como le consejara Atahualpa, y pocas jugadas después sufría Riquelme inevitable *mate*.

Después de aquella tarde, y cediéndole siempre las piezas blancas en muestra de respetuosa cortesía, el capitán don Hernando de Soto invitaba al Inca a jugar una sola partida, y al cabo de un par de meses el discípulo era ya digno del maestro. Jugaba de igual a igual.

Comentábase, en los apuntes a que me he referido, que los otros ajedrecistas españoles, con excepción de Riquelme, invitaron también al Inca; pero éste se excusó siempre de aceptar, diciéndoles por medio del intérprete Felipillo:

—Yo juego muy poquito y vuesa merced juega mucho.

La tradición popular asegura que el Inca no habría sido condenado a muerte si hubiera permanecido ignorante en el ajedrez. Dice el pueblo que Atahualpa pagó con la vida el *mate* que por su consejo sufriera Riquelme en memorable tarde. En el famoso consejo de veinticuatro jueces, consejo convocado por Pizarro, se impuso a Atahualpa la pena de muerte por trece votos contra once. Riquelme fue uno de los trece que suscribieron la sentencia.

II

MANCO INCA[73]

A Jesús Elías Salas.

Después del injustificable sacrificio de Atahualpa, se encaminó don Francisco Pizarro al Cuzco, en 1534, y para propiciarse el afecto de los cuzqueños declaró que no venía a quitar a los caciques sus señorías y propiedades ni a desconocer sus preeminencias, y que castigado ya en Cajamarca con la muerte el usurpador asesino del legítimo Inca Huáscar, se proponía entregar la insignia imperial al Inca Manco, mancebo de dieciocho años, legítimo heredero de su hermano Huáscar. La coronación se efectuó con gran solemnidad, trasladándose luego Pizarro al valle de Jauja, de donde siguió al de Rimac o Pachacamac para hacer la fundación de la capital del futuro virreinato.

No tengo para qué historiar los sucesos y causas que motivaron la ruptura de relaciones entre el Inca y los españoles acaudillados por Juan

---

[73](ca. 1516-45), líder rebelde de una revuelta indígena que resistó la superioridad bélica de los conquistadores.

Pizarro, y, a la muerte de éste, por su hermano Hernando. Bástame apuntar que Manco se dio trazas para huir del Cuzco y establecer su gobierno en las altiplanicies de los Andes, adonde fue siempre para los conquistadores imposible vencerlo.

En la contienda entre pizarristas y almagristas, Manco prestó a los últimos algunos servicios, y consumada la ruina y victimación de Almagro el Mozo, doce o quince de los vencidos, entre los que se contaban los capitanes Diego Méndez y Gómez Pérez, hallaron refugio al lado del Inca, que había fijado su corte en Vilcapampa.

Méndez, Pérez y cuatro o cinco más de sus compañeros de infortunio se entretenían en el juego de bolos (bochas) y en el ajedrez. El Inca se *aespañoló* (verbo de aquel siglo, equivalente a *se españolizó*) fácilmente, cobrando gran afición y aun destreza en ambos juegos, sobresaliendo como *ajedrecista*.

Estaba escrito que, como al Inca Atahualpa, la afición al ajedrez había de serle fatal al Inca Manco.

Una tarde hallábanse empeñados en una partida el Inca Manco y Gómez Pérez, teniendo por *mirones* a Diego Méndez y a tres caciques.

Manco hizo una jugada de *enroque* no consentida por las prácticas del juego, y Gómez Pérez le arguyó:

—Es tarde para ese *enroque*, seor[74] fullero.

No sabemos si el Inca alcanzaría a darse cuenta de la acepción despectiva de la palabreja castellana; pero insistió en defender la que él creía correcta y válida jugada. Gómez Pérez volvió la cara hacia su paisano Diego Méndez y le dijo:

—¡Mire, capitán, con la que me sale este indio pu...erco!

Aquí cedo la palabra al cronista anónimo, cuyo manuscrito, que alcanza hasta la época del virrey Toledo, figura en el tomo VIII de *Documentos inéditos del Archivo de Indias*; «El Inca alzó entonces la mano y diole un bofetón al español. Este metió mano a su daga y le dio dos puñaladas, de las que luego murió. Los indios acudieron a la venganza, e hicieron pedazos a dicho matador y a cuantos españoles en aquella provincia de Vilcampa estaban».

Varios cronistas dicen que la querella tuvo lugar en el juego de bolos; pero otros afirman que el trágico suceso fue motivado por desacuerdo en una jugada de ajedrez.

---

[74]señor.

La tradición popular entre los cuzqueños es la que yo relato, apoyándome también en la autoridad del anónimo escritor del siglo XVI.

Cien tradiciones peruanas. Prólogo, selección y cronología de José Miguel Oviedo. Caracas: Biblitoeca Ayacucho, 1977.

JOSE HERNANDEZ (Argentina; 1834-86)

El gaucho Martín Fierro

I

Aquí me pongo a cantar
al compás de la vigüela,[1]
que el hombre que lo desvela
una pena estrordinaria,[2]
como la ave solitaria
con el cantar se consuela.

Pido a los santos del cielo
que ayuden mi pensamiento:
les pido en este momento
que voy a cantar mi historia
me refresquen la memoria
y aclaren mi entendimiento.

Vengan santos milagrosos,
vengan todos en mi ayuda
que la lengua se me añuda[3]
y se me turba la vista;
pido a mi Dios que me asista
en una ocasión tan ruda.

Yo he visto muchos cantores,

---

[1] vihuela; a lo largo del texto se encuentran ejemplos del esfuerzo de Hernández por imitar la pronunciación coloquial.

[2] extraordinaria; la sustitución de ex- por es- se nota a lo largo del texto.

[3] anuda.

con famas bien otenidas,[4]
y que después del alquiridas[5]
no las quieren sustentar.
Parece que sin largar
se cansaron en partidas

       Mas ande[6] otro criollo pasa
Martín Fierro ha de pasar;
nada lo hace recular
ni las fantasmas lo espantan
y dende que[7] todos cantan
yo también quiero cantar.

       Cantando me he de morir,
cantando me han de enterrar,
y cantando he de llegar
al pie del Eterno Padre;
dende el vientre de mi madre
vine a este mundo a cantar.

       Que no se trabe mi lengua
ni me falte la palabra;
el cantar mi gloria labra
y, poniéndome a cantar,
cantando me han de encontrar
aunque la tierra se abra.

       Me siento en el plan de un bajo
a cantar un argumento;
como si soplara el viento
hago tiritar los pastos.
Con oros, copas y bastos

---

[4]obtenidas.
[5]adquiridas.
[6]donde.
[7]puesto que.

juega allí mi pensamiento.

Yo no soy cantor letrao,[8]
mas si me pongo a cantar
no tengo cuándo acabar
y me envejezco cantando:
las coplas me van brotando
como agua de manantial.

Con la guitarra en la mano
ni las moscas se me arriman;
naides[9] me pone el pie encima,
y, cuando el pecho se entona,
hago gemir a la prima
y llorar a la bordona.

Yo soy toro en mi rodeo
y toraso[10] en rodeo ageno;[11]
siempre me tuve por güeno[12]
y si me quieren probar,
salgan otros a cantar
y veremos quién es menos.

No me hago al lao de la güeya[13]
aunque vengan degollando;
con los blandos yo soy blando
y soy duro con los duros,

---

[8]letrado; la supresión de la *d* intervocálica en los participios pasados de la primera conjugación se da a lo largo del texto.

[9]nadie.

[10]torazo; la sustitución de -aso por el sufijo augmentativo -azo se nota a lo largo del texto.

[11]ajeno.

[12]bueno; la sustitución de güe- por bue-, vue- y hue- se da a lo largo del texto.

[13]huella.

y ninguno en un apuro
me ha visto andar tutubiando.[14]

En el peligro, ¡qué Cristo!
el corazón se me enancha,
pues toda la tierra es cancha,
y de esto naides se asombre:
el que se tiene por hombre
donde quiera hace pata ancha.[15]

Soy gaucho, y entiéndanló[16]
como mi lengua lo esplica:
para mí la tierra es chica
y pudiera ser mayor;
ni la víbora me pica
ni quema mi frente el sol.

Nací como nace el peje
en el fondo de la mar;
naides me puede quitar
aquello que Dios me dio:
lo que al mundo truje[17] yo
del mundo lo he de llevar.

Mi gloria es vivir tan libre
como el pájaro del cielo;
no hago nido en este suelo
ande[18] hay tanto que sufrir,
y naides me ha de seguir

---

[14]titubeando.

[15]se impone, se hace un lugar.

[16]Hernández intenta captar la doble acentuación en este tipo de forma verbal en la fonología coloquial.

[17]traje.

[18]donde.

cuando yo remuento[19] el vuelo.

      Yo no tengo en el amor
quien me venga con querellas,
como esas aves tan bellas
que saltan de rama en rama;
yo hago en el trébol mi cama,
y me cubren las estrellas.

      Y sepan cuantos escuchan
de mis penas el relato,
que nunca peleo ni mato
sino por necesidá,[20]
y que a tanta alversidá
sólo me arrojó el mal trato.

      Y atiendan la relación
que hace un gaucho perseguido,
que padre y marido ha sido
empeñoso y diligente,
y sin embargo la gente
lo tiene por un bandido.

      III

      Tuve en mi pago en un tiempo
hijos, hacienda y mujer,
pero empecé a padecer,
me echaron a la frontera
¡y qué iba a hallar al volver!
tan solo hallé la tapera.

---

[19]remonto; en el lenguaje coloquial verbos que son regulares en el habla culta a veces son irregulares y vice versa.

[20]la supresión de la *d* final en palabras que terminan en -ad o -ed se nota a lo largo del poema.

Sosegao vivía en mi rancho
como el pájaro en su nido;
allí mis hijos queridos
iban creciendo a mi lao...
sólo queda al desgraciao
lamentar el bien perdido.

Mi gala en las pulperías
era, cuando había más gente,
ponerme medio caliente,
pues cuando puntiao[21] me encuentro
ma salen coplas de adentro
como agua de la vertiente.

Cantando estaba una vez
en una gran diversión;
y aprovechó la ocasión
como quiso el juez de paz.
Se presentó, y ay[22] no más
hizo una arriada[23] en montón.

Juyeron[24] los más matreros
y lograron escapar.
Yo no quise disparar,
soy manso y no había por qué,
muy tranquilo me quedé
y ansí[25] me dejé agarrar.

---

[21]entonado, achispado, inspirado.

[22]ahí; el cambio de acentuación en ciertas palabras es común en el lenguaje coloquial.

[23]arreada.

[24]huyeron.

[25]así.

Allí un gringo[26] con un órgano
y una mona que bailaba,
haciéndonos rair[27] estaba
cuando le tocó el arreo.
¡Tan grande el gringo y tan feo
lo viera cómo lloraba!

Hasta un inglés sanjiador[28]
que decía en la última guerra
que él era de Inca-la-perra[29]
y que no quería servir,
también tuvo que juir
a guarecerse en la sierra.

Ni los mirones salvaron
de esa arriada de mi flor;
fue acoyarao[30] el cantor
con el gringo de la mona,
a uno solo, por favor,
logró salvar la patrona.

Formaron un contingente
con los que en el baile arriaron;
con otros nos mesturaron,[31]
que habían agarrao también:
las cosas que aquí se ven
ni los diablos las pensaron.

A mí el Juez me tomó entre ojos

---

[26]en esta época, peyorativo para decir cualquier extranjero; luego, para fines de siglo, limitado a inmigrantes italianos.

[27]reír.

[28]que cavaba zanjas.

[29]se trata de una burla de la pronunciación del inglés de Inglaterra.

[30]acollarado.

[31]mezclaron.

en la última votación:
me le había hecho el remolón
y no me arrimé ese día,
y él dijo que yo servía
a los de la esposición.

     Y ansí sufrí ese castigo
tal vez por culpas agenas;
que sean malas o sean güenas
las listas, siempre me escondo:
yo soy un gaucho redondo
y esas cosas no me enllenan.[32]

     Al mandarnos nos hicieron
más promesas que a un altar,
el Juez nos jué[33] a proclamar
y nos dijo muchas veces:
"muchachos, a los seis meses
los van a ir a revelar".[34]

     Yo llevé un moro de número,
¡sobresaliente el matucho![35]
con él gané en Ayacucho[36]
más plata que agua bendita:
siempre el gaucho necesita
un pingo pa[37] fiarle un pucho.

     Y cargué sin dar más güeltas
con las prendas que tenía:
jergas, poncho, cuanto había

---

[32]interesan.

[33]fue.

[34]relevar.

[35]caballo.

[36]lugar en el sur de la provincia de Buenos Aires.

[37]para.

en casa, tuito[38] lo alcé;
a mi china la dejé
media desnuda ese día.

No me faltaba una guasca;
esa ocasión eché el resto:
bozal, maniador,[39] cabresto,[40]
lazo, bolas[41] y manea...[42]
¡el que hoy tan pobre me vea
tal vez no crerá[43] todo esto!

Ansí en mi moro, escarciando,[44]
enderecé a la frontera.
¡Aparcero, si usté viera
lo que se llama cantón...![45]
Ni envidia tengo al ratón
en aquella ratonera.

De los pobres que allí había
a ninguno lo largaron;
los más viejos rezongaron,
pero a uno que se quejó
en seguida lo estaquiaron,[46]
y la cosa se acabó.

En la lista de la tarde

---

[38] todito.

[39] maneador.

[40] cabestro.

[41] boleadoras.

[42] lazo.

[43] creerá.

[44] forma verbal basada en escarceo.

[45] fortín.

[46] estaquearon; la terminación verbal -ear se pronucia -iar en el lenguaje coloquial.

el jefe nos cantó el punto,[47]
diciendo: "Quinientos[48] juntos
llevará el que se resierte;[49]
lo haremos pitar del juerte;[50]
más bien dése por dijunto".[51]

      A naides le dieron armas,
pues toditas las que había
el coronel las tenía,
según dijo esa ocasión,
pa repartirlas el día
en que hubiera una invasión.

      Al principio nos dejaron
de haraganes criando sebo,[52]
pero después... no me atrevo
a decir lo que pasaba.
¡Barajo!...[53] si nos trataban
como se trata a malevos.

      Porque todo era jugarle
por los lomos con la espada,
y, aunque usté no hiciera nada,
lo mesmito[54] que en Palermo,[55]

---

[47]nos advirtió.

[48]quinientos azotes.

[49]deserte.

[50]fuerte; la expresión se refiere a la gravedad del castigo.

[51]difunto.

[52]engordándose.

[53]forma eufemísitca por carajo.

[54]mismito.

[55]zona al norte de Buenos Aires, hoy día parque y barrio elegantes; en el poema, la referencia es a los cuarteles del dictador Juan Manuel Rosas (1793-1877).

le daban cada cepaida[56]
que lo dejaban enfermo.

¡Y qué indios, ni qué servicio,
si allí no había ni cuartel!
Nos mandaba el coronel
a trabajar en sus chacras,
y dejábamos las vacas
que las llevara el infiel.

Yo primero sembré trigo
y después hice un corral,
corté adobe pa un tapial,
hice un quincho, corté paja...
¡La pucha, que se trabaja
sin que le larguen ni un rial![57]

Y es lo pior[58] de aquel enriedo[59]
que si uno anda hinchando el lomo
ya se la apean como plomo...
¡Quién aguanta aquel infierno!
Si eso es servir al Gobierno,
a mí no me gusta el cómo.

Más de un año nos tuvieron
en esos trabajos duros,
y los indios, le asiguro,[60]
dentraban[61] cuando querían:
como no los perseguían,
siempre andaban sin apuro.

---

[56]lo castigaron estaqueándolo en el cepo.

[57]real, es decir, dinero.

[58]peor.

[59]enredo.

[60]aseguro.

[61]entraban.

A veces decía al volver
del campo la descubierta[62]
que estuviéramos alerta,
que andaba adentro la indiada;
porque había una rastrillada
o estaba una yegua muerta.

Recién entonces salía
la orden de hacer la riunión,[63]
y cáibamos[64] al cantón
en pelos y hasta enancaos,[65]
sin armas, cuatro pelaos
que íbamos a hacer jabón.[66]

Ay empezaba el afán,
se entiende, de puro vicio,
de enseñarle el ejercicio
a tanto gaucho recluta,
con un estrutor...[67] ¡qué... bruta!
que nunca sabía su oficio.

Daban entonces las armas
pa defender los cantones,
que eran lanzas y latones
con ataduras de tiento...
Las de juego no las cuento
porque no había municiones.

Y chamuscao un sargento
me contó que las tenían,

---

[62]la inspección del campo para controlar la presencia de indios.
[63]reunión.
[64]caíamos.
[65]en ancas.
[66]haraganear.
[67]instructor.

pero que ellos las vendían
para cazar avestruces;
y ansí andaban noche y día
déle bala a los ñanduces.[68]

Y cuando se iban los indios
con lo que habían manotiao,[69]
salíamos muy apuraos
a perseguirlos de atrás;
si no se llevaban más
es porque no habían hallao.

Allí sí se ven desgracias,
y lágrimas y aflicciones,[70]
naides le pida perdones
al indio, pues donde dentra,
roba y mata cuanto encuentra
y quema las poblaciones.

No salvan de su juror[71]
ni los pobres angelitos:
viejos, mozos y chiquitos
los mata del mesmo modo;
que el indio lo arregla todo,
con la lanza y con los gritos.

Tiemblan las carnes al verlo
volando al viento la cerda,[72]
la rienda en la mano izquierda
y la lanza en la derecha;

---

[68]ñandúes, un tipo de avestruz de la pampa.

[69]manoteado.

[70]aflicciones.

[71]furor.

[72]los cabellos.

ande enderiesa[73] abre brecha
pues no hay lanzaso que pierda.

    Hace trotiadas[74] tremendas
dende[75] el fondo del desierto;
ansí llega medio muerto
de hambre, de sé y de fatiga;
pero el indio es una hormiga
que día y noche está dispierto.

    Sabe manejar las bolas
como naides las maneja;
cuando el contrario se aleja,
manda una bola perdida,[76]
y si lo alcanza, sin vida
es siguro[77] que lo deja.

    Y el indio es como tortuga
de duro para espichar;[78]
si lo llega a destripar
ni siquiera se le encoge:
luego sus tripas recoge,
y se agacha a disparar.

    Hacían el robo a su gusto
y después se iban de arriba
se llevaban las cautivas
y nos contaban que a veces
les descarnaban los pieses,[79]

---

[73] endereza.

[74] troteada = acción de trotar.

[75] desde.

[76] boleadora de una sola bola.

[77] seguro.

[78] morir.

[79] pies.

a las pobrecitas, vivas.

¡Ah si partía el corazón
ver tantos males, canejo![80]
Los perseguíamos de lejos
sin poder ni galopiar.
¡Y qué habíamos de alcanzar
en unos bichocos[81] viejos!

Nos volvíamos al cantón
a las dos o tres jornadas
sembrando las caballadas;
y pa que alguno la venda,
rejuntábamos la hacienda
que habían dejao resagada.

Una vez entre otras muchas,
tanto salir al botón,[82]
nos pegaron un malón
los indios y una lanciada,
que la gente acobardada
quedó dende esa ocasión.

Habían estao escondidos
aguaitando atrás de un cerro.
¡Lo viera a su amigo Fierro
aflojar como un blandito!
Salieron como máiz[83] frito
en cuanto sonó un cencerro.

Al punto nos dispusimos
aunque ellos eran bastantes;

---

[80]caramba.
[81]bichos; aquí caballos.
[82]sin objeto.
[83]maíz.

la formamos al istante[84]
nuestra gente, que era poca;
y golpiándose en la boca
hicieron fila adelante.

      Se vinieron en tropel
haciendo temblar la tierra.
No soy manco pa la guerra
pero tuve mi jabón,[85]
pues iba en un redomón
que había boleao en la sierra.

      ¡Qué vocerío, qué barullo,
qué apurar esa carrera!
La indiada todita entera
dando alaridos cargó.
¡Jue picha!...[86] y ya nos sacó
como yeguada matrera.

      ¡Qué fletes traiban[87] los bárbaros,
como una luz de ligeros
Hicieron el entrevero
y en aquella mezcolanza,
éste quiero, éste no quiero,
nos escogían con la lanza.

      Al que le dan un chuzaso,
dificultoso es que sane:
en fin, para no echar panes
salimos por esas lomas
lo mesmo que las palomas
al juir de los gavilanes.

---

[84]instante.

[85]me asusté.

[86]qué caramba.

[87]traían.

   Es de almirar la destreza
con que la lanza manejan.
De perseguir nunca dejan,
y nos traiban apretaos.
¡Si queríamos, de apuraos,
salirnos por las orejas!

   Y pa mejor de la fiesta
en esta aflición tan suma,
vino un indio echando espuma,
y con la lanza en la mano
gritando: "Acabáu cristiano;
metau el lanza hasta la pluma".[88]

   Tendido en el costillar,
cimbrando por sobre el brazo
una lanza como un lazo,
me atropelló dando gritos:
si me descuido... el maldito
me levanta de un lanzaso.

   Si me atribulo o me encojo,
siguro que no me escapo;
siempre he sido medio guapo
pero en aquella ocasión
me hacía buya[89] el corazón
como la garganta al sapo.

   Dios le perdone al salvaje
las ganas que me tenía...
Desaté las tres marías[90]
y los engatusé a cabriolas.
¡Pucha...! si no traigo bolas
me achura el indio ese día.

_____

[88]Se trata de intentar reflejar el español hablado por el indio.
[89]bulla.
[90]las boleadoras, que se hacen de tres bolas de piedras.

Era el hijo de un cacique
sigún[91] yo lo averigüé;
la verdad del caso, jue[92]
que me tuvo apuradazo,[93]
hasta que, al fin, de un bolazo
del caballo lo bajé.

Áy no más me tiré al suelo
y lo pisé en las paletas;
empezó a hacer morisquetas
y a mezquinar la garganta...
pero yo hice la obra santa
de hacerlo estirar la jeta.

Allí quedó de mojón
y en su caballo salté;
de la indiada disparé,
pues si me alcanza me mata,
y, al fin, me las escapé
con el hilo en una pata.

VI

Vamos denetrando recién
a la parte más sentida,
aunque es todita mi vida
de males una cadena:
a cada alma dolorida
le gusta cantar sus penas.

Se empezó en aquel entonces
a rejuntar caballada

---

[91]sigún.
[92]fue.
[93]apurado, preocupado.

y riunir[94] la milicada[95]
teniéndola en el cantón,
para una despedición[96]
a sorprender a la indiada.

Nos anunciaban que iríamos
sin carreta ni bagajes
a golpiar a los salvajes
en sus mesmas tolderías;
que a la güelta pagarían
licenciándoló al gauchaje.

Que en esta despedición
tuviéramos la esperanza,
que iba a venir sin tardanza,
sigún el jefe contó,
un menistro[97] o qué sé yo...
que lo llamaban Don Ganza.[98]

Que iba a riunir el ejército
y tuitos los batallones
y que traiba unos cañones
con más rayas que un cotín.[99]
¡Pucha!... las conversaciones
por allá no tenían fin.

Pero esas trampas no enriedan
a los zorros de mi laya;

---

[94]reunir.

[95]de milico, forma peyorativa de militar = ejército.

[96]expedición.

[97]ministro.

[98]Martín de Gainza (1814-88), Ministro de Guerra durante la presidencia de Domingo Faustino Sarmiento (1868-74); la modificación de su nombre trata de una burla = gansa.

[99]tela usada para forrar colchones.

que el menistro venga o vaya
poco le importa a un matrero.
Yo también dejé las rayas
en los libros del pulpero.

Nunca jui[100] gaucho dormido,
siempre pronto, siempre listo,
yo soy un hombre ¡qué Cristo!
que nada me ha acobardao,
y siempre salí parao
en los trances que me he visto.

Dende chiquito gané
la vida con mi trabajo,
y aunque siempre estuve abajo
y no sé lo que es subir,
también el mucho sufrir
suele cansarnos ¡barajo!

En medio de mi inorancia[101]
conozco que nada valgo;
soy la liebre o soy el galgo
asigún[102] los tiempos andan;
pero también los que mandan
debieran cuidarnos algo.

Una noche que riunidos
estaban en la carpeta[103]
empinando una limeta[104]
el jefe y el juez de paz,
yo no quise aguardar más

---

[100]fui.

[101]ignorancia.

[102]según.

[103]carpa.

[104]limonada con alcohol.

y me hice humo en un sotreta.

Para mí el campo son flores
dende que libre me veo;
donde mi lleva el deseo
allí mis pasos dirijo
y hasta en las sombras, de fijo
que a donde quiera rumbeo.

Entro y salgo del peligro
sin que me espante el estrago;
no aflojo al primer amago
ni jamás fi[105] gaucho lerdo:
soy pa rumbiar como el cerdo
y pronto caí a mi pago.

Volvía al cabo de tres años
de tanto sufrir al ñudo,[106]
resertor, pobre y desnudo,
a procurar suerte nueva,
y lo mesmo que el peludo
enderecé pa mi cueva.

No hallé ni rastro del rancho.
¡Sólo estaba la tapera!
¡Por Cristo, si aquello era
pa enlutar el corazón;
yo juré en esa ocasión
ser más malo que una fiera!

¡Quién no sentirá lo mesmo
cuando ansí padece tanto!
Puedo asigurar que el llanto
como una mujer largué.
¡Ay mi Dios, si me quedé

---

[105]fui.
[106]en vano.

más triste que Jueves Santo!

Sólo se oiban[107] los aullidos
de un gato que se salvó;
el pobre se guareció
cerca, en una vizcachera.[108]
Venía como si supiera
que estaba de güelta yo.

Al dirme dejé la hacienda
que era todito mi haber.
Pronto debíamos volver,
según el juez prometía,
y hasta entonces cuidaría
de los bienes la mujer.
....
....

Después me contó un vecino
que el campo se lo pidieron,
la hacienda se la vendieron
pa pagar arrendamientos,
y qué sé yo cuántos cuentos;
pero todo lo fundieron.

Los pobrecitos muchachos
entre tantas afliciones
se conchabaron de piones.[109]
¡Mas qué iban a trabajar,
si eran como los pichones
sin acabar de emplumar!

Por ay andarán sufriendo
de nuestra suerte el rigor:

---

[107]oían.

[108]nido de vizcachas, tipo de roedor de la pampa parecido a la liebre.

[109]peones.

me han contado que el mayor
nunca dejaba a su hermano;
puede ser que algún cristiano
los recoja por favor.

     Y la pobre mi mujer
Dios sabe cuánto sufrió.
Me dicen que se voló
con no sé qué gavilán,
sin duda a buscar el pan
que no podía darle yo.

     No es raro que a uno le falte
lo que a algún otro le sobre;
si no le quedó ni un cobre
sino de hijos un enjambre
¿qué más iba a hacer la pobre
para no morirse de hambre?

     ¡Tal vez no te vuelva a ver,
prenda de mi corazón!
Dios te dé su protección
ya que no me la dió a mí,
y a mis hijos dende aquí
les echo mi bendición.

     Como hijitos de la cuna
andarán por ay sin madre.
Ya se quedaron sin padre
y ansí la suerte los deja,
sin naides que los proteja
y sin perro que los ladre.

     Los pobrecitos tal vez
no tengan donde abrigarse,
ni ramada ande ganarse,[110]

---

[110]donde entrar sin permiso.

ni un rincón ande meterse,
ni camisa que ponerse,
ni poncho con qué taparse.

Tal vez los verán sufrir
sin tenerles compasión;
puede que alguna ocasión
aunque los vean tiritando
los echen de algún jogón[111]
pa que no estén estorbando.

Y al verse ansina[112] espantaos
como se espanta a los perros,
irán los hijos de Fierro
con la cola entre las piernas,
a buscar almas más tiernas
o esconderse en algún cerro.

Más también en este juego
voy a pedir mi bolada;
a naides le debo nada
ni pido cuartel ni doy,
y ninguno dende hoy
ha de llevarme en la armada.

Yo he sido manos primero
y seré gaucho matrero
en mi triste circunstancia,
aunque es mi mal tan projundo;[113]
nací y me he criao en estancia,
pero ya conozco el mundo.

Ya le conozco sus mañas,

---

[111]fogón.
[112]así.
[113]profundo.

le concozo sus cucañas,[114]
sé cómo hacen la partida,
la enriedan y la manejan:
deshaceré[115] la madeja
aunque me cueste la vida.

      Y aguante el que no se anime
a meterse en tanto engorro,
o si no aprétese el gorro
o para otra tierra emigre:
pero yo ando como el tigre
que le roban los cachorros.

      Aunque muchos cren que el gaucho
tiene un alma de reyuno,[116]
no se encontrará ninguno
que no le dueblen las penas;
mas no debe aflojar uno
mientras hay sangre en las venas.

VII

      De carta de más me vía[117]
sin saber adónde dirme;
mas dijieron que era vago
y entraron a perseguirme.

      Nunca se achican los males,
van poco a poco creciendo,
y ansina me vide[118] pronto

---

[114]engaños.
[115]desharé.
[116]caballo arisco.
[117]veía.
[118]vi.

obligao a andar juyendo.

No tenía mujer ni rancho,
y a más, era resertor,
no tenía una prenda güena
ni un peso en el tirador.

A mis hijos infelices
pensé volverlos a hallar
y andaba de un lao al otro
sin tener ni qué pitar.

Supe una vez por desgracia
que había un baile por allí,
y medio desesperao
a ver la milonga fui.

Riunidos al pericón[119]
tantos amigos hallé,
que alegre de verme entre ellos
esa noche me apedé.[120]

Como nunca, en la ocasión
por peliar me dió la tranca,[121]
y la emprendí con un negro
que trujo una negra en ancas.

Al ver llegar la morena
que no hacía caso de naides,
le dije con la mamúa:[122]

---

[119]el baile nacional argentino.
[120]emborraché.
[121]borrachera.
[122]borrachera.

"Va... ca... yendo[123] gente al baile".

La negra entendió la cosa
y no tardó en contestarme,
mirándome como a perro:
"más *vaca* será su madre".

Y dentró al baile muy tiesa
con más cola que una zorra
haciendo blanquiar los dientes
lo mesmo que mazamorra.

"Negra linda"... dije yo,
"me gusta... pa la carona";
y me puse a talariar[124]
esta coplita fregona:

"A los blancos hizo Dios
a los mulatos San Pedro,
a los negros hizo el diablo
para tizón del infierno".

Había estado juntando rabia
el moreno dende ajuera;
en lo oscuro le brillaban
los ojos como linterna.

Lo conocí retobao,
me acerqué y le dije presto:
"Por... rudo...[125] que un hombre sea
nunca se enoja por esto".

---

[123]caer = llegar; aquí el poeta hace un juego de palabras entre vaca yendo
y va cayendo.

[124]tararear.

[125]un juego de palabras entre por rudo y porrudo (= de cabello espeso,
como los negros).

Corcovió el de los tamangos
y creyéndose muy fijo:
"Más porrudo serás vos,
gaucho rotoso", me dijo.

Y ya se me vino al humo
como a buscarme la hebra,
y un golpe le acomodé
con el porrón de ginebra.

Áy no más pegó el de hollín
más gruñidos que un chanchito,
y pelando el envenao[126]
me atropelló dando gritos.

Pegué un brinco y abrí cancha[127]
diciéndolés: "Caballeros,
dejen venir ese toro;
solo nací... solo muero".

El negro después del golpe
se había el poncho refalao[128]
y dijo: "Vas a saber
si es solo o acompañao".

Y mientras se arremangó
yo me saqué las espuelas,
pues malicié que aquel tío
no era de arriar con las riendas.

No hay cosa como el peligro
pa refrescar a un mamao;
hasta la vista se aclara

---

[126]un tipo de cuchillo.

[127]me hice lugar.

[128]resbalado.

por mucho que haiga[129] chupao.

El negro me atropelló
como a quererme comer;
me hizo dos tiros seguidos
y los dos le abarajé.[130]

Yo tenía un facón con S
que era de lima de acero;
le hice un tiro, lo quitó
y vino ciego el moreno.

Y en el medio de las aspas
un planaso le asenté
que lo largué culebriando
lo mesmo que buscapié.[131]

Le coloriaron las motas
con la sangre de la herida,
y volvió a venir furioso
como una tigra parida.

Y ya me hizo relumbrar
por los ojos el cuchillo,
alcanzando con la punta
a cortarme en un carrillo.

Me hirvió la sangre en las venas
y me le afirmé el moreno,
dándolé de punta y hacha
pa dejar un diablo menos.

---

[129]haya.

[130]atajé.

[131]un tipo de cohete que se culebrea al explotar.

Por fin en una topada[132]
en el cuchillo lo alcé
y como un saco de güesos
contra el cerco lo largué.

Tiró unas cuantas patadas
y ya cantó pa el carnero.[133]
Nunca me puedo olvidar
de la agonía de aquel negro.

En esto la negra vino,
con los ojos como ají,
y empezó la pobre allí
a bramar como una loba.
Yo quise darle una soba
a ver si la hacía callar;
mas pude reflesionar[134]
que era malo en aquel punto,
y por respeto al dijunto
no la quise castigar.

Limpié el facón en los pastos,
desaté mi redomón,
monté despacio y salí
al tranco pa el cañadón.

Después supe que al finao
ni siquiera lo velaron
y retobao en un cuero
sin resarle lo enterraron.

Y dicen que dende entonces
cuando es la noche serena
suele verse una luz mala

---

[132]en un irse encima.

[133]cementerio.

[134]reflexionar.

como de alma que anda en pena.

Yo tengo intención a veces,
para que no pene tanto,
de sacar de allí los güesos
y echarlos al campo santo.

XIII[135]

Ya veo que somos los dos
astilla del mesmo palo;
yo paso por gaucho malo
y usté anda del mesmo modo,
y yo, pa acabarlo todo,
a los indios me refalo.

Pido perdón a mi Dios
que tantos bienes me hizo;
pero dende que es preciso
que viva entre los infieles,
yo seré cruel con los crueles:
ansí mi suerte lo quiso.

Dios formó lindas las flores,
delicadas como son,
les dió toda perfeción
y cuanto él era capaz
pero al hombre le dió más
cuando le dió el corazón.

Le dió claridá a la luz,
juerza en su carrera al viento,
le dió vida y movimiento
dende la águila al gusano,

---

[135]Aquí Martín Fierro le dirige la palabra al sargento Cruz, militar que
lo persigue pero que termina siendo su amigo.

pero más le dió al cristiano
al darle el entendimiento.

Y aunque a las aves les dió,
con otras cosas que inoro,
esos piquitos como oro
y un plumaje como tabla,[136]
le dió al hombre más tesoro
al darle una lengua que habla.

Y dende que dió a las fieras
esa juria[137] tan inmensa,
que no hay poder que las venza
ni nada que las asombre
¿qué menos le daría al hombre
que el valor pa su defensa?

Pero tantos bienes juntos
al darle, malicio yo
que en sus adentros pensó
que el hombre los precisaba,
que los bienes igualaban
con las penas que le dió.

Y yo empujao por las mías
quiero salir de este infierno;
ya no soy pichón muy tierno
y sé manejar la lanza
y hasta los indios no alcanza
la facultá del Gobierno.

Yo sé que allá los caciques
amparan a los cristianos,
y que los tratan de "hermanos"
cuando se van por su gusto.

---

[136]como obra de arte.
[137]furia.

¿A qué andar pasando sustos?
Alcemos el poncho y vamos.

En la cruzada hay peligros
pero ni aun esto me aterra;
yo ruedo sobre la tierra
arrastrao por mi destino
y si erramos el camino...
no es el primero que lo erra.

Si hemos de salvar o no
de esto naides nos responde.
Derecho ande el sol se esconde
tierra adentro hay que tirar;
algún día hemos de llegar...
después sabremos adónde.

No hemos de perder el rumbo,
los dos somos güena yunta;
el que es gaucho va ande apunta,
aunque inore ande se encuentra;
pa el lao en que el sol se dentra
dueblan los pastos la punta.

De hambre no pereceremos,
pues según otros me han dicho
en los campos se hallan bichos
de lo que uno necesita...
gamas, matacos, mulitas,
avestruces y quirquinchos.[138]

Cuando se anda en el desierto
se come uno hasta las colas.
Lo han cruzao mujeres solas
llegando al fin con salú,
y ha de ser gaucho el ñandú

---

[138] animales naturales de la zona y alimento común de los gauchos.

que se escape de mis bolas.

Tampoco a la sé le temo,
yo la aguanto muy contento,
busco agua olfatiando al viento,
y dende que no soy manco
ande hay duraznillo blanco
cavo, y la saco al momento.

Allá habrá seguridá
ya que aquí no la tenemos,
menos males pasaremos
y ha de haber grande alegría
el día que nos descolguemos
en alguna toldería.

Fabricaremos un toldo,
como lo hacen tantos otros,
con unos cueros de potro,
que sea sala y sea cocina.
¡Tal vez no falte una china
que se apiade de nosotros!

Allá no hay que trabajar,
vive uno como un señor;
de cuando en cuando un malón,
y si de él sale con vida
lo pasa echao panza arriba
mirando dar güelta el sol.

Y ya que a juerza de golpes
la suerte nos dejó alfús,[139]
puede que allá veamos luz
y se acaben nuestras penas.
Todas las tierras son güenas:
vámosnos, amigo Cruz.

---

[139]quedarse a flux, sin nada.

El que maneja las bolas,
el que sabe echar un pial,
o sentarse en un bagual
sin miedo de que lo baje,
entre los mesmos salvajes
no puede pasarlo mal.

El amor como la guerra
lo hace el criollo con canciones;
a más de eso, en los malones
podemos aviarnos de algo;
en fin, amigo, yo salgo
de estas pelegrinaciones.[140]

....

....

En este punto el cantor
buscó un porrón pa consuelo,
echó un trago como un cielo,
dando fin a su argumento,
y de un golpe al istrumento[141]
lo hizo astillas contra el suelo.

"Ruempo—dijo—la guitarra,
pa no volverme a tentar
ninguno la ha de tocar,
por seguro ténganló;
pues naides ha de cantar
cuando este gaucho cantó".

Y daré fin a mis coplas
con aire de relación;
nunca falta un preguntón
más curioso que mujer,
y tal vez quiera saber

---

[140]peregrinaciones.
[141]instrumento.

cómo fue la conclusión.

Cruz y Fierro, de una estancia
una tropilla se arriaron;
por delante se la echaron
como criollos entendidos
y pronto, sin ser sentidos,
por la frontera cruzaron.

Y cuando la habían pasao,
una madrugada clara
le dijo Cruz que mirara
las últimas poblaciones;
y a Fierro dos lagrimones
le rodaron por la cara.

Y siguiendo el fiel del rumbo
se entraron en el desierto.
No sé si los habrán muerto
en alguna correría,
pero espero que algún día
sabré de ellos algo cierto.

Y ya con estas noticias
mi relación acabé;
por ser ciertas las conté,
todas las desgracias dichas:
es un telar de desdichas
cada gaucho que usté ve.

Pero ponga su esperanza
en el Dios que lo formó;
y aquí me despido yo,
que he relatao a mi modo
males que conocen todos
pero que naides contó.

La vuelta de Martín Fierro

VI

El tiempo sigue en su giro
y nosotros solitarios;
de los indios sanguinarios
no teníamos qué esperar;
el que nos salvó al llegar
era el más hospitalario.

Mostró noble corazón
cristiano anhelaba ser;
la justicia es un deber,
y sus méritos no callo;
nos regaló unos caballos
y a veces nos vino a ver.

A la voluntá de Dios
ni con la intención resisto;
él nos salvó... pero, ¡ah Cristo!
muchas veces he deseado
no nos hubiera salvado
ni jamás haberlo visto.

Quien recibe beneficios
jamás los debe olvidar;
y al que tiene que rodar
en su vida trabajosa,
le pasan a veces cosas
que son duras de pelar.

Voy dentrando poco a poco
en lo triste del pasaje;
cuando es amargo el brebaje
el corazón no se alegra;

dentró una virgüela[142] negra
que los diezmó a los salvajes.

Al sentir tal mortandá
los indios desesperaos,
gritaban alborotaos:
"Cristiano echando gualicho"[143]
no quedó en los toldos bicho
que no salió redotao.[144]

Sus remedios son secretos,
los tienen las adivinas;
no los conocen las chinas
sino alguna ya muy vieja,
y es la que los aconseja,
con mil embustes, la indina.[145]

Allí soporta el paciente
las terribles curaciones,
pues a golpes y estrujones
son los remedios aquellos;
lo agarran de los cabellos
y le arrancan los mechones.

Les hacen mil herejías
que el presenciarlas da horror;
brama el indio de dolor
por los tormentos que pasa,
y untándoló todo en grasa
lo ponen a hervir al sol.

Y puesto allí boca arriba,

---

[142]viruela.
[143]brujería.
[144]derrotado.
[145]indigna.

al rededor le hacen fuego;
una china viene luego
y al óido le da de gritos;
hay algunos tan malditos
que sanan con este juego.

      A otros les cuecen la boca
aunque de dolores cruja;
lo agarran allí y lo estrujan,
labios le queman y dientes
con un güevo bien caliente
de alguna gallina bruja.

      Conoce el indio el peligro
y pierde toda esperanza;
si a escapárseles alcanza
dispara como una liebre;
le da delirios la fiebre
y va le cain[146] con la lanza.

      Esas fiebres son terribles,
y aunque de esto no disputo
ni de saber me reputo,
será, decíamos nosotros,
de tanta carne de potro
como comen estos brutos.

      Había un gringuito cautivo
que siempre hablaba del barco
y lo augaron[147] en un charco
por causante de la peste;
tenía los ojos celestes
como potrillito zarco.

      Que le dieran esa muerte

---

[146]caen.
[147]ahogaron.

dispuso una china vieja;
y aunque se aflije y se queja,
es inútil que resista;
ponía el infeliz la vista
como la pone la oveja.

Nosotros nos alejamos
para no ver tanto estrago;
Cruz se sentía con amagos
de la peste que reinaba,
y la idea nos acosaba
de volver a nuestros pagos.

Pero contra el plan mejor
el destino se revela:
¡la sangre se me congela!
el que nos había salvado,
cayó también atacado
de la fiebre y la virgüela.

No podíamos dudar,
al verlo en tal padecer,
el fin que había de tener;
y Cruz, que era tan humano,
"vamos"—me dijo—paisano,
"a cumplir con un deber".

Fuimos a estar a su lado
para ayudarlo a curar;
lo vinieron a buscar
y hacerle como a los otros;
lo defendimos nosotros,
no lo dejamos lanciar.

Iba creciendo la plaga
y la mortandá seguía;
a su lado nos tenía

cuidándoló con pacencia,[148]
pero acabó su esistencia
al fin de unos pocos días.

     El recuerdo me atormenta,
se renueva mi pesar;
me dan ganas de llorar,
nada a mis penas igualo;
Cruz también cayó muy malo
ya para no levantar.

     Todos pueden figurarse
cuánto tuve que sufrir;
yo no hacía sino gemir,
y aumentaba mi aflición
no saber una oración
pa ayudarlo a bien morir.

     Se le pasmó la virgüela,
y el pobre estaba en un grito;
me recomendó un hijito
que en su pago había dejado.
"Ha quedado abandonado",
me dijo, "aquel pobrecito".

     "Si vuelve, búsquemeló",
me repetía a media voz,
"en el mundo éramos dos,
pues él ya no tiene madre:
que sepa el fin de su padre
y encomiende mi alma a Dios".

     Lo apretaba contra el pecho
dominao por el dolor;
era su pena mayor
el morir allá entre infieles;

---

[148]paciencia.

sufriendo dolores crueles
entregó su alma al Criador.[149]

De rodillas a su lado
yo lo encomendé a Jesús;
faltó a mis ojos la luz,
tube[150] un terrible desmayo;
cai como herido del rayo
cuando lo vi muerto a Cruz.

VII

Aquel bravo compañero
en mis brazos espiró;
hombre que tanto sirvió,
varón que fue tan prudente,
por humano y por valiente
en el desierto murió.

Y yo, con mis propias manos,
yo mesmo lo sepulté;
a Dios por su alma rogué,
de dolor el pecho lleno,
y humedeció aquel terreno
el llanto que redamé.[151]

Cumplí con mi obligación;
no hay falta de que me acuse,
ni deber de que me escuse,
aunque de dolor sucumba:
allá señala su tumba
una cruz que yo le puse.

---

[149]Creador.
[150]tuve.
[151]derramé.

Andaba de toldo en toldo
y todo me fastidiaba;
el pesar me dominaba,
y entregao al sentimiento,
se me hacía cada momento
oir a Cruz que me llamaba.

Cual más, cual menos, los criollos
saben lo que es amargura;
en mi triste desventura
no encontraba otro consuelo
que ir a tirarme en el suelo
al lao de su sepoltura.[152]

Allí pasaba las horas
sin haber naides conmigo,
teniendo a Dios por testigo,
y mis pensamientos fijos
en mi mujer y mis hijos
en mi pago y en mi amigo.

Privado de tantos bienes
y perdido en tierra ajena
parece que se encadena
el tiempo y que no pasara,
como si el sol se parara
a contemplar tanta pena.

Sin saber qué hacer de mí
y entregado a mi aflición,
estando allí una ocasión
del lado que venía el viento
oí unos tristes lamentos
que llamaron mi atención.

No son raros los quejidos

---

[152]sepultura.

en los toldos del salvaje,
pues aquel es vandalaje
donde no se arregla nada
sino a lanza y puñalada,
a bolazos y a coraje.

No precisa juramento,
deben crerle a Martín Fierro:
he viso en ese destierro
a un salvaje que se irrita,
degollar una chinita
y tirársela a los perros.

He presenciao martirios,
he visto muchas crueldades,
crímenes y atrocidades
que el cristiano no imagina;
pues ni el indio ni la china
sabe lo que son piedades.

Quise curiosiar los llantos
que llegaban hasta mí;
al punto me dirigí
al lugar de ande venían.
¡Me horroriza todavía
el cuadro que descubrí!

Era una infeliz mujer
que estaba de sangre llena,
y como una Madalena[153]
lloraba con toda gana;
conocí que era cristiana
y esto me dió mayor pena.

Cauteloso me acerqué

---

[153]Magdalena, la prostituta reformada allegada a Jesucristo; se alude aquí
a las lágrimas que ella derramó por sus penas.

a un indio que estaba al lao,
porque el pampa es desconfiao
siempre de todo cristiano,
y ve que tenía en la mano
el rebenque ensangrentao.

VIII

      Más tarde supe por ella,
de manera positiva,
que dentró una comitiva
de pampas[154] a su partido,
mataron a su marido
y la llevaron cautiva.

      En tan dura servidumbre
hacían dos años que estaba;
un hijito que llevaba
a su lado lo tenía;
la china la aborrecía
tratándolá como esclava.

      Deseaba para escaparse
hacer una tentativa,
pues a la infeliz cautiva
naides la va a redimir,
y allí tiene que sufrir
el tormento mientras viva.

      Aquella china perversa,
dende el punto que llegó,
crueldá y orgullo mostró
porque el indio era valiente;
usaba un collar de dientes
de cristianos que él mató.

[154:]indios pampas.

La mandaba trabajar,
poniendo cerca a su hijito
tiritando y dando gritos
por la mañana temprano,
atado de pies y manos
lo mesmo que un corderito.

Ansí le imponía tarea
de juntar leña y sembrar
viendo a su hijito llorar;
y hasta que no terminaba,
la china no la dejaba
que le diera de mamar.

Cuando no tenían trabajo
la emprestaban a otra china.
"Naides, decía, se imagina
ni es capaz de presumir
cuánto tiene que sufrir
la infeliz que está cautiva".

Si ven crecido a su hijito,
como de piedá no entienden,
y a súplicas nunca atienden,
cuando no es éste es el otro,
se lo quitan y lo venden
o la cambian por un potro.

En la crianza de los suyos
son bárbaros por demás;
no lo había visto jamás:
en una tabla los atan,
los crían ansí, y les achatan
la cabeza por detrás.

Aunque esto parezca estraño,
ninguno lo ponga en duda:
entre aquella gente ruda,
en su bárbara torpeza,

es gala que la cabeza
se les forme puntiaguda.

Aquella china malvada
que tanto la aborrecía,
empezó a decir un día,
porque falleció una hermana,
que sin duda la cristiana
le había echado brujería.

El indio la sacó al campo
y la empezó a amenazar;
que le había de confesar
si la brujería era cierta;
o que la iba a castigar
hasta que quedara muerta.

Llora la pobre afligida,
pero el indio, en su rigor,
le arrebató con furor
al hijo de entre sus brazos,
y del primer rebencazo
la hizo crujir de dolor.

Que aquel salvaje tan cruel
azotándolá seguía;
más y más se enfurecía
cuanto más la castigaba,
y la infeliz se atajaba,
los golpes como podía.

Que le gritó muy furioso:
"Confechando[155] no querés";
la dio vuelta de un revés,
y por colmar su amargura,
a su tierna criatura

---

[155] confesando.

se la degolló a los pies.

"Es increíble", me decía,
"que tanta fiereza esista;
no habrá madre que resista;
aquel salvaje inclemente
cometió tranquilamente
aquel crimen a mi vista".

Esos horrores tremendos
no los inventa el cristiano:
"ese bárbaro inhumano",
sollozando me lo dijo,
"ma amarró luego las manos
con las tripitas de mi hijo".

IX

De ella fueron los lamentos
que en mi soledá escuché;
en cuanto al punto llegué
quedé enterado de todo;
al mirarla de aquel modo
ni un istante tutubié.[156]

Toda cubierta de sangre
aquella infeliz cautiva,
tenía dende abajo arriba
la marca de los lazazos;
sus trapos hechos pedazos
mostraban la carne viva.

Alzó los ojos al cielo,
en sus lágrimas bañada;
tenía las manos atadas,

---

[156]tutubié.

su tormento estaba claro;
y me clavó una mirada
como pidiéndome amparo.

Yo no sé lo que pasó
en mi pecho en ese istante;[157]
estaba el indio arrogante
con una cara feroz:
para entendernos los dos
la mirada fue bastante.

Pegó un brinco como gato
y me ganó la distancia;
aprovechó esa ganacia
como fiera cazadora,
desató las boliadoras
y aguardó con vigilancia.

Aunque yo iba de curioso
y no por buscar contienda,
al pingo le até la rienda,
eché mano, dende luego,
a éste que no yerra fuego,[158]
y ya se armó la tremenda.

El peligro en que me hallaba
al momento conocí;
nos mantuvimos ansí,
me miraba y lo miraba;
yo al indio le desconfiaba
y él me desconfiaba a mí.

Se debe ser precavido
cuando el indio se agazape:

---

[157] instante.
[158] no se equivoca.

en esa postura el tape[159]
vale por cuatro o por cinco:
como el tigre es para el brinco
y fácil que a uno lo atrape.

    Peligro era atropellar
y era peligro el jüir,
y más peligro seguir
esperando de este modo,
pues otros podían venir
y carniarme allí entre todos.

    A juerza de precaución
muchas veces he salvado,
pues en un trance apurado
es moral cualquier descuido;
si Cruz hubiera vivido
no habría tenido cuidado.

    Un hombre junto con otro
en valor y en juerza[160] crece;
el temor desaparece,
escapa de cualquier trampa:
entre dos, no digo a un pampa,
a la tribu si se ofrece.

    En tamaña incertidumbre,
en trance tan apurado,
no podía, por decontado,[161]
escaparme de otra suerte,
sino dando al indio muerte
o quedando allí estirado.

    Y como el tiempo pasaba

---

[159]en esta época, indio; luego se aplicará al gaucho de origen indígena.
[160]fuerza.
[161]decontado.

y aquel asunto me urgía,
viendo que él no se movía,
me fui medio de soslayo
como a agarrarle el caballo
a ver si se me venía.

Ansí fue, no aguardó más,
y me atropelló el salvaje;
es preciso que se ataje
quien con el indio pelée;
el miedo de verse a pie
aumentaba su coraje.

        En la dentrada no más
me largó un par de bolazos:
uno me tocó en un brazo;
sí me da bien me lo quiebra,
pues las bolas son de piedra
y vienen como bolazo.

        A la primer puñalada
el pampa se hizo un ovillo:
era el salvaje más pillo
que he visto en mis correrías,
y, a más de las picardías,
arisco para el cuchillo.

        Las bolas las manejaba
aquel bruto con destreza,
las recogía con presteza
y me las volvía a largar,
haciéndomelas silbar
arriba de la cabeza.

        Aquel indio, como todos,
era cauteloso... aijuna![162]

---

[162]caramba.

ay me valió la fortuna
de que peliando se apotra:[163]
me amenazaba con una
y me largaba con otra.

Me sucedió una desgracia
en aquel percance amargo;
en momentos que lo cargo
y que él reculando va,
me enredé en el chiripá
y caí tirao largo a largo.

Ni pa encomendarme a Dios
tiempo el salvaje me dió;
cuanto en el suelo me vió
me saltó con ligereza:
juntito de la cabeza
el bolazo retumbó

Ni por respeto al cuchillo
dejó el indio de apretarme;
allí pretende ultimarme
sin dejarme levantar,
y no me daba lugar
ni siquiera a enderezarme.

De balde quiero moverme:
aquel indio no me suelta;
como persona resuelta,
toda mi juerza ejecuto,
pero abajo de aquel bruto
no podía ni darme güelta.
....
....

¡Bendito Dios poderoso!

---

[163]se hacía potro.

¿Quién te puede comprender
cuando a una débil mujer
le diste en esa ocasión
la juerza que en un varón
tal vez no pudiera haber.

Esa infeliz tan llorosa
viendo el peligro se anima;
como una flecha se arrima
y, olvidando su aflición,
le pegó al indio un tirón
que me lo sacó de encima.

Ausilio[164] tan generoso
me libertó del apuro;
si no es ella, de seguro
que el indio me sacrifica,
y mi valor se duplica
con un ejemplo tan puro.

En cuanto me enderecé
nos volvimos a topar;
no se podía descansar
y me chorriaba el sudor;
en un apuro mayor
jamás me he vuelto a encontrar.

Tampoco yo le daba alce[165]
como deben suponer;
se había aumentao mi quehacer
para impedir que el brutazo
le pegara algún bolazo,
de rabia a aquella mujer.

La bola en manos del indio

---

[164]auxilio.
[165]tregua.

es terrible y muy ligera;
hace de ella lo que quiera,
saltando como una cabra:
mudos, sin decir palabra,
peliábamos como fieras.

Aquel duelo en el desierto
nunca jamás se me olvida,
iba jugando la vida
con tan terrible enemigo,
teniendo allí de testigo
a una mujer afligida.

Cuanto él más se enfurecía,
yo más me empiezo a calmar;
mientras no logra matar
el indio no se desfoga;
al fin le corté una soga
y lo empecé aventajar.

Me hizo sonar las costillas
de un bolazo aquel maldito;
y el tiempo que le dí un grito
y le dentro como bala,
pisa el indio y se refala
en el cuerpo del chiquito.

Para esplicar el misterio
es muy escasa mi cencia:[166]
lo castigó, en mi concencia,
su Divina Majestá:
donde no hay casualidá
suele estar la Providencia.

En cuanto trastabilló,
más de firme lo cargué,

---

[166]ciencia.

y aunque de nuevo hizo pié
lo perdió aquella pisada,
pues en esa atropellada
en dos partes lo corté.

Al sentirse lastimao
se puso medio afligido;
pero era indio decidido,
su valor no se quebranta;
le salían de la garganta
como una especie de aullidos.

Lastimao en la cabeza,
la sangre lo enceguecía;
de otra herida le salía
haciendo un charco ande estaba;
con los pies la chapaliaba
sin aflojar todavía.

Tres figuras imponentes
formábamos aquel terno:
ella en su dolor materno,
yo con la lengua dejuera[167]
y el salvaje, como fiera
disparada del infierno.

Iba conociendo el indio
que tocaban a degüello;
se le erizaba el cabello
y los ojos revolvía;
los labios se le perdían
cuando iba a tomar resuello.

En una nueva dentrada
le pegué un golpe sentido,
y al verse ya mal herido,

[167]afuera.

aquel indio furibundo
lanzó un terrible alarido
que retumbó como un ruido
si se sacudiera el mundo.

Al fin de tanto lidiar,
en el cuchillo lo alce,
en peso lo levanté
aquel hijo del desierto,
ensartado lo llevé,
y allá recién lo largué
cuando ya lo sentí muerto.

....

....

Me persiné[168] dando gracias
de haber salvado la vida;
aquella pobre afliligida
de rodillas en el suelo,
alzó sus ojos al cielo
sollozando dolorida.

Me hinqué también a su lado
a dar gracias a mi santo:
en su dolor y quebranto
ella, a la madre de Dios,
le pide, en su triste llanto,
que nos ampare a los dos.

Se alzó con pausa de leona
cuando acabó de implorar,
y sin dejar de llorar
envolvió en unos trapitos
los pedazos de su hijito
que yo le ayudé a juntar.

---

[168]persigné.

XXXIII

Después a los cuatro vientos
los cuatro se dirijieron;[169]
una promesa se hicieron
que todos debían cumplir;
mas no la puedo decir,
pues secreto prometieron.

Les alvierto[170] solamente,
y esto a ninguno le asombre,
pues muchas veces el hombre
tiene que hacer de ese modo:
convinieron entre todos
en mudar allí de nombre.

Sin ninguna intención mala
lo hicieron, no tengo duda;
pero es la verdá desnuda,
siempre suele suceder:
aquel que su nombre muda
tiene culpas que esconder.

Y ya dejo el estrumento
con que he divertido a ustedes;
todos conocerlo pueden
que tuve costancia[171] suma:
éste es un botón de pluma
que no hay quien lo desenriede.

Con mi deber he cumplido
y ya he salido del paso;
pero diré, por si acaso,
pa que me entiendan los criollos:

---

[169]Martín Fierro, sus dos hijos y el hijo de Cruz.
[170]advierto.
[171]constancia.

todavía me quedan rollos
por si se ofrece dar lazo.

    Y con esto me despido
sin espresar hasta cuándo;
siempre corta por lo blando
el que busca lo seguro;
mas yo corto por lo duro,
y ansí he de seguir cortando.

    Vive el águila en su nido,
el tigre vive en la selva,
el zorro en la cueva ajena,
y, en su destino incostante,[172]
sólo el gaucho vive errante
donde la suerte lo lleva.

    Es el pobre en su orfandá
de la fortuna el desecho,
porque naides toma a pecho
el defender a su raza;
debe el gaucho tener casa,
escuela, iglesia y derechos.

    Y han de concluir algún día
estos enriedos malditos;
la obra no la facilito
porque aumentan el fandango
los que están, como el chimango,[173]
sobre el cuero y dando gritos.

    Mas Dios ha de permitir
que esto llegue a mejorar,
pero se ha de recordar
para hacer bien el trabajo,

---

[172]inconstante.

[173]ave rapaz.

que el fuego, pa calentar,
debe ir siempre por abajo.

En su ley está el de arriba
si hace lo que le aproveche;
de sus favores sospeche
hasta el mesmo que lo nombra:
siempre es dañosa la sombra
del árbol que tiene leche.[174]

Al pobre al menor descuido
lo levantan de un sogazo;
pero ya compriendo el caso
y esta consecuencia saco:
el gaucho es el cuero flaco,
da los tientos para el lazo.

Y en lo que esplica mi lengua
todos deben tener fé;
ansí, pues, entiéndanmé,
con codicias no me mancho:
no se ha de llover el rancho
en donde este libro esté.

Permítanmé descansar,
¡pues he trabajado tanto!
en este punto me planto
y a continuar me resisto;
estos son, treinta y tres cantos,
que es la mesma edá de Cristo.

Y guarden estas palabras
que les digo al terminar:
en mi obra he de continuar
hasta dárselas concluida,
si el ingenio o si la vida

---

[174]savia.

no me llegan a faltar.

Y si la vida me falta,
ténganló todos por cierto,
que el gaucho, hasta en el desierto,
sentirá en tal ocasión
tristeza en el corazón
al saber que yo estoy muerto.

Pues son mis dichas desdichas,
las de todos mis hermanos;
ellos guardarán ufanos
en su corazón mi historia;
me tendrán en su memoria
para siempre mis paisanos.

Es la memoria un gran don,
calidá muy meritoria;
y aquellos que en esta historia
sospechen que les doy palo,
sepan que olvidar lo malo
también es tener memoria.

Mas naide se crea ofendido,
pues a ninguno incomodo;
y si canto de este modo
por encontrarlo oportuno,
NO ES PARA MAL DE NINGUNO
SINO PARA BIEN DE TODOS.

Martín Fierro. Edición crítica de Carlos Alberto Leguizamón. Buenos Aires: Angel Estrada, 1951.

JOSE MARTI (Cuba; 1853-95)

"Nuestra América"

Cree el aldeano vanidoso que el mundo entero es su aldea, y con tal que él quede de alcalde, o le mortifique al rival que le quitó la novia, o le crezcan en la alcancía los ahorros, ya da por bueno el orden universal, sin saber de los gigantes que llevan siete leguas en las botas y le pueden poner la bota encima, ni de la pelea de los cometas en el Cielo, que van por el aire dormidos engullendo mundos. Lo que quede de aldea en América ha de despertar. Estos tiempos no son para acostarse con el pañuelo a la cabeza, sino con las armas de almohada, como los varones de Juan de Castellanos:[1] las armas del juicio, que vencen a las otras. Trincheras de ideas valen más que trincheras de piedra.

No hay proa que taje una nube de ideas. Una idea enérgica, flameada a tiempo ante el mundo, para, como la bandera mística del juicio final, a un escuadrón de acorazados. Los pueblos que no se conocen han de darse prisa para conocerse, como quienes van a pelear juntos. Los que se enseñan los puños, como hermanos celosos, que quieren los dos la misma tierra, o el de casa chica, que le tiene envidia al de casa mejor, han de encajar, de modo que sean una, las dos manos. Los que, al amparo de una tradición criminal, cercenaron, con el sable tinto en la sangre de sus mismas venas, la tierra del hermano vencido, del hermano castigado más allá de sus culpas, si no quieren que les llame el pueblo ladrones, devuélvanle sus tierras al hermano. Las deudas del honor no las cobra el honrado en dinero, a tanto por la bofetada. Ya no podemos ser el pueblo de hojas, que vive en el aire, con la copa cargada de flor, restallando o zumbando, según la acaricie el capricho de la luz, o la tundan y talen las tempestades; ¡los árboles se han de poner en fila, para que no pase el gigante de las siete leguas! Es la hora del recuento, y de la marcha unida, y hemos de andar en cuadro apretado, como la plata en las raíces de los Andes.

---

[1](1522-1606), historiador y poeta español.

A los sietemesinos sólo les faltará el valor. Los que no tienen fe en su tierra son hombres de siete meses. Porque les falta el valor a ellos, se lo niegan a los demás. No les alcanza al árbol difícil el brazo canijo, el brazo de uñas pintadas y pulsera, el brazo de Madrid o de París, y dicen que no se puede alcanzar el árbol. Hay que cargar los barcos de esos insectos dañinos, que le roen el hueso a la patria que los nutre. Si son parisienses o madrileños, vayan al Prado,[2] de faroles,[3] o vayan a Tortoni,[4] de sorbetes. ¡Estos hijos de carpinteros, que se avergüenzan de que su padre sea carpintero! ¡Estos nacidos en América, que se avergüenzan, porque llevan delantal indio, de la madre que los crió, y reniegan, ¡bribones!, de la madre enferma, y la dejan sola en el lecho de las enfermedades! Pues, ¿quién es el hombre? ¿el que se queda con la madre, a curarle la enfermedad, o el que la pone a trabajar donde no la vean, y vive de su sustento en las tierras podridas, con el gusano de corbata, maldiciendo del seno que lo cargó, paseando el letrero de traidor en la espalda de la casaca de papel? ¡Estos hijos de nuestra América, que ha de salvarse con sus indios, y va de menos a más; estos desertores que piden fusil en los ejércitos de la América del Norte, que ahoga en sangre a sus indios, y va de más a menos! ¡Estos delicados, que son hombres y no quieren hacer el trabajo de hombres! Pues el Washington que les hizo esta tierra ¿se fue a vivir con los ingleses, a vivir con los ingleses en los años en que los veía venir contra su tierra propia? ¡Estos "increíbles" del honor, que lo arrastran por el suelo extranjero, como los increíbles de la Revolución francesa, danzando y relamiéndose, arrastraban las erres!

Ni ¿en qué patria puede tener un hombre más orgullo que en nuestras repúblicas dolorosas de América, levantadas entre las masas mudas de indios, al ruido de pelea del libro con el cirial, sobre los brazos sangrientos de un centenar de apóstoles? De factores tan descompuestos, jamás, en menos tiempo histórico, se han creado naciones tan adelantadas y compactas. Cree el soberbio que la tierra fue hecha para servirle de pedestal, porque tiene la pluma fácil o la palabra de colores, y acusa de incapaz e irremediable a su república nativa, porque no le dan sus selvas nuevas modo continuo de ir por el mundo de gamonal famoso, guiando jacas de Persia y derramando champaña. La incapacidad no está en el país naciente, que pide formas que se le

---

[2]museo de arte en Madrid.

[3]ir de faroles = ser pretencioso.

[4]café de Buenos Aires.

acomoden y grandeza útil, sino en los que quieren regir pueblos originales, de composición singular y violenta, con leyes heredadas de cuatro siglos de práctica libre en los Estados Unidos, de diecinueve siglos de monarquía en Francia. Con un decreto de Hamilton no se le para la pechada al otro del llanero. Con una frase de Sieyés[5] no se desestanca la sangre cuajada de la raza india. A lo que es, allí donde se gobierna, hay que atender para gobernar bien; y el buen gobernante en América no es el que sabe cómo se gobierna el alemán o el francés, sino el que sabe con qué elementos está hecho su país, y cómo puede ir guiándolos en junto, para llegar, por métodos e instituciones nacidas del país mismo, a aquel estado apetecible donde cada hombre se conoce y ejerce, y disfrutan todos de la abundancia que la Naturaleza puso para todos en el pueblo que fecundan con su trabajo y defienden con sus vidas. El gobierno ha de nacer del país. El espíritu del gobierno ha de ser el del país. La forma del gobierno ha de avenirse a la constitución propia del país. El gobierno no es más que el equilibrio de los elementos naturales del país.

Por eso el libro importado ha sido vencido en América por el hombre natural. Los hombres naturales han vencido a los letrados artificiales. El mestizo autóctono ha vencido al criollo exótico. No hay batalla entre la civilización y la barbarie, sino entre la falsa erudición y la naturaleza. El hombre natural es bueno, y acata y premia la inteligencia superior, mientras ésta no se vale de su sumisión para dañarle, o le ofende prescindiendo de él, que es cosa que no perdona el hombre natural, dispuesto a recobrar por la fuerza el respeto de quien le hiere la susceptibilidad o le perjudica el interés. Por esta conformidad con los elementos naturales desdeñados han subido los tiranos de América al poder; y han caído en cuanto les hicieron traición. Las repúblicas han purgado en las tiranías su incapacidad para conocer los elementos verdaderos del país, derivar de ellos la forma de gobierno y gobernar con ellos. Gobernante, en un pueblo nuevo, quiere decir creador.

En pueblos compuestos de elementos cultos e incultos, los incultos gobernarán, por su hábito de agredir y resolver las dudas con su mano, allí donde los cultos no aprendan el arte del gobierno. La masa inculta es perezosa, y tímida en las cosas de la inteligencia, y quiere que la gobiernen bien; pero si el gobierno le lastima, se lo sacude y gobierna ella. ¿Cómo han de salir de las universidades los gobernantes, si no hay universidad en América donde se enseñe lo rudimentario del arte del gobierno, que es el análisis de los elemen-

---

[5]Emmanuel Joseph, conde de Sieyés (1748-1836), sacerdote, político y escritor francés.

tos peculiares de los pueblos de América? A adivinar salen los jóvenes al mundo, con antiparras yanquis o francesas, y aspiran a dirigir un pueblo que no conocen. En la carrera de la política habría de negarse la entrada a los que desconocen los rudimentos de la política. El premio de los certámenes no ha de ser para la mejor oda, sino para el mejor estudio de los factores del país en que se vive. En el periódico, en la cátedra, en la academia, debe llevarse adelante el estudio de los factores reales del país. Conocerlos basta, sin vendas ni ambages; porque el que pone de lado, por voluntad u olvido, una parte de la verdad, cae a la larga por la verdad que le faltó, que crece en la negligencia, y derriba lo que se levanta sin ella. Resolver el problema después de conocer sus elementos, es más fácil que resolver el problema sin conocerlos. Viene el hombre natural, indignado y fuerte, y derriba la justicia acumulada de los libros, porque no se la administra en acuerdo con las necesidades patentes del país. Conocer es resolver. Conocer el país, y gobernarlo conforme al conocimiento, es el único modo de librarlo de tiranías. La universidad europea ha de ceder a la universidad americana. La historia de América, de los incas acá, ha de enseñarse al dedillo, aunque no se enseñe la de los arcontes[6] de Grecia. Nuestra Grecia es preferible a la Grecia que no es nuestra. Nos es más necesaria. Los políticos nacionales han de reemplazar a los políticos exóticos. Injértese en nuestras repúblicas el mundo; pero el tronco ha de ser el de nuestras repúblicas. Y calle el pedante vencido; que no hay patria en que pueda tener el hombre más orgullo que en nuestras dolorosas repúblicas americanas.

Con los pies en el rosario, la cabeza blanca y el cuerpo pinto de indio y criollo, vinimos, denodados, al mundo de las naciones. Con el estandarte de la Virgen salimos a la conquista de la libertad. Un cura, unos cuantos tenientes y una mujer alzan en México la república, en hombros de los indios. Un canónigo español, a la sombra de su capa, instruye en la libertad francesa a unos cuantos bachilleres magníficos, que ponen de jefe de Centro América contra España al general de España. Con los hábitos monárquicos, y el Sol por pecho, se echaron a levantar pueblos los venezolanos por el Norte y los argentinos por el Sur. Cuando los dos héroes chocaron, y el continente iba a temblar, uno, que no fue el menos grande, volvió riendas. Y como el heroísmo en la paz es más escaso, porque es menos glorioso que el de la guerra; como al hombre le es más fácil morir con honra que pensar con orden; como gobernar con los sentimientos exaltados y unánimes es más hacedero que dirigir,

---

[6]magistrados.

después de la pelea, los pensamientos diversos, arrogantes, exóticos o ambiciosos; como los poderes arrollados en la arrementida épica zapaban, con la
cautela felina de la especie y el peso de lo real, el edificio que había izado, en
las comarcas burdas y singulares de nuestra América mestiza, en los pueblos
de pierna desnuda y casaca de París, la bandera de los pueblos nutridos de
savia gobernante en la práctica continua de la razón y de la libertad; como la
constitución jerárquica de las colonias resistía la organización democrática de
la República, o las capitales de corbatín dejaban en el zaguán al campo de bota
de potro, o los redentores bibliógenos[7] no entendieron que la revolución que
triunfó con el alma de la tierra, desatada a la voz del salvador, con el alma de
la tierra había de gobernar, y no contra ella ni sin ella, entró a padecer América, y padece, de la fatiga de acomodación entre los elementos discordantes y
hostiles que heredó de un colonizador despótico y avieso, y las ideas y formas
importadas que han venido retardando, por su falta de realidad local, el gobierno lógico. El continente descoyuntado durante tres siglos por un mando que
negaba el derecho del hombre al ejercicio de su razón, entró desatendiendo
o desoyendo a los ignorantes que lo habían ayudado a redimirse, en un gobierno que tenía por base la razón; la razón de todos en las cosas de todos, y no
la razón universitaria de unos sobre la razón campestre de otros. El problema
de la independencia no era el cambio de formas, sino el cambio de espíritu.

   Con los oprimidos había que hacer causa común, para afianzar el
sistema opuesto a los intereses y hábitos de mando de los opresores. El tigre,
espantado del fogonazo, vuelve de noche al lugar de la presa. Muere echando
llamas por los ojos y con las zarpas al aire. No se le oye venir, sino que viene
con zarpas de terciopelo. Cuando la presa despierta, tiene al tigre encima. La
colonia continuó viviendo en la república; y nuestra América se está salvando
de sus grandes yerros—de la soberbia de las ciudades capitales, del triunfo
ciego de los campesinos desdeñados, de la importación excesiva de las ideas
y fórmulas ajenas, del desdén inicuo e impolítico de la raza aborigen—, por
la virtud contra la colonia. El tigre espera, detrás de cada árbol, acurrucado
en cada esquina. Morirá, con las zarpas al aire, echando llamas por los ojos.

   Pero, "estos países se salvarán", como anunció Rivadavia[8] el argentino, el que pecó de finura en tiempos crudos; al machete no le va vaina de
seda, ni en el país que se ganó con lanzón se puede echar el lanzón atrás,

---

[7]neologismo de Martí = originado o engendrado en los libros.

[8]Bernardino Rivadavia (1780-1845), presidente argentino.

porque se enoja y se pone en la puerta del Congreso de Iturbide[9] "a que le hagan emperador al rubio". Estos países se salvarán porque, con el genio de la moderación que parece imperar, por la armonía serena de la Naturaleza, en el continente de la luz, y por el influjo de la lectura crítica que ha sucedido en Europa a la lectura de tanteo y falansterio en que se empapó la generación anterior, le está naciendo a América, en estos tiempos reales, el hombre real.

Eramos una visión, con el pecho de atleta, las manos de petimetre y la frente de niño. Eramos una máscara, con los calzones de Inglaterra, el chaleco parisiense, el chaquetón de Norteamérica y la montera de España. El indio, mudo, nos daba vueltas alrededor, y se iba al monte, a la cumbre del monte, a bautizar sus hijos. El negro, oteado, cantaba en la noche la música de su corazón, solo y desconocido, entre las olas y las fieras. El campesino, el creador, se revolvía, ciego de indignación, contra la ciudad desdeñosa, contra su criatura. Eramos charreteras y togas, en países que venían al mundo con la alpargata en los pies y la vincha en la cabeza. El genio hubiera estado en hermanar, con la caridad del corazón y con el atrevimiento de los fundadores, la vincha y la toga; en desestancar al indio; en ir haciendo lado al negro suficiente; en ajustar la libertad al cuerpo de los que se alzaron y vencieron por ella. Nos quedó el oidor, y el general, y el letrado, y el prebendado. La juventud angélica, como de los brazos de un pulpo, echaba al Cielo, para caer con gloria estéril, la cabeza, coronada de nubes. El pueblo natural, con el empuje del instinto, arrollaba, ciego del triunfo, los bastones de oro. Ni el libro europeo, ni el libro yanqui, daban la clave del enigma hispanoamericano. Se probó el odio, y los países venían cada año a menos. Cansados del odio inútil, de la resistencia del libro contra la lanza, de la razón contra el cirial, de la ciudad contra el campo, del imperio imposible de las castas urbanas divididas sobre la nación natural, tempestuosa o inerte, se empieza, como sin saberlo, a probar el amor. Se ponen en pie los pueblos, y se saludan. "¿Cómo somos?" se preguntan; y unos y otros se van diciendo cómo son. Cuando aparece en Cojímar[10] un problema, no van a buscar la solución a Dantzig.[11] Las levitas son todavía de Francia, pero el pensamiento empieza a ser de América. Los jóvenes de América se ponen la camisa al codo, hunden las manos en la masa, y la levantan con la levadura de su sudor. Entienden que se imita demasiado, y que la salvación está en crear. Crear es la palabra de pase de esta genera-

---

[9]Agustín Iturbide (1783-1824), libertador y emperador de México.

[10]localidad de Cuba.

[11]Gdansk (Polonia).

ción. El vino, de plátano; y si sale agrio, ¡es nuestro vino! Se entiende que las
formas de gobierno de un país han de acomodarse a sus elementos naturales;
que las ideas absolutas, para no caer por un yerro de forma, han de ponerse
en formas relativas; que la libertad, para ser viable, tiene que ser sincera y
plena; que si la república no abre los brazos a todos y adelanta con todos,
muere la república. El tigre de adentro se entra por la hendija, y el tigre de
afuera. El general sujeta en la marcha la caballería al paso de los infantes. O
si deja a la zaga a los infantes, le envuelve el enemigo la caballería. Estrategia
es política. Los pueblos han de vivir criticándose, porque la crítica es la salud;
pero con un solo pecho y una sola mente. ¡Bajarse hasta los infelices y alzarlos
en los brazos! ¡Echar, bullendo y rebotando, por las venas, la sangre natural
del país! En pie, con los ojos alegres de los trabajadores, se saludan, de un
pueblo a otro, los hombres nuevos americanos. Surgen los estadistas naturales
del estudio directo de la Naturaleza. Leen para aplicar, pero no para copiar.
Los economistas estudian la dificultad en sus orígenes. Los oradores empiezan
a ser sobrios. Los dramaturgos traen los caracteres nativos a la escena. Las
academias discuten temas viables. La poesía se corta la melena zorrillesca y
cuelga del árbol glorioso el chaleco colorado. La prosa, centelleante y cernida,
va cargada de ideas. Los gobernadores, en la repúblicas de indios, aprenden
indio.

    De todos sus peligros se va salvando América. Sobre algunas repúbli-
cas está durmiendo el pulpo. Otras, por la ley del equilibrio, se echan a pie
a la mar, a recobrar, con prisa loca y sublime, los siglos perdidos. Otras,
olvidando que Juárez paseaba en un coche de mulas, ponen coche de viento
y de cochero a una pompa de jabón; el lujo venenoso, enemigo de la libertad,
pudre al hombre liviano y abre la puerta al extranjero. Otras acendran, con
el espíritu épico de la independencia amenazada, el carácter viril. Otras crían,
en la guerra rapaz contra el vecino, la soldadesca que puede devorarlas. Pero
otro peligro corre, acaso, nuestra América, que no le viene de sí, sino de la
diferencia de orígenes, métodos e intereses entre los dos factores continentales,
y es la hora próxima en que se le acerque, demandando relaciones íntimas, un
pueblo emprendedor y pujante que la desconoce y la desdeña. Y como los pueblos viriles, que se han hecho de sí propios, con la escopeta y la ley, aman, y
sólo aman, a los pueblos viriles; como la hora del desenfreno y la ambición,
de que acaso se libre, por el predominio de lo más puro de su sangre, la América del Norte, o en que pudieran lanzarla sus masas vengativas y sórdidas, la
tradición de conquista y el interés de un caudillo hábil, no está tan cercana aún
a los ojos del más espantadizo, que no dé tiempo a la prueba de altivez, conti-

nua y discreta, con que se la pudiera encarar y desviarla; como su decoro de república pone a la América del Norte, ante los pueblos atentos del Universo, un freno que no le ha de quitar la provocación pueril o la arrogancia ostentosa, o la discordia parricida de nuestra América, el deber urgente de nuestra América es enseñarse como es, una en alma e intento, vencedora veloz de un pasado sofocante, manchada sólo con la sangre de abono que arranca a las manos la pelea con las ruinas, y la de las venas que nos dejaron picadas nuestros dueños. El desdén del vecino formidable, que no la conoce, es el peligro mayor de nuestra América; y urge, porque el día de la visita está próximo, que el vecino la conozca, la conozca pronto, para que no la desdeñe. Por ignorancia llegaría, tal vez, a poner en ella la codicia. Por el respeto, luego que la conociese, sacaría de ella las manos. Se ha de tener fe en lo mejor del hombre y desconfiar de lo peor de él. Hay que dar ocasión a lo mejor para que se revele y prevalezca sobre lo peor. Si no, lo peor prevalece. Los pueblos han de tener una picota para quien les azuza a odios inútiles; y otra para quien no les dice a tiempo la verdad.

No hay odio de razas, porque no hay razas. Los pensadores canijos, los pensadores de lámparas, enhebran y recalientan las razas de librería, que el viajero justo y el observador cordial buscan en vano en la justicia de la Naturaleza, donde resalta en el amor victorioso y el apetito turbulento, la identidad universal del hombre. El alma emana, igual y eterna, de los cuerpos diversos en forma y en color. Peca contra la Humanidad el que fomente y propague la oposición y el odio de las razas. Pero en el amasijo de los pueblos se condensan, en la cercanía de otros pueblos diversos, caracteres peculiares y activos, de ideas y de hábitos, de ensanche y adquisición, de vanidad y de avaricia, que del estado latente de preocupaciones nacionales pudieran, en un período de desorden interno o de precipitación del carácter acumulado del país, trocarse en amenaza grave para las tierras vecinas, aisladas y débiles, que el país fuerte declara perecederas e inferiores. Pensar es servir. Ni ha de suponerse, por antipatía de aldea, una maldad ingénita y fatal al pueblo rubio del continente, porque no habla nuestro idioma, ni ve la casa como nosotros la vemos, ni se nos parece en sus lacras políticas, que son diferentes de las nuestras; ni tiene en mucho a los hombres biliosos y trigueños, ni mira caritativo, desde su eminencia aún mal segura, a los que, con menos favor de la Historia, suben a tramos heroicos la vía de las repúblicas; ni se han de esconder los datos patentes del problema que puede resolverse, para la paz de los siglos, con el estudio oportuno y la unión tácita y urgente del alma continental. ¡Porque ya suena el himno unánime; la generación actual lleva a cuestas, por el camino abonado por los padres sublimes, la América trabajadora; del Bravo[12] a Magallanes, sentado en el lomo del cóndor, regó el Gran Semí,[13] por las naciones románticas del continente y por las islas dolorosas del mar, la semilla de la América nueva!

"Simón Bolívar"[14]

Discurso pronunciado en la velada de la Sociedad Literaria Hispanoamericana en honor de Simón Bolívar el 28 de octubre de 1893

Señoras, señores:

Con la frente contrita de los americanos que no han podido entrar aún en América; con el sereno conocimiento del puesto y valer reales del gran caraqueño en la obra espontánea y múltiple de la emancipación americana; con el asombro y reverencia de quien ve aún ante sí, demandándole la cuota, a aquel que fue como el samán[15] de sus llanuras, en la pompa y generosidad, y como los ríos que caen atormentados, de las cumbres, y como los peñascos que vienen ardiendo, con luz y fragor, de las entrañas de la tierra, traigo el homenaje infeliz de mis palabras, menos profundo y elocuente que el de mi silencio, al que desclavó del Cuzco el gonfalón[16] de Pizarro.[17] Por sobre tachas y cargos, por sobre la pasión del elogio y la del denuesto, por sobre las flaquezas mismas, ápice negro en el plumón del cóndor, de aquel príncipe de la libertad, surge radioso el hombre verdadero. Quema, y arroba. Pensar en él, asomarse a su vida, leerle una arenga, verlo deshecho y jadeante en una carta de amores, es como sentirse orlado de oro el pensamiento. Su ardor fue

---

[12]Río Bravo, conocido en Estados Unidos como el Río Grande.

[13]en la cultura precolombina de Cuba, una divinidad inferior, mediadora con los superiores.

[14](1783-1830), héroe de la independencia latinoamericana; nació en Caracas.

[15]un tipo de árbol.

[16]bandera o estandarte.

[17]Francisco Pizarro (1474-1541), conquistador del Perú.

el de nuestra redención, su lenguaje fue el de nuestra naturaleza, su cúspide fue la de nuestro continente: su caída, para el corazón. Dícese Bolívar, y ya se ve delante el monte a que, más que la nieve, sirve el encapotado jinete de corona, ya el pantano en que se revuelven, con tres repúblicas en el morral, los libertadores que van a rematar la redención de un mundo. ¡Oh no! En calma no se puede hablar de aquel que no vivió jamás en ella: ¡de Bolívar se puede hablar con una montaña por tribuna, o entre relámpagos y rayos, o con un manojo de pueblos libres en el puño, y la tiranía descabezada a los pies...! Ni a la justa admiración ha de tenerse miedo, porque esté de moda continua en cierta especie de hombres el desamor de lo extraordinario; ni el deseo bajo del aplauso ha de ahogar con la palabra hinchada los decretos del juicio; ni hay palabra que diga el misterio y fulgor de aquella frente cuando en el desastre de Casacoima,[18] en la fiebre de su cuerpo y la soledad de sus ejércitos huidos, vio claros, allá en la cresta de los Andes, los caminos por donde derramaría la libertad sobre las cuencas del Perú y Bolivia. Pero cuanto dijéramos, y aun lo excesivo, estaría bien en nuestros labios esta noche, porque cuantos nos reunimos hoy aquí, somos los hijos de su espada.

Ni la presencia de nuestras mujeres puede, por temor de parecerles enojoso, sofocar en los labios el tributo; porque ante las mujeres americanas se puede hablar sin miedo de la libertad. Mujer fue aquella hija de Juan de Mena,[19] la brava paraguaya, que al saber que a su paisano Antequera[20] lo ahorcaban por criollo, se quitó el luto del marido que vestía, y se puso de gala, porque "es día de celebrar aquel en que un hombre bueno muere gloriosamente por su patria"—mujer fue la colombiana, de saya y cotón, que antes que los comuneros, arrancó en el Socorro[21] el edicto de impuestos insolentes que sacó a pelear a veinte mil hombres—; —mujeres la de Arismendi,[22] pura cual la mejor perla de la Margarita, que a quien la pasea presa por el terrado de donde la puede ver el esposo sitiador, dice, mientras el esposo riega de metralla la puerta del fuerte: "jamás lograréis de mí que le aconseje faltar a

---

[18]también Casa Coima, una de las batallas libradas en 1817 por Simón Bolívar.

[19](1491-56), poeta español; el sentido aquí es que "la brava paraguaya" es digna de haber sido incluida en los escritos de Mena sobre personas ilustres.

[20]José de Antequera y Castro, sublevado paraguayo muerto en 1731.

[21]municipio de Colombia.

[22]Luisa Cáceres de Arismendi, patriota venezolana de la revolución.

sus deberes"—; —mujer aquella soberana Pola,[23] que armó a su novio para que se fuese a pelea, y cayó en el patíbulo junto a él—; —mujer Mercedes Abrego,[24] de trenzas hermosas, a quien cortaron la cabeza porque bordó, de su oro más fino, el uniforme del Libertador[25]—; —mujeres, las que el paidoso Bolívar llevaba a la grupa, compañeras indómitas de sus soldados, cuando a pechos juntos vadeaban los hombres el agua enfurecida por donde iba la redención a Boyacá,[26] y de los montes andinos, siglo de la naturaleza, bajaban torvos y despedazados los torrentes.

Hombre fue aquél en realidad extraordinaria. Vivió como entre llamas, y lo era. Ama, y lo que dice es como florón de fuego. Amigo, se le muere el hombre honrado a quien quería, y manda que todo cese a su alrededor. Enclenque, en lo que anda el posta más ligero barre con un ejército naciente todo lo que hay de Tenerife a Cúcuta.[27] Pelea, y en lo más afligido del combate, cuando se le vuelven suplicantes todos los ojos, manda que le desensillen el caballo. Escribe, y es como cuando en lo alto de una cordillera se coge y cierra de súbito la tormenta, y es bruma y lobreguez el valle todo; y a tajos abre la luz celeste la cerrazón, y cuelgan de un lado y otro las nubes por los picos mientras en lo hondo luce el valle fresco con el primor de todos sus colores. Comos los montes era él ancho en la base, con las raíces en las del mundo, y por la cumbre enhiesto y afilado, como para penetrar mejor en el cielo rebelde. Se le ve golpeando, con el sable de puño de oro, en las puertas de la gloria. Cree en el cielo, en los dioses, en los inmortales, en el dios de Colombia, en el genio de América, y en su destino. Su gloria lo circunda, inflama y arrebata. Vencer ¿no es el sello de la divinidad?, ¿vencer a los hombres, a los ríos hinchados, a los volcanes, a los siglos, a la naturaleza? Siglos ¿cómo los desharía, si no pudiera hacerlos?, ¿no desata razas, no desencanta el continente, no evoca pueblos, no ha recorrido con las banderas de la redención más mundo que ningún conquistador con las de la tiranía, no habla desde el Chimborazo[28] con la eternidad y tiene a sus plantas en el Potosí,[29] bajo el pabe-

---

[23]Pola Salavarrieta, también conocida por el nombre de Policarpa.

[24]Mercedes Abrego de Reyes.

[25]epíteto de Bolívar.

[26]departamento y municipio en Colombia.

[27]ciudad de Colombia.

[28]uno de los picos más altos de los Andes del Ecuador.

[29]ciudad y departamento de Bolivia.

llón de Colombia picado de cóndores, una de las obras más bárbaras y tenaces de la historia humana?, ¿no le acatan las ciudades, y los poderes de esta vida, y los émulos enamorados o sumisos, y los genios del orbe nuevo, y las hermosuras? Como el sol llega a creerse, por lo que deshiela y fecunda, y por lo que ilumina y abrasa. Hay senado en el cielo, y él será, sin duda, de él. Ya ve el mundo allá arriba, áureo de sol cuajado, y los asientos, de la roca de la creación, y el piso de las nubes, y el techo de centellas que le recuerden, en el cruzarse y chispear, los reflejos del mediodía de Apure[30] en los rejones de sus lanzas: y descienden de aquella altura, como dispensación paterna, la dicha y el orden sobre los humanos. —¡Y no es así el mundo, sino suma de la divinidad que asciende ensangrentada y dolorosa del sacrificio y prueba de los hombres todos! Y muere él en Santa Marta del trastorno y horror de ver hecho pedazos aquel astro suyo creyó inmortal, en su error de confundir la gloria de ser útil, que sin cesar le crece, y es divina de veras, y corona que nadie arranca de las sienes, con el mero accidente del poder humano, merced y encargo casi siempre impuro de los que sin mérito u osadía lo anhelan para sí, o estéril triunfo de un bando sobre otro, o fiel inseguro de los intereses y pasiones, que sólo recae en el genio o la virtud en los instantes de suma angustia o pasajero pudor en que los pueblos, enternecidos por el peligro, aclaman la idea o desinterés por donde vislumbran su rescate. ¡Pero así está Bolívar en el cielo de América, vigilante y ceñudo, sentado aún en la roca de crear, con el inca al lado y el haz de banderas a los pies; así está él, calzadas aún las botas de campaña, porque lo que él no dejó hecho, sin hacer está hasta hoy: porque Bolívar tiene que hacer en América todavía!

América hervía, a principios del siglo, él fue como su horno. Aún cabecea y fermenta, como los gusanos bajo la costra de las viejas raíces, la América de entonces, larva enorme y confusa. Bajo las sotanas de los canónigos y en la mente de los viajeros próceres venía de Francia y de Norteamérica el libro revolucionario, a avivar el descontento del criollo de decoro y letras, mandado desde allende a hora y tributo; y esta revolución de lo alto, más la levadura rebelde y en cierto modo democrático del español segundón y desheredado, iba a la par creciendo, con la cólera baja, la del gaucho y el roto y el cholo y el llanero, todos tocados en su punto de hombre: en el sordo oleaje, surcado de lágrimas el rostro inerme, vagaban con el consuelo de la fuerra por el bosque las majadas de indígenas, como fuegos errantes sobre una

---

[30]río que nace en Colombia, cruza los llanos venezolanos y desemboca en el Orinoco.

colosal sepultura. La independencia de América venía de un siglo atrás sangrando: —ni de Rousseau[31] ni de Washington viene nuestra América, sino de sí misma!— Así, en las noches amorosas de su jardín de San Jacinto, o por las riberas de aquel pintado Anauco[32] por donde guió tal vez los pies menudos de la esposa que se le murió en flor, vería Bolívar, con el puño al corazón, la procesión terrible de los precursores de la independencia de América: ivan y vienen los muertos por el aire, y no reposan hasta que no está su obra satisfecha! El vio, sin duda, en el crepúsculo del Avila,[33] el séquito cruento...

Pasa Antequera, el del Paraguay, el primero de todos, alzando de sobre su cuello rebanado la cabeza: la familia entera del pobre inca pasa, muerta a los ojos de su padre atado, y recogiendo los cuartos de su cuerpo: pasa Tupac Amaru:[34] el rey de los mestizos de Venezuela viene luego, desvanecido por el aire, como un fantasma: dormido en su sangre va después Salinas,[35] y Quiroga[36] muerto sobre su plato de comer, y Morales,[37] como viva carnicería, porque en la cárcel de Quito amaban a su patria; sin casa donde volver, porque se la regaron de sal, sigue León;[38] moribundo en la cueva en garfios van los miembros de José España,[39] que murió sonriendo en la horca, y va humeando el tronco de Galán,[40] quemado ante el patíbulo: y Berbeo[41] pasa, más muerto que ninguno aunque de miedo a sus comuneros lo dejó el verdugo vivo—, porque para quien conoció la dicha de pelear por el honor de su país, no hay muerte mayor que estar en pie mientras dura la

---

[31]Jean-Jacques Rousseau (1712-78), escritor e intelectual francés cuyas ideas influyeron en la independencia latinoamericana.

[32]una playa del litoral de Caracas.

[33]un monte en los alrededores de Caracas.

[34]José Gabriel Condorcanqui, jefe de una insurrección en 1780 contra los españoles, quienes los descuartizaron.

[35]Juan Salinas, líder de una rebelión en Quito en el año 1809.

[36]Juan Facundo Quiroga (1790-1835), caudillo argentino; ver texto de Domingo Faustino Sarmiento incluido en esta antología.

[37]Agustín Morales, presidente boliviano 1871-72.

[38]referencia desconocida.

[39]José María España, héroe de la independencia venezolana.

[40]José Antonio Galán, insurrecto colombiano muerto en 1782.

[41]Juan Francisco de Berbeo, insurrecto que luchó al lado de Galán.

vergüenza patria: ¡y, de esta alma india y mestiza y blanca hecha una llama sola, se envolvió en ella el héroe, y en la constancia y la intrepidez con ella; en la hermandad de la aspiración común juntó, al calor de la gloria, los compuestos desemejantes; anuló y enfrentó émulos, pasó el páramo y revolvió montes, fue regando de repúblicas la artesa de los Andes, y cuando detuvo la carrera, porque la revolución argentina oponía su trama colectiva y democrática al ímpetu boliviano, ¡catorce generales españoles, acurrucados en el cerro de Ayacucho,[42] se desceñían la espada de España!

De las palmas de las costas, puestas allí como para entonar canto perenne al héroe, sube la tierra, por tramos de plata y oro, a las copiosas planicies que acuchilló de sangre la revolución americana; y el cielo ha visto pocas veces escenas más hermosas, porque jamás movió a tantos pechos la determinación de ser libres, ni tuvieron teatro de más natural grandeza, ni el alma de un continente entró tan de lleno en la de un hombre. El cielo mismo parece haber sido actor, porque eran dignas de él, en aquellas batallas: ¡parece que los héroes todos de la libertad, y los mártires todos de toda la tierra, poblaban apiñados aquellas bóvedas hermosas, y cubrían, como gigante égida, el aprieto donde pujaban nuestras armas, o huían despavoridos por el cielo injusto, cuando la pelea nos negaba su favor! El cielo mismo debía, en verdad, detenerse a ver tanta hermosura: —de las eternas nieves, ruedan, desmontadas, las aguas portentosas: como menuda caballera, o crespo vellón, visten las negras abras árboles seculares; las ruinas de los templos indios velan sobre el desierto de los lagos: por entre la bruma de los valles asoman las recias torres de la catedral española: los cráteres humean, y se ven las entrañas del universo por la boca del volcán descabezado: ¡y a la vez, por los rincones todos de la tierra, los americanos están peleando por la libertad! Unos cabalgan por el llano y caen al choque enemigo como luces que se apagan, en el montón de sus monturas; otros, rienda al diente, nadan, con la banderola a flor de agua, por el río crecido: otros, como selva que echa a andar, vienen costilla a costilla, con las lanzas por sobre las cabezas; otros trepan un volcán, y le clavan en el belfo encendido la bandera libertadora. ¡Pero ninguno es más bello que un hombre de frente montuosa, de mirada que le ha comido el rostro, de capa que le aletea sobre el otro volador, de busto inmóvil en la lluvia del fuego o la tormenta, de espada a cuya luz vencen cinco naciones! Enfrena su retinto,

---

[42]La batalla de Ayacucho, en el Perú, en el 9 de diciembre de 1824, fue la última gran batalla contra los españoles en la lucha por la Independencia de América Latina.

desmadejado el cabello en la tempestad del triunfo, y ve pasar, entre la muchedumbre que le ha ayudado a echar atrás la tiranía, el gorro frigio de Ribas,[43] el caballo dócil de Sucre,[44] la cabeza rizada de Piar,[45] el dolmán rojo de Páez,[46] el látigo desflecado de Córdoba,[47] o el cadáver del coronel que sus soldados se llevan envuelto en la bandera.[48] Yérguese en el estribo, suspenso como la naturaleza, a ver a Páez en las Queseras[49] dar las caras con su puñado de lanceros, y a vuelo de caballo, plegándose y abriéndose, acorralar en el polvo y la tiniebla al hormiguero enemigo. ¡Mira, húmedos los ojos, el ejército de gala, antes de la batalla de Carabobo,[50] al aire colores y divisas, los pabellones viejos cerrados por un muro vivo, las músicas todas sueltas a la vez, el sol en el acero alegre, y en todo el campamento el júbilo misterioso de la casa en que va a nacer un hijo! ¡Y más bello que nunca fue en Junín,[51] envuelto entre las sombras de la noche, mientras que en pálido silencio se astillan contra el brazo triunfante de América las últimas lanzas españolas!

...Y luego, poco tiempo después, desencajado, el pelo hundido por las sienes enjutas, la mano seca como echando atrás el mundo, el héroe dice en su cama de morir: "¡José! ¡José![52] vámonos, que de aquí nos echan: ¿adónde iremos?". Su gobierno nada más se había venido abajo, pero él acaso creyó que lo que se derrumbaba era la república; acaso, como que de él se dejaron domar, mientras duró el encanto de la independencia, los recelos y personas locales, paró en desconocer, o dar por nulas o menores, estas fuerzas de

---

[43]José Félix Ribas (1775-1814), general venezolano y tío de Simón Bolívar.

[44]Antonio José de Sucre (1793-1830), general y patriota venezolano y lugarteniente de Bolívar.

[45]Manuel Carlos Piar (1782-1817), militar venezolano.

[46]José Antonio Paez (1790-1873), general y político venezolano.

[47]José María Córdoba (1800-30), general colombiano y héroe de la independencia.

[48]referencia a Juan Lavalle (1797-1841), héroe militar argentino.

[49]municipio de Venezuela.

[50]donde Bolívar derrotó definitivamente a los españoles, el 24 de junio de 1821.

[51]lugar en el Perú donde tropas de Bolívar y San Martín se enfrentaron con los españoles, el 6 de agosto de 1824.

[52]José de San Martín (1778-1850), general argentino y figura principal de la lucha independentista en el Cono Sur.

realidad que reaparecían después del triunfo: acaso, temeroso de que las aspiraciones rivales le decorasen los pueblos recién nacidos, buscó en la sujeción, odiosa al hombre, el equilibrio político, sólo constante cuando se fía a la expansión, infalible en un régimen de justicia, y más firme cuanto más desatada. Acaso, en su sueño de gloria, para la América y para sí, no vio que la unidad de espíritu, indispensable a la salvación y dicha de nuestros pueblos americanos, padecía, más que se ayudaba, con su unión en formas teóricas y artificiales que no se acomodaban sobre el seguro de la realidad: acaso el genio previsor que proclamó que la salvación de nuestra América está en la acción una y compacta de sus repúblicas, en cuanto a sus relaciones con el mundo y al sentido y conjunto de su porvenir, no pudo, por no tenerla en el redaño, ni venirle del hábito ni de la casta, conocer la fuerza moderadora del alma popular, de la pelea de todos en abierta lid, que salva, sin más ley que la libertad verdadera, a las repúblicas; erró acaso el padre angustiado en el instante supremo de los creadores políticos, cuando un deber les aconseja ceder a nuevo mando su creación, porque el título de usurpador no la desluzca o ponga en riesgo, y otro deber, tal vez en el misterio de su idea creadora superior, les mueve a arrostrar por ella hasta la deshonra de ser tenidos por usurpadores.

¡Y eran las hijas de su corazón, aquellas que sin él se desangraban en lucha infausta y lenta, aquellas que por su magnanimidad y tesón vinieron a la vida, las que le tomaban de las manos, como que de ellas era la sangre y el porvenir, el poder de regirse conforme a sus pueblos y necesidades! ¡Y desaparecía la conjunción, más larga que la de los astros del cielo, de América y Bolívar, empeñado en unir bajo un gobierno central y distante los países de la revolución, y la revolución americana, nacida, con múltiples cabezas, del ansia del gobierno local y con la gente de la casa propia! "¡José! ¡José! vámonos, que de aquí nos echan: ¿adónde iremos?"...

¿Adónde irá Bolívar? ¡Al respeto del mundo y a la ternura de los americanos! A esta casa morosa, donde cada hombre le debe el goce ardiente de sentirse como en brazos de los suyos en los de todo hijo de América, y cada mujer recuerda enamorada a aquel que se apeó siempre del caballo de la gloria para agradecer una corona o una flor a la hermosura! ¡A la justicia de los pueblos, que por el error posible de las formas, impacientes, o personales, sabrán ver el empuje que con ellas mismas, como de mano potente en lava blanda, dio Bolívar a las ideas madres de América! ¿Adónde irá Bolívar? ¡Al brazo de los hombres para que defiendan de la nueva codicia, y del terco espíritu viejo, la tierra donde será más dichosa y bella la humanidad! ¡A los pueblos callados, como un beso de padre! ¡A los hombres del rincón y de lo transitorio, a las panzas aldeanas y los cómodos harpagones, para que, a la hoguera que fue aquella existencia, vean la hermandad indispensable al continente y los peligros y la grandeza del porvenir americano! ¿Adónde irá Bolívar?... Ya el último virrey de España yacía con cinco heridas, iban los tres siglos atados a la cola del caballo llanero, y con la casaca de la victoria y el elástico de lujo venía al paso de Libertador, entre el ejército, como de baile, y al balcón de los cerros asomado el gentío, y como flores en jarrón, saliéndose por las cuchillas de las lomas, los mazos de banderas. El Potosí aparece al fin, roído y ensangrentado: los cinco pabellones de los pueblos nuevos, con verdaderas llamas, flameaban en la cúspide de la América resucitada: estallan los morteros a anunciar al héroe—y sobre las cabezas, descubiertas de respeto y espanto, rodó por largo tiempo el estampido con que de cumbre en cumbre respondían, saludándolo, los montes. ¡Así, de hijo en hijo, mientras la América viva, el eco de su nombre resonará en lo más viril y honrado de nuestras entrañas!

"Tres héroes"[53]

Cuentan que un viajero llegó un día a Caracas al anochecer, y sin sacudirse el polvo del camino, no preguntó dónde se comía ni se dormía, sino cómo se iba adonde estaba la estatua de Bolívar. Y cuentan que el viajero, solo con los árboles altos y olorosos de la plaza, lloraba frente a la estatua, que parecía que se movía, como un padre cuando se le acerca un hijo. El viajero hizo bien, porque todos los americanos deben querer a Bolívar como a un padre. A Bolívar, y a todos los que pelearon como él porque la América fuese del hombre americano. A todos: al héroe famoso, y al último soldado, que es un héroe desconocido. Hasta hermosos de cuerpo se vuelven los hombres que pelean por ver libre a su patria.

Libertad es el derecho que todo hombre tiene a ser honrado, y a pensar y a hablar sin hipocresía. En América no se podía ser honrado, ni pensar, ni hablar. Un hombre que oculta lo que piensa, o no se atreve a decir lo que piensa, no es un hombre honrado. Un hombre que obedece a un mal

---

[53]Martí escribió este ensayo para *La edad de oro*, una revista para niños que editó en español en 1899 durante su estadía en Nueva York, lo cual explica su tono distinto.

gobierno, sin trabajar para que el gobierno sea bueno, no es un hombre honrado. Un hombre que se conforma con obedecer a leyes injustas, y permite que pisen el país en que nació los hombres que se lo maltratan, no es un hombre honrado. El niño, desde que puede pensar, debe pensar en todo lo que ve, debe padecer por todos los que no pueden vivir con honradez, debe trabajar porque puedan ser honrados todos los hombres, y debe ser un hombre honrado. El niño que no piensa en lo que sucede a su alrededor, y se contenta con vivir, sin saber si vive honradamente, es como un hombre que vive del trabajo de un bribón, y está en camino de ser bribón. Hay hombres que son peores que las bestias, porque las bestias necesitan ser libres para vivir dichosas: el elefante no quiere tener hijos cuando vive preso: la llama del Perú se echa en la tierra y se muere, cuando el indio le habla con rudeza, o le pone más carga de la que puede soportar. El hombre debe ser, por lo menos, tan decoroso como el elefante y como la llama. En América se vivía antes de la libertad como la llama que tiene mucha carga encima. Era necesario quitarse la carga, o morir.

Hay hombres que viven contentos aunque vivan sin decoro. Hay otros que padecen como en agonía cuando ven que los hombres viven sin decoro a su alrededor. En el mundo ha de haber cierta cantidad de decoro, como ha de haber cierta cantidad de luz. Cuando hay muchos hombres sin decoro, hay siempre otros que tienen en sí el decoro de muchos hombres. Esos son los que se rebelan con fuerza terrible contra los que les roban a los pueblos su libertad, que es robarles a los hombres su decoro. En esos hombres van miles de hombres, va un pueblo entero, va la dignidad humana. Esos hombres son sagrados. Estos tres hombres son sagrados: Bolívar, de Venezuela; San Martín, del Río de la Plata; Hidalgo,[54] de México. Se les deben perdonar sus errores, porque el bien que hicieron fue más que sus faltas. Los hombres no pueden ser más perfectos que el sol. El sol quema con la misma luz con que calienta. El sol tiene manchas. Los desagradecidos no hablan más que de las manchas. Los agradecidos hablan de la luz.

Bolívar era pequeño de cuerpo. Los ojos le relampagueaban, y las palabras se le salían de los labios. Parecía como si estuviera esperando siempre la hora de montar a caballo. Era su país, su país oprimido, que le pesaba en el corazón, y no le dejaba vivir en paz. La América entera estaba como despertando. Un hombre solo no vale nunca más que un pueblo entero; pero hay hombres que no se cansan, cuando su pueblo se cansa, y que se deciden a la

---

[54]Miguel Hidalgo (1753-1811), sacerdote y revolucionario mexicano.

guerra antes que los pueblos, porque no tienen que consultar a nadie más que a sí mismos, y los pueblos tienen muchos hombres, y no pueden consultarse tan pronto. Ese fue el mérito de Bolívar, que no se cansó de pelear por la libertad de Venezuela, cuando parecía que Venezuela se cansaba. Lo habían derrotado los españoles: lo habían echado del país. El se fue a una isla, a ver su tierra de cerca, a pensar en su tierra.

Un negro generoso lo ayudó cuando ya no lo quería ayudar nadie. Volvió un día a pelear, con trescientos héroes, con los trescientos libertadores. Libertó a Venezuela. Libertó a la Nueva Granada.[55] Libertó al Ecuador. Libertó al Perú. Fundó una nación nueva, la nación de Bolivia. Ganó batallas sublimes con soldados descalzos y medio desnudos. Todo se estremecía y se llenaba de luz a su alrededor. Los generales peleaban a su lado con valor sobrenatural. Era un ejército de jóvenes. Jamás se peleó tanto, ni se peleó mejor, en el mundo por la libertad. Bolívar no defendió con tanto fuego el derecho de los hombres a gobernarse por sí mismos, como el derecho de América de ser libre. Los envidiosos exageraron sus defectos. Bolívar murió de pesar del corazón, más que del mal del cuerpo, en la casa de un español en Santa Marta. Murió pobre, y dejó una familia de pueblos.

México tenía mujeres y hombres valerosos que no eran muchos, pero valían por muchos: media docena de hombres y una mujer preparaban el modo de hacer libre a su país. Eran unos cuantos jóvenes valientes, el esposo de una mujer liberal, y un cura de pueblo que quería mucho a los indios, un cura de sesenta años. Desde niño fue el cura Hidalgo de la raza buena, de los que quieren saber. Los que no quieren saber son de la raza mala. Hidalgo sabía francés, que entonces era cosa de mérito, porque lo sabían pocos. Leyó los libros de los filósofos del siglo dieciocho, que explicaron el derecho del hombre a ser honrado, y a pensar y a hablar sin hipocresía. Vio a los negros esclavos, y se llenó de horror. Vio maltratar a los indios, que son tan mansos y generosos, y se sentó entre ellos como un hermano viejo, a enseñarles las artes finas que el indio aprende bien: la música, que consuela; la cría del gusano, que da la seda; la cría de la abeja, que da miel. Tenía fuego en sí, y le gustaba fabricar: creó hornos para cocer los ladrillos. Le veían lucir mucho de cuando en cuando los ojos verdes. Todos decían que hablaba muy bien, que sabía mucho nuevo, que daba muchas limosnas el señor cura del pueblo de Dolores. Decían que iba a la ciudad de Querétaro una que otra vez, a hablar con unos cuantos

---

[55] actual Colombia.

valientes y con el marido de una buena señora. Un traidor le dijo a un comandante español que los amigos de Querétaro trataban de hacer a México libre. El cura montó a caballo, con todo su pueblo, que lo quería como a su corazón; se le fueron juntando los caporales y los sirvientes de las haciendas, que eran la caballería; los indios iban a pie, con palos y flechas, o con hondas y lanzas. Se les unió un regimiento y tomó un convoy de pólvora que iba para los españoles. Entró triunfante en Celaya, con músicas y vivas. Al otro día juntó el Ayuntamiento, lo hicieron general, y empezó un pueblo a nacer. El fabricó lanzas y granadas de mano. El dijo discursos que dan calor y echan chispas, como decía un capotal de las haciendas. El declaró libres a los negros. El les devolvió sus tierras a los indios. El publicó un periódico que llamó *El Despertador Americano*. Ganó y perdió batallas. Un día se le juntaban siete mil indios con flechas, y al otro día lo dejaban solo. La mala gente quería ir con él para robar en los pueblos y para vengarse de los españoles. El les avisaba a los jefes españoles que si los vencía en la batalla que iba a darles los recibiría en su casa como amigos. ¡Eso es ser grande! Se atrevió a ser magnánimo, sin miedo a que lo abandonase la soldadesca, que quería que fuese cruel. Su compañero Allende[56] tuvo celos de él, y él le cedió el mando a Allende. Iban juntos buscando amparo en su derrota cuando los españoles les cayeron encima. A Hidalgo le quitaron uno a uno, como para ofenderlo, los vestidos de sacerdote. Lo sacaron detrás de una tapia, y le dispararon los tiros de muerte a la cabeza. Cayó vivo, revuelto en la sangre, y en el suelo lo acabaron de matar. Le cortaron la cabeza y la colgaron en una jaula, en la Alhóndiga misma de Granaditas,[57] donde tuvo su gobierno. Enterraron los cadáveres descabezados. Pero México es libre.

San Martín fue el libertador del Sur, el padre de la República Argentina, el padre de Chile. Sus padres eran españoles, y a él lo mandaron a España para que fuese militar del rey. Cuando Napoleón entró en España con su ejército, para quitarles a los españoles la libertad, los españoles todos pelearon contra Napoleón: pelearon los viejos, las mujeres, los niños; un niño valiente, un catalancito, hizo huir una noche a una compañía, disparándole tiros y más tiros desde un rincón del monte: al niño lo encontraron muerto, muerto de hambre y de frío; pero tenía en la cara como una luz, y sonreía, como si estu-

---

[56]Ignacio José Allende (1779-1811), militar mexicano que inició con Hidalgo la independencia de México.

[57]cuartel y almacén de armas en la ciudad de Guanajuato, México.

viese contento. San Martín peleó muy bien en la batalla de Bailén, y lo hicieron teniente coronel. Hablaba poco: parecía de acero: miraba como un águila, nadie lo desobedecía: su caballo iba y venía por el campo de pelea, como el rayo por el aire. En cuanto supo que América peleaba para hacerse libre, vino a América: ¿qué le importaba perder su carrera, si iba a cumplir con su deber?: llegó a Buenos Aires: no dijo discursos: levantó un escuadrón de caballería: en San Lorenzo fue su primera batalla: sable en mano se fue San Martín detrás de los españoles, que venían muy seguros, tocando el tambor, y se quedaron sin tambor, sin cañones y sin bandera. En los otros pueblos de América los españoles iban venciendo: a Bolívar lo había echado Morillo[58] el cruel de Venezuela: Hidalgo estaba muerto: O'Higgins[59] salió huyendo de Chile: pero donde estaba San Martín siguió libre la América. Hay hombres así, que no pueden ver esclavitud. San Martín no podía; y se fue a libertar a Chile y al Perú. En dieciocho días cruzó con su ejército los Andes altísimos y fríos: iban los hombres como en el cielo, hambrientos, sedientos: abajo, muy abajo, los árboles parecían yerba, los torrentes rugían como leones. San Martín se encuentra al ejército español y lo deshace en la batalla de Maipú, lo derrota para siempre en la batalla de Chacabuco.[60] Liberta a Chile. Se embarca con su tropa, y va a libertar al Perú. Pero en el Perú estaba Bolívar, y San Martín le cede la gloria. Se fue a Europa triste, y murió en brazos de su hija Mercedes. Escribió su testamento en una cuartilla de papel, como si fuera el parte de una batalla. Le habían regalado el estandarte que el conquistador Pizarro trajo hace cuatro siglos, y él le regaló el estandarte en el testamento al Perú. Un escultor es admirable, porque saca una figura de la piedra bruta: pero esos hombres que hacen pueblos son como más que hombres. Quisieron algunas veces lo que no debían querer; pero ¿qué no le perdonará un hijo a su padre? El corazón se llena de ternura al pensar en esos gigantescos fundadores. Esos son héroes; los que pelean para hacer a los pueblos libres, o los que padecen en pobreza y desgracias por defender una gran verdad. Los que pelean por la ambición, por hacer esclavos a otros pueblos, por tener más mando, por quitarle a otro pueblo sus tierras, no son héroes, sino criminales.

---

[58]Pablo Morillo (1778-1837), general español.

[59]Bernardo O'Higgins (1778-1842), líder de la independencia y el primer presidente de Chile, 1817-23.

[60]La batalla de Maipú aseguró la independencia de Chile el 5 de abril de 1818; la batalla de Chacabuco se registró el 12 de febrero de 1817 en la cuesta de un ramal andino del mismo nombre.

"Príncipe enano"

Para un príncipe enano
se hace esta fiesta.
Tiene guedejas rubias,
blandas guedejas;
por sobre el hombro blanco
luengas le cuelgan.
Sus dos ojos parecen
estrellas negras:
¡vuelan, brillan, palpitan,
relampaguean!
El para mí es corona,
almohada, espuela.
Mi mano, que así embrida
potros y hienas,
va, mansa y obediente,
donde él la lleva.
Si el ceño frunce, temo;
si se me queja,—
cual de mujer, mi rostro
nieve se trueca:
su sangre, pues, anima
mis flacas venas:
¡con su gozo mi sangre
se hincha, o se seca!
Para un príncipe enano
se hace esta fiesta.

¡Venga mi caballero
por esta senda!
¡Entrese mi tirano
por esta cueva!
Tal es, cuando a mis ojos
su imagen llega,
cual si en lóbrego antro
pálida estrella,

con fulgor de ópalo
todo vistiera.
A su paso la sombra
matices muestra,
como al sol que las hiere
las nubes negras.
¡Heme ya, puesto en armas,
en la pelea!
Quiere el príncipe enano
que a luchar vuelva:
¡él para mí es corona,
almohada, espuela!
Y como el sol, quebrando
las nubes negras,
en banda de colores
la sombra trueca,—
él, al tocarla, borda
en la onda espesa,
mi banda de batalla
roja y violeta.
¿Conque mi dueño quiere
que a vivir vuelva?
¡Venga mi caballero
por esta senda!
¡Entrese mi tirano
por esta cueva!
¡Déjeme que la vida
a él, a él ofrezca!
Para un príncipe enano
se hace esta fiesta.

"Sueño despierto"

Yo sueño con los ojos
abiertos, y de día
y noche siempre sueño.
Y sobre las espumas

del ancho mar revuelto,
y por entre las crespas
arenas del desierto,
y del león pujante,
monarca de mi pecho,
montado alegremente,
sobre el sumiso cuello,—
¡Un niño que me llama
flotando siempre veo!

"Sobre mi hombro"

Ved: sentado lo llevo
sobre mi hombro:
¡oculto va, y visible
para mí sólo!
El me ciñe las sienes
con su redondo
brazo, cuando a las fieras
penas me postro:—
cuando el cabello hirsuto
yérguese y hosco,
cual de interna tormenta
símbolo torvo,
como un beso que vuela
siento en el tosco
cráneo: ¿su mano amansa
el bridón loco!—
Cuando en medio del recio
camino lóbrego,
sonrío, y desmayado
del raro gozo,
la mano tiende en busca
de amigo apoyo,—
es que un beso invisible
me da el hermoso
niño que va sentado

sobre mi hombro.

Versos sencillos

I

Yo soy un hombre sincero
de donde crece la palma,
y antes de morirme quiero
echar mis versos del alma.

Yo vengo de todas partes,
y hacia todas partes voy:
arte soy entre las artes
en los montes, monte soy.

Yo sé los nombres extraños
de las yerbas y las flores,
y de mortales engaños,
y de sublimes dolores.

Yo he visto en la noche oscura
llover sobre mi cabeza
los rayos de lumbre pura
de la divina belleza.

Alas nacer vi en los hombros
de las mujeres hermosas:
y salir de los escombros,
volando las mariposas.

He visto vivir a un hombre
con el puñal al costado,
sin decir jamás el nombre
de aquella que lo ha matado.

Rápida, como un reflejo,
dos veces vi el alma, dos:

cuando murió el pobre viejo,
cuando ella me dijo adiós.

Temblé una vez—en la reja,
a la entrada de la viña,—
cuando la bárbara abeja
picó en la frente a mi niña.

Gocé una vez, de tal suerte
que gocé cual nunca: —cuando
la sentencia de mi muerte
leyó el alcaide llorando.

Oigo un suspiro, a través
de las tierras y la mar,
y no es un suspiro,—es
que mi hijo va a despertar.

Si dicen que del joyero
tome la joya mejor,
tomo a un amigo sincero
y pongo a un lado el amor.

Yo he visto al águila herida
volar al azul sereno,
y morir en su guarida
la víbora del veneno.

Yo sé bien que cuando el mundo
cede, lívido, al descanso,
sobre el silencio profundo
murmura el arroyo manso.

Yo he puesto la mano osada,
de horror y júbilo yerta,
sobre la estrella apagada
que cayó frente a mi puerta.

Oculto en mi pecho bravo

la pena que me lo hiere:
el hijo de un pueblo esclavo
vive por él, calla y muere.

Todo es hermoso y constante,
todo es música y razón,
y todo, como el diamante,
antes que luz es carbón.

Yo sé que el necio se entierra
con gran lujo y con gran llanto.—
Y que no hay fruta en la tierra
como la del camposanto.

Callo y entiendo, y me quito
la pompa del rimador:
cuelgo de un árbol marchito
mi muceta de doctor.

III

Odio la máscara y vicio
del corredor de mi hotel:
me vuelvo al manso bullicio
de mi monte de laurel.

Con los pobres de la tierra
quiero yo mi suerte echar:
el arroyo de la sierra
me complace más que el mar.

Denle al vano el oro tierno
que arde y brilla en el crisol:
a mí denme el bosque eterno
cuando rompe en él el sol.

Yo he visto el oro hecho tierra
barbullendo en la redoma:

prefiero estar en la sierra
cuando vuela una paloma.

Busca el obispo de España
pilares para su altar;
¡en mi templo, en la montaña,
el álamo es el pilar!

Y la alfombra es puro helecho,
y los muros abedul,
y la luz viene del techo,
del techo de cielo azul.

El obispo, por la noche,
sale, despacio, a cantar:
monta, callado, en su conche,
que es la piña de un pinar.

Las jacas de su carroza
son dos pájaros azules:
y canta el aire y retoza
y cantan los abedules.

Duermo en mi cama de roca
mi sueño dulce y profundo:
roza una abeja mi boca
y crece en mi cuerpo el mundo.

Brillan las grandes molduras
al fuego de la mañana,
que tiñe las colgaduras
de rosa, violeta y grana.

El clarín, solo en el monte,
canta al primer arrebol:
la gasa del horizonte
prende, de un aliento, el sol.

¡Díganle al obispo ciego,

al viejo obispo de España
que venga, que venga luego,
a mi templo, a la montaña!

IX

Quiero, a la sombra de un ala,
contar este cuento en flor:
la niña de Guatemala,
la que se murió de amor.

Eran de lirios los ramos,
y las orlas de reseda
y de jazmín: la enterramos
en una caja de seda.

...Ella dio al desmemoriado
una almohadilla de olor:
él volvió, volvió casado:
ella se murió de amor.

Iban cargándola en andas
obispos y embajadores:
detrás iba el pueblo en tandas,
todo cargado de flores.

...Ella, por volverlo a ver,
salió a verlo al mirador:
él volvió con su mujer:
ella se murió de amor.

Como de bronce candente
al beso de despedida
era su frente ila frente
que más he amado en mi vida!

...Se entró de tarde en el río,
la sacó muerta el doctor:

dicen que murió de frío:
yo sé que murió de amor.

Allí, en la bóveda helada,
la pusieron en dos bancos:
besé su mano afilada,
besé sus zapatos blancos.

Callado, al oscurecer,
me llamó el enterrador
¡nunca más he vuelto a ver
a la que murió de amor!

X

El alma trémula y sola
padece al anochecer:
hay baile; vamos a ver
la bailarina española.

Han hecho bien en quitar
el banderón de la acera;
porque si está la bandera,
no sé, yo no puedo entrar.

Ya llega la bailarina:
soberbia y pálida llega:
¿cómo dicen que es gallega?
Pues dicen mal: es divina.

Lleva un sombrero torero
y una capa carmesí:
¡lo mismo que un alelí
que se pusiese un sombrero!

Se ve, de paso, la ceja,
ceja de mora traidora:
y la mirada, de mora:

y como nieve la oreja.

Preludian, bajan la luz,
y sale en bata y mantón,
la virgen de la Asunción
bailando un baile andaluz.

Alza, retando, la frente;
crúzase al hombro la manta:
un arco el brazo levanta:
mueve despacio el pie ardiente.

Repica con los tacones
el tablado zalamera,
como si la tabla fuera
tablado de corazones.

Y va el convite creciendo
en llamas de los ojos,
y el manto de flecos rojos
se va en el aire meciendo.

Súbito, de un salto arranca:
húrtase, se quiebra, gira:
abre en dos la cachemira,
ofrece la bata blanca.

El cuerpo cede y ondea;
la boca abierta provoca;
es una rosa la boca:
lentamente taconea.

Recoge, de un débil giro,
el mano de flecos rojos:
se va, cerrando los ojos,
se va, como en un suspiro...

Baila muy bien la española;
es blanco y rojo el mantón:

¡vuelve, fosca, a su rincón
el ama trémula y sola!

XLIII

Mucho, señora, daría
por tender sobre tu espalda
tu cabellera bravía,
tu cabellera de gualda:
despacio la tendería,
callado la besaría.

Por sobre la oreja fina
baja lujoso el cabello,
lo mismo que una cortina
que se levanta hacia el cuello.
La oreja es obra divina
de porcelana de China.

Mucho, señora, te diera
por desenredar el nudo
de tu roja cabellera
sobre tu cuello desnudo:
muy despacio la esparciera,
hilo por hilo la abriera.

XLV

Sueño con claustros de mármol
donde en silencio divino
los héroes, de pie, reposan:
¡de noche, a la luz del alma,
hablo con ellos: de noche!
Están en fila: paseo
entre las filas: las manos
de piedra les beso: abren

los ojos de piedra: mueven
los labios de piedra: tiemblan
las barbas de piedra: empuñan
la espada de piedra: lloran:
¡vibra la espada en la vaina!
Mudo, les beso la mano.

    ¡Hablo con ellos, de noche!
Están en fila: paseo
entre las filas: lloroso
me abrazo a un mármol: «¡Oh mármol,
dicen que beben tus hijos
su propia sangre en las copas
venenosas de sus dueños!
¡Que hablan la lengua podrida
de sus rufianes! ¡Que comen
juntos el pan del oprobio,
en la mesa ensangrentada!
¡Que pierden en lengua inútil
el último fuego! ¡Dicen,
oh mármol, mármol dormido,
que ya se ha muerto tu raza!»

    Echame en tierra de un bote
el héroe que abrazo: me ase
del cuello: barre la tierra
con mi cabeza: levanta
el brazo, ¡el brazo le luce
lo mismo que un sol!: resuena
la piedra: buscan el cinto
las manos blancas: ¡del soclo[61]
saltan los hombres de mármol!

----

[61]zócalo.

"Amor de ciudad grande"

De gorja son y rapidez los tiempos.
Corre cual luz la voz; en alta aguja,
cual nave despeñada en sirte horrenda,
húndese el rayo, y en ligera barca
el hombre, como alado, el aire hiende.
¡Así el amor, sin pompa ni misterio
muere, apenas nacido, de saciado!
¡Jaula es la villa de palomas muertas
y ávidos cazadores! Si los pechos
se rompen de los hombres, y las carnes
rotas por tierra ruedan, ¡no han de verse
dentro más que frutillas estrujadas!

Se ama de pie, en las calles, entre el polvo
de los salones y las plazas; muere
la flor el día en que nace. Aquella virgen
trémula que antes a la muerte daba
la mano pura que a ignorado mozo;
el goce de temer; aquel salirse
del pecho el corazón; el inefable
placer de merecer; el grato susto
de caminar de prisa en derechura
del hogar de la amada, y sus puertas
como un niño feliz romper en llanto;
y aquel mirar, de nuestro amor al fuego,
irse tiñendo de color las rosas,
¡ea, que son patrañas! Pues ¿quién tiene
tiempo de ser hidalgo? ¡Bien que sienta,
cual áureo vaso o lienzo suntuoso,
dama gentil en casa de magnate!
O si se tiene sed, se alarga el brazo
y a la copa que pasa se la apura!
Luego, la copa turbia al polvo rueda,
¡y el hábil catador—manchado el pecho
de una sangre invisible—sigue alegre
coronado de mirtos, su camino!
¡No son los cuerpos ya sino desechos,
y fosas, y jirones! ¡Y las almas

no son como en el árbol fruta rica
en cuya blanda piel la almíbar dulce
en su sazón de madurez rebosa,
sino fruta de plaza que a brutales
golpes el rudo labrador madura!
      ¡La edad es ésta de los labios secos!
¡De las noches sin sueño! ¡De la vida
estrujada en agraz! ¿Qué es lo que falta
que la ventura falta? Como liebre
azorada, el espíritu se esconde,
trémulo huyendo al cazador que ríe;
cual en soto selvoso, en nuestro pecho;
y el deseo, de brazo de la fiebre,
cual rico cazador recorre el soto.
      ¡Me espanta la ciudad! ¡Toda está llena
de copas por vaciar, o huecas copas!
¡Tengo miedo ¡ay de mí! de que este vino
tósigo sea, y en mis venas luego
cual duende vengador los dientes clave!
¡Tengo sed; mas de un vino que en la tierra
no se sabe beber! ¡No he padecido
bastante aún, para romper el muro
que me aparta ¡oh dolor! de mi viñedo!
¡Tomad vosotros, catadores ruines
de vinillos humanos, esos vasos
donde el jugo de lirio a grandes sorbos
sin compasión y sin temor se bebe!
¡Tomad! ¡Yo soy honrado, y tengo miedo!

"Contra el verso retórico"

      Contra el verso retórico y ornado
el verso natural. Acá un torrente:
aquí una piedra seca. Allá un dorado
pájaro, que en las ramas verdes brilla,
como una marañuela entre esmeraldas—
acá la huella fétida y viscosa

de un gusano: los ojos, dos burbujas
de fango, pardo el vientre, craso, inmundo.
Por sobre el árbol, más arriba, sola
en el cielo de acero una segura
estrella; y a los pies el horno,
el horno a cuyo ardor la tierra cuece—
llamas, llamas que luchan, con abiertos
huevos como ojos, lenguas como brazos,
savia como de hombre, punta aguda
cual de espada: ¡la espada de la vida
que incendio a incendio gana al fin, la tierra!
Trepa: viene de adentro: ruge: aborta.
Empieza el hombre en fuego y para en ala.
Y a su paso triunfal, los maculados,
los viles, los cobardes, los vencidos,
como serpientes, como gozques, como
cocodrilos de doble dentadura,
de acá, de allá, del árbol que le ampara,
del suelo que le tiene, del arroyo
donde apaga la sed, del yunque mismo
donde se forja el pan, le ladran y echan
el diente al pie, al rostro el polvo y lodo,
cuanto cegarle puede en su camino.
El, de un golpe de ala, barre el mundo
y sube por la atmósfera encendida
muerto como hombre y como sol sereno.
Así ha de ser la noble poesía:
así como la vida: estrella y gozque;
la cueva dentellada por el fuego,
el pino en cuyas ramas olorosas
a la luz de la luna canta un nido
canta un nido a la lumbre de la luna.

"La noche es propicia"

La noche es la propicia
amiga de los versos. Quebrantada,

como la mies bajo la trilla, nace
en las horas ruidosas la Poesía.
A la creación la oscuridad conviene—
Las serpientes, de día entrelazadas
al pensamiento, duermen: las vilezas
nos causan más horror, vistas a solas.
Deja el silencio una impresión de altura:—
y con imperio pudoroso, tiende
por sobre el mundo el corazón sus alas.
¡Noche amiga,—noche creadora!:
más que el mar, más que el cielo, más que el ruido
de los volcanes, más que la tremenda
convulsión de la tierra, tu hermosura
sobre la tierra la rodilla encorva.
A la tarde con paso majestuoso
por su puerta de acero entre la altiva
naturaleza, calla, y cubre al mundo,
la oscuridad fecunda de la noche:
surge el vapor de la fresca tierra;
pliegan sus bordes las cansadas hojas;
y en el ramaje azul tiemblan los nidos.
Como en un cesto de coral, sangrientas,
en el día, las bárbaras imágenes
frente al hombre, se estrujan: tienen miedo,
y en la taza del cráneo adolorido
crujen las alas rotas de los cisnes
que mueren del dolor de su blancura.
¡Oh, cómo pesan en el alma triste
estas aves crecidas que le nacen
y mueren sin volar! ¡Flores de plumas
bajo los pobres versos, estas flores,
flores de funeral mortandad!
¿Dónde, lo blanco
podrá, segura el ala, abrir el vuelo?
¿Dónde no será crimen la hermosura?

      Oleo sacerdotal unge las sienes
cuando el silencio de la noche empieza:
y como reina que se sienta, brilla

la majestad del hombre acorralada.
Vibra el amor, gozan las flores, se abre
al beso—de un creador que cruza
la sazonada mente: el frío invita
a la divinidad; y envuelve al mundo
la casta soledad, madre del verso.

"Dos patrias"

Dos patrias tengo yo: Cuba y la noche.
¿O son una las dos? No bien retira
su majestad el sol, con largos velos
y un clavel en la mano, silenciosa
Cuba cual viuda triste me aparece.
¡Yo sé cuál es ese clavel sangriento
que en la mano le tiembla! Está vacío
mi pecho, destrozado está y vacío
en donde estaba el corazón. Ya es hora
de empezar a morir. La noche es buena
para decir adiós. La luz estorba
y la palabra humana. El universo
habla mejor que el hombre.
                           Cual bandera
que invita a batallar, la llama roja
de la vela flamea. Las ventanas
abro, ya estrecho en mí. Muda, rompiendo
las hojas del clavel, como una nube
que enturbia el cielo, Cuba, viuda, pasa...

"Al extranjero"

Hoja tras hoja de papel consumo:
rasgos, consejos, iras, letras fieras
que parecen espadas: lo que escribo,

por compasión lo borro, porque el crimen,
el crimen es al fin de mis hermanos.
Huyo de mí, tiemblo del sol; quisiera
saber dónde hace el topo su guarida,
dónde oculta su escama la serpiente,
dónde sueltan la carga los traidores,
y dónde no hay honor, sin ceniza:
¡allí, mas sólo allí, decir pudiera
lo que dicen y viven!, ¡que mi patria
piensa en unirse al bárbaro extranjero!

"Nené traviesa"

¡Quién sabe si hay una niña que se parezca a Nené! Un viejito que
sabe mucho dice que todas las niñas son como Nené. A Nené le gusta más jugar a mamá, o "a tiendas", o "a hacer dulces" con sus muñecas, que dar la
lección de "treses y de cuatros" con la maestra que le viene a enseñar. Porque
Nené no tiene mamá: su mamá se ha muerto: y por eso tiene Nené maestra.
A hacer dulces es a lo que le gusta más a Nené jugar: ¿y por qué será?: ¡quién
sabe! Será porque para jugar a hacer dulces le dan azúcar de veras: por cierto
que los dulces nunca le salen bien de la primera vez: ¡son unos dulces más difíciles!: siempre tiene que pedir azúcar dos veces. Y se conoce que Nené no les
quiere dar trabajo a sus amigas: porque cuando juega a paseo, o a comprar,
o a visitar, siempre llama a sus amiguitas; pero cuando va a hacer dulces,
nunca. Y una vez le sucedió a Nené una cosa muy rara: le pidió a su papá dos
centavos para comprar un lápiz nuevo, y se le olvidó en el camino, se le olvidó
como si hubiera pensado nunca en comprar el lápiz: lo que compró fue un
merengue de fresa. Eso se supo, por supuesto; y desde entonces sus amiguitas
no le dicen Nené, sino "Merengue de fresa".

El padre de Nené la quería mucho. Dicen que no trabajaba bien
cuando no había visto por la mañana a "la hijita". El no le decía "Nené", sino
"la hijita". Cuando su papá venía del trabajo, siempre salía ella a recibirlo con
los brazos abiertos, como un pajarito que abre las alas para volar; y su papá
la alzaba del suelo, como quien coge de un rosal una rosa. Ella lo miraba con
mucho cariño, como si le preguntase cosas: y él la miraba con los ojos tristes,
como si quisiese echarse a llorar. Pero en seguida se ponía contento, se monta-
ba a Nené en el hombro, y entraban juntos en la casa, cantando el himno

nacional. Siempre traía el papá de Nené algún libro nuevo, y se lo dejaba ver cuando tenía figuras; y a ella le gustaban muchos unos libros que él traía, donde estaban pintadas las estrellas, que tiene cada una su nombre y su color: y allí decía el nombre de la estrella colorada, y el de la amarilla, y el de la azul, y que la luz tiene siete colores, y que las estrellas pasean por el cielo, lo mismo que las niñas por un jardín. Pero no: lo mismo no: porque las niñas andan en los jardines de aquí para allá, como una hoja de flor que va empujando el viento, mientras que las estrellas van siempre en el cielo por un mismo camino, y no por donde quieren: ¿quién sabe?: puede ser que viva por allá arriba quien cuide a las estrellas, como los papás cuidan acá en la tierra a las niñas. Sólo que las estrellas no son niñas, por supuesto, ni colores de luz, como parece de aquí abajo, sino grandes como este mundo: y dicen que en las estrellas hay árboles, y agua, y gente como acá: y su papá dice que en un libro hablan de que uno se va a vivir a una estrella cuando se muere. "Y dime, papá", le preguntó Nené: "¿por qué ponen las casas de los muertos tan tristes? Si yo me muero, yo no quiero ver a nadie llorar, sino que me toquen la música, porque me voy a ir a vivir en la estrella azul". "¿Pero, sola tú sola, sin tu pobre papá?" Y Nené le dijo a su papá: "¡Malo, que crees eso!". Esa noche no quiso ir a dormir temprano, sino que se durmió en los brazos de su papá. ¡Los papás se quedan muy tristes, cuando se muere en la casa la madre! Las niñitas deben querer mucho, mucho a los papás cuando se les muere la madre.

Esa noche que hablaron de las estrellas trajo el papá de Nené un libro muy grande: ¡oh, cómo pesaba el libro!: Nené lo quiso cargar, y se cayó con el libro encima: no se le veía más que la cabecita rubia de un lado, y los zapaticos negros de otro. Su papá vino corriendo, y la sacó de debajo del libro, y se rió mucho de Nené, que no tenía seis años todavía y quería cargar un libro de cien años. ¡Cien años tenía el libro, y no le habían salido barbas!: Nené había visto un viejito de cien años, pero el viejito tenía una barba muy larga, que le daba por la cintura. Y lo que dice la muestra de escribir, que los libros buenos son como los viejos: "Un libro bueno es lo mismo que un amigo viejo": eso dice la maestra de escribir. Nené se acostó muy callada, pensando en el libro. ¿Qué libro era aquél, que su papá no quiso que ella lo tocase? Cuando se despertó, en eso no más pensaba Nené. Ella quiere saber qué libro es aquél. Ella quiere saber cómo está hecho por dentro un libro de cien años que no tiene barbas.

Su papá está lejos, lejos de la casa, trabajando para ella, para que la niña tenga casa linda y coma dulces finos los domingos, para comprarle a la niña vestidos blancos y cintas azules, para guardar un poco de dinero, no vaya a ser que se muera el papá, y se quede sin nada en el mundo "la hijita". Lejos de la casa está el pobre papá, trabajando para "la hijita". La criada está allá adentro, preparando el baño. Nadie oye a Nené: no la está viendo nadie. Su papá deja siempre abierto el cuarto de los libros. Allí está la sillita de Nené, que se sienta de noche en la mesa a escribir, a ver trabajar a su papá. Cinco pasitos, seis, siete... ya está Nené en la puerta: ya la empujó; ya entró. ¡Las cosas que suceden! Como si la estuviera esperando estaba abierto en su silla el libro viejo, abierto de medio a medio. Pasito a pasito se le acercó Nené, muy seria, y como cuando uno piensa mucho, que camina con las manos a la espalda. Por nada en el mundo hubiera tocado Nené el libro: verlo no más, no más que verlo. Su papá le dijo que no lo tocase.

El libro no tiene barbas: le salen muchas cintas y marcas por entre las hojas, pero ésas no son barbas: ¡el que sí es barbudo es el gigante que está pintado en el libro!: y es de colores la pintura, unos colores de esmalte que lucen, como el brazalete que le regaló su papá. ¡Ahora no pintan los libros así! El gigante está sentado en el pico de un monte, con una cosa revuelta, como las nubes del cielo, encima de la cabeza: no tiene más que un ojo, encima de la nariz: está vestido con un blusón, como los pastores, un blusón verde, lo mismo que el campo, con estrellas pintadas, de plata y de oro: y la barba es muy larga, muy larga, que llega al pie del monte: y por cada mechón de la barba va subiendo un hombre, como sube la cuerda para ir al trapecio el hombre del circo. ¡Oh, eso no se puede ver de lejos! Nené tiene que bajar el libro de la silla. ¡Cómo pesa este pícaro libro! Ahora sí que se puede ver bien todo. Ya está el libro en el suelo.

Son cinco los hombres que suben: uno es un blanco, con casaca y con botas, y de barba también: ¡le gustan mucho a este pintor las barbas!: otro es como indio, sí, como indio, con una corona de plumas, y la flecha a la espalda: el otro es chino, lo mismo que el cocinero, pero va con un traje como de señora, todo lleno de flores: el otro se parece al chino, y lleva un sombrero de pico, así como una pera: el otro es negro, un negro muy bonito, pero está sin vestir: ¡eso no está bien, sin vestir!, ¡por eso no quería su papá que ella tocase el libro! No: esa hoja no se ve más, para que no se enoje su papá. ¡Muy bonito que es este libro viejo! Y Nené está ya casi acostada sobre el libro, y como si quisiera hablarle con los ojos.

¡Por poco se rompe la hoja! Pero no, no se rompió. Hasta la mitad no más se rompió. El papá de Nené no ve bien. Eso no lo va a ver nadie. ¡Ahora sí que está bueno el libro este! Es mejor, mucho mejor que el arca de Noé. Aquí están pintados todos los animales del mundo. ¡Y con colores, como el gigante! Sí, ésta es, ésta es la jirafa, comiéndose la luna: éste es el elefante, el elefante, con ese sillón lleno de niñitos. ¡Oh, los perros, cómo corre, cómo corre este perro!, ¡ven acá, perro!, ¡te voy a pegar, perro, porque no quieres venir! Y Nené, por supuesto, arranca la hoja. ¿Y qué ve mi señora Nené? Un mundo de monos es la otra pintura. Las dos hojas del libro están llenas de monos: un mono colorado juega con un monito verde: un monazo de barba le muerde la cola a un mono tremendo, que anda como un hombre, con un palo en la mano: un mono negro está jugando en la yerba con otro amarillo: ¡aquéllos, aquéllos de los árboles son los monos niños!, ¡qué graciosos!, ¡cómo juegan!, ¡se mecen por la cola, como el columpio!, ¡qué bien, qué bien saltan!, ¡uno, dos, tres, cinco, ocho, dieciséis, cuarenta y nueve monos agarrados por la cola!, ¡se van a tirar al río!, ¡visst!, ¡allá van todos! Y Nené, entusiasmada, arranca al libro las dos hojas. ¿Quién llama a Nené, quién la llama? Su papá, su papá, que está mirándola desde la puerta.

Nené no ve. Nené no oye. Le parece que su papá crece, que crece mucho, que llega hasta el techo, que es más grande que el gigante del monte, que su papá es un monte que se le viene encima. Está callada, callada, con la cabeza baja, con los ojos cerrados, con las hojas rotas en las manos caídas. Y su papá le está hablando: "¿Nené, no te dije que no tocaras ese libro? ¿Nené, tú no sabes que ese libro no es mío, y que vale mucho dinero, mucho? ¿Nené, tú no sabes que para pagar ese libro voy a tener que trabajar un año?". Nené, blanca como el papel, se alzó del suelo, con la cabecita caída, y se abrazó a las rodillas de su papá: "Mi papá", dijo Nené, "¡mi papá de mi corazón! ¡Enojé a mi papá bueno! ¡Soy mala niña! ¡Ya no voy a poder ir cuando me muera a la estrella azul!".

"El poeta Walt Whitman"[62]

Fiesta literaria en Nueva York.—Vejez patriarcal de Whitman.—Su elogio a Lincoln y el canto a su muerte.—Carácter extraordinario de la poesía y lenguaje de Whitman.—Novedad absoluta de su obra poética.—Su filosofía, su adoración del cuerpo humano, su felicidad, su método poético.—La poesía en los pueblos libres.—Sentido religioso de la libertad.—Desnudeces y profundidad del libro prohibido de Whitman.

---

[62](1819-92), poeta norteamericano muy leído y venerado en América Latina.

Nueva York, 19 de abril de 1887

SEÑOR DIRECTOR DE *El Partido Liberal*:

"Parecía un dios anoche, sentado en su sillón de terciopelo rojo, todo el cabello blanco, la barba sobre el pecho, las cejas como un bosque, la mano en el cayado". Esto dice un diario de hoy del poeta Walt Whitman, anciano de setenta años a quien los críticos profundos, que siempre son los menos, asignan puesto extraordinario en la literatura de su país y de su época. Sólo los libros sagrados de la antigüedad ofrecen una doctrina comparabale, por un profético lenguaje y robusta poesía, a la que en grandiosos y sacerdotales apotegmas emite, a manera de bocanadas de luz, este poeta viejo, cuyo libro pasmoso está prohibido.

¿Cómo no, si es un libro natural? Las universidades y latines han puesto a los hombres de manera que ya no se conocen: en vez de echarse unos en brazos de los otros, atraídos por lo esencial y eterno, se apartan, piropeándose como placeras, por diferencias de mero accidente; como el budín sobre la budinera, el hombre queda amoldado sobre el libro o maestro enérgico con que le puso en contacto el azar o la moda de su tiempo; las escuelas filosóficas, religiosas o literarias, encogullan[63] a los hombres, como al lacayo la librea; los hombres se dejan marcar, como los caballos y los toros, y van por el mundo ostentando su hierro; de modo que, cuando se ven delante del hombre desnudo, virginal, amoroso, sincero, potente—del hombre que camina, que ama, que pelea, que rema—, del hombre que, sin dejarse cegar por la desdicha, lee la promesa de final ventura en el equilibrio y la gracia del mundo; cuando se ven frente al hombre padre, nervudo y angélico de Walt Whitman, huyen como de su propia conciencia y se resisten a reconocer en esa humanidad fragante y superior el tipo verdadero de su especie, descolorida, encasacada, amuñecada.

Dice el diario que ayer, cuando ese otro viejo adorable, Gladstone,[64] acababa de aleccionar a sus adversarios en el Parlamento sobre la justicia de conceder un gobierno propio a Irlanda, parecía él como mastín pujante, erguido sin rival entre la turba, y ellos a sus pies como un tropel de dogos. Así parece Whitman, con su "persona natural", con su "naturaleza sin freno en original energía", con sus "miríadas de mancebos hermosos y gigantes", con su

---

[63]enaltecen.

[64]William Gladstone (1809-98), estadista y primer ministro inglés.

creencia en que "el más breve retoño demuestra que en realidad no hay muerte", con el recuento formidable de pueblos y razas en su "Saludo al mundo",
con su determinación de "callar mientras los demás discuten, e ir a bañarse
y a admirarse a sí mismo, conociendo la perfecta propiedad y armonía de las
cosas"; así parece Whitman, "el que no dice estas poesías por un peso"; el que
"está satisfecho, y ve, baila, canta y ríe"; el que "no tiene cátedra, ni púlpito,
ni escuela", cuando se le compara a esos poetas y filósofos canijos, filósofos
de un detalle o de un solo aspecto; poetas de aguamiel, de patrón, de libro;
figurines filosóficos o literarios.

   Hay que estudiarlo, porque si no es el poeta de mejor gusto, es el más
intrépido, abarcador y desembarazado de su tiempo. En su casita de madera,
que casi está al borde de la miseria, luce en una ventana, orlado de luto, el
retrato de Víctor Hugo;[65] Emerson,[66] cuya lectura purifica y exalta, le echaba el brazo por el hombro y le llamó su amigo: Tennyson,[67] que es de los
que ven las raíces de las cosas, envía desde su silla de roble en Inglaterra,
ternísimos mensajes al "gran viejo"; Robert Buchanan,[68] el inglés de palabra
briosa, "¿qué habéis de saber de letras—grita a los norteamericanos—, si estáis
dejando correr, sin los honores eminentes que le corresponden, la vejez de
vuestro colosal Walt Whitman?".
   "La verdad es que su poesía, aunque al principio causa asombro, deja
en el alma, atormentada por el empequeñecimiento universal, una sensación
deleitosa de convalecencia. El se crea su gramática y su lógica. El lee en el ojo
del buey y en la savia de la hoja". "¡Ese que limpia suciedades de vuestra casa,
ése es mi hermano!" Su irregularidad aparente, que en el primer momento des-
concierta, resulta luego ser, salvo breves instantes de portentoso extravío, aquel
orden y composición sublimes con que se dibujan las cumbres sobre el horizonte.
   El no vive en Nueva York, su "Manhattan querida", su "Manhattan de
rostro soberbio y un millón de pies", a donde se asoma cuando quiere entonar
"el canto de lo que ve a la Libertad"; vive, cuidado por "amantes amigos", pues
sus libros y conferencias apenas le producen para comprar pan, en una casita

---

[65](1802-85), escritor francés.

[66]Ralph Waldo Emerson (1803-82), poeta e intelectual norteamericano.

[67]Alfred, Lord Tennyson (1850-92), poeta laureado inglés.

[68]Robert Williams Buchanan (1841-1901), escritor y poeta inglés.

arrinconada en un ameno recodo del campo, de donde en su carruaje de anciano le llevan los caballos que ama a ver a los "jóvenes forzudos" en sus diversiones viriles, a los "camaradas" que no temen codearse con este iconoclasta que
quiere establecer "la institución de la camaradería", a ver los campos que crían,
los amigos que pasan cantando del brazo, las parejas de novios, alegres y
vivaces como las codornices. El lo dice en sus "Calamus", el libro enormemente
extraño en que canta el amor de los amigos: "Ni orgías, ni ostentosas paradas,
ni la continua procesión de las calles, ni las ventanas atestadas de comercios,
ni la conversación con los eruditos me satisface, sino que al pasar por mi
Manhattan los ojos que encuentro me ofrezcan amor; amantes, continuos
amantes es lo único que me satisface". El es como los ancianos que anuncia
al fin de su libro prohibido, sus "Hojas de Yerba": "Anuncio miríadas de
mancebos gigantescos, hermosos y de fina sangre; anuncio una raza de ancianos salvajes y espléndidos".

Vive en el campo, donde el hombre natural labra al Sol que lo curte,
junto a sus caballos plácidos, la tierra libre; mas no lejos de la ciudad amable
y férvida, con sus ruidos de vida, su trabajo graneado, su múltiple epopeya, el
polvo de los carros, el humo de las fábricas jadeantes, el Sol que lo ve todo,
"los gañanes que charlan a la merienda sobre las pilas de ladrillos, la ambulancia que corre desalada con el héroe que acaba de caerse de un andamio, la
mujer sorprendida en medio de la turba por la fatiga augusta de la maternidad". Pero ayer vino Whitman del campo para recitar, ante un concurso de
leales amigos, su oración sobre aquel otro hombre natural, aquella alma
grande y dulce, "aquella poderosa estrella muerta del Oeste", aquel Abraham
Lincoln. Todo lo culto de Nueva York asistió en silencio religioso a aquella
plática resplandeciente, que por sus súbitos quiebros, tonos vibrantes, hímnica
fuga, olímpica familiaridad, parecía a veces como un cuchicheo de astros. Los
criados, a leche latina, académica o francesa, no podrían, acaso, entender
aquella gracia heroica. La vida libre y decorosa del hombre en un continente
nuevo ha creado una filosofía sana y robusta que está saliendo al mundo en
epodos atléticos. A la mayor suma de hombres libres y trabajadores que vio
jamás la Tierra, corresponde una poesía de conjunto y de fe, tranquilizadora
y solemne, que se levanta, como el Sol del mar, incendiando las nubes; bor-
deando de fuego las crestas de las olas; despertando en las selvas fecundas de
la orilla las flores fatigadas y los nidos. Vuela el polen; los picos cambian
besos; se aparejan las ramas; buscan el Sol las hojas, exhala todo música; con
ese lenguaje de luz ruda habló Whitman de Lincoln.

Acaso una de las producciones más bellas de la poesía contemporánea
es la mística trenodia que Whitman compuso a la muerte de Lincoln. La Natu-

raleza entera acompaña en su viaje a la sepultura del féretro llorado. Los astros lo predijeron. Las nubes venían ennegreciéndose un mes antes. Un pájaro gris cantaba en el pantano un canto de desolación. Entre el pensamiento y la seguridad de la muerte viaja el poeta por los campos conmovidos, como entre dos compañeros. Con arte de músico agrupa, esconde y reproduce estos elementos tristes en una armonía total de crepúsculo. Parece, al acabar la poesía, como si la Tierra toda estuviese vestida de negro, y el muerto la cubriera desde un mar al otro. Se ven las nubes, la Luna cargada que anuncia la catástrofe, las alas largas del pájaro gris. Es mucho más hermoso, extraño y profundo que "El Cuervo" de Poe.[69] El poeta trae al féretro un gajo de lilas.

Su obra entera es eso.

Ya sobre las tumbas no gimen los sauces; la muerte es "la cosecha, la que abre la puerta, la gran reveladora"; lo que está siendo, fue y volverá a ser; en una grave y celeste primavera se confunden las oposiciones y penas aparentes; un hueso es una flor. Se oye de cerca el ruido de los soles que buscan con majestuoso movimiento su puesto definitivo en el espacio; la vida es un himno; la muerte es una forma oculta de la vida; santo es el sudor y el entozoario es santo; los hombres, al pasar, deben besarse en la mejilla; abrácense los vivos en amor inefable; amen la yerba, el animal, el aire, el mar, el dolor, la muerte; el sufrimiento es menos para las almas que el amor posee; la vida no tiene dolores para el que entiende a tiempo su sentido; del mismo germen son la miel, la luz y el beso; ¡en la sombra que esplende en paz como una bóveda maciza de estrellas, levántase con música suavísima, por sobre los mundos dormidos como canes a sus pies, un apacible y enorme árbol de lilas!

Cada estado social trae su expresión a la literatura, de tal modo, que por las diversas fases de ella pudiera contarse la historia de los pueblos, con más verdad que por sus cronicones y sus décadas. No puede haber contradicciones en la Naturaleza; la misma aspiración humana a hallar en el amor, durante la existencia, y en lo ignorado después de la muerte, un tipo perfecto de gracia y hermosura, demuestra que en la vida total han de ajustarse con gozo los elementos que en la porción actual de vida que atravesamos parecen desunidos y hostiles. La literatura que anuncie y propague el concierto final y dichoso de las contradicciones aparentes; la literatura que, como espontáneo consejo y enseñanza de la Naturaleza, promulgue la identidad en una paz supe-

---

[69]Edgar Allan Poe (1809-49), poeta y cuentista norteamericano.

rior de los dogmas y pasiones rivales que en el estado elemental de los pueblos los dividen y ensangrientan; la literatura que inculque en el espíritu espantadizo de los hombres una convicción tan arraigada de la justicia y belleza definitivas que las penurias y fealdades de la existencia no las descorazonen ni acibaren, no sólo revelará un estado social más cercano a la perfección que todos los conocidos, sino que, hermanando felizmente la razón y la gracia, proveerá a la Humanidad, ansiosa de maravilla y de poesía, con la religión que confusamente aguarda desde que conoció la oquedad e insuficiencia de sus antiguos credos.

¿Quién es el ignorante que mantiene que la poesía no es indispensable a los pueblos? Hay gentes de tan corta vista mental, que creen que toda la fruta se acaba en la cáscara. La poesía, que congrega o disgrega, que fortifica o angustia, que apuntala o derriba las almas, que da o quita a los hombres la fe y el aliento, es más necesaria a los pueblos que la industria misma, pues ésta les proporciona el modo de subsistir, mientras que aquélla les da el deseo y la fuerza de la vida. ¿A dónde irá un pueblo de hombres que hayan perdido el hábito de pensar con fe en la significación y alcance de sus actos? Los mejores, los que unge la Naturaleza con el sacro deseo de lo futuro, perderán, en un aniquilamiento doloroso y sordo, todo estímulo para sobrellevar las fealdades humanas; y la masa, lo vulgar, la gente de apetitos, los comunes, procrearán sin santidad hijos vacíos, elevarán a facultades esenciales las que deben servirles de meros instrumentos y aturdirán con el bullicio de una prosperidad siempre incompleta la aflicción irremediable del alma, que sólo se complace en lo bello y grandioso.

La libertad debe ser, fuera de otras razones, bendecida, porque su goce inspira al hombre moderno—privado a su aparición de la calma, estímulo y poesía de la existencia—aquella paz suprema y bienestar religioso que produce el orden del mundo en los que viven en él con la arrogancia y serenidad de su albedrío. Ved sobre los montes, poetas que regáis con lágrimas pueriles los altares desiertos.

Creíais la religión perdida, porque estaba mudando de forma sobre vuestras cabezas. Levantaos, porque vosotros sois los sacerdotes. La libertad es la religión definitiva. Y la poesía de la libertad el culto nuevo. Ella aquieta y hermosea lo presente, deduce e ilumina lo futuro, y explica el propósito inefable y seductora bondad del Universo.

Oíd lo que canta este pueblo trabajador y satisfecho; oíd a Walt Whitman. El ejercicio de sí lo encumbra a la majestad, la tolerancia a la justicia, y el orden a la dicha. El que vive en un credo autocrático es lo mismo que una ostra en su concha, que sólo ve la prisión que la encierra y cree, en la oscuridad, que aquello es el mundo; la libertad pone alas a la ostra. Y lo que, oído en lo interior de la concha, parecía portentosa contienda, resulta a la luz del aire ser el natural movimiento de la savia en el pulso enérgico del mundo.

El mundo, para Walt Whitman, fue siempre como es hoy. Basta con que una cosa sea para que haya debido ser, y cuando ya no deba ser, no será. Lo que ya no es, lo que no se ve, se prueba por lo que es y se está viendo; porque todo está en todo, y lo uno explica lo otro; y cuando lo que es ahora no sea, se probará a su vez por lo que esté siendo entonces. Lo infinitésimo colabora para lo infinito, y todo está en su puesto, la tortuga, el buey, los pájaros, "propósitos alados". Tanta fortuna es morir como nacer, porque los muertos están vivos; "¡nadie puede decir lo tranquilo que está él sobre Dios y la muerte!". Se ríe de lo que llama desilusión, y conoce la amplitud del tiempo; él acepta absolutamente el tiempo. En su persona se contiene todo: todo él está en todo; donde uno se degrada, él se degrada; él es la marea, el flujo y reflujo; ¿cómo no ha de tener orgullo en sí, si se siente parte viva e inteligente de la Naturaleza? ¿Qué le importa a él volver al seno de donde partió, y convertirse, al amor de la tierra húmeda, en vegetal útil, en flor bella? Nutrirá a los hombres, después de haberlos amado. Su deber es crear; el átomo que crea es de esencia divina; el acto en que se crea es exquisito y sagrado. Convencido de la identidad del Universo, entona el "Canto de mí mismo". De todo teje el canto de sí: de los creados que contienden y pasan, del hombre que procrea y labora, de los animales que le ayudan, ¡ah!, de los animales, entre quienes "ninguno se arrodilla ante otro, ni es superior al otro, ni se queja". El se ve como heredero del mundo.

Nada le es extraño, y lo toma en cuenta todo, el caracol que se arrastra, el buey que con sus ojos misteriosos lo mira, el sacerdote que defiende una parte de la verdad como si fuese la verdad entera. El hombre debe abrir los brazos, y apretarlo todo contra su corazón, la virtud lo mismo que el delito, la suciedad lo mismo que la limpieza, la ignorancia lo mismo que la sabiduría; todo debe fundirlo en su corazón, como en un horno; sobre todo, debe dejar caer la barba blanca. Pero, eso sí, "ya se ha denunciado y tonteado bastante"; regaña a los incrédulos, a los sofistas, a los habladores; ¡procreen en vez de querellarse y añadan al mundo! ¡Créese con aquel respeto con que una devota besa la escalera del altar!

El es de todas las castas, credos y profesiones, y en todas encuentra justicia y poesía. Mide las religiones sin ira; pero cree que la religión perfecta está en la Naturaleza. La religión y la vida están en la Naturaleza. Si hay un enfermo, "idos", dice al médico y al cura, "yo me apegaré a él, abriré las ventanas, le amaré, le hablaré al oído; ya veréis como sana; vosotros sois palabra y yerba, pero yo puedo más que vosotros, porque soy amor". El Creador es "el verdadero amante, el camarada perfecto"; los hombres son "camaradas", y valen más mientras más aman y creen, aunque todo lo que ocupe su lugar y su tiempo vale tanto como cualquiera; mas vean todos el mundo por sí, porque él, Walt Whitman, que siente en sí el mundo desde que éste fue creado, sabe, por lo que el Sol y el aire libre le enseñan, que una salida de Sol le revela más que el mejor libro. Piensa en los orbes, apetece a las mujeres, se siente poseído de amor universal y frenético; oye levantarse de las escenas de la creación y de los oficios del hombre un concierto que le inunda de ventura, y cuando se asoma al río, a la hora en que se cierran los talleres y el Sol de puesta enciende el agua, siente que tiene cita con el Creador, reconoce que el hombre es definitivamente bueno y ve que de su cabeza, reflejada en la corriente, surgen aspas de luz.

Pero ¿qué dará idea de su vasto y ardentísimo amor? Con el fuego de Safo ama este hombre al mundo. A él le parece el mundo un lecho gigantesco. El lecho es para él un altar. "Yo haré ilustres, dice, las palabras y las ideas que los hombres han prostituido con su sigilo y su falsa vergüenza; yo canto y consagro lo que consagraba el Egipto". Una de las fuentes de su originalidad es la fuerza hercúlea con que postra a las ideas como si fuera a violarlas, cuando sólo va a darles un beso, con la pasión de un santo. Otra fuente es la forma material, brutal, corpórea, con que expresa sus más delicadas idealidades. Ese lenguaje ha parecido lascivo a los que son incapaces de entender su grandeza; imbéciles ha habido que cuando celebra en "Calamus", con las imágenes más ardientes de la lengua humana, el amor de los amigos, creyeron ver, con remilgos de colegial impúdico, el retorno a aquellas viles ansias de Virgilio[70] por Cebetes y de Horacio[71] por Giges y Licisco.[72] Y cuando canta en "Los Hijos de Adán" el pecado divino, en cuadros ante los cuales palidecen los más calurosos del "Cantar de los Cantares",[73] tiembla, se encoge, se vierte y dilata, enloquece de orgullo y virilidad satisfecha, recuerda al

---

[70]Publius Vergilius Maro (70-19 a.C.), poeta romano.

[71]Quintus Horatius Flaccus (65-8 a.C.), poeta romano.

[72]Los complementos en los dos casos son jóvenes a los cuales los poetas romanos aludidos dirigieron versos eróticos.

[73]textos amorosos de la Biblia tradicionalmente atribuidos a Solomón, rey de Israel.

dios del Amazonas, que cruzaba sobre los bosques y los ríos esparciendo por la tierra las semillas de la vida: "¡mi deber es crear!". "Yo canto al cuerpo eléctrico", dice en "Los hijos de Adán" y es preciso haber leído en hebreo las genealogías patriarcales del Génesis; es preciso haber seguido por las selvas no holladas las comitivas desnudas y carnívoras de los primeros hombres, para hallar semejanza apropiada a la enumeración de satánica fuerza en que describe, como un héroe hambriento que se relame los labios sanguinosos, las pertenencias del cuerpo femenino. ¿Y decís que este hombre es brutal? Oíd esta composición que, como muchas suyas, no tiene más que dos versos: "Mujeres Hermosas". "Las mujeres se sientan o se mueven de un lado para otro, jóvenes algunas, algunas viejas; las jóvenes son hermosas, pero las viejas son más hermosas que las jóvenes". Y esta otra: "Madre y Niño". Ve el niño que duerme anidado en el regazo de su madre. La madre que duerme, y el niño: ¡silencio! Los estudió largamente, largamente. El prevé que, así como ya se juntan en grado extremo la virilidad y la ternura de los hombres de genio superior, en la paz deleitosa en que descansará la vida han de juntarse, con solemnidad y júbilo dignos del Universo, las dos energías que han necesitado dividirse para continuar la faena de la creación.

Si entra en la yerba, dice que la yerba le acaricia, que "ya siente mover sus coyunturas"; y el más inquieto novicio no tendría palabras tan fogosas para describir la alegría de su cuerpo, que él mira como parte de su alma, al sentirse abrasado por el mar. Todo lo que vive le ama: la tierra, la noche, el mar le aman; "¡penétrame, oh mar, de humedad amorosa!". Paladea el aire. Se ofrece a la atmósfera como un novio trémulo. Quiere puertas sin cerradura y cuerpos en su belleza natural; cree que santifica cuanto toca o le toca, y halla virtud a todo lo corpóreo; él es "Walt Whitman", un cosmos, el hijo de Manhattan, turbulento, sensual, carnoso, que come, bebe y engendra, ni más ni menos que todos los demás. Pinta a la verdad como una amante frenética, que invade su cuerpo y, ansiosa de poseerle, lo liberta de sus ropas. Pero cuando en la clara medianoche, libre el alma de ocupaciones y de libros, emerge entera, silenciosa y contemplativa del día noblemente empleado, medita en los temas que más la complacen: en la noche, el sueño y la muerte; en el canto de lo universal, para beneficio del hombre común; en que "es muy dulce morir avanzando" y caer al pie del árbol primitivo, mordido por la última serpiente del bosque, con el hacha en las manos.

Imagínese qué nuevo y extraño efecto producirá ese lenguaje henchido de animalidad soberbia cuando celebra la pasión que ha de unir a los hombres. Recuerda en una composición del "Calamus" los goces más vivos que debe a

la Naturaleza y a la patria; pero sólo a las olas del océano halla dignas de
corear, a la luz de la luna, su dicha al ver dormido junto a sí al amigo que
ama. El ama a los humildes, a los caídos, a los heridos, hasta a los malvados.
No desdeña a los grandes, porque para él sólo son grandes los útiles. Echa el
brazo por el hombro a los carreros, a los marineros, a los labradores. Caza
y pesca con ellos, y en la siega sube con ellos al tope del carro cargado. Más
bello que un emperador triunfante le parece el negro vigoroso que, apoyado
en la lanza detrás de sus percherones, guía su carro sereno por el revuelto
Broadway. El entiende todas las virtudes, recibe todos los premios, trabaja en
todos los oficios, sufre con todos los dolores. Siente un placer heroico cuando
se detiene en el umbral de una herrería y ve que los mancebos, con el torso
desnudo, revuelan por sobre sus cabezas los martillos, y dan cada uno a su
turno. El es el esclavo, el preso, el que pelea, el que cae, el mendigo. Cuando
el esclavo llega a sus puertas perseguido y sudoroso, le llena la bañadera, lo
sienta a su mesa; en el rincón tiene cargada la escopeta para defenderlo; si se
lo vienen a atacar, matará a su perseguidor y volverá a sentarse a la mesa,
¡cómo si hubiera matado una víbora!

Walt Whitman, pues, está satisfecho; ¿qué orgullo le ha de punzar,
si sabe que se para en yerba o en flor?, ¿qué orgullo tiene un clavel, una hoja
de salvia, una madreselva?, ¿cómo no ha de mirar él con tranquilidad los dolores humanos, si sabe que por sobre ellos está un ser inacabable a quien
aguarda la inmersión venturosa en la Naturaleza? ¿Qué prisa le ha de azuzar,
si cree que todo está donde debe, y que la voluntad de un hombre no ha de
desviar el camino del mundo? Padece, sí, padece; pero mira como un ser
menor y acabadizo al que en él sufre, y siente por sobre las fatigas y miserias
a otro ser que no puede sufrir, porque conoce la universal grandeza. Ser como
es le es bastante y asiste impasible y alegre al curso, silencioso o loado, de su
vida. De un solo bote echa a un lado, como excrecencia inútil, la lamentación
romántica: "¡no he de pedirle al Cielo que baje a la Tierra para hacer mi
voluntad!". Y qué majestad no hay en aquella frase en que dice que ama a los
animales "porque no se quejan". La verdad es que ya sobran los acobardadores;
urge ver cómo es el mundo para no convertir en montes las hormigas; dése
fuerzas a los hombres, en vez de quitarles con lamentos las pocas que el dolor
les deja; pues los llagados ¿van por las calles enseñando sus llagas? Ni las
dudas ni la ciencia le mortifican. "Vosotros sois los primeros, dice a los científicos; pero la ciencia no es más que un departamento de mi morada, no es toda
mi morada; ¡qué pobres parecen las argucias ante un hecho heroico! A la ciencia, salve, y salve al alma, que está por sobre toda la ciencia". Pero donde su
filosofía ha domado enteramente el odio, como mandan los magos, es en la

frase, no exenta de la melancolía de los vencidos, con que arranca de raíz toda razón de envidia; ¿por qué tendría yo celos, dice, de aquel de mis hermanos que haga lo que yo no puedo hacer? "Aquel que cerca de mí muestra un pecho más ancho que el mío, demuestra la anchura del mío". "¡Penetre el Sol la Tierra, hasta que toda ella sea luz clara y dulce, como mi sangre. Sea universal el goce. Yo canto la eternidad de la existencia, la dicha de nuestra vida y la hermosura implacable del Universo. Yo uso zapato de becerro, un cuello espacioso y un bastón hecho de una rama de árbol!"

Y todo eso lo dice en frace apocalíptica. ¿Rimas o acentos? ¡Oh, no!, su ritmo está en las estrofas, ligadas, en medio de aquel caos aparente de frases superpuestas y convulsas, por una sabia composición que distribuye en grandes grupos musicales las ideas, como la natural forma poética de un pueblo que no fabrica piedra a piedra, sino a enormes bloqueadas.

El lenguaje de Walt Whitman, enteramente diverso del usado hasta hoy por los poetas, corresponde, por la extrañeza y pujanza, a su cíclica poesía y a la humanidad nueva, congregada sobre un *continente* fecundo con portentos tales, que en verdad no caben en liras ni serventesios remilgados. Ya no se trata de amores escondidos, ni de damas que mudan de galanes, ni de la queja estéril de los que no tienen la energía necesaria para domar la vida, ni la discreción que conviene a los cobardes. No de rimillas se trata, y dolores de alcoba, sino del nacimiento de una era, del alba de la religión definitiva, y de la renovación del hombre; trátase de una fe que ha de sustituir a la que ha muerto y surge con un claror radioso de la arrogante paz del hombre redimido; trátase de escribir los libros sagrados de un pueblo que reúne, al caer del mundo antiguo, todas las fuerzas vírgenes de la libertad a las ubres y pompas ciclópeas de la salvaje Naturaleza; trátase de reflejar en palabras el ruido de las muchedumbres que se asientan, de las ciudades que trabajan y de los mares domados y los ríos esclavos. ¿Apareará consonantes Walt Whitman y pondrá en mansos dísticos estas montañas de mercaderías, bosques de espinas, pueblos de barcos, combates donde se acuestan a abonar el derecho millones de hombres y Sol que en todo impera, y se derrama con límpido fuego por el vasto paisaje?

¡Oh!, no; Walt Whitman habla en versículos, sin música aparente, aunque a poco de oírla se percibe que aquello suena como el casco de la tierra cuando vienen por él, descalzos y gloriosos, los ejércitos triunfantes. En ocasiones parece el lenguaje de Whitman el frente colgado de reses de una carnicería; otras parece un canto de patriarcas, sentados en coro, con la suave tristeza del mundo a la hora en que el humo se pierde en las nubes; suena otras veces como un beso brusco, como un forzamiento, como el chasquido de cuero reseco que revienta al Sol; pero jamás pierde la frase su movimiento rítmico de ola. El mismo dice cómo habla: "en alaridos proféticos; éstas son, dice, unas pocas palabras indicadoras de lo futuro". Eso es su poesía, índice; el sentido de lo universal pervade el libro y le da, en la confusión superficial, una regularidad grandiosa; pero sus frases desligadas, flagelantes, incompletas, sueltas, más que expresan, emiten: "lanzo mis imaginaciones sobre las canosas montañas"; "di, Tierra, viejo nudo montuoso, ¿qué quieres de mí?", "hago resonar mi bárbara fanfarria sobre los techos del mundo".

No es él, no, de los que echan a andar un pensamiento pordiosero, que va tropezando y arrastrando bajo la opulencia visible de sus vestiduras regias. El no infla tomeguines[74] para que parezcan águilas; él riega águilas, cada vez que abre el puño, como un sembrador riega granos. Un verso tiene cinco sílabas; el que le sigue cuarenta, y diez el que le sigue. El no esfuerza la comparación, y en verdad no compara, sino que dice lo que ve o recuerda con un complemento gráfico e incisivo, y dueño seguro de la impresión de conjunto que se dispone a crear, emplea su arte, que oculta por entero, en reproducir los elementos de su cuadro con el mismo desorden con que los observó en la Naturaleza. Si desvaría, no disuena, porque así vaga la mente sin orden ni esclavitud de un asunto a sus análogos; mas luego, como si sólo hubiese aflojado las riendas sin soltarlas, recógelas de súbito y guía de cerca, con puño de domador, la cuadriga[75] encabritada, sus versos van galopando, y como engullendo la tierra a cada movimiento; unas veces relinchan ganosos, como cargados sementales; otras, espumantes y blancos, ponen el casco sobre las nubes; otras se hunden, osados y negros, en lo interior de la tierra, y se oye por largo tiempo el ruido. Esboza; pero dijérase que con fuego. En cinco líneas agrupa, como un haz de huesos recién roídos, todos los horrores de la guerra. Un adverbio le basta para dilatar o recoger la frase, y un adjetivo para sublimarla. Su método ha de ser grande, puesto que su efecto lo es; pero pudiera creerse que procede sin método alguno; sobre todo en el uso de las palabras, que mezcla con nunca visto atrevimiento, poniendo las augustas y casi divinas al lado de las que pasan por menos apropiadas y decentes. Ciertos cuadros no los pinta con epítetos, que en él son siempre vivaces y profundos, sino por sonidos, que compone y desvanece con destreza cabal, sosteniendo así con el turno de los procedimientos el interés que la monotonía de un modo exclusivo pondría en riesgo. Por repeticiones atrae la melancolía, como los salvajes. Su

---

[74]un tipo de pájaro.

[75]carro tirado por cuatro caballos.

cesura, inesperada y cabalgante, cambia sin cesar, y sin conformidad a regla alguna, aunque se percibe un orden sabio en sus evoluciones, paradas y quiebros. Acumular le parece el mejor modo de describir, y su raciocinio no toma jamás las formas pedestres del argumento ni las altisonantes de la oratoria, sino el misterio de la insinuación, el fervor de la certidumbre y el giro ígneo de la profecía. A cada paso de hallan en su libro estas palabras nuestras: *viva, camarada, libertad, americanos*. Pero ¿qué pinta mejor su carácter que las voces francesas que, con arrobo, perceptible, y como para dilatar su significación, incrusta en sus versos?: *ami, exalté, accoucheur, nonchalant, ensemble*;[76] *ensemble*, sobre todo, le seduce, porque él ve el cielo de la vida de los pueblos, y de los mundos. Al italiano ha tomado una palabra: *¡bravura!*

Así, celebrando el músculo y el arrojo; invitando a los transeúntes a que pongan en él, sin miedo, su mano al pasar; oyendo, con las palmas abiertas al aire, el canto de las cosas; sorprendiendo y proclamando con deleite fecundidades gigantescas; recogiendo en versículos édicos[77] las semillas, las batallas y los orbes; señalando a los tiempos pasmados las colmenas radiantes de hombres que por los valles y cumbres americanos se extienden y rozan con sus alas de abeja la fimbria de vigilante libertad; pastoreando los siglos amigos hacia el remanso de la calma eterna, aguarda Walt Whitman, mientras sus amigos le sirven en manteles campestres la primera pesca de la Primavera rociada con champaña, la hora feliz en que lo material se aparte de él, después de haber revelado al mundo un hombre veraz, sonoro y amoroso, y en que, abandonado a los aires purificadores, germine y arome en sus ondas, "¡desembarazado, triunfante, muerto!".

Nuestra América. Prólogo de Juan Marinello; selección de Hugo Achúgar; cronología de Cintio Vitier. Caracas: Biblioteca Ayacucho, 1977. *Obra literaria*. Caracas: Biblioteca Ayacucho, 1978.

---

[76]palabras francesas que quieren decir, respectivamente, amigo, exaltado, obstetra/"médico partero", despreocupado, conjunto.

[77]danzas y canciones de la antigua Grecia.

JOSE ASUNCION SILVA (Colombia; 1865-96)

"Los maderos de San Juan"

¡Aserrín!
¡Aserrán!
Los maderos de San Juan,
piden queso, piden pan,
      los de Roque
      alfandoque,
      los de Rique
      alfeñique
¡los de Triqui, triqui, tran!

Y en las rodillas duras y firmes de la Abuela,
con movimiento rítmico se balancea el niño
y ambos agitados y trémulos están;
la Abuela se sonríe con maternal caríno
mas cruza por su espíritu como un temor extraño
por lo que en lo futuro, de angustia y desengaño
los días ignorados del nieto guardarán.

      Los maderos de San Juan
      piden queso, piden pan.
        ¡Triqui, triqui,
        triqui, tran!

Esas arrugas hondas recuerdan una historia
de sufrimientos largos y silenciosa angustia
y sus cabellos, blancos, como la nieve, están.
De un gran dolor el sello marcó la frente mustia
y son sus ojos turbios espejos que empañaron
los años, y que, ha tiempos, las formas reflejaron
de cosas y seres que nunca volverán.
      Los de Roque, alfandoque

¡Triqui, triqui, triqui, tran!

Mañana cuando duerma la Anciana, yerta y muda,
lejos del mundo vivo, bajo la oscura tierra,
donde otros, en la sombra, desde hace tiempo están,
del nieto a la memoria, con grave son que encierra
todo el poema triste de la remota infancia,
cruzando por las sombras del tiempo y la distancia,
¡de aquella voz querida las notas vibrarán!

> Los de Rique, alfeñique,
> ¡Triqui, triqui, triqui, tran!

Y en tanto en las rodillas cansadas de la Abuela
con movimiento rítmico se balancea el niño
y ambos conmovidos y trémulos están;
la Abuela se sonríe con maternal cariño
mas cruza por su espíritu como un temor extraño
por lo que en lo futuro, de angustia y desengaño
los días ignorados del nieto guardarán.

> ¡Aserrín!
> ¡Aserrán!

> Los maderos de San Juan
> pideo queso, piden pan,
>   los de Roque
>   alfandoque
>   los de Rique
>   alfeñique
> ¡Triqui, triqui, triqui, tran!
> ¡Triqui, triqui, triqui, tran!

"Nocturno"

Una noche,

una noche toda llena de perfumes, de murmullos de música de alas,
       una noche,
en que ardían en la sombra nupcial y húmeda, las luciérnagas fantásticas,
a mi lado, lentamente, contra mí ceñida, toda,
       muda y pálida
como si un presentimiento de amarguras infinitas,
hasta el fondo más secreto de tus fibras te agitara,
por la senda que atraviesa la llanura florecida
       caminabas,
       y la luna llena
por los cielos azulosos, infinitos y profundos esparcía su luz blanca,
       y tu sombra,
       fina y lánguida,
       y mi sombra
por los rayos de la luna proyectada,
sobre las arenas tristes
de la senda se juntaban
       y eran una
       y eran una
¡y eran una sola sombra larga!
¡Y eran una sola sombra larga!
¡Y eran una sola sombra larga!

       Esta noche
       solo, el alma
llena de las infinitas amarguras y agonías de tu muerte,
separado de ti misma, por la sombra, por el tiempo y la distancia,
       por el infinito negro,
       donde nuestra voz no alcanza
       solo y mudo
       por la senda caminaba,
y se oían los ladridos de los perros a la luna,
       a la luna pálida
       y el chillido
       de las ranas...
Sentí frío; ¡era el frío que tenían en la alcoba
tus mejillas y tus sienes y tus manos adoradas,
       entre las blancuras níveas
       de las mortüorias sábanas!

Era el frío del sepulcro, era el frío de la muerte,
     era el frío de la nada...
          Y mi sombra
     por los rayos de la luna proyectada,
          iba sola
          iba sola
     ¡iba sola por la estepa solitaria!
     Y tu sombra esbelta y ágil.
          fina y lánguida,
como en esa noche tibia de la muerta privamera,
como en esa noche llena de perfumes, de murmullos y de músicas de alas,
     se acercó y marchó con ella,
     se acercó y marchó con ella,
se acercó y marchó con ella... ¡Oh las sombras enlazadas!
¡Oh las sombras que se buscan y se juntan en las noches de negruras y de
               [negras lágrimas!...

"Psicopatía"

El parque se despierta, ríe y canta
en la frescua matinal... La niebla
donde saltan aéreos surtidores,
de arco iris se puebla
y en luminosos velos se levanta.
Su olor esparcen entreabiertas flores,
suena en las ramas verdes el pío, pío,
de los alados huéspedes cantores,
brilla en el cesped húmedo el rocío...
¡Azul el cielo!... Y la suave
brisa que pasa, dice
¡reíd! ¡Cantad! ¡Amad! ¡La vida es fiesta!
¡Es calor, es pasión, es movimiento!
Y forjando en las ramas una orquesta,
con voz grave lo mismo dice el viento,
y por entre el sutil encantamiento
de la mañana sonrosada y fresca,
de la luz, de las yerbas y las flores,

pálido, descuidado, soñoliento,
sin tener en la boca una sonrisa
y de negro vestido,
un filósofo joven se pasea,
olvida luz y olor primaverales,
ie impertérrito sigue en su tarea
de pensar en la muerte, en la conciencia
y en las causas finales!
Lo sacuden las ramas de azalea,
dándole al aire el aromado aliento
de las rosadas flores,
lo llaman unos pájaros, del nido
do cantan sus amores,
y los cantos risueños
van por entre el follaje estremecido,
a suscitar voluptuosos sueños
y él sigue su camino, triste, serio,
pensando en Fichte, en Kant, en Vogt, en Hegel,[1]
iy del *yo* complicado en el misterio!
La chicuela del médico que pasa,
una rubia adorable, cuyos ojos
arden como una brasa,
abre los labios húmedos y rojos
y le pregunta al padre, enternecida:
—aquel señor, papá, ¿de qué está enfermo,
qué tristeza le anubla así la vida?
Cuando va a casa a verle a usted, me duermo:
tan silencioso y triste... ¿Qué mal sufre?...
...Una sonrisa el profesor contiene,
mira luego una flor, color de azufre,
oye el canto de un pájaro que viene,
y comienza de pronto, con descaro...
—Ese señor padece un mal muy raro,
que ataca rara vez a las mujeres

[1]Johann Gottlieb Fichte (1762-1814); Immanuel Kant (1724-1804); Karl Vogt (1817-95); Georg Wilhelm Friedrich Hegel (1770-1831); los cuatro fueron pensadores alemanes, Vogt un naturalista y antropólogo y los otros filósofos.

y pocas a los hombres... ¡hija mía!
Sufre ese mal: ...pensar..., esa es la causa
de su grave y sutil melancolía...
El profesor después hace una pausa
y sigue... —En las edades
de bárbaras naciones,
serias autoridades
curaban ese mal dando cicuta,
encerrando al enfermo en las prisiones
o quemándolo vivo... ¡Buen remedio!
Curación decisiva y absoluta
que contaba de lleno la disputa
y sanaba al paciente... mira el medio,
la profilaxia, en fin... Antes, ahora,
el mal reviste tantas formas graves,
la invasión se dilata aterradora
y no la curan polvos ni jarabes;
en vez de prevenirlo los gobiernos
lo riegan y estimulan,
tomos gruesos, revistas y cuadernos,
revuelan y circulan
y dispersan el germen homicida...
El mal, gracias a Dios, no es contagioso
y lo adquieren muy pocos: en mi vida,
sólo he curado a dos... Les dije: —mozo,
váyase usted a trabajar de lleno,
en una fragua negra y encendida
o en un bosque espesísimo y sereno;
machaque hierro hasta arrancarle chispas,
o tumbe viejos troncos seculares
y logre que lo piquen las avispas;
si lo prefiere usted, cruce los mares
de grumete en un buque, duerma, coma
muévase, grite, forcejee y sude,
mire la tempestad cuando se asoma,
y los cables de popa ate y anude,
hasta hacerse diez callos en las manos
¡y limpiarse de ideas el cerebro!...
Ellos lo hicieron y volvieron sanos...

—Estoy tan bien, doctor... —¡Pues lo celebro!
Pero el joven aquel es caso grave,
como conozco pocos:
más que cuantos nacieron piensa y sabe,
irá a pasar diez años con los locos,
y no se curará sino hasta el día
en que duerma a sus anchas
en una angosta sepultura fría,
lejos del mundo y de la vida loca,
entre un negro ataúd de cuatro planchas,
¡con un montón de tierra entre la boca!

"Día de difuntos"

La luz vaga... opaco el día,
la llovizna cae y moja
con sus hilos penetrantes la ciudad desierta y fría.
Por el aire tenebrosa ignorada mano arroja
un oscuro velo opaco de letal melancolía,
y no hay nadie que, en lo íntimo, no se aquiete y se recoja
al mirar las nieblas grises de la atmósfera sombría,
y el oír en las alturas
melancólicas y oscuras
los acentos dejativos[2]
y tristísimos e inciertos
con que suenan las campanas,
¡las campanas plañideras que les hablan a los vivos
de los muertos!
¡Y hay algo angustioso e incierto
que mezcla a ese sonido su sonido,
e inarmónico vibra en el concierto
que alzan los bronces al tocar a muerto
por todos los que han sido!
Es la voz de una campana

---

[2]abandonado, perezoso.

que va marcando la hora,
hoy lo mismo que mañana,
rítmica, igual y sonora;
una campana se queja,
y la otra campana llora,
esa tiene voz de vieja,
esta de niña que ora.
Las campanas más grandes, que dan un doble recio
suenan con un acento de místico desprecio,
mas la campana que da la hora,
ríe, no llora.
Tiene en su timbre seco sutiles ironías,
su voz parece que habla de goces, de alegrías,
de placeres, de citas, de fiestas y de bailes,
de las preocupaciones que llenan nuestros días:
es una voz del siglo entre un coro de frailes,
y con sus notas se ríe,
escéptica y burladora,
de la campana que ruega
de la campana que implora
y de cuanto aquel coro conmemora,
y es porque con su retintín
ella midió el dolor humano
y marcó del dolor el fin;
por eso se ríe del grave esquilón[3]
que suena allá arriba con fúnebre son,
por eso interrumpe los tristes conciertos
con que el bronce santo llora por los muertos...
¡No la oigáis, oh bronces! No la oigáis, campanas,
que con la voz grave de ese clamoreo,
rogáis por los seres que duermen ahora
lejos de la vida, libres del deseo,
lejos de las rudas batallas humanas!
¡Seguid en el aire vuestro bamboleo!
no la oigáis, campanas!
¿Contra lo imposible qué puede el deseo?

_____

[3]augmentativo de esquila en el sentido de campanilla.

Allá arriba suena,
rítmica y serena,
esa voz de oro
y sin que lo impidan sus graves hermanas
que rezan en coro,
la campana del reloj
suena, suena, suena ahora,
y dice que ella marcó
con su vibración sonora
de los olvidos la hora,
que después de la velada
que pasó cada difunto,
en una sala enlutada
y con la familia junto
en dolorosa actitud
mientras la luz de los cirios
alumbraba el ataúd
y las coronas de lirios;
que después de la tristura
de los gritos de dolor,
de las frases de amargura,
del llanto desgarrador,
marcó ella misma el momento
en que con la languidez
del luto huyó el pensamiento
del muerto, y el sentimiento...
Seis meses más tarde o diez...
Y hoy, día de muertos, ahora que flota
en las nieblas grises la melancolía,
en que la llovizna cae, gota a gota,
y con sus tristezas los nervios emboba,
y envuelve en un manto la ciudad sombría,
ella que ha medido la hora y el día
en que a cada casa, lúgubre y vacía,
tras del luto breve volvió la alegría;
ella que ha marcado la hora del baile
en que al año justo, un vestido aéreo
estrena la niña, cuya madre duerme
olvidada y sola en el cementerio,

suena indiferente a la voz de fraile
del esquilón grave y a su canto serio;
ella que ha medido la hora precisa,
en que a cada boca, que el dolor sellaba,
como por encanto volvió la sonrisa,
esa precursora de la carcajada;
ella que ha marcado la hora en que el viudo
habló de suicidio y pidió el arsénico,
cuando aun en la alcoba, recién perfumada,
flotaba el aroma del ácido féncio
y ha marcado luego la hora en que, mudo
por las emociones con que el goce agobia,
para que lo unieran con sagrado nudo,
a la misma iglesia fue con otra novia;
¡ella no comprende nada del misterio
de aquellas quejumbres que pueblan el aire,
y lo ve en la vida todo jocoserio
y sigue marcado con el mismo modo
el mismo entusiasmo y el mismo desgaire
la huída del tiempo que lo barra todo!

      y eso es lo angustioso y lo incierto
      que flota en el sonido,
¡esa es la nota irónica que vibra en el concierto
      que alzan los bronces al tocar a muerto
      por todos los que han sido!
      Esa es la voz fina y sutil,
      de vibraciones de cristal,
      que con acento juvenil
      indiferente al bien y al mal,
      mide lo mismo la hora vil,
      que la sublime o la fatal
      y resuena en las alturas,
      melancólicas y oscuras,
      sin tener en su tañido
      claro, rítmico y sonoro,
      los acentos dejativos
      y tristísimos e inciertos
      de aquel misterioso coro,
con que ruegan las campanas, las campanas,

las campanas plañideras
que les hablan a los vivos
de los muertos!

Obra completa. Prólogo de Eduardo Camacho Gurzado; edición, notas y cronología de Eduardo Camacho Gurzado y Gustavo Mejía. Caracas: Biblioteca Ayacucho, 1977.

MANUEL GUTIERREZ NAJERA (México; 1859-95)

"Para entonces"

Quiero morir cuando decline el día,
en alta mar y con la cara al cielo,
donde parezca sueño la agonía
y el alma un ave que remonta el vuelo.

No escuchar en los últimos instantes,
ya con el cielo y con el mar a solas,
más voces ni plegarias sollozantes
que el majestuoso tumbo de las olas.

Morir cuando la luz retira
sus áureas redes de la onda verde,
y ser como ese sol que lengo expira:
algo muy luminoso que se pierde.

Morir, y joven; antes que destruya
el tiempo aleve la gentil corona,
cuando la vida dice aún: "Soy tuya",
aunque, sepamos bien que nos traiciona.

"La duquesa de Job"

A Manuel Puga y Acal.

En dulce charla de sobremesa,
mientras devoro fresa tras fresa,
y abajo ronca tu perro "Bob",
te haré el retrato de la duquesa

que adora a veces al duque Job.[1]

No es la condeza de Villasana[2]
caricatura, ni la poblana
de enagua roja, que Prieto amó.
No es la criadita de pies nudosos,
ni la que sueña con los gomosos
y con los gallos de Micoló.

Mi duquesita, la que me adora,
no tiene humos de gran señora.
Es la griseta de Paul de Kock.
No baila *Boston* y desconoce
de las carreras el alto goce,
y los placeres del *five o'clock*.

Pero ni el sueño de algún poeta,
ni los querubes que vio Jacob,
fueron tan bellos cual la coqueta
de ojitos verdes, rubia griseta[3]
que adora a veces al duque Job.

Si pisa alfombras, no es en su casa;
si por Plateros alegre pasa
y la saluda Madam Marnat,
no es, sin disputa, porque la vista,
si porque a casa de otra modista
desde temprano rápida va.

No tiene alhajas mi duquesita,
pero es tan guapa y es tan bonita
y tiene un perro tan *v'lan*, tan *pschutt*,
de tal manera trasciende a Francia

---

[1]pseudónimo usado por Gutiérrez Nájera.

[2]Las innumerables referencias culturales de este texto sirven para establecer un ambiente de sofisticación y poca falta hace aclarar cada una.

[3]españolización de la palabra francesa *grisette*, obrera joven y pizpirreta.

que no la igualan en elegancia
ni las clientes de Hélene Kossut.

Desde las puertas de la Sorpresa
hasta la esquina del Jockey Club,
no hay española, yanqui o francesa,
ni más bonita, ni más traviesa
que la duquesa del duque Job.

¡Cómo resuena su taconeo
en las baldosas! ¡Con qué meneo
luce su talle de tentación!
¡Con qué airecito de aristocracia
mira a los hombres, y con qué gracia
frunce los labios—¡Mimí Pinsón!

Si alguien la alcanza, si la requieba,
ella, ligera como una cebra,
sigue camino del almacén;
pero, ¡ay del tuno si alarga el brazo!
Nadie le salva del sombrillazo
que le descarga sobre la sien!

¡No hay en el mundo mujer más linda!
Pie de andaluza, boca de guinda,
sprint rociado de Veuve Clicquot
talle de avispa, cutis de ala,
ojos traviesos de colegiala
como los ojos de Louise Theo.

Agil, nerviosa, blanca, delgada,
media de seda bien restirada,
gola de encaje corsé de "¡crac!",
nariz pequeña, garbosa, cuca,
y palpitantes sobre la nuca
rizos tan rubios como el coñac.

Sus ojos verdes bailan el tango;
nada hay más bello que el arremango

provocativo de su nariz.
Por ser tan joven y tan bonita,
cual mi sedosa, blanca gatita,
diera sus pajes la emperatriz.

¡Ah! Tú no has visto cuando se peina,
sobre sus hombros de rosa reina
caer los rizos en profusión.
Tú no has oído qué alegre canta,
mientras sus brazos y su garganta
de fresca espuma cubre el jabón.

Y los domingos, ¡con qué alegría!
oye en su lecho bullir el día
y hasta las nueve quieta se está!
¡Cuál se acurruca la perezosa
bajo la colcha color de rosa,
mientras a misa la criada va!

La breve cofia de blanco encaje
cubre sus rizos, el limpio traje
aguarda encima del canapé.
Altas, lustrosas y pequeñitas,
sus puntas muestran las dos botitas,
abandonadas del catre al pie.

Después, ligera, del lecho brinca,
¡oh quién la viera cuando se hinca
blanca y esbelta sobre el colchón!
¿Qué valen junto de tanta gracia
las niñas ricas, la aristocracia,
ni mis amigas de cotillón?

Toco; se viste; me abre; almorzamos;
con apetito los dos tomamos
un par de huevos y buen beefsteak,
media botella de rico vino,
y en coche, juntos, vamos camino
del pintoresco Chapultepec.

Desde las puertas de la Sorpresa
hasta la esquina del Jockey Club,
no hay española, yanqui o francesa,
ni más bonita, ni más traviesa
que la duquesa del duque Job.

"El hada verde"

(Canción del bohemio)

En tus abismos, negros y rojos,
fiebre implacable, mi alma se pierde,
y en tus abismos miro los ojos
los verdes ojos del hada verde.
Es nuestra musa glauca y sombría,
la copa rompe, la lira quiebra,
y a nuestro cuello se enrosca impía
                como culebra.
Llega y nos dice: "¡Soy el Olvido;
yo tus dolores aliviaré!"
Y entre sus brazos, siempre dormido,
                yace Musset.[4]
¡Oh, musa verde! Tú la que flotas
en nuestras venas enardecidas,
tú la que absorbes, tú la que agotas
                almas y vidas.
En las pupilas concupiscencia;
juego en la mesa donde se pierde,
con el dinero, vida y conciencia;
en nuestras copas eres demencia...
                ¡oh musa verde!
Son ojos verdes los que buscamos,
verde el tapete donde jugué,
verdes absintios los que apuramos

---

[4]Alfred de Musset (1810-57), escritor francés.

y verde el sauce que colocamos
en tu sepulcro, ¡pobre Musset!

"Mariposas"

A J. M. Bustillos.

     Ora blancas cual copos de nieve,
ora negras, azules o rojas,
en miriadas esmaltan al aire
y en los pétalos frescos retozan.
Leves saltan del cáliz abierto,
como prófugas almas de rosas,
y con gracia gentil se columpian
en sus verdes hamacas de hojas.
Una chispa de luz les da vida
y una gota al caer las ahoga;
aparecen al claro del día,
y ya muertas las halla la sombra.

     ¿Quién conoce sus nidos ocultos?
¿En qué sitio de noche reposan?
¡Las coquetas no tienen morada!...
¡Las volubles no tiene alcoba!...
Nacen, aman, y brillan y mueren.
En el aire, al morir se transforman,
y se van sin dejarnos su huella,
cual de tenue llovizna las gotas.
Tal vez unas en flores se truecan,
y llamadas al cielo las otras,
con millones de alitas compactas
el arco iris espléndido forman.
Vagabundas, ¿en dónde está el nido?
Sulanita, ¿qué harén te aprisiona?
¿A qué amante prefieres, coqueta?
¡En qué tumba dormís, mariposas?

¡Así vuelan y pasan y expiran
las quimeras de amor y de gloria,
esas alas brillantes del alma,
ora blancas, azules o rojas!
¿Quién conoce en qué sitio os perdisteis,
Ilusiones que sois mariposas?
¡Cuán ligero voló vuestro enjambre
al caer en el alma la sombra!
tú, la blanca, ¿por qué ya no vienes?
¿No eres fresco azahar de mi novia?
te formé con un grumo del cirio
que de niño llevé a la parroquia;
eras casta, creyente, sencilla,
y al posarte temblando en mi boca,
murmurabas, heraldo de goces,
"¡Ya está cerca tu noche de bodas!"

¡Ya no viene la blanca, la buena!
¡Ya no viene tampoco la roja,
la que en sangre teñí, beso vivo,
al morder unos labios de rosa!
Ni la azul que me dijo: ¡poeta!
¡Ni la de oro, promesa de gloria!
¡Es de noche... ya no hay mariposas!
¡Ha caído la tarde en el alma!
Encended ese cirio amarillo...
Ya vendrán en tumulto las otras,
¡Las que tienen las alas muy negras
y se acercan en fúnebre ronda!
¡Compañeras, la pieza está sola!
Si por mi alma os habéis enlutado,
¡Venid pronto, venid mariposas!

"De blanco"

¿Qué cosa más blanca que cándido lirio?
¿Qué cosa más pura que místico cirio?
¿Qué cosa más casta que tierno azahar?
¿Qué cosa más virgen que leve neblina?
¿Qué cosa más santa que el ara divina
                              de gótico altar?
De blancas palomas el aire se puebla;
con túnica blanca, tejida de niebla,
se envuelve a lo lejos feudal torreón;
erguida en el huerto la trémula acacia
al soplo del viento sacude con gracia
                              su níveo pompón.
¿No ves en el monte la nieve que albea?
La torre muy blanca domina la aldea,
las tiernas ovejas triscando se van;
de cisnes intactos el lago se llena;
columpia su copa la enhiesta azucena
y su ánfora inmensa levanta el volcán;
Entremos al templo. La hostia fulgura;
de nieve parecen las canas del cura,
vestido con alba de lino sutil.
Cien niñas hermosas ocupan las bancas
y todas vestidas con túnicas blancas
en ramos ofrecen las flores de abril.

Subamos al coro. La virgen propicia
escucha los rezos de casta novicia
y el Cristo de mármol expira en la cruz.
Sin mancha se yerguen las velas de cera;
de encaje es la tenue cortina ligera
que ya transparenta del alba la luz.

Bajemos al campo. Tumulto de plumas
parece el arroyo de blancas espumas
que quieren, cantando, correr y saltar.
Su airosa mantilla de fresca neblina

terció la montaña; la vela latina
de barca ligera se pierde en el mar.

Ya salta del lecho la joven hermosa
y el agua refresca sus hombros de diosa,
sus brazos ebúrneos, su cuello gentil.
Cantando y risueña se ciñe la enagua,
y trémula brillan las gotas del agua
en su árabe peine de blanco marfil.

¡Oh, mármol! ¡Oh, nieve! ¡Oh, hermosa blancura,
que esparces doquiera tu casta hermosura!
¡Oh, tímida virgen! ¡Oh, casta vestal!
Tú estás en la estatua de eterna belleza;
de tu hábito blanco nació la pureza,
¡al ángel dos alas, sudario al mortal!

Tú cubres al niño que llega a la vida,
coronas las sienes de fiel prometida,
al paje revistes de rico tisú.
¡Qué blancos son, reina, los mantos de armiño!
¡Qué blanca es, oh, madres, la cuna del niño!
¡Qué blanca mi amada, qué blanca eres tú!

En los sueños ufanos de amores contemplo
alzarse muy blancas las torres de un templo,
y oculto entre lirios abrirse un hogar;
y el velo de novia prenderse a tu frente,
cual nube de gasa que cae lentamente
y viene en tus hombros de encaje a posar.

"Mis enlutadas"

Descienden taciturnas las tristezas
al fondo de mi alma,
y entumecidas, haraposas, brujas,
con uñas negras

mi vida escarban.

De sangre es el color de sus pupilas,
de nieve son sus lágrimas,
hondo pavor me infunden..., yo las amo
por ser las solas
que me acompañan.

Aguárdolas ansioso, si el trabajo
de ellas me separa,
y búscolas en medio del bullicio,
y son constantes
y nunca tardan.

En las fiestas, a ratos se me pierden
o se ponen la máscara,
pero luego las hallo, y así dicen:
—¡Ven con nosotras!
Vamos a casa.

Suelen dejarme cuando, sonriendo,
mis pobres esperanzas
como enfermitas ya convalecientes
salen alegres
a la ventana.

Corridas huyen, pero vuelven luego
y por la puerta falsa
entran trayendo como nuevo huésped
alguna triste,
lívida hermana.

Ábrese a recibirlas la infinita
tiniebla de mi alma,
y van prendiendo en ella mis recuerdos
cual tristes cirios
de cera pálida.

Entre esas luces, rígido, tendido,

mi espíritu descansa;
y las tristezas, revolando en torno,
lentas salmodian,
rezan y cantan.

    Escudriñando el húmedo aposento
rincones y covachas,
el escondrijo do[5] guardé cuitado
todas mis culpas,
todas mi faltas,
y hurgando mudas, como hambrientas lobas,
las encuentran, las sacan,
y volviendo a mi lecho mortuorio
me las enseñan
y dicen: Habla.

    En lo profundo de mi ser bucean,
pescadores de lágrimas,
y vuelven mudas con las negras conchas
en donde brillan
gotas heladas.

    A veces me revuelvo contra ellas
y las muerdo con rabia,
como la niña desvalida y mártir
muerde a la arpía
que la maltrata.

    Pero en seguida, viéndose impotente,
mi cólera se aplaca,
¿Qué culpa tienen, pobres hijas mías,
si yo las hice
con sangre y alma?

    Venid, tristezas de pupila turbia,
venid, mis enlutadas,

---

[5]donde.

las que viajáis por la infinita sombra
donde está todo
lo que se ama.

      Vosotras no engañáis; venid, tristezas,
¡oh, mis criaturas blancas
abandonandas por la madre impía,
tan embustera,
por la esperanza!

      ¡Venid y habladme de las cosas idas,
de las tumbas que callan,
de muertos buenos y de ingratos vivos...
Voy con vosotras,
vamos a casa.

Poesías. México, D.F.: Editores Mexicanos Unidos, 1977.

JULIAN DEL CASAL (Cuba; 1863-93)

"Mis amores"

SONETO POMPADOUR[1]

Amo el bronce, el cristal, las porcelanas,
las vidrieras de múltiples colores,
los tapices pintados de oro y flores
y las brillantes lunas venecianas.

Amo también las bellas castellanas,
la canción de los viejos trovadores,
los árabes corceles voladores,
las flébiles[2] baladas alemanas;

el rico plano de marfil sonoro,
el sonido del cuerno en la espesura,
del pebetero[3] la fragante esencia,

y el lecho de marfil, sándalo y oro,
en que deja la virgen hermosura
la ensangrentada flor de su inocencia.

---

[1]es decir, soneto que evoca a Antonieta Poisson, marquesa de Pompadour (1721-64), favorita del rey Luis XV de Francia y símbolo tanto de frivolidad como de la mujer interesada.

[2]tristes.

[3]recipiente para quemar sustancias perfumantes.

"El anhelo del monarca"

(IMITACIÓN DE COPEE)[4]

Bajo el purpúreo dosel
de su trono esplendoroso,
un monarca poderoso
ve pasar su pueblo fiel.

Arden en los pebeteros
los perfumes orientales
que, en azules espirales,
cruzan los aires ligeros.

Con arrogante apostura
la hueste guerrera avanza,
mostrando la férrea lanza
y la fulgente armadura.

Ondean los pabellones
por el viento desplegados,
en los muros elevados
de los fuertes torreones.

Como el rey entristecido
su cabeza doblegaba,
pareciendo que buscaba
de algún pesar el olvido,

viose hasta el trono subir
una mujer seductora,
y, con voz encantadora,
así comenzó a decir

—¡Oh, gran rey! ¿Qué pena impía
nubla tu frente serena,

---

[4]François Coppée (1842-1908), poeta francés.

y tu alma piadosa llena
de mortal melancolía?

¿Quieres gloria? Tus legiones
la Tierra conquistarán,
y ante tus plantas vendrán
a postrarse las naciones.

¿Quieres legar a la historia
un soberbio monumento
que suba hasta el firmamento
y eternice tu memoria?

¿Quieres gozar? Mil mujeres,
de arrobadora belleza,
disiparán tu tristeza,
colmándola de placeres.

Habla. Tu capricho es ley
que al instante cumpliremos.
¡Sólo tu dicha queremos!
¡Tú sólo eres nuestro rey!

....

El rey, lleno de amargura,
la cabeza levantó,
y a la hermosa contestó:
—¡Cavadme la sepultura!

"Confidencia"

¿Por qué lloras, mi pálida adorada,
y doblas la cabeza sobre el pecho?
—Una idea me tiene torturada
y siento el corazón pedazos hecho

—Dímela:—¿No te amaron en la vida?
—¡Nunca!—Si mientes, permanezco seria.
—Pues oye: sólo tuve una querida
que me fue siempre fiel.—¿Quién?—La Miseria.

"Nocturno"

Cuando la noche, en el azul del cielo,
muestra sus enlutados esplendores,
duerme la Tierra y, solitario, velo
de mi lámpara ardiente a los fulgores,

alrededor de mi sencilla mesa
se encuentran mis papeles esparcidos,
como del árbol a la sombra espesa
las plumas que cayeron de los nidos.

Anotando sentidas impresiones
o persiguiendo frases armoniosas,
escucho del reloj las vibraciones
entre las densas sombras misteriosas.

Enjambres de quimeras fugitivas
surgen de mi cerebro visionario,
como surgen las áureas siemprevivas
del fondo de un sepulcro solitario.

Pensando en el amor de las mujeres
que amé en la edad feliz de las pasiones,
hallo siempre satánicos placeres
en disecar sus muertos corazones.

Si evoco la memoria de un amigo
que en el país natal vive ignorado,
lleno de ruda cólera, maldigo
mi anhelo de viajar nunca saciado.

   Viendo de mi presente el campo yermo
recuerdo del pasado horas perdidas,
late mi pobre corazón enfermo
y se ensanchan sangrando sus heridas.

   Otras noches, mirando en un retrato,
el dulce rostro de mi madre anciana,
me quedo pensativo luengo rato
como el que oye una música lejana.

   La reflexión, que todo lo envenena,
me hace dudar a veces de mí mismo,
y entonces, impulsado por mi pena,
bajo de Dante[5] al infernal abismo.

   Contemplando mi lúgubre aislamiento,
se escapa hondo gemido de mi boca,
y penetra en mi alma el desaliento
como el mar en el seno de la roca.

   Reniego de la hora en que mi alma,
por alcanzar el lauro de la gloria,
perdió tranquila su dichosa calma,
y la vida redujo a inmunda escoria.

....

   Así mi juventud, día tras día,
cual mi lámpara, triste languidece,
sin gozar de la plácida alegría
que el mundo entero sin cesar le ofrece.

   Y de la aurora al resplandor brillante,
observo siempre, con mortal tristeza,
que ahuecan las arrugas mi semblante
y se cubre de canas mi cabeza.

----

[5]Dante Alighieri (1265-1321), poeta italiano y autor de la *Divina comme-dia* cuya parte más famosa versa sobre el infierno.

Entonces, arrojando de mi pecho
sordo grito que el seno me tortura,
caigo rendido en solitario lecho
como el muerto en la abierta sepultura.

"Desolación"

¿No habéis visto la lóbrega capilla
del antiguo convento de la aldea?
Ya el incensario en el altar no humea
ni ardiente cirio ante la imagen brilla.

En la torre, agrietada y amarilla,
el pájaro fatídico aletea,
y a Dios no eleva el pecador la idea,
doblegada en el suelo la rodilla.

Ningún monje sombrío, solitario,
arrebujado en su capucha oscura,
póstrase a orar, con místico deseo;

y ha tiempo no resuena en el santuario
ni la plegaria de la joven pura,
ni la blasfemia horrible del ateo.

"La agonía de Petronio"[6]

A Francisco A. de Icaza

Tendido en la bañera de alabastro
donde serpea el purpurino rastro

---

[6]Petronius Gaius, también conocido como Petronius Arbiter (?-66), escritor romano que se suicidó cortándose la venas en un baño de agua caliente.

de la sangre que corre de sus venas,
yace Petronio, el bardo decadente,
mostrando coronada la ancha frente
de rosas, terebintos[7] y azucenas.

Mientras los magistrados le interrogan,
sus jóvenes discípulos dialogan
o recitan sus dáctilos de oro,
y al ver que aquéllos en tropel se alejan
ante el maestro ensangrentado dejan
caer las gotas de su amargo lloro.

Envueltas en sus peplos vaporosos
y tendidos los cuerpos voluptuosos
en la muelle extensión de los triclinios,[8]
alrededor, sombrías y livianas,
agrúpanse las bellas cortesanas
que habitan del imperio en los dominios.

Desde el baño fragante en que aún respira,
el bardo pensativo las admira,
fija en la más hermosa la mirada,
y le demanda, con arrullo tierno,
la postrimera copa de falerno[9]
por sus marmóreas manos escanciada.

Apurando el licor hastas las heces,
enciende las mortales palideces
que oscurecían su viril semblante,
y volviendo los ojos inflamados
a sus fieles discípulos amados
háblales triste en el postrer instante,
hasta que heló su voz mortal gemido,
amarilleó su rostro consumido,

---

[7]un tipo de arbolillo.

[8]diván romano de tres costados alrededor de una mesa de comer.

[9]un tipo de vino romano.

frío sudor humedeció su frente,
amoratáronse sus labios rojos,
densa nube empañó sus claros ojos,
el pensamiento abandonó su mente.

Y como se doblega el mustio nardo,
dobló su cuello el moribundo bardo,
libre por siempre de mortales penas,
aspirando en su lánguida postura
del agua perfumada la frescura
y el olor de la sangre de sus venas.

"Salomé"[10]

En el palacio hebreo, donde el suave
humo fragante por el sol deshecho,
sube a perderse en el calado techo
o se dilata en la anchurosa nave,

está el Tetrarca[11] de mirada grave,
barba canosa y extenuado pecho,
sobre el trono hierático y derecho,
como adormido por canciones de ave.

Delante de él, con veste de brocado
estrellada de ardiente pedrería,
al dulce son del bandolín sonoro,

Salomé baila y, en la diestra alzado,
muestra siempre, radiante de alegría,
un loto blanco de pistilos de oro.

---

[10]hijastra de Herod, a quien le gustó tanto el baile de Salomé que le concedió la petición de presentarle en una bandeja la cabeza de San Juan Bautista.

[11]el tetrarca Herodes Antipas de Galileo (4 a.C.-39); ver nota 8.

"La aparición"

Nube fragante y cálida tamiza
el fulgor del palacio de granito,
ónix, pórfido y nácar. Infinito
deleite invade a Herodes. La rojiza

espada fulgurante inmoviliza
hierático el verdugo, y hondo grito
arroja Salomé frente al maldito
espectro que sus miembros paraliza.

Despójase del traje de brocado
y, quedando vestida en un momento,
de oro y perlas, zafiros y rubíes,

huy del Precursor decapitado[12]
que esparce en el marmóreo pavimento
lluvia de sangre en gotas carmesíes.

Vida y obra poética. Edición, prólogo y selección de Rosa M. Cabrera. New York: Las Américas, 1970.

---

[12]Juan Bautista, llamado el Precursor por su prefiguración de Jesucristo.

MANUEL GONZALEZ PRADA (Peru; 1848-1918)

"Mi amigo Braulio"

I

En ese tiempo yo era interno en San Carlos. Frisaba en los diez y ocho años y tenía compuestos algunos centenares de versos, sin que se me hubiera ocurrido publicar ninguno ni confesar a nadie mis aficiones poéticas. Disfrutaba una especie de voluptuosidad en creerme un gran poeta inédito.

Repentinamente nacieron en mí los deseos de ver en letras de molde algunos versos míos. Por entonces se publicaba en Lima un seminario ilustrado que gozaba de mucha popularidad y era leído y comentado los lunes entre los aficionados del colegio: se llamaba *El Lima Ilustrado*.

Después de leer veinte veces mi colección de poemas, comparar su mérito y rechazar hoy por malísimo lo que ayer había creído muy bueno, concluí por elegir uno, copiarlo en fino papel y con la mejor de mis letras.

Temblando como reo que se dirige al patíbulo, me encaminé un domingo por la mañana a la imprenta de *El Lima Ilustrado*. Más de una vez quise regresarme; pero una fuerza secreta me impedía.

Con el sombrero en la mano y haciendo mil reverencias penetré en una habitación llena de chivaletes,[1] galeras, cajas, tipos de imprenta.

—¿El señor Diretor?—pregunté queriendo mostrar serenidad, pero temblando.

—Soy yo, joven.

Me dio la respuesta un coloso de cabellera crespa, color aceitunado, mirada inteligente y modales desembarazados y francos. En mangas de camisa, con un mandil azul, cubierto de sudor y manchado de tinta, se ocupaba en colar fajas y pegar direcciones.

—Me han encargado le entregue a usted una composición en verso.

—Pasemos al escritorio.

---

[1]mesa de trabajo para la composición tipográfica.

Ahí se cala las gafas, me quita el papel de las manos y sin sentarse ni acordarse de convidarme asiento, se pone a leer con la mayor atención.

Era la primera vez que ojos profanos se fijaban en mis lucubraciones poéticas. Los que no han manejado una pluma no alcanzan a concebir lo que siente un hombre al ver violada, por decirlo así, la virginidad de su pensamiento. Yo seguía, yo espiaba la fisonomía del director para ir adivinando el efecto que le causaban mis versos: unas veces me parecía que se entusiasmaba, otras que me censuraba acremente.

—Y ¿quién es el autor?—me dijo, concluida la lectura.

Me puse a tartamudear, a querer decir algún nombre supuesto, a murmurar palabras ininteligibles, hasta que concluí por enmudecer y tornarme como una granada.

—¿Como se llama usted, joven?

—Roque Roca.

—Pues bien; yo publicaré la composición en el próximo número y pondré el nombre de usted, porque usted es el autor: se lo conozco en la cara. ¿Verdad?

No pude negarlo, mucho más cuando el buen coloso me daba una palmada en el hombro, me convidó asiento y se puso a conversar conmigo como si hubiéramos sido amigos de muchos años.

Al salir de la imprenta, yo habría deseado poseer los millones de Rothschild[2] para elevar una estatua de oro al director de *El Lima Ilustrado*.

II

Cuando el semanario salió a luz con mis versos, produjo en San Carlos el efecto de una bomba. *¡Poetam habemus!*[3] gritó un muchacho que se acordaba de no haber podido aprender latín. En el comedor, en los patios, en el dormitorio y hasta en la capilla escuchaba yo alguna vocecilla tenaz y burlona que entonaba a gritos o me repetía por lo bajo una estrofa, un verso, un hemistiquio, un adjetivo de mi composición.

La insolencia de un condiscípulo mío llegó a tanto que al pedirle el profesor de literatura un ejemplo de versos pareados, indicó los siguientes:

El poeta Roque Roca
Echa flores por la boca.

---

[2] alusión a una familia europea de poderosos banqueros.

[3] Tenemos un poeta (latín).

Con decir que el mismo profesor lanzó una carcajada y me dirigió una pulla, basta para comprender el maravilloso efecto de los dos pareados: a la media hora les sabía de memoria todo el colegio y andaban escritos con lápiz negro en las paredes blancas y con polvos blancos en las pizarras negras. No faltaban variantes, como:

El poeta Roque Roca
Echa coles por la boca;

El poeta Roque Roca
Echa sapos por la boca.

Un bardo anóminimo, no muy versado en la colocación de los acentos, escribió:

El poeta Roca Roque
Es un inconmensurable alcornoque.

Agotada la paciencia recurrí a las trompadas; mas como el remedio empeoraba el mal, acabé por decidir que el partido más cuerdo era no hacerles caso y no volver a publicar una sola línea.

Sólo encontré una voz amiga. Había un muchacho a quien llamábamos el *Metafórico*, por su manera extraña y alegórica de expresarse. El *Metafórico* me llamó a un lado y me dijo con la mejor buena fe:

—Mira, no les hagas caso y sigue montando en el Pegaso: el ruiseñor no responde a los asnos; poeta-aurora, desprecia a los hombres-coces.

Las palabras me consolaron, aunque venían de un chiflado. ¿Qué voz no suena dulce y agradablemente cuando se duele de nuestras desgracias y nos sostiene en nuestras horas de flaqueza?

Yo contaba con un amigo de corazón: Braulio Pérez. Juntos habíamos entrado al colegio, seguíamos las mismas asignaturas y durante cinco años habíamos estudiado en compañía. En cierta ocasión, una enfermedad le retrasó en sus cursos: yo velé dos o tres meses para que no perdiera el año. ¿Quién sino él estaría conmigo? Como ni palabra me había dicho sobre mis versos ni salido a mi defensa, su conducta me pareció extraña y le hablé con la mayor franqueza.

—¿Qué dices de lo que pasa?

—Hombre—me contestó—¿por qué publicar los versos sin *consultarte* con algún amigo?

—De veras.

—Tú sabes que yo...

—Cierto.

—Estoy hasta resentido de tu reserva conmigo.

—Lo hice de pura vergüenza.

—Si alguna vez vuelves a publicar algo...

—¿Publicar?, antes me degüellan.

Mantuve mi resolución un mes, y la habría mantenido mil años, si el director de *El Lima Ilustrado* no se hubiera aparecido en el colegio a decirme que se hallaba escaso de originales en verso y que me exigía mi colaboración semanal. Quise excusarme; pero el hombre—lisonjero—me comprometió a enviarle cada miércoles una composición en verso.

Acudí al amigo Braulio, le conté lo sucedido y le enseñé todo mi cuaderno de versos para que me escogiera los menos malos; pero no logramos quedar de acuerdo: todas mis *inspiraciones* le parecían flojas, vulgares, indignas de ver la luz pública en un semanario donde colaboraban los primeros literatos de Lima. Imposible sacarle de la frase: "Todas están malas". A escondidas del amigo Braulio, copié los versos que me parecieron mejores y se los remetí al director de *El Lima Ilustrado*.

La tormenta se renovó con mi segunda publicación; pero fue amainando con la tercera y cuarta: a la quinta, las burlas habían disminuido, y sólo de cuando en cuando algún majadero me endilgaba los pareados o me dirigía una pulla de mal gusto.

El único implacable era el amigo Braulio, convertido en mi Aristarco[4] severo, todo por amistad, como solía repetírmelo. Apenas recibía el número de *El Lima Ilustrado*, se instalaba en un rincón solitario y, lápiz en mano, se ensañaba en la crítica de mis versos: uno era cojo, el otro patilargo; éste carecía de acentos, aquél los tenía de más. En cuanto al fondo, peor que la forma.

—Mira—me lanzó en una de esas expansiones íntimas que sólo se concibe en la juventud—, mira el hombre no sólo se deshonra con robar y matar, sino también con escribir malos versos. A ladrones o asesinos nos pueden obligar las circunstancias; pero ¿qué nos obliga a ser poetas ridículos?

III

Hacía dos meses que publicaba yo mis versos, cuando en el mismo seminario apareció un nuevo colaborador que firmaba sus composiciones con

---

[4]célebre gramático y crítico griego del segundo siglo antes de Cristo; su nombre ha pasado a la lengua como sinónimo de crítico severo pero justo.

el seudónimo de *Genaro Latino*. Mi amigo Braulio empezó a comparar mis versos con los de *Genaro Latino*.

—Cuando escribas así, tendrás derecho a publicar—me dijo sin el menor reparo.

Fui constantemente inmolado en aras de mi rival poético: él era Homero,[5] Virgilio[6] y Dante;[7] yo, un coplero de mala muerte. Cuando mi nombre desapareció de *El Lima Ilustrado* para ceder el sitio al de *Genaro Latino*, muchos de mis condiscípulos me reconocieron el mérito de haber admitido mi nulidad y sabido retirarme a tiempo. Sin embargo, algunos insinuaron que el director del seminario me había negado la hospitalidad.

Todos creían envenenarme las bilis con leerme los versos de mi rival, figurándose que la envidia me devoraba el corazón. Braulio mismo me atacaba ya de frente, y se le atribuía la paternidad de este nuevo pareado:

> *Ante Genaro Latino,*
> *Roque Roca es un pollino.*[8]

Un día, Braulio, triunfante y blandiendo un papel, se instala sobre una silla, pide la atención de los oyentes y empieza a leer una silva de *Genaro Latino*, publicada en el último número de *EL Lima Ilustrado*. De pronto, cambia de color, se muerde los labios, estruja el periódico y le guarda en el bolsillo.

—¿Por qué no sigue leyendo?—le pregunta una voz estentórea—. Era el *Metafórico*.

—¡Que siga, que siga!—exclamaron algunos.

—Yo seguiré—dijo el *Metafórico*.

Se encaramó en la silla que el amigo Braulio acababa de abandonar y leyó:

Nota de la Dirección. Como hay personas que se atribuyen la paternidad de obras ajenas, avisamos al público (a riesgo de herir la modestia del autor) que los versos publicados en *El Lima Ilustrado* con el seudónimo de *Genaro Latino* son escritos por nuestro antiguo colaborador el joven estudiante de jurisprudencia don Roque Roca.

El amigo Braulio no volvió a dirigirme la palabra.

---

[5](siglo VIII a.c.), legendario poeta épico griego.

[6]Publius Vergilius Maro (70-19 a.C.), poeta romano.

[7]Dante Alighieri (1265-1321), poeta italiano y autor de *La divina commedia*.

[8]pollito.

"Notas acerca del idioma"

I

Lamartine[9] lamentaba que pueblo y escritores no hablaran la misma lengua y decía: "Al escritor le cumple transformarse e inclinarse, a fin de poner la verdad en manos de las muchedumbres: inclinarse así, no es rebajar el talento, sino humanizarlo".

Los sabios poseen su tecnicismo abstruso, y nadie les exige que en libro de pura Ciencia se hagan comprender por el individuo más intenso. La oscuridad relativa de las obras científicas no se puede evitar, y pretender que un ignorante las entienda con sólo abrirlas, vale tanto como intentar que traduzca un idioma sin haberle aprendido. ¿Cómo exponer en vocabulario del vulgo nomenclaturas químicas? ¿Cómo formular las teorías y sistemas de los sabios modernos? No será escribiendo llegar a ser por *devinir*, otrismo[10] por *altruísmo* ni salto atrás por *atavismo*. Se comprende que no haya labor tan difícil ni tan ingrata como la vulgarización científica: sin el vulgarizador, las conquistas de la ciencia serían el patrimonio de algunos privilegiados. Virgilio se jactaba de haber hecho que las selvas fueran dignas de ser habitadas por cónsules; los vulgarizadores modernos hacen más al conseguir que la verdad se despoje algunas veces de su ropaje aristocrático y penetre llanamente a la mansión del ignorante.

En la simple literatura no sucede lo mismo. Los lectores de novelas, dramas, poesías, etc., pertenecen a la clase medianamente ilustrada, y piden un lenguaje fácil, natural, comprensible sin necesidad de recurrir constantemente al diccionario. Para el conocimiento perfecto de un idioma se requiere años enteros de contracción asidua, y no todos los hombres se hallan en condiciones de pasar la vida estudiando gramáticas y consultando léxico. El que se suscribe al diario y compra la novela o el drama, está en el caso de exigir que le hablen comprensible y claramente. La lectura debe proporcionar el goce de entender, no el suplicio de adivinar.

Las obras maestras se distinguen por *la accesibilidad*, no formando el patrimonio de unos cuantos iniciados, sino la herencia de todos los hombres

---

[9]Alphonse Marie Louis Lamartine (1790-1869), poeta francés.

[10]González Prada crea un neologismo en español equivalente a altruísmo, de origen francés.

con sentido común. Homero y Cervantes,[11] merecen llamarse ingenios democráticos: un niño les entiende. Los talentos que presumen de aristocráticos, los inaccesibles a la muchedumbre, disimulan lo vacío del fondo con lo tenebroso de la forma: tienen profundidad de pozo que no da en agua, elevación de monte que vela entre nubes un pico desmochado.

Los autores franceses dominan y se imponen porque hacen gala de claros, y profesan que "lo claro es francés", que "lo oscuro no es humano ni divino". Y no creamos que la claridad estriba en decirlo todo y explicarlo todo, cuando suele consistir en callar algo dejando que el público lea entre renglones. Nada tan fatigoso como los autores que explican hasta las explicaciones, como si el lector careciera de ojos y cerebro. El eximio dibujante, suprimiendo sombras y líneas, logran con unos cuantos rasgos dar vida y expresión a la fisonomía de un hombre; el buen escritor no dice demasiado ni muy poco y, eliminando lo accesorio y sobrentendido, concede a sus lectores el placer de colaborar con él en la tarea de darse a comprender.

Los libros que la Humanidad lee y relee, sin cansarse nunca, no poseen la sutileza del bordado, sino la hermosura de un poliedro regular o el grandioso desorden de una cordillera; porque los buenos autores, como los buenos arquitectos se valen de grandes líneas y desdeñan ornamentaciones minuciosas y pueriles. En el buen estilo, como en los bellos edificios, hay amplia luz y vastas comunicaciones, no intrincados laberintos ni angostos vericuetos.

Las coqueterías y amaneramientos de lenguaje seducen a imaginaciones frívolas que se alucinan con victorias académicas y aplausos de corrillo; pero "no cuadran con los espíritus serios que se arrojan valerosamente a las luchas morales de su siglo". Para ejercer acción eficaz en el ánimo de sus contemporáneos, el escritor debe amalgamar la inmaculada transparencia del lenguaje y la sustancia medular del pensamiento. Sin naturalidad y claridad, todas las perfecciones se amenguan, desaparecen. Si Heródoto[12] hubiera escrito como Gracián,[13] si Píndaro[14] hubiera cantado como Góngora[15] ¿habrían sido escuchados y aplaudidos en los juegos olímpicos?

---

[11]Miguel de Cervantes Saavedra (1547-1616), autor de *Don Quijote*.

[12]Herodotus (ca. 485-ca. 425 a.C.), historiador griego.

[13]Baltasar Gracián y Morales (1601-58), escritor español barroco.

[14]Pindar (ca. 522-ca. 438 a.C.), poeta griego.

[15]Luis de Góngora y Argote (1561-1627), poeta español barroco.

Ahí los grandes agitadores de almas en los siglo XVI y XVIII; ahí Lutero, tan demoledor de Papas como regenerador del idioma alemán, ahí particularmente Voltaire[16] con su prosa, natural como un movimiento respiratorio, clara como un alcohol rectificado.

II

Afanarse por que el hombre de hoy hable como el de ayer, vale tanto como trabajar porque el bronce de una corneta vibre como el parche de un tambor. Pureza incólume de la lengua, capricho académico. ¿Cuándo el castellano fue puro? ¿En qué época y por quién se habló ese idioma ideal? ¿Dónde el escritor impecable y modelo? ¿Cuál el tipo acabado de nuestra lengua? ¿Puede un idioma cristalizarse y adoptar una forma definitiva, sin seguir las evoluciones de la sociedad ni adaptarse al medio? Nada recuerda tanto su inestabilidad a los organismos vitales como el idioma, y con razón los alemanes le consideran como un perpetuo *devenir*. En las lenguas, como en las religiones, la doctrina de la evolución no admite réplica.

Un idioma no es creación ficticia o convencional, sino resultado necesario del medio intelectual y moral, del mundo físico y de nuestra constitución orgánica. Traslademos en masa un pueblo del Norte al Mediodía o viceversa, y su pronunciación variará en el acto, porque depende de causas anatómicas y fisiológicas.

En las lenguas, como en los seres orgánicos, se verifican movimientos de asimilación y movimientos de segregación; de ahí los neologismos o células nuevas y los arcaismos o detritus. Como el hombre adulto guarda la identidad personal, aunque no conserva en su organismo las células de la niñez, así los idiomas renuevan su vocabulario sin perder su forma sintáxica.[17] Gonzalo de Berceo[18] y el Arcipreste de Hita[19] requieren un glosario, lo mismo Juan de Mena,[20] y Cervantes le pedirá muy pronto.

---

[16]François Marie Arouet de Voltaire (1694-1778), escritor e intelectual francés.

[17]sintáctica.

[18](ca. 1190-1264?), poeta religioso español.

[19]Juan Ruiz (1283?-1350?), poeta español.

[20](1411-56), poeta español.

Los descubrimientos científicos y aplicaciones industriales acarrean la invención de numerosas palabras que empiezan por figurar en las obras técnicas y concluyen por descender al lenguaje común. ¿Qué vocabulario no ha generalizado en menos de 40 años la teoría de Darwin?[21] ¿Qué variedad de voces no crearon las aplicaciones del vapor y de la electricidad? Hoy mismo la Velocipedia nos sirve de ejemplo: diccionarios especiales abundan en Francia, Inglaterra y Estados Unidos para definir los términos velocipédicos; y no se diga que todas esas palabras o frases se reducen al argot de un corrillo; por miles, quizás por millones se cuentan hoy las personas que las entienden y emplean. La Velocipedia posee toda una literatura con sus libros, sus diarios y su público.

Paralelamente al movimiento descensional se verifica el ascensional. Basta cruzar a la carrera uno de los populosos y activos centros comerciales; señaladamente los puertos, para darse cuenta del inmenso trabajo de fusión y renovación verbales. Oímos todas las lenguas, todos los dialectos, todas las jergas y germanías; vemos que las palabras hierven y se agitan como gérmenes organizados que pugnan por vivir y dominar. Cierto, miles de vocablos pasan sin dejar huella, pero también muchos vencen y se imponen en virtud de la selección. La expresión que resonaba en labios de marineros y mozos de cordel, concluye por razonar en boca de sabios y literatos. Los neologismos pasan de la conversación al periódico, del periódico al libro y del libro a la academia.

Y la ascensión y descensión se verifican, quiérase o no se quiera: "la lengua sigue su curso, indiferente a quejas de gramáticos y lamentaciones de puristas".[22]

El francés, el italiano, el inglés y el alemán acometen y abren cuatro enormes brechas en el viejo castillo de nuestro idioma: el francés, a tambor batiente, penetra ya en el corazón del recinto. Baralt,[23] el severo autor del *Diccionario de Galicismos*, confesó en sus últimos años lo irresistible de la invasión francesa en el idioma castellano; pero algunos escritores de España no lo ven o fingen no verlo, y continúan encareciendo la pureza de la lengua,

---

[21]Charles Darwin (1809-82), científico inglés y autor de *El origen de las especies*.

[22]Arsene Darmesteter, *La vie des mots*. Nota de González Prada.

[23]Rafael María Baralt (1806-60), escritor venezolano cuyo *Diccionario* influyó mucho en su época.

semejante a la madre candorosa que pregona la virtud de una hija siete veces pecadora.

La corrupción de las lengua ¿implica un mal? Si por infiltraciones recíprocas, el castellano, el inglés, el alemán, el francés y el italiano se corrompieran tanto que lo hablado en Madrid fuera entendido en Londres, Berlín, París y Roma ¿no se realizaría un bien? Por cinco arroyos tendríamos un río; en vez de cinco metales, un nuevo metal de Cortino.[24] Habría para la Humanidad inmensa economía de fuerza cerebral, fuerza desperdiciada hoy, en aprender tres o cuatro lenguas vivas, es decir, centones de palabras y cúmulos de reglas gramaticales. ¿Qué me importaría no disfrutar el deleite de leer el *Quijote* en castellano, si poseo la inmensa ventaja de entenderme con el hombre de Paris, Roma, Londres y Berlin? Ante la solidaridad humana todas las intransigencias de lenguaje parecen mezquinas y pueriles, tan mezquinas y pueriles como las cuestiones de razas y fronteras. Los provenzales en Francia, los flamencos en Bélgica, los catalanes en España, en fin, todos los preconizadores de lenguas regionales en detrimento de las nacionales, intentan una obra retrógrada; al verbo de gran amplitud, usado por millones de hombres y comprendido por gran parte del mundo intelectual, prefieren el verbo restringido, empleado por miles de provincianos y artificialmente cultivado por unos pocos literatos. Escribir *Mireio* en provenzal y no en francés, *l'Atlántida* en catalán y no en español, es algo como dejar el ferrocarril por la diligencia o la diligencia por cabalgadura.

La lengua usada por el mayor número de individuos, la más dócil para sufrir alteraciones, la que se adapta mejor al medio social, cuenta con mayores probabilidades para sobrenadar y servir de base a la futura lengua universal. Hasta hoy parece que el inglés se lleva la preeminencia: no es sólo la lengua literaria y Byron[25] y Schelley[26] o la filosófica de Spencer[27] y Stuart Mill,[28] no la oficial de Inglaterra, Austria y Estados Unidos, sino la comercial del mundo entero. Quien habla español habla con España; quien habla inglés habla con medio mundo. Podría tal vez llamarse al español y al italiano lenguas de lo pasado, al francés lengua de lo presente, al inglés y al alemán lenguas

---

[24]pueblo de Italia.

[25]George Gordon Byron (1788-1824), inglés.

[26]error ortográfico, por Percy Bysshe Shelley (1792-1822), poeta inglés.

[27]Herbert Spencer (1820-1903), filósofo inglés.

[28]John Stuart Mill (1806-73), filósofo e economista inglés.

del provenir. Lenguas, más que viejas, aventajadas, todas las neolatinas necesitan expurgarse de la doble jerga legal y teológica, legada por el Imperio romano y la Iglesia católica.

El sánscrito, el griego y el latín pasaron a lenguas muertas sin que las civilizaciones indostánicas, griegas y romanas enmudecieran completamente. Se apagó su voz, pero su eco sigue repercutiendo. Sus mejores libros viven traducidos. Tal vez, con la melodía poética de esos idiomas, perdimos la flor de la Antigüedad; pero conservamos el fruto; y ¿quién dice que nuestro ritmo de acento valga menos que el ritmo de cantidad? Cuando algunos en su entusiasmo por la literatura clásica, opinan que "nuestras lenguas decrépitas son jergas de bárbaros" en comparación del griego y del latín,[29] no hacen más que aplicar a la Lingüística la creencia teológica de la degeneración humana. El ser que sin auxilios sobrenaturales pasó del grito a la palabra y cambió los pobres y toscos idiomas primitivos en lenguas ricas y de construcción admirable, como las habladas en la India y Grecia, se habrá detenido y hasta retrogradado en el desarrollo de de sus facultades verbales: hasta el sánscrito progresó; después, retrogradación, porque según la ley de muchos, el sánscrito es superior al griego, el griego al latín, el latín a todas las lenguas neolatinas. Si algún día se descubrieron libros en lengua más antigua que el sánscrito, los sabios imbuidos de teología y metafísica probarían que esa lengua era superior al sánscrito. Sabemos más que nuestros antepasados, y no hablamos tan bien como ellos. La función no ha cesado de ejercerse, y el órgano se atrofia o se perfecciona. El perfeccionamiento de las lenguas—la pretendida decadencia—ha consistido en pasar de la síntesis al análisis, así como el entendimiento pasó de la concepción en globo y a priori del Universo al estudio particular de los fenómenos y a la formulación de sus leyes. Cierto, vamos perdiendo el hábito de pensar en imágenes, las metáforas se transforman en simples comparaciones, la palabra se vuelve analítica y precisa, con detrimento de la poesía; pero, ¿la Humanidad vive sólo de poemas épicos, dramas y odas? ¿El *Origen de las especies* no vale tanto como la *Ilíada*,[30] el binomio de Newton[31] como

---

[29]*Histoire des grecs.* Nota de González Prada, que no aclara quién es el autor.

[30]poema épico de Homero; ver nota XXX.

[31]Isaac Newton (1642-1727), matemático inglés.

los drama de Esquilo,[32] y las leyes de Kepler[33] como las odas de Píndaro? Dígase lo que se diga, hablamos como debemos hablar, como lo exigen nuestra constitución cerebral y el medio ambiente. No siendo indostanos, griegos ni romanos ¿podríamos expresarnos como ellos? Una lengua no representa la marcha total de nuestra especie en todas las épocas y en todos los países, sino la evolución mental de un pueblo en un tiempo determinado: el idioma nos ofrece una especie de *cliché* que guarda la imagen momentánea de una cosa en perdurable transformación. El verdadero escritor es el hombre que, conservando su propia individualidad literaria, estereotipia en el libro de lengua usada por sus contemporáneos; y con razón decimos la lengua de Shakespeare, la lengua de Cervantes, la lengua de Pascal[34] o la lengua de Goethe,[35] para significar lo que en una época determinada fueron el inglés, el castellano, el francés y el alemán.

Cuando nuestras lenguas vivas pasen a muertas o se modifiquen tan radicalmente que no sean comprendidas por los descendientes de los hombres que las hablan hoy, ¿habrá sufrido la Humanidad una pérdida irreparable? La desaparición se verificará paulatina no violentamente; como las naciones, como todo en la Naturaleza, las lenguas mueren dando vida. A no ser un cataclismo general que apague los focos de civilización, el verdadero tesoro, el tesoro científico se conservará ileso. Las conquistas civilizadoras no son palabras almacenadas en diccionarios ni frases disecadas en disertaciones eruditas, sino ideas morales transmitidas de hombre a hombre y hechos consignados en los libros de Ciencia. La Química y la Física ¿serán menos Química y menos Física en ruso que en chino? ¿Murió la Geometría de Euclides[36] cuando murió la lengua en que está escrita? Si el inglés desaparece mañana ¿desaparecerá con él la teoría de Darwin?

En el idioma se encastilla el mezquino espíritu de nacionalidad. Cada pueblo admira en su lengua el *non plus ultra*[37] de la perfección, y se imagina que los demás tartamudean una tosca jerga. Los griegos menospreciaban el

---

[32](ca. 525-456 a.C), dramaturgo griego.

[33]Johannes Kepler (1571-1630), matemático y astrónomo alemán.

[34]Blaise Pascal (1623-62), matemático, físico y filósofo francés.

[35]Johann Wolfgang von Goethe (1749-1832), poeta y dramaturgo alemán.

[36](ca. 300 a.C.), matemático griego.

[37]nada mejor (latín).

latín y los romanos se escandalizaban de que Ovidio[38] hubiera poetizado en lengua de hiperbóreos.[39] Si los teólogos de la Edad Media vilipendiaban a Mahoma por haber escrito el Korán en arábigo y no en hebreo, griego ni latín, los árabes se figuraban su lengua como la única gramaticalmente construida y llamaban al habla de Castilla aljamía o la bárbara. Tras el francés que no reconoce *sprit* fuera de su Rabelais,[40] viene el inglés que mira a un ser inferior en el extranjero incapaz de leer a Shakespeare en el original, y sigue el español que por boca de sus reyes ensalza el castellano como la lengua más digna para comunicarnos con Dios.

Como el idioma contiene el archivo sagrado de nuestros errores y preocupaciones, tocarle nos parece una profanación. Si dejáramos de practicar la lengua nativa, cambiaríamos tal vez nuestra manera de pensar, porque las convicciones políticas y las creencias religiosas se reducen muchas veces a fetichismos de palabras. Según André Lefévre,[41] "de las mil y mil confusiones, acarreadas por expresiones análogas, nacieron todas las leyendas de la divina tragicomedia. La Mitología es un dialecto, una antigua forma, una enfermedad de la lengua".[42]

Con el verbo nacional heredamos todas las concepciones mórbidas acumuladas en el cerebro de nuestros antepasados durante siglos y siglos de ignorancia y barbarie: la lengua amolda nuestra inteligencia, la deforma como el zapato deforma el pie de la mujer china. Por eso, no hay mejor higiene para el cerebro que emigrar a tierra extranjera o embeberse en literaturas de otras lenguas. Salir de la patria, hablar otro idioma, es como dejar el ambiente de un subterráneo para ir a respirar el aire de una montaña.

Se concibe el apego senil del ultramontano al vocablo viejo, desde que las ideas retrógadas se pegan a los giros anticuados, como el sable oxidado se adhiere a la vaina; se concibe también su horror sacrílego al vocablo nuevo, desde que el neologismo, como una especie de caballo griego, lleva en sus entrañas al enemigo. Nada, pues, tan lógico (ni tan risible) como la rabia de algunos puristas contra el neologismo, rabia que les induce a ver en las palabras un enemigo personal. Discutiéndose en la Academia francesa la acepta-

---

[38]Publius Ovidius Naso (43 a.C.-17), poeta romano.

[39]lo referente al polo norte.

[40]François Rabelais (1494-1553), escritor francés.

[41]André Paul Emile Lefévre (1834-1904), literato francés y paleógrafo.

[42]*La religión XIX*. Nota de González Prada.

ción de una voz, usada en toda Francia pero no castiza, Royer-Collard[43] exclamó lleno de ira: "Si esa palabra entra, salgo yo".

En la aversión de la Iglesia contra el francés y la preferencia por el latín, reviven el odio de la Sinagoga contra el griego y el amor al hebreo. Como la lengua griega significaba para el judío irreligión y filosofía, el idioma francés encierra para el católico impiedad y Revolución, *Enciclopedia*[44] y *Declaración de los derechos del hombre*.[45] Es la *peste negra*, y hay derecho de establecer cordón sanitario. Como el judaísmo vivía inseparablemente unido a la lengua hebrea, el Catolicismo ha celebrado con el latín una alianza eterna: el dogma no cabe en las lenguas vivas; a lo muerto, lo invariable; a la momia, el sarcófago de piedra.

III

El castellano se recomienda por la energía, como idioma de pueblo guerrero y varonil. Existe lengua más armoniosa, más rica, más científica, no más enérgica: sus frases aplastan como la masa de Hércules, o parten en dos como la espada de Carlomagno.[46] Hoy nos sorprendemos con la ruda franqueza y el crudo naturalismo de algunos escritores antiguos que lo dicen todo sin valerse de rodeos ni disimulos, y hasta parece que pasáramos a lengua extranjera cuando, después de leer por ejemplo a Quevedo[47] (al Quevedo de las buenas horas), leemos a esos autores neoclásicos que usan una fraseología correcta y castiza.

En los siglo XVI y XVII hubo en España una florescencia de escritores que pulimentaron y enriquecieron el idioma sin alterar su índole desembarazada y viril. Los poetas, siguiendo las huellas de Garcilaso,[48] renovaron completamente la versificación al aclimatar el endecasílabo italiano: con la silva, el soneto y la octava real parece que el ingenio español cobró mayores alas. Para formarse idea del gigantesco paso dado en la poesía basta comparar

---

[43]Pierre Paul Royer-Collard (1763-1845), escritor francés.

[44]obra de Voltaire.

[45]texto fundamental de la Revolución francesa.

[46](768-814), rey de los francos y emperador del Sagrado Imperio Romano.

[47]Francisco de Quevedo y Villegas (1580-1645), poeta y escritor español barroco.

[48]Garcilaso de la Vega (1501?-36), poeta español.

las coplas de Ayala[49] o las quintillas de Castillejo[50] con la *Noche serena*,[51] la *Canción a las ruinas de Itálica*[52] y la *Batalla de Lepanto*.[53] Los prosadores no se quedaron atrás, aunque intentaron dar al período colosales dimensiones, imitando ciegamente a Cicerón.[54] Sin embargo, en cada escritor, señaladamente en los historiadores, trasciende la fisonomía personal, de modo que nadie confunde a Melo con Mariana ni a Mendoza con Moncada.[55] Cierto, ninguno llegó a la altura de Pascal o Lutero: los heterodoxos no fueron eminentes prosadores, y los buenos escritores no fueron ortodoxos. El mayor defecto de los autores castellanos, lo que les separa de la Europa intelectual, lo que les confina en España dándoles carácter insular, es su catolicismo estrecho y menguado. Se siente en sus obras, como dice Edgard Quinet,[56] "el alma de una gran secta, no el alma viviente del género humano". Fuera de Cervantes, ningún autor español disfruta de popularidad en Europa. Duele imaginar lo que habrían realizado un Góngora y un Lope de Vega,[57] un Quevedo y un Calderón,[58] si en lugar de vivir encadenados al Dogma hubieran volado libremente o seguido el movimiento salvador de la Reforma. En el orden puramente literario, Saavedra Fajardo[59] insinuó algo atrevido y original: despojar el idioma de idiotismos y modismos, darle una forma precisa y filosófica, tal vez matemática. Dotado de más ingenio habría iniciado en la prosa una revolución tan fecunda como la realizada por Garcilaso en el verbo;

---

[49]Pedro López de Ayala (1332-1407?), poeta e historiador español.

[50]Cristóbal de Castillejo (ca. 1491-1450), poeta español.

[51]poema de fray Luis de León (1527?-91), poeta español.

[52]poema del español Rodrigo Caro (1573-1647).

[53]poema del español Fernando de Herrera (1534-97).

[54]Marcus Tullius Cicero (106-43 a.C), estadista, orador y filósofo romano.

[55]Francisco Manoel de Melo (1608-66), poeta portugués que también escribió en español; Juan de Mariana (1536-1623), historiador español; o Antonio de Mendoza (1590-1644), poeta y dramaturgo español o Bernardino de Mendoza (1549-1604), escritor y diplomático español; Francisco de Moncada, conde de Osuna (1585-1635), historiador español.

[56](1803-75) poeta, filósofo e historiador francés.

[57]Félix Lope de Vega Carpio (1562-1635), dramaturgo español.

[58]Pedro Calderón de la Barca (1600-81), dramaturgo español.

[59]Diego de Saavedra Fajardo (1584-1648), diplomático y escritor político español.

pero queriendo imitar o corregir a Maquiavelo,[60] se quedó con su *Príncipe cristiano*[61] a mil leguas del gran florentino.

A mediados del siglo XVIII surgió un linaje de prosadores, peinados y relamidos, que exageraron el latinismo de los escritores de los dos siglos anteriores, y de un idioma todo músculos y nervios hicieron una carne excrecente y fungosa. Por la manía de construir períodos ciceronianos y mantener suspenso el sentido desde la primera hasta la última línea de una página en folio, sustituyeron al encadenamiento lógico de las ideas el enlace caprichoso y arbitrario de las partículas. Sacrificaron la sustancia a la rotunidad y construyeron esferas geométricamente redondas, pero huecas.

Verdad, en nuestro lenguaje se reflejan la exuberancia y la pompa del carácter español: el idioma castellano se goza más en lo amplio que en lo estrecho, parece organizado, no para arrastrarse a gatas, sino para marchar con solemnidad y magnificencia de reina que lleva rica y aterciopelada cola. Pero, verdad también que entre el lenguaje natural y pintoresco del pueblo español y el lenguaje artificial y descolorido de sus escritores relamidos media un abismo.

La frase pierde algo de su virilidad con la superabundancia de artículos, pronombres, proposiciones y conjunciones relativas. Con tanto *el* y *la, los* y *las*, *él* y *ella, quien* y *quienes, el cual* y *la cual*, las oraciones parecen redes con hitos tan enmarañados como frágiles. Nada relaja tanto el vigor como ese abuso en el relativo *que* y en la preposición *de*. Los abominables pronombre *cuyo* y *cuya, cuyos* y *cuyas*, dan origen a mil anfibologías,[62] andan casi siempre mal empleadas hasta por la misma Academia española. El pensamiento expresado en inglés con verbo, sustantivo, adjetivo y adverbio, necesita en el castellano de muchos españoles, una retahíla de pronombres, artículos y preposiciones. Si, conforme a la teoría *spenceriana*, el lenguaje se reduce a máquina de transmitir ideas ¿qué se dirá del mecanismo que malgasta fuerza en rozamientos innecesarios y conexiones inútiles?

Si nuestra lengua cede en concisión al inglés, compite en riqueza con el alemán, aunque no le iguala en libertad de componer voces nuevas con voces simples, de aclimatar las exóticas y hasta de inventar palabras. Lo último degenera en calamidad germánica, pues filósofo que inventa o se figura inven-

---

[60]Niccolò Machiavelli (1469-1527), filósofo político y escritor florentino, autor de *El príncipe*.

[61]*Idea de un príncipe político christiano*, de Saavedra Fajardo.

[62]ambigüedades.

tar un nuevo sistema, se crea vocabulario especial, haciendo algo como la aplicación del libre examen al lenguaje. La asombrosa flexibilidad del idioma alemán se manifiesta en la poesía: los poetas germánicos traducen con fiel maestría larguísimas composiciones, usando el mismo número de versos que el original, el mismo número de sílabas y la misma colocación de las consonantes. A más, no admiten lenguaje convencional de la poesía, y, como los ingleses, cantan con admirable sencillez cosas tan llanas y domésticas que traducirlas en nuestra lengua sería imposible o dificilísimo. Mientras en castellano el poeta se deja conducir por la forma, en alemán el poeta subyuga rima y ritmo. Los versos americanos y españoles ofrecen hoy algo duro, irreductible, como sustancia rebelde a las manipulaciones del obrero: los endecasílabos sobre todo, parecen barras de hierro simétricamente colocadas. En muy reducido número de autores, señaladamente en Campoamor,[63] se descubre la flexibilidad germánica, el poder soberano de infundir vida y movimiento a la frase poética.

Pero, no sólo tenemos lenguaje convencional en la poesía, sino prosa hablada y prosa escrita; hombres que en la conversación discurren llanamente, como cualquiera de nosotros, se expresan estrafalaria y oscuramente cuando manejan la pluma: como botellas de prestidigitador, chorrean vino y en seguida vinagre. Parece que algunos bosquejan un borrador y en seguida emprenden una traducción de lo inteligible y llano a lo ininteligible y escabroso; y el procedimiento no debe de ofrecer dificultades insuperables, cuando individuos profundamente legos, tan legos que no saben ni los rudimentos gramaticales, logran infundir a su prosa un aire añejo y castizo. Con períodos kilométricos salpimentados de inversiones violentas; con lluvias de modismos, idiotismos y refranes cogidos al lazo en el diccionario; con decir *peinar canas* por tener canas, *parar mientes* por atender, *guapa moza* por joven hermosa, *antojeme* por me antojé o *díjome* por me dijo, se sale airosamente del apuro. El empleo de refranes, aunque no sea novedad (pues Sancho Panza dio el ejemplo), posee la ventaja de hacer reír con chistes que otros inventaron. Todo esto, más que lucubración de cerebro, es labor de mano: hacer listas de frases o palabras y luego encajonarlas en lo escrito. Obras compuestas con tal procedimiento seducen un rato, pero acaban por hastiar: descubren el sabor *libresco* y prueban que el peor enemigo de la literatura se encierra en el diccionario.

Cierto, la palabra requiere matices particulares, desde que no se perora en club revolucionario como se cuchichea en locutorio de monjas. Tal

---

[63]Ramón de Campoamor (1817-1901), poeta español.

sociedad y tal hombre, tal lenguaje. En la corte gazmoña de un Carlos el Hechizado,[64] se chichisbea[65] en términos que recuerdan los remilgamientos de viejas devotas y las genuflexiones de cortesanos; mientras en el pueblo libre de Grecia se truena con acento en que reviven las artísticas evoluciones de los juegos píticos[66] y la irresistible acometida de las falanges macedónicas.

Montaigne[67] gustaba de "un hablar ingenuo y simple, tal en el papel como en la boca, un hablar suculento y nervudo, corto y conciso, no tanto delicado y peinado como vehemente y brusco". Hoy gustaría de un hablar moderno. ¿Hay algo más ridículo que salir con *magüer, aina mais, cabe el arroyo i doncel acuitado*,[68] mientras vibra el alambre de un telégrafo, cruje la hélice de un vapor, silba el pito de una locomotora y pasa por encima de nuestras cabezas un globo aerostático?

Aquí, en América y en nuestro siglo, necesitamos una lengua condensada, jugosa y alimenticia, como extracto de carne; una lengua fecunda como riego en tierra de labor; una lengua que desenvuelva períodos con el estruendo y valentía de las olas en la playa; una lengua democrática que no se arredre con nombres propios ni con frases crudas como juramento de soldado; una lengua, en fin, donde se perciba el golpe del martillo en el yunque, el estridor de la locomotora en el riel, la fulguración de la luz en el foco eléctrico y hasta el olor del ácido fénico, el humo de la chimenea o el chirrido de la polea en el eje.

"La cuestión indígena"

Cuando los periodistas yankees se hallan sin noticias sensacionales, no falta alguno que exhuma la *serpiente de mar* y fragua una correspondencia donde describe el fabuloso animal e indica la longitud y latitud en que fue

---

[64]Carlos II (1661-1700), rey de España.

[65]decir galanterías.

[66]referente al dios griego Apolo, ideal de la belleza viril, y los juegos realizados en su honor.

[67]Michel Eyquem de Montaigne (1533-92), ensayista francés.

[68]aracaismos por a pesar de, aún más, al lado del arroyo y joven afligido, respectivamente.

divisado por un capitán de buque, generalmente ballenero. Lanzada la noticia, circula en toda la prensa norteamericana, originando apuestas y discusiones que duran una o dos semanas. Después, nadie se acuerda de capitán ni de *monstruo marino*.

No solamente los periodistas sin *asunto del día*, sino los filántropos, las facciones políticas y hasta los congresos y gobiernos han encontrado en el Perú su *serpiente de mar*: la cuestión indígena. No hay discurso de oposición ni mensaje de presidente que no dedique algunos párrafos a la redención de la raza irredenta. De tarde en tarde y especialmente con motivo de barbaries cometidas por una autoridad o un rico hacendado, repecute en la Nación un grito general a favor de la muchedumbre explotada y oprimida. A veces, el entusiasmo y la filantropía conducen hasta organizar sociedades protectoras o defensoras de la raza indígena; pero sucede algo muy típico, es decir, muy peruano: como en nuestros congresos antialcohólicos, entra un diez o veinte o ciento de borrachos profesionales, así en nuestras sociedades protectoras de la raza indígena se introduce igual proporción de sacrificadores de los indios.

El Ministro de Gobierno acaba de lanzar un documento sobre nuestra *serpiente de mar*. A vuelta de confesar que "hasta hoy ha sido infructuoso cuanto se ha hecho por modificar el estado de postración en que vegeta la inmensa mayoría de los habitantes de la República", propone como una de las medidas salvadoras "iniciar una propaganda discreta que vaya formando, tanto en los indios como en sus gobernantes y patrones, un concepto de sus relaciones más en armonía con la organización institucional que nuestras leyes proclaman".

¡Una propaganda discreta! Desearíamos que nos señalaran hasta dónde llega la *discreción* y desde qué punto comienzan las indiscreciones, pues muy fácilmente caeríamos en el error de considerar *discreto* lo que no lastima los intereses de curas y gamonales e *indiscreto* lo que perjudica el negocio de los *laneros*[69] y se opone a la ambición de caciques y gobiernistas.

El Ministro recomienda "estudiar en cada localidad la forma más eficaz de combatir el alcoholismo, aplicando con sagacidad, las medidas que mejor conduzcan a modificar el carácter de las fiestas populares y a reducir —hasta suprimirla—la parte de salario que se paga a los indios en aguardiente". El *aplicando con sagacidad* vale tanto como la *propaganda discreta*. Ningún gobierno tiene derecho para levantar la voz contra el alcoholismo, ninguno puede clamar de buena fe por la extinción la beodez, porque todos ellos

---

[69] el que trata de lanas.

—monárquicos o republicanos—poseen un rico filón en el impuesto a las bebidas alcohólicas. El día que por encantamiento desaparecieran los ebrios, la Humanidad ganaría inmensamente, pero los estados sufrirían una tremenda crisis económica. La taberna es hermana del Estado; para el Fisco, todo bebedor consuetudinario representa un capital que rinde subidos intereses. Nada importa a los gobiernos si cada taberna que se abre multiplica el número de camas en el hospital y de celdas en las prisiones. Se fomenta el consumo y se recauda el impuesto; mas en seguida se lamenta la difusión del vicio y se funda cátedra de moralidad. Si productores y negociantes de aguardiente figuran hoy en los más elevados puestos de la República ¿se concibe que el Ministro de Gobierno hable de buena fe y lleve su candorosidad al extremo de herir los intereses de sus colegas y hasta de su jefe? Al lanzar su nota a los prefectos, llena el expediente, nada más.

Citemos un hecho muy sugestivo. Cuando los emisarios de Chucuito[70] vinieron a solicitar audiencia del Presidente, los contestaron que por escrito expusieran sus quejas y reclamaciones: los indios presentaron memoriales sobre memoriales, sin conseguir nada. Cuando el Presidente realizaba su *piccola giratina*[71] por el Sur, y los indígenas acudieron a presentarle quejas y reclamaciones escritas, les respondieron que el Presidente no quería memoriales sino audiencias: los indígenas las solicitaron; pero no tuvieron ocasión de conseguirlas o las celebraron en presencia de testigos que no les dejaban expresarse con libertad o no entendían la lengua de su interlocutor o eran traicionados por sus intérpretes.

Hay que repetir una verdad tan evidente como desalentadora: muy pocos toman a lo serio la cuestión indígena. ¿Quiénes leen *El Indio*?[72] ¿Quiénes han leído *La raza indígena del Perú en los albores del siglo XX*?[73] Sin embargo, ese periódico y esos dos folletos deberían estar en manos de todos, porque revelan que en la República se repite con los indios las mismas iniquidades que se perpetraban en el Virreinato. Hay una diferencia: los españoles usan la hipocresía de la religión, nosotros usamos la hipocresía de la libertad.

Ya no alucinan las notas, las delegaciones ni los juicios criminales a los verdugos y ladrones del indígena. Los hombres públicos que fingen desve-

---

[70]provincia del departamento de Puno en el Perú.

[71]pequeña gira (italiano).

[72]periódico de Lima fundado y dirigido por Santiago Giraldo.

[73]folletos escritos por Santiago Giraldo y publicados anónimamente en 1903.

larse más por *el bien de sus desvalidos conciudadanos* son los que menos piensan en combatir la ignorancia y la esclavitud del indio. Y tienen razón: no
duraría mucho la tragicomedia nacional si toda la masa bruta del país se
convirtiera en una fuerza inteligente y libre.

"El problema indígena"

¿Qué ha pasado en Chucuito? Nadie lo sabe con seguridad. Inútil
buscar informaciones en la prensa cotidiana, porque no existe en Lima un solo
diario que merezca fe: todos deben ser leídos con desconfianza, principalmente
cuando habla de asuntos relacionados con la política. Así, los diarios de la
oposición ven horrorosas hecatombes en bochinches donde resultan dos o tres
cabezas abolladas, mientras las hojas del Gobierno miran una simple bullanga
en la motín donde quedaron algunas docenas de cadáveres. Las sanas intenciones, la justicia, la veracidad, en ninguna parte.

No se necesita ser un águila sociológica para decir que desde el arribo
de los blancos a las costas del Peru surgió una de las más graves cuestiones
que agitan a la Humanidad, la cuestión étnica: dos razas se ponían en contacto,
y una de ellas tenía que vencer, oprimir y devorar a la otra. Dada la crueldad
ingénita de los españoles, crueldad agravada con la codicia morbosa de los
lanzados sobre la América del Sur, ya se comprende lo feroz de la conquista,
lo rapaz de la dominación.

Los blancos de hoy y sus aliados los mestizos, no habiendo concluido
de eliminar la sangre felino-española, siguen las huellas de Pizarro,[74] obedecen la ley. No siéndoles posible, mejor dicho, no conviniéndoles suprimir al
indio ni pudiendo someterle a la esclavitud que hicieron gravitar sobre el
desdichado negro, le convierten en animal de carga, en objeto de explotación.
Ya les tasajearían a todos ellos, sin dejar uno de muestra, si en el intestino
ciego de cada *cholo* pudieran encontrar una libra esterlina.

No veamos, pues, en la cuestión indígena una crisis *provincial* y
pasajera sino un problema nacional y permanente: los síntomas locales e
intermitentes denuncian el mal de todo el organismo, no de un órgano aislado.
Con mayor o menor crueldad, con más o menos hipocresía, todos los que ejercen mando contribuyen a perpetuar el régimen de servidumbre. Caciques y

---

[74]Francisco Pizarro (1474-1541), conquistador del Perú.

gamonales de la sierra oprimen y explotan al indio; pero los encubridores o cómplices de gamonales y caciques están en las Cámaras Legislativas, en los Tribunales de Justicia y en los salones de Palacio. Este senador y este diputado, ese bocal de la Suprema y ese juez de Primera Instancia, aquel ministro y aquel prefecto, señores todos que parecen tan humanos y tan solícitos en *amparar a los desamparados*, son los mayores culpables, los más dignos de execración y desprecio. Hay mutualidad de servicios: el de arriba protege al de abajo y el de abajo sostiene al de arriba.

En el Perú existen dos grandes mentiras: la república y el cristianismo. Hablamos de garantías individuales, las consignamos en la *carta magna*, y el mayor número de los peruanos no tiene seguras la libertad ni la vida. Hablamos de caridad evangélica, la predicamos desde el templo masónico hasta la Unión Católica, y vemos impasiblemente la crucifixión de una raza. Nuestro Catolicismo se reduce a un Paganismo inferior, sin la grandeza de la filosofía ni las magnificencias del arte; nuestra forma política debe llamarse una prolongación de la Conquista y del Virreinato.

Y ¿cómo resolver la cuestión indígena? No seguramente por medio de una revolución política, iniciada por hacendados, mineros, capitalistas, conspiradores de oficio, militares sin puesto en el escalafón ni presupuestívoros[75] en cuaresma forzosa. Maldito lo que a tales hombres les importa la desgracia o el bienestar del indio. Pudieran escalar el poder, subiendo por una montaña de cadáveres, y ascenderían sin el menor escrúpulo ni la más leve conmiseración.

Merecen verdadera lástima los pobres diablos que voluntaria o forzadamente dieron ayer su vida por histriones y malvados como Piérola y Cáceres.[76] La merecerán también los que mañana la sacrifiquen por iguales histriones y malvados que se engalanan hoy con la titiritesca indumentaria de principios añejos y mandados enterrar. Constitucionales y Demócratas, Civilistas y Liberales, todos pueden ir en la misma carreta para ser echados al mismo basurero.

Aquí las revoluciones han sido (y seguirán siendo por mucho tiempo) guerras civiles entre conquistadores. Por eso, el indio que tenga un rifle y una provisión de cápsulas debe hacer tanto fuego sobre el soldado que viene a

---

[75]los que viven del presupuesto—es decir, del tesoro nacional.

[76]Andrés Avelino Cáceres (1836-1923) y Nicolás de Piérola (1839-1913), caudillos que llegaron a ser presidentes del Perú.

tomarle de leva como sobre el montonero que pretende arrastrarle a la revolución.

Obras. Prólogo y notas de Luis Alberto Sánchez. Lima: Ediciones Copé, 1985; *Pájinas libres*. Lima: Fondo de Cultura Popular, 1966.

RUBEN DARIO (Nicaragua; 1867-1916)

"El año lírico"

PRIMAVERAL

Mes de rosas. Van mis rimas
en ronda, a la vasta selva,
a recoger miel y aromas
en las flores entreabiertas.
Amada, ven. El gran bosque
es nuestro templo; allí ondea
y flota un santo perfume
de amor. El pájaro vuela
de un árbol a otro y saluda
tu frente rosada y bella
como a un alma; y las encinas
robustas, altas, soberbias,
cuando tú pasas, agitan
sus hojas verdes y trémulas,
y enarcan sus ramas como
para que pase una reina.
¡Oh, amada mía! Es el dulce
tiempo de la primavera.

Mira: en tus ojos, los míos;
da al viento la cabellera,
y que bañe el sol ese oro
de luz salvaje y espléndida.
Dame que aprieten mis manos
las tuyas de rosa y seda,
y ríe, y muestren tus labios
su púrpura húmeda y fresca.
Yo voy a decirte rimas,
tú vas a escuchar risueña;

si acaso algún ruiseñor
viniese a posarse cerca
y a contar alguna historia
de ninfas, rosas o estrellas,
tú no oirás notas ni trinos,
sino, enamorada y regia,
escucharás mis canciones
fija en mis labios que tiemblan.
¡Oh, amada mía! Es el dulce
tiempo de la primavera.

      Allá hay una clara fuente
que brota de una caverna,
donde se bañan desnudas
las blancas ninfas que juegan.
Ríen al son de la espuma,
hienden la linfa serena;
entre el polvo cristalino
esponjan sus cabelleras;
y saben himnos de amores
en hermosa lengua griega,
que en glorioso tiempo antiguo
Pan[1] inventó en las florestas.
Amada, pondré en mis rimas
la palabra más soberbia
de las frases de los versos,
de los himnos de esa lengua;
y te diré esa palabra
empapada en miel hiblea[2]...,
¡oh, amada mía!, en el dulce
tiempo de la primavera.

      Van en sus grupos vibrantes
revolando las abejas

---

[1]dios mitológico de la naturaleza y de los rebaños; al son de su flauta
bailan las ninfas del campo que él persigue.

[2]oriunda de Hibla, zona de la antigua Sicilia.

como un áureo torbellino
que la blanca luz alegra;
y sobre el agua sonora
pasan radiantes, ligeras,
con sus almas cristalinas
las irisadas libélulas.
Oye: canta la cigarra
porque ama al sol, que en la selva
su polvo de oro tamiza,
entre las hojas espesas.
Su aliento nos da en un soplo
fecundo la madre tierra,
con el alma de los cálices
y el aroma de las yerbas.

      ¿Ves aquel nido? Hay un ave.
Son dos: el macho y la hembra.
Ella tiene el buche blanco,
él tiene las plumas negras.
En la garganta el gorjeo,
las alas blancas y trémulas;
y los picos que se chocan
como labios que se besan.
El nido es cántico. El ave
incuba el trino, ¡oh poetas!;
de la lira universal
el ave pulsa una cuerda.
Bendito el calor sagrado
que hizo reventar las yemas.
¡Oh amada mía! Es el dulce
tiempo de la primavera.

      Mi dulce musa Delicia
me trajo un ánfora griega
cincelada en alabastro

de vino de Naxos[3] llena;
y una hermosa copa de oro,
la base henchida de perlas,
para que bebiese el vino
que es propicio a los poetas.
En el ánfora está Diana,[4]
real, orgullosa y esbelta,
con su desnudez divina
y en su actitud cinegética.[5]
Y en la copa luminosa
está Venus Citerea[6]
tendida cerca de Adonis[7]
que sus caricias desdeña.
No quiero el vino de Naxos
ni el ánfora de asas bellas,
ni la copa donde Cipria[8]
al gallardo Adonis ruega.
Quiero beber el amor
sólo en tu boca bermeja.
¡Oh amada mía! Es el dulce
tiempo de la primavera.

---

[3]isla del mar Egeo y sitio, según la mitología, del templo de Baco, dios del vino.

[4]diosa de los cazadores y mujer a la que su padre, Jupiter, le concedió el permiso de nunca casarse, por lo cual es figura de la castidad femenina.

[5]relacionado a la caza con perros.

[6]diosa de la belleza y del amor; también conocida como Afrodita.

[7]ejemplo de la juvenil belleza masculina; amado por Afrodita quien lo convirtió en anémona tras ser muerto por un jabalí.

[8]otro nombre de Venus, por ser de Chipre.

"Caupolicán"[9]

A Henrique Hernández Miyares.

Es algo formidable que vio la vieja raza;
robusto tronco de árbol al hombro de un campeón
salvaje y aguerrido, cuya fornida maza
blandiera el brazo de Hércules,[10] o el brazo de Sansón.[11]

Por casco sus cabellos, su pecho por coraza,
pudiera tal guerrero, de Arauco[12] en la región,
lancero de los bosques, Nemrod[13] que todo caza,
desjarretar un toro, o estrangular un león.

Anduvo, anduvo, anduvo. Le vio la luz del día,
le vio la tarde pálida, le vio la noche fría,
y siempre el tronco de árbol a cuestas del titán.

«¡El Toqui, el Toqui!»,[14] clama la conmovida casta.
Anduvo, anduvo, anduvo. La Aurora dijo: «Basta»,
e irguióse la alta frente del gran Caupolicán.

---

[9]famoso indio araucano.

[10]figura mitológica de las proezas físicas.

[11]juez hebreo conocido por su fuerza física.

[12]también conocido como Araucanía, zona en Chile de los indios auracanos.

[13]legendario rey de Caldea y famoso cazador.

[14]caudillo o jefe en el idioma araucano.

"De invierno"

En invernales horas, mirad a Carolina.[15]
Medio apelotonada, descansa en el sillón,
envuelta con su abrigo de marta cibelina
y no lejos del fuego que brilla en el salón.

El fino angora blanco, junto a ella se reclina,
rozando con su hocico la falda de Alençon,[16]
no lejos de las jarras de porcelana china
que medio oculta un biombo de seda del Japón.

Con sus sutiles filtros la invade un dulce sueño;
entro, sin hacer ruido; dejo mi abrigo gris;
voy a besar su rostro, rosado y halagüeño

como una rosa roja que fuera flor de lis.
Abre los ojos, mírame con su mirar risueño,
y en tanto cae la nieve del cielo de París.

"Leconte de Lisle"[17]

De las eternas musas el reino soberano
recorres, bajo un soplo de vasta inspiración,
como un rajah[18] soberbio que en su elefante indiano
por sus dominios pasa de rudo viento al son.

Tú tienes en tu canto como ecos de oceano;

---

[15]reina inglesa (1683-1737), esposa de Jorge II; conocida por sus dotes políticos.

[16]ciudad francesa conocida por sus finos encajes.

[17](1818-94), poeta francés cuya poesía parnasiana influyó notablemente en los modernistas.

[18]rajá.

se ve en tu poesía la selva y el león;
salvaje luz irradia la lira que en tu mano
derrama su sonera, robusta vibración.

Tú del fakir[19] conoces secretos y avatares;
a tu alma dio el Oriente misterios seculares,
visiones legendarias y espíritu oriental.

Tu verso está nutrido con savia de la tierra;
fulgor de Ramayanas[20] tu viva estrofa encierra,
y cantas en la lengua del bosque colosal.

"Walt Whitman"[21]

En su país de hierro vive el gran viejo,
bello como un patriarca, sereno y santo.
Tiene en la arruga olímpica de su entrecejo
algo que impera y vence con noble encanto.

Su alma del infinito parece espejo;
son sus cansados hombros dignos del manto;
y con arpa labrada de un roble añejo,
como un profeta nuevo canta su canto.

Sacerdote que alienta soplo divino,
anuncia, en un futuro, tiempo mejor.
Dice al águila: «¡Vuela!»; «¡Boga!», al marino,

y «¡Trabaja!», al robusto trabajador.
¡Así va ese poeta por su camino,
con su soberbio rostro de emperador!

---

[19] pordiosero hindú o musulmán; a veces se le atribuyen prodigios.

[20] poema sánscrito sobre las hazañas épicas y religiosas de Rama, el dios Vichnú encarnado.

[21] (1819-92), poeta norteamericano muy leído por los latinoamericanos.

"Era una aire suave..."

Era un aire suave, de pausados giros:
el hada Harmonía ritmaba sus vuelos,
e iban frases vagas y tenues suspiros
entre los sollozos de los violoncelos.

Sobre la terraza, junto a los ramajes,
diríase un trémolo de liras eolias[22]
cuando acariciaban los sedosos trajes,
sobre el tallo erguidas, las blancas magnolias.

La marquesa Eulalia risas y desvíos
daba a un tiempo mismo para dos rivales:
el vizconde rubio de los desafíos
y el abate joven de los madrigales.

Cerca, coronado con hojas de viña,
reía en su máscara Término[23] barbudo,
y, como un efebo[24] que fuese una niña,
mostraba una Diana su mármol desnudo.

Y bajo un boscaje del amor palestra,
sobre rico zócalo al modo de Jonia,[25]
con un candelabro prendido en la diestra
volaba el Mercurio de Juan de Bolonia.[26]

La orquesta perlaba sus mágicas notas;

---

[22]como tocadas por Eolo, dios de los vientos.

[23]dios romano de los límites de las propiedades que se marcaban con bustos con su imagen.

[24]joven, especialmente de gran belleza.

[25]nombre dado antiguamente a mucho de lo que hoy día es el Asia menor.

[26]se alude al escultor flamenco (1524-1608) conocido por su escultura de Mercurio.

un coro de sones alados se oía;
galantes pavanas, fugaces gavotas
cantaban los dulces violines de Hungría.

    Al oír las quejas de sus caballeros,
ríe, ríe, ríe la divina Eulalia,
pues son su tesoro las flechas de Eros,[27]
el cinto de Cipria, la rueca de Onfalia.[28]

    ¡Ay de quien sus mieles y frases recoja!
¡Ay de quien del canto de su amor de fíe!
Con sus ojos lindos y su boca roja,
la divina Eulalia, ríe, ríe, ríe.

    Tiene azules ojos, es maligna y bella;
cuando mira, vierte viva luz extraña;
se asoma a sus húmedas pupilas de estrella
el alma del rubio cristal de Champaña.

    Es noche de fiesta, y el baile de trajes
ostenta su gloria de triunfos mundanos.
La divina Eulalia, vestida de encajes,
una flor destroza con sus tersas manos.

    El teclado harmónico de su risa fina
a la alegre música de un pájaro iguala,
con los *staccati* de una bailarina
y las locas fugas de una colegiala.

    ¡Amoroso pájaro que trinos exhala
bajo el ala a veces ocultando el pico;
que desdenes rudos lanza bajo el ala,
bajo el ala aleve del leve abanico!

---

[27]dios griego del amor.

[28]reina de Lidia y esposa de Hércules, a quien ella sometió a la prueba de humildad de que él le sirviera de rueca e hilara a sus pies durante tres años.

   Cuando a medianoche sus notas arranque
y en arpegios áureos gima Filomela,[29]
y el ebúrneo[30] cisne, sobre el quieto estanque,
como blanca góndola imprima su estela,

   la marquesa alegre llegará al boscaje,
boscaje que cubre la amable glorieta
donde han de estrecharla los brazos de un paje
que, siendo su paje, será su poeta.

   Al compás de un canto de artista de Italia
que en la brisa errante la orquesta deslíe,
junto a los rivales, la divina Eulalia,
la divina Eulalia, ríe, ríe, ríe.

   ¿Fue acaso el tiempo del rey Luis de Francia,[31]
sol con corte de astros, en campos de azur,
cuando los alcázares llenó de fraganacia
la regia y pomposa rosa Pompadour?[32]

   ¿Fue cuando la bella su falda cogía
con dedos de ninfa, bailando el minué,
y de los compases el ritmo seguía,
sobre el tacón rojo, lindo y leve el pie?

   ¿O cuando pastroas de floridos valles
ornaban con cintas su albos sorderos

---

[29]hija del rey de Atenas Pandión, convertida según la mitología en ruiseñor.

[30]de marfil.

[31]Luis XV de Francia, cuya favorita fue la madame Pompadour, Antoinette Poisson (1721-64), figura de la cortesana cuya siniestra influencia ejercida a través del amor provoca escándalos políticos.

[32]alusión a cómo la madame Pompadour era conocida por su predilección al color rosa pálido.

y oían, divinas Tirsis[33] de Versalles,[34]
las declaraciones de sus caballeros?

¿Fue en ese buen tiempo de duques pastores,
de amantes princesas y tiernos galanes,
cuando entre sonrisas y perlas y flores
iban las casacas de los chambelanes?

¿Fue acaso en el Norte o en el Mediodía?
Yo el tiempo y el día y el país ignoro;
pero sé que Eulalia ríe todavía,
¡y es crüel y eterna su risa de oro!

"Sontatina"

La princesa está triste... ¿Qué tendrá la princesa?
Los suspiros se escapan de su boca de fresa,
que ha perdido la risa, que ha perdido el color.
La princesa está pálida en su silla de oro,
está mudo el teclado de su clave sonoro,
y en un vaso, olvidada, se desmaya una flor.

El jardín puebla el triunfo de los pavos-reales.
Parlanchina, la dueña dice cosas banales,
y vestido de rojo piruetea el bufón.
La princesa no ríe, la princesa no siente;
la princesa persigue por el cielo de Oriente
la libélula vaga de una vaga ilusión.

¿Piensa acaso en el príncipe de Golconda[35] o de China,
o en el que ha detenido su carroza argentina

---

[33]pastora de la "Egloga II" del poeta romano Virgilio (70-19 a.C.).

[34]el fastuoso palacio del rey francés Luis XIV (1638-1715), conocido por
la incorporación de elementos clásicos.

[35]antigua ciudad de la India, conocida por sus riquezas.

para ver de sus ojos la dulzura de luz,
o en el rey de las islas de las Rosas fragantes,
o en el que es soberano de los claros diamantes,
o en el dueño orgulloso de las perlas de Ormuz?[36]

¡Ay!, la pobre princesa de la boca de rosa
quiere ser golondrina, quiere ser mariposa,
tener alas ligeras, bajo el cielo volar;
ir al sol por la escala luminosa de un rayo,
saludar a los lirios con los versos de Mayo,
o perderse en el viento sobre el trueno del mar.

Ya no quiere el palacio, ni la rueca de plata,
ni el halcón encantado, ni el budón escarlata,
ni los cisnes unánimes en el lago de azur.
Y están tristes las flores por la flor de la corte,
los jazmines de Oriente, los nelumbos del Norte,
de Occidente las dalias y las rosas del Sur.

¡Pobrecita princesa de los ojos azules!
Está presa en sus oros, está presa en sus tules,
en la jaula de mármol del palacio real;
el palacio soberbio que vigilan los guardas,
que custodian cien negros con sus cien alabardas,
un lebrel que no duerme y un dragón colosal.

¡Oh, quién fuera hipsipila que dejó la crisálida!
(La princesa está triste. La princesa está pálida.)
¡Oh visión adorada de oro, rosa y marfil!
¡Quién volara a la tierra donde un príncipe existe
(La princesa está pálida. La princesa está triste.)
más brillante que el alba, más hermoso que Abril!

«Calla, calla, princesa—dice el hada madrina—;
en caballo con alas, hacia acá se encamina,
en el cinto la espada y en la mano el azor,

---

[36]isla y puerto antiguo en el estrecho del golfo Pérsico.

el feliz caballero que te adora sin verte,

y que llega de lejos, vencedor de la Muerte,
a encenderte los labios con su beso de amor.»

"Margarita"

In memoriam...

    ¿Recuerdas que querías ser una Margarita
Gautier?[37] Fijo en mi mente tu extraño rostro está,
cuando cenamos juntos, en la primera cita,
en una noche alegre que nunca volverá.

    Tus labios escarlatas de púrpura maldita
sorbían el champaña del fino baccarat;
tus dedos deshojan la blanca margarita:
«Sí..., no..., sí..., no...», ¡y sabías que te adoraba ya!

    Después, ¡oh flor de Histeria!, llorabas y reías;
tus besos y tus lágrimas tuve en mi boca yo;
tus risas, tus fragancias, tus quejas eran mías.

    Y en una tarde triste de los más dulces días,
la Muerte, la celosa, por ver si me querías,
¡como a una margarita de amor, te deshojó!

"El cisne"

A Ch. del Gouufre.

    Fue en una hora divina para el género humano.

---

[37]Marguerite Gautier, heroína de *La dama de las camelias* (1852), paradigmática comedia romántica del escritor francés Alexandre Dumas *fils* (1824-
1895).

El cisne antes cantaba sólo para morir.
Cuando se oyó el acento del Cisne wagneriano[38]
fue en medio de una aurora, fue para revivir.

     Sobre las tempestades del humano oceano
se oye el canto del Cisne; no se cesa de oír,
dominando el martillo del viejo Thor[39] germano
o las trompas que cantan la espada de Argantir.[40]

     ¡Oh Cisne! ¡Oh sacro pájaro! Si antes la blanca Helena[41]
del huevo azul de Leda[42] brotó de gracia llena,
siendo de la Hermosura la princesa inmortal,

     bajo tus blancas alas la nueva Poesía
concibe en una gloria de luz y de harmonía
la Helena eterna y pura que encarna el ideal.

---

[38]se refiere al compositor Richard Wagner (1813-83) y el motivo del cisne
que moraba en una fuente bajos las raíces del fresno Iggdrasil de la mitología
nórdica.

[39]dios nórdico del trueno.

[40]legendario guerrero de Islandia.

[41]princesa griega de legendaria belleza, hija de Zeus y Leda.

[42]Leda fue seducida por Zeus cuando ella tenía la forma de un cisne.

"Verlaine"[43]

A Angel Estrada, poeta

RESPONSO[44]

Padre y maestro mágico, liróforo[45] celeste
que al instrumento olímpico y la siringa[46] agreste
      diste tu acento encantador;
¡Panida![47] ¡Pan tú mismo, que coros condujiste
hacia el propíleo[48] sacro que amaba tu alma triste,
      al són del sistro[49] y del tambor!

Que tu sepulcro cubra de flores Primavera;
que se humedezca el áspero hocico de la fiera,
      de amor, si pasa por allí;
que el fúnebre recinto visite Pan bicorne;
que de sangrientas rosas el fresco Abril te adorne,
      y de claveles de rubí.

Que si posarse quiere sobre la tumba el cuervo,
ahuyenten la negrura del pájaro protervo
      el dulce canto de cristal
que Filomena vierta sobre sus tristes huesos,
o la harmonía dulce de risas y de besos,
      de culto oculto y florestal.

---

[43]Paul Verlaine (1844-96), poeta simbolista francés que ejerció una notable influencia en los modernistas.

[44]composición eclesiática dedicada a los muertos.

[45]el que trae la lira.

[46]árbol que da el caucho.

[47]referente a Pan.

[48]vestíbulo.

[49]un tipo de antiguo instrumento musical egipcio hecho de varillas metálicas que suenan agitándolas.

Que púberes canéforas te ofrenden el acanto;
que sobre tu sepulcro no se derrame el llanto,
        sin rocío, vino, miel;
que el pámpano allí brote, las flores de Cíteres,[50]
¡y que se escuchen vagos suspiros de mujeres
        bajo un simbólico laurel!

Que si un pastor su pífano bajo el frescor del haya,
en amorosos días, como en Virgilio, ensaya,
        tu nombre ponga en la canción;
y que la virgen náyade, cuando ese nombre escuche,
con ansias y temores entre las linfas luche,
        llena de miedo y de pasión.

De noche, en la montaña, en la negra montaña
de las Visiones, pase gigante sombra extraña,
        sombra de un Sátiro espectral;
que ella al centauro adusto con su grandeza asuste;
de una extra-humana flauta la melodía ajuste
        a la harmonía sideral.

Y huya el tropel equino por la montaña vasta;
tu rostro de ultratumba bañe la luna casta
        de compasiva y blanca luz;
y el Sátiro contemple, sobre un lejano monte,
una cruz que se eleve cubriendo el horizonte,
        ¡y un resplandor sobre la cruz!

---

[50] isla de donde provenía Venus.

Cantos de vida y esperanza

A J. Enrique Rodó

I

Yo soy aquel que ayer no más decía
el verso azul y la canción profana,
en cuya noche un ruiseñor había
que era alondra de luz por la mañana.

El dueño fui de mi jardín de sueño,
lleno de rosas y de cisnes vagos;
el dueño de las tórtolas, el dueño
de góndolas y liras en los lagos;

y muy siglo diez y ocho, y muy antiguo
y muy moderno; audaz, cosmopolita;
con Hugo fuerte y con Verlaine ambiguo
y una sed de ilusiones infinita.

Yo supe de dolor desde mi infancia;
mi juventud..., ¿fue juventud la mía?,
sus rosas aún me dejan su fragancia,
una fragancia de melancolía...

Potro sin freno se lanzó mi instinto
mi juventud montó potro sin freno;
iba embriagada y con puñal al cinto;
si no cayó, fue porque Dios es bueno.

En mi jardín se vio una estatua bella;
se juzgó mármol y era carne viva;
una alma joven habitaba en ella,
sentimental, sensible, sensitiva.

Y tímida ante el mundo, de manera
que, encerrada, en silencio, no salía
sino cuando en la dulce primavera

era la hora de la melodía...

Hora de ocaso y de discreto beso;
hora crepuscular y de retiro;
hora de madrigal y de embeleso,
de «te adoro», de «¡ay!», y de suspiro.

Y entonces era en la dulzaina un juego
de misteriosas gamas cristalinas,
un renovar de notas del Pan griego
y un desgranar de músicas latinas,

con aire tal y con ardor tan vivo,
que a la estatua nacían de repente
en el muslo viril pata de chivo
y dos cuernos de sátiro en la frente.

Como la Galatea gongorina[51]
me encantó la marquesa verleniana,[52]
y así juntaba a la pasión divina
una sensual hiperestesia[53] humana;

todo ansia, todo ardor, sensación pura
y vigor natural; y sin falsía,
y sin comedia y sin literatura...:
si hay un alma sincera, esa es la mía.

La torre de marfil tentó mi anhelo;
quise encerrarme dentro de mí mismo,
y tuve hambre de espacio y sed de cielo
desde las sombras de mi propio abismo.

---

[51]se alude al poema del español Luis de Góngora (1561-1627), *Fábula de Polifemo y Galatea* que refiere los amores entre el gigante de Sicilia y la ninfa Galatea.

[52]referente a Verlaine; véase la nota 43.

[53]hipersensibilidad.

Como la esponja que la sal satura
en el jugo del mar, fue el dulce y tierno,
corazón mío, henchido de amargura
por el mundo, la carne y el infierno.

Mas, por gracia de Dios, en mi conciencia
el Bien supo elegir la mejor parte;
y si hubo áspera hiel en mi existencia,
melificó toda acritud el Arte.

Mi intelecto libré de pensar bajo,
bañó el agua castalia[54] el alma mía,
peregrinó mi corazón y trajo
de la sagrada selva la armonía.

¡Oh, la selva sagrada! ¡Oh, la profunda
emanación del corazón divino
de la sagrada selva! ¡Oh, la fecunda
fuente cuya virtud vence al destino!

Bosque ideal que lo real complica,
allí el cuerpo arde y vive y Psiquis[55] vuela;
meintras abajo el sátiro fornica,
ebria de azul deslíe Filomela

perla de ensueño y música amorosa
en la cúpula en flor del laurel verde,
Hipsipila sutil liba en la rosa,
y la boca del fauno el pezón muerde.

Allí va el dios en celo tras la hembra
y la caña de Pan se alza del lodo:
la eterna vida sus semillas siembra,
y brota la armonía del gran Todo.

---

[54]de la fuente Castalia, consagrada a las musas.
[55]bella joven griega, inmortalizada por sus amores con Cupido.

El alma que entra allí debe ir desnuda,
temblando de deseo y fiebre santa,
sobre cardo heridor y espina aguda:
así sueña, así vibra y así canta.

Vida, luz y verdad, tal triple llama
produce la interior llama infinita;
el Arte puro como Cristo exclama:
Ego sum lux et veritas et vita![56]

Y la vida es misterio; la luz ciega
y la verdad inaccesible asombra;
la adusta perfección jamás se entrega,
y el secreto ideal duerme en la sombra.

Por eso ser sincero es ser potente:
de desnuda que está, brilla la estrella;
el agua dice el alma de la fuente
en la voz de cristal que fluye d'ella.

Tal fue mi intento, hacer del alma pura
mía, una estrella, una fuente sonora,
con el horror de la literatura
y loco de crepúsculo y de aurora.

Del crepúsculo azul que da la pauta
que los celestes éxtasis inspira;
bruma y tono menor—¡toda la flauta!,
y Aurora, hija del Sol—¡toda la lira!

Pasó una piedra que lanzó una honda;
pasó una flecha que aguzó un violento.
La piedra de la honda fue a la onda,
y la flecha del odio fuese al viento.

La virtud está en ser tranquilo y fuerte;

---

[56]Yo soy la luz y la verdad y la vida (latín).

con el fuego interior todo se abrasa;
se triunfa del rencor y de la muerte,
y hacia Belén..., ¡la caravana pasa!

VIII

"A Roosevelt"[57]

Es con voz de la Biblia, o verso de Walt Whitman,
que habría de llegar hasta ti, Cazador,
primitivo y moderno, sencillo y complicado,
con un algo de Wáshington y cuatro de Nemrod.
Eres los Estados Unidos,
eres el futuro invasor
de la América ingenua que tiene sangre indígena,
que aún reza a Jesucristo y aún habla en español.

Eres soberbio y fuerte ejemplar de tu raza;
eres culto, eres hábil; te opones a Tolstoy.[58]
Y domando caballos, o asesinando tigres,
eres un Alejandro-Nabucodonosor.[59]
(Eres un profesor de Energía
como dicen los locos de hoy.)

Crees que la vida es incendio,
que el progreso es erupción,
que en donde pones la bala

---

[57]Theodore Roosevelt (1858-1919), símbolo en la época del creciente imperialismo de Estados Unidos y de su influencia desaveniente en América Latina.

[58]Alexei Tolstoi (1828-1910), conde y novelista ruso famoso por su idealismo pacifista.

[59]Alejandro (356-323 a.C.), guerrero de Macedonio y legendario conquistador; Nabucodonosor (605-562 a.C.), rey de Babilonia y también legendario conquistador.

el porvenir pones.
                No.

        Los Estados Unidos son potentes y grandes.
Cuando ellos se estremecen hay un hondo temblor
que pasa por las vértebras enormes de los Andes.
Si clamáis, se oye como el rugir del león.
Ya Hugo[60] a Grant[61] lo dijo: Las estrellas son vuestras.
        (Apenas brilla, alzándose, el argentino sol
y la estrella chilena se levanta...) Sois ricos.
Juntáis al culto de Hércules el culto de Mammón;[62]
y alumbrando el camino de la fácil conquista,
la Libertad levanta su antorcha en Nueva-York.

        Mas la América nuestra, que tenía poetas
desde los viejos tiempos de Netzahualcoyotl,[63]
que ha guardado las huellas de los pies del gran Baco,[64]
que el alfabeto pánico en un tiempo aprendió;
que consultó los astros, que conoció la Atlántida[65]
cuyo nombre nos llega resonando en Platón,[66]
que desde los remotos momentos de su vida
vive de luz, de fuego, de perfume, de amor,
la América del grande Moctezuma,[67] del Inca,[68]

---

[60]Victor Hugo (1802-85), escritor francés.

[61]Ulysses S. Grant (1822-85) cuya visita a Francia en 1877 durante su presidencia provocó una serie de artículos en su contra firmados por Hugo.

[62]dios fenicio y símbolo de los bienes materiales.

[63](1403-70), Príncipe de Texcoco, considerado el primer poeta mexicano.

[64]dios del vino y, por consiguiente, parangón de todo lo libidinoso.

[65]continente mítico de avanzada civilización que desapareció sumergida en el océano Atlántico.

[66](428?-347 a.C.), filósofo griego cuya república ideal estaba situada en Atlántida.

[67]emperador azteca (1502-20) en la época de la conquista española encabezada por Hernán Cortés.

[68]título del emperador del imperio incaico.

la América fragante de Cristóbal Colón,
la América católica, la América española,
la América en que dijo el noble Guatemoc:[69]
«Yo no estoy en un lecho de rosas»;[70] esa América
que tiembla de huracanes y que vive de amor,
hombres de ojos sajones y alma bárbara, vive.
Y sueña. Y ama, y vibra, y es la hija del Sol.
Tened cuidado. ¡Vive la América española!
Hay mil cachorros sueltos del León Español.[71]
Se necesitará, Roosevelt, ser, por Dios mismo,
el Riflero terrible y el fuerte Cazador,
para poder tenernos en vuestras férreas garras.

Y, pues contáis con todo, falta una cosa: ¡Dios!

XIV

"Marcha triunfal"

¡Ya viene el cortejo!
¡Ya viene el cortejo! Ya se oyen los claros clarines.
La espada se anuncia con vivo reflejo;
ya viene, oro y hierro, el cortejo de los paladines.

Ya pasa, debajo los arcos ornados de blancas Minervas[72] y Martes,[73]
los arcos triunfales en donde las Famas erigen sus largas trompetas,

---

[69]más conocido por Cuauhtemoc, sobrino de Moctezuma y último emperador azteca.

[70]frase atribuida a Cuauhtemoc al ser torturado por los españoles para que revelara el escondite del oro de los aztecas.

[71]se refiere al león que aparece como símbolo en el escudo de Castilla.

[72]diosa de las artes y la sabiduría.

[73]dios de la guerra.

la gloria solemne de los estandartes
llevados por manos robustas de heroicos atletas.
Se escucha el ruido que forman las armas de los caballeros,
los frenos que mascan los fuertes caballos de guerra,
los cascos que hieren la tierra,
y los timbaleros
que el paso acompasan con ritmos marciales.
¡Tal pasan los fieros guerreros
debajo los arcos triunfales!

Los claros clarines de pronto levantan sus sones,
su canto sonoro,
su cálido coro,
que envuelve en un trueno de oro
la angustia soberbia de los pabellones.
El dice la lucha, la herida venganza,
las ásperas crines,
los rudos penachos, la pica, la lanza,
la sangre que riega de heroicos carmines
la tierra;
los negros mastines
que azuza la muerte, que rige la guerra.

Los áureos sonidos
anuncian el advenimiento
triunfal de la Gloria;
dejando el picacho que guarda sus nidos,
tendiendo sus alas enormes al viento,
los cóndores llegan. ¡Llegó la Victoria!

Ya pasa el cortejo.
Señala el abuelo los héroes al niño:
—ved cómo la barba del viejo
los bucles de oro circunda de armiño—.
Las bellas mujeres aprestan coronas de flores,
y bajo los pórticos vense sus rostros de rosa;
y la más hermosa
sonríe al más fiero de los vencedores.
¡Honor al que trae cautiva la extraña bandera;

honor al herido y honor a los fieles
soldados que muerte encontraron por mano extranjera!
¡Clarines! ¡Laureles!

Las nobles espadas de tiempos gloriosos,
desde sus panoplias saludan las nuevas coronas y lauros:
—las viejas espadas de los granaderos, más fuertes que osos,
hermanos de aquellos lanceros que fueron centauros—.

Las trompas guerreras resuenan;
de voces los aires se llenan...
A aquellas antiguas espadas,
a aquellos ilustres aceros,
que encarnan las glorias pasadas...
¡Y al sol que hoy alumbra las nuevas victorias ganadas,
y el héroe que guía su grupo de jóvenes fieros;
al que ama la insignia del suelo materno,
al que ha desafiado, ceñido el acero y el arma en la mano,
los soles del rojo verano,
las nieves y vientos del gélido invierno,
la noche, la escarcha
y el odio y la muerte, por ser por la patria inmortal,
saludan con voces de bronce las trompas de guerra que tocan la marcha triun-
        fal...

"Cancion de otoño en primavera"

Juventud, divino tesoro,
¡ya te vas para no volver!
Cuando quiero llorar, no lloro...
y a veces lloro sin querer.

Plural ha sido la celeste
historia de mi corazón.
Era una dulce niña, en este
mundo de duelo y aflicción.

Miraba como el alba pura;
sonreía como una flor.
Era su cabellera obscura
hecha de noche y de dolor.

Yo era tímido como un niño.
Ella, naturalmente, fue,
para mi amor hecho de armiño,
Herodías[74] y Salomé...[75]

Juventud, divino tesoro,
¡ya te vas para no volver...!
Cuando quiero llorar, no lloro,
y a veces lloro sin querer...

La otra fue más sensitiva,
y más consoladora y más
halagadora y expresiva,
cual no pensé encontrar jamás.

Pues a su continua ternura
una pasión violenta unía.
En un peplo de gasa pura
una bacante se envolvía...

En sus brazos tomó mi ensueño
y lo arrulló como a un bebé...
Y le mató, triste y pequeño,
falto de luz, falto de fe...

Juventud, divino tesoro,
¡te fuiste para no volver!
Cuando quiero llorar, no lloro,
y a veces lloro sin querer...

---

[74]esposa de Herodes y madre de Salomé.

[75]princesa judía, involucrada en la venganza de su madre contra Juan Bautista.

Otra juzgó que era mi boca
el estuche de su pasión
y que me roería, loca,
con sus dientes el corazón

poniendo en un amor de exceso
la mira de su voluntad,
mientras eran abrazo y beso
síntesis de la eternidad:

y de nuestra carne ligera
imaginar siempre un Edén,
sin pensar que la Primavera
y la carne acaban también...

Juventud, divino tesoro,
¡ya te vas para no volver!
Cuando quiero llorar, no lloro,
¡y a veces lloro sin querer!

¡Y las demás!, en tantos climas,
en tantas tierras, siempre son,
si no pretexto de mis rimas,
fantasmas de mi corazón.

En vano busqué a la princesa
que estaba triste de esperar.
La vida es dura. Amarga y pesa.
¡Ya no hay princesa que cantar!

Mas a pesar del tiempo terco,
mi sed de amor no tiene fin;
con el cabello gris me acerco
a los rosales del jardín...

Juventud, divino tesoro,
¡ya te vas para no volver!...
Cuando quiero llorar, no lloro,

y a veces lloro sin querer...

¡Mas es mía el Alba de oro!

"Letanias de nuestro Señor Don Quijote"

A Navarro Ledesma.

Rey de los hidalgos, señor de los tristes,
que de fuerza alimentas y de ensueños vistes,
coronado de áureo yelmo de ilusión;
que nadie ha podido vencer todavía,
por la adarga al brazo, toda fantasía,
y la lanza en ristre, toda corazón.

Noble peregrino de los peregrinos,
que santificaste todos los caminos
con el paso augusto de tu heroicidad,
contra las certezas, contra las conciencias,
y contra las leyes y contra las ciencias,
contra la mentira, contra la verdad...

Caballero errante de los caballeros,
barón de varones, príncipe de fieros,
par entre los pares, maestro, ¡salud!
¡Salud, porque juzgo que hoy muy poca tienes,
entre los aplausos o entre los desdenes,
y entre las coronas y los parabienes
y las tonterías de la multitud!

¡Tú, para quien pocas fueron las victorias
antiguas, y para quien clásicas glorias
serían apenas de ley y razón,
soportas elogios, memorias, discursos,
resistes certámenes, tarjetas, concursos,

y, teniendo a Orfeo,[76] tienes a orfeón!

Escucha, divino Rolando[77] del sueño,
a un enamorado de tu Clavileño,[78]
y cuyo Pegaso[79] relincha hacia ti;
escucha los versos de estas letanías,
hechas con las cosas de todos los días
y con otras que en lo misterioso vi.

¡Ruega por nosotros, hambrientos de vida,
con el alma a tientas, con la fe perdida,
llenos de congojas y faltos de sol;
por advenedizas almas de manga ancha,
que ridiculizan el ser de la Mancha,[80]
el ser generoso y el ser español!

¡Ruega por nosotros, que necesitamos
las mágicas rosas, los sublimes ramos
de laurel! *Pro nobis ora,*[81] gran señor.
(Tiemblan las florestas de laurel del mundo,
y antes que tu hermano vago, Segismundo,[82]
el pálido Hámlet te ofrece una flor.)

Ruega generoso, piadoso, orgulloso;
ruega, casto, puro, celeste, animoso;
por nos intercede, suplica por nos,
pues casi ya estamos sin savia, sin brote,

---

[76]legendario músico y poeta griego.

[77]figura épica francesa, sobrino de Carlomagno.

[78]en la novela de Cervantes, un caballo de madera que a Don Quijote le hacen creer que vuela por el aire.

[79]mítico caballo alado.

[80]región de Vieja Castilla de donde Don Quijote era oriundo.

[81]Reza por nosotros (latín).

[82]protagonista de *La vida es sueño*, texto dramático de Pedro Calderón de la Barca (1600-81).

sin alma, sin vida, sin luz, sin Quijote,
sin pies y sin alas, sin Sancho y sin Dios.

De tantas tristezas, de dolores tantos,
de los superhombres de Nietzsche,[83] de cantos
áfonos, recetas que firma un doctor,
de las epidemias de horribles blasfemias
de la Academias,
¡líbranos, señor!

De rudos malsines,
falsos paladines,
y espíritus finos y blandos y ruines,
del hampa que sacia
su canallocracia[84]
con burlar la gloria, la vida, el honor,
del puñal con gracias,
¡líbranos, señor!

Noble peregrino de los peregrinos,
que santificaste todos los caminos
con el paso augusto de tu heroicidad,
contra las certezas, contra las conciencias
y contra la leyes y contra ciencias,
contra la mentira, contra la verdad...

¡Ora por nosotros, señor de los tristes,
que de fuerza alientas y de sueños vistes,
coronado de áureo yelmo de ilusión;
que nadie ha podido vencer todavía,
por la adarga al brazo, toda fantasía,
y la lanza en ristre, toda corazón!

---

[83]Friedrich Nietzsche (1844-1900), filósofo alemán.
[84]reino de las canallas (neologismo de Darío).

"A Colón"

¡Desgraciado Almirante! Tu pobre América,
tu india virgen y hermosa de sangre cálida,
la perla de tus sueños, es una histérica
de convulsivos nervios y frente pálida.

Un desastroso espíritu posee tu tierra:
donde la tribu unida blandió sus mazas,
hoy se enciende entre hermanos perpetua guerra,
se hieren y destrozan las mismas razas.

Al ídolo de piedra reemplaza ahora
el ídolo de carne que se entroniza,
y cada día alumbra la blanca aurora
en los campos fraternos sangre y ceniza.

Desdeñando a los reyes, nos dimos leyes
al son de los cañones y los clarines,
y hoy al favor siniestro de negros beyes
fraternizan los Judas con los Caínes.

Bebiendo la esparcida savia francesa
con nuestra boca indígena semi-española,
día a día cantamos la *Marsellesa*[85]
para acabar danzando la *Carmañola*.[86]

Las ambiciones pérfidas no tienen diques,
soñadas libertades yacen deshechas.
¡Eso no hicieron nunca nuestros Caciques,
a quienes las montañas daban las flechas!

Ellos eran soberbios, leales y francos,
ceñidas las cabezas de raras plumas;

---

[85]himno de la revolución francesa de 1789.

[86]un tipo de canción y baile callejero popular durante la revolución francesa.

¡ojalá hubieran sido los hombres blancos
como los Atahualpas[87] y Moctezumas!

Cuando en vientres de América cayó semilla
de la raza de hierro que fue de España,
mezcló su fuerza heroica la gran Castilla
con la fuerza del indio de la montaña.

¡Pluguiera a Dios las aguas antes intactas
no reflejaran nunca las blancas velas;
ni vieran las estrellas estupefactas
arribar a la orilla tus carabelas!

Libres como las águilas, vieran los montes
pasar los aborígenes por los boscajes
persiguiendo los pumas y los bisontes
con el dardo certero de sus carcajes.

Que más valiera el jefe rudo y bizarro
que el soldado que en fango sus glorias finca,
que ha hecho gemir al Zipa[88] bajo su carro
o temblar las heladas momias del Inca.

La cruz que nos llevaste padece mengua;
y tras encanalladas revoluciones,
la canalla escritora mancha la lengua
que escribieron Cervantes y Calderones.

Cristo va por las calles flaco y enclenque,
Barrabás[89] tiene esclavos y charreteras,

---

[87]último Inca del Perú, asesinado por Pizarro en 1533.

[88]nombre de los jefes de la antigua raza chibcha; ver nota 90.

[89]criminal cuya libertad pidieron los judíos a Pilatos en vez de la de Jesucristo.

y las tierras de Chibcha,[90] Cuzco[91] y Palenque[92]
han visto engalonadas a las panteras.

Duelos, espantos, guerras, fiebre constante
en nuestra senda ha puesto la suerte triste:
¡Cristóforo Colombo, pobre Almirante,
ruega a Dios por el mundo que descubriste!

"Salutación al aguila"

...May this grand Union have no end!
Fontoura Xavier

Bien vengas, mágica Aguila de alas enormes y fuertes,
a extender sobre el Sur tu gran sombra continental,
a traer en tus garras, anilladas de rojos brillantes,
una palma de gloria, del color de la inmensa esperanza,
y en tu pico la oliva de una vasta y fecunda paz.

Bien vengas, oh mágica Aguila, que amara tanto Walt Whitman,
quién te hubiera cantado en esta olímpica jira,
Aguila que has llevado tu noble y magnífico símbolo
desde el trono de Júpiter,[93] hasta el gran continente del Norte.

Ciertamente, has estado en las rudas conquistas del orbe.
Ciertamente, has tenido que llevar los antiguos rayos.
Si tus alas abiertas la visión de la paz perpetúan,
en tu pico y tus uñas está la necesaria guerra.

¡Precisión de la fuerza! ¡Majestad adquirida del trueno!

---

[90] indígenas de Colombia que ocupaban la actual zona de Bogotá.

[91] capital del imperio incaico.

[92] ruinas de una antigua ciudad de los maya-quichés en México.

[93] padre de los dioses romanos.

Necesidad de abrirle el gran vientre fecundo a la tierra
para que en ella brote la concreción de oro de la espiga,
y tenga el hombre el pan con que mueve su sangre.

No es humana la paz con que sueñan ilusos profetas,
la actividad eterna hace precisa la lucha,
y desde tu etérea altura, tú contemplas, divina Aguila,
la agitación combativa de nuestro globo vibrante.

Es incidencia la historia. Nuestro destino supremo
está más allá del rumbo que marcan fugaces las épocas
y Palenque y la Atlántida no son más que momentos soberbios
con que puntúa Dios los versos de su augusto Poema.

Muy bien llegada seas a la tierra pujante y ubérrima,
sobre la cual la Cruz del Sur[94] está, que miró Dante[95]
cuando, siendo Mesías, impulsó en su intuición sus bajeles,
que antes que los del sumo Cristóbal supieron nuestro cielo.

E pluribus unum! ¡Gloria, victoria, trabajo!
Tráenos los secretos de las labores del Norte,
y que los hijos nuestros dejen de ser los rétores latinos,
y aprendan de los yanquis la constancia, el vigor, el carácter.

¡Dinos, Aguila ilustra, la manera de hacer multitudes
que hagan Romas y Grecias con el jugo del mundo presente,
y que, potentes y sobrias, extiendan su luz y su imperio,
y que teniendo el Aguila y el Bisonte y el Hierro y el Oro,
tengan un áureo día para darle las gracias a Dios!

Aguila, existe el Cóndor. Es tu hermano en las grandes alturas.
Los Andes le conocen y saben que, cual tú, mira al Sol.

---

[94]constelación principal que se ve en el hemisferio sur.

[95]Dante Alighieri (1265-1321), poeta italiano y autor de *La divina commedia*.

May this grand Union have no end!, dice el poeta.[96]
Puedan ambos juntarse en plenitud, concordia y esfuerzo,

Aguila, que conoces desde Jove[97] hasta Zarathustra[98]
y que tienes en los Estados Unidos tu asiento,
que sea tu venida fecunda para estas naciones
que el pabellón admiran constelados de bandas y estrellas.

¡Aguila, que estuviste en las horas sublimes de Pathmos,[99]
Aguila prodigiosa, que te nutres de luz y de azul,
como una Cruz viviente, vuela sobre estas naciones,
y comunica al globo la victoria feliz del futuro!

Por algo eres la antigua mensajera jupiterina,
por algo has presenciado cataclismos y luchas de razas,
por algo estás presente en los sueños del Apocalipsis,
por algo eres el ave que han buscado los fuertes imperios.

¡Salud, Aguila! Extensa virtud a tus inmensos revuelos,
reina de los azures, ¡salud!, ¡gloria!, ¡victoria y encanto!
¡Que la Latina América reciba tu mágica influencia
y que renazca nuevo Olimpo,[100] lleno de dioses y de héroes!

¡Adelante, siempre adelante! *Excelsior!*[101] ¡Vida! ¡Lumbre!
Que se cumpla lo prometido en los destinos terrenos,
y que vuestra obra inmensa las aprobaciones recoja
del mirar de los astros, y de lo que Hay más Allá!

---

[96]Antonio Fontoura Xavier (1856-1922), poeta brasileño en cuyo poema sobre Estados Unidos se basa Darío.

[97]otro nombre de Jupiter.

[98]profeta persa de alrededor de 1000 a.C. y fundador de una religión basada en la lucha entre el bien y el mal.

[99]isla del mar Egeo donde San Juan escribió el *Apocalipsis*; uno de los símbolos de San Juan es el águila.

[100]montaña donde vivían los dioses y las musas de la mitología griega.

[101]lo más sumblime (latín).

"Poema del otoño"

Tú que estás la barba en la mano
meditabundo
¿has dejado pasar, hermano,
la flor del mundo?

Te lamentas de los ayeres
con quejas vanas:
¡aún hay promesas de placeres
en los mañanas!

Aún puedes casar la olorosa
rosa y el lis,
y hay mirtos para tu orgullosa
cabeza gris.

El alma ahita cruel inmola
lo que la alegra,
como Zingua, reina de Angola,
lúbrica negra.

Tú has gozado de la hora amable,
y oyes despúes
la imprecación del formidable
Eclesiastés.

El domingo de amor te hechiza;
mas mira cómo
llega el miércoles de ceniza;
Memento, homo...[102]

Por   o hacia el florido monte
las almas van,

---

[102]fragmento de una frase latina que quiere decir "Recuerda, hombre, que tienes que morir".

y se explican Anacreonte[103]
y Omar Kayam.[104]

Huyendo del mal, de improviso
se entra en el mal
por la puerta del paraíso
artificial!

Y, no obstante, la vida es bella,
por poseer
la perla, la rosa, la estrella
y la mujer.

Lucifer brilla. Canta el ronco
mar. Y se pierde
Silvano[105] oculto tras el tronco
del haya verde.

Y sentimos la vida pura,
clara, real,
cuando la envuelve la dulzura
primaveral.

¿Para qué las envidias viles
y las injurias,
cuando retuercen sus reptiles
pálidas furias?

¿Para qué los odios funestos
de los ingratos?
¿Para qué los lívidos gestos
de los Pilatos?

¡Si lo terreno acaba, en suma,

---

[103](565-478 a.C.), poeta griego de versos eróticos.
[104](?-1123), poeta persa de versos eróticos.
[105]genio de los bosques.

cielo e infierno,
y nuestras vidas son la espuma
de un mar eterno!

Lavemos bien de nuestra veste
la amarga prosa;
soñemos en una celeste
mística rosa.

Cojamos la flor del instante;
¡la melodía
de la mágica alondra cante
la miel del día!

Amor a su fiesta convida
y nos corona.
Todos tenemos en la vida
nuestra Verona.[106]

Aun en la hora crepuscular
canta una voz:
«¡Ruth,[107] risueña, viene a espigar
para Booz!»[108]

Mas coged la flor del instante
cuando en Oriente
nace el alba para el fragante
adolescente.

¡Oh niña que con Eros juegas,
niños lozanos,
danzad como las ninfas griegas
y los silvanos!

---

[106]ciudad italiana, escenario de la tragedia de Romeo y Julieta.
[107]personaje del Antiguo Testamento, figura de la esposa fiel y hacendosa.
[108]esposo de Ruth.

El viejo tiempo todo roe
y va de prisa;
Sabed vencerle, Cintia, Cloe
y Cidalisa.[109]

Troncad por rosas azahares,
que suena el son
de aquel *Cantar de los Cantares*[110]
de Salomón.

Príapo[111] vela en los jardines
que Cipris[112] huella;
Hécate[113] hace aullar los mastines;
mas Diana es bella.

y apenas envuelta en los velos
de la ilusión,
baja a los bosques de los cielos
por Endimión.[114]

¡Adolescencia! Amor te dora
con su virtud;
goza del beso de la aurora,
oh juventud!

¡Desventurado el que ha cogido
tarde la flor!

---

[109]nombres de ninfas.

[110]un libro de la Biblia, tradicionalmente atribuido a Salomón, que consiste en un poema de amor de carácter dramático y lírico.

[111]dios de las vides y de los jardines; figura de la sexualidad masculina.

[112]Venus.

[113]monstruosa divinidad infernal cuya presencia anunciaba el aullido de los perros.

[114]bello pastor a quien Diana hace dormir eternamente para poder besarlo a su antojo.

¡Y ay de aquel que nunca ha sabido
lo que es amor!

Yo he visto en tierra tropical
la sangre arder,
como en un cáliz de cristal
en la mujer,

y en todas partes la que ama
y se consume
como una flor hecha de llama
y de perfume.

Abrasaos en esa llama
y respirad
ese perfume que embalsama
la Humanidad.

Gozad de la carne, ese bien
que hoy nos hechiza
y después se tornará en
polvo y ceniza.

Gozad del sol, de la pagana
luz de sus fuegos;
gozad del sol, porque mañana
estaréis ciegos.

Gozad de la dulce armonía
que a Apolo[115] invoca;
gozad del canto, porque un día
no tendréis boca.

Gozad de la tierra, que un
bien cierto encierra;
gozad, porque no estáis aún

---

[115]dios mitológico que personifica la perfección física masculina.

bajo la tierra.

Apartad el temor que os hiela
y que os restringe;
la paloma de Venus vuela
sobre la Esfinge.

Aun vencen muerte, tiempo y hado
las amorosas;
en las tumbas se han encontrado
mirtos y rosas.

Aun Anadiómena[116] en su lidias
nos da su ayuda;
aun resurge en la obra de Fidias[117]
Friné[118] desnuda.

Vive el bíblico Adán robusto,
de sangre humana,
y aun siente nuestra lengua el gusto
de la manzana.

Y hace de este globo viviente
fuerza y acción
la universal y omnipotente
fecundación.

El corazón del cielo late
por la victoria
de este vivir, que es un combate
y es una gloria.

Pues aunque hay pena y nos agravia
el sino adverso,

---

[116]Venus.

[117](500?-432? a.C.), famoso escultor griego.

[118]cortesana griega que sirvió de modelo para estatuas de Afrodita.

en nosotros corre la savia
del universo.

Nuestro cráneo guarda el vibrar
de tierra y sol,
como el rüido de la mar
el caracol.

La sal del mar en nuestras venas
va a borbotones;
tenemos sangre de sirenas
y de tritones.

A nosotros encinas, lauros,
frondas espesas;
tenemos carne de centauros
y satiresas.

En nosotros la vida vierte
fuerza y calor.
¡Vamos al reino de la Muerte
por el camino del Amor!

"La muerte de la emperatriz de la China"

Delicada y fina como una joya humana vivía aquella muchachita de carne rosada, en la pequeña casa que tenía un saloncito con los tapices de color azul desfalleciente. Era su estuche.

¿Quién era el dueño de aquel delicioso pájaro alegre, de ojos negros y boca roja? ¿Para quién cantaba su canción divina, cuando la señorita Primavera mostraba en el triunfo del sol su bello rostro riente, y abría las flores del campo, y alborotaba la nidada? Suzette se llamaba la avecita que había puesto en jaula de seda, peluches y encajes un soñador artista cazador, que la había cazado una mañana de mayo en que había mucha luz en el aire y muchas rosas abiertas.

Recaredo—¡capricho paternal! ¡El no tenía la culpa de llamarse Recaredo!—se había casado hacía año y medio. —¿Me amas? —Te amo. ¿Y tú? —Con toda el alma.

¡Hermoso el día dorado, después de lo del cura! Habían ido luego al campo nuevo; a gozar libres del gozo del amor. Murmuraban allá en sus ventanas de hojas verdes las campanillas y las violetas silvestres que olían cerca del riachuelo, cuando pasaban los dos amantes, el brazo de él en la cintura de ella, el brazo de ella en la cintura de él, los rojos labios en flor dejando escapar los besos. Después, fue la vuelta a la gran ciudad, al nido lleno de perfume de juventud y de calor dichoso.

¿Dije ya que Recaredo era escultor? Pues si no lo he dicho, sabedlo.

Era escultor. En la pequeña casa tenía su taller, con profusión de mármoles, yesos, bronces y terracotas. A veces, los que pasaban oían a través de las rejas y persianas una voz que cantaba y un martillo vibrante y metálico. Suzette, Recaredo; la boca que emergía el cántico, y el golpe del cincel.

Luego el incesante idilio nupcial. En puntillas, llegar donde él trabajaba, e, inundándole de cabellos la nuca, besarle rápidamente. Quieto, quietecito, llegar donde ella duerme en su *chaise-longue*, los piececitos calzados y con medias negras, uno sobre otro, el libro abierto sobre el regazo, medio dormida; y allí el beso es en los labios, beso que sorbe el aliento y hace que se abran los ojos, inefablemente luminosos. Y a todo esto, las carcajadas del mirlo, un mirlo enjaulado que cuando Suzette toca de Chopin, se pone triste y no canta. ¡Las carcajadas del mirlo! No era poca cosa. —¿Me quieres? —¿No lo sabes? —¿Me amas? —¡Te adoro! Ya estaba el animalucho echando toda la risa del pico. Se le sacaba de la jaula, revolaba por el saloncito azulado, se detenía en la cabeza de un Apolo de yeso, o en la frámea de un viejo germano de bronce oscuro. Tiiiiiirit... rrrrrrtch fiii... ¡Vaya que a veces era malcriado e insolente en su algarabía! Pero era lindo sobre la mano de Suzette que le mimaba, le apretaba el pico entre sus dientes hasta hacerlo desesperar, y le decía a veces con una voz severa que temblaba de ternaza: —¡Señor Mirlo, es usted un picarón!

Cuando los dos amados estaban juntos, se arreglaban uno a otro el cabello.

—Canta—decía él.

Y ella cantaba, lentamente; y aunque no eran sino pobres muchachos enamorados, se veían hermosos, gloriosos y reales; él la miraba como a una

Elsa y ella le miraba como a un Lohengrin.[119] Porque el Amor ¡oh jóvenes llenos de sangre y de sueños! pone un azul de cristal ante los ojos, y da las infinitas alegrías.

¡Cómo se amaban! El la contemplaba sobre las estrellas de Dios; su amor recorría toda la escala de la pasión, y era ya contenido, ya tempestuoso en su querer, y a veces casi místico. En ocasiones dijérase aquel artista un teósofo que veía en la amada mujer algo supremo y extrahumano, como la Ayesha[120] de Rider Haggard; la aspiraba como una flor, le sonreía como a un astro, y se sentía soberbiamente vencedor al estrechar contra su pecho aquella adorable cabeza, que cuando estaba pensativa y quieta era comparable al perfil hierático de la medalla de una emperatriz bizantina.

Recaredo amaba su arte. Tenía la pasión de la forma; hacía brotar del mármol gallardas diosas desnudas de ojos blancos, serenos y sin pupilas; su taller estaba poblado de un pueblo de estatuas silenciosas, animales de metal, gárgolas terroríficas, grifos de largas colas vegetales, creaciones góticas quizá inspiradas por el ocultismo. Y sobre todo ¡la gran afición! japonerías y chinerías. Recaredo era en esto un original. No sé qué habría dado por hablar chino o japonés. Conocía los mejores álbumes; había leído buenos exotistas, adoraba a Loti[121] y a Judith Gautier,[122] y hacía sacrificios por adquirir trabajos legítimos, de Yokohama, de Nagasaki, de Kioto o de Nankín o Pekín: los cuchillos, las pipas, las máscaras feas y misteriosas como las caras de los sueños hípnicos,[123] los mandarinitos enanos con panzas de cucurbitáceos[124] y ojos circunflejos, los monstruoso de grandes bocas de batracios, abiertas y dentadas, y diminutos soldados de Tartaria,[125] con faces foscas.

—¡Oh—le decía Suzette—, aborrezco tu casa de brujo, ese terrible taller, arca extraña que te roba a mis caricias!

---

[119]Elsa y Lohengrin, figuras de un poema germánico medieval que sobrellevaron muchos obstáculos para ver realizada su unión.

[120]personaje del escritor inglés Henry Rider Haggard (1856-1925).

[121]Pierre Loti (1850-1923), novelista francés.

[122](1850-1917), novelista francés.

[123]referido a Hipnos, dios del sueño en la mitología griega.

[124]un tipo de planta; la referencia aquí será a su forma exhuberante.

[125]vasta región europea y asiática bajo el dominio de las tribus tártaras durante la alta Edad Media.

El sonreía, dejaba su lugar de labor, su templo de raras chucherías y corría al pequeño salón azul, a ver y mirar su gracioso dije vivo, y oír cantar y reír al loco mirlo jovial.

Aquella mañana, cuando entró, vio que estaba su dulce Suzette, soñolienta y tendida, cerca de un tazón de rosas que sostenía un trípode. ¿Era la Bella del bosque durmiente? Medio dormida, el delicado cuerpo modelado bajo una bata blanca, la cabellera castaña apelotonada sobre uno de los hombros, toda ella exhalando un suave olor femenino, era como una deliciosa figura de los amables cuentos que empiezan: "Este era un rey..."

La despertó:

—¡Suzette, mi bella!

Traía la cara alegre; le brillaban los ojos negros bajo su fez rojo de labor; llevaba una carta en la mano.

—Carta de Robert, Suzette. ¡El bribonazo está en China! "Hong Kong, 18 de enero..."

Suzette, un tanto amodorrada, se había sentado y le había quitado el papel. ¡Conque aquel andariego había llegado tan lejos. Hong Kong, 18 de enero". Era gracioso. ¡Un excelente muchacho el tal Robert, con la manía de viajar! Llegaría al fin del mundo. ¡Robert, un grande amigo! Se veían como de la familia. Había partido hacía dos años para San Francisco de California. ¡Habríase visto loco igual!

Comenzó a leer.

«Hong Kong, 18 de enero de 1888.

Mi buen Recaredo:

Vine y vi. No he vencido aún.

En San Francisco supe vuestro matrimonio y me alegré. Di un salto y caí en la China. He venido como agente de una casa californiana, importadora de sedas, lacas, marfiles y demás chinerías. Junto con esta carta debes recibir un regalo mío, que, dada tu afición por las cosas de este país amarillo, te llegará de perlas. Ponme a los pies de Suzette, y conserva el obsequio en memoria de tu

Robert.»

Ni más ni menos. Ambos soltaron la carcajada. El mirlo a su vez estallar la jaula en una explosión de gritos musicales.

La caja había llegado, una caja de regular tamaño, llena de marchamos, de números y de letras negras que decían y daban a entender que el contenido era frágil. Cuando la caja se abrió, apareció el misterio. Era un fino busto de porcelana, un admirable busto de mujer sonriente, pálido y encantador. En la base tenía tres inscripciones, una de caracteres chinescos, otra en inglés y otra en francés: *La emperatriz de la China*. ¡La emperatriz de la China! ¿Qué manos de artista asiático habían modelado aquellas formas atrayentes de misterio? Era una cabellera recogida y apretada, una faz enigmática, ojos bajos y extraños, de princesa celeste, sonrisa de esfinge, cuello erguido sobre los hombros clumbinos, cubiertos por una onda de seda bordada de dragones, todo dando magia a la porcelana blanca, con tonos de seda inmaculada y cándida. ¡La emperatriz de la China! Suzette pasaba sus dedos de rosa sobre los ojos de aquella graciosa soberana, un tanto inclinados, con sus curvos epicantus bajo los puros y nobles arcos de las cejas. Estaba contenta. Y Recaredo sentía orgullo de poseer su porcelana. Le haría un gabinete especial, para que viviese y reinase sola, como en el Louvre la Venus de Milo, triunfadora, cobijada imperialmente por el plafón de su recinto sagrado.

Así lo hizo. En un extremo del taller formó un gabinete minúsculo, como biombos cubiertos de arrozales y de grullas. Predominaba la nota amarilla. Toda la gama: oro, fuego, ocre de oriente, hoja de otoño, hasta el pálido que agoniza fundido en la blancura. En el centro, sobre un pedestal dorado y negro, se alzaba riendo la exótica imperial. Alrededor de ella había colocado Recaredo todas sus japonerías y curiosidades chinas. La cubría un gran quitasol nipón, pintado de camelias y de anchas rosas sangrientas. Era cosa de risa, cuando el artista soñador, después de dejar la pipa y los cinceles, llegaba frente a la emperatriz, con las manos cruzadas sobre el pecho, a hacer zalemas. Una, dos, diez, veinte veces la visitaba. Era una pasión. En un plato de laca yokohamesca le ponía flores todos los días. Tenía, en momentos, verdaderos arrobos delante del busto asiático que le conmovía en su deleitable e inmóvil majestad. Estudiaba sus menores detalles, el caracol de la oreja, el arco del labio, la nariz pulida, el epicantus del párpado. ¡Un ídolo, la famosa emperatriz! Suzette le llamaba de lejos:

—¡Recaredo!

—¡Voy!

Y seguía en la contemplación de su obra de arte. Hasta que Suzette llegaba a llevárselo a rastras y a besos.

Un día, las flores del plato de laca desaparecieron como por encanto.

—¿Quién ha quitado las flores?—gritó el artista desde el taller.

—Yo—dijo una voz vibradora.

Era Suzette que entreabría una cortina, toda sonrosada y haciendo relampaguear sus ojos negros.

Allá en lo hondo de su cerebro, se decía el señor Recaredo, artista esculto: —¿Qué tendrá mi mujercita? —No comía casi. Aquellos buenos libros desflorados por su espátula de marfil, estaban en el pequeño estante negro, con sus hojas cerradas, sufriendo la nostalgia de las blandas manos de rosa y del tibio regazo perfumado. El señor Recaredo la veía triste. —¿Qué tendrá mi mujercita? —En la mesa no quería comer. Estaba seria ¡qué seria! Le miraba a veces con el rabo del ojo, y el marido veía aquellas pupilas oscuras, húmedas, como que querían llorar. Y ella, al responder, hablaba como los niños a quienes se ha negado un dulce. —¿Qué tendrá mi mujercita? —¡Nada! Aquel "nada" lo decía ella con voz de queja, y entre sílaba y sílaba había lágrimas.

¡Oh señor Recaredo! Lo que tiene vuestra mujercita es que sois un hombre abominable. ¿No habéis notado que desde que esa buena de la emperatriz de la China ha llegado a vuestra casa, el saloncito azul se ha entristecido, y el mirlo no canta ni ríe con su risa perlada? Suzette despierta a Chopin, y lentamente hace brotar la melodía enferma y melancólica del negro piano sonoro. ¡Tiene celos, señor Recaredo! Tiene el mal de los celos, ahogador y quemante, como una serpiente encendida que aprieta el alma. ¡Celos! Quizá él lo comprendía, porque una tarde dijo a la muchachita de su corazón estas palabras, frente a frente, a través del humo de una taza de café:

—Eres demasiado injusta. ¿Acaso no te amo can toda mi alma? ¿Acaso no sabes leer en mis ojos lo que hay dentro de mi corazón?

Suzette rompió a llorar. ¡Que la amaba! No, ya no la amaba. Habían huído las buenas y radiantes horas, y los besos que chasqueaban también eran idos, como pájaros en fuga. Ya no la quería. Y a ella, a la que en él veía su religión, su delicia, su sueño, su rey, a ella, a Suzette la había dejado por la otra.

¡La otra! Recaredo dio un salto. Estaba engañada. ¿Lo diría por la rubia Eulogia, a quien en un tiempo había dirigido madrigales?

Ella movió la cabeza: —No. ¿Por la ricachona Gabriela, de largos cabellos negros, blanca como un alabastro y cuyo busto había hecho? ¿O por aquella Luisa, la danzarina, que tenía una cintura de avispa, un seno de buena nodriza y unos ojos incendiarios? ¿ó por la viudita Andrea, que al reír sacaba la punta de la lengua roja y felina, entre sus dientes brillantes y amarfilados?

No, no era ninguna de esas. Recaredo se quedó con gran asombro.

—Mira, chiquilla, dime la verdad, ¿quién es ella? Sabes cuánto te adoro. Mi Elsa, mi Julieta, alma, amor mío...

Temblaba tanta verdad de amor en aquellas palabras entrecortadas y trémulas que Suzette, con los ojos enrojecidos, secos ya de lágrimas, se levantó irguiendo su linda cabeza heráldica.

—¿Me amas?

—¡Bien lo sabes!

—Deja, pues, que me vengue de mi rival. Ella o yo: escoge. Si es cierto que me adoras ¿querrás permitir que la aparte para siempre de tu camino, que quede yo sola, confiada en tu pasión?

—Sea—dijo Recaredo. Y viendo irse a su avecita celosa y terca, prosiguió sorbiendo el café, tan negro como la tinta.

No había tomado tres sorbos, cuando oyó un gran ruido de fracaso, en el recinto de su taller.

Fue. ¿Qué miraron sus ojos? El busto había desaparecido del pedestal de negro y oro, y entre minúsculos mandarines caídos y descolgados abanicos, se veían por el suelo pedazos de porcelana que crujían bajo los pequeños zapatos de Suzette, quien toda encendida y con el cabello suelto, aguardando los besos, decía entre carcajadas argentinas al maridito asustado:

—¡Estoy vengada! ¡Ha muerto ya para ti la emperatriz de la China!

Y cuando comenzó la ardiente reconciliación de los labios, en el saloncito azul, todo lleno de regocijo, el mirlo, en su jaula, se moría de risa.

"La muerte de Salomé"

La Historia a veces no está en lo cierto. La leyenda en ocasiones es verdadera, y las hadas mismas confiesan, en sus intimidades con algunos poetas, que mucho hay falseado en todo lo que se refiere a Mab, a Titania, a Brocelianda,[126] a los sobrenaturales y avasalladoras beldades. En cuanto a las cosas y sucesos de antiguos tiempos, acontece que dos o más cronistas contemporáneos, estén en contradicción. Digo estoy, porque quizá habrá quien juzgue falsa la corta narración que voy a escribir en seguida, la cual tradujo un sabio sacerdote mi amigo, de un pergamino hallado en Palestina, y en el que el caso estaba escrito en caracteres de la lengua de Caldea.[127]

Salomé, la perla del palacio de Herodes, después de un paso lascivo, en el festín famoso donde bailó una danza al modo romano, con música de arpas y crótalos, llenó de entusiasmo, de regocijo, de locura, al gran rey y a

---

[126]figuras míticas de la belleza femenina.

[127]comarca asiática de la parte meridional de la cuenca del Eufrates y del Tigris, cuya capital era Babilonia.

la soberbia concurrencia. Un mancebo principal deshojó a los pies de la serpentina y fascinadora mujer, una guirnalda de rosas frescas. Cayo Menipo,[128] magistrado obeso, borracho y glotón, alzó su copa dorada y cincelada, llena de vino, y la apuró de un solo sorbo. Era una explosión de alegría y de asombro. Entonces fue cuando el monarca, en premio de su triunfo y a su ruego, concedió la cabeza de Juan el Bautista. Y Jehová soltó un relámpago de su cólera divina. Una leyenda asegura que la muerte de Salomé acaeció en un lago helado, donde los hielos le cortaron el cuello.

No fue así; fue de esta manera.

Después que hubo pasado el festín, sintió cansancio la princesa encantadora y cruel. Dirigióse a su alcoba, donde estaba su lecho, un gran lecho de marfil, que sostenían sobre sus lomos cuatro leones de plata. Dos negras de Etiopía, jóvenes y risueñas, le desciñeron su ropaje, y, toda desnuda saltó Salomé al lugar del reposo, y quedó blanca y mágicamente esplendorosa, sobre una tela de púrpura, que hacía resaltar la cándida y rosada armonía de sus formas.

Sonriente, y mientras sentía un blando soplo de flabeles, contemplaba, no lejos de ella, la cabeza pálida de Juan, que en un plato áureo, estaba colocada sobre un trípode. De pronto, sufriendo extraña sofocación, ordenó que se le quitasen las ajorcas y brazaletes, de los tobillos y de los brazos. Fue obedecida. Llevaba el cuello a guisa de collar, una serpiente de oro, símbolo del tiempo, y cuyos ojos eran dos rubíes sangrientos y brillantes. Era su joya favorita; regalo de un pretor, que la había adquirido de un artífice romano.

Al querérsela arrancar, experimentó Salomé un súbito terror: la víbora se agitaba como si estuviera viva, sobre su piel, y a cada instante apretaba más y más, su fino anillo constrictor, de escamas de metal. Las esclavas, espantadas, inmóviles, semejaban estatuas de piedra. Repentinamente, lanzaron un grito; la cabeza trágica de Salomé, la regia danzarina, rodó del lecho hasta los pies del trípode, adonde estaba, triste y lívida, la del precursor de Jesús; y al lado del cuerpo desnudo, en el lecho de púrpura, quedó enroscada la serpiente de oro.

---

[128]se trata de una figura inventada por Darío.

"El caso de la señorita Amelia"

Que el doctor Z es ilustre, elocuente, conquistador; que su voz es profunda y vibrante al mismo tiempo, y su gesto avasallador y misterioso, sobre todo después de la publicación de su obra sobre *La plástica de ensueño* quizás podríais negármelo o aceptármelo con restricción; pero que su calva es única, insigne, hermosa, solemne, lírica si gustáis, ¡oh, eso nunca, estoy seguro. ¿Cómo negaríais la luz del sol, el aroma de las rosas y las propiedades narcóticas de ciertos versos? Pues bien; esta noche pasada, poco después que saludamos el toque de las doce con una salva de doce taponazos del más legítimo Roederer,[129] en el precioso comedor rococó de ese sibarita de judío que se llama Lowensteinger, la calva del doctor alzaba, aureolada de orgullo, su bruñido orbe de marfil, sobre el cual, por un capricho de la luz, se veían sobre el cristal de un espejo las llamas de dos bujías que formaban, no sé cómo, algo así como los cuernos luminosos de Moisés. El doctor enderezaba hacia mí sus grandes gestos y sus sabias palabras. Yo había soltado de mis labios, casi siempre silenciosos, una frase banal cualquiera. Por ejemplo, esta:

—¡Oh, si el tiempo pudiera detenerse!

La mirada que el doctor me dirigió y la clase de sonrisa que decoró su boca después de oír mi exclamación, confieso que hubiera turbado a cualquiera.

—Caballero—me dijo saboreando el champaña—; si yo no estuviese completamente desilusionado de la juventud; si no supiese que todos los que hoy empezáis a vivir estáis ya muertos, es decir, muertos del alma, sin fe, sin entusiasmo, sin ideales, canosos por dentro; que no sois sino máscaras de vida, nada más... sí, si no supiese eso, si viese en vos algo más que un hombre de fin de siglo, os diría que esa frase que acabáis de pronunciar: "¡Oh, si el tiempo pudiera detenerse!", tiene en mí la respuesta satisfactoria.

—¡Doctor!

—Sí, os repito que vuestro escepticismo me impide hablar, como hubiera hecho en otra ocasión.

—Creo—contesté con voz firme y serena—en Dios y su Iglesia. Creo en los milagros. Creo en lo sobrenatural.

—En ese caso, voy a contaros algo que os hará sonreír. Mi narración espero que os hará pensar.

---

[129] Parece tratarse de una marca de reloj.

En el comedor habíamos quedado cuatro convidados, a más de Minna, la hija del dueño de casa; el periodista Riquet, el abate Pureau, recién enviado por Hirch, el doctor y yo. A lo lejos oíamos en la alegría de los salones la palabrería usual de la hora primera del año nuevo: *Happy new year! Happy new year!* ¡Feliz año nuevo!

El doctor continuó:

—¿Quién es el sabio que se atreve a decir *esto es así*? Nada se sabe. *Ignoramus et ignorabimus.*[130] ¿Quién conoce a punto fijo la noción del tiempo? ¿Quién sabe con seguridad lo que es el espacio? Va la ciencia a tanteo, caminando como una ciega, y juzga a veces que ha vencido cuando logra advertir un vago reflejo de la luz verdadera. Nadie ha podido desprender de su círculo uniforme la culebra simbólica. Desde el tres veces más grande, el Hermes, hasta nuestros días, la mano humana ha podido apenas alzar una línea del manto que cubre a la eterna Isis.[131] Nada ha logrado saberse con absoluta serguridad en las tres grandes expresiones de la Naturaleza: hechos, leyes, principios. Yo que he intentado profundizar en el inmenso campo del misterio, he perdido casi todas mis ilusiones.

Yo que he sido llamado sabio en Academias ilustres y libros voluminosos; yo que he consagrado toda mi vida al estudio de la humanidad, sus orígenes y sus fines; yo que he penetrado en la cábala, en el ocultismo y en la teosofía que he pasado del plano material del *sabio* al plano astral del *mágico* y al plano espiritual del *mago*, que sé cómo obraba Apolonio el Thianense[132] y Paracelso,[133] y que he ayudado en su laboratorio, en nuestros días, al inglés Crookes;[134] yo que ahondé en el Karma[135] búdhico y en el misticismo cristiano, y sé al mismo tiempo la ciencia desconocida de los fakires y la teología de los sacerdotes romanos, yo os digo que *no hemos visto los sabios ni un solo rayo de la luz suprema*, y que la inmensidad y la eternidad del *misterio* forman la única y pavorosa verdad.

Y dirigiéndose a mí:

---

[130]Ignoramos e ignoraremos (latín).

[131]diosa de la fertilidad.

[132](?-97), filósofo pitagórico, autor de falsos milagros que los paganos compararon con los de Cristo.

[133](1493-1541), médico, alquimista y químico suizo-alemán.

[134]William Crookes (1832-1919), físico y químico inglés.

[135]el concepto del destino individual en el budhismo.

—¿Sabéis cuáles son los principios del hombre? Grupa, jiba, linga, sharira, kama, rupa, manas, buddhi, atma, es decir: el cuerpo, la fuerza vital, el cuerpo astral, el alma animal, el alma humana, la fuerza espiritual y la esencia espiritual...

Viendo a Minna poner una cara un tanto desolada, me atreví a interrumpir al doctor:

—Me parece que íbais a demostrarnos que el tiempo...

—Y bien—dijo—, puesto que no os placen las disertaciones por prólogo, vamos al cuento que debo contaros, y es el siguiente:

Hace veintitrés años, conocí en Buenos Aires a la familia Revall, cuyo fundador, un excelente caballero francés, ejerció un cargo consular en tiempo de Rosas.[136] Nuestras casas eran vecinas, era yo joven y entusiasta, y las tres señoritas Revall hubieran podido hacer competencia a las tres Gracias.[137] De más está decir que muy pocas chispas fueron necesarias para encender una hoguera de amor...

Amooor, pronunciaba el sabio obeso, con el pulgar de la diestra metido en la bolsa del chaleco, y tamborileando sobre su potente abdomen con los dedos ágiles y regordetes, y continuó:

—Puedo confesar francamente que no tenía predilección por ninguna, y que Luz, Josefina y Amelia ocupaban en mi corazón el mismo lugar. El mismo, tal vez no; pues los dulces al par que ardientes ojos de Amelia, su alegre y roja risa, su picardía infantil... diré que era ella mi preferida. Era la menor; tenía doce años apenas, y yo ya había pasado de los treinta. Por tal motivo, y por ser la chicuela de carácter travieso y jovial, tratábala yo como niña que era, y entre las otras dos repartía mis miradas incendiarias, mis suspiros, mis apretones de manos y hasta mis serias promesas de matrimonio, en una, os lo confieso, atroz y culpable bigamia de pasión. ¡Pero la chiquilla Amelia!... Sucedía que, cuando yo llegaba a la casa, era ella quien primero corría a recibirme, llena de sonrisas y zalamerías: "¿Y mis bombones?" He aquí la pregunta sacramental. Yo me sentaba regocijado, después de mis correctos saludos, y colmaba las manos de la niña de ricos caramelos de rosas y de deliciosas grajeas de chocolate, los cuales, ella, a plena boca, saboreaba con una sonora música palatinal,[138] lingual y dental. El porqué de mi apego a aque-

---

[136]Juan Manuel de Rosas (1793-1877), gobernador de Buenos Aires y dictador argentino.

[137]las tres diosas hermanas del placer, el encanto y la belleza.

[138]del paladar.

lla muchachita de vestido a media pierna y de ojos lindos, no os lo podré explicar; pero es el caso que, cuando por causa de mis estudios tuve que dejar Buenos Aires, fingí alguna emoción al despedirme de Luz, que me miraba con anchos ojos doloridos y sentimentales; di un falso apretón de manos a Josefina, que tenía entre los dientes, por no llorar, un pañuelo de batista, y en la frente de Amelia incrusté un beso, el más puro y el más encendido, el más casto y el más ardiente ¡qué sé yo! de todos los que he dado en mi vida. Y salí en un barco para Calcuta, ni más ni menos que como vuestro querido y admirado general Mansilla[139] cuando fue a Oriente, lleno de juventud y de sonoras y flamantes esterlinas de oro. Iba yo, sediento ya de las ciencias ocultas, a estudiar entre los mahatmas de la India lo que la pobre ciencia occidental no puede enseñarnos todavía. La amistad epistolar que mantenía con madama Vlavatsky, habíame abierto ancho campo en el país de los fakires, y más de un gurú, que conocía mi sed de saber, se encontraba dispuesto a conducirme por buen camino a la fuente sagrada de la verdad, y si es cierto que mis labios creyeron saciarse en sus frescas aguas diamantinas, mi sed no se pudo aplacar. Busqué, busqué con tesón lo que mis ojos ansiaban contemplar,[140] el Keherpas de Zoroastro, el Kalep persa, el Kovei-Khan de la filosofía india, el archoeno de Paracelso, el limbuz de Swedenborg; oí la palabra de los monjes budhistas en medio de las florestas del Thibet; estudié los diez sephiroth de la Kabala, desde el que simboliza el espacio sin límites hasta el que, llamado Malkuth, encierra el principio de la vida. Estudié el espíritu, el aire, el agua, el fuergo, la altura, la profundidad, el Oriente, el Occidente, el Norte y el Mediodía; y llegué casi a comprender y aun a conocer íntimamente a Satán, Lucifer, Astharot, Beelzebutt, Asmodeo, Balphegor, Mabema, Lilith, Adrameleh y Baal. En mis ansias de comprensión; en mi insaciable deseo de sabiduría; cuando juzgaba haber llegado al logro de mis ambiciones, encontraba los signos de mi debilidad y las manifestaciones de mi pobreza, y estas ideas, Dios, el espacio, el tiempo, formaban la más impenetrable bruma delante de mis pupilas... Viajé por Asia, Africa, Europa y América. Ayudé al coronel Olcot a fundar la rama teosófica de Nueva York. Y a todo esto—recalcó

---

[139]Lucio Victorio Mansilla (1831-1913), general, explorador y escritor argentino.

[140]El doctor Z se entrega aquí a una lista caótica de referencias culturales a lo que se consideraba de lo más exótico para el conocimiento enciclopédico europeo de la época; nada aporta al conocimiento esencial del texto aclarar cada una de ellas.

de súbito el doctor, mirando fijamente a la rubia Minna—¿sabéis lo que es la ciencia y la inmortalidad de todo? ¡Un par de ojos azules... o negros!

—¿Y el fin del cuento?—gimió dulcemente la señorita.

El doctor, más serio que nunca, dijo:

—Juro, señores, que lo que estoy refiriendo es de una absoluta verdad. ¿El fin del cuento? Hace apenas una semana he vuelto a la Argentina, después de veintitrés años de ausencia. He vuelto gordo, baste gordo, y calvo como una rodilla; pero en mi corazón he mantenido ardiente el fuego del amor, la vestal de los solterones. Y, por tanto, lo primero que hice fue indagar el paradero de la familia Revall. "¡Las Revall —me dijeron—, las del caso de Amelia Revall!", y estas palabras acompañadas con una especial sonrisa. Llegué a sospechar que la pobre Amelia, la pobre chiquilla... Y buscando, buscando, di con la casa. Al entrar, fui recibido por un criado negro y viejo, que llevó mi tarjeta, y me hizo pasar a una sala donde todo tenía un vago tinte de tristeza. En las paredes, los espejos estaban cubiertos con velos de luto, y dos grandes retratos, en los cuales reconocía a las dos hermanas mayores, se miraban melancólicos y oscuros sobre el piano. A poco, Luz y Josefina:

—¡Oh amigo mío, oh amigo mío!

Nada más. Luego, una conversación llena de reticencias y de timideces, de palabras entrecortadas y de sonrisas de inteligencia tristes, muy tristes. Por todo lo que logré entender, vine a quedar en que ambas no se habían casado. En cuanto a Amelia, no me atreví a preguntar nada... Quizá mi pregunta llegaría a aquellos pobres seres, como una amarga ironía, a recordar tal vez una irremediable desgracia y una deshonra... En esto vi llegar saltando a una niñita, cuyo cuerpo y rostro eran iguales en todo a los de mi pobre Amelia. Se dirigió a mí, y con su misma voz exclamó:

—¿Y mis bombones?

Yo no hallé qué decir.

Las dos hermanas se miraban pálidas, pálidas, y movían la cabeza desoladamente...

Mascullando una despedida y haciendo una zurda genuflexión, salí a la calle, como perseguido por algún sople extraño. Luego lo he sabido todo. La niña que yo creía fruto de un amor culpable es Amelia, la misma que yo dejé hace veintitrés años, la cual se ha quedado en la infancia, ha contenido su carrera vital. Se ha detenido para ella el reloj del Tiempo, en una hora señalada ¡quién sabe con qué designio del desconocido Dios!

El doctor Z era en este momento todo calvo...

Poesías completas. Edición de Alfonso Méndez Plancarte; aumentada por Antonio Oliver Belmas. Madrid: Aguilar, 1967; *Cuentos*. Introducción y selección de José Emilio Balladares. San José, C.R.: Asociación Libro Libre, 1986.

ENRIQUE GONZALEZ MARTINEZ (México; 1871-1952)

"Sangre y nieve"

Yo vi una gota de sangre
en una azucena blanca,
un breve estigma de fuego
en una albura sin mancha.
Quizás una pequeñuela
forjadora de guirnaldas,
de esas de cabellos rubios,
de esas de pupilas claras,
que cazando mariposas
recogen la tenue falda
y dejan ver indiscretas
las dos puntas de las alas,
clavó el dardo de una espina
en su yema sonrosada
y sobre la flor de nieve
dejó la sangrienta mancha.

En casto pecho de armiño,
yo vi la pasión volcánica
como en la nevada cima
explosión de roja lava,
como amapola de fuego
en haz de gardenias pálidas
y como botón de púrpura
que un seno de virgen mancha.

¡Oh, fuego! ¿quién te ha encendido?
¡Oh, sangre! ¿de dónde saltas?
¡Oh, botón! ¿por qué revientas?
¡Oh, corazón! ¿por qué amas?...

No sé; pero en casto pecho
yo vi la pasión volcánica
como una gota de sangre
en una azucena blanca.

"Pálida"

Tu palidez marmórea y enfermiza
es el mágico filtro que enamora;
¡y esa sensualidad que te devora,
y esa sed de pasión que te electriza!

Como el ave que, muerta, en su ceniza
se levanta de nuevo triunfadora,
tal surge la pasión abrasadora
de tu figura blanca y enfermiza.

En tu cuerpo de Venus demacrada
se esconde una vestal aprisionada
que el sacro fuego del placer atiza.

Para la prosa de la vida, muerta,
sólo para el amor está despierta
tu palidez marmórea y enfermiza.

"Cuando sepas hallar una sonrisa..."

Cuando sepas hallar una sonrisa
en la gota sutil que se rezuma
de las porosas piedras, en la bruma,
en el sol, en el ave y en la brisa;

cuando nada a tus ojos quede inerte,
ni informe, ni incoloro, ni lejano,

y penetres la vida y el arcano
del silencio, las sombras y la muerte;

cuando tiendas la vista a los diversos
rumbos del cosmos, y tu esfuerzo propio
sea como potente microscopio
que va hallando invisibles universos,

entonces en las flamas[1] de la hoguera
de un amor infinito y sobrehumano,
como el santo de Asís,[2] dirás hermano
al árbol, al celaje y a la fiera.

Sentirás en la inmensa muchedumbre
de seres y de cosas tu ser mismo;
serás todo pavor con el abismo
y serás todo orgullo con la cumbre.

Sacudirá tu amor el polvo infecto
que macula el blancor de la azucena,
bendecirás las márgenes de arena
y adorarás el vuelo del insecto;

y besarás el garfio del espino
y el sedeño ropaje de las dalias...
Y quitarás piadoso tus sandalias
por no herir a las piedras del camino.

"Porque ya mis tristezas"

Porque ya mis tristezas son como los matices
sombríos de los cuadros en que la luz fulgura;

---

[1] llamas.

[2] San Francisco de Asís (1181-1226), fundador de la orden religiosa de los franciscanos.

porque ya paladeo la gota de amargura
en el dorado néctar de las horas felices;

porque sé abandonarme, con la santa inconsciencia
de una tabla que flota, sobre el mar de la vida,
y aparté de mis labios la manzana prohibida
con que tentarme quiso el árbol de la ciencia;

porque supe vestirme con el albo ropaje
de mi niñez ingenua, aspirar el salvaje
aroma de los campos, embriagarme de sol,
y mirar como enantes[3] el pájaro y la estrella
(el pájaro que un día me contó su querella;
la estrella que una noche conmigo sonrió),

y porque ya me diste la calma indeficiente,
vida, y el don supremo de la sonrisa franca,
sobre la piedra blanca voy a posar mi frente
y marcaré este día con otra piedra blanca...

"Tuércele el cuello al cisne..."

Tuércele el cuello al cisne de engañoso plumaje
que da su nota blanca al azul de la fuente;
él pasea su gracia no más, pero no siente
el alma de las cosas ni la voz del paisaje.

Huye de toda forma y de todo lenguaje
que no vayan acordes con el ritmo latente
de la vida profunda... y adora intensamente
la vida, y que la vida comprenda tu homenaje.

Mira al sapiente buho cómo tiene las alas

---

[3]antes.

desde el Olimpo,[4] deja el regazo de Palas[5]
y posa en aquel árbol el vuelo taciturno...

El no tiene la gracia del cisne, mas su inquieta
pupila, que se clava en la sombra, interpreta
el misterioso libro del silencio nocturno.

"Escolástica"

Y que tu verso sea tu propio pensamiento
hecho ritmos y luces y murmurios y aromas...
Que vuelve con el vuelo blanco de las palomas,
que solloce con todas las quejumbres del viento.

Que convenza al empuje del divino argumento
de los rubios racimos, de las maduras pomas,
de las aves que cantan en todos los idiomas,
de todo lo que sea un color y un acento...

Paladín de lo bello, barre con los sistemas
para plantar el tuyo; sorites[6] y dilemas[7]
vierta elocuente el labio en un chorro sin fin...

Lleva doquier la férula de tu escolasticismo...
Un ruiseñor que trina... ¡Oh, qué gran silogismo!
¡Y qué profunda réplica el olor de un jazmín!...

---

[4]el monte Olimpo en Grecia, morada de los dioses.

[5]Otro nombre para Minerva, la diosa de las artes y de la sabiduría; a veces es representada con un búho.

[6]razonamiento a manera de un silogismo de muchos términos.

[7]usado aquí en su sentido especializado dentro de la lógica.

"La canción de la vida"

La vida está cantando afuera;
la vida dice: "Ven acá".
En el jardín hay un olor de primavera,
himnos de zumbos en el viejo colmenar.

La vida dice: "En el boscaje
palpita el alma universal.
Ven a fundirte en las plegarias del paisaje
y en los milagros de la luz crepuscular".

Huye el enjambre que semeja
nube que flota, viene y va.
La vida dice: "No hay un alma en cada abeja,
mas tiene un alma el sonoroso colmenar".

Llevando a cuestas su fatiga,
la hormiga cruza el arenal.
La vida dice: "No hay un alma en cada hormiga;
el hormiguero tiene un alma espiritual".

La vida dice: "En el profundo
abismo, todo rodará,
hombres y cosas... El espíritu del mundo
alza en las sombras de la muerte su fanal".

La vida está cantando afuera;
la vida dice: "Ven acá".
En el jardín hay un olor de primavera,
himnos de zumbos en el viejo colmenar.

Y yo le digo: "Del paisaje
conozco el alma colosal
y sé fundirme en las plegarias del boscaje
y en los milagros de la luz crepuscular.

"Ya me he sentido ser la gota
de algún oculto manantial;

en la garganta de algún ave he sido nota
y hasta perfume en los efluvios del rosal.

"Mas en mis reinos subjetivos
do[8] sólo yo sé penetrar,
se agita un alma con sus goces exclusivos,
su impulso propio y su dolor particular".

"Al espíritu del árbol"

¡Oh tu quietud vibrante, tu magnánima calma sonora,
la que enraiza en el hondo corazón de la tierra bendita,
y tus hojas que fingen, en un rapto de sed infinita,
la visión insaciada, la pupila que todo lo explora!

Somos signos fraternos; es la misma la queja que llora
en tu arrullo y mi canto; es el mismo el afán que se agita
en tu savia y mi sangre; y el idéntico anhelo gravita
tan tenaz, que no extingue ni perturba el correr de la hora.

¡Ah, ser firme y sereno con el ansia tendida a lo ignoto,
y afianzado a la vida, ir buscando en un vuelo remoto
el anímico rastro de las aves, las notas y el viento,

allegarse a lo humilde, ascender con el ala que sube
y ser sombra a la fuente, paz al niño, sonrisa a la nube,
y a la vez ser inmoble, majestuoso como un pensamiento!...

"Contrición por el llanto"

Vencida mi flaqueza, yo quiero que me escondas
en ti, y el alma sea como el agua tranquila

---

[8]forma arcaica de donde.

en donde las estrellas suspenden la pupila
y luna y viento pasan sin arrugar las ondas.

Bórrese el gesto innoble de la humana tortura;
bajo la frente pálida sonría el pensamiento,
seque el hilo del llanto, amordace el lamento
y que mantenga el labio su divina clausura.

Déjame que demande perdón porque he llorado
ausencias sin retorno y muertes que eran vida,
por sufrir en mi tránsito la tercera caída
y yacer en el polvo de mi propio pecado.

Un milagro del tiempo te ha traído a mi roca
que resiste el embate del dolor y la muerte;
si eres fuerza y dulzura, ayúdame a ser fuerte
y transforma en sonrisa el pliegue de mi boca.

Como dardos gemelos hacia un solo destino,
nuestras vidas fraternas, acopladas en una,
cruzarán el remanso de verdor cristalino
como besos de estrellas o reflejos de luna.

Nuestras almas no giren cual pétalos de rosa
que secaron los soles y que separa el viento,
sino juntas y en alto como con paso lento
sigue fiel a su línea la estrella misteriosa.

De las yertas cenizas de mi antiguo pecado
resuciten las horas de fortaleza muda...
¡Y perdón por los años de tristeza y de duda,
y por haber caído, y por haber llorado!...

"La cita"

La sentí llegar. Vi sus ojos
de un gris azul, entre humo y cielo;

su palidez era de luna
sobre la noche del desierto;
sus manos largas ascendían
por la escala de los cabellos
cual si ensayaran tenues ritmos
sobre las arpas del silencio...
Poco despúes, posó en mis hombros
la crispatura[9] de sus dedos,
y me miró, con las pupilas
vagas y absortas de los ciegos...
No me habló; pero de sus labios
sin color, delgados y trémulos,
brotó un murmurio imperceptible,

un misterioso llamamiento
como de voces irreales
que sólo oímos entre sueños,
como la palabra extinguida
de aquellas almas que se fueron
sin dejar signo de su paso
en los arenales del tiempo...

De sus labios y de sus ojos
fluía un mensaje secreto;
pero su mirar era sombra
y su voz fantasma del viento.

Me conturbaba y me atraía,
a la par memoria y deseo.
Quise apartarme de su lado
y me sentí su prisionero.

La codiciaba y la temía;
quise besarla y tuve miedo
de atarme al nudo de sus brazos
y morir de su abrazo eterno...

---

[9]condición de estar crispados.

Se alejó de mí... Quedé solo;
mas yo supe que aquel encuentro
era anuncio de que vendría
pronto a visitarme de nuevo...
Y con guiño silencioso,
bajo las antorchas del cielo,
concertamos la cita próxima,
sin fijar el sitio ni el tiempo,

sin más aviso que sus pasos
entre los árboles del huerto,
en la claridad opalina[10]
de algún plenilunio de invierno.

"Hora negra"

Esta risa cordial, esta ventura
que me exalta la vida y me rodea
¿por qué se torna furia que golpea,
ansia brutal y fiebre de locura?

¿No vino amor a mi vivienda oscura?
¿no disipó la sombra con su tea
de olorosas resinas? ¿no flamea
el claro sol en cimas de blancura?

¿Qué misterioso aliento de pecado
formó la nube negra? ¿qué estampido
rugió sobre la cumbre y el collado?

¿Por qué surgen fantasmas del olvido?
¿Por qué este afán de aborrecer lo amado?
¿Por qué esta sed de lo que no he bebido?

---

[10]del color del ópalo.

Obras completas. Edición, prólogo y notas de Antonio Castro Leal. México, D.F.: El Colegio Nacional, 1971.

LEOPOLDO LUGONES (Argentina; 1874-1938)

"Metempsicosis"[1]

Era un país de selva y de amargura,—un país con altísimos abetos,—con abetos altísimos, en donde—ponía quejas el temblor del vieno.—Tal vez era la tierra cimeriana[2]—donde estaba la boca del Inferno,—la isla que en el grado ochenta y siete—de latitud austral, marca el lindero—de la líquida mar; sobre las aguas—se levantaba un promontorio negro,—como el cuello de un lúgubre caballo,—de un potro colosal, que hubiera muerto—en su última postura de combate,—con la hinchada nariz humeando al viento.—El orto[3] formidable de una noche—con intenso borrón manchaba el cielo,—y sobre el fondo de carbón flotaba—la alta silueta del peñasco negro.—Una luna ruinosa se perdía—con su amarilla cara de esqueleto—en distancias de ensueño y de problema;—y había un mar, pero era un mar eterno,—dormido en un silencio sofocante—como un fantástico animal enfermo.—Sobre el filo más alto de la roca,—ladrando al hosco mar, estaba un perro.

Sus colmillos brillaban en la noche—pero sus ojos no, porque era ciego.—Su boca abierta relumbraba, roja—como el vientre caldeado de un brasero;—como la gran bandera de venganza—que corona las iras de mis sueños;—como el hierro de una hacha de verdugo—abrevada en la sangre de los cuellos.—Y en aquella honda boca aullaba el hambre,—como el sonido fúnebre en el hueco—de las tristes campanas de Noviembre.—Vi que mi alma con sus brazos yertos—y en su frente una luz hipnotizada—subía hacia la boca de aquel perro,—y que en sus manos y sus pies sangraban,—como rosas de luz, cuatro agujeros;—y que en la hambrienta boca se perdía—, y que el monstruo sintió en sus ojos secos—encenderse dos llamas, como lívidos—incendios de alcohol sobre los miedos.

---

[1] las transmigración del alma, en el momento de la muerte, a otro cuerpo, sea humano o sea animal.

[2] perteneciente a Cimeria, una tierra mítica descripta como permanentemente nublada y tenebrosa.

[3] aparación, como de un astro; el opuesto de ocaso.

Entonces comprendí (¡Santa Miseria!)—el misterioso amor de los pequeños;—y odié la dicha de las nobles sedas,—y las prosapias con raíz de hierro;—y hallé en tu lodo gérmenes de lirios,—y puse la amargura de mis besos—sobre bocas purpúreas, que eran llagas;—y en las prostituciones de tu lecho—vi esparcidas semillas de azucena,—y aprendí a aborrecer como los siervos;—y mis ojos miraron en la sombra—una cruz nueva, con sus clavos nuevos,—que era una cruz sin víctima, elevada —sobre el oriente enorme de un incendio,—aquella cruz sin víctima ofrecida—como un lecho nupcial. ¡Y yo era un perro!

"A los gauchos"

Raza valerosa y dura
Que con pujanza silvestre
Dio a la patria en garbo ecuestre
Su primitiva escultura.
Una terrible ventura
Va a su sacrificio unida,
Como despliega la herida
Que al toro desfonda el cuello,
En el raudal del degüello
La bandera de la vida.

Es que la fiel voluntad
Que al torvo Destino alegra,
Funde en vino la uva negra
De la dura adversidad.
Y en punto de libertad
No hay satisfacción más neta
Que medírsela completa
Entre riesgo y corazón,
Con tres cuartas de facón,
Y cuatro pies de cuarteta.

En la hora del gran dolor
Que a la historia nos paría,
Así como el bien del día
Trova el pájaro cantor.

La copla del payador
Anunció el amanecer,
Y en el fresco rosicler
Que pintaba el primer rayo,
El lindo gaucho de mayo[4]
Partió para no volver.

　　　Así salió a rodar tierra
Contra el viejo vilipendio,
Enarbolando el incendio
Como estandarte de guerra.
Mar y cielo, pampa y sierra,
Su galope al sueño arranca,
Y bien sentada en el anca
Que por las cuestas se empina,
Le sonríe su *Argentina*
Linda y fresca, azul y blanca.[5]

　　　Desde Suipacha a Ayacucho[6]
Se agotó en el gran trabajo,
Como el agua cuesta abajo
Por haber corrido mucho;
Mas siempre garboso y ducho
Aligeró todo mal,
Con la gracia natural
Que en la más negra injusticia
Salpicaba su malicia
Clara y fácil como un real.

　　　Luego el amor del caudillo

---

[4]La referencia aquí es al 25 de mayo, primera fecha patria de la Argentina, en la que se conmemora la renuncia en 1810 de la autoridad española; Lugones se interesó mucho en la participación de los gauchos en la lucha contra España, publicando en 1905 una colección de narraciones llamadas *La guerra gaucha.*

[5]los colores de la bandera argentina.

[6]sitios de famosas batallas en la lucha independentista.

Siguió muriendo admirable,
Con el patriótico sable
Ya rebajado a cuchillo;
Pensando, alegre y sencillo,
Que en cualesquiera ocasión,
Desde que cae al montón
Hasta el día en que se acaba,
Pinta el culo de la taba[7]
La existencia del varón.

      Su poesía es la temprana
Gloria del verdor campero
Desde un relincho ligero
Regocija la mañana.
Y la morocha lozana
De sediciosa cadera,
En cuya humilde pollera,
Primicias de juventud
Nos insinuó la inquietud
De la loca primavera.

      Su recuerdo, vago lloro
De guitarra sorda y vieja,
A la patria no apareja
Preocupación ni desdoro.
De lo bien que guarda el oro,
El guijarro es argumento;
Y desde que el pavimento
Con su nivel sobrepasa,
Va sepultando la casa
Las piedras de su cimiento.

---

[7]La taba es el pequeño hueso reseco de animal que el gaucho usa, como en otras culturas la moneda, para echar la suerte; el culo de la taba es el extremo del perdedor.

"Salmo pluvial"

Tormenta

> Erase una caverna de agua sombría el cielo;
> El trueno, a la distancia, rodaba su peñón;
> Y una remota brisa de conturbado vuelo,
> Se acidulaba[8] en tenue frescura de limón.

> Como caliente polen exhaló el campo seco
> Un relente de trébol lo que empezó a llover.
> Bajo la lenta sombra, colgada en denso fleco,
> Se vio el cardal con vívidos azules florecer.

> Una fulmínea verga rompió el aire al soslayo;
> Sobre la tierra atónita cruzó un pavor mortal,
> Y el firmamento entero se derrumbó en un rayo,
> Como un inmenso techo de hierro y de cristal.

Lluvia

> Y un mimbreral vibrante fue el chabusco resuelto
> Que plantaba sus líquidas varillas al trasluz,
> O en pajonales de agua se espesaba revuelto,
> Descerrajando al paso su pródigo arcabuz.

> Saltó la alegre lluvia por taludes y cauces;
> Descolgó del tejado sonoro caracol;
> Y luego, allá a lo lejos, se desnudó en los sauces,
> Transparente y dorada bajo un rayo de sol.

Calma

> Delicias de los árboles que abrevó el aguacero.

---

[8]acidular = poner acídulo.

Delicia de los gárrulos raudales en desliz.
Cristalina delicia del trino del jilguero.
Delicia serenísima de la tarde feliz.

Plenitud

El cerro azul estaba fragante de romero,
Y en los profundos campos silbaba la perdiz.

"Alma venturosa"

Al promediar la tarde de aquel día,
Cuando iba mi habitual adiós a darte,
Fue una vaga congoja de dejarte
Lo que me hizo saber que te quería.

Tu alma, sin comprenderlo, ya sabía...
Con tu rubor me iluminó el hablarte,
Y al separarnos te pusiste aparte
Del grupo, amendrentada todavía.

Fue silencio y temblor nuestra sorpresa;
Mas ya la plenitud de la promesa
Nos infundía un júbilo tan blando,

Que nuestros labios suspiraron quedos...
Y tu alma estremecíase en tus dedos
Como si se estuviera deshojando.

Antología poética. Madrid: Alianza Editorial, 1982.

DELMIRA AGUSTINI (Uruguay; 1890-1914)

"La sed"

¡Tengo sed, sed ardiente!—dije a la maga, y ella
Me ofreció de sus néctares. —¡Eso no, me empalaga!—
Luego, una rara fruta, con sus dedos de maga,
Exprimió en una copa clara una estrella;

Y un brillo de rubíes hubo en la copa bella.
Yo probé. —Es dulce, dulce. Hay días que me halaga
Tanta miel, pero hoy me repugna, ¡me estraga!—
Vi pasar por los ojos del hada una centella.

Y por un verde valle perfumado y brillante,
Llevóme hasta una clara corriente de diamante.
—¡Bebe!—dijo. —Yo ardía, mi pecho era una fragua.
Bebí, bebí, bebí la linfa cristalina...
¡Oh frescura! oh pureza! oh sensación divina!
—¡Gracias, maga, y bendita la limpidez del agua!

"La estatua"

Miradla, así, sobre el follaje oscuro
Recortar la silueta soberana...
¿No parece el retoño prematuro
De una gran raza que será mañana?

¡Así una raza inconmovible, sana,
Tallada a golpes sobre mármol duro,
De las vastas campañas del futuro
Desalojará a la familia humana!

Miradla así—ide hinojos!—en augusta
Calma imponer la desnudez que asusta!...—
¡Dios!... ¡Moved ese cuerpo, dadle una alma!
Ved la grandeza que en su forma duerme...
¡Vedlo allá arriba, miserable, inerme,
Más pobre que un gusano, siempre en calma!

"La musa"

Yo la quiero cambiante, misteriosa y compleja;
Con dos ojos de abismo que se vuelvan fanales;
En su boca, una fruta perfumada y bermeja
Que destile más miel que los rubios panales.

A veces nos asalte un aguijón de abeja;
Una raptos feroces a gestos imperiales
Y sorprenda en su risa el dolor de una queja;
¡En sus manos asombren caricias y puñales!

Y que vibre, y desmaye, y llore, y ruja, y cante,
Y sea águila, tigre, paloma en un instante,
Que el Universo quepa en sus ansias divinas;
Tenga una voz que hiele, que suspenda, que inflame,
Y una frente que erguida su corona reclame
De rosas, de diamantes, de estrellas o de espinas!

"El intruso"

Amor, la noche estaba trágica y sollozante
Cuando tu llave de oro cantó en mi cerradura;
Luego, la puerta abierta sobre la sombra helante,
Tu forma fue una mancha de luz y de blancura.

Todo aquí lo alumbraron tus ojos de diamante,

Bebieron en mi copa tus labios de frescura,
Y descansó en mi almohada tu cabeza fragante;
Me encantó tu descaro y adoré tu locura.

Y hoy río si tú ríes, y canto si tú cantas,
Y si tú duermes duermo como un perro a tus plantas!
Hoy llevo hasta en mi sombra tu olor de primavera;
Y tiemblo si tu mano toca la cerradura,
Y bendigo la noche sollozante y oscura
Que floreció en mi vida tu boca tempranera!

"Fiera de amor"

Fiera de amor, yo sufro hambre de corazones.
De palomos, de buitres, de corzos o leones,
No hay manjar que más tiente, no hay más grato sabor,
Había ya estragado mis garras y mi instinto,
Cuando erguida en la casi ultratierra de un plinto,
Me deslumbró una estatua de antiguo emperador.

Y crecí de entusiasmo; por el tronco de piedra
Ascendió mi deseo como fulmínea hiedra
Hasta el pecho, nutrido en nieve al parecer;
Y clamé al imposible corazón... la escultura
Su gloria custodiaba serenísima y pura,
Con la frente en Mañana y la planta en Ayer.

Perenne mi deseo, en el tronco de piedra
Ha quedado prendido como sangrienta hiedra;
Y desde entonces muerdo soñando un corazón
De estatua, presa suma para mi garra bella;
No es ni carne ni mármol: una pasta de estrella
Sin sangre, sin calor y sin palpitación...

Con la esencia de una sobrehumana pasión!

"El cisne"

Pupila azul de mi parque
Es el sensitivo espejo
De un lago claro, muy claro!...
Tan claro que a veces creo
Que en su cristalina página
Se imprime mi pensamiento.

Flor del aire, flor del agua,
Alma del lago es un cisne
Con dos pupilas humanas,
Grave y gentil como un príncipe;
Alas lirios, remos rosa...
Pico en fuego, cuello triste
Y orgulloso, y la blancura
Y la suavidad de un cisne...

El ave cándida y grave
Tiene un maléfico encanto;
—Clavel vestido de lirio,
Trasciende a llama y milagro!...
Sus alas blancas me turban
Como dos cálidos brazos;
Ningunos labios ardieron
Como su pico en mis manos;
Ninguna testa ha caído
Tan lánguida en mi regazo;
Ninguna carne tan viva,
He padecido o gozado:
Viborean en sus venas
Filtros dos veces humanos!

Del rubí de la lujuria
Su testa está coronada:
Y va arrastrando el deseo
En una cauda rosada...

Agua le doy en mis manos

Y él parece beber fuego;
Y yo parezco ofrecerle
Todo el vaso de mi cuerpo...

Y vive tanto en mis sueños,
Y ahonda tanto en mi carne,
Que a veces pienso si el cisne
Con sus dos alas fugaces,
Sus raros ojos humanos
Y el rojo pico quemante,
Es sólo un cisne en mi lago
O es en mi vida un amante...

Al margen del lago claro
Yo le interrogo en silencio...
Y el silencio es una rosa
Sobre su pico de fuego...
Pero en su carne me habla
Y yo en mi carne le entiendo.
—A veces ¡toda! soy alma;
Y a veces ¡toda! soy cuerpo.—
Hunde el pico en mi regazo
Y se queda como muerto...
Y en la cristalina página,
En el sensitivo espejo
Del lago que algunas veces
Refleja mi pensamiento,
El cisne asusta de rojo,
Y yo de blanca doy miedo!

Poesías completas. Edición, prólogo y notas de Manuel Alvar. Barcelona: Editorial Labor, 1971.

MARIANO AZUELA (México; 1873-1952)

Los de abajo

PRIMERA PARTE

I

Te digo que no es un animal... Oye cómo ladra el Palomo... Debe ser algún cristiano...[1]

La mujer fijaba sus pupilas en la oscuridad de la sierra.

—¿Y que fueran siendo federales?[2]—repuso un hombre que, en cuclillas, yantaba[3] en un rincón, una cazuela en la diestra y tres tortillas en taco en la otra mano.

La mujer no le contestó; sus sentidos estaban puestos fuera de la casuca.

Se oyó un ruido de pesuñas[4] en el pedregal cercano, y el *Palomo* ladró con más rabia.

—Sería bueno que por sí o por no te escondieras, Demetrio.

El hombre, sin alterarse, acabó de comer; se acercó un cántaro y, levantándolo a dos manos, bebió agua a borbotones. Luego se puso en pie.

—Tu rifle está debajo del petate—pronunció ella en voz muy baja.

El cuartito se alumbra por una mecha de sebo. En un rincón descansaban un yugo, un arado, un otate y otros aperos de labranza. Del techo pendían cuerdas sosteniendo un viejo molde de adobes, que servía de cama, y sobre mantas y desteñidas hilachas dormía un niño.

---

[1] usado en el sentido de ser humano.

[2] elementos del ejército nacional a los que los revolucionarios combatían.

[3] comía.

[4] pezuña.

Demetrio ciñó la cartuchera a su cintura y levantó el fusil. Alto, robusto, de faz bermeja, sin pelo de barba, vestía camisa y calzón de manta, ancho sombrero de soyate[5] y guaraches.[6]

Salió paso a paso, desapareciendo en la oscuridad impenetrable de la noche.

El *Palomo*, enfurecido, había saltado la cerca del corral. De pronto se oyó un disparo, el perro lanzó un gemido sordo y no ladró más.

Unos hombres a caballo llegaron vociferando y maldiciendo. Dos se apearon y otro quedó cuidando las bestias.

—¡Mujeres..., algo de cenar!... Blanquillos, leche, frijoles, lo que tengan, que venimos muertos de hambre.

—¡Maldita sierra! ¡Sólo el diablo no se perdería!

—Se perdería, mi sargento, si viniera de borracho como tú...

Uno llevaba galones en los hombros, el otro cintas rojas en las mangas.

—¿En dónde estamos, vieja?... ¡Pero con una...! ¿Esta casa está sola?

—¿Y entonces, esa luz?... ¿Y ese chamaco?... ¡Vieja, queremos cenar, y que sea pronto! ¿Sales o te hacemos salir?

—¡Hombres malvados, me han matado mi perro!... ¿Qué les debía ni qué les comía mi pobrecito *Palomo*?

La mujer entró llevando a rastras al perro, muy blanco y muy gordo, con los ojos claros ya y el cuerpo suelto.

—¡Mira no más qué chapetes,[7] sargento!... Mi alma, no te enojes, yo te juro volverte tu casa un palomar pero, ¡por Dios!...

No me mires airada...

No más enojos...

Mírame cariñosa,

luz de mis ojos—.

acabó cantando el oficial con voz aguardentosa.

—Señora, ¿cómo se llama este ranchito?—preguntó el sargento.

—Limón—contestó hosca la mujer, ya soplando las brasas del fogón y arrimando la leña.

—¿Conque aquí es Limón?... ¡La tierra del famoso Demetrio Macías!... ¿Lo oye, mi teniente? Estamos en Limón.

---

[5]sombrero.

[6]un tipo de sandalia mexicana; también huaraches.

[7]mejillas.

—¿En Limón?... Bueno, para mí... ¡plin!... Ya sabes, sargento, si he de irme al infierno, nunca mejor que ahora..., que voy en buen caballo. ¡Mira no más qué cachetitos de morena!... ¡Un perón para morderlo!...

—Usted ha de conocer al bandido ese, señora... Yo estuve junto con él en la Penitenciaría de Escobedo.

—Sargento, tráeme una botella de tequila; he decidido pasar la noche en amable compañía con esta morenita... ¿El coronel?... ¿Qué me hablas tú del coronel a estas horas?... ¡Qué vaya mucho a...! Y si se enoja, pa mí... ¡plin!... Anda, sargento, dile al cabo que desensille y eche de cenar. Yo aquí me quedo... Oye, chatita, deja a mi sargento que fría los blanquillos y caliente las gordas; tú ven acá conmigo. Mira, esta carterita apretada de billetes es sólo para ti. Es mi gusto. ¡Figúrate! Ando un poco borrachito por eso, y por eso también hablo un poco ronco... ¡Como que en Guadalajara dejé la mitad de la campanilla y por el camino vengo escupiendo la otra mitad!... ¿Y qué le hace...? Es mi gusto. Sargento, mi botella, mi botella de tequila. Chata, estás muy lejos; arrímate a echar un trago. ¿Cómo que no?... ¿Le tienes miedo a tu... marido... o lo que sea?... Si está metido en algún agujero dile que salga..., pa mí ¡plin!... Te aseguro que las ratas no me estorban.

Una silueta blanca llenó de pronto la boca oscura de la puerta.

—¡Demetrio Macías!—exclamó el sargento despavorido, dando unos pasos atrás.

El teniente se puso de pie y enmudeció, quedóse frío e inmóvil como una estatua.

—¡Mátalos!—exclamó la mujer con la garganta seca.

—¡Ah, dispense, amigo!... Yo no sabía... Pero yo respeto a los valientes de veras.

Demetrio se quedó mirándolos y una sonrisa insolente y despreciativa plegó sus líneas.

—Y no solo los respeto, sino que también los quiero... Aquí tiene la mano de un amigo... Está bueno, Demetrio Macías, usted me desaira... Es porque no me conoce, es porque me ve en este perro y maldito oficio... ¡Qué quiere, amigo!... ¡Es uno pobre, tiene familia numerosa que mantener! Sargento, vámonos; yo respeto siempre la casa de un valiente, de un hombre de veras.

Demetrio se quedó mirándolos y una sonrisa insolente y despreciativa plegó sus líneas.

—Y no sólo los respeto, sino que también los quiero... Aquí tiene la mano de un amigo... Está bueno, Demetrio Macías, usted me desaira... Es porque no no me concoce, es porque me ve en este perro y maldito oficio...

¡Qué quiere, amigo!... ¡Es uno pobre, tiene familia numerosa que mantener! Sargento, vámonos; yo respeto siempre la casa de un valiente, de un hombre de veras.

Luego que desaparecieron, la mujer abrazó estrechamente a Demetrio.

¡Madre mía de Jalpa! ¡Qué susto! ¡Creí que a ti te habían tirado el balazo!

—Vete luego a la casa de mi padre—dijo Demetrio.

Ella quiso detenerlo; suplicó, lloró; pero él, apartándola dulcemente, repuso sombrío:

—Me late que van a venir todos juntos.

—¿Por qué no los mataste?

—¡Seguro que no les tocaba todavía!

Salieron juntos; ella con el niño en los brazos.

Ya a la puerta se apartaron en opuesta dirección.

La luna poblaba de sombras vagas la montaña.

En cada risco y en cada chaparro, Demetrio seguía mirando la silueta dolorida de una mujer con un niño en los brazos.

Cuando después de muchas horas de ascenso volvió los ojos, en el fondo del cañón, cerca del río, se levantaban grandes llamaradas.

Su casa ardía...

II

Todo era sombra todavía cuando Demetrio Macías comenzó a bajar al fondo del barranco. El angosto talud de una escarpa era vereda, entre el peñascal veteado de enormes resquebrajaduras y la vertiente de centenares de metros, cortada como de un solo tajo.

Descendiendo con agilidad y rapidez, pensaba:

"Seguramente ahora sí van a dar con nuestro rastro los federales, y se nos vienen encima como perros. La fortuna es que no saben veredas, entradas ni salidas. Sólo que alguno de Moyahua anduviera con ellos de guía, porque los del Limón, Santa Rosa y demás ranchitos de la sierra son gente segura y nunca nos entregarían... En Moyahua está el cacique que me trae corriendo por los cerros, y éste tendría mucho gusto en verme colgado de un poste del telégrafo y con tamaña lengua de fuera..."

Y llegó al fondo del barranco cuando comenzaba a clarear el alba. Se tiró entre las piedras y se quedó dormido.

El río se arrastraba cantando en diminutas cascadas; los pajarillos piaban escondidos en los pitahayos[8] y las chicharras monorrítimicas llenaban de misterio la soledad de la montaña.

Demetrio despertó sobresaltado, vadeó el río y tomó la vertiente opuesta del cañón. Como hormiga arriera ascendió la crestería, crispadas las manos en las peñas y ramazones, crispadas las plantas sobre las guijas de la vereda.

Cuando escaló la cumbre, el sol bañaba la altiplanicie en un lago de oro. Hacia la barranca se veían rocas enormes rebanadas; prominencias erizadas como fantásticas cabezas africanas; los pitahayos como dedos anquilosados de coloso; árboles tendidos hacia el fondo del abismo. Y en la aridez de las peñas y de las ramas secas, albeaban las frescas rosas de San Juan como una blanca ofrenda al astro que comenzaba a deslizar sus hilos de oro de roca en roca.

Demetrio se detuvo en la cumbre; echó su diestra hacia atrás, tiró del cuerno que pendía de su espalda, lo llevó a sus labios gruesos, y por tres veces, inflando los carrillos, sopló en él. Tres silbidos contestaron la señal, más allá de la crestería frontera.

En la lejanía, de entre un cónico hacinamiento de cañas y paja podrida, salieron, unos tras otros, muchos hombres de pechos y piernas desnudos, oscuros y repulidos como viejos bronces.

Vinieron presurosos al encuentro de Demetrio.

—¡Me quemaron mi casa!—respondió a las miradas interrogadoras.

Hubo imprecaciones, amenazas, insolencias.

Demetrio los dejó desahogar; luego sacó de su camisa una botella, bebió un tanto, limpióla con el dorso de su mano y la pasó a su inmediato. La botella, en una vuelta de boca en boca, se quedó vacía. Los hombres se relamieron.

—Si Dios nos da licencia—dijo Demetrio—, mañana o esta misma noche les hemos de mirar la cara otra vez a los federales. ¿Qué dicen, muchachos, los dejamos conocer estas veredas?

Los hombres semidesnudos saltaron dando grandes alaridos de alegría. Y luego redoblaron las injurias, las maldiciones y las amenazas.

—No sabemos cuántos serán ellos—observó Demetrio, escudriñando los semblantes—. Julián Medina, en Hostotipaquillo, con media docena de

[8]un tipo de cactus.

pelados y con chuchillos afilados en el metate, les hizo frente a todos los cuicos y federales del pueblo, y se los echó...

—¿Qué, tendrán algo los de Medina que a nosotros nos falte?—dijo uno de barba y cejas espesas y muy negras, de mirada dulzona; hombre macizo y robusto.

—Yo sólo les sé decir—agregó— que dejo de llamarme Anastasio Montañés si mañana no soy dueño de un máuser, cartuchera, pantalones y zapatos. ¡De veras!... Mira, Codorniz, ¿voy que no me lo crees? Yo traigo media docena de plomos adentro de mi cuerpo... Ai que diga mi compadre Demetrio si no es cierto... Pero a mí me dan tanto miedo las balas, como una bolita de caramelo. ¿A que no me lo crees?

—¡Qué viva Anastasio Montañés!—grito el Manteca.

—No—repuso aquél—; que viva Demetrio Macías, que es nuestro jefe, y que vivan Dios y el cielo y María Santísima.

—¡Viva Demetrio Macías!—gritaron todos.

Encendieron lumbre con zacate y leños secos, y sobre los carbones encendidos tendieron trozos de carne fresca. Se rodearon en torno de las llamas, sentados en cuclillas, olfateando con apetito la carne que se retorcía y crepitaba en las brasas.

Cerca de ellos estaba, en montón, la piel dorada de una res, sobre la tierra húmeda de sangre. De un cordel, entre dos huizaches,[9] pendía la carne hecha cecina, oreándose al sol y al aire.

—Bueno—dijo Demetrio—; ya ven que, aparte de mi treinta-treinta, no contamos más que con veinte armas. Si son pocos, les damos hasta no dejar uno; si son muchos aunque sea un buen susto les hemos de sacar.

Aflojó el ceñidor de su cintura y desató un nudo, ofreciendo del contenido a sus compañeros.

—¡Sal!—exclamaron con alborozo, tomando cada uno con la punta de los dedos algunos granos.

Comieron con avidez, y cuando quedaron satisfechos, se tiraron de barriga al sol y cantaron canciones monótonas y tristes, lanzando gritos estridentes después de cada estrofa.

---

[9]un tipo de arbusto.

III

Entre las malezas de la sierra durmieron los veinticinco hombres de Demetrio Macías, hasta que la señal del cuerno los hizo despertar. Pancracio la daba de lo alto de un risco de la montaña.

—¡Hora[10] sí, muchachos, pónganse changos!—dijo Anastasio Montañés, reconociendo los muelles de su rifle.

Pero transcurrió una hora sin que se oyera más que el canto de las cigarras en el herbazal y el croar de las ranas en los baches.

Cuando los albores de la luna se esfumaron en la faja débilmente rosada de la aurora, se destacó la primera silueta de un soldado en el filo más alto de la vereda. Y tras él aparecieron otros, y otros diez, y otros cien; pero todos en breve se perdían en las sombras. Asomaron los fulgores del sol, y hasta entonces pudo verse el despeñadero cubierto de gente: hombres diminutos en caballos de miniatura.

—¡Mírenlos qué bonitos!—exclamó Pancracio—. ¡Anden, muchachos, vamos a jugar con ellos!

Aquellas figuritas movedizas, ora se perdían en la espesura del chaparral, ora negreaban más abajo sobre el ocre de las peñas.

Distintamente se oían las voces de jefes y soldados.

Demetrio hizo una señal: crujieron los muelles y los resortes de los fusiles.

—¡Hora!—ordenó con voz apagada.

Veintiún hombres dispararon a un tiempo, y otros tantos federales cayeron de sus caballos. Los demás, sorprendidos, permanecían inmóviles, como bajorrelieves de las peñas.

Una nueva descarga, y otros veintiún hombres rodaron de roca en roca, con el cráneo abierto.

—¡Salgan, bandidos!... ¡Muertos de hambre!

—¡Mueran los ladrones nixtamaleros!...[11]

—Mueran los comevacas!...[12]

---

[10]apócope por ahora; también el texto usa horita por ahorita.

[11]término usado por los federales para designar peyorativamente a los revolucionarios.

[12]alusión a cómo los revolucionarios subsistían robando y comiendo vacas.

Los federales gritaban y los enemigos, que, ocultos, quietos y callados, se contentaban con seguir haciendo gala de una puntería que ya los había hecho famosos.

—¡Mira, Pancracio—dijo El Meco, un individuo que sólo en los ojos y en los dientes tenía algo de blanco—; ésta es para el que va a pasar detrás de aquel pitayo!...[13] ¡Hijo de...! ¡Toma!... ¡En la pura calabaza! ¿Viste?... Hora pal que viene en el caballo tordillo... ¡Abajo, pelón!

—Yo voy a darle una bañada al que va horita por el filo de la vereda... Si no llegas al río, mocho infeliz, no quedas lejos... ¿Qué tal?... ¿Lo viste?...

—¡Hombre, Anastasio, no seas malo!... Empréstame tu carabina... ¡Ándale, un tiro no más!...

El Manteca, la Codorniz y los demás que no tenían armas las solicitaban, pedían como una gracia suprema que les dejaran hacer un tiro siquiera.

—¡Asómense si son tan hombres!

—Saquen la cabeza... ¡hilachos piojosos!

De montaña en montaña los gritos se oían tan claros como de una acera a la del frente.

La Codorniz surgió de improviso, en cueros, con los calzones tendidos en actitud de torear a los federales. Entonces comenzó la lluvia de proyectiles sobre la gente de Demetrio.

—¡Huy! ¡Huy! Parece que me echaron un panal de moscos en la cabeza—dijo Anastasio Montañés, ya tendido entre las rocas y sin atreverse a levantar los ojos.

—¡Codorniz, jijo de un...! ¡Hora adonde les dije!—rugió Demetrio.

Y, arrastrándose, tomaron nuevas posiciones.

Los federales comenzaron a gritar su triunfo y hacían cesar el fuego, cuando una nueva granizada de balas los desconcertó.

—¡Ya llegaron más!—clamaban los soldados.

Y presa de pánico, muchos volvieron grupas resueltamente, otros abandonaron las caballerías y se encaramaron, buscando refugio entre las peñas. Fue preciso que los jefes hicieran fuego sobre los fugitivos para restablecer el orden.

—A los de abajo... A los de abajo—exclamó Demetrio, tendiendo su treinta-treinta hacia el hilo cristalino del río.

---

[13]variante de pitahayo.

Un federal cayó en las mismas aguas, e indefectiblemente siguieron cayendo uno a uno a cada nuevo disparo. Pero sólo él tiraba hacia el río, y por cada uno de los que mataba, ascendían intactos diez o veinte a la otra vertiente.

—A los de abajo... A los de abajo—siguió gritando encolerizado.

Los compañeros se prestaban ahora sus armas, y haciendo blancos cruzaban sendas apuestas.

—Mi cinturón de cuero si no le pego en la cabeza al de caballo prieto. Préstame tu rifle, Meco...

—Veinte tiros de máuser y media vara de chorizo porque me dejes tumbar al de la potranca mora... Bueno... ¡Ahora!... ¿Viste qué salto dio?... ¡Como venado!...

—¡No corran, mochos!... Vengan a conocer a su padre Demetrio Macías...

Ahora de éstos partían las injurias. Gritaba Pancracio, alargando su cara lampiña, inmutable como piedra, y gritaba el Manteca, contrayendo las cuerdas de su cuello y estirando las líneas de su rostro de ojos torvos de asesino.

Demetrio siguió tirando y advirtiendo del grave peligro a los otros; pero éstos no repararon en su voz desesperada sino hasta que sintieron el chicoteo de las balas por uno de los flancos.

—¡Ya me quemaron!—gritó Demetrio, y rechinó los dientes—. ¡Hijos de...!

Y con prontitud se dejó resbalar hacia un barranco.

IV

Faltaron dos: Serapio, el charamusquero,[14] y Antonio el que tocaba los platillos en la Banda de Juchipila.

—A ver si se nos juntan más adelante—dijo Demetrio.

Volvían desazonados. Sólo Anastasio Montañés conservaba la expresión dulzona de sus ojos adormilados y su rostro barbado, y Pancracio la inmutabilidad repulsiva de su duro perfil de prognato.[15]

Los federales habían regresado, y Demetrio recuperaba todos sus caballos, escondidos en la sierra.

---

[14]el que vende charamuscas, un tipo de dulce de azúcar.

[15]de mandíbulas salientes.

De pronto, La Codorniz, que marchaba adelante, dio un grito: acababa de ver a los compañeros perdidos, pendientes de los brazos de un mezquite.

Eran ellos Serapio y Antonio. Los reconocieron y Anastasio Montañés rezó entre dientes:

—Padre nuestro, que estás en los cielos...

—Amén—rumorearon los demás, con la cabeza inclinada y el sombrero sobre el pecho.

Y apresurados tomaron el cañón de Juchipila, rumbo al norte, sin descansar hasta ya muy entrada la noche.

La Codorniz no se apartaba un instante de Anastasio. Las siluetas de los ahorcados, con el cuello fláccido, los brazos pendientes, rígidas las piernas, suavemente mecidos por el viento, no se borraban de su memoria.

Otro día Demetrio se quejó mucho de la herida. Ya no pudo montar su caballo. Fue preciso conducirlo desde allí en una camilla improvisada con ramas de robles y haces de yerbas.

—Sigue desangrándose mucho, compadre Demetrio—dijo Anastasio Montañés. Y de un tirón arrancóse una manga de la camisa y la anudó fuertemente al muslo, arriba del balazo.

—Bueno—dijo Venancio—; eso le pára la sangre y le quita la dolencia.

Venancio era barbero; en su pueblo sacaba muelas y ponía cáusticos y sanguijuelas. Gozaba de cierto ascendiente porque había leído *El judío errante* y *El sol de mayo*. Le llamaban el *dotor*, y él, muy pagado de su sabiduría, era hombre de pocas palabras.

Turnándose de cuatro en cuatro, condujeron la camilla por mesetas calvas y pedregosas y por cuestas empinadísimas.

Al mediodía, cuando la calina sofocaba y no se obnubilaba la vista, con el canto incesante de las cigarras se oía el quejido acompasado y monocorde del herido.

En cada jacalito escondido entre las rocas abruptas, se detenían y descansaban.

—¡Gracias a Dios! ¡Un alma compasiva y una gorda copeteada de chile y frijoles nunca faltan!—decía Anastasio Montañés eructando.

Y los serranos, después de estrecharles fuertemente las manos encallecidas, exclamaban:

—¡Dios los bendiga! ¡Dios los ayude y los lleve por buen camino!... Ahora van ustedes; mañana correremos también nosotros, huyendo de la leva, perseguidos por estos condenados del gobierno, que nos han declarado guerra a muerte a todos los pobres; que nos roban nuestros puercos, nuestras gallinas y hasta el maicito que tenemos para comer; que queman nuestra casas y se llevan nuestras mujeres, y que, por fin, donde dan con uno, allí lo acaban como si fuera perro del mal.

Cuando atardeció en llamaradas que tiñieron el cielo en vivísimos colores, pardearon unas casucas en una explanada, entre las montañas azules. Demetrio hizo que lo llevaran allí.

Eran unos cuantos pobrísimos jacales de zacate, diseminados a la orilla del río, entre pequeñas sementeras de maíz y frijol recién nacidos.

Pusieron la camilla en el suelo, y Demetrio, con débil voz, pidió un trago de agua.

En las bocas oscuras de las chozas se aglomeraron chomites incoloros, pechos huesudos, cabezas desgreñadas y, detrás, ojos brillantes y carrillos frescos.

Un chico gordinflón, de piel morena y reluciente, se acercó a ver al hombre de la camilla; luego una vieja, y después todos los demás vinieron a hacerle ruedo.

Una moza muy amable trajo una jícara de agua azul. Demetrio cogió la vasija entre sus manos trémulas y bebió con avidez.

—¿No quere[16] más?

Alzó los ojos: la muchacha era de rostro muy vulgar, pero en su voz había mucha dulzura.

Se limpió con el dorso del puño el sudor que perlaba su frente, y volviéndose de un lado, pronunció con fatiga:

—¡Dios se lo pague!

Y comenzó a tiritar con tal fuerza, que sacudía las yerbas y los pies de la camilla. La fiebre lo aletargó.

—Está haciendo sereno y eso es malo pa la calentura—dijo señá Remigia, una vieja enchomitada, descalza y con una garra de manta al pecho a modo de camisa.

Y los invitó a que metieran a Demetrio en su jacal.

Pancracio, Anastasio Montañés y la Codorniz se echaron a los pies de la camilla como perros fieles, pendientes de la voluntad del jefe.

Los demás se dispersaron en busca de comida.

Señá Remigia ofreció lo que tuvo: chile y tortillas.

---

[16]quiere.

—Afigúrense..., tenía güevos, gallinas y hasta una chiva parida; pero estos malditos federales me limpiaron.

Luego, puestas las manos en bocina, se acercó al oído de Anastasio y le dijo:

—¡Afigúrense..., cargaron hasta con la muchachilla de señá Nieves!...

V

La Codorniz, sobresaltado, abrió los ojos y se incorporó.

—¿Montañés, oíste...? ¡Un balazo...! Montañés... Despierta...

Le dio fuertes empellones, hasta conseguir que se removiera y dejara de roncar.

—¡Con un...! ¡Ya estás moliendo!... Te digo que los muertos no se aparecen...—balbució Anastasio despertando a medias.

—¡Un balazo, Montañés...!

—Te duermes, Codorniz, o te meto una trompada...

—No, Anastasio; te digo que no es pesadilla... Ya no me he vuelto a acordar de los ahorcados. Es de veras un balazo; lo oí clarito...

¿Dices que un balazo?... A ver, daca mi máuser...

Anastasio Montañés se restregó los ojos, estiró los brazos y las piernas con mucha flojera y se puso en pie.

Salieron del jacal. El cielo estaba cuajado de estrellas y la luna ascendía como una fina hoz. De las casucas salió rumor confuso de mujeres asustadas y se oyó el ruido de armas de los hombres que dormían afuera y despertaban también.

—¡Estúpido!... ¡Me has destrozado un pie!

La voz se oyó clara y distinta en las inmediaciones.

—¿Quién vive?...

El grito resonó de peña en peña, por crestones y hondanadas, hasta perderse en la lejanía y en el silencio de la noche.

—¿Quién vive?—repitió con voz más fuerte Anastasio, haciendo ya correr el cerrojo de su máuser.

—¡Demetrio Macías!—respondieron cerca.

—¡Es Pancracio!—dijo la Codorniz, regocijado. Y ya sin zozobras dejó reposar en tierra la culata de su fusil.

Pancracio conducía a un mozalbete cubierto de polvo, desde el fieltro americano hasta los toscos zapatones. Llevaba una mancha de sangre fresca en su pantalón, cerca de un pie.

—¿Quién es este curro?—preguntó Anastasio.

—Yo estoy de centinela, oí ruido entre las yerbas y grité: "¿Quién vive?" "Carranzo", me respondió este vale... "¿Carranzo...? No conozco yo a ese gallo..". Y toma tu Carranzo: le metí un plomazo en una pata...

Sonriendo, Pancracio volvió su cara lampiña en solicitud de aplausos.

Entonces habló el desconocido.

—¿Quién es aquí el jefe?

Anastasio levantó la cabeza con altivez, enfrentándosele.

El tono del mozo bajó un tanto.

—Pues yo también soy revolucionario. Los federales me cogieron de leva y entré a filas; pero en el combate de anteayer conseguí desertarme, y he venido, caminando a pie, en busca de ustedes.

—¡Ah, es federal!...—interrumpieron muchos, mirándolo con pasmo.

—¡Ah, es mocho![17]—dijo Anastasio Montañés—. ¿Y por qué no le metiste el plomo mejor en la mera chapa?

—¡Quién sabe qué mitote[18] trai![19] ¡Quesque[20] quiere hablar con Demetrio, que tiene que icirle[21] quién sabe cuánto!... Pero eso no le hace, pa todo hay tiempo como no arrebaten—respondió Pancracio, preparando su fusil.

—Pero ¿qué clase de brutos son ustedes?—profirió el desconocido.

Y no pudo decir más, porque un revés de Anastasio lo volteó con la cara bañada en sangre.

—¡Fusilen a ese mocho!...

—¡Hórquenlo!...

—¡Quémenlo..., es federal!...

Exaltados, gritaban, aullaban, preparando ya sus fusiles.

—¡Chist..., chist..., cállense!... Parece que Demetrio habla—dijo Anastasio, sosegándolos.

En efecto, Demetrio quiso informarse de lo que ocurría e hizo que llevaran al prisionero.

---

[17]hipócrita, es decir, expresión peyorativa para designar a los católicos y conservadores que se oponían al movimiento revolucionario.

[18]mito, es decir, mentira.

[19]trae; a lo largo del texto hay ciertas deformaciones ortográficas que representan el esfuerzo de Azuela por reproducir la pronunciación coloquial.

[20]qué es lo que.

[21]decirle.

—¡Una infamia, mi jefe, mire usted..., mire usted!—pronunció Luis Cervantes, mostrando las manchas de sangre en su pantalón y su boca y su nariz abotagadas.

—Por eso, pues, ¿quién jijos[22] de un... es usté?—interrogó Demetrio.

—Me llamo Luis Cervantes, soy estudiante de Medicina y periodista. Por haber dicho algo en favor de los revolucionarios, me persiguieron, me atraparon y fui a dar a un cuartel...

La relación que de su aventura siguió detallando en tono declamatorio causó gran hilaridad a Pancracio y al Manteca.

—Yo he procurado hacerme entender, convencerlos de que soy un verdadero correligionario...

—¿Corre... qué?—inquirió Demetrio, tendiendo una oreja.

—Correligionario, mi jefe..., es decir, que persigo los mismos ideales y defiendo la misma causa que ustedes defienden.

Demetrio sonrió:

—¿Pos cuál causa defendemos nosotros?...

Luis Cervantes, desconcertado, no encontró qué contestar.

—¡Mi qué cara pone!... ¿Pa qué son tantos brincos?... ¿Lo tronamos ya, Demetrio?—preguntó Pancracio, ansioso.

Demetrio llevó su mano al mechón de pelo que le cubría una oreja, se rascó largo rato, meditabundo; luego, no encontrando la solución, dijo:

—Sálganse... que ya me está doliendo otra vez... Anastasio, apaga la mecha. Encierren a ése en el corral y me lo cuidan Pancracio y Manteca. Mañana veremos.

VI

Luis Cervantes no aprendía aún a discernir la forma precisa de los objetos a la vaga tonalidad de las noches estrelladas, y buscando el mejor sitio para descansar, dio con sus huesos quebrantados sobre un montón de estiércol húmedo, al pie de la masa difusa de un huizache. Más por agotamiento que por resignación, se tendió cuan largo era y cerró los ojos resueltamente, dispuesto a dormir hasta que sus feroces vigilantes le despertaran o el sol de la mañana le quemara las orejas. Algo como un vago calor a su lado, luego un respirar rudo y fatigoso, le hicieron estremecerse; abrió los brazos en torno,

---

[22]hijos; se trata de una injuria.

y su mano trémula dio con los pelos rígidos de un cerdo, que, incomodado seguramente por la vecindad, gruñó.

Inútiles fueron ya todos sus esfuerzos para atraer el sueño; no por el dolor del miembro lesionado, ni por el de sus carnes magulladas, sino por la instantánea y precisa representación de su fracaso.

Sí; él no había sabido apreciar a su debido tiempo la distancia que hay de manejar el escalpelo, fulminar latrofacciosos desde las columnas de un diario provinciano, a venir a buscarlos con el fusil en las manos a sus propias guaridas. Sospechó su equivocación, ya dado de alta como subteniente de Caballería, al rendir la primera jornada. Brutal jornada de catorce leguas, que lo dejaba con las caderas y las rodillas de una pieza, cual si todos sus huesos se hubieran soldado en uno. Acabólo de comprender ocho días después, al primer encuentro con los rebeldes. Juraría, la mano puesta sobre un Santo Cristo, que cuando los soldados se echaron los máuseres a la cara, alguien con estentórea voz había clamado a sus espaldas: "¡Sálvese el que pueda!" Ello tan claro así, que su mismo brioso y noble corcel, avezado a los combates, había vuelto grupas y de estampida no había querido detenerse sino a distancia donde ni el rumor de las balas se escuchaba. Y era cabalmente a la puesta del sol, cuando la montaña comenzaba a poblarse de sombras vagarosas e inquietantes, cuando las tinieblas ascendían a toda prisa de la hondonada. ¿Qué cosa más lógica podría ocurrírsele sino la de buscar abrigo entre las rocas, darles reposo al cuerpo y al espíritu y procurarse el sueño? Pero la lógica del soldado es la lógica del absurdo. Así, por ejemplo, a la mañana siguiente su coronel lo despierta a broncos puntapiés y le saca de su escondite con la cara gruesa a mojicones. Más todavía: aquello determina la hilaridad de los oficiales, a tal punto que, llorando de risa, imploran a una voz el perdón para el fugitivo. Y el coronel, en vez de fusilarlo, le larga un recio puntapié en las posaderas y le envía a la impedimenta como ayudante de cocina.

La injuria gravísima habría de dar sus frutos venenosos. Luis Cervantes cambia de chaqueta desde luego, aunque sólo *in mente* por el instante. Los dolores y las miserias de los desheredados alcanzan a conmoverlo; su causa es la causa sublime del pueblo subyugado que clama justicia, solo justicia. Intima con el humilde soldado y, ¡qué más!, una acémila muerta de fatiga en una tormentosa jornada le hace derramar lágrimas de compasión.

Luis Cervantes, pues, se hizo acreedor a la confianza de la tropa. Hubo soldados que le hicieron confidencias temerarias. Uno, muy serio, y que se destinguía por su temperancia y retraimiento, le dijo: "Yo soy carpintero; tenía mi madre, una viejita clavada en su silla por el reumatismo desde hacía diez años. A medianoche me sacaron de mi casa tres gendarmes; amanecí en el cuartel y anochecí a doce leguas de mi pueblo... Hace un mes pasé por allí con la tropa... ¡Mi madre estaba ya debajo de la tierra!... No tenía más consuelo en esta vida... Ahora no le hago falta a nadie. Pero, por mi Dios que está en los cielos, estos cartuchos que aquí me cargan no han de ser para los enemigos... Y si se me hace el milagro (mi Madre Santísima de Guadalupe me lo ha de conceder), si me le junto a Villa..., juro por la sagrada alma de mi madre que me la han de pagar estos federales".

Otro, joven, muy inteligente, pero charlatán hasta por los codos, dipsómano y fumador de marihuana, lo llamó aparte y, mirándole a la cara fijamente con sus ojos vagos y vidriosos, le sopló al oído: "Compadre..., aquellos..., los de allá del otro lado..., ¿comprendes?..., aquellos cabalgan lo más granado de las caballerizas del Norte y del interior, las guarniciones de sus caballos pesan de pura plata... Nosotros, ¡pst!..., en sardinas buenas para alzar cubos de noria... ¿comprendes, compadre? Aquéllos reciben relucientes pesos fuertes; nosotros, billetes de celuloide de la fábrica del asesino... Dije..."

Y así todos, hasta un sargento segundo contó ingenuamente: "Yo soy voluntario, pero me he tirado una plancha. Lo que en tiempos de paz no se hace en toda una vida de trabajar como una mula, hoy se puede hacer en unos cuantos meses de correr la sierra con un fusil a la espalda. Pero no con éstos, «mano»..., no con éstos..."

Y Luis Cervantes, que compartía ya con la tropa aquel odio solapado, implacabale y mortal a las clases, oficiales y a todos los superiores, sintió que de sus ojos caía hasta la última telaraña y vio claro el resultado final de la lucha.

—¡Más he aquí que hoy, al llegar apenas con sus correligionarios, en vez de recibirle con los brazos abiertos, lo encapillan en una zahurda!

Fue de día: los gallos cantaron en los jacales; las gallinas trepadas en las ramas del huizache del corral se removieron, abrían las alas y esponjaban las plumas y en un solo salto se ponían en el suelo.

Contempló a sus centinelas tirados en el estiércol y roncando. En su imaginación revivieron las fisonomías de los dos hombres de la víspera. Uno, Pancracio, agüerado,[23] pecoso, su cara lampiña, su barba saltona, la frente roma y oblicua, untadas las orejas al cráneo y todo de un aspecto bestial. Y el otro, El Manteca, una piltrafa humana: ojos escondidos, mirada torva, cabellos muy lacios cayéndole a la nuca, sobre la frente y las orejas; sus labios de escrofuloso entreabiertos eternamente.

---

[23]medio güero.

Y sintió una vez más que su carne se achinaba.

VII

Adormilado aún, Demetrio paseó la mano sobre los crespos mechones que cubrían su frente húmeda, apartados hacia una oreja, y abrió los ojos.

Distinta oyó la voz femenina y melodiosa que en sueños había escuchado ya, y se volvió a la puerta.

Era de día: los rayos del sol dardeaban entre los popotes del jacal. La misma moza de la víspera le había ofrecido un apastito de agua deliciosamente fría (sus sueños de toda la noche), ahora, igual de dulce y cariñosa, entraba con una olla de leche, desparramándose de espuma.

—Es de cabra, pero está regüena... Ándele, no más aprébela...

Agradecido, sonrió Demetrio, se incorporó y, tomando la vasija de barro, comenzó a dar pequeños sorbos, sin quitar los ojos de la muchacha.

Ella, inquieta, bajó los suyos.

—¿Cómo te llamas?

—Camila.

—Me cuadra el nombre, pero más la tonadita...

Camila se cubrió de rubor, y como él intentara asirla por un puño, asustada, tomó la vasija vacía y se escapó más que de prisa.

—No, compadre Demetrio—observó gravemente Anastasio Montañés—; hay que amansarlas primero... ¡Hum, pa las lepras que me han dejado en el cuerpo las mujeres!... Yo tengo mucha experiencia en eso...

—Me siento bien, compadre—dijo Demetrio haciéndose el sordo—; parece que me dieron fríos, sudé mucho y amanecí muy refrescado. Lo que me está fregando todavía es la maldita herida. Llame a Venancio para que me cure.

—¿Y qué hacemos, pues, con el curro que agarré anoche?—preguntó Pancracio.

—¡Cabal, hombre... ¡No me había vuelto a acordar!...

Demetrio, como siempre, pensó y vaciló mucho antes de tomar una decisión.

—A ver, Codorniz, ven acá. Mira, pregunta por una capilla que hay como a tres leguas de aquí. Anda y róbale la sotana al cura.

—Pero ¿qué va a hacer, compadre?—preguntó Anastasio pasmado.

—Si este curro viene a asesinarme, es muy fácil sacarle la verdad. Yo le digo que lo voy a fusilar. La Codorniz se viste de padre y lo confiesa. Si tiene pecado, lo trueno; si no, lo dejo libre.

—¡Hum, cuánto requisito!... Yo lo quemaba y ya—exclamó Pancracio despectivo.

Por la noche regresó la Codorniz con la sotana del cura. Demetrio hizo que le llevaran al prisionero.

Luis Cervantes, sin dormir ni comer en dos días, estaba con el rostro demacrado y ojeroso, los labios descoloridos y secos.

Habló con lentitud y torpeza.

—Hagan de mí lo que quieran... Seguramente que me equivoqué con ustedes...

Hubo un prolongado silencio. Después:

—Creí que ustedes aceptarían con gusto al que viene a ofrecerles ayuda, pobre ayuda mía, pero que solo a ustedes mismos beneficia... ¿Yo qué me gano con que la revolución triunfe o no?

Poco a poco iba animándose y la languidez de su mirada desaparecía por instantes.

—La revolución beneficia al pobre, al ignorante, al que toda su vida ha sido esclavo, a los infelices que ni siquiera saben que si lo son es porque el rico convierte en oro las lágrimas, el sudor y la sangre de los pobres...

—¡Bah!... ¿Y eso es como a modo de qué?... ¡Cuando ni a mí me cuadran los semones!—interrumpió Pancracio.

—Yo he querido pelear por la causa santa de los desventurados... Pero ustedes no me entienden..., ustedes me rechazan... ¡Hagan conmigo, pues, lo que gusten!

—Por lo pronto no más te pongo esta reata en el gaznate... ¡Mi qué rechonchito y qué blando lo tienes!

—Sí, ya sé a lo que viene usted—repuso Demetrio con desabrimiento, rascándose la cabeza—. Lo voy a fusilar, ¿eh?...

Luego, volviéndose a Anastasio:

—Llévenselo..., y si quiere confesarse, tráiganle un padre...

Anastasio, impasible, como siempre, tomó con suavidad el brazo de Cervantes.

—Véngase pa acá, curro...

Cuando después de algunos minutos vino la Codorniz, ensotanado, todos rieron a echar las tripas.

—¡Hum, este curro es repicolargo!—exclamó—. Hasta se me figura que se rió de mí cuando comencé a hacerle preguntas.

—Pero ¿no cantó nada?

—No dijo más que lo de anoche...

—Me late que no viene a eso que usted teme, compadre—notó Anastasio.

—Bueno, pues denle de comer y ténganlo a una vista.

VIII

Luis Cervantes, otro día, apenas pudo levantarse. Arrastrando el miembro lesionado, vagó de casa en casa buscando un poco de alcohol, agua hervida y pedazos de ropa usada. Camila, con su amabilidad incansable, se lo proporcionó todo.

Luego que comenzó a lavarse, ella se sentó a su lado, a ver curar la herida, con curiosidad de serrana.

—Oiga, ¿quién lo insiñó[24] a curar?... ¿Y pa qué jirvió[25] la agua?... ¿Y los trapos, pa qué los coció?... ¡Mire, mire, cuánta curiosidá pa todo!... ¿Y eso que se echó en las manos?... ¡Pior!... ¿Aguardiente de veras?... ¡Ande, pos si yo creiba que el aguardiente no más pal cólico era güeno!... ¡Ah!... ¿De moo que es que usté iba a ser dotor?... ¡Ja, ja, ja!... ¡Cosa de morirse uno de risa!... ¿Y por qué no le regüelve[26] mejor agua fría?... ¡Mi qué cuentos!... ¡Quesque animales en la agua sin jervir!... ¡Fuchi![27]... ¡Pos[28] cuando ni yo miro nada!...

Camila siguió interrogándole, y con tanta familiaridad, que de buenas a primeras comenzó a tutearlo.

Retraído a su propio pensamiento, Luis Cervantes no la escuchaba más.

"¿En dónde están esos hombres admirablemente armados y montados, que reciben sus haberes en puros pesos duros de los que Villa[29] está acuñando en Chihuahua? ¡Bah! Una veintena de encuerados y piojosos, habiendo quien cabalgara en una yegua decrépita, matadura de la cruz a la cola. ¿Sería verdad lo que la prensa del gobierno y él mismo habían asegurado, que

---

[24]enseñó.

[25]hirvió.

[26]revuelve.

[27]se trata de una interjección despectiva.

[28]pues.

[29]referencia a Pancho Villa, uno de los jefes revolucionarios de Chihuahua.

los llamados revolucionarios no eran sino bandidos agrupados ahora con un magnífico pretexto para saciar su sed de oro y de sangre? ¿Sería, pues, todo mentira lo que de ellos contaban los simpatizadores de la revolución? Pero si los periódicos gritaban todavía en todos los tonos triunfos y más triunfos de la federación, un pagador recién llegado de Guadalajara había dejado escapar la especie de que los parientes y favoritos de Huerta[30] abandonaban la capital rumbo a los puertos, por más que éste seguía aúlla que aúlla: «Haré la paz cueste lo que cueste.» Por tanto, revolucionarios, bandidos o como quiera llamárseles, ellos iban a derrocar al gobierno; el mañana les pertenecía; había que estar, pues, con ellos, sólo con ellos".

—No, lo que es ahora no me he equivocado—se dijo para sí, casi en voz alta.

—¿Qué estás diciendo?—preguntó Camila—; pos si yo creiba que los ratones te habían comido la lengua.

Luis Cervantes plegó las cejas y miró con aire hostil aquella especie de mono enchomitado,[31] de tez broncínea, dientes de marfil, pies anchos y chatos.

—¿Oye, curro, y tú has de saber contar cuentos?

Luis hizo un gesto de aspereza y se alejó sin contestarla.

Ella, embelesada, le siguió con los ojos hasta que su silueta desapareció por la vereda del arroyo.

Tan abstraída así, que se estremeció vivamente a la voz de su vecina, la tuerta María Antonia, que, fisgoneando desde su jacal, le gritó:

—¡Epa, tú!... dale los polvos de amor... A ver si ansina cai...

—¡Pior![32]... ésa será usté...

—¡Si yo quisiera!... Pero, ¡fuche!, les tengo asco a los curros...

---

[30]referencia a Victoriano Huerta, considerado uno de los traidores de los primeros sentimientos de la revolución de 1910.

[31]gordito.

[32]peor.

IX

—Señá[33] Remigia, emprésteme unos blanquillos, mi gallina amaneció echada.[34] Allí tengo unos siñores[35] que queren[36] almorzar.

Por el cambio de la viva luz del sol a la penumbra del jacalucho, más turbia todavía por la densa humareda que se alzaba del fogón, los ojos de la vecina se ensancharon. Pero al cabo de breves segundos comenzó a percibir distintamente el contorno de los objetos y la camilla del herido en un rincón, tocando por su cabecera el cobertizo tiznado y brilloso.

Se acurrucó en cuclillas al lado de señá Remigia y, echando miradas furtivas adonde reposaba Demetrio, preguntó en voz baja:

—¿Cómo va el hombre?... ¿Aliviado?... ¡Qué güeno![37]... ¡Mire, y tan muchacho!... Pero en toavía[38] está retedescolorido... ¡Ah!... ¿De moo es que no le cierra el balazo?... Oiga, señá Remigia, ¿no quere que le hagamos alguna lucha?

Señá Remigia, desnuda arriba de la cintura, tiende sus brazos tendinosos y enjutos sobre la mano del metate y pasa y repasa su nixtamal.[39]

—Pos quién sabe si no les cuadre—responde sin interrumpir la ruda tarea y casi sofocada—; ellos train su dotor, y por eso...

—Señá Remigia—entre otra vecina doblando su flaco espinazo para franquear la puerta—, ¿no tiene unas hojitas de laurel que me dé pa hacerle un cocimiento a María Antonia?... Amaneció con el cólico...

Y como, a la verdad, solo lleva pretexto para curiosear y chismorrear, vuelve los ojos hacia el rincón donde está el enfermo y con un guiño inquiere por su salud.

Señá Remigia baja los ojos para indicar que Demetrio está durmiendo...

—Ande, pos si aquí está usté también, señá Pachita..., no la había visto...

---

[33]Señora.

[34]ocupada en empollar.

[35]señores.

[36]quieren.

[37]bueno.

[38]en toavía = todavía.

[39]masa de maíz con la que se hacen las tortillas.

—Güenos días le dé Dios, ñá Fortunata... ¿Cómo amanecieron?

—Pos María Antonia con su "superior"... y, como siempre, con el cólico...

En cuclillas, pónese cuadril a cuadril con seña Pachita.

—No tengo hojas de laurel, mi alma—responde señá Remigia suspendiendo un instante la molienda; aparta de su rostro goteante algunos cabellos que caen sobre sus ojos y hunde luego las dos manos en un apaste, sacando un gran puñado de maíz cocido que chorrea una agua amarillenta y turbia—. Yo no tengo; pero vaya con señá Dolores: a ella no le faltan nunca yerbitas.

—Ñá Dolores desde anoche se jue pa la Cofradía. A sigún razón vinieron por ella pa que juera a sacar de su cuidado a la muchachilla de tía Matías.

—¡Ande, señá Pachita, no me lo diga!...

Las tres viejas forman animado corro y, hablando en voz muy baja, se ponen a chismorrear con vivísima animación.

—¡Cierto como haber Dios en los cielos!...

—¡Ah, pos si yo jui la primera que lo dije: "Marcelina está gorda y está gorda"! Pero naiden me lo quería creer...

—Pos pobre criatura... ¡Y pior si va resultando con que es de su tío Nazario!...

—¡Dios la favorezca!...

—¡No, qué tio Nazario ni qué ojo de hacha!... ¡Mal ajo pa los federales condenados!...

—¡Bah, pos aistá otra enfelizada más!...

El barullo de las comadres acabó por despertar a Demetrio.

Asilenciáronse un momento y a poco dijo señá Pachita, sacando del seno un palomo tierno que abría el pico casi sofocado ya:

—Pos la mera verdá, yo le traiba al siñor estas sustancias..., pero sigún razón está en manos de médico...

—Eso no le hace, señá Pachita...; es cosa que va por juera...

—Siñor, dispense la parvedá...; aquí le traigo este presente—dijo la vejarruca acercándose a Demetrio—. Pa las morragias de sangre no hay como estas sustancias...

Demetrio aprobó vivamente. Ya le habían puesto en el estómago unas piezas de pan mojado en aguardiente, y aunque cuando se las despegaron le vaporizó mucho el ombligo, sentía que aún le quedaba mucho calor encerrado.

—Ande, usté que sabe bien, señá Remigia—exclamaron las vecinas.

De un otate desensartó señá Remigia una larga y encorvada cuchilla que servía para apear tunas; tomó el pichón en una sola mano y, volviéndoles por el vientre, con habilidad de cirujano, lo partió por la mitad de un solo tajo.

—¡En el nombre de Jesús, María y José—dijo señá Remigia echando una bendición. Luego con rapidez, aplicó calientes y chorreando los dos pedazos del palomo sobre el abdomen de Demetrio.

—Ya verá cómo va a sentir mucho consuelo...

Obedeciendo las instrucciones de señá Remigia, Demetrio se inmovilizó, encogiéndose sobre un costado.

Entonces señá Fortunata contó su cuita. Ella le tenía muy buena voluntad a los señores de la revolución. Hacia tres meses que los federales le robaron su única hija y eso la tenía inconsolable y fuera de sí.

Al principio de la relación, la Codorniz y Anastasio Montañés, atejonados al pie de la camilla, levantaban la cabeza y, entreabierta la boca, escuchaban el relato; pero en tantas minucias se metió señá Fortunata que a la mitad la Codorniz se aburrió y salió a rascarse al sol, y cuando terminaba solemnemente: "Espero de Dios y María Santísima que ustedes no han de dejar vivo a uno de estos federales del infierno", Demetrio, vuelta la cara a la pared, sintiendo mucho consuelo con las sustancias en el estómago, repasaba un itinerario para internarse en Durango, y Anastasio Montañés roncaba como un trombón.

X

—¿Por qué no llama al curro pa que lo cure, compadre Demetrio?—dijo Anastasio Montañés al jefe, que a diario sufría grandes calosfríos y calenturas—. Si viera, él se cura solo y anda tan aliviado que ni cojea siquiera.

Pero Venancio, que tenía dispuestos los botes de manteca y las planchuelas[40] de hilas mugrientas, protestó:

Si alguien le pone mano, yo no respondo de las resultas.

—Oye, compa, ¡pero qué dotor ni qué naa eres tú!... ¿Voy que ya hasta se te olvidó por qué viniste a dar aquí?—dijo la Codorniz.

—Sí, ya me acuerdo, Codorniz, de que andas con nosotros porque te robaste un reloj y unos anillos de brillantes—repuso muy exaltado Venancio.

---

[40]trapos.

La Codorniz lanzó una carcajada.

—¡Siquiera!... Pior que tú corriste de tu pueblo porque envenenaste a tu novia.

—¡Mientes!...

—Sí; le diste cantáridas pa...

Los gritos de protesta de Venancio se ahogaron entre las carcajadas estrepitosas de los demás.

Demetrio, avinagrado el semblante, les hizo callar; luego comenzó a quejarse y dijo:

—A ver, traigan, pues, al estudiante.

Vino Luis Cervantes, descubrió la pierna, examinó detenidamente la herida y meneó la cabeza. La ligadura de manta se hundía en un surco de piel; la pierna, abotagada, parecía reventar. A cada movimiento, Demetrio ahogaba un gemido. Luis Cervantes cortó la ligadura, lavó abundantemente la herida, cubrió el muslo con grandes lienzos húmedos y los vendó.

Demetrio pudo dormir toda la tarde y toda la noche. Otro día despertó muy contento.

—Tiene la mano muy liviana el curro—dijo.

Venancio, pronto, observó:

—Está bueno; pero hay que saber que los curros son como la humedad, por dondequiera se filtran. Por los curros se ha perdido el fruto de las revoluciones.

Y como Demetrio creía a ojo cerrado en la ciencia del barbero, otro día, a la hora que Luis Cervantes le fue a curar, le dijo:

—Oiga, hágalo bien pa que cuando me deje bueno y sano se largue ya a su casa o adonde le dé su gana.

Luis Cervantes, discreto, no respondió una palabra.

Pasó una semana, quince días; los federales no daban señales de vida. Por otra parte, el frijol y el maíz abundaban en los ranchos inmediatos; la gente tal odio tenía a los federales que de buen grado proporcionaba auxilio a los rebeldes. Los de Demetrio, pues, esperaron sin impaciencia el completo restablecimiento de su jefe.

Durante muchos días, Luis Cervantes continuó mustio y silencioso.

—¡Qué se me hace que usté está enamorado, curro!—le dijo Demetrio, bromista, un día, después de la curación y comenzando a encariñarse con él.

Poco a poco fue tomando interés por sus comodidades. Le preguntó si los soldados le daban su ración de carne y leche. Luis Cervantes tuvo que decir que se alimentaba solo con lo que las buenas viejas del rancho querían darle y que la gente le seguía mirando como a un desconocido o a un intruso.

—Todos son buenos muchachos, curro—repuso Demetrio—; todo está en saberles el modo. Desde mañana no le faltará nada. Ya verá.

En efecto, esa misma tarde las cosas comenzaron a cambiar. Tirados en el pedregal, mirando las nubes crepusculares como gigantescos cuajarones de sangre, escuchaban algunos de los hombres de Macías la relación que hacía Venancio de amenos episodios de *El judío errante*. Muchos, arrullados por la meliflua voz del barbero, comenzaron a roncar; pero Luis Cervantes, muy atento, luego que acabó su plática con extraños comentarios anticlericales, le dijo enfático.

—¡Admirable! ¡Tiene usted un bellísimo talento!

—No lo tengo malo—repuso Venancio convencido—; pero mis padres murieron y yo no pude hacer carrera.

—Es lo de menos. Al triunfo de nuestra causa, usted obtendrá fácilmente un título. Dos o tres semanas de concurrir a los hospitales, una buena recomendación de nuestro jefe Macías..., y usted, doctor... ¡Tiene tal facilidad que todo sería un juego!

Desde esa noche, Venancio se distinguió de los demás, dejando de llamarle curro. Luisito por aquí y Luisito por allí.

XI

—Oye, curro, yo quería icirte una cosa...—dijo Camila una mañana, a la hora que Luis Cervantes iba por agua hervida al jacal para curar su pie.

La muchacha andaba inquieta de días atrás, y sus melindres y reticencias habían acabado de fastidiar al mozo, que, suspendiendo de pronto su tarea, se puso en pie y, mirándola cara a cara, le respondió:

—Bueno... ¿Qué cosa quieres decirme?

Camila sintió entonces la lengua hecha un trapo y nada pudo pronunciar; su rostro se encendió como un madroño, alzó los hombros y encogió la cabeza hasta tocarse el desnudo pecho. Después, sin moverse y fijando, con obstinación de idiota, sus ojos en la herida, pronunció con debilísima voz:

—¡Mira qué bonito viene encarnando ya!... Parece botón de rosa de Castilla.

Luis Cervantes plegó el ceño con enojo manifiesto y se puso de nuevo a curarse sin hacer más caso de ella.

Cuando terminó, Camila había desaparecido.

Durante tres días no resultó la muchacha en parte alguna. Señá Agapita, su madre, era la que acudía al llamado de Luis Cervantes y era la que le hervía el agua y los lienzos. El buen cuidado tuvo de no preguntar más. Pero a los tres días ahí estaba de nuevo Camila con más rodeos y melindres que antes.

Luis Cervantes, distraído, con su indiferencia envalentonó a Camila, que habló al fin:

—Oye, curro... Yo quería icirte una cosa... Oye, curro; yo quiero que me repases *La Adelita*... pa... ¿A que no me adivinas pa qué?... Pos pa cantarla mucho, mucho, cuando ustedes se vayan, cuando ya no estés tú aquí..., cuando andes ya tan lejos, lejos..., que ni más te acuerdes de mí...

Sus palabras hacían en Luis Cervantes el efecto de una punta de acero resbalando por las paredes de una redoma.

Ella no lo advertía, y prosiguió tan ingenua como antes:

—¡Anda, curro, ni te lo cuento!... Si vieras qué malo es el viejo que los manda a ustedes... Ai tiene nomás lo que me sucedió con él... Ya sabes que no quere el tal Demetrio que naiden[41] le haga la comida más que mi mamá y que naiden se la lleve más que yo... Güeno; pos l'otro día entré con el champurrao, y ¿qué te parece que hizo el viejo e porra? Pos que me pepena de la mano y me la agarra juerte, juerte; luego comienza a pellizcarme las corvas... ¡Ah, pero que pliegue tan güeno le he echao!... "¡Epa pior!... ¡Estése quieto!... ¡Pior, viejo malcriado!... ¡Suélteme..., suélteme, viejo sinvergüenza!" Y que me doy al reculón y me le zafo, y que ai voy pa juera a toda carrera... ¿Qué te parece, curro?

Jamás había visto reír con tanto regocijo Camila a Luis Cervantes.

—Pero ¿de veras es cierto todo lo que me estás contando?

Profundamente desconcertada, Camila no podía responderle. Él volvió a reír estrepitosamente y a repetir su pregunta. Y ella, sintiendo la inquietud y la zozobra más grandes, le respondió con voz quebrantada:

—Sí, es cierto... Y eso es lo que yo te quería icir... ¿Qué no te ha dao coraje por eso, curro?

Una vez más Camila contempló con embeleso el fresco y radioso rostro de Luis Cervantes, aquellos ojos glaucos de tierna expresión, sus carrillos frescos y rosados como los de un muñeco de porcelana, la tersura de una piel blanca y delicada que asomaba bajo el cuello, y más arriba de las mangas

---

[41]nadie.

de una tosca camiseta de lana, el rubio tierno de sus cabellos, rizados ligeramente.

—Pero ¿qué diablos estás esperando, pues, boba? Si el jefe te quiere, ¿tú que más pretendes?...

Camila sintió que de su pecho algo se levantaba, algo que llegaba hasta su garganta y en su garganta se anudaba. Apretó fuertemente sus párpados para exprimir sus ojos rasos; luego limpió con el dorso de su mano la humedad de los carrillos y, como hacía tres días, con la ligereza del cervatillo, escapó.

XII

La herida de Demetrio había cicatrizado ya. Comenzaban a discutir los proyectos para acercarse al Norte, donde se decía que los revolucionarios habían triunfado en toda la línea de los federales. Un acontecimiento vino a precipitar las cosas. Una vez, Luis Cervantes, sentado en un picacho de la sierra, al fresco de la tarde, la mirada perdida a lo lejos, soñando, mataba el fastidio. Al pie del angosto crestón, alargados entre los jarales y a orillas del río, Pancracio y el Manteca jugaban baraja. Anastasio Montañés, que veía el juego con indiferencia, volvió de pronto su rostro de negra barba y dulces ojos hacia Luis Cervantes y le dijo:

—¿Por qué está triste, curro? ¿Qué piensa tanto? Venga, arrímese a platicar...

Luis Cervantes no se movió; pero Anastasio fue a sentarse amistosamente a su lado.

—A usté le falta la bulla de su tierra. Bien se echa de ver que es de zapato pintado y moñito en la camisa... Mire, curro: ai donde me ve aquí, todo mugriento y desgarrado, no soy lo que parezco... ¿A que no me lo cree?... Yo no tengo necesidad; soy dueño de diez yuntas de bueyes... ¡De veras!... Ai que lo diga mi compadre Demetrio... Tengo mis diez fanegas de siembra... ¿A que no me lo cree?... Mire, curro a mí me cuadra mucho hacer repelar a los federales, y por eso me tienen mala voluntad. La última vez, hace ocho meses ya (los mismos que tengo de andar aquí), le metí un navajazo a un capitancito faceto (Dios me guarde), aquí merito del ombligo... Pero, de veras, yo no tengo necesidad... Ando aquí por eso... y por darle la mano a mi compadre Demetrio.

—¡Moza de mi vida!—gritó El Manteca entusiasmado con un albur. Sobre la sota de espada puso una moneda de veinte centavos de plata.

—¡Cómo cree que a mí nadita que me cuadra el juego, curro!... ¿Quiere usté apostar?... ¡Ándele, mire; esta viborita de cuero suena todavía!—dijo Anastasio sacudiendo el cinturón y haciendo oír el choque de los pesos duros.

En estas corrió Pancracio la baraja, vino la sota y se armó un altercado. Jácara, gritos, luego injurias. Pancracio enfrentaba su rostro de piedra ante el del Manteca, que lo veía con ojos de culebra, convulso como un epiléptico. De un momento a otro llegaban a las manos. A falta de insolencias suficientemente incisivas, acudían a nombrar padres y madres en el bordado más rico de indecencias.

Pero nada ocurrió; luego que se agotaron los insultos, suspendióse el juego, se echaron tranquilamente un brazo a la espalda y paso a paso se alejaron en busca de un trago de aguardiente.

—Tampoco a mí me gusta pelear con la lengua. Eso es feo, ¿verdad, curro?... De veras, mire, a mí nadien me ha mentao a mi familia... Me gusta darme mi lugar. Por eso me verá que nunca ando chacoteando... Oiga, curro—prosiguió Anastasio, cambiando el acento de su voz, poniéndose una mano sobre la frente y de pie—, ¿qué polvareda se levanta allá, detrás de aquel cerrito?... ¡Caramba! ¡A poco son los mochos!... Y uno tan desprevenido... Véngase, curro; vamos a darles parte a los muchachos.

Fue motivo de gran regocijo.

—¡Vamos a toparlos!—dijo Pancracio el primero.

—Sí, vamos a toparlos. ¡Qué pueden traer que no lleven!...

Pero el enemigo se redujo a un hatajo de burros y dos arrieros.

—Párenlos. Son arribeños y han de traer algunas novedades—dijo Demetrio.

Y las tuvieron de sensación. Los federales tenían fortificados los cerros de El Grillo y La Bufa, de Zacatecas. Decíase que era el último reducto de Huerta, y todo el mundo auguraba la caída de la plaza. Las familias salían con precipitación rumbo al Sur; los trenes iban colmados de gente; faltaban carruajes y carretones, y por los caminos reales, muchos, sobrecogidos de pánico, marchaban a pie y con sus equipajes a cuestas. Pánfilo Natera reunía su gente en Fresnillo, y a los federales "ya les venían muy anchos los pantalones".

—La caída de Zacatecas es el *Resquiescat in pace* de Huerta—aseguró Luis Cervantes con extraordinaria vehemencia—. Necesitamos llegar antes del ataque a juntarnos con el general Natera.

Y reparando en el extrañamiento que sus palabras causaban en los semblantes de Demetrio y sus compañeros, se dio cuenta de que aún era un don nadie allí.

Pero otro día, cuando la gente salió en busca de buenas bestias para emprender de nuevo la marcha. Demetrio llamó a Luis Cervantes y le dijo:

—¿De veras quiere irse con nosotros, curro?... Usted es de otra madera y, la verdá, no entiendo cómo pueda gustarle esta vida. ¿Qué cree, que uno anda aquí por su puro gusto?... Cierto, ¿a qué negarlo?, a uno le cuadra el ruido; pero no solo es eso... Siéntese, curro, siéntese, para contarle. ¿Sabe por qué me levanté?... Mire, antes de la revolución tenía yo hasta mi tierra volteada para sembrar, y si no hubiera sido por el choque con don Mónico, el cacique de Moyahua, a estas horas andaría yo con mucha prisa, preparando la yunta para las siembras... Pancracio, apéate dos botellas de cerveza, una para mí y otra para el curro... Por la señal de la Santa Cruz... ¿Ya no hace daño, verdad?...

XIII

—Yo soy de Limón, allí, muy cerca de Moyahua, del puro cañón de Juchipila. Tenía mi casa, mis vacas y un pedazo de tierra para sembrar; es decir, que nada me faltaba. Pues, señor, nosotros los rancheros tenemos la costumbre de bajar al lugar cada ocho días. Oye uno su misa, oye el sermón, luego va a la plaza, compra sus cebollas, sus jitomates y todas las encomiendas. Después entra uno con los amigos a la tienda de Primitivo López a hacer las once. Se toma la copita; a veces es uno condescendiente y se deja cargar la mano, y se le sube el trago, y le da mucho gusto, y ríe uno, grita y canta, si le da su mucha gana. Todo está bueno, porque no se ofende a nadie. Pero que comienzan a meterse con usté; que el policía pasa y pasa, arrima la oreja a la puerta; que al comisario o a los auxiliares se les ocurre quitarle a usté su gusto... ¡Claro, hombre, usté no tiene la sangre de horchata, usté lleva el alma en el cuerpo, a usté le da coraje, y se levanta y les dice su justo precio! Si entendieron, santo y bueno; a uno lo dejan en paz, y en eso paró todo. Pero hay veces que quieren hablar ronco y golpeado... y uno es lebroncito de por sí... y no cuadra que nadie le pele los ojos... Y, sí señor; sale la daga, sale la pistola... ¡Y luego vamos a correr la sierra hasta que se les olvida el difuntito!

"Bueno. ¿Qué pasó con don Mónico? ¡Faceto! Muchísimo menos que con los otros. ¡Ni siquiera vio correr el gallo!... Una escupida en las barbas por entrometido, y pare usté de contar... Pues con eso ha habido para que me eche encima a la Federación. Usté ha de saber del chisme ese de México, donde mataron al señor Madero y a otro, a un tal Félix o Felipe Díaz, ¡qué sé yo!... Bueno: pues el dicho don Mónico fue en persona a Zacatecas a traer escolta para que me agarraran. Que diz que yo era maderista y que me iba a levantar. Pero como no faltan amigos, hubo quien me lo avisara a tiempo, y cuando los federales vinieron a Limón, yo ya me había pelado. Después vino mi compadre Anastasio, que hizo una muerte, y luego Pancracio, la Codorniz y muchos amigos y conocidos. Después se nos han ido juntando más, y ya ve: hacemos la lucha como podemos".

—Mi jefe—dijo Luis Cervantes después de algunos minutos de silencio y meditación—, usted sabe ya que aquí cerca, en Juchipila, tenemos gente de Natera; nos conviene ir a juntarnos con ellos antes de que tomen Zacatecas. Nos presentamos con el general...

—No tengo genio para eso... A mí no me cuadra rendirle a nadie...

—Pero usted, solo con unos cuantos hombres por acá, no dejará de pasar por un cabecilla sin importancia. La revolución gana indefectiblemente; luego que se acabe le dicen, como les dijo Madero a los que le ayudaron: "Amigos, muchas gracias; ahora vuélvanse a sus casas..."

—No quiero yo otra cosa, sino que me dejen en paz para volver a mi casa.

—Allá voy... No he terminado: "Ustedes, que me levantaron hasta la Presidencia de la República, arriesgando su vida, con peligro inminente de dejar viudas y huérfanos en la miseria, ahora que he conseguido mi objeto, váyanse a coger el azadón y la pala, a medio vivir, siempre con hambre y sin vestir, como estaban antes, mientras que nosotros, los de arriba, hacemos unos cuantos millones de pesos".

Demetrio meneó la cabeza y sonriendo se rascó:

—¡Luisito ha dicho una verdad como un templo!—exclamó con entusiasmo el barbero Venancio.

—Como decía—prosiguió Luis Cervantes—, se acaba la revolución, y se acabó todo. ¡Lástima de tanta vida segada, de tantas viudas y huérfanos, de tanta sangre vertida! Todo, ¿para qué? Para que unos cuantos bribones se enriquezcan y todo quede igual o peor que antes. Usted es desprendido, y dice: "Yo no ambiciono más que volver a mi tierra". Pero ¿es de justicia privar a su mujer y a sus hijos de la fortuna que la Divina Providencia le pone ahora en sus manos? ¿Será justo abandonar a la patria en estos momentos solemnes en que va a necesitar de toda la abnegación de sus hijos humildes para que la salven, para que no la dejen caer de nuevo en manos de sus eternos detentadores y verdugos, los caciques?... ¡No hay que olvidarse de lo más sagrado que existe en el mundo para el hombre: la familia y la patria!...

Macías sonrió y sus ojos brillaron.

—¿Qué, será bueno ir con Natera, curro?

—No sólo bueno—pronunció insinuante Venancio—, sino indispensable, Demetrio.

—Mi jefe—continuó Cervantes—, usted me ha simpatizado desde que lo concocí, y lo quiero cada vez más, porque sé todo lo que vale. Permítame que sea enteramente franco. Usted no comprende todavía su verdadera, su alta y nobilísima misión. Usted, hombre modesto y sin ambiciones, no quiere ver el importantísimo papel que le toca en esta revolución. Mentira que usted ande por aquí por don Mónico, el cacique; usted se ha levantado contra el caciquismo que asola toda la nación. Somos elementos de un gran movimiento social que tiene que concluir por el engrandecimiento de nuestra patria. Somos instrumentos del destino para la reivindicación de los sagrados derechos del pueblo. No peleamos por derrocar a un asesino miserable, sino contra la tiranía misma. Eso es lo que se llama luchar por principios, tener ideales. Por ellos luchan Villa, Natera,[42] Carranza;[43] por ellos estamos luchando nosotros.

—Sí, sí; cabalmente lo que yo he pensado—dijo Venancio entusiasmadísimo.

—Pancracio, apéate otras dos cervezas...

XIV

—Si vieras qué bien explica las cosas el curro, compadre Anastasio—dijo Demetrio, preocupado por lo que esa mañana había podido sacar en claro de las palabras de Luis Cervantes.

—Ya lo estuve oyendo—respondió Anastasio—. La verdad, es gente que, como sabe leer y escribir, entiende bien las cosas. Pero lo que a mí no se me alcanza, compadre, es eso de que usted vaya a presentarse con el señor Natera con tan poquitos que semos.

—¡Hum, es lo de menos! Desde hoy vamos a hacerlo ya de otro modo. He oído decir que Crispín Robles llega a todos los pueblos sacando cuantas armas y caballos encuentra; echa fuera de la cárcel a los presos, y en dos por tres tiene gente de sobra. Ya verá. La verdad, compadre Anastasio,

---

[42]Pánfilo Natera, general revolucionario.

[43]Venustiano Carranza, gobernador del estado de Coahuila, general revolucionario y luego presidente de la República (1917-20).

hemos tonteado mucho. Parece a manera de mentira que este curro haya venido a enseñarnos la cartilla.

—¡Lo que es eso de saber leer y escribir!...

Los dos suspiraron con tristeza.

Luis Cervantes y muchos otros entraron a informarse de la fecha de salida.

—Mañana mismo nos vamos—dijo Demetrio sin vacilación.

Luego la Codorniz propuso traer música del pueblo inmediato y despedirse con un baile. Y su idea fue acogida con frenesí.

—Pos nos iremos—exclamó Pancracio y dio un aullido—; pero lo que es yo ya no me voy solo... Tengo mi amor y me lo llevo...

Demetrio dijo que él de muy buena gana se llevaría también a una mozuela que traía entre ojos, pero que deseaba mucho que ninguno de ellos dejara recuerdos negros, como los federales.

—No hay que esperar mucho; a la vuelta se arregla todo—pronunció en voz baja Luis Cervantes.

—¡Cómo!—dijo Demetrio—. ¿Pues no dicen que usté y Camila...?

—No es cierto, mi jefe; ella lo quiere a usted... pero le tiene miedo...

—¿De veras, curro?

—Sí; pero me parece muy acertado lo que usted dice: no hay que dejar malas impresiones... Cuando regresemos en triunfo, todo será diferente; hasta se lo agradecerán.

—¡Ah, curro!... ¡Es usté muy lanza!—contestó Demetrio, sonriendo y palmeándole la espalda.

Al declinar la tarde, como de costumbre, Camila bajaba por agua al río. Por la misma vereda y a su encuentro venía Luis Cervantes.

Camila sintió que el corazón se le quería salir.

Quizá sin reparar en ella, Luis Cervantes, bruscamente, desapareció en un recodo de peñascos.

A esa hora, como todos los días, la penumbra apagaba en un tono mate las rocas calcinadas, los ramajes quemados por el sol y los musgos resecos. Soplaba un viento tibio en débil rumor meciendo las hojas lanceoladas de la tierna milpa. Todo era igual; pero en las piedras, en las ramas secas, en el aire embalsamado y en la hojarasca, Camila encontraba ahora algo muy extraño: como si todas aquellas cosas tuvieran mucha tristeza.

Dobló una peña gigantesca y carcomida, y dio bruscamente con Luis Cervantes, encaramado en una roca, las piernas pendientes y descubierta la cabeza.

—Oye, curro, ven a decirme adiós siquiera.

Luis Cervantes fue bastante dócil. Bajó y vino a ella.

—¡Orgulloso!... ¿Tan mal te serví que hasta el habla me niegas?...

—¿Por qué me dices eso, Camila? Tú has sido muy buena conmigo... mejor que una amiga: me has cuidado como una hermana. Yo me voy muy agradecido de ti y siempre lo recordaré.

—¡Mentiroso!—dijo Camila transfigurada de alegría—. ¿Y si yo no te he hablado?

—Yo iba a darte las gracias esta noche en el baile.

—¿Cuál baile?... Si hay baile, no iré yo...

—¿Por qué no irás?

—Porque no puedo ver al viejo ese... al Demetrio.

—¡Qué tonta!... Mira, él te quiere mucho; no pierdas esta ocasión que no volverás a encontrar en toda tu vida. Tonta, Demetrio va a llegar a general, va a ser muy rico... Muchos caballos, muchas alhajas, vestidos muy lujosos, casas elegantes y mucho dinero para gastar... ¡Imagínate lo que serías al lado de él!

Para que no le viera los ojos, Camila los levantó hacia el azul del cielo. Una hoja seca se desprendió de las alturas del tajo y, balanceándose en el aire lentamente, cayó como mariposita muerta a sus pies. Se inclinó y la tomó en sus dedos. Luego, sin mirarlo a la cara, susurró:

—¡Ay, curro... si vieras qué feo siento que tú me digas eso!... Si yo a ti es al que quero... pero a ti no más... Vete, curro; vete, que no sé por qué me da tanta vergüenza... ¡Vete, vete!...

Y tiró la hoja desmenuzada entre sus dedos angustiados y se cubrió la cara con la punta de su delantal.

Cuando abrió de nuevo los ojos, Luis Cervantes había desaparecido.

Ella siguió la vereda del arroyo. El agua parecía espolvoreada de finísimo carmín; en sus ondas se removían un cielo de colores y los picachos mitad luz y mitad sombra. Miríadas de insectos luminosos parpadeaban en un remanso. Y en el fondo de guijas lavadas se reprodujo con su blusa amarilla de cintas verdes, sus enaguas blancas sin almidonar, lamida la cabeza y estiradas las cejas y la frente; tal como se había ataviado para gustar a Luis.

Y rompió a llorar.

Entre los jarales las ranas cantaban la implacable melancolía de la hora.

Meciéndose en una rama seca, una torcaz lloró también.

XV

En el baile hubo mucha alegría y se bebió muy buen mezcal.

—Extraño a Camila—pronunció en voz alta Demetrio.

Y todo el mundo buscó con los ojos a Camila.

—Está mala, tiene jaqueca—respondió con aspereza señá Agapita, amoscada por las miradas de malicia que todos tenían puestas en ella.

Ya al acabarse el fandango, Demetrio, bamboleándose un poco, dio las gracias a los buenos vecinos que tan bien lo habían acogido y prometió que al triunfo de la revolución a todos los tendría presentes, que "en la cama y en la cárcel se conoce a los amigos".

—Dios los tenga de su santa mano—dijo una vieja.

—Dios los bendiga y los lleve por buen camino—dijeron otras.

Y María Antonia, muy borracha:

—¡Que güelvan pronto... pero repronto!...

Otro día María Antonia, que aunque cacariza y con una nube en un ojo tenía muy mala fama, tan mala que se aseguraba que no había varón que no la hubiese conocido entre los jarales del río, le gritó así a Camila:

—¡Epa, tú!... ¿Qué es eso?... ¿Qué haces en el rincón con el rebozo liado a la cabeza?... ¡Huy!... ¿Llorando?... ¡Mira que ojos! ¡Ya pareces hechicera! ¡Vaya... no te apures!... No hay dolor que al alma llegue que a los tres días no se acabe.

Señá Agapita juntó las negras cejas, y quién sabe qué gruñó para su adentros.

En verdad, las comadres estaban desazonadas por la partida de la gente, y los mismos hombres, no obstante díceres y chismes un tanto ofensivos, lamentaban que no hubiera ya quien surtiera el rancho de carneros y terneras para comer carne a diario. ¡Tan a gusto que se pasa uno la vida comiendo y bebiendo, durmiendo a pierna tirante a la sombra de las peñas, mientras que las nubes se hacen y deshacen en el cielo!

—¡Mírenlos otra vez! Allá van—gritó María Antonia—; parecen juguetes de rinconera.

A lo lejos, allá donde la breña y el chaparral comenzaban a fundirse en un solo plano aterciopelado y azuloso, se perfilaron en la claridad zafirina del cielo y sobre el filo de una cima los hombres de Macías en sus escuetos jamelgos. Una ráfaga de aire cálido llevó hasta los jacales los acentos vagos y entrecortados de *La Adelita*.

Camila, que a la voz de María Antonia había salido a verlos por última vez, no pudo contenerse, y regresó ahogándose en sollozos.

María Antonia lanzó una carcajada y se alejó.

"A mi hija le han hecho mal de ojo", rumoreó señá Agapita, perpleja.

Meditó mucho tiempo, y cuando lo hubo reflexionado bien, tomó una decisión: de una estaca clavada en un poste del jacal, entre el Divino Rostro y la Virgen de Jalpa descolgó un barzón de cuero crudo que servía a su marido para uncir la yunta y, doblándolo, propinó a Camila una soberbia golpiza para sacarle todo el daño.

En su caballo zaino, Demetrio se sentía rejuvenecido; sus ojos recuperaban su brillo metálico peculiar, y en sus mejillas cobrizas de indígena de pura raza corría de nuevo la sangre roja y caliente.

Todos ensanchaban sus pulmones como para respirar los horizontes dilatados, la inmensidad del cielo, el azul de las montañas y el aire fresco, embalsado de los aromas de la sierra. Y hacían galopar sus caballos, como si en aquel correr desenfrenado pretendieran posesionarse de toda la tierra. ¿Quién se acordaba ya del severo comandante de la Policía, del gendarme gruñón y del cacique infatuado? ¿Quién del mísero jacal, donde se vive como esclavo, siempre bajo la vigilancia del amo o del hosco y sañudo mayordomo, con la obligación imprescindible de estar de pie antes de salir al sol, con la pala y la canasta o la mancera y el otate, para ganarse la olla de atole y el plato de frijoles del día?

Cantaban, reían y ululaban, ebrios de sol, de aire y de vida.

El Meco, haciendo cabriolas, mostraba su blanca dentadura, bromeaba y hacía payasadas.

—Oye, Pancracio—preguntó muy serio—; en carta que me pone mi mujer me notifica que izque[44] ya tenemos otro hijo. ¿Cómo es eso? ¡Yo no la veo dende tiempos del siñor Madero!

—No, no es nada... ¡La dejaste enhuevada![45]

Todos ríen estrepitosamente. Sólo el Meco, con mucha gravedad e indiferencia, canta en horrible falsete:

> *Yo le daba un centavo*
> *y ella me dijo que no...*
> *Yo le daba medio*
> *y no lo quiso agarrar.*
> *Tanto me estuvo rogando*

---

[44] o, dizque = se dice que.

[45] con muchos huevos que empollar.

hasta que me sacó un rial.
¡Ay, qué mujeres ingratas,
no saben considerar!

La algarabía cesó cuando el sol los fue aturdiendo.

Todo el día caminaron por el cañón, subiendo y bajando cerros redondos, rapados y sucios como cabezas tiñosas, cerros que se sucedían interminablemente.

Al atardecer, en la lejanía, en medio de un lomerío azul, se esfumaron unas torrecillas acanteradas; luego la carretera polvorienta en blancos remolinos y los postes grises del telégrafo.

Avanzaron hacia el camino real y, a lo lejos, descubrieron el bulto de un hombre en cuclillas, a la vera. Llegaron hasta allí. Era un viejo haraposo y mal encarado. Con una navaja sin filo remendaba trabajosamente un guarache. Cerca de él pacía un borrico cargado de yerba.

Demetrio interrogó:

—¿Qué haces aquí, abuelito?

—Voy al pueblo a llevar alfalfa para mi vaca.

—¿Cuántos son los federales?

—Sí..., unos cuantos; creo que no llegan a la docena.

El viejo soltó la lengua. Dijo que había rumores muy graves: que Obregón estaba ya sitiando a Guadalajara; Carrera Torres,[46] dueño de San Luis Potosí, y Pánfilo Natera, en Fresnillo.

—Bueno—habló Demetrio—, puedes irte a tu pueblo; pero cuidado con ir a decir a nadie una palabra de lo que has visto, porque te trueno. Daría contigo aunque te escondieras en el centro de la tierra.

—¿Qué dicen, muchachos?—interrogó Demetrio cuando el viejo se había alejado.

—¡A darles!... ¡A no dejar un mocho vivo!—exclamaron todos a una.

Contaron los cartuchos y las granadas de mano que el Tecolote había fabricado con fragmentos de tubo de hierro y perillas de latón.

—Son pocos—observó Anastasio—; pero los vamos a cambiar por carabinas.

Y, ansiosos, se apresuraron a seguir adelante, hincando las espuelas en los ijares enjutos de sus agotadas recuas.

La voz imperiosa de Demetrio los detuvo.

---

[46]Alberto Carrera Torres, general revolucionario.

Acamparon a la falda de una loma, protegidos por espeso huizachal. Sin desensillar, cada uno fue buscando una piedra para cabecera.

XVI

A medianoche, Demetrio Macías dio la orden de marcha.

El pueblo distaba una o dos leguas, y había que dar un albazo a los federales.

El cielo estaba nublado, brillaban una que otra estrella y, de vez en vez, en el parpadeo rojizo de un relámpago, se iluminaba vivamente la lejanía.

Luis Cervantes preguntó a Demetrio si no sería conveniente, para el mejor éxito del ataque, tomar un guía o cuando menos procurarse los datos topográficos del pueblo y la situación precisa del cuartel.

—No, curro—respondió Demetrio sonriendo y con un gesto desdeñoso—; nosotros caemos cuando ellos menos se lo esperen, y ya. Así lo hemos hecho muchas veces. ¿Ha visto cómo sacan la cabeza las ardillas por la boca del tusero cuando uno se lo llena de agua? Pues igual de aturdidos van a salir esos mochitos infelices luego que oigan los primeros disparos. No salen más que a servirnos de blanco.

—¿Y si el viejo que ayer nos informó nos hubiera mentido? ¿Si en vez de veinte hombres resultaran cincuenta? ¿Si fuese un espía apostado por los federales?

—¡Este curro ya tuvo miedo!—dijo Anastasio Montañés.

—¡Como que no es igual poner cataplasmas y lavativas a manejar un fusil!—observó Pancracio.

—¡Hum!—repuso el Meco—. Es ya mucha plática... ¡Pa una docena de ratas aturdidas!

—No va a ser hora cuando nuestras madres sepan si parieron hombres o qué—agregó el Manteca.

Cuando llegaron a orillas del pueblito, Venancio se adelantó y llamó a la puerta de una choza.

—¿Dónde está el cuartel?—interrogó al hombre que salió, descalzo y con una garra de jorongo abrigando su pecho desnudo.

—El cuartel está abajito de la plaza, amo—contestó.

Mas como nadie sabía dónde era abajito de la plaza, Venancio lo obligó a que caminara a la cabeza de la columna y les enseñara el camino.

Temblando de espanto el pobre diablo, exclamó que era una barbaridad lo que hacían con él.

—Soy un pobre jornalero, siñor; tengo mujer y muchos hijos chiquitos.

—¿Y los que yo tengo serán perros?—repuso Demetrio.

Luego ordenó:

—Mucho silencio, y uno a uno por la tierra suelta a media calle.

Dominando el caserío, se alzaba la ancha cúpula cuadrangular de la iglesia.

—Miren, siñores, al frente de la iglesia está la plaza; caminan no más otro tantito pa abajo, y allí mero queda el cuartel.

Luego se arrodilló, pidiendo que ya le dejaran regresar; pero Pancracio, sin responderle, le dio un culatazo sobre el pecho y lo hizo seguir delante.

—¿Cuántos soldados están aquí?—inquirió Luis Cervantes.

—Amo, no quiero mentirle a su mercé; pero la verdá, la mera verdá, que son un titipuchal...[47]

Luis Cervantes se volvió hacia Demetrio, que fingía no haber escuchado.

De pronto desembocaron en una plazoleta. Una estruendosa descarga de fusilería los ensordeció. Estremeciéndose, el caballo zaino de Demetrio vaciló sobre las piernas, dobló las rodillas y cayó pataleando. El Tecolote lanzó un grito agudo y rodó del caballo, que fue a dar a media plaza, desbocado.

Una nueva descarga, y el hombre guía abrió los brazos y cayó de espaldas, sin exhalar una queja.

Anastasio Montañés levantó rápidamente a Demetrio y se lo puso en ancas. Los demás habían retrocedido ya y se amparaban en las paredes de las casas.

—Señores, señores—habló un hombre del pueblo, sacando la cabeza por un zaguán grande—, lléguenles por la espalda de la capilla... allí están todos. Devuélvanse por esta misma calle, tuerzan sobre su mano zurda, luego darán con un callejoncito, y sigan otra vez adelante a caer en la mera espalda de la capilla.

En ese momento comenzaron a recibir una nutrida lluvia de tiros de pistola. Venían de las azoteas cercanas.

—¡Hum—dijo el hombre—ésas no son arañas que pican!... Son los curros... Métanse aquí mientras se van... Esos le tienen miedo hasta a su sombra.

—¿Qué tantos son los mochos?—preguntó Demetrio.

---

[47]montón.

—No estaban aquí más de doce; pero anoche traiban mucho miedo y por telégrafo llamaron a los de delantito. ¡Quién sabe los que serán!... Pero no le hace que sean muchos. Los más han de ser de leva, y todo es que uno haga por voltearse y dejan a los jefes solos. A mi hermano le tocó la leva condenada y aquí lo train. Yo me voy con ustedes, le hago una señal y verán cómo todos se vienen de este lado. Y acabamos no más con los puros oficiales. Si el siñor quisiera darme una armita...

—Rifle no queda, hermano; pero esto de algo te ha de servir—dijo Anastasio Montañés tendiéndole dos granadas de mano.

El jefe de los federales era un joven de pelo rubio y bigotes retorcidos, muy presuntuoso. Mientras no supo a ciencia cierta el número de los asaltantes, se había mantenido callado y prudente en extremo; pero ahora que los acababan de rechazar con tal éxito que no les habían dado tiempo para contestar un tiro siquiera, hacía gala del valor y temeridad inauditos. Cuando todos los soldados apenas se atrevían a asomar sus cabezas detrás de los pretiles del pórtico, él, a la pálida claridad del amanecer, destacaba airosamente su esbelta silueta y su capa dragona, que el aire hinchaba de vez en vez.

—¡Ah, me acuerdo del cuartelazo!...

Como su vida militar se reducía a la aventura en que se vio envuelto como alumno de la Escuela de Aspirantes al verificarse la traición al Presidente Madero, siempre que un motivo propicio se presentaba traía a colación la hazaña de la Ciudadela.

—Teniente Campos—ordenó enfático—, baje usted con diez hombres a chicotear a esos bandidos que se esconden... ¡Canallas!... ¡Solo son bravos para comer vacas y robar gallinas!

En la puertecilla de caracol apareció un paisano. Llevaba el aviso de que los asaltantes estaban en un corral, donde era facilísimo cogerlos inmediatamente.

Eso informaban los vecinos preeminentes del pueblo, apostados en las azoteas y listos para no dejar escapar al enemigo.

—Yo mismo voy a acabar con ellos—dijo con impetuosidad el oficial. Pero pronto cambió de opinión. De la puerta misma de caracol retrocedió:

—Es posible que esperen refuerzos, y no será prudente que yo desampare mi puesto. Teniente Campos, va usted y me los coge vivos a todos, para fusilarlos hoy mismo al mediodía, a la hora que la gente esté saliendo de la misa mayor. ¡Ya verán los bandidos qué ejemplares sé poner!... Pero si no es posible, teniente Campos, acabe con todos. No me deje uno solo vivo. ¿Me ha entendido?

Y, satisfecho, comenzó a dar vueltas, meditando la redacción del parte oficial que rendiría: "Señor Ministro de la Guerra, General don Aureliano Blanquet.—México.—Hónrome, mi general, en poner en el superior conocimiento de usted que en la madrugada del día... una partida de quinientos hombres al mando del cabecilla H... osó atacar esta plaza. Con la violencia que el caso demandaba, me fortifiqué en las alturas de la población. El ataque comenzó al amanecer, durando más de dos horas un nutrido fuego. No obstante la superioridad numérica del enemigo, logré castigarlo severamente, infligiéndole completa derrota. El número de muertos fue el de veinte y mayor el de heridos, a juzgar por las huellas de sangre que dejaron en su precipitada fuga. En nuestras filas tuvimos la fortuna de no contar una sola baja.—Me honro en felicitar a usted, señor Ministro, por el triunfo de las armas del Gobierno. ¡Viva el señor general don Victoriano Huerta! ¡Viva México!"

"Y luego—siguió pensando—, mi ascenso seguro a 'mayor'".

Y se apretó las manos con regocijo, en el mismo momento en que un estallido lo dejó con los oídos zumbando.

XVII

De modo es que, si por este corral pudiéramos atravesar ¿saldríamos derechos al callejón?—preguntó Demetrio.

—Sí; solo que del corral sigue una casa, luego otro corral y una tienda más adelante—respondió el paisano.

Demetrio, pensativo, se rascó la cabeza. Pero su decisión fue pronta.

—¿Puedes conseguir un barretón,[48] una pica, algo así como para agujerear la pared?

—Sí, hay de todo...; pero...

—¿Pero qué?... ¿En dónde están?

—Cabal que ai están los avíos; pero todas estas casas son del patrón, y...

Demetrio, sin acabar de escucharlo, se encaminó hacia el cuarto señalado como depósito de la herramienta.

Todo fue obra de breves minutos.

Luego que estuvieron en el callejón, uno tras otro, arrimados a las paredes, corrieron hasta ponerse detrás del templo.

---

[48]palanca.

Había que saltar primero una tapia, en seguida el muro posterior de la capilla.

"Obra de Dios", pensó Demetrio. Y fue el primero que la escaló.

Cual monos, siguieron tras él los otros, llegando arriba con las manos estriadas de tierra y de sangre. El resto fue más fácil: escalones ahuecados en la mampostería les permitieron salvar con ligereza el muro de la capilla; luego la cúpula misma los ocultaba de la vista de los soldados.

—Párense tantito—dijo el paisano—; voy a ver dónde anda mi hermano. Yo les hago la señal..., después, sobre las clases, ¿eh?

Sólo que no había en aquel momento quien reparara ya en él.

Demetrio contempló un instante el negrear de los capotes a lo largo del pretil, en todo el frente y por los lados, en las torres apretadas de gente, tras la baranda de hierro.

Se sonrió con satisfacción, y volviendo la cara a los suyos, exclamó:
—¡Hora!...

Veinte bombas estallaron a un tiempo en medio de los federales, que, llenos de espanto, se irguieron con los ojos desmesuradamente abiertos. Mas antes de que pudieran darse cuenta cabal del trance, otras veinte bombas reventaban con fragor, dejando un reguero de muertos y heridos.

—¡Tovía[49] no!... ¡Tovía no!... Tovía no veo a mi hermano...—imploraba angustiado el paisano.

En vano un viejo sargento increpa a los soldados y los injuria, con la esperanza de una reorganización salvadora. Aquello no es más que una correría de ratas dentro de la trampa. Unos van a tomar la puertecilla de la escalera y allí caen acribillados a tiros por Demetrio; otros se echan a los pies de aquella veintena de espectros de cabeza y pechos oscuros como de hierro, de largos calzones blancos desgarrados, que les bajan hasta los guaraches. En el campanario algunos luchan por salir, de entre los muertos que han caído sobre ellos.

—¡Mi jefe!—exclama Luis Cervantes alarmadísimo—. ¡Se acabaron las bombas y los rifles están en el corral! ¡Qué barbaridad!...

Demetrio sonríe, saca un puñal de larga hoja reluciente. Instantáneamente brillan los aceros en las manos de sus veinte soldados; unos largos y *puntiagudos, otros anchos como la palma de la mano y muchos pesados como marrazos.

---

[49]todavía.

—¡El espía!—clama en son de triunfo Luis Cervantes—. ¡No se lo dije!

—¡No me mates, padrecito!—implora el viejo sargento a los pies de Demetrio, que tiene su mano armada en alto.

El viejo levanta su cara indígena llena de arrugas y sin una cana. Dentro reconoce al que la víspera los engañó.

En un gesto de pavor, Luis Cervantes vuelve bruscamente el rostro. La lámina de acero tropieza con las costillas, que hacen *crac, crac*, y el viejo cae de espaldas, con los brazos abiertos y los ojos espantados.

—¡A mi hermano, no!... ¡No lo maten, es mi hermano!—grita loco de terror el paisano que ve a Pancracio arrojarse sobre un federal.

Es tarde. Pancracio, de un tajo, le ha rebanado el cuello, y como de una fuente brotan dos chorros escarlata.

—¡Mueran los juanes!... ¡Mueran los mochos!...

Se distinguen en la carnicería Pancracio y el Manteca, rematando a los heridos. Montañés deja caer su mano, rendido ya; en su semblante persiste su mirada dulzona, en su impasible rostro brillan la ingenuidad del niño y la amoralidad del chacal.

—Acá queda uno vivo—grita la Codorniz.

Pancracio corre hacia él. Es el capitancito rubio de bigote borgoñón, blanco como la cera, que, arrimado a un rincón cerca de la entrada al caracol, se ha detenido por falta de fuerzas para descender.

Pancracio lo llevó a empellones al pretil. Un rodillazo en las caderas y algo como un saco de piedras que cae de veinte metros de altura sobre el atrio de la iglesia.

—¡Qué bruto eres!—exclama la Codorniz—, si la malicio, no te digo nada. ¡Tan buenos zapatos que le iba yo a avanzar!

Los hombres, inclinados ahora, se dedican a desnudar a los que traen mejores ropas. Y con los despojos se visten, y bromean y ríen muy divertidos.

Demetrio, echando a un lado los largos mechones que le han caído sobre la frente, cubriéndole los ojos, empapado en sudor, dice:

—¡Ahora a los curros!

XVIII

Demetrió llegó con cien hombres a Fresnillo el mismo día que Pánfilo Natera iniciaba el avance de sus fuerzas sobre la plaza de Zacatecas.

El jefe zacatecano lo acogió cordialmente.

—¡Ya sé quien es usted y qué gente trae! ¡Ya tengo noticia de la cuereada que han dado a los federales desde Tepic hasta Durango!

Natera estrechó efusivamente la mano de Macías, en tanto que Luis Cervantes peroraba:

—Con hombres como mi general Natera y mi coronel Macías, nuestra patria se verá llena de gloria.

Demetrio entendió la intención de aquellas palabras cuando oyó repetidas veces a Natera llamarle "mi coronel".

Hubo vino y cervezas. Demetrio chocó muchas veces su vaso con el de Natera. Luis Cervantes brindó "por el triunfo sublime de la Justicia; porque pronto veamos realizados los ideales de redención de este nuestro pueblo sufrido y noble, y sean ahora los mismos hombres que han regado con su propia sangre la tierra los que cosechen los frutos que legítimamente les pertenecen".

Natera volvió un instante su cara adusta hacia el parlanchín, y dándole luego la espalda, se puso a platicar con Demetrio.

Poco a poco, uno de los oficiales de Natera se había acercado, fijándose con insistencia en Luis Cervantes. Era joven, de semblante abierto y cordial.

—¿Luis Cervantes?...

—¿El señor Solís?

—Desde que entraron ustedes creí conocerlo... Y, ¡vamos!, ahora lo veo y aún me parece mentira.

—Y no lo es...

—¿De modo que...? Pero vamos a tomar una copa; venga usted...

¡Bah!—prosiguió Solís ofreciendo asiento a Luis Cervantes—. ¿Pues desde cuándo se ha vuelto usted revolucionario?

—Dos meses corridos.

—¡Ah, con razón habla todavía con ese entusiasmo y esa fe con que todos venimos aquí al principio!

—¿Usted los ha perdido ya?

—Mire, compañero, no le extrañen confidencias de buenas a primeras. Da tanta gana de hablar con gente de sentido común, por acá, que cuando uno suele encontrarla se le quiere con esa misma ansiedad con que se quiere un jarro de agua fría después de caminar con la boca seca horas y más horas bajo los rayos del sol... Pero, francamente, necesito ante todo que usted me explique... No comprendo cómo el corresponsal de *El País* en tiempo de Madero, el que escribía furibundos artículos en *El Regional*, el que usaba con tanta prodigalidad el epíteto de bandidos para nosotros, milite en nuestras propias filas ahora.

—¡La verdad de la verdad, me ha convencido!—repuso enfático Luis Cervantes.

—¿Convencido?...

Solís dejó escapar un suspiro; llenó los vasos y bebieron.

—¿Se ha cansado, pues, de la revolución?—preguntó Luis Cervantes, esquivo.

—¿Cansado?... Tengo veinticinco años y, usted lo ve, me sobra salud... ¿Desilusionado? Puede ser.

—Debe tener sus razones...

—"Yo pensé una florida pradera al remate de un camino... Y me encontré un pantano". Amigo mío: hay hechos y hay hombres que no son sino pura hiel... Y esa hiel va cayendo gota a gota en el alma, y todo lo amarga, todo lo envenena. Entusiasmo, esperanzas, ideales, alegrías..., ¡nada! Luego no le queda más: o se convierte usted en un bandido igual a ellos, o desaparece de la escena, escondiéndose tras las murallas de un egoísmo impenetrable y feroz.

A Luis Cervantes le torturaba la conversación; era para él un sacrificio oír frases tan fuera de lugar y tiempo. Para eximirse, pues, de tomar parte activa en ella, invitó a Solís a que menudamente refiriera los hechos que le habían conducido a tal estado de desencanto...

—¿Hechos...? Insignificancias, naderías: gestos inadvertidos para los más; la vida instantánea de una línea que se contrae, de unos ojos que brillan, de unos labios que se pliegan; el significado fugaz de una frase que se pierde. Pero hechos, gestos y expresiones que, agrupados en su lógica y natural expresión, constituyen e integran una mueca pavorosa y grotesca a la vez de una raza... ¡De una raza irredenta!... Apuró un nuevo vaso de vino, hizo una larga pausa y prosiguió—: Me preguntará que por qué sigo entonces en la revolución. La revolución es el huracán y el hombre que se entrega a ella no es ya el hombre, es la miserable hoja seca arrebatada por el vendaval...

Interrumpió a Solís la presencia de Demetrio Macías, que se acercó.

—Nos vamos, curro...

Alberto Solís, con fácil palabra y acento de sinceridad profunda, lo felicitó efusivamente por sus hechos de armas, por sus aventuras, que lo habían hecho famoso, siendo conocidas hasta por los mismos hombres de la poderosa División del Norte.

Y Demetrio, encantado, oía el relato de sus hazañas, compuestas y aderezadas de tal suerte, que él mismo no las conociera. Por lo demás, aquello tan bien sonaba a sus oídos, que acabó por contarlas más tarde en el mismo tono y aun por creer que así habíanse realizado.

—¡Qué hombre tan simpático es el general Natera!—observó Luis Cervantes cuando regresaba al mesón—. En cambio, el capitancillo Solís... ¡qué lata...!

Demetrio Macías, sin escucharlo, muy contento, le oprimió un brazo y le dijo en voz baja:

—Ya soy coronel de veras, curro... Y usted, mi secretario...

Los hombres de Macías también hicieron muchas amistades nuevas esa noche, y "por el gusto de habernos conocido", se bebió harto mezcal y aguardiente. Como no todo el mundo congenia y a veces el alcohol es mal consejero, naturalmente hubo sus diferencias; pero todo se arregló en buena forma y fuera de la cantina, de la fonda o del lupanar, sin molestar a los amigos.

A la mañana siguiente amanecieron algunos muertos: una vieja prostituta con un balazo en el ombligo y dos reclutas del coronel Macías con el cráneo agujereado. Anastasio Montañés le dio cuenta a su jefe, y éste, alzando los hombros, dijo:

—¡Psch!... Pos que los entierren...

XIX

—Allí vienen ya los gorrudos—clamaron con azoro los vecinos de Fresnillo cuando supieron que el asalto de los revolucionarios a la plaza de Zacatecas había sido un fracaso.

Volvía la turba desenfrenada de hombres requemados, mugrientos y casi desnudos, cubierta la cabeza con sombreros de palma de alta copa cónica y de inmensa falda que les ocultaba medio rostro.

Les llamaban los gorrudos. Y los gorrudos regresaban tan alegremente como habían marchado días antes a los combates, saqueando cada pueblo, cada hacienda, cada ranchería y hasta el jacal más miserable que encontraban a su paso.

—¿Quién me merca esta maquinaria?—pregonaba uno, enrojecido y fatigado de llevar la carga de su "avance".

Era una máquina de escribir nueva, que a todos atrajo con los deslumbrantes reflejos del niquelado.

La "Oliver", en una sola mañana, había tenido cinco propietarios, comenzando por valer diez pesos, depreciándose uno o dos a cada cambio de dueño. La verdad era que pesaba demasiado y nadie podía soportarla más de media hora.

—Doy peseta por ella—ofreció la Codorniz.

—Es tuya—respondió el dueño dándosela prontamente y con temores ostensibles de que aquél se arrepintiera.

La Codorniz, por veinticinco centavos, tuvo el gusto de tomarla en sus manos y de arrojarla luego contra las piedras, donde se rompió ruidosamente.

Fue por una señal: todos los que llevaban objetos pesados o molestos comenzaron a deshacerse de ellos, entrellándolos contra las rocas. Volaron los aparatos de cristal y porcelana; gruesos espejos, candelabros de latón, finas estatuillas, tibores y todo lo redundante del "avance" de la jornada quedó hecho añicos por el camino.

Demetrio, que no participaba de aquella alegría, ajena del todo al resultado de las operaciones militares, llamó aparte a Montañés y a Pancracio y les dijo:

—A éstos les falta nervio. No es tan trabajoso tomar una plaza. Miren, primero se abre uno así..., luego se va juntando, se va juntando..., hasta que ¡zas!... ¡Y ya!

Y, en un gesto amplio, abría sus brazos nervudos y fuertes; luego los aproximaba poco a poco, acompañando el gesto a la palabra, hasta estrecharlos contra su pecho.

Anastasio y Pancracio encontraban tan sencilla y tan clara la explicación, que contestaron convencidos:

—¡Esa es la mera verdá!... ¡A éstos les falta ñervo![50]...

La gente de Demetrio se alojó en un corral.

—¿Se acuerda de Camila, compadre Anastasio?—exclamó, suspirando Demetrio, tirado boca arriba en el estiércol, donde todos, acostados ya, bostezaban de sueño.

—¿Quién es esa Camila, compadre?

—La que me hacía de comer, allá en el ranchito...

Anastasio hizo un gesto que quería decir: "Esas cosas de mujeres no me interesan a mí".

—No se me olvida—prosiguió Demetrio hablando y con el cigarro en la boca—. Iba yo muy retemalo. Acababa de beberme un jarro de agua azul y muy fresquecita. "¿No quere más?", me preguntó la prietilla... Bueno, pos me quedé rendido del calenturón, y too fue estar viendo una jícara de agua

---

[50]nervio.

azul y oír la vocecita: "¿No quere más?"... Pero la voz, compadre, que me sonaba en las orejas como organillo de plata... Pancracio, tú, ¿qué dices? ¿Nos vamos al ranchito?

—Mire, compadre Demetrio, ¿a que no me lo cree? Yo tengo mucha experiencia en eso de las viejas... ¡Las mujeres!... Pa un rato... ¡Y mí qué rato!... ¡Pa las lepras y rasguños con que me han marcado el pellejo! ¡Mal ajo pa ellas! Son el enemigo malo. De veras, compadre, ¿voy que no me lo cree?... Por eso verá que ni... Pero yo tengo mucha experiencia en eso.

—¿Qué día vamos al ranchito, Pancracio?—insistió Demetrio, echando una bocanada de humo gris.

—Usté no más dice... Ya sabe que allí dejé a mi amor.

—Tuyo... y no—pronunció la Codorniz, amodorrado.

—Tuya... y mía también. Güeno es que seas compadecido y nos la vayas a trair de veras—rumoreó el Manteca.

—Hombre, sí, Pancracio; traite[51] a la tuerta María Antonia, que por acá hace mucho. frío—gritó a lo lejos el Meco.

Y muchos prorrumpieron en carcajadas, mientras el Manteca y Pancracio iniciaban su torneo de insolencias y obscenidades.

XX

—¡Que viene Villa!

La noticia se propagó con la velocidad del relámpago.

—¡Ah, Villa!... La palabra mágica. El gran hombre que se esboza; el guerrero invicto que ejerce a distancia ya su gran fascinación de boa.

—¡Nuestro Napoleón mexicano!—exclama Luis Cervantes.

—Sí: "al Águila azteca, que ha clavado su pico de acero sobre la cabeza de la víbora Victoriano Huerta"... Así dije en un discurso en Ciudad Juárez—habló en tono un tanto irónico Alberto Solís, el ayudante de Natera.

Los dos, en el mostrador de una cantina, apuraban sendos vasos de cerveza.

Y los gorrudos[52] de bufandas al cuello, de gruesos zapatones de vaqueta y encallecidas manos de vaquero, comiendo y bebiendo sin cesar, solo hablaban de Villa y sus tropas.

---

[51]tráete.

[52]los que llevan sombrero de pico alto.

Los de Natera hacían abrir tamaña boca de admiración a los de Macías.

¡Oh,Villa!... ¡Los combates de Ciudad Juárez, Tierra Blanca, Chihuahua, Torreón!

Pero los hechos vistos y vividos no valían nada. Había que oír la narración de sus proezas portentosas, donde, a renglón seguido de un acto de sorprendente magnanimidad, venía la hazaña más bestial. Villa es el indomable señor de la sierra, la eterna víctima de todos los gobiernos, que lo persiguen como una fiera; Villa es la reencarnación de la vieja leyenda; el bandido-providencia que pasa por el mundo con la antorcha luminosa de un ideal: ¡robar a los ricos para hacer ricos a los pobres! Y los pobres le forjan una leyenda que el tiempo se encargará de embellecer para que viva de generación en generación.

—Pero sí sé decirle, amigo Montañés—dijo uno de los de Natera—, que si usted le cae bien a mi general Villa, le regala una hacienda; pero si le choca..., ¡no más lo manda fusilar!...

¡Ah, las tropas de Villa! Puros hombres norteños, muy bien puestos, de sombrero tejano, traje de caqui nuevecito y calzado de los Estados Unidos de a cuatro dólares.

Y cuando eso decían los hombres de Natera, se miraban entre sí desconsolados, dándose cuenta cabal de sus sombrerazos de soyate podridos por el sol y la humedad y de las garras de calzones y camisas que medio cubrían sus cuerpos sucios y empiojados.

—Porque ahí no hay hambre... Traen sus carros apretados de bueyes, carneros, vacas. Furgones de ropa; trenes enteros de parque y armamentos, y comestibles para que reviente el que quiera.

Luego se hablaba de los aeroplanos de Villa.

—¡Ah, los airoplanos! Abajo, así de cerquita, no sabe usted qué son; parecen canoas, parecen chalupas; pero que comienzan a subir, amigo, y es un ruidazo que lo aturde. Luego algo como un automóvil que va muy recio. Y haga usté de cuenta un pájaro grande, muy grande, que parece de repente que ni se bulle siquiera. Y aquí va lo mero bueno: adentro de ese pájaro, un gringo lleva miles de granadas. ¡Afigúrese lo que será eso! Llega la hora de pelear, y como quien les riega maíz a las gallinas, allí van puños y puños de plomo pa'l enemigo... Y aquello se vuelve un camposanto: muertos por aquí, muertos por allí, y ¡muertos por todas partes!

Y como Anastasio Montañés preguntara a su interlocutor si la gente de Natera había peleado ya junto con la de Villa, se vino a cuenta de que todo lo que con tanto entusiasmo estaban platicando sólo de oídas lo sabían, pues que nadie de ellos le había visto jamás la cara a Villa.

—¡Hum..., pos se me hace que de hombre a hombre todos semos iguales!... Lo que es pa mí naiden es más hombre que otro. Pa peliar,[53] lo que uno necesita es no más tantita vergüenza. ¡Yo, qué soldado ni qué nada había de ser! Pero, oiga, ai donde me mira tan desgarrao... ¿Voy que no me lo cree?... Pero, de veras, yo no tengo necesidá...

—¡Tengo mis diez yuntas de bueyes!... ¿A que no me lo cree?—dijo la Codorniz a espaldas de Anastasio, remedándolo y dando grandes risotadas.

XXI

El atronar de la fusilería aminoró y fue alejándose. Luis Cervantes se animó a sacar la cabeza de su escondrijo, en medio de los escombros de unas fortificaciones, en lo más alto del cerro.

Apenas se daba cuenta de cómo había llegado hasta allí. No supo cuándo desaparecieron Demetrio y sus hombres de su lado. Se encontró solo de pronto, y luego, arrebatado por una avalancha de infantería, lo derribaron de la montura, y cuando, todo pisoteado, se enderezó, uno de a caballo lo puso a grupas. Pero, a poco, caballo y montados dieron en tierra, y él sin saber de su fusil, ni del revólver, ni de nada, se encontró muy en medio de la blanca humareda y del silbar de los proyectiles. Y aquel hoyanco y aquellos pedazos de adobes amontonados se le habían ofrecido como abrigo segurísimo.

—¡Compañero!...

—¡Compañero!...

—¡Me tiró el caballo; se me echaron encima; me han creído muerto y me despojaron de mis armas... ¿Qué podía yo hacer?—explicó apenado Luis Cervantes.

—A mí nadie me tiró... Estoy aquí por precaución..., ¿sabe?...

El tono festivo de Alberto Solís ruborizó a Luis Cervantes.

—¡Caramba!—exclamó aquél—. ¡Qué machito es su jefe! ¡Qué temeridad y qué serenidad! No solo a mí, sino a muchos bien quemados nos dejó con tamaña boca abierta.

Luis Cervantes, confuso, no sabía qué decir.

---

[53]pelear.

—¡Ah! ¿No estaba usted allí? ¡Bravo! ¡Buscó lugar seguro a muy buena hora!... Mire, compañero; venga para explicarle. Vamos allí, detrás de aquel picacho. Note que de aquella laderita, al pie del cerro, no hay más vía accesible que lo que tenemos delante; a la derecha la vertiente está cortada a plomo y toda maniobra es imposible por ese lado; punto menos por la izquierda: el ascenso es tan peligroso, que dar un solo paso en falso es rodar y hacerse añicos por las vivas aristas de las rocas. Pues bien; una parte de la brigada Moya nos tendimos en la ladera, pecho a tierra, resueltos a avanzar sobre la primera trinchera de los federales. Los proyectiles pasaban zumbando sobre nuestras cabezas; el combate era ya general; hubo un momento en que dejaron de foguearnos. Nos supusimos que se les atacaba vigorosamente por la espalda. Entonces nosotros nos arrojamos sobre la trinchera. ¡Ah, compañero, fíjese!... De media ladera abajo es un verdadero tapiz de cadáveres. Las ametralladoras lo hicieron todo; nos barrieron materialmente; unos cuantos pudimos escapar. Los generales estaban lívidos y vacilaban en ordenar una nueva carga con el refuerzo inmediato que nos vino. Entonces fue cuando Demetrio Macías, sin esperar ni pedir órdenes a nadie, gritó:

"—¡Arriba, muchachos!...

"—¡Qué bárbaro!—clamé asombrado.

"Los jefes, sorpendidos, no chistaron. El caballo de Macías, cual si en vez de pezuñas hubiese tenido garras de águila, trepó sobre estos peñascos. '¡Arriba, arriba!', gritaron sus hombres, siguiendo tras él, como venados, sobre las rocas, hombres y bestias hechos uno. Sólo un muchacho perdió la pisada y rodó al abismo; los demás aparecieron en brevísimos instantes en la cumbre, derribando trincheras y acuchillando soldados. Demetrio lazaba las ametralladoras, tirando de ellas cual si fuesen toros bravos. Aquello no podía durar. La desigualdad numérica los habría aniquilado en menos tiempo del que gastaron en llegar allí. Pero nosotros nos aprovechamos del momentáneo desconcierto, y con rapidez vertiginosa nos echamos sobre las posiciones y los arrojamos de ellas con la mayor facilidad. ¡Ah, qué bonito soldado es su jefe!"

De lo alto del cerro se veía un costado de la Bufa, con su crestón, como testa empenachada de altivo rey azteca. La vertiente, de seiscientos metros, estaba cubierta de muertos, con los cabellos enmarañados, manchadas las ropas de tierra y de sangre, y en aquel hacinamiento de cadáveres calientes, mujeres haraposas iban y venían como famélicos coyotes esculcando y despojando.

En medio de la humareda blanca de la fusilería y los negros borbotones de los edificios incendiados, refulgían al claro sol casas de grandes puertas y múltiples ventanas, todas cerradas; calles en amontonamiento sobrepuestas y revueltas en vericuetos pintorescos, trepando a los cerros circunvecinos. Y sobre el caserío se alzaba una alquería de esbeltas columnas y las torres y cúpulas de las iglesias.

—¡Qué hermosa es la Revolución, aun en su misma barbarie!—pronunció Solís conmovido. Luego, en voz baja y con vaga melancolía:

—Lástima que lo que falta no sea igual. Hay que esperar un poco. A que no haya combatientes, a que no se oigan más disparos que los de las turbas entregadas a las delicias del saqueo; a que resplandezca diáfana, como una gota de agua, la psicología de nuestra raza, condensada en dos palabras: ¡robar, matar!... ¡Qué chasco, amigo mío, si los que venimos a ofrecer todo nuestro entusiasmo, nuestra misma vida por derribar a un miserable asesino, resultásemos los obreros de un enorme pedestal donde pudieran levantarse cien o doscientos mil monstruos de la misma especie!... ¡Pueblo sin ideales, pueblo de tiranos!... ¡Lástima de sangre!

Muchos federales fugitivos subían huyendo de soldados de grandes sombreros de palma y anchos calzones blancos.

Pasó silbando una bala.

Alberto Solís, que, cruzados los brazos, permanecía absorto después de sus últimas palabras, tuvo un sobresalto repentino y dijo:

—Compañero, maldito lo que me simpatizan estos mosquitos zumbadores. ¿Quiere que nos alejemos un poco de aquí?

Fue la sonrisa de Luis Cervantes tan despectiva que Solís, amoscado, se sentó tranquilamente en una peña.

Su sonrisa volvió a vagar siguiendo las espirales de humo de los rifles y la polvareda de cada casa derribada y de cada techo que se hundía. Y creyó haber descubierto un símbolo de la revolución en aquellas nubes de humo y en aquellas nubes de polvo que fraternalmente ascendían, se abrazaban, se confundían y se borraban en la nada.

—¡Ah—clamó de pronto—, ahora sí!...

Y su mano tendida señaló la estación de los ferrocarriles. Los trenes resoplando furiosos, arrojando espesas columnas de humo, los carros colmados de gente que escapaban a todo vapor.

Sintió un golpecito seco en el vientre, y como si las piernas se le hubiesen vuelto de trapo, resbaló de la piedra. Luego le zumbaron los oídos... Después oscuridad y silencio eternos...

SEGUNDA PARTE

I

Al champaña que ebulle en burbujas donde se descompone la luz de los candiles, Demetrio Macías prefiere el límpido tequila de Jalisco.

Hombres manchados de tierra, de humo y de sudor de barbas crespas y alborotadas cabelleras, cubiertos de andrajos mugrientos, se agrupaban en torno de las mesas de un restaurante.

—Yo maté dos coroneles—clama con voz ríspida y gutural un sujeto pequeño y gordo, de sombrero galoneado, cotona de gamuza y mascada solferina al cuello—. ¡No podrían correr de tan tripones: se tropezaban con las piedras, y para subir al cerro, se ponían como jitomates y echaban tamaña lengua!... "No corran tanto, mochitos—les grité—; párense, no me gustan las gallinas asustadas... ¡Párense, pelones que no les voy a hacer nada!... ¡Están dados!" ¡Ja, ja, ja!... La comieron los muy... ¡Paf, paf! ¡Uno para cada uno... y de veras descansaron!

—A mí se me jue uno de los meros copetones—habló un soldado de rostro renegrido, sentado en un ángulo del salón, entre el muro y el mostrador, con las piernas alargadas y el fusil entre ellas—. ¡Ah, cómo traiba oro el condenado! No nomás le hacían visos los galones en las charreteras y en la mantilla. ¿Y yo?... ¡El muy burro lo dejé pasar! Sacó el paño y me hizo la contraseña, y yo me quedé no más abriendo la boca. ¡Pero apenas me dio campo de hacerme de la esquina, cuando aistá[54] a bala y bala!... Lo dejé que acabara un cargador... ¡Hora voy yo!... ¡Madre mía de Jalpa, que no le jierre[55] a este jijo de... la mala palabra! ¡Nada, no más dio el estampido!... ¡Traiba muy buen cuaco! Me pasó por los ojos como un relámpago... Otro probe que venía por la misma calle me la pagó... ¡Qué maroma lo he hecho dar!

Se arrebataban las palabras de la boca, y mientras ellos refieren con mucho calor sus aventuras, mujeres de tez aceitunada, ojos blanquecinos y dientes de marfil, con revólveres a la cintura, cananas apretadas de tiros cruzados sobre el pecho, grandes sombreros de palma a la cabeza, van y vienen como perros callejeros entre los grupos.

---

[54]allí está.

[55]hierre.

Una muchacha de carrillos teñidos de carmín, de cuello y brazos muy trigueños y de burdísimo continente, da un salto y se pone sobre el mostrador de la cantina, cerca de la mesa de Demetrio.

Este vuelve la cara hacia ella y choca con unos ojos lascivos, bajo una frente pequeña y entre dos bandos de pelo hirsuto.

La puerta se abre de par en par y, boquiabiertos y deslumbrados, uno tras otro, penetran Anastasio Montañés, Pancracio, la Codorniz y el Meco.

Anastasio da un grito de sorpresa y se adelanta a saludar al charro pequeño y gordo, de sombrero galoneado y mascada solferina.[56]

Son viejos amigos que ahora se reconocen. Y se abrazan tan fuerte que la cara se les pone negra.

—Compadre Demetrio, tengo el gusto de presentarle al güero Margarito... ¡Un amigo de veras!... Ah, cómo quiero yo a este güero! Ya lo conocerá, compadre... ¡Es reteacabao!... ¿Te acuerdas, güero, de la penitenciaría de Escobedo, allá en Jalisco?... ¡Un año juntos!

Demetrio, que permanecía silencioso y huraño en medio de la alharaca general, sin quitarse el puro de entre los labios rumoreó tendiéndole la mano:

—Servidor...

—¿Usted se llama, pues, Demetrio Macías?—preguntó intempestivamente la muchacha que sobre el mostrador estaba meneando las piernas y tocaba con sus zapatos de vaqueta la espalda de Demetrio.

—A la orden—le contestó éste, volviendo apenas la cara.

Ella, indiferente, siguió moviendo las piernas descubiertas, haciendo ostentación de sus medias azules.

—¡Eh, Pintada! ¡Tú por acá?... Anda, baja, ven a tomar una copa—le dijo el güero Margarito.

La muchacha aceptó en seguida la invitación, y con mucho desparpajo se abrió lugar, sentándose enfrente de Demetrio.

—¿Conque usté es el famoso Demetrio Macías que tanto se lució en Zacatecas?—preguntó la Pintada.

Demetrio inclinó la cabeza asintiendo, en tanto que el güero Margarito lanzaba una alegre carcajada y decía:

—¡Diablo de Pintada tan lista!... ¡Ya quieres estrenar general!...

Demetrio, sin comprender, levantó los ojos hacia ella; se miraron cara a cara como dos perros desconocidos que se olfatean con desconfianza. De-

---

[56]de color amorotado, morado.

metrio no pudo sostener la mirada furiosamente provocativa de la muchacha y bajó los ojos.

Oficiales de Natera, desde sus sitios, comenzaron a bromear a la Pintada con dicharachos obscenos.

Pero ella, sin inmutarse, dijo:

—Mi general Natera le va a dar a usté su aguilita... ¡Ándele, chóquela!...

Y tendió su mano hacia Demetrio y lo estrechó con fuerza varonil.

Demetrio, envanecido por las felicitaciones que comenzaron a lloverle, mandó que sirvieran champaña.

—No, yo no quiero vino ahora, ando malo—dijo el güero Margarito al mesero—; tráeme solo agua con hielo.

—Yo quiero de cenar con tal de que no sea chile ni frijoles, lo que jaiga—pidió Pancracio.

Siguieron entrando oficiales y poco a poco se llenó el restaurante. Menudearon las estrellas y las barras en sobreros de todas formas y matices; grandes pañuelos de seda al cuello, anillos de gruesos brillantes y pesadas leopoldinas de oro.

—Oye, mozo—gritó el güero Margarito—, te he pedido agua con hielo... Entiende que no te pido limosna... Mira este fajo de billetes: te compro a ti y... a la más vieja de tu casa, ¿entiendes?... No me importa saber si se acabó ni por qué se acabó... Tú sabrás de dónde me la traes... ¡Mira que soy muy corajudo...! Te digo que no quiero explicaciones, sino agua con hielo... ¿Me la traes o no me la traes?... ¿Ah, no?... Pues toma...

El mesero cae al golpe de una sonora bofetada.

—Así soy yo, mi general Macías; mire cómo ya no me queda pelo de barba en la cara. ¿Sabe por qué? Pues porque soy muy corajudo, y cuando no tengo en quién descansar, me arranco los pelos hasta que se me baja el coraje. ¡Palabra de honor, mi general; si no lo hiciera así, me moriría del puro berrinche!

—Es muy malo eso de comerse uno solo sus corajes—afirma, muy serio, uno de sombrero de petate como cobertizo de jacal—. Yo, en Torreón, maté a una vieja que no quiso venderme un plato de enchiladas. Estaban de pleito. No cumplí mi antojo, pero siquiera descansé.

—Yo maté a un tendajonero en el Parral porque me metió en un cambio dos billetes de Huerta—dijo otro de estrellita, mostrando, en sus dedos negros y callosos, piedras de luces refulgentes.

—Yo, en Chihuahua, maté a un tío porque me lo topaba siempre en la mesma mesa y a la mesma hora, cuando yo iba a almorzar... ¡Me chocaba mucho!... ¡Qué quieren ustedes!...

—¡Hum!... Yo maté...

El tema es inagotable.

A la madrugada, cuando el restaurante está lleno de alegría y de escupitajos, cuando con las hembras norteñas de caras oscuras y cenicientas se revuelven jovencitas pintarrajeadas de los suburbios de la ciudad, Demetrio saca su repetición de oro incrustado de piedras y pide la hora a Anastasio Montañés.

Anastasio ve la carátula, luego saca la cabeza por una ventanilla y, mirando al cielo estrellado, dice:

—Ya van muy colgadas las cabrillas, compadre; no dilata en amanecer.

Fuera del restaurante no cesan los gritos, las carcajadas y las canciones de los ebrios. Pasan soldados a caballo desbocado, azotando las aceras. Por todos los rumbos de la ciudad se oyen disparos de fusiles y pistolas.

Y por en medio de la calle caminan, rumbo al hotel, Demetrio y la Pintada abrazados y dando tumbos.

II

—¡Qué brutos!—exclamó la Pintada riendo a carcajadas—. ¿Pos de dónde son ustedes? Si eso de que los soldados vayan a parar a los mesones es cosa que ya no se usa. ¿De dónde vienen? Llega uno a cualquier parte y no tiene más que escoger la casa que le cuadre y ésa agarra sin pedirle licencia a naiden. Entonces ¿pa qué jue la revolución? ¿Pa los catrines? Si ahora nosotros vamos a ser los meros catrines... A ver, Pancracio, presta acá tu marrazo... ¡Ricos... tales!... Todo lo han de guardar debajo de siete llaves.

Hundió la punta de acero en la hendidura de un cajón y, haciendo palanca con el mango rompió la chapa y levantó astillada la cubierta del escritorio.

Las manos de Anastasio Montañés, de Pancracio y de la Pintada se hundieron en el montón de cartas, estampas, fotografías y papeles desparramados por la alfombra.

Pancracio manifestó su enojo de no encontrar algo que le complaciera, lanzando al aire con la punta del guarache un retrato encuadrado, cuyo cristal se estrelló en el candelabro del centro.

Sacaron las manos vacías de entre los papeles, profiriendo insolencias.

Pero la Pintada, incansable, siguió decerrajando cajón por cajón, hasta no dejar hueco sin escudriñar.

No advirtieron el rodar silencioso de una pequeña caja forrada de terciopelo gris, que fue a parar a los pies de Luis Cervantes.

Este, que veía todo con aire de profunda indiferencia, mientras Demetrio, despatarrado sobre la alfombra, parecía dormir, atrajo con la punta del pie la cajita, se inclinó, rascóse un tobillo y con ligereza la levantó.

Se quedó deslumbrado: dos diamantes de aguas purísimas en una montadura de filigrana. Con prontitud la ocultó en el bolsillo.

Cuando Demetrio despertó, Luis Cervantes le dijo:

—Mi general, vea usted qué diabluras han hecho los muchachos. ¿No sería conveniente evitarles esto?

—No, curro... ¡Pobres!... Es el único gusto que les queda después de ponerle la barriga a las balas.

—Sí, mi general pero siquiera que no lo hagan aquí... Mire usted, eso nos desprestigia, y lo que es peor, desprestigia nuestra causa.

Demetrio clavó sus ojos de aguilucho en Luis Cervantes. Se golpeó los dientes con las uñas de los dedos y dijo:

—No se ponga colorado... ¡Mire, a mí no me cuente!... Ya sabemos que lo tuyo, tuyo, y lo mío, mío. A usted le tocó la cajita, bueno; a mí el reloj de repetición.

Y ya los dos en muy buena armonía se mostraron sus "avances".

La Pintada y sus compañeros, entretanto, registraban el resto de la casa.

La Codorniz entró en la sala con una chiquilla de doce años, ya marcada con manchas cobrizas en la frente y en los brazos. Sorprendidos los dos, se mantuvieron atónitos, contemplando los montones de libros sobre la alfombra, mesas y sillas, los espejos descolgados con sus vidrios rotos, grandes marcos de estampas y retratos destrozados, muebles y bibelots hechos pedazos. Con ojos ávidos, la Codorniz buscaba su presa, suspendiendo la respiración.

Afuera, en un ángulo del patio y entre el humo sofocante, el Manteca cocía elotes, atizando las brasas con libros y papeles que alzaban vivas llamaradas.

—¡Ah—gritó de pronto la Codorniz—, mira lo que me jallé!... ¡Qué sudaderos pa mi yegua!...

Y de un tirón arrancó una cortina de peluche, que se vino al suelo con todo y galería sobre el copete finamente tallado de un sillón.

—¡Mira tú... cuánta vieja encuerada!—clamó la chiquilla de la Codorniz, divertidísima con las láminas de un lujoso ejemplar de la *Divina comedia*—. Esta me cuadra y ma la llevo.

Y comenzó a arrancar los grabados que más le llamaban su atención. Demetrio se incorporó y tomó asiento al lado de Luis Cervantes. Pidió cerveza, alargó una botella a su secretario, y de un solo trago apuró la suya. Luego, amodorrado, entrecerró los ojos y volvió a dormir.

—Oiga—habló un hombre a Pancracio en el zaguán—, ¿a qué hora se le puede hablar al general?

—No se le puede hablar a ninguna; amaneció crudo—respondió Pancracio—. ¿Qué quiere?

—Que me venda uno de esos libros que están quemando.

—Yo mesmo[57] se los puedo vender.

—¿A cómo los da?

Pancracio, perplejo, frunció las cejas:

—Pos los que tengan monitos, a cinco centavos, y los otros... se los doy de pilón si me los merca todos.

El interesado volvió por los libros con una canasta pizcadora.

—¡Demetrio, hombre, Demetrio, despierta ya—gritó la Pintada—ya no duermas como puerco gordo! ¡Mira quién está aquí!... ¡El güero Margarito! ¡No sabes tú todo lo que vale este güero!

—Yo lo aprecio a usted mucho, mi general Macías, y vengo a decirle que tengo mucha voluntad y me gustan mucho sus modales. Así es que, si no lo tiene a mal, me paso a su brigada.

—¿Qué grado tiene?—inquirió Demetrio.

—Capitán primero, mi general.

—Véngase, pues... Aquí lo hago mayor.

El güero Margarito era un hombrecillo redondo, de bigotes retorcidos, ojos azules y muy malignos que se le perdían entre los carrillos y la frente cuando se reía. Ex mesero del Delmónico de Chihuahua, ostentaba ahora tres barras de latón amarillo, insignias de su grado en la División del Norte.

El güero colmó de elogios a Demetrio y a sus hombres y con esto bastó para que una caja de cerveza se vaciara en un santiamén.

La Pintada apareció de pronto en medio de la sala, luciendo un espléndido traje de seda de riquísimos encajes.

[57]mismo.

—¡No más las medias se te olvidaron!—exclamó el güero Margarito desternillándose de risa.

La muchacha de la Codorniz prorrumpió también en carcajadas.

Pero a la Pintada nada se le dio; hizo una mueca de indiferencia, se tiró en la alfombra y con sus propios pies hizo saltar las zapatillas de raso blanco, moviendo muy a gusto los dedos desnudos, entumecidos por la opresión del calzado, y dijo:

—¡Epa, tú, Pancracio!... Anda a traerme unas medias azules de mis "avances".

La sala se iba llenando de nuevos amigos y viejos compañeros de campaña. Demetrio, animándose, comenzaba a referir menudamente algunos de sus más notables hechos de armas.

—Pero ¿qué ruido es ese?—preguntó sorprendido por el afinar de cuerdas y latones en el patio de la casa.

—Mi general—dijo solemnemente Luis Cervantes—, es un banquete que le ofrecemos sus viejos amigos y compañeros para celebrar el hecho de armas de Zacatecas y el merecido ascenso de usted a general.

III

—Le presento a usted, mi general Macías, a mi futura—pronunció enfático Luis Cervantes, haciendo entrar al comedor a una muchacha de rara belleza.

Todos se volvieron hacia ella, que abría sus grandes ojos azules con azoro.

Tendría apenas catorce años; su piel era fresca y suave como un pétalo de rosa; sus cabellos rubios, y la expresión de sus ojos con algo de maligna curiosidad y mucho de vago temor infantil.

Luis Cervantes reparó en que Demetrio clavaba su mirada de ave de rapiña en ella y se sintió satisfecho.

Se le abrió sitio entre el güero Margarito y Luis Cervantes, enfrente de Demetrio.

Entre los cristales, porcelanas y búcaros de flores, abundaban las botellas de tequila.

El Meco entró sudoroso y renegando, con una caja de cerveza a cuestas.

—Ustedes no conocen todavía a este güero—dijo la Pintada reparando en que él no quitaba los ojos de la novia de Luis Cervantes—. Tiene mucha sal, y en el mundo no he visto gente más acabada que él.

Le lanzó una mirada lúbrica y añadió:

—¡Por eso no lo puedo ver ni pintado!

Rompió la orquesta una rumbosa marcha taurina.

Los soldados bramaron de alegría.

—¡Qué menudo, mi general!... Le juro que en mi vida he comido otro más bien guisado—dijo el güero Margarito, e hizo reminiscencias del Delmónico de Chihuahua.

—¿Le gusta de veras, güero?—repuso Demetrio—. Pos que le sirvan hasta que llene.

—Ese es mi mero gusto—confirmó Anastasio Montañés—, y eso es lo bonito; de que a mí me cuadra un guiso, como, como, hasta que lo eructo.

Siguió un ruido de bocazas y grandes tragantadas. Se bebió copiosamente.

Al final, Luis Cervantes tomó una copa de champaña y se puso de pie:

—Señor general...

—¡Hum!—interrumpió la Pintada—. Ora va el discurso, y eso es cosa que a mí me aburre mucho. Voy mejor al corral, al cabo que ya no hay qué comer.

Luis Cervantes ofreció el escudo de paño negro con una aguilita de latón amarillo, en un brindis que nadie entendió, pero que todos aplaudieron con estrépito.

Demetrio tomó en sus manos la insignia de su nuevo grado y, muy entendido, la mirada brillante, relucientes los dientes, dijo con mucha ingenuidad:

—¿Y qué voy a hacer ahora yo con este zopilote?

—Compadre—pronunció trémulo y en pie Anastasio Montañés—, yo no tengo qué decirle...

Transcurrieron minutos enteros; las malditas palabras no querían acudir al llamado del compadre Anastasio. Su cara enrojecida perlaba el sudor de su frente, costrosa de mugre. Por fin se resolvió a terminar su brindis.

—Pos yo no tengo qué decirle... sino que ya sabe que soy su compadre...

Y como todos habían aplaudido a Luis Cervantes, el propio Anastasio, al acabar, dio la señal, palmoteando con mucha gravedad.

Pero todo estuvo bien y su torpeza sirvió de estímulo. Brindaron el Manteca y la Codorniz.

Llegaba su turno al Meco, cuando se presentó la Pintada dando fuertes voces de júbilo. Chasqueando la lengua, pretendía meter al comedor una bellísima yegua de un negro azabache.

—¡Mi "avance"! ¡Mi "avance"!—clamaba palmoteando el cuello enarcado del soberbio animal.

La yegua se resistía a franquear la puerta; pero un tirón del cabestro y un latigazo en el anca le hicieron entrar con brío y estrépito.

Los soldados, embobecidos, contemplaban con mal reprimida envidia la rica presa.

—¡Yo no sé qué carga esta diabla de Pintada que siempre gana los mejores "avances"!—clamó el güero Margarito—. Así la verán desde que se nos juntó en Tierra Blanca.

—Epa, tú, Pancracio, anda a traerme un tercio de alfalfa pa mi yegua—ordenó secamente la Pintada.

Luego tendió la soga a un soldado.

Una vez más llenaron los vasos y las copas. Algunos comenzaban a doblar el cuello y a entrecerrar los ojos; la mayoría gritaba jubilosa.

Y entre ellos la muchacha de Luis Cervantes, que había tirado todo el vino en un pañuelo, tornaba de una parte a otra sus grandes ojos azules, llenos de azoro.

—Muchachos—gritó de pie el güero Margarito, dominando con su voz aguda y gutural el vocerío—, estoy cansado de vivir y me han dado ganas ahora de matarme. La Pintada ya me hartó... y este querubincito del cielo no arrienda siquiera a verme...

Luis Cervantes notó que las últimas palabras iban dirigidas a su novia, y con gran sorpresa vino a cuentas de que el pie que sentía entre los de la muchacha no era de Demetrio, sino del güero Margarito.

Y la indignación hirvió en su pecho.

—¡Fíjense, muchachos—prosiguió el güero con el revlver en lo alto—; me voy a pegar un tiro en la merita frente!

Y apuntó al gran espejo del fondo, donde se veía de cuerpo entero.

—¡No te buigas, Pintada!...

El espejo se estrelló en largos y puntiagudos fragmentos. La bala había pasado rozando los cabellos de la Pintada, que ni pestañeó siquiera.

IV

Al atardecer despertó Luis Cervantes, se restregó los ojos y se incorporó. Se encontraba en el suelo duro, entre los tiestos del huerto. Cerca de él respiraban ruidosamente muy dormidos Anastasio Montañés, Pancracio y la Codorniz.

Sintió los labios hinchados y la nariz dura y seca; se miró sangre en las manos y en la camisa, e instantáneamente hizo memoria de lo ocurrido. Pronto se puso de pie y se encaminó hacia una recámara; empujó la puerta repetidas veces, sin conseguir abrirla. Mantúvose indeciso algunos instantes.

Porque todo era cierto; estaba seguro de no haber soñado. De la mesa del comedor se había levantado con su compañera, la condujo a la recámara; pero antes de cerrar la puerta, Demetrio, tambaleándose de borracho, se precipitó tras ellos. Luego la Pintada siguió a Demetrio, y comenzaron a forcejear. Demetrio, con los ojos encendidos como una brasa y hebras cristalinas en los burdos labios, buscaba con avidez a la muchacha. La Pintada, a fuertes empellones, lo hacía retroceder.

—¡Pero tú qué!... ¿Tú qué?—ululaba Demetrio irritado.

La Pintada metió la pierna entre las de él, hizo palanca y Demetrio cayó de largo, fuera del cuarto.

Se levantó furioso.

—¡Auxilio!... ¡Auxilio!... ¡Que me mata!...

La Pintada cogía vigorosamente la muñeca de Demetrio y desviaba el cañón de su pistola.

La bala se incrustó en los ladrillos. La Pintada seguía berreando. Anastasio Montañés llegó detrás de Demetrio y lo desarmó.

Este, como toro a media plaza, volvió sus ojos extraviados. Le rodeaban Luis Cervantes, Anastasio, el Manteca y otros muchos.

—¡Infelices!... ¡Me han desarmado!... ¡Como si pa ustedes se necesitaran armas!

Y abriendo los brazos, en brevísimos instantes volteó de narices sobre el enladrillado al que alcanzó.

¿Y después? Luis Cervantes no recordaba más. Seguramente que allí se habían quedado bien aporreados y dormidos. Seguramente que su novia, por miedo a tanto bruto, había tomado la providencia de encerrarse.

"Tal vez esa recámara comunique con la sala y por ella pueda entrar", pensó.

A sus pasos despertó la Pintada, que dormía cerca de Demetrio, sobre la alfombra y al pie de un confidente colmado de alfalfa y maíz donde la yegua negra cenaba.

—¿Qué busca?—preguntó la muchacha—. ¡Ah, sí; ya sé lo que quiere!... ¡Sinvergüenza!... Mire, encerré a su novia porque ya no podía aguantar a este condenado de Demetrio. Coja la llave, allí está sobre la mesa.

En vano Luis Cervantes buscó por todos los escondrijos de la casa.

—A ver, curro, cuénteme cómo estuvo eso de la muchacha.

Luis Cervantes, muy nervioso, seguía buscando la llave.

—No coma ansia, hombre, allá se la voy a dar. Pero cuénteme... A mí me divierten mucho estas cosas. Esa currita es igual a usté... No es pata rajada como nosotros.

—No tengo qué contar... Es mi novia y ya.

—¡Ja, ja, ja!!... ¡Su novia, y... no! Mire, curro, adonde usté va yo ya vengo. Tengo el colmillo duro. A esa pobre la sacaron de su casa entre el Manteca y el Meco; eso ya lo sabía...; pero usté les ha de haber dado por ella... algunas mancuernillas chapeadas... alguna estampilla milagrosa del Señor de la Villita... ¿Miento, curro?... ¡Que los hay, los hay!... ¡El trabajo es dar con ellos!... ¿Verdad?

La Pintada se levantó a darle la llave; pero tampoco la encontró y se sorprendió mucho.

Estuvo largo rato pensativa.

De repente salió a toda carrera hacia la puerta de la recámara, aplicó un ojo a la cerradura y allí se mantuvo inmóvil hasta que su vista se hizo a la escuridad del cuarto. De pronto, y sin quitar los ojos, murmuró:

—¡Ah, güero..., jijo de un...! ¡Asómese no más, curro!

Y se alejó, lanzando una sonora carcajada.

—¡Si le digo que en mi vida he visto hombre más acabado que éste!

Otro día, por la mañana, la Pintada espió el momento en que el güero salía de la recámara a darle de almorzar a su caballo.

—¡Criatura de Dios!... ¡Anda, vete a tu casa!... ¡Estos hombres son capaces de matarte!... ¡Anda, corre!...

Y sobre la chiquilla de grandes ojos azules y semblante de virgen, que solo vestía camisón y medias, echó la frazada piojosa del Manteca, la cogió de la mano y la puso en la calle.

—¡Bendito sea Dios!—exclamó—. Ahora sí... ¡Cómo quiero yo a este güero!

V

Como los potros que relinchan y retozan a los primeros truenos de mayo, así van por la sierra los hombres de Demetrio.

—¡A la Moyahua, muchachos!

—A la tierra de Demetrio Macías

—¡A la tierra de don Mónico el cacique!

El paisaje se aclara, el sol asoma en una faja escarlata sobre la diafanidad del cielo.

Vanse destacando las cordilleras como monstruos alagartados, de angulosa vertebradura; cerros que parecen testas de colosales ídolos aztecas, caras de gigantes, muecas pavorosas y grotescas, que ora hacen sonreír, ora dejan un vago terror, algo como presentimiento de misterio.

A la cabeza de la tropa va Demetrio Macías con su Estado Mayor: el coronel Anastasio Montañés, el teniente coronel Pancracio y los mayores Luis Cervantes y el güero Margarito.

Siguen en segunda fila la Pintada y Venancio, que la galantea con muchas finezas, recitándole poéticamente versos desesperados de Antonio Plaza.

Cuando los rayos del sol bordean los pretiles del caserío, de cuatro en fondo y tocando los clarines, comenzaron a entrar a Moyahua.

Cantaban los gallos a ensordecer, ladraban con alarma los perros; pero la gente no dio señales de vida en parte alguna.

La Pintada azuzó su yegua negra y de un salto se puso codo a codo con Demetrio. Muy ufana, lucía vestido de seda y grandes arracadas de oro; el azul pálido del talle acentuaba el tinte aceitunado de su rostro y las manchas cobrizas de la avería. Perniabierta, su falda se remangaba hasta la rodilla y se veían sus medias deslavadas y con muchos agujeros. Llevaba revólver al pecho y una cartuchera cruzada sobre la cabeza de la silla.

Demetrio también vestía de gala: sombrero galoneado, pantalón de gamuza con botonadura de plata y chamarra bordada de hilo de oro.

Comenzó a oírse el abrir forzado de las puertas. Los soldados, diseminados ya por el pueblo, recogían armas y monturas por todo el vecindario.

—Nosotros vamos a hacer la mañana a casa de don Mónico—pronunció con gravedad Demetrio, apeándose y tendiendo las riendas de su caballo a un soldado—. Vamos a almorzar con don Mónico... un amigo que me quiere mucho...

Su Estado Mayor sonríe con risa siniestra.

Y, arrastrando ruidosamente las espuelas por las banquetas, se encaminaron hacia un caserón pretencioso, que no podía ser sino albergue de cacique.

—Está cerrada a piedra y cal—dijo Anastasio Montañés empujando con toda su fuerza la puerta.

—Pero yo sé abrir—repuso Pancracio abocando prontamente su fusil al pestillo.

—No, no—dijo Demetrio—; toca primero.

Tres golpes con la culata del rifle, otros tres y nadie responde. Pancracio se insolenta y no se atiene a más órdenes. Dispara, salta la chapa y se abre la puerta.

Vense extremos de faldas, piernas de niños, todos en dispersión hacia el interior de la casa.

—¡Quiero vino!... ¡Aquí, vino!...—pide Demetrio con voz imperiosa, dando fuertes golpes sobre la mesa.

—Siéntense, compañeros.

Una señora asoma, luego otra y otra, y entre las faldas negras aparecen cabezas de niños asustados. Una de las mujeres, temblando, se encamina hacia un aparador, sacando copas y botellas y sirve vino.

—¿Qué armas tienen?—inquiere Demetrio con aspereza.

—¿Armas?...—contestó la señora, la lengua hecha un trapo—. ¿Pero qué armas quieren ustedes que tengan unas señoras solas y decentes?

—¡Ah, solas!... ¿Y don Mónico?...

—No está aquí, señores... Nosotras sólo rentamos la casa... Al señor don Mónico no más de nombre lo conocemos.

Demetrio manda que se practique un cateo.

—No, señores, por favor... Nosotras mismas vamos a traerles lo que tenemos; pero, por el amor de Dios, no nos falten al respeto. ¡Somos niñas solas y decentes!

—¿Y los chamacos?—inquiere Pancracio brutalmente—. ¿Nacieron de la tierra?

Las señoras desaparecen con precipitación y vuelven momentos después con una escopeta astillada, cubierta de polvo y de telarañas, y una pistola de muelles enmohecida y descompuesta.

Demetrio se sonríe:

—Bueno, a ver el dinero...

—¿Dinero?... Pero ¿qué dinero quieren ustedes que tengan unas pobres niñas solas?

Y vuelven sus ojos suplicatorios hacia el más cercano de los soldados; pero luego los aprietan con horror: ¡han visto el sayón que está crucificando a Nuestro Señor Jesucristo en el vía crucis de la parroquia!... ¡Han visto a Pancracio!...

Demetrio ordena el cateo.

A un tiempo se precipitan otra vez las señoras, y al instante vuelven con una cartera apolillada con unos cuantos billetes de los de la emisión Huerta.

Demetrio sonríe, y ya sin más consideraciones, hace entrar a su gente.

Como perros hambrientos que han olfateado su presa, la turba penetra, atropellando a las señoras, que pretenden defender la entrada con sus propios cuerpos. Unas caen desvanecidas, otras huyen; los chicos dan gritos.

Pancracio se dispone a romper la cerradura de un gran ropero, cuando las puertas se abren solas y de dentro salta un hombre con un fusil en las manos.

—¡Don Mónico!—exclaman sorprendidos.

—¡Hombre, Demetrio!... ¡No me haga nada!... ¡No me perjudique!... ¡Soy su amigo, don Demetrio!...

Demetrio Macías se ríe socarronamente y le pregunta si a los amigos se les recibe con el fusil en las manos.

Don Mónico, confuso, aturdido, se echa a sus pies, le abraza las rodillas, le besa los pies:

—¡Mi mujer!... ¡Mis hijos!... ¡Amigo don Demetrio!...

Demetrio, con mano trémula, vuelve el revólver a la cintura.

Una silueta dolorida ha pasado por su memoria. Una mujer con su hijo en los brazos, atravesando por las rocas en la sierra a medianoche y a la luz de la luna... Una casa ardiendo...

—¡Vámonos!... ¡Afuera todos!—clama sombríamente.

Su Estado Mayor obedece; don Mónico y las señoras le besan las manos y lloran de agradecimiento.

En la calle la turba está esperando alegre y dicharachera el permiso del general para saquear la casa del cacique.

—Yo sé muy bien dónde tienen escondido el dinero, pero no lo digo—pronuncia un muchacho con un cesto bajo el brazo.

—¡Hum, yo ya sé!—repone una vieja que lleva un costal de raspa para recoger "lo que Dios le quiera dar"—. Está en un altito; allí hay muchos triques y entre los triques una petaquilla con dibujos de concha... ¡Allí mero está lo güeno!...

—No es cierto—dice un hombre—; no son tan tarugos para dejar así la plata. A mi modo de ver, la tienen de cuero.

Y el gentío se remueve, unos con sogas para hacer sus fardos, otros con bateas; las mujeres extienden sus delantales o el extremo de sus rebozos, calculando lo que les puede caber. Todos, dando las gracias a Su Divina Majestad, esperan su buena parte de saqueo.

Cuando Demetrio anuncia que no permitirá nada y ordena que todos se retiren, con gesto desconsolado la gente del pueblo lo obedece y se disemina luego; pero entre la soldadesca hay un sordo rumor de desaprobación y nadie se mueve de su sitio.

Demetrio, irritado, repite que se vayan.

Un mozalbete de los últimos reclutados, con algún aguardiente en la cabeza, se ríe y avanza sin zozobra hacia la puerta.

Pero antes de que pueda franquear el umbral un disparo instantáneo lo hace caer como los toros heridos por la puntilla.

Demetrio, con la pistola humeante en las manos, inmutable, espera que los soldados se retiren.

—Que se le pegue fuego a la casa—ordena a Luis Cervantes cuando llegan al cuartel.

Y Luis Cervantes, con rara solicitud, sin transmitir la orden, se encargó de ejecutarla personalmente.

Cuando dos horas después la plazuela se ennegrecía de humo y de la casa de don Mónico se alzaban enormes lenguas de fuego, nadie comprendió el extraño proceder del general.

VI

Se habían alojado en una casona sombría, propiedad del mismo cacique de Moyahua.

Sus predecesores en aquella finca habían dejado ya su rastro vigoroso en el patio, convertido en estercolero; en los muros, desconchados hasta mostrar grandes manchones de adobe crudo; en los pisos, demolidos por las pezuñas de las bestias; en el huerto, hecho un reguero de hojas marchitas y ramajes secos. Se tropezaba, desde el entrar, con pies de muebles, fondos y respaldos de sillas, todo sucio de tierra y bazofia.

A las diez de la noche, Luis Cervantes bostezó muy aburrido y dijo adiós al güero Margarito y a la Pintada, que bebían sin decanso en una banca de la plaza.

Se encaminó al cuartel. El único cuarto amueblado era la sala. Entró y Demetrio, que estaba tendido en el suelo, los ojos claros y mirando al techo, dejó de contar las vigas y volvió la cara.

—¿Es usted, curro?... ¿Qué trae?... Ande, entre, siéntese.

Luis Cervantes fue primero a despabilar la vela, tiró luego de un sillón sin respaldo y cuyo asiento de mimbres había sido sustituido con un áspero cotense. Chirriaron las patas de la silla y la yegua prieta de la Pintada bufó, se removió en la sombra, describiendo con su anca redonda y tersa una gallarda curva.

Luis Cervantes se hundió en el asiento y dijo:

—Mi general, vengo a darle cuenta de la comisión... Aquí tiene...

—Hombre, curro... Si yo no quería eso... Moyahua casi es mi tierra... ¡Dirán que por eso anda uno aquí!...—respondió Demetrio mirando el saco apretado de monedas que Luis le tendía.

Este dejó el asiento para venir a ponerse en cuclillas al lado de Demetrio. Tendió un sarape en el suelo y sobre él vació el talego de hidalgos relucientes como ascuas de oro.

—En primer lugar, mi general, esto lo sabemos sólo usted y yo... Y por otra parte, ya sabe que al buen sol hay que abrirle la ventana... Hoy nos está dando de cara, pero ¿mañana?... Hay que ver siempre adelante. Una bala, el reparo de un caballo, hasta un ridículo resfrío... ¡y una viuda y unos huérfanos en la miseria!... ¿El Gobierno? ¡Ja, ja, ja!... Vaya usted con Carranza, con Villa o con cualquiera otro de los jefes principales y hábleles de su familia... Si le responden con un puntapié... donde usted ya sabe, diga que le fue de perlas... Y hacen bien, mi general; nosotros no nos hemos levantado en armas para que un tal Carranza o un tal Villa lleguen a presidentes de la República; nosotros peleamos en defensa de los sagrados derechos del pueblo, pisoteados por el vil cacique... Y así como ni Villa, ni Carranza, ni ningún otro han de venir a pedir nuestro consentimiento para pagarse los servicios que le están prestando a la patria, tampoco nosotros tenemos necesidad de pedirle licencia a nadie.

Demetrio se medio incorporó, tomó una botella cerca de su cabecera, empinó y luego, hinchando los carrillos, lanzó una bocanada a lo lejos.

—¡Qué pico largo es usted, curro!

Luis sintió un vértigo. La cerveza regada parecía avivar la fermentación del basurero donde reposaban: un tapiz de cáscaras de naranjas y plátanos, carnosas cortezas de sandía, hebrosos núcleos de mangos y bagazos de caña, todo revuelto con hojas enchiladas de tamales y todo húmedo de deyecciones.

Los dedos callosos de Demetrio iban y venían sobre las brillantes monedas a cuenta y cuenta.

Repuesto ya, Luis Cervantes sacó un botecito de fosfatina Fallières y volcó dijes, anillos, pendientes y otras muchas alhajas de valor.

—Mire, mi general; si, como parece, esta bola va a seguir, si la Revolución no se acaba, nosotros tenemos ya lo suficiente para irnos a brillarla una temporada fuera del país—Demetrio meneó la cabeza negativamente—. ¿No haría usted eso?... Pues ¿a qué nos quedaríamos ya?... ¿Qué causa defenderíamos ahora?

—Eso es cosa que yo no puedo explicar, curro; pero siento que no es cosa de hombres...

—Escoja, mi general—dijo Luis Cervantes mostrando las joyas puestas en fila.

—Déjelo todo para usted... De veras, curro... ¡Si viera que no le tengo amor al dinero!... ¿Quiere que le diga la verdad? Pues yo, con que no me falte el trago y con traer una chamaquita que me cuadre, soy el hombre más feliz del mundo.

—¡Ja, ja, ja!... ¡Qué mi general!... Bueno, ¿y por qué se aguanta a esa sierpe de la Pintada?

—Hombre, curro, me tiene harto; pero así soy. No me animo a decírselo... No tengo valor para despacharla a... Yo soy así, ese es mi genio. Mire, de que me cuadra una mujer, soy tan boca de palo, que si ella no comienza... yo no me animo a nada—y suspiró—. Ahí está Camila, la del ranchito... La muchacha es fea; pero si viera cómo me llena el ojo...

—El día que usted quiera, nos la vamos a traer, mi general.

Demetrio guiñó los ojos con malicia.

—Le juro que se la hago buena, mi general...

—¿De veras, curro?... Mire, si me hace esa valedura, pa usté es el reló con todo y leopoldina de oro, ya que le cuadra tanto.

Los ojos de Luis Cervantes resplandecieron. Tomó el bote de fosfatina, ya bien lleno, se puso en pie y, sonriendo, dijo:

—Hasta mañana, mi general... Que pase buena noche.

VII

—¿Yo qué sé? Lo mismo que ustedes saben. Me dijo el general: "Codorniz ensilla tu caballo y mi yegua mora. Vas con el curro a una comisión". Bueno, así fue: Salimos de aquí a mediodía y, ya anocheciendo, llegamos al ranchito. Nos dio posada la tuerta María Antonia... Que cómo estás tanto, Pancracio... En la madrugada me despertó el curro: "Codorniz, Codorniz, ensilla las bestias. Me dejas mi caballo y te vuelves con la yegua del general otra vez para Moyahua. Dentro de un rato te alcanzo". Y ya estaba el sol alto cuando llegó con Camila en la silla. La apeó y la montamos en la yegua mora.

—Bueno, y ella, ¿qué cara venía poniendo?—preguntó uno.

—¡Hum, pos no le paraba la boca de tan contenta!...

—¿Y el curro?

—Callado como siempre; igual a como es él.

—Yo creo—opinó con mucha gravedad Venancio— que si Camila amaneció en la cama de Demetrio, sólo fue por una equivocación. Bebimos mucho... ¡Acuérdense!... Se nos subieron los espíritus alcohólicos a la cabeza y todos perdimos el sentido.

—¡Qué espíritus alcohólicos ni qué...! Fue cosa convenida entre el curro y el general.

—¡Claro! Pa mí el tal curro no es más que un...

—A mí no me gusta hablar de los amigos en ausencia—dijo el güero Margarito—; pero sí sé decirles que de dos novias que le he conocido una ha sido para... mí y otra para el general.

Y prorrumpieron en carcajadas.

Luego que la Pintada se dio cuenta cabal de lo sucedido, fue muy cariñosa a consolar a Camila.

—¡Pobrecita de ti, platícame cómo estuvo eso!

Camila tenía los ojos hinchados de llorar.

—¡Me mintió, me mintió!... Fue el rancho y me dijo: "Camila, vengo no más por ti. ¿Te sales conmigo?" ¡Hum, díganme si yo no tendría ganas de salirme con él! De quererlo, lo quero y lo requero... ¡Míreme tan encanijada sólo por estar pensando en él! Amanece y ni ganas del metate... Me llama mi mamá al almuerzo, y la gorda se me hace trapo en la boca... ¡Y aquella pinción!... ¡Y aquella pinción!...

Y comenzó a llorar otra vez, y para que no se oyeran sus sollozos se tapaba la boca y la nariz con un extremo del rebozo.

—Mira, yo te voy a sacar de esta apuración. No seas tonta, ya no llores. Ya no pienses en el curro... ¿Sabes lo que es ese curro?... ¡Palabra!... ¡Te digo que no más para eso lo trae el general!... ¡Qué tonta!... Bueno, ¿quieres volver a tu casa?

—¡La Virgen de Jalpa me ampare!... ¡Me mataría mi mamá a palos!

—No te hace nada. Vamos haciendo una cosa. La tropa tiene que salir de un momento a otro; cuando Demetrio te diga que te prevengas para irnos, tú le respondes que tienes muchas dolencias de cuerpo, y que estás como si te hubieran dado de palos, y te estiras y bostezas muy seguido. Luego te tientas la frente y dices: "Estoy ardiendo en calentura". Entonces yo le digo a Demetrio que nos deje a las dos, que yo me quedo a curarte y que luego que estés buena nos vamos a alcanzarlo. Y lo que hacemos es que yo te pongo en tu casa buena y sana.

VIII

Ya el sol se había puesto y el caserío se envolvía en la tristeza gris de sus calles viejas y en el silencio de terror de sus moradores, recogidos a muy buena hora, cuando Luis Cervantes llegó a la tienda de Primitivo López a interrumpir una juerga que prometía grandes sucesos. Demetrio se emborrachaba allí con sus viejos camaradas. El mostrador no podía contener más gente. Demetrio, la Pintada y el güero Margarito habían dejado afuera sus caballos; pero los demás oficiales se habían metido brutalmente con todo y cabalgaduras. Los sombreros galoneados de cóncavas y colosales faldas se encontraban en vaivén constante; caracoleaban las ancas de las bestias, que sin cesar removían sus finas cabezas de ojazos negros, narices palpitantes y orejas pequeñas. Y en la infernal alharaca de los borrachos se oía el resoplar de los caballos, su rudo golpe de pesuñas en el pavimento y, de vez en vez, un relincho breve y nervioso.

Cuando Luis Cervantes llegó, se comentaba un suceso banal. Un paisano, con un agujerito negruzco y sanguinolento en la frente, estaba tendido boca arriba en medio de la carretera. Las opiniones, divididas al principio, ahora se unificaban bajo una justísima reflexión del güero Margarito. Aquel pobre diablo que yacía bien muerto era el sacristán de la iglesia. Pero, ¡tonto!..., la culpa había sido suya... ¿Pues a quién se le ocurre, señor, vestir pantalón, chaqueta y gorrita? ¡Pancracio no puede ver a un catrín enfrente de él!

Ocho músicos "de viento", las caras rojas y redondas como soles, desorbitados los ojos, echando los bofes por los latones desde la madrugada, suspenden su faena al mandato de Cervantes.

—Mi general—dijo éste abriéndose paso entre los montados—, acaba de llegar un propio de urgencia. Le ordenan a usted que salga inmediatamente a perseguir a los orozquistas.

Los semblantes, ensombrecidos un momento, brillaron de alegría.

—¡A Jalisco, muchachos!—gritó el güero Margarito dando un golpe seco sobre el mostrador.

—¡Aprevénganse, tapatías de mi alma, que allá voy!—gritó la Codorniz arriscándose el sombrero.

Todo fue regocijo y entusiasmo. Los amigos de Demetrio, en la excitación de la borrachera, le ofrecieron incorporarse a sus filas. Demetrio no podía hablar de gusto. ¡Ah, ir a batir a los orozquistas!... ¡Habérselas al fin con hombres de veras!... ¡Dejar de matar federales como se matan liebres o guajolotes!

—¡Si yo pudiera coger vivo a Pascual Orozco—dijo el güero Margarito—, le arrancaba la planta de los pies y lo hacía caminar veinticuatro horas por la sierra...

—¿Qué, ese fue el que mató al señor Madero?—preguntó el Meco.

—No—repuso el güero con solemnidad—; pero a mí me dio una cachetada cuando fui mesero del Delmónico en Chihuahua.

—Para Camila, la yegua mora—ordenó Demetrio a Pancracio, que estaba ya ensillando.

—Camila no se puede ir—dijo la Pintada con prontitud.

—¿Quién te pide a ti tu parecer?—repuso Demetrio con aspereza.

—¿Verdá, Camila, que amaneciste con mucha dolencia de cuerpo y te sientes acalenturada ahora?

—Pos yo..., pos yo..., lo que diga don Demetrio.

—¡Ah, qué guaje!... Dí que no, dí que no...—pronunció a su oído La Pintada con gran inquietud.

—Pos es que ya le voy cobrando voluntá... ¿Lo cree?...—contestó Camila también muy quedo.

La Pintada se puso negra y se le inflaron los carrillos; pero no dijo nada y se alejó a montar la yegua que le estaba ensillando el güero Margarito.

IX

El torbellino del polvo, prolongado a buen trecho a lo largo de la carretera, rompíase bruscamente en masas difusas y violentas, y se destacaban pechos hinchados, crines revueltas, narices trémulas, ojos ovoides, impetuosos, patas abiertas y como encogidas al impulso de la carrera. Los hombres, de rostro de bronce y dientes de marfil, ojos flameantes, blandían los rifles o los cruzaban sobre las cabezas de las monturas.

Cerrando la retaguardia, y al paso, venían Demetrio y Camila; ella trémula aún, con los labios blancos y secos; él, malhumorado por lo insulso de la hazaña. Ni tales orozquistas,[58] ni tal combate. Unos cuantos federales dispersos, un pobre diablo de cura con un centenar de ilusos, todos reunidos bajo la vetusta bandera de "Religión y Fueros".[59] El cura se quedaba allí bamboleándose, pendiente de un mezquite, y en el campo, un reguero de muertos que ostentaban en el pecho un escudito de bayeta roja y un letrero: "¡Detente! ¡El Sangrado Corazón de Jesús está conmigo!"

—La verdá es que yo ya me pagué hasta de más mis sueldos atrasados—dijo la Codorniz mostrando los relojes y anillos de oro que se había extraído de la casa cural.

---

[58] seguidores del revolucionario Pascual Orozco.

[59] consigna de propietarios que se oponían a los ideales de la Revolución.

—Así siquiera pelea uno con gusto—exclamó el Manteca entreverando insolencias entre cada frase—. ¡Ya sabe uno por qué arriesga el cuero!

Y cogía fuertemente con la misma mano que empuñaba las riendas, un reluciente resplandor que le había arrancado al Divino Preso de la iglesia.

Cuando la Codorniz, muy perito en la materia, examinó codiciosamente el "avance" del Manteca lanzó una carcajada solemne.

—¡Tu resplandor es de hoja de lata!...

—¿Por qué vienes cargando con esa roña?—preguntó Pancracio al güero Margarito, que llegaba de los últimos con un prisionero.

—¿Saben por qué? Porque nunca he visto bien a bien la cara que pone un prójimo cuando se le aprieta una reata en el pescuezo.

El prisionero, muy gordo, respiraba fatigado; su rostro estaba encendido, sus ojos inyectados y su frente goteaba. Lo traían atado de las muñecas y a pie.

—Anastasio, préstame tu reata; mi cabestro se revienta con este gallo... Pero, ahora que lo pienso mejor, no... Amigo federal, te voy a matar de una vez; vienes penando mucho. Mira, los mezquites están muy lejos todavía y por aquí no hay telégrafo siquiera para colgarte de algún poste.

Y el güero Margarito sacó su pistola, puso el cañón sobre la tetilla izquiera del prisionero y paulatinamente echó el gatillo atrás.

El federal palideció como cadáver, su cara se afiló y sus ojos vidriosos se quebraron. Su pecho palpitaba tumultuosamente y todo su cuerpo se sacudía como por un gran calosfrío.

El güero Margarito mantuvo así su pistola durante segundos eternos. Y sus ojos brillaron de un modo extraño, y su cara regordeta, de inflados carrillos, se encendía en una sensación de suprema voluptuosidad.

—¡No, amigo federal!—dijo lentamente retirando el arma y volviéndola a su funda—, no te quiero matar todavía... Vas a seguir como mi asistente... ¡Ya verás si soy hombre de mal corazón!

Y guiñó malignamente sus ojos a sus inmediatos.

El prisionero había embrutecido; sólo hacia movimientos de deglución; su boca y su garganta estaban secas.

Camila, que se había quedado atrás, picó el ijar de su yegua y alcanzó a Demetrio:

—¡Ah, qué malo es el hombre ese Margarito!... ¡Si viera lo que viene haciendo con un preso!...

Y refirió lo que acababa de presenciar.

Demetrio contrajo las cejas, pero nada contestó.

La Pintada llamó a Camila a distancia.

—Oye tú, ¿qué chismes le trais a Demetrio?... El güero Margarito es mi mero amor... ¡Pa que te lo sepas!... Y ya sabes... Lo que haiga con él, hay conmigo. ¡Ya te lo aviso!...

Y Camila, muy asustada, fue a reunirse con Demetrio.

X

La tropa acampó en una planicie, cerca de tres casitas alineadas que, solitarias, recortaban sus blancos muros sobre la faja púrpura del horizonte. Demetrio y Camila fueron hacia ellas.

Dentro del corral, un hombre en camisa y calzón blanco, de pie, chupaba con avidez un gran cigarro de hoja; cerca de él, sentado sobre una losa, otro desgranaba maíz, frotando mazorcas entre sus dos manos, mientras que una de sus piernas, seca y retorcida, remataba en algo como pesuña de chivo, se sacudía a cada instante para espantar a las gallinas.

—Date priesa, Pifanio—dijo el que estaba parado—; ya se metió el sol y todavía no bajas al agua a las bestias.

Un caballo relinchó fuera y los dos hombres alzaron la cabeza azorados.

Demetrio y Camila asomaron tras la barda del corral.

—No más quiero alojamiento para mí y para mi mujer—les dijo Demetrio tranquilizándolos.

Y como les explicara que él era el jefe de un cuerpo de ejército que iba a pernoctar en las cercanías, el hombre que estaba a pie, y que era el amo, con mucha solicitud los hizo entrar. Y corrió por un apaste de agua y una escoba, pronto a barrer y regar el mejor rincón de la troje para alojar decentemente a tan honorables huéspedes.

—Anda, Pifanio; desensilla los caballos de los señores.

El hombre que desgranaba se puso trabajosamente en pie. Vestía unas garras de camisa y chaleco, una piltrafa de pantalón, abierto en dos alas, cuyos extremos, levantados, pendían de la cintura.

Anduvo, y su paso marcó un compás grotesco.

—Pero ¿puedes tú trabajar, amigo?—le preguntó Demetrio sin dejarlo quitar las monturas.

—¡Pobre—gritó el amo desde el interior de la troje—, le falta la juerza!... ¡Pero viera qué bien desquita el salario!... ¡Trabaja dende que Dios amanece!.. ¡Qué ha que se metió el sol... y mírelo, no para todavía!

Demetrio salió con Camila a dar una vuelta por el campamento. La planicie, de dorados barbechos, rapada hasta de arbustos, se dilataba inmensa en su desolación. Parecían un verdadero milagro los tres grandes fresnos enfrente de las casitas, sus cimas verdinegras, redondas y ondulosas, su follaje rico, que descendía hasta besar el suelo.

—¡Yo no sé qué siento por acá que me da tanta tristeza!—dijo Demetrio.

—Sí—contestó Camila—; lo mismo a mí.

A orillas de un arroyuelo, Pifanio estaba tirando rudamente de la soga de un bimbalete. Una olla enorme se volcaba sobre un montón de hierba fresca, y a las postreras luces de la tarde cintilaba el chorro de cristal desparramándose en la pila. Allí bebían ruidosamente una vaca flaca, un caballo matado y un burro.

Demetrio reconoció al peón cojitranco[60] y le preguntó:

—¿Cuánto ganas diario, amigo?

—Diez y seis centavos, patrón...

Era un hombrecillo rubio, escrofuloso, de pelo lacio y ojos zarcos. Echó pestes del patrón, del rancho y de la perra suerte.

—Desquitas bien el sueldo, hijo—le interrumpió Demetrio con mansedumbre—. A reniega y reniega, pero a trabaja y trabaja.

Y volviéndose a Camila.

—Siempre hay otros más pencos que nosotros los de la sierra, ¿verdad?

—Sí—contestó Camila.

Y siguieron caminando.

El valle se perdió en la sombra y las estrellas se escondieron.

Demetrio estrechó a Camila amorosamente por la cintura y quién sabe qué palabras susurró a su oído.

—Sí—contestó ella débilmente.

Porque ya le iba cobrando "voluntá".

Demetrio durmió mal, y muy temprano se echó fuera de la casa.

"A mí me va a suceder algo", pensó.

Era un amanecer silencioso y de discreta alegría. Un tordo piaba tímidamente en el fresno; los animales removían las basuras del rastrojo en el corral; gruñía el cerdo su somnolencia. Asomó el tinte anaranjado del sol, y la última estrellita se apagó.

Demetrio, paso a paso, iba al campamento.

---

[60]de pie cojo.

Pensaba en su yunta: dos bueyes prietos, nuevecitos, de dos años de trabajo apenas, en sus dos fanegas de labor bien abonadas. La fisonomía de su joven esposa se reprodujo fielmente en su memoria: aquellas líneas dulces y de infinita mansedumbre para el marido, de indomables energías y altivez para el extraño. Pero cuando pretendió reconstruir la imagen de su hijo, fueron vanos todos sus esfuerzos; lo había olvidado.

Llegó al campamento. Tendidos entre los surcos, dormían los soldados y revueltos con ellos, los caballos echados, caída la cabeza y cerrados los ojos.

—Están muy estragadas las remudas, compadre Anastasio; es bueno que nos quedemos a descansar un día siquiera.

—¡Ay, compadre Demetrio!... ¡Qué ganas ya de la sierra! Si viera... ¿a qué no me cree?..., pero naditita que me jallo por acá... ¡Una tristeza y una murria!... ¡Quién sabe qué le hará a uno falta!...

—¿Cuántas horas se hacen de aquí a Limón?

—No es cosa de horas: son tres jornadas muy bien hechas, compadre Demetrio.

—¡Si viera!... ¡Tengo ganas de ver a mi mujer!

No tardó mucho la Pintada en ir a buscar a Camila:

—¡Újule, újule!... Solo por eso, que ya Demetrio te va a largar. A mí, a mí mero me lo dijo... Va a traer a su mujer de veras... Y es muy bonita, muy blanca... ¡Unos chapetes!... Pero si tú no te queres ir, pué que hasta te ocupen: tienen una criatura y tú la puedes cargar...

Cuando Demetrio regresó, Camila, llorando, se lo dijo todo.

—No le hagas caso a esa loca... Son mentiras, son mentiras...

Y como Demetrio no fue a Limón ni se volvió a acordar de su mujer, Camila estuvo muy contenta y la Pintada se volvió un alacrán.

XI

Antes de la madrugada salieron rumbo a Tepatitlán. Diseminadas por el camino real y por los barbechos, sus siluetas ondulaban vagamente al paso monótono y acompasado de las caballerías, esfumándose en el tono perla de la luna en menguante, que bañaba todo el valle.

Se oía lejanísimo ladrar de perros.

—Hoy a mediodía llegamos a Tepatitlán, mañana a Cuquío, y luego..., a la sierra—dijo Demetrio.

—¿No sería bueno, mi general—observó a su oído Luis Cervantes—, llegar primero a Aguascalientes?

—¿Qué vamos a hacer allá?

—Se nos están agotando los fondos...

—¡Cómo!... ¿Cuarenta mil pesos en ocho días?

—Solo en esta semana hemos reclutado cerca de quinientos hombres y en anticipos y gratificaciones se nos ha ido todo—repuso muy bajo Luis Cervantes.

—No; vamos derecho a la sierra... Ya veremos...

—¡Sí, a la sierra!—clamaron muchos.

—¡A la sierra!... ¡A la sierra!... No hay como la sierra.

La planicie seguía oprimiendo sus pechos; hablaban de la sierra con entusiasmo y delirio, y pensaron en ella como en la deseada amante a quien se ha dejado de ver por mucho tiempo.

Clareó el día. Después, una polvarera de tierra roja se levantó hacia el oriente, en una inmensa cortina de púrpura incendiada.

Luis Cervantes templó la brida de su caballo y esperó a la Codorniz.

—¿En qué quedamos, pues, Codorniz?

—Ya le dije, curro: doscientos por el puro reló...

—No, yo te compro a bulto: relojes, anillos y todas las alhajitas. ¿Cuánto?

La Codorniz vaciló, se puso descolorido; luego dijo con ímpetu:

—Deque dos mil papeles por todo.

Pero Luis Cervantes se dejó traicionar; sus ojos brillaron con tan manifiesta codicia, que la Codorniz volvió sobre sus pasos y exclamó pronto:

—No, mentiras, no vendo nada... El puro reló, y eso porque ya debo los doscientos pesos a Pancracio, que anoche me ganó otra vez.

Luis Cervantes sacó cuatro flamantes billetes de "dos caritas" y los puso en manos de la Codorniz.

—De veras—le dijo—, me intereso al lotecito... Nadie te dará más de lo que yo te dé.

Cuando comenzó a sentirse el sol, el Manteca gritó de pronto:

—Güero Margarito, ya tu asistente quiere pelar gallo. Dice que ya no puede andar.

El prisionero se había dejado caer, exhausto, en medio del camino.

—¡Calla!—exclamó el güero Margarito retrocediendo—. ¿Conque ya te cansaste, simpático? ¡Pobrecito de ti! Voy a comprar un nicho de cristal para guardarte en una rinconera de mi casa, como Niño Dios. Pero es necesario llegar primero el pueblo y para esto te voy a ayudar.

Y sacó el sable y descargó sobre el infeliz repetidos golpes.

—A ver la reata, Pancracio—dijo luego, brillantes y extraños los ojos.

Pero como la Codorniz le hiciera notar que el federal no movía ni pie ni mano, dio una gran carcajada y dijo:

—¡Qué bruto soy!... ¡Ahora que lo tenía enseñado a no comer!...

—Ahora sí, ya llegamos a Guadalajara chiquita—dijo Venancio descubriendo el caserío risueño de Tepatitlán, suavemente recostado en una colina.

Entraron regocijados; a las ventanas asomaban rostros sonrosados y bellos ojos negros.

Las escuelas quedaron convertidas en cuarteles. Demetrio se alojó en la sacristía de una capilla abandonada.

Después los soldados se desperdigaron, como siempre, en busca de "avances", so pretexto de recoger armas y caballos.

Por la tarde, algunos de los de la escolta de Demetrio estaban tumbados en el atrio de la iglesia rascándose la barriga. Venancio, con mucha gravedad, pecho y espalda desnudos, espulgaba su camisa.

Un hombre se acercó a la barda, pidiendo la venia de hablar al jefe.

Los soldados levantaron la cabeza, pero ninguno le respondió.

—Soy viudo, señores; tengo nueve criaturas y no vivo más que de mi trabajo... ¡No sean ingratos con los pobres!...

—Por mujer no te apures, tío—dijo el Meco, que con un cabo de vela se embadurnaba los pies—; ai traimos a la Pintada, y te la pasamos al costo.

El hombre sonrió amargamente.

—No más que tiene una maña—observó Pancracio, boca arriba y mirando el azul del cielo—: apenas mira un hombre, y luego se prepara.

Rieron a carcajadas; pero Venancio, muy grave, indicó la puerta de la sacristía al paisano.

Este, tímidamente, entró y expuso a Demetrio su queja. Los soldados acababan de "limpiarlo". Ni un grano de maíz le habían dejado.

—Pos pa qué se dejan—le respondió Demetrio con indolencia.

Luego el hombre insistió con lamentos y lloriqueos, y Luis Cervantes se dispuso a echarlo fuera insolentemente. Pero Camila intervino:

—¡Ande, don Demetrio, no sea usted también mal alma; déle una orden pa que le devuelvan su maíz!...

Luis Cervantes tuvo que obedecer; escribió unos renglones, y Demetrio, al calce, puso un garabato.

—¡Dios se lo pague, niña!... Dios se lo ha de dar de su santísima gloria... Diez fanegas de maíz, apenas pa comer este año—clamó el hombre, llorando de agradecimiento. Y tomó el papel y a todos les besó las manos.

XII

Iban llegando ya a Cuquío, cuando Anastasio Montañés se acercó a Demetrio y le dijo:

—Ande, compadre, ni le he contado... ¡Qué travieso es de veras el güero Margarito! ¿Sabe lo que hizo ayer con ese hombre que vino a darle la queja de que le habíamos sacado su maíz para nuestros caballos? Bueno, pos con la orden que usté le dio fue al cuartel. "Sí, amigo, le dijo el güero; entra para acá; es muy justo devolverte lo tuyo. Entra, entra... ¿Cuántas fanegas te robamos?... ¿Diez? ¿Pero estás seguro de que no son más que diez? Sí, eso es; como quince, poco más o menos... ¿No serían veinte?... Acuérdate bien... Eres muy pobre, tienes muchos hijos que mantener. Sí, es lo que digo, como veinte; ésas deben haber sido... Pasa por acá; no te voy a dar quince, ni veinte. Tú no más vas contando... Una, dos, tres... Y luego que ya no quieras, me dices: ya". Y saca el sable y le ha dado una cintareada que lo hizo pedir misericordia.

La Pintada se caía de risa.

Y Camila, sin poderse contener, dijo:

—¡Viejo condenado, tan mala entraña!... ¡Con razón no lo puedo ver!

Instantáneamente se demudó el rostro de la Pintada.

—¿Y a ti te da tos por eso?

Camila tuvo miedo y adelantó su yegua.

La Pintada disparó la suya y rapidísima, al pasar atropellando a Camila, la cogió de la cabeza y le deshizo la trenza.

Al empellón, la yegua de Camila se encabritó y la muchacha abandonó las riendas por quitarse los cabellos de la cara; vaciló, perdió el equilibrio y cayó en un pedregal, rompiéndose la frente.

Desmorecida de risa, la Pintada, con mucha habilidad, galopó a detener la yegua desbocada.

—¡Ándale, curro, ya te cayó trabajo!—dijo Pancracio luego que vio a Camila en la misma silla de Demetrio, con la cara mojada de sangre.

Luis Cervantes, presuntuoso, acudió con sus materiales de curación; pero Camila, dejando de sollozar, se limpió los ojos y dijo con voz apagada:

—¿De usté?... ¡Aunque me estuviera muriendo!... ¡Ni agua!

En Cuquío recibió Demetrio un propio.

—Otra vez a Tepatitlán, mi general—dijo Luis Cervantes pasando rápidamente sus ojos por el oficio—. Tendrá que dejar allí la gente, y usted a Lagos, a tomar el tren de Aguascalientes.

Hubo protestas calurosas; algunos serranos juraron que ellos no seguirían ya en la columna, entre gruñidos, quejas y rezongos.

Camila lloró toda la noche, y otro día, por la mañana, dijo a Demetrio que ya le diera licencia de volverse a su casa.

—¡Si le falta voluntá!...—contestó Demetrio hosco.

—No es eso, don Demetrio; voluntá se la tengo y mucha... pero ya lo ha estado viendo... ¡Esa mujer!...

—No se apure; hoy mismo la despacho a... Ya lo tengo bien pensado.

Camila dejó de llorar.

Todos estaban ensillando ya. Demetrio se acercó a la Pintada y le dijo en voz muy baja:

—Tú ya no te vas con nosotros.

—¿Qué dices?—inquirió ella sin comprender.

—Que te quedas aquí o te largas adonde te dé la gana, pero no con nosotros.

—¿Qué estás diciendo?—exclamó ella con asombro—. ¿Es decir, que tú me corres? ¡Ja, ja, ja!... ¡Pues qué... tal serás tú si te andas creyendo de los chismes de esa...!

Y la Pintada insultó a Camila, a Demetrio, a Luis Cervantes y a cuantos le vinieron a la mientes con tal energía y novedad, que la tropa oyó injurias e insolencias que no había sospechado siquiera.

Demetrio esperó largo rato con paciencia; pero como ella no diera trazas de acabar, con mucha calma dijo a un soldado:

—Echa fuera a esa borracha.

—¡Güero Margarito! ¡Güero de mi vida! ¡Ven a defenderme de éstos...! ¡Anda, güerito de mi corazón!... ¡Ven a enseñarles que tú eres hombre de veras y ellos no son más que unos hijos de...!

Y gesticulaba, pateaba y daba de gritos.

El güero Margarito apareció. Acababa de levantarse; sus ojos azules se perdían bajo unos párpados hinchados y su voz estaba ronca. Se informó del sucedido y, acercándose a la Pintada, le dijo con mucha gravedad:

—Sí, me parece muy bien que ya te largues mucho a la... ¡A todos nos tienes hartos!

El rostro de la Pintada se granitificó. Quiso hablar, pero sus músculos estaban rígidos.

Los soldados reían divertidísimos; Camila, muy asustada, contenía la respiración.

La Pintada paseó sus ojos en torno. Y todo fue en un abrir y cerrar de ojos; se inclinó, sacó una hoja aguda y brillante de entre le media y la pierna y se lanzó sobre Camila.

Un grito estridente y un cuerpo que se desploma arrojando sangre a borbotones.

—Mátenla—gritó Demetrio fuera de sí.

Dos soldados se arrojaron sobre la Pintada que, esgrimiendo el puñal, no les permitió tocarla.

—¡Ustedes no, infelices!... Mátame tú, Demetrio—se adelantó, entregó su arma, irguió el pecho y dejó caer los brazos.

Demetrio puso en alto el puñal tinto en sangre; pero sus ojos se nublaron, vaciló, dio un paso atrás.

Luego, con voz apagada y ronca, gritó:

—¡Lárgate!... ¡Pero luego!...

Nadie se atrevió a detenerla. Se alejó muda y sombría, paso a paso.

Y el silencio y la estupefacción lo rompió la voz aguda y gutural del güero Margarito:

—¡Ah, qué bueno!... ¡Hasta que se me despegó esta chinche!...

XIII

En la medianía del cuerpo
una daga me metió,
sin saber por qué
no por qué sé yo...
El sí lo sabía,
pero yo no...

Y de aquella herida mortal
mucha sangre me salió,
sin saber por qué
ni por qué sé yo...
El sí lo sabía,
pero yo no...

Caída la cabeza, las manos cruzadas sobre la montura, Demetrio tarareaba con melancólico acento la tonadilla obsesionante.

Luego, callaba; largos minutos se mantenía en silencio y pesaroso.

—Ya verá cómo llegando a Lagos le quito esa murria, mi general. Allí hay muchachas bonitas para darnos gusto—dijo el güero Margarito.

—Ahora sólo tengo ganas de ponerme una borrachera—contestó Demetrio.

Y se alejó otra vez de ellos, espoleando su caballo, como si quisiera abandonarse todo a su tristeza.

Después de muchas horas de caminar, hizo venir a Luis Cervantes:

—¿Oiga, curro, ahora que lo estoy pensando, yo qué pitos voy a tocar a Aguascalientes?

—A dar su voto, mi general, para Presidente provisional de la República.

—¿Presidente provisional?... Pos entonces, ¿qué... tal es, pues, Carranza?... La verdad, yo no entiendo estas políticas...

Llegaron a Lagos. El güero apostó a que esa noche haría reír a Demetrio a carcajadas.

Arrastrando las espuelas, las chivarras caídas abajo de la cintura, entró Demetrio a "El Cosmopolita", con Luis Cervantes, el güero Margarito y sus asistentes.

—¿Por qué corren, curros?... ¡No sabemos comer gente!—exclamó el güero.

Los paisanos, sorprendidos en el mismo momento de escapar, se detuvieron; unos, con disimulo, regresaron a sus mesas a seguir bebiendo y charlando, y otros, vacilantes, se adelantaron a ofrecer sus respetos a los jefes.

—¡Mi general!... ¡Mucho gusto!... ¡Señor mayor!...

—¡Eso es!... Así me gustan los amigos, finos y decentes—dijo el güero Margarito.

—Vamos, muchachos—agregó sacando su pistola jovialmente—; ahí le va un buscapiés para que lo toreen.

Una bala rebotó en el cemento, pasando entre las patas de las mesas y las piernas de los señoritos, que saltaron asustados como dama a quien se le ha metido un ratón bajo la falda.

Pálidos, sonríen para festejar debidamente al señor mayor. Demetrio despliega apenas los labios, mientras que el acompañamiento lanza carcajadas a pierna tendida.

—Güero—observa la Codorniz—, a ése que va saliendo le prendió la avispa; mira cómo cojea.

El Güero, sin parar mientes ni volver siquiera la cara hacia el herido, afirma con entusiasmo que a treinta pasos de distancia y al descubrir le pega a un cartucho de tequila.

—A ver, amigo, párese—dice al mozo de la cantina. Luego, de la mano lo lleva a la cabecera del patio del hotel y le pone un cartucho lleno de tequila en la cabeza.

El pobre diablo resiste, quiere huir, espantado, pero el güero prepara su pistola y apunta.

—¡A tu lugar... tasajo! O de veras te meto una calientita.

El güero se vuelve a la pared opuesta, levanta su arma y hace puntería.

El cartucho se estrella en pedazos, bañando de tequila la cara del muchacho, descolorido como un muerto.

—¡Ahora va de veras!—clama, corriendo a la cantina por un nuevo cartucho, que vuelve a colocar sobre la cabeza del mancebo.

Torna a su sitio, da una vuelta vertiginosa sobre los pies, y al descubrir, dispara.

Sólo que ahora se ha llevado una oreja en vez del cartucho.

Y apretándose el estómago de tanto reír, dice al muchacho:

—¡Toma, chico, esos billetes! ¡Es cualquier cosa! Eso se quita con tantita árnica y aguardiente...

Después de beber mucho alcohol y cerveza, habla Demetrio:

—Pague, güero... Ya me voy...

—No traigo ya nada, mi general; pero no hay cuidado por eso... ¿Qué tanto se te debe, amigo?

—Ciento ochenta pesos, mi jefe—responde amablemente el cantinero.

El güero salta prontamente el mostrador, y en dos manotadas derriba todos los frascos; botellas y cristalería.

—Ai le pasas la cuenta a tu padre Villa, ¿sabes?

Y sale dando estrepitosas carcajadas.

—Oiga, amigo; ¿dónde queda el barrio de las muchachas?—pregunta tambaleándose de borracho a un sujeto pequeño, correctamente vestido, que está cerrando la puerta de una sastrería.

El interpelado se baja de la banqueta atentamente para dejar libre el paso. El güero se detiene y lo mira con impertinencia y curiosidad:

—Oiga, amigo; ¡qué chiquito y qué bonito es usted...! ¿Cómo que no?... ¿Entonces yo soy mentiroso?... Bueno, así me gusta... ¡Usted sabe bailar los enanos?... ¿Que no sabe?... ¡Resabe!... ¡Yo lo conocí a usted en un circo! ¿Le juro que sí sabe, y muy rebién!... ¡Ahora lo verá!...

El güero saca su pistola y comienza a disparar hacia los pies del sastre, que, muy gordo y muy pequeño, a cada tiro da un saltito.

—¿Ya ve cómo si sabe bailar los enanos?

Y echando los brazos a espaldas de sus amigos, se hace conducir hacia el arrabal de gente alegre, marcando su paso a balazos en los focos de las esquinas, en las puertas y en las casas del poblado. Demetrio lo deja y regresa al hotel, tarareando entre los dientes:

En la medianía del cuerpo
una daga me metió,
sin saber por qué
ni por qué sé yo...

XIV

Humo de cigarro, olor penetrante de ropas sudadas, emanaciones alcohólicas y el respirar de una multitud; hacinamiento peor que el de un carro de cerdos. Predominaban los de sombrero tejano, toquilla de galón y vestidos de kaki.

—Caballeros, un señor decente me ha robado mi petaca en la estación de Silao... Los ahorros de toda mi vida de trabajo. No tengo para darle de comer a mi niño.

La voz era aguda, chillona y plañidera; pero se extinguía a corta distancia en el vocerío que llenaba el carro.

—¿Qué dice esa vieja?—preguntó el güero Margarito entrando en busca de un asiento.

—Que una petaca... que un niño decente...—respondió Pancracio, que ya había encontrado las rodillas de unos paisanos para sentarse.

Demetrio y los demás se abrían paso a fuerza de codos. Y como los que soportaban a Pancracio prefirieran abandonar los asientos y seguir de pie, Demetrio y Luis Cervantes los aprovecharon gustosos.

Una señora que venía parada desde Irapuato con un niño en brazos sufrió un desmayo. Un paisano se aprontó a tomar en sus manos a la criatura. El resto no se dio por entendido: las hembras de tropa ocupaban dos o tres asientos cada una con maletas, perros, gatos y cotorras. Al contrario, los de sombrero tejano rieron mucho de la robustez de muslos y laxitud de pechos de la desmayada.

—Caballeros, un señor decente me ha robado mi petaca en la estación de Silao... Los ahorros de toda mi vida de trabajo... No tengo ahora ni para darle de comer a mi niño.

La vieja habla de prisa y automáticamente, suspira y solloza. Sus ojos, muy vivos, se vuelven de todos lados. Y aquí recoge un billete y más allá otro.

Le llueven en abundancia. Acaba una colecta y adelanta unos cuantos asientos:

—Caballeros, un señor decente me ha robado mi petaca en la estación de Silao...

El efecto de sus palabras es seguro e inmediato.

—¡Un señor decente! ¡Un señor decente que se roba una petaca! ¡Esto es incalificable! Eso despierta un sentimiento de indignación general. ¡Oh, es lástima que ese señor decente no esté a la mano para que lo fusilen siquiera cada uno de los generales que van allí!

—Porque a mí no hay cosa que me dé tanto coraje como un curro ratero—dice uno, reventando de dignidad.

—¡Robar a una pobre señora!

—¡Robar a una infeliz mujer que no puede defenderse!

Y todos manifiestan el enternecimiento de su corazón de palabras y de obra: una insolencia para el ladrón y un bilimbique de cinco pesos para la víctima.

—Yo, la verdad les digo, no creo que sea malo matar, porque cuando uno mata lo hace siempre con coraje; ¿pero robar?...—clama el güero Margarito.

Todos parecen asentir ante tan graves razones; pero tras breve silencio y momentos de reflexión, un coronel aventura su parecer.

—La verdá es que todo tiene sus "asigunes". ¿Para qué es más que la verdá? La purita verdá es que yo he robado... y si digo que todos los que venemos aquí hemos hecho lo mesmo, se me afigura que no echo mentiras...

—¡Hum, pa las máquinas de coser que yo me robé en México!—exclamó con ánimo un mayor—. Junté más de quinientos pesos, con ser que vendía hasta a cincuenta centavos máquina.

—Yo me robé en Zacatecas unos caballos tan finos que dije acá para mí: "Lo que es de este hecho ya te armaste, Pascual Mata; no te vuelves a apurar por nada en los días de vida que te quedan"—dijo un capitán desmolado y ya blanco de canas—. Lo malo fue que mis caballos le cuadraron a mi general Limón y él me los robó a mí.

—¡Bueno! ¡A qué negarlo, pues! Yo también he robado—asintió el güero Margarito—; pero aquí están mis compañeros que digan cuánto he hecho de capital. Eso sí, mi gusto es gastarlo todo con las amistades. Para mí es más contento ponerme una papalina con todos los amigos que mandarles un centavo a las viejas de mi casa...

El tema del "yo robé", aunque parece inagotable, se va extinguiendo cuando en cada banca aparecen tendidos de naipes, que atraen a jefes y oficiales como la luz a los mosquitos.

Las peripecias del juego pronto lo absorben todo y caldean el ambiente más y más; se respira el cuartel, la cárcel, el lupanar y hasta la zahurda.

Y dominando el barullo general, se escucha, allá en el otro carro: Caballeros, un señor decente me ha robado mi petaca...

Las calles de Aguascalientes se habían convertido en basureros. La gente de kaki se removía, como las abejas a la boca de una colmena, en las puertas de los restaurantes, fonduchos y mesones, en las mesas de comistrajos y puestos al aire libre, donde al lado de una batea de chicharrones rancios se alzaba un montón de quesos mugrientos.

El olor de las frituras abrió el apetito a Demetrio y sus acompañantes. Penetraron a fuerza de empellones a una fonda, y una vieja desgreñada y asquerosa les sirvió en los platos de barro hueso de cerdo nadando en un caldillo claro de chile y tres tortillas correosas y quemadas. Pagaron dos pesos por cada uno, y al salir Pancracio aseguró que tenía más hambre que antes de haber entrado.

—Ahora sí—dijo Demetrio—: vamos a tomar consejo de mi general Natera.

Y siguieron una calle hacia la casa que ocupaba el jefe norteño.

Un revuelto y agitado grupo de gentes les detuvo el paso en una bocacalle. Un hombre que se perdía entre la multitud clamaba en sonsonete y con acento uncioso algo que parecía un rezo. Se acercaron hasta descubrirlo. El hombre, de camisa y calzón blanco, repetía: "Todos los buenos católicos que recen con devoción esta oración a Cristo Crucificado se verán libres de tempestades, de pestes, de guerras y de hambres..."

—Este sí que la acertó—dijo Demetrio sonriendo.

El hombre agitaba en alto un puñado de impresos y decía:

—Cincuenta centavos la oración a Cristo Crucificado, cincuenta centavos...

Luego desaparecía un instante para levantarse de nuevo con un colmillo de víbora, una estrella de mar, un esqueleto de pescado. Y con el mismo acento rezandero, ponderaba las propiedades medicinales y raras virtudes de cada cosa.

La Codorniz, que no le tenía fe a Venancio, pidió al vendedor que le extrajera una muela; el güero Margarito compró un núcleo negro de cierto fruto que tiene la propiedad de librar a su poseedor también del rayo como de cualquier "malhora", y Anastasio Montañés una oración de Cristo Crucificado, que cuidadosamente dobló y con gran piedad guardó en el pecho.

—¡Cierto como hay Dios, compañeros; sigue la bola! ¡Ahora Villa contra Carranza!—dijo Natera.

Y Demetrio, sin responderle, con los ojos muy abiertos, pedía más explicaciones.

—Es decir—insistió Natera—, que la Convención desconoce a Carranza como Primer Jefe y va a elegir un presidente provisional de la República... ¿Entiende, compañero?

Demetrio inclinó la cabeza en señal de asentimiento.

—¿Qué dice de eso, compañero?—interrogó Natera.

Demetrio se alzó de hombros.

—Se trata, a lo que parece, de seguir peleando. Bueno, pos a darle; ya sabe, mi general, que por mi lado no hay portillo.

—Bien, ¿y de parte de quién se va a poner?

Demetrio, muy perplejo, se llevó las manos a los cabellos y se rascó breves instantes.

—Mire, a mí no me haga preguntas, que no soy escuelante... La aguilita que traigo en el sombrero usté me la dio... Bueno, pos ya sabe que no más me dice: "Demetrio, hace esto y esto y esto..., ¡y se acabó el cuento!"

TERCERA PARTE

I

"El Paso, Tex., mayo 16 de 1915.
Mi estimado Venancio:

Hasta ahora puedo contestar su grata de enero del corriente año debido a que mis atenciones profesionales absorben todo mi tiempo. Me recibí en diciembre pasado, como usted lo sabe. Lamento la suerte de Pancracio y del Manteca; pero no me extraña que después de una partida de naipes se hayan apuñalado. ¡Lástima: eran unos valientes! Siento en el alma no poder comunicarme con el güero Margarito para hacerle presente mi felicitación más calurosa, pues el acto más noble y más hermoso de su vida fue ése... ¡el de suicidarse!

Me parece difícil, amigo Venancio, que pueda usted obtener el título de médico que ambiciona tanto aquí en los Estados Unidos, por más que haya reunido suficiente oro y plata para comprarlo. Yo le tengo estimación, Venancio, y creo que es muy digno de mejor suerte. Ahora bien, me ocurre una idea que podría favorecer nuestros mutuos intereses y las ambiciones justas que usted tiene por cambiar de posición social. Si usted y yo nos asociáramos, podríamos hacer un negocio muy bonito. Cierto que por el momento yo no tengo fondos de reserva, porque todo lo he agotado en mis estudios y en mi recepción; pero cuento con algo que vale mucho más que el dinero: mi conocimiento perfecto de esta plaza, de sus necesidades y de los negocios seguros que pueden emprenderse. Podríamos establecer un restaurante netamente mexicano, apareciendo usted como el propietario y repartiéndose las utilidades a fin de cada mes. Además, algo relativo a lo que tanto nos interesa: su cambio de esfera social. Yo me acuerdo que usted toca bastante bien la guitarra, y creo fácil, por medio de mis recomendaciones y de los conocimientos musicales de usted, conseguirle el ser admitido como miembro de la Salvation Army, sociedad respetabilísima que le daría a usted mucho carácter.

No vacile, querido Venancio; véngase con los fondos y podemos hacernos ricos en muy poco tiempo. Sírvase dar mis recuerdos afectuosos al general, a Anastasio y demás amigos.

Su amigo que lo aprecia, *Luis Cervantes*".

Venancio acabó de leer la carta por centésima vez, y, suspirando, repitió su comentario:

—¡Este curro de veras que la supo hacer!

—Porque lo que yo no podré hacerme entrar en la cabeza—observó Anastasio Montañés— es eso que tengamos que seguir peleando... ¿Pos no acabamos ya con la Federación?

Ni el general ni Venancio contestaron; pero aquellas palabras siguieron golpeando en sus rudos cerebros como un martillo sobre el yunque.

Ascendían la cuesta, al tranco largo de sus mulas, pensativos y cabizbajos. Anastasio, quieto y terco, fue con la misma observación a otros grupos de soldados, que reían de su candidez. Porque si uno trae fusil en las manos y las cartucheras llenas de tiros, seguramente que es para pelear. ¿Contra quién? ¿En favor de quiénes? ¡Eso nunca le ha importado a nadie!

La polvareda ondulosa e interminable se prolongaba por las opuestas direcciones de la vereda, en un hormiguero de sombreros de palma, viejos kakis mugrientos, frazadas musgas y el negrear movedizo de las caballerías.

La gente ardía de sed. Ni un charco, ni un pozo, ni un arroyo con agua por todo el camino. Un vaho de fuego se alzaba de los blancos eriales de una cañada, palpitaba sobre las crespas cabezas de los huizaches y las glaucas pencas de los nopales. Y como una mofa, las flores de los cactos se abrían frescas, carnosas y encendidas las unas, aceradas y diáfanas las otras.

Tropezaron al mediodía con una choza prendida a los riscos de la sierra; luego, con tres casucas regadas sobre los márgenes de un río de arena calcinada; pero todo estaba silencioso y abandonado. A la proximidad de la tropa, las gentes se escurrían a ocultarse en las barrancas.

Demetrio se indignó:

—A cuantos descubran escondidos o huyendo, cójanlos y me los traen—ordenó a sus soldado con voz desafinada.

—¡Cómo!... ¿Qué dice?—exclamó Valderrama sorprendido—. ¿A los serranos? ¿A estos valerosos que no han imitado a las gallinas que ahora anidan en Zacatecas y Aguascalientes? ¿A los hermanos nuestros que desafían las tempestades adheridos a sus rocas como la madrepeña?[61] ¡Protesto!... ¡Proteso!

Hincó las espuelas en los ijares de su mísero rocín y fue a alcanzar al general.

—Los serranos—le dijo con énfasis y solemnidad—son carne de nuestra carne y huesos de nuestros huesos... "Os ex osibus meis et caro de carne mea"... Los serranos están hechos de nuestra madera... De esta madera firme con la que se fabrican los héroes...

Y con una confianza tan intempestiva como valiente, dio un golpe con su puño cerrado sobre el pecho del general, que sonrió con benevolencia.

¿Valderrama, vagabundo, loco y un poco poeta, sabía lo que decía?

Cuando los soldados llegaron a una ranchería y se arremolinaron con desesperación en torno de casas y jacales vacíos, sin encontrar una tortilla dura, ni un chile podrido, ni unos granos de sal para ponerle a la tan aborrecida carne fresca de res, ellos, los hermanos pacíficos, desde sus escondites, impasibles los unos con la impasibilidad pétrea de los ídolos aztecas, más humanos los otros, con una sórdida sonrisa en sus labios untados y ayunos de barba, veían cómo aquellos hombres feroces que un mes antes hicieran retemblar de espanto sus míseros y apartados solares, ahora salían de sus chozas, donde las hornillas estaban apagadas y las tinajas secas, abatidos, como perros a quienes se arroja de su propia casa a puntapiés.

Pero el general no dio contraorden y unos soldados le llevaron a cuatro fuigitivos bien trincados.

---

[61] animal que se adhiere a las rocas.

II

—¿Por qué se esconden ustedes?—interrogó Demetrio a los prisioneros.

—No nos escondemos, mi jefe; seguimos nuestra vereda.

—¿Adónde?

—A nuestra tierra... Nombre de Dios, Durango.

—¿Es éste el camino de Durango?

—Por los caminos no puede transitar gente pacífica ahora. Usted lo sabe, mi jefe.

—Ustedes no son pacíficos; ustedes son desertores. ¿De dónde vienen?—prosiguió Demetrio observándolos con ojo penetrante.

Los prisioneros se turbaron, mirándose perplejos sin encontrar pronta respuesta.

—¡Son carranclanes![62]—notó uno de los soldados.

Aquello devolvió instantáneamente la entereza a los prisioneros. No existía más para ellos el terrible enigma que desde el principio se les había formulado con aquella tropa desconocida.

—¿Carrancistas nosotros?—contestó uno de ellos con altivez—. ¡Mejor puercos!...

—La verdad, sí, somos desertores—dijo otro—; nos le cortamos a mi general Villa de este lado de Celaya, después de la cuereada que nos dieron.

—¿Derrotado el general Villa?... ¡Ja, ja, ja!...

Los soldados rieron a carcajas.

Pero a Demetrio se le contrajo la frente como si algo muy negro hubiera pasado por sus ojos.

—¡No nace todavía el hijo de la... que tenga que derrotar a mi general Villa!—clamó con insolencia un veterano de cara cobriza con una cicatriz de la frente a la barba.

Sin inmutarse, uno de los desertores se quedó mirándolo fijamente y dijo:

—Yo lo conozco a usted. Cuando tomamos Torreón, usted andaba con mi general Urbina. En Zacatecas venía ya con Natera y allí se juntó con los de Jalisco... ¿Miento?

El efecto fue brusco y definitivo. Los prisioneros pudieron entonces dar una detallada relación de la tremeneda derrota de Villa en Celaya.

---

[62]variante de carrancistas, partidarios del general Carranza.

Se les escuchó en un silencio de estupefacción.

Antes de reanudar la marcha se encendieron lumbres donde asar carne de toro. Anastasio Montañés, que buscaba leños entre los huizaches, descubrió a lo lejos y entre las rocas la cabeza tusada del caballuco de Valderrama.

—¡Vente ya, loco, que al fin no hubo pozole!...—comenzó a gritar.

Porque Valderrama, poeta romántico, siempre que de fusilar se hablaba, sabía perderse lejos y durante todo el día.

Valderrama oyó la voz de Anastasio y debió haberse convencido de que los prisioneros habían quedado en libertad, porque momentos después estaba cerca de Venancio y de Demetrio.

—¿Ya sabe usted las nuevas?—le dijo Venancio con mucha gravedad.

—No sé nada.

—¡Muy serias! ¡Un desastre! Villa derrotado en Celaya por Obregón. Carranza triunfando por todas partes. ¡Nosotros arruinados!

El gesto de Valderrama fue desdeñoso y solemne, como de emperador:

¿Villa?... ¿Obregón?[63]... ¿Carranza?... ¡X... Y... Z...! ¿Qué se me da a mí?... ¡Amo la Revolución como amo al volcán que irrumpe! ¡Al volcán porque es volcán; a la Revolución porque es Revolución!... Pero las piedras que quedan arriba o abajo, después del cataclismo, ¿qué me importa a mí?...

Y como al brillo del sol de mediodía reluciera sobre su frente el reflejo de una blanca botella de tequila, volvió grupas y con el alma henchida de regocijo se lanzó hacia el portador de tamaña maravilla.

—Le tengo voluntá a ese loco—dijo Demetrio sonriendo—, porque a veces dice unas cosas que lo ponen a uno a pensar.

Se reanudó la marcha y la desazón se tradujo en un silencio lúgubre. La otra catástrofe venía realizándose callada, pero indefectiblemente. Villa derrotado era un dios caído. Y los dioses caídos ni son dioses ni son nada.

Cuando la Codorniz habló, sus palabras fueron fiel trasunto del sentir común:

—¡Pos ora sí, muchachos... cada araña por su hebra!...

---

[63]Alvaro Obregón, general revolucionario y presidente de la República (1920-24); fue asesinado en el momento de ser candidato a reelección en 1928.

III

Aquel pueblecillo, a igual que congregaciones, haciendas y rancherías, se había vaciado en Zacatecas y Aguascalientes.

Por tanto, el hallazgo de un barril de tequila por uno de los oficiales fue acontecimiento de la magnitud del milagro. Se guardó profunda reserva, se hizo mucho misterio para que la tropa saliera otro día a la madrugada, al mando de Anastasio Montañés y de Venancio; y cuando Demetrio despertó al son de la música, su Estado Mayor, ahora integrado en su mayor parte por jóvenes ex federales, le dio la noticia del descubrimiento, y la Codorniz, interpretando los pensamientos de sus colegas, dijo axiomáticamente:

—Los tiempos son malos y hay que aprovechar, porque "si hay días que nada el pato, hay días que ni agua bebe".

La música de cuerda tocó todo el día y se le hicieron honores solemnes al barril; pero Demetrio estuvo muy triste, "sin saber por qué, ni por qué sé yo", repitiendo entre dientes y a cada instante su estribillo.

Por la tarde hubo peleas de gallos. Demetrio y sus principales jefes se sentaron bajo el cobertizo del portallillo municipal, frente a una plazuela inmensa, poblada de yerbas, un quiosco vetusto y podrido y las casas de adobe solitarias.

—¡Valderrama!—llamó Demetrio, apartando con fastidio los ojos de la pista—. Venga a cantarme *El enterrador*.

Pero Valderrama no le oyó, porque en vez de atender a la pelea, monologaba extravagante, mirando ponerse el sol tras de los cerros, diciendo con voz enfática y solemne gesto:

"¡Señor, Señor, bueno es que nos estemos aquí!... Levantaré tres tiendas, una para ti, otra para Moisés y otra para Elías".

—¡Valderrama!—volvió a gritar Demetrio—. Cánteme *El enterrador*.

—Loco, te habla mi general—lo llamó más cerca uno de los oficiales.

Y Valderrama, con su eterna sonrisa de complaciencia en los labios, acudió entonces y pidió a los músicos una guitarra.

—¡Silencio!—gritaron los jugadores.

Valderrama dejó de afirmar. La Codorniz y el Meco soltaban ya en la arena un par de gallos armados de largas y afiladísimas navajas. Uno era retinto, con hermosos reflejos de obsidiana; el otro, giro, de plumas como escamas de cobre irisado a fuego.

La lucha fue brevísima y de una ferocidad casi humana. Como movidos por un resorte, los gallos se lanzaron al encuentro. Sus cuellos crespos y encorvados, los ojos como corales, erectas las crestas, crispadas las patas, un instante se mantuvieron sin tocar el suelo siquiera, confundidos sus plumajes, picos y garras en uno solo; el retinto se desprendió y fue lanzado patas arriba más allá de la raya. Sus ojos de cinabrio se apagaron, cerrándose lentamente sus párpados coriáceos, y sus plumas esponjadas se estremecieron convulsas en un charco de sangre.

Valderrama, que no había reprimido un gesto de violenta indignación, comenzó a templar. Con los primeros acentos graves se disipó su cólera. Brillaron sus ojos como esos ojos donde resplandece el brillo de la locura. Vagando su mirada por la plazoleta, por el ruinoso quiosco, por el viejo caserío, con la sierra al fondo y el cielo incendiado, como techo, comenzó a cantar.

Supo darle tanta alma a su voz y tanta expresión a la cuerdas de su vihuela, que, al terminar, Demetrio había vuelto la cara para que no le vieran los ojos.

Pero Valderrama se echó en sus brazos, lo estrechó fuertemente y, con aquella confianza súbita que a todo el mundo sabía tener en un momento dado, le dijo al oído:

—¡Cómaselas!... ¡Esas lágrimas son muy bellas!

Demetrio pidió la botella y se la tendió a Valderrama.

Valderrama apuró con avidez la mitad, casi de un sorbo; luego se volvió a los concurrentes y, tomando una actitud dramática y su entonación declamatoria, exclamó con los ojos rasos:

—¡Y he ahí cómo los grandes placeres de la Revolución se resolvían en una lágrima!...

Después siguió hablando loco, pero loco del todo, con las yerbas empolvadas, con el quiosco podrido, con las caras grises, con el cerro altivo y con el cielo inconmensurable.

IV

Asomó Juchipila a lo lejos, blanca y bañada de sol, en medio del frondaje, al pie de un cerro elevado y soberbio, plegado como turbante.

Algunos soldados, mirando las torrecillas de Juchipila, suspiraron con tristeza. Su marcha por los cañones era ahora la marcha de un ciego sin lazarillo; se sentía ya la amargura del éxodo.

—¿Ese pueblo es Juchipila?—preguntó Valderrama.

Valderrama, en el primer período de la primera borrachera del día, había venido contando las cruces diseminadas por caminos y veredas, en las escarpaduras de las rocas, en los vericuetos de los arroyos, en las márgenes del río. Cruces de madera negra recién barnizada, cruces forjadas con dos leños, cruces de piedras en montón, cruces pintadas con sal en las paredes derruidas, humildísimas cruces trazadas con carbón sobre el canto de las peñas. El rastro de sangre de los primeros revolucionarios de 1910, asesinados por el Gobierno.

Ya a la vista de Juchipila, Valderrama echa pie a tierra, se inclina, dobla la rodilla y gravemente besa el suelo.

Los soldados pasan sin detenerse. Unos ríen del loco y otros le dicen alguna cuchufleta.[64]

Valderrama, sin oír a nadie, reza su oración, solemnemente.

—¡Juchipila, cuna de la Revolución de 1910, tierra bendita, tierra regada con sangre de mártires, con sangre de soñadores..., de los únicos buenos!...

—Porque no tuvieron tiempo de ser malos—completa la frase brutalmente un oficial ex federal que va pasando.

Valderrama se interrumpe, reflexiona, frunce el ceño, lanza una sonora carcajada que resuena por las peñas, monta y corre tras el oficial a pedirle un trago de tequila.

Soldados mancos, cojos, reumáticos y tosigosos dicen mal de Demetrio. Advenedizos de banqueta causan alta con barras de latón en el sombrero, antes de saber siquiera cómo se coge un fusil, mientras que el veterano fogueado en cien combates, inútil ya para el trabajo, el veterano que comenzó de soldado raso, soldado raso es todavía.

Y los pocos jefes que quedan, camaradas viejos de Macías, se indignan también porque se cubren las bajas del Estado Mayor con señoritines de capital, perfumados y peripuestos.

—Pero lo peor de todo—dice Venancio— es que nos estamos llenando de ex federales.

El mismo Anastasio, que de ordinario encuentra muy bien hecho todo lo que su compadre Demetrio hace, ahora, en causa común con los descontentos, exclama:

—Miren, compañeros, yo soy muy claridoso... y yo le digo a mi compadre que si vamos a tener aquí a los federales siempre, malamente andamos... ¡De veras! ¿A que no me lo creen?... Pero yo no tengo pelos en la lengua, y por vida de la madre que me parió, que se lo digo a mi compadre Demetrio.

---

[64]broma.

Y se lo dijo. Demetrio lo escuchó con mucha benevolencia, y luego que acabó de hablar, le contestó:

—Compadre, es cierto lo que usted dice. Malamente andamos: los soldados hablan mal de las clases, las clases de los oficiales y los oficiales de nosotros... Y nosotros estamos ya pa despachar a Villa y a Carranza a la... a que se diviertan solos... Pero se me figura que nos está sucediendo lo que a aquel peón de Tepatitlán. ¿Se acuerda, compadre? No paraba de rezongar de su patrón, pero no paraba de trabajar tampoco. Y así estamos nosotros: a reniega y reniega y mátenos y mátenos... Pero eso no hay que decirlo, compadre...

—¿Por qué, compadre Demetrio?...

—Pos yo no sé... Porque no... ¿Ya me entiende? Lo que ha de hacer es dármele ánimo a la gente. He recibido órdenes de regresar a detener una partida que viene por Cuquío. Dentro de muy poquitos días tenemos que darnos un encontronazo con los carranclanes y es bueno pegarles ahora hasta por debajo de la lengua.

Valderrama, el vagabundo de los caminos reales, que se incorporó a la tropa un día, sin que nadie supiera a punto fijo cuándo ni en dónde, pescó algo de las palabras de Demetrio, y como no hay loco que coma lumbre, ese mismo día desapareció como había llegado.

V

Entraron a las calles de Juchipila cuando las campanas de la iglesia repicaban alegres, ruidosas y con aquel su timbre peculiar que hacía palpitar de emoción a toda la gente de los cañones.

—Se me figura, compadre, que estamos allá en aquellos tiempos cuando apenas iba comenzando la revolución, cuando llegábamos mucho y salía la gente a encontrarnos con músicas, con banderas, y nos echaban muchos vivas y hasta cohetes nos tiraban—dijo Anastasio Montañés.

—Ahora ya no nos quieren—repuso Demetrio.

—¡Sí, como vamos ya de "rota batida"!—observó la Codorniz.

—No es por eso... A los otros tampoco los pueden ver ni en estampa.

—Pero ¿cómo nos han de querer, compadre?

Y no dijeron más.

Desembocaban en una plaza, frente a la iglesia octogonal burda y maciza, reminiscencia de tiempos coloniales.

La plaza debía haber sido jardín, a juzgar por sus naranjos escuetos y roñosos, entreverados entre restos de bancas de hierro y madera.

Volvió a escucharse el sonoro y regocijante repique. Luego, con melancólica solemnidad, se escaparon del interior del templo las voces melifluas de un coro femenino. A los acordes de un guitarrón, las doncellas del pueblo cantaban los "Misterios".

—¿Qué fiesta tienen ahora, señora?—preguntó Venancio a una vejarruca que a todo correr se encaminaba hacia !a iglesia.

—¡Sagrado Corazón de Jesús!—repuso la beata medio ahogándose.

Se acordaron de que hacía un año ya de la toma de Zacatecas. Y todos se pusieron más tristes todavía.

Igual a los otros pueblos que venían recorriendo desde Tepic, pasando por Jalisco, Aguascalientes y Zacatecas, Juchipila era una ruina. La huella negra de los incendios se veía en las casas destechadas, en los pretiles ardidos. Casas cerradas; y una que otra tienda que permanecía abierta eran como un sarcasmo, para mostrar sus desnudos armazones, que recordaban los blancos esqueletos de los caballos diseminados por todos los caminos. La mueca pavorosa del hambre estaba ya en las caras terrosas de la gente, en la llama luminosa de sus ojos, que, cuando se detenían sobre un soldado, quemaban con el fuego de la maldición.

Los soldados recorren en vano las calles en busca de comida y se muerden la lengua ardiendo de rabia. Un solo fonducho está abierto y en seguida se aprieta. No hay frijoles, no hay tortillas: puro chile picado y sal corriente. En vano los jefes muestran sus bolsillos reventando de billetes o quieren ponerse amenazadores.

—¡Papeles, sí!... ¡Eso nos han traído ustedes!... ¡Pos eso coman!...—dice la fondera, una viejota insolente, con una enorme cicatriz en la cara, quien cuenta que "ya durmió en el petate del muerto para no morirse de un susto".

Y en la tristeza y desolación del pueblo, mientras cantan las mujeres en el templo, los pajarillos no cesan de piar en las arboledas, ni el canto de las currucas deja de oírse en las ramas secas de los naranjos.

VI

La mujer de Demetrio Macías, loca de alegría, salió a encontrarlo por la vereda de la sierra, llevando de la mano al niño.

¡Casi dos años de ausencia!

Se abrazaron y permanecieron mudos; ella embargada por los sollozos y las lágrimas.

Demetrio, pasmado, veía a su mujer envejecida, como si diez o veinte años hubieran transcurrido ya. Luego miró al niño, que clavaba en él sus ojos con azoro. Y su corazón dio un vuelco cuando reparó en la reproducción de las mismas líneas de acero de su rostro y en el brillo flameante de sus ojos. Y quiso atraerlo y abrazarlo; pero el chiquillo, muy asustado, se refugió en el regazo de la madre.

—¡Es tu padre, hijo!... ¡Es tu padre!...

El muchacho metía la cabeza entre los pliegues de la falda y se mantenía huraño.

Demetrio, que había dado su caballo al asistente, caminaba a pie y poco a poco con su mujer y su hijo por la abrupta vereda de la sierra.

—¡Hora sí, bendito sea Dios que ya veniste!... ¡Ya nunca nos dejarás! ¿Verdad? ¿Verdad que ya te vas a quedar con nosotros?...

La faz de Demetrio se ensombreció.

Y los dos estuvieron silenciosos, angustiados.

Una nube negra se levantaba tras la sierra, y se oyó un trueno sordo. Demetrio ahogó un suspiro. Los recuerdos afluían a su memoria como una colmena.

La lluvia comenzó a caer en gruesas gotas y tuvieron que refugiarse en una rocallosa covacha.

El aguacero se desató con estruendo y sacudió las blancas flores de San Juan, manojos de estrellas prendidos en los árboles, en las peñas, entre la maleza, en los pitahayos y en toda la serranía.

Abajo, en el fondo del cañón y a través de la gasa de la lluvia, se miraban las palmas rectas y cimbradoras; lentamente se mecían sus cabezas angulosas y al soplo del viento se desplegaban en abanicos. Y todo era serranía: ondulaciones de cerros que suceden a cerros, más cerros circundados de montañas y éstas encerradas en una muralla de sierras de cumbres tan altas que su azul se perdía en el zafir.

—¡Demetrio, por Dios!... ¡Ya no te vayas!... ¡El corazón me avisa que ahora te va a suceder algo!...

Y se deja sacudir de nuevo por el llanto.

El niño, asustado, llora a gritos, y ella tiene que refrenar su tremenda pena para contentarlo.

La lluvia va cesando; una golondrina de plateado vientre y alas angulosas cruza oblicuamente los hilos de cristal, de repente iluminados por el sol vespertino.

—¿Por qué pelean ya, Demetrio?

Demetrio, las cejas muy juntas, toma distraído una piedrecita y la arroja al fondo del cañón. Se mantiene pensativo viendo el desfiladero, y dice:

—Mira esa piedra cómo ya no se para...

VII

Fue una verdadera mañana de nupcias. Había llovido la víspera toda la noche y el cielo amanecía entoldado de blancas nubes. Por la cima de la sierra brotaban potrillos brutos de crines alzadas y colas tensas, gallardos con la gallardía de los picachos que levantan su cabeza hasta besar las nubes.

Los soldados caminaban por el abrupto peñascal contagiados de la alegría de la mañana. Nadie piensa en la artera bala que puede estarlo esperando más adelante. La gran alegría de la partida estriba cabalmente en lo imprevisto. Y por eso los soldados cantan, ríen y charlan locamente. En su alma rebulle el alma de las viejas tribus nómadas. Nada importa saber adónde van y de dónde vienen; lo necesario es caminar, caminar siempre, no estacionarse jamás; ser dueños del valle, de las planicies, de la sierra y de todo lo que la vista abarca.

Árboles, cactus y helechos, todo aparece acabado de lavar. Las rocas, que muestran su ocre como el orín las viejas armaduras, vierten gruesas gotas de agua transparente.

Los hombres de Macías hacen silencio un momento. Parece que han escuchado un ruido conocido: el estallar lejano de un cohete; pero pasan algunos minutos y nada se vuelve a oír.

—En esta misma sierra—dice Demetrio—, yo, sólo con veinte hombres, les hice más de quinientas bajas a los federales...

Y cuando Demetrio comienza a referir aquel famoso hecho de armas, la gente se da cuenta del grave peligro que va corriendo. ¿Conque si el enemigo, en vez de estar a dos días de camino todavía, le fuera resultando escondido entre la maleza de aquel formidable barranco, por cuyo fondo se han aventurado? Pero ¿quién sería capaz de revelar su miedo? ¿Cuándo los hombres de Demetrio dijeron: "Por aquí no caminamos"?

Y cuando comienza un tiroteo lejano, donde va la vanguardia, ni siquiera se sorprenden ya. Los reclutas vuelven grupas en desenfrenada fuga, buscando la salida del cañón.

Una maldición se escapa de la garganta seca de Demetrio:

—¡Fuego!... ¡Fuego sobre los que corran!...

—¡A quitarles las alturas!—ruge después como una fiera.

Pero el enemigo, escondido a millaradas, desgrana sus ametralladoras, y los hombres de Demetrio caen como espigas cortadas por la hoz.

Demetrio derrama lágrimas de rabia y de dolor cuando Anastasio resbala lentamente de su caballo, sin exhalar una queja, y se queda tendido, inmóvil. Venancio cae a su lado, con el pecho horriblemente abierto por la ametralladora, y el Meco se desbarranca y rueda al fondo del abismo. De repente Demetrio se encuentra solo. Las balas zumban en sus oídos como una granizada. Desmonta, arrástrase por las rocas hasta encontrar un parapeto, coloca una piedra que le defienda la cabeza y, pecho a tierra, comienza a disparar.

El enemigo se disemina, persiguiendo a los raros fugitivos que quedan ocultos entre los chaparros.

Demetrio apunta y no yerra un solo tiro... ¡Paf!... ¡Paf!... ¡Paf!...

Su puntería famosa lo llena de regocijo; donde pone el ojo pone la bala. Se acaba un cargador y mete otro nuevo. Y apunta...

El humo de la fusilería no acaba de extinguirse. Las cigarras entonan su canto impertubable y misterioso; las palomas cantan con dulzura en las rinconadas de las rocas; ramonean apaciblemente las vacas.

La sierra está de gala; sobre sus cúspides inaccesibles cae la niebla albísima como un crespón de nieve sobre la cabeza de una novia.

Y al pie de una resquebrajadura enorme y suntuosa como pórtico de vieja catedral, Demetrio Macías, con los ojos fijos para siempre, sigue apuntando con el cañón de su fusil...

Los de abajo; novela de la revolución mexicana. 15a impresión. México, D.F.: Fondo de Cultura Económica, 1979.

Victoria.—*(Se pone a tararear.)*

María.—¡Sinvergüenza!... Prepara eso y tírame un balde de agua. ¡En seguida!... *(Toma el balde de leche y vase izquierda rezongando.)*

ESCENA V

Próspero.—*(Bribón.)* ¡Jo, jo, jo!... *(De espaldas a Victoria, golpea sobre el yunque como si trabajara y cantando alguna tonada conocida.)* ¡Bien hecho! ¡Bien hecho! ¡Me alegro mucho!...

Victoria.—¡Zonzo!... *(Coloca en orden sobre un banco los platos, cucharas y galletas.)*

Próspero.—*(Volviéndose.)* ¿Habla conmigo?...

Victoria.—¡No sé!...

Próspero.—Anda mal el tiempo, ¿verdad?

Victoria.—*(Mimosa.)* Ahora, por eso mismo, no le doy una cosa que le traía para usted...

Próspero.—*(Interesado, yendo hacia ella.)* ¿Qué?... ¿A ver?...

Victoria.—*(Ocultando algo en la espalda.)* ¿Eh? Ansioso.

Próspero.—¡No sea mala!... ¡Muestre! *(intenta tomarle el brazo.)*

Victoria.—¡Salga!... ¡Atrevido!...

Próspero.—¡Mire que se lo quito!

Victoria.—*(Alejándose.)* ¡Vea!... ¡Pan, pan fresquito!...

María.—*(Desde adentro.)* ¡Muchacha!... ¿Me traes el agua?...

Victoria.—*(Dejando el pan sobre el banco.)* ¡Voy!... Agárrelo, si lo quiere, pero... yo no se le he dado... *(Va al pozo y echa el balde.)*

Próspero.—*(Toma el pan, lo divide en dos pedazos, que guarda en los bolsillos, y volviéndose a Victoria.)* ¡Espere!... ¡Voy a ayudarle!...

Victoria.—No preciso.

Próspero.—*(Con fingida autoridad.)* ¡Que no preciso, ni no preciso!... ¡Salga de ahí!... ¡Qué se ha pensado! ¡Chiquilina desobediente!... *(Intenta quitarle la soga.)*

Victoria.—Déjeme, le digo. Déjeme... ¡No quiero!...

Próspero.—Bueno... Entonces entre los dos... ¡Vamos a ver!... ¡Así!... ¡U... upa!... ¡Cómo pesa!... ¡Tire usted, pues!...

Victoria.—*(Temerosa, se aleja un tanto, conservando entre las manos una braza de soga, mientras Próspero recoge el balde.)*

Próspero.—*(Después de una pausa.)* ¡Diablo!... ¡Si había estado vacío!...

Victoria.—¡Mentira!...

FLORENCIO SANCHEZ (Uruguay; 1875-1910)

La gringa[1]

PERSONAJES

María	El cura
Victoria	El constructor
Nilda	El fondero
Rosina	Peón 1º
Margarita	Peón 2º
Don Nicola	Un albañil
Cantalicio	Acopiador
Próspero	Don Pedro
Un paisano	Luiggín
El doctor	Parroquianos, peones, etc.
Horacio	

La acción en la provincia de Santa Fe, época actual.

Acto 1º—La chacra de don Nicola.
Acto 2º—En la fonda.
Acto 3º—La chacra de Cantalicio.
Acto 4º—La chacra reformada por don Nicola.

ACTO PRIMERO

LA CHACRA DE DON NICOLA: A la derecha fachada exterior de una casa sin revocar, de aspecto, si no ruinoso, sucio y desgastado. Una puerta y dos ventanas sin rejas, y sobre éstas, a todo lo largo de la pared, una hilera de

---

[1]Gringo se usa en la Argentina como designación, a veces en un sentido peyorativo, para el inmigrante italiano.

casillas—el palomar—bastante pringosas. Junto a la ventana, en primer térmi-no, algunos cacharros con plantas cubiertas con lonas, por la helada. A la iz-quierda, construcción de adobe y paja, un rancho largo con dos puertas. Al fo-ro un gran pozo de balde, de brocal bajo, y un largo abrevadero en comunica-ción con el pozo por una canaleta, junto al pozo un baldecito manuable con una soga. Perspectiva amplia de terrenos de la labranza, en la que deben no-tarse los manchones negros de la tierra recién arada. En las paredes del ran-cho y de la casa, colgados, arreos, sogas, piezas de hierro viejo, bolsas, etc., y por el suelo, en desorden, picos, palas, rastrillos, horquillas, una carretilla de mano; trozos de madera, un arado viejo, bancos, cacharros. Junto al ran-cho, en segundo término, un yunque con las herramientas adecuadas. Pleno invierno. Al alzarse el telón, los rayos del sol naciente empiezan a bañar la fachada de la casa.

ESCENA I

Victoria.—(*Con traje tosco de invierno, gruesos botines y la cabeza envuelta en un rebozo, aparece por la puerta primera izquierda y se detiene en mitad de la escena indecisa, como pensando que olvida algo.*) ¡Ah!... (*Vuélvese rápidamente hacia los tarros de plantas y comienza a destaparlos.*) ¡Qué hela-da!... (*Se sopla los dedos ateridos.*)

María.—(*Desde adentro, lejos*) ¡Oh, Victoria, Victoria!... ¿Es hora ya? ¿Está pronto eso?... (*Tanto esta pregunta como la respuesta deben ser dichas en dialecto piamontés, si es posible.*)[2]

Victoria—(*Observando la altura del sol.*) Sí; es hora. ¿Pongo la señal, ya?

María.—¿Cómo no?

Victoria.—(*Toma una bolsa del suelo, la engancha en una horquilla y va a colocarla sobre el brocal del pozo.*)

ESCENA II

[2]María y su esposo, Nicola, son inmigrantes italianos y por ello, su habla es una mezcla de español y el dialecto piamontés de su región de origen en Italia. En lo sucesivo, se darán aclaraciones solamente de aquellas palabras cuyo significado no es evidente al hispanohablante.

Florencio Sánchez

Próspero.—(*Saliendo con una reja de arado en la mu... bién ropa gruesa, la cara envuelta en un rebozo y los pies retobad... gos de cuero de carnero.*) ¡A buena hora pone la señal!... ¡Ya vie... los peones del bajo!... Se le pegaron las sábanas... ¿eh?...

Victoria.—¡Mejor!... ¿Y a usted qué le importa?...

Próspero.—¿A mí?... Nada... Si usted anduviera trabajando ... dos de la madrugada y con esta helada... (*Deteniéndola.*) Buenos días Salude a los pobres... ¿Qué tal pasó la noche?...

Victoria.—(*Hace una mueca y huye gambeteando un manotón a... que le tira Próspero. Cuando se ha alejado bastante se vuelve para hacerle palmo de narices y escapar de nuevo, riendo a carcajadas.*)

Próspero.—¡Ande irá el buey que no are!.. (*Va hacia el yunque y s... pone a limar la reja.*)

ESCENA III

María.—(*Aparece con un balde de leche. Debe conservar marcado acento italiano.*) Buen día, Próspero... ¿Tiene mucho que hacer ahora?... Hágame un favor... después, ¿eh?, que tomen el mate, lléveme la vaca negra al potrerito de la alfalfa. (*Próspero sigue su tarea.*) ¡Maldita vaca!... Miren qué porquería de leche... Una gota... Ni vale el trabajo de ordeñarla... Y eso que todas las tardes le doy la ración... ¡Victoria!... ¿Has preparado el café para el viejo y los chiquilines?...

ESCENA IV

Victoria.—(*Con cuatro o cinco escudillas de hojalata y cucharas en una mano y un atado de galleta dura en la otra.*) ¡No puedo hacer todo a la vez, mamá!... Allí tiene las cosas prontas... el café... el agua hirviendo...

María.—¡Haragana!... Yo te lo decía esta mañana. Levántate... leván-tate... Y vos,[3] nada. ¡Si no durmieras tanto, te sobraría el tiempo!... ¡Se lo voy a contar a tu padre! ¡Desde que viniste del Rosario[4] te has vuelto muy seño-rona...

---

[3]A lo largo de la obra, la forma familiar de la segunda persona singular será el *vos* argentino en lugar del *tú* académico, con las correspondientes diferencias en la conjugación verbal del presente indicativo y del imperativo.

[4]Ciudad importante del litoral argentino al norte de Buenos Aires.

Próspero.—¡Mire!

Victoria.—*(Se inclina para mirar y Próspero aprovecha el momento para estamparle un ruidoso beso.)*

Victoria.—¡Atrevido!... *(Le pega en la espalda un sogazo. El balde cae al pozo de nuevo.)*

Próspero.—*(Rogocijado.)* ¡Já, já!... ¡Cómo me duele!...

Victoria.—¡Ah! ¡Sí! ¡Tome!... Vea lo que hago... *(Se limpia la cara con la manga.)*

Próspero.—¡Hum! ¡Cualquier día se le borra!... *(Toma la reja y vase derecha. Victoria extrae de nuevo el balde. Oye fuera voces diversas y chirridos metálicos. Los trabajadores van llegando, con arados, a tomar el desayuno. Victoria vuelca el agua en otro cubo y rápidamente lo lleva a María.)*

Victoria.—*(Antes de hacer mutis.)* Mamá. ¡Ya han venido!...

ESCENA VI

Nicola.—Sí. ¡Natural! ¡Natural!... Los animales no sienten, ¿eh?

Peón 1º.—Vea, don Nicola. Le digo que esa yegua es muy mañera. Esta madrugada, cuando la até, casi me rompe un balancín, a patadas...

Nicola.—*(sacándose los gruesos guantes verdes.)* Má, por eso no se la castiga, ¿me entiende? ¿Se ha pensado que las yeguas son hombres?... y que comprenden las cosas cuando les pegan.

Peón 1º.—No; pero...

Nicola.—Basta. No se hable más... *(Van saliendo lentamente los otros peones, con indumentaria parecida a la de Próspero. Algunos con arreos y herramientas en las manos, que arrojan al suelo, en cualquier parte. Nicola se sienta sobre un tarugo o banco, saca una pipa, la llena, la enciende pausadamente y comienza a desatarse los tamangos; después aparece Victoria con una olla hirviente de mate cocido y se pone a llenar las escullidas. Los peones la van tomando uno por uno, con la ración de galleta, y se esparcen por el patio, sentándose en el suelo a hacer sopas y tomar el desayuno. Pausa prolongada, cuya duración puede depender de la buena disposición escénica.)*

Nicola.—Diga, Ramón. ¿Va bien la reja en la melga del Alto Grande?...

Peón 2º.—No, señor don Nicola. Creo que debíamos dejar ese pedazo hasta que llueva. Aquello es romper arados y matar animales al ñudo. Ta muy seca la tierra.

Nicola.—Bueno. Andate ahora al restrojo de la punta del alfalfar... Irá mejor... ¡Victoria! Traeme las botas... y decile a Luiggín que me ate el tordillo viejo en el birloche.[5] Voy al pueblo. ¿No ha venido Luiggín? ¿Dónde está ese muchacho?... *(Victoria entra por la puerta derecha y regresa en seguida con las botas.)*

    María.—*(Asombrada.)* ¡Oh!... ¿Vienen o no vienen a tomar el café?... ¿Qué se han creído!... Hace una hora que está pronto.

    Nicola.—Esperate un poco... caramba... *(Se pone las botas.)*

    Victoria.—¿Quiere el otro saco?...

    Nicola.—¿Y cómo no?... *(Victoria váse de nuevo.)*

ESCENA VII

    Luiggín.—*(Aparece saltando, con una liebre en la mano. Al ver a Nicola trata de ocultarla.)* Buen día.

    Nicola.—¿Qué es eso? ¿Qué es eso?...

    Luiggín.—Nada... Una liebre...

    Nicola.—¡Ah, canalla! Has andado cansando la yegua, ¿eh?

    Luiggín.—¡Mentira!

    Nicola.—¿Cómo?

    Luiggín.—Digo, no, señor. La agarraron los perros. Yo no la corrí... Iba por el alfalfar y...

    Nicola.—*(Amenazador.)* Los perros, ¿no?... Los perros... Con que...

    Luiggín.—Este... ¡Ah, tata![6] Del potrero del alfalfar falta un buey...

    Nicola.—*(Reaccionando.)* ¿Cómo?... ¿Cómo?...

    Luiggín.—Un buey. El buey blanco. Pa mí que se ha pasado al potrero de don Cantalicio.

    Nicola.—¿Pasado?... ¡Hum!... Pasado o robado...

    Próspero.—*(Incorporándose.)* Oiga, don Nicola... Mi padre no es ningún ladrón pa que hable así... ¿sabe?

    Nicola.—Yo no digo que él lo haya robado... Podría ser otro...

    Próspero.—*(Sentándose.)* ¡Hum!... ¡Está bien!...

    María.—*(Asomándose otra vez.)* ¿Pero no vienen a tomar el café? Yo no tengo la culpa si está frío... Diablo con la gente ésta... ¿Se han pensado que estamos en la fonda?...

    Nicola.—Esperate... *(Victoria aparece con un saco de pana. Nicola se saca el puesto y el rebozo de la cara y se cambia. Mientras, sale Rosina, chica*

---

[5]carro de tiro de caballos.

[6]padre.

de 10 ó 12 años, ocultando la mano izquierda, y se acerca a uno de los peones, pidiéndole algo. El peón le da una navaja y la chica va a sentarse en el suelo, en primer término. Entonces muestra la mano ensangrentada, sobre la que hurga con la punta del cuchillo.)

Victoria.—Bueno, vamos a tomar el café, que mamá está enojada... Vení, Luiggín... Pasá... *(Mutis de Nicola y Luiggín.)* ¿Y Rosina?... *(Llamando.)* ¡Rosina!...

Rosina.—¡Aquí estoy!... Esperate un poco...

Victoria.—¡Qué hacés? *(Se aproxima a la chica y al ver la sangre da un grito.)* Muchacha... ¡Qué te has hecho!... ¡Dios mío!...

Rosina.—Nada... Una astilla. En la mancera del arado, al hacer así... Me la clavé.

Victoria.—¡Oh!... ¡Qué barbaridad!... ¡Virgen Santísima!

Nicola.—*(Reapareciendo.)* ¿Qué pasa? ¿Qué gritos son esos?...

Victoria.—Esta pobre chica... Dios santo.

Nicola.—*(Alarmado.)* ¡Cosa!... ¡Cosa!... *(Examina la mano de la chica y con gesto displicente.)* ¡Bah!... Sonserías... ¡No es nada!... Sonserías... ¡Vení a tomar el café!...

Rosina.—¡Eso digo yo! Una pavada... *(Se pasa la lengua sobre la herida y hace mutis con Nicola y Victoria.)*

ESCENA VIII

Peón 1º.—¡Pcha! Gringos desalmaos... Podridos en plata y haciendo trabajar a esas pobres criaturas....

Peón 2º.—Por eso tienen plata, pues...

Peón 1º.—Natural... ¡Miren esa chiquilina!... Dejuro[7] que se ha tajeao[8] una vena... y los padres tan frescos... ¡Había de ser hija mía!...

Peón 2º.—O mía... Hacer levantar a esas criaturas de Dios a las dos de la madrugada, con estas heladas, pa que trabajen como piones...[9]

---

[7]seguro.

[8]En el lenguaje del campo, los participios pasados que terminan en *-ado* suelen pronunciarse *-ao*; *-ido/-io* es menos común.

[9]piones = peones; hay muchos ejemplos de este tipo de reducción vocálica del lenguaje popular en la obra.

Peón 3º.—Y trabajan los botijas[10] como hombres grandes. Che, ¿habrá más? *(Va a la olla y se sirve otra escudilla de mate.)*[11]

Peón 2º.—Güeno, son estranjis[12] y se acabó. Está dicho todo.

Próspero.—*(Alzándose.)* Cómo son ustedes de murmuradores... Si fueran dueños de la colonia harían trabajar hasta los gatos... ¡Salgan de ahí!...

Peón 1º.—Hijito... ¡Yo no!

Próspero.—¡Ah!... Vos... ¡Qué esperanza!... Tus hijos serían diputados y las mujeres... modistas, cuando menos... Cállense la boca... Que saben ustedes... búsquenme la última gringuita de éstas y verán qué mujer así les sale... qué compañera pa todo... habituadas al trabajo, hechas al rigor de la vida, capaz de cualquier sacrificio por su hombre o por sus hijos... ¡Amalaya nos fuéramos juntando todos los hijos de criollo y de gringo ¡y verían qué cría!...

Peón 2º.—¡Oigalé!... ¿Y qué hacés vos que no te juntás de una vez con la hija del patrón?...

Próspero.—Callate la boca...

Peón 1º.—¿Te pensás que no te hemos visto prendido con ella en el brocal del pozo?...

Próspero.—*(Arrimándose amenazador.)* Bueno. Si me has visto me has visto... Pero cuidado con la lengua.

Peón 2º.—No tengás miedo... Vos sabés, hermano, que...

Peón 3º.—Che, Próspero... Ahí llega uno a caballo que me parece tu tata...

Próspero.—*(Acudiendo a mirar.)* Sí; es él. Apéese, viejo. *(Vase foro derecha.)*

ESCENA IX

(Los peones, con el bocado aún, se alzan, depositan las escudillas sobre el banco y recogiendo sus herramientas, látigos y enseres, acomodándose las ropas, afilando las rejas (ad libitum), desaparecen lentamente en el transcurso de las dos escenas siguientes.)

---

[10]niños.

[11]El mate es un tipo de té del Río de la Plata; aquí se está aludiendo a una preparación más bien de pobres, en la cual el mate se hierve en una olla, en vez de servirse en una calabacita (también llamada el mate) con agua caliente, siendo chupado por un tubo llamado la bombilla.

[12]extranjeros.

María.—Me hace el favor, Próspero... ¡Oh!... ¿Se ha ido ya?...

Peón 1º.—No, señora. Fue a recibir al viejo Cantalicio que ha llegado...

María.—Bueno. Me hace el favor, ¿eh?, de decirle que no se olvide de llevar la vaca negra al potrerito... que la lleve con el ternero también, ¿eh?... Y que me traiga la otra vaca, esa vaca amarilla, ¿sabe? *(Vase derecha.)*

Peón 1º.—¡Pierda cuidado! *(A los otros.)* ¡Fijate, che! ¡La vaca amarilla!... ¿Por qué no pedirá una vaca violeta? *(Risas.)*

ESCENA X

Próspero.—Pase no más, viejo.

Cantalicio.—Milagro que no hay perros... Estos colonos saben tener la perrada enseñada a morder y garronear criollos. ¡Güen[13] día!... ¿No hay nadie, che?...

Próspero.—Están tomando el café... Siéntese por ahí. Yo me voy porque tengo mucho que hacer...

Cantalicio.—No; quedate nomás. Tenemos que hablar un rato. Supongo que no te han de pegar porque demorés un poco...

Próspero.—Si es muy urgente... Bueno.

ESCENA XI

Victoria.—*(Apareciendo con Rosina, tironeándola.)* Venga a curarse esa mano...

Rosina.—Yo, yo solita quiero sacarme la espina... Si vos lo hacés me duele...

Victoria.—Venga a lavarse primero... *(Viendo a Cantalicio.)* Buen día... ¿Cómo está?

Cantalicio.—*(Seco.)* Bien, no más.

Victoria.—¿Busca a tata?... Ya viene... Siéntese... *(Le acerca un banco.)* Está terminando el viejo... ¡Qué milagro por acá!...

Cantalicio.—Es verdá; un milagro... ¿Qué le ha pasao a esa criatura?...

---

[13]Habrá muchos ejemplos en la obra de *güe* por *bue*, *güeno* por *bueno*, *agüelo* por *abuelo*.

Rosina.—*(Con cierto orgullo.)* Vea; me clavé una astilla tremenda en la mano. Aquí; mire...

Cantalicio.—*(Como distraído.)* ¡Tá güeno!... *(Victoria, impaciente, toma por un brazo a la chica y váse derecha.)*

ESCENA XII

Próspero.—¿Qué le han hecho, tata, ellos, pa que los trate así?...

Cantalicio.—A mí... nada. ¿Y yo qué te he hecho a vos pa que me vengas con esas cosas?...

Próspero.—*(Displicente.)* ¡Bah!... ¡Bah!... ¡Bah!... *(Aparte.)* Vale más que me vaya...

Cantalicio.—¿Qué estás rezongando?...

Próspero.—Digo, que si volvemos a las andadas... vale más que me vaya al trabajo...

Cantalicio.—¡Te he dicho que esperés!... ¡Ahí viene el gringo!...

ESCENA XIII

Nicola.—*(Con la pipa en la boca.)* ¡Ramón! ¡Ramón! ¡Ah!... Buen día... ¿Cómo va don Canta...licio?... Está bien, ¿eh?... *(Le tiende la mano.)*

Cantalicio.—*(Alargando la suya con desgano.)* De salud, bien...

Nicola.—Menos mal. *(Setencioso.)* En este mundo... en este mundo la salud es lo primero. Habiéndola, lo demás es... trabajo... buenos puños...

Cantalicio.—*(Aparte.)* Güenas uñas pa robar...

Nicola.—*(A Próspero.)* ¿Ramón se ha ido ya?... Bueno... ¡Nada!... *(A Cantalicio.)* Conque... Hace frío, ¿eh?

Cantalicio.—¡Rigular!...

Nicola.—Una helada de la gran siete... Y el tiempo no piensa llover... ¡La tierra más dura!... Se rompen los arados...

Cantalicio.—Así ha de ser...

Nicola.—Está bien; está bien... Bueno... Usted venía por alguna cosa, ¿verdad?

Cantalicio.—Sí, señor.

Nicola.—*(Sacando la ceniza de la pila.)* ¡Está bueno! ¿Le ha ido bien de negocios?...

Cantalicio.—¡Como el diablo!...

Nicola.—Está bien... *(Se frota las manos.)* Usted viene a hablarme, ¿verdad? Bueno... yo voy adentro, a mi cuarto, a buscar los papeles, ¿eh?

Usted me disculpará un ratito... Con permiso, ¿eh? *(Vase frotándose las manos.)*

ESCENA XIV

Cantalicio.—Lo has visto al gringo... Miralo qué contento... Ha husmeado que no le traigo la plata... ¡Hum!...

Próspero.—No sé de qué me habla...

Cantalicio.—Hacete el desentendido. Cuando menos sos[14] socio ya d'él... ¿O no sabés que ayer se me vencieron todos los papeles que le firmé?... ¿Y que no tengo con qué pagarle?...

Próspero.—¿Eh? La culpa no es mía...

Cantalicio.—¡Desalmao!... Es que me va a quitar el campo... y la casa... y todo...

Próspero.—¿Y?...

Cantalicio.—*(Desconcertado.)* Es que todo eso es tuyo, también..., que nos quedaremos los dos sin nada...

Próspero.—¡Pa lo que he tenido!...

Cantalicio.—Mirá, Próspero... No empecés con esas cosas... Viá[15] creer que ya me has perdido el poco cariño que me tenías... Vení aquí; a mi lao... ¡Sentate!... ¿Te parece cosa linda que de la mañana a la noche, un estranjis del diablo que ni siquiera argentino es, se te presente en la casa en que has nacido, en que se criaron tus padres y vivieron tus agüelos... se te presente y te diga: fuera de acá, este rancho, ya no es suyo, ni ese campo es suyo, ni esos ombuses, ni esos corrales, ni esos cercos son suyos?... *(Conmovido.)* ¿Te parece justo y bien hecho?...

Próspero.—Yo no digo que sea justo. Digo... que no tengo la culpa... Usted sabe que desde hace tiempo vivo por mi cuenta y de mi trabajo. Jamás me he metido en sus negocios...

Cantalicio.—Lo sé muy bien, pero...

Próspero.—Y si pudiera pagarle a don Nicola lo que usted le debe, lo haría con mucho gusto...

Cantalicio.—Entonces ¿creés que debo quedarme tan fresco y dejar que éstos me pateen el nido?

---

[14](vos) sos = (tú) eres
[15]Voy a

Próspero.—¡Qué más remedio! Si usted me hubiera dado el campito cuando yo se lo pedí pa sembrarlo, no se vería en este trance; pero se empeñó en seguir pastoreando esas vaquitas criollas que ya no sirven ni pa... insultarlas, y cuidando sus parejeros y puro vivir en el pueblo, y dele al monte y a la taba... y, amigo... a la larga no hay cotejo...

Cantalicio.—¡Velay!...[16] Esa no me la esperaba... Llegar a esta edá[17] pa que hasta los mocosos me reten... ¡Salite de acá, descastado!...

Próspero.—No, tata. No sea así... *"Bisogna eser"*.[18]

Cantalicio.—¡No digo!... Con que "bisoñas", ¿no?... ¡Te has vendido a los gringos!... ¿Por qué no te ponés de una vez una caravana en la oreja y un pito en la boca y te vas por ahí a jeringar a la gente?... ¡Renegao!... ¡Mal hijo!...

ESCENA XV

Nicola.—*(Apareciendo con una escopeta a la espalda y un rollo de papeles en una mano.)* ¡Cosa!... ¡Cosa!...[19]

Cantalicio.—Nada, señor.

Nicola.—Disgustos con el muchacho, ¿no?... Bueno... ¡No es malo, el muchacho!... Trabajador... honrado... Está bien... Con que... aquí tenemos los papelitos, los papelitos.

Cantalicio.—Y pa qué se viene con escopeta... ¿Piensa que soy algún bandido?...

Nicola.—¡Qué esperanza! Usted es un buen hombre... un buen criollo... Traigo la escopeta por las dudas... Como voy al pueblo, ¿sabe? Siempre se encuentra una liebre... una martineta en el camino... Diga, ¿Me ha visto un buey blanco en su potrero?

Cantalicio.—Sí, acabo de arrearlo p'acá... Güeno. Vamos a ver si arreglamos eso...

Nicola.—¡Vamos a ver si arreglamos! A mí me gustan los negocios derechitos, ¿sabe?... *(Revisa los papeles lentamente.)* Tres mil... tres mil... y setecientos... son tres mil setecientos, ¿no?... y quinientos... cuatro mil doscien-

---

[16]Mire usted.

[17]Hay muchos ejemplos en la obra de *-dá* por *-dad* y formas semejantes: *edá* por *edad*, *usté* por *usted*.

[18]"Tiene que ser" (italiano).

[19]"Qué" o "Qué pasa" (italiano).

tos... y cuatrocientos cincuenta más... aquéllos, ¿se acuerda?, del valecito... Bueno, en total cuatro mil seiscientos cincuenta pesos nacionales del país... ¿Eh? *(Mientras Nicola hace su cuenta pasa Victoria hacia el foro con un cernidor aventando maíz o trigo. Próspero la sigue con la mirada y a poco váse también.)*

Cantalicio.—Justito... No ha puesto nada de menos...

Nicola.—Y ahora nos vamos al pueblo... dal escribano... y usted me da la platita... y se lleva todos estos papelitos... Digo, si usted me trae la platita...

Cantalicio.—No traigo nada... Usted lo sabía mejor que yo...

Nicola.—Entonces ¿qué cosa hacemos?... Usted lo dirá...

Cantalicio.—Una renovación... Vea... Con franqueza, yo venía a pedirle que me diera un año más de plazo... Al interés que usted diga...

Nicola.—¿Un año?... ¿Un año?... Mire... Usted es un buen hombre, ¿sabe?, un buen criollo... pero de nogocio entiene poco... ¿Un año?... Esto, son cosa que no se pueden hacer.

Cantalicio.—¿Cómo que no?... ¿Quién le ha dicho?...

Nicola.—Le voy a ser franco, ¿sabe? Si ahora usted no me puede pagar, dentro de un año me paga menos...

Cantalicio.—¿Usted qué sabe?

Nicola.—¡Pa!... ¡Pa!... ¡Pa!... Si no supiera esas cosas...

Cantalicio.—De modo que usted quiere quedárseme con el campo.

Nicola.—Bueno. Para decirle la verdad... Usted tiene razón... Y eso, ¿sabe?, es el negocio que le conviene a usted. Necesito el terreno. Mi hijo, ese que estudia de ingeniero en Buenos Aires, me ha demandado que le busque tierra porque quiere venir a poner una granja, cremería, o qué sé yo... Piense bien el negocio, ¿sabe?... De todos modos... ese campito está perdido. Si el año que viene o el otro... va a tener que entregármelo, me lo entrega hoy y se gana los intereses...

Cantalicio.—*(Paseándose nervioso.)* Y si a mí se me antoja no pagarle ni entregarle el campo, ni hoy ni nunca...

Nicola.—*(Rascándose la cabeza con socarronería.)* ¿Si se le antoja?... Eso es una otra cosa...

Cantalicio.—Y dirme al pueblo y meterle un pleito de todos los diablos.

Nicola.—¡Ah!... ¡No!... Con la hipoteca non se scherza,[20] caro amico...

Cantalicio.—*(Aparte.)* ¿Qué no?... Ya vas a ver... ¡Conozco un procurador que te va a meter cada esquerzo!... *(A Nicola.)* ¿De modo que no me espera?

Nicola.—No me conviene...

Cantalicio.—¿Ultima palabra?... Bueno. Proteste, demande... Y haga lo que quiera. Yo no pago, ni entrego el campo... está dicho...

Nicola.—Bueno. Pero vea que usted se perjudica, ¿no?...

Cantalicio.—Pero del lobo un pelo... Adiosito...

Nicola.—Escuche, amigo... Escuche... Es por su bien... *(Llegan voces acaloradas del foro izquierdo. Nicola y Cantalicio se detienen.)*

ESCENA XVI

María.—*(Aparece con Victoria, tironeándola de un brazo.)* ¡Indecente!... ¡Sinvergüenza!... ¡Mala hija!... ¡Camina, pues!... *(Como Victoria se resiste, le aplica unos mojicones.)* ¡Indecente! ¡Indecente!...

Nicola.—¿Cosa?... ¿Cosa?... *(Interponiéndose.)* ¡Victoria!... ¡Qué has hecho?...

María.—¡Figúrate!... Yo iba para el corral a buscar una cuerdita que había dejado y de repente me la veo a esta porcachona[21] indecente *(le tira un manotón)* que se dejaba dar un beso, con ese gauchito, ese... el hijo del señor... ¡Cochina!...

Cantalicio.—¡Oigalé!...

Nicola.—¿Cómo? ¿Cómo?... ¿Próspero la besaba?...

María.—¡Sí, Próspero!...

Nicola.—¡Ah, no! ¡Ah, no! ¿Y dónde está ese atrevido?... *(Llamando.)* ¡Próspero!... ¡Eh!... ¡Próspero!...

ESCENA XVII

Próspero.—*(Grave.)* ¿Me llamaba, patrón?...

Nicola.—Diga, señor...

María.—¿Cómo señor?... ¡Es un atrevido, un canalla! ¡Un pión!...

---

[20]"no se juega" (italiano); véase *esquerzo* (juego) dos renglones más abajo.

[21]derivado de puerca, con el sentido de sucia, sinvergüenza.

Nicola.—Usted callate, ¿eh?... Diga... ¿Esa es la manera de portarse con las personas decentes?... ¿Qué se ha pensao?... ¿Qué está en la casa de una china como usted?...

Cantalicio.—¡Eh! ¡Baje la prima, gringo del diablo!...

Nicola.—¿Como usted bien conoce? ¿Eh? Diga. ¿Qué se ha creído?...

Próspero.—Yo nada, señor.

Nicola.—Nada, ¿eh?... Bueno. Entonces, ahora mismo arregla sus cosas y se manda mudar, ¿sabe?... *(A Victoria.)* Y vos, sinvergüenza. Andate pa dentro, que ya te voy a arreglar...

Próspero.—*(Interviniendo.)* Vea, señor. Más despacio con ella. Caramba... Aquí no hay falta ni delito. Lo que pasa es que... los dos nos queremos y que estoy dispuesto a trabajar para casarme con ella.

Nicola.—¿Cosa?... ¿Cosa?... Mandesé[22] mudar le digo... En seguida, ¿eh?... Casarse... Casarse... Te gustaría, ¿eh? Casarte con la gringa pa agarrarla la platita... Los pesitos que hemos ganado todos trabajando... ¡Trabajando como animales sobre la tierra!... ¡Ya! Mandesé mudar... ¡Haraganes!... Aprendan a trabajar primero... No me faltaría otra cosa que después de tanto sacrificio pa juntar un poco de economía vieniese un cualquiera a querérsela fundir... Mandesé mudar... *(Próspero hace ademán de echarse sobre Nicola. Cantalicio lo contiene. María empuja a Victoria hacia la derecha. Nicola sigue detrás, hablando y volviendo la cabeza.)* ¡Con qué casarte!... Casarte con la herencia, ¿no? Con la herencia del gringo viejo... Pa gastarla en los boliches y jugarla en las carreras... ¡Haraganes!... *(Vase mascullando frases en dialecto.)* ¡Mándese mudar! Aprenda a trabajar primero.

TELON

ACTO SEGUNDO

EN LA FONDA

En una fonda del pueblo. El comedor y despacho de bebidas. Puerta al foro que da a la calle. Una o dos a derecha e izquierda que comunican con el interior. Mostrador y armazón con botellas. Profusión de mesas, una de ellas larga, ocupada por los parroquianos que almuerzan. En otras, gente que bebe

---

[22]Mandesé = mándese: el cambio de acentuación indica énfasis.

aperitivos, lee diarios o charla simplemente. En uno de esos últimos grupos, un cura. Detrás del mostrador, un señor grueso—el fondero—y sirviendo las mesas una muchacha, su hija. Las paredes del despacho tapizadas de reclamos de máquinas agrícolas, retratos de los reyes italianos, etcétera. Del techo pende una gran lámpara y guirnaldas de papel de colores. Donde resulta más cómodo, un ventanillo que comunica con la cocina.

ESCENA I

(Al levantarse el telón, gran bullicio. Un grupo de colonos, con trajes de pana, trenzados en los últimos tantos de una partida a la murra.)[23]

¡Tré!...[24]

¡Cuatro!...

¡Due!...[25]

¡Tré!...

¡Due!...

¡Tré!...

¡Tutta la morra!...[26]

E finita[27] *(Risas y exclamaciones.)*

Un Gringo.—¡Patrone!... ¡Una botiglia de barbera!...[28]

El Fondero.—¡Súbito!...[29]

El Cura.—*(Dejando un diario.)* ¿Han acabado de gritar? ¡Ya era tiempo, hombre!... *(Aproximándose al grupo.)* Usted, doctor... ¿Qué tal se encuentra para una partida a la escoba?...[30] Mire que debe la revancha de anoche...

El Médico.—Podríamos hacerla de cuatro...

El Cura.—Eso es. *(A un parroquiano.)* ¿Usted juega, don Pedro?

---

[23]juego de cartas.

[24]tres (italiano).

[25]dos (italiano).

[26]Frase en italiano para concluir el partido de naipes que equivale a "yo gano".

[27]"Se acabó" (italiano).

[28]"Patrón. Una botella de vino" (italiano).

[29]"enseguida" (italiano).

[30]juego de naipes.

Parroquiano 1º.—Por pasar el rato... Cómo no.

El Cura.—Falta otra pierna... ¿Usted entra?

Parroquiano 2º.—No puedo; tengo que irme a la estación. Voy a acompañar a Próspero, el hijo de don Cantalicio, que se va para el Rosario del todo.

Nilda.—*(Acercándose al ventanillo.)* ¡Vitela para uno!...[31] ¡Minestra[32] para dos!... ¡Un postre!... *(regresa con varios platos y sirve a diversos comensales.)*

El Cura.—¡Caramba! ¿Y cómo hacemos?... *(Al fondero.)* ¿Entra usted, patrón? Les jugamos yo y usted a don Pedro y al doctor...

El Fondero.—¡Cómo no! Ya estuvo... ¡Voy a servirle a estos borrachos el barbera y en seguida!... *(Se acerca a la mesa de los colonos con botellas, copas y tirabuzón.)*

El Cura.—Aquí en esta mesa, no más. ¡Nilda!... ¡Nilda!... Trae las cartas. Ya debían estar aquí, muchacha. Ya debían estar aquí...

Nilda.—¡Ni que yo fuera Dios pa estar en todas partes!... *(Va en busca de las cartas al mostrador y vuelve con ellas. Mientras, el fondero destapa la botella y sirve vino a los colonos con grandes muestras de alborozo.)*

Voces.—¡Eviva el vin!... ¡Eviva!... ¡Eviva Garibaldi!...[33]

El Cura.—*(Volviéndose.)* ¿Eh? ¿Eh? ¡Qué tanto Garibaldi, ni Garibaldi!... ¡Miren, mañana es fiesta y tendrán que ir a misa!...

El Fondero.—*(Acercándose.)* Aquí estoy... A ver, padre, cómo se porta ¿eh?

El Cura.—Yo doy... *(Da las cartas. Pausa. Los colonos, copa en mano, entonan de esos aires nostálgicos del Piamonte. Los parroquianos escuchan atentamente, con excepción del cura y sus compañeros que continúan absorbidos por el juego. Antes de terminar el coro, entra un paisano y se recuesta al mostrador, y así que ha concluido, golpea fuertemente con el mango del rebenque.)*

ESCENA II

Paisano.—¿No hay quien sirva aquí?... ¡A ver, pues!...

---

[31]se trata de un aperitivo.

[32]sopa (italiano).

[33]"Viva el vino. Viva. Viva Garibaldi" (italiano).

Fondero.—¡Ya va, hombre!... ¡Hijo del país para ser barullento!... ¡Nilda, andá, serví a ése!... *(Prosigue la jugada.)*

Nilda.—¿Qué va a tomar?...

Paisano.—Ginebra con bitter...

Nilda.—*(Sirviéndole rápidamente.)* Ahí tiene... 20 centavos...

Paisano.—*(Despúes de apurar la copa.)* Diga, moza... ¿no ha caído por acá el médico?...

Nilda.—¿El doctor Buottini?... Allí está, ¿no lo ve?...

Paisano.—Ni lo había visto. *(Acercándose al grupo.)* Güen día, señor doctor... Yo venía a buscarlo pa ver si quiere dirse hasta la chacra de los Bertoni, que hay un enfermo grave.

El Cura.—*(Alarmado.)* ¿Cómo, Bertoni está enfermo? ¿Cuál de ellos? ¡Pobre!...

Paisano.—No es ninguno de los colonos... Es un peón del mediero, un cordobesito joven...

El Cura.—¡Ah!... ¡Eso es otra cosa!...

Paisano.—¿Cómo otra cosa?... Desde que un cristiano está enfermo... lo mismo es que sea rico como pobre...

Médico.—¿Y qué tiene el peón ése?...

Paisano.—Está muy mal, dotor...[34] Antiyer cuerió un animal muerto de peste y se le ha formao un grano en el brazo...

Médico.—¡Carbunclo!...

Paisano.—Eso debe ser...

Médico.—Está bien... Dígale a Bertoni que veré si puedo ir esta tarde...

Paisano.—¡Pero dotor!... Si es que ya está muy hinchao, y si no lo operan en seguida se muere...

Médico.—¡Qué quiere que le haga! ¡Estoy muy ocupado!... No puedo...

Paisano.—*(Medio aparte.)* ¡Ocupado! ¡Ocupado!... Muy bien que si fuera Bertoni el enfermo o cualquier otro gringo rico, ya andaría al trote por entre los maizales... Vea, dotor... Haga el servicio... Ese pobre muchacho se va a morir... Le asiguro que le vamos a pagar lo que sea...

---

[34]dotor = doctor; la reducción de combinaciones consonantales es común en el habla del campo.

Médico.—Bueno, bueno... Está bien. Espéreme por acá, que cuando acabe vamos... *(Recogiendo las cartas de la mesa.)* ¡Escoba!...[35]

Paisano.—¡Ta bien!... *(A Nilda.)* Niña... ¿Me quiere servir otra ginebrita?... *(Nilda le sirve. Uno de los colonos cantores pide barajas y el grupo arma otra partida a la escoba.)*

ESCENA III

María y Victoria avanzan desde la puerta del foro cargadas de paquetes. Visten trajes de domingo de mal gusto.

María.—*(Depositando los paquetes en una mesa.)* Salud a toda la reunión... ¡Uf! ¡Cómo estoy cansada! ¡Cómo está, señor cura!... ¡Señor doctor!... ¡Señor don Pedro!... *(Al saludar al fondero.)* Y la señora Margarita... ¿está buena?...

Nilda.—*(Que ha saludado ya a Victoria.)* Está buena, señora María... Voy a llamarla...

María.—¿Cómo te va, hija?... No la incomodés... Mirá, traeme primero un refresquito... Tengo una sed como un diablo.

El Cura.—¿Y don Nicola, señora?

María.—Ahora no más viene. Está del escribano por unos asuntos... *(A Victoria.)* Pero sentáte, muchacha... ¡Parece que vos no te cansaras nunca!... ¿O tenés ganas de irte a la puerta de la calle?

Nilda.—*(Después de servir los refrescos.)* ¡Máma! ¡Máma!... ¡Venga que está la señora de don Nicola!...

Un Comensal.—¡Nilda!... ¡Nilda!... ¿Acabarás de servirme?

Nilda.—Aquí estoy. ¿Qué más quiere?...

Comensal.—Un pechito...[36]

Otro Comensal.—Y a mí también.

Nilda.—*(Rápidamente al ventanillo.)* Dos pechitos...

El Cura.—*(Volviéndose.)* De cordero.

ESCENA IV

Margarita.—*(Que aparece secándose las manos con el delantal.)* ¿Cómo está, doña María?... Disculpe que tengo las manos mojadas...

---

[35]frase que alude a una combinación de cartas cuyo tanto suma quince.

[36]se trata de un corte de la carne vacuna.

María.—¡Oh! ¡No es nada!... *(Se abrazan y se besan brutalmente.)*

Margarita.—Asiéntese, tome asiento... ¿La salud bien?...

María.—¡Cosí! ¡Cosí!...[37] por ahora buena, gracias... A usted ya la veo tan gorda ¿eh?

Margarita.—¿Y qué milagro es éste?...

María.—Un milagro de veras... Yo no pensaba venir al pueblo... pero ésta me empezó con que vamos y vamos... que le dije bueno. Quería comprarse un vestido, ¿sabe? y acabamos de hacer una punta de gastos. ¡Cómo están caras las cosas! ¿eh?... Una punta de gastos para la señorita hija... Yo no sé deveras qué hace esta muchacha con los trajes... El año pasado le compré ése que tiene... Y dice que ya no le sirve... Ahora me han vendido este generito en casa Testaseca... Mírelo... ¿Qué le parece?... *(Desenvuelve un paquete y ambas examinan prolijamente el género.)* Es bueno, se le antoja que lo haga de la modista el vestido... Y yo le digo que no... Para qué gastar más plata, que cuesta tanto ganarla, si podemos coserlo nosotros mismos... No quedará de moda, pero anda bien vestida y limpia... ¿Qué se piensa?... Ahí donde la ve a ésta, se le están viniendo muchos pájaros en la cabeza...

Margarita.—Y diga, don Nicola... ¿está también en el pueblo?

María.—Vinimos con él en el carro grande... Tenía que arreglar el pleito con ese viejo don Cantalicio... Embrollón... Le metió cuestiones ¿sabe?... Para no pagar, procuradores y juez de paz y testigos y qué sé yo... Nicola tuvo que andar en viajes a Córdoba, al Rosario... Pero el viejo tenía los papelitos... y le ganó el asunto en el juez... Ma le ha costado buenos pesitos... ¡Mire, doña Margarita, con estos criollos del país no puede tener negocio: son una punta de tramposos!... Como no ganan la plata como nosotros... *(Tumulto en la mesa que sirve Nilda. Al acercarse ésta con los platos, uno de los parroquianos se ha tomado cualquier libertad y Nilda, dejando caer el plato, la arremete con él a moquetes.)*

Nilda.—*(Pegándole.)* ¡Sinvergüenza!... ¡Sinvergüenza!... ¡Atrevido!... *(Risas, algarabías.)*

El Fondero.—*(Interrumpiedo el juego sin moverse.)* Pero decime una cosa, Bachicha... ¿Cuándo vas a dejar de embromar la paciencia?... ¿Andás buscando que un día te sosiegue yo?... ¿Qué te has pensado, eh?...

Margarita.—¡Eso digo yo!... A ver si se acaba la historia, ¿eh? Todos los días tiene que hacer con la muchacha... ¡Sinvergüenza! Se ha creído que

---

[37]"más o menos" (italiano).

mi hija es un trapo... ¡Caramba! ¡Caramba!... Si va a seguir así se cambia de fonda...

María.—Déjelo estar, doña Margarita. Déjelo estar... Estos atrevidos no valen la pena un bochinche... Se figuran, ¿sabe?, que todas las mujeres son iguales... La vez pasada... Con ésta *(por Victoria)* también me sucedió una cosa. El compadrito del hijo de don Cantalicio se estaba propasando mucho, caramba... Por eso lo escharon... Pero la muchacha...

Nilda.—*(Que vuelve del ventanillo.)* ¡Mamá!... La llaman de la cocina...

María.—Haga su comodidad... Haga, no más... Vea, y con su permiso yo también voy un poco adentro a aflojarme este vestido que me incomoda...

Margarita.—Pase... Pase...

María.—*(A Victoria.)* ¡Che... venite vos también!...

Victoria.—No; yo me quedo... ¿Qué voy a hacer adentro?

María.—¡No, no, no!... Caminate no más para adentro... *(Victoria vase de mala gana volviendo los ojos hacia la puerta y deteniéndose lo suficiente para ver a Próspero.)*

ESCENA V

Próspero.—*(En traje pueblero aparece nervioso y alegre, saludando a todos los parroquianos "a piacere" y se acerca por último a la mesa del cura.)* ¡Salud, señores!... ¡Buenos días!... ¡Qué tal esa escoba?... ¿Quién pierde?...

El Cura.—Hola, Próspero. Con que te vas, ¿eh?...

Próspero.—Si, señor. Ahora mismo. En el tren del Rosario. ¡A hacer patria a otro lado!...

El Cura.—No vas mal encaminado, muchacho. No vas mal encaminado... ¡La cuestión es tener juicio, ahora!... Dá usted, doctor... Ese mister Daples es una buena persona, y si te toma cariño, vas a ir muy lejos con él.

Próspero.—Efectivamente. El hombre me tiene fe... Pero por algo ha de ser... Si yo no sirviera para nada no me protegería. ¿Tata no ha venido? Quedamos de vernos aquí... ¡Pobre viejo! No le hace un chiquito de gracia que yo me vaya... Dice que soy un renegao, que me he vendido a los gringos, que lo abandono ahora que está pobre...

El Cura.—Preocupación de criollo viejo, no más.

Próspero.—¡Es natural!... *(Viendo que Victoria se asoma tímidamente a la puerta.)* ¿Cómo está usted, señorita Victoria?... *(La obliga con el gesto a avanzar.)* Su mama ¿está buena?...

Victoria.—*(En voz baja.)* ¿Se va, entonces?...

Próspero.—No hay más remedio... Le juro que he hecho todo lo posible por quedarme...

Victoria.—No lo ha hecho. ¡No!... Si me quisiera deveras...

Próspero.—Eso es lo que usted no sabe... Porque la quiero y mucho es que me voy... a trabajar... a hacerme gente, a ganar dinero para merecerla...

Victoria.—Si yo no preciso eso...

Próspero.—Pero su padre sí. ¿Piensa que me he olvidado de aquellos insultos?...

Victoria.—¿Por qué no trabaja aquí?... *(Mimosa.)* Ahora usted se va y no se vuelve a acordar de mí... Cuando vea otras muchachas en el Rosario, más lindas y más educadas que esta pobre gringa, me deja no más... Me deja...

Próspero.—*(Transportado.)* ¡No, prenda, no!... ¡Si vos sos mi vida, lo único que he querido en este mundo!...

Victoria.—*(Compungida.)* Es que me voy a quedar muy triste... Muy triste... Solita... Sin verlo...

Próspero.—*(Afectado también.)* Te queda el consuelo de saber que nunca te olvidaré...

ESCENA VI

María.—*(Asomándose.)* ¡Oh!... ¡Victoria!... *(Próspero se aleja rápidamente. Victoria queda como estática con la cabeza baja.)* ¡Victoria!... ¿Qué cosa estabas hablando con ese sinvergüenza?... Contestá, pues... Andás con gana de una paliza vos, ¿eh? ¡Y yo te voy a dar ahora no más!... ¡Caminate adentro ya... ligerito!... *(Victoria a medida que le habla la madre contrae el gesto y acaba por estallar en sollozos. Se produce en ese momento una pelotera entre los gringos colonos. María empuja a Victoria hacia afuera.)*

ESCENA VII

Próspero.—*(Que miraba la escena con emoción, reaccionando.)* ¿Eh?... Ya debe estar por llegar el tren. *(Al parroquiano 2º.)* Nos vamos, che...

Parroquiano 2º.—¡Sí, ya es hora!...

Próspero.—Caramba, sentiría no despedirme del viejo... Bueno... Conque...¡señores, hasta la vuelta! *(Da un apretón de manos al cura y sus compañeros que lo despiden con gran afectuosidad.)* ¡Salud, señores, a todos en general!...

Varias Voces.—*(De distintas mesas.)* ¡Chao! ¡Buen viaje! ¡Felicidad!...
¡Pronto regreso!... *(Próspero retribuye alegremente las demostraciones. Al llegar a la puerta se encuentra con Cantalicio.)*

ESCENA VIII

Próspero.—Viejo... Ya me iba sin despedirme...

Cantalicio.—No lo jurés porque te lo creo... Pa qué te ibas a ocupar del pobre paisano. ¡Si al menos yo juese gringo!...

Próspero.—¡Bá!... ¡Bá!... ¡Bá!... ¡Déjese de macanas, viejo!... ¡La he dao fuerte con los gringos!...

Cantalicio.—No he de tener razón cuando menos. ¡Canejo!...

Próspero.—*(Palmeándolo.)* Ya veremos, ya veremos quien la tenía más... *(Pausa.)* Bien, ya es muy tarde. A ver, tata, un abrazo...

Cantalicio.—¿Pero es que te vas de veras?...

Próspero.—¿Lo creyó broma?

Cantalicio.—¿Y me dejás solo aura[38] que no me queda ni la casa?...

Próspero.—Qué más remedio. Venga ese abrazo... Hasta la vuelta...

Cantalicio.—¡No, no te abrazo!... Andate, no más... Andate... Andate...

ESCENA IX

Cantalicio.—¡Pobre muchacho! ¡No es malo!... Pero se me ha dao güelta... Se me ha dao güelta. *(Al paisano.)* ¿No le parece, compadre?...

Paisano.—¡Así ai ser, no más, pues!...

Cantalicio.—*(Reaccionado.)* ¿No ha dao con el dotor, entuavía?...[39]

Paisano.—Estoy aguaitándolo...[40] Dice que está ocupao...

Cantalicio.—Ya lo veo... Trensao a la escoba... Si será desalmao... Venga, compadre... Vamos a tomar una copa... *(Se aproximan a las mesas en que han estado los gringos.)* ¡A ver, quién sirve aquí!... *(Nilda se aproxima.)* ¿Qué toma usted?...

Paisano.—Yo lo mismo...

Nilda.—Ginebra con bitter...

---

[38]ahora

[39]todavía.

[40]esperándolo.

Cantalicio.—A mí también, bien cargada. ¡Ando con ganas de chupar juerte!...[41] ¡De todas maneras!... ¡Pa lo que sirvo, ya... tranca más o tranca menos!...

Paisano.—Eso no diga. ¿Pa quién sinó pa los hombres se han hecho las disgracias?...

Cantalicio.—¡Qué caray!... Y la bebida también se ha hecho para los varones... Serán los últimos copetines que chupe en este pueblo disgraciao...

Paisano.—Entonces ha determinao no más dirse...

Cantalicio.—¿Y qué quiere que me quede a hacer?... No he nacido pa tordo, amigo... Pa andar viviendo en nido ajeno... Me acaban de quitar el mío... Y ya lo ve, con el nido los pichones... ¡Ese muchacho, lo único que me quedaba en el mundo de familia, se me manda mudar como un ingrato!... *(Nilda sirve. Cantalicio se bebe de un sorbo la ginebra.)*

Paisano.—¡Ya volverá!... ¡Quién sabe si no le va bien!... ¡Es travieso el mocito!...

Cantalicio.—Cualquier día lo veo más... Aura va pa la ciudad, se agringa del todo y si te he visto no me acuerdo. ¡Y se le va bien es capaz de avergonzarse del criollo viejo que le dio el ser!...

Paisano.—¡Pucha que los quiere bien usted a los gringos!... ¡Se parece a mí en eso!...

Cantalicio.—¡De balde no más!... Mire, compadre... toda esa pampa de aquel lado del pueblo hasta cerca del Chañarito ha sido nuestra, de los González, de los viejos González, cordobeses del tiempo e la independencia, amigo... Y un día un pedazo, otro día otro se lo han ido agarrando esos naciones pa meter el arao... Una pena, amigazo; romper esos campos en que venía así, la gramilla... que era un gusto... *(Bebe el nuevo vaso que Nilda le sirve, también de un sorbo.)*

Paisano.—No tome tan ligero, compadre... ¡Mire que es muy engañoso!...

Cantalicio.—No le hace... Pues, sí, señor... Y el último pedazo de pampa que nos iba quedando me lo acaban de arrancar estos ladrones... ¡Ahora mesmito!... Vergüenza nos había e dar a todos los criollos... *(Golpea fuerte la mesa.)*

El Cura.—No se altere, don Cantalicio!... ¡Un poco de orden, pues!...

Cantalicio.—¡Oh!... Hasta eso me quieren privar también... ¿Sabe que está bonito?... ¿Es decir que porque soy hijo el país tengo menos derechos

---

[41]fuerte.

que todos ustedes, que se pasan aquí el día gritando y cantando como si fuese fonda e'vascos?... ¿Ei golpiar lo que me antoje, porque pa eso soy criollo!... ¿Me oyen?...

El Cura.—Era una broma, don Cantalicio... Por ver lo que decía...

Cantalicio.—Está güeno. Si es así no he dicho nada. *(Irguiéndose de nuevo.)* Pero sepan todos...

Paisano.—¡Siéntese, compadre!... No vale la pena...

Cantalicio.—Esta güeno. *(Sentándose.)* ¡Hum!

Paisano.—Entonces decía...

Cantalicio.—Sirva otra ginebra... ¡Cargadita!...

Paisano.—¡No tome más!... Le hará mal...

Cantalicio.—Déjeme...

Paisano.—*(Distrayéndolo.)* ¿Entonces negoció no más el campito?...

Cantalicio.—Me lo quitaron... ¿No le he dicho?... Yo le metí pleito al gringo... Y tenía derecho... Pero estos diablos con la plata pronto se arreglan con los jueces y fiscales y esa runfla de escribanos... El asunto seguía, pero sin miras de acabar, y entonces transamos. He firmao ya... y estoy esperando al gringo viejo que me debe entregar la... fortuna que me queda...

Paisano.—¿Y qué piensa hacer?...

Cantalicio.—¿Yo?... Irme a Córdoba... ¡Bien lejos!... ¡Ande no vea naciones!... ¡A levantar un rancho en el mismo corazón de la sierra, aunque no haiga más que zorros!... ¡Al menos esos serán criollos puros!... *(Pausa.)* ¿Me sirven, o no me sirven?...

El Cura.—Escuche, don Cantalicio. ¿Conoce usted el undécimo mandamiento?

Cantalicio.—No conozco más que diez, salvo que usted haya inventao algún otro pa cobrar más caros los funerales...

El Cura.—El undécimo, no embriagarse...

Cantalicio.—Si usted no fuese cura, ya me oiría... Y perdone... *(después de vaciar la tercera copa.)* (Dentro: ¡Porta[42] vino barbera!...) Diga, padre, ¿mamarse con vino barbera, no es pecado?...

El Cura.—También... también...

Cantalicio.—Entonces apunte pa el lado de los gringos...

---

[42]"Trae" (italiano).

ESCENA X

Nicola.—¡Bon giorno!...[43]

Cantalicio.—Ahí está el gringo... No me deje solo, compadre... que no me vaya a trampiar...

Voces.—*(De la mesa de los colonos.)* ¡E viva Nicola!... ¡E viva Nicola!... *(Uno de ellos le ofrece un vaso de vino.)*

Nicola.—Disculpame... Tengo un asunto que arreglar... En seguida vengo... ¿Cómo está, señor cura?... Me dispensa, don Cantalicio, si he demorado... Tenía que ir en casa de Testaseca, ¿sabe? a sacar la plata, y como estaban ocupados los patrones, me tuvieron esperando...

Cantalicio.—Está dispensao... Y vaya largando sin muchos partes, porque estoy de priesa...

Nicola.—¡Bueno! ¡Bueno! La cosa es bien fácil... Todo lo que teníamos de hablar ya está conversado... *(Saca papeles y dinero del cinto.)* Vamos a ver... Tengo que darle... De darle... Espérese... Mil de una parte y trescientos cuarenta de la otra... Mil trescientos cuarenta...

Cantalicio.—Me parece que está errao...

Nicola.—¡Cosa!... ¡Cosa!...

Cantalicio.—*(Alterado.)* ¡Sí, señor, está equivocado!... Son mil trescientos cuarenta y ocho pesos...

Nicola.—Dispense... Tenía razón... Lo que es justo es justo... Este número estaba mal hecho y cualquiera se equivoca... Yo también ando muy bien de escritura.

Cantalicio.—*(Aparte.)* Pero no te perdés en los números...

Nicola.—Muy bien... *(Cuenta prolijamente el dinero.)* ¡Aquí van mil pesos justitos!... Haga el favor de contarlo...

Cantalicio.—*(Al Paisano.)* Cuente, compadre...

Paisano.—*(Contando.)* Seiscientos, ochocientos y mil... Ahí tiene...

Nicola.—Bueno, bueno. Y ahora por el resto le voy a dar este pagarecito...

Cantalicio.—¿Qué es eso?... Usted no me va a dar pagareses... Yo no quiero papeles... El trato es trato... ¡Usted me tiene que entregar platita!...

Nicola.—Pero, escuche, don Cantalicio... Sucede que yo tengo mi plata da Testaseca, y Testaseca no tenía hoy moneda disponible...

---

[43]"Buen día" (italiano).

Cantalicio.—¡Habíamos de salir con ésas!... Vea, o me paga todo en dinero o se queda usted con todo... ¡Qué embromar también!...

Nicola.—Pero, escuche, don Cantalicio... Si mi firma es como un Banco... Usted lleva este papelito a cualquier parte y se lo pagan...

Cantalicio.—¿Un Banco?... Quién sabe qué trampa me quieren hacer... No, señor... El trato es trato... Venga la plata...

Nicola.—Dispense, pero tramposo no soy, y no me lo diga, porque no me gustan esas cosas...

Cantalicio.—¡La platita!... ¡La platita!...

Nicola.—¡Bueno!... ¡Bueno!... ¡Qué caramba!... Ahí tiene la platita, y si no le gusta así... haga lo que se le antoje... No dijo más nada... *(Hace ademán de retirarse.)*

Cantalicio.—¡Che!... ¡Ande vas, gringo del diablo?... *(Tironeándolo.)* Sujetá el pingo... ¡Aflojá los pesos!...

Nicola.—Mire, don Cantalicio... No me busque cuestiones que no me meto con nadie... Usted está medio tomado, y...

Cantalicio.—¡Tu madre!... *(Quiere echarse sobre Nicola y lo detiene el Paisano. Los parroquianos que han estado a la expectativa, acuden, con excepción de los colonos, que se limitan a pararse en los asientos.)* Lárguenme, que lo mato a ése... *(Nicola, muy calmoso, se recuesta a una mesa de frente al público, carga su pipa y fuma.)*

El Cura.—Vamos, don Cantalicio... Cálmese... No haga locuras... ¡No tiene razón!...

Cantalicio.—¡Madre mía!... ¡Que no tengo razón!... ¿Pero no han visto a ése que tras querer embrollarme, me insulta?... ¿No lo han visto?...

Nicola.—Yo no embrollo a nadie... Soy una persona honrada y trabajadora.

Cantalicio.—Sos honrao porque todos te protegen... Todos... Todos... Hasta el cura que te da la razón... Yo soy un pillo... No tengo plata, ni chacra, y he nacido en este páis... Sos muy honrao y, sin embargo, me querías estafar los poquitos riales que me dejaste...

El Cura.—Cantalicio... Eso no es cierto... Tranquilícese. Repose un poco y venga conmigo. Yo le voy a descontar el vale. *(Lo sienta.)*

Cantalicio.—No, señor. Me lo ha de pagar él... Me lo ha de pagar, y me lo ha de pagar... Y sálganse todos de aquí... Déjenme... Vayan a cuidarlo a él... Que le hace más falta... ¡Déjenme, déjenme! ¡Solito!... Yo no preciso de nadie... Ya no tengo amigos, ni casa, ni hijos... Ni patria... Soy un apestao... Nadie me quiere... ¡Salgan!... ¡Yo me voy a morir!... Estoy muy triste... ¡Salgan!... Sin casa... Sin hijos... Sin amigos... Soy un pobre criollo... Un pobre criollo... *(Oculta la cara entre los brazos llorando convulsivamente. El cura, con el gesto, pide compasión para él, y allá en el fondo, los colonos cantan de nuevo el aire nativo, mientras desciende lentamente el telón.)*

TELON

ACTO TERCERO

LA CHACRA DE CANTALICIO

En la nueva granja de Nicola. Dos años después. Ocupando toda la mitad derecha de la escena un edificio en construcción con las paredes que se alzan apenas medio metro del suelo; lo suficiente para sostener los marcos que deben estar ya colocados. Varios albañiles trabajan colocando ladrillos. Cayendo hacia el centro mismo un viejo ombú a medio desgajar que extiende su rama más gruesa hacia el lado de la obra. En el suelo las ramas recientemente cortadas. Perspectiva alegre, verde de alfalfar. Pleno sol.

ESCENA I

Peón 1º.—¿Y diai?...[44] ¡Qué más remedio!...

Peón 2º.—¿Le metemos a ésta no más?... *(Señalando la rama gruesa.)*

Peón 1º.—¿Y diai?... ¡Qué más remedio!...

Peón 2º.—¿Animal viejo ai ser, no?... Fijate qué ráices...

Peón 1º.—Pa mí que ha nacido en el tiempo de los españoles.

Peón 2º.—¡Qué!... ¡Mucho antes!... ¡Pero mucho!... Debe ser del tiempo e los ingleses...

Peón 1º.—¡Siás[45] bárbaro!... Si los ingleses no han venido nunca a este pais... Ricién están llegando...

Peón 2º.—¿Qué sabés vos?... Mirá: a la República Argentina vinieron: primero los indios... los matacos;[46] dispués los ingleses, dispués los gallegos y dispués... el general San Martín, Belgrano y todos esos otros...

---

[44]"Y de ahí qué".

[45]si serás, en el sentido admirativo de qué.

[46]se trata de un grupo indígena del norte argentino.

Un Albañil.—*(Burlón.)* ¡Pcha!... ¡Si me parece estar en la escuela!... Diga, maestro...

Peón 2º.—Has de ser muy inteligente vos... Como ese ladrillo que están golpiando...

Un Albañil.—Si vos me hubieses enseñado pué que sí, no más...

Peón 2º.—¡Andá!... ¡Andá!... ¡Trabajá!... ¡Zonzo!... ¡Que si te ve tu patrón!...

Un Albañil.—Más fácil es que te agarre el tuyo haciendo sebo... Y mirá, ni que hubiese adivinao... Ahí llega en el breque...

Peón 2º.—¡Cierto!... ¡Metele, che!... *(Buscan acomodo para aserrar mejor.)*

Peón 1º.—De veras que me da pena cortarlo...

Peón 2º.—¿Por el ombú... o por el trabajo?...

Peón 1º.—¿Eh?... Por las dos cosas... Vamos. *(Comienzan a aserrar. Pausa. Debe sentirse un instante el ruido de la sierra y los golpes de cuchara de los albañiles.)*

ESCENA II

Don Nicola, Victoria, Horacio. Con indumentarias livianas de verano. Notable progreso en el vestir de los dos primeros, especialmente Victoria. Horacio elegante y desenvuelto.

Horacio.—Le digo, viejo, que está equivocado... Cuanto más en la altura se coloque el depósito del surtidor... menor tiene que ser su elevación...

Nicola.—Ma, ¿por qué hay que hacerlo más alto?... Eso es lo que yo no te comprendo...

Horacio.—La teoría física de los vasos comunicantes.

Nicola.—¡Qué comunicante!... Dejate de sonceras...[47] que yo no soy ningún sabio... Decí las cosas claras...

Horacio.—*(Riendo.)* Bueno, bueno, bueno, viejo... Confieso la plancha... Y no discutamos más. Ahora verá cómo el constructor me da la razón... Veamos cómo anda la obra... Vos no habías venido nunca, Victoria...

Victoria.—¡No; nunca!...

Horacio.—¡Sos poco curiosa!... Mirá, de esta parte en la esquina misma, y bien arriba va a quedar un pabelloncito lindísimo. Te lo ofrezco...

---

[47]zonceras.

Victoria.—Para mí es lo mismo. Yo estoy bien en cualquier sitio... y no entiendo mucho de comodidades...

Horacio.—¿De modo que nada te llama la atención?... ¿Desencantada de la vida?... ¿A esta edad?...

Victoria.—¡Yo... no sé!

Horacio.—¡Pobrecita!... ¿Y no has pensado en el suicidio? Esperate... ¡Con fósforos es más romántico!...

Victoria.—*(Con fastidio.)* ¡Oh!... ¡Salí...

Horacio.—*(Riendo.)* Me olvidaba... ¿Ahora son sin veneno!... ¿Y el viejo?... ¿A qué se ha ido este porfiado?... ¡Tata!...

Nicola.—*(Reapareciendo.)* Te digo que yo tengo razón. He visto el terreno con estos ojos...

Horacio.—Bueno... Ya lo dirá el constructor... Vamos a verlo...

Nicola.—Vos tendrás mucho estudio... Pero yo tengo la práctica...

Horacio.—*(A un albañil.)* ¿El constructor?...

Albañil.—Se fue a la cremería en el automóvil, pero ahora no más vuelve.

Horacio.—Entre tanto podríamos ir a ver el surgente... ¿Le parece, viejo?...

Nicola.—Sí, pero espera un poco... *(A los peones.)* ¿Y desde ayer que trabajan no han podido voltear más que esos gajitos?... Parece que andan haraganeando mucho... ¿eh?...

Peón 2º—Si es muy fuerte este árbol... ¿Se cree que así no más se voltea un ombú?...

Nicola.—¡Hacha!... Hacha y buenos brazos se precisa... Y verán cómo cae pronto...

Peón 2º.—Es que no dentra el hacha, pues. ¡Rebota como si fuese goma!...

Nicola.—¡Caramba!... ¿Y para qué tienen ese serrucho en las manos?... Bueno, bueno... ¿eh?... A ver si acaban pronto... Vamos.

Horacio.—¿Cómo no? Vamos, Victoria.

Victoria.—No... es muy lejos... No tengo ganas de caminar tanto...

Horacio.—¿Y qué vas a hacer?...

Victoria.—Nada... Volverme al coche...

Horacio.—Facha il suo cómodo... Señorita romántica. *(Viendo que Victoria se vuelve fastidiada.)* ¡Ah, no!... ¡Enojos no permito, hijita!... *(La besa.)* Hasta luego... (Mutis de Nicola y Horacio por la derecha. Victoria se aleja lentamente por el lado opuesto.)*

ESCENA III

Peón 1º.—Adiós, niña... ¿Ya no se acuerda de los viejos amigos?...

Peón 2º.—¿Quién la ve, no?... Y las veces que hemos arao en la misma melga...

Peón 1º.—¡Ahora es señorita, che!... ¡Ja... ja!...

Peón 2º.—Me gustaría que golviese[48] Próspero, el hijo e don Cantalicio... pa ver si lo trataba con tanto disprecio...

Albañil.—Murmuren no más... Murmuren... Eso ha de ser en pago del café que les ha dao el viejo Nicola...

Peón 2º.—¡Callate, ladiao!...[49]

ESCENA IV

Cantalicio.—¿Quién habla de don Cantalicio pua cá?...[50]

Peón 2º.—*(Regocijado.)* Salú, don Cantalicio... ¡Anima bendita!... Ya lo creíbamos[51] muerto...

Cantalicio.—Ya ve que no amigo... ¡Cosa mala!... Che, ¿andan los gringos cerca?...

Peón 2º.—Están en el bajo... ¿Y qué vientos lo traen por estos pagos?... ¿Ande[52] estuvo?...

Cantalicio.—Lejos... Por la provincia de Córdoba...

Peón 2º.—¿Haciendo?...

Cantalicio.—De todo... ¿Qué más remedio?... Precisé llegar a viejo pa tener que deslomarme trabajando... Y gracias que entuavía servía pa algo... ¿A qué no sabés en que me ocupo?...

Peón 2º.—No, señor...

Cantalicio.—En venderles animales a los gringos... Fijate qué suerte... Yo que en mis tiempos sabía tropiar[53] ganaos ariscos de la sierra, pa mí...

---

[48]volviese.

[49]vendido.

[50]por acá.

[51]creíamos.

[52]Dónde

[53]tropear, arrear.

pa mi campo, pa este mesmo campo... me veo condenao ahora a acarrearles
güeyes a los colonos...

Peón 2º.—¡Lo que son las cosas, hombre!...

Cantalicio.—Ayer no más le traje a un chacarero del Chañarito, unos
sesenta animales... Después como quedaba tan cerca del pago viejo le dije a
Cantalicio: Che, andate a mirar cómo marcha aquello... Yo no quería pasar
por este camino, pa no acordarme, ¿sabés? pero la querencia me empezó a
cuartear pa este lao y cuando quise acordar... estaba aquí...

Peón 2º.—¡Mire, mire!

Cantalicio.—De lejos ya vide[54] todas las judiadas[55] que me habían
hecho los gringos con esto... *(Mirando en derredor.)* Vean... Vean... De la casa
ni qué hablar... parece que le van a edificar encima un pueblo entero... Ni el
horno... ni la noria... ni el palenque... ¡Cosa bárbara! Desalmaos... ¿Y aquello?... Eso sí que no les perdonaré nunca... ¡Talarme los duraznitos!... Los
había plantao Elisa... la finadita mi hija... y todos los años daba unas pavías
así... ¡Dañinos!... Lo único, lo único... de lo mío que entuavía puedo ver es ese
ombú...[56] ¡Pero che!... ¿Y por qué lo están podando así?...

Peón 2º.—¿Podar?... Al suelo va ir también... Eso estamos haciendo...
¡Voltearlo!...

Cantalicio.—Eso sí que no... ¿El ombú?... En la perra vida... Todo
han podido echar abajo porque eran dueños... pero el ombú no es de ellos.
Es del campo... ¡Canejo!...

Peón 2º.—Yo creo lo mismo. Pero los patrones dicen que el pobre
árbol viejo les va a dañar la casa... *(Aparece Victoria y se detiene a escuchar.)*

Cantalicio.—¿Y por qué no edifican más allá?... ¡Bonita razón!... Los
ombúes son como los arroyos o como los cerros... Nunca he visto que se tape
un río pa ponerle una casa encima... ni que se voltee una montaña pa hacer
un potrero... ¡Asesinos!... ¡No tienen alma!... Si tuvieran algo adentro les
dolería destruir un árbol tan lindo, tan bueno, tan mansito... Cómo se conoce,
¡canejo!, que no lo han visto criar, ni lo tienen en la tierra de ellos...

Peón 2º.—¡Vaya usted a hacerles entender esas razones!...

Cantalicio.—Y qué van a comprender ellos... si ustedes mismos,
¡parece mentira!..., criollos como son, se prestan a la herejía...

Peón 2º.—¡Oh!... ¡Si nos mandan!...

---

[54]vi.

[55]juegos tramposos.

[56]arbusto de grandes proporciones que crece en la pampa.

Cantalicio.—No se hace... Salgan de ahí... desgraciaos... todos se han vendido... ¡Todos se están volviendo gringos... todos!... ¡Pa qué habré venido, canejo!... ¡A ver tanta pena!... *(Al volverse se encuentra con Victoria y brusca- mente:)* Buen día... ¿Venís a mirar las lindas cosas que están haciendo, no?... *(Intenta irse.)*

Victoria.—No se vaya, don Cantalicio... Oiga... Escúcheme... Tengo que decirle algo... Venga. *(Lo aparta y se queda un momento indecisa.)*

Cantalicio.—¡Hablá de una vez, pues!

Victoria.—Este... ¿Usted sabe algo de Próspero?...

Cantalicio.—No sé, ni necesito saber... ¿Pa eso no más me llama- bas?...

Victoria.—Es que... Próspero está ansioso por tener noticias de us- ted...

Cantalicio.—¿Y vos cómo sabés eso?...

Victoria.—*(Confundida.)* Por ahí... la gente lo dice.

Cantalicio.—No ha e ser cierto... ¡No se acuerda más ya!...

Victoria.—Sí que se acuerda...

Cantalicio.—¡No! ¡No! ¡No!... ¡Mentira!... *(Intenta irse.)*

Victoria.—*(Deteniéndolo.)* Si me lo ha dicho a mí muchas veces...

Cantalicio.—¿Dónde?

Victoria.—En el Rosario... En esta temporada que pasamos allí hace dos meses... Nos veíamos muy seguido... y me hablaba del viejo, que lo quería mucho... que deseaba tanto verlo... y... vea: ayer me escribió y en la carta me preguntaba dos o tres veces por usted...

Cantalicio.—¿Cómo es eso?... ¿Cartitas?...

Victoria.—*(Pegándose en la boca.)* ¡Qué zonza!... ¡Se me escapó!...

Cantalicio.—*(Muy suavizado.)* Con que ésas teníamos, señorita... ¿eh?

Victoria.—Sí, pero... ¡Nadie lo sabe todavía!...

Cantalicio.—¿Y qué es de la vida de ese bandido?...

Victoria.—Está muy bien... acreditadísimo con Mister Daples... ¡Ay!.... Creo que llega tata...

Cantalicio.—Yo me mando mudar... *(Al volverse se encuentra de manos a boca con don Nicola.)*

ESCENA V

Nicola.—*(Un poco sorprendido.)* Cosa... Cosa... ¡Ah! ¿Es usted don Cantalicio?... ¿Cómo dice que le va?... ¿Qué anda haciendo por estos pagos?... Ha venido a ver su antigua casa... ¿eh?... Estará un poco cambiada, ¿no?, pero todavía va a quedar mejor... *(Cantalicio que se ha quedado mudo, hace jugar el rebenque entre las manos.)* Ahora lo que edifique este otro ranchito de dos pisos... y venga el jardín y la quinta de frutales... y la lechería allá bajo... *(Sacude la ceniza de la pipa y vuelve a colgársela de los dientes.)* Va a quedar mejor... bastante mejor... Pero ya se va notando el cambio... ¡Ah! ¡Y mire qué pichón de alfalfar!... Y todo lo está haciendo mi hijo el mayor, que ha estudiado en Buenos Aires de ingeniero... ¿Dónde anda Horacio?... ¡Che Horacio!

Horacio.—¡Qué hay, viejo?... *(Saludando cortésmente a Cantalicio.)* ¡Buen día, señor!...

Nicola.—Aquí te presento a don Cantalicio, el que era dueño de este terrenito... Mi hijo Horacio...

Horacio.—*(Dándole la mano.)* Muchísimo gusto, señor...

Cantalicio.—*(Muy seco.)* Igualmente.

Horacio.—Yo debo haberlo conocido cuando era muchacho, pero francamente no recuerdo...

Cantalicio.—Así ha de ser...

Horacio.—Acercate, Victoria... A ella la conocería, ¿verdad? Se conocían ustedes...

Cantalicio.—La he saludado ya...

Victoria.—Somos viejos amigos...

Horacio.—¡Pero qué cabeza, la mía!... Si mal no recuerdo, usted tiene un hijo en el Rosario...

Cantalicio.—Sí, señor: Próspero...

Horacio.—Lo conozco... Lindo muchacho... Nos hicimos amigos últimamente, cuando fui a contratar la trilla con Mister Daples...

Victoria.—Dale noticias de él, porque creo que el señor hace tiempo que no lo ve...

Horacio.—Está muy bien. Es el hombre de confianza de Daples... Tiene trilladoras a su cargo... Precisamente, le propuse que viniese a hacer nuestro trabajo...

Cantalicio.—¿Cree que vendrá?...

Horacio.—No sé... Pensaba salir con una máquina rumbo a Arias... No sería difícil... *(Pausa.)* Usted hace mucho que no cae por estos pagos. ¿Le habrá extrañado esta transformación?...

Cantalicio.—¡Ya he visto, señor!... ¡Ya he visto!...

Horacio.—Con un poquito de pena, ¿no es cierto?...

Cantalicio.—¿Por qué? ¡Ustedes son muy dueños!

Horacio.—Acompáñenos un rato... Le enseñaré algunas cosas.

Cantalicio.—No puedo... Tengo que dir[57] lejos...

Victoria.—¡Qué se ha de ir con este sol!... Lo invitamos a almorzar en casa...

Horacio.—¡Excelente idea!... *(Muy familiarmente.)* Venga, amigo viejo... Verá qué lindo le vamos dejando su campito... Vamos, vamos, pues... y no tenga pena... que esto es para bien de todos...

Cantalicio.—Vea mocito, que no hemos dormido juntos pa que se tome tanta confianza... Ya le he dicho que tengo que dirme.

Horacio.—Bueno, señor... Disculpe... Usted es muy dueño. Pero le aseguro que no he tenido el ánimo de ofenderlo...

Cantalicio.—*(Mirando al campo.)* Güeno... Adiosito... *(Se va casi corriendo.)*

ESCENA VI

Horacio.—*(Que lo ha seguido con la mirada.)* ¡Rico tipo!... ¿Lo has visto?...

Victoria.—¡Pobre hombre!...

Horacio.—No le hemos tratado mal, sin embargo...

Peón 2º.—¡Va como luz derecho al caballo!...

Victoria.—¿Te parece poca mortificación la de ver desaparecer tanta cosa querida?...

Horacio.—Estoy seguro que el hijo no piensa de igual manera... *(Viendo a los peones que han dejado de aserrar.)* ¡Oh!... ¡Oh!... ¿Y ustedes por qué no siguen trabajando?...

Peón 2º.—¡Este!... Nos pareció oír que decían que... se iba a dejar así no más el ombú...

Horacio.—¿Quién ha dado semejante orden?...

Peón 1º.—Nosotros no sabemos... pero... creíamos no más...

Horacio.—Las pocas ganas que tienen de trabajar les hace ver visiones... ¡Adelante! ¡Adelante!...

Victoria.—¡Oíme, Horacio!... Vos decías hace un rato que me hallabas triste... ¿Querés que te diga la causa?...

Horacio.—¡A ver! ¡A ver!... Confidencias tenemos... ¿Quién es el favorecido?... ¿El novio?...

Victoria.—No tengo ningún novio...

---

[57] ir.

Horacio.—Es una lástima, m'hijita...

Victoria.—Estaba así... afectada... por el ombú...

Horacio.—*(Risueño.)* ¿Cómo? ¿Cómo?...

Victoria.—Me dio pena ver que lo echaban abajo... Un árbol tan viejo...

Horacio.—¡No oigo!... ¡Un caso perdido de romanticismo!...

Victoria.—*(Fastidiada.)* ¡Oh!...

Peón 2º.—Ahí debe venir el automóvil del constructor. Veo una polvareda bárbara en el alto grande...

Horacio.—Afligirse porque se destruye una cosa inútil... ¿Viene, che?...

Victoria.—¡Inútil no!...

Horacio.—Y fea y perniciosa... ¿Te imaginás un parque a la inglesa, frente a un chalet, con semejante adefesio en medio?... Además obstruye la vista del edificio... y es sucio, hijita, muy sucio, lo inunda todo con esas flores que parecen gusanos... Se podría conservar por respeto a la tradición y quizás prestara algún servicio... si estuviese en mitad del campo... pero aquí no, ¡de ninguna manera!...

Victoria.—Tendrás razón... Sin embargo, es un capricho mío... y me darías un inmenso gusto si lo hicieras dejar.

Horacio.—*(Viendo a Nicola.)* ¿A que no sabe, tata, lo que me pide Victoria?... ¡Que dejemos el ombú!...

ESCENA VII

Nicola.—Esa porquería... Un árbol criollo que no sirve ni pa leña... y que no sirve más que pa que le hagan versitos de Juan Moreira...[58] Ya debía estar en el suelo...

Horacio.—*(A Victoria.)* ¿Has visto?...

Victoria.—¡Malo!... ¡Me las vas a pagar!...

Peón 2º.—¿Y?... ¿Se corta o no se corta?...

Nicola.—Métanle serrucho y déjense de zoncerías... Caramba... E don Cantalicio... ¿se ha ido?... Parece que está más mansito, ahora... Tenía un poco de mal genio antes. Era medio peleador... *(Se sienten los ruidos de un automóvil que detiene su marcha.)*

Horacio.—No crea, viejo. Se fue empacao...

---

[58]legendaria figura del gaucho rebelde.

Nicola.—Es una lástima... El hijo no era malo. Ma se metió a enamorársela a ésta... y tuve que echarlo de casa...

Horacio.—*(Jovial.)* ¡Ah!... ¡Ah!... ¡Ya comprendo!... Conque el ombú, ¿no?... ¡Te ajustaré las cuentas, picarona!... *(Suena más intensamente el motor.)*

Peón 2º.—Ahí está la máquina...

Peón 1º.—¿Qué trae, che? ¿Qué pasa?...

Horacio.—Ahora veremos quién tenía razón, viejo. ¿Cuánto jugarías vos, Victoria, a mis manos?...

Victoria.—¡Yo que entiendo de eso!...

Nicola.—Jugale la herencia a las mías y vas a ver cómo la práctica gana... Se han creído que porque han estado en la Universidad van a saber más que un viejo que se pasó la vida sobre la tierra y el arao...

ESCENA VIII

Constructor.—*(Apresurado.)* ¡Hagan el favor!... ¡Don Nicola!... ¡Horacio!... ¡Vengan un momento!...

Voces.—¿Qué pasa?... ¿Qué ocurre?...

Constructor.—¡Traigo un herido!... ¡Un paisano viejo!...

Victoria.—*(Muy alarmada.)* ¿Cómo? ¿Quién?...

Constructor.—¡No sé!... ¡Vengan, señores, un momento!... *(Victoria corre adelante.)*

Horacio.—*(Deteniéndola.)* ¡Quedate, vos!... ¡Nada tenés que ver!...

Victoria.—¡Oh!... ¡Yo voy!... *(Vanse Victoria, Horacio, Nicola y el Constructor.)*

ESCENA IX

Peón 2º.—*(Observando como los demás trabajadores.)* ¡Che! Fijate... ¡Si parece don Cantalicio!...

Peón 1º.—¡Sí; es el mismo!...

Albañil.—No ha de venir muy mal herido cuando corcovea tanto...

Peón 1º.—¿Qué le habrá pasado?

Peón 2º.—Dejuro que tu patrón lo ha llevao por delante con el aparato... Son piores que el fierro carril esas máquinas. *(Pausa.)*

Peón 1º.—¡Mirá... che... Se apea solo... *(Pausa.)*

Peón 2º.—¡Oh!... Y porque esos gringos lo quedrán atajar... *(Pausa.)*

Albañil.—Y porfía pa venirse... *(Pausa.)*

Peón 1º.—Ahí le sacan el poncho... *(Pausa.)*

Peón 2º.—¡Dejuramente!... ¡Un cristiano no camina así!...

Peón 1º.—¡Caray!... ¿Qué le habrá pasao?

Albañil.—Lo que sea... Pero métanle, muchachos al trabajo si no quieren llevarse un café... A nosotros... ¿qué no importa? *(Actividad afectada de los peones.)*

ESCENA X

Cantalicio.—*(Desde afuera aún.)* ¿Por qué no me han dejao?... *(Rumor de voces.)*

Peón 2º.—¡Mírenlo!... ¡Pobre hombre, cómo viene!...

Cantalicio.—*(Apareciendo sin poncho, tambaleante, sostenido por Victoria y con el brazo derecho ensangrentado.)* ¿No están conformes con haberme molestao en vida?... Déjenme morir en paz... Y ande se me antoje...

Victoria.—¿Por qué es tan caprichoso?... ¡Aquí no tenemos nada para curarlo!... ¡Venga a casa!...

Cantalicio.—¡No preciso que me curen!... ¡Me viá morir!.... ¡Se acabó!... ¡El criollo viejo ya no los incomodará más!... ¡Nunca más!...

Nicola.—Atienda, don Cantalicio... La muchacha tiene razón. Nosotros no queremos dejar que un criollo se muera como un perro.

Victoria.—*(Alterada.)* ¡Cállese, tata!... ¡Déjelo en paz!...

Cantalicio.—Dejalo... dejalo,... muchacha... Puede decir lo que quiera... ¡Es dueño del campo!... ¡Está en su casa! *(Quejándose.)* No puedo más... Llevame, m'hijita... Sos la única gringa buena... allí... al ombú... Si lo voltean antes que me muera, dejen no más que me caiga encima... (Victoria lo conduce lentamente hacia el ombú.)

Horacio.—*(Al constructor.)* ¿Y cómo fue eso?...

Constructor.—Iba a todo galope y al pasar junto a la máquina el caballo dio una espantada y lo arrojó lejos... Le recogimos desmayado. Cuando volvió en sí...

Horacio.—¿Por qué no lo llevó a la chacra, amigo?

Constructor.—Si se quería tirar del automóvil al pasar por acá... Por eso me detuve...

Horacio.—¡Qué desgracia!... Pero no ha de ser grave, ¿verdad?

Constructor.—Cuando menos algo roto. Dio contra un poste.

Cantalicio.—*(Acomodándose entre las raíces del ombú.)* ¡Dejame aquí no más, m'hijita!... Entre estas ráices que parecen brazos. Era destino de Dios que había de morir en mi mesma[59] tapera...

Nicola.—¡Caramba, don Cantalicio!... ¡Usted hace mal en ser tan porfiado!...

Cantalicio.—*(Irguiéndose.)* Retirate... ¡Gringo!...

TELON

ACTO CUARTO

LA CHACRA REFORMADA DE DON NICOLA

La chacra primitiva de Nicola. El rancho ha sido sustituido por una construcción de material revocada y pintada—como un alero—sillones de paja bajo el alero. El viejo edificio se conserva igual, sin el palomar. En el sitio del primitivo pozo un molino a viento y en el patio un jardín reciente con un canterito en el centro. Donde estaba el abrevadero, más al fondo, parvas de trigo recién cortado en formación. Dos peones trabajan alzando horquilladas de paja. Muy temprano de la mañana.

ESCENA I

Nicola.—*(Saliendo con varias bolsitas de trigo.)* ¡Aquí tiene las muestras!... El grano es parejito, como le decía... Yo no quiero engañarlo... No miento nunca...

Acopiador.—*(Observa ligeramente el trigo.)* Las conozco... Las conozco... El único trigo mezclado y sucio es el de la chacra de Rodini...

Nicola.—No me diga... Ese es un abandonado... No le tengo ya más de medianero... Han venido unos parientes míos, ¿sabe?... y les voy a dar ese pedazo de tierra para que empiecen a trabajar... Son gente pobre, ¿me entiende?...

Acopiador.—Bien; por las instrucciones que tengo podría ofrecerle cinco treinta y cinco...

---

[59]misma.

Nicola.—¿Cosa?... ¿Cosa?... ¿Ma usted sabe lo que dice? ¿Se pienza que está tratando con gente que no entiende el oficio?... Aquí tiene *La Capital*, del Rosario, de ayer... Lea un poco. Vea esos precios...

Acopiador.—Usted sabe bien que ese diario es alcista...

Nicola.—¿Alcista?... Alcista porque nos abre los ojos a los gringos... Y después de todo ya sabe que yo hago negocio con Soberan y si usted viene a proponerme que deje esa casa ha de ser mejorando los precios... ¿Cómo quiere que yo me cambie de cliente sin ganar nada?...

Acopiador.—Bueno, señor; deme las muestras y trataré de mejorar precio... si nos conviene...

Nicola.—Como le parezca... Que le vaya bien...

ESCENA II

Horacio.—¿Qué decía ése?...

Nicola.—Figurate qué zoncería... Ofrece cinco treinta y cinco... Se ha pensado que nosotros nos chupamos el dedo de la mano.

Horacio.—Si me lo larga a mí, pronto lo arreglo...

Nicola.—¡Oh!... ¡Yo también lo mandé bien arreglado!

Horacio.—¿Y la trilladora empezó?

Nicola.—La máquina ha llegado ya... Pero no puede comenzar todavía porque le falta el encargado..., que dice que se quedó con el birloche en la chacra de Baranda... Se espera que venga...

Horacio.—¿Me ataron el tílburi?[60]

Nicola.—Sí; creo que sí. Pero no te vayas a ir, que tengo de decirte una cosa... Vos sabés muy bien que el constructor se anda enamorando de Victoria... La muchacha ya es grande y tiene que casarse... Anoche el mozo me habló de la cosa... y yo le contesté que iba a pensar el negocio...

Horacio.—¿Sabe usted si Victoria le lleva el apunte?...

Nicola.—¡Qué voy a saber yo!... Me he fijao, sí..., y me parece que la muchacha le dispara... nunca andan juntos.

Horacio.—¡Si es así, ni qué hablar!... Ese asunto no lo resuelve nadie mejor que ella misma... Consúltela usted...

Nicola.—¡Ah!... ¡No!... A mí me da... me da vergüenza hablar de esas cosas con la hija...

---

[60]coche elegante de tiro de caballos.

Horacio.—¡Vergüenza!... ¡Qué rica cosa!... Entonces se lo preguntaré luego o mañana...

Nicola.—¡Qué esperanza!... El otro me ha demandado la contestación para hoy antes de irse al Rosario... El constructor es buena persona, ¿eh?

Horacio.—Se lo preguntaré en seguida... Pero le advierto que esas cosas no deben tratarse así... como un arrendamiento o como una venta...

Nicola.—No digo eso... ma si a la muchacha le gusta... ¿No hay para qué andar con tanto firulete!...

Horacio.—¿Dónde andará Victoria?

ESCENA III

María.—*(Saliendo con una bolsa de galleta en la mano.)* ¿Victoria?... Debe andar con el viejo... con ese viejo... con ese viejo criollo..., curándole el brazo roto... No sé deveras para qué habrán traído en casa esa roba de gente... Luiggini... ¡Oh!... ¡Luiggini!... Para trabajo no más... Son un mes y medio que lo estamos cuidando y gastando la plata con el médico y el boticario... *(Impaciente.)* ¡Luiggini!... ¡Luiggi...iin!...

ESCENA IV

Luiggín.—¿Qué hay?...

María.—Cuando la madre lo llama se viene pronto, ¿sabe?... Agarrá esa bolsa de galleta y llevala a los piones del bajo... Se podía haber quedado en su casa... e no venir a embromar a las familias... Y esa Victoria que se pasa el día y la noche con el hombre como si fuera el propio padre... y no hace lo que tiene que hacer... y deja que una mujer vieja tenga que andarse incomodando y cargando bolsas de galleta... *(Le coloca la bolsa sobre las espaldas del chico, que se va agobiado por el peso. Aparece por la derecha Cantalicio con el brazo amputado.)*

ESCENA V

Horacio.—Haga el favor, mamá, de no hablar así... ¡Parece que no tuviera sentimientos!...

María.—Tengo sentimientos, tengo... Y no deseo mal de nadie... Pero es verdad lo que digo... Qué nos precisaba tener en casa, ahora que hay tanto trabajo con la trilla, a un hombre enfermo que no sirve más que para incomodar... Dejame hablar, te he dicho. Si queríamos protegerlo al povero diavo-lo[61] lo hubiésemos mandado al pueblo, a la fonda... Se pagaba lo que era... y se acabó... Sin embargo lo tenemos en casa y son dos trabajos... sobre todo porque la muchacha no hace nada por cuidarlo...

Cantalicio.—¡Don Horacio! *(Sorpresa.)* Si me hace un favor..., el últi-mo que viá pedirle: empriéstame[62] un birloche pa dirme al pueblo... y un pión también, porque con esta manquera, ¡maldita sea!, no viá poder mane-jarlo...

Horacio.—¿Y por qué se va?... No está sano aún...

Cantalicio.—Porque no soy sobra de naides...[63] Bastante he incomo-dao ya...

Nicola.—*(A María.)* Camina pa dentro si no querés que te pegue una trompada aquí mismo... Siempre has de hacer zoncerías... Vieja loca...

María.—¡Lo que he dicho le he dicho!... Y tengo razón... ¡Qué demo-nio!...

Horacio.—No; usted no puede tomar en serio esas cosas. Ella misma lo aprecia... Estaría alunada... ¡Hablaba por hablar!...

Cantalicio.—¡No hablé más, don Horacio!... Yo sé que usted es muy güeno... casi tan güeno como su hermana..., pero "esos otros" me tienen ti-rria... no me pueden querer bien... me voy, me voy...

Nicola.—Mire, don Cantalicio... Usted sabe bien que yo no engaño nunca a las personas... nunca, ¿eh?... Bueno. Yo le digo que soy su amigo... E le doy esta mano de amigo, ¿sabe? *(Se la extiende.)*

Cantalicio.—Mire, don... Ya no tengo con qué apretarle los cinco... Me la han cortao... Y la del corazón... Disculpe... pero no es pa usté... *(A Ho-racio.)* ¡Me hace aprontar el birloche, por favor!...

Nicola.—*(Sacando la ceniza de la pipa.)* Bueno... Está bien... haga lo que quiera. *(Se va.)*

ESCENA VI

Horacio.—Comprendo su delicadeza, don Cantalicio... Sin embargo, no tiene derecho...

---

[61]pobre diablo.

[62]prestame.

[63]nadie.

Cantalicio.—Derecho, no; obligación... ¿Me hace aprontar el birloche?... ¡De no!...

Horacio.—Venga acá... Siéntese... y razonemos... Voy a traer un sillón. *(Sale Victoria.)*

ESCENA VII

Horacio.—Llegas a tiempo para ayudarme a convencer a don Cantalicio... ¡Quiere alzar el vuelo!...

Victoria.—¿Qué es eso?...

Cantalicio.—*(Tristemente.)* ¡Si, hijita!... Como los caranchos... comen y a las nubes...

Victoria.—¡Eso será si lo dejo!... Usted es mío, viejo.

Cantalicio.—Gracias... Como estoy con el pie en el estribo, les hablaré parao... Ustedes son una yunta de güenos muchachos... Esta... un alma de Dios... Sé muy bien que han tenido lástima... *(Protestas);* sí, lástima del pobre viejo criollo... Me recogieron lisiao... pa curarme... pero les pasó como a esos muchachos en el pueblo que llevan a su casa un perro sarnoso que se han encontrao y dispués resulta que los padres se lo echan a patadas puerta ajuera!...

Horacio.—*(Afectado.)* ¡Oh!... ¡No!... ¡No!... ¡Le juro... que!...

Cantalicio.—Les he dicho todo lo que tenía que decir y me voy... No crean que soy un mal agradecido... Por otro lao ya les había anunciao que nunca me resolvería a vivir entre gringos...

Horacio.—¿Pero somos gringos nosotros?...

Cantalicio.—No; pero lo son los otros... Y no hablemos más, don Horacio... Le declaro que si ahora mismo no me hace llevar al pueblo, me marcho a pie... ¡Palabra de hombre y de criollo!...

Horacio.—Si es así... no habrá más remedio... Lo acompañaré yo...

Cantalicio.—Que sea en seguida...

Horacio.—*(Después de una pausa.)* Voy a preparar el coche. *(Victoria se echa a llorar, ocultando la cara en las faldas.)*

ESCENA VIII

Cantalicio.—¿Qué es eso, hijita?... ¿Quiere hacerme llorar a mí también?... ¡Le aseguro!... Si me voy es porque me han echao... Ya me estaba aquerenciando aquí... con sus cuidaos...

Victoria.—*(Sin alzar la cabeza.)* ¡Mentira!... ¡Nadie lo echa!... Usted se va porque no me quiere...

Cantalicio.—¡Mucho... pero mucho!... ¿Cómo no había de quererte?... Si sos tan güena... Vamos, alce esa cabeza... Deme un beso y adiosito... *(La alza.)*

Victoria.—*(Echándosele al cuello.)* ¡Tata!... ¡Tatita!... Usted no puede irse... No se vaya... ¡No me deje sola!... ¡Porque yo me muero!...

Cantalicio.—¿Tata?... ¡Oh!...

Victoria.—¡Tata!... ¡Sí!... Usted es mi otro padre...

Cantalicio.—¡Me lo vas a hacer creer, muchacha!...

Victoria.—¡Es verdad! Por eso usted no puede irse...

Cantalicio.—Si no hablás claro...

Victoria.—*(Serena ya.)* ¿Me promete quedarse?...

Cantalicio.—¡Eso no!... Perdoname, pero...

Victoria.—Entonces, siéntese un ratito... *(Se sientan.)* Diga... ¿Usted no me había dicho que estaría muy contento si yo me casara con Próspero... y le diera muchos nietecitos?...

Cantalicio.—¡Ya lo creo!... Pero se me hace muy difícil... ¡Imposible!... De tu parte claro está que no... Los viejos, es la cosa...

Victoria.—Bueno; por eso mismo es que quiero que no se vaya...

Cantalicio.—¿Pa convencer a los gringos? ¡Ah! ¡No, hijita!... Eso sería como querer contar las estrellas. Nunca se cuentan y le salen berrugas a uno en los dedos...

Victoria.—Es que usted me puede ayudar de otra manera...

Cantalicio.—¡No sé cómo!

Victoria.—Mire. A mí no me hacen casar con ningún otro. Me andan metiendo por los ojos al constructor y hasta creo que ya habló con tata el individuo... pero yo primero me escapo...

Cantalicio.—¿Y ande vas a ir?...

Victoria.—Me iría con usted... o qué sé yo...

ESCENA IX

Luiggín.—Manda decir Horacio que el tílburi está pronto... Que si siempre piensa irse...

Cantalicio.—¡En seguida!... Alcanzame el poncho, m'hija... y adiosito... *(Se incorpora.)*

Victoria.—¡No! ¡No! ¡No! Me va a hacer llorar otra vez... Quédese quieto... ¡Si usted supiera!... ¡Lo necesito mucho!...

Cantalicio.—Dejame... Es mejor que me vaya...

Victoria.—*(A Luiggín.)* Decile que ya no se va... ¡Corre!... *(Luiggín hace mutis.)*

ESCENA X

Victoria.—Si yo le contara una cosa!... ¡No se mueva!...

Cantalicio.—Dejate de historias y alcanzame el poncho.

Victoria.—Es que es muy serio... ¡Tata!...

Cantalicio.—*(Impaciente.)* Bueno. Contalo de una vez. ¡Y se acabó!

Victoria.—Es que... ¡Ja... ja!... Me da risa... y me da vergüenza... *(Mirando en derredor.)* Si quiere... se lo digo en el oído...

Cantalicio.—Pero tapate la cara si es tan feo... *(Victoria, después de un instante de vacilación, le habla al oído.)*

Cantalicio.—*(Alzándose.)* ¿Vos?...

Victoria.—*(Que se ha quedado muy avergonzada, hace una señal de asentimiento.)*

Cantalicio.—¡Ave María Purísima!...

Victoria.—Fue en el Rosario... Mamá estaba en el hotel enferma... Próspero iba a verme y... ¡Por eso quiero que no se vaya!... Mañana—esto tiene que saberse—me descubren y si no disparo, los viejos son capaces de matarme.

Cantalicio.—¡Pobrecita!... ¿Y ese bandido fue capaz de?...

Victoria.—Bandido, ¿por qué?... ¡Pobre!...

Cantalicio.—¡Hija de mi alma! ¡Dame un abrazo!... ¡Así!... ¡Ahora comprendo por qué mientras estaba enfermo me hablabas tanto de los nietitos... ¡Hijita querida! *(La estrecha.)*

ESCENA XI

Próspero.—*(Que ha salido un momento antes.)* ¡Bravo! ¡Así me gusta!... ¡Bravo! ¡Bravo!...

Cantalicio.—¡Próspero!... *(Cae uno en brazos del otro.)* Disculpá, hijo, si no puedo abrazarte bien... Es la primera vez que echo de menos el pedazo este...

Próspero.—¡Oh!... ¿Qué ha sido esto?...

Cantalicio.—No te ocupés de mí, hijo... Ya lo sabrás... Andá y saludá a la gente...

Próspero.—¡Perdóname, Victoria... *(Le toma las manos.)* ¿Cómo estás?...

Cantalicio.—¡Abrácense!... ¡Si están deseándolo y no son mancos... como yo! *(Se abrazan.)*

ESCENA XII

María.—¡Ah! ¡Porcachona!... ¡Sinvergüenza!... ¡Yo te voy a enseñar!... ¡Bandida!... ¿Qué estás haciendo? *(Corre hacia Victoria, que va a refugiarse, asustada, junto a Cantalicio. Próspero se interpone.)* Me la vas a pagar... Te voy a encajar tres palizas... ¡Indecente!... Ahora verás cómo te arreglo. Andá para adentro ya... ¡Ah! ¿No querés irte?... *(Llamando.)* ¡Oh!... ¡Nicola!... ¡Nicola!... ¡Vénganse pronto!... que hay un asunto... aquí... ¡Nicola!... *(Con rabia.)* ¡Nicola!... Vení un poco... que la he encontrado a Victoria con un hombre, como la vez pasada. *(Volviéndose.)* ¡Sinvergüenza!... ¡Mala hija!... *(Reconociéndole recién a Próspero.)* ¡Madona! ¡Si había sido el compadrito criollo! ¡Ah! ¡Eso sí que no!... *(Llamando.)* ¡Nicola!... Vení[64] pronto...

ESCENA XIII

Nicola.—Cosa te sucede... Para estar gritando y gritando como un potrillo...

María.—Figurate que venía del patio y me la encuentro otra vez a esta sinvergüenza abrazada con un hombre...

Nicola.—¿Cómo, Victoria?

María.—Igual que la vez pasada...

Nicola.—¿Qué significa eso?... ¡Caramba!...

Próspero.—Significa que... aun cuando el momento no es aparente ni tenía tal propósito inmediato, la oportuna intervención de esta señora me obliga a pedirle la mano de su hija...

Nicola.—¿Otra vez?... ¿Pero qué se ha pensado usted... ma diga un poco?...

Cantalicio.—Cualquier día van a poder negársela...

María.—¡No faltaba otra cosa!... Con el novio que le ha salido ahora... un constructor... que darla a ese criollo...

---

[64]Ven.

Nicola.—Vos... callesé y no grite... Usted, mocito, me va a decir primero qué cosa ha venido a hacer aquí a esta casa...

Próspero.—Soy el encargado de la trilladora... señor.

María.—Eso es una mentira.

Nicola.—Usted callate, te he dicho... *(A Próspero.)* Bueno, ¿y entonces por qué no está allá, allá en su trabajo, da la máquina?... ¿Eh?

ESCENA XIV

Horacio.—¿Qué pasa aquí?... ¡Hola, amigazo!... ¡Cómo le va!... Se resolvió venir... Ahí lo tiene a su viejo... Se lo hemos embargado.

Nicola.—¡Ah! ¡Es verdad que eran amigos, ustedes!... Pero ¿sabés vos lo que éste estaba haciendo con la muchacha? ¿Eh?

María.—La abrazaba... La abrazaba...

Horacio.—Eso sí que es grave... ¿Y ella?...

María.—¡E[65] la sinvergüenza también! Yo los pillé!...

Horacio.—Caramba... Caramba... *(A Victoria.)* Vení acá, vos... mosquita muerta... ¿Con que ésos habían sido los romanticismos?... ¿Es tu novio?...

Victoria.—*(Confundida.)* ¡Sí!...

Horacio.—Entonces, viejo... No hay que hablar...

Nicola.—¡Eh!... Si vos te pensás que el muchacho vale la pena y a ella le gusta... a mí no me importa... Con tal de que sea trabajador...

Próspero.—Gracias, Horacio...

Horacio.—Ahí la tenés a Victoria... Supongo, Próspero, que nos harás gratis la trilla. Y usted, viejo... ¿se reconcilia ahora con los gringos?...

Cantalicio.—Con los gringos... en la perra vida... ¡Con la gringa y gracias!...

Horacio.—¡Mire qué linda pareja!... Hija de gringos puros... hijo de criollos puros... De ahí va a salir la raza fuerte del porvenir...

Próspero.—Se está elaborando... Otro abrazo, viejo...

Cantalicio.—*(Aparte.)* Qué se ha de estar elaborando, zonzo... Ya está...

Próspero.—¿Sí?... *(Corre hacia ella.)* ¡Vida, vida mía! *(La besa en la frente. Movimiento de estupefacción. Suena en ese instante una larga pitada.)* La trilladora empieza...

---

[65]Y (italiano).

Nicola.—*(Apartando a Próspero.)* Bueno, mozo... ¡A trabajar!... ¡A trabajar!...

TELON

Teatro. Selección y prólogo de Walter Rela. Montevideo: Departamento de Investigaciones de la Biblioteca Nacional, 1967. I.154-230.

VICENTE HUIDOBRO (Chile; 1893-1948)

"Arte poética"

A Fernán Félix de Amador, Poeta hermano

Que el verso sea como una llave
Que abra mil puertas.
Una hoja cae; algo pasa volando;
Cuanto miren los ojos creado sea,
Y el alma del oyente quede temblando.

Inventa mundos nuevos y cuida tu palabra;
El adjetivo, cuando no da vida, mata.

Estamos en el ciclo de los nervios.
El músculo cuelga,
Como recuerdo, en los museos;
Mas no por eso tenemos menos fuerza:
El vigor verdadero
Reside en la cabeza.

Por qué cantáis la rosa, ¡oh Poetas!
Hacedla florecer en el poema;

Sólo para nosotros
Viven todas las cosas bajo el Sol.

El poeta es un pequeño Dios.

Altazor

PREFACIO

Nací a los treinta y tres años, el día de la muerte de Cristo; nací en el Equinoccio, bajo las hortensias y los aeroplanos del calor.

Tenía yo un profundo mirar de pichón, de túnel y de automóvil sentimental. Lanzaba suspiros de acróbata.

Mi padre era ciego y sus manos eran más admirables que la noche.

Amo la noche, sombrero de todos los días.

La noche, la noche del día, del día al día siguiente.

Mi madre hablaba como la aurora y como los dirigibles que van a caer.

Tenía cabellos color de bandera y ojos llenos de navíos lejanos.

Una tarde cogí mi paracaídas y dije: "Entre una estrella y dos golondrinas". He aquí la muerte que se acerca como la tierra al globo que cae.

Mi madre bordaba lágrimas desiertas en los primeros arcos iris.

Y ahora mi paracaídas cae de sueño en sueño por los espacios de la muerte.

El primer día encontré un pájaro desconocido que me dijo: "Si yo fuese dromedario no tendría sed. ¿Qué hora es?" Bebió las gotas de rocío de mis cabellos, me lanzó tres miradas y media y se alejó diciendo: "Adiós", con su pañuelo soberbio.

Hacia las dos, aquel día, encontré un precioso aeroplano, lleno de escamas y caracoles. Buscaba un rincón del cielo donde guarecerse de la lluvia.

Allá lejos, todos los barcos anclados, en la tinta de la aurora. De pronto, comenzaron a desprenderse, uno a uno, arrastrando como pabellón jirones de aurora incontestable.

Junto con marcharse los últimos, la aurora desapareció tras algunas olas desmesuradamente infladas.

Entonces oí hablar al Creador, sin nombre, que es un simple hueco en el vacío, hermoso como un ombligo:

"Hice un gran ruido y este ruido formó el océano y las olas del océano.

"Este ruido irá siempre pegado a las olas del mar y las olas del mar irán siempre pegadas a él, como los sellos en las tarjetas postales.

"Después tejí un largo bramante de rayos luminosos para coser los días uno a uno; los días que tienen un oriente legítimo o reconstituido, pero indiscutible.

"Después tracé la geografía de la tierra y las líneas de la mano.

"Después bebí un poco de coñac (a causa de la hidrografía).

"Después creé la boca y los labios de la boca, para aprisionar las sonrisas equívocas, y los dientes de la boca, para vigilar las groserías que nos vienen a la boca.

"Creé la lengua de la boca que los hombres desviaron de su rol, haciéndola aprender a hablar..., a ella, ella, la bella nadadora, desviada para siempre de su rol acuático y puramente acariciador".

Mi paracaídas empezó a caer vertiginosamente. Tal es la fuerza de atracción de la muerte y del sepulcro abierto.

Podéis creerlo, la tumba tiene más poder que los ojos de la amada. La tumba abierta con todos sus imanes. Y esto te lo digo a ti, a ti que cuando sonríes haces pensar en el comienzo del mundo.

Mi paracaídas se enredó en una estrella apagada que seguía su órbita concienzudamente, como si ignorara la inutilidad de sus esfuerzos.

Y aprovechando este reposo bien ganado, comencé a llenar con profundos pensamientos las casillas de mi tablero:

"Los verdaderos poemas son incendios. La poesía se propaga por todas partes, iluminando sus consumaciones con estremecimientos de placer o de agonía.

"Se debe escribir en una lengua que no sea materna.

"Los cuatro puntos cardinales son tres: el sur y el norte.

"Un poema es una cosa que será.

"Un poema es una cosa que nunca es, pero que debiera ser.

"Un poema es una cosa que nunca ha sido, que nunca podrá ser.

"Huye del sublime externo si no quieres morir aplastado por el viento.

"Si yo no hiciera al menos una locura por año, me volvería loco".

Tomo mi paracaídas, y del borde de mi estrella en marcha me lanzo a la atmósfera del último suspiro.

Ruedo interminablemente sobre las rocas de los sueños, ruedo entre las nubes de la muerte.

Encuentro a la Virgen sentada en una rosa, y me dice:

"Mira mis manos: son transparentes como las bombillas eléctricas. ¿Ves los filamentos de donde corre la sangre de mi luz intacta?

"Mira mi aureola. Tiene algunas saltaduras, lo que prueba mi ancianidad.

"Soy la Virgen, la Virgen sin mancha de tinta humana, la única que no lo sea a medias, y soy la capitana de las otras once mil que estaban en verdad demasiado restauradas.

"Hablo una lengua que llena los corazones según la ley de las nubes comunicantes.

"Digo siempre adiós, y me quedo.

"Amame, hijo mío, pues adoro tu poesía y te enseñaré proezas aéreas.

"Tengo tanta necesidad de ternura, besa mis cabellos, los he lavado esta mañana en las nubes del alba y ahora quiero dormirme sobre el colchón de la neblina intermitente.

"Mis miradas son un almabre en el horizonte para el descanso de las golondrinas.

"Amame".

Me puse de rodillas en el espacio circular y la Virgen se elevó y vino a sentarse en mi paracaídas.

Me dormí y recité entonces mis más hermosos poemas.

Las llamas de mi poesía secaron los cabellos de la Virgen, que me dijo gracias y se alejó, sentada sobre su rosa blanca.

Y heme aquí, solo, como el pequeño huérfano de los naufragios anónimos.

Ah, qué hermoso..., qué hermoso.

Veo las montañas, los ríos, las selvas, el mar, los barcos, las flores y los caracoles.

Veo la noche y el día y el eje en que se juntan.

Ah, ah, soy Altazor, el gran poeta, sin caballo que coma alpiste, ni caliente su garganta con claro de luna, sino con mi pequeño paracaídas como un quitasol sobre los planetas.

De cada gota del sudor de mi frente hice nacer astros, que os dejo la tarea de bautizar como a botellas de vino.

Lo veo todo, tengo mi cerebro forjado en lenguas de profeta.

La montaña es el suspiro de Dios, ascendiendo en termómetro hinchado hasta tocar los pies de la amada.

Aquel que todo lo ha visto, que conoce todos los secretos sin ser Walt Whitman,[1] pues jamás he tenido una barba blanca como las bellas enfermeras y los arroyos helados.

---

[1] poeta norteamericano (1819-92) muy venerado en América Latina.

Aquel que oye durante la noche los martillos de los monederos falsos, que son solamente astrónomos activos.

Aquel que bebe el vaso caliente de la sabiduría después del diluvio obedeciendo a las palomas y que conoce la ruta de la fatiga, la estela hirviente que dejan los barcos.

Aquel que conoce los almacenes de recuerdos y de bellas estaciones olvidadas.

El, el pastor de aeroplanos, el conductor de las noches extraviadas y de los ponientes amaestrados hacia los polos únicos.

Su queja es semejante a una red parpadeante de aerolitos sin testigo.

El día se levanta en su corazón y él baja los párpados para hacer la noche del reposo agrícola.

Lava sus manos en la mirada de Dios, y peina su cabellera como la luz y la cosecha de esas flacas espigas de la lluvia satisfecha.

Los gritos se alejan como un rebaño sobre las lomas cuando las estrellas duermen después de una noche de trabajo continuo.

El hermoso cazador frente al bebedero celeste para los pájaros sin corazón.

Sé triste tal cual las gacelas ante el infinito y los meteoros, tal cual los desiertos sin mirajes.

Hasta la llegada de una boca hinchada de besos para la vendimia del destierro.

Sé triste, pues ella te espera en un rincón de este año que pasa.

Está quizá al extremo de tu canción próxima y será bella como la cascada en libertad y rica como la línea ecuatorial.

Sé triste, más triste que la rosa, la bella jaula de nuestras miradas y de las abejas sin experiencia.

La vida es un viaje en paracaídas y no lo que tú quieres creer.

Vamos cayendo, cayendo de nuestro cenit a nuestro nadir, y dejamos el aire manchado de sangre para que se envenenen los que vengan mañana a respirarlo.

Adentro de ti mismo, fuera de ti mismo, caerás del cenit al nadir porque ése es tu destino, tu miserable destino. Y mientras de más alto caigas, más alto será el rebote, más larga tu duración en la memoria de la piedra.

Hemos saltado del vientre de nuestra madre o del borde de una estrella y vamos cayendo.

Ah mi paracaídas, la única rosa perfumada de la atmósfera, la rosa de la muerte, despeñada entre los astros de la muerte.

¿Habéis oído? Ese es el ruido siniestro de los pechos cerrados.

Abre la puerta de tu alma y sal a respirar al lado afuera. Puedes abrir con un suspiro la puerta que haya cerrado el huracán.

Hombre, he ahí tu paracaídas, maravilloso como el vértigo.

Poeta, he ahí tu paracaídas, maravilloso como el imán del abismo.

Mago, he ahí tu paracaídas que una palabra tuya puede convertir en un parasubidas maravilloso como el relámpago que quisiera cegar al creador.

¿Qué esperas?

Mas he ahí el secreto del Tenebroso que olvidó sonreír.

Y el paracaídas aguarda amarrado a la puerta como el caballo de la fuga interminable.

"El creacionismo"

El creacionismo no es una escuela que yo haya querido imponer a alguien; el creacionismo es una teoría estética general que empecé a elaborar hacia 1912, y cuyos tanteos y primeros pasos los hallaréis en mis libros y artículos escritos mucho antes de mi primer viaje a París.

En el número 5 de la revista chilena *Musa Joven*, yo decía:

El reinado de la literatura terminó. El siglo veinte verá nacer el reinado de la poesía en el verdadero sentido de la palabra, es decir, en el de creación, como la llamaron los griegos, aunque jamás lograron realizar su definición.

Más tarde, hacia 1913 ó 1914, yo repetía igual cosa en una pequeña entrevista aparecida en la revista *Ideales*, entrevista que encabezaba mis poemas. También en mi libro *Pasando y pasando*, aparecido en diciembre de 1913, digo, en la página 270, que lo único que debe interesar a los poetas es el "acto de la creación", y oponía a cada instante este acto de creación a los comentarios y a la poesía *alrededor de*. La cosa creada contra la cosa cantada.

En mi poema *Adán*, que escribí durante las vacaciones de 1914 y que fue publicado en 1916, encontraréis estas frases de Emerson[2] en el Prefacio, donde se habla de la constitución del poema:

Un pensamiento tan vivo que, como el espíritu de una planta o de un animal, tiene una arquitectura propia, adorna la naturaleza con una cosa nueva.

---

[2]Ralph Waldo Emerson (1803-82), pensador e intelectual norteamericano cuyos textos influyeron mucho en América Latina.

Pero fue en el Ateneo[3] de Buenos Aires, en una conferencia que di en junio de 1916, donde expuse plenamente la teoría. Fue allí donde se me bautizó como *creacionista* por haber dicho en mi conferencia que la primera condición del poeta es crear; la segunda, crear, y la tercera, crear.

Recuerdo que el profesor argentino José Ingenieros,[4] que era uno de los asistentes, me dijo durante la comida a que me invitó con algunos amigos después de la conferencia: "Su sueño de una poesía inventada en cada una de sus partes por los poetas me parece irrealizable, aunque usted lo haya expuesto en forma muy clara e incluso muy científica".

Casi la misma opinión la tienen otros filósofos en Alemania y donde-quiera yo haya explicado las mismas teorías. "Es hermoso, pero irrealizable".

¿Y por qué habrá de ser irrealizable?

Respondo ahora con las mismas frases con que acabé mi conferencia dada ante el grupo de Estudios Filosóficos y Científicos del doctor Allendy,[5] en París, en enero de 1922:

Si el hombre ha sometido para sí a los tres reinos de la naturaleza, el reino mineral, el vegetal y el animal, ¿por qué razón no podrá agregar a los reinos del universo su propio reino, el reino de sus creaciones?

El hombre ya ha inventado toda una fauna nueva que anda, vuela, nada, y llena la tierra, el espacio y los mares con sus galopes desenfrenados, con sus gritos y sus gemidos.

Lo realizado en la mecánica también se ha hecho en la poesía. Os diré qué entiendo por poema creado. Es un poema en el que cada parte constitutiva, y todo el conjunto, muestra un hecho nuevo, independiente del mundo externo, desligado de cualquiera otra realidad que no sea la propia, pues toma su puesto en el mundo como un fenómeno singular, aparte y distin-to de los demás fenómenos.

Dicho poema es algo que no puede existir sino en la cabeza del poeta. Y no es hermoso porque recuerde algo, no es hermoso porque nos recuerde cosas vistas, a su vez hermosa, ni porque describa hermosas cosas que podamos llegar a ver. Es hermoso en sí y no admite términos de compa-ración. Y tampoco puede concebírselo fuera del libro.

Nada se le parece en el mundo externo; hace real lo que no existe, es decir, se hace realidad a sí mismo. Crea lo maravilloso y le da vida propia.

---

[3]antigua librería y centro de reuniones literarias e intelectuales.

[4](1877-1925), intelectual y ensayista argentino.

[5]referencia desconocida.

Crea situaciones extraordinarias que jamás podrán existir en el mundo objetivo, por lo que habrán de existir en el poema para que existan en alguna parte.

Cuando escribo: "El pájaro anida en el arco iris", os presento un hecho nuevo, algo que jamás habéis visto, que jamás veréis, y que sin embargo, os gustaría mucho ver.

Un poeta debe decir aquellas cosas que nunca se dirían sin él.

Los poemas creados adquieren proporciones cosmogónicas; os dan a cada instante el verdadero sublime, este sublime del que los textos nos presentan ejemplos tan poco convincentes. Y no se trata del sublime excitante y grandioso, sino de un sublime sin pretensión, sin terror, que no desea agobiar ni aplastar al lector: un sublime de bolsillo.

El poema creacionista se compone de imágenes creadas, de situaciones creadas, de conceptos creados; no escatima ningún elemento de la poesía tradicional, salvo que en él dichos elementos son íntegramente inventados, sin preocuparse en el absoluto de la realidad ni de la veracidad anteriores al acto de realización.

Así, cuando escribo:

El océano se deshace
Agitado por el viento de los pescadores que silban

presento una descripción creada; cuando digo "Los lingotes de la tempestad", os presento una imagen pura creada, y cuando os digo: "Ella era tan hermosa que no podía hablar", o bien: "La noche está de sombrero", os presento un concepto creado.[6]

Obras completas. Prólogo de Braulio Arenas. Santiago: Zig-Zag, 1964.

---

[6]En el resto de este ensayo, que se ha suprimido aquí, Huidobro entra en un análisis detallado de textos poéticos para comprobar sus hipótesis sobre una poesía totalmente creacionista.

GABRIELA MISTRAL (Chile; 1889-1957)

"La oración de la maestra"

¡Señor! Tú enseñaste, perdona que yo enseñe; que lleve el nombre de maestra, que Tú llevaste por la Tierra.

Dame el amor único de mi escuela; que ni la quemadura de la belleza sea capaz de robarle mi ternura de todos los instantes.

Maestro, hazme perdurable el favor y pasajero el desencanto. Arranca de mí este impuro deseo de justicia que aun me turba, la protesta que sube de mí cuando me hieren. No me duela la incomprensión ni me entristezca el olvido de las que enseñe.

Dame el ser más madre que las madres, para poder amar y defender como ellas lo que no es **carne de mis carnes**. Alcance a hacer de una de mis niñas mi verso perfecto y a dejarte en ella clavada mi más penetrante melodía, para cuando mis labios no canten más.

Muéstrame posible tu Evangelio en mi tiempo, para que no renuncie a la batalla de cada hora por él.

Pon en mi escuela democrática el resplandor que se cernía sobre tu cerro de niños descalzos.

Hazme fuerte, aun en mi desvalimiento de mujer, y de mujer pobre; hazme despreciadora de todo poder que no sea puro, de toda presión que no sea la de tu voluntad ardiente sobre mi vida.

¡Amigo, acompáñame!, ¡Sosténme! Muchas veces no tendré sino a Ti a mi lado. Cuando mi doctrina sea más cabal y más quemante mi verdad, me quedaré sin los mundanos; pero Tú me oprimirás entonces contra tu corazón, el que supo harto de soledad y desamparo.

Yo sólo buscaré en tu mirada las aprobaciones.

Dame sencillez y dame profundidad; líbrame de ser complicada o banal en mi lección cotidiana.

Dame el levantar los ojos de mi pecho con heridas, al entrar cada mañana a mi escuela, que no lleve a mi mesa de trabajo mis pequeños afanes materiales, mis menudos dolores.

Aligérame la mano en el castigo y suavízamela más en la caricia. ¡Reprenda con dolor, para saber que he corregido amando!

Haz que haga de espíritu mi escuela de ladrillos. Le envuelva la llamarada de mi entusiasmo su atrio pobre, su sala desnuda. Mi corazón le sea más columna y mi buena voluntad más oro que las columnas y el oro de las escuelas ricas.

¡Y, por fin, recuérdame, desde la palidez del lienzo de Velázquez, que enseñar y amar intensamente sobre la tierra es llegar al último día con el lanzazo de Longinos[1] de costado a costado!

"Al pueblo hebreo"

(Matanzas de Polonia)

Raza judía, carne de dolores,
raza judía, río de amargura:
como los cielos y la tierra, dura
y crece aún tu selva de clamores.

Nunca han dejado de orearse tus heridas;
nunca han dejado que a sombrear te tiendas

---

[1]Cassius Longinus (c. 220-73), filósofo y retórico griego; ejerció durante treinta años en Atenas la docencia y luego fue ejecutado por su apoyo como consejero a la reina Zenobia de Palmira.

para estrujar y renovar tu venda,
más que ninguna rosa enrojecida.

Con tus gemidos se ha arrullado el mundo,
y juega con las hebras de tu llanto.
Los surcos de tu rostro, que amo tanto,
son cual llagas de sierra de profundos.

Temblando mecen su hijo las mujeres,
temblando siega el hombre su gavilla.
En tu soñar se hincó la pesadilla
y tu palabra es sólo el "¡miserere!"[2]

Raza judía, y aún te resta pecho
y voz de miel, para alabar tus lares,
y decir el Cantar de los Cantares[3]
con lengua, y labio, y corazón deshechos.

En tu mujer camina aún María.
Sobre tu rostro va el perfil de Cristo;
por las laderas de Sión le han visto
llamarte en vano, cuando muere el día...

Que tu dolor en Dimas[4] le miraba
y El dijo a Dimas la palabra inmensa,
y para ungir sus pies busca la trenza
de Magdalena ¡y la halla ensangrentada!

¡Raza judía, carne de dolores,
raza judía, río de amargura:
como los cielos y la tierra, dura
y crece tu ancha selva de clamores!

---

[2]El Salmo 51 de la Biblia, "Ten misericordia de mí, oh Dios".

[3]también llamado *Cantar de Salomón*, un libro de poemas de amor atribuido a este rey de Israel.

[4]nombre atribuido al Buen Ladrón, crucificado a la derecha de Jesucristo.

"Los sonetos de la muerte"

I

Del nicho helado en que los hombres te pusieron,
te bajaré a la tierra humilde y soleada.
Que he de dormirme en ella los hombres no supieron,
y que hemos de soñar sobre la misma almohada.

Te acostaré en la tierra soleada con una
dulcedumbre de madre para el hijo dormido,
y la tierra ha de hacerse suavidades de cuna
al recibir tu cuerpo de niño dolorido.

Luego iré espolvoreando tierra y polvo de rosas,
y en la azulada y leve polvareda de luna,
los despojos livianos irán quedando presos.

Me alejaré cantando mis venganzas hermosas,
¡porque a ese hondor recóndito la mano de ninguna
bajará a disputarme tu puñado de huesos!

II

Este largo cansancio se hará mayor un día,
y el alma dirá al cuerpo que no quiere seguir
arrastrando su masa por la rosada vía,
por donde van los hombres, contentos de vivir...

Sentirás que a tu lado cavan briosamente,
que otra dormida llega a la quieta ciudad.
Esperaré que me hayan cubierto totalmente...
¡y después hablaremos por una eternidad!

Sólo entonces sabrás el porqué, no madura
para las hondas huesas tu carne todavía,
tuviste que bajar, sin fatiga, a dormir.

Se hará luz en la zona de los sinos, oscura;

sabrás que en nuestra alianza signo de astros había
y, roto el pacto enorme, tenías que morir...

III

Malas manos tomaron tu vida desde el día
en que, a una señal de astros, dejara su plantel
nevado de azucenas. En gozo florecía.
Malas manos entraron trágicamente en él...

Y yo dije al Señor: —"Por las sendas mortales
le llevan ¡Sombra amada que no saben guiar!
¡Arráncalo, Señor, a esas manos fatales
o le hundes en el largo sueño que sabes dar!

¡No le puedo gritar, no le puedo seguir!
Su barca empuja un negro viento de tempestad.
Retórnalo a mis brazos o le siegas en flor".

Se detuvo la barca rosa de su vivir...
¿Que no sé del amor, que no tuve piedad?
¡Tú, que vas a juzgarme, lo comprendes, Señor!

"Desvelada"

Como soy reina y fui mendiga, ahora
vivo en puro temblor de que me dejes,
y te pregunto, pálida, a cada hora:
"¿Estás conmigo aún? ¡Ay! ¡no te alejes!"

Quisiera hacer las marchas sonriendo
y confiando ahora que has venido;
pero hasta en el dormir estoy temiendo
y pregunto entre sueños: —"¿No te has ido?"

"El aire"

En el llano y la llanada
de salvia y menta salvaje,
encuentro como esperándome
el Aire.

Gira redondo, en un niño
desnudo y voltijeante,[5]
y me toma y arrebata
por su madre.

Mis costados coge enteros,
por cosa de donaire,
y mis ropas entregadas
por canales...

Silba en áspid de las ramas
o empina los matorrales;
o me para los alientos
como un Angel.

Pasa y repasa en helechos
y pechugas inefables,
que son gavietas y aletas
de Aire.

Lo tomo en una brazada;
caza y pesco, palpitante,
ciega de plumas y anguilas
del Aire...

A lo que hiero no hiero,
o lo tomo sin lograrlo,
aventando y cazando
en burlas de Aire...

---

[5]haciendo virajes; también voltejear.

Cuando camino de vuelta,
por encinas y pinares,
todavía me persigue
el Aire.

Entro en mi casa de piedra
con los cabellos jadeantes,
ebrios, ajenos y duros
del Aire.

En la almohada, revueltos,
no saben apaciguarse,
y es cosa, para dormirse,
de atarles...

Hasta que él allá se cansa
como un albatros gigante,
o una vela que rasgaron
parte a parte.

Al amanecer, me duermo
—cuando mis cabellos caen—
como la madre del hijo,
rota del Aire...

"La desasida"

En el sueño yo no tenía
padre ni madre, gozos ni duelos,
no era mío ni el tesoro
que he de velar hasta el alba,
edad ni nombre llevaba,
ni mi triunfo ni mi derrota.

Mi enemigo podía injuriarme
o negarme Pedro, mi amigo,
que de haber ido tan lejos

no me alcanzaban las flechas:
para la mujer dormida
lo mismo daba este mundo
que los otros no nacidos...

Donde estuve nada dolía:
estaciones, sol ni lunas,
no punzaban ni la sangre
ni el cardenillo del Tiempo;
ni los altos silos subían
ni rondaba el hambre los silos.
Y yo decía como ebria:
¡Patria mía, Patria, la Patria!

Pero un hilo tibio retuve,
—pobre mujer—en la boca,
vilano que iba y venía
por la nonada del soplo,
no más que un hijo de araña
o que un repunte de arenas.

Pude no volver y he vuelto.
De nuevo hay muro a mi espalda,
y he de oir y responder
y, voceando pregones,
ser otra vez buhonera.

Tengo mi cubo de piedra
y el puñado de herramientas.
Mi voluntad la recojo
como ropa abandonada,
desperezo mi costumbre
y otra vez retomo el mundo.

Pero me iré cualquier día
sin llantos y sin abrazos,
barca que parte de noche
sin que la sigan las otras,
la ojeen los faros rojos

ni se la oigan sus costas...

Antología general de Gabriela Mistral. Santiago, Chile: Editorial Roble de Chile, 1974.

RAMON LOPEZ VELARDE (México; 1888-1921)

"Mi prima Agueda"

A Jesús Villalpando

Mi madrina invitaba a mi prima Agueda
a que pasara el día con nosotros,
y mi prima llegaba
con un contradictorio
prestigio de almidón y de temible
luto ceremonioso.

Agueda aparecía, resonante
de almidón, y sus ojos
verdes y sus mejillas rubicundas
me protegían contra el pavoroso
luto...
      Yo era rapaz
y conocía la *o* por lo redondo,
y Agueda que tejía
mansa y perseverante en el sonoro
corredor, me causaba
calosfríos ignotos...
(Creo que hasta la debo la costumbre
heroicamente insana de hablar solo.)

A la hora de comer, en la penumbra
quieta del refectorio,
me iba embelesando un quebradizo
sonar intermitente de vajilla
y el timbre caricioso
de la voz de mi prima.
      Agueda era
(luto, pupilas verdes y mejillas

rubicundas) un cesto policromo
de manzanas y uvas
en el ébano de un armario añoso.

"A la gracia primitiva de las aldeanas"

Hambre y sed padezco: Siempre me he negado
a satisfacerlas en los turbadores
gozos de ciudades—flores de pecado.
Esta hambre de amores y esta sed de ensueño
que se satisfagan en el ignorado
grupo de muchachas de un lugar pequeño.

Vasos de devoción, arcas piadosas
en que el amor jamás se contamina;
jarras cuyas paredes olorosas
dan al agua frescura campesina...

Todo eso sois, muchachas cortijeras[1]
amigas del buen sol que os engalana,
que adivináis las cosas venideras
cual hacerlo pudiese una gitana.

Amo vuestros hechizos provincianos,
muchachas de los pueblos, y mi vida
gusta beber del agua contenida
en el hueco que forman vuestras manos.

Pláceme en los convites campesinos,
cuando la sombra juega en los manteles,
veros dar la locura de los vinos,
pan de alegría y ramos de claveles.

---

[1]campesinas.

En el encanto de la humilde calle
sois a un tiempo, asomadas a la reja,
el son de esquilas, la alternada queja
de las palomas, y el olor del valle.

Buenas mozas: no abrigo más empeños
que oír vuestras canciones vespertinas,
llegando a confundirme en las esquinas
entre el grupo de novios lugareños.

Mi hambre de amores y mi sed de ensueño
que se satisfagan en el ignorado
grupo de doncellas de un lugar pequeño.

"La bizarra capital de mi Estado"

A Jesús B. González

He de encomiar en verso sincerista
la capital bizarra
de mi Estado,[2] que es un
cielo cruel y una tierra colorada.

Una frialdad unánime
en el ambiente, y unas recatadas
señoritas con rostro de manzana,
ilustraciones prófugas
de las cajas de pasas.

Católicos de Pedro el Ermitaño
y jacobinos de época terciaria.
(Y se odian los unos a los otros
con buena fe.)

---

[2]Zacatecas.

          Una típica montaña
que, fingiendo un corcel que se encabrita,
al dorso lleva una capilla, alzada
al Patrocinio de la Virgen.

                    Altas
y bajas del terreno, que son siempre
una broma pesada.

Y una Catedral, y una campana
mayor que cuando suena, simultánea
con el primer clarín del primer gallo,
en las avemarías, me da lástima
que no la escuche el Papa.
Porque la cristiandad entonces clama
cual si fuese su queja más urgida
la vibración metálica,
y al concurrir ese clamor concéntrico
del bronce, en el ánima del ánima,
se siente que las aguas
del bautismo nos corren por los huesos
y otra vez nos penetran y nos lavan.

"El retorno maléfico"

A D. Ignacio I. Gastélum

Mejor será no regresar al pueblo,
al edén subvertido que se calla
en la mutilación de la metralla.[3]

Hasta los fresnos mancos,
los dignatarios de cúpula oronda,
han de rodar las quejas de la torre

---

[3]La alusión aquí es a los estragos de la Revolución mexicana de 1910.

acribillada en los vientos de fronda.

Y la fusilería grabó en la cal
de todas las paredes
de la aldea espectral,
negros y aciagos mapas,
porque en ellos leyese el hijo pródigo
al volver a su umbral
en un anochecer de maleficio,
a la luz de petróleo de una mecha
su esperanza deshecha.

Cuando la tosca llave enmohecida
tuerza la chirriante cerradura,
en la añeja clausura
del zaguán, los dos púdicos
medallones de yeso,
entornando los párpados narcóticos,
se mirarán y se dirán: "¿Qué es eso?"

Y yo entraré con pies advenedizos
hasta el patio agorero
en que hay un brocal ensimismado,
con un cubo de cuero
goteando su gota categórica
como un estribillo plañidero.

Si el sol inexorable, alegre y tónico,
hace hervir a las fuentes catecúmenas
en que bañábase mi sueño crónico;
si se afana la hormiga;
si en los techo resuena y fatiga
de los buches de tórtola el reclamo
que entre las telarañas zumba y zumba;
mi sed de amar será como una argolla
empotrada en la losa de una tumba.

Las golondrinas nuevas, renovando
con sus noveles picos alfareros

los nidos tempraneros;
bajo el ópalo insigne
de los atardeceres monacales,
el lloro de recientes recentales[4]
por la ubérrima ubre prohibida
de la vaca, rumiante y faraónica,
que al párvulo intimida;
campanario de timbre novedoso;
remozados altares;
el amor amoroso
de las parejas pares;
noviazgos de muchachas
frescas y humildes, como humildes coles,
y que la mano dan por el postigo
a la luz de dramáticos faroles;
alguna señorita
que canta en algún piano
alguna vieja aria;
el gendarme que pita...
...Y una íntima tristeza reaccionaria.

"El son del corazón"

Una música íntima no cesa,
porque transida en un abrazo de oro
la Caridad con el Amor se besa.

¿Oyes el diapasón del corazón?
Oye en su nota múltiple el estrépito
de los que fueron y de los que son.

Mis hermanos de todas las centurias
reconocen en mí su pausa igual,
sus mismas quejas y sus propias furias.

---

[4]corderos o terneros recién nacidos y sin destetar.

Soy la fronda parlante en que se mece
el pecho germinal del bardo druida
con la selva por diosa y por querida.

Soy la alberca lumínica en que nada,
como perla debajo de una lente,
debajo de las linfas, Scherezada.[5]

Y soy el suspirante cristianismo
al hojear las bienaventuranzas
de la virgen que fue mi catecismo.

Y la nueva delicia, que acomoda
sus hipnotismos de color de tango
al figurín y al precio de la moda.

La redondez de la Creación atrueno
cortejando a las hembras y a las cosas
con el clamor pagano y nazareno.

¡Oh Psiquis,[6] oh mi alma: suena a son
moderno, a son de selva, a son de orgía
y a son mariano, el son del corazón!

"La suave patria"

PROEMIO

Yo que sólo canté de la exquisita
partitura del íntimo decoro,
alzo hoy la voz a la mitad del foro,

---

[5]la legendaria narradora de las *Mil y una noches*.

[6]en la mitología romana, una doncella que, tras sufrir los celos de Venus
por su belleza y su amor por Cúpido, llega a reunirse con éste.

a la manera del tenor que imita
la gutural modulación del bajo,
para cortar a la epopeya un gajo.

Navegaré por las olas civiles
con remos que no pesan, porque van
como los brazos del correo Chuan
que remaba la Mancha[7] con fusiles.

Diré con una épica sordina:
la Patria es impecable y diamantina.

Suave Patria: permite que te envuelva
en la más honda música de selva
con que me modelaste por entero
al golpe cadencioso de las hachas,
entre risas y gritos de muchachas
y pájaros de oficio carpintero.

PRIMER ACTO

Patria: tu superficie es el maíz,
tus minas el palacio del Rey de Oros,[8]
y tu cielo, las garzas en desliz
y el relámpago verde de los loros.

El Niño Dios te escrituró un establo
y los veneros del petróleo el diablo.

Sobre tu Capital, cada hora vuela
ojerosa y pintada, en carretela;

---

[7]referencia a un personaje novelístico de la época de la Revolución francesa que cruzó en bote la Mancha, el estrecho entre Inglaterra y Francia, remando con los fusiles.

[8]referencia a la correspondiente carta del palo de oros de la baraja española.

y en tu provincia, del reloj en vela
que rondan los palomos colipavos,[9]
las campanadas caen como centavos.

Patria: tu mutilado territorio
se viste de percal y de abalorio.

Suave Patria: tu casa todavía
es tan grande, que el tren va por la vía
como aguinaldo de juguetería.

Y en el barullo de las estaciones,
con tu mirada de mestiza, pones
la inmensidad sobre los corazones.

¿Quién, en la noche que asusta a la rana,
no miró, antes de saber del vicio,
del brazo de su novia, la galana
pólvora de los fuegos de artificio?

Suave Patria: en tu tórrido festín
luces policromías de delfín,
y con tu pelo rubio se desposa
el alma, equilibrista chuparrosa,[10]
y a tus dos trenzas de tabaco sale
ofrendar aguamiel toda mi briosa
raza de bailadores de jarabe.

Tu barro suena a plata, y en tu puño
su sonora miseria es alcancía;
y por las madrugadas del terruño,
en calles como espejos, se vacía
el santo olor de la panadería.

---

[9]con cola de pavo.
[10]picaflor, colibrí.

Cuando nacemos, nos regalas notas,
después, un paraíso de compotas,
y luego te regalas toda entera,
suave Patria, alacena y pajarera.

Al triste y al feliz dices que sí,
que en tu lengua de amor prueben de ti
la picadura del ajonjolí.

¡Y tu cielo nupcial, que cuando truena
de deleites frenéticos nos llena!
Trueno de nuestras nubes, que nos baña
de locura, enloquece a la montaña,
requiebra a la mujer, sana al lunático,
incorpora a los muertos, pide el Viático,
y al fin derrumba las madererías
de Dios, sobre las tierras labrantías.
Trueno del temporal: oigo en tus quejas
crujir los esqueletos en parejas,
oigo lo que se fue, lo que aún no toco
y la hora actual con su vientre de coco,
y oigo en el brinco de tu ida y venida,
oh trueno, la ruleta de mi vida.

INTERMEDIO

CUAUHTEMOC[11]

Joven abuelo: escúchame loarte,
único héroe a la altura del arte.

Anacrónicamente, absurdamente,
a tu nopal inclínase el rosal;
al idioma del blanco, tú lo imantas
y es surtidor de católica fuente

---

[11](1495?-1525), último emperador azteca, sobrino de Moctezuma.

que de responsos llena el victorial
zócalo de ceniza de tus plantas.[12]

No como a César el rubor patricio
te cubre el rostro en medio del suplicio:
tu cabeza desnuda se nos queda,
hemisféricamente, de moneda.

Moneda espiritual en que se fragua
todo lo que sufriste: la piragua
prisionera, el azoro de tus crías,
el sollozar de tus mitologías,
la Malinche,[13] los ídolos a nado,
y por encima, haberte desatado
del pecho curvo de la emperatriz
como del pecho de una codorniz.

SEGUNDO ACTO

Suave Patria: tú vales por el río
de las virtudes de tu mujerío;
tus hijas atraviesan como hadas,
o destilando un invisible alcohol,
vestidas con las redes de tu sol,
cruzan como botellas alambradas.

Suave Patria: te amo no cual mito,
sino por tu verdad de pan bendito,
como a niña que asoma por la reja

---

[12]Para que revelara el escondite del oro de los aztecas, los españoles torturaron a Cuauhtémoc quemándole las plantas de los pies.

[13]noble indígena que sirvió a Hernán Cortés como intérprete, siendo también su concubina; para los mexicanos es símbolo del entreguismo a los blancos y también del origen del mestizaje mediante la violación de la mujer indígena por el conquistador blanco. Véase el ensayo de Octavio Paz en esta antología.

con la blusa corrida hasta la oreja
y la falda bajada hasta el huesito.

Inaccesible al deshonor, floreces;
creeré en ti, mientras una mejicana
en su tápalo[14] lleve los dobleces
de la tienda, a las seis de la mañana,
y al estrenar su lujo, quede lleno
el país, del aroma del estreno.

Como la sota moza, Patria mía,
en piso de metal, vives el día,
de milagro, como la lotería.

Tu imagen, el Palacio Nacional,
con tu misma grandeza y con tu igual
estatura de niño y de dedal.

Te dará, frente al hambre y al obús,
un higo San Felipe de Jesús.[15]

Suave Patria, vendedora de chía:[16]
quiero raptarte en la cuaresma opaca,
sobre un garañón, y con matraca,
y entre los tiros de la policía.

Tus entrañas no niegan un asilo
para el ave que el párvulo sepulta
en una caja de carretes de hilo,
y nuestra juventud, llorando, oculta
dentro de ti el cadáver hecho poma
de aves que hablan nuestro mismo idioma.

---

[14]chal o mantón.

[15]misionero franciscano, crucificado con otros en Nagasaki en 1597; según la tradición mexicana, una higuera de la casa en la que vivió en México Felipe de Jesús, revivió el día de su martirio.

[16]un refresco hecho con la semilla del mismo nombre.

Si me ahogo en tus julios, a mí baja
desde el vergel de tu peinado denso
frescura de rebozo y de tinaja,
y si tirito, dejas que me arrope
en tu respiración azul de incienso
y en tus carnosos labios de rompope.[17]

Por tu balcón de palmas bendecidas
el Domingo de Ramos, yo desfilo
lleno de sombra, porque tú trepidas.

Quieren morir tu ánima y tu estilo,
cual muriéndose van las cantadoras
que en las ferias, con el bravío pecho
empitonando[18] la camisa, han hecho
la lujuria y el ritmo de las horas.

Patria, te doy de tu dicha la clave:
sé siempre igual, fiel a tu espejo diario;
cincuenta veces es igual el *Ave*[19]
taladrada en el hilo del rosario,
y es más feliz que tú Patria suave.

Sé igual y fiel; pupilas de abandono;
sedienta voz, la trigarante[20] faja
en tus pechugas al vapor; y un trono
a la intemperie, cual una sonaja:
¡la carreta alegórica de paja!

Obras. Editadas por José L. Martínez. México, D.F.: Fondo de Cultura Económica, 1971.

---

[17]bebida hecha con aguadiente, huevos, leche, azúcar y canela.

[18]en el toreo, tomar por los cuernos el matador; aquí, desbordando.

[19]la oración, el "Ave María".

[20]de tres colores; es decir, la bandera mexicana.

CESAR VALLEJO (Perú; 1892-1938)

"Los heraldos negros"

Hay golpes en la vida, tan fuertes... Yo no sé!
Golpes como del odio de Dios; como si ante ellos,
la resaca de todo lo sufrido
se empozara en el alma... Yo no sé!

Son pocos; pero son... Abren zanjas oscuras
en el rostro más fiero y en el lomo más fuerte.
Serán talvez los potros de bárbaros atilas;
o los heraldos negros que nos manda la Muerte.

Son las caídas hondas de los Cristos del alma,
de alguna fe adorable que el Destino blasfema.
Esos golpes sangrientos son las crepitaciones
de algún pan que en la puerta del horno se nos quema.

Y el hombre... Pobre... pobre! Vuelve los ojos, como
cuando por sobre el hombro nos llama una palmada;
vuelve los ojos locos, y todo lo vivido
se empoza, como charco de culpa, en la mirada.

Hay golpes en la vida, tan fuertes... Yo no sé!

"Los dados eternos"

> Para Manuel González Prada esta emoción bravía
> y selecta, una de las que, con más entusiasmo, me ha aplau-
> dido el gran maestro.

Dios mío, estoy llorando el ser que vivo;

815

me pesa haber tomádote tu pan;
pero este pobre barro pensativo
no es costra fermentada en tu costado:
tú no tienes Marías que se van!

Dios mío, si tú hubieras sido hombre,
hoy supieras ser Dios;
pero tú, que estuviste siempre bien,
no sientes nada de tu creación.
Y el hombre sí te sufre: el Dios es él!

Hoy que en mis ojos brujos hay candelas,
como en un condenado,
Dios mío, prenderás todas tus velas,
y jugaremos con el viejo dado...
Talvez ¡oh jugador! al dar la suerte
del universo todo,
surgirán las ojeras de la Muerte,
como dos ases fúnebres de lodo.

Dios mío, y esta noche sorda, oscura,
ya no podrás jugar, porque la Tierra
es un dado roído y ya redondo
a fuerza de rodar a la aventura,
que no puede parar sino en un hueco,
en el hueco de inmensa sepultura.

"A mi hermano Miguel"

In memoriam.

Hermano, hoy estoy en el poyo de la casa,
donde nos haces una falta sin fondo!
Me acuerdo que jugábamos esta hora, y que mamá
nos acariciaba: «Pero, hijos...»

Ahora yo me escondo;

como antes, todas estas oraciones
vespertinas, y espero que tú no des conmigo.
Por la sala, el zaguán, los corredores.
Después, te ocultas tú, y yo no doy contigo.
Me acuerdo que nos hacíamos llorar,
hermano, en aquel juego.

Miguel, tú te escondiste
una noche de agosto, al alborear;
pero, en vez de ocultarte riendo, estabas triste.
Y tu gemelo corazón de esas tardes
extintas se ha aburrido de no encontrarte. Y ya
cae sombra en el alma.

Oye, hermano, no tardes
en salir. Bueno? Puede inquietarse mamá.

Trilce

III

Las personas mayores
¿a qué hora volverán?
Da las seis el ciego Santiago,
y ya está muy oscuro.

Madre dijo que no demoraría.

Aguedita, Nativa, Miguel,
cuidado con ir por ahí, por donde
acaban de pasar gangueando sus memorias
dobladoras penas,
hacia el silencioso corral, y por donde
las gallinas que se están acostando todavía,
se han espantado tanto.
Mejor estemos aquí no más.

Madre dijo que no demoraría.

Ya no tengamos pena. Vamos viendo
los barcos ¡el mío es más bonito de todos!
con los cuales jugamos todo el santo día,
sin pelearnos, como debe ser:
han quedado en el pozo de agua, listos,
fletados de dulces para mañana.

Aguardemos así, obedientes y sin más
remedio, la vuelta, el desagravio
de los mayores siempre delanteros
dejándonos en casa a los pequeños,
como si también nosotros
                    no pudiésemos partir.

Aguedita, Nativa, Miguel?
Llamo, busco al tanteo en la oscuridad.
No me vayan a haber dejado solo,
y el único recluso sea yo.

                    XIII

Pienso en tu sexo.
Simplificado el corazón, pienso en tu sexo,
ante el hijar maduro del día.
Palpo el botón de dicha, está en sazón.
Y muere un sentimiento antiguo
degenerado en seso.

Pienso en tu sexo, surco más prolífico
y armonioso que el vientre de la Sombra,
aunque la Muerte concibe y pare
de Dios mismo.
Oh Conciencia,
pienso, sí, en el bruto libre
que goza donde quiere, donde puede.

Oh, escándalo de miel de los crepúsculos.
Oh estruendo mudo.

¡Odumodneurtse![1]

XLIV

Este piano viaja para adentro,
viaja a saltos alegres.
Luego medita en ferrado[2] reposo,
clavado con diez horizontes.

Adelanta. Arrástrase bajo túneles,
más allá, bajo túneles de dolor,
bajo vértebras que fugan naturalmente.

Otras veces van sus trompas,
lentas asias amarillas de vivir,
van de eclipse,
y se espulgan pesadillas insectiles,
ya muertas para el trueno, heraldo de los génesis.

Piano oscuro ¿a quién atisbas
con tu sordera que me oye.
con tu mudez que me asorda?

Oh pulso misterioso.

LXXV

Estáis muertos.

Que extraña manera de estarse muertos. Quienquiera

---

[1]la frase del verso anterior, estruendo rudo, escrita al revés.
[2]revestido de hierro.

diría no lo estáis. Pero, en verdad, estáis muertos.

Flotáis nadamente detrás de aquesa[3] membrana que, péndula del zenit al nadir, viene y va de crepúsculo a crepúsculo, vibrando ante la sonora caja de una herida que a vosotros no os duele. Os digo, pues, que la vida está en el espejo, y que vosotros sois el original, la muerte.

Mientras la onda va, mientras la onda viene, cuán impunemente se está uno muerto. Sólo cuando las aguas se quebrantan en los bordes enfrentados y se doblan y doblan, entonces os transfiguráis y creyendo morir, percibís la sexta cuerda que ya no es vuestra.

Estáis muertos, no habiendo antes vivido jamás. Quienquiera diría que, no siendo ahora, en otro tiempo fuisteis. Pero, en verdad, vosotros sois los cadáveres de una vida que nunca fue. Triste destino. El no haber sido sino muertos siempre. El ser hoja seca sin haber sido verde jamás. Orfandad de orfandades.

Y sin embargo, los muertos no son, no pueden ser cadáveres de una vida que todavía no han vivido. Ellos murieron siempre de vida.

Estáis muertos.

"La violencia de las horas"

Todos han muerto.

Murió doña Antonia, la ronca, que hacía pan barato en el burgo.

Murió el cura Santiago, a quien placía le saludasen los jóvenes y las mozas, respondiéndoles a todos, indistinamente: «Buenos días, José! Buenos días, María!»

---

[3]aquella

Murió aquella joven rubia, Carlota, dejando un hijito de meses, que luego también murió a los ocho días de la madre.

Murió mi tía Albina, que solía cantar tiempos y modos de heredad, en tanto cosía en los corredores, para Isidora, la criada de oficio, la honrosísima mujer.

Murió un viejo tuerto, su nombre no recuerdo, pero dormía al sol de la mañana, sentado ante la puerta del hojalatero de la esquina.

Murió Rayo, el perro de mi altura, herido de un balazo de no se sabe quién.

Murió Lucas, mi cuñado en la paz de las cinturas, de quien me acuerdo cuando llueve y no hay nadie en mi experiencia.

Murió en mi revólver mi madre, en mi puño mi hermana y mi hermano en mi víscera sangrienta, los tres ligados por un género triste de tristeza, en el mes de agosto de años sucesivos.

Murió el músico Méndez, alto y muy borracho, que solfeaba en su clarinete tocatas melancólicas, a cuyo articulado se dormían las gallinas de mi barrio, mucho antes de que el sol se fuese.

Murió mi eternidad y estoy velándola.

"Voy a hablar de la esperanza"

Yo no sufro este dolor como César Vallejo. Yo no me duelo ahora como artista, como hombre ni como simple ser vivo siquiera. Yo no sufro este dolor como católico, como mahometano ni como ateo. Hoy sufro solamente. Si no me llamase César Vallejo, también sufriría este mismo dolor. Si no fuese artista, también lo sufriría. Si no fuese hombre ni ser vivo siquiera, también lo sufriría. Si no fuese católico, ateo ni mahometano, también lo sufriría. Hoy sufro desde más abajo. Hoy sufro solamente.

Me duelo ahora sin explicaciones. Mi dolor es tan hondo, que no tuvo ya causa ni carece de causa. ¿Qué sería su causa? ¿Dónde está aquello tan importante, que dejase de ser su causa? Nada es su causa; nada ha podido dejar de ser su causa. ¿A qué ha nacido este dolor, por sí mismo? Mi dolor es del viento del norte y del viento del sur, como esos huevos neutros que algunas aves raras ponen del viento. Si hubiera muerto mi novia, mi dolor sería igual. Si la vida fuese, en fin, de otro modo, mi dolor sería igual. Hoy sufro más arriba. Hoy sufro solamente.

Miro el dolor del hambriento y veo que su hambre anda tan lejos de mi sufrimiento, que de quedarme ayuno hasta morir, saldría siempre de mi tumba una brizna de yerba al menos. Lo mismo el enamorado. ¡Qué sangre la suya más engendrada, para la mía sin fuente ni consumo!

Yo creía hasta ahora que todas las cosas del universo eran, inevitablemente, padres o hijos. Pero he aquí que mi dolor de hoy no es padre ni es hijo. Le falta espalda para anochecer, tanto como le sobre pecho para amanecer y si lo pusiesen en la estancia oscura, no daría luz y si lo pusiesen en una estancia luminosa, no echaría sombra. Hoy sufro suceda lo que suceda. Hoy sufro solamente.

"Los mineros salieron de la mina..."

Los mineros salieron de la mina
remontando sus ruinas venideras,
fajaron su salud con estampidos
y, elaborando su función mental,
cerraron con sus voces
el socavón, en forma de síntoma profundo.

¡Era de ver sus polvos corrosivos!
¡Era de oír sus óxidos de altura!
Cuñas de boca, yunques de boca, aparatos de boca

                                      (¡Es formidable!)

El orden de sus túmulos,
sus inducciones plásticas, sus respuestas corales,

agolpáronse al pie de ígneos percances
y airente amarillura conocieron los trístidos[4] y tristes,
imbuidos
del metal que se acaba, del metaloide pálido y pequeño.

Craneados de labor,
y calzados de cuero de vizcacha[5]
calzados de senderos infinitos,
y los ojos de físico llorar,
creadores de la profundidad,
saben, a cielo intermitente de escalera,
bajar mirando para arriba,
saben subir mirando para abajo.

¡Loor al antiguo juego de su naturaleza,
a sus insomnes órganos, a su saliva rústica!
¡Temple, filo y punta, a sus pestañas!
¡Crezcan la yerba, el liquen y la rana en sus adverbios!
¡Felpa de hierro a sus nupciales sábanas!
¡Mujeres hasta abajo, sus mujeres!
¡Mucha felicidad para los suyos!
¡Son algo portentoso, los mineros
remontando sus ruinas venideras,
elaborando su función mental
y abriendo con sus voces
el socavón, en forma de síntoma profundo!
¡Loor a su naturaleza amarillenta,
a su linterna mágica,
a sus cubos y rombos, a sus percances plástico,
a sus ojazos de seis nervios ópticos
y a sus hijos que juegan en la iglesia
y a sus tácitos padres infantiles!
¡Salud, oh creadores de la profundidad!... (Es formidable.)

---

[4]Se trata de una serie de neologismos de Vallejo sobre la base de aire, amarillo y triste, respectivamente.

[5]un mamífero roedor de Sudamérica.

"Los nueve monstruos"

I,[6] desgraciadamente,
el dolor crece en el mundo a cada rato,
crece a treinta minutos por segundo, paso a paso,
y la naturaleza del dolor, es el dolor dos veces
y la condición del martirio, carnívora, voraz,
es el dolor dos veces
y la función de la yerba purísima, el dolor
dos veces
y el bien de sér, dolernos doblemente.

Jamás, hombres humanos,
hubo tánto dolor en el pecho, en la solapa, en la cartera,
en el vaso, en la carnicería, en la aritmética!
Jamás tánto cariño doloroso,
jamás tan cerca arremetió lo lejos,
jamás el fuego nunca
jugó mejor su rol de frío muerto!
Jamás, señor ministro de salud, fue la salud
más mortal
y la migraña extrajo tánta frente de la frente!
Y el mueblo tuvo en su cajón, dolor,
el corazón, en su cajón, dolor,
la lagartija, en su cajón, dolor.

Crece la desdicha, hermanos hombres,
más pronto que la máquina, a diez máquinas, y crece
con la res de Rousseau,[7] con nuestras barbas;
crece el mal por razones que ignoramos
y es una inundación con propios líquidos,
con propio barro y propia nube sólida!
Invierte el sufrimiento posiciones, da función
en que el humor acuoso es vertical
al pavimento,

---

[6]Y; el poema contiene varias excentricidades ortográficas.
[7]Jean-Jacques Rousseau (1712-78), filósofo francés.

el ojo es visto y esta oreja oída,
y esta oreja da nueve campanadas a la hora
del rayo, y nueve carcajadas
a la hora del trigo, y nueve sones hembras
a la hora del llanto, y nueve cánticos
a la hora del hambre y nueve truenos
y nueve látigos, menos un grito.

El dolor nos agarra, hermanos hombres,
por detrás, de perfil,
y nos aloca en los cinemas,
nos clava en los gramófonos,
nos desclava en los lechos, cae perpendicularmente
a nuestros boletos, a nuestras cartas;
y es muy grave sufrir, puede uno orar...
Pues de resultas
del dolor, hay algunos
que nacen, otros crecen, otros mueren,
y otros que nacen y no mueren, otros
que sin haber nacido, mueren, y otros
que no nacen ni mueren (son los más).
Y también de resultas
del sufrimiento, estoy triste
hasta la cabeza, y más triste hasta el tobillo,
de ver el pan, crucificado, al nabo,
ensangrentado,
llorando, a la cebolla,
al cereal, en general, harina,
a la sal, hecha polvo, al agua, huyendo,
al vino, un ecce-homo,[8]
tan pálida a la nieve, al sol tan ardio!
¡Cómo, hermanos humanos,
no deciros que ya no puedo y
ya no puedo con tánto cajón,
tánto minuto, tánta

---

[8]alusión a la elevación de la hostia, el pan de Dios, en la misa; la frase es latín por "He aquí el Hombre".

lagartija, tánto lejos y tánta sed de sed!
Señor Ministro de Salud: ¿qué hacer?
¡Ah! desgraciadamente, hombres humanos,
hay, hermanos, muchísimo que hacer.

"Un hombre pasa con un pan al hombro..."

Un hombre pasa con un pan al hombro
¿Voy a escribir, despúes, sobre mi doble?

Otro se sienta, ráscase, extrae un piojo de su axila, mátalo
¿Con qué valor hablar del psicoanálisis?

Otro ha entrado a mi pecho con un palo en la mano
¿Hablar luego de Sócrates al médico?

Un cojo pasa dando el brazo a un niño
¿Voy, después, a leer a André Bretón?

Otro tiembla de frío, tose, escupe sangre
¿Cabrá aludir jamás al Yo profundo?

Otro busca en el fango huesos, cáscaras
¿Cómo escribir, despúes, del infinito?

Un albañil cae de un techo, muere y ya no almuerza
¿Innovar, luego, el tropo, la metáfora?

Un comerciante roba un gramo en el peso a un cliente
¿Hablar, después, de cuarta dimensión?

Un banquero falsea su balance
¿Con qué cara llorar en el teatro?

Un paria duerme con el pie a la espalda
¿Hablar, después, a nadie de Picasso?

Alguien va en un entierro sollozando
¿Cómo luego ingresar a la Academia?

Alguien limpia un fusil en su cocina
¿Con qué valor hablar del más allá?

Alguien pasa contando con sus dedos
¿Cómo hablar de no-yó sin dar un grito?

España, aparta de mí este cáliz

III

Solía escribir con su dedo grande en el aire:
«¡Vibran los compañeros! Pedro Rojas»,
de Miranda de Ebro, padre y hombre,
marido y hombre, ferroviario y hombre,
padre y más hombre. Pedro y sus dos muertes.

Papel de viento, lo han matado: ¡pasa!
Pluma de carne, lo han matado: ¡pasa!
¡Abisa[9] a todos compañeros pronto!

Palo en el que han colgado su madero,
lo han matado;
¡lo han matado al pie de su dedo grande!
¡Han matado, a la vez, a Pedro, a Rojas!

¡Vibran los compañeros
a la cabecera de su aire escrito!
¡Vibran con esta b del buitre en las entrañas
de Pedro
y de Rojas, del héroe y del mártir!

---

[9]Avisa.

Registrándole, muerto, sorprendiéronle
en su cuerpo un gran cuerpo, para
el alma del mundo,
y en la chaqueta una cuchara muerta.

Pedro también solía comer
entre las criaturas de su carne, asear, pintar
la mesa y vivir dulcemente
en representación de todo el mundo.
Y esta cuchara anduvo en su chaqueta,
despierto o bien cuando dormía, siempre,
cuchara muerta viva, ella y sus símbolos.

¡Abisa a todos compañeros pronto!
¡Viban[10] los compañeros al pie de esta cuchara para siempre!

Lo han matado, obligándole a morir
a Pedro, a Rojas, al obrero, al hombre, a aquel
que nació muy niñín, mirando al cielo,
y que luego creció, se puso rojo
y luchó con sus células, sus nos, sus todavías, sus hombres, sus pedazos.
Lo han matado suavemente
entre el cabello de su mujer, la Juana Vázquez,
a la hora del fuego, al año del balazo
y cuando andaba cerca ya de todo.

Pedro Rojas, así, despúes de muerto
se levantó, besó su catafalco ensangrentado,
lloró por España
y volvió a escribir con el dedo en el aire:
«¡Viban los compañeros! Pedro Rojas».
Su cadáver estaba lleno de mundo.

Obra poética. Introducción de Américo Ferrari. Madrid: Alianza Editorial, 1983.

---

[10]Vivan.

HORACIO QUIROGA (Uruguay; 1878-1937)

"La gallina degollada"

Todo el día, sentados en el patio, en un banco estaban los cuatro hijos idiotas del matrimonio Mazzini-Ferraz. Tenían la lengua entre los labios, los ojos estúpidos y volvían la cabeza con toda la boca abierta.

El patio era de tierra, cerrado al Oeste por un cerco de ladrillos. El banco quedaba paralelo a él, a cinco metros, y allí se mantenían inmóviles, fijos los ojos en los ladrillos. Como el sol se ocultaba tras el cerro al declinar, los idiotas tenían fiesta. La luz enceguecedora llamaba su atención al principio; poco a poco sus ojos se animaban; se reían al fin estrepitosamente, congestionados por la misma hilaridad ansiosa, mirando el sol con alegría bestial, como si fuera comida.

Otras veces, alineados en el banco, zumbaban horas enteras imitando al tranvía eléctrico. Los ruidos fuertes sacudían asimismo su inercia, y corrían entonces alrededor del patio, mordiéndose la lengua y mugiendo. Pero casi siempre estaban apagados en un sombrío letargo de idiotismo, y pasaban todo el día sentados en su banco, con las piernas colgantes y quietas, empapando de glutinosa saliva el pantalón.

El mayor tenía doce años y el menor ocho. En todo su aspecto sucio y desvalido se notaba la falta absoluta de un poco de cuidado maternal.

Esos cuatro idiotas, sin embargo, habían sido un día el encanto de sus padres. A los tres meses de casados, Mazzini y Berta orientaron su estrecho amor de marido y mujer y mujer y marido hacia un porvenir mucho más vital: un hijo. ¿Qué mayor dicha para dos enamorados que esa honrada consagración de un cariño, libertado ya del vil egoísmo de un mutuo amor sin fin ninguno y, lo que es peor para el amor mismo, sin esperanzas posibles de renovación?

Así lo sintieron Mazzini y Berta, y cuando el hijo llegó, a los catorce meses de matrimonio, creyeron cumplida su felicidad. La criatura creció bella y radiante hasta que tuvo año y medio. Pero en el vigésimo mes sacudiéronlo una noche convulsiones terribles y a la mañana siguiente no conocía más a sus padres. El médico lo examinó con atención profesional que estaba visiblemente buscando la causa del mal en las enfermedades de los padres.

Después de algunos días los miembros paralizados de la criatura recobraron el movimiento; pero la inteligencia, el alma, aun el instinto, se habían ido del todo. Había quedado profundamente idiota, baboso, colgante, muerto para siempre sobre las rodillas de su madre.

—¡Hijo, mi hijo querido!—sollozaba ésta sobre aquella espantosa ruina de su primogénito.

El padre, desolado, acompañó al médico afuera.

—A usted se le puede decir: creo que es un caso perdido. Podrá mejorar, educarse en todo lo que le permita su idiotismo, pero no más allá.

—¡Sí!... ¡Sí!...—asentía Mazzini—. Pero dígame: ¿Usted cree que es herencia, que....?

—En cuanto a la herencia paterna, ya le dije lo que creía cuando vi a su hijo. Respecto a la madre, hay allí un pulmón que no sopla bien. No veo nada más, pero hay un soplo un poco rudo. Hágala examinar detenidamente.

Con el alma destrozada de remordimiento, Mazzini redobló el amor a su hijo, el pequeño idiota que pagaba los excesos del abuelo. Tuvo asimismo que consolar, sostener sin tregua a Berta, herida en lo más profundo por aquel fracaso de su joven maternidad.

Como es natural, el matrimonio puso todo su amor en la esperanza de otro hijo. Nació éste, y su salud y limpidez de risa reencendieron el porvenir extinguido. Pero a los dieciocho meses las convulsiones del primogénito se repetían, y al día siguiente el segundo hijo amanecía idiota.

Esta vez los padres cayeron en honda desesperación. ¡Luego su sangre, su amor estaban malditos! ¡Su amor, sobre todo! Veintiocho años él, veintidós ella y toda su apasionada ternura no alcanzaba a crear un átomo de vida normal. Ya no pedían más belleza o inteligencia, como en el primogénito; ¡pero un hijo, un hijo como todos!

Del nuevo desastre brotaron nuevas llamaradas de dolorido amor, un loco anhelo de redimir de una vez para siempre la santidad de su ternura. Sobrevinieron mellizos, y punto por punto repitióse el proceso de los dos mayores.

Mas por encima de su inmensa amargura quedaba a Mazzini y Berta gran compasión por sus cuatro hijos. Hubo que arrancar del limbo de la más honda animalidad no ya sus almas, sino el instinto mismo, abolido. No sabían deglutir, cambiar de sitio, ni aun sentarse. Aprendieron al fin a caminar, pero chocaban contra todo, por no darse cuenta de los obstáculos. Cuando los lavaban mugían hasta inyectarse de sangre el rostro. Animábanse sólo al comer o cuando veían colores brillantes y oían truenos. Se reían entonces, echando afuera lengua y ríos de baba, radiantes de frenesí bestial. Tenían, en cambio, cierta facultad imitativa; pero no se pudo obtener nada más.

Con los mellizos pareció haber concluido la aterradora descendencia. Pero pasados tres años, Mazzini y Berta desearon de nuevo ardientemente otro hijo, confiando en que el largo tiempo transcurrido hubiera aplacado la fatalidad.

No satisfacían sus esperanzas. Y en ese ardiente anhelo que se exasperaba en razón de su infructuosidad, se agriaron. Hasta ese momento cada cual había tomado sobre sí la parte que le correspondía en la misteria de sus hijos; pero la desesperanza de redención ante las cuatro bestias que habían nacido de ellos echó afuera esa imperiosa necesidad de culpar a los otros, que es patrimonio específico de los corazones inferiores.

Iniciáronse con el cambio de pronombres: *tus* hijos. Y como a más del insulto había la insidia, la atmósfera se cargaba.

—Me parece—díjole una noche Mazzini, que acababa de entrar y se lavaba las manos—que podrías tener más limpios a los muchachos.

Berta continuó leyendo como si no hubiera oído.

—Es la primera vez—repuso al rato—que te veo inquietarte por el estado de tus hijos.

Mazzini volvió un poco la cara a ella con una sonrisa forzada.

—De nuestros hijos, me parece...

—Bueno, de nuestros hijos. ¿Te gusta así?—alzó ella los ojos. Esa vez Mazzini se expresó claramente.

—Creo que no vas a decir que yo tenga la culpa, ¿no?

—¡Ah, no!—se sonrió Berta, muy pálida—; pero yo tampoco, supongo... ¡No faltaba más!...—murmuró.

—¿Qué no faltaba más?

—¡Que si alguien tiene la culpa no soy yo, entiéndelo bien! Eso es lo que te quería decir.

Su marido la miró un momento, con un brutal deseo de insultarla.

—¡Dejemos!—articuló al fin, secándose las manos.

—Como quieras; pero si quieres decir...

—¡Berta!

—¡Como quieras!

Este fue el primer choque, y le sucedieron otros. Pero en las inevitables reconciliaciones sus almas se unían con doble arrebato y ansia por otro hijo.

Nació así una niña. Vivieron dos años con la angustia a flor de alma, esperando siempre otro desastre.

Nada acaeció, sin embargo, y los padres pusieron en su hija toda su complacencia, que la pequeña llevaba a los extremos límites del mimo y la mala crianza.

Si aun en los últimos tiempos Berta cuidaba siempre de sus hijos, al nacer Bertita olvidóse casi del todo de los otros. Su solo recuerdo la horrorizaba como algo atroz que la hubieran obligado a cometer. A Mazzini, bien que en menor grado, pasábale lo mismo. No por eso la paz había llegado a sus almas. La menor indisposición de su hija echaba ahora afuera, con el terror de perderla, los rencores de sus descendencia podrida. Habían acumulado hiel sobrado tiempo para que el vaso no quedara distendido y al menor contacto el veneno se vertía afuera. Desde el primer disgusto emponzoñado habíanse perdido el respeto; y si hay algo a que el hombre se siente arrastrado con cruel fruición es, cuando ya se comenzó, a humillar del todo a una persona. Antes se contenían por la mutua falta de éxito; ahora que éste había llegado, cada cual, atribuyéndolo a sí mismo, sentía mayor la infamia de los cuatro engendros que el otro habíale forzado a crear.

Con estos sentimientos, no hubo ya para los cuatro hijos mayores afecto posible. La sirvienta los vestía, les daba de comer, los acostaba, con visible brutalidad. No los lavaban casi nunca. Pasaban casi todo el día sentados frente al cerco, abandonados de toda remota caricia.

De ese modo Bertita cumplió cuatro años, y esa noche, resultado de las golosinas que sus padres eran incapaces de negarle, la criatura tuvo algún escalofrío y fiebre. Y el temor a verla morir o quedar idiota tornó a reabrir la eterna llaga.

Hacía tres horas que no hablaban, y el motivo fue, como casi siempre, los fuertes pasos de Mazzini.

—¡Mi Dios! ¿No puedes caminar más despacio? ¿Cuántas veces...?

—Bueno, es que me olvido; ¡se acabó! No lo hago a propósito.

Ella se sonrió, desdeñosa.

—¡No, no te creo tanto!

—Ni yo jamás te hubiera creído tanto a ti... ¡tisiquilla!

—¡Qué! ¿Qué dijiste?

—¡Nada!

—¡Sí, te oí algo! Mira; ¡no sé lo que dijiste; pero te juro que prefiero cualquier cosa a tener un padre como el que has tenido tú!

Mazzini se puso pálido.

—¡Al fin!—murmuró con los dientes apretados—. ¡Al fin, víbora, has dicho lo que querías decir!

—¡Sí, víbora, sí! ¡Pero yo he tenido padres sanos! ¿Oyes? ¡Sanos! ¡Mi padre no ha muerto de delirio! ¡Yo hubiera tenido hijos como los de todo el mundo! ¡Esos son hijos tuyos, los cuatro tuyos!

Mazzini explotó a su vez.

—¡Víbora tísica! ¡Eso es lo que te dije, lo que te quiero decir! ¡Pregúntale, pregúntale al médico quién tiene la mayor culpa de la meningitis de tus hijos; mi padre o tu pulmón picado, víbora!

Continuaron cada vez con mayor violencia, hasta que un gemido de Bertita selló instantáneamente sus bocas. A la una de la mañana la ligera indigestión había desaparecido y, como pasa fatalmente con todos los matrimonios jóvenes que se han amado intensamente una vez siquiera, la reconciliación llegó, tanto más efusiva cuanto más infames fueran los agravios.

Amaneció un espléndido día, y mientras Berta se levantaba escupió sangre. Las emociones y mala noche pasada tenían, sin duda, gran culpa. Mazzini la retuvo abrazada largo rato y ella lloró desesperadamente, pero sin que ninguno se atreviera a decir una palabra.

A las diez decidieron salir, después de almorzar. Como apenas tenían tiempo, ordenaron a la sirvienta que matara una gallina.

El día, radiante, había arrancado a los idiotas de su banco. De modo que mientras la sirvienta degollaba en la cocina al animal, desangrándolo con persimonia (Berta había aprendido de su madre este buen modo de conservar la frescura de la carne), creyó sentir algo como respiración tras ella. Volvióse, y vio a los cuatro idiotas, con los hombros pegados uno a otro, mirando estupefactos la operación. Rojo... Rojo...

—¡Señora! Los niños están aquí en la cocina.

Berta llegó. No quería que jamás pisaran allí. ¡Y ni aun en estas horas de pleno perdón, olvido y felicidad reconquistada podía evitarse esa horrible visión! Porque, naturalmente, cuanto más intensos eran los raptos de amor a su marido e hija, más irritado era su amor con los monstruos.

—¡Qué salgan, María! ¡Echelos! ¡Echelos, le digo!

Las cuatro bestias, sacudidas, brutalmente empujadas, fueron a dar a su banco.

Después de almorzar salieron todos. La sirvienta fue a Buenos Aires y el matrimonio a pasear por las quintas. Al bajar el sol volvieron; pero Berta quiso saludar un momento a sus vecinas de enfrente. Su hija escapóse en seguida a casa.

Entretanto los idiotas no se habían movido en todo el día de su banco. El sol había traspuesto ya el cerco, comenzaba a hundirse, y ellos continuaban mirando los ladrillos, más inertes que nunca.

De pronto algo se interpuso entre su mirada y el cerco. Su hermana, cansada de cinco horas paternales, quería observar por su cuenta. Detenida al pie del cerco miraba pensativa la cresta. Quería trepar, eso no ofrecía duda. Al fin decidióse por una silla desfondada, pero aún no alcanzaba. Recurrió entonces a un cajón de kerosene, y su instinto topográfico hízole colocar vertical el mueble, con lo cual triunfó.

Los cuatro idiotas, la mirada indiferente, vieron cómo su hermana lograba pacientemente dominar el equilibrio y cómo en puntas de pie apoyaba la garganta sobre la cresta del cerco, entre sus manos tirantes. Viéronla mirar a todos lados y buscar apoyo con el pie para alzarse más.

Pero la mirada de los idiotas se había animado; una misma luz insistente estaba fija en sus pupilas. No apartaban los ojos de su hermana mientras una creciente sensación de gula bestial iba cambiando cada línea de sus rostros. Lentamente avanzaron al cerco. La pequeña, que habiendo logrado calzar el pie iba ya a montar a horcajadas y a caerse del otro lado, seguramente, se sintió cogida de una pierna. Debajo de ella, los ocho ojos clavados en los suyos le dieron miedo.

—¡Soltame! ¡Dejame![1]—gritó sacudiendo la pierna. Pero fue atraída.

¡Mamá! ¡Ay, mamá! ¡Mamá, papá!—lloró imperiosamente. Trató aún de sujetarse del borde, pero sintióse arrancada y cayó.

¡Mamá! ¡Ay, ma...!—no pudo gritar más. Uno de ellos le apretó el cuello, apartando los bucles como si fueran plumas, y los otros la arrastraron de una sola pierna hasta la cocina, donde esa mañana se había desangrado la gallina, bien sujeta, arrancándole la vida segundo por segundo.

Mazzini, en la casa de enfrente, creyó oír la voz de su hija.

—Me parece que te llama—le dijo a Berta.

Prestaron oído, inquietos, pero no oyeron más. Con todo, un momento después se despidieron, y mientras Berta iba a dejar su sombrero, Mazzini avanzó en el patio:

—¡Bertita!

Nadie respondió

—¡Bertita!—alzó más la voz, ya alterada.

Y el silencio fue tan fúnebre para su corazón siempre aterrado, que la espalda se le heló del horrible presentimiento.

---

[1]Bertita usa aquí la conjugación del voseo popular argentino, en vez de las formas del tuteo académico que usan sus padres.

—¡Mi hija, mi hija!—corrió ya desesperado hacia el fondo. Pero al pasar frente a la cocina vio en el piso un mar de sangre. Empujó violentamente la puerta, entornada, y lanzó un grito de horror.

Berta, que ya se había lanzado corriendo a su vez al oír el angustioso llamado del padre, oyó el grito y respondió con otro. Pero al precipitarse en la cocina, Mazzini, lívido como la muerte, se interpuso, conteniéndola.

—¡No entres! ¡No entres!

Berta alcanzó a ver el piso inundado de sangre. Sólo pudo echar sus brazos sobre la cabeza y hundirse a lo largo de él con un ronco suspiro.

"Juan Darién"

Aquí se cuenta la historia de un tigre que se crió y educó entre los hombres, y que se llamaba Juan Darién. Asistió cuatro años a la escuela vestido de pantalón y camisa, y dio sus lecciones corrientemente, aunque era un tigre de las selvas; pero esto se debe a que su figura era de hombre, conforme se narra en las siguientes líneas:

Una vez, a principios de otoño, la viruela visitó un pueblo de un país lejano y mató a muchas personas. Los hermanos perdieron a sus hermanitas, y las criaturas que comenzaban a caminar quedaron sin padre ni madre. Las madres perdieron a su vez a sus hijos, y una pobre mujer joven y viuda llevó ella misma a enterrar a su hijito, lo único que tenía en este mundo. Cuando volvió a su casa se quedó sentada pensando en su chiquito. Y murmuraba:

—Dios debía haber tenido más compasión de mí, y me ha llevado a mi hijo. En el cielo podrá haber ángeles, pero mi hijo no los conoce. Y a quien él conoce bien es a mí, ¡pobre hijo mío!

Y miraba a lo lejos, pues estaba sentada en el fondo de su casa, frente a un portoncito por donde se veía la selva.

Ahora bien, en la selva había muchos animales feroces que rugían al caer la noche y al amanecer. Y la pobre mujer, que continuaba sentada, alcanzó a ver en la oscuridad una cosa chiquita y vacilante que entraba por la puerta, como un gatito que apenas tuviera fuerzas para caminar. La mujer se agachó y levantó en las manos un trigrecito de pocos días, pues tenía aún los ojos cerrados. Y cuando el mísero cachorro sintió el contacto de las manos, runruneó de contento, porque ya no estaba solo. La madre tuvo largo rato suspendido en el aire aquel pequeño enemigo de los hombres, a aquella fiera indefensa que tan fácil le hubiera sido exterminar. Pero quedó pensativa ante el desvalido cachorro que venía quién sabe de dónde, y cuya madre con seguridad había muerto. Sin pensar bien en lo que hacía, llevó el cachorrito a su seno, y lo rodeó con sus grandes manos. Y el trigrecito, al sentir el calor del pecho, buscó postura cómoda, runruneó tranquilo y se durmió con la garganta adherida al seno maternal.

La mujer, pensativa siempre, entró en la casa. Y en el resto de la noche, al oír los gemidos de hambre del cachorrito, y al ver cómo buscaba su seno con los ojos cerrados, sintió en su corazón herido que ante la suprema ley del Universo, una vida equivale a otra vida...

Y dio de mamar al tigrecito.

El cachorro estaba salvado, y la madre había hallado un inmenso consuelo. Tan grande su consuelo, que vio con terror el momento en que aquél le sería arrebatado, porque si se llegaba a saber en el pueblo que ella amamantaba a un ser salvaje, matarían con seguirdad a la pequeña fiera. ¿Qué hacer? El cachorro, suave y cariñoso—pues jugaba con ella sobre su pecho—, era ahora su propio hijo.

En estas circunstancias, un hombre que una noche de lluvia pasaba corriendo ante la casa de la mujer, oyó un gemido áspero—el ronco gemido de las fieras que, aun recién nacidas, sobresaltan al ser humano—. El hombre se detuvo bruscamente, y mientras buscaba a tientas el revólver, golpeó a la puerta. La madre, que había oído los pasos, corrió loca de angustia a ocultar al tigrecito en el jardín. Pero su buena suerte quiso que al abrir la puerta del fondo se hallara ante una mansa, vieja y sabia serpiente que le cerraba el paso. La desgraciada madre iba a gritar de terror, cuando la serpiente habló así:

—Nada temas, mujer —le dijo—. Tu corazón de madre te ha permitido salvar una vida del Universo, donde todas las vidas tienen el mismo valor. Pero los hombres no te comprenderán, y querrán matar a tu nuevo hijo. Nada temas, ve tranquila. Desde este momento tu hijo tiene forma humana; nunca lo reconocerán. Forma su corazón, enséñale a ser bueno como tú, y él no sabrá jamás que no es hombre. A menos..., a menos que una madre de entre los hombres lo acuse; a menos que una madre no le exija que devuelva con su sangre lo que tú has dado por él, tu hijo será siempre digno de ti. Ve tranquila, madre, y apresúrate, que el hombre va a echar la puerta abajo.

Y la madre creyó a la serpiente, porque en todas las religiones de los hombres, la serpiente conoce el misterio de las vidas que pueblan los mundos. Fue, pues, corriendo a abrir la puerta, y el hombre, furioso, entró con el revólver en la mano, y buscó por todas partes sin hallar nada. Cuando salió, la mujer abrió, temblando, el rebozo bajo el cual ocultaba al tigrecito sobre su seno, y en su lugar vio a un niño que dormía tranquilo. Traspasada de dicha, lloró largo rato en silencio sobre su salvaje hijo hecho hombre, lágrimas de gratitud que doce años más tarde ese mismo hijo debía pagar con sangre sobre su tumba.

Pasó el tiempo. El nuevo niño necesitaba un nombre: se le puso Juan Darién. Necesitaba alimentos, ropa, calzado: se le dotó de todo, para lo cual la madre trabajaba día y noche. Ella era aún muy joven y podría haberse vuelto a casar, si hubiera querido; pero le bastaba el amor entrañable de su hijo, amor que ella devolvía con todo su corazón.

Juan Darién era, efectivamente, digno de ser querido: noble, bueno y generoso como nadie. Por su madre, en particular, tenía una veneración profunda. No mentía jamás. ¿Acaso por ser un salvaje en el fondo de su naturaleza? Es posible; pues no se sabe aún qué influencia puede tener en un animal recién nacido, la pureza de un alma bebida con la leche en el seno de una santa mujer.

Tal era Juan Darién. E iba a la escuela con los chicos de su edad, los que se burlaban a menudo de él, a causa de su pelo áspero y su timidez. Juan Darién no era muy inteligente; pero compensaba esto con su gran amor al estudio.

Así las cosas, cuando la criatura iba a cumplir diez años, su madre murió. Juan Darién sufrió lo que no es decible, hasta que el tiempo apaciguó su pena. Pero fue en adelante un muchacho triste, que sólo deseaba instruirse.

Algo debemos confesar ahora: a Juan Darién no se le amaba en el pueblo. Las gentes de los pueblos encerrados en la selva no gustan de los muchachos demasiado generosos y que estudian con toda el alma. Era, además, el primer alumno de la escuela. Y este conjunto precipitó el desenlace con un acontecimiento que dio razón a la profecía de la serpiente.

Apróntabase el pueblo a celebrar una gran fiesta, y de la ciudad distante habían mandado fuegos artificiales. En la escuela se dio un repaso general a los chicos, pues un inspector debía venir a observar las clases. Cuando el inspector llegó, el maestro hizo dar la lección al primero de todos, a Juan Darién. Juan Darién era el alumno más aventajado; pero con la emoción del caso, tartamudeó y la lengua se le trabó con un sonido extraño.

El inspector observó al alumno un largo rato, y habló en seguida en voz baja con el maestro.

—¿Quién es ese muchacho?—le preguntó—. ¿De dónde ha salido?

—Se llama Juan Darién—respondió el maestro—y lo crió una mujer que ya ha muerto; pero nadie sabe de dónde ha venido.

—Es extraño, muy extraño...—murmuró el inspector, observando el pelo áspero y el reflejo verdoso que tenían los ojos de Juan Darién cuando estaba en la sombra.

El inspector sabía que en el mundo hay cosas mucho más extrañas que las que nadie puede inventar; y sabía al mismo tiempo que con preguntar a Juan Darién nunca podría averiguar si el alumno había sido antes lo que él temía: esto es, un animal salvaje. Pero así como hay hombres que en estados especiales recuerdan cosas que les han pasado a sus abuelos, así era también posible que, bajo una sugestión hipnótica, Juan Darién recordara su vida de bestia salvaje. Y los chicos que lean esto y no sepan de qué se habla, pueden preguntarlo a las personas grandes.

Por lo cual el inspector subió a la tarima y habló así:

—Bien, niño. Desde ahora que uno de ustedes nos describa la selva. Ustedes se han criado en ella y la conocen bien. ¿Cómo es la selva? ¿Qué pasa en ella? Esto es lo que quiero saber. Vamos a ver, tú—añadió dirigiéndose a un alumno cualquiera—. Sube a la tarima y cuéntanos lo que hayas visto.

El chico subió, y aunque estaba asustado, habló un rato. Dijo que en el bosque hay árboles gigantes, enredaderas y florecillas. Cuando concluyó, pasó otro chico a la tarima, y después otro. Y aunque todos conocían bien la selva, todos respondieron lo mismo, porque los chicos y muchos hombres no cuentan lo que ven sino lo que han leído sobre lo mismo que acaban de ver. Y al fin el inspector dijo: Ahora le toca al alumno Juan Darién.

Juan Darién subió a la tarima, se sentó y dijo más o menos lo que los otros. Pero el inspector, poniéndole la mano sobre el hombro, exclamó:

—No, no. Quiero que tú recuerdes bien lo que has visto. Cierra los ojos.

Juan Darién cerró los ojos.

—Bien—prosiguió el inspector—. Dime lo que ves en la selva.

Juan Darién, siempre con los ojos cerrados, demoró un instante en contestar.

—No veo nada—dijo al fin.

—Pronto vas a ver. Figurémonos que son las tres de la mañana, poco antes del amanecer. Hemos concluido de comer, por ejemplo... Estamos en la selva, en la oscuridad... Delante de nosotros hay un arroyo... ¿Qué ves?

Juan Darién pasó otro momento en silencio. Y en la clase y en el bosque próximo había también un gran silencio. De pronto, Juan Darién se estremeció, y con voz lenta, como si soñara, dijo:

—Veo las piedras que pasan y las ramas que se doblan... Y el suelo... Y veo las hojas secas que se quedan aplastadas sobre las piedras.

—¡Un momento!—le interrumpió el inspector—. Las piedras y las hojas que pasan: ¿a qué altura las ves?

El inspector preguntaba esto porque si Juan Darién estaba "viendo" efectivamente lo que él hacia en la selva cuando era animal salvaje e iba a beber después de haber comido, vería también que las piedras que encuentran un tigre o una pantera que se acercan muy agachados al río, pasan a la altura de los ojos. Y repitió:

—¿A qué altura ves las piedras?

Y Juan Darién, siempre con los ojos cerrados, respondió:

Pasan sobre el suelo... Rozan las orejas... Y las hojas sueltas se mueven con el aliento... Y siento la humedad del barro en...

La voz de Juan Darién se cortó.

—¿En dónde?—preguntó con voz firme el inspector—. ¿Dónde sientes la humedad del agua?

—¡En los bigotes!—dijo con voz ronca Juan Darién, abriendo los ojos espantado.

Comenzaba el crepúsculo, y por la ventana se veía cerca la selva ya lóbrega. Los alumnos no comprendieron lo terrible de aquella evocación; pero tampoco se rieron de esos extraordinarios bigotes de Juan Darién que no tenía bigote alguno. Y no se rieron, porque el rostro de la criatura estaba pálido y ansioso.

La clase había concluido. El inspector no era un mal hombre; pero como todos los hombres que viven muy cerca de la selva, odiaba ciegamente a los tigres; por lo cual dijo en voz baja al maestro:

—Es preciso matar a Juan Darién. Es una fiera del bosque, posiblemente un tigre. Debemos matarlo, porque si no él, tarde o temprano, nos matará a todos. Hasta ahora su maldad de fiera no ha despertado; pero explotará un día u otro, y entonces nos devorará a todos, puesto que le permitimos vivir con nosotros. Debemos, pues, matarlo. La dificultad está en que no podemos hacerlo mientras tenga forma humana, porque no podremos probar ante todos que es un tigre. Parece un hombre, y con los hombres hay que proceder con cuidado. Yo sé que en la ciudad hay un domador de fieras. Llamémosle, y él hallará modo de que Juan Darién vuelva a su cuerpo de tigre. Y aunque no pueda convertirlo en tigre, las gentes nos creerán y podremos echarlo a la selva. Llamemos en seguida al domador, antes de que Juan Darién se escape.

Pero Juan Darién pensaba en todo, menos en escaparse, porque no se daba cuenta de nada. ¿Cómo podía creer que él no era un hombre, cuando jamás había sentido otra cosa que amor a todos, y ni siquiera tenía odio a los animales dañinos?

Mas las voces fueron corriendo de boca en boca, y Juan Darién comenzó a sufrir sus efectos. No le respondían una palabra, se apartaban vivamente a su paso, y lo seguían desde lejos de noche.

—¿Qué tendré? ¿Por qué son así conmigo?—se preguntaba Juan Darién.

Y ya no solamente huían de él, sino que los muchachos le gritaban:

—¡Fuera de aquí! ¡Vuélvete al lugar de donde has venido! ¡Fuera!

Los grandes también, las personas mayores, no estaban menos enfurecidas que los muchachos. Quién sabe qué llega a pasar, si la misma tarde de la fiesta no hubiera llegado por fin el ansiado domador de fieras. Juan Darién estaba en su casa preparándose la pobre sopa que tomaba, cuando oyó la gritería de las gentes que avanzaban precipitadas hacia su casa. Apenas tuvo tiempo de salir a ver qué era. Se apoderaron de él, arrastrándolo hasta la casa del domador.

—¡Aquí está!—gritaban, sacudiéndolo—. ¡Es éste! ¡Es un tigre! ¡No queremos saber nada con tigres! ¡Quítele su figura de hombre y lo mataremos!

Y los muchachos, sus condiscípulos a quienes más quería, y las mismas personas viejas, gritaban:

—¡Es un tigre! ¡Juan Darién nos va a devorar! ¡Muera Juan Darién!

Juan Darién protestaba y lloraba porque los golpes llovían sobre él, y era una criatura de doce años. Pero en ese momento la gente se apartó, y el domador, con grandes botas de charol, levita roja y un látigo en la mano, surgió ante Juan Darién. El domador lo miró fijamente, y apretó con fuerza el puño del látigo.

—¡Ah!—exclamó—. ¡Te reconozco bien! ¡A todos puedes engañar, menos a mí! ¡Te estoy viendo, hijo de tigres! ¡Bajo tu camisa estoy viendo las rayas del tigre! ¡Fuera la camisa, y traigan los perros cazadores! ¡Veremos ahora si los perros te reconocen como hombre o como tigre!

En un segundo arrancaron toda la ropa a Juan Darién, y lo arrojaron dentro de la jaula para fieras.

—¡Suelten los perros, pronto!—gritó el domador—. ¡Y encomiéndate a los dioses de tu selva, Juan Darién!

Y cuatro feroces perros cazadores de tigres fueron lanzados dentro de la jaula.

El domador hizo esto porque los perros reconocen siempre el olor del tigre; y en cuanto olfatearan a Juan Darién sin ropa, lo harían pedazos, pues podrían ver con sus ojos de perros cazadores las rayas de tigre ocultas bajo la piel de hombre.

Pero los perros no vieron otra cosa en Juan Darién que al muchacho bueno que quería hasta a los mismos animales dañinos. Y movían apacibles la cola al olerlo.

—¡Devóralo! ¡Es un tigre! ¡Toca! ¡Toca!—gritaban a los perros. Y los perros ladraban y saltaban enloquecidos por la jaula, sin saber a qué atacar.

La prueba no había dado resultado.

—¡Muy bien!—exclamó entonces el domador—. Estos son perros bastardos, de casta de tigre. No lo reconocen. ¡Pero yo te reconozco, Juan Darién, y ahora nos vamos a ver nosotros!

Y así diciendo entró él en la jaula y levantó el látigo.

—¡Tigre!—gritó—. ¡Estás ante un hombre, y tú eres un tigre! ¡Allí estoy viendo, bajo tu piel robada de hombre, las rayas de tigre! ¡Muestra las rayas!

Y cruzó el cuerpo de Juan Darién de un feroz latigazo. La pobre criatura desnuda lanzó un alarido de dolor, mientras las gentes enfurecidas repetían:

—¡Muestra las rayas de tigre!

Durante un rato prosiguió el atroz suplicio; y no deseo que los niños que me oyen vean martirizar de este modo a ser alguno.

—¡Por favor! ¡Me muero!—clamaba Juan Darién.

—¡Muestra las rayas —le respondían.

—¡No, no! ¡Yo soy hombre! ¡Ay, mamá!—sollozaba el infeliz.

—¡Muestra las rayas!

Por fin el suplicio concluyó. En el fondo de la jaula, arrinconado, aniquilado en un rincón, sólo quedaba un cuerpecito sangriento de niño, que había sido Juan Darién. Vivía aún, y aún podía caminar cuando se le sacó de allí; pero lleno de tales sufrimientos como nadie los sentirá nunca.

Lo sacaron de la jaula, y empujándolo por el medio de la calle, lo echaban del pueblo. Iba cayéndose a cada momento, y detrás de él iban los muchachos, las mujeres y los hombres maduros, empujándolo.

—¡Fuera de aquí, Juan Darién! ¡Vuélvete a la selva, hijo de tigre y corazón de tigre! ¡Fuera, Juan Darién!

Y los que estaban lejos y no podían pegarle, le tiraban piedras.

Juan Darién cayó del todo, por fin, tendiendo en busca de apoyo sus pobres manos de niño. Y su cruel destino quiso que una mujer, que estaba parada a la puerta de su casa sosteniendo en los brazos a una inocente criatura, interpretara mal ese ademán de súplica.

—¡Me ha querido robar mi hijo!—gritó la mujer—. ¡Ha tendido las manos para matarlo! ¡Es un tigre! ¡Matémosle en seguida, antes que él mate a nuestros hijos!

Así dijo la mujer. Y de este modo se cumplía la profecía de la serpiente: Juan Darién moriría, cuando una madre de los hombres le exigiera la vida y el corazón de hombre que otra madre le había dado con su pecho.

No era necesaria otra acusación para decidir a las gentes enfurecidas. Y veinte brazos con piedras en la mano se levantaban ya para aplastar a Juan Darién, cuando el domador ordenó desde atrás con voz ronca:

—¡Marquémoslo con rayas de fuego! ¡Quemémoslo en los fuegos artificiales!

Ya comenzaba a oscurecer, y cuando llegaron a la plaza era noche cerrada. En la plaza habían levantado un castillo de fuegos de artificio, con ruedas, coronas y luces de Bengala. Ataron en lo alto del centro a Juan Darién, y prendieron la mecha desde un extremo. El hilo de fuego corrió velozmente subiendo y bajando, y encendió el castillo entero. Y entre las estrellas fijas y las ruedas girantes de todos los colores, se vio allá arriba a Juan Darién sacrificado.

—¡Es tu último día de hombre, Juan Darién!—clamaban todos—¡Muestra las rayas!

—¡Perdón, perdón!—gritaba la criatura, retorciéndose entre las chispas y las nubes de humo. Las ruedas amarillas, rojas y verdes giraban vertiginosamente, unas a la derecha y otras a la izquierda. Los chorros de fuego tangente trazaban grandes circunferencias; y en el medio, quemado por los regueros de chispas que le cruzaban el cuerpo, se retorcía Juan Darién.

—¡Muestra las rayas!—rugían aún de abajo.

—¡No, perdón! ¡Yo soy hombre!—tuvo aún tiempo de clamar la infeliz criatura. Y tras un nuevo surco de fuego, se pudo ver que su cuerpo se sacudía convulsivamente; que sus gemidos adquirían un timbre profundo y ronco; y que su cuerpo cambiaba poco a poco de forma. Y la muchedumbre, con un grito salvaje de triunfo, pudo ver surgir por fin bajo la piel de hombre, las rayas negras, paralelas y fatales del tigre.

La atroz obra de crueldad se había cumplido; habían conseguido lo que querían. En vez de la criatura inocente de toda culpa, allá arriba no había sino un cuerpo de tigre que agonizaba rugiendo.

Las luces de Bengala se iban también apagando. Un último chorro de chispas con que moría una rueda alcanzó la soga atada a las muñecas—no:

a las patas del tigre, pues Juan Darién había concluido—, y el cuerpo cayó pesadamente al suelo. Las gentes lo arrastraron hasta la linde del bosque, abandonándolo allí, para que los chacales devoraran su cadáver y y su corazón de fiera.

Pero el tigre no había muerto. Con la frescura nocturna volvió en sí, y arrastrándose presa de horribles tormentos se internó en la selva. Durante un mes entero no abandonó su guarida en lo más tupido del bosque, esperando con sombría paciencia de fiera que sus heridas curaran. Todas cicatrizaron por fin, menos una, una profunda quemadura en el costado, que cerraba, y que el tigre vendó con grandes hojas.

Porque había conservado de su forma recién perdida tres cosas: el recuerdo vivo del pasado, la habilidad de sus manos, que manejaba como un hombre, y el lenguaje. Pero en el resto, absolutamente en todo era una fiera, que no se distinguía en lo más mínimo de los otros tigres.

Cuando se sintió por fin curado, pasó la voz a los demás tigres de la selva para que esa misma noche se reunieran delante del gran cañaveral que lindaba con los cultivos. Y al entrar la noche, se encaminó silenciosamente al pueblo. Trepó a un árbol de los alrededores, y esperó largo tiempo inmóvil. Vio pasar bajo él, sin inquietarse a mirar siquiera, pobres mujeres y labradores fatigados, de aspecto miserable; hasta que al fin vio avanzar por el camino a un hombre de grandes botas y levita roja.

El tigre no movió una sola ramita al recogerse para saltar. Saltó sobre el domador, de una manotada lo derrivó desmayado, y cogiéndolo entre los dientes por la cintura, lo llevó sin hacerle daño hasta el juncal.

Allí, al pie de las inmensas cañas que se alzaban invisibles, estaban los tigres de la selva moviéndose en la oscuridad, y sus ojos brillaban como luces que van de un lado para otro. El hombre proseguía desmayado. El tigre dijo entonces:

—Hermanos: yo viví doce años entre los hombres, como un hombre mismo. Y yo soy un tigre. Tal vez pueda con mi proceder borrar más tarde esta mancha. Hermanos: esta noche rompo el último lazo que me liga al pasado.

Y después de hablar así, recogió en la boca al hombre que proseguía desmayado y trepó con él a lo más alto del cañaveral, donde lo dejó atado entre dos bambúes. Luego prendió fuego a las hojas secas del suelo, y pronto una llamarada crujiente ascendió.

Los tigres retrocedían espantados ante el fuego. Pero el tigre les dijo:

—Paz, hermanos.—Y aquéllos se apaciguaron, sentándose de vientre con las patas cruzadas a mirar.

El juncal ardía como un inmenso castillo de artificio. Las cañas estallaban como bombas, y sus haces se cruzaban en agudas flechas de color. Las llamaradas ascendían en bruscas y sordas bocanadas, dejando bajo ellas lívidos huecos; y en la cúspide, donde aún no llegaba el fuego, las cañas se balanceaban crispadas por el calor.

Pero el hombre tocado por las llamas había vuelto en sí. Vio allá abajo a los tigres con los ojos cárdenos alzados a él—y lo comprendió todo.

—¡Perdón, perdónenme!—gritó retorciéndose—. ¡Pido perdón por todo!

Nadie contestó. El hombre se sintió entonces abandonado de Dios, y gritó con toda su alma:

—¡Perdón, Juan Darién!

Al oír esto, Juan Darién alzó la cabeza y dijo fríamente:

—Aquí no hay nadie que se llame Juan Darién. No conozco a Juan Darién. Este es un nombre de hombre, y aquí todos somos tigres.

Y volviéndose a sus compañeros, como si no comprendiera, preguntó:

—¿Alguno de ustedes se llama Juan Darién?

Pero ya las llamas habían abrasado el castillo hasta el cielo. Y entre las agudas luces de Bengala que entrecruzaban la pared ardiente, se pudo ver allá arriba un cuerpo negro que se quemaba, humeando.

—Ya estoy pronto, hermanos—dijo el tigre—. Pero aún me queda algo por hacer.

Y se encaminó de nuevo al pueblo, seguido por los tigres sin que él lo notara. Se detuvo ante un pobre y triste jardín, saltó la pared, y pasando al costado de muchas cruces y lápidas, fue a detenerse ante un pedazo de tierra sin ningún adorno, donde estaba enterrada la mujer a quien había llamado madre ocho años. Se arrodilló—se arrodilló como un hombre—, y durante un rato no se oyó nada.

—¡Madre!—murmuró por fin el tigre con profunda ternura—. Tú sola supiste, entre todos los hombres, los sagrados derechos a la vida, de todos los seres del universo. Tú sola comprendiste que el hombre y el tigre se diferencian únicamente por el corazón. Y tú me enseñaste a amar, a comprender, a perdonar. ¡Madre! Estoy seguro de que me oyes. Soy tu hijo siempre, a pesar de lo que pase en adelante, pero de ti solo. ¡Adiós, madre mía!

Y viendo al incorporarse los ojos cárdenos de sus hermanos que lo observaban tras la tapia, se unió otra vez a ellos.

El viento cálido les trajo en ese momento, desde el fondo de la noche, el estampido de un tiro.

—Es en la selva—dijo el tigre—. Son los hombres. Están cazando, matando, degollando.

Volviéndose entonces hacia el pueblo que iluminaba el reflejo de la selva encendida, exclamó:

—¡Raza sin redención! ¡Ahora me toca a mí!

Y retornando a la tumba en que acababa de orar, arrancóse de un manotón la venda de la herida, y escribió en la cruz con su propia sangre, en grandes caracteres, debajo del nombre de su madre

Y

JUAN DARIEN

—Ya estamos en paz—dijo. Y enviando con sus hermanos un rugido de desafío al pueblo aterrado, concluyó:

—Ahora, a la selva. ¡Y tigre para siempre!

"El hombre muerto"

El hombre y su machete acababan de limpiar la quinta calle del banal. Faltábanles aún dos calles; pero como en éstas abundaban las chircas[2] y malvas silvestres, la tarea que tenían por delante era muy poca cosa. El hombre echó, en consecuencia, una mirada satisfecha a los arbustos rozados, y cruzó el alambrado para tenderse un rato en la gramilla.

Mas al bajar el alambre de púa y pasar el cuerpo, su pie izquierdo resbaló sobre un trozo de corteza desprendida del poste, a tiempo que el machete se le escapaba de la mano. Mientras caía, el hombre tuvo la impresión sumamente lejana de no ver el machete de plano en el suelo.

Ya estaba tendido en la gramilla, acostado sobre el lado derecho, tal como él quería. La boca, que acababa de abrirle en toda su extensión, acababa también de cerrarse. Estaba como hubiera deseado estar, las rodillas dobladas y la mano izquierda sobre el pecho. Sólo que tras el antebrazo e inmediatamente por debajo del cinto, surgían de su camisa el puño y la mitad de la hoja del machete; pero el resto no se veía.

El hombre intentó mover la cabeza, en vano. Echó una mirada de reojo a la empuñadura del machete, húmeda aún del sudor de su mano. Apreció mentalmente la extensión y la trayectoria del machete dentro de su vien-

---

[2]un tipo de árbol.

tre, y adquirió, fría, matemática e inexorablemente, la seguridad de que acababa de llegar al término de su existencia.

La muerte. En el transcurso de la vida se piensa muchas veces en que un día, tras años, meses, semanas y días preparatorios, llegaremos a nuestro turno al umbral de la muerte. Es la ley fatal, aceptada y prevista; tanto que solemos dejarnos llevar placenteramente por la imaginación a ese momento, supremo entre todos, en que lanzamos el último suspiro.

Pero entre el instante actual y esa postrera espiración, ¡qué de sueños, trastornos, esperanzas y dramas presumimos en nuestra vida! ¿Qué nos reserva aún esta existencia llena de vigor, antes de su eliminación del escenario humano! Es éste el consuelo, el placer y la razón de nuestras divagaciones mortuorias: ¡tan lejos está la muerte, y tan imprevisto lo que debemos vivir aún!

¿Aún...? No han pasado dos segundos: el sol está exactamente a la misma altura; las sombras no han avanzado un milímetro. Bruscamente, acaban de resolverse para el hombre tendido las divagaciones a largo plazo: se está muriendo.

Muerto. Puede considerarse muerto en su cómoda postura.

Pero el hombre abre los ojos y mira. ¿Qué tiempo ha pasado? ¿Qué cataclismo ha sobrevenido en el mundo? ¿Qué trastorno de la naturaleza trasuda el horrible acontecimiento?

Va a morir. Fría, fatal e ineludiblemente, va a morir.

El hombre resiste—¡es tan imprevisto ese horror!— Y piensa: es una pesadilla; ¡eso es! ¿Qué ha cambiado? Nada. Y mira: ¿no es acaso ese bananal su bananal? ¿No viene todas las mañanas a limpiarlo? ¿Quién lo conoce como él? Ve perfectamente el bananal, muy raleado, y las anchas hojas desnudas al sol. Allí están, muy cerca, deshilachadas por el viento. Pero ahora no se mueven... Es la calma de mediodía; pronto deben ser las doce.

Por entre los bananos, allá arriba, el hombre ve desde el duro suelo el techo rojo de su casa. A la izquierda, entreví el monte y la capuera[3] de canelas. No alcanza a ver más, pero sabe muy bien que a sus espaldas está el camino al puerto nuevo; y que en la dirección de su cabeza, allá abajo, yace en el fondo del valle el Paraná dormido como un lago. Todo, todo exactamente como siempre; el sol de fuego, el aire vibrante y solitario, los bananos

---

[3]terreno desbrozado, parte de la selva que se ha talado y limpiado para destinarla al cultivo.

inmóviles, el alambrado de postes muy gruesos y altos que pronto tendrá que cambiar.

¡Muerto! ¿Pero es posible? ¿No es éste uno de los tantos días en que ha salido al amanecer de su casa con el machete en la mano? ¿No está allí mismo, a cuatro metros de él, su caballo, su malacara,[4] oliendo parsimoniosamente el alambre de púa?

¡Pero sí! Alguien silba... No puede ver, porque está de espaldas al camino; mas siente resonar en el puentecito los pasos del caballo... Es el muchacho que pasa todas las mañanas hacia el puerto nuevo, a las once y media. Y siempre silbando... desde el poste descascarado que toca casi con las botas, hasta el cerco vivo de monte que separa el bananal del camino, hay quince metros largos. Lo sabe perfectamente bien, porque él mismo, al levantar el alambrado, midió la distancia.

¿Qué pasa, entonces? ¿Es ése o no un natural mediodía de los tantos en Misiones, en su monte, en su potrero, en su bananal ralo? ¡Sin duda! Gramilla corta, conos de hormigas, silencio, sol a plomo...

Nada, nada ha cambiado. Sólo él es distinto. Desde hace dos mintuos su persona, su personalidad viviente, nada tiene ya que ver ni con el potrero, que formó él mismo a azada, durante cinco meses consecutivos; ni con el bananal, obra de sus solas manos. Ni con su familia. Ha sido arrancado bruscamente, naturalmente, por obra de una cáscara lustrosa y un machete en el vientre. Hace dos mintutos: se muere.

El hombre, muy fatigado y tendido en la gramilla sobre el costado derecho, se resiste siempre a admitir un fenómeno de esa trascendencia, ante el aspecto normal y monótono de cuanto mira. Sabe bien la hora: las once y media... El muchacho de todos los días acaba de pasar sobre el puente.

¡Pero no es posible que haya resbalado...! El mango de su machete (pronto deberá cambiarlo por otro; tiene ya poco vuelo) estaba perfectamente oprimido entre su mano izquierda y el alambre de púa. Tras diez años de bosque, él sabe muy bien cómo se maneja un machete de monte. Está solamente muy fatigado del trabajo de esa mañana, y descansa un rato como de costumbre.

¿La prueba...? ¡Pero esa gramilla que entra ahora por la comisura de su boca la plantó él mismo, en panes de tierra distantes un metro uno de otro! ¡Y ese es su bananal; y ése es su malacara, resoplando cauteloso ante las púas del alambre! Lo ve perfectamente; sabe que no se atreve a doblar la

---

[4]caballo o yegua que tiene una lista blanca en la cabeza.

esquina del alambrado, porque él está echado casi al pie del poste. Lo distingue muy bien; y ve los hilos oscuros de sudor que arrancan de la cruz y del anca. El sol cae a plomo, y la calma es muy grande, pues ni un fleco de los bananos se mueve. Todos los días, como ése, ha visto las mismas cosas.

...Muy fatigado, pero descansa sólo. Deben de haber pasado ya varios minutos... y a las doce menos cuarto, desde allá arriba, desde el chalet de techo rojo, se desprenderán hacia el bananal su mujer y sus dos hijos, a buscarlo para almorzar. Oye siempre, antes que las demás, la voz de su chico menor que quiere soltarse de la mano de su madre: ¡Piapiá![5] ¡Piapiá!

¿No es eso...? ¡Claro, oye! Ya es la hora. Oye efectivamente la voz de su hijo...

¡Qué pesadilla...! ¡Pero es uno de los tantos días, trivial como todos, claro está! Luz excesiva, sombras amarillentas, calor silencioso de horno sobre la carne, que hace sudar al malacara inmóvil ante el bananal prohibido.

...Muy cansado, mucho, pero nada más. ¡Cuántas veces, a mediodía como ahora, ha cruzado volviendo a casa ese potrero, que era capuera cuando él llegó, y que antes había sido monte virgen! Volvía entonces, muy fatigado también, con su machete pendiente de la mano izquierda, a lentos pasos.

Puede aún alejarse con la mente, si quiere; puede si quiere abandonar un instante su cuerpo y ver desde el tajamar por él construido, el trivial paisaje de siempre: el pedregullo volcánico con gramas rígidas; el bananal y su arena roja; el alambrado empequeñecido en la pendiente, que se acoda hacia el camino. Y más lejos aún ver el potrero, obra sola de sus manos. Y al pie de un poste descascarado, echado sobre el costado derecho y las piernas recogidas, exactamente como todos los días, puede verse a él mismo, como un pequeño bulto asoleado sobre la gramilla, descansando porque está muy cansado...

Pero el caballo rayado de sudor, e inmóvil de cautela ante el esquinado del alambrado, ve también al hombre en el suelo y no se atreve a costear el bananal, como desearía. Ante las voces que ya están próximas—¡Piapiá!—, vuelve un largo, largo rato las orejas inmóviles al bulto: y tranquilizado al fin, se decide a pasar entre el poste y el hombre tendido, que ya ha descansado.

Cuentos completos. Editados por Alfonso Llambías de Azevedo. Montevideo: Ediciones de la Plaza, 1987.

---

[5]lenguaje infantil por papá.

MIGUEL ANGEL ASTURIAS   (Guatemala; 1899-1974)

"Los brujos de la tormenta primaveral"

1

Más allá de los peces el mar se queda solo. Las raíces habían asistido al entierro de los cometas en la planicie inmensa de lo que ya no tiene sangre, y estaban fatigadas y sin sueño. Imposible prever el asalto. Evitar el asalto. Cayendo las hojas y brincando los peces. Se acortó el ritmo de la respiración vegetal y se enfrió la savia al entrar en contacto con la sangre helada de los asaltantes elásticos.

Un río de pájaros desembocaba en cada fruta. Los peces amanecieron en la mirada de las ramas luminosas. Las raíces seguían despiertas bajo la tierra. Las raíces. Las más viejas. Las más pequeñas. A veces encontraban en aquel mar de humus, un fragmento de estrella o una ciudad de escarabajos. Y las raíces viejas explicaban: En este aerolito llegaron del cielo las hormigas. Los gusanos pueden decirlo, no han perdido la cuenta de la oscuridad.

Juan Poyé buscó bajo las hojas el brazo que le faltaba, se lo acababan de quitar y qué cosquilla pasarse los movimientos al cristalino brazo de la cerbatana. El temblor lo despertó medio soterrado, aturdido por el olor de la noche. Pensó restregarse las narices con el brazo-mano que le faltaba. ¡Hum!, dijo, y se pasó el movimiento al otro brazo, al cristalino brazo de la cerbatana. Hedía a hervor de agua, a cacho quemado, a pelo quemado, a carne quemada, a árbol quemado. Se oyeron los coyotes. Pensó agarrar el machete con el brazo-mano que le faltaba. ¡Hum!, dijo, y se pasó el movimiento al otro brazo. Tras los coyotes fluía el catarro de la tierra, lodo con viruela caliente, algo que no se veía bien. Su mujer dormía. Los senos sobre las cañas del tapexco,[1] bulto de tecomates, y el cachete aplastado contra la paja que le servía de almohada. La Poyé despertó a los enviones de su marido, abrió los ojos de agua nacida en el fondo de un matorral y dijo, cuando pudo hablar: ¡Masca

---

[1] tampesco.

copal, tiembla copal! El reflejo se iba afilando, como cuando el cometa. Poyé reculó ante la luz, seguido de su mujer, como cuando el cometa. Los árboles ardían sin alboroto, como cuando el cometa.

Algo pasó. Por poco se les caen los árboles de las manos. Las raíces no saben lo que pasó por sus dedos. Si sería parte de su sueño. Sacudida brusca acompañada de ruidos subterráneos. Y todo hueco en derredor del mar. Si sería parte de su sueño. Y todo profundo alrededor del mar.

¡Hum!, dijo Juan Poyé. No pudo mover el brazo que le faltaba y se pasó el movimiento al cristalino brazo de la cerbatana. El incendio abarcaba los montes más lejanos. Se pasó el movimiento al brazo por donde el agua de su cuerpo iba a todo correr al cristalino brazo de la cerbatana. Se oían sus dientes, piedras de río, entrechocar de miedo, la arena movediza de sus pies a rastras y sus reflejos al tronchar el monte con las uñas. Y con él iba su mujer, la Juana Poyé, que de él no se diferenciaba en nada, era de tan buena agua nacida.

Algo pasó. Por poco se les caen los árboles de las manos. Las raíces no supieron lo que pasó por sus dedos. Y de la contracción de las raíces en el temblor, nacieron los telares. Si sería parte de su sueño. El incendio no alcanzaba a las raíces de las ceibas, hinchadas en la fresca negrura de los terrenos en hamaca. Y así nacieron los telares. El mar se lamía y relamía del gusto de sentirse sin peces. Si sería parte de su sueño. Los árboles se hicieron humo. Si sería parte de su sueño. El temblor primaveral enseñaba a las raíces el teje y maneje de la florescencia en lanzadera por los hilos del telar, y como andaban libres los copales preciosos, platino, oro, plata, los mascarían para bordar con saliva de meteoro los oscuros güipiles[2] de la tierra.

Juan Poyé sacó sus ramas al follaje de todos los ríos. El mar es el follaje de todos los ríos. ¡Hum!, le dijo su mujer, volvamos atrás. Y Juan Poyé hubiera querido volver atrás. ¡Cuereá[3] de regreso!, le gritó su mujer. Y Juan Poyé hubiera querido cuerear de regreso. Se desangraba en lo inestable. ¡Qué gusto el de sus aguas con sabor de montaña! ¡Qué color el de sus aguas, como azúcar azul!

---

[2] huipiles.

[3] El sentido será algo como "Esforzate por volver atrás"; las formas del imperativo y de la segunda persona singular del presente indicativo usadas en el texto reproducen el voseo popular empleado en Guatemala en lugar del tuteo académico.

Una gran mancha verde empezó a rodearlo. Excrecencia de civilizaciones remotas y salóbregas.[4] Baba de sargazos en llanuras tan extensas como no las había recorrido en tierra. Otra mancha empezó a formarse a distancia insituable, horizonte desconsolado de los jades elásticos del mar. Poyé no esperó. Al pintar más lejos una tercera mancha de agua jadeante, recorrida por ramazones de estrellas en queda explosión de nácar, echó atrás, cuereó de regreso, mas no pudo remontar sus propias aguas y se ahogó, espumaraje[5] de iguana, después de flotar flojo y helado en la superficie mucho tiempo.

Ni Juan Poyé ni la Juana Poyé. Pero si mañana llueve en la montaña, si se apaga el incencio y el humo se queda quieto, infinitamente quieto como en el carbón, el amor propio hondo de las piedras juntará gotitas de agresiva dulzura y aparecerá nuevo el cristalino brazo de la cerbatana. Sólo las raíces. Las raíces profundas. El aire lo quemaba todo en la igualdad de la sombra limpia. Fuego celeste al sur. Ni una mosca verde. Ni un cocodrilo con caca de pájaro en la faltriquera. Ni un eco. Ni un sonido. Sueño vidrioso de lo que carece de sueño, del cuarzo, de la piedra pómez más ligera que el agua, del mármol insomne bajo sábanas de tierra. Sólo las raíces profundas seguían pegadas a sus telares. Ave caída era descuartizada por las raíces de los mangles, antes que la devoraran los ojos del incendio, cazador en la marisma, y las raíces de los cacahuatales, olorosas a chocolate, atrapaban a los reptiles ampollados ya por el calor. La vida se salvaba en los terrenos vegetales, por obra de las raíces tejedoras, regadas por el cristalino brazo de la cerbatana. Pero ahora ni en invierno venía Juan Poyé—Juana Poyé. Años. Siglos.

Diecinueve mil leguas de aire sobre el mar. Y toda la implacable geometría de las pizarras de escama navegante, de los pórfidos verdes bajo alambores[6] de astros centelleantes, de las porcelanas de granitos colados en natas de leche, de los espejos escamosos de azogue sobre arenas móviles, de sombras de aguafuerte en terrenos veteados de naranjas y ocres. Crecimiento exacto de un silencio desesperante, residuo de alguna nebulosa. Y la vida de dos reinos acabando en los terrenos vegetales acartonados por la sequedad de la atmósfera y la sed en rama del incendio.

Sonoridad de los vestidos estelares en la mudez vaciante del espacio. Catástrofe de luna sobre rebaños inmóviles de sal. Frenos de mareas muertas entre dientes de olas congeladas, afiladas, acuchillantes. Afuera. Adentro.

---

[4]salobres.

[5]espumarajo.

[6]falseo, corte o cara de una piedra o madero falseado.

Hasta donde los minerales sacudían su tiniebla mansa, volvió su presencia flúida a turbar el sueño de la tierra. Reinaba humedad de estancia oscura y todo era y se veía luminoso. Un como sueño entre paredes de manzana-rosa, contiguo a los intestinos de los peces. Una como necesidad fecal del aire, en el aire enteramente limpio, sin el olor a moho ni el frío de cáscara de papa que fue tomando al acercarse la noche y comprender los minerales que no obstante la destrucción de todo por el fuego, las raíces habían seguido trabajando para la vida en sus telares, nutridas en secreto por un río manco.

¡Hum!, dijo Juan Poyé. Una montaña se le vino encima. Y por defenderse con el brazo que le faltaba perdió tiempo y ya fue de mover el otro brazo en el declive, para escapar maltrecho. Pedazos de culebra macheteada. Chayes de espejo. Olor a lluvia en el mar. De no ser el instinto se queda allí tendido, entre cerros que lo atacaban con espolones de piedra hablantes. Sólo su cabeza, ya sólo su cabeza rodaba entre espumarajes de cabellos largos y fluviales. Sólo su cabeza. Las raíces llenaban de savia los troncos, las hojas, las flores, los frutos. Por todas partes se respiraba un aire vivo, fácil, vegetal, y pequeñas babosidades con músculos de musgo tierno entraban y salían de agujeros secretos, ocultos en la pedriza[7] quemante de la sed.

Juan Poyé reapareció en sus nietos. Una gota de su inmenso caudal en el vientre de la Juana Poyé engendró las lluvias, de quienes nacieron los ríos navegables. Sus nietos.

La noticia de Juan Poyé-Juana Poyé termina aquí, según.

2

Los ríos navegables, los hijos de las lluvias, los del comercio carnal con el mar, andaban en la superficie de la tierra y dentro de la tierra en lucha con las montañas, los volcanes y los llanos engañadores que se paseaban por el suelo comido de abismos, como balsas móviles. Encuentros estelares en el taco del barro, en el fondo del cielo, que fijaba la mirada cegatona de los crisopacios,[8] en el sosegado desorden de las aguas errantes sobre lechos invisibles de arenas esponjosas, y en el berrinche de los pedernales enfurecidos por el rayo.

Otro temblor de tierra y el aspavimiento de líquido desalojado por la sacudida brutal. Nubes subterráneas de ruido compacto. Polvo de barrancos

---

[7]sitio de piedras sueltas.

[8]también crisopasa, ágata de color verde manzana.

elásticos. Nuevas sacudidas. La vida vegetal surgía aglutinante. La bajaban del cielo los hijos navegables de las lluvias y donde el envoltorio de la tierra se rasgaba asiéndose a rocas más y más profundas o flameaba en cimas estrelladas, vientos de sudor vegetal se apresuraban a depositar la capa de humus necesaria a la semilla de las nebulosas tiernas.

Pero a cada planta, a cada intento vegetal, sucedíanse nuevas catástrofes, enfriamientos y derrames de arcilla en ebullición. La corrupción de los metales hacía irrespirable el sol, en el ambiente envenenado y seco.

Se acercaban los tiempos de la lucha del Cactus con el Oro. El Oro atacó una noche a la planta costrosa de las grandes espinas. El Cactus se enroscó en forma de serpiente de muchas cabezas, sin poder escapar a la lluvia rubia que lo bañaba de finísimos hilos.

El estruendo de alegría de los minerales apagó el lamento de la planta que en forma de ceniza verde quedó como recuerdo en una roca. E igual suerte corrieron otros árboles. El morro ennegreció sus frutos con la quemadura profunda. La pitahaya[9] quedó ardiendo como una brasa.

Los ríos se habituaron, poco a poco, a la lucha de exterminio en que morían en aquel vivir a gatas tras de los cerros, en aquel saltar barrancos para salvarse, en aquel huir tierra adentro, por todo el oscuro reino del tacto y las raíces tejedoras.

Y, poco a poco, en lo más hondo de la lluvia, empezó a escucharse el silencio de los minerales, como todavía se escucha, callados en el interior de ellos mismos, con los dientes desnudos en las grietas y siempre dispuestos a romper la capa de tierra vegetal, sombra de nube de agua alimentada por los ríos navegables, sueño que facilitó la segunda llegada del Cristalino Brazo de la Cerbatana.

Cristalino Brazo de la Cerbatana. Su cabellera de burbujas-raíces en el agua sonámbula. Sus ooojooos.[10] Calmó un instante las inquietudes primaverales de la tierra, para alarmarla más tarde con la felicidad que iba comunicando a todo su presencia de esponja, su risa de leche, como herida en tronco de palo de hule, y sus órganos genitales sin sostén en el aire. Miel en desorden tropical. Y la primera sensación amorosa de espaldas al equinoccio, en el regocijo de las vértebras, todavía espinas de pececillo voraz.

---

[9]una variedad de cacto.

[10]ojos, en una representación ortográfica que intenta captar una pronunciación enfática.

Cristalino Brazo de la Cerbatana puso fin a la lucha de los minerales candentes y los ríos navegables; pero con él empezó la nueva lucha, el nuevo incendio, el celo solar, la quemadura en verde, en rojo, en negro, en azul y en amarillo de la savia con sueño de reptil, entre emanaciones sulfurosas y frío resplandor de trementinas.

Ciego, casi pétreo, velloso de humedad, el primer animal tramaba y destramaba quién sabe qué angustia. Picazón de las encías arcillosas en el bochorno de la siesta. Cosquilla mordedora[11] del grano bajo la tuza, en la mazorca de maíz. Sufrimiento de los zarcillos uñudos. Movimiento de las trepadoras. Vuelo de carniceros, exacto y afilado. El musgo, humo del incendio-lago en que ardía Cristalino Brazo de la Cerbatana, iba llenando las axilas de unos hombres y mujeres hechos de rumores, con las uñas de haba y corazonadas regidas por la luna que en la costa ampolla y desampolla los océanos, que abre y cierra los nepentes,[12] que destila a las arañas, que hace tiritar a las gacelas.

3

En cada poro de su piel de jícara lustrosa, había un horizonte y se le llamó Chorro de Horizontes desde que lo trajo Cristalino Brazo de la Cerbatana, hasta ahora que ya no se le llama así. Las algas marcaron sus pies de maíz con ramazones que hacen sus pasos inconfundibles. Cinco yemas por cada pie, el talón y la ramazón. Donde deja su huella parece que acaba de salir del mar.

Chorro de Horizontes pudo permanecer largo tiempo no muy erguido, pero en pie. Al final de dos afluentes de carne le colgaban las manos. Sus dos manos con nervaduras de hojas, las hojas que dejaron en ellas como en tamales de maíz, estampado su origen vegetal.

Se le agrietó la boca, al tocar un bejuco, para decir algo que no dijo. Un pequeño grito. El bejuco se le iba de la punta de los dedos, aun cuando él subía y bajaba las manos por su mínima superficie circular. Y empleó el bejuco, realidad mágica, para expresar su soledad ginésica, su angustia de sentirse poroso.

Y la primera ciudad se llamó Serpiente con Chorros de Horizontes, a la orilla de un río de garzas rosadas, bajo un cielo de colinas verdes, donde

---

[11]que muerde.
[12]un tipo de planta.

se dieron las leyes del amor que aún conservan el secreto encanto de las leyes que rigen a las flores.

Chorro de Horizontes se desnudó de sus atavíos de guerra para vestir su sexo y por nueve días, antes de abultar la luna, estuvo tomando caldo de nueve gallinas blancas día a día, hasta sentirse perfecto. Luego, en luna creciente, tuvo respiración de mujer bajo su pecho y después se quedó un día sin hablar, con la cabeza cubierta de hojas verdes y la espalda de flores de girasol. Y sólo podía ver al suelo, como mendigo, hasta que la mujer que había preñado vino a botarle una flor de maíz sobre los pies. Nunca en luna menguante tuvo respiración de mujer bajo su pecho, por más que todo el cuerpo le comiera como remolino.

Esto pasaba en la Ciudad de Serpiente con Chorros de Horizontes, de donde se fueron los hombres engusanados de viento y quedó solo el río con los templos de piedra sin peso, con las fortalezas de piedra sin peso, con las casas de piedras sin peso, que reflejo de ciudad fue la Ciudad de Serpiente con Chorros de Horizontes.

Los hombres empezaron a olvidar las leyes del amor en las montañas, a tener respiración de mujer bajo su pecho en los menguantes, sin los nueve días de caldo de nueve gallinas blancas cada día, ni el estar después con la cabeza envuelta en hojas y la espalda cubierta con flores de girasol, callados, viendo para el suelo. De donde nacieron hijos que no traían en cada poro un horizonte, enfermos, asustadizos, y con las piernas que se les podían trenzar.

El invierno pudría la madera con que estos hombres de menguante construyeron su ciudad en la montaña. Seres babas que para hacerse temer aprendieron a esponjarse la cabeza con peinados sonoros, a pintarse la piel de amarillo con cáscara de palo de oro, los párpados de verde con hierbas, los labios de rojo con achiote,[13] las uñas de negro con nije,[14] los dientes de azul con jiquilite.[15] Un pueblo con crueldad de niño, de espina, de máscara. La magia sustituía con símbolos de colores sin mezcla, el dolor de las bestias que perdían las quijadas de tanto lamentarse en el sacrificio.

Se acercaban los tiempos de la primera invasión de las arañas guerreadoras, las de los ojos de fuera y constante temblor de cólera en las patas

---

[13]también bija, un tipo de árbol de cuya semilla se extrae un colorante rojo.

[14]colorín negro.

[15]también jiquilete, un tipo de planta de cuyas hojas se extrae un colorante añil.

zancajonas y peludas, y en todo el cuerpo. Los hombres pintados salieron a su encuentro. Pero fueron vanos el rojo, el amarillo, el verde, el negro, el blanco y el azul de sus máscaras y vestidos, ante el avance de las arañas que, en formación de azacuanes,[16] cubrían montes, cuevas, bosques, valles, barrancas.

Y allí perecieron los hombres pintados del menguante lunar, los que ahora están en el fondo de las vasijas y no se ven, los que adornan las jícaras por fuera y sí se ven, sin dejar más descendencia que algunos enfermos de envés de güipil o tiña dulce, por culpa de su crueldad simbolizada en los colores.

Sólo el Río de las Garzas Rosadas quedó en la ciudad de Serpiente con Chorros de Horizontes, que era una ciudad de reflejos en red de pájaros, dicen, dicen, y otros dicen que era una ciudad de piedra pómez arrodillada donde el Cactus fue vencido por el Oro. Sólo el río, y se le veía andar, sin llevarse la ciudad reflejada, apenas sacudida por las pestañas de su corriente. Pero un día quiso saber de los hombres perdidos en la montaña, se salió de su cauce y los fue buscando con sus inundaciones. Ni los descendientes. Poco se sabe de su encuentro con las arañas guerreras. Sus formaciones lo atacaron desde los árboles, desde las piedras, desde los riscos, en una planicie rodeada de pequeñas colinas. Ruido de agua que pasa por coladeras, atronó sus oídos y se sintió largo tiempo con sabor humano, entre las patas de las arañas, que habían chupado la sangre de los hombres aniquilados en la montaña.

4

La Diosa Invisible de las Palomas de la Ausencia, fundadora de otra ciudad cerca del mar, donde se tenía noticia de la Ciudad que se llamó Serpiente con Chorros de Horizontes, supo que llegaba a la costa un río mensajero de las más altas montañas y mandó que los campos florecieran a su paso doce lugares antes, para que entrara a la ciudad vestido de pétalos, embriagado de aromas, pronto a contar lo que olvidaron los hombres del reino del amor.

Y en las puertas de la ciudad que era también de templos, palacios y fortalezas sin peso, dulce de estar en el agua honda de la bahía recogida como en una concha, lo saludaron palabras canoras en pedacitos de viento envueltos en plumas de colores.

---

[16]un tipo de pájaro; milano.

¡Tú, Esposo de las Garzas Rosadas, el de la carne de sombra azul y esqueleto de la zarza dorada, nieto de Juan Poyé-Juana Poyé, hijo navegable de las lluvias, bienvenido seas a la Ciudad de la Diosa Invisible de las Palomas de la Ausencia!

El río entró jugando con las arenas blancas de una playa que, como alfombra, habían tendido para él esa mañana los pájaros marinos.

¡Que duerma!, dijeron las columnas de un templo sin techo que en el agua corriente palpitaba, imagen de la Diosa Invisible de las Palomas de Ausencia.

¡Que duerma! ¡Que lo vele una doble fila de nubes sacerdotales! ¡Que no lo despierten los pájaros mañana! ¡Que no lo picoteen los pájaros mañana!

Apareadas velas de barcos de cristal y sueño, se acercaron; pero en una de las velas llegó dormida y su reflejo de carne femenina tomó forma de mujer al entrar en las aguas del río mezcladas con la sangre de los hombres del menguante lunar. Esplendor luminoso y crujida de dientes frescos como granizo alrededor de los senos en miel, de las caderas en huidiza pendiente, del sexo, isla de tierra rosada en la desembocadura, frente al mar.

Y así fue cómo hombres y mujeres nacidos de menguante, poblaron la Ciudad de la Diosa Invisible de las Palomas de la Ausencia. Del río oscuro salían las arañas.

5

Una erupción volcánica de chorchas anunció el aparecimiento de Saliva de Espejo, el Guacamayo. Empezó entonces la vida de los hombres contra la corriente, reflejo-realidad de pueblos que emigraban de la desembocadura a la montaña. Imantados por el azul del cielo, emigraban desde el azul del mar. Contra las puntas negras de los senos de las mujeres sacaban chispas al pedernal. Lo que sólo era un símbolo, como fue simbolizada con la caricia de la mano en el sexo femenino, la alegría del hallazgo del fuego en la tiniebla.

Pueblos peregrinos. Pueblos de hombres contra la corriente. Pueblos que subieron el clima de la costa a la montaña. Pueblos que entibiaron la atmósfera con su presencia, para dar nacimiento al trópico de menguante, donde el sol, lejos de herir, se esponja como gallina ante un espejo.

Las raíces no paraban. Vivir para tejer. Los minerales habían sido vencidos hasta en lo más expuesto de las montañas y por chorros borbotaba el verde en el horizonte redondo de los pájaros.

Se dictaron de nuevo las Leyes del Amor, obedecidas en la primera ciudad que se llamó Serpiente con Chorros de Horizontes y olvidadas en la montaña, por los hombres que fueron aniquilados a pesar de sus pinturas, de su crueldad de niños, de sus máscaras con espinas de cactus.

Las Leyes del Amor fueron nuevamente guardadas por los hombres que volvían redimidos de la ciudad de la Diosa Invisible de las Palomas de la Ausencia: astrónomos que envejecían cara al cielo, con los huesos de plata de tanto ver la luna; artistas que enloquecían de iluminada inspiración al sentir un horizonte en cada poro, como los primitivos Chorros de Horizontes; negociantes que hablaban blanda lengua de pájaros; y guerreros que tomaban parte en las reyertas intestinas de los bólidos, veloces para el ataque por tierra y raudos para el ataque por mar. Los vientos alimentaban estas guerras del cielo sin refugio, bajo las constelaciones del verano voraz y el azote invernal de las tempestades cuereadoras.[17]

Las serpientes estornudaban azufre, eran interminables intestinos subterráneos que salían a flor de tierra, a manera de fauces abiertas. Los hombres que se quedaron guardando la entrada de estas cavernas-serpientes, recibieron el nombre de sacerdotes. El fuego les había quemado el cabello, las cejas, las barbas, las pestañas, el vello de los sobacos, el vello del sexo. Parecían astros rojizos resbalando entre las hojas verdes, encendidas, que vistieron para venirse a comunicar con los hombres. Y el sabor de ceniza que les dejó el chamuscón de los pelos, les hizo concebir a las divinidades con un raro sabor oscuro. Ceniza de pelo y saliva de sacerdotes amasaron la primitiva religión, cáscara de silencio y fruta amarga de los primeros encantamientos.

No se supo a qué venía todo aquel milagro de la vida errante, huidiza, fijada por arte sacerdotal donde según la tradición, se enroscó el cactus vencido por el oro y hubo una ciudad de reflejos que se llamó Serpiente con Chorros de Horizontes.

Las hormigas sacaron del agua una nueva ciudad arena por arena—la primitiva ciudad de reflejos—y con sangre de millones de hormigas que cumplido el trabajo morían aletargadas de cansancio, se fueron edificando verdaderas murallas, hasta la copa de los árboles altos, y templos en los que el vuelo de las aves dormidas petrificaba las vestiduras de los dioses. Verdaderas murallas, verdaderos templos y mansiones para la vida y para la muerte verdadera, ya no espejismos, ya no reflejos.

---

[17]que azotan.

Esto dijeron los hombres en la danza de la seguridad: la vida diaria. Mas en las garras de las fieras crecían las uñas y la guerra empezó de nuevo. Hubo matanzas. Se desvistieron los combatientes de la blandura de la vida en la ciudad para tomar armas endurecidas por atributos minerales. Y volvieron del combate deshechos, acobardados, en busca de reliquias sacerdotales para poder contra el mal. Una vez más iba a ser destruida a mordiscos de fiera, la ciudad levantada donde el cactus fue vencido y existió para vivir abandonada la ciudad de Serpiente con Chorros de Horizontes.

Las mujeres salieron a combatir. Sin respiración amorosa de hombre, los hombres se amasaban con los hombres en el silencio de las arboledas, más abajo de las cañadas, más arriba de las colinas; sin amorosa respiración de hombre, las mujeres habían endurecido y sombras de color mineral denunciaban en sus rostros instintos varoniles. Al combate frente a frente que libraron los hombres contra las uñas y los dientes de las fieras, muchos de ellos murieron de placer al sentir la garra en la espalda, el colmillazo en la nuca y todo aquel espinar de tuna que corta la sangre en la agonía—iban al combate por el deseo de ser maltratados por lo único fuerte que había alrededor de la ciudad: los pumas, los jaguares, las dantas, los coyotes—; al combate frente a frente sucedió por parte de las mujeres, el combate a salto de mata, a vuelta de encrucijada. Y se oyó a las fieras esconder las uñas en la muerte y triturarse los dientes, heridas por venenosas oscuridades, y se vio querer volver en sí a los dorados pumas, en sí, en su vida, en su ciencia, en su sangre, en su pelo de seda, en su sabor de saliva, dulce goteada por onzas entre los colmillos blancos, cada vez más blancos en las encías sanguinolentas. Y se oyó vidriarse el aire entero, todo el aire de la tierra, con los ojos fijos de los jaguares heridos a mansalva en la parte sagrada de los animales machos y amusgarse el quejido rencoroso de los coches de monte, algunos tuertos, otros desorejados, y dolerse el bosque con los chillidos de los monos quejumbrosos.

Por donde todo era oscuro regresaron las mujeres vencedoras de las fieras, luciendo, como adornos, las cabezas de los tigres a la luz leonada de las fogatas que encendió la ciudad para recibirlas en triunfo, y las pieles de los otros animales degollados por ellas.

Las mujeres reinaron entonces sobre los hombres empleados en la fabricación de juguetes de barro, en el arreglo interior de las casas, en el suave quehacer de la comida condimentada y laboriosa por su escala de sabores, y en el lavado de la ropa, aparte de los que cantaban, ebrios de vino de jocote,[18] para recortar del aire tibios edenes, de los que adivinaban la suerte en los espumarajos del río, y de los que rascaban las plantas de los pies, los vientres o los alrededores de los pezones, a las guerreras en reposo.

Una cronología lenta, arena de cataclismo sacudida a través de las piedras que la viruela de las inscripciones iba corrompiendo como la baba del invierno había corrompido las maderas que guardaban los fastos de la cronología de los hombres pintados, hacía olvidar a los habitantes lo que en verdad eran, creación ficticia, ocio de los dioses, y les daba pie para sentirse inmortales.

Los dioses amanecieron en cuclillas sobre la aurora, todos pintados y al contemplarlos en esa forma los de la nueva ciudad, olvidaron su pensamiento en los espejos del río y se untaron la cara de arcoiris de plumas amarillas, rojas, verdes y todos los colores que se mezclan para formar la blanca saliva de Saliva de Espejo.

Ya había verdaderas murallas, verdaderos templos y mansiones verdaderas, todo de tierra y sueño de hormiga, edificaciones que el río empezó a lamer hasta llevárselas y no dejar ni el rastro de su existencia opulenta, de sus graneros, de sus pirámides, de sus torres, de sus calles enredaderas y sus plazas girasoles.

¿Cuántas lenguas de río lamieron la ciudad hasta llevársela? Poco a poco, perdida su consistencia, ablandóse como un sueño y se deshizo en el agua, igual que las primitivas ciudades de reflejos. Esta fue la ciudad de Gran Saliva de Espejo, el Guacamayo.

6

La vegetación avanzaba. No se sentía su movimiento. Rumoroso y caliente andar de los frijolares,[19] de los ayotales,[20] de las plantas rastreadoras, de las filas de chinches doradas, de las hormigas arrieras, de los saltamontes con alas de agua. La vegetación avanzaba. Los animales ahogados por su presencia compacta, saltaban de árbol en árbol, sin alcanzar a ver en el horizonte un sitio en que la tierra se deshiciera de aquella oscuridad verde, caliente, pegajosa. Llovía torrencialmente. Una vegetación de árboles de cabelleras líquidas sembrados en el cielo. Aturdimiento mortal de cuanta criatura

---

[18] fruta parecida a la ciruela, de color rojo o amarillo.

[19] sembrados de frijol.

[20] sembrados de ayote.

quedaba viva, de las nubes panzonas sobre las ceibas echadas a dormir en forma de sombra sobre el suelo.

Los peces engordaban el mar. La luz de la lluvia les salía a los ojos. Algunos de barba helada y caliente. Algunos manchados por círculos que giraban como encajes de fiebre alrededor de ellos mismos. Algunos sin movimiento, como manchas de sangre en los profundos cartílagos sub-acuáticos. Otros y otros. Las medusas y los infusorios[21] combatían con las pestañas. Peso de la vegetación hundiéndose en el tacto de la tierra en agua, en la tiniebla de un lodo fino, en la respiración helada de los monstruos lechosos, con la mitad del cuerpo mineralizado, la cabeza de carbón vegetal y las enredaderas de las extremidades destilando polen líquido.

Noticias vagas de las primitivas ciudades. La vegetación había recubierto las ruinas y sonaba a barranco bajo las hojas, como si todo fuera tronco podrido, a barranco y charca, a barrancos poblados por unos seres con viveza de cogollos, que hablaban en voz baja y que en vuelta de bejucos milenarios envolvieron a los dioses para acortar sus alcances mágicos, como la vegetación había envuelto a la tierra, como la ropa había envuelto a la mujer. Y así fue como perdieron los pueblos su contacto íntimo con los dioses, la tierra y la mujer, según.

Leyendas de Guatemala. Buenos Aires: Losada, 1957.

---

[21]un tipo de célula o microorganismo.

JORGE LUIS BORGES (Argentina; 1899-1986)

"El General Quiroga va en coche al muere"[1]

El madrejón desnudo ya sin una sed de agua
y una luna perdida en el frío del alba
y el campo muerto de hambre, pobre como una araña.

El coche se hamacaba rezongando la altura;
un galerón enfático, enorme, funerario.
Cuatro tapaos con pinta de muerte en la negrura
tironeaban seis miedos y un valor desvelado.

Junto a los postillones jineteaba un moreno.
Ir en coche a la muerte ¡qué cosa más oronda!
El general Quiroga quiso entrar en la sombra
llevando seis o siete degollados de escolta.

Esa cordobesada[2] bochinchera y ladina
(meditaba Quiroga) ¿qué ha de poder con mi alma?
Aquí estoy afianzado y metido en la vida
como la estaca pampa bien metida en la pampa.

Yo, que he sobrevivido a millares de tardes
y cuyo nombre pone retemblor en las lanzas,
no he de soltar la vida por estos pedregales.
¿Muere acaso el pampero, se mueren las espadas?

---

[1] Juan Facundo Quiroga (1793-1835), caudillo argentino de la provincia de
La Rioja, mandado asesinar en Barranca Yaco, según la tradición popular (no
hay documentación histórica fidedigna), por el dictador Juan Manuel de Rosas
(1793-1877), gobernador de la provincia de Buenos Aires.

[2] grupo de personas de la provincia argentina de Córdoba; la alusión aquí
es a los hermanos Reynafé de Córdoba, autores materiales de la muerte de
Quiroga y posteriormente ajusticiados por Rosas.

Pero al brillar el día sobre Barranca Yaco
hierros que no perdonan arreciaron sobre él;
la muerte, que es de todos, arreó con el riojano[3]
y una de puñaladas lo mentó a Juan Manuel.

Ya muerto, ya de pie,[4] ya inmortal, ya fantasma,
se presentó al infierno que Dios le había marcado,
y a sus órdenes iban, rotas y desangradas,
las ánimas en pena de hombres y de caballos.

"La fundación mítica de Buenos Aires"

¿Y fue por este río de sueñera y de barro
que las proas vinieron a fundarme la patria?
Irían a los tumbos los barquitos pintados
entre los camalotes de la corriente zaina.

Pensando bien la cosa, supondremos que el río
era azulejo entonces como oriundo del cielo
con su estrellita roja para marcar el sitio
en que ayunó Juan Díaz[5] y los indios comieron.

Lo cierto es que mil hombres y otros mil arribaron
por un mar que tenía cinco lunas de anchura
y aun estaba poblado de sirenas y endriagos
y de piedras imanes que enloquecen la brújula.

Prendieron unos ranchos émulos en la costa,

---

[3]persona de la provincia argentina de La Rioja = Quiroga.

[4]Rosas mandó enterrar de pie a Facundo Quiroga "para que jamás descanse".

[5]Juan Díaz de Solís, descubridor del Río de La Plata; matado por los indios en 1516.

durmieron extrañados. Dicen que en el Riachuelo,[6]
pero son embelecos fraguados en la Boca.[7]
Fue una manzana entera y en mi barrio: en Palermo.[8]

Una manzana entera pero en mitá[9] del campo
expuesta a las auroras y lluvias y suestadas.[10]
La manzana pareja que persiste en mi barrio:
Guatemala, Serrano, Paraguay, Gurruchaga.

Un almacén rosado como revés de naipe
brilló y en la trastienda conversaron un truco;[11]
el almacén rosado floreció en un compadre,[12]
ya patrón de la esquina, ya resentido y duro.

El primer organito salvaba el horizonte
con su achacoso porte, su habanera y su gringo.
El corralón seguro ya opinaba YRIGOYEN,[13]
algún piano mandaba tangos de Saborido.[14]

Una cigarrería sahumó como una rosa
el desierto. La tarde se había ahondado en ayeres,
los hombres compartieron un pasado ilusorio.

---

[6]brazo del Río de la Plata que marca el límite sur de la ciudad de Buenos Aires.

[7]tradicional barrio popular de Buenos Aires, de inmigrantes italianos, sobre la ribera del Riachuelo.

[8]tradicional barrio popular de Buenos Aires, también de inmigrantes italianos, sobre la ribera del Río de La Plata; hoy en día Palermo es una de laz zonas elegantes de la ciudad.

[9]mitad.

[10]sudestadas = tormenta que viene del lado sur del Río de la Plata.

[11]juego de naipes.

[12]guardaespalda y correveidile de un caudillo político.

[13]Hipólito Yrigoyen (1852-1933), presidente populista de la Argentina, depuesto por un golpe militar en 1930.

[14]Enrique Saborido, compositor uruguayo de tangos.

Sólo faltó una cosa: la vereda de enfrente.

A mí se me hace cuento que empezó Buenos Aires:
La juzgo tan eterna como el agua y el aire.

"Los espejos"

Yo que sentí el horror de los espejos
No sólo ante el cristal impenetrable
Donde acaba y empieza, inhabitable,
Un imposible espacio de reflejos

Sino ante el agua especular que imita
El otro azul en su profundo cielo
Que a veces raya el ilusorio vuelo
Del ave inversa o que un temblor agita

Y ante la superficie silenciosa
Del ébano sutil cuya tersura
Repite como un sueño la blancura
De un vago mármol o de una vaga rosa,

Hoy, al cabo de tantos y perplejos
Años de errar bajo la varia luna,
Me pregunto qué azar de la fortuna
Hizo que yo temiera los espejos.

Espejos de metal, enmascarado
Espejo de caoba que en la bruma
De su rojo crepúsculo disfuma
Ese rostro que mira y es mirado,

Infinitos los veo, elementales
Ejecutores de un antiguo pacto,
Multiplicar el mundo como el acto
Generativo, insomnes y fatales.

Prolongan este vano mundo incierto
En su vertiginosa telaraña;
A veces en la tarde los empaña
El hálito de un hombre que no ha muerto.

Nos acecha el cristal. Si entre las cuatro
Paredes de la alcoba hay un espejo,
Ya no estoy solo. Hay otro. Hay el reflejo
Que arma en el alba un sigiloso teatro.

Todo acontece y nada se recuerda
En esos gabinetes cristalinos
Donde, como fantásticos rabinos,
Leemos los libros de derecha a izquierda.

Claudio,[15] rey de una tarde, rey soñado,
No sintió que era un sueño hasta aquel día
En que un actor mimó su felonía
con arte silencioso, en un tablado.

Que haya sueños es raro, que haya espejos,
Que el usual y gastado repertorio
De cada día incluya el ilusorio
Orbe profundo que urden los reflejos.

Dios (he dado en pensar) pone un empeño
En toda esa inasible arquitectura
que edifica la luz con la tersura
Del cristal y la sombra con el sueño.

Dios ha creado las noches que se arman
De sueños y las formas del espejo
Para que el hombre sienta que es reflejo
Y vanidad. Por eso nos alarman.

---

[15]Tiberius Claudius (10-54), emperador romano.

"El golem"[16]

Si (como el griego[17] afirma en el Cratilo)
El nombre es arquetipo de la cosa,
En las letras de *rosa* está la rosa
Y todo el Nilo en la palabra *Nilo*.

Y, hecho de consonantes y vocales,
Habrá un terrible Nombre, que la esencia
Cifre de Dios y que la Omnipotencia
Guarde en letras y sílabas cabales.

Adán y las estrellas lo supieron
En el Jardín. La herrumbre del pecado
(Dicen los cabalistas) lo ha borrado
Y las generaciones lo perdieron.

Los artificios y el candor del hombre
No tienen fin. Sabemos que hubo un día
En que el pueblo de Dios buscaba el Nombre
En las vigilias de la judería.

No a la manera de otras que una vaga
Sombra insinúan en la vaga historia,
Aún está verde y viva la memoria
De Judá León, que era rabino en Praga.

Sediento de saber lo que Dios sabe,
Judá León se dio a permutaciones
De letras y a complejas variaciones
Y al fin pronunció el Nombre que es la Clave,

La Puerta, el Eco, el Huésped y el Palacio,
Sobre un muñeco que con torpes manos

---

[16]En la mitología popular judía, una figura hecha en la imagen humana y a la cual se le trata de soplar vida.

[17]Platón, en un diálogo entre Socrates y Cratilo.

Labró, para enseñarle los arcanos
De las Letras, del Tiempo y del Espacio.

El simulacro alzó los soñolientos
Párpados y vio formas y colores
Que no entendió, perdidos en rumores
Y ensayó temerosos movimientos.

Gradualmente se vio (como nosotros)
Aprisionado en esta red sonora
de Antes, Después, Ayer, Mientras, Ahora,
Derecha, Izquierda, Yo, Tú, Aquellos, Otros.

(El cabalista que ofició de numen
A la vasta criatura apodó Golem;
Estas verdades las refiere Scholem[18]
En un docto lugar de su volumen.)

El rabí le explicaba el universo
"Esto es mi pie; esto el tuyo; esto la soga"
Y logró, al cabo de años, que el perverso
Barriera bien o mal la sinagoga.

Tal vez hubo un error en la grafía
O en la articulación del Sacro Nombre;
A pesar de tan alta hechicería,
No aprendió a hablar el aprendiz de hombre.

Sus ojos, menos de hombre que de perro
Y harto menos de perro que de cosa,
Seguían al rabí por la dudosa
Penumbra de las piezas del encierro.

Algo anormal y tosco hubo en el Golem,
Ya que a su paso el gato del rabino
Se escondía. (Ese gato no está en Scholem

---

[18]Gershom Scholem (1897), estudioso de la mitología folklórica judía.

Pero, a través del tiempo, lo adivino.)

Elevando a su Dios manos filiales,
Las devociones de su Dios copiaba
O, estúpido y sonriente, se ahuecaba
En cóncavas zalemas orientales.

El rabí lo miraba con ternura
Y con algún horror. *¿Cómo* (se dijo)
Pude engendrar este penoso hijo
Y la inacción dejé, que es la cordura?

¿Por qué di en agregar a la infinita
Serie un símbolo más? ¿Por qué a la vana
Madeja que en lo eterno se devana,
Di otra causa, otro efecto y otra cuita?

En la hora de angustia y de luz vaga,
En su Golem los ojos detenía.
¿Quién nos dirá las cosas que sentía
Dios, al mirar a su rabino en Praga?

"Elogio de la sombra"

La vejez (tal es el nombre que los otros le dan)
puede ser el tiempo de nuestra dicha.
El animal ha muerto o casi ha muerto.
Quedan el hombre y su alma.
Vivo entre formas luminosas y vagas
que son aún la tiniebla.
Buenos Aires,
que antes se desgarraba en arrabales
hacia la llanura incesante,
ha vuelto a ser la Recoleta, el Retiro,
las borrosas calles del Once
y las precarias casas viejas

que aún llamamos el Sur.[19]
Siempre en mi vida fueron demasiadas las cosas;
Demócrito de Abdera[20] se arrancó los ojos para pensar;
el tiempo ha sido mi Demócrito.
Esta penumbra es lenta y no duele;
fluye por un manso declive
y se parece a la eternidad.
Mis amigos no tienen cara,
las mujeres son lo que fueron hace ya tantos años,
las esquinas pueden ser otras,
no hay letras en las páginas de los libros.
Todo esto debería atemorizarme,
pero es una dulzura, un regreso.
De las generaciones de los textos que hay en la tierra
sólo habré leído unos pocos,
los que sigo leyendo en la memoria,
leyendo y transformando.
Del Sur, del Este, del Oeste, del Norte,
convergen los caminos que me han traído
a mi secreto centro.
Esos caminos fueron ecos y pasos,
mujeres, hombres, agonías, resurrecciones,
días y noches,
entresueños y sueños,
cada ínfimo instante del ayer
y de los ayeres del mundo,
la firme espada del danés y la luna del persa,
los actos de los muertos,
el compartido amor, las palabras,
Emerson y la nieve y tantas cosas.
Ahora puedo olvidarlas. Llego a mi centro,
a mi álgebra y mi clave,
a mi espejo.
Pronto sabré quien soy.

---

[19]distintos barrios de Buenos Aires.
[20]filósofo griego (460?-360? a.C.).

"El escritor argentino y la tradición"

Quiero formular y justificar algunas proposiciones escépticas sobre el problema del escritor argentino y la tradición. Mi escepticismo no se refiere a la dificultad o imposibilidad de resolverlo, sino a la existencia misma del problema. Creo que nos enfrenta un tema retórico, apto para desarrollos patéticos; más que de una verdadera dificultad mental entiendo que se trata de una apariencia, de un simulacro, de un seudoproblema.

Antes de examinarlo, quiero considerar los planteos y soluciones más corrientes. Empezaré por una solución que se ha hecho casi instintiva, que se presenta sin colaboración de razonamientos; la que afirma que la tradición literaria argentina ya existe en la poesía gauchesca. Según ella, el léxico, los procedimientos, los temas de la poesía gauchesca deben ilustrar al escritor contemporáneo, y son un punto de partida y quizá un arquetipo. Es la solución más común y por eso pienso demorarme en su exámen.

Ha sido propuesta por Lugones[21] en *El payador*; ahí se lee que los argentinos poseemos un poema clásico, el *Martín Fierro*, y que ese poema debe ser para nosotros lo que los poemas homéricos fueron para los griegos. Parece difícil contradecir esta opinión, sin menoscabo del *Martín Fierro*. Creo que el *Martín Fierro* es la obra más perdurable que hemos escrito los argentinos; y creo con la misma intensidad que no podemos suponer que el *Martín Fierro* es, como algunas veces se ha dicho, nuestra Biblia, nuestro libro canónico.

Ricardo Rojas,[22] que también ha recomendado la canonización de *Martín Fierro*, tiene una página, en su *Historia de la literatura argentina*, que parece casi un lugar común y que es una astucia.

Rojas estudia la poesía de los gauchescos, es decir, la poesía de Hidalgo,[23] Ascasubi,[24] Estanislao del Campo[25] y José Hernández,[26] y la

---

[21]Leopoldo Lugones, poeta argentino (1874-1938).

[22]escritor e historiador literario argentino (1882-1957).

[23]Bartolomé Hidalgo (1788-1822), poeta uruguayo.

[24]Hilario Ascasubi (1807-75), poeta argentino.

[25](1834-80), poeta argentino.

[26](1834-86), autor del *Martín Fierro*.

deriva de la poesía de los payadores, de la espontanea poesía de los gauchos. Hace notar que el metro de la poesía popular es el octosílabo y que los autores de la poesía gauchesca manejan ese metro, y acaba por considerar la poesía de los gauchescos como una continuación o magnificación de la poesía de los payadores.

Sospecho que hay un grave error en esta afirmación; podríamos decir un hábil error, porque se ve que Rojas, para dar raíz popular a la poesía de los gauchescos, que empieza con Hidalgo y culmina con Hernández, la presenta como una continuación o derivación de la de los gauchos, y así Bartolomé Hidalgo es, no el Homero de esta poesía, como dijo Mitre,[27] sino un eslabón.

Ricardo Rojas hace de Hidalgo un payador; sin embargo, según la misma *Historia de la literatura argentina*, este supuesto payador empezó componiendo versos endecasílabos, metro naturalmente vedado a los payadores, que no percibían su armonía, como no percibieron la armonía del endecasílabo los lectores españoles cuando Garcilaso[28] lo importó de Italia.

Entiendo que hay una diferencia fundamental entre la poesía de los gauchos y la poesía gauchesca. Basta comparar cualquier colección de poesías populares con el *Martín Fierro*, con el *Paulino Lucero*,[29] con el *Fausto*,[30] para advertir esa diferencia, que está no menos en el léxico que en el propósito de los poetas. Los poetas populares del campo y del suburbio versifican temas generales: las penas del amor y de la ausencia, el dolor del amor, y lo hacen en un léxico muy general también; en cambio, los poetas gauchescos cultivan un lenguaje deliberadamente popular, que los poetas populares no ensayan. No quiero decir que el español de los poetas populares sea un español correcto, quiero decir que si hay incorrecciones son obra de la ignorancia. En cambio, en los poetas gauchescos hay una busca de las palabras nativas, una profusión de color local. La prueba es ésta: un colombiano, un mejicano o un español pueden comprender inmediatamente las poesías de los payadores, de los gauchos, y en cambio necesitan un glosario para comprender, siquiera aproximadamente, a Estanislao del Campo o Ascasubi.

---

[27]Bartolomé Mitre (1821-1906), historiador y presidente argentino.

[28]Garcilaso de la Vega (1501?-36), poeta español.

[29]texto de Ascasubi.

[30]texto de Estanislao del Campo.

Todo esto puede resumirse así: la poesía gauchesca, que ha producido —me apresuro a repetirlo—obras admirables, es un género literario tan artificial como cualquier otro. En las primeras composiciones gauchescas, en las trovas de Bartolomé Hidalgo, ya hay un propósito de presentarlas en función del gaucho, como dichas por gauchos, para que el lector las lea con una entonación gauchesca. Nada más lejos de la poesía popular. El pueblo—y esto yo lo he observado no sólo en los payadores de la campaña, sino en los de las orillas de Buenos Aires—, cuando versifica, tiene la convicción de ejecutar algo importante, y rehuye instintivamente las voces populares y busca voces y giros altisonantes. Es probable que ahora la poesía gauchesca haya influido en los payadores y éstos abunden también en criollismos, pero en el principio no ocurrió así, y tenemos una prueba (que nadie ha señalado) en el *Martín Fierro*.

El *Martín Fierro* está redactado en español de entonación gauchesca y no nos deja olvidar durante mucho tiempo que es un gaucho el que canta; abunda en comparaciones tomadas de la vida pastoril; sin embargo, hay un pasaje famoso en que el autor olvida esta preocupación de color local y escribe en un español general, y no habla de temas vernáculos, sino de grandes temas abstractos, del tiempo, del espacio, del mar, de la noche. Me refiero a la payada entre Martín Fierro y el Moreno, que ocupa el fin de la segunda parte. Es como si el mismo Hernández hubiera querido indicar la diferencia entre su poesía gauchesca y la genuina poesía de los gauchos. Cuando esos dos gauchos, Fierro y el Moreno, se ponen a cantar, olvidan toda afectación gauchesca y abordan temas filosóficos. He podido comprobar lo mismo oyendo a payadores de las orillas; éstos rehuyen el versificar en orillero o lunfardo[31] y tratan de expresarse con corrección. Desde luego fracasan, pero su propósito es hacer de la poesía algo alto; algo distinguido, podríamos decir con una sonrisa.

La idea de que la poesía argentina debe abundar en rasgos diferenciales argentinos y en color local argentino me parece una equivocación. Si nos preguntan qué libro es más argentino, el *Martín Fierro* o los sonetos de *La urna* de Enrique Banchs,[32] no hay ninguna razón para decir que es más argentino el primero. Se dirá que en *La urna* de Banchs no está el paisaje

---

[31]La alusión aquí es a sociolectos de determinados grupos que incorporan palabras del italiano inmigrante.

[32](1888-1968), poeta argentino.

argentino, la topografía, la botánica argentina, la zoología argentina; sin embargo, hay otras condiciones argentinas en *La urna*.

Recuerdo ahora unos versos de *La urna* que parecen escritos para que no pueda decirse que es un libro argentino; son los que dicen: "...El sol en los tejados / y en las ventanas brilla. Ruiseñores / quieren decir que están enamorados".

Aquí parece inevitable condenar: "el sol en los tejados y en las ventanas brilla". Enrique Banchs escribió estos versos en un suburbio de Buenos Aires, y en los suburbios de Buenos Aires no hay tejados, sino azoteas; "ruiseñores quieren decir que están enamorados"; el ruiseñor es menos un pájaro de la realidad que de la literatura, de la tradición griega y germánica. Sin embargo, yo diría que en el manejo de estas imágenes convencionales, en esos tejados y en esos ruiseñores anómalos, no estarán desde luego la arquitectura ni la ornitología argentina, pero están el pudor argentino, la reticencia argentina; la circunstancia de que Banchs, al hablar de ese gran dolor que lo abrumaba, al hablar de esa mujer que lo había dejado y había dejado vacío el mundo para él, recurra a imágenes extranjeras y convencionales como los tejados y los ruiseñores, es significativa: significativa del pudor, de la desconfianza, de las reticencias argentinas; de la dificultad que tenemos para las confidencias, para la intimidad.

Además, no sé si es necesario decir que la idea de que una literatura debe definirse por los rasgos diferenciales del país que la produce es una idea relativamente nueva; también es nueva y arbitraria la idea de que los escritores deben buscar temas de sus países. Sin ir más lejos creo que Racine[33] ni siquiera hubiera entendido a una persona que le hubiese negado su derecho al título de poeta francés por haber buscado temas griegos y latinos. Creo que Shakespeare se habría asombrado si hubieran pretendido limitarlo a temas ingleses, y si le hubiesen dicho que, como inglés, no tenía derecho a escribir *Hamlet*, de tema escandinavo, o *Macbeth*, de tema escocés. El culto argentino del color local es un reciente culto europeo que los nacionalistas deberían rechazar por foráneo.

He encontrado días pasados una curiosa confirmación de que lo verdaderamente nativo suele y puede prescindir del color local; encontré esta confirmación en la *Historia de la declinación y caída del Imperio Romano* de Gibbon.[34] Gibbon observa que en el libro árabe por excelencia, en el *Alco-*

---

[33]Jean Racine (1639-99), dramaturgo francés.

[34]Edward Gibbon (1737-94), historiador inglés.

rán, no hay camellos; yo creo que si hubiera alguna duda sobre la autenticidad del *Alcorán*, bastaría esta ausencia de camellos para probar que es árabe. Fue escrito por Mahoma, y Mahoma, como árabe, no tenía por qué saber que los camellos eran especialmente árabes; eran para él parte de la realidad, no tenía por qué distinguirlos; en cambio, un falsario, un turista, un nacionalista árabe, lo primero que hubiera hecho es prodigar camellos, caravanas de camellos en cada página; pero Mahoma, como árabe, estaba tranquilo: sabía que podía ser árabe sin camellos. Creo que los argentinos podemos parecernos a Mahoma, podemos creer en la posibilidad de ser argentinos sin abundar en color local.

Séame permitida aquí una confidencia, una mínima confidencia. Durante muchos años, en libros ahora felizmente olvidados, traté de redactar el sabor, la esencia de los barrios extremos de Buenos Aires; naturalmente abundé en palabras locales, no prescindí de palabras como cuchilleros, milonga, tapia, y otras, y escribí así aquellos olvidables y olvidados libros; luego, hará un año, escribí una historia que se llama *La muerte y la brújula* que es una suerte de pesadilla, una pesadilla en que figuran elementos de Buenos Aires deformados por el horror de la pesadilla; pienso allí en el Paseo Colón[35] y lo llamo Rue de Toulon, pienso en las quintas de Adrogué[36] y las llamo Triste-le Roy; publicada esa historia, mis amigos me dijeron que al fin habían encontrado en lo que yo escribía el sabor de las afueras de Buenos Aires. Precisamente porque no me había propuesto encontrar ese sabor, porque me había abandonado al sueño, pude lograr, al cabo de tantos años, lo que antes busqué en vano.

Ahora quiero hablar de una obra justamente ilustre que suelen invocar los nacionalistas. Me refiero a *Don Segundo Sombra* de Güiraldes.[37] Los nacionalistas nos dicen que *Don Segundo Sombra* es el tipo de libro nacional; pero si comparamos *Don Segundo Sombra* con las obras de la tradición gauchesca, lo primero que notamos son diferencias. *Don Segundo Sombra* abunda en metáforas de un tipo que nada tiene que ver con el habla de la campaña y sí con los cenáculos contemporáneos de Montmatre.[38] En cuanto a la fá-

---

[35]avenida de Buenos Aires.

[36]antiguo lugar de veraneo al sur de la provincia de Buenos Aires.

[37]Ricardo Güiraldes (1886-1927), poeta y novelista argentino.

[38]barrio de París asociado con los poetas bohemios.

bula, a la historia, es fácil comprobar en ella el influjo de *Kim* de Kipling,[39] cuya acción está en la India y que fue escrito, a su vez, bajo el influjo de *Huckleberry Finn* de Mark Twain, epopeya del Misisipí. Al hacer esta observación no quiero rebajar el valor de *Don Segundo Sombra*; al contrario, quiero hacer resaltar que para que nosotros tuviéramos ese libro fue necesario que Güiraldes recordara la técnica poética de los cenáculos franceses de su tiempo, y la obra de Kipling que había leído hacía muchos años; es decir, Kipling, y Mark Twain, y las metáforas de los poetas franceses fueron necesarios para este libro argentino, para este libro que no es menos argentino, lo repito, por haber aceptado esas influencias.

Quiero señalar otra contradicción: los nacionalistas simulan venerar las capacidades de la mente argentina pero quieren limitar el ejercicio poético de esa mente a algunos pobres temas locales, como si los argentinos sólo pudiéramos hablar de orillas y estancias y no del universo.

Pasemos a otra solución. Se dice que hay una tradición a la que debemos acogernos los escritores argentinos, y que esa tradición es la literatura española. Este segundo consejo es desde luego menos estrecho que el primero, pero también tiende a encerrarnos; muchas objeciones podrían hacérsele, pero basta con dos. La primera es ésta: la historia argentina puede definirse sin equivocación como un querer apartarse de España, como un voluntario distanciamiento de España. La segunda objeción es ésta: entre nosotros el placer de la literatura española, un placer que yo personalmente comparto, suele ser un gusto adquirido; yo muchas veces he prestado, a personas sin versación literaria especial, obras francesas e inglesas, y estos libros han sido gustados inmediatamente, sin esfuerzo. En cambio, cuando he propuesto a mis amigos la lectura de libros españoles, he comprobado que estos libros les eran difícilmente gustables sin un aprendizaje especial; por eso creo que el hecho de que algunos ilustres escritores argentinos escriban como españoles es menos el testimonio de una capacidad heredada que una prueba de la versatilidad argentina.

Llego a una tercera opinión que he leído hace poco sobre los escritores argentinos y la tradición, y que me ha asombrado mucho. Viene a decir que nosotros, los argentinos, estamos desvinculados del pasado; que ha habido como una solución de continuidad entre nosotros y Europa. Según este singular parecer, los argentinos estamos como en los primeros días de la creación; el hecho de buscar temas y procedimientos europeos es una ilusión, un error;

---

[39]Rudyard Kipling (1865-1936), escritor inglés.

debemos comprender que estamos esencialmente solos, y no podemos jugar a ser europeos.

Esta opinión me parece infundada. Comprendo que muchos la acepten, porque esta declaración de nuestra soledad, de nuestra perdición, de nuestro carácter primitivo tiene, como en el existencialismo, los encantos de lo patético. Muchas personas pueden aceptar esta opinión porque una vez aceptada se sentirán solas, desconsoladas y, de algún modo, interesantes. Sin embargo, he observado que en nuestro país, precisamente por ser un país nuevo, hay un gran sentido del tiempo. Todo lo que ha ocurrido en Europa, los dramáticos acontecimientos de los últimos años de Europa, han resonado profundamente aquí. El hecho de que una persona fuera partidaria de los franquistas o de los republicanos durante la guerra civil española, o fuera partidaria de los nazis o de los aliados, ha determinado en muchos casos peleas y distanciamientos muy graves. Esto no ocurriría si estuviéramos desvinculados de Europa. En lo que se refiere a la historia argentina, creo que todos nosotros la sentimos profundamente; y es natural que la sintamos, porque está, por la cronología y por la sangre, muy cerca de nosotros; los nombres, las batallas de las guerras civiles, la guerra de independencia, todo está, en el tiempo y en la tradición familiar, muy cerca de nosotros.

¿Cuál es la tradición argentina? Creo que podemos contestar fácilmente y que no hay problema en esta pregunta. Creo que nuestra tradición es toda la cultura occidental, y creo también que tenemos derecho a esta tradición, mayor que el que pueden tener los habitantes de una u otra nación occidental. Recuerdo aquí un ensayo de Thorstein Veblen, sociólogo norteamericano, sobre la preeminencia de los judíos en la cultura occidental. Se pregunta si esta preeminencia permite conjeturar una superioridad innata de los judíos, y contesta que no; dice que sobresalen en la cultura occidental, porque actúan dentro de esa cultura y al mismo tiempo no se sienten atados a ella por una devoción especial; "por eso—dice—a un judío siempre le será más fácil que a un occidental no judío innovar en la cultura occidental"; y lo mismo podemos decir de los irlandeses en la cultura de Inglaterra. Tratándose de los irlandeses, no tenemos por qué suponer que la profusión de nombres irlandeses en la literatura y la filosofía británica se deba a una preeminencia racial, porque muchos de esos irlandeses ilustres (Shaw, Berkeley, Swift) fueron descendientes de ingleses, fueron personas que no tenían sangre celta; sin embargo, les bastó el hecho de sentirse irlandeses, distintos, para innovar en la cultura inglesa. Creo que los argentinos, los sudamericanos en general, estámos en una situación análoga; podemos manejar todos los temas europeos, manejarlos sin supersticiones, con una irreverencia que puede tener, y que ya tiene, consecuencias afortunadas.

Esto no quiere decir que todos los experimentos argentinos sean igualmente felices; creo que este problema de la tradición y de lo argentino es simplemente una forma contemporánea, y fugaz del eterno problema del determinismo. Si yo voy a tocar la mesa con una de mis manos, y me pregunto: ¿la tocaré con la mano izquierda o con la mano derecha?; y luego la toco con la mano derecha, los deterministas dirán que yo no podía obrar de otro modo y que toda la historia anterior del universo me obligaba a tocarla con la mano derecha, y que tocarla con la mano izquierda hubiera sido un milagro. Sin embargo, si la hubiera tocado con la mano izquierda me habrían dicho lo mismo: que había estado obligado a tocarla con esa mano. Lo mismo ocurre con los temas y procedimientos literarios. Todo lo que hagamos con felicidad los escritores argentinos pertenecerá a la tradición argentina, de igual modo que el hecho de tratar temas italianos pertenece a la tradición de Inglaterra por obra de Chaucer y de Shakespeare.

Creo, además, que todas estas discusiones previas sobre propósitos de ejecución literaria están basadas en el error de suponer que las intenciones y los proyectos importan mucho. Tomemos el caso de Kipling: Kipling dedicó su vida a escribir en función de determinados ideales políticos, quiso hacer de su obra un instrumento de propaganda y, sin embargo, al fin de su vida hubo de confesar que la verdadera esencia de la obra de un escritor suele ser ignorada por éste; y recordó el caso de Swift,[40] que al escribir *Los viajes de Gulliver* quiso levantar un testimonio contra la humanidad y dejo, sin embargo, un libro para niños. Platón dijo que los poetas son amanuenses de un dios, que los anima contra su voluntad, contra sus propósitos, como el imán anima a una serie de anillos de hierro.

Por eso repito que no debemos temer y que debemos pensar que nuestro patrimonio es el universo; ensayar todos los temas, y no podemos concretarnos a lo argentino para ser argentinos: porque o ser argentino es una fatalidad y en ese caso lo seremos de cualquier modo, o ser argentino es una mera afectación, una máscara.

Creo que si nos abandonamos a ese sueño voluntario que se llama la creación artística, seremos argentinos y seremos, también, buenos o tolerables escritores.

---

[40]Jonathan Swift (1667-1745), escritor anglo-irlandés.

"Tlön, Uqbar, Orbis Tertius"

I

Debo a la conjunción de un espejo y de una enciclopedia el descubrimiento de Uqbar. El espejo inquietaba el fondo de un corredor en una quinta de la calle Gaona, en Ramos Mejía;[41] la enciclopedia falazmente se llama *The Anglo-American Cyclopaedia* (New York, 1917) y es una reimpresión literal, pero también morosa, de la *Encyclopaedia Britannica* de 1902. El hecho se produjo hará unos cinco años. Bioy Casares[42] había cenado conmigo esa noche y nos demoró una vasta polémica sobre la ejecución de una novela en primera persona, cuyo narrador omitiera o desfigurara los hechos e incurriera en diversas contradicciones, que permitieran a unos pocos lectores—a muy pocos lectores—la adivinación de una realidad atroz o banal. Desde el fondo remoto del corredor, el espejo nos acechaba. Descubrimos (en la alta noche ese descubrimiento es inevitable) que los espejos tienen algo monstruoso. Entonces Bioy Casares recordó que uno de los heresiarcas de Uqbar había declarado que los espejos y la cópula son abominables, porque multiplican el número de los hombres. Le pregunté el origen de esa memorable sentencia y me contestó que *The Anglo-American Cyclopaedia* la registraba, en su articulo sobre Uqbar. La quinta (que habíamos alquilado amueblada) poseía un ejemplar de esa obra. En las últimas páginas del volumen XLVI dimos con un artículo sobre Upsala; en las primeras del XLVII, con uno sobre *Ural-Altaic Languages*, pero ni una palabra sobre Uqbar. Bioy, un poco azorado, interrogó los tomos del índice. Agotó en vano todas las lecciones imaginables: Ukbar, Ucbar, Ookbar, Oukbahr... Antes de irse, me dijo que era una región de Irak o del Asia Menor. Confieso que asentí con alguna incomodidad. Conjeturé que ese país indocumentado y ese heresiarca anónimo eran una ficción improvisada por la modestia de Bioy para justificar una frase. El exámen estéril de uno de los atlas de Justus Perthes[43] fortaleció mi duda.

Al día siguiente, Bioy me llamó desde Buenos Aires. Me dijo que tenía a la vista el artículo sobre Uqbar, en el volumen XXVI de la Enciclope-

---

[41]localidad de Buenos Aires, al oeste de la capital.

[42]Adolfo Bioy Casares (1914), escritor argentino que colaboró con Borges en varios proyectos de creación literaria.

[43](1749-1816), editor alemán.

dia. No constaba el nombre del heresiarca, pero sí la noticia de su doctrina, formulada en palabras casi idénticas a las repetidas por él, aunque—tal vez— literariamente inferiores. El había recordado: *Copulation and mirrors are abominable*. El texto de la Enciclopedia decia: *Para uno de esos gnósticos, el visible universo era una ilusión o (más precisamente) un sofisma. Los espejos y la paternidad son abominables* (mirrors and fatherhood are hateful) *porque lo multiplican y lo divulgan*. Le dije, sin faltar a la verdad, que me gustaría ver ese artículo. A los pocos días lo trajo. Lo cual me sorprendió, porque los escrupulosos índices cartográficos de la *Erdkunde* de Ritter[44] ignoraban con plenitud el nombre de Uqbar.

El volúmen que trajo Bioy era efectivamente el XXVI de la *Anglo-American Cyclopaedia*. En la falsa carátula y en el lomo, la indicación alfabética (Tor-Ups) era la de nuestro ejemplar, pero en vez de 917 páginas constaba de 921. Esas cuatro páginas adicionales comprendían al artículo sobre Uqbar; no previsto (como habrá advertido el lector) por la indicación alfabética. Comprobamos después que no hay otra diferencia entre los volúmenes. Los dos (según creo haber indicado) son reimpresiones de la décima *Encyclopedia Britannica*. Bioy había adquirido su ejemplar en uno de tantos remates.

Leímos con algún cuidado el artículo. El pasaje recordado por Bioy era tal vez el único sorprendente. El resto parecía muy verosímil, muy ajustado al tono general de la obra y (como es natural) un poco aburrido. Releyéndolo, descubrimos bajo su rigurosa escritura una fundamental vaguedad. De los catorce nombres que figuraban en la parte geográfica, sólo reconocimos tres—Jorsán, Armenia, Erzerum—, interpolados en el texto de un modo ambiguo. De los nombres históricos, uno solo: el impostor Esmerdis el mago, invocado más bien como una metáfora. La nota parecía precisar las fronteras de Uqbar, pero sus nebulosos puntos de referencia eran ríos y cráteres y cadenas de esa misma región. Leímos, verbigracia, que las tierras bajas de Tsai Jaldún y el delta de Axa definen la frontera sur y que en las islas de ese delta procrean los caballos salvajes. Eso, al principio de la página 918. En la sección histórica (página 920) supimos que a partir de las persecuciones religiosas del siglo trece, los ortodoxos buscaron amparo en las islas, donde perduran todavía sus obeliscos y donde no es raro exhumar sus espejos de piedra. La sección *idioma y literatura* era breve. Un solo rasgo memorable: anotaba que la literatura de Uqbar era de carácter fantástico y que sus epopeyas y sus leyendas no se referían jamás a la realidad, sino a las dos regiones imaginarias de

---

[44]Karl Ritter (1779-1859), cartógrafo alemán.

Mlejnas y de Tlön... La bibliografía enumeraba cuatro volúmenes que no hemos encontrado hasta ahora, aunque el tercero—Silas Haslam: *History of the Land Called Uqbar*, 1874—figura en los catálogos de librería de Bernard Quaritch.[45] El primero, *Lesbare und lesenswerthe Bemerkungen über das Land Ukkbar in Klein-Asien*, data de 1641 y es obra de Johannes Valentinus Andreä.[46] El hecho es significativo; un par de años después, di con ese nombre en las inesperadas páginas de De Quincey[47] (*Writings*, décimotercero volumen) y supe que era el de un teólogo alemán que a principios del siglo XVII descubrió la imaginaria comunidad de Rosa-Cruz—que otros luego fundaron, a imitación de lo prefigurado por él.

Esa noche visitamos la Biblioteca Nacional. En vano fatigamos atlas, catálogos, anuarios de sociedades geográficas, memorias de viajeros e historiadores: nadie había estado nunca en Uqbar. El índice general de la enciclopedia de Bioy tampoco registraba ese nombre. Al dia siguiente, Carlos Mastronardi[48] (a quien yo había referido el asunto) advirtió en una librería de Corrientes y Talcahuano los negros y dorados lomos de la *Anglo-American Cyclopaedia*... Entró e interrogó el volumen XXVI. Naturalmente, no dio con el menor indicio de Uqbar.

II

Algún recuerdo limitado y menguante de Herbert Ashe, ingeniero de los ferrocarriles del Sur, persiste en el hotel de Adrogué, entre las efusivas madreselvas y en el fondo ilusorio de los espejos. En vida padeció de irrealidad, como tantos ingleses; muerto, no es siquiera el fantasma que ya era entonces. Era alto y desganado y su cansada barba rectangular había sido roja. Entiendo que era viudo, sin hijos. Cada tantos años iba a Inglaterra: a visitar (juzgo por unas fotografías que nos mostró) un reloj de sol y unos robles. Mi padre había estrechado con él (el verbo es excesivo) una de esas amistades inglesas que empiezan por excluir la confidencia y que muy pronto omiten el diálogo. Solían ejercer un intercambio de libros y de periódicos; solían batirse al ajedrez, taciturnamente... Lo recuerdo en el corredor del hotel, con un libro

---

[45]Haslam ha publicado también *A General History of Labyrinths*. Nota de Borges.

[46](1586-1654), teólogo alemán y fundador de los rosacruces.

[47]Thomas De Quincey (1785-1859), escritor inglés.

[48](1901-76), poeta argentino.

de matemáticas en la mano, mirando a veces los colores irrecuperables del cielo. Una tarde, hablamos del sistema duodecimal de numeración (en el que doce se escribe 10). Ashe dijo que precisamente estaba trasladando no sé qué tablas duodecimales a sexagecimales (en las que sesenta se escribe 10). Agregó que ese trabajo le había sido encargado por un noruego: en Rio Grande do Sul.[49] Ocho años que lo conocíamos y no había mencionado nunca su estadía en esa región... Hablamos de vida pastoril, de *capangas*,[50] de la etimología brasilera de la palabra *gaucho* (que algunos viejos orientales todavía pronuncian *gaúcho*) y nada más se dijo—Dios me perdone—de funciones duodecimales. En septiembre de 1937 (no estábamos nosotros en el hotel) Herbert Ashe murió de la rotura de un aneurisma. Días antes, había recibido del Brasil un paquete sellado y certificado. Era un libro en octavo mayor. Ashe lo dejó en el bar, donde—meses después—lo encontré. Me puse a hojearlo y sentí un vértigo asombrado y ligero que no describiré, porque ésta no es la historia de mis emociones sino de Uqbar y Tlön y Orbis Tertius. En una noche del Islam que se llama la Noche de las Noches se abren de par en par las secretas puertas del cielo y es más dulce el agua en los cántaros; si esas puertas se abrieran, no sentiría lo que en esa tarde sentí. El libro estaba redactado en inglés y lo integraban 1001 páginas. En el amarillo lomo de cuero leí estas curiosas palabras que la falsa carátula repetía: *A First Encyclopaedia of Tlön. Vol. XI. Hlaer to Jangr.* No había indicación de fecha ni de lugar. En la primera página y en una hoja de papel de seda que cubría una de las láminas en colores había estampado un óvalo azul con esta inscripción: *Orbis Tertius*. Hacía dos años que yo había descubierto en un tomo de cierta enciclopedia pirática una somera descripción de un falso país; ahora me deparaba el azar algo más precioso y más arduo. Ahora tenía en las manos un vasto fragmento metódico de la historia total de un planeta desconocido, con sus arquitecturas y sus barajas, con el pavor de sus mitologías y el rumor de sus lenguas, con sus emperadores y sus mares, con sus minerales y sus pájaros y sus peces, con su álgebra y su fuego, con su controversia teológica y metafísica. Todo ello articulado, coherente, sin visible propósito doctrinal o tono paradójico.

En el "onceno tomo" de que hablo hay alusiones a tomos ulteriores

---

[49]estado del Brasil.

[50]reo, guardaespalda (portugués).

y precedentes. Néstor Ibarra,[51] en un artículo ya clásico de la *N.R.F.*,[52] ha negado que existen esos aláteres; Ezequiel Martínez Estrada[53] y Drieu La Rochelle[54] han refutado, quizá victoriosamente, esa duda. El hecho es que hasta ahora las pesquisas más diligentes han sido estériles. En vano hemos desordenado las bilbiotecas de las dos Américas y de Europa. Alfonso Reyes,[55] harto de esas fatigas subalternas de índole policial, propone que entre todos acometamos la obra de reconstruir los muchos y macizos tomos que faltan: *es ungue leonem*.[56] Calcula, entre veras y burlas, que una generación de *tlönistas* puede bastar. Ese arriesgado cómputo nos retrae al problema fundamental: ¿Quiénes inventaron a Tlön? El plural es inevitable, porque la hipótesis de un sólo inventor—de un infinito Leibniz[57] obrando en la tiniebla y en la modestia—ha sido descartado unánimemente. Se conjetura que este *brave new world* es obra de una sociedad secreta de astrónomos, de biólogos, de ingenieros, de metafísicos, de poetas, de químicos, de algebristas, de moralistas, de pintores, de geómetras... dirigidos por un oscuro hombre de genio. Abundan individuos que dominan esas disciplinas diversas, pero no los capaces de invención y menos los capaces de subordinar la invención a un riguroso plan sistemático. Ese plan es tan vasto que la contribución de cada escritor es infinitesimal. Al principio se creyó que Tlön era un mero caos, una irresponsable licencia de la imaginación; ahora se sabe que es un cosmos y las íntimas leyes que lo rigen han sido formuladas, siquiera en modo provicional. Básteme recordar que las contradicciones aparentes del Onceno Tomo son la piedra fundamental de la prueba de que existen los otros: tan lúcido y tan justo es el orden que se ha observado en él. Las revistas populares han divulgado, con perdonable exceso, la zoología y la topografía de Tlön; yo pienso que sus tigres transparentes y sus torres de sangre no merecen, tal vez, la continua atención de *todos* los hombres; yo me atrevo a pedir unos minutos para su concepto del universo.

---

[51](1908), escritor franco-argentino.

[52]*Nouvelle Revue française* (Nueva revista francesa), famosa revista intelectual.

[53](1895-1964), escritor argentino.

[54]Pierre-Eugene Drieu La Rochelle (1893-1945), escritor francés.

[55](1889-1959), intelectual y escritor mexicano.

[56]"por la uña se reconoce al león" (latín).

[57]Gottfried Wilhelm Leibniz (1646-1716), filósofo francés.

Hume[58] notó para siempre que los argumentos de Berkeley[59] no admiten la menor réplica y no causan la menor convicción. Ese dictamen es del todo verídico en su aplicación a la tierra; del todo falso en Tlön. Las naciones de ese planeta son—congénitamente—idealistas. Su lenguaje y las derivaciones de su lenguaje—la religión, las letras, la metafísica—presuponen el idealismo. El mundo para ellos no es un conjunto de objetos en el espacio; es una serie heterogénea de actos independientes. Es sucesivo, temporal, no espacial. No hay sustantivos en la conjetural *Ursprache*[60] de Tlön de la que proceden los idiomas "actuales" y dialectos: hay verbos impersonales, calificados por sufijos (o prefijos) monosilábicos de valor adverbial. Por ejemplo: no hay palabra que corresponda a la palabra *luna*, pero hay un verbo que sería en español *lunecer* o *lunar. Surgió la luna sobre el río* se dice *hlör u fang axaxaxas mlö* o sea en su orden: hacia arriba (*upward*) detrás duradero-fluir luneció. (Xul Solar[61] traduce con brevedad: upa tras perfluye lunó. *Upward, behind the onstreaming it mooned.*)

Lo anterior se refiere a los idiomas del hemisferio austral. En los del hemisferio boreal (de cuya *Ursprache* hay muy pocos datos en el Onceno Tomo) la célula primordial no es el verbo, sino el adjetivo monosilábico. El sustantivo se forma por acumulación de adjetivos. No se dice *luna*: se dice *aéreo-claro sobre oscuro-redondo* o *anaranjado-tenue-del cielo* o cualquier otra agregación. En el caso elegido la masa de adjetivos corresponde a un objeto real; el hecho es puramente fortuito. En la literatura de este hemisferio (como en el mundo subsistente de Meinong[62]) abundan los objetos ideales, convocados y disueltos en un momento, según las necesidades poéticas. Los determina, a veces, la mera simultaneidad. Hay objetos compuestos de dos términos, uno de carácter visual y otro auditivo: el color del naciente y el remoto grito de un pájaro. Los hay de muchos: el sol y el agua contra el pecho del nadador, el vago rosa trémulo que se vé con los ojos cerrados, la sensación del quién se deja llevar por un río y también por el sueño. Esos objetos de segundo grado pueden combinarse con otros; el proceso, mediante ciertas

---

[58]David Hume (1711-76), filósofo inglés.

[59]George Berkeley (1685-1753), filósofo inglés.

[60]"idioma original" (alemán).

[61]pseudónimo de Alexander Schultz (1881-1963), poeta y pintor argentino; también conocido como Alejandro Schultz Solari.

[62]Alexius Meinong (1853-1920), filósofo austriaco.

abreviaturas, es prácticamente infinito. Hay poemas famosos compuestos de una sola enorme palabra. Esta palabra integra un *objeto poético* creado por el autor. El hecho de que nadie crea en la realidad de los sustantivos hace, paradójicamente, que sea interminable su número. Los idiomas del hemisferio boreal de Tlön poseen todos los nombres de las lenguas indoeuropeas—y otros muchos más.

No es exagerado afirmar que la cultura clásica de Tlön comprende una sola disciplina: la psicología. Las otras están subordinadas a ella. He dicho que los hombres de ese planeta conciben el universo como una serie de procesos mentales, que no se desenvuelven en el espacio sino de modo sucesivo en el tiempo. Spinoza[63] atribuye a su inagotable divinidad los atributos de la extensión y del pensamiento; nadie comprendería en Tlön la yuxtaposición del primero (que sólo es típico de ciertos estados) y del segundo—que es un sinónimo perfecto del cosmos—. Dicho sea con otras palabras: no conciben que lo espacial perdure en el tiempo. La percepción de una humareda en el horizonte y después del campo incendiado y después del cigarro a medio apagar que produjo la quemazón es considerada un ejemplo de asociación de ideas.

Este monismo o idealismo total invalida la ciencia. Explicar (o juzgar) un hecho es unirlo a otro; esa vinculación, en Tlön, es un estado posterior del sujeto, que no puede afectar o iluminar el estado anterior. Todo estado mental es irreductible: el mero hecho de nombrarlo—*id est*, de clasificarlo—importa un falseo. De ello cabría deducir que no hay ciencias en Tlön—ni siquiera razonamientos. La paradójica verdad es que existen, en casi innumerable número. Con las filosofías acontece lo que acontece con los sustantivos en el hemisferio boreal. El hecho de que toda filosofía sea de antemano un juego dialéctico, una *Philosophie des Als Ob*,[64] ha contribuído a multiplicarlas. Abundan los sistemas increíbles, pero de arquitectura agradable o de tipo sensacional. Los metafísicos de Tlön no buscan la verdad ni siquiera la verosimilitud: buscan el asombro. Juzgan que la metafísica es una rama de la literatura fantástica. Saben que un sistema no es otra cosa que la subordinación de todos los aspectos del universo a uno cualquiera de ellos. Hasta la frase "todos los aspectos" es rechazable, porque supone la imposible adición del instante presente y de los pretéritos. Tampoco es lícito el plural "los pretéritos", porque supone otra operación imposible... Una de las escuelas de Tlön llega a

---

[63]Baruch Spinoza (1632-77), filósofo holandés.

[64]"una filosofía del como si" (alemán).

negar el tiempo: razona que el presente es indefinido, que el futuro no tiene realidad sino como esperanza presente, que el pasado no tiene realidad sino como recuerdo presente.[65] Otra escuela declara que ha transcurrido ya *todo el tiempo* y que nuestra vida es apenas el recuerdo o reflejo crepuscular, y sin duda falseado y mutilado, de un proceso irrecuperable. Otra, que la historia del universo—y en ellas nuestras vidas y el más tenue detalle de nuestras vidas—es la escritura que produce un dios subalterno para entenderse con un demonio. Otra, que el universo es comparable a esas criptografías en las que no valen todos los símbolos y que sólo es verdad lo que sucede cada trescientas noches. Otra, que mientras dormimos aquí, estamos despiertos en otro lado y que así cada hombre es dos hombres.

Entre las doctrinas de Tlön, ninguna ha merecido tanto escándalo como el materialismo. Algunos pensadores lo han formulado, con menos claridad que fervor, como quien adelanta una paradoja. Para facilitar el entendimiento de esa tesis inconcebible, un heresiarca del undécimo siglo[66] ideó el sofisma de las nueve monedas de cobre, cuyo renombre escandaloso equivale en Tlön al de las aporías eleáticas.[67] De ese "razonamiento espacioso" hay muchas versiones, que varían el número de monedas y el número de hallazgos; he aquí la más común:

El martes, X atraviesa un camino desierto y pierde nueve monedas de cobre. El jueves, Y encuentra en el camino cuatro monedas, algo herrumbradas por la lluvia del miércoles. El viernes, Z descubre tres monedas en el camino. El viernes de mañana, X encuentra dos monedas en el corredor de su casa. El heresiarca quería deducir de esa historia la realidad—*id est* la continuidad—de las nueve monedas recuperadas. *Es absurdo* (afirmaba) *imaginar que cuatro de las monedas no han existido* entre el martes y el jueves, tres entre el martes y la tarde del viernes, dos entre el martes y la madrugada del viernes. Es lógico pensar que han existido—siquiera de algún modo secreto, de comprensión vedada a los hombres—en todos los momentos de esos tres plazos.

---

[65]RUSSELL (*The Analysis of the Mind*, 1921, página 159) supone que el planeta ha sido creado hace pocos minutos, provisto de una humanidad que "recuerda" un pasado ilusorio. Nota de Borges. Bertrand Russell (1872-1970), filósofo y matemático inglés.

[66]Siglo, de acuerdo con el sistema duodecimal, significa un período de ciento cuarenta y cuatro años. Nota de Borges.

[67]en la filosofía griega, paradojas o contradicciones irresolubles.

El lenguaje de Tlön se resistía a formular esa paradoja; los más no la entendieron. Los defensores del sentido común se limitaron, al principio, a negar la veracidad de la anécdota. Repitieron que era una falacia verbal, basada en el empleo temerario de dos voces neológicas, no autorizadas por el uso y ajenas a todo pensamiento severo: los verbos *encontrar* y *perder*, que comportan una petición de principio, porque presuponen la identidad de las nueve primeras monedas y de las últimas. Recordaron que todo sustantivo (hombre, moneda, jueves, miércoles, lluvia) sólo tiene un valor metafórico. Denunciaron la pérfida circunstancia *algo herrumbadas por la lluvia del miércoles*, que presupone lo que se trata de demostrar: la persistencia de las cuatro monedas, entre el jueves y el martes. Explicaron que una cosa es *igualdad* y otra *identidad* y formularon una especie de *reductio ad absurdum*, o sea el caso hipotético de nueve hombres que en nueve sucesivas noches padecen un vivo dolor. ¿No sería ridículo—interrogaron—pretender que ese dolor, es el mismo?[68] Dijeron que al heresiarca no lo movía sino el blasfematorio propósito de atribuir la divina categoria de *ser* a unas simples monedas y que a veces negaba la pluralidad y otras no. Argumentaron: si la igualdad comporta la identidad, habría que admitir asimismo que las nueve monedas son una sola.

Increíblemente, esas refutaciones no resultaron definitivas. A los cien años de enunciado el problema, un pensador no menos brillante que el heresiarca pero de tradición ortodoxa, formuló una hipótesis muy adudaz. Esa conjetura feliz afirma que hay un solo sujeto, que ese sujeto indivisible es cada uno de los seres del universo y que éstos son los órganos y máscaras de la divinidad. X es Y y Z. Z descubre tres monedas porque recuerda que se le perdieron a X; X encuentra dos en el corredor porque recuerda que han sido recuperadas las otras... El onceno tomo deja entender que tres razones capitales determinaron la victoria total de ese panteísmo idealista. La primera, el repudio del solipsismo; la segunda, la posibilidad de conservar la base psicológica de las ciencias; la tercera, la posibilidad de conservar el culto de los

---

[68]En el día de hoy, una de las iglesias de Tlön sostiene platónicamente que tal dolor, que tal matiz verdoso del amarillo, que tal temperatura, que tal sonido, son la única realidad. Todos los hombres, en el vertiginoso instante del coito, son el mismo hombre. Todos los hombres que repiten una línea de Shakespeare, *son* William Shakespeare. Nota de Borges.

dioses. Shopenhauer[69] (el apasionado y lúcido Shopenhauer) formula una doctrina muy parecida en el primer volumen de *Parerga und Paralipomena*.

La geometría de Tlön comprende dos disciplinas algo distintas: la visual y la táctil. La última corresponde a la nuestra y la subordinan a la primera. La base de la geometría visual es la superficie, no el punto. Esta geometría desconoce las paralelas y declara que el hombre que se desplaza modifica las formas que lo circundan. La base de su aritmética es la noción de números indefinidos. Acentúan la importancia de los conceptos de mayor y menor, que nuestros matemáticos simbolizan por $>$ y por $<$. Afirman que la operación de contar modifica las cantidades y las convierte de indefinidas en definidas. El hecho de que varios individuos que cuentan una misma cantidad logran un resultado igual, es para los psicólogos un ejemplo de asociación de ideas o de buen ejercicio de la memoria. Ya sabemos que en Tlön el sujeto del conocimiento es uno y eterno.

En los hábitos literarios también es todopoderosa la idea de un sujeto único. Es raro que los libros estén firmados. No existe el concepto del plagio: se ha establecido que todas las obras son obra de un solo autor, que es intemporal y es anónimo. La crítica suele inventar autores: elige dos obras disímiles —el Tao Te King[70] y las 1001 Noches, digamos—, las atribuye a un mismo escritor y luego determina con probidad la psicología de ese interesante *homme de lettres*...[71]

También son distintos los libros. Los de ficción abarcan un solo argumento, con todas las permutaciones imaginables. Los de naturaleza filosófica invariablemente contienen la tesis y la antítesis, el riguroso pro y el contra de una doctrina. Un libro que no encierra su contralibro es considerado incompleto.

Siglos y siglos de idealismo no han dejado de influir en la realidad. No es infrecuente, en las regiones más antiguas de Tlön, la duplicación de objetos perdidos. Dos personas buscan un lápiz; la primera lo encuentra y no dice nada; la segunda encuentra un segundo lápiz no menos real, pero más ajustado a su expectativa. Esos objetos secundarios se llaman *hrönir* y son, aunque de forma desairada, un poco más largos. Hasta hace poco los *hrönir* fueron hijos casuales de la distracción y el olvido. Parece que su metódica producción cuenta apenas cien años, pero así lo declara el Onceno Tomo. Los

---

[69]Arthur Schopenhauer (1788-1860), filósofo alemán.

[70]texto del siglo III a.C. del que se deriva el taoísmo.

[71]"hombre de letras" (francés).

primeros intentos fueron estériles. El *modus operandi*, sin embargo, merece recordación. El director de una de las cárceles del estado comunicó a los presos que en el antiguo lecho de un río había ciertos sepulcros y prometió la libertad a quienes trajeran un hallazgo importante. Durante los meses que precedieron a la excavación les mostraron láminas fotográficas de lo que iban a hallar. Ese primer intento probó que la esperanza y la avidez pueden inhibir; una semana de trabajo con la pala y el pico no logró exhumar otro *hrön* que una rueda herrumbrada, de fecha posterior al experimento. Este se mantuvo secreto y se repitió después en cuatro colegios. En tres fue casi total el fracaso; en el cuarto (cuyo director murió casualmente durante las primeras excavaciones) los discípulos exhumaron—o produjeron—una máscara de oro, una espada arcaica, dos o tres ánforas de barro y el verdinoso y mutilado torso de un rey con una inscripción en el pecho que no se ha logrado aún descifrar. Así se descubrió la improcedencia de testigos que conocieron la naturaleza experimental de la busca... Las investigaciones en masa producen objetos contradictorios; ahora se prefiere los trabajos individuales y casi improvisados. La metódica elaboración de *hrönir* (dice el Onceno Tomo) ha prestado servicios prodigiosos a los arqueólogos. Ha permitido interrogar y hasta modificar el pasado, que ahora no es menos plástico y menos dócil que el porvenir. Hecho curioso: los *hrönir* de segundo y tercer grado—los *hrönir* derivados de otro *hrön*, los *hrönir* derivados del *hrön* de un *hrön*—exageran las aberraciones del inicial; los de quinto son casi uniformes; los de noveno se confunden con los de segundo; en los de undécimo hay una pureza de líneas que los originales no tienen. El proceso es periódico: el *hrön* de duodécimo grado ya empieza a decaer. Más extraño y más puro que todo *hrön* es a veces el *ur*: la cosa producida por sugestión, el objeto educido por la esperanza. La gran máscara de oro que he mencionado es un ilustre ejemplo.

Las cosas se duplican en Tlön; propenden asimismo a borrarse y a perder los detalles cuando los olvida la gente. Es clásico el ejemplo de un umbral que perduró mientras lo visitaba un mendigo y que se perdió de vista a su muerte. A veces unos pájaros, un caballo, han salvado las ruinas de un anfiteatro.

Salto Oriental, 1940.

Posdata de 1947. Reproduzco el artículo anterior tal como apareció en la *Antología de la literatura fantástica*, 1940,[72] sin otra escisión que algunas metáforas y que una especie de resumen burlón que ahora resulta frívolo. Han ocurrido tantas cosas desde esa fecha... Me limitaré a recordarlas.

En marzo de 1941 se descubrió una carta manuscrita de Gunnar Erfjord en un libro de Hinton que había sido de Herbert Asche. El sobre tenía el sello postal de Ouro Preto;[73] la carta elucidaba enteramente el misterio de Tlön. Su texto corrobora las hipótesis de Martínez Estrada. A principios del siglo XVII, en una noche de Lucerna o de Londres, empezó la espléndida historia. Una sociedad secreta y benévola (que entre sus afiliados tuvo a Dalgarno[74] y después a George Berkeley) surgió para inventar un país. En el vago programa inicial figuraban los "estudios hermenéuticos", la filantropía y la cábala. De esa primera época data el curioso libro de Andreä. Al cabo de unos años de conciliábulos y de síntesis prematuras comprendieron que una generación no bastaba para articular un país. Resolvieron que cada uno de los maestros que la integraba eligiera un discípulo para la continuación de la obra. Esa disposición hereditaria prevaleció; después de un hiato de dos siglos la perseguida fraternidad resurge en América. Hacia 1824, en Memphis (Tennessee) uno de los afiliados conversa con el ascético millonario Ezra Buckley.[75] Este lo deja hablar con algún desdén—y se ríe de la modestia del proyecto. Le dice que en América es absurdo inventar un país y le propone la invención de un planeta. A esa gigantesca idea añade otra, hija de su nihilismo:[76] la de guardar en el silencio la empresa enorme. Circulaban entonces los veinte tomos de la *Encyclopaedia Britannica*; Buckley sugiere una enciclopedia metódica del planeta ilusorio. Les dejará sus cordilleras auríferas, sus ríos navegables, sus praderas holladas por el toro y por el bisonte, sus negros, sus prostíbulos y sus dólares, bajo una condición: "La obra no pactará con el impostor Jesucristo". Buckley es envenenado en Baton Rouge en 1828; en 1914 la sociedad remite a sus colaboradores, que son trescientos, el volumen final de la Primera Enciclopedia de Tlön. La edición es secreta: los cuarenta

---

[72]compilación hecha por Borges y Bioy Casares.

[73]ciudad del interior brasileño.

[74]George Dalgarno (1626-87), escritor escocés.

[75]Este individuo es un invento de Borges.

[76]Buckley era libre pensador, fatalista y defensor de la esclavitud. Nota de Borges.

volúmenes que comprende (la obra más vasta que han acometido los hombres) serían la base de otra más minuciosa, redactada no ya en inglés, sino en alguna de las lenguas de Tlön. Esa revision de un mundo ilusorio se llama provisoriamente *Orbis Tertius* y uno de sus modestos demiurgos fue Herbert Ashe, no sé si como agente de Gunnar Erfjord o como afiliado. Su recepción de un ejemplar del Onceno Tomo parece favorecer lo segundo. Pero ¿y los otros? Hacia 1942 arreciaron los hechos. Recuerdo con singular nitidez uno de los primeros y me parece que algo sentí de su carácter premonitorio. Ocurrió en un departamento de la calle Laprida, frente a un claro y alto balcón que miraba el ocaso. La princesa de Faucigny Lucinge[77] había recibido de Poitiers su vajilla de plata. Del vasto fondo de un cajón rubricado de sellos internacionales iban saliendo finas cosas inmóviles: platería de Utrecht y de París con dura fauna heráldica, un sammovar. Entre ellas—con un perceptible y tenue temblor de pájaro dormido—latía misteriosamente una brújula. La princesa no la reconoció. La aguja azul anhelaba el norte magnético; la caja de metal era cóncava; las letras de la esfera correspondían a uno de los alfabetos de Tlön. Tal fue la primera intrusión del mundo fantástico en el mundo real. Una azar que me inquieta hizo que yo también fuera testigo de la segunda. Ocurrió unos meses después, en la pulpería de un brasilero, en la Cuchilla Negra.[78] Amorim[79] y yo regresábamos de Sant'Anna.[80] Una creciente del río Tecuarembó nos obligó a probar (y a sobrellevar) esa rudimentaria hospitalidad. El pulpero nos acomodó unos catres crujientes en una pieza grande, entorpecida de barriles y cueros. Nos acostamos, pero no nos dejó dormir hasta el alba la borrachera de un vecino invisible, que alternaba denuestos inextricables con rachas de milongas—más bien con rachas de una sola milonga. Como es de suponer, atribuimos a la fogosa caña del patrón ese griterío incesante... A la madrugada, el hombre estaba muerto en el corredor. La aspereza de la voz nos había engañado: era un muchacho joven. En el delirio se le habían caído del tirador unas cuantas monedas y un cono de metal reluciente, del diámetro de un dado. En vano un chico trató de recoger ese cono. Un hombre apenas acertó a levantarlo. Yo lo tuve en la palma de la mano algunos minutos: recuerdo que su peso era intolerable y que después

---

[77]Se trata de una amiga de Borges.

[78]zona del Uruguay.

[79]Enrique Amorim (1900-60), escritor uruguayo.

[80]ciudad en el norte del Uruguay.

de retirado el cono, la opresión perduró. También recuerdo el círculo preciso que me grabó en la carne. Esa evidencia de un objeto muy chico y a la vez pesadísimo dejaba una impresión desagradable de asco y de miedo. Un paisano propuso que lo tiraran al río correntoso. Amorim lo adquirió mediante unos pesos. Nadie sabía nada del muerto, salvo "que venía de la frontera". Esos conos pequeños y muy pesados (hechos de un metal que no es de este mundo) son imagen de la divinidad, en ciertas religiones de Tlön.

Aquí doy término a la parte personal de mi narración. Lo demás está en la memoria (cuando no en la esperanza o en el temor) de todos mis lectores. Básteme recordar o mencionar los hechos subsiguientes, con una mera brevedad de palabras que el cóncavo recuerdo general enriquecerá o ampliará. Hacia 1944 un investigador del diario *The American* (de Nashville, Tennessee) exhumó en una biblioteca de Memphis los cuarenta volúmenes de la Primera Enciclopedia de Tlön. Hasta el día de hoy se discute si ese descubrimiento fue casual o si lo consintieron los directores del todavía nebuloso *Orbis Tertius*. Es verosímil lo segundo. Algunos rasgos increíbles del Onceno Tomo (verbigracia, la multiplicación de los *hrönir*) han sido eliminados o atenuados en el ejemplar de Memphis; es razonable imaginar que esas tachaduras obedecen al plan de exhibir un mundo que no sea demasiado incompatible con el mundo real. La diseminación de objetos de Tlön en diversos países complementaría ese plan...[81] El hecho es que la prensa internacional voceó mucho el "hallazgo". Manuales, antologías, resúmenes, versiones literales, reimpresiones autorizadas y reimpresiones prácticas de la Obra Mayor de los Hombres abarrotaron y siguen abarrotando la tierra. Casi inmediatamente, la realidad cedió en más de un punto. Lo cierto es que anhelaba ceder. Hace diez años bastaba cualquier simetría con apariencia de orden—el materialismo dialéctico, el antisemitismo, el nazismo—para embelesar a los hombres. ¿Cómo no someterse a Tlön, a la minuciosa y vasta evidencia de un planeta ordenado? Inútil responder que la realidad también está ordenada. Quizá lo esté, pero de acuerdo a leyes divinas—traduzco: a leyes inhumanas—que no acabamos nunca de percibir. Tlön será un laberinto, pero es un laberinto urdido por hombres, un laberinto destinado a que lo descifren los hombres.

El contacto y el hábito de Tlön han desintegrado este mundo. Encantada por su rigor, la humanidad olvida y torna a olvidar que es un rigor de ajedrecistas, no de ángeles. Ya ha penetrado en las escuelas el (conjetural),

---

[81]Queda, naturalmente, el problema de la *materia* de algunos objetos. Nota de Borges.

"idioma primitivo" de Tlön; ya la enseñanza de su historia armoniosa (y llena de episodios conmovedores) ha obliterado a la que presidió mi niñez; ya en las memorias un pasado ficticio ocupa el sitio de otro, del que nada sabemos con certidumbre—ni siquiera que es falso. Han sido reformadas la numismática, la farmacología y la arqueología. Entiendo que la biología y las matemáticas aguardan también su avatar... Una dispersa dinastía de solitarios ha cambiado la faz del mundo. Su tarea prosigue. Si nuestras provisiones no erran, de aquí cien años alguien descubrirá los cien tomos de la Segunda Enciclopedia de Tlön.

Entonces desaparecerán del planeta el inglés y el francés y el mero español. El mundo será Tlön. Yo no hago caso, yo sigo revisando en los quietos días del hotel de Adrogué una indecisa traducción quevediana[82] (que no pienso dar a la imprenta) del *Urn Burial* de Browne.[83]

"El sur"

El hombre que desembarcó en Buenos Aires en 1871 se llamaba Johanes Dahlmann y era pastor de la iglesia evangélica; en 1939, uno de sus nietos, Juan Dahlmann, era secretario de una biblioteca municipal en la calle Córdoba[84] y se sentía hondamente argentino. Su abuelo materno había sido aquel Francisco Flores, del 2 de infantería de línea, que murió en la frontera de Buenos Aires, lanceado por indios de Catriel; en la discordia de sus dos linajes, Juan Dahlmann (tal vez a impulso de la sangre germánica) eligió el de ese antepasado romántico, o de muerte romántica. Un estuche con el daguerrotipo de un hombre inexpresivo y barbado, una vieja espada, la dicha y el coraje de ciertas músicas, el hábito de estrofas de *Martín Fierro*, los años, el desgano y la soledad, fomentaron ese criollismo algo voluntario, pero nunca ostentoso. A costa de algunas privaciones, Dahlmann había logrado salvar el casco de una estancia en el Sur, que fue de los Flores; una de las costumbres de su memoria era la imagen de los eucaliptos balsámicos y de la larga casa rosada que alguna vez fue carmesí. Las tareas y acaso la indolencia lo retenían

---

[82]al estilo de Francisco de Quevedo (1580-1645), poeta y novelista español.

[83]Sir Thomas Browne (1605-82), médico y escritor inglés.

[84]calle (actual avenida) céntrica de Buenos Aires.

en la ciudad. Verano tras verano se contentaba con la idea abstracta de posesión y con la certidumbre de que su casa estaba esperándolo, en un sitio preciso de la llanura. En los últimos días de febrero de 1939, algo aconteció.

Ciego a las culpas, el destino puede ser despiadado con las mínimas distracciones. Dahlmann había conseguido, esa tarde, un ejemplar descabalado de las Mil y una Noches de Weil;[85] ávido de examinar ese hallazgo, no esperó que bajara el ascensor y subió con apuro las escaleras; algo en la oscuridad le rozó la frente ¿un murciélago, un pájaro? En la cara de la mujer que le abrió la puerta vio grabado el horror, y la mano que se pasó por la frente salió roja de sangre. La arista de un batiente recién pintado que alguien se olvidó de cerrar le habría hecho esa herida. Dahlmann logró dormir, pero a la madrugada estaba despierto y desde aquella hora el sabor de las cosas fue atroz. La fiebre lo gastó y las ilustraciones de las Mil y una Noches sirvieron para decorar pesadillas. Amigos y parientes lo visitaban y con exagerada sonrisa le repetían que lo hallaban muy bien. Dahlmann los oía con una especie de débil estupor y le maravillaba que no supieran que estaba en el infierno. Ocho días pasaron, como ocho siglos. Una tarde, el médico habitual se presentó con un médico nuevo y lo condujeron a un sanatorio de la calle Ecuador, porque era indispensable sacarle una radiografía. Dahlmann, en el coche de plaza que los llevó, pensó que en una habitación que no fuera la suya podría, al fin, dormir. Se sintió feliz y conversador; en cuanto llegó, lo desvistieron, le raparon la cabeza, lo sujetaron con metales a una camilla, lo iluminaron hasta la ceguera y el vértigo, lo auscultaron y un hombre enmascarado le clavó una aguja en el brazo. Se despertó con náuseas, vendado, en una celda que tenía algo de pozo y, en los días y noches que siguieron a la operación pudo entender que había estado, hasta entonces, en un arrabal del infierno. El hielo no dejaba en su boca el menor rastro de frescura. En esos días, Dahlmann minuciosamente se odió; odió su identidad, sus necesidades corporales, su humillación, la barba que le erizaba la cara. Sufrió con estoicismo las curaciones, que eran muy dolorosas, pero cuando el cirujano le dijo que había estado a punto de morir por una septicemia, Dahlmann se echó a llorar, condolido de su destino. Las miserias físicas y la incesante previsión de las malas noches no le habían dejado pensar en algo tan abstracto como la muerte. Otro día, el cirujano le dijo que estaba reponiéndose y que, muy pronto, podría ir a convalecer a la estancia. Increíblemente, el día prometido llegó.

---

[85]Gustav Weil (1808-89), traductor alemán de textos árabes.

A la realidad le gustan las asimetrías y los leves anacronismos; Dahlmann había llegado al sanatorio en un coche de plaza y ahora un coche de
plaza lo llevaba a Constitución.[86] La primera frescura del otoño, después de
la opresión del verano, era como un símbolo natural de su destino rescatado
de la muerte y la fiebre. La ciudad, a las siete de la mañana, no había perdido
ese aire de casa vieja que le infunde la noche; las calles eran como largos za-
guanes, las plazas como patios. Dahlmann la reconocía con felicidad y con un
principio de vértigo; unos segundos antes de que las registraran sus ojos,
recordaba las esquinas, las carteleras, las modestas diferencias de Buenos
Aires. En la luz amarilla del nuevo día, todas las cosas regresaban a él.

Nadie ignora que el Sur empieza al otro lado de Rivadavia.[87] Dahlmann solía decir que ello no es una convención y que quien atraviesa esa calle
entra en un mundo más antiguo y más firme. Desde el coche buscaba entre
la nueva edificación, la ventana de rejas, el llamador, el arco de la puerta, el
zaguán, el íntimo patio.

En el *hall* de la estación advirtió que faltaban treinta minutos. Recordó bruscamente que en un café de la calle Brasil (a pocos metros de la casa
de Yrigoyen)[88] había un enorme gato que se dejaba acariciar por la gente,
como una divinidad desdeñosa. Entró. Ahí estaba el gato, dormido. Pidió una
taza de café, la endulzó lentamente, la probó (ese placer le había sido vedado
en la clínica) y pensó, mientras alisaba el negro pelaje, que aquel contacto era
ilusorio y que estaban como separados por un cristal, porque el hombre vive
en el tiempo, en la sucesión, y el mágico animal, en la actualidad, en la eternidad del instante.

A lo largo del penúltimo andén el tren esperaba. Dahlmann recorrió
los vagones y dio con uno casi vacío. Acomodó en la red la valija; cuando los
coches arrancaron, la abrió y sacó, tras alguna vacilación, el primer tomo de
las Mil y Una Noches. Viajar con este libro, tan vinculado a la historia de su
desdicha, era una afirmación de que esa desdicha había sido anulada y un desafío alegre y secreto a las frustradas fuerzas del mal.

A los dos lados del tren, la ciudad se desgarraba en suburbios; esta
visión y luego la de jardines y quintas demoraron el principio de la lectura. La
verdad es que Dahlmann leyó poco; la montaña de piedra imán y el genio que

---

[86]estación terminal de trenes en Buenos Aires con destino al sur.

[87]larga avenida-calle que recorre toda la ciudad de Buenos Aires de este
a oeste, efectivamente cortándola en un norte y un sur.

[88]Véase nota 13.

ha jurado matar a su bienhechor eran, quien lo niega, maravillosos, pero no mucho más que la mañana y que el hecho de ser. La felicidad lo distraía de Shahrazad y de sus milagros superfluos; Dahlmann cerraba el libro y se dejaba simplemente vivir.

El almuerzo (con el caldo servido en boles de metal reluciente, como en los ya remotos veraneos de la niñez) fue otro goce tranquilo y agradecido.

Mañana me despertaré en la estancia, pensaba, y era como si a un tiempo fuera dos hombres: el que avanzaba por el día otoñal y por la geografía de la patria, y el otro, encarcelado en un sanatorio y sujeto a metódicas servidumbres. Vio casas de ladrillos sin revocar, esquinadas y largas, infinitamente mirando pasar los trenes; vio jinetes en los terrosos caminos; vio zanjas y lagunas y hacienda; vio largas nubes luminosas que parecían de mármol, y todas estas cosas eran casuales, como sueños de la llanura. También creyó reconocer árboles y sembrados que no hubiera podido nombrar, porque su directo conocimiento de la campaña era harto inferior a su conocimiento nostálgico y literario.

Alguna vez durmió y en sus sueños estaba el ímpetu del tren. Ya el blanco sol intolerable de las doce del día era el sol amarillo que precede al anochecer y no tardaría en ser rojo. También el coche era distinto; no era el que fue en Constitución, al dejar el andén: la llanura y las horas lo habían atravesado y transfigurado. Afuera la móvil sombra del vagón se alargaba hacia el horizonte. No turbaban la tierra elemental ni poblaciones ni otros signos humanos. Todo era vasto, pero al mismo tiempo era íntimo y, de alguna manera, secreto. En el campo desaforado, a veces no había otras cosas que un toro. La soledad era perfecta y tal vez hostil, y Dahlmann pudo sospechar que viajaba al pasado y no sólo al Sur. De esa conjetura fantástica lo distrajo el inspector, que al ver su boleto, le advirtió que el tren no lo dejaría en la estación de siempre sino en otra, un poco anterior y apenas conocida por Dahlmann. (El hombre añadió una explicación que Dahlmann no trató de entender ni siquiera de oír, porque el mecanismo de los hechos no le importaba.)

El tren laboriosamente se detuvo, casi en medio del campo. Del otro lado de las vías quedaba la estación, que era poco más que un andén con un cobertizo. Ningún vehículo tenían, pero el jefe opinó que tal vez pudiera conseguir uno en un comercio que le indicó a unas diez, doce, cuadras.

Dahlmann aceptó la caminata como una pequeña aventura. Ya se había hundido el sol, pero un esplendor final exaltaba la viva y silenciosa llanura, antes de que la borrara la noche. Menos para no fatigarse que para hacer durar esas cosas, Dahlmann caminaba despacio, aspirando con grave felicidad el olor del trébol.

El almacén, alguna vez, había sido punzó, pero los años habían mitigado para su bien ese color violento. Algo en su pobre arquitectura le recordó un grabado en acero, acaso de una vieja edición de *Pablo y Virginia*.[89] Atados al palenque había unos caballos. Dahlmann, adentro, creyó reconocer al patrón; luego comprendió que lo había engañado su parecido con uno de los empleados del sanatorio. El hombre, oído el caso, dijo que le haría atar la jardinera; para agregar otro hecho a aquel día y para llenar ese tiempo, Dahlmann resolvió comer en el almacén.

En una mesa comían y bebían ruidosamente unos muchachones, en los que Dahlmann, al principio, no se fijó. En el suelo, apoyado en el mostrador, se acurrucaba, inmóvil como una cosa, un hombre muy viejo. Los muchos años lo habían reducido y pulido como las aguas a una piedra o las generaciones de los hombres a una sentencia. Era oscuro, chico y reseco, y estaba como fuera del tiempo, en una eternidad. Dahlmann registró con satisfacción la vincha, el poncho de bayeta, el largo chiripá y la bota de potro y se dijo, rememorando inútiles discusiones con gente de los partidos del Norte o con entrerrianos, que gauchos de esos ya no quedan más que en el Sur.

Dahlmann se acomodó junto a la ventana. La oscuridad fue quedándose con el campo, pero su olor y sus rumores aun le llegaban entre los barrotes de hierro. El patrón le trajo sardinas y después carne asada; Dahlmann las empujó con unos vasos de vino tinto. Ocioso, paladeaba el áspero sabor y dejaba errar la mirada por el local, ya un poco soñolienta. La lámpara de kerosén pendía de uno de los tirantes; los parroquianos de la otra mesa eran tres: dos parecían peones de chacra; otro, de rasgos achinados y torpes, bebía con el chambergo puesto. Dahlmann, de pronto, sintió un leve roce en la cara. Junto al vaso ordinario de vidrio turbio, sobre una de las rayas del mantel, había una bolita de miga. Eso era todo, pero alguien se lo había tirado.

Los de la otra mesa parecían ajenos a él. Dahlmann, perplejo, decidió que nada había ocurrido y abrió el volumen de las *Mil y Una Noches*, como para tapar la realidad. Otra bolita lo alcanzó a los pocos minutos, y esta vez los peones se rieron. Dahlmann se dijo que no estaba asustado, pero que sería un disparate que él, un convaleciente, se dejara arrastrar por desconocidos a

---

[89]novela romántica del escritor francés Bernardin de Saint-Pierre (1737-1814).

una pelea confusa. Resolvió salir; ya estaba de pie cuando el patrón se le acercó y lo exhortó con voz alarmada:

—Señor Dahlmann, no les haga caso a esos mozos, que están medio alegres.

Dahlmann no se extrañó de que el otro, ahora, lo conociera, pero sintió que estas palabras conciliadoras agravaban, de hecho, la situación. Antes, la provocación de los peones era a una cara accidental, casi a nadie; ahora iba contra él y contra su nombre y lo sabrían los vecinos. Dahlmann hizo a un lado al patrón, se enfrentó con los peones y les preguntó qué andaban buscando.

El compadrito de la cara achinada se paró, tambaleándose. A un paso de Juan Dahlmann, lo injurió a gritos, como si estuviera muy lejos. Jugaba a exagerar su borrachera y esa exageración era una ferocidad y una burla. Entre malas palabras y obscenidades, tiró al aire un largo cuchillo, lo siguió con los ojos, los barajó, e invitó a Dahlmann a pelear. El patrón objetó con trémula voz que Dahlmann estaba desarmado. En ese punto, algo imprevisible ocurrió.

Desde un rincón, el viejo gaucho extático, en el que Dahlmann vio una cifra del Sur (del Sur que era el suyo), le tiró una daga desnuda que vino a caer a sus pies. Era como si el Sur hubiera resuelto que Dahlmann aceptara el duelo. Dahlmann se inclinó a recoger la daga y sintió dos cosas. La primera, que ese acto casi instintivo lo comprometía a pelea. La segunda, que el arma, en su mano torpe, no serviría para defenderlo, sino para justificar que lo mataran. Alguna vez había jugado con un puñal, como todos los hombres, pero su esgrima no pasaba de una noción de que los golpes deben ir hacia arriba y con el filo para adentro. *No hubieran permitido en el sanatorio que me pasaran estas cosas*, pensó.

—Vamos saliendo—dijo el otro.

Salieron, y si en Dahlmann no había esperanza, tampoco había temor. Sintió, al atravesar el umbral, que morir en una pelea a cuchillo, a cielo abierto y acometiendo, hubiera sido una liberación para él, una felicidad y una fiesta, en la primera noche del sanatorio, cuando le clavaron la aguja. Sintió que si él, entonces, hubiera podido elegir o soñar su muerte, ésta es la muerte que hubiera elegido o soñado.

Dahlmann empuña con firmeza el cuchillo, que acaso no sabrá manejar, y sale a la llanura.

"El aleph"

> O God, I could be bounded in a nutshell
> and count myself a King of infinite space.
>
> *Hamlet*, II, 2.

> But they will teach us that Eternity is the
> Standing still of the Present Time, a *Nunc-stans* (as
> the Schools call it); which neither they, nor any else
> understand, no more than they would a *Hic-stans*
> for an Infinite greatnesse of Place.
>
> *Leviathan*, IV, 46.

La candente mañana de febrero en que Beatríz Viterbo murió, después de una imperiosa agonía que no se rebajó un solo instante ni al sentimentalismo ni al miedo, noté que las cartaleras de fierro de la plaza Constitución habían renovado no sé qué aviso de cigarrillos rubios; el hecho me dolió, pues comprendí que el incesante y vasto universo ya se apartaba de ella y que ese cambio era el primero de una serie infinita. Cambiará el universo pero yo no, pensé con melancólica vanidad; alguna vez, lo sé, mi vana devoción la había exasperado; muerta yo podía consagrarme a su memoria, sin esperanza, pero también sin humillacion. Considere que el treinta de abril era su cumpleaños; visitar ese día la casa de calle Garay para saludar a su padre y a Carlos Argentino Daneri, su primo hermano, era un acto cortés, irreprochable, tal vez ineludible. De nuevo aguardaría en el crepúsculo de la abarrotada salita, de nuevo estudiaría las circunstancias de sus muchos retratos. Beatriz Viterbo, de perfil, en colores; Beatriz, con antifaz, en los carnavales de 1921; la primera comunión de Beatriz; Beatriz, el día de su boda con Roberto Alessandri; Beatriz, poco después del divorcio, en un almuerzo del Club Hípico; Beatriz, en Quilmes,[90] con Delia San Marco Porcel y Carlos Argentino; Beatriz, con el pekinés que le regaló Villegas Haedo; Beatriz, de frente y de tres cuartos, sonriendo, la mano en el mentón... No estaría obligado, como otras veces, a justificar mi presencia con módicas ofrendas de libros: libros cuyas páginas, finalmente, aprendí a cortar, para no comprobar, meses depués, que estaban intactos.

---

[90]municipio al sur de la ciudad de Buenos Aires.

Beatriz Viterbo murió en 1929; desde entonces, no dejé pasar un treinta de abril sin volver a su casa. Yo solía llegar a las siete y cuarto y quedarme unos veinticinco minutos; cada año aparecía un poco más tarde y me quedaba un rato más; en 1933, una lluvia torrencial me favoreció: tuvieron que invitarme a comer. Así en aniversarios melancólicos y vanamente eróticos, recibí las graduales confidencias de Carlos Argentino Daneri.

Beatriz era alta, frágil, muy ligeramente inclinada; había en su andar (si el oxímoron es tolerable) una como graciosa torpeza, un principio de éxtasis; Carlos Argentino es rosado, considerable, canoso, de rasgos finos. Ejerce no sé qué cargo subalterno en una biblioteca ilegible de los arrabales del Sur; es autoritario, pero también es ineficaz; aprovechaba, hasta hace muy poco, las noches y las fiestas para no salir de su casa. A dos generaciones de distancia, la ese italiana y la copiosa gesticulación italiana sobreviven en él. Su actividad mental es continua, apasionada, versátil y del todo insignificante. Abunda en inservibles analogías y en ociosos escrúpulos. Tiene (como Beatriz) grandes y afiladas manos hermosas. Durante algunos meses padeció la obsesión de Paul Fort,[91] menos por sus baladas que por la idea de una gloria intachable. "Es el Príncipe de los poetas de Francia", repetía con fatuidad. "En vano te revolverás contra él; no lo alcanzará, no, la más inficionada de tus saetas."

El treinta de abril de 1941 me permití agregar al alfajor una botella de coñac del país. Carlos Argentino lo probó, lo juzgó interesante y emprendió, al cabo de una copas, una vindicación del hombre moderno.

—Lo evoco—dijo con una animación algo inexplicable—en su gabinete de estudio, como si dijéramos en la torre albarrana[92] de una ciudad, provisto de teléfonos, de telégrafos, de fonógrafos, de aparatos de radiotelefonía, de cinematógrafos, de linternas mágicas, de glosarios, de horarios, de prontuarios, de boletines...

Observó que para un hombre así facultado el acto de viajar era inútil; nuestro siglo XX había transformado la fábula de Mahoma y de la montaña; las montañas, ahora, convergían sobre el moderno Mahoma.

Tan ineptas me parecieron esas ideas, tan pomposa y tan vasta su exposición, que las relacioné inmediatamente con la literatura; le dije que por qué no las escribía. Previsiblemente respondió que ya lo había hecho: esos conceptos, y otros no menos novedosos, figuraban en el Canto Augural, Canto

---

[91]poeta francés (1872-1960).
[92]torre de una fortificación o ciudad fortificada.

Prologal o simplemente Canto-Prólogo de un poema en el que trabaja hacía muchos años, sin *réclame*,[93] sin bullanga ensordecedora, siempre apoyado en esos dos báculos que se llaman el trabajo y la soledad. Primero abría las compuertas a la imaginación; luego hacía uso de la lima. El poema se titulaba *La Tierra*; tratábase de una descripción del planeta, en la que no faltaban, por cierto, la pintoresca disgresión y el gallardo apóstrofe.

Le rogué que me leyera un pasaje, aunque fuera breve. Abrió un cajón del escritorio, sacó un alto legajo de hojas de block estampadas con el membrete de la Biblioteca Juan Crisóstomo Lafinur y leyó con sonora satisfacción:

He visto como el griego, las urbes de los hombres,
Los trabajos, los días de varia luz, el hambre;
No corrijo los hechos, no falseo los nombres,
Pero el *voyage* que narro, es... *autour de ma chambre.*[94]

—Estrofa a todas luces interesante—dictaminó—. El primer verso granjea el aplauso del catedrático, del académico, del helenista, cuando no de los eruditos a la violeta, sector considerable de la opinión; el segundo pasa de Homero a Hesíodo[95] (todo un implícito homenaje, en el frontis del flamante edificio, al padre de la poesía didáctica), no sin remozar un procedimiento cuyo abolengo está en la Escritura, la enumeración, congerie o conglobación; el tercero—¿barroquismo, decadentismo, culto depurado y fanático de la forma?—consta de dos hemistiquios gemelos; el cuarto, francamente bilingüe, me asegura el apoyo incondicional de todo espíritu sensible a los desenfadados envites de la facecia.[96] Nada diré de la rima rara ni de la ilustración que me permite ¡sin pedantismo! acumular en cuatro versos tres alusiones eruditas que abarcan treinta siglos de apretada literatura: la primera a la *Odisea*, la segunda a los *Trabajos y días*,[97] la tercera a la bagatela inmortal que nos deparan los ocios de la pluma del saboyano... Comprendo una vez más que

---

[93]propaganda o aviso publicitario.

[94]"alrededor de mi dormitorio" (francés).

[95]poeta griego del siglo VIII a.C.

[96]agudeza.

[97]poema de Hesíodo.

el arte moderno exige el bálsamo de la risa, el *scherzo*.[98] ¡Decididamente, tiene la palabra Goldoni![99]

Otras muchas estrofas me leyó que también obtuvieron su aprobación y su comentario profuso. Nada memorable había en ellas; ni siquiera las juzgué mucho peores que la anterior. En su escritura habían colaborado la aplicación, la resignación y el azar; las virtudes que Daneri les atribuía eran posteriores. Comprendí que el trabajo del poeta no estaba en la poesía; estaba en la invención de razones para que la poesía fuera admirable; naturalmente, ese ulterior trabajo modificaba la obra para él, pero no para otros. La dicción oral de Daneri era extravagante; su torpeza métrica le vedó salvo contadas veces, transmitir esa extravagancia al poema.[100]

Una sola vez en mi vida he tenido ocasión de examinar los quince mil dodecasílabos de *Polyolbion*, esa epopeya topográfica en la que Michael Drayton[101] registró la fauna, la flora, la hidrografía, la orografía, la historia militar y monástica de Inglaterra; estoy seguro de que ese producto considerable, pero limitado es menos tedioso que la vasta empresa congénere de Carlos Argentino. Este se proponía versificar toda la redondez del planeta; en 1941 ya había despachado unas hectáreas del estado de Queensland, más de un kilómetro del curso del Ob, un gasómetro al norte de Veracruz, las principales casas de comercio de la parroquia de la Concepción, la quinta de Mariana Cambaceres de Alvear en la calle Once de Septiembre, en Belgrano, y un establecimiento de baños turcos no lejos del acreditado acuario de Brighton. Me leyó ciertos laboriosos pasajes de la zona australiana de su poema; esos largos e informes alejandrinos carecían de la relativa agitación del prefacio. Copio una estrofa:

Sepan. A manderecha del poste rutinario

---

[98]"chiste" (italiano).

[99]Carlo Goldini (1707-93), dramaturgo italiano.

[100]Recuerdo sin embargo, estas líneas de una sátira en que fustigó con rigor a los malos poetas:

> *Aqueste da al poema belicosa armadura*
> *De erudición: estotro le da pompas y galas.*
> *Ambos baten en vano las ridículas alas...*
> *¡Olvidaron, cuitados, el factor HERMOSURA!*

Sólo el temor de crearse un ejército de enemigos implacables y poderosos lo disuadió (me dijo) de publicar sin miedo el poema. Nota de Borges.

[101](1562-1631), poeta inglés.

(Viniendo, claro está, desde el Nornoroeste)
Se aburre una osamenta—¿Color? Blanquiceleste—
Que da al corral de ovejas catadura de osario.

—¡Dos audacias—gritó con exultación—rescatadas, te oigo mascullar, por el éxito! Lo admito, lo admito. Una, el epíteto *rutinario*, que claramente denuncia, *en passant*,[102] el inevitable tedio inherente a las faenas pastoriles y agrícolas, tedio que ni las geórgicas ni nuestro ya laureado *Don Segundo* se atrevieron a denunciar así, al rojo vivo. Otra, el enérgico prosaísmo *se aburre una osamenta*, que el melindroso querrá excomulgar con horror pero que apreciará más que su vida el crítico de gusto viril. Todo el verso, por lo demás, es de muy subidos quilates. El segundo hemistiquio entabla animadísima charla con el lector; se adelanta a su viva curiosidad, le pone una pregunta en la boca y la satisface... al instante. ¿Y qué me dices de ese hallazgo, *blanquiceleste*? El pintoresco neologismo *sugiere* el cielo, que es un factor importantísimo del paisaje australiano. Sin esa evocación resultarían demasiado sombrías las tintas del boceto y el lector se vería compelido a cerrar el volumen, herido en lo más íntimo el alma de incurable y negra melancolía.

Hacia la media noche me despedí.

Dos domingos después, Daneri me llamó por teléfono, entiendo que por primera vez en la vida. Me propuso que nos reuniéramos a las cuatro, "para tomar juntos la leche, en el contiguo salón-bar que el progresismo de Zunino y de Zungri—los propietarios de mi casa, recordarás—inaugura en la esquina; confitería que te importará conocer." Acepté, con más resignación que entusiasmo. Nos fue difícil encontrar mesa; el "salón-bar", inexorablemente moderno, era apenas un poco menos atroz que mis previsiones; en las mesas vecinas, el excitado público mencionaba las sumas invertidas sin regatear por Zunino y por Zungri. Carlos Argentino fingió asombrarse de no sé qué primores de la instalación de la luz (que sin duda, ya conocía) y me dijo con cierta severidad:

—Mal de tu grado habrás de reconocer que este local se parangona con los más encopetados de Flores.[103]

Me releyó, después, cuatro o cinco páginas del poema. Las había corregido según un depravado instinto de ostentación verbal: donde antes escribió *azulado*, ahora abundaba en *azulino*, *azulenco* y hasta *azulillo*. La palabra *lechoso* no era bastante fea para él; en la impetuosa descripción de

---

[102]"de paso" (francés).

[103]antiguo suburbio elegante de Buenos Aires; ahora barrio céntrico.

un lavadero de lanas, prefería *lactario, lactinoso, lactescente, lechal*... Denostó con amargura a los críticos; luego, más benigno, los equiparó a esas personas, "que no disponen de metales preciosos ni tampoco de prensas de vapor, laminadores y ácidos sulfúricos para la acuñación de tesoros, pero que pueden *indicar* a los *otros el sitio* de un tesoro". Acto continuo censuró la *prologomanía*, "de la que ya hizo mofa, en la donosa prefación del Quijote, el Príncipe de los Ingenios". Admitió, sin embargo, que en la portada de la nueva obra convenía el prólogo vistoso, el espaldarazo firmado por el plumífero de garra, de fuste. Agregó que pensaba publicar los cantos iniciales de su poema. Comprendí, entonces, la singular invitación telefónica; el hombre iba a pedirme que prologara su pedantesco fárrago. Mi temor resultó infundado: Carlos Argentino observó, con admiración rencorosa, que no creía errar el epíteto al calificar de sólido el prestigio logrado en todos los círculos por Alvaro Melián Lafinur,[104] hombre de letras, que si yo me empeñaba, prologaría con embeleso el poema. Para evitar el más imperdonable de los fracasos, yo tenía que hacerme portavoz de dos méritos inconcusos:[105] la perfección formal y el rigor científico, "porque ese dilatado jardín de tropos, de figuras, de galanuras, no tolera un solo detalle que no confirme la severa verdad". Agregó que Beatriz siempre se había distraído con Alvaro.

Asentí, profusamente asentí. Aclaré, para mayor verosimilitud, que no hablaría el lunes con Alvaro, sino el jueves: en la pequeña cena que suele coronar toda reunión del Club de Escritores. (No hay tales cenas, pero es irrefutable que las reuniones tienen lugar los jueves, hecho que Carlos Argentino Daneri podía comprobar en los diarios y que dotaba de cierta realidad a la frase.) Dije, entre adivinatorio y sagaz, que antes de abordar el tema del prólogo, describiría el curioso plan de la obra. Nos despedimos; al doblar por Bernardo de Yrigoyen, encaré con toda imparcialidad los porvenires que me quedaban: a) hablar con Alvaro y decirle que el primo hermano aquel de Beatriz (ese eufemismo explicativo me permitiría nombrarla) había elaborado un poema que parecía dilatar hasta lo infinito las posibilidades de la cacofonía y del caos, b) no hablar con Alvaro. Preví, lúcidamente, que mi desidia optaría por b.

A partir del viernes a primera hora, empezó a inquietarme el teléfono. Me indignaba que ese instrumento, que algún día produjo la irrecuperable voz de Beatriz, pudiera rebajarse a receptáculo de las inútiles y quizá coléricas

---

[104](1889-1958), escritor argentino y primo de Borges.

[105]firme, sin duda ni contradicción.

quejas de ese engañado Carlos Argentino Daneri. Felizmente, nada ocurrió—salvo el rencor inevitable que me inspiró aquel hombre que me había
impuesto una delicada gestión y luego me olvidaba.

El teléfono perdió sus terrores, pero a fines de octubre, Carlos Argentino me habló. Estaba agitadísimo; no identifiqué su voz, al principio. Con
tristeza y con ira balbuceó que esos ya ilimitados Zunino y Zungri, so pretexto
de ampliar su desaforada confitería, iban a demoler su casa.

—¡La casa de mis padres, mi casa, la vieja casa inveterada de la calle
Garay!—repitió, quizá olvidando su pesar en la melodía.

No me resultó muy difícil compartir su congoja. Ya cumplidos los
cuarenta años, todo cambio es un símbolo detestable del pasaje del tiempo;
además, se trataba de una casa que, para mí, aludía infinitamente a Beatriz.
Quise aclarar ese delicadísimo rasgo: mi interlocutor no me oyó. Dijo que si
Zunino y Zungri persistían en ese propósito absurdo, el doctor Zunni, su abogado, los demandaría *ipso facto* por daños y perjuicios y les obligaría a abonar
cien mil nacionales.

El nombre de Zunni me impresionó; su bufete, en Caseros y Tacurí,
es de una seriedad proverbial. Interrogué si éste se había encargado ya del
asunto. Daneri dijo que le hablaría esa misma tarde. Vaciló y con esa voz fina,
impersonal, a que solemos recurrir para confiar algo muy íntimo, dijo que
para terminar el poema le era indispensable la casa, pues en un ángulo del
sótano había un Aleph. Aclaró que un Aleph es uno de los puntos del espacio
que contiene todos los puntos.

—Está en el sótano del comedor—explicó, aligerada su dicción por
la angustia—. Es mío, es mío; yo lo descubrí en la niñez, antes de la edad
escolar. La escalera del sótano es empinada, mis tíos me tenían prohibido el
descenso, pero alguien dijo que había un mundo en el sótano. Se refería, lo
supe después, a un baúl, pero yo entendí que había un mundo. Bajé secretamente, rodé por la escalera vedada, caí. Al abrir los ojos, vi el Aleph.

—¿El Aleph?—repetí.

—Sí, el lugar donde están, sin confundirse, todos los lugares del orbe,
vistos desde los ángulos. A nadie revelé mi descubrimiento, pero volví. ¡El
niño no podía comprender que le fuera deparado ese privilegio para que el
hombre burilara el poema! No me despojarán Zunnino y Zungri, no y mil veces no. Código en mano, el doctor Zunni probará que es inajenable mi Aleph.

Traté de razonar.

—Pero, ¿no es muy oscuro el sótano?

—La verdad no penetra en un entendimiento rebelde. Si todos los lugares de la tierra están en el Aleph, ahí estarán todas las luminarias, todas las lámparas, todos los veneros de luz.

—Iré a verlo inmediatamente.

Corté, antes de que pudiera emitir una prohibición. Basta el conocimiento de un hecho para percibir en el acto una serie de rasgos confirmatorios, antes insospechados; me asombró no haber comprendido hasta ese momento que Carlos Argentino era un loco. Todos esos Viterbo, por lo demás... Beatriz (yo mismo suelo repetirlo) era una mujer, una niña de una clarividencia casi impecable, pero había en ella negligencias, distracciones, desdenes, verdaderas crueldades, que tal vez reclamaban una explicación patológica. La locura de Carlos Argentino me colmó de maligna felicidad; íntimamente, siempre nos habíamos detestado.

En la calle Garay, la sirvienta me dijo que tuviera la bondad de esperar. El niño estaba, como siempre, en el sótano, revelando fotografías. Junto al jarrón sin una flor, en el piano inútil, sonreía (más intemporal que anacrónico) el gran retrato de Beatriz, en torpes colores. No podía vernos nadie; en una desesperación de ternura me aproximé al retrato y le dije:

—Beatriz, Beatriz Elena, Beatriz Elena Viterbo, Beatriz querida, Beatriz perdida para siempre, soy yo, soy Borges.

Carlos entró poco después. Habló con sequedad; comprendí que era capaz de otro pensamiento que de la perdición del Aleph.

—Una copita del seudo coñac—ordenó—y te zampuzarás en el sótano. Ya sabes, el decúbito dorsal es indispensable. También lo son la oscuridad, la inmovilidad, cierta acomodación ocular. Te acuestas en el piso de baldosas y fijas los ojos en el décimonono escalón de la pertinente escalera. Me voy, bajo la trampa y te quedas solo. Algún roedor te mete miedo ¡fácil empresa! A los pocos minutos ves el Aleph, ¡El microcosmo de alquimistas y cabalistas, nuestro concreto amigo proverbial, el *multum in parvo*![106]

Ya en el comedor, agregó:

—Claro está que si no lo ves, tu incapacidad no invalida mi testimonio... Baja; muy en breve podrás entablar un diálogo con *todas* las imágenes de Beatriz.

Bajé con rapidez, harto de sus palabras insustanciales. El sótano, apenas más ancho que la escalera, tenía mucho de pozo. Con la mirada, busqué en vano el baúl de que Carlos Argentino me habló. Unos cajones con bo-

---

[106]"lo mucho en lo poco" (latín).

tellas y unas bolsas de lona entorpecían un ángulo. Carlos tomó una bolsa, la
dobló y la acomodó en un sitio preciso.

—La almohada es humildosa—explicó—, pero si la levanto un solo
centímetro, no verás ni una pizca y te quedas corrido y avergonzado. Repatin-
ga en el suelo ese corpachón y cuenta diecinueve escalones.

Cumplí con sus ridículos requisitos; al fin se fue. Cerró cautelosamente la trampa; la oscuridad, pese a una hendija que después distinguí, pudo parecerme total. Súbitamente comprendí mi peligro: me había dejado soterrar
por un loco, *tenía que matarme*. Sentí un confuso malestar, que traté de atribuir a la rigidez, y no a la operación de un narcótico. Cerré los ojos, los abrí.
Entonces vi el Aleph.

Arribo, ahora, al inefable centro de mi relato; empieza, aquí, mi
desesperación de escritor. Todo lenguaje es un alfabeto de símbolos cuyo ejercicio presupone un pasado que los interlocutores comparten; ¿cómo transmitir
a los otros el infinito Aleph, que mi temerosa memoria apenas abarca? Los
místicos, en análogo, prodigan los emblemas: para significar la divinidad, un
persa habla de un pájaro que de algún modo es todos los pájaros; Alanus de
Insulis,[107] de una esfera cuyo centro está en todas partes y la circunferencia
en ninguna; Ezequiel,[108] de un ángel de cuatro caras que a un tiempo se
dirige al Oriente y al Occidente, al Norte y al Sur. (No en vano rememoro
esas inconcebibles analogías; alguna relación tienen con el Aleph.) Quizá los
dioses no me negarían el hallazgo de una imagen equivalente, pero este informe quedaría contaminado de literatura, de falsedad. Por lo demás, el problema central es irresoluble: la enumeración, siquiera parcial, de un conjunto
infinito. En ese instante gigantesco, he visto millones de actos deleitables o
atroces; ninguno me asombró como el hecho de que todos ocuparan el mismo
punto, sin superposición y sin transparencia. Lo que vieron mis ojos fue simul-
táneo: lo que transcribiré, sucesivo, porque el lenguaje lo es. Algo, sin embargo, recogeré.

En la parte inferior del escalón, hacia la derecha, vi una pequeña
esfera tornasolada, de casi intolerable fulgor. Al principio la creí giratoria;
luego comprendí que ese movimiento era una ilusión producida por los vertiginosos espectáculos que encerraba. El diámetro del Aleph sería de dos o tres
centímetros, pero el espacio cósmico estaba ahí, sin disminución de tamaño.
Cada cosa (la luna del espejo, digamos) era infinitas cosas, porque yo clara-

---

[107]Alain de Lille (1128?-1202), poeta francés.

[108]profeta de la Biblia.

mente la veía desde todos los puntos del universo. Vi el populoso mar, vi el alba y la tarde, vi las muchedumbres de América, vi una plateada telaraña en el centro de una negra pirámide, vi un laberinto roto (era Londres), vi interminables ojos inmediatos escrutándose en mí como en un espejo, vi todos los espejos del planeta y ninguno me reflejó, vi en un traspatio de la calle Soler las mismas baldosas que hace treinta años vi en el zaguán de una casa de Fray Bentos,[109] vi racimos, nieve, tabaco, vetas de metal, vapor de agua, vi convexos desiertos ecuatoriales y cada uno de sus granos de arena, vi en Inverness a una mujer que no olvidaré, ni la violenta cabellera, el altivo cuerpo, vi un cáncer en el pecho, vi un círculo de tierra seca en una vereda, donde antes hubo un árbol, vi una quinta de Adrogué, un ejemplar de la primera versión inglesa de Plinio,[110] la de Philemon Holland,[111] vi a un tiempo cada letra de cada página (de chico, yo solía maravillarme de que las letras de un volumen cerrado no se mezclaran y perdieran en el decurso de la noche), vi la noche y el día contemporáneo, vi un poniente en Querétaro[112] que parecía reflejar el color de una rosa en Bengala, vi un dormitorio sin nadie, vi en un gabinete de Alkmaar[113] un globo terráqueo entre dos espejos que lo multiplican sin fin, vi caballos de crin arremolinada, en una playa del Mar Caspio en el alba, vi la delicada osatura de una mano, vi a los sobrevivientes de una batalla, enviando tarjetas postales, vi en un escaparate de Mirzapur[114] una baraja española, vi las sombras oblicuas de unos helechos en el suelo de un invernáculo, vi tigres, émbolos, bisontes, marejadas y ejércitos, vi todas las hormigas que hay en la tierra, vi un astrolabio persa, vi en un cajón del escritorio (y la letra me hizo temblar) cartas obscenas, increíbles, precisas que Beatriz había dirigido a Carlos Argentino, vi un adorado monumento en la Chacarita,[115] vi la reliquia atroz de lo que deliciosamente había sido Beatriz Viterbo, vi la circulación de mi oscura sangre, vi el engranaje del amor y la modificación de la muerte, vi el Aleph, desde todos los puntos, vi en el Aleph la tierra, y en la tierra otra vez el Aleph y en el Aleph la tierra, vi mi cara y

---

[109]pueblo de la provincia de Buenos Aires.

[110]Caius Plinius Secundus (23-79), naturalista romano.

[111](1552-1637), erudito inglés.

[112]estado de México cuya capital lleva el mismo nombre.

[113]ciudad de Holanda.

[114]ciudad de la India.

[115]cementerio de Buenos Aires.

mis vísceras, vi tu cara, y sentí vértigo y lloré, porque mis ojos habían visto ese objeto secreto y conjetural, cuyo nombre usurpan los hombres, pero que ningún hombre ha mirado: el inconcebible universo.

Sentí infinita veneración, infinita lástima.

—Tarumba habrás quedado de tanto curiosear donde no te llaman—dijo una voz aborrecida y jovial—. Aunque te devanes los sesos, no me pagarás en un siglo esta revelación. ¡Qué observatorio formidable, che Borges!

Los zapatos de Carlos Argentino ocupaban el escalón más alto. En la brusca penumbra, acerté a levantarme y a balbucear:

—Formidable. Sí, formidable.

La indiferencia de mi voz me extrañó. Ansioso, Carlos Argentino insistía:

—¿Lo viste todo bien, en colores?

En ese instante concebí mi venganza. Benévolo, manifiestamente apiadado, nervioso, evasivo, agradecí a Carlos Argentino Daneri la hospitalidad de su sótano y lo insté a aprovechar la demolición de la casa para alejarse de la perniciosa metrópoli, que a nadie ¡créame, que a nadie! perdona. Me negué, con suave energía, a discutir el Aleph; lo abracé, al despedirme, y le repetí que el campo y la serenidad son dos grandes médicos.

En la calle, en las escaleras de Constitución, en el subterráneo, me parecieron familiares todas las caras. Temí que no quedara una sola cosa capaz de sorprenderme, temí que no me abandonara jamás la impresión de volver. Felizmente, al cabo de unas noches de insomnio, me trabajó otra vez el olvido.

Posdata del primero de marzo de 1943. A los seis meses de la demolición del inmueble de la calle Garay, la Editorial Procusto no se dejó arredrar por la longitud del considerable poema y lanzó al mercado una selección de "trozos argentinos". Huelga repetir lo ocurrido; Carlos Argentino Daneri recibió el Segundo Premio Nacional de Literatura.[116] El primero fue otorgado al doctor Aita;[117] el tercero, al doctor Mario Bonfanti;[118] increíblemente,

---

[116]"Recibí tu apenada congratulación", me escribió. "Bufas, mi lamentable amigo, de envidia, pero confesarás—¡aunque te ahogue!—que esta vez pude coronar mi bonete con la más roja de las plumas; mi turbante, con el más califa de los rubíes." Nota de Borges.

[117]Antonio Aita (1891), médico argentino.

[118]individuo apócrifo de Borges.

mi obra *Los naipes del tahur* no logró un solo voto. ¡Una vez más, triunfaron la incomprensión y la envidia! Hace ya mucho tiempo que no consigo ver a Daneri; los diarios dicen que pronto nos dará otro volumen. Su afortunada pluma (no entorpecida ya por el Aleph) se ha consagrado a versificar los epítomes del doctor Acevedo Díaz.[119]

Dos observaciones quiero agregar: una, sobre la naturaleza del Aleph; otra, sobre su nombre. Este, como es sabido, es el de la primera letra del alfabeto de la lengua sagrada. Su aplicación al disco de mi historia no parece casual. Para la Cábala, esa letra significa el En Soph, la ilimitada y pura divinidad; también se dijo que tiene la forma de un hombre que señala el cielo y la tierra, para indicar que el mundo inferior es el espejo y es el mapa del superior; para la *Mengenlehre*,[120] es el símbolo de los números transfinitos, en los que el todo no es mayor que alguna de las partes. Yo querría saber: ¿Eligió Carlos Argentino ese nombre, o lo leyó, *aplicado a otro punto donde convergen todos los puntos*, en alguno de los textos innumerables que el Aleph de su casa le reveló? Por increíble que parezca, yo creo que hay (o que hubo) otro Aleph, yo creo que el Aleph de la calle Garay era un falso Aleph.

Doy mis razones. Hacia 1867 el capitán Burton[121] ejerció en el Brasil el cargo de cónsul británico; en julio de 1942 Pedro Henríquez Ureña[122] descubrió en una biblioteca de Santos[123] un manuscrito suyo que versaba sobre el espejo que atribuye el Oriente a Iskandar Zu al-Karnayn, o Alejandro Bicorne de Macedonia.[124] En su cristal se reflejaba el universo entero. Burton menciona otros artificios congéneres—la séptuple copa de Kay Josrú, el espejo que Tárik Benzeyad encontró en una torre (1001 *Noches*, 272), el espejo que Luciano de Samosata[125] pudo examinar en la luna (*Historia Verdadera*, I. 26), la lanza especular que el primer libro del *Satyricon* de Capella[126] atribuye a Júpiter, el espejo universal de Merlin, "redondo y hue-

---

[119]Eduardo Acevedo Díaz (1851-1919), escritor uruguayo.

[120]"que enseña a las multitudes" (alemán).

[121]Sir Richard Francis Burton (1821-90), aventurero y escritor inglés.

[122](1884-1946), crítico dominicano.

[123]ciudad del Brasil.

[124](356-323 a.C.), Alejandro Magno, conquistador de Persia.

[125](siglo II), escritor helénico.

[126]Martianus (o Felix) Capella (siglo V), escritor latino.

co y semejante a un mundo de vidrio" (*The Faerie Queene*, III. 2, 19)[127]—y
añade estas curiosas palabras: "Pero los anteriores (además del defecto de no
existir) son meros instrumentos de óptica. Los fieles que concurren a la mezquita de Amr, en el Cairo, saben muy bien que el universo está en el interior
de una de las columnas de piedra que rodean el patio central... Nadie, claro
está, puede verlo, pero quienes acercan el oído a la superficie, declaran percibir, al poco tiempo, su atareado rumor... La mezquita data del siglo VII; las
columnas proceden de otros templos de religiones anteislámicas, pues como
ha escrito Abenjaldún:[128] *En las repúblicas fundadas por nómadas, es indispensable el concurso de forasteros para todo lo que sea albañilería*".

    ¿Existe ese Aleph en lo más íntimo de una piedra? ¿Lo he visto
cuando vi todas las cosas y lo he olvidado? Nuestra mente es porosa para el
olvido; yo mismo estoy falseando y perdiendo, bajo la trágica erosión de los
años, los rasgos de Beatriz.
A Estela Canto.

"La intrusa"

2 REYES, I, 26.

    Dicen (lo cual es improbable) que la historia fue referida por Eduar-
do, el menor de los Nelson, en el velorio de Cristián, el mayor, que falleció
de muerte natural, hacia mil ochocientos noventa y tantos, en el partido de
Morón.[129] Lo cierto es que alguien la oyó de alguien, en el decurso de esa
larga noche perdida, entre mate y mate, y la repitió a Santiago Dabove, por
quien la supe. Años después, volvieron a contármela en Turdera, donde había
acontecido. La segunda versión, algo más prólija, confirmaba en suma la de
Santiago, con las pequeñas variaciones y divergencias que son del caso. La
escribo ahora porque en ella se cifra, si no me engaño, un breve y trágico
cristal de la índole de los orilleros antiguos. Lo haré con probidad, pero ya

---

[127]poema del inglés Edmund Spenser (1552?-99).

[128](1332-1406), filósofo e historiador árabe.

[129]municipio y al oeste de la ciudad de Buenos Aires.

preveo que cederé a la tentación literaria de acentuar o agregar algún pormenor.

En Turdera los llamaban los Nilsen. El párroco me dijo que su predecesor recordaba, no sin sorpresa, haber visto en la casa de esa gente una gastada Biblia de tapas negras, con caracteres góticos; en las últimas páginas entrevió nombres y fechas manuscritas. Era el único libro que había en la casa. La azarosa crónica de los Nilsen, perdida como todo se perderá. El caserón, que ya no existe, era de ladrillo sin revocar; desde el zaguán se divisaban un patio de baldosa colorada y otro de tierra. Pocos, por lo demás, entraron ahí; los Nilsen defendían su soledad. En las habitaciones desmanteladas dormían en catres; sus lujos eran el caballo, el apero, la daga de hoja corta, el atuendo rumboso de los sábados y el alcohol pendenciero. Sé que eran unos altos, de melena rojiza. Dinamarca o Irlanda, de las que nunca oirían hablar, andaban por la sangre de esos dos criollos. El barrio los temía a los Colorados; no es imposible que debieran alguna muerte. Hombro a hombro pelearon una vez a la policía. Se dice que el menor tuvo un altercado con Juan Iberra,[130] en el que no llevó la peor parte, lo cual, según los entendidos, es mucho. Fueron troperos, cuarteadores, cuatreros y alguna vez tahures. Tenían fama de avaros, salvo cuando la bebida y el juego los volvía generosos. De sus deudos nada se sabe ni de dónde vinieron. Eran dueños de una carreta y de una yunta de bueyes.

Físicamente diferían del compadraje[131] que dio su apodo forajido a la Costa Brava. Esto, y lo que ignoramos, ayuda a comprender lo unidos que fueron. Malquistarse con uno era contar con dos enemigos.

Los Nilsen eran calaveras, pero sus episodios amorosos habían sido hasta entonces de zaguán o de casa mala. No faltaron, pues, comentarios cuando Cristián llevó a vivir con él a Juliana Burgos. Es verdad que ganaba así una sirvienta, pero no es menos cierto que la colmó de horrendas baratijas y que la lucía en las fiestas. En las pobres fiestas de conventillo, donde la quebrada y el corte estaban prohibidos y donde se bailaba, todavía, con mucha luz. Juliana era de tez morena y de ojos rasgados, bastaba que alguien la mirara para que se sonriera. En un barrio modesto, donde el trabajo y el descuido gastan a las mujeres, no era mal parecida.

---

[130]legendario cuchillero.

[131]conjunto de *compadres*, reos, cuchilleros y rufianes a sueldo de los caudillos políticos.

Eduardo los acompañaba al principio. Después emprendió un viaje a Arrecifes[132] por no sé qué negocio; a su vuelta llevó a la casa una muchacha, que había levantado por el camino, y a los pocos días la echó. Se hizo más hosco; se emborrachaba solo en el almacén y no se daba con nadie. Estaba enamorado de la mujer de Cristián. El barrio, que tal vez lo supo antes que él, previó con alevosa alegría la rivalidad latente de los hermanos.

Una noche, al volver tarde de la esquina, Eduardo vio el oscuro de Cristián atado al palenque. En el patio, el mayor estaba esperando con sus mejores pilchas.[133] La mujer iba y venía con el mate en la mano. Cristián le dijo a Eduardo:

—Yo me voy a una farra en lo de Farías. Ahí la tenés a la Juliana; si la querés, usala.

El tono era entre mandón y cordial. Eduardo se quedó un tiempo mirándolo; no sabía qué hacer. Cristián se levantó, se despidió de Eduardo, no de Juliana, que era una cosa, montó a caballo y se fue al trote, sin apuro.

Desde aquella noche la compartieron. Nadie sabrá los pormenores de esa sórdida unión, que ultrajaba las decencias del arrabal. El arreglo anduvo bien por unas semanas, pero no podía durar. Entre ellos, los hermanos no pronunciaban el nombre de Juliana, ni siquiera para llamarla, pero buscaban, y encontraban, razones para no estar de acuerdo. Discutían la venta de unos cueros, pero lo que discurrían era otra cosa. Cristián solía alzar la voz y Eduardo callaba. Sin saberlo, estaban celándose. En el duro suburbio, un hombre no decía, ni se decía, que una mujer pudiera importarle, más allá del deseo y la posesión, pero los dos estaban enamorados. Esto, de algún modo, los humillaba.

Una tarde, en la plaza de Lomas, Eduardo se cruzó con Juan Iberra, que lo felicitó por ese primor que se había agenciado. Fue entonces, creo, que Eduardo lo injurió. Nadie, delante de él, iba a hacer burla de Cristián.

La mujer atendía a los dos con sumisión bestial; pero no podía ocultar alguna preferencia por el menor, que no había rechazado la participación, pero que no la había dispuesto.

Un día, le mandaron a la Juliana que sacara dos sillas al primer patio y que no apareciera por ahí, porque tenían que hablar. Ella esperaba un diálogo largo y se acostó a dormir la siesta, pero al rato la recordaron. Le hicieron llenar una bolsa con todo lo que tenía, sin olvidar el rosario de vidrio y la

---

[132]pueblo en la provincia de Buenos Aires.

[133]ropas.

crucecita que le había dejado su madre. Sin explicarle nada la subieron a la carreta y emprendieron un silencioso y tedioso viaje. Había llovido; los caminos estaban muy pesados y serían la cinco de la mañana cuando llegaron a Morón. Ahí la vendieron a la patrona del prostíbulo. El trato ya estaba hecho; Cristián cobró la suma y la dividió después con el otro.

En Turdera, los Nilsen, perdidos hasta entonces en la maraña (que también era una rutina) de aquel monstruoso amor, quisieron reanudar su antigua vida de hombres entre hombres. Volvieron a las trucadas, al reñidero, a las juergas casuales. Acaso, alguna vez, se creyeron salvados, pero solían incurrir, cada cual por su lado, en injustificadas o harto justificadas ausencias. Poco antes de fin de año el menor dijo que tenía que hacer en la Capital. Cristián se fue a Morón; en el palenque de la casa que sabemos reconoció al overo de Eduardo. Entró; adentro estaba el otro, esperando turno. Parece que Cristián le dijo:

—De seguir así, los vamos a cansar a los pingos. Más vale que la tengamos a la mano.

Habló con la patrona, sacó unas monedas del tirador y se la llevaron. La Juliana iba con Cristián; Eduardo espoleó al overo para no verlos.

Volvieron a lo que ya se ha dicho. La infame solución había fracasado; los dos habían cedido a la tentación de hacer trampa. Caín andaba por ahí, pero el cariño entre los Nilsen era muy grande—¡quién sabe qué rigores y qué peligros habían compartido!—y prefirieron desahogar su exasperación con ajenos. Con un desconocido, con los perros, con Juliana, que había traído la discordia.

El mes de marzo estaba por concluir y el calor no cejaba. Un domingo (los domingos la gente suele recogerse temprano) Eduardo, que volvía al almacén vio que Cristián uncía los bueyes. Cristián le dijo:

—Vení; tenemos que dejar unos cueros en lo del Pardo; ya los cargué; aprovechemos la fresca.

El comercio del Pardo quedaba, creo, más al Sur; tomaron por el Camino de las Tropas; después, por un desvío. El campo iba agrandándose con la noche.

Orillaron un pajonal; Cristián tiró el cigarro que había encendido y dijo sin apuro:

—A trabajar, hermano. Después nos ayudarán los caranchos. Hoy la maté. Que se quede aquí con sus pilchas. Ya no habrá más perjuicios.

Se abrazaron, casi llorando. Ahora los ataba otro vínculo: la mujer trístemente sacrificada y la obligación de olvidarla.

Obras completas. Buenos Aires: Emecé Editores, 1974; *Obra poética 1923-1977*. Buenos Aires: Emecé Editores, 1977.

PABLO NERUDA (Chile; 1904-73)

"Poema 20"

Puedo escribir los versos más tristes esta noche.

Escribir, por ejemplo: "La noche está estrellada,
y tiritan, azules, los astros, a lo lejos".

El viento de la noche gira en el cielo y canta.

Puedo escribir los versos más tristes esta noche.
Yo la quise, y a veces ella también me quiso.

En las noches como ésta la tuve entre mis brazos.
La besé tantas veces bajo el cielo infinito.

Ella me quiso, a veces yo también la quería.
Cómo no haber amado sus grandes ojos fijos.

Puedo escribir los versos más tristes esta noche.
Pensar que no la tengo. Sentir que la he perdido.

Oír la noche inmensa, más inmensa sin ella.
Y el verso cae al alma como al pasto el rocío.

Qué importa que mi amor no pudiera guardarla.
La noche está estrellada y ella no está conmigo.

Eso es todo. A lo lejos alguien canta. A lo lejos.
Mi alma no se contenta con haberla perdido.

Como para acercarla mi mirada la busca.
Mi corazón la busca, y ella no está conmigo.

La misma noche que hace blanquear los mismos árboles.
Nosotros, los de entonces, ya no somos los mismos.

Ya no la quiero, es cierto, pero cuánto la quise.
Mi voz buscaba el viento para tocar su oído.

De otro. Será de otro. Como antes de mis besos.
Su voz, su cuerpo claro. Sus ojos infinitos.

Ya no la quiero, es cierto, pero tal vez la quiero.
Es tan corto el amor, y es tan largo el olvido.

Porque en noches como ésta la tuve entre mis brazos,
mi alma no se contenta con haberla perdido.

Aunque éste sea el último dolor que ella me causa,
y éstos sean los últimos versos que yo le escribo.

"La canción desesperada"

Emerge tu recuerdo de la noche en que estoy.
El río anuda al mar su lamento obstinado.

Abandonado como los muelles en el alba.
Es la hora de partir, oh abandonado!

Sobre mi corazón llueven frías corolas.
Oh sentina de escombros, feroz cueva de náufragos!

En ti se acumularon las guerras y los vuelos.
De ti alzaron las alas los pájaros del canto.

Todo te lo tragaste, como la lejanía.
Como el mar, como el tiempo. Todo en ti fue naufragio!

Era la alegre hora del asalto y el beso.
La hora del estupor que ardía como un faro.

Ansiedad de piloto, furia de buzo ciego,
turbia embriaguez de amor, todo en ti fue naufragio!

En la infancia de niebla mi alma alada y herida.
Descubridor perdido, todo en ti fue naufragio!

Te ceñiste al dolor, te agarraste al deseo.
Te tumbó la tristeza, todo en ti fue naufragio!

Hice retroceder la muralla de sombra,
anduve más allá del deseo y del acto.

Oh carne, carne mía, mujer que amé y perdí,
a ti en esta hora húmeda, evoco y hago canto.

Como un vaso albergaste la infinita ternura,
y el infinito olvido te trizó como a un vaso.

Era la negra, negra soledad de las islas,
y allí, mujer de amor, me acogieron tus brazos.

Era la sed y el hambre, y tú fuiste la fruta.
Era el duelo y las ruinas, y tú fuiste el milagro.

Ah mujer, no sé cómo pudiste contenerme
en la tierra de tu alma, y en la cruz de tus brazos!

Mi deseo de ti fue el más terrible y corto,
el más revuelto y ebrio, el más tirante y ávido.

Cementerio de besos, aún hay fuego en tus tumbas,
aún los racimos arden picoteados de pájaros.

Oh la boca mordida, oh los besados miembros,
oh los hambrientos dientes, oh los cuerpos trenzados.

"Tango del viudo"

Oh Maligna, ya habrás hallado la carta, ya habrás llorado de furia,
y habrás insultado el recuerdo de mi madre
llamándola perra podrida y madre de perros,
ya habrás bebido sola, solitaria, el té del atardecer
mirando mis viejos zapatos vacíos para siempre
y ya no podrás recordar mis enfermedades, mis sueños nocturnos, mis
     comidas,
sin maldecirme en voz alta como si estuviera allí aún
quejándome del trópico de los *coolies corringhis*,
de las venenosas fiebres que me hicieron tanto daño
y de los espantosos ingleses que odio todavía.

Maligna, la verdad, qué noche tan grande, qué tierra tan sola!
He llegado otra vez a los dormitorios solitarios,
a almorzar en los restaurantes comida fría, y otra vez
tiro al suelo los pantalones y las camisas,
no hay perchas en mi habitación, ni retratos de nadie en las paredes.
Cuánta sombra de la que hay en mi alma daría por recobrarte,
y qué amenazadores me parecen los nombres de los meses,
y la palabra invierno qué sonido de tambor lúgubre tiene.

Enterrado junto al cocotero hallarás más tarde
el cuchillo que escondí allí por temor de que me mataras,
y ahora repentinamente quisiera oler su acero de cocina
acostumbrado al peso de tu mano y al brillo de tu pie:
bajo la humedad de la tierra, entre las sordas raíces,
de los lenguajes humanos el pobre sólo sabría tu nombre,
y la espesa tierra no comprende tu nombre
hecho de impenetrables substancias divinas.

Así como me aflige pensar en el claro día de tus piernas
recostadas como detenidas y duras aguas solares,
y la golondrina que durmiendo y volando vive en tus ojos,
y el perro de furia que asilas en el corazón,
así también veo las muertes que están entre nosotros desde ahora,
y respiro en el aire la ceniza y lo destruido,
el largo solitario espacio que me rodea para siempre.

Daría este viento del mar gigante por tu brusca respiración
oída en largas noches sin mezcla de olvido,
uniéndose a la atmósfera como el látigo a la piel del caballo.
Y para oírte orinar, en la oscuridad, en el fondo de la casa,
como vertiendo una miel delgada, trémula, argentina, obstinada,
cuántas veces entregaría este coro de sombras que poseo,
y el ruido de espadas inútiles que se oye en mi alma,
y la paloma de sangre que está solitaria en mi frente
llamando cosas desaparecidas, seres desaparecidos,
substancias extrañamente inseparables y perdidas.

"Walking Around"

Sucede que me canso de ser hombre.
Sucede que entro en las sastrerías y en los cines
marchito, impenetrable, como un cisne de fieltro
navegando en un agua de origen y ceniza.

El olor de las peluquerías me hace llorar a gritos.
Sólo quiero un descanso de piedras o de lana,
sólo quiero no ver establecimientos ni jardines,
ni mercaderías, ni anteojos, ni ascensores.

Sucede que me canso de mis pies y mis uñas
y mi pelo y mi sombra.
Sucede que me canso de ser hombre.

Sin embargo sería delicioso
asustar a un notario con un lirio cortado
o dar muerte a una monja con un golpe de oreja.
Sería bello
ir por las calles con un cuchillo verde
y dando gritos hasta morir de frío.

No quiero seguir siendo raíz en las tinieblas,
vacilante, extendido, tiritando de sueño,
hacia abajo, en las tripas mojadas de la tierra,

absorbiendo y pensando, comiendo cada día.

No quiero para mí tantas desgracias.
No quiero continuar de raíz y de tumba,
de subterráneo solo, de bodega con muertos
ateridos, muriéndome de pena.

Por eso el día lunes arde como el petróleo
cuando me ve llegar con mi cara de cárcel,
y aúlla en su transcurso como una rueda herida,
y da pasos de sangre caliente hacia la noche.

Y me empuja a ciertos rincones, a ciertas casas húmedas,
a hospitales donde los huesos salen por la ventana,
a ciertas zapaterías con olor a vinagre,
a calles espantosas como grietas.

Hay pájaros de color de azufre y horribles intestinos
colgando de las puertas de las casas que odio,
hay dentaduras olvidadas en una cafetera,
hay espejos
que debieran haber llorado de vergüenza y espanto,
hay paraguas en todas partes, y venenos, y ombligos.

Yo paseo con calma, con ojos, con zapatos,
con furia, con olvido,
paso, cruzo oficinas y tiendas de ortopedia,
y patios donde hay ropas colgadas de un alambre:
calzoncillos, toallas y camisas que lloran
lentas lágrimas sucias.

Alturas de Macchu Picchu[1]

I

Del aire al aire, como una red vacía,
iba yo entre las calles y la atmósfera, llegando y despidiendo,
en el advenimiento del otoño la moneda extendida
de las hojas, y entre la primavera y las espigas,
lo que el más grande amor, como dentro de un guante
que cae, nos entrega como una larga luna.

(Días de fulgor vivo en la intemperie
de los cuerpos: aceros convertidos
al silencio del ácido:
noches deshilachadas hasta la última harina:
estambres agredidos de la patria nupcial.)

Alguien que me esperó entre los violines
encontró un mundo como una torre enterrada
hundiendo su espiral más abajo de todas
las hojas de color de ronco azufre:
más abajo, en el oro de la geología,
como una espada envuelta en meteoros,
hundí la mano turbulenta y dulce
en lo más genital de lo terrestre.

Puse la frente entre las olas profundas,
descendí como gota entre la paz sulfúrica,
y, como un ciego, regresé al jazmín
de la gastada primavera humana.

---

[1]Es más común la ortografía Machu Picchu; se trata de las ruinas de una ciudad sagrada de los incas en los Andes. Deshabitada por muchos siglos, fue descubierta en 1911 por el arqueólogo norteamericano Hiram Bingham y hoy día es una de las mayores atracciones turísticas de Sudamérica.

II

Si la flor a la flor entrega el alto germen
y la roca mantiene su flor diseminada
en su golpeado traje de diamante y arena,
el hombre arruga el pétalo de la luz que recoge
en los determinados manantiales marinos
y taladra el metal palpitante en sus manos.
Y pronto, entre la ropa y el humo, sobre la mesa hundida,
como una barajada cantidad, queda el alma:
cuarzo y desvelo, lágrimas en el océano
como estanques de frío: pero aún
mátala y agonízala con papel y con odio,
sumérgela en la alfombra cotidiana, desgárrala
entre las vestiduras hostiles del alambre.

No: por los corredores, aire, mar o caminos,
quién guarda sin puñal (como las encarnadas
amapolas) su sangre? La cólera ha extenuado
la triste mercancía del vendedor de seres,
y, mientras en la altura del ciruelo, el rocío
desde mil años deja su carta transparente
sobre la misma rama que lo espera, oh corazón, oh frente triturada
entre las cavidades del otoño:

Cuántas veces en las calles de invierno de una ciudad o en
un autobús o un barco en el crepúsculo, o en la soledad
más espesa, la de la noche de fiesta, bajo el sonido
de sombras y campanas, en la misma gruta del placer humano,
me quise detener a buscar la eterna veta insondable
que antes toqué en la piedra o en el relámpago que el beso desprendía.

(Lo que en el cereal como una historia amarilla
de pequeños pechos preñados va repitiendo un número
que sin cesar es ternura en las capas germinales,
y que, idéntica siempre, se desgrana en marfil
y lo que en el agua es patria transparente, campana
desde la nieve aislada hasta las olas sangrientas.)

No pude asir sino un racimo de rostros o de máscaras
precipitadas, como anillos de oro vacío,
como ropas dispersas hijas de un otoño rabioso
que hiciera temblar el miserable árbol de las razas asustadas.

No tuve sitio donde descansar la mano
y que, corriente como agua de manantial encadenado,
o firme como grumo de antracita o cristal,
hubiera devuelto el calor o el frío de mi mano extendida.
Qué era el hombre? En qué parte de su conversación abierta
entre los almacenes y los silbidos, en cuál de sus movimientos metálicos
vivía lo indestructible, lo imperecedero, la vida?

III

El ser como el maíz se desgranaba en el inacabable
granero de los hechos perdidos, de los acontecimientos
miserables, del uno al siete, al ocho,
y no una muerte, sino muchas muertes llegaba a cada uno:
cada día una muerte pequeña, polvo, gusano, lámpara
que se apaga en el lodo del suburbio, una pequeña muerte de alas gruesas
entraba en cada hombre como una corta lanza
y era el hombre asediado del pan o del cuchillo,
el ganadero: el hijo de los puertos, o el capitán oscuro del arado,
o el roedor de las calles espesas:
todos desfallecieron esperando su muerte, su corta muerte diaria:
y su quebranto aciago de cada día era
como una copa negra que bebían temblando.

IV

La poderosa muerte me invitó muchas veces:
era como la sal invisible en las olas,
y lo que su invisible sabor diseminaba
era como mitades de hundimientos y altura
o vastas construcciones de viento y ventisquero.

Yo al férreo filo vine, a la angostura
del aire, a la mortaja de agricultura y piedra,
al estelar vacío de los pasos finales
y a la vertiginosa carretera espiral
pero, ancho mar, oh muerte!, de ola en ola no vienes,
sino como un galope de claridad nocturna
o como los totales números de la noche.

Nunca llegaste a hurgar en el bolsillo, no era
posible tu visita sin vestimenta roja:
sin auroral alfombra de cercado silencio:
sin altos y enterrados patrimonios de lágrimas.

No pude amar en cada ser un árbol
con su pequeño otoño a cuestas (la muerte de mil hojas),
todas las falsas muertes y las resurrecciones
sin tierra, sin abismo:
quise nadar en las más anchas vidas,
en las más sueltas desembocaduras,
y cuando poco a poco el hombre fue negándome
y fue cerrando paso y puerta para que no tocaran
mis manos manantiales su inexistencia herida,
entonces fui por calle y calle y río y río,
y ciudad y ciudad y cama y cama,
y atravesó el desierto mi máscara salobre,
y en las últimas casas humilladas, sin lámpara, sin fuego,
sin pan, sin piedra, sin silencio, solo,
rodé muriendo de mi propia muerte.

V

No eras tú, muerte grave, ave de plumas férreas,
la que el pobre heredero de las habitaciones
llevaba entre alimentos apresurados, bajo la piel vacía:
era algo, un pobre pétalo de cuerda exterminada:
un átomo del pecho que no vino al combate
o el áspero rocío que no cayó en la frente.
Era lo que no pudo renacer, un pedazo

de la pequeña muerte sin paz ni territorio:
un hueso, una campana que morían en él.
Yo levanté las vendas del yodo, hundí las manos
en los pobres dolores que mataban la muerte,
y no encontré en la herida sino una racha fría
que entraba por los vagos intersticios del alma.

VI

Entonces en la escala de la tierra he subido
entre la atroz maraña de las selvas perdidas
hasta ti, Macchu Picchu.
Alta ciudad de piedras escalares,
por fin morada del que lo terrestre
no escondió en las dormidas vestiduras.
En ti, como dos líneas paralelas,
la cuna del relámpago y del hombre
se mecían en un viento de espinas.

Madre de piedra, espuma de los cóndores.

Alto arrecife de la aurora humana.

Pala perdida en la primera arena.

Esta fue la morada, éste es el sitio:
aquí los anchos granos del maíz ascendieron
y bajaron de nuevo como granizo rojo.

Aquí la hebra dorada salió de la vicuña
a vestir los amores, los túmulos, las madres,
el rey, las oraciones, los guerreros.

Aquí los pies del hombre descansaron de noche
junto a los pies del águila, en las altas guaridas
carniceras, y en la aurora
pisaron con los pies del trueno la niebla enrarecida,
y tocaron las tierras y las piedras

hasta reconocerlas en la noche o la muerte.

Miro las vestiduras y las manos,
el vestigio del agua en la oquedad sonora,
la pared suavizada por el tacto de un rostro
que miró con mis ojos las lámparas terrestres,
que aceitó con mis manos las desaparecidas
maderas: porque todo, ropaje, piel, vasijas,
palabras, vino, panes,
se fue, cayó a la tierra.

Y el aire entró con dedos
de azahar sobre todos los dormidos:
mil años de aire, meses, semanas de aire,
de viento azul, de cordillera férrea,
que fueron como suaves huracanes de pasos
lustrando el solitario recinto de la piedra.

VII

Muertos de un solo abismo, sombras de una hondonada,
la profunda, es así como al tamaño
de vuestra magnitud
vino la verdadera, la más abrasadora
muerte y desde las rocas taladradas,
desde los capiteles escarlata,
desde los acueductos escalares
os desplomasteis como en un otoño
en una sola muerte.
Hoy el aire vacío ya no llora,
ya no conoce vuestros pies de arcilla,
ya olvidó vuestros cántaros que filtraban el cielo
cuando lo derramaban los cuchillos del rayo,
y el árbol poderoso fue comido
por la niebla, y cortado por la racha.

El sostuvo una mano que cayó de repente
desde la altura hasta el final del tiempo.

Ya no sois, manos de araña, débiles
hebras, tela enmarañada:
cuanto fuisteis cayó: costumbres, sílabas
raídas, máscaras de luz deslumbradora.

Pero una permanencia de piedra y de palabra:
la ciudad como un vaso se levantó en las manos
de todos, vivos, muertos, callados, sostenidos
de tanta muerte, un muro, de tanta vida un golpe
de pétalos de piedra: la rosa permanente, la morada:
este arrecife andino de colonias glaciales.

Cuando la mano de color de arcilla
se convirtió en arcilla, y cuando los pequeños párpados se cerraron
llenos de ásperos muros, poblados de castillos,
y cuando todo el hombre se enredó en su agujero,
quedó la exactitud enarbolada:
el alto sitio de la aurora humana:
la más alta vasija que contuvo el silencio:
una vida de piedra después de tantas vidas.

VIII

Sube conmigo, amor americano.

Besa conmigo las piedras secretas.
La plata torrencial del Urubamba[2]
hace volar el polen a su copa amarilla.

Vuela el vacío de la enredadera,
la planta pétrea, la guirnalda dura
sobre el silencio del cajón serrano.

Ven, minúscula vida, entre las alas,
de la tierra, mientras—cristal y frío, aire golpeado—

---

[2]río en el Perú.

apartando esmeraldas combatidas,
oh agua salvaje, bajas de la nieve.

Amor, amor, hasta la noche abrupta,
desde el sonoro pedernal andino,
hacia la aurora de rodillas rojas,
contempla el hijo ciego de la nieve.

Oh, Wilkamayu[3] de sonoros hilos,
cuando rompes tus truenos lineales
en blanca espuma, como herida nieve,
cuando tu vendaval acantilado
canta y castiga despertando al cielo,
qué idioma traes a la oreja apenas
desarraigada de tu espuma andina?

Quién apresó el relámpago del frío
y lo dejó en la altura encadenado,
repartido en sus lágrimas glaciales,
sacudido en sus rápidas espadas,
golpeando sus estambres aguerridos,
conducido en su cama de guerrero,
sobresaltado en su final de roca?

Qué dicen tus destellos acosados?
Tu secreto relámpago rebelde
antes viajó poblado de palabras?
Quién va rompiendo sílabas heladas,
idiomas negros, estandartes de oro,
bocas profundas, gritos sometidos,
en tus delgadas aguas arteriales?

Quién va cortando párpados florales
que vienen a mirar desde la tierra?

Quién precipita los racimos muertos

---

[3]río sagrado (quechua).

que bajan en tus manos de cascada
a desgranar su noche desgranada
en el carbón de la geología?

Quién despeña la rama de los vínculos?
Quién otra vez sepulta los adioses?

Amor, amor, no toques la frontera,
ni adores la cabeza sumergida:
deja que el tiempo cumpla su estatura
en su salón de manantiales rotos,
y, entre el agua veloz y las murallas,
recoge el aire del desfiladero,
las palabras láminas del viento,
el canal ciego de las cordilleras,
el áspero saludo del rocío,
y sube, flor a flor, por la espesura,
pisando la serpiente despeñada.

En la escarpada zona, piedra y bosque,
polvo de estrellas verdes, selva clara,
Mantur[4] estalla como un lago vivo
o como nuevo piso del silencio.

Ven a mi propio ser, al alba mía,
hasta las soledades coronadas.
El reino muerto vive todavía.

Y en el Reloj la sombra sanguinaria
del cóndor cruza como una nave negra.

IX

Aguila sideral, viña de bruma.
Bastión perdido, cimitarra ciega.

---

[4]referencia desconocida.

Cinturón estrellado, pan solemne.
Escala torrencial, párpado inmenso.
Túnica triangular, polen de piedra.
Lámpara de granito, pan de piedra.
Serpiente mineral, rosa de piedra.
Nave enterrada, manantial de piedra.
Caballo de la luna, luz de piedra.
Escuadra equinoccial, vapor de piedra.
Geometría final, libro de piedra.
Témpano entre las ráfagas labrado.
Madrépora del tiempo sumergido.
Muralla por los dedos suavizada.
Techumbre por las plumas combatida.
Ramos de espejo, bases de tormenta.
Tronos volcados por la enredadera.
Régimen de la garra encarnizada.
Vendaval sostenido en la vertiente.
Inmóvil catarata de turquesa.
Campana patriarcal de los dormidos.
Argolla de las nieves dominadas.
Hierro acostado sobre sus estatuas.
Inaccesible temporal cerrado.
Manos de puma, roca sanguinaria.
Torre sombrera, discusión de nieve.
Noche elevada en dedos y raíces.
Ventana de las nieblas, paloma endurecida.
Planta nocturna, estatua de los truenos.
Cordillera esencial, techo marino.
Arquitectura de águilas perdidas.
Cuerda del cielo, abeja de la altura.
Nivel sangriento, estrella construida.
Burbuja mineral, luna de cuarzo.
Serpiente andina, frente de amaranto.[5]
Cúpula del silencio, patria pura.
Novia del mar, árbol de catedrales.
Ramo de sal, cerezo de alas negras.

---

[5]tipo de planta de adorno, originalmente de la India.

Dentadura nevada, trueno frío.
Luna arañada, piedra amenazante.
Cabellera del frío, acción del aire.
Volcán de manos, catarata oscura.
Ola de plata, dirección del tiempo.

X

Piedra en la piedra, el hombre, dónde estuvo?
Aire en el aire, el hombre, dónde estuvo?
Tiempo en el tiempo, el hombre, dónde estuvo?
Fuiste también el pedacito roto
de hombre inconcluso, de águila vacía
que por las calles de hoy, que por las huellas,
que por las hojas del otoño muerto
va machacando el alma hasta la tumba?
La pobre mano, el pie, la pobre vida...
Los días de la luz deshilachada
en ti, como la lluvia
sobre las banderillas de la fiesta,
dieron pétalo a pétalo de su alimento oscuro
en la boca vacía?
                    Hambre, coral del hombre,
hambres, planta secreta, raíz de los leñadores,
hambre, subió tu raya de arrecife
hasta estas altas torres desprendidas?

Yo te interrogo, sal de los caminos,
muéstrame la cuchara, déjame, arquitectura,
roer con un palito los estambres de piedra,
subir todos los escalones del aire hasta el vacío,
rascar la entraña hasta tocar el hombre.

Macchu Picchu, pusiste
piedra en la piedra, y en la base, harapos?
Carbón sobre carbón, y en el fondo la lágrima?
Fuego en el oro, y en él, temblando el rojo
goterón de la sangre?

Devuélveme el esclavo que enterraste!
Sacude de las tierras el pan duro
del miserable, muéstrame los vestidos
del siervo y su ventana.
Dime cómo durmió cuando vivía.
Dime si fue su sueño
ronco, entreabierto, como un hoyo negro
hecho, por la fatiga sobre el muro.

El muro, el muro! Si sobre su sueño
gravitó cada piso de piedra, y si cayó bajo ella
como bajo una luna, con el sueño!
Antigua América, novia sumergida,
también tus dedos,
al salir de la selva hacia el alto vacío de los dioses,
bajo los estandartes nupciales de la luz y el decoro,
mezclándose al trueno de los tambores y de las lanzas,
también, también tus dedos,
los que la rosa abstracta y la línea del frío, los
que el pecho sangriento del nuevo cereal trasladaron
hasta la tela de materia radiante, hasta las duras cavidades,
también, también, América enterrada, guardaste en lo más bajo
en el amargo intestino, como un águila, el hambre?

XI

A través del confuso esplendor,
a través de la noche de piedra, déjame hundir la mano
y deja que en mí palpite, como un ave mil años prisionera,
el viejo corazón del olvidado!
Déjame olvidar hoy esta dicha, que es más ancha que el mar,
porque el hombre es más ancho que el mar y que sus islas,
y hay que caer en él como en un pozo para salir del fondo
con un ramo de agua secreta y de verdades sumergidas.
Déjame olvidar, ancha piedra, la proporción poderosa,
la trascendente medida, las piedras del panal,
y de la escuadra déjame hoy resbalar
la mano sobre la hipotenusa de áspera sangre y cilicio.

Cuando, como una herradura de élitros[6] rojos, el cóndor furibundo
me golpea las sienes en el orden del vuelo
y el huracán de plumas carniceras barre el polvo sombrío
de las escalinatas diagonales, no veo a la bestia veloz,
no veo el ciego ciclo de sus garras,
veo el antiguo ser, servidor, el dormido
en los campos, veo un cuerpo, mil cuerpos, un hombre, mil mujeres,
bajo la racha negra, negros de lluvia y noche,
con la piedra pesada en la estatua:
Juan Cortapiedras,[7] hijo de Wiracocha,[8]
Juan Comefrío, hijo de estrella verde,
Juan Piesdescalzos, nieto de la turquesa,
sube a nacer conmigo, hermano.

XII

Sube a nacer conmigo, hermano.

Dame la mano desde la profunda
zona de tu dolor diseminado.
No volverás del fondo de las rocas.
No volverás del tiempo subterráneo.
No volverá tu voz endurecida.
No volverán tus ojos taladrados.
Mírame desde el fondo de la tierra,
labrador, tejedor, pastor callado:
domador de guanacos tutelares:
albañil de andamio desafiado:
aguador de las lágrimas andinas:
joyero de los dedos machacados:
agricultor temblando en la semilla:
alfarero en tu greda derramado:

---

[6]en ciertos insectos, alas anteriores endurecidas.

[7]Los tres Juanes evocados en estos versos simbolizan el peruano anónimo y humilde.

[8]Huiracocha: dios hacedor, titular de los Incas y también el sol.

traed a la copa de esta nueva vida
vuestros viejos dolores enterrados.
Mostradme vuestra sangre y vuestro surco,
decidme: aquí fui castigado,
porque la joya no brilló o la tierra
no entregó a tiempo la piedra o el grano:
señaladme la piedra en que caísteis
y la madera en que os crucificaron,
encendedme los viejos pedernales,
las viejas lámparas, los látigos pegados
a través de los siglos en las llagas
y las hachas de brillo ensangrentado.
Yo vengo a hablar por vuestra boca muerta.
A través de la tierra juntad todos
los silenciosos labios derramados
y desde el fondo habladme toda esta larga noche
como si yo estuviera con vosotros anclado,
contadme todo, cadena a cadena,
eslabón a eslabón, y paso a paso,
afilad los cuchillos que guardasteis,
ponedlos en mi pecho y en mi mano,
como un río de rayos amarillos,
como un río de tigres enterrados,
y dejadme llorar, horas, días, años,
edades ciegas, siglos estelares.

Dadme el silencio, el agua, la esperanza.

Dadme la lucha, el hierro, los volcanes.

Apegadme los cuerpos como imanes

Acudid a mis venas y a mi boca.

Hablad por mis palabras y mi sangre.

"Oda a la cebolla"

Cebolla,
luminosa redoma,
pétalo a pétalo
se formó tu hermosura,
escamas de cristal te acrecentaron
y en el secreto de la tierra oscura
se redondeó tu vientre de rocío.
Bajo la tierra
fue el milagro
y cuando apareció
tu torpe tallo verde,
y nacieron
tus hojas como espadas en el huerto,
la tierra acumuló su poderío
mostrando tu desnuda transparencia,
y como en Afrodita[9] el mar remoto
duplicó la magnolia
levantando sus senos,
la tierra
así te hizo,
cebolla,
clara como un planeta,
y destinada
a relucir,
constelación constante,
redonda rosa de agua,
sobre
la mesa
de las pobres gentes.

Generosa
deshaces
tu globo de frescura

---

[9]nombre griego de Venus, diosa de la belleza que nació de la espuma del mar.

en la consumación
ferviente de la olla,
y el jirón de cristal
al calor encendido del aceite
se transforma en rizada pluma de oro.

También recordaré cómo fecunda
tu influencia el amor de la ensalada
y parece que el cielo contribuye
dándote fina forma de granizo
a celebrar tu claridad picada
sobre los hemisferios de un tomate.
Pero al alcance
de las manos del pueblo,
regada con aceite,
espolvoreada
con un poco de sal,
matas el hambre
del jornalero en el duro camino.
Estrella de los pobres,
hada madrina
envuelta
en delicado
papel, sales del suelo,
eterna, intacta, pura
como semilla de astro,
y al cortarte
el cuchillo en la cocina
sube la única lágrima
sin pena.
Nos hiciste llorar sin afligirnos.
Yo cuanto existe celebré, cebolla,
pero para mí eres
más hermosa que un ave
de plumas cegadoras,
eres para mis ojos
globo celeste, copa de platino,
baile inmóvil
de anémona nevada

y vive la fragancia de la tierra
en tu naturaleza cristalina.

"Oda al camino"

En el invierno azul
con mi caballo
al paso al paso
sin saber
recorro
la curva del planeta,
las arenas
bordadas
por una cinta mágica
de espuma,
caminos
resguardados
por acacias, por boldos
polvorientos,
lomas, cerros hostiles,
matorrales
envueltos
por el nombre del invierno.

Ay viajero!
No vas y no regresas:
eres
en los caminos,
existes
en la niebla.

Viajero
dirigido
no a un punto, no a una cita,
sino sólo
al aroma
de la tierra,

sino sólo al invierno
en los caminos.

Por eso
lentamente voy
cruzando el silencio
y parece
que nadie
me acompaña.

No es cierto.

Las soledades cierran
sus ojos
y sus bocas
sólo
al transitorio, al fugaz, al dormido.
Yo voy despierto.

Y
como
una nave en el mar
abre
las aguas
y seres invisibles
acuden y se apartan,
así,
detrás del aire,
se mueven
y reúnen
las invisibles vidas
de la tierra, las hojas
suspiran en la niebla,
el viento
oculta
su desdichado rostro
y llora
sobre
la punta de los pinos.

Llueve,
y cada gota cae
sobre una pequeñita
vasija de la tierra:
hay una copa de cristal que espera
cada gota de lluvia.

Andar alguna vez
sólo
por eso! Vivir
la temblorosa
pulsación del camino
con las respiraciones sumergidas
del campo en el invierno:
caminar para ser, sin otro
rumbo
que la propia vida,
y como, junto al árbol,
la multitud
del viento
trajo zarzas, semillas,
lianas, enredaderas,
así, junto a tus pasos,
va creciendo la tierra.

Ah viajero,
no es niebla,
ni silencio,
ni muerte,
lo que viaja contigo,
sino
tú mismo con tus muchas vidas.

Así es como, a caballo,
cruzando
colinas y praderas,
en invierno,
una vez más me equivoqué:
creía

caminar por los caminos:
no era verdad,
porque
a través de mi alma
fui viajero
y regresé
cuando no tuve
ya secretos
para la tierra
y
ella
los repetía con su idioma.

En cada hoja está mi nombre escrito.
La piedra es mi familia.

De una manera o de otra
hablamos o callamos
con la tierra.

"Oda a unas flores amarillas"

Contra el azul moviendo sus azules,
el mar, y contra el cielo,
unas flores amarillas

Octubre llega.

Y aunque sea
tan importante el mar desarrollando
su mito, su misión, su levadura,
estalla
sobre la arena el oro
de una sola
planta amarilla
y se amarran
tus ojos

a la tierra,
huyen del magno mar y sus latidos.

Polvo somos, seremos.

Ni aire, ni fuego, ni agua
sino
tierra,
sólo tierra
seremos
y tal vez
unas flores amarillas.

"El miedo"

Todos me piden que dé saltos,
que tonifique y que futbole,[10]
que corra, que nade y que vuele.
Muy bien.

Todos me aconsejan reposo,
todos me destinan doctores,
mirándome de cierta manera.
Qué pasa?

Todos me aconsejan que viaje,
que entre y que salga, que no viaje,
que me muera y que no me muera.
No importa.

Todos ven las dificultades
de mis vísceras sorprendidas
por radioterribles[11] retratos.

---

[10]neologismo de Neruda = jugar al fútbol.
[11]neologismo de Neruda, basado en radiografía.

No estoy de acuerdo.

Todos pican mi poesía
con invencibles tenedores
buscando, sin duda, una mosca.
Tengo miedo.

Tengo miedo de todo el mundo,
del agua, de la muerte.
Soy como todos los mortales,
inaplazable.

Por eso en estos cortos días
no voy a tomarlos en cuenta,
voy a abrirme y voy a encerrarme
con mi más pérfido enemigo,
Pablo Neruda.

"Muchos somos"

De tantos hombres que soy, que somos,
no puedo encontrar a ninguno:
se me pierden bajo la ropa,
se fueron a otra ciudad.

Cuando todo está preparado
para mostrarme inteligente
el tonto que llevo escondido
se toma la palabra en mi boca.

Otras veces me duermo en medio
de la sociedad distinguida
y cuando busco en mí al valiente
un cobarde que no conozco
corre a tomar con mi esqueleto
mil deliciosas precauciones.

Cuando arde una casa estimada
en vez del bombero que llamo
se precipita el incendiario
y ése soy yo. No tengo arreglo.
Qué debo hacer para escogerme?

Cómo puedo rehabilitarme?
Todos los libros que leo
celebran héroes refulgentes
siempre seguros de sí mismos:
me muero de envidia por ellos,
y en los filmes de vientos y balas
me quedo envidiando al jinete,
me quedo admirando al caballo.

Pero cuando pido al intrépido
me sale el viejo perezoso,
y así yo no sé quién soy,
no sé cuántos soy o seremos.
Me gustaría tocar un timbre
y sacar el mí verdadero
porque si yo me necesito
no debo desaparecerme.

Mientras escribo estoy ausente
y cuando vuelvo ya he partido:
voy a ver si a las otras gentes
les pasa lo que a mí me pasa,
si son tantos como soy yo,
si se parecen a sí mismos
y cuando lo haya averiguado
voy a aprender tan bien las cosas
que para explicar mis problemas
les hablaré de geografía.

"Oda al diccionario"

Lomo de buey, pesado
cargador, sistemático
libro espeso:
de joven
te ignoré, me vistió
la suficiencia
y me creí repleto,
y orondo como un
melancólico sapo
dictaminé: "Recibo
las palabras
directamente
del Sinaí[12] bramante.
Reduciré
las formas a la alquimia.
Soy mago".

El gran mago callaba.

El Diccionario,
viejo y pesado, con su chaquetón
de pellejo gastado,
se quedó silencioso
sin mostrar sus probetas.

Pero un día,
después de haberlo usado
y desusado,
después
de declararlo
inútil y anacrónico camello,
cuando por largos meses, sin protesta,
me sirvió de sillón

---

[12]península montañosa de Arabia donde, según la Biblia, Moisés recibió
de dios las tablas de la ley (los diez mandamientos).

y de almohada,
se rebeló y plantándose
en mi puerta
creció, movió sus hojas
y sus nidos,
movió la elevación de su follaje:
árbol
era,
natural,
generoso
manzano, manzanar o manzanero,
y las palabras
brillaban en su copa inagotable,
opacas o sonoras,
fecundas en la fronda del lenguaje,
cargadas de verdad y de sonido.

Aparto una
sola de
sus
páginas:
Caporal
Capuchón
qué maravilla
pronunciar estas sílabas
con aire,
y más abajo
Cápsula
hueca, esperando aceite o ambrosía,
y junto a ellas
Captura, Capucete Capuchina
Caprario Captatorio
palabras
que se deslizan como suaves uvas
o que a la luz estallan
como gérmenes ciegos que esperaron
en las bodegas del vocabulario
y viven otra vez y dan la vida:
una vez más el corazón las quema.

Diccionario, no eres
tumbas, sepulcro, féretro,
túmulo, mausoleo,
sino preservación,
fuego escondido,
plantación de rubíes
perpetuidad viviente
de la esencia,
granero del idioma.
Y es hermoso
recoger en tus filas
la palabra
de estirpe,
la severa
y olvidada
sentencia,
hija de España,
endurecida
como reja de arado,
fija en su límite
de anticuada herramienta,
preservada
con su hermosura exacta
y su dureza de medalla.
O la otra
palabra
que allí vimos perdida
entre renglones
y que de pronto
se hizo sabrosa y lisa en nuestra boca
como una almendra
o tierna como un higo.

Diccionario, una mano
de tus mil manos, una
de tus mil esmeraldas,
una
sola
gota

de tus vertientes virginales,
un grano
de
tus
magnánimos graneros
en el momento
justo
a mis labios conduce,
al hilo de mi pluma,
a mi tintero.
De tu espesa y sonora
profundidad de selva,
dame,
cuando lo necesite,
un solo trino, el lujo
de una abeja,
un fragmento caído
de tu antigua madera perfumada
por una eternidad de jazmineros,
una
sílaba,
un temblor, un sonido,
una semilla:
de tierra soy y con palabras canto.

Confieso que he vivido

"Allende"[13]

     Mi pueblo ha sido el más traicionado de este tiempo. De los desiertos del salitre, de las minas submarinas del carbón, de las alturas terribles donde

---

[13]Salvador Allende (1908-73), presidente socialista de Chile cuyo acceso democrático al poder provocó mucha oposición; fue derrocado por las Fuerzas Armadas, muriendo, probablemente asesinado, en al asalto de las mismas a la Moneda, la sede del gobierno nacional.

yace el cobre y lo extraen con trabajos inhumanos las manos de mi pueblo, surgió un movimiento liberador de magnitud grandiosa. Ese movimiento llevó a la presidencia de Chile a un hombre llamado Salvador Allende para que realizara reformas y medidas de justicia inaplazables, para que rescatara nuestras riquezas nacionales de las garras extranjeras.

Donde estuvo, en los países más lejanos, los pueblos admiraron al presidente Allende y elogiaron el extraordinario pluralismo de nuestro gobierno. Jamás en la historia de la sede de las Naciones Unidas, en Nueva York, se escuchó una ovación como la que le brindaron al presidente de Chile los delegados de todo el mundo. Aquí, en Chile, se estaba construyendo, entre inmensas dificultades, una sociedad verdaderamente justa, elevada sobre la base de nuestra soberanía, de nuestro orgullo nacional, del heroísmo de los mejores habitantes de Chile. De nuestro lado, del lado de la revolución chilena, estaban la constitución y la ley, la democracia y la esperanza.

Del otro lado no faltaba nada. Tenían arlequines y polichinelas, payasos a granel, terroristas de pistola y cadena, monjes falsos y militares degradados. Unos y otros daban vueltas en el carrousel del despacho. Iban tomados de la mano el fascista Jarpa[14] con sus sobrinos de «Patria y Libertad», dispuestos a romperle la cabeza y el alma a cuanto existe, con tal de recuperar la gran hacienda que ellos llamaban Chile. Junto con ellos, para amenizar la farándula, danzaba un gran banquero y bailarín, algo manchado de sangre; era el campeón de rumba González Videla,[15] que rumbeando entregó hace tiempo su partido a los enemigos del pueblo. Ahora era Frei[16] quien ofrecía su partido demócrata-cristiano a los mismos enemigos del pueblo, y bailaba al son que éstos le tocaran, y bailaba además con el ex coronel Viaux,[17] de cuya fechoría fue cómplice. Estos eran los principales artistas de la comedia. Tenían preparados los víveres del acaparamiento, los «miguelitos»,[18] los garrotes y las mismas balas que ayer hirieron de muerte a nuestro pueblo en Iquique, en Ranquin, en Salvador, en Puerto Montt, en la José María Caro,

---

[14]Onofre Jarpa, Ministro de Hacienda de Augusto Pinochet.

[15]Gabriel González Videla (1898-1980), presidente de Chile.

[16]Eduardo Frei (1911-82), presidente de Chile.

[17]Roberto Viaux Marimbio, militar implicado en un complot en 1970 para impedir a Allende acceder a la presidencia.

[18]objeto de metal con tres puntas afiladas, utilizadas por los militares para incapacitar vehículos durante las manifestaciones: distribuidos por las calles, desinflan las llantas.

en Frutillar, en Puente Alto y en tantos otros lugares.[19] Los asesinos de Hernan Mery[20] bailaban con los que deberían defender su memoria. Bailaban con naturalidad, santurronamente. Se sentían ofendidos de que los reprocharan esos «pequeños detalles».

Chile tiene una larga historia civil con pocas revoluciones y muchos gobiernos estables, conservadores y mediocres. Muchos presidentes chicos y sólo dos presidentes grandes: Balmaceda[21] y Allende. Es curioso que los dos provinieran del mismo medio, de la burguesía adinerada, que aquí se hace llamar aristocracia. Como hombre de principios, empeñados en engrandecer un país empequeñecido por la mediocre oligarquía, los dos fueron conducidos a la muerte de la misma manera. Balmaceda fue llevado al suicidio por resistirse a entregar la riqueza salitrera a las compañías extranjeras.

Allende fue asesinado por haber nacionalizado la otra riqueza del subsuelo chileno, el cobre. En ambos casos la oligarquía chilena organizó revoluciones sangrientas. En ambos casos los militares hicieron de jauría. Las compañías inglesas en la ocasión de Balmaceda, las norteamericanas en la ocasión de Allende, fomentaron y sufragaron estos movimientos militares.

En ambos casos las casas de los presidentes fueron desvalijadas por órdenes de nuestros distinguidos «aristócratas». Los salones de Balmaceda fueron destruidos a hachazos. La casa de Allende, gracias al progreso del mundo, fue bombardeada desde el aire por nuestros heroicos aviadores.

Sin embargo, estos dos hombres fueron muy diferentes. Balmaceda fue un orador cautivante. Tenía una complexión imperiosa que lo acercaba más y más al mando unipersonal. Estaba seguro de la elevación de sus propósitos. En todo instante se vio rodeado de enemigos. Su superioridad sobre el medio en que vivía era tan grande, y tan grande su soledad, que concluyó por reconcentrarse en sí mismo. El pueblo que debía ayudarle no existía como fuerza, es decir, no estaba organizado. Aquel presidente estaba condenado a conducirse como un iluminado, como un soñador: su sueño de grandeza se quedó en sueño. Después de su asesinato, los rapaces mercaderes extranjeros y los parlamentarios criollos entraron en posesión de salitre: para los extranje-

---

[19]lugares en Chile que fueron escenarios de luchas por la reivindicación de la justicia social.

[20]dirigente del Partido de Democracia Cristiana, asesinado en abril de 1970.

[21]José Manuel Balmaceda (1838-91), presidente de Chile.

ros, la propiedad y las concesiones; para los criollos, las coimas. Recibidos los treinta dineros, todo volvió a su normalidad. La sangre de unos cuantos miles de hombres del pueblo se secó pronto en los campos de batalla. Los obreros más explotados del mundo, los de las regiones del norte de Chile, no cesaron de producir inmensas cantidades de libras esterlinas para la city[22] de Londres.

Allende nunca fue un gran orador. Y como estadista era un gobernante que consultaba todas sus medidas. Fue el antidictador, el demócrata principista[23] hasta en los menores detalles. Le tocó un país que ya no era el pueblo bisoño de Balmaceda; encontró una clase obrera poderosa que sabía de qué se trataba. Allende era un dirigente colectivo; un hombre que, sin salir de las clases populares, era un producto de la lucha de esas clases contra el estancamiento y la corrupción de sus explotadores. Por tales causas y razones, la obra que realizó Allende en tan corto tiempo es superior a la de Balmaceda; más aún, es la más importante en la historia de Chile. Sólo la naturalización del cobre fue una empresa titánica, y muchos objetivos más que se cumplieron bajo su gobierno de esencia colectiva.

Las obras y los hechos de Allende, de imborrable valor nacional, enfurecieron a los enemigos de nuestra liberación. El simbolismo trágico de esta crisis se revela en el bombardeo del palacio de gobierno; uno evoca la Blitz Krieg de la aviación nazi contra indefensas ciudades extranjeras, españolas, inglesas, rusas; ahora sucedía el mismo crimen en Chile; pilotos chilenos atacaban en picada el palacio que durante dos siglos fue el centro de la vida civil del país.

Escribo estas rápidas líneas para mis memorias a sólo tres días de los hechos incalificables que llevaron a la muerte a mi gran compañero el presidente Allende. Su asesinato se mantuvo en silencio; fue enterrado secretamente; sólo a su viuda le fue permitido acompañar aquel inmortal cadáver. La versión de los agresores es que hallaron su cuerpo inerte, con muestras visibles de suicidio. La versión que ha sido publicada en el extranjero es diferente. A renglón seguido del bombardeo aéreo entraron en acción los tanques, muchos tanques, a luchar intrépidamente contra un solo hombre: el presidente de la república de Chile, Salvador Allende, que los esperaba en su gabinete, sin más compañía que su gran corazón, envuelto en humo y llamas.

---

[22]disgnación usada en español para referirse al centro financiero.
[23]caracterizado por la estricta adhesión a principios.

Tenían que aprovechar una ocasión tan bella. Había que ametrallarlo porque jamás renunciaría a su cargo. Aquel cuerpo fue enterrado secretamente en un sitio cualquiera. Aquel cadáver que marchó a la sepultura acompañado por una sola mujer que llevaba en sí misma todo el dolor del mundo, aquella gloriosa figura muerta iba acribillada y despedazada por las balas de las ametralladoras de los soldados de Chile, que otra vez habían traicionado a Chile.

Antología poética. Prólogo, selección y notas de Hernán Loyola. Madrid: Alianza Editorial, 1981; *Antología esencial*. Selección y prólogo de Hernán Loyola. Buenos Aires: Editorial Losada, 1971; *Nuevas odas elementales*. Buenos Aires: Editorial Losada, 1955. *Confieso que he vivido; memorias*. México, D.F.: Editorial Seix Barral, 1974.

XAVIER VILLAURRUTIA (México; 1903-50)

"Ellos y yo"

Ellos saben vivir,
y yo no sé,
ya lo olvidé si lo aprendí,
o nunca comencé...
Ellos saben besar,
y yo no sé lo que es.
Me da miedo probar
a saber...
Ellos saben reír,
Dios mío, yo no sé...
¡Y tener que seguir
así...!
Ellos saben hacer
mil cosas más
que yo no lograré
jamás...

Ellos saben vivir
y reír
y besar...
Yo: sólo sé llorar...

"Midnight"

En el parque
las puntas de los pinos
no tienen un final;
la fuente
dice mil desatinos

al llorar, al llorar.

La luna
quiere ver en el pozo
su palidez fatal,
pero un álamo
ha inclinado tedioso
su ramaje espectral.

Convidan
los perfumes eternos
del parque a respirar.
¿Para qué conocernos
si nunca me has de amar?

Desgarra,
en la torre, la rueca
un estambre de amor;
cruje la hoja seca,
y se enhebra en la rueca
otro estambre, otro amor.

"Yo no quiero"

Yo no quiero llegar pronto ni tarde,
me dicta su tic-tac el reloj viejo,
y al par que inclina su candor la tarde
se amortiguan las aguas del espejo.

Yo ya sé mi dolor, mi dolor viejo...

¡Cómo se va entintando el aposento!
En el hogar, cenizas apagadas,
y va empujando lentamente el viento
a las puertas absortas y enlutadas.

Y después, una sombra me acaricia

como una mano..., otra sombra después
entrecierra mis ojos la delicia
y me vuelve a invadir la lobreguez.

El reloj se detiene al dar la hora,
ya inclinó su candor la mustia tarde,
enjugo el llanto al corazón que llora...
yo no quiero llegar pronto ni tarde.

"Presentimiento"

a Carlos Gutiérrez Cruz

I

Como una voz que no oiré jamás
así tú me amarás.

Ya percibí tu voz,
pero tu boca nunca dejará
salir la voz, la única voz
que no oiré jamás.

Presentimiento hondo
cual lágrima cetrina
te ocultas en el fondo
de mi oscura retina...

Presentimiento
que el llorar ha dejado
este momento
en el papel mojado.

II

Se fue el presentimiento con la tarde,
el papel se ha secado,

pero sigue el faltar de
esa voz a mi lado...

III

Me estremezco, pues siento
vuelve el presentimiento...

"Tarde"

Un maduro perfume de membrillo en las ropas
blancas y almidonadas... ¡Oh campestre saludo
del ropero asombrado, que nos abre sus puertas
sin espejos, enormes y de un tallado rudo!...

Llena el olor la alcoba, mientras el sol afuera
camina poco a poco, se duplica en la noria,
bruñe cada racimo, cada pecosa pera,
y le graznan los patos su rima obligatoria.

En todo se deslíe el perfume a membrillo
que salió de la alcoba... Es como una oración
que supimos de niños... Si—como el corderillo
prófugo del redil—huyó de la memoria,
hoy, que a nosotros vuelve, se ensancha el corazón.

Dulzura hay en el alma, y juventud, y vida,
y perfume en la tarde que, ya desvanecida,
se va tornando rosa, dejando la fragancia
de la ropa que vela, mientras muere la estancia...

"Canción apasionada"

Como la primavera, ponía

en cada espíritu un azoro;
en su sonrisa desleía
la miel del ansia que encendía
en un relámpago sonoro.

Y como la noche, callaba,
y en el silencio azul y fuerte
de sus pupilas, concentraba
un temblor mayor que la muerte...

Su voz era mansa y cercana;
tenía brillos de manzana.
Y mi fervor asiduo ardía
en su carne como una llama
que ningún soplo inclinaría.

¡Qué fiel el zumo que su boca
exprimió en la mía temblorosa!
Su calor en mi alma coloca
reminiscente y roja rosa.

¡Qué firme apego el de sus brazos
Lo siente ahora el desamor
en que se inundan mis ribazos
y en que se calla mi clamor...

"Domingo"

Me fugaría al pueblo
para que el domingo
fuera detrás del tren
persiguiéndome...

Y llegaría en la tarde
cuando, ya cansado
el domingo, se sentara
a mi lado,

frente al paisaje
quieto,
bajo los montes
que tampoco se habrían rasurado.

Así podría yo tenderme
sin hastío.
Oír sólo el silencio,
y mirar el aire incoloro
y poroso.

Muy abajo, muy pequeño,
junto al domingo
fatigado,
siguiendo la sola nube:
¡Dios fuma tras de la montaña!

"Pueblo"

a Diego Rivera

Aquel pueblo se quedó soltero,
conforme con su iglesia,
embozado en su silencio,
bajo la paja—oro, mediodía—
de su sombrero ancho,
sin nada más:
en las fichas del cementerio
los + son −.

Aquel pueblo cerró los ojos
para no ver la cinta de cielo
que se lleva el río,
y la carrera de los rieles
delante del tren.
El cielo y el agua,

la vía, la vía
—vidas paralelas—,
piensan, ¡ay!, encontrarse
en la ciudad.

Se le fue la gente
con todo y ganado.
Se le fue la luna novia,
¡la noche le dice
que allá en la ciudad
se ha casado!
Le dejaron, vacías, las casas
¡a él que no sabe jugar
a los dados!

"Nocturno solo"

Soledad, aburrimiento,
vano silencio profundo,
líquida sombra en que me hundo,
vacío del pensamiento.
Y ni siquiera el acento
de una voz indefinible
que llegue hasta el imposible
rincón de un mar infinito
a iluminar con su grito
este naufragio invisible.

"Nocturno eterno"

Cuando los hombres alzan los hombros y pasan
o cuando dejan caer sus nombres
hasta que la sombra se asombra

cuando un polvo más fino aún que el humo
se adhiere a los cristales de la voz
y a la piel de los rostros y las cosas

cuando los ojos cierran sus ventanas
al rayo del sol pródigo y prefieren
la ceguera al perdón y el silencio al sollozo

cuando la vida o lo que así llamamos inútilmente
y que no llega sino con un nombre innombrable
se desnuda para saltar al lecho
y ahogarse en el alcohol o quemarse en la nieve

cuando la vi cuando la vid cuando la vida
quiere entregarse cobardemente y a oscuras
sin decirnos siquiera el precio de su nombre

cuando en la soledad de un cielo muerto
brillan unas estrellas olvidadas
y es tan grande el silencio del silencio
que de pronto quisiéramos que hablara

o cuando de una boca que no existe
sale un grito inaudito
que nos echa a la cara su luz viva
y se apaga y nos deja una ciega sordera

o cuando todo ha muerto
tan dura y lentamente que da miedo
alzar la voz y preguntar "quién vive"

dudo si responder
a la muda pregunta con un grito
por temor de saber que ya no existo

porque acaso la voz tampoco vive
sino como un recuerdo en la garganta
y no es la noche sino la ceguera
lo que llena de sombra nuestros ojos

y porque acaso el grito es la presencia
de una palabra antigua
opaca y muda que de pronto grita

porque vida silencio piel y boca
y soledad recuerdo cielo y humo
nada son sino sombras de palabras
que nos salen al paso de la noche.

"Nocturno muerto"

Primero un aire tibio y lento que me ciña
como la venda al brazo enfermo de un enfermo
y que me invada luego como el silencio frío
al cuerpo desvalido y muerto de algún muerto.

Después un ruido sordo, azul y numeroso,
preso en el caracol de mi oreja dormida
y mi voz que se ahogue en ese mar de miedo
cada vez más delgada y más enardecida.

¿Quién medirá el espacio, quién me dirá el momento
en que se funda el hielo de mi cuerpo y consuma
el corazón inmóvil como la llama fría?

La tierra hecha impalpable silencioso silencio,
la soledad opaca y la sombra ceniza
caerán sobre mis ojos y afrentarán mi frente.

"Nocturno mar"

a Salvador Novo

Ni tu silencio duro cristal de dura roca,

ni el frío de la mano que me tiendes,
ni tus palabras secas, sin tiempo ni color,
ni mi nombre, ni siquiera mi nombre
que dictas como cifra desnuda de sentido;

ni la herida profunda, ni la sangre
que mana de sus labios, palpitante,
ni la distancia cada vez más fría
sábana nieve de hospital invierno
tendida entre los dos como la duda;

nada, nada podrá ser más amargo
que el mar que llevo dentro, solo y ciego,
el mar antiguo edipo que me recorre a tientas
desde todos los siglos,
cuando mi sangre aún no era mi sangre,
cuando mi piel crecía en la piel de otro cuerpo,
cuando alguien respiraba por mí que aún no nacía.

El mar que sube mudo hasta mis labios,
el mar que se satura
con el mortal veneno que no mata
pues prolonga la vida y duele más que el dolor.
El mar que hace un trabajo lento y lento
forjando en la caverna de mi pecho
el puño airado de mi corazón.

Mar sin viento ni cielo,
sin olas, desolado,
nocturno mar sin espuma en los labios,
nocturno mar sin cólera, conforme
con lamer las paredes que lo mantienen preso
y esclavo que no rompe sus riberas
y ciego que no busca la luz que le robaron
y amante que no quiere sino su desamor.

Mar que arrastra despojos silenciosos,
olvidos olvidados y deseos,
sílabas de recuerdos y rencores,

ahogados sueños de recién nacidos,
perfiles y perfumes mutilados,
fibras de luz y náufragos cabellos.

Nocturno mar amargo
que circula en estrechos corredores
de corales arterias y raíces
y venas y medusas capilares.

Mar que teje en la sombra su tejido flotante,
con azules agujas ensartadas
con hilos nervios y tensos cordones.

Nocturno mar amargo
que humedece mi lengua con su lenta saliva,
que hace crecer mis uñas con la fuerza
de su marea oscura.

Mi oreja sigue su rumor secreto,
oigo crecer sus rocas y sus plantas
que alargan más y más sus labios dedos.

Lo llevo en mí como un remordimiento,
pecado ajeno y sueño misterioso,
y lo arrullo y lo duermo
y lo escondo y lo cuido y le guardo el secreto.

"Nocturno de la alcoba"

La muerte toma siempre la forma de la alcoba
que nos contiene.

Es cóncava y oscura y tibia y silenciosa,
se pliega en las cortinas en que anida la sombra,
es dura en el espejo y tensa y congelada,
profunda en las almohadas y, en las sábanas, blanca.

Los dos sabemos que la muerte toma
la forma de la alcoba, y que en la alcoba
es el espacio frío que levanta
entre los dos un muro, un cristal, un silencio.

Entonces sólo yo sé que la muerte
es el hueco que dejas en el lecho
cuando de pronto y sin razón alguna
te incorporas o te pones de pie.

Y es el ruido de hojas calcinadas
que hacen tus pies desnudos al hundirse en la alfombra.

Y es el sudor que moja nuestros muslos
que se abrazan y luchan y que, luego, se rinden.

Y es la frase que dejas caer, interrumpida.
Y la pregunta mía que no oyes,
que no comprendes o que no respondes.

Y el silencio que cae y te sepulta
cuando velo tu sueño y lo interrogo.

Y solo, sólo yo sé que la muerte
es tu palabra trunca, tus gemidos ajenos
y tus involuntarios movimientos oscuros
cuando en el sueño luchas con el ángel del sueño.

La muerte es todo esto y más que nos circunda,
y nos une y separa alternativamente,
que nos deja confusos, atónitos, suspensos,
con una herida que no mana sangre.

Entonces, sólo entonces, los dos solos, sabemos
que no el amor sino la oscura muerte
nos precipita a vernos cara a cara a los ojos,
y a unirnos y a estrecharnos, más que solos y náufragos,
todavía más, y cada vez más, todavía.

"Nuestro amor"

Si nuestro amor no fuera,
al tiempo que un secreto,
un tormento, una duda,
una interrogación;

si no fuera una larga
espera interminable,
un vacío en el pecho
donde el corazón llama
como un puño cerrado
a una puerta impasible;

si nuestro amor no fuera
el sueño doloroso
en que vives sin mí,
dentro de mí, una vida
que me llena de espanto;

si no fuera un desvelo,
un grito iluminado
en la noche profunda;

si nuestro amor no fuera
como un hilo tendido
en que vamos los dos
sin red sobre el vacío;

si tus palabras fueran
sólo palabras para
nombrar con ellas cosas
tuyas, no más, y mías;

si no resucitaran,
si no evocaran trágicas
distancias y rencores
traspuestos, olvidados;

si tu mirada fuera
siempre la que un instante
—¡pero un instante eterno!—
es tu más honda entrega;

si tus besos no fueran
sino para mis labios
trémulos y sumisos;

si tu lenta saliva
no fundiera en mi boca
su sabor infinito;

si juntos nuestros labios
desnudos como cuerpos,
y nuestros cuerpos juntos
como labios desnudos
no formaran un cuerpo
y una respiración,
¡no fuera amor el nuestro
no fuera nuestro amor!

Obras. Poesía, teatro, prosas varias, crítica. Recopilación de textos de Miguel Capistrán, Alí Chumacero y Luis Mario Schneider. México, D.F.: Fondo de Cultura Económica, 1953.

NICOLAS GUILLEN (Cuba; 1902-89)

"Negro Bembón"

¿Po[1] qué te pone tan brabo,
cuando te disen negro bembón,
si tiene la boca santa,
negro bembón?

Bembón así como ere
tiene de to;
Caridá te mantiene,
te lo da to.

Te queja todabía
negro bembón;
sin pega[2] y con harina[3],
negro bembón,
majagua[4] de dri[5] blanco,
negro bembón;
sapato de do tono,
negro bembón...

Bembón así como ere,
tiene de to;
Caridá te mantiene,
te lo da to.

---

[1]A lo largo del texto, Guillén hace varias deformaciones de la ortografía académica en el intento de captar la fonología coloquial.

[2]sin pega = sin trabajo.

[3]con harina = con dinero.

[4]chaqueta.

[5]dril.

"Sensemayá"[6]

Canto para matar a una culebra.

¡Mayombe-bombe-mayombé![7]
¡Mayombe-bombe-mayombé!
¡Mayombe-bombe-mayombé!

La culebra tiene los ojos de vidrio;
la culebra viene y se enreda en un palo;
con sus ojos de vidrio, en un palo,
con sus ojos de vidrio.

La culebra camina sin patas;
la culebra se esconde en la yerba;
caminando se esconde en la yerba,
caminando sin patas.

¡Mayombe-bombe-mayombé!
¡Mayombe-bombe-mayombé!
¡Mayombe-bombe-mayombé!

Tú le das con el hacha y se muere:
¡dale ya!
¡No le des con el pie, que te muerde;
ne le des con el pie, que se va!

Sensemayá, la culebra,
sensemayá.
Sensemayá, con sus ojos,
sensemayá.
Sensemayá, con su lengua,

---

[6]también Sensamaya, diosa-serpiente en las religiones afroantillanas.

[7]En las religiones afroantillanas, la secta mayombé del culto yoruba/lucumí corresponde a la adoración de varios dioses y al espíritu de los muertos. La designación yoruba/lucumí alude a un grupo étnico-lingüístico africano del que eran oriundos muchos de los esclavos negros en las Américas.

sensemayá.
Sensemayá, con su boca,
sensemayá.

La culebra muerta no puede comer,
la culebra muerta no puede silbar,
no puede caminar,
no puede correr.
La culebra muerta no puede mirar,
la culebra muerta no puede beber,
no puede respirar,
no puede morder.

¡Mayombe-bombe-mayombé!
Sensemayá, la culebra...
¡Mayombe-bombe-mayombé!
Sensemayá, no se mueve...
¡Mayombe-bombe-mayombé!
Sensemayá, la culebra...
¡Mayombe-bombe-mayombé!
Sensemayá, se murió.

"Son número 6"

Yoruba soy, lloro en yoruba
lucumí.
Como soy yoruba de Cuba,
quiero que hasta Cuba suba mi llanto yoruba,
que suba el alegre llanto yoruba
que sale de mí.

Yoruba soy,
cantando voy,
llorando estoy,
y cuando no soy yoruba,

soy congo, mandinga, carabalí.[8]
Atiendan, amigos, mi son, que empieza así:

> Adivinanza
> de la esperanza:
> lo mío es tuyo,
> lo tuyo es mío;
> toda la sangre
> formando un río.

La ceiba ceiba[9] con su penacho;
el padre padre con su muchacho;
la jicotea[10] en su carapacho.
¡Que rompa el son caliente,
y que lo baile la gente,
pecho con pecho,
vaso con vaso
y agua con agua con aguardiente!
Yoruba soy, soy lucumí,
mandinga, congo, carabalí.
Atiendan, amigos, mi son, que sigue así:

Estamos juntos desde muy lejos,
jóvenes, viejos,
negros y blancos, todo mezclado;
uno mandando y otro mandado,
todo mezclado;
San Berenito y otro mandado,
todo mezclado;
negros y blancos desde muy lejos,
todo mezclado;

Santa María y uno mandado,
todo mezclado;

---

[8]otros grupos étnico-lingüísticos de Africa.
[9]un tipo de árbol.
[10]un tipo de tortuga.

todo mezclado, Santa María,
San Berenito, todo mezclado,
todo mezclado, San Berenito,
San Berenito, Santa María,
Santa María, San Berenito,
¡todo mezclado!

Yoruba soy, soy lucumí,
mandinga, congo, carabalí.
Atiendan, amigos, mi son, que acaba así:

> Salga el mulato,
> suelte el zapato,
> díganle al blanco que no se va...
> De aquí no hay nadie que se separe;
> mire y no pare,
> oiga y no pare,
> beba y no pare,
> coma y no pare,
> viva y no pare,
> ¡que el son de todos no va a parar!

"Tengo"

Cuando me veo y toco
yo, Juan sin Nada no más ayer,
y hoy Juan con Todo,
y hoy con todo,
vuelvo los ojos, miro,
me veo y toco
y me pregunto cómo ha podido ser.

Tengo, vamos a ver,
tengo el gusto de andar por mi país,
dueño de cuanto hay en él,
mirando bien de cerca lo que antes
no tuve ni podía tener.

Zafra puedo decir,
monte puedo decir,
ciudad puedo decir,
ejército decir,
ya míos para siempre y tuyos, nuestros,
y un ancho resplandor
de rayo, estrella, flor.

Tengo, vamos a ver,
tengo el gusto de ir
yo, campesino, obrero, gente simple,
tengo el gusto de ir
(es un ejemplo)
a un banco y hablar con el administrador,
no en inglés,
no en señor,
sino decirle compañero como se dice en español.

Tengo, vamos a ver,
que siendo un negro
nadie me puede detener
a la puerta de un dancing[11] o de un bar.
O bien en la carpeta de un hotel
gritarme que no hay pieza,
una mínima pieza y no una pieza colosal,
una pequeña pieza donde yo pueda descansar.

Tengo, vamos a ver,
que no hay guardia rural
que me agarre y me encierre en un cuartel,
ni me arranque y me arroje de mi tierra
al medio del camino real.
Tengo que como tengo la tierra tengo el mar,
no country,
no jailáif,
no tenis y no yacht,

---

[11]salón de baile.

sino de playa en playa y ola en ola,
gigante azul abierto democrático:
en fin, el mar.

Tengo, vamos a ver,
que ya aprendí a leer,
a contar,
tengo que ya aprendí a escribir
y a pensar
y a reír.

"Burgueses"

No me dan pena los burgueses
vencidos. Y cuando pienso que van a darme pena,
aprieto bien los dientes y cierro bien los ojos.
Pienso en mis largos días sin zapatos ni rosas.
Pienso en mis largos días sin sombrero ni nubes.
Pienso en mis largos días sin camisa ni sueños.
Pienso en mis largos días con mi piel prohibida.
Pienso en mis largos días.

—No pase, por favor. Esto es un club.
—La nómina está llena.
—No hay pieza en el hotel.
—El señor ha salido.
—Se busca una muchacha.
—Fraude en las elecciones.
—Gran baile para ciegos.
—Cayó el Premio Mayor en Santa Clara.
—Tómbola para huérfanos.
—El caballero está en París.
—La señora marquesa no recibe.

En fin, que todo lo recuerdo.
Y como todo lo recuerdo,
¿qué carajo me pide usted que haga?

Pero además, pregúnteles.
Estoy seguro
de que también recuerdan ellos.

Antología poética. Editada por Gustavo Bonifacini. Buenos Aires: Ed. Juglar, 1987.

OCTAVIO PAZ (Mexico; 1914)

"Semillas para un himno"

Infrecuentes (pero también inmerecidas)
Instanáneas (pero es verdad que el tiempo no se mide
Hay instantes que estallan y son astros
Otros son un río detenido y unos árboles fijos
Otros son ese mismo río arrasando los mismos árboles)
Infrecuentes
   Instantáneas noticias favorables
Dos o tres nubes de cristal de roca
Horas altas como la marea
Estrépito de plumas blancas en el cielo nocturno
Islas en llamas en mitad del Pacífico
Mundos de imágenes suspendidos de un hilo de araña
Y entre todos la muchacha que avanza partiendo en dos las altas aguas
Como el sol la muchacha que se abre paso como la llama que avanza
Como el viento partiendo en dos la cortina de nubes
Bello velero femenino
Bello relámpago partiendo en dos al tiempo
Tus hombros tienen la marca de los dientes del amor
La noche polar arde
Infrecuentes
   Instantáneas noticias del mundo
(Cuando el mundo entreabre sus puertas y el ángel cabecea a la entrada del
   jardín)
Nunca merecidas
    (Todo se nos da por añadidura
En una tierra condenada a repetirse sin tregua
Todos somos indignos
Hasta los muertos enrojecen
Hasta los ciegos deletrean la escritura del látigo
Racimos de mendigos cuelgan de las ciudades
Casas de ira torres de frente obtusa)

Infrecuentes
      Instantáneas
No llegan siempre en forma de palabras
Brota una espiga de unos labios
Una forma veloz abre las alas
           Imprevistas
Instantáneas
Como en la infancia cuando decíamos "ahí viene un barco cargado de..."
Y brotaba instantánea imprevista la palabra convocada
      Pez
        Álamo
          Colibrí
Y así ahora de mi frente zarpa un barco cargado de iniciales
Ávidas de encarnar en imágenes
          Instantáneas
Imprevistas cifras del mundo
La luz se abre en las diáfanas terrazas del mediodía
Se interna en el bosque como una sonámbula
Penetra en el cuerpo dormido del agua

Por un instante están los nombres habitados

"¿Águila o sol?"

    Comienzo y recomienzo. Y no avanzo. Cuando llego a las letras fatales, la pluma retrocede: una prohibición implacable me cierra el paso. Ayer, investido de plenos poderes, escribía con fluidez sobre cualquier hoja disponible: un trozo de cielo, un muro (impávido ante el sol y mis ojos), un prado, otro cuerpo. Todo me servía: la escritura del viento, la de los pájaros, el agua, la piedra. ¡Adolescencia, tierra arada por una idea fija, cuerpo tatuado de imágenes, cicatrices resplandecientes! El otoño pastoreaba grandes ríos, acumulaba esplendores en los picos, esculpía plenitudes en el Valle de México, frases inmortales grabadas por la luz en puros bloques de asombro.

    Hoy lucho a solas con una palabra. La que me pertenece, a la que pertenezco: ¿cara o cruz, águila o sol?

"Himno entre ruinas"

donde espumoso el mar siciliano...
Góngora

Coronado de sí el día extiende sus plumas.
¡Alto grito amarillo,
caliente surtidor en el centro de un cielo
imparcial y benéfico!
Las apariencias son hermosas en esta su verdad momentánea
El mar trepa la costa,
se afianza entre las peñas, araña deslumbrante;
la herida cárdena del monte resplandece;
un puñado de cabras es un rebaño de piedras;
el sol pone su huevo de oro y se derrama sobre el mar.
Todo es dios.
¡Estatua rota,
columnas comidas por la luz,
ruinas vivas en un mundo de muertos en vida!

Cae la noche sobre Teotihuacán.[1]
En lo alto de la pirámide los muchachos fuman marihuana,
suenan guitarras roncas.
¿Qué yerba, qué agua de vida ha de darnos la vida,
dónde desenterrar la palabra,
la proporción que rige al himno y al discurso,
al baile, a la ciudad y a la balanza?
El canto mexicano estalla en un carajo,
estrella de colores que se apaga,
piedra que nos cierra las puertas del contacto.
Sabe la tierra a tierra envejecida.

Los ojos ven, las manos tocan.
Bastan aquí unas cuantas cosas:

---

[1]sitio arqueológico a unas veinte millas al norte de la capital mexicana; considerado la primera ciudad del hemisferio occidental.

tuna, espinoso planeta coral,
higos encapuchados,
uvas con gusto a resurrección,
almejas, virginidades ariscas,
sal, queso, vino, pan solar.
Desde lo alto de su morenía una isleña me mira,
esbelta catedral vestida de luz.
Torres de sal, contra los pinos verdes de la orilla
surgen las velas blancas de las barcas.
La luz crea templos en el mar.

Nueva York, Londres, Moscú.
La sombra cubre al llano con su yedra fantasma,
con su vacilante vegetación de escalofrío,
su vello ralo, su tropel de ratas.
A trechos tirita un sol anémico.
Acodado en montes que ayer fueron ciudades, Polifemo bosteza.
Abajo, entre los hoyos, se arrastra un rebaño de hombres.
—a pesar de recientes interdicciones religiosas—
(Bípedos domésticos, su carne
—a pesar de recientes interdicciones religiosas—
es muy gustada por las clases ricas.
Hasta hace poco el vulgo los consideraba animales impuros.)

Ver, tocar formas hermosas, diarias.
Zumba la luz, dardos y alas.
Huele a sangre la mancha de vino en el mantel.
Como el coral sus ramas en el agua
extiendo mis sentidos en la hora viva:
el instante se cumple en una concordancia amarilla,
¡oh mediodía, espiga henchida de minutos,
copa de eternidad!

Mis pensamientos se bifurcan, serpean, se enredan, recomienzan,
y al fin se inmovilizan, ríos que no desembocan,
delta de sangre bajo un sol sin crepúsculo.
¿Y todo ha de parar en este chapoteo de aguas muertas?

¡Día, redondo día,

luminosa naranaja de veinticuatro gajos,
todos atravesados por una misma y amarilla dulzura!
La inteligencia al fin encarna,
se reconcilian las dos mitades enemigas
y la conciencia-espejo se licúa,
vuelve a ser fuente, manantial de fábulas:
Hombre, árbol de imágenes,
palabras que son flores que son frutos que son actos.

"Piedra de sol"

> *La treizième revient... c'est encor la première;*
> *et c'est toujours la seule—ou c'est le seul moment;*
> *car es-tu reine, ô toi, la première ou dernière?*
> *es-tu, toi le seul ou le dernier amant?*
>   Gérard de Nerval, *Arthémis*

un sauce de cristal, un chopo de agua,
un alto surtidor que el viento arquea,
un árbol bien plantado mas danzante,
un caminar de río que se curva,
avanza, retrocede, da un rodeo
y llega siempre:
                    un caminar tranquilo
de estrella o primavera sin premura,
agua que con los párpados cerrados
mana toda la noche profecías,
unánime presencia en oleaje,
ola tras ola hasta cubrirlo todo,
verde soberanía sin ocaso
como el deslumbramiento de las alas
cuando se abren en mitad del cielo,

un caminar entre las espesuras
de los días futuros y el aciago
fulgor de la desdicha como un ave
petrificando el bosque con su canto

y las felicidades inminentes
entre las ramas que se desvanecen,
horas de luz que pican ya los pájaros,
presagios que se escapan de la mano,
una presencia como un canto súbito,
como el viento cantando en el incendio,
una mirada que sostiene en vilo
al mundo con sus mares y sus montes,
cuerpo de luz filtrada por un ágata,
piernas de luz, vientre de luz, bahías,
roca solar, cuerpo color de nube,
color de día rápido que salta,
la hora centellea y tiene cuerpo,
el mundo ya es visible por tu cuerpo,
es transparente por tu transparencia,

voy entre galerías de sonidos,
fluyo entre las presencias resonantes,
voy por las transparencias como un ciego,
un reflejo me borra, nazco en otro,
oh bosque de pilares encantados,
bajo los arcos de la luz penetro
los corredores de un otoño diáfano,

voy por tu cuerpo como por el mundo,
tu vientre es una plaza soleada,
tus pechos dos iglesias donde oficia
la sangre sus misterios paralelos,
mis miradas te cubren como yedra,
eres una ciudad que el mar asedia,
una muralla que la luz divide
en dos mitades de color durazno,
un paraje de sal, rocas y pájaros
bajo la ley del mediodía absorto,

vestida del color de mis deseos
como mi pensamiento vas desnuda,
voy por tus ojos como por el agua,
los tigres beben sueño en esos ojos,

el colibrí se quema en esas llamas,
voy por tu frente como por la luna,
como la nube por tu pensamiento,
voy por tu vientre como por tus sueños,

tu falda de maíz ondula y canta,
tu falda de cristal, tu falda de agua,
tus labios, tus cabellos, tus miradas,
toda la noche llueves, todo el día
abres mi pecho con tus dedos de agua,
cierras mis ojos con tu boca de agua,
sobre mis huesos llueves, en mi pecho
hunde raíces de agua un árbol líquido,

voy por tu talle como por un río,
voy por tu cuerpo como por un bosque,
como por un sendero en la montaña
que en un abismo brusco se termina
voy por tus pensamientos afilados
y a la salida de tu blanca frente
mi sombra despeñada se destroza,
recojo mis fragmentos uno a uno
y prosigo sin cuerpo, busco a tientas,

corredores sin fin de la memoria,
puertas abiertas a un salón vacío
donde se pudren todos los veranos,
las joyas de la sed arden al fondo,
rostro desvanecido al recordarlo,
mano que se deshace si la toco,
cabelleras de arañas en tumulto
sobre sonrisas de hace muchos años,
a la salida de mi frente busco,
busco sin encontrar, busco un instante,
un rostro de relámpago y tormenta
corriendo entre los árboles nocturnos,
rostro de lluvia en un jardín a oscuras,
agua tenaz que fluye a mi costado,

busco sin encontrar, escribo a solas,
no hay nadie, cae el día, cae el año,
caigo con el instante, caigo a fondo,
invisible camino sobre espejos
que repiten mi imagen destrozada,
piso días, instantes caminados,
piso los pensamientos de mi sombra,
piso mi sombra en busca de un instante,

busco una fecha viva como un pájaro,
busco el sol de las cinco de la tarde
templado por los muros de tezontle:
la hora maduraba sus racimos
y al abrirse salían las muchachas
de su entraña rosada y se esparcían
por los patios de piedra del colegio,
alta como el otoño caminaba
envuelta por la luz bajo la arcada
y el espacio al ceñirla la vestía
de una piel más dorada y transparente,

tigre color de luz, pardo venado
por los alrededores de la noche,
entrevista muchacha reclinada
en los balcones verdes de la lluvia,
adolescente rostro innumerable,
he olvidado tu nombre, Melusina,
Laura, Isabel, Perséfona, María,
tienes todos los rostros y ninguno,
eres todas las horas y ninguna,
te pareces al árbol y a la nube,
eres todos los pájaros y un astro,
te pareces al filo de la espada
y a la copa de sangre del verdugo,
yedra que avanza, envuelve y desarraiga
al alma y la divide de sí misma,

escritura de fuego sobre el jade,
grieta en la roca, reina de serpientes,

columna de vapor, fuente en la peña,
circo lunar, peñasco de las águilas,
grano de anís, espina diminuta
y mortal que da penas inmortales,
pastora de los valles submarinos
y guardiana del valle de los muertos,
liana que cuelga del cantil del vértigo,
enredadera, planta venenosa,
flor de resurrección, uva de vida,
señora de la flauta y del relámpago,
terraza del jazmín, sal en la herida,
ramo de rosas para el fusilado,
nieve en agosto, luna del patíbulo,
escritura del mar sobre el basalto,
escritura del viento en el desierto,
testamento del sol, granada, espiga,

rostro de llamas, rostro devorado,
adolescente rostro perseguido
años fantasmas, días circulares
que dan al mismo patio, al mismo muro,
arde el instante y son un solo rostro
los sucesivos rostros de la llama,
todos los nombres son un solo nombre,
todos los rostros son un solo rostro,
todos los siglos son un solo instante
y por todos los siglos de los siglos
cierra el paso al futuro un par de ojos,

no hay nada frente a mí, sólo un instante
rescatado esta noche, contra un sueño
de ayuntadas imágenes soñado,
duramente esculpido contra el sueño,
arrancado a la nada de esta noche,
a pulso levantado letra a letra,
mientras afuera el tiempo se desboca
y golpea las puertas de mi alma
el mundo con su horario carnicero,

sólo un instante mientras las ciudades,
los nombres, los sabores, lo vivido,
se desmorona en mi frente ciega,
mientras la pesadumbre de la noche
mi pensamiento humilla y mi esqueleto,
y mi sangre camina más despacio
y mis dientes se aflojan y mis ojos
se nublan y los días y los años
sus horrores vacíos acumulan,

mientras el tiempo cierra su abanico
y no hay nada detrás de sus imágenes
el instante se abisma y sobrenada
rodeado de muerte, amenazado
por la noche y su lúgubre bostezo,
amenazado por la algarabía
de la muerte vivaz y enmascarada
el instante se abisma y se penetra,
como un puño se cierra, como un fruto
que madura hacia dentro de sí mismo
y a sí mismo se bebe y se derrama
el instante translúcido se cierra
y madura hacia dentro, echa raíces,
crece dentro de mí, me ocupa todo,
me expulsa su follaje delirante,
mis pensamientos sólo son sus pájaros,
su mercurio circula por mis venas,
árbol mental, frutos sabor de tiempo,

oh vida por vivir y ya vivida,
tiempo que vuelve en una marejada
y se retira sin volver el rostro,
lo que pasó no fue pero está siendo
y silenciosamente desemboca
en otro instante que se desvanece:

frente a la tarde de salitre y piedra
armada de navajas invisibles
una roja escritura indescifrable

escribes en mi piel y esas heridas
como un traje de llamas me recubren,
ardo sin consumirme, busco el agua
y en tus ojos no hay agua, son de piedra,
y tus pechos, tu viente, tus caderas
son de piedra, tu boca sabe a polvo,
tu boca sabe a tiempo emponzoñado,
tu cuerpo sabe a pozo sin salida,
pasadizo de espejos que repiten
los ojos del sediento, pasadizo
que vuelve siempre al punto de partida
y tú me llevas ciego de la mano
por esas galerías obstinadas
hacia el centro del círculo y te yergues
como un fulgor que se congela en hacha,
como luz que desuella, fascinante
como el cadalso para el condenado,
flexible como el látigo y esbelta
como un arma gemela de la luna
y tus palabras afiladas cavan
mi pecho y me despueblan y vacían,
uno a uno me arrancas los recuerdos,
he olvidado mi nombre, mis amigos
gruñen entre los cerdos o se pudren
comidos por el sol en un barranco,

no hay nada en mí sino una larga herida,
una oquedad que ya nadie recorre,
presente sin ventanas, pensamiento
que vuelve, se repite, se refleja
y se pierde en su misma transparencia,
conciencia traspasada por un ojo
que se mira mirarse hasta anegarse
de claridad:
                    yo vi tu atroz escama,
Melusina, brillar verdosa al alba,
dormías enrosacada entre las sábanas
y al despertar gritaste como un pájaro
y caíste sin fin, quebrada y blanca,

nada quedó de ti sino tu grito,
y al cabo de los siglos me descubro
con tos y mala vista, barajando
viejas fotos:
                    no hay nadie, no eres nadie,
un montón de ceniza y una escoba,
un cuchillo mellado y un plumero,
un pellejo colgado de unos huesos,
un racimo ya seco, un hoyo negro
y en el fondo del hoyo los dos ojos
de una niña ahogada hace mil años,

miradas enterradas en un pozo,
miradas que nos ven desde el principio,
mirada niña de la madre vieja
que ve en el hijo grande un padre joven,
mirada madre de la niña sola
que ve en el padre grande un hijo niño,
miradas que nos miran desde el fondo
de la vida y son trampas de la muerte
—¿o es al revés: caer en esos ojos
es volver a la vida verdadera?,

¡caer, volver, soñarme y que me sueñen
otros ojos futuros, otra vida,
otras nubes, morirme de otra muerte!
—esta noche me basta, y este instante
que no acaba de abrirse y revelarme
dónde estuve, quién fui, cómo te llamas,
cómo me llamo yo:
                    ¿hacía planes
para el verano—y todos los veranos—
en Christopher Street,[2] hace diez años,
con Filis que tenía dos hoyuelos
donde bebían luz los gorriones?,

---

[2]calle de Greenwich Village, Nueva York.

¿por la Reforma[3] Carmen me decía
"no pesa el aire, aquí siempre es octubre",
o se lo dijo a otro que he perdido
o yo lo invento y nadie me lo ha dicho?,
¿caminé por la noche de Oaxaca,[4]
inmensa y verdinegra como un árbol,
hablando solo como el viento loco
y al llegar a mi cuarto—siempre un cuarto—
no me reconocieron los espejos?,
¿desde el hotel Vernet[5] vimos al alba
bailar con los castaños—"ya es muy tarde"
decías al peinarte y yo veía
manchas en la pared, sin decir nada?,
¿subimos juntos a la torre, vimos
caer la tarde desde el arrecife?,
¿comimos uvas en Bidart?, ¿compramos
gardenias en Perote?,
                              nombres, sitios,
calles y calles, rostros, plazas, calles,
estaciones, un parque, cuartos solos,
manchas en la pared, alguien se peina,
alguien canta a mi lado, alguien se viste,
cuartos, lugares, calles, nombres, cuartos,

Madrid, 1937,
en la Plaza del Angel las mujeres
cosían y cantaban con sus hijos,
después sonó la alarma y hubo gritos,
casas arrodilladas en el polvo,
torres hendidas, frentes escupidas
y el huracán de los motores, fijo:
los dos se desnudaron y se amaron
por defender nuestra porción eterna,

---

[3]avenida principal de México, D.F.

[4]capital del estado mexicano del mismo nombre.

[5]Paz hace una serie de alusiones en estos versos a fenómenos de la cultura parisiense y francesa.

nuestra ración de tiempo y paraíso,
tocar nuestra raíz y recobrarnos,
recobrar nuestra herencia arrebatada
por ladrones de vida hace mil siglos,
los dos se desnudaron y besaron
porque las desnudeces enlazadas
saltan el tiempo y son invulnerables,
nada las toca, vuelven al principio,
no hay tú ni yo, mañana, ayer ni nombres,
verdad de dos en sólo un cuerpo y alma,
oh ser total...
                    cuartos a la deriva
entre ciudades que se van a pique,
cuartos y calles, nombres como heridas,
el cuarto con ventanas a otros cuartos
con el mismo papel descolorido
donde un hombre en camisa lee el periódico
o plancha una mujer; el cuerpo claro
que visitan las ramas del durazno;
el otro cuarto: afuera siempre llueve
y hay un patio y tres niños oxidados;
cuartos que son navíos que se mecen
en un golfo de luz; o submarinos:
el silencio se esparce en olas verdes,
todo lo que tocamos fosforece;
mausoleos del lujo, ya roídos
los retratos, raídos los tapetes;
trampas, celdas, cavernas encantadas,
pajareras y cuartos numerados,
todos se transfiguran, todos vuelan,
cada moldura es nube, cada puerta
da al mar, al campo, al aire, cada mesa
es un festín; cerrados como conchas
el tiempo inútilmente los asedia,
no hay tiempo ya, ni muro: ¡espacio, espacio,
abre la mano, coge esta riqueza,
corta los frutos, come de la vida,
tiéndete al pie del árbol, bebe el agua!,

todo se transfigura y es sagrado,
es el centro del mundo cada cuarto,
es la primera noche, el primer día,
el mundo nace cuando dos se besan,
gota de luz de entrañas transparentes
el cuarto como un fruto se entreabre
o estalla como un astro taciturno
y las leyes comidas de ratones,
las rejas de los bancos y las cárceles,
las rejas de papel, las alambradas,
los timbres y las púas y los pinchos,
el sermón monocorde de las armas,
el escorpión meloso y con bonete,
el tigre con chistera, presidente
del Club Vegetariano y la Cruz Roja,
el burro pedagogo, el cocodrilo
metido a redentor, padre de pueblos,
el Jefe, el tiburón, el arquitecto
del porvenir, el cerdo uniformado,
el hijo predilecto de la Iglesia
que se lava la negra dentadura
con el agua bendita y toma clases
de inglés y democracia, las paredes
invisibles, las máscaras podridas
que dividen al hombre de los hombres,
al hombre de sí mismo,
                            se derrumban
por un instante inmenso y vislumbramos
nuestra unidad perdida, el desamparo
que es ser hombres, la gloria que es ser hombres
y compartir el pan, el sol, la muerte,
el olvidado asombro de estar vivos;

amar es combatir, si dos se besan
el mundo cambia, encarnan los deseos,
el pensamiento encarna, brotan alas
en las espaldas del esclavo, el mundo
es real y tangible, el vino es vino,
el pan vuelve a saber, el agua es agua,

amar es combatir, es abrir puertas,
dejar de ser fantasma con un número
a perpetua cadena condenado
por un amo sin rostro;
                    el mundo cambia
si dos se miran y se reconocen,
amar es desnudarse de los nombres:
"déjame ser tu puta", son palabras
de Eloísa,[6] mas él cedió a las leyes,
la tomó por esposa y como premio
lo castraron después;
                    mejor el crimen,
los amantes suicidas, el incesto
de los hermanos como espejos
enamorados de su semejanza,
mejor comer el pan envenenado,
el adulterio en lechos de ceniza,
los amores feroces, el delirio,
su yedra ponzoñosa, el sodomita
que lleva por clavel en la solapa
un gargajo, mejor ser lapidado
en las plazas que dar vuelta a la noria
que exprime la sustancia de la vida,
cambia la eternidad en horas huecas,
los minutos en cárceles, el tiempo
en monedas de cobre y mierda abstracta;

mejor la castidad, flor invisible
que se mece en los tallos del silencio,
el difícil diamante de los santos
que filtra los deseos, sacia el tiempo,
nupcias de la quietud y el movimiento,
canta la soledad en su corola,
pétalo de cristal es cada hora,
el mundo se despoja de sus máscaras

---

[6](1101?-64), dama francesa, amante sacrificada del pensador Abelardo, quien fue castrado por el atrevimiento de su pasión.

y en su centro, vibrante transparencia,
lo que llamamos Dios, el ser sin nombre,
se contempla en la nada, el ser sin rostro
emerge de sí mismo, sol de soles,
plenitud de presencias y de nombres;

sigo mi desvarío, cuartos, calles,
camino a tientas por los corredores
del tiempo y subo y bajo sus peldaños
y sus paredes palpo y no me muevo,
vuelvo adonde empecé, busco tu rostro,
camino por las calles de mí mismo
bajo un sol sin edad, y tú a mi lado
caminas como un árbol, como un río
caminas y me hablas como un río,
creces como una espiga entre mis manos,
lates como una ardilla entre mis manos,
vuelas como mil pájaros, tu risa
me ha cubierto de espumas, tu cabeza
es un astro pequeño entre mis manos,
el mundo reverdece si sonríes
comiendo una naranja,
                              el mundo cambia
si dos, vertiginosos y enlazados
caen sobre la yerba: el cielo baja,
los árboles ascienden, el espacio
sólo es luz y silencio, sólo espacio
abierto para el águila del ojo,
pasa la blanca tribu de las nubes,
rompe amarras el cuerpo, zarpa el alma,
perdemos nuestros nombres y flotamos
a la deriva entre el azul y el verde,
tiempo total donde no pasa nada
sino su propio transcurrir dichoso,

no pasa nada, callas, parpadeas
(silencio: cruzó un ángel este instante
grande como la vida de cien soles),
¿no pasa nada, sólo un parpadeo?

—y el festín, el destierro, el primer crimen,
la quijada del asno, el ruido opaco
y la mirada incrédula del muerto
al caer en el llano ceniciento,
Agamenón[7] y su mugido inmenso
y el repetido grito de Casandra[8]
más fuerte que los gritos de las olas,
Sócrates[9] en cadenas (el sol nace,
morir es despertar: "Critón, un gallo
a Esculapio, ya sano de la vida"),
el chacal que diserta entre las ruinas
de Nínive,[10] la sombra que vio Bruto[11]
antes de la batalla, Moctezuma[12]
en el lecho de espinas de su insomnio,
el viaje en la carreta hacia la muerte
—el viaje interminable mas contado
por Robespierre[13] minuto tras minuto,
la mandíbula rota entre las manos—,
Churruca[14] en su barrica como un trono
escarlata, los pasos ya contados
de Lincoln al salir hacia el teatro,

---

[7]rey de Micenea y comandante en jefe del ejército griego en la guerra de Troya, luego asesinado por su mujer, Clitemnestra.

[8]En la mitología griega, Apolo la dota de de poderes proféticos. Pero cuando se frustra su amor por ella, él decreta que nadie le preste atención; por ello, figura de la persona cuyas prevenciones de desastre son desatendidas.

[9](470-399 a.C.), filósofo y pedagogo griego.

[10]capital de la antigua Asiria.

[11]Marcos Junius Brutus (85-42 a.C.), estadista y general romano y uno de los conspiradores que asesinaron a Julio César.

[12](1480-1520), emperador azteca en el momento de la conquista española.

[13]Maximilien Robespierre (1758-94), revolucionario francés.

[14]Cosme Damián de Churruca y Elorza (1761-1805), marino español que estuvo en el combate de Trafalgar en el que fueron derrotadas por los ingleses las fuerzas de Napoleón Bonaparte.

el esteror de Trotski[15] y sus quejidos
de jabalí, Madero[16] y su mirada
que nadie contestó: ¿por qué me matan?,
los carajos, los ayes, los silencios
del criminal, el santo, el pobre diablo,
cementerios de frases y de anécdotas
que los perros retóricos escarban,
el delirio, el relincho, el ruido oscuro
que hacemos al morir y ese jadeo
de la vida que nace y el sonido
de huesos machacados en la riña
y la boca de espuma del profeta
y su grito y el grito del verdugo
y el grito de la víctima...
                              son llamas
los ojos y son llamas lo que miran,
llama la oreja y el sonido llama,
brasa los labios y tizón la lengua,
el tacto y lo que toca, el pensamiento
y lo pensado, llama el que lo piensa,
todo se quema, el universo es llama,
arde la misma nada que no es nada
sino un pensar en llamas, al fin humo:
no hay verdugo ni víctima...
                              ¿y el grito
en la tarde del viernes?, y el silencio
que se cubre de signos, el silencio
que dice sin decir, ¿no dice nada?,
¿no son nada los gritos de los hombres?,
¿no pasa nada cuando pasa el tiempo?

—no pasa nada, sólo un parpadeo
del sol, un movimiento apenas, nada,

---

[15]Leon Trotski (1879-1940), revolucionario ruso, mandado asesinar en su exilio mexicano por Stalin.

[16]Francisco Madero (1873-1913), revolucionario mexicano y presidente de 1911 hasta su asesinato.

no hay rendención, no vuelve atrás el tiempo,
los muertos están fijos en su muerte
y no pueden morirse de otra muerte,
intocables, clavados en su gesto,
desde su soledad, desde su muerte
sin remedio nos miran sin mirarnos,
su muerte ya es la estatua de su vida,
un siempre estar ya nada para siempre,
cada minuto es nada para siempre,
un rey fantasma rige tus latidos
y tu gesto final, tu dura máscara
labra sobre tu rostro cambiante:
el monumento somos de una vida
ajena y no vivida, apenas nuestra,

—¿la vida, cuándo fue de veras nuestra?,
¿cuándo somos de veras lo que somos?,
bien mirado no somos, nunca somos
a solas sino vértigo y vacío,
muecas en el espejo, horror y vómito,
nunca la vida es nuestra, es de los otros,
la vida no es de nadie, todos somos
la vida—pan de sol para los otros,
los otros todos que nosotros somos—,
soy otro cuando soy, los actos míos
son más míos si son también de todos,
para que pueda ser he de ser otro,
salir de mí, buscarme entre los otros,
los otros que no son si yo no existo,
los otros que me dan plena existencia,
noy soy, no hay yo, siempre somos nosotros,
la vida es otra, siempre allá, más lejos,
fuera de ti, de mí, siempre horizonte,
vida que nos desvive y enajena,
que nos inventa un rostro y lo desgasta,
hambre de ser, oh muerte, pan de todos,

Eloísa, Perséfona,[17] María,
muestra tu rostro al fin para que vea
mi cara verdadera, la del otro,
mi cara de nosotros siempre todos,
cara de árbol y de panadero,
de chófer y de nube y de marino,
cara de sol y arroyo y Pedro y Pablo,
cara de solitario colectivo,
despiértame, ya nazco:
                              vida y muerte
pactan en ti, señora de la noche,
torre de claridad, reina del alba,
virgen lunar, madre del agua madre,
cuerpo del mundo, casa de la muerte,
caigo sin fin desde mi nacimiento,
caigo en mí mismo sin tocar mi fondo,
recógeme en tus ojos, junta el polvo
disperso y reconcilia mis cenizas,
ata mis huesos divididos, sopla
sobre mi ser, entiérrame en tu tierra,
tu silencio dé paz al pensamiento
contra sí mismo airado;
                              abre la mano,
señora de semillas que son días,
el día es inmortal, asciende, crece,
acaba de nacer y nunca acaba,
cada día es nacer, un nacimiento
es cada amanecer y yo amanezco,
amanecemos todos, amanece
el sol cara de sol, Juan amanece
con su cara de Juan cara de todos,

puerta del ser, despiértame, amanece,
déjame ver el rostro de este día,
déjame ver el rostro de esta noche,
todo se comunica y transfigura,

---

[17]en la mitología griega, hija de Zeus, raptada por Pluto.

arco de sangre, puente de latidos,
llévame al otro lado de esta noche,
adonde yo soy tú somos nosotros,
al reino de pronombres enlazados,

puerta del ser: abre tu ser, despierta,
aprende a ser también, labra tu cara,
trabaja tus facciones, ten un rostro
para mirar mi rostro y que te mire,
para mirar la vida hasta la muerte,
rostro de mar, de pan, de roca y fuente,
manantial que disuelve nuestros rostros
en el rostro sin nombre, el ser sin rostro,
indecible presencia de presencias...

quiero seguir, ir más allá, y no puedo:
se despeñó el instante en otro y otro,
dormí sueño de piedra que no sueña
y al cabo de los años como piedras
oí cantar mi sangre encarcelada,
con un rumor de luz el mar cantaba,
una a una cedían las murallas,
todas las puertas se desmoronaban
y el sol entraba a saco por mi frente,
despegaba mis párpados cerrados,
desprendía mi ser de su envoltura,
me arrancaba de mí, me separaba
de mi bruto dormir siglos de piedra
y su magia de espejos revivía
un sauce de cristal, un chopo de agua,
un alto surtidor que el viento arquea,
un árbol bien plantado más danzante,
un caminar de río que se curva,
avanza, retrocede, da un rodeo
y llega siempre:

El laberinto de la soledad

IV. "Los hijos de la Malinche"[18]

La extrañeza que provoca nuestro hermetismo ha creado la leyenda del mexicano, ser insondable. Nuestro recelo provoca el ajeno. Si nuestra cortesía atrae, nuestra reserva hiela. Y las inesperadas violencias que nos desgarran, el esplendor convulso o solemne de nuestras fiestas, el culto a la muerte, acaban por desconcertar al extranjero. La sensación que causamos no es diversa a la que producen los orientales. También ellos, chinos, indostanos o árabes, son herméticos e indescifrables. También ellos arrastran en andrajos un pasado todavía vivo. Hay un misterio mexicano como hay un misterio amarillo y uno negro. El contenido concreto de esas representaciones depende de cada espectador. Pero todos coinciden en hacerse de nosotros una imagen ambigua, cuando no contradictoria: no somos gente segura y nuestras respuestas como nuestros silencios son imprevisibles, inesperados. Traición y lealtad, crimen y amor, se agazapan en el fondo de nuestra mirada. Atraemos y repelemos.

No es difícil comprender los orígenes de esa actitud. Para un europeo, México es un país al margen de la Historia universal. Y todo lo que se encuentra alejado del centro de la sociedad aparece como extraño e impenetrable. Los campesinos, remotos, ligeramente arcaicos en el vestir y el hablar, parcos, amantes de expresarse en formas y fórmulas tradicionales, ejercen siempre una fascinación sobre el hombre urbano. En todas partes representan el elemento más antiguo y secreto de la sociedad. Para todos, excepto para ellos mismos, encarnan lo oculto, lo escondido y que no se entrega sino difícilmente, tesoro enterrado, espiga que madura en las entrañas terrestres, vieja sabiduría escondida entre los pliegues de la tierra.

La mujer, otro de los seres que viven aparte, también es figura enigmática. Mejor dicho, es el Enigma. A semejanza del hombre de raza o nacionalidad extraña, incita y repele. Es la imagen de la fecundidad, pero asimismo de la muerte. En casi todas las culturas las diosas de la creación son también deidades de destrucción. Cifra viviente de la extrañeza del universo y de su radical heterogeneidad, la mujer ¿esconde la muerte o la vida?, ¿en qué pien-

---

[18]La Malinche (también conocida como Doña Marina o Malintzin; m. 1528 ó 29), mujer indígena que sirvió a Hernán Cortés, conquistador español de México, de intérprete.

sa?, ¿piensa acaso?, ¿siente de veras?, ¿es igual a nosotros? El sadismo se inicia como venganza ante el hermetismo femenino o como tentativa desesperada para obtener una respuesta de un cuerpo que tememos insensible. Porque, como dice Luis Cernuda,[19] "el deseo es una pregunta cuya respuesta no existe". A pesar de su desnudez—redonda, plena—en las formas de la mujer siempre hay algo que desvelar:

> Eva y Cipris concentran el misterio
> del corazón del mundo.

Para Rubén Darío,[20] como para todos los grandes poetas, la mujer no es solamente un instrumento de conocimiento, sino el conocimiento mismo. El conocimiento que no poseeremos nunca, la suma de nuestra definitiva ignorancia: el misterio supremo.

Es notable que nuestras representaciones de la clase obrera no estén teñidas de sentimientos parecidos, a pesar de que también vive alejada del centro de la sociedad—inclusive físicamente, recluida en barrios y ciudades especiales—. Cuando un novelista contemporáneo introduce un personaje que simboliza la salud o la destrucción, la fertilidad o la muerte, no escoge, como podría esperarse, a un obrero—que encierra en su figura la muerte de la vieja sociedad y el nacimiento de otra—. D.H. Lawrence,[21] que es uno de los críticos más violentos y profundos del mundo moderno, describe en casi todas sus obras las virtudes que harían del hombre fragmentario de nuestros días un hombre de verdad, dueño de una visión total del mundo. Para encarnar esas virtudes crea personajes de razas antiguas y no-europeas. O inventa la figura de Mellors,[22] un guardabosque, un hijo de la tierra. Es posible que la infancia de Lawrence, transcurrida entre las minas de carbón inglesas, explique esta deliberada ausencia. Es sabido que detestaba a los obreros tanto como a los burgueses. Pero ¿cómo explicar que en todas las grandes novelas revolucionarias tampoco aparezcan los proletarios como héroes, sino como fondo? En todas ellas el héroe es siempre el aventurero, el intelectual o el revolucionario profesional. El hombre aparte, que ha renunciado a su clase, a su origen o a su patria. Herencia del romanticismo, sin duda, que hace del

---

[19](1902-63), poeta español.

[20](1867-1916), poeta nicaragüense; ver selección de sus textos en esta antología.

[21](1885-1930), novelista inglés.

[22]protagonista de *Lady Chatterly's Lover*, novela de Lawrence.

héroe un ser antisocial. Además, el obrero es demasiado reciente. Y se parece a sus señores: todos son hijos de la máquina.

El obrero moderno carece de individualidad. La clase es más fuerte que el individuo y la persona se disuelve en lo genérico. Porque ésa es la primera y más grave mutilación que sufre el hombre al convertirse en asalariado industrial. El capitalismo lo despoja de su naturaleza humana—lo que no ocurrió con el siervo—puesto que reduce todo su ser a fuerza de trabajo, transformándolo por este solo hecho en objeto. Y como a todos los objetos, en mercancía, en cosa susceptible de compra y venta. El obrero pierde, bruscamente y por razón misma de su estado social, toda relación humana y concreta con el mundo: ni son suyos los útiles que emplea, ni es suyo el fruto de su esfuerzo. Ni siquiera lo ve. En realidad no es un obrero, puesto que no hace obras o no tiene conciencia de las que hace, perdido en un aspecto de la producción. Es un trabajador, nombre abstracto, que no designa una tarea determinada, sino una función. Así, no lo distingue de los otros hombres su obra, como acontece con el médico, el ingeniero o el carpintero. La abstracción que lo califica—el trabajo medido en tiempo—no lo separa, sino lo liga a otras abstracciones. De ahí su ausencia de misterio, de problematicidad, su transparencia, que no es diversa a la de cualquier instrumento.

La complejidad de la sociedad contemporánea y la especialización que requiere el trabajo extienden la condición abstracta del obrero a otros grupos sociales. Vivimos en un mundo de técnicos, se dice. A pesar de las diferencias de salarios y de nivel de vida, la situación de estos técnicos no difiere esencialmente de la de los obreros: también son asalariados y tampoco tienen conciencia de la obra que realizan. El gobierno de los técnicos, ideal de la sociedad contemporánea, sería así el gobierno de los instrumentos. La función sustituiría al fin; el medio, al creador. La sociedad marcharía con eficacia, pero sin rumbo. Y la repetición del mismo gesto, distintiva de la máquina, llevaría a una forma desconocida de la inmovilidad: la del mecanismo que avanza de ninguna parte hacia ningún lado.

Los regímenes totalitarios no han hecho sino extender y generalizar, por medio de la fuerza o de la propaganda, esta condición. Todos los hombres sometidos a su imperio la padecen. En cierto sentido se trata de una transposición a la esfera social y política de los sistemas económicos del capitalismo. La producción en masa se logra a través de la confección de piezas sueltas que luego se unen en talleres especiales. La propaganda y la acción política totalitaria—así como el terror y la represión—obedecen al mismo sistema. La propaganda difunde verdades incompletas, en serie y por piezas sueltas. Más tarde esos fragmentos se organizan y se convierten en teorías políticas, verdades absolutas para las masas. El terror obedece al mismo principio. La persecución comienza contra grupos aislados—razas, clases, disidentes, sospechosos—, hasta que gradualmente alcanza a todos. Al iniciarse, una parte del pueblo contempla con indiferencia el exterminio de otros grupos sociales o contribuye a su persecución, pues se exasperan los odios internos. Todos se vuelven cómplices y el sentimiento de culpa se extiende a toda la sociedad. El terror se generaliza: ya no hay sino persecutores y perseguidos. El persecutor, por otra parte, se transforma muy fácilmente en perseguido. Basta una vuelta de la máquina política. Y nadie escapa a esta dialéctica feroz, ni los dirigentes.

El mundo del terror, como el de la producción en serie, es un mundo de cosas, de útiles. (De ahí la vanidad de la disputa sobre la validez histórica del terror moderno.) Y los útiles nunca son misteriosos o enigmáticos, pues el misterio proviene de la indeterminación del ser o del objeto que lo contiene. Un anillo misterioso se desprende inmediatamente del género anillo; adquiere vida propia, deja de ser un objeto. En su forma yace, escondida, presta a saltar, la sorpresa. El misterio es una fuerza o una virtud oculta, que no nos obedece y que no sabemos a qué hora y cómo va a manifestarse. Pero los útiles no esconden nada, no nos preguntan nada y nada nos responden. Son inequívocos y transparentes. Meras prolongaciones de nuestras manos, poseen más vida que la que nuestra voluntad les otorga. Nos sirven; luego, gastados, viejos, los arrojamos sin pesar al cesto de la basura, al cementerio de automóviles, al campo de concentración. O los cambiamos a nuestros aliados o enemigos por otros objetos.

Todas nuestras facultades, y también todos nuestros defectos, se oponen a esta concepción del trabajo como esfuerzo impersonal, repetido en iguales y vacías porciones de tiempo: la lentitud y cuidado en la tarea, el amor por la obra y por cada uno de los detalles que la componen, el buen gusto, innato ya, a fuerza de ser herencia milenaria. Si no fabricamos productos en serie, sobresalimos en el arte difícil, exquisito e inútil de vestir pulgas. Lo que no quiere decir que el mexicano sea incapaz de convertirse en lo que se llama un buen obrero. Todo es cuestión de tiempo. Y nada, excepto un cambio histórico cada vez más remoto e impensable, impedirá que el mexicano deje de ser un problema, un ser enigmático, y se convierta en una abstracción más.

Mientras llega ese momento, que resolverá—aniquilándolas—todas nuestras contradicciones, debo señalar que lo extraordinario de nuestra situación reside en que no solamente somos enigmáticos ante los extraños, sino ante nosotros mismos. Un mexicano es un problema siempre, para otro mexicano y para sí mismo. Ahora bien, nada más simple que reducir todo el complejo grupo de actitudes que nos caracteriza—y en especial lo que consiste en ser un problema para nosotros mismos—a lo que se podría llamar "moral de siervo", por oposición no solamente a la "moral de señor", sino a la moral moderna, proletaria o burguesa.

La desconfianza, el disimulo, la reserva cortés que cierra el paso al extraño, la ironía, todas, en fin, las oscilaciones psíquicas con que al eludir la mirada ajena nos eludimos a nosotros mismos, son rasgos de gente dominada, que teme y que finge frente al señor. Es revelador que nuestra intimidad jamás aflore en manera natural, sin el acicate de la fiesta, el alcohol o la muerte. Esclavos, siervos y razas sometidas se presentan siempre recubiertos por una máscara, sonriente o adusta. Y únicamente a solas, en los grandes momentos, se atreven a manifestarse tal como son. Todas sus relaciones están envenenadas por el miedo y el recelo. Miedo al señor, recelo ante sus iguales. Cada uno observa al otro, porque cada compañero puede ser también un traidor. Para salir de sí mismo el siervo necesita saltar barreras, embriagarse, olvidar su condición. Vivir a solas, sin testigos. Solamente en la soledad se atreve a ser.

La indudable analogía que se observa entre ciertas de nuestras actitudes y las de los grupos sometidos al poder de un amo, una casta o un Estado extraño, podría resolverse en esta afirmación: el carácter de los mexicanos es un producto de las circunstancias sociales imperantes en nuestro país; la historia de México, que es la historia de esas circunstancias, contiene la respuesta a todas las preguntas. La situación del pueblo durante el período colonial sería así la raíz de nuestra actitud cerrada e inestable. Nuestra historia como nación independiente contribuiría también a perpetuar y hacer más neta esta psicología servil, puesto que no hemos logrado suprimir la miseria popular ni las exasperantes diferencias sociales, a pesar de siglo y medio de luchas y experiencias constitucionales. El empleo de la violencia como recurso dialéctico, los abusos de autoridad de los poderosos—vicio que no ha desaparecido todavía—y finalmente el escepticismo y la resignación del pueblo, hoy más visibles que nunca debido a las sucesivas desilusiones posrevolucionarias, completarían esta explicación histórica.

El defecto de interpretaciones como la que acabo de bosquejar reside, precisamente, en su simplicidad. Nuestra actitud ante la vida no está condicionada por los hechos históricos, al menos de la manera rigurosa con que en el mundo de la mecánica de la velocidad o la trayectoria de factores conocidos. Nuestra actitud vital—que es un factor que nunca acabaremos de conocer totalmente, pues cambio e indeterminación son las únicas constantes de su ser—también es historia. Quiero decir, los hechos históricos no son nada más hechos, sino que están teñidos de humanidad, esto es, de problematicidad. Tampoco son el mero resultado de otros hechos, que los causan, sino de una voluntad singular, capaz de regir dentro de ciertos límites su fatalidad. La historia no es un mecanismo y las influencias entre los diversos componentes de un hecho histórico son recíprocas, como tantas veces se ha dicho. Lo que distingue a un hecho histórico de los otros hechos es su carácter histórico. O sea, que es por sí mismo y en sí mismo una unidad irreductible a otras. Irreductible e inseparable. Un hecho histórico no es la suma de los llamados factores de la historia, sino una realidad indisoluble. Las circunstancias históricas explican nuestro carácter en la medida que nuestro carácter también las explica a ellas. Ambas son lo mismo. Por eso toda explicación puramente histórica es insuficiente—lo que no equivale a decir que sea falsa.

Basta una observación para reducir a sus verdaderas proporciones la analogía entre la moral de los siervos y la nuestra: las reacciones habituales del mexicano no son privativas de una clase, raza o grupo aislado, en situación de inferioridad. Las clases ricas también se cierran al mundo exterior y también se desgarran cada vez que intentan abrirse. Se trata de una actitud que rebasa las circunstancias históricas, aunque se sirve de ellas para manifestarse y se modifica a su contacto. El mexicano, como todos los hombres, al servirse de las circunstancias las convierte en materia plástica y se funde a ellas. Al esculpirlas, se esculpe.

Si no es posible identificar nuestro carácter con el de los grupos sometidos, tampoco lo es negar su parentesco. En ambas situaciones el individuo y el grupo luchan, simultánea y contradictoriamente, por ocultarse y revelarse. Mas una diferencia nos separa. Siervos, criados o razas víctimas de un poder extraño cualquiera (los negros norteamericanos, por ejemplo), entablan un combate con una realidad concreta. Nosotros, en cambio, luchamos con entidades imaginarias, vestigios del pasado o fantasmas engendrados por nosotros mismos. Su realidad es de un orden sutil y atroz, porque es una realidad fantasmagórica. Son intocables e invencibles, ya que no están fuera de nosotros, sino en nosotros mismos. En la lucha que sostiene contra ellos nuestra voluntad de ser, cuentan con un aliado secreto y poderoso: nuestro miedo a ser. Porque todo lo que es el mexicano actual, como se ha visto, puede reducirse a esto: el mexicano no quiere o no se atreve a ser él mismo.

En muchos casos estos fantasmas son vestigios de realidades pasadas. Se originaron en la Conquista, en la Colonia, en la Independencia o en las guerras sostenidas contra yanquis y franceses. Otros reflejan nuestros problemas actuales, pero de una manera indirecta, escondiendo o disfrazando su verdadera naturaleza. ¿Y no es extraordinario que, desaparecidas las causas, persisten los efectos? ¿Y que los efectos oculten a las causas? En esta esfera es imposible escindir causas y efectos. En realidad, no hay causas y efectos, sino un complejo de reacciones y tendencias que se penetran mutuamente. La persistencia de ciertas actitudes y la libertad e independencia que asumen frente a las causas que las originaron, conduce a estudiarlas en la carne viva del presente y no en los textos históricos.

En suma, la historia podrá esclarecer el origen de muchos de nuestros fantasmas, pero no los disipará. Sólo nosotros podemos enfrentarnos a ellos. O dicho de otro modo: la historia nos ayuda a comprender ciertos rasgos de nuestro carácter, a condición de que seamos capaces de aislarlos y denunciarlos previamente. Nosotros somos los únicos que podemos contestar a las preguntas que nos hacen la realidad y nuestro propio ser.

En nuestro lenguaje diario hay un grupo de palabras prohibidas, secretas, sin contenido claro, y a cuya mágica ambigüedad confiamos la expresión de las más brutales o sutiles de nuestras emociones y reacciones. Palabras malditas, que sólo pronunciamos en voz alta cuando no somos dueños de nosotros mismos. Confusamente reflejan nuestra intimidad: las explosiones de nuestra vitalidad las iluminan y las depresiones de nuestro ánimo las oscurecen. Lenguaje sagrado, como el de los niños, la poesía y las sectas. Cada letra y cada sílaba están animadas de una vida doble, al mismo tiempo luminosa y oscura, que nos revela y oculta. Palabras que no dicen nada y dicen todo. Los adolescentes, cuando quieren presumir de hombres, las pronuncian con voz ronca. Las repiten las señoras, ya para significar su libertad de espíritu, ya para mostrar la verdad de sus sentimientos. Pues estas palabras son definitivas, categóricas, a pesar de su ambigüedad y de la facilidad con que varía su significado. Son las malas palabras, único lenguaje vivo en un mundo de vocablos anémicos. La poesía al alcance de todos.

Cada país tiene la suya. En la nuestra, en sus breves y desgarradas, agresivas, chispeantes sílabas, parecidas a la momentánea luz que arroja el cuchillo cuando se le descarga contra un cuerpo opaco y duro, se condensan todos nuestros apetitos, nuestras iras, nuestros entusiasmos y los anhelos que pelean en nuestro fondo, inexpresados. Esa palabra es nuestro santo y seña. Por ella y en ella nos reconocemos entre extraños y a ella acudimos cada vez que aflora a nuestros labios la condición de nuestro ser. Conocerla, usarla, arrojándola al aire como un juguete vistoso o haciéndola vibrar como un arma afilada, es una manera de afirmar nuestra mexicanidad.

Toda la angustiosa tensión que nos habita se expresa en una frase que nos viene a la boca cuando la cólera, la alegría o el entusiasmo nos llevan a exaltar nuestra condición de mexicanos: ¡Viva México, hijos de la Chinga-da![23] Verdadero grito de guerra, cargado de una electricidad particular, esta frase es un reto y una afirmación, un disparo, dirigido contra un enemigo imaginario, y una explosión en el aire. Nuevamente, con cierta patética y plástica fatalidad, se presenta la imagen del cohete que sube al cielo, se dispersa en chispas y cae oscuramente. O la del aullido en que terminan nuestras canciones, y que posee la misma ambigua resonancia: alegría rencorosa, desgarrada afirmación, que se abre el pecho y se consume a sí misma.

Con ese grito, que es de rigor gritar cada 15 de septiembre, aniversario de la Independencia, nos afirmamos y afirmamos a nuestra patria, frente, contra y a pesar de los demás. ¿Y quiénes son los demás? Los demás son los "hijos de la chingada": los extranjeros, los malos mexicanos, nuestros enemigos, nuestros rivales. En todo caso, los "otros". Esto es, todos aquellos que no son lo que nosotros somos. Y esos otros no se definen sino en cuanto hijos de una madre tan indeterminada y vaga como ellos mismos.

¿Quién es la Chingada? Ante todo, es la Madre. No una Madre de carne y hueso, sino una figura mítica. La Chingada es una de las representaciones mexicanas de la Maternidad, como la Llorona o la "sufrida madre mexicana" que festejamos el diez de mayo. La Chingada es la madre que ha sufrido, metafórica o realmente, la acción corrosiva e infamante implícita en el verbo que le da nombre. Vale la pena detenerse en el significado de esta voz.

En la *Anarquía del lenguaje en la América Española*, Darío Rubio[24] examina el origen de esta palabra y enumera las significaciones que le prestan casi todos los pueblos hispanoamericanos. Es probable su procedencia azteca: chingaste es xinachtli (semilla de hortaliza) o xinaxtli (aguamiel fermentado). La voz y sus derivados se usan, en casi toda América y en algunas regiones de España, asociados a las bebidas, alcohólicas o no: chingaste son los residuos o heces que quedan en el vaso, en Guatemala y El Salvador; en Oaxaca llaman chingaditos a los restos del café; en todo México se llama chínguere —o, significativamente, piquete— al alcohol; en Chile, Perú y Ecuador la chingana es la taberna; en España chingar equivale a beber mucho, a embriagarse; y en Cuba, un chinguirito es un trago de alcohol.

Chingar también implica la idea de fracaso. En Chile y Argentina se chinga un petardo, "cuando no revienta, se frustra o sale fallido". Y las empre-

---

[23]la que ha sido violada, es decir, la Malinche.

[24]pseudónimo de Ricardo del Castillo; *Anarquía* se editó en 1925.

sas que fracasan, las fiestas que se aguan, las acciones que no llegan a su término, se chingan. En Colombia, chingarse es llevarse un chasco. En el Plata un vestido desgarrado es un vestido chingado. En casi todas partes chingarse es salir burlado, fracasar. Chingar, asimismo, se emplea en algunas partes de Sudamérica como sinónimo de molestar, zaherir, burlar. Es un verbo agresivo, como puede verse por todas estas significaciones: descolar a los animales, incitar o hurgar a los gallos, chunguear, chasquear, perjudicar, echar a perder, frustrar.

En México los significados de la palabra son innumerables. Es una voz mágica. Basta un cambio de tono, una inflexión apenas, para que el sentido varíe. Hay tantos matices como entonaciones: tantos significados como sentimientos. Se puede ser un chingón, un Gran Chingón (en los negocios, en la política, en el crimen, con las mujeres), un chingaquedito (silencioso, disimulado, urdiendo tramas en la sombra, avanzando cauto para dar el mazazo), un chingoncito. Pero la pluralidad de significaciones no impide que la idea de agresión—en todos sus grados, desde el simple de incomodar, picar, zaherir, hasta el de violar, desgarrar y matar—se presente siempre como significado último. El verbo denota violencia, salir de sí mismo y penetrar por la fuerza en el otro. Y también, herir, rasgar, violar—cuerpos, almas, objetos—, destruir. Cuando algo se rompe, decimos: "se chingó". Cuando alguien ejecuta un acto desmesurado y contra las reglas, comentamos: "hizo una chingadera".

La idea de romper y de abrir reaparece en casi todas las expresiones. La voz está teñida de sexualidad, pero no es sinónima del acto sexual; se puede chingar a una mujer sin poseerla. Y cuando se alude al acto sexual, la violación o el engaño le prestan un matiz particular. El que chinga jamás lo hace con el consentimiento de la chingada. En suma, chingar es hacer violencia sobre el otro. Es un verbo masculino, activo, cruel: pica, hiere, desgarra, mancha. Y provoca una amarga, resentida satisfacción en el que lo ejecuta.

Lo chingado es lo pasivo, lo inerte y abierto, por oposición a lo que chinga, que es activo, agresivo y cerrado. El chingón es el macho, el que abre. La chingada, la hembra, la pasividad pura, inerme ante el exterior. La relación entre ambos es violenta, determinada por el poder cínico del primero y la impotencia de la otra. La idea de violación rige oscuramente todos los significados. La dialéctica de "lo cerrado" y "lo abierto" se cumple así con precisión casi feroz.

El poder mágico de la palabra se intensifica por su carácter prohibido. Nadie la dice en público. Solamente un exceso de cólera, una emoción o el entusiasmo delirante, justifican su expresión franca. Es una voz que sólo se oye entre hombres, o en las grandes fiestas. Al gritarla, rompemos un velo de pudor, de silencio o de hipocresía. Nos manifestamos tales como somos de verdad. Las malas palabras hierven en nuestro interior, como hierven nuestros sentimientos. Cuando salen, lo hacen brusca, brutalmente, en forma de alarido, de reto, de ofensa. Son proyectiles o cuchillos. Desgarran.

Los españoles también abusan de las expresiones fuertes. Frente a ellos el mexicano es singularmente pulcro. Pero mientras los españoles se complacen en la blasfemia y la escatología, nosotros nos especializamos en la crueldad y el sadismo. El español es simple: insulta a Dios porque cree en él. La blasfemia, dice Machado,[25] es una oración al revés. El placer que experimentan muchos españoles, incluso algunos de sus más altos poetas, al aludir a los detritus y mezclar la mierda con lo sagrado se parece un poco al de los niños que juegan con lodo. Hay, además del resentimiento, el gusto por los contrastes, que ha engendrado el estilo barroco y el dramatismo de la gran pintura española. Sólo un español puede hablar con autoridad de Onán[26] y Don Juan.[27] En las expresiones mexicanas, por el contrario, no se advierte la dualidad española simbolizada por la oposición a lo real y lo ideal, los místicos y los pícaros, el Quevedo[28] fúnebre y el escatológico, sino la dicotomía entre lo cerrado y lo abierto. El verbo chingar indica el triunfo de lo cerrado, del macho, del fuerte, sobre lo abierto.

La palabra chingar, con todas estas múltiples significaciones, define gran parte de nuestra vida y califica nuestras relaciones con el resto de nuestros amigos y compatriotas. Para el mexicano la vida es una posibilidad de chingar o de ser chingado. Es decir, de humillar, castigar y ofender. O a la inversa. Esta concepción de la vida social como combate engendra fatalmente la división de la sociedad en fuertes y débiles. Los fuertes—los chingones sin escrúpulos, duros e inexorables—se rodean de fidelidades ardientes e interesadas. El servilismo ante los poderosos—especialmente entre la casta de los "políticos", esto es, de los profesionales de los negocios públicos—es una de las deplorables consecuencias de esta situación. Otra, no menos degradante, es la adhesión a las personas y no a los principios. Con frecuencia nuestros políticos confunden los negocios públicos con los privados. No importa. Su

---

[25]Antonio Machado (1875-1939), poeta español.

[26]hijo de Judá y figura de la masturbación (onanismo).

[27]personaje del texto dramático de Tirson de Molina (1571-1648), *El convidado de piedra* y legendario seductor español de mujeres, figura de la sexualidad desenfrenada.

[28]Francisco de Quevedo y Villegas (1580-1645), escritor español.

riqueza o su influencia en la administración les permite sostener una mesnada que el pueblo llama, muy atinadamente, de "lambiscones" (de lamer).

El verbo chingar—maligno, ágil y juguetón como un animal de presa—engendra muchas expresiones que hacen de nuestro mundo una selva: hay tigres en los negocios, águilas en las escuelas o en los presidios, leones con los amigos. El soborno se llama "morder". Los burócratas roen sus huesos (los empleos públicos). Y en un mundo de chingones, de relaciones duras, presididas por la violencia y el recelo, en el que nadie se abre ni se raja y todos quieren chingar, las ideas y el trabajo cuentan poco. Lo único que vale es la hombría, el valor personal, capaz de imponerse.

La voz tiene además otro significado, más restringido. Cuando decimos "vete a la Chingada", enviamos a nuestro interlocutor a un espacio lejano, vago e indeterminado. Al país de las cosas rotas, gastadas. País gris, que no está en ninguna parte, inmenso y vacío. Y no sólo por simple asociación fonética lo comparamos a la China, que es también inmensa y remota. La Chingada, a fuerza de uso, de significaciones contrarias y del roce de labios coléricos o entusiasmados, acaba por gastarse, agotar sus contenidos y desaparecer. Es una palabra hueca. No quiere decir nada. Es la Nada.

Después de esta digresión sí se puede contestar a la pregunta ¿qué es la Chingada? La Chingada es la Madre abierta, violada o burlada por la fuerza. EL "hijo de la Chingada" es el engendro de la violación, del rapto o de la burla. Si se compara esta expresión con la española, "hijo de puta", se advierte inmediatamente la diferencia. Para el español la deshonra consiste en ser hijo de una mujer que voluntariamente se entrega, una prostituta; para el mexicano, en ser fruto de una violación.

Manuel Cabrera[29] me hace observar que la actitud española refleja una concepción histórica y moral del pecado original, en tanto que la del mexicano, más honda y genuina, trasciende anécdota y ética. En efecto, toda mujer, aun la que se da voluntariamente, es desgarrada, chingada por el hombre. En cierto sentido todos somos, por el solo hecho de nacer de mujer, hijos de la Chingada, hijos de Eva. Mas lo característico del mexicano reside, a mi juicio, en la violenta, sarcástica humillación de la Madre y en la no menos violenta afirmación del Padre. Una amiga—las mujeres son más sensibles a la extrañeza de la situación—me hacía ver que la admiración por el Padre, símbolo de lo cerrado y agresivo, capaz de chingar y abrir, se transparenta en

---

[29]Manuel Fernández Cabrera, escritor español cuyo *Mi viaje a México a propósito de la Revolución* se editó en 1915.

una expresión que empleamos cuando queremos imponer a otro nuestra superioridad: "Yo soy tu padre". En suma, la cuestión del origen es el centro secreto de nuestra ansiedad y angustia. Vale la pena detenerse un poco en el sentido que todo esto tiene para nosotros.

Estamos solos. La soledad, fondo de donde brota la angustia, empezó el día en que nos desprendimos del ámbito materno y caímos en un mundo extraño y hostil. Hemos caído; y esta caída, este sabernos caídos, nos vuelve culpables. ¿De qué? De un delito sin nombre: el haber nacido. Estos sentimientos son comunes a todos los hombres y no hay en ellos nada que sea específicamente mexicano; así pues, no se trata de repetir una descripción que ya ha sido hecha muchas veces, sino de aislar algunos rasgos y emociones que iluminan con una luz particular la condición universal del hombre.

En todas las civilizaciones la imagen del Dios Padre—apenas destrona a las divinidades femeninas—se presenta como una figura ambivalente. Por una parte, ya sea Jehová, Dios Creador, o Zeus, rey de la creación, regulador cósmico, el Padre encarna el poder genérico, origen de la vida; por la otra es el principio anterior, el Uno, de donde todo nace y adonde todo desemboca. Pero, además, es el dueño del rayo y del látigo, el tirano y el ogro devorador de la vida. Este aspecto—Jehová colérico, Dios de ira, Saturno, Zeus violador de mujeres—es el que aparece casi exclusivamente en las representaciones populares que se hace el mexicano del poder viril. El "macho" representa el polo masculino de la vida. La frase "yo soy tu padre" no tiene ningún sabor paternal, ni se dice para proteger, resguardar o conducir, sino para imponer una superioridad, esto es, para humillar. Su significado real no es distinto al del verbo chingar y algunos de sus derivados. El "Macho" es el Gran Chingón. Una palabra resume la agresividad, impasibilidad, invulnerabilidad, uso descarnado de la violencia, y demás atributos del "macho": poder. La fuerza, pero desligada de toda noción de orden: el poder arbitrario, la voluntad sin freno y sin cauce.

La arbitrariedad añade un elemento imprevisto a la figura del "macho". Es un humorista. Sus bromas son enormes, descomunales y desembocan siempre en el absurdo. Es conocida la anécdota de aquel que, para "curar" el dolor de cabeza de un compañero de juerga, le vació la pistola en el cráneo. Cierto o no, el sucedido revela con qué inexorable rigor la lógica de lo absurdo se introduce en la vida. El "macho" hace "chingaderas", es decir, actos imprevistos y que producen la confusión, el horror, la destrucción. Abre al mundo; al abrirlo, lo desgarra. El desgarramiento provoca una gran risa siniestra. A su manera es justo: restablece el equilibrio, pone las cosas en su sitio, esto es, las reduce a polvo, miseria, nada. El humorismo del "macho" es un acto de venganza.

Un psicólogo diría que el resentimiento es el fondo de su carácter. No sería difícil percibir también ciertas inclinaciones homosexuales, como el uso y abuso de la pistola, símbolo fálico portador de la muerte y no de la vida, el gusto por las cofradías cerradamente masculinas, etc. Pero cualquiera que sea el origen de estas actitudes, el hecho es que el atributo esencial del "macho", la fuerza, se manifiesta casi siempre como capacidad de herir, rajar, aniquilar, humillar. Nada más natural, por tanto, que su indiferencia frente a la prole que engendra. No es el fundador de un pueblo; no es el patriarca que ejerce la *patria potestas*;[30] no es rey, juez, jefe de clan. Es el poder, aislado en su misma potencia, sin relación ni compromiso con el mundo exterior. Es la incomunicación pura, la soledad que se devora a sí misma y devora lo que toca. No pertenece a nuestro mundo; no es de nuestra ciudad; no vive en nuestro barrio. Viene de lejos, está lejos siempre. Es el Extraño. Es imposible no advertir la semejanza que guarda la figura del "macho" con la del conquistador español. Ese es el modelo—más mítico que real—que rige las representaciones que el pueblo mexicano se ha hecho de los poderosos: caciques, señores feudales, hacendados, políticos, generales, capitanes de industria. Todos ellos son "machos", "chingones".

El "macho" no tiene contrapartida heroica o divina. Hidalgo, el "padre de la patria", como es costumbre llamarlo en la jerga ritual de la República, es un anciano inerme, más encarnación del pueblo desvalido frente a la fuerza que imagen del poder y la cólera del poder y la cólera del padre terrible. Entre los numerosos santos patronos de los mexicanos tampoco aparece alguno que ofrezca semejanza con las grandes divinidades masculinas. Finalmente, no existe una veneración especial por el Dios padre de la Trinidad, figura más bien borrosa. En cambio, es muy frecuente y constante la devoción a Cristo, el Dios hijo, el Dios joven, sobre todo como víctima redentora. En las iglesias de los pueblos abundan las esculturas de Jesús—en cruz o cubiertas de llagas y heridas—en las que el realismo desollado de los españoles se alía al simbolismo trágico de los indios: las heridas son flores, prendas de resurrección, por una parte y, asimismo, reiteración de que la vida es la máscara dolorosa de la muerte.

El fervor del culto al Dios hijo podría explicarse, a primera vista, como herencia de las religiones prehispánicas. En efecto, a la llegada de los

---

[30]poder legal del padre (latín).

españoles casi todas las grandes divinidades masculinas—con la excepción de Tláloc, niño y viejo simultáneamente, deidad de mayor antigüedad—eran dioses hijos, como Xipe, dios del maíz joven, y Huitzilopochtli, el "guerrero del Sur". Quizá no sea ocioso recordar que el nacimiento de Huitzilopochtli[31] ofrece más de una analogía con el de Cristo: también él es concebido sin contacto carnal; el mensajero divino también es un pájaro (que deja caer una pluma en el regazo de Coatlicue[32]); y, en fin, también el niño Huitzilopochtli debe escapar de la persecución de un Herodes mítico. Sin embargo, es abusivo utilizar estas analogías para explicar la devoción a Cristo, como lo sería atribuirla a una mera supervivencia del culto a los dioses hijos. El mexicano venera al Cristo sangrante y humillado, golpeado por los soldados, condenado por los jueces, porque ve en él la imagen transfigurada de su propio destino. Y esto mismo lo lleva a reconocerse en Cuauhtémoc, el joven Emperador azteca destronado, torturado y asesinado por Cortés.[33]

Cuauhtémoc quiere decir "águila que cae". El jefe mexica asciende al poder al iniciarse el sitio de México-Tenochtitlán,[34] cuando los aztecas han sido abandonados sucesivamente por sus dioses, sus vasallos y sus aliados. Asciende sólo para caer, como un héroe mítico. Inclusive su relación con la mujer se ajusta al arquetipo del héroe joven, a un tiempo amante e hijo de la Diosa. Así, López Velarde[35] dice que Cuauhtémoc sale al encuentro de Cortés, es decir, al sacrificio final, "desprendido del pecho curvo de la Emperatriz". Es un guerrero pero también un niño. Sólo que el ciclo heroico no se cierra: héroe caído, aún espera su resurrección. No es sorprendente que, para la mayoría de los mexicanos, Cuauhtémoc sea el "joven abuelo", el origen de México: la tumba del héroe es la cuna del pueblo. Tal es la dialéctica de los mitos y Cuauhtémoc, antes que una figura histórica, es un mito. Y aquí interviene otro elemento decisivo, analogía que hace de esta historia un verdadero poema en busca de un desenlace: se ignora el lugar de la tumba de Cuauhtémoc. El misterio del paradero de sus restos es una de nuestras obsesiones.

---

[31]dios titular de los aztecas y de las guerras floridas.

[32]diosa azteca de la vida y de la muerte.

[33]Hernán Cortés (1485-1547), conquistador español de México.

[34]nombre azteca de la capital mexicana.

[35]Ramón López Velarde (1888-1921), poeta mexicano; ver selección de sus textos en esta antología.

Encontrarlo significa nada menos que volver a nuestro origen, reanundar nuestra filiación, romper la soledad. Resucitar.

Si se interroga a la tercera figura de la tríada, la Madre, escucharemos una respuesta doble. No es un secreto para nadie que el catolicismo mexicano se concentra en el culto a la Virgen de Guadalupe. En primer término: se trata de una Virgen india; enseguida: el lugar de su aparición (ante el indio Juan Diego) es una colina que fue antes santuario dedicado a Tonantzin, "nuestra madre", diosa de la fertilidad entre los aztecas. Como es sabido, la Conquista coincide con el apogeo del culto a dos divinidades masculinas: Quetzalcóatl, el dios del autosacrificio (crea el mundo, según el mito, arrojándose a la hoguera, en Teotihuacán) y Huitzilopochtli, el joven dios guerrero que sacrifica. La derrota de estos dioses—pues eso fue la Conquista para el mundo indio: el fin de un ciclo cósmico y la instauración de un nuevo reinado divino—produjo entre los fieles una suerte de regreso hacia las antiguas divinidades femeninas. Este fenómeno de vuelta a la entraña materna, bien conocido de los psicólogos, es sin duda una de las causas determinantes de la rápida popularidad del culto a la Virgen. Ahora bien, las deidades indias eran diosas de fecundidad, ligadas a los ritmos cósmicos, los procesos de vegetación y los ritos agrarios. La Virgen católica es también una Madre (Guadalupe-Tonantzin la llaman aún algunos peregrinos indios) pero su atributo principal no es velar por la fertilidad de la tierra sino ser el refugio de los desamparados. La situación ha cambiado: no se trata ya de asegurar las cosechas sino de encontrar un regazo. La Virgen es el consuelo de los pobres, el escudo de los débiles, el amparo de los oprimidos. En suma, es la Madre de los huérfanos. Todos los hombres nacimos desheredados y nuestra condición verdadera es la orfandad, pero esto es particularmente cierto para los indios y los pobres de México. El culto a la Virgen no sólo refleja la condición general de los hombres sino una situación histórica concreta, tanto en lo espiritual como en lo material. Y hay más: Madre universal, la Virgen es también la intermediaria, la mensajera entre el hombre desheredado y el poder desconocido, sin rostro: el Extraño.

Por contraposición a Guadalupe, que es la Madre virgen, la Chingada es la Madre violada. Ni en ella ni en la Virgen se encuentran rastros de los atributos negros de la Gran Diosa: lascivia de Amaterasu y Afrodita, crueldad de Artemisa y Astarté, magia funesta de Circe, amor por la sangre de Kali.[36] Se trata de figuras pasivas. Guadalupe es la receptividad pura y los beneficios que produce son del mismo orden: consuela, serena, aquieta, enjuga las lágrimas, calma las pasiones. La Chingada es aún más pasiva. Su pasividad es abyecta: no ofrece resistencia a la violencia, es un montón inerte de sangre, huesos y polvo. Su mancha es constitucional y reside, según se ha dicho más arriba, en su sexo. Esta pasividad abierta al exterior la lleva a perder su identidad: es la Chingada. Pierde su nombre, no es nadie ya, se confunde con la nada, es la Nada. Y sin embargo, es la atroz encarnación de la condición femenina.

Si la Chingada es una representación de la Madre violada, no me parece forzado asociarla a la Conquista, que fue también una violación, no solamente en el sentido histórico, sino en la carne misma de las indias. El símbolo de la entrega es doña Malinche, la amante de Cortés. Es verdad que ella se da voluntariamente al Conquistador, pero éste, apenas deja de serle útil, la olvida. Doña Marina se ha convertido en una figura que representa a las indias, fascinadas, violadas o seducidas por los españoles. Y del mismo modo que el niño no perdona a su madre que lo abandone para ir en busca de su padre, el pueblo mexicano no perdona su traición a la Malinche. Ella encarna lo abierto, lo chingado, frente a nuestros indios, estoicos, impasibles y cerrados. Cuauhtémoc y doña Marina son así dos símbolos antagónicos y complementarios. Y si no es sorprendente el culto que todos profesamos al joven emperador—"único héroe a la altura del arte", imagen del hijo sacrificado—, tampoco es extraña la maldición que pesa contra la Malinche. De ahí el éxito del adjetivo despectivo "malinchista", recientemente puesto en circulación por los periódicos para denunciar a todos los contagiados por tendencias extranjerizantes. Los malinchistas son los partidarios de que México se abra al exterior: los verdaderos hijos de la Malinche, que es la Chingada en persona. De nuevo aparece lo cerrado por oposición a lo abierto.

Nuestro grito es una expresión de la voluntad mexicana de vivir cerrados al exterior, sí, pero sobre todo, cerrados frente al pasado. En ese grito condenamos nuestro origen y renegamos de nuestro hibridismos. La extraña permanencia de Cortés y de la Malinche en la imaginación y en la sensibilidad de los mexicanos actuales revela que son algo más que figuras históricas: son símbolos de un conflicto secreto, que aún no hemos resuelto. Al repudiar a

---

[36]en los cultos primitivos y míticos de Europa y el Asia Menor, varias figuras de la diosa-madre.

la Malinche—Eva mexicana, según la representa José Clemente Orozco[37] en su mural de la Escuela Nacional Preparatoria—el mexicano rompe sus ligas con el pasado, reniega de su origen y se adentra solo en la vida histórica.

El mexicano condena en bloque toda su tradición, que es un conjunto de gestos, actitudes y tendencias en el que ya es difícil distinguir lo español de lo indio. Por eso la tesis hispanista, que nos hace descender de Cortés con exclusión de la Malinche, es el patrimonio de unos cuantos extravagantes—que ni siquiera son blancos puros. Y otro tanto se puede decir de la propaganda indigenista, que también está sostenida por criollos y mestizos maniáticos, sin que jamás los indios le hayan prestado atención. El mexicano no quiere ser ni indio, ni español. Tampoco quiere descender de ellos. Los niega. Y no se afirma en tanto que mestizo, sino como abstracción: es un hombre. Se vuelve hijo de la nada. El empieza en sí mismo.

Esta actitud no se manifiesta nada más en nuestra vida diaria, sino en el curso de nuestra historia, que en ciertos momentos ha sido encarnizada voluntad de desarraigo. Es pasmoso que un país con un pasado tan vivo, profundamente tradicional, atado a sus raíces, rico en antigüedad legendaria si pobre en historia moderna, sólo se conciba como negación de su origen.

Nuestro grito popular nos desnuda y revela cuál es esa llaga que alternativamente mostramos o escondemos, pero no nos indica cuáles fueron las causas de esa separación y negación de la Madre, ni cuándo se realizó la ruptura. A reserva de examinar más detenidamente el problema, puede adelantarse que la Reforma liberal de mediados del siglo pasado parece ser el momento en que el mexicano se decide a romper con su tradición, que es una manera de romper con uno mismo. Si la Independencia corta los lazos políticos que nos unían a España, la Reforma niega que la nación mexicana en tanto que proyecto histórico, continúe la tradición colonial. Juárez[38] y su generación fundan un Estado cuyos ideales son distintos a los que animaban a Nueva España o a las sociedades precortesianas. El Estado mexicano proclama una concepción universal y abstracta del hombre: la República no está compuesta por criollos, indios y mestizos, como con gran amor por los matices y respeto por la naturaleza heteróclita del mundo colonial especificaban las Leyes de Indias, sino por hombres, a secas. Y a solas.

La Reforma es la gran Ruptura con la Madre. Esta separación era un acto fatal y necesario, porque toda vida verdaderamente autónoma se inicia

---

[37](1883-1949), pintor y muralista mexicano.

[38]Benito Juárez (1806-72), estadista y presidente de México.

como ruptura con la familia y el pasado. Pero nos duele todavía esa separación. Aún respiramos por la herida. De ahí que el sentimiento de orfandad sea el fondo constante de nuestras tentativas políticas y de nuestros conflictos íntimos. México está tan solo como cada uno de sus hijos.

El mexicano y la mexicanidad se definen como ruptura y negación. Y, asimismo, como búsqueda, como voluntad por trascender ese estado de exilio. En suma, como viva consciencia de la soledad, histórica y personal. La historia, que no nos podía decir nada sobre la naturaleza de nuestros sentimientos y nuestros conflictos, sí nos puede mostrar ahora cómo se realizó la ruptura y cuáles han sido nuestras tentativas para trascender la soledad.

La centena (poemas: 1935-1968). Barcelona: Barral-Libros de Enlace, 1969; *El laberinto de la soledad*. 7a ed. México, D.F.: Fondo de Cultura Económica, 1969.

ROSARIO CASTELLANOS (Mexico; 1925-78)

El eterno femenino; farsa

PERSONAJES

Los que aparezcan. Pero serán suficientes diez actores—siete mujeres y tres hombres—siempre y cuando sean versátiles y comprendan que se trata de un texto no de caracteres sino de situaciones.

Esto quiere decir que los protagonistas han de definirse por las acciones (que, a veces, serán únicas), por las palabras (que no serán muy abundantes) y, fundamentalmente, por su vestuario y por el ambiente en que se mueven.

La resolución de este problema recae sobre el encargado de la decoración. No tratará, en ningún momento, de ser realista, sino de captar la esencia, el rasgo definitivo de una persona, de una moda, de una época. Es aconsejable la exageración, de la misma manera que la usan los caricaturistas, a quienes les bastan unas cuantas líneas para que el público identifique a los modelos en los que se inspiraron sus figuras.

El texto, como se avisa desde el principio, es el de una farsa que, en ciertos momentos, se enternece, se intelectualiza o, por el contrario, se torna grotesca. El equilibrio de estos elementos, el mantenimiento de un tono general y, sobre todo, el ritmo en el desarrollo de la trama, ha de lograrlos el director.

Y yo agradecería que el equipo entero de trabajo no olvidara la frase de Cortázar que bien podía haberme servido de epígrafe y que afirma que la risa ha cavado siempre más túneles que las lágrimas.

PRIMER ACTO

Obertura

Un salón de belleza en una colonia residencial de la clase media mexicana en el Distrito Federal. Hay que acentuar el aspecto marciano de las clientes metidas

1015

dentro de los secadores. La peinadora está terminando de colocar los tubos, la red, los protectores contra el calor en las orejas de una cliente. La dueña vigila, con ojo de águila, el correcto funcionamiento de su negocio. Se abre la puerta para dar paso al agente de ventas, viejo conocido en esos rumbos, con quien se intercambian los gestos rituales de saludo. La dueña lo lleva a un sitio en el que puedan, cómodamente, discutir y anotar el pedido. El agente saca de su portafolio su as de triunfo: un nuevo catálogo.

Agente.—Esta vez, señora, se trata de algo sensacional, inaudito, insólito: un producto nuevo.

La peinadora, que ha conducido a la mujer con la que se trabajaba al secador, se acerca a escuchar con curiosidad. A la dueña, obviamente, le parece una falta de respeto. Pero no se atreve a protestar, ni contra la presencia de la peinadora, ni contra sus intervenciones, que siempre le parecen insolentes, por miedo a quedarse sin nadie que le sirva. Estas son, por lo pronto, las consecuencias que se resienten, en carne propia, de la etapa del despegue en el proceso de desarrollo en un país del tercer mundo.)

Peinadora.—*(Asombrada y complacida.)* ¿Otro?

Dueña.—*(con reproche.)* Pero si todavía no hemos acabado de pagar los abonos del último producto nuevo que usted nos trajo. Hace justamente dos meses.

Agente.—El progreso va rápido, señora, y nadie podrá detenerlo. En cuanto al aparato viejo (si es eso lo que la preocupa), la compañía lo toma como enganche del nuevo. Lo demás, ya lo sabe usted, que es mi cliente consentida. Usted paga como quiere y cuando quiere.

Peinadora.—¿Y si, de veras, no quiere?

Agente.—No hay problema. La fianza que se deposita al principio nos cubre contra todas las eventualidades.

Peinadora.—Abusados, ¿no?

Agente.—En los países latinos, donde el tullido es alambrista, son frecuentes los cambios de voluntad, de domicilio, de nombre, de temperatura y hasta de gobierno. La casa se ve obligada a tomar sus precauciones...

Peinadora.—¡A poco es la Casa Blanca!

Dueña.—*(A la peinadora, áspera.)* ¡No seas metiche!

Agente.—*(Impávido, prosiguiendo su lección aprendida de memoria.)* Los mánagers de nuestra compañía han tenido en cuenta las peculiaridades de la clientela al diseñar su sistema de crédito para estar a salvo de cualquier contingencia.

Peinadora.—¿Quién está a salvo?

Agente.—La compañía...digo, la clientela. *(Volviéndose a la dueña y refiriéndose a la peinadora.)* ¡Qué muchacha tan simpática! ¿Dónde aprendió a hacer preguntas?

Peinadora.—En un lugar distinto a donde a usted le enseñaron las respuestas. Por eso es que no coincidimos.

Agente.—*(Con risa de conejo, a la dueña.)* Señora, ¿no tendría usted inconveniente en invitarme a tomar una taza de café? Me encantaría que lo preparara la señorita, que tiene unas manos de hada.

Peinadora.—¿No prefiere usted que yo le haga un té con hojitas de tenme acá? *(Sin esperar la respuesta, se va.)*

Agente.—*(A la dueña.)* He querido hablar privadamente con usted porque todavía estamos en una etapa de experimentación y se trata de un secreto. Mire usted a sus clientes, con la cabeza metida dentro del secador. ¿Cuánto tiempo duran así?

Dueña.—*(En tono neutro, para no comprometerse.)* Depende de la cabeza de cada una.

Agente.—El promedio, según las estadísticas, es de una hora. ¡Una hora! ¿No le parece monstruoso? Una hora en que no se puede platicar, ni oír el radio, ni ver la televisión porque con el ruido no se entiende una sola palabra. Ni leer porque se tienen las manos ocupadas con el manicure. Ni nada. Y luego, el calor. ¡Una hora! ¿Cuántas veces a la semana vienen sus clientes?

Dueña.—Las rejegas, una; las comunes y corrientes, dos. Las consentidas, diario.

Agente.—Eso hace un promedio mínimo de 52 horas al año. ¡52 horas de infierno!

Dueña.—Hay que sufrir para merecer, ¿no? Al que quiera azul celeste, que le cueste.

Agente.—Ya les cuesta dinero, ya les cuesta tiempo. ¿No es suficiente?

Dueña.—Al que quiera azul celeste bajo, que le cueste su trabajo.

Agente.—Usted me perdonará, pero ésa no es la filosofía de la casa que yo represento. Nuestro lema es: goce cuanto pueda y no pague... *(Mefistofélico.)* si puede.

Dueña.—¿Sí? Eso era lo que decía mi difunto y ya ve usted, murió sin dejarme dinero cual ninguno. De no haber sido por eso... ¿Usted cree que yo me metí a trabajar por mi gusto? Si hay justicia, Dios ha de tenerlo achicharrándose en los apretados infiernos.

Agente.—No se preocupe, señora. Con nuestra casa no hay problemas de salvación eterna. En lo que a nosotros concierne usted no tendrá deudas que le cobren en el cielo. Todo liquidado antes del viaje.

Peinadora.—*(Con una bandeja y varias tazas.)* Hice café para los tres.

Agente.—*(Resignándose a tener un testigo del que no se puede desembarazar.)* Gracias. Hay que pensar en la clientela, en el bienestar al que tienen derecho. ¡Ya no más el secador como instrumento de tortura!

Peinadora.—¡Bravo! ¿Van a cambiar la moda de los peinados? ¿Los van a hacer más sencillos, más rápidos, más baratos?

Dueña.—¿Quieres que nos quiten, a ti y a mí, el pan de la boca? ¡Estás chiflada!

Agente.—Muy bien visto, señora. No se trata de perjudicar los intereses de la iniciativa privada simplificando, disminuyendo o haciendo superfluo el producto que ofrecen. Se trata, en este caso particular, de que mientras dura el secado del pelo—tiempo que no variará—la cliente se divierta. Nuestros expertos hicieron una encuesta: ¿qué hace una mujer reducida a la inercia total durante una hora?

Peinadora.—Se aburre.

Dueña.—Se duerme.

Agente.—Contábamos con las dos respuestas y debo confesar que no nos preocupamos demasiado por ellas. Pero cuando se descubrió que el aburrimiento o el sueño eran sólo transitorios y que podían tener otras consecuencias... entonces... entonces fue necesario inventar algo para conjugar el peligro.

Peinadora.—¿Cuál peligro?

Agente.—Que las mujeres, sin darse cuenta, se pusieran a pensar. El mismo refrán lo dice: piensa mal y acertarás. El pensamiento es, en sí mismo, un mal. Hay que evitarlo.

Dueña.—¿Cómo?

Agente.—Con este aparato que le voy a mostrar. *(Deshace un paquete y muestra algún diminuto dispositivo electrónico.)*

Dueña.—*(Decepcionada.)* ¿Esa pulga?

Peinadora.—¿Para qué sirve?

Agente.—Para colocarse en donde se genera la corriente eléctrica del secador. Aparte de emitir unas vibraciones que amortiguan la sensación no placentera del secado—el ruido, el calor, el aislamiento, etc.—cumple una función positiva. Yo diría: extremadamente positiva. Induce sueños.

Dueña.—¿Sueños?

Agente.—¡Maravillosos sueños! Durante todo el tiempo que la cliente está sometida a la acción de este aparato, sueña.

Peinadora.—¿Y qué sueña?

Agente.—Lo que quiera. Mire, aquí, operando este botón, se obtiene el control absoluto del material. Hay un catálogo completo de variantes: sueña que es la mujer más bonita del mundo; que todos los hombres se enamoran de ella; que todas las mujeres la envidian; que a su marido le suben el sueldo; que no hay alza de precios en los artículos de primera necesidad; que consigue una criada eficiente y barata; que este mes queda embarazada; que este mes no queda embarazada; que sus hijos sacan diez de promedio en la escuela; que sus hijas necesitan brassiere; que se muere su suegra; que se queda viuda y cobra un gran seguro de vida... en fin, hay para todas las situaciones y para todos los gustos.

Peinadora.—¡Pero son sueños de lo más comunes y corrientes!

Agente.—Bueno... si usted tiene una clientela especial nosotros le proporcionamos unos aparatos especiales. Naturalmente, son más caros.

Dueña.—Ya me lo imaginaba. Han de costar un ojo de la cara.

Agente.—No, no. Si se trata del modelo barato, como el que usted necesita, no hay problema. Y tenga usted en cuenta lo que puede usted subir de valor a su trabajo. Usted sabe tan bien como yo que no es usted la que paga: es la clientela. Y de paso hace usted una obra caritativa. La gente es capaz de darlo todo con tal de no pensar. Sí, pensar: el gran riesgo del ocio. ¿Se da usted cuenta del peligro que correríamos si...?

Dueña.—*(Horrorizada.)* ¡Ni pensarlo!

Peinadora.—*(Contemplando el dispositivo.)* La solución al problema está aquí.

Agente.—Exactamente. Ya no hay por qué preocuparse.

Peinadora.—Es como una especie de droga, de LSD.

Dueña.—¿Cómo te atreves a hacer esas comparaciones? Las drogas son una porquería para viciosos. Este es un aparato decente.

Agente.—¿Hacemos el pedido?

Dueña.—No. Déjemelo a vistas. No me quiero embarcar en una aventura.

Agente.—¡Pruébelo! No se arrepentirá.

Peinadora.—¿Por qué no lo estrenamos con Lupita? Seria como una especie de regalo. *(Al agente.)* Se trata de una ocasión muy especial: viene hoy a peinarse para su boda.

Agente.—Tenemos exactamente lo que se necesita en esos casos. ¿Dónde quiere que se lo coloque?

Peinadora.—*(Llevándolo a un secador.)* Aquí.

Dueña.—Fíjate en cómo se hace a ver si aprende.

Agente.—Es facilísimo. *(Trabaja, observado muy de cerca por la peinadora.)* Listo. ¿Se lo dejo graduado en algún punto?

Peinadora.—Sí. En ese punto que dice: ¿Qué me reserva el porvenir?

Dueña.—*(Todavía aprensiva.)* ¿No será muy arriesgado?

Agente.—Por favor, señora, ¡no me ofenda! ¿Quién cree usted que planeó ese sueño? ¿Una persona común y corriente? De ningún modo. ¿Un genio? Tampoco. El primero es muy limitado; el segundo está loco. Entonces recurrimos a algo mejor que los dos juntos: una máquina, una computadora, un cerebro electrónico. Lo que no puede equivocarse nunca. El sueño será placentero. Y ahora *(transfigurado por sus atavismos en maestro de ceremonias del Salón México)*, querido público, vamos a tener el gusto de dedicar nuestra pieza ¿*Qué me reserva el porvenir?* con especial dedicatoria a nuestra dilecta amiga Lupita y personas que la acompañan. ¡Hey, familia!...

DANZON

LUNA DE MIEL

En un sofá, cubierta con un velo y vestida con el más convencional y pomposo traje de novia—al fin y al cabo es para una sola vez en la vida—está Lupita. En la cola del traje hay una mancha de sangre que no resultaría muy visible si ella no arreglara cuidadosamente los pliegues de modo que la mancha resalte a la vista. Mientras ella se ocupa de este menester, con una virtuosa minuciosidad, Juan, el marido, se pasea como fiera enjaulada. Fuera de una trusa color carne—que ha de producir, lo más posible, una impresión de desnudez—no tiene puesto más que el sombrero de copa, el cuello duro, la corbata de plastrón, los puños almidonados, abrochados con vistosas mancuernas, los calcetines altos y zapatos de charol. Gesticula, como si hiciera cuentas con los dedos y, por fin, se decide a consultar una especie de enorme código abierto sobre un facistol. Con una pluma de ganso va poniendo una palomita en aquello que ya ha sido consumado.

Juan.—Vamos a ver: parágrafo IV, inciso C, del Débito Conyugal, Despachado. Inciso F. Misión cumplida. Inciso H... La H es muda, lo que quiere decir... no estoy muy seguro... pero tampoco muy inseguro. En caso de duda, puntos suspensivos. Ya está. Inciso N... *(Triunfalmente.)* ¡a-ja-ja!

Deja el libro y va, con un ímpetu de toro que embiste, al lugar de Lupita quien, aprovechando la distracción de su marido, se ha levantado el velo y se relame

los labios con los signos del más obvio placer. Juan la contempla reprobatoria-
mente, la toma por los hombros, la sacude con violencia y ordena:

Juan.—¡Mírame a los ojos!

Lupita obedece sin parpadear y Juan retrocede, horrorizado.

Juan.—¡Mujer impúdica! ¿Cómo te atreves a mirarme así? ¡Bájate
el velo, ipso facto, desvergonzada! Ahora sí. Mírame a los ojos y dime: ¿ha
sido ésta la primera vez?

Lupita.—*(En uno de esos apartes obvios del teatro antiguo.)* ¡Qué
manía tienen todos los hombres de preguntar lo mismo! *(A Juan, con voz ino-*
cente.) No sé de qué me estás hablando.

Juan.—*(Tomado de sorpresa. Evidentemente no era la respuesta que*
esperaba. Improvisa.) Digo que si es la primera vez que te casas.

Lupita.—Ah, bueno. Claro. ¡No faltaba más!

Juan.—*(Solemne, con la mano sobre el corazón.)* ¿Y has llegado pura
al matrimonio?

Lupita.—*(Señalando orgullosamente la mancha.)* ¿Qué no ves?

Juan.—Sí, veo, pero no soy muy experto. Parece salsa Catsup.

Lupita.—¡Salsa Catsup! Es plasma. De la mejor calidad. Compré un
cuarto de litro en el Banco de Sangre.

Juan.—Muy bien contestado. *(Va al libro y dibuja una palomita mien-*
tras Lupita continúa hablando.)

Lupita.—A mí me hubiera gustado comprar alguna otra cosa más bonita con ese dinero: un vestido, unas medias... Pero mis amigas me aconse-
jaron: lo primero es lo primero, decían y... pues ni modo.

Juan.—Tus amigas tenían razón. *(Abandona el libro y vuelve a la órbi-*
ta de Lupita.) Y ahora, la pregunta de los sesenta y cuatro mil pesos: ¿Te
gustó?

Lupita.—*(Indignada.)* ¿Gustarme? ¿A mí? ¿A una muchacha decente? ¿Por quién me tomas?

Juan.—*(Esperanzado.)* ¿No te gustó?

Lupita.—*(Firme.)* Me pareció repugnante, asqueroso.

Juan.—*(Transportado.)* Gracias, Lupita. Ya sabía yo que no ibas a
fallarme a la hora de la verdad. Gracias, gracias.

Lupita.—No volveré a permitirte que te acerques nunca, jamás, a mí.

Juan.—¿Ni siquiera si te obligo?

Lupita.—¿Serías capaz?

Juan.—Naturalmente. ¿Qué podría impedírmelo? Tengo la fuerza y
tengo el derecho. Además tú me juraste obediencia ante un altar.

Lupita.—Juré por ignorancia, por inocencia... Y ahora tú te aprovechas de mi situación. ¡Infame!

Juan.—¡Vas a ver lo que se te espera! ¿Crees que has apurdo ya la copa del dolor hasta las heces? Ja, ja, ja. Permíteme una sonrisa. Lo de hoy no fue sino un pequeño botón de muestra.

Lupita.—Pero si me dolió horrores, me destrozaste. ¡Mira! *(Señala, dramáticamente, la mancha.)*

Juan.—*(Con petulancia.)* Pues eso no es nada. Y va a llegar el momento en que no te vas a quejar de lo duro sino de lo tupido.

Lupita.—*(De rodillas.)* ¡Piedad!

Juan.—*(Verdugo.)* No, no me apiadaré de ti aunque me lo supliques hincándote a mis pies. *(Lupita repta por el suelo y hace todas las gesticulaciones inútiles que reclama la proximidad de una catástrofe inevitable.)* ¿Qué crees que un macho mexicano se va dejar conmover por unas lágrimas de cocodrilo? No. Seguiré implacablemente hasta...

Oscuro

LA ANUNCIACION

Lupita vestida con unos muy ceñidos pantalones toreros. Guapísima y exultante de dicha. Con el trapo de sacudir hace verónicas y otras figuras taurinas mientras una multitud invisible grita "¡Olé!". Lupita hace una reverencia al público y empieza a mimar lo que dice la voz de un locutor en el micrófono, desempeñando, alternativamente el papel del toro y del torero.

Voz.—La noche de su alternativa, y después de una faena inolvidable, el diestro se tiró a matar. De una sola estocada rindió al burel[1] que tan noblemente se prestó al juego. La multitud agitó pañuelos blancos reclamando, para el diestro, orejas y rabo, los que le fueron concedidos después de varias vueltas al ruedo.

Se extingue la voz. Lupita hace una reverencia al público que aplaude, simula arrojar los trofeos y vuelve adonde estaba: su casa.

Lupita.—Ese noble burel, de gran alzada y trapío, abierto de pitones, soy yo, su segura servidora, Lupita. Y no es que me guste presumir, pero cuando me comparo con otras... Con Mariquita la del 7, por ejemplo, que volvió viva al corral. O con Carmen, que después de varios pinchazos en el hueso

---

[1]toro; se trata de un término heráldico y significa una de las divisiones del escudo.

tiene que ser rematada por los mozos de cuadrillas. Y me consta que lo que es por ellas no quedó. Buena casta, buen encierro. Se crecían al castigo. Pero se necesitaba el temple torero de mi Juan.

El ambiente pasa del pasodoble al bolero. Disminuyen las luces.

Lupita.—Claro que el ambiente ayuda: las noches de luna, los mariscos, los clavadistas de la Quebrada. *(Cesa la música. Luz plena.)* Aunque no deja uno de ponerse nervioso con la idea del cuentón del hotel. Y de los nervios a la espantáa, no hay más que un paso... que, gracias a Dios, mi Juan nunca dio. Pero tuvo que oir, para qué negarlo, las llamadas de atención del juego de plaza y, a veces, suspender la corrida programada a causa del mal tiempo. Pero aquí, pisando terreno propio, reverdecen sus laureles. Revoleras, verónicas, pases de rodillas, manoletinas...

Lupita actúa lo que dice, auxiliada por el sacudidor y la escoba, y se encuentra tan absorta en lo que hace que no se da cuenta de que se abrió la puerta para dar paso a su mamá, una señora muy cargada de razones.

Mamá.—*(Escandalizada.)* ¡Lupita!

Lupita.—*(Feliz. Corre a abrazarla.)* ¡Qué padre que viniste! ¡Ayúdame a sacarlo en hombros!

Mamá.—¿Estás loca? ¿Es ése el comportamiento digno de una señora?

Lupita.—Soy muy feliz, mamá.

Mamá.—Allí está precisamente tu error. Una señora decente no tiene ningún motivo para ser feliz... y si lo tiene, lo disimula. Hay que tener en cuenta que su inocencia ha sido mancillada, su pudor violado. Ave de sacrificio, ella acaba de inmolarse para satisfacer los brutales apetitos de la bestia.

Lupita.—¿Cuál bestia?

Mamá.—El marido, claro. Y no, no me vayas a salir con que te gustó porque voy a pensar que todos los esfuerzos que hice por educarte fueron vanos. ¡Yo, cosiendo ajeno para pagar las escuelas más caras, los internados más exclusivos! *(Se deja caer en un sillón y se seca una lágrima inexistente.)* ¡Para luego recibir este pago! No lloro, porque de tanto coser ajeno se me secaron los ojos. Pero si pudiera llorar...

Lupita.—*(Arrodillándose frente a su madre.)* Mamá, por favor, no te pongas así.

Mamá.—¿Cómo quieres que me ponga cuando veo lo que he visto? ¡Lo que sigo viendo! Mi dinero tirado a la calle, los certificados volviéndose amarillos en las paredes y tú brincoteando como una loca.

Lupita.—*(Sin saber exactamente qué actitud tomar.)* Pero no de gusto, mamá.

Mamá.—Ah, ¿no? ¿Entonces qué? ¿Era baile de San Vito?

Lupita.—Estaba contenta, mamá, pero no por lo que tú te imaginas. ¡Dios me libre y me guarde! Estaba contenta porque parece que... parece que estoy esperando.

Mamá.—*(Próxima al soponcio.)* ¡Jesús, María y José! ¿Esperando? ¿Y en esas fachas? Aflójate inmediatamente el cinturón, antes de que te provoque un aborto. Necesitas una bata. Cómoda. Hay que dejar, desde el principio, que el niño crezca a su gusto. *(Hace lo que dice.)* Así. ¿No te sientes mejor? No, no; te lo estoy viendo en la cara: tienes náusea, una náusea horrible, ¿verdad?

Lupita.—No.

Mamá.—¿Cómo te atreves a contradecirme? ¿Quién sabe de estos asuntos: tú o yo? Claro que tienes náusea.

Lupita.—De veras, mamá, no.

Mamá.—*(Comenzando a preocuparse.)* No puede ser. Pero hay remedio. Vamos a arreglarlo ahora mismo, no te apures. Bébete esto.

Lupita.—*(Mirando el vaso lleno de una sustancia de la que desconfía.)* ¿Qué es?

Mamá.—Agua tibia con sal.

Lupita.—*(Probándolo apenas.)* Sabe a rayos.[2]

Mamá.—¿Y qué querías? ¿Vida y dulzura?

Lupita da unos cuantos tragos, tira el vaso y trata de evitar el espasmo de asco que se apodera de ella en su carrera al baño. La mamá sonríe, complacida.

Mamá.—Ahora todo está en orden.

Lupita regresa del baño, cadavérica. Se deja caer en un sillón.

Mamá.—*(Solícita.)* ¿Cómo te sientes, mi vida?

Lupita.—Como un perro.

Mamá.—¿Ya ves como no era tan difícil? Es cosa de voluntad y de hábito. Déjame que te ayude un poco.

La toma, la despeina, le quita el maquillaje, la deja hecha un desastre y luego contempla, con satisfacción de artista, su obra.

Mamá.—¡Qué sorpresa tan maravillosa va a recibir tu marido! No es que yo crea que él se merece nada pero, a fin de cuentas, él puso su granito de arena.

Lupita.—*(Quejumbrosa.)* Mamá...

---

[2]como la peste, muy mal.

Mamá.—*(Dándole los últimos toques para que sea un verdadero guiña-po.)* Sí, mi reina.

Lupita.—Creo que...

No puede continuar. Ahoga los ruidos que produce en un pañuelo. A éstos hay que añadir el de la llave en la cerradura. Entra Juan, satisfecho. Se detiene un poco al ver a su suegra y en el esfuerzo que hace por recuperar su expresión amable no se da cuenta del nuevo aspecto de Lupita.

Juan.—Santas y muy buenas tardes tengan sus mercedes.

Lupita.—*(Violenta.)* No te hagas el chistoso. Entras hablando así, como si en tu vida hubieras roto un plato. ¡Irresponsable! ¡Monstruo!

Juan.—¿Yo?

Lupita.—Sí, tú. Ni modo que sea el vecino de enfrente.

Mamá.—*(Conciliadora, a Juan.)* No le haga usted caso. Es que se siente un poco mal. Como está en estado...

Juan.—*(Tarda un momento en comprender lo que se le dice y luego reacciona como movido por un resorte.)* ¡Lupita! ¡Mi Lupita! *(Cuando va a abrazarla se detiene porque no la reconoce.)* ¿Qué te pasa?

Lupita.—No me pasa: me pasó. Una aplanadora, un tren. Estoy muerta. ¿No me ves? Muerta. Y tú, más fresco que una lechuga, ¿verdad? Muy campante. *(Solloza.)* Si no hubiera sido por mamá...

Juan.—*(A la mamá, alarmado.)* ¿Está delicada?

Mamá.—Muy, muy delicada.

Juan.—Habrá que llamar a un médico, a una ambulancia...

Lupita.—*(Furiosa.)* Lo que sea con tal de que yo desaparezca del mapa y deje de molestarte, ¿no?

Juan.—No me interpretes mal, mi vida. Pero entiende mi situación. Me agarraste completamente en curva. Cuando salí esta mañana para el trabajo no tenía la menor idea y ahora... Además, recuerda que ésta es la primera vez que yo voy a ser padre. Es, como quien dice, mi debut.

Lupita.—¿Y yo qué? ¿Soy una veterana en el oficio? ¿Cuántos hijos malhabidos me conoces? ¿Eh? ¡Dime, cuántos! ¡Egoísta! ¡Infecto!

Mamá.—Calma, calma, no se peleen. Es por el bien del niño.

Juan.—*(Resentido.)* Pero... no entiendo. ¿Por qué me odia así? ¿Qué tiene?

Mamá.—Antojos.

Juan.—¿Antojos?

Mamá.—Y si no se cumplen inmediata y escrupulosamente, el niño va a nacer muy mal. Con una mancha en la cara, con labio leporino...

Juan.—¡No lo permita Dios! Lupita, por favor, rápido, dime, rápido, qué es lo que se te antoja para ir a traértelo, pero de inmediato, o antes si es posible.

Lupita.—*(Lánguida y condescendiente.)* Nieve de limón.

Juan le besa las manos con gratitud y se dispone a salir disparado, pero lo detiene la mamá.

Mamá.—¿Nieve de limón? Eso no es un antojo. Eso es una estupidez. La nieve de limón se consigue en cualquier esquina. Además el limón es malo. Corta la sangre.

Lupita.—*(Aterrorizada.)* ¡No!

Juan.—¿Entonces?

Lupita.—*(A la mamá)* Dile tú.

Mamá.—Lo más indicado en estos casos es pedir trufas.

Juan.—¿Qué son trufas?

Mamá.—¿Y yo qué voy a saber? Mi marido, que en paz descanse, nunca dio con ellas.

Juan.—Entonces, Lupita... Déjame verte el labio. *(Lupita le saca la lengua.)* No se le nota nada.

Mamá.—*(Impertérrita ante este despliegue de lógica masculina, tan despreciable si se la compara con el atavismo y la intuición de la mujer.)* Ah, pero eso sí, lo que es por buscarlas, mi pobre difunto no paró. De día y de noche durante los nueve meses de embarazo. Y Lupita nació buena y sana. Lo que cuenta es la intención.

Lupita.—*(A Juan.)* Andale, mi vida, córrele.

Juan.—Pero adónde... No tengo la menor idea. Por lo menos díganme, ¿las trufas se comen?

Mamá.—*(Enigmática.)* Esas preguntas, joven, sólo las responde la experiencia.

Juan.—*(Sin alternativa.)* Adiós, Lupita.

Lupita.—Chao, mi amor.

Juan.—Tal vez no nos veamos en mucho, mucho tiempo.

Lupita.—Te esperaré siempre.

Juan.—¿Para cuándo, más o menos, se calcula el desenlace?

Mamá.—Cuestión de meses, joven. Y píquele si quiere estar presente a la hora de la hora. *(Sale Juan.)*

Mamá.—*(Poniéndole cómoda.)* Bueno, ahora que, por fin, nos han dejado tranquilas, vamos a tener una larga, muy larga plática, de mujer a mujer. Voy a explicarte, con todos los detalles, qué es lo que va a sucederte. *(El sonido de la voz de la madre se pierde entre el estruendo de truenos y re-*

*lámpagos de una tempestad desatada. De pronto sobreviene el silencio y se
escucha la voz de la mamá que dice)* Como ves, no hay felicidad comparable
a la de ser madre, Lupita. Aunque te cueste, como en muchos casos, la vida.
Y siempre, la juventud y la belleza. Ah, pero ser madre... ser madre...
Oscuro.

LA CRUDA REALIDAD

*Sala de recibir de un matrimonio de la clase media. Los muebles comienzan a
deteriorarse por la agresividad constante de los niños y la infructuosa lucha del
ama de casa por mantenerlos "presentables". El ama de casa, Lupita, acaba de
perder un round más en esta pelea desigual y se recupera sentándose en el sillón
más cómodo. Su aspecto físico hace juego con el de los muebles. Tubos en la
cabeza, cara embarrada de crema rejuvenecedora, bata que conoció mejores
días. Para hacerse la ilusión de que descansa se pone a leer una revista para
mujeres y come chocolates que no van a contribuir a mejorar su aspecto. En el
cuarto contiguo se oye el ruido de dos niños—varón y hembrecita, como se
dice—que pelean. Mechudos y sucios, se asoman alternativa y fugazmente.*

Lupita II.—¡Mamá! ¡Juanito me pellizcó!

Lupita I.—*(Sin interrumpir su lectura ni dejar de satisfacer su gula.)*
Rasgúñalo tú para que queden parejos.

Se oye de inmediato un alarido, y aparece Juanito.

Juanito.—¡Mamá! ¡Lupita me rasguñó!

Lupita I.—Pellízcala. ¿Qué no se te ocurre nada? *(Juanito se marcha
y cumple la orden. Sobreviene el alarido correspondiente.)* Si no tuvieran a
quién salir no podría yo creer que mis hijos fueran un par de tarados. Todo
hay que decírselo. Que si come, que si no te asomes a la ventana que te vas
a caer, que si báñate, que si... Como si yo no tuviera cosas más importantes
que hacer que atenderlos. *(Leyendo en voz alta la revista.)* "La educación de
los hijos es un asunto muy delicado que no puede dejarse en manos de cualquiera." *(Sin transición Lupita continúa su monólogo entrecortado de chocolate.)* ¡Dios me libre de la nana que los malcría o del kinder que los vuelve
desamorados! La que tiene que sacrificarse es la madre. La madre, que aceptó
la responsabilidad completa. De los hijos. Y también de la casa. Gracias a
Dios, la mía es una tacita de plata. *(Como iluminados por un relámpago, se
ven fantasmas de amigas que husmean, que pasan el dedo sobre las superficies
y que todo lo encuentran infecto. Hacen un gesto de repugnancia y se desvanecen.)* Ni una brizna de polvo. Y en cuanto a mi persona, no he descuidado

jamás mi apariencia. ¿Qué retiene al marido sino una mujer siempre bien arreglada, siempre esbelta, lucidora? Por eso es que mi pobre Juan está cada día más enamorado de mí. Todas las semanas, es infalible como el Papa, me regala un ramo de flores. Cuando no es un ramo de flores, es una alhajita. Dicen que según el sapo, así es la pedrada. *(Timbre de la puerta. Es un mensajero que deposita un paquete minúsculo en la mano del ama de casa. Lupita firma el recibo, no da propina, cierra la puerta en las narices del mensajero y busca la tarjeta. Lee.)* "Para mi gatita de su Micifuz." ¡Qué chistoso! Juan nunca me había llamado su gatita. ¡Ay, los hombres son tan caprichosos! *(Desenvuelve el paquete y saca un bikini, inverosímil por su tamaño. Lo contempla estupefacta.)* Bueno, aquí ha habido una equivocación, porque lo que es yo *(midiéndose el bikini sobre la ropa)* ni en sueños. Hablaré con la secretaria de mi Juan, que es la encargada de mandarme los regalos. *(Lupita va al teléfono, marca un número.)* ¿Bueno? Sí, señorita. Aquí la señora de Pérez. Sí, para llamarle la atención sobre un envío que acabo de recibir. No, no, no, no. Lo del bikini me parece muy buena idea. Pero la talla... Es demasiado grande para mí. Enorme. ¿Podría usted arreglar el cambio en la tienda? Yo sé que con la ropa es muy difícil, pero cuando se trata de una equivocación tan palpable... ¿Qué le pasa? ¿De dónde me sale usted llamándome también Gatita? Yo soy la señora de Pérez. La legítima, ¿comprende? ¿Quiere usted hacerme el favor de explicarme lo que me dijo? ¿Bueno? ¿Bueno? *(Cuelga, furiosa.)* Se cortó la comunicación.

Oscuro. Sobre el telón de fondo se proyecta una película muda que ilustra el corrido que va a cantarse a continuación:

> Año del 73,
> muy presente tengo yo:
> en el Edificio Aristos
> una hecatombe ocurrió.
>
> Cuquita la secretaria
> escribía con afán
> cuando entró por la ventana
> la mera mujer de Juan.
>
> Al grito de "Mueran todas
> las de talla treinta y dos",
> sobre el pecho de Cuquita
> la pistola descargó.

Vinieron los policías,
la quisieron desarmar,
pero ella no se dio presa
hasta no matar a Juan.

Por traidor y mujeriego
aquí su vida acabó;
porque jugó a dos barajas
y con ninguna ganó.

Vuela, vuela palomita,
sube y baja, elevador,
que corra de boca en boca
la historia de un seductor

que se topó con pader[3]
y con su vida pagó
todas las humillaciones
de las que entregan su amor.

Aquí termina la historia
y que sirva de escarmiento,
pues como dice el refrán,
quien hace un muerto, hace ciento.

Oscuro. Al iluminarse el escenario aparece un voceador.

Voceador.—¡Extra! ¡Extra! "Lo maté por amor, declara la autoviuda..." ¡Extra! ¡Extra! (*Los transeúntes compran el periódico, leen con avidez los encabezados y comentan excitadamente entre sí.*) "El triángulo fatal..." "¿Secretaria o amante?" "Mis hijos llorarán un padre muerto, pero no maldecirán un marido traidor."

Oscuro. La luz se abre a una pantalla de televisión. El rostro del locutor la ocupa entera.

Locutor.—Señoras y señores: esta noche suspendemos nuestras predicciones meteorológicas para dar paso a una noticia de palpitante actualidad. Su reportero, ansioso siempre de servir al amable auditorio, al precio que sea,

---

[3]palabra desconocida; Maureen Ahern ha traducido este verso así: "who quickly found his fate".

ha conseguido una entrevista exclusiva y, hasta ahora, única, con la sensacional Lupita, la autoviuda con escalo[4], la que mató por amor, la que se enfrentó con los cuernos del dilema: ¿secretaria o amante? la que se sacrificó por sus hijos haciéndolos llorar hoy a un padre muerto, y no maldecir mañana a un marido traidor. Pero ¿para qué seguir? ¿Quién no conoce la historia? Señoras y señores... con ustedes... ¡L U P I T A la única...!
La cámara enfoca a una Lupita glamorosa, sofisticada y triunfante.

   Locutor.—Lupita, no necesitamos preguntarle cómo está usted, porque eso salta a la vista. Está usted buena, ¡pero rete-que-buena!

   Lupita.—*(Arreglándose provocativamente la falda.)* Yo no entiendo los albures, señor, así que puede usted seguirlos haciendo. Lo que es por mí...

   Locutor.—Digamos, Lupita, en plan de primicia: ¿tiene usted algún plan para el futuro?

   Lupita.—Pues en cuanto termine el juicio, con la absolución del juez, tengo que cumplir una manda: entrar de rodillas a la Basílica de Nuestra Morenita del Tepeyac, por la protección que me ha brindado y porque me salvó de tan grave peligro como el que he corrido.

   Locutor.—*(Al público.)* Eso prueba, una vez más, que Lupita encarna el arquetipo de la mujer mexicana: sufrida, abnegada, devota. *(A Lupita.)* ¿Y después?

   Lupita.—*(Displicente.)* Tengo que decidir entre varias ofertas. Los productores de cine quieren que yo actúe como la protagonista de mi propio drama.

   Locutor.—Prácticamente es un lanzamiento al estrellato.

   Lupita.—Pero los scripts son tan... ¿cómo le diré? Hasta ahora ninguno me parece convincente.

   Locutor.—¿Cuál es su propia versión de los acontecimientos?

   Lupita.—*(Adecuadamente nostálgica.)* Juan, mi marido, y yo éramos tan felices... Comíamos en casa de mi mamá los domingos. Ibamos al cine una vez a la semana y a Acapulco en las vacaciones de Navidad. Habíamos pagado el enganche de nuestra casita en el fraccionamiento...

   Locutor.—Por favor, no diga el nombre, que aquí no hacemos propaganda gratis.

   Lupita.—Bueno, en un fraccionamiento que está muy de moda y que da unas facilidades...

   Locutor.—*(Reprochándola.)* Lupita...

---

[4]acción de escalar.

Lupita.—...y de pronto... *(Pausa expectante.)* De pronto el dueño del fraccionamiento se declaró en quiebra.

Locutor.—¿Y por qué no lo mató usted?

Lupita.—¿Por qué tenía yo que matarlo? Ese era un asunto de hombres. Además, yo no estaba enamorada de él.

Locutor.—Tampoco estaba usted enamorada de la secretaria.

Lupita.—*(Confidencial.)* ¿Quiere que le diga la verdad, la mera verdad? A ella la maté por fea.

Locutor.—*(Recordando.)* Bueno, en realidad no estaba tan mal.

Lupita.—¿No? *(Saca unas fotos de su bolsa y se las enseña al locutor.)* No me diga que podía competir conmigo.

Locutor.—*(Examinando las fotos con cuidado y rindiéndose a la evidencia.)* Bueno, en realidad no se ve muy seductora que digamos. Pero hay que tener en cuenta que estas fotos las tomaron en el Depósito de Cadáveres, después de la autopsia.

Lupita.—¿Y eso le parece una disculpa suficiente? Dime cómo mueres y te diré quién eres. Ella nunca tuvo la menor idea de cómo arreglarse. Los resultados saltan a la vista.

Locutor.—Y sin embargo, esta mujer—a la que usted tan justificadamente desprecia—le robó al marido. ¿Cómo se explica usted aberración semejante?

Lupita.—De nada me sirve presumir de bonita, porque todos sabemos muy bien que la belleza es algo efímero y que carece de importancia. Cuando una mujer es horrible siempre se le llama virtuosa.

Locutor.—Entonces ella era virtuosa.

Lupita.—¿Virtuosa? ¿Una adúltera? ¿Está usted loco? ¿Por qué no suspenden este programa tan inmoral? ¿Es que no existe la censura contra todo lo que atenta contra las buenas costumbres?

Locutor.—Comprendemos que sus nervios están un poco alterados, pero la pregunta sigue en pie. ¿Cuál es la explicación de la conducta de su marido?

Lupita.—Obvia. La secretaria carecía de atributos, tanto físicos como morales. Luego entonces le dio un bebedizo.

Locutor.—¿Cuál?

Lupita.—Podría dar la receta, pero no sin antes advertir que la patente se encuentra ya en trámite.

Locutor.—Estimado público, Lupita va a revelarles uno de sus secretos; adelante, Lupita.

Lupita.—Se ponen a hervir las cintas viejas de la máquina y se mezclan con tres cuartos de una botella familiar de...

Locutor.—Por favor, sin mencionar nombres.

Lupita.—Pero es que es un ingrediente indispensable.

Locutor.—Dejémoslo a la imaginación de nuestros oyentes.

Lupita.—¿Podemos decir, al menos, que el refresco tiene cola?

Locutor.—¡Vaya! Hasta que se salió con la suya.

Lupita.—Se le añaden cinco gotas diarias al café de las once, y ya está. No hay jefe que resista. Juan no podía ser la excepción. En realidad, el pobre no servía para confirmar ninguna regla.

Locutor.—¿Tiene usted testigos?

Lupita.—¿De que no servía para confirmar ninguna regla?

Locutor.—No, de que tomaba el bebedizo.

Lupita.—Ah, también: todo el personal de la oficina. Y el conserje del edificio, que es una autoridad en magia negra. Y no es que yo tenga prejuicios raciales, pero luché con todas mis fuerzas contra ese maleficio: tuve ataques de histeria, llevé a mamá a que viviera con nosotros, para que fuera testigo y juez de lo que pasaba; pagué a un detective privado para que vigilara los malos pasos de mi marido. Le hice las tres advertencia de rigor. ¿Y qué cree usted? Todo fue inútil. No me quedaba mas que hacer lo que hice. ¿Usted qué habría hecho en mi lugar? (*La pregunta va dirigida al auditorio invisible. Oscuro.*)

CREPUSCULARIO

La luz se abre a la misma sala de estar de Lupita, sólo que puesta al día. Lo que significa que los muebles, después de tantos años, han dejado de parecer viejos para adquirir la categoría de antiguos. Hay dos focos de atención de este sitio: la jaula del perico y la pantalla de la televisión, en la que se ve el rostro interrogante de Lupita. De una silla se levanta, en pantuflas, pelo gris, gorda y fodonga, la misma Lupita, sólo que mucho más vieja y con la marca imborrable de la vida de hogar. Apaga el aparato desganadamente y prende la luz. Mientras la imagen se borra se continúa oyendo la interrogación: "¿Usted qué habría hecho en mi lugar?"

Lupita.—Lo que yo habría hecho en su lugar... Lo que hago siempre: un souflé.

Lupita II.—¡Ay, mamá qué anticuada eres! Lo que se usa ahora es hacer yoga.

Perico.—¡Ay, hija, qué anticuada eres! Lo que se usa ahora es hacer judo.

Lupita.—En todo caso, no hay la menor necesidad de matar al marido. Digo, matarlo de a tiro. ¡Es tan fácil hacerlo con cuchillito de palo!

Lupita II.—Facilísimo. Pero ¿quién te saca en el periódico y quién te hace entrevistas en la tele y quién te contrata para el cine?

Lupita.—La virtud, hija mía, no hace alardes.

Perico.—Sólo fiestas de beneficencia.

Lupita.—Además, qué maneras de exhibirse esa mujer, con tamaña minifalda. ¿Quién va a creer que es decente?

Lupita II.—¿No es aburridísimo?

Las dos preparan la mesa para la merienda.

Lupita.—¿Aburridísimo ser decente? Nunca había yo pensando en eso. Sí, creo que sí; pero tiene sus compensaciones.

Lupita II.—En el cielo, supongo.

Lupita.—Y aquí también, no te creas.

Lupita II.—¿Cómo qué?

Lupita.—Te dicen "señora", y nadie te ve nunca con lástima, con burla o con desconfianza, como a las solteronas.

Lupita II.—¿Quién te ve? Estás siempre encerrada.

Lupita.—Pues el abarrotero, el tintorero, el lechero, el cartero...

Lupita II.—¡Qué auditorio tan distinguido!

Lupita.—*(Haciendo un esfuerzo por elevar la categoría.)* El abogado, el médico de la familia, la gente visible, en fin.

Perico.—Son visibles, luego ven.

Lupita II.—¿Y cómo te ven?

Lupita.—Como si fueras una santa.

Perico.—*(Cantando.)* "Que murmuren... no me importa para nada que murmuren..."

Lupita II.—Pero una mirada, una palabra de quienes ni siquiera conoces... Es pagar muy caro.

Lupita.—*(Intencionadamente.)* Hay otras cosas más íntimas, duraderas, que no se pagan con nada.

Lupita II.—*(Con malsana curiosidad.)* ¿Sí? ¿Cuáles?

Perico.—Tres días de semana santa en Veracruz; de cuando en cuando un cine de piojito, con muéganos y, si repican muy recio, una tanda de tacos al carbón.

Lupita.—*(Al perico.)* ¿Qué dijiste, muchacho grosero? ¿Tacos al carbón? Ya quisieras. ¡Merienda en Sanborn's![5]

Lupita II.—*(Con aire decidido.)* Mamá, definitivamente no me caso.

Lupita.—*(Insistiendo.)* Merienda en Sanborn's. Con los niños y la mamá y la prima que vino de Aguascalientes.

Lupita II.—¡No me caso!

Lupita.—¿Y te parece poco ir de día de campo? ¿Y remar en el lago de Chapultepec[6] los domingos?

Lupita II.—Es lo que he hecho desde que nací. Yo lo que quiero es que las cosas cambien, que algo cambie.

Lupita.—*(Sentenciosa.)* Siempre que algo cambia es para empeorar.

Lupita II.—¿Cómo lo sabes?

Lupita.—¿No he lidiado con criadas toda mi vida? Fueron empeorando y empeorando hasta que se acabaron. Ahora tenemos que hacer el trabajo nosotras.

Perico.—"Empresa importante solicita señorita bien presentada, buen sueldo, perspectivas porvenir."

Lupita.—A lo mejor te casas con el jefe. O con el hijo del jefe, si el jefe es muy viejo.

Lupita II.—Jefe, hijo, viejo. ¡Cuántas jotas! A lo mejor doy una vuelta al mundo en uno de esos tours de "viaje ahora y pague después".

Lupita.—Viaje también tiene jota.

Lupita II.—No hay nada perfecto, pero algo es algo.

Lupita.—Nada. ¿Qué hay en el mundo sino gente que ni te conoce, que ni sabe si estás estrenando vestido, ni si eres sufrida o liviana...?

Perico.—Y eso que el mundo es un pañuelo. ¡Qué diría del universo, que es infinito!

Lupita II.—¿Y si yo entrara en la Universidad?

Lupita.—¿Estás loca? ¿A ese nido de comunistas?

Lupita II.—¿Qué tiene de malo ser comunista?

Lupita.—¡Que te vas al infierno!

Lupita II.—¿Y si no hay infierno?

Lupita.—¿Te atreves a dudarlo después de lo que pasa?

---

[5]cadena de restaurantes en México.

[6]parque en el centro de la ciudad de México.

Perico.—Entre el infierno y la vida doméstica no hay más que una diferencia de grado. Pero el grado puede ser sobre cero. Todo depende. El optimista ve el vaso medio lleno; el pesimista lo ve medio vacío.

Lupita.—De todos modos, yo no te voy a dejar ir.

Lupita II.—¿Al infierno? Si ya estoy en él.

Lupita.—A la Universidad. ¡Sobre mi cadáver!

Perico.—No le des ideas.

Lupita.—Porque no vas a ser distinta de lo que fui yo. Como yo no fui distinta de mi madre. Ni mi madre distinta de mi abuela.

Perico.—Esta Lupita es una maniática de la inmutabilidad. Personas, tiempos, modos. Si por ella fuera no habría historia. "Ah, Zenón, cruel Zenón, Zenón de Elea."[7]

Lupita.—Y si no me obecedes por las buenas, le diré a tu hermano que te vigile para que no salgas.

Lupita II.—¿Y si de todos modos salgo?

Lupita.—Le voy a pedir a tu papá que intervenga. Y ellos me apoyarán para que tú te portes como debe ser.

Lupita II.—Soy una persona...

Lupita.—Ni más ni mejor de lo que yo fui.

Lupita II.—Tengo derecho a...

Lupita.—Ni más inteligente.

Lupita II.—Quiero vivir mi vida.

Lupita.—Ni más libre.

Lupita II.—¡Quiero ser feliz!

Lupita.—Ni más feliz.

Perico.—*(Suspirando.)* ¡No hay nada comparable al amor maternal!

Oscuro.

APOTEOSIS

La luz vuelve a abrirse en la misma sala de estar, sobre la que han pasado otros años, con los cambios que eso implica y el deterioro que muestra. Sentada en una mecedora y escuchando apaciblemente el radio, mientras acaricia al gato que duerme en su regazo, vemos a Lupita convertida, por fin, en una típica

---

[7](ca. 334-ca. 261 a.C.), filósofo griego y fundador del estoicismo.

cabecita blanca. Para ser Sara García[8] *no le falta más que hablar. El reloj de pared suena unas campanadas y Lupita se sobresalta. Tira el gato al suelo, apaga el radio y exclama:*

Lupita.—¡Dios mío! Es la hora de mi jarabe.

Se quita la peluca blanca y la bata detrás de un biombo y vuelve a aparecer en traje de china poblana. Saca un sombrero de charro y se pone a zapatear en sus orillas al son del jarabe tapatío. Mientras baila, canta.

Lupita.—Estoy bailando sobre tu tumba, Juanito. De la que no puedes salir a hacerme la vida de cuadros. *(Mimando la acción de lo que dice.)* "¿Ha hervido lo suficiente el caldo? ¡Le falta sal! ¡El sazón! ¡El sazón! Ay, cuándo se va a comparar tu mano con la de mi santa madre, que Dios tenga en su santa gloria." Pero ahora, Juanito, ya estás junto a ella, prendido de sus faldas, como siempre, aunque no creo que eso sea en la santa gloria, sino en los apretados infiernos, que es donde les corresponde. Y en cuanto a mí, ¡uy-jay-jay! China libre. Con lo de tu seguro de vida y tu pensión, la paso regiamente. Date una vueltecita de vez en cuando por la casa. No la vas a reconocer. La arreglé como se me pegó la gana *a mí.* Como si jamás hubieras existido ni tenido opiniones. Y la cama es mía, completamente mía, y en las noches me doy vuelo rodando de izquierda a derecha y de derecha a izquierda y no me topo... con lo que me topaba cuando estabas allí. Y duermo a pierna suelta; sin preocuparme de si vendrá o si no vendrá el señor; ni de si ya te estrellaste en cualquier esquina por andar manejando borracho. Y nadie me deja ya vestida y alborotada para ir al cine porque hubo una junta de negocios. Y nadie se olvida de mi cumpleaños, ni del aniversario de bodas, ni pone pretextos para no asistir a la fiesta de graduación de los hijos. Y en cuanto a los hijos, cumplí con mi deber de colocarlos. La potranca me resultó medio cerrera, pero no pudo conmigo, y ahora Juanito y Lupita están, cada quien por su lado, bien establecidos, respetables. ¡Ay, por fin, me los quité de encima! Me vienen a ver de cuando en cuando para que yo cuide a los nietos. Yo los cuido, naturalmente; los apapacho y los consiento de tal manera que, cuando vuelven con sus papás, están insoportables. Así quedamos a mano.

Lupita sigue bailando, echando vivas y con ánimo de juerga, hasta que tocan a la puerta. Con una celeridad impropia de sus años va detrás del biombo y vuelve a disfrazarse de cabecita blanca. Se sienta en un sillón y recupera el gato,

---

[8]actriz mexicana famosa por sus papeles como madres y abuelas sacrificadas.

al que duerme ipso facto. Cuando la escena está lista, responde con vos cascada.

Lupita.—Adelante.

Se abre la puerta y entra una horda de camarógrafos, mariachis, animadores, etc. Tocan las mañanitas.

      Coro.—Estas son las mañanitas
            que cantaba el rey David,
            a las cabecitas blancas
            se las cantamos aquí.

Animador.—*(Micrófono en ristre.)* Señoras y señores, querido auditorio: en este día consagrado a la exaltación del amor más sublime, de la misión más desinteresada, en este Día de las Madres, hemos querido tener el privilegio de introducirnos en el seno de un hogar en el que se conservan las más caras esencias de la mexicanidad. Un hogar en el que nuestra idiosincrasia se pone de manifiesto. Un hogar que es, al mismo tiempo, cifra y espejo de todos los hogares. El hogar de la señora... *(A Lupita.)* Señora ¿querría presentarse usted misma al culto auditorio que nos hace el favor de escucharnos?

Lupita.—*(Modosa.)* Con muchísimo gusto. Soy Guadalupe S. viuda de Pérez, para servir a Dios y a ustedes.

Animador.—¡Muy bien contestado! ¡Perfectamente bien contestado! Lupita, por haber contestado tan acertadamente nuestra primera pregunta, se ha ganado usted un premio cedido por la Perfumería París, cuyos productos huelen... y huelen bien. He aquí un maravilloso, un estupendo frasco de brillantina para el pelo. Un frasco de brillantina que limpia, fija y da esplendor. Lupita ¿querría usted agradecer este regalo de la Perfumería París, cuyos productos huelen... y huelen bien, al público que tiene la bondad de escucharnos?

Lupita.—Agradezco mucho... *(Se atora.)*

Animador.—...a la Perfumería París, cuyos productos huelen... y huelen bien...

Lupita.—...y huelen bien...

Animador.—¡Bravo! ¡Qué memoria! Conserva intacta sus facultades. Es asombroso a su edad.

Lupita.—...por este inmerecido obsequio.

Animador.—¿Inmerecido? La que nos amó antes de conocernos se lo merece todo. Por eso "Latex, la casa que acaba con las latas porque tiene un surtido completo de latas", le regala a usted estas sopitas, estas salsitas, estas mermeladitas... Señora, déjese de latas, abra una lata. Latex le proporciona a usted todo lo que su cocina necesita. ¿Latas? No. Latex.

Lupita.—*(Que empieza a estar rodeada de los objetos que se acumulan en torno suyo, embobada por lo que ocurre.)* ¡Qué bonito! Pero realmente, no sé... Es demasiado. Como soy sola...

Animador.—¿Sola? La soledad no existe para quien, como usted, ha pagado su deuda con la naturaleza y con la sociedad al convertirse en madre. La soledad no existe para quien se ha sacrificado por los otros. Sus hijos, señora, la acompañan... en espíritu.

Lupita.—¿Fueron mis hijos los que los enviaron a ustedes aquí?

Animador.—No, señora. Este evento ha sido organizado por la cadena de tiendas A.B.C. A: adquiera. B: buenas. C: cosas. Usted resultó vencedora del concurso A.B.C. Adquiera buenas cosas.

Lupita.—¿Gané el concurso de la mejor madre mexicana?

Animador.—No, Lupita. Eso habría sido imposible. ¡Todas, absolutamente todas y cada una de las madres mexicanas son mejores!

Lupita.—¿Mejores que quién?

Animador.—Que las que no son madres o que las que, siéndolo, no son mexicanas. Es sencillísimo.

Lupita.—Gané el concurso de la madre más popular, entonces.

Animador.—La madre más popular, señora, es la que inmortalizó en sus versos de oro el vate Guillermo Aguirre y Fierro, cuyo "Brindis del Bohemio" nos va a ser recitado por el mago del micrófono, Pedrito Mora. Pedrito... ¡a la reja con todo y chivas!

Pedrito.—Muchas gracias, señoras y señores, selecto auditorio, Lupita, voy a tener el honor... de decir para ustedes... para usted... los sentidos versos...

Lupita.—*(Arrebatada.)* ¡Qué bonito habla! ¡Parece música!

Pedrito.—En torno de una mesa de cantina,... etcétera.

Mientras Pedrito se despepita, Lupita quiere salir de dudas.

Lupita.—*(Al animador.)* Entonces, ¿quién me eligió?

Animador.—No fue una elección, fue una rifa. Usted resultó agraciada por ser la poseedora del número...

Pedrito.—...brindo por la mujer, mas no por esa

Lupita.—*(Desengañada.)* ¿Una rifa?

Animador.—Sí; ¡suerte, abuelita, suerte!

Mientras Pedrito se desgañita y el animador explica y Lupita insiste, se descargan encima de ella licuadoras, lavadoras, estufas, pasteles que forman una pirámide que la sepulta. Encima de la cúspide hay un pastel con una velita. Lupita, sintiendo que se asfixia, clama desde lo profundo del abismo.

Lupita.—¡Auxilio! ¡Socorro! ¡Sáquenme de aquí! ¡Me ahogo! Me ahogo... Auxilio... Socorro...

Oscuro. Al prenderse la luz, estamos de nuevo en el salón de belleza. La dueña y la peinadora corren a desconectar el secador bajo el cual se encontraba Lupita y la ayudan a salir. Tambaleándose, sostenida por sus salvadoras, exclama:

Lupita.—¡Qué pesadilla más horrible! Nunca lo hubiera creído... Horrible... pesadilla... horrible...

TELON

SEGUNDO ACTO

No hay solución de continuidad entre el acto anterior y el que sigue. Es el mismo salón de belleza, las mismas clientes, la dueña y la peinadora. Todas tratan de calmar a Lupita, que está tomando una taza de té con piquete, por aquello del susto. Aprovechando la alharaca femenina, la dueña le dice a la peinadora:

Dueña.—Andale, apúrale. Quita del secador esa porquería con la que nos vino a atravesar ese tal por cual de agente.

La peinadora finge obedecer pero, después de cerciorarse de la distracción de la dueña, no quita el dispositivo electrónico, sino únicamente lo cambia para que produzca otros sueños.

Lupita.—*(Que ha transitado de la excitación al fatalismo.)* Tenía que ocurrirme esto precisamente hoy.

Dueña.—*(Benévola.)* Es natural. Tiene usted los "nervios de estreno", como dicen los artistas.

Lupita.—*(Depositando su taza de té.)* Sin albures ¿eh? O cuando regrese del viaje de bodas no les cuento nada.

Cliente 1.—No hay nada nuevo bajo el sol, querida. Y mucho menos bajo el sol de Acapulco.

Cliente 2.—Muy vivida ¿no?

Cliente 1.—*(Como quien arroja un as de triunfo.)* Divorciada tres veces.

Lupita.—*(En el colmo del pasmo.)* ¡Casada tres veces!

Cliente 2.—El caso clásico del optimista y del pesimista. El optimista ve el vaso medio lleno y el pesimista lo ve medio vacío.

Lupita.—¡Tres veces! Y yo que tengo que casarme hoy por la primera no puedo ni acabar de peinarme. *(La peinadora la conduce de nuevo al seca-*

dor y la ayuda a acomodarse.) Esta vez sí no me voy a dormir. Ya estuve suave de malos sueños.

Después de esta rotunda promesa se ve cómo Lupita lucha contra la somnolencia que la invade. Poco a poco se deja vencer por una fuerza superior a la suya, y se entrega a un estado que ha de ser placentero si se juzga por la expresión de su cara y el relajamiento de su cuerpo. Las luces y las imágenes del salón se desvanecen con lentitud y, de pronto, vemos a Lupita en una feria con sus juegos, sus merolicos y sus exhibiciones de monstruos. Lupita, que va comiendo una paleta, se detiene ante una carpa de vivos colores y llamativos anuncios dibujados por un pintor ingenuo. A la entrada anuncia el merolico.

Merolico.—Señoras, señores, distinguido público, ¡pasen, pasen a ver el fenómeno más extraordinario del mundo: la Mujer que se volvió Serpiente por desobediente! Señora, muéstrele usted este ejemplo a su hija, para que se enseñe a ser dócil. Joven, pase usted a mirarse en este espejo de cuerpo entero. Distinguido público: éste es un espectáculo para toda la familia, un espectáculo recomendado por las autoridades, tanto eclesiásticas como civiles. Un espectáculo en el que se combinan la diversión y la enseñanza de los sagrados principios morales. Diviértase y haga patria, ayudando a preservar las sacrosantas tradiciones de las que se nutre nuestra idiosincracia. Por un peso ¡fíjese usted bien, por un solo peso! usted lo consigue todo: distracción sana y protección segura contra las ideas exóticas. ¿Cuántos boletos? ¿Cuántos? ¿Quién dijo yo?

La gente, que huye por principio de todo lo que sea didáctico, comienza a dispersarse y sólo queda Lupita; paga su entrada y tiene acceso al interior de la carpa. Hay en ella una representación de lo que comúnmente se entiende como paríso: un ameno jardín, con arroyuelos murmuradores, un manzano y una mujer cubierta con mallas escamosas que dormita hasta que un "spot" de luz la despierta. Deslumbrada, alza el rostro y escruta a lo que debería ser el público. Cuando descubre que no hay nadie más que Lupita da un gran bostezo.

Eva.—No se puede decir que éste sea un éxito.

Lupita.—*(Apenada.)* Si usted no cree que valga la pena molestarse por mí y quiere suspender la función...

Eva.—Oh, no. Tengo demasiada conciencia profesional para hacer eso. ¿A qué atribuirías tú esta falta de público?

Lupita.—Hay mucha competencia.

Eva.—Eso ha de ser. Porque mi historia no ha dejado de ser interesante. Al contrario. Con esto del *Women's Lib* yo ando como chicle, de boca en boca. Unos me exaltan, otros me maldicen, pero nadie me olvida. En lo que a mí concierne, nunca he estado más en forma que hoy. Es el momento oportuno para... Pero mi mánager es un irresponsable: firma contratos con el primero que pasa y se desentiende por completo de la propaganda. En tales circunstancias es un milagro que *tú* estés aquí. Un verdadero milagro. *(Pausa que Lupita no sabe cómo romper.)* Desde hace siglos he soñado con alguien a quien pudiera contarle la verdadera historia de la pérdida del Paraíso, no esa versión para retrasados mentales que ha usurpado a la verdad. Tal vez tú... ¿Eres curiosa?

Lupita.—Si no lo fuera no estaría yo aquí.

Eva.—Hmmm. Esa respuesta me huele a frase célebre. Pero, en fin, no se puede exigir mucho. Comenzaremos.

Eva se despoja de la malla escamosa y le queda otra de color carne. Va a sentarse, con un aire de total aburrimiento, debajo del manzano. Adán, también en mallas que insinúan su desnudez, aparece. Con un aire de maestro rural amonesta a Eva.

Adán.—...y no lo olvides: tú te llamas Eva. Repítelo: Eva.

Eva.—¿Por qué?

Adán.—*(Confundido y, naturalmente, airado.)* ¿Cómo que por qué? Esas preguntas no las hace una mujer decente. Obedece y ya.

Eva.—No veo la razón.

Adán.—*(Que tampoco la ve. Para disimular.)* Te encanta llevar la contraria, hacerte la interesante. ¿Por qué no sigues el ejemplo de los demás? Mira. *(Actuando lo que dice.)* Tú te llamas árbol. A-r-b-o-l. Y tú, hormiga. H-o-r-m-i-g-a. Con h, aunque la *h* es muda.

Eva.—No oigo que nadie responda nada.

Adán.—Es eso precisamente lo que quiero que aprendas. A no replicar.

Eva.—¿Cómo quieres que replique un árbol o una hormiga si son mudos? Así qué chiste. ¿Por qué no hablas con el perico? Porque él sí te puede contestar, ¿verdad?

Adán.—*(Herido pero generoso.)* ¡Qué equivocada estás, querida, qué equivocada! Yo no hablo con las cosas ni con los animales. Eso sería rebajar mi nivel. Ni siquiera hablo contigo.

Eva.—Eso sería elevar tu nivel.

Adán.—¡No seas insolente!

Eva.—No se trata de insolencia, sino de lógica. ¿Con quién hablas entonces?

Adán.—No hablo *con*, hablo *para*. Mi interlocutora es la posteridad.

Eva.—¿Quieres decir que hablas para nuestros tataranietos?

Adán.—Por favor, mujer, no seas prosaica. Yo pongo el problema en el plano del espíritu y tú lo reduces a los más vulgares elementos biológicos.

Eva.—Sin ellos, sin mi colaboración, quiero decir, ¿quién sería tu auditorio?

Adán.—La eternidad. Dios.

Eva.—¿Jehová?

Adán.—El puede crear seres de la nada. A mí me formó con barro y a ti...

Eva.—Sí, ya sé, no me lo repitas. A mí me hizo con una de tus costillas.

Adán.—¿Lo ves? No eres indispensable. Y es bueno que recuerdes, de una vez y para siempre, que tu condición es absolutamente contingente.

Eva.—Lo mismo que la tuya.

Adán.—¡Ah, no! Yo soy esencial. Sin mí, Dios no podría ser conocido ni reverenciado ni obedecido.

Eva.—No me niegues que ese Dios del que hablas (y al que jamás he visto) es vanidoso: necesita un espejo. ¿Estás seguro de que no se trata de una diosa?

Adán.—¡No seas irreverente! Dios—porque está hecho a mi imagen y semejanza—quiso coronar la creación con una conciencia. *Mi* conciencia.

Eva.—Suena muy bonito... pero ¿qué te pidió a cambio?

Adán.—Que yo catalogue lo existente, que lo ordene, que lo cuide y que haga que se sujeten a su ley todas las criaturas. Comenzando contigo. Así que repite lo que te he enseñado. ¿Cómo te llamas?

Eva.—¿Cómo me llamas tú?

Adán.—Eva.

Eva.—Bueno. Ese es el seudónimo con el que voy a pasar a la historia. Pero mi nombre verdadero, con el que *yo* me llamo, ése no se lo diré a nadie. Y mucho menos a ti.

Adán.—¡Contumaz! No voy a seguir perdiendo el tiempo contigo. *(Revisando una agenda.)* Hoy me toca ocuparme de los lepidópteros.

Se aleja, con la agenda abierta en la mano, y va señalando con un lápiz y apuntando nombres. Eva permanece en su lugar. Bosteza, se estira, está a punto de caer muerta de aburrimiento.

Serpiente.—*(Que había estado escondida detrás del árbol y que se manifiesta ahora como una figura asexuada con reminiscencias de reptil. Canta.)*

        El hastío es pavorreal
        que se muere de luz
        en la tarde...

Eva.—¿Qué es eso?

Serpiente.—La posteridad que canta.

Eva.—No seas cursi. Dime, ¿de dónde has salido?

Serpiente.—Si yo te lo dijera no me lo creerías: del mismo lugar que has salido tú.

Eva.—*(Despectiva.)* ¿Eres otra costilla ambulante?

Serpiente.—Vamos, vamos, no me digas que crees en esas fábulas. Y, a propósito, ¿dónde está Adán?

Eva.—Vagando por allí. Ya sabes a lo que se dedica: a ponerle nombre a las cosas.

Serpiente.—¿Quieres decir que es un poeta? Debo advertirte que esa es una actividad escasamente remunerada.

Eva.—Para lo que nosotros necesitamos...

Serpiente.—*(Observándola.)* ¡Qué horror! ¡No tienes nada que ponerte!

Eva.—*(Con un gesto de pudor.)* ¡Qué vergüenza! ¡Y delante de un extraño!

Serpiente.—Yo no soy un extraño. Yo conozco tu nombre verdadero.

Eva.—*(Sin preocuparse por verificarlo, deseosa de confiar.)* ¿Cómo lo supiste?

Serpiente.—Quedarías maravillada si yo te contara todo lo que sé. He estado en varios paraísos antes de venir a parar en éste, y te aseguro que nunca he visto un sitio más decepcionante.

Eva.—Y si aquéllo era tan bonito y esto es tan horrible, ¿por qué viniste aquí? ¿Por qué te quedas? ¿Por qué no vuelves?

Serpiente.—*(Misteriosa y triste.)* Soy un exiliado político.

Eva.—¿Qué quiere decir eso?

Serpiente.—Que estuve en desacuerdo con el régimen. Tú sabes que la tiranía no tolera la crítica.

Eva.—¿Te echaron?

Serpiente.—Pedí asilo. Pensé que aquí las cosas serían diferentes. Y, en realidad, el lugar es agradable... digo, para pasar unas pequeñas vacaciones.

Eva.—¿Vacaciones aquí? Aquí ninguno trabaja.

Serpiente.—¿Es posible? Ahora me explico la... digamos la escasez de tu vestuario.

Eva.—Dime ¿qué es lo que usan las mujeres... allá?

Serpiente.—En esta temporada, hojas de parra. De diferentes colores, en diversas combinaciones. Es el último grito de la moda.

Eva.—*(Seductora.)* ¿No sería posible conseguir una para mí?

Serpiente.—Bueno... eso cuesta dinero. Y me temo, por lo que cuentas de las actividades de Adán, que no gana mucho.

Eva.—Tampoco quiero depender de él. Quiero bastarme a mí misma. Ya bastante me echa en cara lo de la costilla.

Serpiente.—¿Y sabes cómo se gana el dinero?

Eva.—Ni siquiera sé, bien a bien, qué es el dinero.

Serpiente.—Es la recompensa del trabajo.

Eva.—¿Y qué es el trabajo?

Serpiente.—La mejor cura contra el aburrimiento. ¿Ves ese campo que tienes frente a ti?

Eva.—Ajá.

Serpiente.—¿Qué te parece?

Eva.—Así, así.

Serpiente.—Es un desperdicio, un verdadero desperdicio. Es el campo perfecto para sembrar viñedos.

Eva.—*(Pescando al vuelo la idea.)* ¡Montones de hojas de parra! Para todas las estaciones del año, para cada una de las horas del día, para la ocasión solemne y para el uso cotidiano...

Serpiente.—No corras tanto. Lo primero que habría que conseguir es un permiso de cultivo.

Eva.—¿Permiso? ¿A quién?

Serpiente.—Al dueño.

Eva.—El dueño es egoísta y cicatero. ¿Sabes que nos ha prohibido que comamos la fruta de ese árbol?

Serpiente.—¿Por qué?

Eva.—Ah, no se digna dar razones. Simple y sencillamente porque sí.

Serpiente.—¿Y a ti no te subleva esa arbitrariedad?

Eva.—A mí me hierve el hígado.

Serpiente.—¿Y entonces por qué no comes?

Eva.—*(Vacilante.)* En realidad no se me antoja mucho.

Serpiente.—En realidad tienes miedo.

Eva.—No quisiera engordar.

Serpiente.—La fruta no engorda, eso está probado científicamente. Además, si trabajas tienes que estar bien alimentada.

Eva.—¿Es duro labrar la tierra?

Serpiente.—Cuando no se está acostumbrado... *Corta una manzana y se la ofrece a Eva.)* Come.

Eva.—*(Tomando la manzana.)* Tú no tienes aspecto de campesino.

Serpiente.—¿De qué tengo aspecto?

Eva.—No sé. Tal vez de... de intelectual.

Serpiente.—Me hubiera gustado más que me dijeras que tenía aspecto de inteligente. Porque una persona inteligente se las ingenia para hacer lo que quiere y pagar por ello lo menos posible.

Eva.—*(Concentrándose como para hacer cuentas.)* Si yo como esa manzana...

Serpiente.—Habrás demostrado una cosa: que eres libre. Ahora bien, la libertad vale mucho. Pero cuesta mucho más.

Eva.—¡No me importa! Yo no obedezco órdenes arbitrarias, ni creo en cuentos de hadas, ni...

Relámpago, oscuridad momentánea. Cuando vuelve la luz ya no está la serpiente, sino sólo un Adán acusador.

Adán.—¿Qué has hecho?

Eva.—He descubierto que ese campo necesita cultivo. La parra se daría bien.

Adán.—¿De qué estás hablando?

Eva.—De que es una vergüenza que los dos andemos desnudos como dos pordioseros.

Adán.—No necesitamos ropa: éste es el país de la eterna primavera.

Eva.—Propaganda turística. Ninguna primavera es eterna. Y a mí no se me da la gana esperar al otoño para recoger las hojas caídas. Yo quiero preparar mi vestuario ya. Así que manos a la obra.

Adán.—*(Incrédulo.)* ¿Quieres decir que piensas trabajar?

Eva.—¿Que hay de malo en eso?

Adán.—Se cansa uno. Y suda.

Eva.—Yo no me cansaré porque estoy bien alimentada. Prueba esta manzana.

Adán.—¿Cómo te atreves? ¡Es la que Jehová nos ha prohibido!

Eva.—¿Por qué?

Adán.—Porque sí.

Eva.—¿A que no te atreves a preguntarle sus razones?

Adán.—*(Que está perdiendo fachada.)* Atreverme, lo que se llama atreverme... ¿por qué no? Pero sería una falta de respeto. Y Jehová es tan respetable: tiene una gran barba blanca.

Eva.—*(Desilusionada.)* ¿Es viejo? Ahora lo comprendo todo: nos ha prohibido tocar esa fruta por envidia. Quiere que, en la flor de la edad como estamos nosotros, seamos tan débiles y tan impotentes como él. ¿Sabes lo que tiene esa manzana? *(Adán hace un signo negativo con la cabeza.)* Vitaminas.

Hay que hacer una dieta equilibrada si queremos que nuestros hijos sean sanos.

Adán.—¿Hijos?

Eva.—Claro. Hay que pensar en ellos. Me gustaría dejarles de herencia una pequeña granja de labor, con sus vacas de ordeña y sus aves de corral y...

Adán.—*(Que ha estado mordisqueando distraídamente la manzana, se atraganta.)* ¿Quién te ha metido esas ideas en la cabeza?

Eva.—Las ideas no se meten en la cabeza: salen de la cabeza. ¿Qué tal estuvo la manzana? ¿Sabrosa?

Adán.—*(Mirando, horrorizado, el hueso.)* ¡Dios mío!

Eva.—No lo llames. ¿Para qué lo quieres?

Adán.—Para pedirle que no nos castigue.

Eva.—¿Que más castigo quieres que esta vida ociosa sin perspectivas de progreso ni de cambio, sin nada?

Adán.—*(Nostálgico.)* Pero éramos tan felices... No nos faltaba nada.

Eva.—No deséabamos nada, que es distinto. Y no éramos felices. Eramos egoístas y cobardes. La categoría humana no se recibe; se conquista.

Adán.—*(Arrodillado.)* Señor, yo no soy digno. Señor, ten piedad de nosotros.

Voz cavernosa y distante.—"¡Parirás con dolor!"

Eva.—Pago el precio de la plenitud. Y juro que no descansaré hasta vencer al dolor.

Voz.—"¡Moriréis! ¡Os perderéis!"

Eva.—La muerte será la prueba de que hemos vivido.

Adán.—*(Tratando de detenerla.)* Eva, te lo suplico, retrocede.

Eva.—*(Avanzando siempre.)* No es posible. La historia acaba de comenzar.

Oscuro. Lupita comienza a gritar histéricamente: "¡Blasfemia! ¡Calumnia! ¿Dónde está el merolico que me vendió el boleto para que me devuelva mi dinero! ¡Estafador! ¡Bandido! ¡Merolico! ¡Merolico! Dios santo, estoy vuelta y vuelta en el mismo lugar. Este es un laberinto. ¡Merolico! ¡Merolico!" Cuando la luz vuelve a encenderse encontramos a Lupita, con aire todavía de extraviada, frente a un museo de cera en el que, en una serie de nichos, se encuentran—representadas en la manera más convencional posible—la Malinche, Sor Juana, doña Josefa Ortiz de Dominguez, la Emperatriz Carlota, Rosario de la Peña y la Adelita. Resucitadas por el escándalo, salen de sus nichos.[9]

    Sor Juana.—*(Llevándose las manos a la cabeza.)* ¡Dios! ¿Es que no se puede vivir tranquila ni siquiera en un museo? ¿Hasta aquí ha de venir a perseguirme el rumor de la comunidad que, como un tábano, me atormentó durante toda la vida?

    Adelita.—¡Rumor de la comunidad! ¡Melindres de monja! Ya te hubiera yo querido ver en la mera bola: cañonazos, trenes que volaban por el aire, cargas de caballería. ¿Y todo para qué? Para que tú te pasees *(Señalando sus hábitos monjiles.)* disfrazada de espantapájaros, como si la Constitución no existiera.

    Josefa.—*(Enérgica.)* Respete usted esos hábitos, que son sagrados.

    Carlota.—No es cuestión de respeto; es, como de costumbre en este país, una falta completa de modales. *(A la Adelita.)* ¿Cómo se atreve usted a dirigirle la palabra a quien no le ha sido ni siquiera presentada?

    Rosario.—*(Tratando de mediar.)* Quizá se conozcan de antes.

    Adelita.—¿Yo? ¿Conocer a ésta? Ni de nombre.

    Sor Juana.—*(Irónica.)* ¡Tal es la posteridad para la que yo escribí!

    Josefa.—*(Apelando a los sentimientos de caridad y refiriéndose a la Adelita.)* La pobre no sabe ni siquiera leer. Es una analfabeta total. Yo, en cambio, he tenido el privilegio de ser su lectora. *(A Sor Juana.)* ¡Y la admiro tanto!

    Sor Juana.—*(Sin hacer caso del elogio, mirando a la Adelita y a la Malinche.)* Pero tal ignorancia hay que remediarla de algún modo. *(Súbitamente inspirada.)* ¿Por qué no jugamos a la escuelita?

---

[9]La Malinche (también conocida como Doña Marina o Malintzin; m. 1528 ó 29), mujer indígena que sirvió a Hernán Cortés, conquistador español de México, de intérprete. Sor Juana Inés de la Cruz (1648 ó 51?-95), monja poeta; ver selección de sus textos en esta antología. Josefa Ortiz de Domínguez (m. 1829), esposa del Corregidor de Querétaro, quien la mandó encarcelar por sus esfuerzos en pro de la revolución de 1810 contra España. La Emperatriz Carlota (1840-1927), nacida en Bélgica y mujer de Maximiliano, emperador de México (1864-67). Rosario de la Peña (m. 1847), conocida como la de Acuña, por ser celebrada en uno de los textos más conocidos del poeta mexicano Manuel Acuña (1849-73). La Adelita, soldadera (compañera de soldado) y personaje de corridos de la Revolución mexicana, entre ellos el famoso "Si Adelita se fuera con otro".

Todas reaccionan en contra, cada una a su manera. Sobre el coro de exclamaciones negativas se impone la voz de Lupita.

Lupita.—Creo que aquí la única que tiene derecho a opinar soy yo porque pagué mi boleto. Y quiero que me den lo que me prometieron: un espectáculo, no una clase.

Carlota.—*(Soñadora.)* ¡Representar! La ilusión de mi vida.

Sor Juana.—*(A Lupita.)* Pero tú también tienes que tomar parte. Cada una de nosotras escogerá un momento culminante de su vida. Y tú tendrás que identificarnos.

Josefa.—No va a ser difícil. ¡Somos tan pocas las mujeres mexicanas que hemos pasado a la historia!

Sor Juana.—Va a ser difícil. Porque nos hicieron pasar bajo las horcas caudinas de una versión estereotipada y oficial. Y ahora vamos a presentarnos como lo que fuimos. O, por lo menos, como lo que creemos que fuimos.

Carlota.—¿El orden de prioridades va a establecerse de acuerdo con el protocolo? Porque en ese caso me correspondería el primer lugar a mí.

Sor Juana.—Tratemos de proceder de acuerdo con la cronología. *(A la Malinche, que no ha abierto la boca y se ha limitado únicamente a observar.)* Señora, el escenario es suyo.

Oscuro. Al encenderse la luz se ve una improvisada tienda de campaña en la que Cortés no sabe cómo arreglárselas con su estorbosísima armadura. Es obvio que el calor de la costa lo agobia. La Malinche lo abanica con una rústica palma.

Malinche.—Te lo dije: no podemos quedarnos aquí.

Cortés.—Ni subir allá, ni mucho menos regresar a Cuba. ¡Ay, cuánto diera yo por tener en mis manos un momento, nada más que un momento, al marinero que se puso a fumar en la bodega del barco y se quedó dormido!

Malinche.—Deberías ser más tolerante. El tabaco es un vicio que acaban de descubrir tus soldados. Es nuestra manera de corresponder el regalo de la sífilis que ustedes nos trajeron.

Cortés.—¡Pero producir catástrofe semejante! No quedó ni rastro de ninguna de las naves.

Malinche.—Ni rastro de ese fumador, tampoco. Ese hombre podía haber sido un testigo inoportuno. ¿Por qué no aprovechas esta circunstancia para hacer correr el rumor de que tú, *tú*, quemaste las naves?

Cortés.—¿Yo? ¿Para qué?

Malinche.—Para cortar la retirada a Cuba. Hay en tu ejército muchos cobardes y uno que otro traidor que querían volver. Ahora no pueden hacerlo y nos les queda más remedio que enfrentarse a los hechos.

Cortés.—Que no pueden ser más adversos: un clima endemoniado, un imperio formidable... Ayúdame a quitarme la coraza.

Malinche.—*(Firme.)* No.

Cortés.—¿Cómo te atreves a decir que no? ¡Eres mi esclava, mi propiedad, mi cosa!

Malinche.—Soy tu instrumento, de acuerdo. Pero, al menos, aprende a usarme en tu beneficio.

Cortés.—Que, según tú, consiste en que yo me derrita dentro de la armadura.

Malinche.—Si te despojas de ella los indios verán lo que he visto yo y me callo: que eres un hombre como cualquier otro. Quizá más débil que algunos. Armado te semejas a un dios.

Cortés.—*(Halagado.)* Dame un espejo. *(Se contempla y se aprueba.)* Es verdad. Y este papel de dios me viene pintiparado.

Malinche.—*(Sonriendo con indulgencia ante la vanidad de Cortés.)* Un dios cuyo regreso aguardan los indios desde el principio. Lo aguardan para rendirse a él, para devolverle lo que le pertenece: el mando. Porque todas las profecías anuncian su retorno y también su victoria.

Cortés.—¿Tú crees en esas mojingangas?

Malinche.—Lo que yo creo no importa. No soy una vasalla de Moctezuma porque salí del poder del señor maya que le paga tributo. Ahora te pertenezco a ti.

Cortés.—Te gusta el papel de diosa consorte, ¿eh?

Malinche.—Me gusta que Moctezuma[10] beba una taza de su propio chocolate. Es un amo cruel.

Cortés.—¿Más que yo?

Malinche.—Tú eres brutal, porque tienes prisa. El se cree dueño de la eternidad.

Cortés.—No es fácil desengañarlo.

Malinche.—Pero es posible. Muchos lo odian. Ese imperio, que tú ves alzarte ante ti como una gran muralla, está lleno de cuarteaduras. Por cualquiera de ellas podrías infiltrarte con tu ejército.

---

[10](1480-1520), emperador azteca en el momento de la conquista española.

Cortés.—*(Tratando de abrazarla.)* ¡Ah, mujeres, mujeres! ¿Por qué la Divina Provindencia las habrá dotado del don superfluo de la palabra?

Malinche.—*(Forcejeando por desasirse.)* En mi caso particular, para que yo te sirviera de intérprete y te transmitiera el mensaje de los emisarios de Tlaxcala, que solicitan audiencia.

Cortés.—*(Lúbrico.)* ¡Malintzin!

Malinche.—*(Negándose, por ahora, a Cortés; prometiéndose para más tarde.)* Tienes prisa, recuerda. La situación de tus hombres es desesperada y los tlaxcaltecas son la única tabla de salvación. Recíbelos. Ellos te señalarán el camino seguro a Tenochtitlan.[11]

Cortés.—¡La ciudad de oro!

Malinche.—El ombligo del poder. Capitán: sube al antiplano y arrebata a Moctezuma el sillón con respaldo y la vara de autoridad. ¡Tú serás rey!

Cortés.—*(Que no ha oído hablar de Shakespeare y, menos aún, de las brujas de Macbeth.)* La riqueza, la fama, el dominio. ¡Heredaré a mis hijos un imperio!

Mientras Cortés divaga la Malinche abrillanta la armadura, lo peina, etc. Cuando su apariencia le parece satisfactoria, va a la puerta de la tienda y exclama a los que esperan afuera.

Malinche.—Los embajadores tlaxcaltecas pueden pasar.

Oscuro. Otra vez el museo de cera. La expresión de Carlota es despectiva; la de Adelita, fascinada; la de Josefa, respetuosa; la de Sor Juana, irónica. Tan sólo hay dos rostros que expresan la más completa frustración: el de Rosario y el de Lupita. A la primera la contiene su buena educación y su circunstancia de ser figura de cera. Pero a Lupita la solivianta el pago de su boleto. Protesta.

Lupita.—¿Y el romance?

Malinche.—¿Cuál romance?

Lupita.—Usted estaba enamorada de Cortés, del hombre blanco y barbado que vino de ultramar.

Malinche.—¿Enamorada? ¿Qué quiere decir eso?

Sor Juana.—*(Didáctica.)* Probablemente la señorita se refiere al amor, un producto netamente occidental, una invención de los trovadores provenzales y de las castellanas del siglo XII europeo. Es probable que Cortés, a pesar de su estancia en Salamanca,[12] no lo haya conocido ni practicado.

---

[11]nombre azteca de lo que hoy día es la capital mexicana.

[12]ciudad española en cuya universidad estudió Cortés.

Malinche.—Por lo pronto, no lo exportó a América. Y en cuanto a nosotros...

Sor Juana.—Ya lo sabemos. El amor es algo que no tiene nada que ver con la cultura indígena.

Carlota.—Ni con el recato monjil.

Sor Juana.—Es por eso que cedo la palabra a quien posee experiencia: a mi colega, Rosario de la Peña, alias Rosario, la de Acuña.

Josefa.—¿Colega?

Sor Juana.—Por aquello de que a mí se me llamó la Décima Musa y ella fue la musa de una pléyade de poetas, de intelectuales.

Rosario.—Oh, sí. Por mi salón pasaron los hombres más notables de la época. Aunque he de admitir que la época fue bastante mediocre. Guardo en mi álbum los autógrafos de todos ellos. Me admiraban, me rendían homenaje, me llamaban la inspiradora de sus obras.

Sor Juana.—Pero la celebridad mayor se la debe usted a Manuel Acuña.[13] Se suicidó por usted, ¿no es cierto?

Rosario.—Eso dice la leyenda. Pero, como todas las leyendas, miente. Lo que yo voy a contarles es la verdad.

Oscuro. aparece una buhardilla paupérrima de joven romántico del siglo XIX mexicano que quiere parecerse al joven romántico del siglo XIX parisino. Manuel Acuña tiene todos los signos nobiliarios de la desnutrición, del insomnio y, quizá, de algún vicio. Afiebrado, ojeroso, escribe unas líneas y luego, poniéndose de pie, declama.

Manuel.—Pues bien, yo necesito—decirte que te quiero—decirte que te adoro—con todo el corazón... etc.

La puerta se abre silenciosamente y aparece en el umbral Rosario, agitada por las emociones que la embargan y por las muchas escaleras que ha tenido que subir. Un tupido velo le cubre la cara, como es de rigor en las protagonistas decimonónicas de las visitas clandestinas a cabelleros solos. Durante unos momentos escucha arrobada la declamación hasta que, no pudiendo contenerse más, corre—con los brazos abiertos—hacia el poeta.

Rosario.—¡Manuel!

Manuel la mira como si fuera el fantasma de Banquo y la rechaza fríamente.[14]

---

[13]ver nota 7.

[14]personaje que aparece como fantasma en el *Macbeth* de Shakespeare.

Manuel.—Señorita, modere usted sus ímpetus y recuerde que su presencia, a estas horas y en estas circunstancias, en la casa de un soltero, puede conducirla a la deshonra.

Rosario.—*(Vehemente.)* ¡Nada me importa, Manuel! Desprecio el juicio de una sociedad mezquina e hipócrita que no te comprende ni te admira. *(Se alza el velo.)* Sabía yo muy bien lo que desafiaba al atreverme a venir. Pues bien, no vacilé. El primer sacrificio que hago en el altar de Eros es el de mi fama.

Manuel.—*(La turbación lo hace mostrarse ofendido.)* ¿Qué es lo que está usted osando proponerme?

Rosario.—Matrimonio.

Manuel.—*(Horrorizado.)* ¡Matrimonio! No me haga usted reir. Después del paso que acaba usted de dar—y que no daría, por ningún motivo, ninguna señorita decente...

Rosario.—Pues ya que quiere usted saberlo, voy a decírselo: no soy ninguna señorita decente. *(Declamatoria.)* Soy una mujer enamorada.

Manuel.—*(Con verdadera curiosidad.)* ¿De quién?

Rosario.—¿Cómo que de quién? De ti.

Manuel.—*(Ahora la turbación lo hace parecer maquiavélico.)* ¿Sí? ¿Y cómo puedo estar seguro de que no ha dicho usted lo mismo a todos los que forman su corte de admiradores? ¿A Manuel M. Flores y a José Martí, para no citar más que a los mejor conocidos?[15]

Rosario.—¿Por qué tendría yo que decírselo a ellos?

Manuel.—Porque me lo dijo usted a mí. Quien hace un cesto hace ciento, dice el refrán.

Rosario.—Pero tú eres el hombre a quien yo amo.

Manuel.—*(No cayendo en tan burdo garlito.)* Si usted me amara, no me colocaría ante este precipicio.

Rosario.—¿Cuál precipicio? No entiendo.

Manuel.—Usted era mi amada ideal, ergo, imposible.

Rosario.—¿Era?

Manuel.—Naturalmente. Con el paso que acaba usted de dar lo ha destruido todo. Mis más caras ilusiones: las de vivir en un mundo de ensueño en el que tú estarías siempre enamorada y yo siempre satisfecho. *(Se paraliza*

---

[15]Manuel María Flores (1840-85), poeta mexicano; José Martí (1853-95), poeta y patriota cubano; ver selección de los textos de Martí en esta antología.

un instante y corre a escribir lo que exclama en voz alta.) ¡Y en medio de nosotros, mi madre como un Dios!"

Rosario.—*(Retrocede.)* Ahora comienzo a comprender: en medio de nosotros, su madre como un Dios. Como la espada entre Tristán e Isolda.[16]

Manuel.—Quienes deberían de ser nuestros modelos.

Se abre la puerta de la buhardilla y entra una lavandera con un cesto de ropa.

Lavandera.—Santas y buenas tardes, Manolo. *(Al advertir la presencia de Rosario, se turba.)* Niño Manuel ¿por qué no me avisó que tendría visita? Yo le habría preparado algo para agradarla. Un té de hojas, un cafecito. *(Identificando a la mujer del velo, con ingenua y sincera admiración.)* ¡Usted es Rosario, la famosa Rosario!

Rosario.—*(Entre molesta y orgullosa.)* Yo, en cambio, no tengo el honor de conocerla.

Lavandera.—Yo soy Petra, la lavandera, para servir a Dios y a usted. Soy la que le hace casa al niño.

Manuel.—*(A la lavandera, cubriéndose el rostro con las manos.)* ¡Calla, por Dios!

Rosario.—*(Que no ha dejado de advertir la realidad de la situación, a Manuel.)* ¿Por qué ha de callarse? Por boca de los inocentes habla la verdad.

Lavandera.—*(Mostrando su estado avanzadamente interesante.)* Yo qué voy a ser inocente, señorita. Si dice Manolo que yo soy la que le hace casa al niño y niño a la casa.

Rosario.—*(Aplaudiendo.)* ¡Bravo! ¡Bravo! Sabe hacer retruécanos. Manuel, es absolutamente indispensable que la lleves a mi casa.

Manuel.—*(Agobiado.)* ¿Quiere usted dejar de torturarme?

Rosario.—*(Reprobatoria, a Manuel.)* Se avergüenza usted de ella, pero no desaprovecha ni su generosidad, ni su ignorancia, ni su condición humilde. Se ve bien que no ha colocado usted a su madre como una figura protectora entre esta mujer y usted. *(Manuel intenta hablar, pero Rosario lo ignora olímpicamente. A la lavandera.)* Señora, los amigos de mis amigos son mis amigos. Yo quisiera rogarle que, de hoy en adelante, se considere usted invitada a mis tertulias.

Lavandera.—¡Ay, señorita! ¿Y qué pitos voy a tocar yo allí? ¡Soy tan ruda! Y Manolo me ha contado que todos ustedes son muy inteligentes.

---

[16]famosos amantes de las leyendas europeas medievales.

Rosario.—*(Dándole una mirada de vuelta al ruedo a Manuel y deján-dose caer el velo.)* Yo admiro, más bien, las virtudes morales. Por eso me gustaría ser su amiga.

Ambas se alejan hablando mientras Manuel, en el centro del escenario, declama las últimas estrofas del Nocturno. A medida que recita va siendo consciente de que ha caído en el más completo de los ridículos. La dicción de los versos finales va acompañada de la acción de tomar un revólver. Dispara en el mo-mento en que regresa la lavandera que exclama, llevándose las manos a la cabe-za en un gesto de total desesperación:

Lavandera.—¡Dios mío! ¡Ha salpicado de sangre toda la ropa limpia! Ahora tengo que lavarla otra vez.

Oscuro. Se vuelve al museo de cera.

Sor Juana.—*(Ríe quedamente.)* Perdónenme, pero no puedo reme-diarlo. Yo creí, hasta ahora, que había sido la única. Aunque mi caso no fue nunca tan extremo como el suyo. En mi caso no hubo suicidio. Los hombres, que huían de mí como de la peste, no llegaron nunca tan lejos. Y yo, a decir verdad, no era fea. Sabía, también, agradar. Pero he de haber tenido una cabeza de Medusa que paralizaba de horror a quienes la contemplaron. Sólo en una ocasión estuve a punto de romper mi aislamiento. Pero, claro, todo se volvió agua de borrajas, comedia de enredo.

Lupita.—*(Urgiéndola.)* Cuente.

Sor Juana.—Bien. Ustedes conocen mi gusto por los disfraces...

Oscuro. La luz se abre al estrado de una casa colonial. Juana Inés, quinceañe-ra, escribe con pluma de ganso sobre un pergamino. Se oye, lejos, la melodía de una viola d'amore. Distraídamente Juana Inés mordisquea, de cuando en cuando, un pedazo de queso. Se detiene, lee para sí mientras mastica y, después de tragar el bocado, se pone de pie y declama, contando las sílabas para ver si están cabales.

Juana.— ...El alma, pues, suspensa
del exterior gobierno en que, ocupada
en material empleo
—o bien o mal da el día por gastado—
solamente dispensa
remota, sí, del todo separada...

del todo separada... del todo separada... ¿Qué sigue, Dios mío, que sigue? *(Estrujando el pergamino.)* Nada. Que se me fue el santo al cielo. Tan diferen-te que era todo cuando comencé, tan fácil. Ponía yo una palabra y detrás de ella, persiguiéndola, acosándola, dándole a la caza alcance, venían todas las demás que rimaban con ella. Pero si hablas en verso, me decían—pasmadas—las visitas. En cambio ahora cada concepto se me esconde como un armadillo en su concha. Y tengo que atosigarlo con humo para que, en vez de asfixiarse, se manifieste. Y cuando aparece es tan magro, tan desabrido, tan vano como una nuez. Eso era antes. Pero, claro, antes yo era inocente y me llovía la gracia del cielo. En cambio ahora: desvanecida en frivolidades, golosa de todo: del queso, que vuelve romos los ingenios más agudos, de los chismes de la corte, del elogio de los doctos y de la admiración de los imbéciles, ávida de aplauso universal. *(Cambiando de tono y contemplándose fijamente en un espejo.)* Juana Inés, te declaro culpable de vanidad, de pereza y de ignorancia. Y decreto que cabeza tan desnuda de noticias no esté cubierta de adornos y zarandajas. A cumplir la sentencia. *(Como desdoblada, y con la lentitud con que se realizan los gestos rituales, Juana Inés saca de su escritorio una tijera y se despoja, con golpes certeros, de la mata de pelo en que se gloriaba. Su figura ha cambiado por completo. Compara, con un gesto, su cabeza y su ropa, y le dice al espejo.)* No, no es lógico. *(Va detrás de un biombo a cambiarse. Mientras se trueca el vestido cortesano por un hábito de paje, canturrea.)*

> ...sólo sé que aquí me vine
> para que, si soy mujer,
> ninguno lo verifique.....

Cuando ha terminado la operación se contempla de nuevo: tiene un aspecto equívoco de efebo, en el cual se complace. Siente pasos y, automáticamente, mata la luz. Apenas un segundo después entra Celia.

Celia.—*(A tientas, tratando de alcanzar un bulto que se le escapa. Celia y Juana avanzan y retroceden con movimientos regulados y armoniosos como de danza.)*

> Detente, sombra de mi bien esquivo,
> imagen del hechizo que más quiero,
> bella ilusión por quien dichosa muero,
> dulce ficción por quien penosa vivo.

Juana.—*(Aparte)* Declamadora tenemos. *(A Celia.)*

> Señora, considerad
> el respeto de esta casa,
> pues que su dueña la tiene
> a las musas consagrada.

Celia.—Nunca leí tal Edicto

> de la Corona de España.
> ¿O es que usurpa sus derechos
> y hasta aquí se atreve Juana?

Juana.—No de atrevida la nombra

con sus trompetas, la fama.
Si es famosa es por discreta,
por virtüosa y por sabia.

Celia.—Calle el galán, que no vino
aquí a requebrar fantasmas,
sino a pagarme la deuda
de honor, de que estoy preñada.

Juana.—Señora, tened la lengua.

Celia.—Ay, si no tuve la aldaba
de mi puerta de doncella
cuando en la noche rondabas.

Juana.—Señora ¿vos prometí
mano y apellido?

Celia.—   Y galas
para reponer con joyas
la joya que me quitabas.

Juana.—Y ahora, diligente, cobras
lo que trataste liviana.
¿Y no te causa sorpresa
encontrarme en esta cámara?

Celia.—Que eres avisado advierto,
cuando la invocas sagrada
y te escudas en el manto
no de una, de nueve hermanas.

Juana.—De la décima.

Celia.—   ¿De quién?
¿Estás hablando de Juana?
Pero no, no me das celos,
que para ello una bastarda
no es bastante.

Juana.—   ¡Infame! ¡Calla!

Celia.—Con cuatro bachillerías
por dote y, bajo las faldas,
nada más que silogismos...
¡Busca una rival que valga!

Juana.—Es bella.

Celia.—   Mientras es joven
y eso dura... una mañana.

Juana.—¿Y tú, tienes otro pacto

con el tiempo, que te ufanas?

Celia.—Yo tengo que yo soy hembra
y, como tierra labrada,
rejuvenezco en mis hijos,
me eternizo en mis entrañas.

Juana.—¿Y ella?

Celia.—   Es como la nuez vana.

Juana.—¿Estéril?

Celia.—   Parirá ideas,
retruécanos, telarañas.
Son los folios de los libros
los que el otoño le arranca.
¡Y para colmo, sin dote!

Juana.—¿No estás celosa?

Celia.—   ¿De Juana?
¿De ese caso mitológico?
¿De la Fénix mexicana?
Hechura de una Virreina
y desecho de las Gracias.
No, si quieres darme celos
busca materia más alta.
Mi igual o mi superior,
pero en el nivel de humana,
en donde pueda vencerme
—si es que puede—con mis armas.
Pero no mezcles, que yerras,
el aceite con el agua,
la paloma y el mochuelo,
las peras con las manzanas.

Juana.—Y tú, ¿sabes distinguirlas?

Celia.—El corazón no se engaña.

Juana.—¿Y qué te dice?

Celia.—   Que me amas
y que te amo.

Juana.—   ¿Por mi alcurnia?

Celia.—Por tu talle, por tu cara
que resplandece entre todas
como estrella soberana.

Juana.—¿Por mi fortuna?

Celia.—   Fortuna es
tenerte entre las sábanas,
y sacrificar a Venus
hasta que la luz del alba
viene a darnos una tregua
...o a establecer más batalla.
Juana.—¿Y me trocarías por otro?
Celia.—¿Se trueca el oro por plata?
¿Se cambia el rumbo del astro?
¿Vuelve la flecha a su aljaba?
Juana.—¿Y si no soy yo?
Celia.—   ¡La muerte!
¡El corazón no se engaña!
Después de una pausa dramática Juana prende una luz.
Juana.—(*Alumbrándose directamente el rostro.*)
¿Me reconoces? ¿Soy ése
por el que ansiosa pensabas,
por el que alegre morías,
por el que te pierdes?
Celia.—¡Juana!
Hay, en este solo nombre, un desconcierto que no cristaliza en rechazo sino en una especie de deslumbramiento. Celia abre los brazos, como lo hizo al principio, en la oscuridad, y Juana duda un momento entre la fuga y la entrega. Por fin, reacciona con violencia.
Juana.—¡No, ya nunca más mi nombre,
ni mis hechos, ni las fábulas
que con mi sombra fabrican
las lenguas desaforadas!
Aquí muere lo que había
en mí de mujer. Acaba
en este trance el conflicto
de las potencias y el alma.
Síguese, por siempre, el tronco
de mis linajes. Mortaja
dadme para lo que fue
cárcel de lo que volaba.
Adiós, adiós juventud,
adiós atmósfera clara
de la música y los números,

de la amistad conversada.
Adiós a lo que no fui,
a lo que fui y me sobraba.

Celia.—¿Adónde vas?

Juana.—   Adonde es
la inteligencia soledad en llamas.

Se contemplan un momento las dos, paralizadas por imanes contrarios: el que las atrae—lo que debe ser sugerido muy delicadamente—y el que las separa. Oscuro. Cuando vuelve a encenderse la luz es para alumbrar el museo de cera. Las espectadoras de la escena anterior parecen confusas y no saben de qué manera reaccionar. Carlota se abanica majestuosamente y, al fin, decreta:

Carlota.—We are not amused. We are not amused at all.

Juana.—*(Tomando las cosas a la ligera.)* Pero esto que acaban ustedes de ver no es siquiera una diversión. Es, si acaso, una mera versión.

Rosario.—En última instancia yo me quedo con la versión clásica; es decir, la romántica: el amor imposible, el convento.

Lupita.—*(A Rosario.)* Usted, con su experiencia, ¿se atreve a creer en amores imposibles?

Juana.—En principio, todo amor es imposible: una idea obsesiva que se apodera de los espíritus solitarios. Los demás no se enamoran: se ayuntan.

Rosario.—*(A Sor Juana.)* Pero en su época quedaba aún esa salida airosa: la toma del velo. En la mía no hubo más que dos sopas. Y yo no escogí la de fideos. Solterona y punto.

Josefa.—Lo que se llama la sopa boba.

Sor Juana.—Pero yo no fui al convento ni por vocación ni por desengaño, sino por sentido práctico. No sé por qué se empeñan en inventar tantos motivos cuando yo dejé, muy claramente escrito en una carta, que ingresaba al claustro, más que atraída por esa forma de vida, empujada por "la total repugnancia que me inspiraba el matrimonio".

Lupita.—¿Repugnancia? ¿Cómo puede ser? No entiendo.

Josefa.—Ya entenderás. Ya estás en las vísperas de entender. Yo recuerdo, por ejemplo...

Oscuro para cambiar la escena a una sala de familia criolla de Guanajuato. Un canónigo juega a la brisca con el corregidor. Al fondo la esposa, Josefa, muy menos que el marido, inquieta, llena de una vida que no tiene cauces en los cuales fluir, borda. Mira con insistencia a un reloj de pared que, según su impaciencia, no se mueve.

Josefa.—¿No será hora ya del chocolate?

Corregidor.—¡Ay, hija! ¿Cuándo aprenderás a calcular el tiempo? Si apenas acabamos de comer. ¿No es así, señor canónigo?

Canónigo.—Desde luego, señor corregidor. Aunque comprendo que la señora corregidora, a su edad...

Corregidor.—*(Extremadamente sorprendido.)* ¿Desde cuándo las señoras decentes tienen edad? Esas frivolidades se dejan para las mujeres livianas. *No obstante, algo de duda le queda al corregidor, puesto que se vuelve a inspeccionar a Josefa como si la viera por primera vez. Durante el tiempo que abarca este proceso hay una suspensión del juicio crítico, porque la expresión de la cara del corregidor es inescrutable.*

Canónigo.—Las jóvenes gustan de serenatas, paseos, bailes.

Corregidor.—Cuando son frívolas o cuando no tienen quien vele por su honra. Pero Josefa es una señora casada y respetable. Por lo tanto está más allá de esas diversiones que usted, señor canónigo, conoce gracias al Tribunal de la Penitencia y que, como nos enseña nuestra Santa Madre Iglesia, son un peligro para la salvación del alma.

Canónigo.—Y aun la salud del cuerpo. Una salud que, sin embargo, encuentro aquí quebrantada. *(Se pone de pie y se acerca a la bordadora. Acciona lo que dice.)* Las manos están heladas, mientras las mejillas arden con el calor de la fiebre. ¿Se siente usted bien, señora corregidora?

Corregidor.—*(Sin dignarse prestar atención a la interfecta.)* ¿Por qué no había de sentirse bien? Es la esposa legítima de un alto dignatario de la corona de España; vive en un palacio; manda a una numerosa servidumbre; es heredera de las joyas de la familia y en los armarios no caben ya los vestidos, los tocados, los zapatos, los afeites...

Canónigo.—Quizá le haga falta algo.

Corregidor.—Lo que le falta a una mujer para ser completa: un hijo. Un hijo que debería tener para que se continúe la estirpe, para que recaiga el apellido. ¿Pero acaso entiende esta obligación? *(Sin mirarla.)* ¿Escuchaste, Josefa? El señor canónigo ordena que tengas un hijo.

Canónigo.—*(Rectificando.)* Lejos de mí la osadía de ordenar. Si acaso, me atrevería a sugerir.

Josefa.—*(Arrebolada de pudor herido y de cólera.)* Si por mí fuera... pero le aseguro que no está en mi mano, señor canónigo.

Corregidor.—Ya se sabe que en estos casos no hay mejor aviso que ponerlos a la merced de la Santísima Virgen de los Remedios. ¿Por qué no haces la promesa de ir a visitarla a su santuario?

Canónigo.—En esta época quizá no sea prudente, señor corregidor. Se oyen rumores de descontento por doquier. Hay asaltos en los caminos, hay hambre en el campo.

Corregidor.—*(Riendo suavemente.)* ¿Cuándo ha sido de otro modo? *Josefa ha suspendido su labor y sigue la conversación con una avidez que los otros no advierten.*

Canónigo.—Hay, por todas partes, como regado, un combustible al que cualquiera podría prender fuego. ¡Yo escucho cada cosa en el confesionario que pienso que estamos en el fin de los tiempos y que veo el anuncio de la llegada del Anticristo!

Corregidor.—El pueblo es embelequero siempre; no hay que hacerle mucho caso. Pan y circo, aconsejaban los romanos, y se les cayó el imperio. Pan y palo, digo yo. Y basta.

Josefa.—*(Sin poder contenerse.)* ¿Y si no basta?

Corregidor.—¿No bastar el ejército? ¿No ser suficiente la furia española para ahogar en sangre... qué? Algo que ni siquiera tiene forma, que no alcanza a darse un nombre.

Josefa.—*(Terca.)* ¿Y si no basta?

Corregidor.—Será entonces cosa sobrenatural con la que habrá de entenderse nuestra Santa Madre, la Iglesia Católica, a la que Dios le prometió que sobre ella no prevalecería el demonio.

Canónigo.—¿Y si yo le dijera, señor corregidor, que es en el seno mismo del clero donde se está gestando la sublevación? ¿Que es desde los púlpitos desde donde se enardece a la multitud?

Corregidor.—¡Pero están locos! Eso es ponerse a dar de patadas, con perdón sea dicho, al pesebre.

Canónigo.—Esos sacerdotes—debo seguir llamándolos así puesto que no se les ha juzgado aún ni excomulgado—han leído libros en los que se habla de la igualdad entre todos los hombres.

Corregidor.—¿Desde cuándo la Inquisición permite que esos libros entren y circulen libremente en el reino de la Nueva España?

Canónigo.—Desde el momento de la fundación de la Nueva España, señor corregidor. Los inquisidores son sensibles a ciertos halagos que no quiero especificar.

Corregidor.—¡Hombres al fin! Por eso la medida más segura, lo he sostenido siempre, es mantener al pueblo en la ignorancia. Si usted fuera tan celoso de su rebaño como yo lo soy del mío, no tendríamos estos dolores de cabeza. *(Para ejemplificar.)* Josefa, ¿sabes leer?

Josefa.—No, mi señor marido.

Corregidor.—¿Sabe leer alguna de tus criadas, de tus parientas, de tus amigas?

Josefa.—Ninguna, señor.

Corregidor.—*(Al canónigo, triunfante.)* ¿Lo ve usted? Es sencillísimo. Así no hay manera de que se enteren de nada ni de que propaguen nada.

Canónigo.—Y usted, señor corregidor, ¿sabe leer?

Corregidor.—Lo indispensable para cumplir bien con mis funciones. Pero le juro que, fuera de eso, no leo nunca.

Canónigo.—¿Y sus amigos? ¿Los que frecuentan esta casa? ¿El capitán Allende? ¿Aldama? ¿Jiménez? El cura, don Miguel Hidalgo[17] ¿sabe leer?

Corregidor.—No lo sé de cierto, pero el pobre es un alma de Dios.

Canónigo.—Si yo hiciera una inspección de la biblioteca del cura Hidalgo—porque la tiene y bien surtida—apuesto a que encontraríamos cosas muy interesantes, aunque nada sorprendentes.

Josefa.—¡Ay!

Canónigo.—*(Solícito.)* ¿Qué le ocurre, señora?

Corregidor.—Nada. Debe haberse pinchado el dedo con la aguja. Como siempre.

Josefa.—Soy tan tonta...

Corregidor.—Es tu deber y lo cumples a conciencia. En ese sentido, no tengo nada de qué quejarme.

Canónigo.—*(Volviendo al tema.)* ¿Y si, de todos modos, hiciéramos esa inspección?

Corregidor.—No vale la pena herir susceptibilidades. Y el señor cura don Miguel es, con perdón de mi esposa, que tanto lo aprecia, un verdadero papanatas.

Canónigo.—Señora, la estamos aburriendo con nuestra conversación.

Josefa.—¡Oh, no, de ninguna manera! ¿Quién soy yo para aburrirme junto a tan doctos personajes?

Corregidor.—*(Condescendiente.)* Muy bien contestado, Josefa. Porque si hubieras dicho que la conversación te interesaba habrías parecido presuntuosa. Uno se interesa cuando entiende. Y si hubieras dicho que no atendías a la conversación habrías parecido descortés. Pero así te sitúas al mismo

---

[17]Miguel Hidalgo y Costilla (1753-1811), sacerdote y revolucionario mexicano; los otros nombres de este parlamento aluden a otras figuras revolucionarias asociadas con Hidalgo.

tiempo en el lugar que te corresponde—que es el de las mujeres—y nos pones a nosotros en el sitio que nos toca. Puedes seguir bordando, Josefa.

Canónigo.—Si no fuera un abuso de mi parte yo le pediría a la señora corregidora que me diera un vaso de agua.

Corregidor.—¿Agua? Josefa, ordena que nos traigan una copita de jerez y galletas.

Josefa se pone de pie y, contra toda su voluntad, se dirige a tocar la campanilla, pero el canónigo la interrumpe.

Canónigo.—Yo le agradecería tanto que usted misma me trajera ese vaso de agua con sus propias manos. ¿Entiende usted? Con sus propias manos. Ha de perdonar estas chocheras de viejo.

Josefa.—En seguida voy. *(Sale.)*

Canónigo.—Perdóneme usted por lo que le parece una falta de respeto o una extravagancia. Pero me urge hablar con usted a solas.

Corregidor.—Hemos estado a solas toda la tarde.

Canónigo.—¿Y la señora corregidora?

Corregidor.—La señora corregidora, como todas las señoras, no cuenta. Usted sabe de sobra que es mi mujer.

Canónigo.—Precisamente por eso. Se trata de una conspiración.

Apenas acaba el Canónigo de pronunciar esta última sílaba cuando entra, apresuradamente, Josefa.

Josefa.—Su vaso de agua, señor canónigo.

Corregidor.—¿Una conspiración contra quién?

Canónigo.—El agua está deliciosa, señora. Y no dudo que es por la virtud que sus manos le prestan. ¿Podría usted hacerme el favor de regalarme otro vaso más?

Josefa.—*(Maliciosa.)* ¿No le va a dar hidropesía?

Corregidor.—Insisto: ¿una conspiración contra quién?

Canónigo.—*(Esperando a que Josefa haya salido de nuevo.)* Contra la Corona.

Corregidor.—¿Por qué murmura usted de ese modo? ¿Qué saben estas gentes, que nunca han estado en España, qué es la Corona? Yo mismo, que vine de allá, no tengo ya un recuerdo muy preciso. ¡La Corona de España! Es algo tan... remoto que no me explico que se pueda conspirar contra ella.

Canónigo.—*(Desembuchando al fin.)* Pregúntele usted a su esposa.

Josefa.—*(Entrando apresuradamente.)* Su vaso de agua, señor canónigo.

Canónigo.—*(Cogido en la trampa.)* Precisamente me refería yo a usted.

Josefa.—¿Puedo servirle en algo, señor canónigo?

Corregidor.—Quiere que yo te pregunte... *(Al canónigo.)* ¿Qué es lo que quiere usted que yo le pregunte?

Josefa.—*(Haciéndose la inocente.)* Alguna receta de cocina, quizá.

Canónigo.—Me temo, señora—y lo digo aun a riesgo de parecer descortés—que la cocina no sea su fuerte. O, en todo caso, que prefiere usted los platillos muy condimentados.

Josefa.—Sal y pimienta, nada más.

Canónigo.—¿Nada más? ¿Entre sus ingredientes no entra la pólvora?

Corregidor.—¿Pero a quién se le ocurre...? ¡Vamos! Eso es una soberana tontería. La pólvora no es un condimento.

Josefa.—Tal vez el señor canónigo supone que la empleo cuando hago polvorones.

Canónigo.—¿Polvorones, dijo usted, o polvorines?

Este juego de ingenio es excesivo para el corregidor, que ha quedado dormido y ahora ronca plácidamente. Los interlocutores hablan en voz baja para no despertarlo.

Canónigo.—A buen entendedor, pocas palabras, señora. Lo único que me resta aconsejarle es que se desligue usted, cuanto antes, de personas que están a punto de caer en manos de la ley.

Josefa.—Mi marido es aquí la ley, y yo caí en sus manos hace ya mucho tiempo. Mírelo usted, ¡ronca como un bendito! Si tiene usted la misma suerte que yo he tenido, no va a lograr despertarlo.

Canónigo.—Intentaré aquí lo imposible. Y si, de veras, es imposible, recurriré a otras instancias.

Josefa.—Eso fue lo que yo hice.

Canónigo.—Pero usted no es la manceba—¡Dios me perdone esta palabra!—de ninguno de los involucrados en este sucio asunto.

Josefa.—*(Muy tranquila.)* Su manceba, no. Su cómplice.

Canónigo.—*(Sin poder contener un grito.)* ¡Dios nos tenga misericordia!

Corregidor.—*(Despertando.)* ¡Eh! ¡Eh! ¿Qué pasa?

Josefa.—Que, por fin, llegó la hora del chocolate espeso y de las cuentas claras. Y que el señor canónigo tiene un secreto que comunicarte.

Corregidor.—¿Un secreto?

Canónigo.—Señora, ¡que me está usted poniendo en un disparadero!

Josefa.—Yo voy a vigilar que todo esté a punto. *(Sale.)*

Canónigo.—*(Tratando de mover al corregidor para que actúe.)* ¡Deténgala, antes de que sea demasiado tarde!

Corregidor.—¿Se ha vuelto usted loco?

Canónigo.—¡Pronto! ¡Que se nos escapa! ¡Cierren las puertas, las ventanas, los saledizos!

Ruidos confusos afuera. Dos sirvientes traen forzada a Josefa.

Corregidor.—*(Furioso contra el canónigo.)* ¿Quiere usted hacerme el favor de decirme de qué se trata?

Josefa.—Y a mí el favor de que me suelten. No pienso huir.

Canónigo.—Se trata de que su mujer es agente de enlace de los insurgentes y que, de no haber sido detenida, habría puesto al corriente a los demás de que su complot había sido descubierto.

Corregidor.—*(Haciendo un esfuerzo por ordenar sus ideas, que son pocas, pero que no se dejan manejar fácilmente.)* ¿Mi mujer? ¿Un complot en el que interviene MI MUJER?

Josefa.—*(Súbitamente fiera.)* Sí, tu Josefita, por la que no habrías dado ni cinco centavos.

Corregidor.—*(Anonadado.)* Josefa... Mi Josefita... ¿por qué me has hecho esto?

Josefa.—*(Lapidaria.)* Porque me aburría.

Oscuro. Para volver, nuevamente, al museo de cera.

Carlota.—*(Que al fin se siente en su salsa.)* El aburrimiento... ¡Si lo sabré yo! El aburrimiento es uno de los grandes motores de la historia. Y la capacidad de aburrimiento de las mujeres es muchísimo mayor que la de los hombres. Lo que no me parece fácil de explicar. A ellos les basta un tablero de ajedrez, una caña de pescar, y ya se dan por satisfechos. A veces les basta todavía menos. Voy a citar, por ejemplo, el caso de Max. Podía pasarse horas y horas mirando el mar.

Sor Juana.—Viviendo en Miramar ¿qué otra cosa podía hacer? Para hacerme perdonar tan mal chiste voy a proponer una hipótesis: quizá pensaba.

Carlota.—¿En qué? No tenía ninguna perspectiva. Con una prole tan numerosa como la que su augusta madre se dio el lujo de tener, las probabilidades de heredar un trono europeo eran mínimas.

Josefa.—Salvo que Max hubiera sido un genio de la intriga o del crimen.

Carlota.—¡El pobre Max! Pasó a la historia gracias a mi histeria. Ah, ¡qué bien recuerdo las grandes escenas que yo organizaba periódicamente en nuestro retiro! Gracias a ellas la vida en común no era, por completo, un páramo.

Lupita.—Y en el momento oportuno, los emisarios de la reacción mexicana les proporcionaron un espejismo: venir a México.

Carlota.—*(Lírica y arrebatada.)* ¡México! ¡Qué exótico y misterioso nos parecía desde lejos! ¡Qué impronunciable! Y la misión que nos encomendaba la Divina Providencia se manifestaba al fin en todo su esplendor: era redimir a los mexicanos, reconciliarlos y unirlos, civilizarlos.

Malinche.—Exactamente lo mismo que decían los ideólogos de Hernán Cortés. Nunca, hasta ahora, me di cuenta de que el fracaso de su empresa había sido tan total.

Oscuro. Terraza del Castillo de Chapultepec. Entra Maximiliano y corre hacia él Carlota, para recibirlo con más respeto que efusión.

Carlota.—Te he seguido con la vista, a lo largo de toda la gran avenida que hemos hecho construir, desde que saliste del palacio hasta que llegaste al castillo.

Maximiliano.—*(Irónico.)* ¿Temías que me perdiera?

Carlota.—Temía yo que te asesinaran.

Max.—¿Por qué? Los nativos no son unos salvajes. Y si lo fueran, ya Rousseau ha demostrado que los salvajes son, por esencia, buenos.

Carlota.—No es el caso. Los mexicanos han sido corrompidos, a medias, por la civilización. Eso es lo que los vuelve peligrosos.

Max.—La civilización: el regalo que les hizo la casa de Austria. ¿Es por ello que yo estoy obligado a desfacer el entuerto? Además ¿quiénes son los mexicanos? ¿La élite criolla? ¿Los mestizos? ¿La masa indígena?

Carlota.—De los indios se encarga su igual: Benito Juárez.

Max.—*(Rencoroso.)* Y tú, que me empujaste hasta aquí, tú, dime ¿de qué te encargas?

Carlota.—De desempeñar el papel de emperatriz ante un público que aclimató la etiqueta española convirtiéndola en una mezcla de rigidez y laxitud que resulta imposible de entender, de predecir y de manejar. Delicados y crueles, se entregan con una efusión que sólo se parece al desprecio con que se retiran.

Max.—La mano que mueve la cuna es la mano que mueve el mundo. Pero yo no veo la cuna, Carlota. ¿Dónde está?

Carlota.—*(Tensa de ira contenida.)* Max, no comencemos otra vez.

Max.—Yo no estoy comenzando nada; yo continúo por inercia. Y lo que quiero es terminar de una vez por todas, saber a qué atenerme. ¿Es que lo que yo erija en este país sin memoria va a desplomarse en el momento de mi muerte? ¿Es que no voy a tener siquiera un heredero de mis sueños, de mis trabajos, de mi sangre?

Carlota.—No alteres los términos. Primero es necesario tener un trono. Después, sólo después, hay que pensar en el sucesor.

Max.—¿No te hace falta un hijo?

Carlota.—Mientras no le haya preparado un buen lugar en el mundo, no. Un hijo, como tú o como yo, desclasado, a la merced de cualquier aventurero, a la caza de cualquier corona, ino, y mil veces no!

Max.—Bien. Pues entonces me niego a seguir representando una farsa cuyo único final tiene que ser la catástrofe.

Carlota.—¿Es tan grave la situación?

Max.—Los franceses dan por terminado lo que llamaron "su paseo militar por México" y ahora vuelven, cargados de laureles y algunos otros trofeos, a su patria.

Carlota.—Eso tenía que ocurrir tarde o temprano. Mientras sea un ejército extranjero el que te sostenga con sus bayonetas, tú no serás verdaderamente el gobernante. Sabías que la presencia de esas tropas aquí era provisional. Te estaban dando tiempo para que organizaras a tus partidarios.

Max.—¿Cuáles?

Carlota.—Los nobles, si se le puede llamar así a la aristocracia pulquera y a los otros terratenientes.

Max.—Yo diría *la* terrateniente: la iglesia.

Carlota.—Mejor aún: la iglesia y la monarquía van siempre juntas.

Max.—Cuando la monarquía es sólida. Cuando se tambalea, como la nuestra, se me califica—iah, elogiosamente, desde luego!—de librepensador. Eso permite a los fieles seguir el hilo de la lógica que los lleva hasta mi secreta asociación con la masonería.

Carlota.—Hay que tomar medidas drásticas. Desde mañana comulgaremos diario, muy solemnemente, en Catedral.

Max.—Nos acusarán de sacrílegos.

Carlota.—*(Paseándose y concentrada en sus pensamientos.)* Tampoco hay una burguesía a la cual recurrir; no hay medio entre los extremos. Entre el harto y el que se muere de hambre no hay sino el odio, la desconfianza y la violencia.

Max.—Pero ahora ese odio, esa desconfianza, esa violencia tienen un nombre: Maximiliano. Yo soy la plaga de las cosechas, la mortandad de los animales, la panza, abultada de lombrices, de los niños. iAh, qué bien ha sabido Juárez aprovechar todas las circunstancias adversas—de las que no se librarán cuando se libren de mí—para achacármelas!

Carlota.—Así pues, los franceses son, todavía, indispensables.

Max.—Hay otra alternativa.

Carlota.—*(Ansiosa.)* ¿Cuál?

Max.—Regresar con ellos.

Carlota.—*(Furiosa.)* ¿Estás loco? Seríamos el hazmerreír de Europa.

Max.—¿Qué somos aquí?

Carlota.—Los usurpadores. Nos aborrecen; pero no se burlan de nosotros.

Max.—Todovía no.

Carlota.—*(Determinada.)* Nunca. ¿Me oyes, Max? ¡Nunca!

Max.—¿Qué nueva fantasía se te ocurre?

Carlota.—Me adelantaré a los fugitivos... iré a la corte de Napoleón,[18] le explicaré lo que aquí ocurre. Lo convenceré de que el retiro de sus tropas es aún prematuro. Que necesitamos únicamente tiempo... tiempo.

Max.—Napoleón cree que lo hemos tenido de sobra.

Carlota.—Pero si apenas ayer... ¿fue ayer? A veces me confundo con las fechas, con las horas. A veces—porque todo transcurre aquí con una lentitud que vuelve imperceptibles los cambios y todo vuelve a su principio como un círculo que se cierra y como una serpiente que se muerde la cola—a veces tengo la impresión de que los relojes del castillo se han parado.

Max.—Los relojes de Versalles,[19] en cambio, funcionan perfectamente. No, Carlota. Tu argumento carece de fuerza.

Carlota.—Napoleón tiene que comprender. Yo haré que comprenda.

Max.—¿Vale la pena tomarse tanto trabajo por un país extraño que nos rechaza, que nos quisiera extirpar como si fuéramos el tumor maligno del que muere?

Carlota.—Yo no hablo del país. No me importa. Hablo de nosotros: nos educaron para reinar y no sabemos hacer otra cosa.

Max.—Un rey sin corona... sin descendencia...

Carlota.—Una reina con voluntad. Yo te juro, Maximiliano, que voy a triunfar o a morir en la demanda.

Oscuro. Vuelta al museo de cera.

Carlota.—*(Con satisfacción.)* Fue una muerte sensacional: todos los periódicos la comentaron. Hubo peregrinaciones que venían del mundo entero a contemplar el cadáver de una emperatriz sacrificada. Entre tantos homena-

---

[18]Charles Louis Napoléon, conocido como Napoléon III (1808-73), quien apoyó a Maximiliano, para luego sustraerle su apoyo militar.

[19]sede de los reyes franceses.

jes, debo confesar que olvidé por completo a **Max**. Díganme ¿quién fue su heredero?

Adelita.—No se haga la loca. Usted bien sabe que nosotros lo fusilamos en el Cerro de las Campanas.

Carlota.—*(Decepcionada.)* Un fusilamiento en un lugar con ese nombre no puede ser trágico.

Josefa.—No fue trágico, pero fue digno.

Carlota.—¡No faltaba más! A los reyes se nos adiestra, desde la infancia, a morir comme il faut.[20]

Sor Juana.—Dadas las circunstancias fue un desenlace lógico.

Adelita.—¿A quién se le ocurre andar pidiendo peras al olmo? Ya se ve *(Por Carlota.)* que el que no conoce a Dios dondequiera se anda hincando. En vez de hacerle la llorona a los poderosos le hubiera hablado al pueblo y otro gallo le cantara.

Carlota.—*(Admitiendo, por primera vez, que Adelita existe.)* Perdone, señora, pero creo que no hemos sido presentadas.

Adelita.—Señorita, aunque le cueste más trabajo decirlo.

Lupita.—*(En el colmo del asombro.)* ¿Señorita?

Adelita.—Y a mucha honra. De la Adelita se sabe que hasta el propio coronel la respetaba.

Sor Juana.—¡La pobre! A ella también. ¿No sería interesante, y aun revelador, hacer una estadística de cuántas mujeres en México se han sacado la lotería de que les falten al respeto? Es decir...

Oscuro. Se escucha un corrido revolucionario. La luz se abre al interior de una tienda de campaña. Dos coroneles, absolutamente idénticos—o por lo menos indiscernibles porque su uniforme es igual—están sentados frente a una mesa donde hay una botella de tequila y dos copas. Nada más.

Coronel 1.—Bueno, mi general...

Coronel 2.—*(Modesto.)* Coronel nada más, mi coronel.

Coronel 1.—No se me insubordine, valedor. Ahorita mismo acabo de ascenderlo a general. Por méritos en campaña.

Coronel 2.—Le agradezco mucho, mi coronel.

Coronel 1.—¿Cómo que su coronel? ¿Qué usted no me va a ascender a mí? Nomás se me raja y me lo clareo a tiros.

Coronel 2.—*(Sudando y saludando marcialmente.)* Como usted lo ordene, mi general.

---

[20] como se debe (francés).

General 1.—Así sí baila mi hija con el señor. Y ahora que ya somos iguales y ninguno es igualado ¿qué tal si decimos salud?

Llena las copas y están a punto del brindis cuando entra la Adelita y da un manotazo sobre la mesa que hace balancearse la botella de tequila a cuyo rescate se lanzan, a un tiempo, los dos militares.

Adelita.—Un momentito, señores. ¿Se puede saber qué estan haciendo?

General 1.—*(Tímido.)* Pos ya lo ve... aquí nomás entrándole a la celebración.

Adelita.—¿Cuál es la celebración?

General 1.—Pues verá usted. La cosa comenzó con que aquí mi general...

Adelita.—¿General? *(Al aludido.)* No dejes que te anden poniendo los ojos verdes. Coronel; y gracias. Además, eres nuestro prisionero de guerra.

General 1.—*(Culpable.)* Pues usted no está para saberlo, mi querida Adelita, ni mucho menos yo para contarlo, pero la mera verdad es que le concedí el indulto.

Adelita.—*(Todavía sin estallar.)* ¿A cambio de qué?

General 2.—Mire, señorita, cuando usted me agarró con sus propias manos en el campo de batalla...

Adelita.—...porque usted mismo se me vino a poner enfrente y se me rindió. ¿Qué quería que yo hiciera?

General 2.—Pos yo ya me había encomendado a nuestra Morenita del Tepeyac[21] y ella, de seguro, me guió hasta usted. ¿Y quién mejor? Usted, con su corazón de madre...

Adelita.—¿Yo? ¿Madre? ¡Madre!

General 2.—Pues agarré y dije: a darle. Y aquí me ve: indultado. Y hasta ascendido.

El General 1 le hace señas frenéticas para que se calle, pero el otro no se da cuenta.

Adelita.—*(En jarras.)* ¿Y quién lo ascendió, si puede saberse?

General 2.—Pos aquí, mi general.

Adelita.—Uh, pos esto ya parece epidemia. Y usted *(al General 1)* ¿desde cuándo es general?

General 2.—Desde ahoritita mismo. Si eso era lo que íbamos a celebrar.

---

[21]la Virgen de Guadalupe.

Adelita.—Conque de mucha aguilita, ¿no? *(Al General 2.)* ¿Y a usted quién se la puso?

General 2.—¿Por quién más iba a ser, señorita? Pos aquí, mi general.

Adelita.—Como quien dice, dando y dando, pajarito volando.

General 2.—Así que lo íbamos a celebrar y ya que usted se nos pone tan al tiro ¿por qué no nos acompaña?

Adelita.—Porque usted *(Señalando al General 1.)* no tiene ninguna potestad sobre éste, *(Señalando al General 2.)* como no sea para fusilarlo.

General 2.—Mire nomás. ¡Tan bonita y tan rejega! ¿Por qué me habían de fusilar?

Adelita.—Porque usted es el enemigo.

General 2.—Eso depende de desde dónde se mire. Porque allá me decían que el enemigo eran ustedes. Con tantos líos ¿quién los va a entender?

General 1.—*(Que ha estado bebiendo y empieza a notársele.)* Momento...momento... Enemigos son los que están del otro lado de la línea. Si hasta a la línea se le llama enemiga.

General 2.—Aquí, en confianza, compadre, ¿usted ha visto alguna vez esa línea?

General 1.—¡Jamás de los jamases!

General 2.—Yo tampoco. Por eso, cuando vine a ver, ya estaba yo, con perdón sea dicho, en brazos de la señorita.

Se escucha el canto de afuera.

> porque tiene por brazos dos rifles,
> porque tiene por ojos dos balas...

Adelita.—Y yo cumplí con mi deber y lo entregué a mi superior para que cumpliera con su deber de juzgarlo.

General 1.—¿Y qué otra cosa hice? Lo malo es que hablando se entiende la gente y, una vez que hablamos, decidimos firmar la paz.

General 2.—Eso era lo que estábamos celebrando cuando usted entró así como medio molesta y...

Adelita.—Y les eché a perder la función. Porque este asunto me lo van a barajar más despacio. ¿Dónde están los papeles?

General 1.—¡Qué papeles ni qué ocho cuartos! Lo que vale es la palabra de hombre.

General 2.—La palabra de hombre a hombre.

Adelita.—¿Y cuál es esa famosa palabra? ¿Qué dice?

General 1.—Pos que ya estuvo suave ¿no? Que aquí se rompió una taza y que cada quien jala para su casa.

Adelita.—Muy bonito. Y el montón de muertos ¿qué?

General 2.—Usted qué se anda fijando en esas cosas. Si ya hasta se los comieron los zopilotes.

Adelita.—Pero ¿por qué diablos murieron?

General 1.—Porque ya les tocaba. Eso que ni qué.

General 2.—Y a nosotros no nos tocó por puritita suerte. Pero todos corrimos el riesgo parejo. Todos nos metimos en la bola.

Voz afuera, cantando.

vino el remolino y nos alevantó...

General 1.—¿Nos metimos? ¡Nos metieron! A mí me pusieron un rifle en la mano y me dijeron: si no les das, te damos o te dan.

Adelita.—Y todos, como locos, ¡pum, pum, pum! jugando a la guerrita. Tú, ¿por qué no agarraste el rifle y mataste con él al que te lo dio?

General 1.—Eso mero fue lo que hice. Y ya con dos rifles me nombraron jefe. Y luego me fui encarrerando.

Adelita.—¿Pero qué perseguías?

General 1.—¿Que qué perseguía yo? ¡Si me venían persiguiendo a mí los otros! Yo lo único que trataba era de escaparme.

General 2.—Y, a veces, por un pelito... ¡Caray, mi general! esto de la revolufia[22] es cosa seria.

Adelita.—¡Es el puro relajo!

General 1.—¡La pura vida, mi hermano! Pero ya es hora de sentar cabeza. Y allá en el pueblo se quedaron mi vieja y mis chipayates. Les tengo que cumplir.

Adelita.—Claro, y el otro tendrá su noviecita santa, y a nosotros que nos lleve el tren.

General 1.—Adelita, a usted le consta que yo jamás le he faltado.

Adelita.—Yo no hablo de mí, sino de todos los otros que estábamos con usted. ¿Qué es lo que hemos sacado en claro?

General 1.—Eso allá y cada quien con su conciencia. La mía está de lo más tranquila.

General 2.—Y yo ya dije basta. Y cuando yo digo basta, es basta.

Adelita.—Ahora se trata de volver. ¿Adónde?

General 1.—A la hacienda, donde yo era peón acasillado.

Adelita.—Esa hacienda la quemamos, y colgamos nomás al mayordomo, porque los dueños andaban por Uruapan.

General 2.—Yo sí tengo mi trabjo seguro en las minas.

---

[22]revolución.

Adelita.—¿Cuáles minas, hombre de Dios? Si las que no se inundaron las hicimos volar con dinamita. Como los trenes. Así que aunque hubiera dónde volver, no habría manera de volver. Porque, por si ustedes no lo saben, México es el desierto, es la montaña o es el pantano.

General.—*(Echando rápidamente mano a su fierro.)* Delante de mí nadien[23] habla mal de mi patria.

Adelita.—*(Sin inmutarse.)* Guarde ese juguetito, mi general, para cuando de a deveras le sirva. Porque un general no tiene otro sitio mas que el campo de batalla.

General 1.—¿Pero contra quién voy a pelear? Si éste *(Señalando al General 2.)* es mi hermano, mi mero cuate.

Adelita.—Mejor. Ahora los dos juntan sus fuerzas y a darle, como en las posadas se le da a la piñata.

General 2.—¿Cuál es la piñata?

Adelita.—¿Pos qué no la ve? Panzona, meciéndose muy por encima de todos, llena de dulces, de frutas, de cosas que se deben regalar, de repartir entre todos. ¡La piñata son los ricos!

General 1.—Pero contra quienes andamos dando palos de ciego es contra los otros pobres como nosotros.

Adelita.—Eso nos pasa por ignorantes. Pero si hacemos un plan... *(Va a la mesa. Retira la botella y las copas y mira la superficie vacía.)* Aquí lo que debería de haber es un papel.

Oscuro. Cambio al museo de cera.

Adelita.—Hubo un papel, muchos papeles. Con el precio módico de diez millones de muertos logramos convertir a México en un inmenso archivero.

Sor Juana.—Pero los libros de historia dicen que la Revolución triunfó.

Adelita.—*(Señalando a Lupita.)* Si hubiera triunfado ¿estaría esta muchacha aquí? ¿Existirían aún muchachas como ella, con padres como los de ella, con novios como el de ella, con vida como la de ella?

Lupita.—*(Fuera de sí.)* Pues cuando me comparo con ustedes, con cualquiera de ustedes, pienso que tuve mucha suerte y que me saqué la lotería y que...

Chisporroteo y oscuridad total. Las sombras dejan adivinar que hemos vuelto al salón de belleza.

---

[23]nadie.

Dueña.—¡Lo que nos faltaba! Un apagón.

Lupita.—Y mi pelo está todavía húmedo y no pueden peinarme y hoy me caso y... Dios mío ¿qué voy a hacer, Dios mío? ¿Qué voy a hacer?

TELON

TERCER ACTO

Al descorrerse el telón estamos de nuevo en el salón de belleza, todavía a oscuras a causa del cortocircuito. Se escuchan los sollozos entrecortados de Lupita y los consuelos convencionales de la dueña, de la peinadora y de las otras clientes. Alguien prende un cerillo; la peinadora encuentra, por fin, una vela, que coloca estratégicamente de modo que ilumine una acción que no es otra que Lupita arrancándose, con furia, los tubos. Su pelo, húmedo, se viene abajo, desordenado y feo. Con tal materia prima no hay nada que hacer y nadie pretende encubrir hecho tan evidente. Lupita se contempla y se echa a llorar a moco tendido.

Lupita.—¡Es el colmo! ¡El colmo! Nunca me había ocurrido nada semejante en los días de mi vida. Primero la pesadilla, mejor dicho, las pesadillas, porque fueron muchas. Y luego, para acabarla de amolar, el cortocircuito.

Dueña.—*(Muy celosa del prestigio de su establecimiento.)* Usted misma acaba de reconocer que nunca le había pasado nada igual. Y yo soy testigo de que nunca le había pasado nada igual en *mi* salón. Ni a mí tampoco.

Peinadora.—*(Metiendo la pata.)* ¿No será por lo del aparatito en el secador?

Dueña.—*(Mirándola con ojos de basilisco.)* Claro que no. Es un apagón en toda la cuadra.

Cliente 1.—¿Cuál aparatito?

Dueña.—*(Tratando de salirse por las ramas.)* Como usted sabe, yo procuro estar siempre al día en la cuestión de los inventos y ofrecer a mi clientela los productos plenamente garantizados y de más alta calidad. El secador, los secadores más bien, son los más modernos que se han hecho en los Estados Unidos. Así es que *no pueden* tener defectos. Esa posibilidad, pues, se descarta. Pero me pregunto... *(Alza la cara de Lupita y la examina escrupulosamente, como si quisiera encontrar algún signo indicador.)* Toda esta serie de contratiempos, ¿no será una especie de advertencia?

Lupita.— *(Temblando bajo la mirada inquisitiva de la otra.)* ¿Advertencia de qué?

Dueña.—De que ese novio no le conviene.

Lupita.—*(Como argumento último.)* Pero si no tengo otro. Y aun éste me costó un trabajo encontrarlo, enamorarlo, convencerlo de que se casara conmigo... Para que ahora me salgan ustedes con que no sirve.

Peinadora.—Hay que someterlo a una prueba de fuego: si la ve con esas mechas y todavía insiste en casarse...

Lupita.—¿Y si no insiste?

Cliente 2.—El matrimonio no es la vida perdurable. Si usted me pidiera mi consejo yo le diría que...

Peinadora.—*(Saltando de gusto.)* ¿Pero cómo no se nos había ocurrido? ¡La solución es facilísima! *(A Lupita.)* ¿Por qué no se pone una peluca? Precisamente acabamos de recibir una colección preciosa. Y usted puede probarse todas y quedarse con la que le siente mejor.

Lupita.—*(Mientras la peinadora va a buscar el tesoro recién descubierto, parece desconcertada y no muy convencida.)* Eso de casarse con peluca me da no sé qué... Es como si yo no fuera señorita.

Cliente 3.—Eso de ser señorita o no ya no tiene la más mínima importancia. Yo sé una receta infalible que me dio mi abuelita...

Comienza a cuchichear en el oído de la novia, mientras la peinadora va colocando las pelucas—cada una en su respetiva cabeza de plástico—de modo que puedan ser contempladas en todo su esplendor y apreciadas en todas sus diferencias y en cada uno de sus detalles. Lupita las mira sin decidirse. Hay que tener en cuenta que ni su humor ni la luz la ayudan. Por fin señala una, al azar.

Lupita.—Esta.

Peinadora.—*(Se la coloca mientras hace su elogio.)* Es un modelo muy fino, muy elegante. Se llama "Jornada de la soltera".

La peinadora acerca la luz para que el rostro de Lupita se refleje bien en el espejo. Lo que nosotros vamos a ver es lo que se proyecta en una pantalla que hace el telón de fondo. La película muestra un peinado severo y triste, un rostro sin afeitar, unos labios fruncidos. En fin, esa expresión severa y vagamente acusadora y culpable de las solteronas. Simultáneamente una voz comienza a recitar un poema. Mientras se desarrolla el texto se suceden las imágenes. No hay correspondencia exacta entre la palabra y la figura ni ésta es ilustración de aquélla. No debe entenderse así. Es como en Hiroshima, mon amour[24]: *el cine un complemento de lo escrito, no una duplicación.*

JORNADA DE LA SOLTERA

Texto.

Da vergüenza estar sola. El día entero
arde un rubor terrible en su mejilla.
(Pero la otra mejilla está eclipsada.)

La soltera se afana en quehacer de ceniza,
en labores sin mérito y sin fruto;
y a la hora en que los deudos se congregan
alrededor del fuego, del relato,
se escucha el alarido
de una mujer que grita en un páramo inmenso
en el que cada peña, cada tronco
carcomido de incendios, cada rama
retorcida, es un juez
o es un testigo sin misericordia.

De noche la soltera
se tiende sobre el lecho de agonía.
Brota un sudor de angustia a humedecer las sábanas
y el vacío se puebla
de diálogos y hombres inventados.

Y la soltera aguarda, aguarda, aguarda.

Y no puede nacer en su hijo, en sus entrañas,
y no puede morir
en su cuerpo remoto, inexplorado,
planeta que el astrónomo calcula,
que existe aunque no ha visto.

---

[24]famosa película de Alain Resnais (1959).

Asomada a un cristal opaco la soltera
—astro extinguido—pinta con un lápiz
en sus labios la sangre que no tiene.

Y sonríe ante un amanecer sin nadie.

JORNADA DE LA SOLTERA

Imágenes.
1. Un gran pizarrón. Lupita, de espaldas, con un traje negro, escribe, en hermosa y clara letra Palmer, la conjugación en tiempo presente del verbo "amar".

Yo amo	Nosotros amamos
Tú amas	Vosotros amáis
El ama	Ellos aman

Cuando termina se vuelve hacia un salón de clase completamente vacío.
2. Oficina de una secretaria. Lupita escribe con rapidez y precisión en la máquina, copiando sus apuntes taquigráficos. Cuando termina y saca el papel de la máquina intenta leerlo. Sus ojos, es decir la lente de la cámara cinematográfica, se posan sobre una página totalmente en blanco.
3. Interior de un cuarto de hospital. Lupita, enfermera, empuja una de esas mesitas rodantes en las que se transporta el instrumental médico. Lupita se detiene junto a un lecho y comienza a examinar los instrumentos de que va a servirse para curar al enfermo. La delicadeza de sus movimientos es exquisita. Pero sobre la cama no hay más que una estatua yacente, más allá de toda ayuda humana. Lupita vuelve a colocar los instrumentos en su sitio y va a sentarse en una silla junto a la ventana.
4. El rostro de Lupita tras el vidrio de otra ventana, opaco por la neblina del amanecer. Con la mano Lupita limpia un pedazo de cristal para poder mirar hacia afuera. En la calle pasan ciclistas anónimos, camiones, barredores, autobuses escolares todavía sin niños, una mujer embarazada con una canasta de compra al brazo. La visión vuelve a nublarse hasta desaparecer por completo, pero ahora no es por la humedad de afuera sino por las lágrimas de la contempladora.
Oscuro. Otra vez el salón de belleza. Lupita se apresura a quitarse la peluca.

Lupita.—No, ésta no. Me queda horrible.

Dueña.—Y, sin embargo, aquí en México siempre se ha llevado mucho.

Lupita.—*(Como amenazada.)* No me importa si se lleva o no. El caso es que no me la pongo.

Peinadora.—*(Solícita.)* Quizá ésta le siente mejor. Tiene un nombre precioso... aunque un poco atrevido. Se llama "Flor de Fango".

Cliente.—Ah, ésa nunca pasa de moda.

Oscuro. Calle. Un farol. Lupita, pintarrajeada y con uniforme de prostituta, se apoya contra el farol en una muy convencional actitud de espera. Fuma. Pasea contoneándose como los boxeadores que hacen "sombra" antes del encuentro real con el adversario. Vuelve a su sitio. De pronto aparece, también con su respectivo uniforme, el Cinturita. A lo lejos se oye, con perfecta claridad, al músico poeta tosiendo una de sus grandes creaciones.

> Vende caro tu amor... aventurera.
> Da el precio del dolor a tu pasado
> y aquel que de tu boca la miel quiera
> que pague con diamantes tu pecaaaado.

Cinturita.—*(Se acerca, sinuosamente, a su presa.)* Buenas noches, señorita. ¿Me haría usted el favor de darme la hora?

Lupita.—*(Inexperta.)* Discúlpeme usted, joven, pero no tengo reloj.

Cinturita.—¿Todavía no alcanza a tener reloj, o ya se lo robaron? Ay, señorita, por más prisa que uno se da, siempre se corre el riesgo de llegar demasiado tarde.

Lupita.—¿Tarde para qué?

Cinturita.—Para protegerla. ¿Cómo se le ocurren tamañas imprudencias? Andar a deshoras de la noche y por estos rumbos... Cualquiera puede equivocarse y tomarla por lo que usted no es.

Lupita.—Pero *sí* soy. Tengo mi licencia de Salubridad y todo.

Cinturita.—Digo... equivocarse pensando que es usted una estudiante, una secretaria, una hija de familia. No todos tienen el ojo clínico que tengo yo.

Lupita.—Y suponiendo que se equivocan ¿qué?

Cinturita.—¿Cómo qué? Pueden robarle el reloj... o lo que traiga. Las mujeres, como usted sabe por experiencia, no deben de andar solas, sino siempre bajo mano de hombre. Y usted ¿para qué va a meterse entre las patas de los caballos cuando aquí tiene a su mero mero papachón?

El Cinturita intenta abrazar a la neófita sin advertir que otra prostituta ha estado observando la escena y aproximándose paulatina y amenazadoramente a los dos.

Prostituta.—*(Al Cinturita.)* El mero mero papachón ¿de quién?

Cinturita.—*(Grosero.)* Quítese de aquí, vieja jija. ¿Qué no ve que estoy en los business?

Prostituta.—*(Sin dejarse impresionar por el término técnico.)* Yo lo único que veo es que una jija de la rejija se ha venido a parar a *mi* poste y anda haciendo maniobras para quitarme a *mi* hombre.

Lupita.—*(Engallada.)* La calle es de todos.

Prostituta.—Te equivocas, chiquita. La calle es de quien la trabaja, como dijo el otro. Así es que a ahuecar el ala, pero ya, y a echar pulgas a otra parte.

Lupita.—*(Retadora.)* Y usted qué dijo: esta babosa ya se fue. Pues no. Yo aquí me quedo. A ver quién me saca.

Prostituta.—Pues para luego es tarde. Andele, éntrele.

Ambas se arremangan, se escupen las manos y se disponen a pelear como si fueran verduleras. Lupita adopta, desde el principio, un actitud defensiva. La otra, violenta, es detenida, con fuerza, por el Cinturita.

Prostituta.—¡Suéltame, canijo! ¿Qué no ves cómo estoy? *(Truculenta.)* La boca me sabe a sangre y las manos a panteón.

Lupita.—¡Uy, qué miedo! ¡Andele, aviéntese!

Cinturita.—*(Con voz autoritaria que paraliza a ambas.)* ¡Un momento! ¿Quién es el que manda aquí?

Prostituta.—*(Dejando caer, resignadamente, los brazos.)* Eso ni se pregunta. Ya se sabe que tú.

Cinturita.—Entonces ¿para qué son tantos brincos si está el suelo tan parejo?

Lupita.—*(Al Cinturita.)* Usted fue testigo. Ella fue la que empezó. Yo andaba aquí, muy quitada de ruidos, sin molestar a nadie, porque no hay para qué, cuando ésta se me abalanza hecha la mocha.

Prostituta.—Esta tiene un nombre, por si no lo sabías.

Lupita.—Pero mejor no se lo digo porque va a decir que la ando provocando.

Prostituta.—Ay, sí, tan inocente. Si salto es porque me pisan. *(Al Cinturita, como si fuera el que tiene que decidir.)* Tú eres testigo de que ésta me andaba haciendo topillos con mis derechos.

Lupita.—¿Y qué voy a saber yo de sus derechos? ¿Qué acaso ese poste tiene letrero que diga que es propiedad particular de la puta más hija de puta de las hijas de puta de este rumbo?

La prostituta vuelve a enfurecerse y el Cinturita a refrenarla.

Prostituta.—*(Dándose por vencida.)* ¡Bah! *(Al Cinturita.)* Tú explícale, porque yo no sé si es o si se hace.

Cinturita.—*(A Lupita.)* Usted sabe cómo funciona este negocio.

Lupita.—Pues bien a bien, no. Como soy nueva.

Prostituta.—Juar, juar, juar. *(Cantando.)* "Señor no puedo—dar mis amores—soy virgencita—vivo entre flores". Voy, voy. Mejor que me cuenten una de vaqueros.

Cinturita.—*(A la prostituta.)* ¡Cállate! *(A Lupita.)* Pues si no sabe, con mayor razón hay que enseñarle. Fíjese bien: la calle está dividida por áreas de influencia. En cada área hay un grupo de trabajadoras. Su radio de acción *(Saca un mapa que se proyecta en la pantalla al fondo del escenario y que es igual a los mapas de operaciones de guerra.)* está perfectamente determinado. Se trata, desde luego, de unidades móviles; pueden avanzar, retroceder, inclinarse hacia un flanco o hacia el otro, de acuerdo con las necesidades tácticas. Pero lo que no pueden hacer nunca, bajo ninguna circunstancia, es invadir el área de influencia ajena.

Lupita.—*(Boquiabierta.)* ¡Es bien complicado! ¿Y quién vigila que las cosas ocurran conforme a derecho?

Cinturita.—En esta área el de la influencia soy yo. Desde el momento en que se abre el negocio—que es más puntual que una corrida de toros y más de fiar que la lotería—yo ando patrullando para que no haya dificultades, malentendidos como el que hace rato hubo entre ustedes. Y no es por echármelas, pero yo tengo una mirada de águila. Ya ve usted: ni siquiera acaba usted de apoyarse en el poste...

Prostituta.—En *mi* poste...

Cinturita.—...cuando yo me le apersoné. Y, por si las moscas, para no faltarle al respeto, le hice una pregunta de lo más decente. Y, a propósito: no es bueno que usted ande sin reloj.

Lupita.—¿Por qué?

Prostituta.—*(Carcajeándose.)* A ésta sí que la bajaron del cerro a tamborazos. No sabe nada de nada. ¿Por qué? Juar, juar.

Cinturita.—*(Paciente.)* Porque la tarifa la establecemos y la cobramos de acuerdo con la hora.

Lupita.—¿La establecemos y cobramos? Eso me suena a desfile. ¿Quiénes?

Cinturita.—Usted y yo.

Prostituta.—Y yo también. ¿O qué soy hija de gendarme para que se me ningunee así como así?

Cinturita.—Y tampoco son ustedes las únicas. *(A la prostituta.)* Ni te hagas ilusiones ni se las hagas a tu compañera.

Prostituta.—No, si ya sabemos que aquí nomás tus chicharrones truenan y que el que no lo quiera creer que vaya y... vuelva a la tarde.

Lupita.—Conque el señor es muy popular.

Cinturita.—Lo que pasa es que uno tiene su personalidad. Además de que soy abusado, pero nunca abusivo. Si hago un buen trabajo ¿por qué no he de ganar un buen sueldo?

Lupita.—¿No más por vigilar?

Cinturita.—Y también por proteger. Si yo no hubiera estado presente cuando se le abalanzó la otra ya estaría usted, a estas horas, dándole cuentas a San Pedro.

Lupita.—*(Agresiva.)* ¡A poco es tan buena para los catorrazos! ¡Y a poco yo soy manca!

Cinturita.—*(Profesional.)* Bien se ve que no. A usted no le falta nada, pero lo que se dice nada.

Lupita.—No estoy tan mal para ser del país ¿eh?

Cinturita.—Por eso mismo tiene que cuidarse, no andarse exponiendo a entrar en el callejón de las cachetadas.

Lupita.—Así es que ya le debo un favor.

Cinturita.—Digamos que ésta fue una muestra gratis. Si le gusta el producto, lo compra.

Lupita.—¿Y si no?

Cinturita.—Se va a otra área de influencia... organizada exactamente igual que ésta. ¿Y cuál sería la ventaja? La competencia es la misma, el jefe de vigilancia tiene las mismas funciones y exige el mismo pago. Eso en lo que se refiere a nosotros: la cabeza. En cuanto a ustedes, el hecho de andar de un lado para otro...

Lupita.—...como mariposas de flor en flor...

Cinturita.—no se ve bien. No se ve nada bien. Se adquiere mala fama, se piensa que se trata de una trabajadora indisciplinada...

Prostituta.—...rejega...

Cinturita.—...y se actúa en consecuencia. Si no entiende por las buenas, se le aprietan los tornillos. Y si no entiende por las malas *(Hace ademán de degollamiento.)* ¡kaputt!

Prostituta.—Andale, déjate de echar pedradas.

Lupita.—Así que, como quien dice, al dar el primer paso dentro de esta área de influencia ya escogí. Y aquí me quedo y aquí me estoy.

Prostituta.—No *aquí. Aquí* la que trabaja soy yo.

Cinturita.—*(A Lupita.)* Ya le buscaremos acomodo. No se preocupe. Lo que sí es que, sea el que sea el sitio que se le designe, tiene que saber las reglas básicas del juego. Aquí le regalo un manual. *(El Cinturita le hace entrega de un cuaderno.)* Léalo, estúdielo, apréndaselo de memoria porque le va a ser muy útil.

Lupita.—*(Hojeándolo.)* ¿Y si hay algo que no entiendo?

Cinturita.—Me consulta. O lo discute con alguna de sus colegas. *(Mirando su reloj.)* No hay más tiempo que perder. Yo tengo que seguir mi ronda. *(A la prostituta.)* Ahí te la encargo. Cuida que ésta no vaya a meter la pata.

Prostituta.—*(Rencorosa.)* Si yo hubiera servido para nana estaría en un palacio. Y no aquí, a sol y sereno. *(El Cinturita desaparece sin hacer caso. La prostituta se resigna y le tiende una mano a Lupita.)* Así que cuatas, ¿no? De aquí a la eternidad, pasando por el hospital.

Lupita.—Usted dirá. Lo que es por mí, no queda.

Prostituta.—Chócala. Oye ¿y cómo viniste a parar en esto?

Lupita.—*(Despreocupada.)* Pura onda. Desde chiquita me gustaba darle vuelo a la hilacha, y una vez que ya no tuve respeto de padre agarré y dije: ya vas.

Prostituta.—*(Mirándola con suspicacia y, al convencerse de la sinceridad, viendo a su alrededor para cerciorarse de que nadie ha escuchado.)* ¡Shhh, cállate! eso no se dice.

Lupita.—¿Por qué?

Prostituta.—Porque desanimas a la clientela. El cliente, métete bien ésto en la choya, es un enemigo. Y lo que le gusta es pensar que te está chingando. Que eres una infeliz, tan infeliz que ni siquiera te das cuenta de si él es muy macho o no. Tan desdichada que, aunque sea un desdichado cabrón, seas tú la que provoque lástima, no él. ¿Y quién va a creer en tu desgracia si no caíste contra tu voluntad?

Lupita.—Okey. ¿Quién me empujó?

Prostituta.—Eso es lo de menos: el novio, que te dejó vestida y alborotada. El padre, que se murió y quedaste huérfana y con el titipuchal de hermanitos a tu cargo. Y la miseria. Y el enfermo incurable en la familia, al que hay que mantener en el hospital. Y la hermanita que está interna en un colegio de monjas y que no sabe nada de la vida, de la mala vida que llevas para guardar su pureza. Agáchate. Sin miedo. Mientras más te agaches, más te pagan.

Lupita.—O me pegan.

Prostituta.—También. Pero ése es un capricho muy costoso.

Lupita.—Lo que no alcanzo a comprender es cómo los clientes pueden ser tan pendejos de pensar que uno viene aquí porque no hay de otra. ¿Y los demás trabajos?

Prostituta.—Los probaste todos y no te dio chispa ninguno. Patrones que te daban el sueldo tarde, mal o nunca. Patrones que te apachurraban detrás de las puertas. Hijos de familia que no querían más que joderte. En cambio aquí... Aquí, chiquita, se cobra por adelantado. Porque luego te salen con el cuento de que olvidaron la cartera en el otro pantalón... o de que era la primera vez y que eso es como si te persignaras, te va a traer buena suerte...

Lupita.—¿Y no es verdad?

Prostituta.—Claro que no, taruga. O te ponen los ojos verdes de que te están probando a ver si te redimen y se casan contigo... y que te van a comprar brillantes... y que...

Mientras las dos mujeres hablan van alejándose. La luz del farol se apaga y volvemos al salón de belleza, donde una Lupita asqueada se quita la peluca.

Lupita.—¡Pero qué cosa más vulgar! Más... ¿cómo se dice?

Dueña.—Pues le quedaba que ni mandada a hacer.

Peinadora.—¡Cuántas no soñarán con poder usarla!

Lupita.—Pero yo no. Todos estos rizos encimados, hechos como un enjambre...

Dueña.—No me va usted a negar que los rizos son preciosos.

Lupita.—Pero no se pueden distinguir uno de otro. Me gustaría una peluca más sencilla, no esa pelambrera de Blackamán.[25]

Peinadora.—Ya entiendo lo que quiere. Algo sencillito. Un solo rizo, pero bien hecho, que haga resaltar la finura de las facciones.

Lupita.—¡Dios mío! ¿Y ese apagón no se va a terminar nunca?

Dueña.—¿Qué más nos da a estas alturas que se termine o no? De cualquier modo, ya no tendríamos tiempo de peinarla. Tiene que apechugar con la peluca.

Lupita.—¡Qué mala pata! Todas las contrariedades juntas en el día de la boda.

Dueña.—Es un día como cualquier otro.

Lupita.—No, no es un día como cualquier otro ni muchísimo menos. Es un día especial, único.

---

[25]monstruo que suele aparecer en canciones populares, al lado de otros seres que provocan terror.

Dueña.—Eso depende. Pero no se ande con habladas, porque nosotras no tenemos la culpa. Mi salón está en las guías de turismo, recomendado para los extranjeros que pagan en dólares y reconocido como de primera clase. Que se vaya la luz es cuestión del gobierno. Tan a gusto que estábamos antes de esto de la nacionalización de la electricidad. Pero ya se sabe: en cuanto el gobierno expropia o compra algo, es porque ya no funciona.

Lupita.—*(Siguiendo su propio hilo de pensamientos.)* ¿No será una especie de advertencia, de aviso?

Dueña.—¡Qué va! Negocio, puritito negocio. Son cosas que se arreglan entre los prestanombres por un lado y los vendepatrias por el otro. *(Un poco incómoda por la magnitud de tales palabras, se apresura a añadir.)* Eso dice mi cuñado.

Lupita.—*(Horrorizada.)* Porque, a lo mejor, lo que Dios quiere es que yo me quede soltera.

Cliente 1.—Entre vestir santos y desvestir borrachos no hay ni a cuál ir.

Dueña.—...y mi cuñado es una autoridad en cuestiones de política. Desde que, por intrigas, le quitaron el puesto de inspector de Aduanas...

Lupita.—¡No puede ser! ¡No puede ser! *(A la peinadora.)* Señorita, apúrese.

Peinadora.—Aquí está. *(Le muestra la peluca.)* ¿Qué le parece?

Lupita.—*(Dubitativa.)* Pues es bonita... pero a ver cómo me queda.

Dueña.—Es un modelo muy tradicional, muy discreto. Se llama "Usurpadora".

Oscuro. Se sugiere una recámara, oscura también, en la que se escucha la voz de Lupita saliendo de una grabadora.

Lupita.—Doctora Corazón: ¿Se atreverá usted a publicar esta carta en su columna? Porque no es una petición de consejo, sino una declaración de principios: es el amor, sí, el amor, lo único por lo que vale la pena vivir.

Muchas mujeres lo intuyen, con el sexto sentido con que las dotó la naturaleza. Pero prefieren obedecer los convencionalismos de una sociedad hipócrita, sencillamente hipócrita, que no se cuida más que de las apariencias. Hay otras que, pasando muy cerca del amor, no han sabido reconocerlo porque las ciega el egoísmo y el miedo. Y hay quienes, pobrecitas, nunca vieron su vida iluminada por ese rayo de sol, criaturas que se marchitaron, como un rosal enfermo, sin llegar nunca a florecer. A las primeras, mi desprecio; a las últimas, mi compasión. Porque yo, Doctora, yo he sido una de las elegidas del Dios Cupido. Yo conocí el amor y, como dice nuestro inmortal músico-poeta... ¡es muy hermoso!

El y yo nos encontramos porque así lo dispuso el destino. El se creía ya en el ocaso de la vida. "La nieve del tiempo blanqueaba su sien". Yo estaba en la plenitud de la primavera y era su secretaria. Adiviné, tras aquellos rasgos austeros, tras aquel escritorio de ejecutivo, una pena secreta. ¡Su esposa no lo comprendía! A él, que había sacrificado su juventud y su felicidad para saldar, caballerosamente, una deuda de honor. Ella, la esposa, lució, con una impudicia sin límites, un traje blanco de guipure, que su ligereza ya había mancillado, un ramo de azahares artificiales, que la pasión había ya teñido de rojo. El aceptó esta burla a los sagrados emblemas de la virtud para no humillar a quien había pecado. Lo hizo, en fin, para no deslucir la ceremonia. ¡Y el anillo de bodas fue el grillete con que se ató la libertad de quien siempre había volado, ligero como el ave!

Cuando él y yo nos conocimos, él había renunciado a la esperanza de vivir. Vegetaba. Pero el amor, nuestro amor, dio nuevos ímpetus a su alma, nuevas ilusiones a su porvenir, nuevos rumbos a su horizonte. Abrió varias sucursales de su negocio y aquel hombre, que había olvidado la sonrisa, sonrió de nuevo cuando supo que yo correspondía ¡y con creces! a sus sentimientos.

¡Humanidad pigmea! ¡Cuántos obstáculos quisiste interponer entre los dos! Mis padres me desconocieron, mis compañeras me daban la espalda o me pedían la receta, mis superiores me hicieron proposiciones deshonestas.

Pero yo mantuve siempre la frente muy alta ante todos. ¿Pecadora? No. Enamorada. Y fue el amor el que me condujo...

Todavía en tinieblas se escucha otra voz, irritada y real, que dice:

Criada.—¡Otra vez la burra al trigo! *(Tropieza con algo.)* ¡Ay!

Cae la grabadora. La criada prende la luz. Vemos ahora los detalles de la recámara. Lupita está tendida boca abajo en una cama matrimonial, roncando. La criada se acerca y, sin contemplaciones, la sacude para despertarla.

Criada.—¡Señora!

Lupita.—*(Revolviéndose furiosa.)* ¡Déjame en paz! ¿Qué no ves que estoy durmiendo? ¿Qué ni eso tengo derecho a hacer?

Criada.—Durmiendo con la grabadora conectada.

Lupita.—Necesito oir la voz de alguien. Me da miedo dormir sola. Siempre, desde chiquita. Y tú te subes a la azotea y si te vi no me acuerdo.

Criada.—*(Tratando de poner un poco de orden en el caos.)* Cada uno en su lugar, señora. ¿Qué diría el señor si llegara de repente y me encontrara aquí?

Lupita.—*(Con amargura.)* El nunca llega de repente. Sólo en los días que le toca.

Criada.—Hoy le toca.

Lupita.—*(Recuperando, de golpe, la lucidez.)* ¿Hoy? ¿Qué día es hoy? ¿Miércoles?

Criada.—Miércoles.

Lupita.—¿Y qué horas son? ¿Por qué no me despertaste antes? El señor va a venir y me va a encontrar así, hecha una facha, despeinada, en bata y con pantunflas...

Criada.—Igualito que su mujer.

Lupita.—Prepárame el baño, ándale. ¡Rápido! Echale sales aromáticas al agua. Quiero que todo mi cuerpo huela bien, como una flor.

La criada disimula una sonrisa de burla y desaparece. Se escucha el rumor del agua que va llenando la tina. Lupita se inspecciona ante el espejo.

Lupita.—El manicure está bien todavía; aguanta. Pero lo que es el pelo... *(Gritando a la criada.)* ¿Qué me aconsejas ponerme?

Criada.—Lo que sea más difícil quitarse.

Lupita.—*(Riendo.)* ¿Por qué?

Criada.—Para que el señor se haga ilusiones de que la está sometiendo, de que la está forzando.

Lupita.—¿Dónde aprendiste tú tantas mañas?

Criada.—He trabajado con otras señoras, en otras casas chicas. Usted leyó las cartas de referencia.

Lupita.—Sí. Y tus patronas parecían estimarte mucho. ¿Por qué te dejaron o por qué las dejaste?

Criada.—Ni me dejaron ni las dejé. Se acabó el trabajo.

Lupita.—*(Petrificada.)* ¿Cómo?

Criada.—Se cerró la casa.

Lupita.—¡Pero no puede ser! ¿Dejó de asistir el señor?

Criada.—Poquito a poco, no de golpe. Primero las visitas eran más espaciadas.

Lupita.—Y cortas. El señor tenía trabajo, compromisos con la familia...

Criada.—¿Y yo qué sé? A mí nadie me daba explicaciones. Yo sólo veía que entraba el señor y que volvía a salir como de rayo. A veces no tenía tiempo ni de subir a ver a la señora y me dejaba a mí el gasto.

Lupita.—¿Y las señoras?

Criada.—A las señoras les daba el soponcio, como es natural.

Lupita.—¿Y no hacían algo?

Criada.—¿Qué?

Lupita.—Hablar por teléfono...

Rosario Castellanos 1087

Criada.—*(Realista.)* ¿Cómo se iban a atrever? Si lo tenían reteprohibido.

Lupita.—Y la próxima vez, cuando estaban con el señor ¿no le reclamaban nada?

Criada.—Bueno, eso depende. Si la señora tenía prisa porque todo se acabara (tal vez ya se había encontrado otro señor)...

Lupita.—¿Cómo que otro? Pero si el señor es el señor. El único.

Criada.—El único. Mientras dura. Voy a ver si ya está llena la tina. *(Sale.)*

Lupita.—*(Angustiada.)* Eso no me puede pasar a mí. Lo nuestro es amor. Yo he renunciado a todo por él. He consentido en vivir aislada, como una leprosa, para no perjudicar su nombre. Jamás le pido que me saque ni que me exhiba en público. Cada vez que he salido embarazada me las he agenciado para abortar. Sin decirle nada siquiera, para que *él* no se sienta ni culpable ni asqueado. Sin pedirle dinero para la operación, sino arañando de lo que me da. Y siempre que viene me encuentra arreglada y contenta. Siempre que viene... *(A la criada.)* ¿Te acuerdas de cómo era al principio? El señor venía a diario...

Criada.—¡Ay, sí, qué horror! Había un montón de trabajo: las tres comidas, las sábanas sucias...

Lupita.—Tú nunca protestaste.

Criada.—No valía la pena. Yo sabía que no iba a durar. Como todos. Llamarada de petate.

Lupita.—Luego empezó a venir un día sí y un día no.

Criada.—Si le digo, señora. Todititos son iguales.

Lupita.—Y ahora sólo me concede los miércoles. Porque el sábado tiene que llevar a su esposa al teatro y a cenar.

Criada.—No la envidie usted a ella, señora, que a la pobre le va más o menos como a usted. O peor. Guisando, lavando, trapeando, lidiando con los niños la semana entera. Eso ni yo.

Lupita.—Y el domingo hay que ir a misa y comer en familia.

Criada.—Tiene que cumplir.

Lupita.—Y el lunes es la reunión semanal de ejecutivos; y el martes es la cena del club.

Criada.—Y el miércoles le toca a usted. Cabal.

Lupita.—¡Ningún cabal! ¿Por qué el jueves y el viernes no? A ver, explícame, ¿por qué no?

Criada.—Serán fiestas móvibles.

Lupita.—Pero ¿cómo no se me había ocurrido? Tiene una nueva secretaria, ¿sabías? Pero eso sí, lo juro por mi madre que murió con la pena de verme deshonrada, que si me está jugando rudo yo lo mato, lo mato, lo mato. *Teléfono. Las dos mujeres contemplan el aparato que insiste en llamar. Por fin, la criada descuelga la bocina.*

Criada.—¿Bueno? Sí. Sí. Ahorita se la paso. *(Cubriendo la bocina con la mano y dándole el aparato a Lupita.)* Es el señor.

Lupita.—*(Toma el aparato con una especie de reverencia y temor y le hace señas a la criada de que se vaya.)* Sí, mi vida, sí, soy yo. *(Un largo silencio, durante el cual la cara de Lupita va expresando desde la dolorosa sorpresa hasta el desencanto y el esfuerzo por disimular su ira.)* Sí, claro. Llegaron de improviso. No, no. ¿Cómo voy a estar enojada? Triste, sí, porque te amo. Pero me hace feliz saber que eres feliz tú. No, no te preocupes. Tú sabes que yo no me aburro nunca. Siempre hay algo que hacer en la casa. Hasta... ¿hasta cuándo, entonces? ¿Hasta el miércoles próximo? Es como un siglo para mí. Pero no, no te apures. Cuando nos veamos de nuevo será como una luna de miel. *(Silencio muy tenso.)* Perdón. Ya sé que no te gusta que diga cursilerías... pero... *(Queda mirando el teléfono, en el que se escucha claramente el "clic" de que se ha cortado la comunicación.)*
Entra la criada, de puntas, como si se tratara de un velorio.

Lupita.—*(Mostrando la bocina como una evidencia inculpadora. Con lágrimas en la voz.)* ¿Lo viste? El muy desgraciado me dejó con la palabra en la boca.

Criada.—Ha de haber estado la legítima rondando por allí cerca.

Lupita.—*(Que no acaba de creerlo.)* ¡Me cortó la comunicación! ¡Me colgó!

Criada.—No lo tome así. Le va a caer sangre en su corazón, como dicen en mi tierra.

Lupita.—La legítima. Ella nunca pudo llamarse de otro modo. En cambio yo soy la querida. A la querida se la quiere.

Criada.—Ya el mismo nombre lo dice.

Lupita.—*(Abatida.)* ¿Sabes? Como que se me quitaron las ganas de bañarme.

Criada.—Es un desperdicio y Dios la va a castigar. ¡El agua huele a gloria!

Lupita.—Aprovéchala tú.

Criada.—*(Incrédula y feliz.)* ¿De veras, señora? ¿De veras?

Lupita.—Claro que de veras. A ti te hará mejor provecho que a mí. Tienes novio, ¿no?

Criada.—Nosotros no le decimos así, pero viene a ser lo mismo. ¡Ay, qué bueno! Porque ya me estaba reclamando: ¿y tu baño de espuma? me decía. Estate sosiego, le contestaba yo. Ya va a ser tiempo. Y tal como lo dije está pasando. El tiempo se cumplió.

Lupita.—*(Vulgar.)* Pues a darle, que es mole de olla. Estuviste conmigo en las duras y ahora te tocan las maduras. Ah, antes de meterte al baño, tráeme la botella de cognac y una copa.

Criada.—No es bueno, señora.

Lupita.—¿Por qué no? Voy a brindar por el placer, por el amor y por la vida, como los bohemios.

Criada.—No es bueno que se acostumbre al cognac, señora. Porque después no va a haber. ¿Por qué no mejor le entra de una vez al tequila?

Lupita.—Y de paso hago patria, consumiendo lo que el país produce. Trae lo que sea, pero que sea pronto.

Mientras la criada va a cumplir la orden, Lupita cierra las cortinas, apaga la luz y conecta de nuevo la grabadora.

Voz.—Doctora Corazón, ¿se atreverá usted a publicar esta carta en su columna?

Silencio. Vuelve la luz para iluminar el salón de belleza.

Lupita.—*(Quitándose la peluca.)* Pues no, definitivamente no.

Dueña.—Le queda tan bien, se ve tan romántica, tan triste...

Lupita.—Pero no, no es eso lo que quiero. Algo más original, menos visto.

Peinadora.—¿Qué le parece ésta? Es una novedad. Se acaba de lanzar al mercado. No hemos vendido todavía ni una.

Lupita.—*(Tomando la peluca y leyendo la etiqueta.)* "Mujer de acción." Hmmm. El nombre no es muy atractivo.

Dueña.—Pero pruébesela. Nada se pierde con probar.

Lupita.—Salvo el tiempo...

Oscuro. Después, bajo un spot de luz, Lupita vestida de reportera, activa, enérgica, emprendedora, audaz. Entre su equipo de trabajo figuran papeles y una grabadora. Lee, en voz alta, un instructivo.

Lupita.—Entrevistar a... *(Se salta los nombres.)* Insistir en el lado humano del personaje. Poner de relieve su vida privada ejemplar. No hacer mención de sus creencias religiosas, aunque sean católicas, ni discutir su ideología política, aunque pertenezca al PRI.[26] Todo texto estará sujeto, antes de publicarse, a la revisión y rectificaciones del Jefe de Redacción del periódico. La empresa no paga mas que los textos aprobados y publicados. Okey, okey, ya entendí. *(Abriendo una tarjeta.)* ¿Qué es esto? Ah, la invitación para el banquete anual en que se celebra la libertad de prensa. Hay que caerse cadáver con la cuota. Bueno, pues a chambear. Ni modo.

Oscuro. Otro spot de luz. Lupita frente a la celebridad a la que entrevista. Ambas están sentadas. Lupita prepara el funcionamiento de la grabadora. La celebridad se reclina contra el respaldo de la silla y busca, a tientas, la mano de un hombre que es su marido, su guardaespaldas, su empresario, su jefe de relaciones públicas, su oráculo, su administrador, etc.

Lupita.—*(Lista.)* ¿Me quiere dar su nombre, por favor?

Celebridad.—*(Ofendida.)* Bueno... esto es muy curioso. Yo pensé que usted ya lo sabía.

Lupita.—¿Por qué tenía que saberlo?

Celebridad.—Pues... porque soy famosa.

Lupita.—¿Y quien la hizo famosa?

Marido.—*(Conciliador, a la celebridad.)* No discutas con el cuarto poder, querida. Mi esposa se llama Lucrecia Galindo.

Lupita.—*(Ocupada en vigilar el funcionamiento de la grabadora y en apuntar en su block los detalles más relevantes del ambiente, no posa su mirada en los interlocutores. Así que no ve la expresión de la celebridad cuando suelta la segunda pregunta.)* ¿Y a qué se dedica usted?

Lucrecia.—¡Realmente es el colmo!

Marido.—*(Sobándole el lomo, como a los gatos, para apaciguarla. A Lupita.)* Es una virtuosa del piano y acaba de ganar un concurso internacional en Moscú.

Lupita.—No, no puede ser.

Lucrecia.—¿Cómo que no? Si allí tengo el diploma... *(Trata de levantarse para exhibirlo, pero su marido la detiene.)*

Marido.—*(A Lupita.)* ¿Duda usted de nuestra veracidad?

Lupita.—A mi no me importa que sea cierto o no. Lo que no puede ser es Moscú. ¿Comprende?

---

[26]Partido Revolucionario Institucional, el nombre del partido político que bajo este nombre u otros anteriores, predomina en el gobierno mexicano, siendo todos los presidentes desde hace más de medio siglo miembros de este partido.

*Es obvio que la celebridad no comprende nada, pero que su marido es más
objetivo y más inteligente.*

Marido.—Bueno ¿qué más da un lugar u otro? Moscú o Washington
da lo mismo para los lectores.

Lucrecia.—*(Terca.)* Pero el diploma...

Lupita.—¿Y en qué consiste el premio? ¿Dinero?

Marido.—Es una beca para estudiar en el conservatorio de... Por
Dios, estuve a punto de cometer una indiscreción y revelar algo que debe permanecer secreto. No vale la pena entrar en detalles.

Lupita.—¿La Scala[27] de Milán le parece bien? Es neutral.

Marido.—Como quiera.

Lupita.—Ustedes están casados, naturalmente.

Lucrecia.—Y por las dos leyes.

Marido.—Por las tres. *(Con una vaga esperanza de que Lupita sepa
a qué se refiere.)* Usted conoce el chiste, ¿no?

Lupita.—Je, je. Y usted, señor, ¿nunca se ha opuesto a la carrera de
su esposa?

Marido.—*(Magnánimo.)* Al contrario. Trato de apoyarla en todo lo
que puedo. ¿No es cierto querida?

Lucrecia.—Si no fuera por él... Me aconseja, me orienta, me dirige,
me administra. ¡Ni siquiera la cuenta en el banco está a mi nombre!

Lupita.—¡Qué romántico!

Marido.—Y en esos momentos en los que el artista pierde la esperanza y el valor, mi esposa siempre encuentra en mí un estímulo para seguir
luchando.

Lupita.—¿Tienen ustedes hijos?

Lucrecia.—No.

Lupita.—¿Sería un estorbo para la carrera de la señora? ¿Los evitan?

Marido.—De ninguna manera. Lo que pasa es que Dios no ha querido bendecir nuestra unión.

Lucrecia.—*(Al marido.)* Pero tú me prometiste que al terminar esta
gira podríamos...

Marido.—*(Apretándole ferozmente el hombro para que se calle.)* La
señorita es discreta, como todos los reporteros, pero no tenemos que ventilar,
delante de ella, nuestra intimidades.

Lupita.—*(Matter of fact.)* ¿Alguna anécdota?

---

[27]ópera de Milán.

Lucrecia.—*(Consultando con la suprema autoridad del marido.)* ¿Le cuento cómo te conocí?

Oscuro. Otro spot de luz ilumina a Lupita, con su grabadora y block de taquigrafía, ante un escritorio. Detrás de él está una funcionaria pública.

Lupita.—Según tengo entendido, usted es la primera mujer en la historia de México que va a desempeñar el puesto de Gobernadora de un estado. ¿Cómo considera usted este triunfo?

Funcionaria.—Como un triunfo de mi Partido. Su métodos democráticos, su dinamismo, su capacidad de interpretar el sentir del pueblo y de satisfacer sus necesidades...

Lupita.—¡Momento! No quiero discursos. Quiero que me hable de usted. ¿Por qué lanzó su candidatura?

Funcionaria.—Por disciplina al Partido.

Lupita.—¿Ambicionaba usted este puesto?

Funcionaria.—Mi único afán ha sido, siempre, servir a mi patria. En la trinchera en la que se me indique. Ningún puesto es insignificante cuando se tiene la voluntad de ayudar. Y mientras más alto se sube, se adquieren más responsabilidades, no mayores privilegios.

Lupita.—*(Impávida ante este alarde retórico.)* ¿Y cómo se le ocurrió dedicarse a la polaca?

Funcionaria.—Gané un concurso de oratoria en la Prepa. Me invitaron a hablar en la Tribuna de la Juventud. En esos tiempos iba a lanzarse la candidatura presidencial del señor licenciado...

Lupita.—No nos remontemos a la prehistoria. ¿Usted cree que su condición de mujer ha sido un obstáculo para su carrera?

Funcionaria.—¿Por qué habría de serlo? La Constitución nos garantiza, a todos los mexicanos, sin distinción de sexo, credo, raza ni edad, una igualdad cívica...

Lupita.—*(Cortando por lo sano.)* ¿Es usted casada?

Funcionaria.—*(Rígida.)* No. Soy señorita.

Lupita.—¿Considera usted que el éxito le ha restado feminidad?

Funcionaria.—De ningún modo. Cada vez que el Partido me deja libre un rato corro a meterme en la cocina. Y hago unos chiles en nogada como para chuparse los dedos. Si quiere, le doy la receta.

Lupita.—No, gracias. ¿Cuál es su color preferido?

Funcionaria.—¿Cómo preferir entre el verde, el blanco y el rojo, los colores de nuestra bandera? Los tres son preciosos. Los tres.

Lupita.—¿Cuál es su programa de gobierno?

Funcionaria.—Es el programa de mi Partido: proteger al campesino y al obrero, impulsar el desarrollo de la industria, sanear la administración pública...

Lupita.—Etcétera. En su caso particular añadiremos guarderías infantiles, centros de bienestar social rural y eso. Bien. Para terminar ¿alguna anécdota?

Funcionaria.—*(Como a quien agarra en despoblado.)* Claro... pues verá usted... *(Después de un momento de duda se decide y pregunta.)* ¿Qué es una anécdota?

Oscuro. Spot de luz que muestra sofá polvoso y viejo. Gatos. Lupita, su grabadora y su block. Mujer más que madura, un poco chocha.

Lupita.—Señora...

Astrónoma.—Señorita... aunque le cueste más trabajo.

Lupita.—El trabajo, en todo caso, ha de haber sido asunto suyo.

Astrónoma.—*(Parando la oreja.)* ¿Cómo dice?

Lupita.—*(A gritos.)* Que si es cierto que usted descubrió una estrella nueva.

Astrónoma.—Ah, sí, cómo no. Y le puse Amparo, en recuerdo de mi mamacita, que de Dios goce.

Lupita.—¿Y cómo fue?

Astrónoma.—Pues la pobre venía padeciendo de las reumas desde hacía tiempo. Y como nunca se quejaba...

Lupita.—*Que cómo fue lo de la estrella.*

Astrónoma.—Ah, pues por pura casualidad. Yo estaba como tortilla en comal, como dicen, porque estos benditos gatos no me dejaban dormir con sus maullidos. Y que agarro y digo: vamos a echarle un ojito al telescopio. Y que se lo echo. Y que me topo con ella, con Amparo, muy sí señora, muy tranquila, como esperando a que la descubrieran. ¿Qué le parece?

Lupita.—¿Y cómo es que tenía usted un telescopio?

Astrónoma.—Lo heredé de mi papacito, que en paz descanse. El me enseñó a distinguir las constelaciones, a nombrarlas. Como en esa época no había televisión, no teníamos mucho en qué entretenernos.

Lupita.—¿Y a usted le gustaba la astronomía?

Astrónoma.—Pues gustarme, lo que se llama gustarme, para qué le voy a echar mentiras, no. Pero mi papacito era tan bueno y tan empeñoso que no tenía yo corazón para no llevarle la corriente. Era tan bueno... ¿Sabe usted cuál fue el primer regalo que me hizo? Era yo todavía una criatura. Me dió un ábaco, para que yo aprendiera a contar. Y luego de ahí p'al real: tablas de multiplicación, logaritmos... Como él tenía que guardar cama por sus achaques, nos entreteníamos mucho con los números.

Lupita.—Y cuando él murió...

Astrónoma.—El gobierno decretó que esta casa era propiedad de la Nación, a saber por qué. Algo así como un museo. Y mal que bien tuvimos que avenirnos a eso mi mamacita y yo.

Lupita.—¿Y no tiene usted más familia?

Astrónoma.—No. Fui hija única. Por eso mi papá quiso que me dieran la mejor educación, los mejores maestros de esos tiempos. No se crea usted: así como me ve sé tocar el piano, bordar, pintar acuarelas. Lo que nunca me entró fue el bendito pirograbado.

Lupita.—No se preocupe usted. Ya pasó de moda.

Astrónoma.—Como todo. Mire usted ahora cuánto argüende con mi Amparo. Mañana, ni quien se acuerde. Así es el mundo de embelequero.

Lupita.—Pero mientras dura la racha hay que aprovecharla ¿no?

Astrónoma.—*(Esperanzada.)* ¿Usted cree que con este rebumbio del descubrimiento de Amparo aprueben una partida para reparaciones del techo de la casa? Hay una cantidad de goteras que durante la temporada de lluvias no sé dónde meterme.

Lupita.—*(Mecánicamente.)* Esperemos que sí. ¿Alguna anécdota?

Astrónoma.—Ay, tantas. Mire usted, este minino que parece tan seriecito y formal, pues no me lo va usted a pasar a creer, pero una noche... *Se desvanecen lentamente la voz, la luz, las presencias, y volvemos de nuevo al salón de belleza.*

Dueña.—*(Viendo los signos de la opinión de Lupita sobre la peluca.)* ¿No?

Lupita.—No. *(Trata de disculparse, pero no por ello deja de devolver el adminículo.)* Me queda como a un Cristo dos pistolas.

Peinadora.—No discutamos más. Aquí tiene nuestro último modelo.

Dueña.—Y es, de veras, el último.

Peinadora.—Se llama "Al filo del agua".[28]

Oscuro. La luz va a iluminar ahora una de esas mezclas de sala de recibir y de aula, tan frecuentes entre las señoras de la burguesía mexicana que acaban de descubrir que la cultura es un adorno y dedican a ella, si no su más arduo esfuerzo, sí sus mejores horas. En esta ocasión, el grupo es muy selecto, lo que

---

[28]alusión a la novela de Agustín Yáñez (1904-80) que describe la sociedad mexicana en los albores de la Revolución mexicana de 1910.

quiere decir, muy poco numeroso. Cotorrean que es un gusto durante el intervalo que separa una clase de otra.

Señora 1.—*(Dubitativa.)* No sé si quedarme o irme. Tengo una cita en el Club de Golf.

Señora 2.—¿Cómo pronuncias *Club*? ¿A la inglesa, a la francesa o a la española?

Señora 3.—Ay, tú, ni que fuera chocolate.

Entra Lupita, vestida con sobriedad y elegancia. Se le nota que posee un grado académico pero que ello la ha hecho más consciente de su feminidad, más cuidadosa de su apariencia. Por ejemplo: es miope. No es una desgracia; es una oportunidad de usar anteojos diseñados de modo que parezca misteriosa, no inteligente, atractiva, no capaz. Se mueve con seguridad y eficacia pero, en cada movimiento seguro y eficaz, deja entender que está dispuesta a abdicar de su independencia en la primera ocasión conveniente. *Y abdicar quiere decir seguir el ejemplo de su madre o de su suegra.*

Lupita.—*(Se sienta ante la mesa de los maestros, dispone convenientemente su portafolio, sus papeles, y cuando ha terminado toca la campanilla para imponer silencio.)* Señoras, recuerden que—a partir de este momento—se impondrá una multa a quien hable de marido, de hijos o de recetas de cocina.

Señora 1.—¿Se permite hablar de criadas?

Lupita.—*(Con un sentido del humor que sus alumnas aprecian y celebran cada vez que se manifiesta.)* De criadas sí, porque ése es un asunto serio. *Pausa durante la cual unas alumnas se disponen a tomar apuntes en el cuaderno y otras ponen en marcha sus grabadoras. Esto les permite distraerse, pero invocan la razón de que, más tarde, escucharán la grabación en compañía de su esposo. De esta manera, quienes han escalado altos puestos administrativos o gozan de riqueza y de influencia pueden desempeñarse con seguridad en sí mismos en cualquier reunión social, ya que están al tanto de los temas que se traten y pueden opinar, sobre lo divino y sobre lo humano, sin un excesivo riesgo de meter la pata. O saber, con cierta seguridad, cuándo es preciso abstenerse de dar una opinión.*

Lupita.—*(Doctoral.)* Señoras: en esta ocasión vamos a aplazar el tema que hasta ahora hemos venido desarrollando, o sea *La función de la estípite en la arquitectura colonial de la Nueva España,* para tocar otro tema que, si bien no es tan importante, sí es más urgente. Quiero, antes, hacerles una pregunta: ¿están ustedes al tanto de lo que ocurre, a ciencia y paciencia de las autoridades? ¿Que nuestras más veneradas tradiciones, nuestros más caros símbolos, están siendo objeto de mofa en un teatro capitalino?

Señora 2.—*(A su vecina.)* ¿Contra quién hablan, tú?

Lupita.—Contra la que es el pilar de nuestra sociedad, contra la que transmite los valores en que nos sustentamos a las generaciones futuras, contra la que es el manantial de nuestra fuerza y nuestra entereza: contra la mujer mexicana.

Señora 3.—¿Cuál mujer?

Lupita.—Yo diría contra la mujer, en abstracto. Pero el ataque es específico y va dirigido contra la abnegación de las madres; contra la virtud de las esposas; contra la castidad de las novias; es decir, contra nuestros atributos proverbiales, atributos en los que se fincan nuestras instituciones más sólidas: la familia, la religión, la patria.

Señora 4.—No ha de ser importante, cuando no lo prohibe la censura.

Lupita.—Porque, en tanto que país democrático, somos respetuosos de la libertad de expresión. Pero *esto* no es libertad: es libertinaje. *Voces excitadas, curiosas, ya con el apetito abierto.*

Señora 1.—¿Dónde?

Señora 2.—No oí bien, pero creo que en el teatro.

Señora 3.—*(A Lupita.)* ¿Cómo se llama la obra?

Lupita.—Se llama *El eterno femenino.* No hagamos caso de la falta de originalidad del título, que no es sino un lugar común plagiado literalmente de Goethe.[29] No la consideremos desde el punto de vista crítico, porque tendríamos que condenar la arbitrariedad de las secuencias, la inverosimilitud de las situaciones, la nula consistencia de los personajes. Estos son problemas técnicos de la estructura dramática, que no nos competen, como no nos compete la mescolanza de géneros, el abuso de recursos que no son teatrales y, sobre todo, el lenguaje, que cuando no es vulgar pretende ser ingenioso o lírico y no alcanza más que la categoría de lo cursi. Hay algo más que tampoco tomaremos en cuenta en este momento, y es el modo conque trata nuestra historia. La autora, obviamente, no la conoce. Al desconocerla es incapaz de interpretarla y, como si eso fuera válido, la inventa. Y la invención tiende siempre a degradarnos y a ponernos en ridículo. Quien tal hizo ha escupido contra el cielo.

Señora 3.—¿Cómo se llama el autor?

Lupita.—Ah, usted ha puesto el dedo en la llaga. La persona responsable de este engendro no es, como la lógica decreta, un autor, un hombre. No. Es... digámoslo así para no pecar contra la caridad cristiana... es una

---

[29]Wolfgang von Goethe (1749-1832), poeta y dramaturgo alemán.

mujer. Si es que este título puede aplicarse a quien carece de decoro y de escrúpulos, a quien reniega de la misión que le ha confiado la naturaleza, que es la de ser como la paloma para el nido. Pero tampoco se convierte en el león para el combate. Su cobardía se palpa cuando aprovecha la circunstancia de hallarse fuera del país y, al creerse por eso más allá del bien y del mal, fuera del alcance de la crítica, a salvo de las represalias de las personas decentes, tira la piedra. Y no se toma siquiera el trabajo de esconder la mano.

Coro de señoras.—*(Rítmicamente.)* ¡Nombres! ¡Nombres!

Lupita.—El nombre... no es que yo quiera ocultarlo: es que estoy segura de que no les dirá nada. La autora del bodrio al que hemos venido refiriéndonos se llama Rosario Castellanos.

Señora 1.—¡Pero no puede ser! Si sus *Rutas de emoción* son preciosas y muy edificantes.

Señora 2.—Pues ya ves que dio el cambiazo. Si es lo que dice mi marido: este mundo está lleno de chaqueteros.

Lupita.—*(Severa.)* Señoras, háganme el favor de no confundir a una escritora digna de todo nuestro respeto, a una dama—como lo fue hasta el último instante de su vida Rosarios Sansores—con una... Bien. No hagamos uso de ningún calificativo porque, después de todo, esa de la que hablamos es incalificable. Pero yo quiero apelar a los sentimientos piadosos de cada una de ustedes. Esa... "mujer" merece nuestro desprecio. Pero vamos a hacerle el regalo de nuestra lástima, teniendo en cuenta que es una pobre resentida, envidiosa, amargada.

Señora 1.—*(Como para emitir un diagnóstico.)* ¿Es soltera?

Señora 2.—Si es soltera será por su gusto. Manuel Acuña se suicidó de amor por ella.

Lupita.—*(Con mirada asesina.)* Permítame usted hacer una rectificación. La Rosario que usted acaba de mencionar es Rosario de la Peña y vivió en el siglo XIX. Una persona tan delicada como ella no habría descendido jamás a causar este escándalo.

Señora 1.—*(Shock of recognition.)* Ah, sí, ya sé. Es la mentada Rosario de Amozoc.

Lupita.—*(Paciente.)* No, no, tampoco. Rosario de Amozoc—mejor dicho *El Rosario de Amozoc*—es una especie de leyenda que no viene al caso. Rosario Castellanos es la autora de un libro que no está del todo mal si se toma en cuenta que trata de indios. Me refiero a su novela *Chilam Balam*. *Todas escriben aplicadamente este dato. Así se hace la historia.*

Lupita.—*(Pedagógica.)* En esas páginas la autora, si bien limitada y mediocre, parece al menos tierna, sencilla, dulce. Pero a la luz de los nuevos hechos actuales comprobamos que era nada más una hipócrita. Ya desde *Chilam Balam* el análisis permite descubrir a la serpiente oculta entre la hierba. ¡Y qué venenos, señoras mías, qué veneno!

Señora 1.—*(Ritornello.)* ¿Es soltera?

Lupita.—*(A quien le están pisando el callo.)* ¿Qué tiene que ver el hecho de que sea o no soltera? Matrimonio y mortaja, dice el refrán, del cielo baja. Como todos los refranes, éste expresa la sabiduría popular que nos dice que el hallazgo de la pareja adecuada es, en la mayor parte de los casos, un asunto de suerte. Ahora bien, ustedes no ignoran que la suerte y los méritos pocas veces andan juntos.

Señora 1.—¿Pero es soltera?

Lupita.—*(Resignándose a desembuchar.)* No. Rosario Castellanos no tiene siquiera la disculpa de ser soltera. Es algo peor: divorciada, lo que, a mi modo de ver, no la justifica de ninguna manera, pero explica su cinismo, su desvergüenza y su agresividad. El fracaso conyugal, del que, ninguna duda cabe, ella es la única culpable, la anima a dar un bofetón en la mejilla de una sociedad a la que no es digna de pertenecer.

Señora 2.—*(Aburrida.)* Vamos a ningunearla.

Señora 1.—Que se dé cuenta que nos hace lo que el aire al Benemérito. *(Apenada por la vulgaridad del dicho.)* Perdón.

Lupita.—No. Me temo que dar la callada por respuesta sea una sutileza que la señora Castellanos no capte. Va a suponer que nos ha dejado sin argumentos para rebatirla.

Señora 3.—No podemos rebatirla si no vemos la obra.

Señora 2.—*(A la señora 1.)* Qué bueno que lo dijo. Porque a mí me está entrando una gana de verla...

Señora 1.—A mí también. Pero cállate. Después nos ponemos de acuerdo a ver si vamos juntas. Por lo pronto, hay que hacer como que hacemos.

Lupita.—Creo que si el ataque ha sido artero, el contraataque no debe ser directo. Habrá que demostrar, con hechos, que la mujer mexicana no es esa caricatura—o ese autorretrato—que la señora Castellanos presenta. No. La mujer mexicana es un ser humano, consciente y responsable, que actúa de acuerdo con arraigados principios morales, científicos, filosóficos y religiosos. Dije que la mujer *actúa*, y quiero subrayarlo, porque ahora se trata de que entremos en acción.

Señora 1.—¡Vamos a organizar un té canasta! De caridad, naturalmente.

Lupita.—*(Con engañosa dulzura.)* ¿Para qué? ¿Para comprarle un marido a la señora Castellanos, con los fondos recaudados?

Señora 2.—Ay, sí tú, ¡qué más quisiera! ¿Su nieve de limón?

Señora 3.—Yo propongo que con el dinero se indemnice a su ex-esposo por el tiempo que tuvo que soportarla.

Señora 2.—O se le premie por la habilidad de haberse deshecho de ella.

Lupita.—Señoras, no nos dejemos cegar siempre, como dijo el poeta, por los astros domésticos.

Señora 3.—¿Y si formamos un partido político?

Lupita.—¿Cuál sería su plataforma ideológica?

Señora 3.—Luchar porque se nos conceda el voto.

Lupita.—Las mujeres mexicanas tenemos derecho al voto desde el 18 de enero de 1946.

Señora 3.—*(Desconcertada.)* ¿Y cómo es que nunca...?

Lupita.—*(En un tono de "Elemental, mi querido Watson".)* Eso le prueba la inanidad de la idea.

Señora 4.—Con o sin voto, las mujeres mexicanas seguimos estando oprimidas.

Señora 1.—Por la faja y por el brassiere, oprimidísimas.

Señora 2.—Y ya es un adelanto. Nuestras abuelas no podían permitirse andar sin corsé.

Señora 3.—Oprimidas por los zapatos estilo italiano.

Señora 1.—Somos unas esclavas del salón de belleza, de los tubos y las anchoas, de la pintura para el pelo, de las mascarillas de lodo rejuvenecedor y de la dieta de calorías y...

Señora 3.—¡Vamos a luchar por una sociedad sin maquillaje!

Lupita.—¿A qué hombre agradaríamos así?

Señora 4.—¿Se trata de agradar siempre a los hombres?

Lupita.—No hay otra alternativa, si pensamos que nuestra misión en el mundo es perpetuar la especie.

Señora 4.—Si la ciencia sigue como va, pronto la especie se va a reproducir en los laboratorios.

Lupita.—¿Y si no sigue?

Señora 4.—De cualquier manera disponemos, ya desde ahora, de la inseminación artificial.

Señora 1.—Ay, ¡qué asco!

Señora 4.—Lo que yo trato de demostrar es que, si nos ceñimos a la maternidad como única función, no seremos indispensables por mucho tiempo. Nos convertiremos en bocas inútiles a las que se dejará morir de hambre en tiempos de escasez; a las que se tratará como objeto de experimentación o de lujo; un objeto superfluo que se desecha cuando llega la hora de hacer la limpieza a fondo.

Lupita.—¡Qué cuadro apocalíptico!

Señora 4.—Pero no imposible. Ni siquiera improbable. Ni remoto.

Señora 1.—Seremos siempre las compañeras del hombre.

Señora 4.—Compañeras no lo hemos sido nunca. Siervas, sí. En tiempos de paz. Y después de las victorias, el reposo del guerrero. Pero ya no somos ni eso. Hemos sido ventajosamente sustituidas por las drogas: desde el sofisticado LSD hasta la humilde y vernácula mariguana.

Señora 2.—Yo estoy de acuerdo en que no somos compañeras. Cuando bien nos va, somos competidoras. Cuando nos va mal, somos apéndices.

Señora 1.—Yo lo diría al revés.

Señora 4.—El orden de los factores no altera el producto. Y el producto apesta. A muerto.

Lupita.—*(A quien le han quitado su papel.)* ¿Qué sugeriría usted? ¿La organización de un reino de las Amazonas?

Señora 4.—No soy tan utópica. En un ambiente como el nuestro se adaptaría mejor la estructura del panal: la abeja reina, las abejas trabajadoras y los zánganos, a los que no se elimina mientras son útiles.

Señora 1.—*(Muy angustiada.)* Ay, no, yo quiero a mi marido y a mis hijos. Yo quiero mi casa. Y que no cambie nada, nada. Nunca.

Señora 2.—*(Dejando hablar a su subconsciente.)* Yo quiero a mi papá y que me lleve de la mano al parque. Y que no permita que se me acerquen nunca los hombres. Y que muera en mis brazos, como debe ser.

Señora 1.—Es que así no debe ser: el Evangelio dice que se dejará al padre y a la madre para seguir al marido.

Señora 4.—La Biblia es un libro muy hermoso que hay que leer, que hay que disfrutar, pero que no se tiene que tomar al pie de la letra. Según Engels, en su opúsculo *El origen de la familia, la propiedad privada y el Estado*, la condición de la mujer no es más que una superestructura de la organización económica y de la forma de distribución de la riqueza.

Lupita.—*(Queriendo recuperar la batuta.)* Y Bachofen prueba la existencia histórica del matriarcado.

Señora 4.—¿Y qué otra cosa es la familia mexicana? El machismo es la máscara tras de la que se oculta Tonantzin[30] para actuar impunemente. La mala fe, en el sentido sartriano del término, es la que hace tan flexible nuestra espina dorsal. Pero no hay que fiarse de nosotras. Cuando nos inclinamos no es para someternos, sino para tensar la cuerda que disparará la flecha.

Lupita.—*(A la señora 4.)* ¿Usted ha visto *El eterno femenino*?

Señora 4.—Yo no necesito ir al teatro para digerir—como algunas de mis compañeras—ni para pensar. Yo pienso por mi cuenta.

Lupita.—Y piensa mal.

Señora 4.—Entonces, como dice el refrán, acierto. Por eso cuando usted dijo que había llegado la hora de actuar yo estuve de acuerdo. En lo que tenemos que ponernos de acuerdo es en el modo.

Señora 2.—Yo pertenezco al Movimiento Familiar Cristiano.

Señora 4.—¿Qué dicen de la píldora?

Señora 2.—Es un problema de conciencia.

Señora 4.—¿De la conciencia de quién? ¿De tu confesor? ¿De tu marido? ¿De tu clase? ¿O, simplemente, de *tu* conciencia?

Señora 2.—Oh, deja de molestarme.

Señora 4.—Y no te olvides que el Estado ya comienza a intervenir. La planeación familiar es un asunto político, no privado.

Señora 2.—*(A la señora 4.)* ¿Y qué propones tú? ¿Que formemos grupos de lesbianas como en los Estados Unidos? ¿Que editemos revistas pornográficas con desnudos masculinos?

Señora 1.—Por favor, ¡qué escándalo!

Señora 3.—Yo soy *old fashioned*. Para mí el ejemplo de Lisístrata[31] sigue siendo válido.

Señora 1.—¿Qué dice Lisístrata?

Señora 3.—En pocas palabras, que jalan más dos *(Señalándose el pecho)* que dos carretas.

Señora 2.—Me temo que con la moda del unisex la pobre Lisístrata no daría una.

---

[30]también conocida como Coatlicue; la diosa madre virgen de los dioses aztecas, entre ellos, Huitzilopochtli, el dios guerrero.

[31]protagonista de una comedia del mismo nombre de Aristófanes (c. 448-380 a.C.); Lisístrata encabezó una rebeldía de las mujeres en la que se negaron a tener comercio sexual con los hombres antes que éstos aceptaran poner fin a la guerra.

Señora 1.—*(Irritada.)* ¿Entonces qué?

Lupita.—Recapitulemos. Hay varias opciones. Primera: defender las tradiciones, modernizándolas, claro, para ponerlas a las alturas de los tiempos.

Señora 1.—¡Sí, sí, bravo, bravo, viva, viva!

Lupita.—Segunda: romper con el pasado como lo han hecho nuestras rubias primas, nuestras buenas vecinas.

Señora 3.—¡Yankis, go home!

Lupita.—Pero no son las únicas: también las escandinavas, las inglesas...

Señora 3.—¿Y cómo les ha ido?

Señora 1.—Del cocol. Trabajan dentro y fuera de su casa y, de pilón, cuando mueran se van a condenar.

Señora 4.—*(A Lupita.)* ¿No hay una tercera vía para el tercer mundo al que pertenecemos?

Lupita.—¿La industrialización?

Señora 1.—Vade retro, Satanás. A mí me importa gorro la maternidad, el matrimonio y toda la parafernalia. ¡Qué perezcan los principios, pero que se salven las criadas!

Señora 4.—La tercera vía tiene que llegar hasta el fondo último del problema. No basta adaptarnos a una sociedad que cambia en la superficie y permanece idéntica en la raíz. No basta imitar los modelos que se nos proponen y que son la respuesta a otras circunstancias que las nuestras. No basta siquiera descubrir lo que somos. Hay que inventarnos.

Sobreviene lo que había estado reprimiéndose hasta entonces: un ataque de histeria colectiva. Unas se arrodillan y piden perdón público por sus pecados. Otras claman, llorando, por su mamá. Otras avietan el brassiere al bote de basura. Otras vociferan por el hijo, por el marido, por el hombre, por el sexo, por la libertad, por la independencia económica. Otras cantan: "¡No queremos diez de mayo, queremos liberación!" En resumidas cuentas, es un pandemonium que Lupita, a pesar de sus campanillazos, no puede reducir al orden.

Lupita.—*(Gritando.)* Señoras, por favor, silencio. Señoras, se están comportando como unas cualquieras. ¡Señoras! *(Nadie le hace caso.)* ¡Basta! ¡Basta!

Enfurecida, Lupita se quita la peluca y la arroja al suelo y la pisotea. Oscuro momentáneo. Cuando vuelve la luz, estamos nuevamente en el salón de belleza, pero Lupita continúa haciendo su berrinche a pesar de que tratan de impedírselo las otras clientes, la peinadora y la dueña. Por fin, esta última logra recuperar—hecha un asco, naturalmente—la peluca.

Dueña.—¡Esta sí que me la paga! Mire nomás cómo me la dejó. Y todavía ha de querer que le probemos otra. Pues se equivoca. No hay más cera que la que arde, y yo no tolero insolencias en un salón que es exclusivo para señoras decentes. ¡Largo de aquí antes de que yo me olvide de quién soy y le dé su merecido! ¡Largo de aquí!

Lupita.—*(Incoherente.)* Pero si no estoy peinada.

Dueña.—¿Y a mí qué me importa?

Lupita.—Es que me iba yo a casar...

Dueña.—Tanto peor para usted. Si no le gusta nada de lo que se le ofrece, pues péinese usted sola como se le dé la regalada gana.

Lupita.—*(Viendo la batalla perdida, se vuelve retadora.)* ¿Y qué cree que no puedo?

Dueña.—Eso no me importa. A mí me paga lo que me debe y ya. Lo demás es *su* problema.

Lupita.—*(Azorada, mirando al público como quien busca auxilio.)* ¿Mi problema? *(Se jala las mechas y vuelve a patalear.)* ¿Mi problema? ¡Chin!

TELON

El eterno femenino. México, D.F.: Fondo de Cultura Económica, 1975.

JUAN RULFO (México; 1918-86)

"Es que somos muy pobres"

Aquí todo va de mal en peor. La semana pasada se murió mi tía Jacinta, y el sábado, cuando ya la habíamos enterrado y comenzaba a bajársenos la tristeza, comenzó a llover como nunca. A mi papá eso le dio coraje, porque toda la cosecha de cebada estaba asoleándose en el solar. Y el aguacero llegó de repente, en grandes olas de agua, sin darnos tiempo ni siquiera a esconder aunque fuera un manojo; lo único que pudimos hacer, todos los de mi casa, fue estarnos arrimados debajo del tejabán,[1] viendo cómo el agua fría que caía del cielo quemaba aquella cebada amarilla tan recién cortada.

Y apenas ayer, cuando mi hermana Tacha acababa de cumplir doce años, supimos que la vaca que mi papá le regaló para el día de su santo se la había llevado el río.

El río comenzó a crecer hace tres noches, a eso de la madrugada. Yo estaba muy dormido y, sin embargo, el estruendo que traía el río al arrastrarse me hizo despertar en seguida y pegar el brinco de la cama con mi cobija en la mano, como si hubiera creído que se estaba derrumbando el techo de mi casa. Pero después me volví a dormir, porque reconocí el sonido del río y porque ese sonido se fue haciendo igual hasta traerme otra vez el sueño.

Cuando me levanté, la mañana estaba llena de nublazones y parecía que había seguido lloviendo sin parar. Se notaba en que el ruido del río era más fuerte y se oía más cerca. Se olía, como se huele una quemazón, el olor a podrido del agua revuelta.

A la hora en que me fui a asomar, el río ya había perdido sus orillas. Iba subiendo poco a poco por la calle real, y estaba metiéndose a toda prisa en la casa de esa mujer que le dicen *la Tambora*. El chapaleo del agua se oía al entrar por el corral y al salir en grandes chorros por la puerta. *La Tambora* iba y venía caminando por lo que era ya un pedazo de río, echando a la calle sus gallinas para que se fueran a esconder a algún lugar donde no les llegara la corriente.

---

[1]tejaván.

Y por el otro lado, por donde está el recodo, el río se debía de haber llevado, quién sabe desde cuándo, el tamarindo que estaba en el solar de mi tía Jacinta, porque ahora ya no se ve ningún tamarindo. Era el único que había en el pueblo, y por eso nomás la gente se da cuenta de que la creciente esta que vemos es la más grande de todas las que ha bajado el río en muchos años.

Mi hermana y yo volvimos a ir por la tarde a mirar aquel amontonadero de agua que cada vez se hace más espesa y oscura y que pasa ya muy por encima de donde debe estar el puente. Allí nos estuvimos horas y horas sin cansarnos viendo la cosa aquella. Después nos subimos por la barranca, porque queríamos oír bien lo que decía la gente, pues abajo, junto al río, hay un gran ruidazal[2] y sólo se ven las bocas de muchos que se abren y se cierran y como que quieren decir algo; pero no se oye nada. Por eso nos subimos por la barranca, donde también hay gente mirando el río y contando los perjuicios que ha hecho. Allí fue donde supimos que el río se había llevado a *la Serpentina*, la vaca esa que era de mi hermana Tacha porque mi papá se la regaló para el día de su cumpleaños y que tenía una oreja blanca y otra colorada y muy bonitos ojos.

No acabo de saber por qué se le ocurriría a *la Serpentina* pasar el río este, cuando sabía que no era el mismo río que ella conocía de a diario. *La Serpentina* nunca fue tan atarantada. Lo más seguro es que ha de haber venido dormida para dejarse matar así nomás por nomás. A mí muchas veces me tocó despertarla cuando le abría la puerta del corral, porque si no, de su cuenta, allí se hubiera estado el día entero con los ojos cerrados, bien quieta y suspirando, como se oye suspirar a las vacas cuando duermen.

Y aquí ha de haber sucedido eso de que se durmió. Tal vez se le ocurrió despertar al sentir que el agua pesada le golpeaba las costillas. Tal vez entonces se asustó y trató de regresar; pero al volverse se encontró entreverada y acalambrada entre aquella agua negra y dura como tierra corrediza. Tal vez bramó pidiendo que le ayudaran. Bramó como sólo Dios sabe cómo.

Yo le pregunté a un señor que vio cuando la arrastraba el río si no había visto también al becerrito que andaba con ella. Pero el hombre dijo que no sabía si lo había visto. Sólo dijo que la vaca manchada pasó patas arriba muy cerquita de donde él estaba y que allí dio una voltereta y luego no volvió a ver ni los cuernos ni las patas ni ninguna señal de vaca. Por el río rodaban muchos troncos de árboles con todo y raíces y él estaba muy ocupado en sacar

---

[2]ruido en grande.

leña, de modo que no podía fijarse si eran animales o troncos los que arrastraba.

Nomás por eso, no sabemos si el becerro está vivo, o si se fue detrás de su madre río abajo. Si así fue, que Dios los ampare a los dos.

La apuración que tienen en mi casa es lo que pueda suceder el día de mañana, ahora que mi hermana Tacha se quedó sin nada. Porque mi papá con muchos trabajos había conseguido a *la Serpentina*, desde que era una vaquilla, para dársela a mi hermana, con el fin de que ella tuviera un capitalito y no se fuera a ir de piruja[3] como lo hicieron mis otras dos hermanas las más grandes.

Según mi papá, ellas se habían echado a perder porque éramos muy pobres en mi casa y ellas eran muy retobadas. Desde chiquillas ya eran rezongonas. Y tan luego que crecieron les dio por andar con hombres de lo peor, que les enseñaron cosas malas. Ellas aprendieron pronto y entendían muy bien los chiflidos, cuando las llamaban a altas horas de la noche. Después salían hasta de día. Iban cada rato por agua al río y a veces, cuando uno menos se lo esperaba, allí estaban en el corral, revolcándose en el suelo, todas encueradas y cada una con un hombre trepado encima.

Entonces mi papá las corrió a las dos. Primero les aguantó todo lo que pudo; pero más tarde ya no pudo aguantarlas más y les dio carrera para la calle. Ellas se fueron para Ayutla o no sé para donde; pero andan pirujas.

Por eso le entra la mortificación a mi papá, ahora por la Tacha, que no quiere vaya a resultar como sus otras dos hermanas, al sentir que se quedó muy pobre viendo la falta de su vaca, viendo que ya no va a tener con qué entretenerse mientras le da por crecer y pueda casarse con un hombre bueno, que la pueda querer para siempre. Y eso ahora va a estar difícil. Con la vaca era distinto, pues no hubiera faltado quién se hiciera el ánimo de casarse con ella, sólo por llevarse también aquella vaca tan bonita.

La única esperanza que nos queda es que el becerro esté todavía vivo. Ojalá no se le haya ocurrido pasar el río detrás de su madre. Porque si así fue, mi hermana Tacha está tantito así de retirado de hacerse piruja. Y mamá no quiere.

Mi mamá no sabe por qué Dios la ha castigado tanto al darle unas hijas de ese modo, cuando en su familia, desde su abuela para acá, nunca ha habido gente mala. Todos fueron criados en el temor de Dios y eran muy obedientes y no le cometían irreverencias a nadie. Todos fueron por el estilo.

---

[3]mujerzuela; aquí, más específicamente, prostituta.

Quién sabe de dónde les vendría a ese par de hijas suyas aquel mal ejemplo. Ella no se acuerda. Le da vuelta a todos sus recuerdos y no ve claro dónde estuvo su mal o el pecado de nacerle una hija tras otra con la misma mala costumbre. No se acuerda. Y cada vez que piensa en ellas, llora y dice: "Que Dios las ampare a las dos".

Pero mi papá alega que aquello ya no tiene remedio. La peligrosa es la que queda aquí, la Tacha, que va como palo de ocote crece y crece y que ya tiene unos comienzos de senos que prometen ser como los de sus hermanas: puntiagudos y altos y medio alborotados para llamar la atención.

—Sí—dice—, le llenará los ojos a cualquiera donde quiera que la vean. Y acabará mal; como que estoy viendo que acabará mal.

Esa es la mortificación de mi papá.

Y Tacha llora al sentir que su vaca no volverá porque se la ha matado el río. Está aquí, a mi lado, con su vestido color de rosa, mirando el río desde la barranca y sin dejar de llorar. Por su cara corren chorretes de agua sucia como si el río se hubiera metido dentro de ella.

Ya la abrazo tratando de consolarla, pero ella no entiende. Llora con más ganas. De su boca sale un ruido semejante al que se arrastra por las orillas del río, que la hace temblar y sacudirse todita, y, mientras, la creciente sigue subiendo. El sabor a podrido que viene de allá salpica la cara mojada de Tacha y los dos pechitos de ella se mueven de arriba abajo, sin parar, como si de repente comenzaran a hincharse para empezar a trabajar por su perdición.

"El llano en llamas"

> Ya mataron a la perra
> pero quedan los perritos...
> *(Corrido popular)*

"¡Viva Petronilo Flores!"

El grito se vino rebotando por los paredones de la barranca y subió hasta donde estábamos nosotros. Luego se deshizo.

Por un rato, el viento que soplaba desde abajo nos trajo un tumulto de voces amontonadas, haciendo un ruido igual al que hace el agua crecida cuando rueda sobre pedregales. En seguida, saliendo de allá mismo, otro grito torció por el recodo de la barranca, volvió a rebotar en los paredones y llegó todavía con fuerza junto a nosotros:

"¡Viva mi general Petronilo Flores!"

Nosotros nos miramos.

La Perra se levantó despacio, quitó el cartucho a la carga de su carabina y se lo guardó en la bolsa de la camisa. Después se arrimó a donde estaban "los Cuatro" y les dijo: "¡Síganme, muchachos, vamos a ver qué toritos toreamos!" Los cuatro hermanos Benavides se fueron detrás de él, agachados; solamente *la Perra* iba bien tieso, asomando la mitad de su cuerpo flaco por encima de la cerca.

Nosotros seguimos allí, sin movernos. Estábamos alienados al pie del lienzo, tirados panza arriba, como iguanas calentándose al sol.

La cerca de piedra culebreaba mucho al subir y bajar por las lomas, y ellos, *la Perra* y "los Cuatro", iban también culebreando como si fueran con los pies trabados. Así los vimos perderse de nuestros ojos. Luego volvimos la cara para ver otra vez hacia arriba y miramos las ramas bajas de los amoles[4] que nos daban tantita sombra.

Olía a eso: a sombra recalentada por el sol. A amoles podridos.

Se sentía el sueño del mediodía.

La boruca que venía de allá abajo se salía a cada rato de la barranca y nos sacudía el cuerpo para que no nos durmiéramos. Y aunque queríamos oír, parando bien la oreja, sólo nos llegaba la boruca: un remolino de murmullos, como si se estuviera oyendo de muy lejos el rumor que hacen las carretas al pasar por un callejón pedregoso.

De repente sonó un tiro. Lo repitió la barranca como si estuviera derrumbándose. Eso hizo que las cosas despertaran: volaron los totochilos, esos pájaros colorados que habíamos estado viendo jugar entre los amoles. En seguida las chicharras, que se habían dormido a ras del mediodía, también despertaron llenando la tierra de rechinidos.

—¿Qué fue?—preguntó Pedro Zamora, todavía medio amodorrado por la siesta. Entonces *el Chihuila* se levantó y, arrastrando su carabina como si fuera un leño, se encaminó detrás de los que se habían ido.

—Voy a ver qué fue lo que fue—dijo perdiéndose también como los otros.

El chirriar de las chicharras aumentó de tal modo que nos dejó sordos y no nos dimos cuenta de la hora en que ellos aparecieron por allí. Cuan-

---

[4] un tipo de planta sarmentosa.

do menos acordamos aquí estaban ya, mero en frente de nosotros, todos desguarnecidos. Parecían ir de paso, ajuareados[5] para otros apuros y no para este de ahorita.

Nos dimos vuelta y los miramos por la mira de las troneras.

Pasaron los primeros, luego los segundos y otros más, con el cuerpo echado para adelante, jorabados de sueño. Les relumbraba la cara de sudor, como si la hubieran zambullido en el agua al pasar por el arroyo.

Siguieron pasando.

Llegó la señal. Se oyó un chiflido largo y comenzó la tracatera[6] allá lejos, por donde se había ido *la Perra*. Luego siguió aquí.

Fue fácil. Casi tapaban el agujero de las troneras con su bulto, de modo que aquello era como tirarles a boca de jarro y hacerles pegar tamaño respingo de la vida a la muerte sin que apenas se dieran cuenta.

Pero esto duró muy poquito. Si acaso la primera y la segunda descarga. Pronto quedó vacío el hueco de la tronera por donde, asomándose uno, sólo se veía a los que estaban acostados en mitad del camino, medio torcidos, como si alguien los hubiera venido a tirar allí. Los vivos desaparecieron. Después volvieron a aparecer, pero por lo pronto ya no estaban allí.

Para la siguiente descarga tuvimos que esperar.

Alguno de nosotros gritó: "¡Viva Pedro Zamora!"

Del otro lado respondieron, casi en secreto: "¡Sálvame patroncito! ¡Sálvame! ¡Santo Niño de Atocha,[7] socórreme!"

Pasaron los pájaros. Bandadas de tordos cruzaron por encima de nosotros hacia los cerros.

La tercera descarga nos llegó por detrás. Brotó de ellos, haciéndonos brincar hasta el otro lado de la cerca, hasta más allá de los muertos que nosotros habíamos matado.

Luego comenzó la corretiza[8] por entre los matorrales.

Sentíamos las balas pajueleándonos[9] los talones, como si hubiéramos caído sobre un enjambre de chapulines. Y de vez en cuando, y cada vez más

---

[5]preparados, dispuestos.

[6]ruido de los disparos repetidos.

[7]uno de los santos patronos de la cultura hispánica.

[8]correteo.

[9]picoteándonos, quemándonos, rozándonos.

seguido, pegando mero en medio de alguno de nosotros que se quebraba con un crujido de huesos.

Corrimos. Llegamos al borde de la barranca y nos dejamos descolgar por allí como si nos despeñáramos.

Ellos seguían disparando. Siguieron disparando todavía después que habíamos subido hasta el otro lado, a gatas, como tejones espantados por la lumbre.

"¡Viva mi general Petronilo Flores, hijos de la tal por cual!", nos gritaron otra vez. Y el grito fue rebotando como el trueno de una tormenta, barranca abajo.

Nos quedamos agazapados detrás de unas piedras grandes y boludas, todavía resollando fuerte por la carrera. Solamente mirábamos a Pedro Zamora preguntándole con los ojos qué era lo que nos había pasado. Pero él también nos miraba sin decirnos nada. Era como si se nos hubiera acabado el habla a todos o como si la lengua se nos hubiera hecho bola como la de los pericos y nos costara trabajo soltarla para que dijera algo.

Pedro Zamora nos seguía mirando. Estaba haciendo sus cuentas con los ojos; con aquellos ojos que él tenía, todos enrojecidos, como si los trajera siempre desvelados. Nos contaba de uno en uno. Sabía ya cuántos éramos los que estábamos allí, pero parecía no estar seguro todavía; por eso nos repasaba una vez y otra y otra.

Faltaban algunos: once o doce, sin contar a *la Perra* y al *Chihuila* y a los que habían arrendado con ellos. El *Chihuila* bien pudiera ser que estuviera horquetado arriba de algún amole, acostado sobre su retrocarga, aguardando a que se fueran los federales.

Los Joseses, los dos hijos de *la Perra*, fueron los primeros en levantar la cabeza, luego el cuerpo. Por fin caminaron de un lado a otro esperando que Pedro Zamora les dijera algo. Y dijo:

—Otro agarre como éste y nos acaban.

En seguida, atragantándose como si se tragara un buche de coraje, les gritó a los Joseses: "¡Ya sé que falta su padre, pero aguántense, aguántense tantito! ¡Iremos por él!"

Una bala disparada de allá hizo volar una parvada de tildíos[10] en la ladera de enfrente. Los pájaros cayeron sobre la barranca y revolotearon hasta cerca de nosotros; luego, al vernos, se asustaron, dieron media vuelta

---

[10]un tipo de avecilla.

relumbrando contra el sol y volvieron a llenar de gritos los árboles de la ladera de enfrente.

Los Joseses volvieron al lugar de antes y se acuclillaron en silencio.

Así estuvimos toda la tarde. Cuando empezó a bajar la noche llegó *el Chihuila* acompañado de uno de "los Cuatro". Nos dijeron que venían de allá abajo, de la Piedra Lisa, pero no supieron decirnos si ya se habían retirado los federales. Lo cierto es que todo parecía estar en calma. De vez en cuando se oían los aullidos de los coyotes.

—¡Epa tú, Pichón!—me dijo Pedro Zamora—. Te voy a dar la encomienda de que vayas con los Joseses hasta Piedra Lisa y vean a ver qué le pasó a *la Perra*. Si está muerto, pos entiérranlo.[11] Y hagan lo mismo con los otros. A los heridos déjenlos encima de algo para que los vean los guachos; pero no se traigan a nadie.

—Eso haremos.

Y nos fuimos.

Los coyotes se oían más cerquita cuando llegamos al corral donde habíamos encerrado la caballada. Ya no había caballos, sólo estaba un burro trasijado que ya vivía allí desde antes que nosotros viniéramos. De seguro los federales habían cargado con los caballos.

Encontramos al resto de "los Cuatro" detrasito de unos matojos, los tres juntos, encaramados uno encima de otro como si los hubieran apilado allí. Les alzamos la cabeza y se la zangoloteamos un poquito para ver si alguno daba todavía señales; pero no, ya estaban bien difuntos. En el aguaje estaba otro de los nuestros con las costillas de fuera como si lo hubieran macheteado. Y recorriendo el lienzo de arriba abajo encontramos uno aquí y otro más allá, casi todos con la cara renegrida.

—A éstos los remataron, no tiene ni qué—dijo uno de los Joseses.

Nos pusimos a buscar a *la Perra*; a no hacer caso de ningún otro sino de encontrar a la mentada *Perra*.

No dimos con él.

"Se lo han de haber llevado—pensamos—. Se lo han de haber llevado para enseñárselo al gobierno"; pero, aún así, seguimos buscando por todas partes, entre el rastrojo. Los coyotes seguían aullando.

Siguieron aullando toda la noche.

---

[11] forma coloquial por entiérrenlo.

Pocos días después, en el Armería,[12] al ir pasando el río, nos volvimos a encontrar con Petronilo Flores. Dimos marcha atrás, pero ya era tarde. Fue como si nos fusilaran. Pedro Zamora pasó por delante haciendo galopar aquel macho barcino y chaparrito que era el mejor animal que yo había conocido. Y detrás de él, nosotros, en manada, agachados sobre el pescuezo de los caballos. De todos modos la matazón fue grande. No me di cuenta de pronto porque me hundí en el río debajo de mi caballo muerto, y la corriente nos arrastró a los dos, lejos, hasta un remanso bajito de agua y lleno de arena.

Aquél fue el último agarre que tuvimos con las fuerzas de Petronilo Flores. Después ya no peleamos. Para decir mejor las cosas, ya teníamos algún tiempo sin pelear, sólo de andar huyendo el bulto; por eso resolvimos remontarnos los pocos que quedamos, echándonos al cerro para escondernos de la persecución. Y acabamos por ser unos grupitos tan ralos que ya nadie nos tenía miedo. Ya nadie corría gritando: "¡Allí vienen los de Zamora!"

Había vuelto la paz al Llano Grande.

Pero no por mucho tiempo.

Hacía cosa de ocho meses que estábamos escondidos en el escondrijo del cañón del Tozín, allí donde el río Armería se encajona durante muchas horas para dejarse caer sobre la costa. Esperábamos dejar pasar los años para luego volver al mundo, cuando ya nadie se acordara de nosotros. Habíamos comenzado a criar gallinas y de vez en cuando subíamos a la sierra en busca de venados. Eramos cinco, casi cuatro, porque a uno de los Joseses se le había gangrenado una pierna por el balazo que le dieron abajito de la nalga, allá, cuando nos balacearon por detrás.

Estábamos allí, empezando a sentir que ya no servíamos para nada. Y de no saber que nos colgarían a todos, hubiéramos ido a pacificarnos.

Pero en eso apareció un tal Armancio Alcalá, que era el que le hacía los recados y las cartas a Pedro Zamora.

Fue de mañanita, mientras nos ocupábamos en destazar una vaca, cuando oímos el pitido del cuerno. Venía de muy lejos, por el rumbo del Llano. Pasado un rato volvió a oírse. Era como el bramido de un toro: primero agudo, luego ronco, luego otra vez agudo. El eco lo alargaba más y más y lo traía aquí cerca, hasta que el ronroneo del río lo apagaba.

Y ya estaba para salir el sol, cuando el tal Alcalá se dejó ver asomándose por entre los sabinos. Traía terciadas dos carrilleras con cartuchos del

---

[12]río que se encuentra en el estado de Jalisco.

"44" y en las ancas de su caballos venía atravesado un montón de rifles como si fuera una maleta.

Se apeó del macho. Nos repartió las carabinas y volvió a hacer la maleta con las que le sobraban.

—Si no tienen nada urgente que hacer de hoy a mañana, pónganse listos para salir a San Buenaventura. Allí los está aguardando Pedro Zamora. En mientras, yo voy un poquito más abajo a buscar a *los Zanates*. Luego volveré.

Al día siguiente volvió, ya de atardecida. Y sí, con él venían *los Zanates*. Se les veía la cara prieta entre el pardear de la tarde. También venían otros tres que no conocíamos.

—En el camino conseguiremos caballos—nos dijo. Y lo seguimos.

Desde mucho antes de llegar a San Buenaventura nos dimos cuenta de que los ranchos estaban ardiendo. De las trojes de la hacienda se alzaba más alta la llamarada, como si estuviera quemándose un charco de aguarrás. Las chispas volaban y se hacían rosca en la oscuridad del cielo formando grandes nubes alumbradas.

Seguimos caminando de frente, encandilados por la luminaria de San Buenaventura, como si algo nos dijera que nuestro trabajo era estar allí, para acabar con lo que quedara.

Pero no habíamos alcanzado a llegar cuando encontramos a los primeros de a caballo que venían al trote, con la soga morreada[13] en la cabeza de la silla y tirando, unos, de hombres pialados que, en ratos, todavía caminaban sobre sus manos, y otros, de hombres a los que ya se les habían caído las manos y traían descolgada la cabeza.

Los miramos pasar. Más atrás venía Pedro Zamora y mucha gente a caballo. Mucha más gente que nunca. Nos dio gusto.

Daba gusto mirar aquella larga fila de hombres cruzando el Llano Grande otra vez, como en los tiempos buenos. Como al principio, cuando nos habíamos levantado de la tierra como huizapoles[14] maduros aventados por el viento, para llenar de terror todos los alrededores del Llano. Hubo un tiempo que así fue. Y ahora parecía volver.

---

[13]atada.

[14]un tipo de planta.

De allí nos encaminamos hacia San Pedro. Le prendimos fuego y luego la emprendimos rumbo al Petacal.[15] Era la época en que el maíz ya estaba por pizcarse[16] y las milpas se veían secas y dobladas por los ventarrones que soplan por este tiempo sobre el Llano. Así que se veía muy bonito ver caminar el fuego en los potreros; ver hecho una pura brasa casi todo el Llano en la quemazón aquella, con el humo ondulado por arriba; aquel humo oloroso a carrizo y a miel, porque la lumbre había llegado también a los cañaverales.

Y de entre el humo íbamos saliendo nosotros, como espantajos, con la cara tiznada, arreando ganado de aquí y de allá para juntarlo en algún lugar y quitarle el pellejo. Ese era ahora nuestro negocio: los cueros de ganado.

Porque, como nos dijo Pedro Zamora: "Esta revolución la vamos a hacer con el dinero de los ricos. Ellos pagarán las armas y los gastos que cueste esta revolución que estamos haciendo. Y aunque no tenemos por ahorita ninguna bandera por qué pelear, debemos apurarnos a amontonar dinero, para que cuando vengan las tropas del gobierno vean que somos poderosos". Eso nos dijo.

Y cuando al fin volvieron las tropas, se soltaron matándonos otra vez, como antes, aunque no con la misma facilidad. Ahora se veía a leguas que nos tenían miedo.

Pero nosotros también les teníamos miedo. Era de verse cómo se nos atoraban los güevos en el pescuezo con sólo oír el ruido que hacían sus guarniciones o las pezuñas de sus caballos al golpear las piedras de algún camino, donde estábamos esperando para tenderles una emboscada. Al verlos pasar, casi sentíamos que nos miraban de reojo y como diciendo: "Ya los venteamos, nomás nos estamos haciendo disimulados".

Y así parecía ser, porque de buenas a primeras se echaban sobre suelo, afortinados detrás de sus caballos y nos resistían allí, hasta que otros nos iban cercando poquito a poco, agarrándonos como a gallinas acorraladas. Desde entonces supimos que a ese paso no íbamos a durar mucho, aunque éramos muchos.

Y es que ya no se trataba de aquella gente del general Urbano, que nos habían echado al principio y que se asustaban a puros gritos y sombrerazos; aquellos hombres sacados a la fuerza de sus ranchos para que nos combatieran y que sólo cuando nos veían poquitos se iban sobre nosotros. Esos

---

[15]región del estado de Jalisco.

[16]cosecharse, especialmente el maíz.

ya se habían acabado. Después vinieron otros; pero estos últimos eran los peores. Ahora era un tal Olachea, con gente aguantadora y entrona; con alteños traídos desde Teocaltiche, revueltos con indios tepehuanes:[17] unos indios mechudos, acostumbrados a no comer en muchos días y que a veces se estaban horas enteras espiándolo a uno con el ojo fijo y sin parpadear, esperando a que uno asomara la cabeza para dejar ir, derechito a uno, una de esas balas largas de "30-30" que quebraban el espinazo como si se rompiera una rama podrida.

No tiene ni qué, que era más fácil caer sobre los ranchos en lugar de estar emboscando a las tropas del gobierno. Por eso nos desperdigamos, y con un puñito aquí y otro más allá hicimos más perjuicios que nunca, siempre a la carrera, pegando la patada y corriendo como mulas brutas.

Y así, mientras en las faldas del volcán se estaban quemando los ranchos del Jazmín, otros bajábamos de repente sobre los destacamentos, arrastrando ramas de huizache y haciendo creer a la gente que éramos muchos, escondidos entre la polvareda y la gritería que armábamos.

Los soldados mejor se quedaban quietos, esperando. Estuvieron un tiempo yendo de un lado para otro, y ora iban para adelante y ora para atrás, como atarantados. Y desde aquí se veían las fogatas en la sierra, grandes incendios como si estuvieran quemando los desmontes. Desde aquí veíamos arder día y noche las cuadrillas y los ranchos y a veces algunos pueblos más grandes, como Tuzamilpa y Zapotitlán, que iluminaban la noche. Y los hombres de Olachea salían para allá, forzando la marcha; pero cuando llegaban, comenzaba a arder Totolimispa, muy acá, muy atrás de ellos.

Era bonito ver aquello. Salir de pronto de la maraña de los tepemezquites[18] cuando ya los soldados se iban con sus ganas de pelear, y verlos atravesar el llano vacío, sin enemigo al frente, como si se zambulleran en el agua honda y sin fondo que era aquella gran herradura del Llano encerrada entre montañas.

Quemamos el Cuastecomate y jugamos allí a los toros. A Pedro Zamora le gustaba mucho este juego del toro.

Los federales se habían ido por el rumbo de Autlán, en busca de un lugar que le dicen La Purificación, donde según ellos estaba la nidada de

---

[17]una etnia indígena de México.

[18]un tipo de arbusto como el mezquite.

bandidos de donde habíamos salido nosotros. Se fueron y nos dejaron solos en el Cuastecomate.

Allí hubo modo de jugar al toro. Se les habían quedado olvidados ocho soldados, además del administrador y el caporal de la hacienda. Fueron dos días de toros.

Tuvimos que hacer un corralito redondo como esos que se usan para encerrar chivas, para que sirviera de plaza. Y nosotros nos sentamos sobre las trancas para no dejar salir a los toreros, que corrían muy fuerte en cuanto veían el verduguillo con que los quería cornear Pedro Zamora.

Los ocho soldaditos sirvieron para una tarde. Los otros dos para la otra. Y el que costó más trabajo fue aquel caporal flaco y largo como garrocha de otate, que escurría el bulto sólo con ladearse un poquito. En cambio, el administrador se murió luego luego. Estaba chaparrito y ovachón[19] y no usó ninguna maña para sacarle el cuerpo al verduguillo. Se murió muy callado, casi sin moverse y como si él mismo hubiera querido ensartarse. Pero el caporal sí costó trabajo.

Pedro Zamora les había prestado una cobija a cada uno, y ésa fue la causa de que al menos el caporal se haya defendido tan bien de los verduguillos con aquella pesada y gruesa cobija; pues en cuanto supo a qué atenerse, se dedicó a zangolotear la cobija contra el verduguillo que se le dejaba ir derecho, y así lo capoteó hasta cansar a Pedro Zamora. Se veía a las claras lo cansado que ya estaba de andar correteando al caporal, sin poder darle sino unos cuantos pespuntes. Y perdió la paciencia. Dejó las cosas como estaban y, de repente, en lugar de tirar derecho como lo hacen los toros, le buscó al del Cuastecomate las costillas con el verduguillo, haciéndole a un lado la cobija con la otra mano. El caporal pareció no darse cuenta de lo que había pasado, porque todavía anduvo un buen rato sacudiendo la frazada de arriba abajo como si se anduviera espantando las avispas. Sólo cuando vio su sangre dándole vueltas por la cintura dejó de moverse. Se asustó y trató de taparse con sus dedos el agujero que se le había hecho en las costillas, por donde le salía en un solo chorro la cosa aquella colorada que lo hacía ponerse más descolorido. Luego se quedó tirado en medio del corral mirándonos a todos. Y allí se estuvo hasta que lo colgamos, porque de otra manera hubiera tardado mucho en morirse.

Desde entonces, Pedro Zamora jugó al toro más seguido, mientras hubo modo.

---

[19]gordiflón, mofletudo.

Por ese tiempo casi todos éramos "abajeños",[20] desde Pedro Zamora para abajo; después se nos juntó gente de otras partes: los indios güeros de Zacoalco, zanconzotes[21] y con caras como requesón. Y aquellos otros de la tierra fría, que se decían de Mazamitla y que siempre andaban ensarapados[22] como si a todas horas estuvieran cayendo las aguasnieves.[23] A estos últimos se les quitaba el hambre con el calor, y por eso Pedro Zamora los mandó a cuidar el puerto de los Volcanes, allá arriba, donde no había sino pura arena y rocas lavadas por el viento. Pero los indios güeros pronto se encariñaron con Pedro Zamora y no se quisieron separar de él. Iban siempre pegaditos a él, haciéndole sombra y todos los mandados que él quería que hicieran. A veces hasta se robaban las mejores muchachas que había en los pueblos para que él se encargara de ellas.

Me acuerdo muy bien de todo. De las noches que pasábamos en la sierra, caminando sin hacer ruido y con muchas ganas de dormir, cuando ya las tropas nos seguían de muy cerquita el rastro. Todavía veo a Pedro Zamora con su cobija solferina enrollada en los hombros cuidando que ninguno se quedara rezagado:

—¡Epa, tú, Pitasio, métele espuelas a ese caballo! ¡Y usté no se me duerma, Reséndiz, que lo necesito para platicar!

Sí, él nos cuidaba. Ibamos caminando mero en medio de la noche, con los ojos aturdidos de sueño y con la idea ida; pero él, que nos conocía a todos, nos hablaba para que levantáramos la cabeza. Sentíamos aquellos ojos bien abiertos de él, que no dormían y que estaban acostumbrados a ver de noche y a conocernos en lo oscuro. Nos contaba a todos, de uno en uno, como quien está contando dinero. Luego se iba a nuestro lado. Oíamos las pisadas de su caballo y sabíamos que sus ojos estaban siempre alerta; por eso todos, sin quejarnos del frío ni del sueño que hacía, callados, lo seguíamos como si estuviéramos ciegos.

Pero la cosa se descompuso por completo desde el descarrilamiento del tren en la cuesta de Sayula. De no haber sucedido eso, quizás todavía estuviera vivo Pedro Zamora y el *Chino* Arias y *el Chihuila* y tantos otros, y

---

[20]los que son de tierras o costas bajas.

[21]aumentativo de zancones.

[22]llevando sarape.

[23]forma coloquial por aguanieve.

la revuelta hubiera seguido por el buen camino. Pero Pedro Zamora le picó la cresta al gobierno con el descarrilamiento del tren de Sayula.

Todavía veo las luces de las llamaradas que se alzaban allí donde apilaron a los muertos. Los juntaban con palas o los hacían rodar como troncos hasta el fondo de la cuesta, y cuando el montón se hacía grande, lo empapaban con petróleo y le prendían fuego. La jedentina[24] se la llevaba el aire muy lejos, y muchos días después todavía se sentía el olor a muerto chamuscado.

Tantito antes no sabíamos bien a bien lo que iba a suceder. Habíamos regado de cuernos y huesos de vaca un tramo largo de la vía y, por si esto fuera poco, habíamos abierto los rieles allí donde el tren iría a entrar en la curva. Hicimos eso y esperamos.

La madrugada estaba comenzando a dar luz a las cosas. Se veía ya casi claramente a la gente apeñuscada en el techo de los carros. Se oía que algunos cantaban. Eran voces de hombres y de mujeres. Pasaron frente a nosotros todavía medio ensombrecidos por la noche, pero pudimos ver que eran soldados con sus galletas. Esperamos. El tren no se detuvo.

De haber querido lo hubiéramos tiroteado, porque el tren caminaba despacio y jadeaba como si a puros pujidos quisiera subir la cuesta. Hubiéramos podido hasta platicar con ellos un rato. Pero las cosas eran de otro modo.

Ellos empezaron a darse cuenta de lo que les pasaba cuando sintieron bambolearse los carros, cimbrarse el tren como si alguien lo estuviera sacudiendo. Luego la máquina se vino para atrás, arrastrada y fuera de la vía por los carros pesados y llenos de gente. Daba unos silbatazos roncos y tristes y muy largos. Pero nadie la ayudaba. Seguía hacia atrás arrastrada por aquel tren al que no se le veía fin, hasta que le faltó tierra y yéndose de lado cayó al fondo de la barranca. Entonces los carros la siguieron, uno tras otros, a toda prisa, tumbándose cada uno en su lugar allá abajo. Después todo se quedó en silencio como si todos, hasta nosotros, nos hubiéramos muerto.

Así pasó aquello.

Cuando los vivos comenzaron a salir de entre las astillas de los carros, nosotros nos retiramos de allí, acalambrados de miedo.

Estuvimos escondidos varios días; pero los federales nos fueron a sacar de nuestro escondite. Ya no nos dieron paz; ni siquiera para mascar un pedazo de cecina en paz. Hicieron que se nos acabaran las horas de dormir

---

[24]hedor.

y de comer, y que los días y las noches fueran iguales para nosotros. Quisimos llegar al cañón de Tozín; pero el gobierno llegó primero que nosotros. Faldeamos el volcán. Subimos a los montes más altos y allí, en ese lugar que le dicen el Camino de Dios, encontramos otra vez al gobierno tirando a matar. Sentíamos cómo bajaban las balas sobre nosotros, en rachas apretadas, calentando el aire que nos rodeaba. Y hasta las piedras detrás de las que nos escondíamos se hacían trizas una tras otra como si fueran terrones. Después supimos que eran ametralladoras aquellas carabinas con que disparaban ahora sobre nosotros y que dejaban hecho una coladera el cuerpo de uno; pero entonces creíamos que eran muchos soldados, por miles, y todo lo que queríamos era correr de ellos.

Corrimos los que pudimos. En el Camino de Dios se quedó *el Chihuila*, atejonado detrás de un madroño, con la cobija envuelta en el pescuezo como si se estuviera defendiendo de frío. Se nos quedó mirando cuando nos íbamos cada quien por su lado para repartirnos la muerte. Y él parecía estar riéndose de nosotros, con sus dientes pelones, colorados de sangre.

Aquella desparramada que nos dimos fue buena para muchos; pero a otros les fue mal. Era raro que no viéramos colgados de los pies a alguno de los nuestros en cualquier palo de algún camino. Allí duraban hasta que se hacían viejos y se arriscaban como pellejos sin curtir. Los zopilotes se los comían por dentro, sacándoles las tripas, hasta dejar la pura cáscara. Y como los colgaban alto, allá se estaban campaneándose al soplo del aire muchos días, a veces meses, a veces ya nada más las puras tilangas de los pantalones bulléndose con el viento como si alguien las hubiera puesto a secar allí. Y uno sentía que la cosa ahora sí iba de veras al ver aquello.

Algunos ganamos para el Cerro Grande y arrastrándonos como víboras pasábamos el tiempo mirando hacia el Llano, hacia aquella tierra de allá abajo donde habíamos nacido y vivido y donde ahora nos estaban aguardando para matarnos. A veces hasta nos asustaba la sombra de las nubes.

Hubiéramos ido de buena gana a decirle a alguien que ya no éramos gente de pleito y que nos dejaran estar en paz; pero, de tanto daño que hicimos por un lado y otro, la gente se había vuelto matrera y lo único que habíamos logrado era agenciarnos enemigos. Hasta los indios de acá arriba ya no nos querían. Dijeron que les habíamos matado sus animalitos. Y ahora cargan armas que les dio el gobierno y nos han mandado decir que nos matarán en cuanto nos vean:

"No queremos verlos; pero si los vemos los matamos", nos mandaron decir.

De este modo se nos fue acabando la tierra. Casi no nos quedaba ya ni el pedazo que pudiéramos necesitar para que nos enterraran. Por eso decidimos separarnos los últimos, cada quien arrendando por distinto rumbo.

Con Pedro Zamora anduve cosa de cinco años. Días buenos, días malos, se ajustaron cinco años. Después ya no lo volví a ver. Dicen que se fue a México detrás de una mujer y que por allá lo mataron. Algunos estuvimos esperando a que regresara, que cualquier día apareciera de nuevo para volvernos a levantar en armas; pero nos cansamos de esperar. Es todavía la hora en que no ha vuelto. Lo mataron por allá. Uno que estuvo conmigo en la cárcel me contó eso de que lo habían matado.

Yo salí de la carcel hace tres años. Me castigaron allí por muchos delitos; pero no porque hubiera andado con Pedro Zamora. Eso no lo supieron ellos. Me agarraron por otras cosas, entre otras por la mala costumbre que yo tenía de robar muchachas. Ahora vive conmigo una de ellas, quizás la mejor y más buena de todas las mujeres que hay en el mundo. La que estaba allí, afuerita de la cárcel, esperando quién sabe desde cuando a que me soltaran.

—¡Pichón!, te estoy esperando a ti—me dijo—. Te he estado esperando desde hace mucho tiempo.

Yo entonces pensé que me esperaba para matarme. Allá como entre sueños me acordé de quién era ella. Volví a sentir el agua fría de la tormenta que estaba cayendo sobre Telcampana, esa noche que entramos allí y arrasamos el pueblo. Casi estaba seguro de que su padre era aquel viejo al que le dimos su aplaque cuando ya íbamos de salida; al que alguno de nosotros le descerrajó un tiro en la cabeza mientras yo me echaba a su hija sobre la silla del caballo y le daba unos cuantos coscorrones para que se calmara y no me siguiera mordiendo. Era una muchachita de unos catorce años, de ojos bonitos, que me dio mucha guerra y me costó buen trabajo amansarla.

—Tengo un hijo tuyo—me dijo después—. Allí está.

Y apuntó con el dedo a un muchacho largo con los ojos azorados:

—¡Quítate el sombrero, para que te vea tu padre!

Y el muchacho se quitó el sombrero. Era igualito a mí y con algo de maldad en la mirada. Algo de eso tenía que haber sacado de su padre.

—También a él le dicen el Pichón—volvió a decir la mujer, aquella que ahora es mi mujer—. Pero él no es ningún bandido ni ningún asesino. El es gente buena.

Yo agaché la cabeza.

Juan Rulfo

"No oyes ladrar los perros"

—Tú que vas allá arriba, Ignacio, díme si no oyes alguna señal de algo o si ves alguna luz en alguna parte.

—No se ve nada.

—Ya debemos estar cerca.

—Sí, pero no se oye nada.

—Mira bien.

—No se ve nada.

—Pobre de ti, Ignacio.

La sombra larga y negra de los hombres siguió moviéndose de arriba abajo, trepándose a las piedras, disminuyendo y creciendo según avanzaba por la orilla del arroyo. Era una sola sombra, tambaleante.

La luna venía saliendo de la tierra, como una llamarada redonda.

—Ya debemos estar llegando a ese pueblo, Ignacio. Tú que llevas las orejas de fuera, fíjate a ver si no oyes ladrar los perros. Acuérdate que nos dijeron que Tonaya estaba detrasito del monte. Y desde qué horas que hemos dejado el monte. Acuérdate, Ignacio.

—Sí, pero no veo rastro de nada.

—Me estoy cansando.

—Bájame.

El viejo se fue reculando hasta encontrarse con el paredón y se recargó allí, sin soltar la carga de sus hombros. Aunque se le doblaban las piernas, no quería sentarse, porque después no hubiera podido levantar el cuerpo de su hijo, al que allá atrás, horas antes, le habían ayudado a echárselo a la espalda. Y así lo había traído desde entonces.

—¿Cómo te sientes?

—Mal.

Hablaba poco. Cada vez menos. En ratos parecía dormir. En ratos parecía tener frío. Temblaba. Sabía cuándo le agarraba a su hijo el temblor por las sacudidas que le daba, y porque los pies se le encajaban en los ijares como espuelas. Luego las manos del hijo, que traía trabadas en su pescuezo, le zarandeaban la cabeza como si fuera una sonaja.

El apretaba los dientes para no morderse la lengua y cuando acababa aquello le preguntaba:

—¿Te duele mucho?

—Algo—contestaba él.

Primero le había dicho: "Apéame aquí... Déjame aquí... Vete tú solo. Yo te alcanzaré mañana o en cuanto me reponga un poco." Se lo había dicho como cincuenta veces. Ahora ni siquiera eso decía.

Allí estaba la luna. Enfrente de ellos. Una luna grande y colorada que les llenaba de luz los ojos y que estiraba y oscurecía más su sombra sobre la tierra.

—No veo ya por dónde voy—decía él.

Pero nadie le constestaba.

El otro iba allá arriba, todo iluminado por la luna, con su cara descolorida, sin sangre, reflejando una luz opaca. Y él acá abajo.

—¿Me oíste, Ignacio? Te digo que no veo bien.

Y el otro se quedaba callado.

Siguió caminando, a tropezones. Encogía el cuerpo y luego se enderezaba para volver a tropezar de nuevo.

—Este no es ningún camino. Nos dijeron que detrás del cerro estaba Tonaya. Ya hemos pasado el cerro. Y Tonaya no se ve, ni se oye ningún ruido que nos diga que está cerca. ¿Por qué no quieres decirme qué ves, tú que vas allá arriba, Ignacio?

—Bájame, padre.

—¿Te sientes mal?

—Sí.

—Te llevaré a Tonaya a como dé lugar. Allí encontraré quien te cuide. Dicen que allí hay un doctor. Yo te llevaré con él. Te he traído cargando desde hace horas y no te dejaré tirado aquí para que acaben contigo quienes sean.

Se tambaleó un poco. Dio dos o tres pasos de lado y volvió a enderezarse.

—Te llevaré a Tonaya.

—Bájame.

Su voz se hizo quedita, apenas murmuraba:

—Quiero acostarme un rato.

—Duérmete allí arriba. Al cabo te llevo bien agarrado.

La luna iba subiendo, casi azul, sobre un cielo claro. La cara del viejo, mojada en sudor, se llenó de luz. Escondió los ojos para no mirar de frente, ya que no podía agachar la cabeza agarrotada entre las manos de su hijo.

—Todo esto que hago, no lo hago por usted. Lo hago por su difunta madre. Porque usted fue su hijo. Por eso lo hago. Ella me reconvendría si yo lo hubiera dejado tirado allí, donde lo encontré, y no lo hubiera recogido para llevarlo a que lo curen, como estoy haciéndolo. Es ella la que me da ánimos, no usted. Comenzando porque a usted no le debo más que puras dificultades, puras mortificaciones, puras vergüenzas.

Sudaba al hablar. Pero el viento de la noche le secaba el sudor. Y sobre el sudor seco, volvía a sudar.

—Me derrengaré, pero llegaré con usted a Tonaya, para que le alivien esas heridas que le han hecho. Y estoy seguro de que, en cuanto se sienta usted bien, volverá a sus malos pasos. Eso ya no me importa. Con tal que se vaya lejos, donde yo no vuelva a saber de usted. Con tal de eso... Porque para mí usted ya no es mi hijo. He maldecido la sangre que usted tiene de mí. La parte que a mí me tocaba la he maldecido. He dicho: "¡Que se le pudra en los riñones la sangre que yo le dí!" Lo dije desde que supe que usted andaba trajinando por los caminos, viviendo del robo y matando gente... Y gente buena. Y si no, allí está mi compadre Tranquilino. El que lo bautizó a usted. El que le dio su nombre. A él también le tocó la mala suerte de encontrarse con usted. Desde entonces dije: "¡Ese no puede ser mi hijo!"

—Mira a ver si ya ves algo. O si oyes algo. Tú que puedes hacerlo desde allá arriba, porque yo me siento sordo.

—No veo nada.

—Peor para ti, Ignacio.

—Tengo sed.

—¡Aguántate! Ya debemos estar cerca. Lo que pasa es que ya es muy noche y han de haber apagado la luz en el pueblo. Pero al menos debías de oír si ladran los perros. Haz por oír.

—Dame agua.

—Aquí no hay agua. No hay más que piedras. Aguántate. Y aunque le hubiera, no te bajaría a tomar agua. Nadie me ayudaría a subirte otra vez y yo solo no puedo.

—Tengo mucha sed y mucho sueño.

—Me acuerdo cuando naciste. Así eras entonces. Despertabas con hambre y comías para volver a dormirte. Y tu madre te daba agua, porque ya te habías acabado la leche de ella. No tenías llenadero. Y eras muy rabioso. Nunca pensé que con el tiempo se te fuera a subir aquella rabia a la cabeza... Pero así fue. Tu madre, que descanse en paz, quería que te criaras fuerte. Creía que cuando tú crecieras irías a ser su sostén. No te tuvo más que a ti. El otro hijo que iba a tener la mató. Y tú la hubieras matado otra vez si ella estuviera viva a estas alturas.

Sintió que el hombre aquel que llevaba sobre sus hombros dejó de apretar las rodillas y comenzó a soltar los pies, balanceándolos de un lado para otro. Y le pareció que la cabeza, allá arriba, se sacudía como si sollozara.

Sobre su cabello sintió que caían gruesas gotas, como de lágrimas.

—¿Lloras, Ignacio? Lo hace llorar a usted el recuerdo de su madre, ¿verdad? Pero nunca hizo usted nada por ella. Nos pagó siempre mal. Parece que, en lugar de cariño, le hubiéramos retacado el cuerpo de maldad. ¿Y ya ve? Ahora lo han herido. ¿Qué pasó con sus amigos? Los mataron a todos. Pero ellos no tenían a nadie. Ellos bien hubieran podido decir: "No tenemos a quién darle nuestra lástima." ¿Pero usted, Ignacio?

Allí estaba ya el pueblo. Vio brillar los tejados bajo la luz de la luna. Tuvo la impresión de que lo aplastaba el peso de su hijo al sentir que las corvas se le doblaban en el último esfuerzo. Al llegar al primer tejabán, se recostó sobre el pretil de la acera y soltó el cuerpo, flojo, como si lo hubieran descoyuntado.

Destrabó difícilmente los dedos con que su hijo había venido sosteniéndose de su cuello y, al quedar libre, oyó cómo por todas partes ladraban los perros.

—¿Y tú no los oías, Ignacio?—dijo—. No me ayudaste ni siquiera con esta esperanza.

Pedro Páramo y El llano en llamas. 5a ed. Barcelona: Popular Planeta, 1979.

JULIO CORTAZAR (Argentina; 1914-84)

"Cartas de mamá"

Muy bien hubiera podido llamarse libertad condicional. Cada vez que la portera le entregaba un sobre, a Luis le bastaba reconocer la minúscula cara familiar de José de San Martín[1] para comprender que otra vez más habría de franquear el puente. San Martín, Rivadavia,[2] pero esos nombres eran también imágenes de calles y cosas, Rivadavia al seis mil quinientos, el caserón de Flores,[3] mamá, el café de San Martín y Corrientes[4] donde lo esperaban a veces los amigos, donde el mazagrán[5] tenía un leve gusto a aceite de ricino. Con el sobre en la mano, después del *Merci bien, madame Durand,*[6] salir a la calle no era ya lo mismo que el día anterior, que todos los días anteriores. Cada carta de mamá (aun antes de esto que acababa de ocurrir, este absurdo error ridículo) cambiaba de golpe la vida de Luis, lo devolvía al pasado como un duro rebote de pelota. Aun antes de esto que acababa de leer—y que ahora releía en el autobús entre enfurecido y perplejo, sin acabar de convencerse—, las cartas de mamá eran siempre una alteración del tiempo, un pequeño escándalo inofensivo dentro del orden de cosas que Luis había querido y trazado y conseguido, calzándolo en su vida como había calzado a Laura en su vida y a París en su vida. Cada nueva carta insinuaba por un rato (porque después él las borraba en el acto mismo de contestarlas cariñosamente) que su libertad duramente conquistada, esa nueva vida recortada con feroces golpes de tijera en la madeja de lana que los demás habían llamado

---

[1]El Libertador de Argentina, Chile y Perú (1778-1850); la referencia aquí es a su imagen que aparece en las estampillas argentinas.

[2]Bernardino Rivadavia (1780-1845), primer presidente de la Argentina; la referencia aquí es a la calle (luego avenida) que lleva su nombre.

[3]barrio de Buenos Aires.

[4]un cruce de calles en el centro comercial de Buenos Aires.

[5]bebida hecha de café, leche y ron.

[6]Muchas gracias, señora Durand (francés); el cuento se desarrolla en París.

su vida, cesaba de justificarse, perdía pie, se borraba como el fondo de las calles mientras el autobús corría por la rue de Richelieu. No quedaba más que una parva libertad condicional, la irrisión de vivir a la manera de una palabra entre paréntesis, divorciada de la frase principal de la que sin embargo es casi siempre sostén y explicación. Y desazón, y una necesidad de contestar en seguida, como quien vuelve a cerrar una puerta.

Esa mañana había sido una de las tantas mañanas en que llegaba carta de mamá. Con Laura hablaban poco del pasado, casi nunca del caserón de Flores. No es que a Luis no le gustara acordarse de Buenos Aires. Más bien se trataba de evadir nombres (las personas, evadidas hacía ya tanto tiempo, pero los nombres, los verdaderos fantasmas que son los nombres, esa duración pertinaz). Un día se había animado a decirle a Laura: "Si se pudiera romper y tirar el pasado como el borrador de una carta o de un libro. Pero ahí queda para siempre, manchando la copia en limpio, y yo creo que eso es el verdadero futuro". En realidad, por qué no habían de hablar de Buenos Aires donde vivía la familia, donde los amigos de cuando en cuando adornaban una postal con frases cariñosas. Y el rotograbado de *La Nación*[7] con los sonetos de tantas señoras entusiastas, esa sensación de ya leído, de para qué. Y de cuando en cuando alguna crisis de gabinete, algún coronel enojado, algún boxeador magnífico. ¿Por qué no habían de hablar de Buenos Aires con Laura? Pero tampoco ella volvía al tiempo de antes, sólo al azar de algún diálogo, y sobre todo cuando llegaban cartas de mamá, dejaba caer un nombre o una imagen como monedas fuera de circulación, objetos de un mundo caduco en la lejana orilla del río.

—*Eh oui, fait lourd*[8]—dijo el obrero sentado frente a él.

"Si supiera lo que es el calor —pensó Luis—. Si pudiera andar una tarde de febrero por la Avenida de Mayo, por alguna callecita de Liniers".

Sacó otra vez la carta del sobre, sin ilusiones: el párrafo estaba ahí, bien claro. Era perfectamente absurdo pero estaba ahí. Su primera reacción, después de la sorpresa, el golpe en plena nuca, era como siempre de defensa. Laura no debía leer la carta de mamá. Por más ridículo que fuese el error, la confusión de nombres (mamá habría querido escribir "Víctor" y había puesto "Nico"), de todos modos Laura se afligiría, sería estúpido. De cuando en cuando se pierden cartas; ojalá ésta se hubiera ido al fondo del mar. Ahora tendría

---

[7]uno de los principales diarios matutinos de Buenos Aires.

[8]Y, sí, el tiempo está pesado (francés).

que tirarla al *water*[9] de la oficina, y por supuesto unos días después Laura se extrañaría: "Qué raro, no ha llegado carta de tu madre". Nunca decía *tu mamá*, tal vez porque había perdido a la suya siendo niña. Entonces él contestaría: "De veras, es raro. Le voy a mandar unas líneas hoy mismo", y las mandaría, asombrándose del silencio de mamá. La vida seguiría igual, la oficina, el cine por las noches, Laura siempre tranquila, bondadosa, atenta a sus deseos. Al bajar del autobús en la rue de Rennes se preguntó bruscamente (no era una pregunta, pero cómo decirlo de otro modo) por qué no quería mostrarle a Laura la carta de mamá. No por ella, por lo que ella pudiera sentir. No le importaba gran cosa lo que ella pudiera sentir, mientras lo disimulara. (¿No le importaba gran cosa lo que ella pudiera sentir, mientras lo disimulara?) No, no le importaba gran cosa. (¿No le importaba?) Pero la primera verdad, suponiendo que hubiera otra detrás, la verdad más inmediata por decirlo así, era que le importaba la cara que pondría Laura, la actitud de Laura. Y le importaba por él, naturalmente, por el efecto que le haría la forma en que a Laura iba a importarle la carta de mamá. Sus ojos caerían en un momento dado sobre el nombre de Nico, y él sabía que el mentón de Laura empezaría a temblar ligeramente, y después Laura diría: "Pero qué raro... ¿qué le habrá pasado a tu madre?" Y él habría sabido todo el tiempo que Laura se contenía para no gritar, para esconder entre las manos un rostro desfigurado ya por el llanto, por el dibujo del nombre de Nico temblándole en la boca.

En la agencia de publicidad donde trabajaba como diseñador, releyó la carta, una de las tantas cartas de mamá, sin nada de extraordinario fuera del párrafo donde se había equivocado de nombre. Pensó si no podría borrar la palabra, reemplazar Nico por Víctor, sencillamente reemplazar el error por la verdad, y volver con la carta a casa para que Laura la leyera. Las cartas de mamá interesaban siempre a Laura, aunque de una manera indefinible no le estuvieran destinadas. Mamá le escribía a él; agregaba al final, a veces a mitad de la carta, saludos muy cariñosos para Laura. No importaba, las leía con el mismo interés, vacilando ante alguna palabra ya retorcida por el reuma y la miopía. "Tomo Saridón, y el doctor me ha dado un poco de salicilato..." Las cartas se posaban dos o tres días sobre la mesa de dibujo; Luis hubiera querido tirarlas apenas las contestaba, pero Laura las releía, a las mujeres les gusta releer las cartas, mirarlas de un lado y otro, parecen extraer un segundo sentido cada vez que vuelven a sacarlas y mirarlas. Las cartas de mamá eran bre-

---

[9]inodoro (francés).

ves, con noticias domésticas, una que otra referencia al orden nacional (pero esas cosas ya se sabían por los telegramas de *Le Monde*,[10] llegaban siempre tarde por su mano). Hasta podía pensarse que las cartas eran siempre la misma, escueta y mediocre, sin nada interesante. Lo mejor de mamá era que nunca se había abandonado a la tristeza que debía causarle la ausencia de su hijo y de su nuera, ni siquiera al dolor—tan a gritos, tan a lágrimas al principio—por la muerte de Nico. Nunca, en los dos años que llevaba ya en París, mamá había mencionado a Nico en sus cartas. Era como Laura, que tampoco lo nombraba. Ninguna de las dos lo nombraba, y hacía más de dos años que Nico había muerto. La repentina mención de su nombre a mitad de la carta era casi un escándalo. Ya el solo hecho de que el nombre de Nico apareciera de golpe en una frase, con la *N* larga y temblorosa, la *o* con una cola torcida; pero era peor, porque el nombre se situaba en una frase incomprensible y absurda, en algo que no podía ser otra cosa que un anuncio de senilidad. De golpe mamá perdía la noción del tiempo, se imaginaba que... El párrafo venía después de un breve acuse de recibo de una carta de Laura. Un punto apenas marcado con la débil tinta azul comprada en el almacén del barrio, y a quemarropa: "Esta mañana Nico preguntó por ustedes". El resto seguía como siempre: la salud, la prima Matilde se había caído y tenía una clavícula sacada, los perros estaban bien. Pero Nico había preguntado por ellos.

En realidad hubiera sido fácil cambiar Nico por Víctor, que era el que sin duda había preguntado por ellos. El primo Víctor, tan atento siempre. Víctor tenía dos letras más que Nico, pero con una goma y habilidad se podían cambiar los nombres. Esta mañana Víctor preguntó por ustedes. Tan natural que Víctor pasara a visitar a mamá y le preguntara por los ausentes.

Cuando volvió a almorzar, traía intacta la carta en el bolsillo. Seguía dispuesto a no decirle nada a Laura, que lo esperaba con su sonrisa amistosa, el rostro que parecía haberse desdibujado un poco desde los tiempos de Buenos Aires, como si el aire gris de París le quitara el color y el relieve. Llevaban más de dos años en París, habían salido de Buenos Aires apenas dos meses después de la muerte de Nico, pero en realidad Luis se había considerado como ausente desde el día mismo de su casamiento con Laura. Una tarde, después de hablar con Nico que estaba ya enfermo, se había jurado escapar de la Argentina, del caserón de Flores, de mamá y los perros y su hermano (que ya estaba enfermo). En aquellos meses todo había girado en torno a él

---

[10]importante diario parisiense.

como las figuras de una danza: Nico, Laura, mamá, los perros, el jardín. Su juramento había sido el gesto brutal del que hace trizas una botella en la pista, interrumpe el baile con un chicotear de vidrios rotos. Todo había sido brutal en esos días: su casamiento, la partida sin remilgos ni consideraciones para con mamá, el olvido de todos los deberes sociales, de los amigos entre sorprendidos y desencantados. No le había importado nada, ni siquiera el asomo de protesta de Laura. Mamá se quedaba sola en el caserón, con los perros y los frascos de remedios, con la ropa de Nico colgada todavía en un ropero. Que se quedara, que todos se fueran al demonio. Mamá había parecido comprender, ya no lloraba a Nico y andaba como antes por la casa, con la fría y resuelta recuperación de los viejos frente a la muerte. Pero Luis no quería acordarse de lo que había sido la tarde de la despedida, las valijas, el taxi en la puerta, la casa ahí con toda la infancia, el jardín donde Nico y él habían jugado a la guerra, los dos perros indiferentes y estúpidos. Ahora era casi capaz de olvidarse de todo eso. Iba a la agencia, dibujaba afiches, volvía a comer, bebía la taza de café que Laura le alcanzaba sonriendo. Iban mucho al cine, mucho a los bosques, conocían cada vez mejor París. Habían tenido suerte, la vida era sorprendentemente fácil, el trabajo pasable, el departamento bonito, las películas excelentes. Entonces llegaba carta de mamá.

No las detestaba; si le hubieran faltado habría sentido caer sobre él la libertad como un peso insoportable. Las cartas de mamá le traían un tácito perdón (pero de nada había que perdonarlo), tendían el puente por donde era posible seguir pasando. Cada una lo tranquilizaba o lo inquietaba sobre la salud de mamá, le recordaba la economía familiar, la permanencia de un orden. Y a la vez odiaba ese orden y lo odiaba por Laura, porque Laura estaba en París, pero cada carta de mamá la definía como ajena, como cómplice de ese orden que él había repudiado una noche en el jardín después de oír una vez más la tos apagada, casi humilde de Nico.

No, no le mostraría la carta. Era innoble sustituir un nombre por otro, era intolerable que Laura leyera la frase de mamá. Su grotesco error, su tonta torpeza de un instante—la veía luchando con una pluma vieja, con el papel que se ladeaba, con su vista insuficiente—, crecería en Laura como una semilla fácil. Mejor tirar la carta (la tiró esa tarde misma) y por la noche ir al cine con Laura, olvidarse lo antes posible de que Víctor había preguntado por ellos. Aunque fuera Víctor, el primo tan bien educado, olvidarse de que Víctor había preguntado por ellos.

Diabólico, agazapado, relamiéndose, Tom esperaba que Jerry cayera en la trampa. Jerry no cayó, y llovieron sobre Tom catástrofes incontables.

Después Luis compró helados, los comieron mientras miraban distraídamente los anuncios en colores. Cuando empezó la película, Laura se hundió un poco más en su butaca y retiró la mano del brazo de Luis. El la sentía otra vez lejos, quién sabe si lo que miraban juntos era ya la misma cosa para los dos, aunque más tarde comentaran la película en la calle o en la cama. Se preguntó (no era una pregunta, pero cómo decirlo de otro modo) si Nico y Laura habían estado así de distantes en los cines, cuando Nico la festejaba y salían juntos. Probablemente habían conocido todos los cines de Flores, toda la rambla estúpida de la calle Lavalle, el león, el atleta que golpea el gongo, los subtítulos en castellano por Carmen de Pinillos, los personajes de esta película son ficticios, y toda relación... Entonces, cuando Jerry había escapado de Tom y empezaba la hora de Bárbara Stanwyck o de Tyrone Power, la mano de Nico se acostaría despacio sobre el muslo de Laura (el pobre Nico, tan tímido, tan novio), y los dos se sentirían culpables de quién sabe qué. Bien le constaba a Luis que no habían sido culpables de nada definitivo; aunque no hubiera tenido la más deliciosa de las pruebas, el veloz desapego de Laura por Nico hubiera bastado para ver en ese noviazgo un mero simulacro urdido por el barrio, la vecindad, los círculos culturales y recreativos que son la sal de Flores. Había bastado el capricho de ir una noche a la misma sala de baile que frecuentaba Nico, el azar de una presentación fraternal. Tal vez por eso, por la facilidad del comienzo, todo el resto había sido inesperadamente duro y amargo. Pero no quería acordarse ahora, la comedia había terminado con la blanda derrota de Nico, su melancólico refugio en una muerte de tísico. Lo raro era que Laura no lo nombrara nunca, y que por eso tampoco él lo nombrara, que Nico no fuera ni siquiera el difunto, ni siquiera el cuñado muerto, el hijo de mamá. Al principio le había traído un alivio después del turbio intercambio de reproches, del llanto y los gritos de mamá, de la estúpida intervención del tío Emilio y del primo Víctor (Víctor preguntó esta mañana por ustedes), el casamiento apresurado y sin más ceremonia que un taxi llamado por teléfono y tres minutos delante de un funcionario con caspa en las solapas. Refugiados en un hotel de Adrogué, lejos de mamá y de toda la parentela desencadenada, Luis había agradecido a Laura que jamás hiciera referencia al pobre fantoche que tan vagamente había pasado de novio a cuñado. Pero ahora, con un mar de por medio, con la muerte y dos años de por medio, Laura seguía sin nombrarlo, y él se plegaba a su silencio por cobardía, sabiendo que en el fondo ese silencio lo agravaba por lo que tenía de reproche, de arrepentimiento, de algo que empezaba a parecerse a la traición. Más de una vez había mencionado expresamente a Nico, pero comprendía que eso no contaba, que la respuesta de Laura tendía solamente a desviar la conversación. Un lento territorio prohibido se había ido formando poco a poco en su lenguaje, aislándolos de Nico, envolviendo su nombre y su recuerdo en un algodón manchado y pegajoso. Y del otro lado mamá hacía lo mismo, confabulada inexplicablemente en el silencio. Cada carta hablaba de los perros, de Matilde, de Víctor, del salicilato, del pago de la pensión. Luis había esperado que alguna vez mamá aludiera a su hijo para aliarse con ella frente a Laura, obligar cariñosamente a Laura a que aceptara la existencia póstuma de Nico. No porque fuera necesario, a quién le importaba nada de Nico vivo o muerto, pero la tolerancia de su recuerdo en el panteón del pasado hubiera sido la oscura, irrefutable prueba de que Laura lo había olvidado verdaderamente y para siempre. Llamado a la plena luz de su nombre el íncubo se hubiera desvanecido, tan débil e inane como cuando pisaba la tierra. Pero Laura seguía callando el nombre de Nico, y cada vez que lo callaba, en el momento preciso en que hubiera sido natural que lo dijera y exactamente lo callaba, Luis sentía otra vez la presencia de Nico en el jardín de Flores, escuchaba su tos discreta preparando el más perfecto regalo de bodas imaginable, su muerte en plena luna de miel de la que había sido su novia, del que había sido su hermano.

Una semana más tarde Laura se sorprendió de que no hubiera llegado carta de mamá. Barajaron las hipótesis usuales, y Luis escribió esa misma tarde. La respuesta no lo inquietaba demasiado, pero hubiera querido (lo sentía al bajar la escalera por las mañanas) que la portera le diese a él la carta en vez de subirla al tercer piso. Una quincena más tarde reconoció el sobre familiar, el rostro del almirante Brown y una vista de las cataratas del Iguazú. Guardó el sobre antes de salir a la calle y contestar al saludo de Laura asomada a la ventana. Le pareció ridículo tener que doblar la esquina antes de abrir la carta. El Boby se había escapado a la calle y unos días después había comenzado a rascarse, contagio de algún perro sarnoso. Mamá iba a consultar a un veterinario amigo del tío Emilio, porque no era cosa de que el Boby le pegara la peste al Negro. El tío Emilio era de parecer que los bañara con acaroína, pero ella ya no estaba para esos trotes y sería mejor que el veterinario recetara algún polvo insecticida o algo para mezclar con la comida. La señora de al lado tenía un gato sarnoso, vaya a saber si los gatos no eran capaces de contagiar a los perros, aunque fuera a través del alambrado. Pero qué les iba a interesar a ellos esas charlas de vieja, aunque Luis siempre había sido muy cariñoso con los perros y de chico hasta dormía con uno a los pies de la cama, al revés de Nico que no le gustaban mucho. La señora de al lado aconsejaba espolvorearlos con dedeté por si no era sarna, los perros pescan toda clase de pestes cuando andan por la calle; en la esquina de Bacacay paraba un circo con animales raros, a lo mejor había microbios en el aire, esas cosas. Mamá no ganaba para sustos, entre el chico de la modista que se había quemado el brazo con leche hirviendo y el Boby sarnoso.

Después había como una estrellita azul (la pluma cucharita que se enganchaba en el papel, la exclamación de fastidio de mamá) y entonces unas reflexiones melancólicas sobre lo sola que se quedaría si también Nico se iba a Europa como parecía, pero ese era el destino de los viejos, los hijos son golondrinas que se van un día, hay que tener resignación mientras el cuerpo siga tirando. La señora de al lado...

Alguien empujó a Luis, le soltó una rápida declaración de derechos y obligaciones con acento marsellés. Vagamente comprendió que estaba estorbando el paso de la gente que entraba por el angosto corredor del *métro*.[11] El resto del día fue igualmente vago, telefoneó a Laura para decirle que no iría a almorzar, pasó dos horas en un banco de plaza releyendo la carta de mamá, preguntándose qué debería hacer frente a la insania. Hablar con Laura, antes de nada. Por qué (no era pregunta, pero cómo decirlo de otro modo) seguir ocultándole a Laura lo que pasaba. Ya no podía fingir que esta carta se había perdido como la otra, ya no podía creer a medias que mamá se había equivocado y escrito Nico por Víctor, y que era tan penoso que se estuviera poniendo chocha. Resueltamente esas cartas eran Laura, eran lo que iba a ocurrir con Laura. Ni siquiera eso: lo que ya había ocurrido desde el día de su casamiento, la luna de miel en Adrogué, las noches en que se habían querido desesperadamente en el barco que los traía a Francia. Todo era Laura, todo iba a ser Laura ahora que Nico quería venir a Europa en el delirio de mamá. Cómplices como nunca, mamá le estaba hablando a Laura de Nico, le estaba anunciando que Nico iba a venir a Europa, y lo decía así, Europa a secas, sabiendo tan bien que Laura comprendería que Nico iba a desembarcar en Francia, en París, en una casa donde se fingía exquisitamente haberlo olvidado, pobrecito.

Hizo dos cosas: escribió al tío Emilio señalándole los síntomas que lo inquietaban y pidiéndole que visitara inmediatamente a mamá para cerciorarse y tomar las medidas del caso. Bebió un coñac tras otro y anduvo a pie hacia su casa para pensar en el camino lo que debía decirle a Laura, porque al fin y al cabo tenía que hablar con Laura y ponerla al corriente. De calle en calle fue sintiendo cómo le costaba situarse en el presente, en lo que tendría

---

[11]el tren subterráneo de París.

que suceder media hora más tarde. La carta de mamá lo metía, lo ahogaba en la realidad de esos dos años de vida en París, la mentira de una paz traficada, de una felicidad de puertas para afuera, sostenida por diversiones y espectáculos, de un pacto involuntario de silencio en que los dos se desunían poco a poco como en todos los pactos negativos. Sí, mamá, sí, pobre Boby sarnoso, mamá. Pobre Boby, pobre Luis, cuanta sarna, mamá. Un baile del club de Flores, mamá, fui porque él insistía, me imagino que quería darse corte con su conquista. Pobre Nico, mamá, con esa tos seca en que nadie creía todavía, con ese traje cruzado a rayas, esa peinada a la brillantina, esas corbatas de rayón tan cajetillas. Uno charla un rato, simpatiza, cómo no va a bailar esa pieza con la novia del hermano, oh, novia es mucho decir, Luis, supongo que puedo llamarlo Luis, verdad. Pero sí, me extraña que Nico no la haya llevado a casa todavía, usted le va a caer tan bien a mamá. Este Nico es más torpe, a que ni siquiera habló con su papá. Tímido, sí, siempre fue igual. Como yo. ¿De qué se ríe, no me cree? Pero si yo no soy lo que parezco... ¿Verdad que hace calor? De veras, usted tiene que venir a casa, mamá va a estar encantada. Vivimos los tres solos, con los perros. Che Nico, pero es una vergüenza, te tenías escondido esto, malandra. Entre nosotros somos así, Laura, nos decimos cada cosa. Con tu permiso, yo bailaría este tango con la señorita.

Tan poca cosa, tan fácil, tan verdaderamente brillantina y corbata rayón. Ella había roto con Nico por error, por ceguera, porque el hermano rana había sido capaz de ganar de arrebato y darle vuelta la cabeza. Nico no juega al tenis, qué va a jugar, usted no lo saca del ajedrez y la filatelia, hágame el favor. Callado, tan poca cosa el pobrecito, Nico se había ido quedando atrás, perdido en un rincón del patio, consolándose con el jarabe pectoral y el mate amargo. Cuando cayó en cama y le ordenaron reposo coincidió justamente con un baile en Gimnasia y Esgrima de Villa del Parque. Uno no se va a perder esas cosas, máxime cuando va a tocar Edgardo Donato y la cosa promete. A mamá le parecía tan bien que él sacara a pasear a Laura, le había caído como una hija apenas la llevaron una tarde a la casa. Vos fijáte, mamá, el pibe está débil y capaz que le hace impresión si uno le cuenta. Los enfermos como él se imaginan cada cosa, de fija que va a creer que estoy afilando con Laura. Mejor que no sepa que vamos a Gimnasia. Pero yo no le dije eso a mamá, nadie de casa se enteró nunca que andábamos juntos. Hasta que se mejorara el enfermito, claro. Y así el tiempo, los bailes, dos o tres bailes, las radiografías de Nico, después el auto del petiso[12] Ramos, la noche de la farra en la casa de la Beba, las copas; el paseo en auto hasta el puente del arroyo, una luna, esa luna como una ventana de hotel allá arriba, y Laura en el auto negándose, un poco bebida, las manos hábiles, los besos, los gritos ahogados, la manta de vicuña, la vuelta al silencio, la sonrisa de perdón.

La sonrisa era casi la misma cuando Laura le abrió la puerta. Había carne al horno, ensalada, un flan. A las diez vinieron unos vecinos que eran sus compañeros de canasta. Muy tarde, mientras se preparaban para acostarse, Luis sacó la carta y la puso sobre la mesa de luz.

—No te hablé antes porque no quería afligirte. Me parece que mamá...

Acostado, dándole la espalda, esperó. Laura guardó la carta en el sobre, apagó el velador. La sintió contra él, no exactamente contra pero la oía respirar cerca de su oreja.

—¿Vos te das cuenta?—dijo Luis, cuidando su voz.

—Sí. ¿No creés que se habrá equivocado de nombre?

Tenía que ser. Peón cuatro rey, peón cuatro rey.[13] Perfecto.

A lo mejor quiso poner Víctor—dijo, clavándose lentamente las uñas en la palma de la mano.

—Ah, claro. Podría ser—dijo Laura. Caballo rey tres alfil.

Empezaron a fingir que dormían.

A Laura le había parecido bien que el tío Emilio fuera el único en enterarse, y los días pasaron sin que volvieran a hablar de eso. Cada vez que volvía a casa, Luis esperaba una frase o un gesto insólitos en Laura, un claro en esa guardia perfecta de calma y de silencio. Iban al cine como siempre, hacían el amor como siempre. Para Luis ya no había en Laura otro misterio que el de su resignada adhesión a esa vida en la que nada había llegado a ser lo que pudieron esperar dos años atrás. Ahora la conocía bien, a la hora de las confrontaciones definitivas tenía que admitir que Laura era como había sido Nico, de las que se quedan atrás y sólo obran por inercia, aunque empleara a veces una voluntad terrible en no hacer nada, en no vivir de veras para nada. Se hubiera entendido mejor con Nico que con él, y los dos lo venían sabiendo desde el día de su casamiento, desde las primeras tomas de posición que siguen a la blanda aquiescencia de la luna de miel y el deseo.

---

[12]petizo.

[13]alusión a movidas en el tablero de ajedrez.

Ahora Laura volvía a tener la pesadilla. Soñaba mucho, pero la pesadilla era distinta, Luis la reconocía entre muchos otros movimientos de su cuerpo, palabras confusas o breves gritos de animal que se ahoga. Había empezado a bordo, cuando todavía hablaban de Nico porque Nico acababa de morir y ellos se habían embarcado unas pocas semanas después. Una noche, después de acordarse de Nico y cuando ya se insinuaba el tácito silencio que se instalaría luego entre ellos, Laura había tenido la pesadilla. Se repetía de tiempo en tiempo y era siempre lo mismo, Laura lo despertaba con un gemido ronco, una sacudida convulsiva de las piernas, y de golpe un grito que era una negativa total, un rechazo con las dos manos y todo el cuerpo y toda la voz de algo horrible que le caía desde el sueño como un enorme pedazo de materia pegajosa. El la sacudía, la calmaba, le traía agua que bebía sollozando, acosada aún a medias por el otro lado de su vida. Decía no recordar nada, era algo horrible pero no se podía explicar, y acababa por dormirse llevándose su secreto, porque Luis sabía que ella sabía, que acababa de enfrentarse con aquel que entraba en su sueño, vaya a saber bajo qué horrenda máscara, y cuyas rodillas abrazaría Laura en un vértigo de espanto, quizá de amor inútil. Era siempre lo mismo, le alcanzaba un vaso de agua, esperando en silencio a que ella volviera a apoyar la cabeza en la almohada. Quizá un día el espanto fuera más fuerte que el orgullo, si eso era orgullo. Quizá entonces él podría luchar desde su lado. Quizá no todo estaba perdido, quizá la nueva vida llegara a ser realmente otra cosa que ese simulacro de sonrisas y de cine francés.

Frente a la mesa de dibujo, rodeado de gentes ajenas, Luis recobraba el sentido de la simetría y el método que le gustaba aplicar a la vida. Puesto que Laura no tocaba el tema, esperando con aparente indiferencia la contestación del tío Emilio, a él le correspondía entenderse con mamá. Contestó su carta limitándose a las menudas noticias de las últimas semanas, y dejó para la posdata una frase rectificatoria: "De modo que Víctor habla de venir a Europa. A todo el mundo le da por viajar, debe ser la propaganda de las agencias de turismo. Decíle que escriba, le podemos mandar todos los datos que necesite. Decíle también que desde ahora cuenta con nuestra casa".

El tío Emilio contestó casi a vuelta de correo, secamente como correspondía a un pariente tan cercano y tan resentido por lo que en el velorio de Nico había calificado de incalificable. Sin haberse disgustado de frente con Luis, había demostrado sus sentimientos con la sutileza habitual en casos parecidos, absteniéndose de ir a despedirlo al barco, olvidando dos años seguidos la fecha de su cumpleaños. Ahora se limitaba a cumplir con su deber de hermano político de mamá, y enviaba escuetamente los resultados. Mamá estaba muy bien pero casi no hablaba, cosa comprensible teniendo en cuenta los muchos disgustos de los últimos tiempos. Se notaba que estaba muy sola en la casa de Flores, lo cual era lógico puesto que ninguna madre que ha vivido toda la vida con sus dos hijos puede sentirse a gusto en una enorme casa llena de recuerdos. En cuanto a las frases en cuestión, el tío Emilio había procedido con el tacto que se requería en vista de lo delicado del asunto, pero lamentaba decirles que no había sacado gran cosa en limpio, porque mamá no estaba en vena de conversación y hasta lo había recibido en la sala, cosa que nunca hacía con su hermano político. A una insinuación de orden terapéutico, había contestado que aparte del reumatismo se sentía perfectamente bien, aunque en esos días la fatigaba tener que planchar tantas camisas. El tío Emilio se había interesado por saber de qué camisas se trataba, pero ella se había limitado a una inclinación de cabeza y un ofrecimiento de jerez y galletitas Bagley.

Mamá no les dio demasiado tiempo para discutir la carta del tío Emilio y su ineficacia manifiesta. Cuatro días después llegó un sobre certificado, aunque mamá sabía de sobra que no hay necesidad de certificar las cartas aéreas a París. Laura telefoneó a Luis y le pidió que volviera lo antes posible. Media hora más tarde la encontró respirando pesadamente, perdida en la contemplación de unas flores amarillas sobre la mesa. La carta estaba en la repisa de la chimenea, y Luis volvió a dejarla ahí después de la lectura. Fue a sentarse junto a Laura, esperó. Ella se encogió de hombros.

—Se ha vuelto loca—dijo.

Luis encendió un cigarrillo. El humo le hizo llorar los ojos. Comprendió que la partida continuaba, que a él le tocaba mover. Pero esa partida la estaban jugando tres jugadores, quizá cuatro. Ahora tenía la seguridad de que mamá también estaba al borde del tablero. Poco a poco resbaló en el sillón, y dejó que su cara se pusiera la inútil máscara de las manos juntas. Oía llorar a Laura, abajo corrían a gritos los chicos de la portera.

La noche trae consejo, etcétera. Les trajo un sueño pesado y sordo, después que los cuerpos se encontraron en una monótona batalla que en el fondo no habían deseado. Una vez más se cerraba el tácito acuerdo: por la mañana hablarían del tiempo, del crimen de Saint-Cloud, de James Dean. La carta seguía sobre la repisa y mientras bebían té no pudieron dejar de verla, pero Luis sabía que al volver del trabajo ya no la encontraría. Laura borraba las huellas con su fría, eficaz diligencia. Un día, otro día, otro día más. Una noche se rieron mucho con los cuentos de los vecinos, con una audición de

Fernadel. Se habló de ir a ver una pieza de teatro, de pasar un fin de semana en Fontainebleau.

Sobre la mesa de dibujo se acumulaban los datos innecesarios, todo coincidía con la carta de mamá. El barco llegaba efectivamente al Havre el viernes 17 por la mañana, y el tren especial entraba en Saint-Lazare a las 11.45. El jueves vieron la pieza de teatro y se divirtieron mucho. Dos noches antes Laura había tenido otra pesadilla, pero él no se molestó en traerle agua y la dejó que se tranquilizara sola, dándole la espalda. Después Laura durmió en paz, de día andaba ocupada cortando y cosiendo un vestido de verano. Hablaron de comprar una máquina de coser eléctrica cuando terminaran de pagar la heladera. Luis encontró la carta de mamá en el cajón de la mesa de luz y la llevó a la oficina. Telefoneó a la compañía naviera, aunque estaba seguro de que mamá daba las fechas exactas. Era su única seguridad, porque todo el resto no se podía siquiera pensar. Y ese imbécil del tío Emilio. Lo mejor sería escribirle a Matilde, por más que estuviesen distanciados Matilde comprendería la urgencia de intervenir, de proteger a mamá. ¿Pero realmente (no era una pregunta, pero cómo decirlo de otro modo) había que proteger a mamá, precisamente a mamá? Por un momento pensó en pedir larga distancia y hablar con ella. Se acordó del jerez y de las galletitas Bagley, se encogió de hombros. Tampoco había tiempo de escribir a Matilde, aunque en realidad había tiempo pero quizá fuese preferible esperar al viernes diecisiete antes de... El coñac ya no lo ayudaba ni siquiera a no pensar, o por lo menos a pensar sin tener miedo. Cada vez recordaba con más claridad la cara de mamá en las últimas semanas de Buenos Aires, después del entierro de Nico. Lo que él había entendido como dolor, se le mostraba ahora como otra cosa, algo donde había una rencorosa desconfianza, una expresión de animal que siente que van a abandonarlo en un terreno baldío lejos de la casa, para deshacerse de él. Ahora empezaba a ver de veras la cara de mamá. Recién ahora la veía de veras en aquellos días en que toda la familia se había turnado para visitarla, darle el pésame por Nico, acompañarla de tarde, y también Laura y él venían de Adrogué para acompañarla, para estar con mamá. Se quedaban apenas un rato porque después aparecía el tío Emilio, o Víctor, o Matilde, y todos eran una misma fría repulsa, la familia indignada por lo sucedido, por Adrogué, porque eran felices mientras Nico, pobrecito, mientras Nico. Jamás sospecharían hasta qué punto habían colaborado para embarcarlos en el primer buque a mano; como si se hubieran asociado para pagarles los pasajes, llevarlos cariñosamente a bordo con regalos y pañuelos.

Claro que su deber de hijo lo obligaba a escribir enseguida a Matilde. Todavía era capaz de pensar cosas así antes del cuarto coñac. Al quinto las pensaba de nuevo y se reía (cruzaba París a pie para estar más solo y despejarse la cabeza), se reía de su deber de hijo, como si los hijos tuvieran deberes, como si los deberes fueran los de cuarto grado, los sagrados deberes para la sagrada señorita del inmundo cuarto grado. Porque su deber de hijo no era escribir a Matilde. ¿Para qué fingir (no era una pregunta, pero como decirlo de otro modo) que mamá estaba loca? Lo único que se podía hacer era no hacer nada, dejar que pasaran los días, salvo el viernes. Cuando se despidió como siempre de Laura diciéndole que no vendría a almorzar porque tenía que ocuparse de unos afiches urgentes, estaba tan seguro del resto que hubiera podido agregar: "Si querés vamos juntos". Se refugió en el café de la estación, menos por disimulo que para tener la pobre ventaja de ver sin ser visto. A las once y treinta y cinco descubrió a Laura por su falda azul, la siguió a distancia, la vio mirar el tablero, consultar a un empleado, comprar un boleto de plataforma, entrar en el andén donde ya se juntaba la gente con el aire de los que esperan. Detrás de una zorra cargada de cajones de fruta miraba a Laura que parecía dudar entre quedarse cerca de la salida del andén o internarse por él. La miraba sin sorpresa, como a un insecto cuyo comportamiento podía ser interesante. El tren llegó casi en seguida y Laura se mezcló con la gente que se acercaba a las ventanillas de los coches buscando cada uno lo suyo, entre gritos y manos que sobresalían como si dentro del tren se estuvieran ahogando. Bordeó la zorra y entró al andén entre más cajones de fruta y manchas de grasa. Desde donde estaba vería salir a los pasajeros, vería pasar otra vez a Laura, su rostro lleno de alivio porque el rostro de Laura, ¿no estaría lleno de alivio? (No era una pregunta, pero cómo decirlo de otro modo.) Y después, dándose el lujo de ser el último una vez que pasaran los últimos viajeros y los últimos changadores, entonces saldría a su vez, bajaría a la plaza llena de sol para ir a beber coñac al café de la esquina. Y esa misma tarde escribiría a mamá sin la menor referencia al ridículo episodio (pero no era ridículo) y después tendría valor y hablaría con Laura (pero no tendría valor y no hablaría con Laura). De todas maneras coñac, eso sin la menor duda, y que todo se fuera al demonio. Verlos pasar así en racimos, abrazándose con gritos y lágrimas, las parentelas desatadas, un erotismo barato como un carrousel de feria barriendo el andén, entre valijas y paquetes y por fin, por fin, cuánto tiempo sin vernos, qué quemada estás, Ivette, pero sí, hubo un sol estupendo, hija. Puesto a buscar semejanzas, por gusto de aliarse a la imbecilidad, dos de los hombres que pasaban cerca debían ser argentinos por el corte de pelo, los sacos, el aire de suficiencia disimulando el azoramiento de entrar en París. Uno sobre todo se parecía a Nico, puesto a buscar semejanzas. El otro no, y en realidad éste tampoco apenas se le miraba el cuello mucho más grueso y la cintura más ancha. Pero puesto a buscar semejanzas por puro gusto, ese otro que ya había pasado y avanzaba hacia el portillo de salida, con una sola valija en la mano izquierda, Nico era zurdo como él, tenía esa espalda un poco cargada, ese corte de hombros. Y Laura debía haber pensado lo mismo porque venía detrás mirándolo, y en la cara una expresión que él conocía bien, la cara de Laura cuando despertaba de la pesadilla y se incorporaba en la cama mirando fijamente el aire, mirando, ahora lo sabía, a aquel que se alejaba dándole la espalda, consumada la innominable venganza que la hacía gritar y debatirse en sueños.

Puestos a buscar semejanzas, naturalmente el hombre era un desconocido, lo vieron de frente cuando puso la valija en el suelo para buscar el billete y entregarlo al del portillo. Laura salió la primera de la estación, la dejó que tomara distancia y se perdiera en la plataforma del autobús. Entró en el café de la esquina y se tiró en una banqueta. Más tarde no se acordó si había pedido algo de beber, si eso que le quemaba la boca era el regusto del coñac barato. Trabajó toda la tarde en los afiches, sin tomarse descanso. A ratos pensaba que tendría que escribirle a mamá, pero lo fue dejando pasar hasta la hora de salida. Cruzó París a pié, al llegar a casa encontró a la portera en el zaguán y charló un rato con ella. Hubiera querido quedarse hablando con la portera o los vecinos, pero todos iban entrando en los departamentos y se acercaba la hora de cenar. Subió despacio (en realidad siempre subía despacio para no fatigarse los pulmones y no toser) y al llegar al tercero se apoyó en la puerta antes de tocar el timbre, para descansar un momento en la actitud del que escucha lo que pasa en el interior de una casa. Después llamó con los dos toques cortos de siempre.

—Ah, sos vos—dijo Laura, ofreciéndole una mejilla fría—. Ya empezaba a preguntarme si habrías tenido que quedarte más tarde. La carne debe estar recocida.

No estaba recocida, pero en cambio no tenía gusto a nada. Si en ese momento hubiera sido capaz de preguntarle por qué había ido a la estación, tal vez el café hubiese recobrado el sabor, o el cigarrillo. Pero Laura no se había movido de casa todo el día, lo dijo como si necesitara mentir o esperara que él hiciera un comentario burlón sobre la fecha, las manías lamentables de mamá. Revolviendo el café, de codos sobre el mantel, dejó pasar una vez más el momento. La mentira de Laura ya no importaba, una más entre tantos besos ajenos, tantos silencios donde todo era Nico, donde no había nada en ella o en él que no fuera Nico. ¿Por qué (no era una pregunta, pero como decirlo de otro modo) no poner un tercer cubierto en la mesa? ¿Por qué no irse, por qué no cerrar el puño y estrellarlo en esa cara triste y sufrida que el humo del cigarrillo deformaba, hacía ir y venir como entre dos aguas, parecía llenar poco a poco de odio como si fuera la cara misma de mamá? Quizá estaba en la otra habitación, o quizá esperaba apoyado en la puerta como había esperado él, o se había instalado ya donde siempre había sido el amo, en el territorio blanco y tibio de las sábanas al que tantas veces había acudido en los sueños de Laura. Allí esperaría, tendido de espaldas, fumando también él su cigarrillo, tosiendo un poco, riéndose con una cara de payaso como la cara de los últimos días, cuando no le quedaba ni una gota de sangre sana en las venas.

Pasó al otro cuarto, fue a la mesa de trabajo, encendió la lámpara. No necesitaba releer la carta de mamá para contestarla como debía. Empezó a escribir, querida mamá. Escribió: querida mamá. Tiró el papel, escribió: mamá. Sentía la casa como un puño que se fuera apretando. Todo era más estrecho, más sofocante. El departamento había sido suficiente para dos, estaba pensado exactamente para dos. Cuando levantó los ojos (acababa de escribir: mamá), Laura estaba en la puerta, mirándolo. Luis dejó la pluma.

—¿A vos no te parece que está mucho más flaco?—dijo.

Laura hizo un gesto. Un brillo paralelo le bajaba por las mejillas.

—Un poco—dijo—. Uno va cambiando...

"Axolotl"

Hubo un tiempo en que yo pensaba mucho en los axolotl. Iba a verlos al acuario del Jardin des Plantes[14] y me quedaba horas mirándolos, observando su inmovilidad, sus oscuros movimientos. Ahora soy un axolotl.

El azar me llevó hasta ellos una mañana de primavera en que París abría su cola de pavorreal después de la lenta invernada. Bajé por el bulevar de Port Royal, tomé St. Marcel y L'Hôpital, vi los verdes entre tanto gris y me acordé de los leones. Era amigo de los leones y las panteras, pero nunca había entrado en el húmedo y oscuro edificio de los acuarios. Dejé mi bicicleta contra las rejas y fui a ver los tulipanes. Los leones estaban feos y tristes y mi pantera dormía. Opté por los acuarios, soslayé peces vulgares hasta dar inesperadamente con los axolotl. Me quedé una hora mirándolos y salí, incapaz de otra cosa.

---

[14]Jardín Botánico, en París.

En la biblioteca Sainte-Geneviève consulté un diccionario y supe que los axolotl son formas larvales, provistas de branquias, de una especie de batracios del género amblistoma. Que eran mexicanos lo sabía ya por ellos mismos, por sus pequeños rostros rosados aztecas y el cartel en lo alto del acuario. Leí que se han encontrado ejemplares en Africa capaces de vivir en tierra durante los períodos de sequía, y que continuan su vida en el agua al llegar la estación de lluvias. Encontré su nombre en español, ajolote, la mención de que son comestibles y que su aceite se usaba (se diría que ya no se usa más) como el de hígado de bacalao.

No quise consultar obras especializadas, pero volví al día siguiente al Jardin des Plantes. Empecé a ir todas las mañanas, a veces de mañana y de tarde. El guardián de los acuarios sonreía perplejo al recibir el billete. Me apoyaba en la barra de hierro que bordea los acuarios y me ponía a mirarlos. No hay nada de extraño en esto, porque desde un primer momento comprendí que estábamos vinculados, que algo infinitamente perdido y distante seguía sin embargo uniéndonos. Me había bastado detenerme aquella primera mañana ante el cristal donde unas burbujas corrían en el agua. Los axolotl se amontonaban en el mezquino y angosto (sólo yo puedo saber cuán angosto y mezquino) piso de piedra y musgo del acuario. Había nueve ejemplares, y la mayoría apoyaba la cabeza contra el cristal, mirando con sus ojos de oro a los que se acercaban. Turbado, casi avergonzado, sentí como una impudicia asomarme a esas figuras silenciosas e inmóviles aglomeradas en el fondo del acuario. Aislé mentalmente una, situada a la derecha y algo separada de las otras, para estudiarla mejor. Vi un cuerpecito rosado y como translúcido (pensé en las estatuillas chinas de cristal lechoso), semejante a un pequeño lagarto de quince centímetros, terminado en una cola de pez de una delicadeza extraordinaria, la parte más sensible de nuestro cuerpo. Por el lomo le corría una aleta transparente que se fusionaba con la cola, pero lo que me obsesionó fueron las patas, de una finura sutilísima, acabadas en menudos dedos, en uñas minuciosamente humanas. Y entonces descubrí sus ojos, su cara. Un rostro inexpresivo, sin otro rasgo que los ojos, dos orificios como cabeza de alfiler, enteramente de un oro transparente, carentes de toda vida pero mirando, dejándose penetrar por mi mirada que parecía pasar a través del punto áureo y perderse en un diáfano misterio interior. Un delgadísimo halo negro rodeaba el ojo y lo inscribía en la carne rosa, en la piedra rosa de la cabeza vagamente triangular pero con lados curvos e irregulares, que le daban una total semejanza con una estatuilla corroída por el tiempo. La boca estaba disimulada por el plano triangular de la cara, sólo de perfil se adivinaba su tamaño considerable; de frente una fina hendedura rasgaba apenas la piedra sin vida. A ambos lados de la cabeza, donde hubieran debido estar las orejas, le crecían tres ramitas rojas como de coral, una excrecencia vegetal, las branquias, supongo. Y era lo único vivo en él, cada diez o quince segundos las ramitas se enderezaban rígidamente y volvían a bajarse. A veces una pata se movía apenas, yo veía los diminutos dedos posándose con suavidad en el musgo. Es que no nos gusta movernos mucho, y el acuario es tan mezquino; apenas avanzamos un poco nos damos con la cola o la cabeza de otro de nosotros; surgen dificultades, peleas, fatiga. El tiempo se siente menos si nos estamos quietos.

Fue su quietud lo que me hizo inclinarme fascinado la primera vez que vi los axolotl. Oscuramente me pareció comprender su voluntad secreta, abolir el espacio y el tiempo con una inmovilidad indiferente. Después supe mejor la contracción de las branquias, el tanteo de las finas patas en las piedras, la repentina natación (algunos de ellos nadan con la simple ondulación del cuerpo) me probó que eran capaces de evadirse de ese sopor mineral en que pasaban horas enteras. Sus ojos, sobre todo, me obsesionaban. Al lado de ellos, en los restantes acuarios, diversos peces me mostraban la simple estupidez de sus hermosos ojos semejantes a los nuestros. Los ojos de los axolotl me decían de la presencia de una vida diferente, de otra manera de mirar. Pegando mi cara al vidrio (a veces el guardián tosía, inquieto) buscaba ver mejor los diminutos puntos áureos, esa entrada al mundo infinitamente lento y remoto de las criaturas rosadas. Era inútil golpear con el dedo en el cristal, delante de sus caras; jamás se advertía la menor reacción. Los ojos de oro seguían ardiendo con su dulce, terrible luz; seguían mirándome desde una profundidad insondable que me daba vértigo.

Y sin embargo estaban cerca. Lo supe antes de esto, antes de ser un axolotl. Lo supe el día en que me acerqué a ellos por primera vez. Los rasgos antropomórficos de un mono revelan, al revés de lo que cree la mayoría, la distancia que va de ellos a nosotros. La absoluta falta de semejanza de los axolotl con el ser humano me probó que mi reconocimiento era válido, que no me apoyaba en analogías fáciles. Sólo las manecitas... Pero una lagartija tiene también manos así, y en nada se nos parece. Yo creo que era la cabeza de los axolotl, esa forma triangular rosada con los ojillos de oro. Eso miraba y sabía. Eso reclamaba. No eran *animales*.

Parecía fácil, casi obvio, caer en la mitología. Empecé viendo en los axolotl una metamorfosis que no conseguía anular una misteriosa humanidad. Los imaginé conscientes, esclavos de su cuerpo, infinitamente condenados a un silencio abismal, a una reflexión desesperada. Su mirada ciega, el diminuto disco de oro inexpresivo y sin embargo terriblemente lúcido, me penetraba como un mensaje: "Sálvanos, sálvanos". Me sorprendía musitando palabras de consuelo, transmitiendo pueriles esperanzas. Ellos seguían mirándome, inmóviles; de pronto las ramillas rosadas de las branquias se enderezaban. En ese instante yo sentía como un dolor sordo; tal vez me veían, captaban mi esfuerzo por penetrar en lo impenetrable de sus vidas. No eran seres humanos, pero en ningún animal había encontrado una relación tan profunda conmigo. Los axolotl eran como testigos de algo, y a veces como horribles jueces. Me sentía innoble frente a ellos; había una pureza tan espantosa en esos ojos transparentes. Eran larvas, pero larva quiere decir máscara y también fantasma. Detrás de esas caras aztecas, inexpresivas y sin embargo de una crueldad implacable, ¿qué imagen esperaba su hora?

Les temía. Creo que de no haber sentido la proximidad de otros visitantes y del guardián, no me hubiera atrevido a quedarme solo con ellos. "Usted se los come con los ojos", me decía riendo el guardián, que debía suponerme un poco desequilibrado. No se daba cuenta de que eran ellos los que me devoraban lentamente por los ojos, en un canibalismo de oro. Lejos del acuario no hacía más que pensar en ellos, era como si me influyeran a distancia. Llegué a ir todos los días, y de noche los imaginaba inmóviles en la oscuridad, adelantando lentamente una mano que de pronto encontraba la de otro. Acaso sus ojos veían en plena noche, y el día continuaba para ellos indefinidamente. Los ojos del axolotl no tienen párpados.

Ahora sé que no hubo nada de extraño, que eso tenía que ocurrir. Cada mañana, al inclinarme sobre el acuario, el reconocimiento era mayor. Sufrían, cada fibra de mi cuerpo alcanzaba ese sufrimiento amordazado, esa tortura rígida en el fondo del agua. Espiaban algo, un remoto señorío aniquilado, un tiempo de libertad en que el mundo había sido de los axolotl. No era posible que una expresión tan terrible que alcanzaba a vencer la inexpresividad forzada de sus rostros de piedra, no portara un mensaje de dolor, la prueba de esa condena eterna, de ese infierno líquido que padecían. Inútilmente quería probarme que mi propia sensibilidad proyectaba en los axolotl una conciencia inexistente. Ellos y yo sabíamos. Por eso no hubo nada de extraño en lo que ocurrió. Mi cara estaba pegada al vidrio del acuario, mis ojos trataban una vez más de penetrar el misterio de esos ojos de oro sin iris y sin pupila. Veía de muy cerca la cara de un axolotl inmóvil junto al vidrio. Sin transición, sin sorpresa, vi mi cara contra el vidrio, la vi fuera del acuario, la vi del otro lado del vidrio, en vez del axolotl vi mi cara contra el vidrio. Entonces mi cara se apartó y yo comprendí.

Sólo una cosa era extraña: seguir pensando como antes, saber. Darme cuenta de eso fue en el primer momento como el horror del enterrado vivo que despierta a su destino. Afuera, mi cara volvía a acercarse al vidrio, veía mi boca de labios apretados por el esfuerzo de comprender a los axolotl. Yo era un axolotl y sabía ahora instantáneamente que ninguna comprensión era posible. El estaba fuera del acuario, su pensamiento era un pensamiento fuera del acuario. Conociéndolo, siendo él mismo, yo era un axolotl y estaba en mi mundo. El horror venía—lo supe en el mismo momento—de creerme prisionero en un cuerpo de axolotl, transmigrado a él con mi pensamiento de hombre, enterrado vivo en un axolotl, condenado a moverme lúcidamente entre criaturas insensibles. Pero aquello cesó cuando una pata vino a rosarme la cara, cuando moviéndome apenas a un lado vi a un axolotl junto a mí que me miraba, y supe que también él sabía, sin comunicación posible pero tan claramente. O yo estaba también en él, o todos nosotros pensábamos como un hombre, incapaces de expresión, limitados al resplandor dorado de nuestros ojos que miraban la cara del hombre pegada al acuario.

El volvió muchas veces, pero viene menos ahora. Pasa semanas sin asomarse. Ayer lo ví, me miró largo rato y se fue bruscamente. Me pareció que no se interesaba tanto por nosotros, que obedecía a una costumbre. Como lo único que hago es pensar, pude pensar mucho en él. Se me ocurre que al principio continuamos comunicados, que él se sentía más que nunca unido al misterio que lo obsesionaba. Pero los puentes están cortados entre él y yo, porque lo que era su obsesión es ahora un axolotl, ajeno a su vida de hombre. Creo que al principio yo era capaz de volver en cierto modo a él—ah, sólo en cierto modo—y mantener alerta su deseo de conocernos mejor. Ahora soy definitivamente un axolotl, y si pienso como un hombre es sólo porque todo axolotl piensa como un hombre dentro de su imagen de piedra rosa. Me parece que de todo esto alcancé a comunicarle algo en los primeros días, cuando yo era todavía él. Y en esta soledad final, a la que él ya no vuelve, me consuela pensar que acaso va a escribir sobre nosotros, creyendo imaginar un cuento va a escribir todo esto sobre los axolotl.

"Las armas secretas"

Curioso que la gente crea que tender una cama es exactamente lo mismo que tender una cama, que dar la mano es siempre lo mismo que dar la mano, que abrir una lata de sardinas es abrir al infinito la misma lata de sardinas. "Pero si todo es excepcional", piensa Pierre alisando torpemente el gastado cobertor azul. "Ayer llovía, hoy hubo sol, ayer estaba triste, hoy va a venir Michèle. Lo único invariable es que jamás conseguiré que esta cama tenga un aspecto presentable". No importa, a las mujeres les gusta el desorden de un cuarto de soltero, pueden sonreir (la madre asoma en todos sus dientes) y arreglar las cortinas, cambiar de sitio un florero o una silla, decir sólo a tí se te podía ocurrir poner esa mesa donde no hay luz. Michèle dirá probablemente cosas así, andará tocando y moviendo libros y lámparas, y él la dejará hacer mirándola todo el tiempo, tirado en la cama o hundido en el viejo sofá, mirándola a través del humo de una Gauloise y deseándola.

"Las seis, la hora grave", piensa Pierre. La hora dorada en que todo el barrio de Saint-Sulpice empieza a cambiar, a prepararse para la noche. Pronto saldrán las chicas del estudio del notario, el marido de madame Lenôtre arrastrará su pierna por las escaleras, se oirán las voces de las hermanas del sexto piso, inseparables a la hora de comprar el pan y el diario. Michèle ya no puede tardar, a menos que se pierda o se vaya demorando por la calle, con su especial aptitud para detenerse en cualquier parte y hechar a viajar por los pequeños mundos particulares de las vitrinas. Después le contará: un oso de cuerda, un disco de Couperin, una cadena de bronce con una piedra azul, las obras completas de Stendhal, la moda de verano. Razones tan comprensibles para llegar un poco tarde. Otra Gauloise, entonces, otro trago de coñac. Le dan ganas de escuchar unas canciones de MacOrlan, busca sin mucho esfuerzo entre montones de papeles y cuadernos. Seguro que Roland o Babette se han llevado el disco; bien podrían avisarle cuando se llevan algo suyo. ¿Por qué no llega Michèle? Se sienta al borde de la cama, arrugando el cobertor. Ya está, ahora tendrá que tirar de un lado y de otro, reaparecerá el maldito borde de la almohada. Huele terriblemente a tabaco. Cientos y cientos de Gauloises fumadas en cientos y cientos de días: una tesis, algunas amigas, dos crisis hepáticas, novelas, aburrimiento. ¿Cientos y cientos de Gauloises? Siempre lo sorprende descubrirse inclinado sobre lo nimio, dándole importancia a los detalles. Se acuerda de viejas corbatas que ha tirado a la basura hace diez años, del color de una estampilla del Congo Belga, orgullo de una infancia filatélica. Como si en el fondo de la memoria supiera exactamente cuantos cigarrillos ha fumado en su vida, qué gusto tenía cada uno, en que momento lo encendió, dónde tiró la colilla. A lo mejor las cifras absurdas que a veces aparecen en sus sueños son asomos de esa implacable contabilidad. "Pero entonces Dios existe", piensa Pierre. El espejo del armario le devuelve su sonrisa, obligándolo como siempre a recomponer el rostro, a echar hacia atrás el mechón de pelo negro que Michèle amenaza cortarle. ¿Por qué no llega Michèle? "Porque no quiere entrar en mi cuarto", piensa Pierre. Pero para poder cortarle un día el mechón de la frente tendrá que entrar en su cuarto y acostarse en su cama. Alto precio paga Dalila, no se llega sin más al pelo de un hombre. Pierre se dice que es un estúpido por haber pensado que Michèle no quiere subir a su cuarto. Lo ha pensado sordamente, como desde lejos. A veces el pensamiento parece tener que abrirse camino por incontables barreras, hasta proponerse y ser escuchado. Es idiota haber pensado que Michèle no quiere subir a su cuarto. Si no viene es porque está absorta delante de la vitrina de una ferretería o una tienda, encantada con la visión de una pequeña foca de porcelana o una litografía de Zao-Wu-Ki. Le parece verla, y a la vez se da cuenta de que está imaginando una escopeta de doble caño, justamente cuando traga el humo del cigarrillo y se siente como perdonado de su tontería. Una escopeta de doble caño no tiene nada de raro, pero qué puede hacer a esa hora y en su pieza la idea de una escopeta de doble caño, y esa sensación como de extrañamiento. No le gusta esa hora en que todo vira al lila, al gris. Estira indolentemente el brazo para encender la lámpara de la mesa. ¿Por qué no llega Michèle? Ya no vendrá, es inútil seguir esperando. Habrá que pensar que realmente no quiere venir a su cuarto. En fin, en fin. Nada de tomarlo a lo trágico; otro coñac, la novela empezada, bajar a comer algo al bistró de León. Las mujeres serán siempre las mismas, en Enghien o en París, jóvenes o maduras. Su teoría de los casos excepcionales empieza a venirse al suelo, la ratita retrocede antes de entrar a la ratonera. ¿Pero qué ratonera? Un día u otro, antes o después... La ha estado esperando desde las cinco, aunque ella debía llegar a las seis; ha alisado especialmente para ella el cobertor azul, se ha trepado como un idiota a una silla, plumero en mano, para desprender una insignificante tela de araña que no hacía mal a nadie. Y sería tan natural que en ese mismo momento ella bajara del autobús en Saint-Sulpice y se acercara a su casa, deteniéndose ante las vitrinas o mirando las palomas de la plaza. No hay ninguna razón para que no quiera subir a su cuarto. Claro que tampoco hay ninguna razón para pensar en una escopeta de doble caño, o decidir que en este momento Michaux sería mejor lectura que Graham Greene. La elección instantánea preocupa siempre a Pierre. No puede ser que todo sea gratuito, que un mero azar decida Greene contra Michaux, Michaux contra Enghien, es decir, contra Greene. Incluso confundir una localidad como Enghien con un escritor como Greene...[15] "No puede ser que todo sea tan absurdo", piensa Pierre tirando el cigarrillo. "Y si no viene es porque le ha pasado algo; no tiene nada que ver con nosotros dos".

---

[15](1904-91), novelista inglés.

Baja a la calle, espera un rato en la puerta. Ve encenderse las luces en la plaza. En lo de León no hay casi nadie cuando se sienta en una mesa de la calle y pide una cerveza. Desde donde está puede ver la entrada de su casa, de modo que si todavía... León habla de la vuelta de Francia; llegan Nicole y su amiga, la florista de la voz ronca. La cerveza está helada, será cosa de pedir unas salchichas. En la entrada de su casa el chico de la portera juega a saltar en un pié. Cuando se cansa se pone a saltar sobre el otro sin moverse de la puerta.

—Qué tontería—dice Michèle—. ¿Por qué no iba querer ir a tu casa, si habíamos quedado en eso?

Edmond trae el café de las once de la mañana. No hay casi nadie a esa hora, y Edmond se demora al lado de la mesa para comentar la Vuelta de Francia.[16] Después Michèle explica lo presumible, lo que Pierre hubiera debido pensar. Los frecuentes desvanecimientos de su madre, papá que se asusta y telefonea a la oficina, saltar a un taxi para que luego no sea nada, un mareo insignificante. Todo eso no ocurre por primera vez, pero hace falta ser Pierre para...

—Me alegro de que ya esté bien—dice tontamente Pierre.

Pone una mano sobre la mano de Michèle. Michèle pone su otra mano sobre la de Pierre. Pierre pone su otra mano sobre la de Michèle, Michèle saca la mano de abajo y la pone encima. Michèle saca la mano de abajo y apoya la palma sobre la nariz de Pierre.

—Fría como la de un perrito.

Pierre admite que la temperatura de su nariz es un enigma insondable.

—Bobo—dice Michèle, resumiendo la situación.

Pierre la besa en la frente, sobre el pelo. Como ella agacha la cabeza, le toma el mentón y la obliga a que lo mire antes de besarla en la boca. La besa una, dos veces. Huele a algo fresco, a la sombra bajo los árboles. *Im wunderschonen Monat Mai*, oye distintamente la melodía. Lo admira vagamente recordar tan bien las palabras, que sólo traducidas tienen pleno sentido para él. Pero le gusta la melodía, las palabras suenan tan bien contra el pelo de Michèle, contra su boca húmeda. *Im wunderschonen Monat Mai, als...*[17]

La mano de Michèle se hinca en su hombro, le clava las uñas.

---

[16]Le Tour de France, una carrera de autos.
[17]En el precioso mes de mayo, cuando... (alemán).

—Me haces daño—dice Michèle rechazándolo, pasándose los dedos por los labios.

Pierre ve la marca de sus dientes en el borde del labio. Le acaricia la mejilla y la besa otra vez, livianamente. ¿Michèle está enojada? No, no está. ¿Cuándo, cuándo van a encontrarse a solas? Le cuesta comprender, las explicaciones de Michèle parecen referirse a otra cosa. Obstinado en la idea de verla llegar algún día a su casa, de que va a subir los cinco pisos y entrar en su cuarto, no entiende que todo se ha despejado de golpe, que los padres de Michèle se van por quince días a la granja. Que se vayan, mejor así, porque entonces Michèle... De golpe se da cuenta, se queda mirándola. Michèle ríe.

—¿Vas a estar sola en tu casa estos quince días?

—Qué bobo eres—dice Michèle. Alarga un dedo y dibuja invisibles estrellas, rombos, suaves espirales. Por supuesto su madre cuenta con que la fiel Babette la acompañará esas dos semanas, ha habido tantos robos y asaltos en los suburbios. Pero Babette se quedará en París todo lo que ellos quieran.

Pierre no conoce el pabellón aunque lo ha imaginado tantas veces que es como si ya estuviera en él, entra con Michèle en un saloncito agobiado de muebles vetustos, sube una escalera después de rozar con los dedos la bola de vidrio donde nace el pasamanos. No sabe por qué la casa le desagrada, tiene ganas de salir al jardín aunque cuesta creer que un pabellón tan pequeño pueda tener un jardín. Se desprende con esfuerzo de la imagen, descubre que es feliz, que está en el café con Michèle, que la casa será distinta de eso que imagina y que lo ahoga un poco con sus muebles y sus alfombras desvaídas. "Tengo que pedirle la motocicleta a Xavier", piensa Pierre. Vendrá a esperar a Michèle y en media hora estarán en Clamart, tendrán dos fines de semana para hacer excursiones, habrá que conseguir un termo y comprar Nescafé.

—¿Hay una bola de vidrio en la escalera de tu casa?

—No—dice Michèle—, te confundes con...

Calla, como si algo le molestara en la garganta. Hundido en la banqueta, la cabeza apoyada en el alto espejo con que Edmond pretende multiplicar las mesas del café, Pierre admite vagamente que Michèle es como una gata o un retrato anónimo. La conoce de hace tan poco, quizá también ella lo encuentra difícil de entender. Por lo pronto quererse no es ninguna explicación, como no lo es tener amigos comunes o compartir opiniones políticas. Siempre se empieza por creer que no hay misterio en nadie, es tan fácil acumular noticias: Michèle Duvernois, veinticuatro años, pelo castaño, ojos grises, empleada de escritorio. Y ella también sabe que Pierre Jolivet, veintitrés años, pelo rubio... Pero mañana irá con ella a su casa, en media hora de viaje estarán en Enghien. "Dale con Enghien", piensa Pierre, rechazando el nombre como si fuera una mosca. Tendrán quince días para estar juntos, y en la casa hay un jardín, probablemente tan distinto del que imagina, tendrá que preguntarle a Michèle como es el jardín, pero Michèle está llamando a Edmond, son más de las once y media y el gerente fruncirá la nariz si la ve volver tarde.

Quédate un poco más—dice Pierre—. Ahí vienen Roland y Babette. Es increíble como nunca podemos estar solos en este café.

—¿Solos?—dice Michèle—. Pero si venimos para encontrarnos con ellos.

—Ya sé, pero lo mismo.

Michèle se encoge de hombros, y Pierre sabe que lo comprende y que en el fondo también lamenta que los amigos aparezcan tan puntualmente. Babette y Roland traen su aire habitual de plácida felicidad que esta vez lo irrita y lo impacienta. Están del otro lado, protegidos por el rompeolas del tiempo; sus cóleras y sus insatisfacciones pertenecen al mundo, a la política o al arte, nunca a ellos mismos, a su relación más profunda. Salvados por la costumbre, por los gestos mecánicos. Todo alisado, planchado, guardado, numerado. Cerditos contentos, pobres muchachos tan buenos amigos. Está a punto de no estrechar la mano que le tiende Roland, traga saliva, lo mira en los ojos, después le aprieta los dedos como si quisiera rompérselos. Roland ríe y se sienta frente a ellos; trae noticias de un cine club, habrá que ir sin falta el lunes. "Cerditos contentos", mastica Pierre. Es idiota, es injusto. Pero un film de Pudovkin, vamos, ya se podría ir buscando algo nuevo.

—Lo nuevo—se burla Babette—. Lo nuevo. Qué viejo estás, Pierre.

Ninguna razón para no querer darle la mano a Roland.

—Y se había puesto una blusa naranja que le quedaba tan bien —cuenta Michèle.

Roland ofrece Gauloises y pide café. Ninguna razón para no querer darle la mano a Roland.

—Sí, es una chica inteligente—dice Babette.

Roland mira a Pierre y le guiña un ojo. Tranquilo, sin problemas. Absolutamente sin problemas, cerdito tranquilo. A Pierre le da asco esa tranquilidad, que Michèle pueda estar hablando de una blusa naranja, tan lejos de él como siempre. No tiene nada que ver con ellos, ha entrado el último en el grupo, lo toleran apenas.

Mientras habla (ahora es cuestión de unos zapatos) Michèle se pasa un dedo por el borde del labio. Ni siquiera es capaz de besarla bien, le ha hecho daño y Michèle se acuerda. Y todo el mundo le hace daño a él, le guiñan un ojo, le sonríen, lo quieren mucho. Es como un peso en el pecho, una necesidad de irse y estar solo en su cuarto preguntándose por qué Babette y Roland se han llevado un disco sin avisarle.

Michèle mira el reloj y se sobresalta. Arreglan lo del cine club, Pierre paga el café. Se siente mejor, quisiera charlar un poco más con Roland y Babette, los saluda con afecto. Cerditos buenos, tan amigos de Michèle.

Roland los ve alejarse, salir a la calle bajo el sol. Bebe despacio su café.

—Me pregunto—dice Roland.

—Yo también—dice Babette.

—¿Por qué no, al fin y al cabo?

—Por qué no, claro. Pero sería la primera vez desde entonces.

—Ya es tiempo de que Michèle haga algo de su vida—dice Roland—. Y si quieres mi opinión, está muy enamorada.

—Los dos están muy enamorados.

Roland se queda pensando.

Se ha citado con Xavier en un café de la plaza Saint-Michel, pero llega demasiado temprano. Pide cerveza y ojea el diario; no se acuerda bien de lo que ha hecho desde que se separó de Michèle en la puerta de la oficina. Los últimos meses son tan confusos como la mañana que aún no ha transcurrido y es ya una mezcla de falsos recuerdos, de equivocaciones. En esa remota vida que lleva, la única certidumbre es haber estado lo más cerca posible de Michèle, esperando y dándose cuenta que no basta con eso, que todo es vagamente asombroso, que no sabe nada de Michèle, absolutamente nada en realidad (tiene ojos grises, tiene cinco dedos en cada mano, es soltera, se peina como una chiquilla), absolutamente nada en realidad. Entonces si uno no sabe nada de Michèle, basta dejar de verla un momento para que el hueco se vuelva una maraña espesa y amarga: te tiene miedo, te tiene asco, a veces te rechaza en lo más hondo de un beso, no se quiere acostar contigo, tiene horror de algo, esta misma mañana te ha rechazado con violencia (y qué encantadora estaba, y cómo se ha pegado contra tí en el momento de despedirse, y cómo lo ha preparado todo para reunirse contigo mañana e ir juntos a su casa de Enghien) y tú le has dejado la marca de los dientes en la boca, la estabas besando y la has mordido y ella se ha quejado, se ha pasado los dedos por la boca y se ha quejado sin enojo, un poco asombrada solamente, *als alle Knospen sprangen*,[18] tú cantabas por dentro Schumann, pedazo de

---

[18]Cuando los botones brotaron (alemán).

bruto, cantabas mientras la mordías en la boca y ahora te acuerdas, además subías una escalera, sí, la subías, rozabas con la mano la bola de vidrio donde nace el pasamanos, pero después Michèle ha dicho que en su casa no hay ninguna bola de vidrio.

Pierre resbala en la banqueta, busca los cigarrillos. En fin, tampoco Michèle sabe mucho de él, no es nada curiosa aunque tenga esa manera atenta y grave de escuchar las confidencias, esa aptitud para compartir un momento de vida, cualquier cosa, un gato que sale de una puerta cochera, una tormenta en la Cité,[19] una hoja de trébol, un disco de Gerry Mulligan. Atenta, entusiasta y grave a la vez, tan igual para escuchar y para hacerse escuchar. Es así cómo de encuentro en encuentro, de charla en charla, han derivado a la soledad de la pareja en la multitud, un poco de política, novelas, ir al cine, besarse cada vez más hondamente, permitir que su mano baje por la garganta, roce los senos, repita la interminable pregunta sin respuesta. Llueve, hay que refugiarse en un portal; el sol cae sobre la cabeza, entraremos en esa librería, mañana te presentaré a Babette, es una vieja amiga, te va a gustar. Y después sucederá que el amigo de Babette es un antiguo camarada de Xavier que es el mejor amigo de Pierre, y el círculo se irá cerrando, a veces en casa de Babette y Roland, a veces en el consultorio de Xavier o en los cafés del barrio latino por la noche. Pierre agradecerá, sin explicarse la causa de su gratitud, que Babette y Roland sean tan amigos de Michèle y que den la impresión de protegerla discretamente, sin que Michèle necesite ser protegida. Nadie habla mucho de los demás en ese grupo; prefieren los grandes temas, la política o los procesos, y sobre todo mirarse satisfechos, cambiar cigarrillos, sentarse en los cafés y vivir sintiéndose rodeados de camaradas. Ha tenido suerte de que lo acepten y lo dejen entrar; no son fáciles, conocen los métodos más seguros para desanimar a los advenedizos. "Me gustan", se dice Pierre, bebiendo el resto de la cerveza. Quizá crean que ya es el amante de Michèle, por lo menos Xavier ha de creerlo; no le entraría en la cabeza que Michèle haya podido negarse todo ese tiempo, sin razones precisas, simplemente negarse y seguir encontrándose con él, saliendo juntos, dejándolo hablar o hablando ella. Hasta a la extrañeza es posible acostumbrarse, creer que el misterio se explica por sí mismo y que uno acaba por vivir dentro, aceptando lo inaceptable, despidiéndose en las esquinas o en los cafés cuando todo sería tan simple, una escalera con una bola de vidrio en el nacimiento del pasamanos que lleva al

---

[19]ciudad = el viejo núcleo central de París.

encuentro, al verdadero. Pero Michèle ha dicho que no hay ninguna bola de vidrio.

Alto y flaco, Xavier trae su cara de los días de trabajo. Habla de unos experimentos, de la biología como una incitación al escepticismo. Se mira un dedo, manchado de amarillo, Pierre le pregunta:

—¿Te ocurre pensar de golpe en cosas completamente ajenas a lo que estabas pensando?

—Completamente ajenas es una hipótesis de trabajo y nada más—dice Xavier.

—Me siento bastante raro estos días. Deberías darme alguna cosa, una especie de objetivador.

—¿De objetivador?—dice Xavier—. Eso no existe, viejo.

—Pienso demasiado en mí mismo—dice Pierre—. Es idiota.

—¿Y Michèle, no te objetiva?

—Precisamente, ayer me ocurrió que...

Se oye hablar, ve a Xavier que lo está viendo, ve la imagen de Xavier en un espejo, la nuca de Xavier, se ve a sí mismo hablando para Xavier (pero por qué se me tiene que ocurrir que hay una bola de vidrio en el pasamanos), y de cuando en cuando asiste al movimiento de cabeza de Xavier, el gesto profesional tan ridículo cuando no se está en un consultorio y el médico no tiene puesto el guardapolvo que lo sitúa en otro plano y le confiere otras potestades.

—Enghien—dice Xavier—. No te preocupes por eso, yo siempre confundo Le Mans con Menton. La culpa será de alguna maestra, allá en la lejana infancia.

Im wunderschonen Monat Mai, tararea la memoria de Pierre.

—Si no duermes bien avísame y te daré alguna cosa—dice Xavier—. De todas maneras estos quince días en el paraíso bastarán, estoy seguro. No hay como compartir una almohada, eso aclara completamente las ideas; a veces hasta acaba con ellas, lo cual es una tranquilidad.

Quizá si trabajara más, si se cansara más, si pintara su habitación o hiciera a pié el trayecto hasta la facultad en vez de tomar el autobús. Si tuviera que ganar los setenta mil francos que le mandan sus padres. Apoyado en el pretil del Pont Neuf mira pasar las barcazas y siente el sol de verano en el cuello y los hombros. Un grupo de muchachas ríe y juega, se oye el trote de un caballo; un ciclista pelirrojo silba largamente al cruzarse con las muchachas, que ríen con más fuerza, y es como si las hojas secas se levantaran y le comieran la cara en un solo y horrible mordisco negro.

Pierre se frota los ojos, se endereza lentamente. No han sido palabras, tampoco una visión: algo entre las dos, una imagen descompuesta en tantas palabras como hojas secas en el suelo (que se ha levantado para darle en plena cara). Ve que su mano derecha está temblando contra el pretil. Aprieta el puño, lucha hasta dominar el temblor. Xavier ya andará lejos, sería inútil correr tras él, agregar una nueva anécdota al muestrario insensato. "Hojas secas", dirá Xavier. "Pero no hay hojas secas en el Pont Neuf".[20] Como si él no supiera que no hay hojas secas en el Pont Neuf, que las hojas secas están en Enghien.

Ahora voy a pensar en tí, querida, solamente en tí toda la noche. Voy a pensar solamente en tí, es la única manera de sentirme a mí mismo, tenerte en el centro de mí mismo como un árbol, desprenderme poco a poco del tronco que me sostiene y me guía, flotar a tu alrededor cautelosamente, tanteando el aire con cada hoja (verdes, verdes, yo mismo y tú misma, tronco de savia y hojas verdes: verdes, verdes), sin alejarme de ti, sin dejar que lo otro penetre entre tú y yo, me distraiga de ti, me prive por un solo segundo de saber que esta noche está girando hacia el amanecer y que allá del otro lado, donde vives y estás durmiendo, será otra vez de noche cuando lleguemos juntos y entremos a tu casa, subamos los peldaños del porche, encendamos las luces, acariciemos a tu perro, bebamos café, nos miremos tanto antes de que yo te abrace (tenerte en el centro de mí mismo como un árbol) y te lleve hasta la escalera (pero no hay ninguna bola de vidrio) y empecemos a subir, subir, la puerta está cerrada, pero tengo la llave en el bolsillo...
Pierre salta de la cama, mete la cabeza bajo la canilla del lavabo. Pensar solamente en ti, pero cómo puede ocurrir que lo que está pensando sea un deseo oscuro y sordo donde Michèle no es ya Michèle (tenerte en el centro de mí mismo como un árbol), donde no alcanza a sentirla en sus brazos mientras sube la escalera, porque apenas ha pisado un peldaño ha visto la bola de vidrio y está solo, está subiendo solo la escalera y Michèle está arriba, encerrada, está detrás de la puerta sin saber que él tiene otra llave en el bolsillo y que está subiendo.
Se seca la cara, abre de par en par la ventana al fresco de la madrugada. Un borracho monologa amistosamente en la calle, balanceándose como si flotara en un agua pegajosa. Canturrea, va y viene cumpliendo una especie de danza suspendida y ceremoniosa en la grisalla que muerde poco a poco las

---

[20]famoso puente en el centro de París.

piedras del pavimento, los portales cerrados. *Als alle Knospen sprangen*, las palabras se dibujan en los labios resecos de Pierre, se pegan al canturreo de abajo que no tiene nada que ver con la melodía, pero tampoco las palabras tienen que ver con nada, vienen como todo el resto, se pegan a la vida por un momento y después hay como una ansiedad rencorosa, huecos volcándose para mostrar jirones que se enganchan en cualquier cosa, una escopeta de dos caños, un colchón de hojas secas, el borracho que danza acompasadamente una especie de pavana, con reverencias que se despliegan en harapos y tropezones y vagas palabras masculladas.

La moto ronronea a lo largo de la rue d'Alésia. Pierre siente los dedos de Michèle que aprietan un poco más su cintura cada vez que pasan pegados a un autobús o viran en una esquina. Cuando las luces rojas los detienen, echa atrás la cabeza y espera una caricia, un beso en el pelo.

Ya no tengo miedo—dice Michèle. Manejas muy bien. Ahora hay que tomar a la derecha.

El pabellón está perdido entre docenas de casas parecidas, en una colina más allá de Clamart. Para Pierre la palabra pabellón suena como un refugio, la seguridad de que todo será tranquilo y aislado, de que habrá un jardín con sillas de mimbre y quizá, por la noche, alguna luciérnaga.

—¿Hay luciérnagas en tu jardín?

—No creo—dice Michèle—. Qué ideas tan absurdas tienes.

Es difícil hablar en la moto, el tráfico obliga a concentrarse y Pierre está cansado, apenas si ha dormido unas horas por la mañana. Tendrá que acordarse de tomar los comprimidos que le ha dado Xavier, pero naturalmente no se acordará de tomarlos y además no los va a necesitar. Echa atrás la cabeza y gruñe porque Michèle tarda en besarlo, Michèle se ríe y le pasa la mano por el pelo. Luz verde. "Déjate de estupideces", ha dicho Xavier, evidentemente desconcertado. Por supuesto que pasará, dos comprimidos antes de dormir, un trago de agua. ¿Cómo dormirá Michèle?

—Michèle, ¿Cómo duermes?

—Muy bien—dice Michèle—. A veces tengo pesadillas, como todo el mundo.

Claro, como todo el mundo, solamente que al despertarse sabe que el sueño ha quedado atrás, sin mezclarse con los ruidos de la calle, las caras de los amigos, eso que se infiltra en las ocupaciones más inocentes (pero Xavier ha dicho que con dos comprimidos todo irá bien), dormirá con la cara hundida en la almohada, las piernas un poco encogidas, respirando levemente, y así va a verla ahora, va a tenerla contra su cuerpo así dormida, oyéndola respirar, indefensa y desnuda cuando él le sujete el pelo con una mano, y luz amarilla, luz roja, stop.

Frena con tanta violencia que Michèle grita y después se queda muy quieta, como si tuviera vergüenza de su grito. Con un pié en el suelo, Pierre gira la cabeza, sonríe a algo que no es Michèle y se queda como perdido en el aire, siempre sonriendo. Sabe que la luz va a pasar al verde, detrás de la moto hay un camión y un auto, alguien hace sonar la bocina dos, tres veces.

—¿Qué te pasa?—dice Michèle.

El del auto lo insulta al pasarlo, y Pierre arranca lentamente. Estábamos en que iba a verla tal como es, indefensa y desnuda. Dijimos eso, habíamos llegado exactamente al momento en que la veíamos dormir indefensa y desnuda, es decir que no hay ninguna razón para suponer ni siquiera por un momento que va a ser necesario... Sí, ya he oido, primero a la izquierda y después otra vez a la izquierda. ¿Allá, aquel techo de pizarra? Hay pinos, qué bonito, pero qué bonito es tu pabellón, un jardín con pinos y tus papás que se han ido a la granja, casi no se puede creer, Michèle, una cosa así casi no se puede creer.

Bobby, que los ha recibido con un gran aparato de ladridos, salva las apariencias olfateando minuciosamente los pantalones de Pierre, que empuja la motocicleta hasta el porche. Ya Michèle ha entrado en la casa, abre las persianas, vuelve a recibir a Pierre que mira las paredes y descubre que nada de eso se parece a lo que había imaginado.

—Aquí debería haber tres peldaños—dice Pierre—. Y este salón, pero claro...No me hagas caso, uno se figura siempre otra cosa. Hasta los muebles, cada detalle. ¿A ti te pasa lo mismo?

—A veces sí—dice Michèle—. Pierre, yo tengo hambre. No, Pierre, escucha, sé bueno y ayúdame; habrá que cocinar alguna cosa.

—Querida—dice Pierre.

—Abre esa ventana, que entre el sol. Quédate quieto, Bobby va a creer que...

—Michèle—dice Pierre.

—No, déjame que suba a cambiarme. Quítate el saco si quieres, en ese armario vas a encontrar bebidas, yo no entiendo de eso.

La ve correr, trepar por la escalera, perderse en el rellano. En el armario hay bebidas, ella no entiende de eso. El salón es profundo y oscuro, la mano de Pierre acaricia el nacimiento del pasamanos. Michèle se lo había dicho, pero es como un sordo desencanto, entonces no hay una bola de vidrio.

Michèle vuelve con unos pantalones viejos y una blusa inverosímil.

—Pareces un hongo —dice Pierre con la ternura de todo hombre hacia una mujer que se pone ropas demasiado grandes—. ¿No me muestras la casa?

—Si quieres—dice Michèle—. ¿No encontraste las bebidas? Espera, no sirves para nada.

Llevan los vasos al salón y se sientan en el sofá frente a la ventana entornada. Bobby les hace fiestas, se hecha en la alfombra y los mira.

—Te ha aceptado enseguida —dice Michèle, lamiendo el borde del vaso—. ¿Te gusta mi casa?

No—dice Pierre—. Es sombría, burguesa a morirse, llena de muebles abominables. Pero estás tú, con esos horribles pantalones.

Le acaricia la garganta, la atrae contra él, la besa en la boca. Se besan en la boca, en Pierre se dibuja el calor de la mano de Michèle, se besan en la boca, resbalan un poco, pero Michèle gime y busca desasirse, murmura algo que él no entiende. Piensa confusamente que lo más difícil es taparle la boca, no quiere que se desmaye. La suelta bruscamente, se miran las manos como si no fueran suyas, oyendo la respiración precipitada de Michèle, el sordo gruñido de Bobby en la alfombra.

—Me vas a volver loco—dice Pierre, y el ridículo de la frase es menos penoso que lo que acaba de pasar. Como una orden, un deseo incontenible, taparle la boca para que no se desmaye. Estira la mano, acaricia desde lejos la mejilla de Michèle, está de acuerdo en todo, en comer algo improvisado, en que tendrá que elegir el vino, en que hace muchísimo calor al lado de la ventana.

Michèle come a su manera, mezclando el queso con las anchoas en aceite, la ensalada y los trozos de cangrejo. Pierre bebe vino blanco, la mira y le sonríe. Si se casara con ella bebería todos los días su vino blanco en esa mesa, y la miraría y sonreiría.

—Es curioso—dice Pierre—. Nunca hemos hablado de los años de guerra.

—Cuanto menos se hable...—dice Michèle, rebañando el plato.

—Ya sé, pero los recuerdos vuelven a veces. Para mí no fue tan malo, al fin y al cabo éramos niños entonces. Como unas vacaciones interminables, un absurdo total y casi divertido.

Para mí no hubo vacaciones—dice Michèle—. Llovía todo el tiempo.

—¿Llovía?

—Aquí—dice ella, tocándose la frente—. Delante de mis ojos, detrás de mis ojos. Todo estaba húmedo, todo parecía sudado y húmedo.

—¿Vivías en esta casa?

—Al principio, sí. Después, cuando la ocupación, me llevaron a casa de unos tíos en Enghien.

Pierre no ve que el fósforo arde entre sus dedos, abre la boca, sacude la mano y maldice. Michèle sonríe, contenta de poder hablar de otra cosa. Cuando se levanta para traer la fruta, Pierre enciende el cigarrillo y traga el humo como si se estuviera ahogando, pero ya ha pasado, todo tiene una explicación si se la busca, cuántas veces Michèle habrá mencionado a Enghien en las charlas de café, esas frases que parecen insignificantes y olvidables, hasta que después resultan el tema central de un sueño o un fantaseo. Un durazno, sí, pero pelado. Ah, lo lamenta mucho pero las mujeres siempre le han pelado los duraznos y Michèle no tiene por qué ser la excepción.

—Las mujeres. Si te pelaban los duraznos eran unas tontas como yo. Harías mejor en moler el café.

—Entonces viviste en Enghien—dice Pierre, mirando las manos de Michèle con el leve asco que siempre le produce ver pelar una fruta—. ¿Qué hacía tu viejo durante la guerra?

—Oh, no hacía gran cosa. Vivíamos, esperando que todo terminara de una vez.

—¿Los alemanes no los molestaron nunca?

—No—dice Michèle, dando vueltas al durazno entre los dedos húmedos.

—Es la primera vez que me dices que vivieron en Enghien.

—No me gusta hablar de esos tiempos—dice Michèle.

—Pero alguna vez habrás hablado—dice contradictoriamente Pierre—. No sé cómo, pero yo estaba enterado de que viviste en Enghien.

El durazno cae en el plato y los pedazos de piel vuelven a pegarse a la pulpa. Michèle limpia el durazno con un cuchillo y Pierre siente otra vez asco, hace girar el molino de café con todas sus fuerzas. ¿Por qué no le dice nada? Parecería que sufre, aplicada a la limpieza del horrible durazno chorreante. ¿Por qué no habla? Está llena de palabras, no hay más que mirarle las manos, el parpadeo nervioso que a veces termina en una especie de tic, todo un lado de la cara se alza apenas y vuelve a su sitio, ya otra vez, en un banco del Luxemburgo,[21] ha notado ese tic que siempre coincide con una desazón o un silencio.

---

[21]parque de París.

Michèle prepara el café a espaldas de Pierre, que enciende un cigarrillo con otro. Vuelven al salón llevando las tazas de porcelana con pintas azules. El olor del café les hace bien, se miran como extrañados de esa tregua y de todo lo que la ha precedido; cambian palabras sueltas mirándose y sonriendo, beben el café distraídos, como se beben los filtros que atan para siempre. Michèle ha entornado las persianas y del jardín entra una luz verdosa y caliente que los envuelve como el humo de los cigarrillos y el coñac que Pierre saborea perdido en un blando abandono. Bobby duerme sobre la alfombra, estremeciéndose y suspirando.

—Sueña todo el tiempo—dice Michèle—. A veces llora y se despierta de golpe, nos mira a todos como si acabara de pasar por un inmenso dolor. Y es casi un cachorro...

La delicia de estar ahí, de sentirse tan bien en ese instante, de cerrar los ojos, de suspirar como Bobby, de pasarse la mano por el pelo, una, dos veces, sintiendo la mano que anda por el pelo casi como si no fuera suya, la leve cosquilla al llegar a la nuca, el reposo. Cuando abre los ojos ve la cara de Michèle, su boca entreabierta, la expresión como si de golpe se hubiera quedado sin una gota de sangre. La mira sin entender, un vaso de coñac rueda por la alfombra. Pierre está de pie frente al espejo; casi le hace gracia ver que tiene el pelo partido al medio, como los galanes del cine mudo. ¿Por qué tiene que llorar Michèle? No está llorando, pero una cara entre las manos es siempre alguien que llora. Se las aparta bruscamente, la besa en el cuello, busca su boca. Nacen las palabras, las suyas, la de ella, como bestezuelas buscándose, un encuentro que se demora en caricias, un olor a siesta, a casa sola, a escalera esperando con la bola de vidrio en el nacimiento del pasamanos. Pierre quisiera alzar en vilo a Michèle, subir a la carrera, tiene la llave en el bolsillo, entrará en el dormitorio, se tenderá contra ella, la sentirá estremecerse, empezará torpemente a buscar cintas, botones, pero no hay bola de vidrio en el nacimiento del pasamanos, todo es lejano y horrible, Michèle ahí a su lado astá tan lejos y llorando, su cara llorando entre los dedos mojados, su cuerpo que respira y tiene miedo y lo rechaza.

Arrodillándose, apoya la cabeza en el regazo de Michèle. Pasan horas, pasa un minuto o dos, el tiempo es algo lleno de látigos y baba. Los dedos de Michèle acarician el pelo de Pierre y él le ve otra vez la cara, un asomo de sonrisa, Michèle lo peina con los dedos, lo lastima casi a fuerza de echarle el pelo hacia atrás, y entonces se inclina y lo besa y le sonríe.

—Me diste miedo, por un momento me pareció... Qué tonta soy, pero estabas tan distinto.

—¿A quién viste?

—A nadie—dice Michèle.

Pierre se agazapa esperando, ahora hay algo como una puerta que oscila y va a abrirse. Michèle respira pesadamente, tiene algo de nadador a la
espera del pistoletazo de salida.

—Me asusté porque... No sé, me hiciste pensar en que...

Oscila, la puerta oscila, la nadadora espera el disparo para zambullir-
se. El tiempo se estira como un pedazo de goma, entonces Pierre tiende los
brazos y apresa a Michèle, se alza hasta ella y la besa profundamente, busca
sus senos bajo la blusa, la oye gemir y también gime besándola, ven, ven
ahora, tratando de alzarla en vilo (hay quince peldaños y una puerta a la
derecha), oyendo la queja de Michèle, su protesta inútil, se endereza teniéndola en los brazos, incapaz de esperar más, ahora, en este mismo momento,
de nada valdrá que quiera aferrarse a la bola de vidrio, al pasamanos (pero
no hay ninguna bola de vidrio en el pasamanos), lo mismo ha de llevarla
arriba y entonces como a una perra, todo él es un nudo de músculos, como
la perra que es, para que aprenda, oh Michèle, oh mi amor, no llores así, no
estés triste, amor mío, no me dejes caer de nuevo en ese pozo negro, cómo
he podido pensar eso, no llores, Michèle.

—Déjame—dice Michèle en voz baja, luchando por soltarse. Acaba
de rechazarlo, lo mira un instante como si no fuera él y corre fuera del salón,
cierra la puerta de la cocina, se oye girar una llave, Bobby ladra en el jardín.

El espejo le muestra a Pierre una cara lisa, inexpresiva, unos brazos
que cuelgan como trapos, un faldón de la camisa por fuera del pantalón. Mecánicamente se arregla las ropas, siempre mirándose en su reflejo. Tiene tan
apretada la garganta que el coñac le quema la boca, negándose a pasar, hasta
que se obliga y sigue bebiendo de la botella, un trago interminable. Bobby ha
dejado de ladrar, hay un silencio de siesta, la luz en el pabellón es cada vez
más verdosa. Con un cigarrillo entre los labios resecos sale al porche, baja al
jardín, pasa al lado de la moto y va hacia los fondos. Huele a zumbido de
abejas, a colchón de agujas de pino, y ahora Bobby se ha puesto a ladrar
entre los árboles, le ladra a él, de repente se ha puesto a gruñir y a ladrar sin
acercarse a él, cada vez más cerca y a él.

La pedrada lo alcanza en mitad del lomo; Bobby aúlla y escapa,
desde lejos vuelve a ladrar. Pierre apunta despacio y le acierta en una pata
trasera. Bobby se esconde entre los matorrales. "Tengo que encontrar un sitio
en donde pensar", se dice Pierre. "Ahora mismo tengo que encontrar un sitio
y esconderme a pensar". Su espalda resbala en el tronco de un pino, se deja
caer poco a poco. Michèle lo está mirando desde la ventana de la cocina. Habrá visto cuando apedreaba al perro, me mira como si no me viera, me está

mirando y no llora, no dice nada, está tan sola en la ventana, tengo que acercarme y ser bueno con ella, yo quiero ser bueno, quiero tomarle la mano y besarle los dedos, cada dedo, su piel tan suave.

—¿A qué estamos jugando, Michèle?

—Espero que no lo hayas lastimado.

—Le tiré una piedra para asustarlo. Parece que me desconoció, igual que tú.

—No digas tonterías.

—Y tú no cierres la puerta con llave.

Michèle lo deja entrar, acepta sin resistencia el brazo que rodea su cintura. El salón está más oscuro, casi no se ve el nacimiento de la escalera.

—Perdóname—dice Pierre—. No puedo explicarte, es tan insensato.

Michèle levanta el vaso caído y tapa la botella de coñac. Hace cada vez más calor, es como si la casa respirara pesadamente por sus bocas. Un pañuelo que huele a musgo limpia el sudor de la frente de Pierre. Oh Michèle, como seguir así, sin hablarnos, sin querer entender esto que nos está haciendo pedazos en el momento mismo en que... Sí, querida, me sentaré a tu lado y no seré tonto, te besaré, me perderé en tu pelo, en tu garganta, y comprenderás que no hay razón... sí, comprenderás que cuando quiero tomarte en brazos y llevarte conmigo, subir a tu habitación sin hacerte daño, apoyando tu cabeza en mi hombro...

—No, Pierre, no. Hoy no, querido, por favor.

—Michèle, Michèle...

—Por favor.

—¿Por qué? Dime por qué.

—No sé, perdóname... No te reproches nada, toda la culpa es mía. Pero tenemos tiempo, tanto tiempo...

—No esperemos más, Michèle. Ahora.

—No, Pierre, hoy no.

—Pero me prometiste—dice estúpidamente Pierre—. Vinimos... Después de tanto tiempo, de tanto esperar que me quisieras un poco... No sé lo que digo, todo se ensucia cuando lo digo...

—Si pudieras perdonarme, si yo...

—¿Como te puedo perdonar si no hablas, si apenas te conozco? ¿Qué te tengo que perdonar?

Bobby gruñe en el porche. El calor les pega las ropas, les pega el tictac del reloj, el pelo en la frente de Michèle hundida en el sofá mirando a Pierre.

—Yo tampoco te conozco tanto, pero no es eso... Vas a creer que estoy loca.

Bobby gruñe de nuevo.

—Hace años...—dice Michèle, y cierra los ojos—. Vivíamos en Enghien, ya te hablé de eso. Creo que te dije que vivíamos en Enghien. No me mires así.

—No te miro—dice Pierre.

—Sí, me haces daño.

Pero no es cierto, no puede ser que le haga daño por esperar sus palabras, inmóvil esperando que siga, viendo moverse apenas sus labios, y ahora va a ocurrir, va a juntar las manos y suplicar, una flor de delicia que se abre mientras ella implora, debatiéndose y llorando entre sus brazos, una flor húmeda que se abre, el placer de sentirla debatirse en vano... Bobby entra arrastrándose, va a tenderse en un rincón. "No me mires así", ha dicho Michèle, y Pierre ha respondido: "No te miro", y entonces ella ha dicho que sí, que le hace daño sentirse mirada de ese modo, pero no puede seguir hablando porque ahora Pierre se endereza mirando a Bobby, mirándose en el espejo, se pasa una mano por la cara, respira con un quejido largo, un silbido que no se acaba, y de pronto cae de rodillas contra el sofá y entierra la cara entre los dedos, convulso y jadeante, luchando por arrancarse las imágenes como una tela de araña que se pega en pleno rostro, como hojas secas que se pegan en la cara empapada.

—Oh, Pierre—dice Michèle con un hilo de voz.

El llanto pasa entre los dedos que no pueden retenerlo, llena el aire de una materia torpe, obstinadamente renace y se continúa.

—Pierre, Pierre—dice Michèle—. Por qué, querido, por qué.

Lentamente le acaricia el pelo, le alcanza su pañuelo con olor a musgo.

—Soy un pobre imbécil, perdóname. Me es... me estabas di...

Se incorpora, se deja caer en el otro extremo del sofá. No advierte que Michèle se ha replegado bruscamente, que otra vez lo mira como antes de escapar. Repite: "Me es... me estabas diciendo", con un esfuerzo, tiene la garganta cerrada, y qué es eso, Bobby gruñe otra vez, Michèle de pie, retrocediendo paso a paso sin volverse, mirándolo y retrocediendo, qué es eso, por qué ahora eso, por qué se va, por qué. El golpe de la puerta lo deja indiferente. Sonríe, ve su sonrisa en el espejo, sonríe otra vez, *als alle Knospen sprangen*, tararea con los labios apretados, hay un silencio, el clic del teléfono que alguien descuelga, el zumbido del dial, una letra, otra letra, la primera cifra, la segunda. Pierre se tambalea, vagamente se dice que debería ir a explicarse con Michèle, pero ya está afuera al lado de la moto. Bobby gruñe en el porche, la casa devuelve con violencia el ruido del arranque, primera, calle arriba, segunda, bajo el sol.

—Era la misma voz, Babette. Y entonces me dí cuenta de que...

—Tonterías—contesta Babette—. Si estuviera allá creo que te daría una paliza.

—Pierre se ha ido—dice Michèle.

—Casi es lo mejor que podía hacer.

—Babette, si pudieras venir.

—¿Para qué? Claro que iré, pero es idiota.

—Tartamudeaba, Babette, te lo juro... No es una alucinación, ya te dije que antes... Fue como si otra vez... Ven pronto, así por teléfono no puedo explicarte... Y ahora acabo de oir la moto, se ha ido y me da una pena tan horrible, cómo puede comprender lo que me pasa, pobrecito, pero él también está como loco, Babette, es tan extraño.

—Te imaginaba curada de todo aquello—dice Babette con una voz demasiado desapegada—. En fin, Pierre no es tonto y comprenderá. Yo creía que estaba enterado desde hace rato.

—Iba a decírcelo, quería decírcelo y entonces... Babette, te juro que me habló tartamudeando, y antes, antes...

—Ya me dijiste, pero estás exagerando. Roland también se peina a veces como le da la gana y no por eso lo confundes, qué demonios.

—Y ahora se ha ido—repite monótonamente Michèle.

—Ya volverá—dice Babette—. Bueno, prepara algo sabroso para Roland que está cada día más hambriento.

—Me estás difamando—dice Roland desde la puerta—. ¿Qué le pasa a Michèle?

—Vamos—dice Babette—. Vamos en seguida.

El mundo se maneja con un cilindro de caucho que cabe en la mano; girando apenas a la derecha, todos los árboles son un solo árbol tendido a la vera del camino; entonces se hace girar una nada a la izquierda, el gigante verde se deshace en cientos de álamos que corren hacia atrás, las torres de alta tensión avanzan pausadamente, una a una, la marcha es una cadencia feliz en la que ya pueden entrar palabras, jirones de imágenes que no son las de la ruta, el cilindro de caucho gira a la derecha, el sonido sube y sube, una cuerda de sonido se tiende insoportablemente, pero ya no se piensa más, todo es máquina, cuerpo pegado a la máquina y viento en la cara como un olvido,

Corbeil, Arpajon, Linas-Monthéry, otra vez los álamos, la garita del agente de tránsito, la luz cada vez más violeta, un aire fresco que llena la boca entreabierta, más despacio, más despacio, en esa encrucijada tomar a la derecha, París a dieciocho kilómetros, *Cinzano*, París a diecisiete kilómetros. "No me he matado", piensa Pierre entrando lentamente en el camino de la izquierda. "Es increíble que no me haya matado". El cansancio pesa como un pasajero a sus espaldas, algo cada vez más dulce y necesario. "Yo creo que me perdonará", piensa Pierre. "Los dos somos tan absurdos, es necesario que comprenda, que comprenda, que comprenda, nada se sabe de verdad hasta no haberse amado, quiero su pelo entre mis manos, su cuerpo, la quiero, la quiero..." El bosque nace al lado del camino, las hojas secas invaden la carretera, traídas por el viento. Pierre mira las hojas que la moto va tragando y agitando; el cilindro de caucho empieza a girar otra vez a la derecha, más y más. Y de pronto es la bola de vidrio que brilla débilmente en el nacimiento del pasamanos. No hay ninguna necesidad de dejar la moto lejos del pabellón, pero Bobby va a ladrar y por eso uno esconde la moto entre los árboles y llega a pie con las últimas luces, entra en el salón buscando a Michèle que estará ahí, pero Michèle no está sentada en el sofá, hay solamente la botella de coñac y los vasos usados, la puerta que lleva a la cocina ha quedado abierta y por ahí entra una luz rojiza, el sol que se pone en el fondo del jardín, y solamente silencio, de modo que lo mejor es ir hacia la escalera orientándose por la bola de vidrio que brilla, o son los ojos de Bobby tendido en el primer peldaño con el pelo erizado, gruñendo apenas, no es difícil pasar por encima de Bobby, subir lentamente los peldaños para que no crujan y Michèle no se asuste, la puerta entornada, no puede ser que la puerta esté entornada y que él no tenga la llave en el bolsillo, pero si la puerta está entornada ya no hay necesidad de llave, es un placer pasarse las manos por el pelo mientras se avanza hacia la puerta, se entra apoyando ligeramente el pie derecho, empujando apenas la puerta que se abre sin ruido, y Michèle sentada al borde de la cama levanta los ojos y lo mira, se lleva las manos a la boca, parecería que va a gritar (pero por qué no tiene el pelo suelto, por qué no tiene el camisón celeste, ahora está vestida con unos pantalones y parece mayor), y entonces Michèle sonríe, suspira, se endereza tendiéndole los brazos, dice: "Pierre, Pierre", en vez de juntar las manos y suplicar y resistirse dice su nombre y lo está esperando, lo mira y tiembla como de felicidad o de vergüenza, como la perra delatora que es, como si la estuviera viendo a pesar del colchón de hojas secas que otra vez le cubren la cara y que se arranca con las dos manos mientras Michèle retrocede, tropieza con el borde de la cama, mira desesperadamente hacia atrás, grita, grita, todo el placer que suda y lo baña, grita, así el pelo entre los dedos, así, aunque suplique, así entonces, perra, así.

—Por Dios, pero si es un asunto más que olvidado—dice Roland, tomando un viraje a toda máquina.

—Eso creía yo. Casi siete años. Y de golpe salta, justamente ahora...

—En eso te equivocas—dice Roland—. Si alguna vez tenía que saltar es ahora, dentro de lo absurdo resulta bastante lógico. Yo mismo... A veces sueño con todo eso, sabes. La forma en que matamos al tipo no es de las que se olvidan. En fin, uno no podía hacer las cosas mejor en esos tiempos—dice Roland, acelerando a fondo.

—Ella no sabe nada—dice Babette—. Solamente que lo mataron poco después. Era justo decirle por lo menos eso.

—Por supuesto. Pero a él no le pareció nada justo. Me acuerdo de su cara cuando lo sacamos del auto en pleno bosque, se dio cuenta inmediatamente de que estaba liquidado. Era valiente, eso sí.

—Ser valiente es siempre más fácil que ser hombre—dice Babette—. Abusar de una criatura que... Cuando pienso en lo que tuve que luchar para que Michèle no se matara. Esas primeras noches... No me extraña que ahora vuelva a sentirse la de antes, es casi natural.

El auto entra a toda velocidad en la calle que lleva al pabellón.

—Sí, era un cochino—dice Roland—. El ario puro, como lo entendían ellos en ese tiempo. Pidió un cigarrillo, naturalmente, la ceremonia completa. También quiso saber por qué íbamos a liquidarlo, y se lo explicamos, vaya si se lo explicamos. Cuando sueño con él es sobre todo en ese momento, su aire de sorpresa desdeñosa, su manera casi elegante de tartamudear. Me acuerdo de como cayó, con la cara hecha pedazos entre las hojas secas.

—No sigas, por favor—dice Babette.

—Se lo merecía, aparte de que no teníamos otras armas. Un cartucho de caza bien usado... ¿Es a la izquierda, allá en el fondo?

—Sí, a la izquierda.

—Espero que haya coñac—dice Roland, empezando a frenar.

"Las babas del diablo"[22]

Nunca se sabrá cómo hay que contar esto, si en primera persona o en segunda, usando la tercera del plural o inventando continuamente formas que no servirán de nada. Si se pudiera decir: yo vieron subir la luna, o: nos me duele el fondo de los ojos, y sobre todo así: tú la mujer rubia eran las nubes que siguen corriendo delante de mi tus sus nuestros vuestros sus rostros. Qué diablos.

Puestos a contar, si se pudiera ir a beber un bock por ahí y que la máquina siguiera sola (porque escribo a máquina), sería la perfección. Y no es un modo de decir. La perfección, sí, porque aquí el agujero que hay que contar es también una máquina (de otra especie, una Cóntax 1.1.2) y a lo mejor puede ser que una máquina sepa más de otra máquina que yo, tú, ella—la mujer rubia—y las nubes. Pero de tonto sólo tengo la suerte, y sé que si me voy, esta Remington se quedará petrificada sobre la mesa con ese aire de doblemente quietas que tienen las cosas movibles cuando no se mueven. Entonces tengo que escribir. Uno de todos nosotros tiene que escribir, si es que esto va a ser contado. Mejor que sea yo que estoy muerto, que estoy menos comprometido que el resto; yo que no veo más que las nubes y puedo pensar sin distraerme, escribir sin distraerme (ahí pasa otra, con un borde gris) y acordarme sin distraerme, yo que estoy muerto (y vivo, no se trata de engañar a nadie, ya se verá cuando llegue el momento, porque de alguna manera tengo que arrancar y he empezado por esta punta, la de atrás, la del comienzo, que al fin y al cabo es la mejor de las puntas cuando se quiere contar algo).

De repente me pregunto por qué tengo que contar esto, pero si uno empezara a preguntarse por qué hace todo lo que hace, si uno se preguntara solamente por qué acepta una invitación a cenar (ahora pasa una paloma, y me parece que un gorrión) o por qué cuando alguien nos ha contado un buen cuento, en seguida empieza como una cosquilla en el estómago y no se está tranquilo hasta entrar en la oficina de al lado y contar a su vez el cuento; recién entonces uno está bien, está contento y puede volverse a su trabajo. Que yo sepa nadie ha explicado esto, de manera que lo mejor es dejarse de pudores y contar, porque al fin y al cabo nadie se avergüenza de respirar o de ponerse los zapatos; son cosas que se hacen, y cuando pasa algo raro, cuando

---

[22]una metáfora para describir los hilos de las telarañas que flotan en el aire; también llamados "los hilos de la Virgen".

dentro del zapato encontramos una araña o al respirar se siente como un vidrio roto, entonces hay que contar lo que pasa, contarlo a los muchachos de la oficina o al médico. Ay, doctor, cada vez que respiro... Siempre contarlo, siempre quitarse esa cosquilla molesta del estómago.

Y ya que vamos a contarlo pongamos un poco de orden, bajemos por la escalera de esta casa hasta el domingo siete de noviembre, justo un mes atrás. Uno baja cinco pisos y ya está en el domingo, con un sol insospechado para noviembre en París, con muchísimas ganas de andar por ahí, de ver cosas, de sacar fotos (porque éramos fotógrafos, soy fotógrafo). Ya sé que lo más difícil va a ser encontrar la manera de contarlo, y no tengo miedo de repetirme. Va a ser difícil porque nadie sabe bién quién es el que verdaderamente está contando, si soy yo o eso que ha ocurrido, o lo que estoy viendo (nubes, y a veces una paloma) o si sencillamente cuento una verdad que es solamente mi verdad, y entonces no es la verdad salvo para mi estómago, para estas ganas de salir corriendo y acabar de alguna manera con esto, sea lo que fuere.

Vamos a contarlo despacio, ya se irá viendo qué ocurre a medida que lo escribo. Si me sustituyen, si ya no sé qué decir, si se acaban las nubes y empieza alguna otra cosa (porque no puede ser que esto sea estar viendo continuamente nubes que pasan, y a veces una paloma), si algo de todo eso... Y después del "sí", ¿qué voy a poner, cómo voy a clausurar correctamente la oración? Pero si empiezo a hacer preguntas no contaré nada; mejor contar, quizá contar sea como una respuesta, por lo menos para alguno que lo lea.

Roberto Michel, franco-chileno, traductor y fotógrafo aficionado a sus horas, salió del número 11 de la rue Monsieur-le-Prince el domingo siete de noviembre del año en curso (ahora pasan dos más pequeñas, con los bordes plateados). Llevaba tres semanas trabajando en la versión al francés del tratado sobre recusaciones y recursos de José Norberto Allende, profesor en la universidad de Santiago. Es raro que haya viento en París, y mucho menos un viento que en las esquinas se arremolinaba y subía castigando las viejas persianas de madera tras de las cuales sorprendidas señoras comentaban de diversas maneras la inestabilidad del tiempo en estos últimos años. Pero el sol estaba también ahí, cabalgando el viento y amigo de los gatos, por lo cual nada me impediría dar una vuelta por los muelles del Sena y sacar unas fotos de la Conserjería y la Sainte-Chapelle. Eran apenas las diez, y calculé que hacia las once tendría buena luz, la mejor posible en otoño; para perder tiempo derivé hasta la isla Saint-Louis y me puse a andar por el Quai d'Anjou, miré un rato el hotel de Lauzun, me recité unos fragmentos de Apollinaire que siempre me vienen a la cabeza cuando paso delante del hotel de Lauzun (y eso que debería acordarme de otro poeta, pero Michel es un porfiado), y cuando de golpe cesó el viento y el sol se puso por lo menos dos veces más grande (quiero decir más tibio, pero en realidad es lo mismo), me senté en el parapeto y me sentí terriblemente feliz en la mañana del domingo.

Entre las muchas maneras de combatir la nada, una de las mejores es sacar fotografías, actividad que debería enseñarse tempranamente a los niños pues exige disciplina, educación estética, buen ojo y dedos seguros. No se trata de estar acechando la mentira como cualquier repórter, y atrapar la estúpida silueta del personajón que sale del número diez de Downing Street, pero de todas maneras cuando se anda con la cámara hay como el deber de estar atento, de no perder ese brusco y delicioso rebote de un rayo de sol en una vieja piedra, o la carrera trenzas al aire de una chiquilla que vuelve con un pan o una botella de leche. Michel sabía que el fotógrafo opera siempre como una permutación de su manera personal de ver el mundo por otra que la cámara le impone insidiosa (ahora pasa una gran nube casi negra), pero no desconfiaba, sabedor de que le bastaba salir sin la Cóntax para recuperar el tono distraído, la visión sin encuadre, la luz sin diafragma ni 1/250. Ahora mismo (qué palabra, *ahora*, qué estúpida mentira) podía quedarme sentado en el pretil sobre el río, mirando pasar las pinazas negras y rojas, sin que se me ocurriera pensar fotográficamente las escenas, nada más que dejándome ir en el dejarse ir de las cosas, corriendo inmóvil con el tiempo. Y ya no soplaba viento.

Después seguí por el Quai de Bourbon hasta llegar a la punta de la isla, donde la íntima placita (íntima por pequeña y no por recatada, pues da todo el pecho al río y al cielo) me gusta y me regusta. No había más que una pareja y, claro, palomas; quizá alguna de las que ahora pasan por lo que estoy viendo. De un salto me instalé en el parapeto y me dejé envolver y atar por el sol, dándole la cara, las orejas, las dos manos (guardé los guantes en el bolsillo). No tenía ganas de sacar fotos, y encendí un cigarrillo por hacer algo; creo que en el momento en que acercaba el fósforo al tabaco vi por primera vez al muchachito.

Lo que había tomado por una pareja se parecía mucho más a un chico con su madre, aunque al mismo tiempo me daba cuenta de que no era un chico con su madre, de que era una pareja en el sentido que damos siempre a las parejas cuando las vemos apoyadas en los parapetos o abrazadas en los bancos de las plazas. Como no tenía nada que hacer me sobraba tiempo para preguntarme por qué el muchachito estaba tan nervioso, tan como un potrillo o una liebre, metiendo las manos en los bolsillos, sacando en seguida una y después la otra, pasándose los dedos por el pelo, cambiando de postura, y sobre todo por qué tenía miedo, pues eso se lo adivinaba en cada gesto, un miedo sofocado por la vergüenza, un impulso de echarse atrás que se advertía como si su cuerpo estuviera al borde de la huída, conteniéndose en un último y lastimoso decoro.

Tan claro era todo eso, ahí a cinco metros—y estábamos solos contra el parapeto, en la punta de la isla—que al principio el miedo del chico no me dejó ver bien a la mujer rubia. Ahora, pensándolo, la veo mejor en ese primer momento en que leí la cara (de golpe había girado como una veleta de cobre, y los ojos, los ojos estaban ahí), cuando comprendí vagamente lo que podía estar ocurriéndole al chico y me dije que valía la pena quedarse y mirar (el viento se llevaba las palabras, los apenas murmullos). Creo que sé mirar, si es que algo sé, y que todo mirar resuma falsedad, porque es lo que nos arroja más afuera de nosotros mismos, sin la menor garantía, en tanto que oler, o (pero Michel se bifurca fácilmente, no hay que dejarlo que declame a gusto). De todas maneras, si de antemano se prevé la probable falsedad, mirar se vuelve posible; basta quizá elegir bien entre el mirar y lo mirado, desnudar a las cosas de tanta ropa ajena. Y, claro, todo esto es más bien difícil.

Del chico recuerdo la imagen antes que el verdadero cuerpo (esto se entenderá después), mientras que ahora estoy seguro que de la mujer recuerdo mucho mejor su cuerpo que su imagen. Era delgada y esbelta, dos palabras injustas para decir lo que era, y vestía un abrigo de piel casi negro, casi largo, casi hermoso. Todo el viento de esa mañana (ahora soplaba apenas, y no hacía frío) le había pasado por el pelo rubio que recortaba su cara blanca y sombría—dos palabras injustas—y dejaba al mundo de pie y horriblemente solo delante de sus ojos negros, sus ojos que caían sobre las cosas como dos águilas, dos saltos al vacío, dos ráfagas de fango verde. No describo nada, trato más bien de entender. Y he dicho dos ráfagas de fango verde.

Seamos justos, el chico estaba bastante bien vestido y llevaba unos guantes amarillos que yo hubiera jurado que eran de su hermano mayor, estudiante de derecho o de ciencias sociales; era gracioso ver los dedos de los guantes saliendo del bolsillo de la chaqueta. Largo rato no le ví la cara, apenas un perfil nada tonto—pájaro azorado, ángel de Fra Filippo,[23] arroz con leche—y una espalda de adolescente que quiere hacer judo y que se ha peleado un par de veces por una idea o una hermana. Al filo de los catorce, quizá de los quince, se lo adivinaba vestido y alimentado por sus padres pero sin un centavo en el bolsillo, teniendo que deliberar con los camaradas antes de deci-

---

[23]pintor italiano del renacimiento.

dirse por un café, un coñac, un atado de cigarrillos. Andaría por las calles pensando en las condiscípulas, en lo bueno que sería ir al cine y ver la última película, o comprar novelas o corbatas o botellas de licor con etiquetas verdes y blancas. En su casa (su casa sería respetable, sería almuerzo a las doce y paisajes románticos en las paredes, con un oscuro recibimiento y un paragüero de caoba al lado de la puerta) llovería despacio el tiempo de estudiar, de ser la esperanza de mamá, de parecerse a papá, de escribir a la tía de Avignon.[24] Por eso tanta calle, todo el río para él (pero sin un centavo) y la ciudad misteriosa de los quince años, con sus signos en las puertas, con sus gatos estremecedores, el cartucho de papas fritas a treinta francos, la revista pornográfica doblada en cuatro, la soledad como un vacío en los bolsillos, los encuentros felices, el fervor por tanta cosa incomprendida pero iluminada por un amor total, por la disponibilidad parecida al viento y a las calles.

Esta biografía era la del chico y la de cualquier chico, pero a éste lo veía ahora aislado, vuelto único por la presencia de la mujer rubia que seguía hablándole. (Me cansa insistir, pero acaban de pasar dos largas nubes desflecadas. Pienso que aquella mañana no miré ni una sola vez el cielo, porque tan pronto presentí lo que pasaba con el chico y la mujer no pude más que mirarlos y esperar, mirarlos y...) Resumiendo, el chico estaba inquieto y se podía adivinar sin mucho trabajo lo que acababa de ocurrir pocos minutos antes, a lo sumo media hora. El chico había llegado hasta la punta de la isla, vio a la mujer y la encontró admirable. La mujer esperaba eso porque estaba ahí para esperar eso, o quizá el chico llegó antes y ella lo vio desde un balcón o desde un auto, y salió a su encuentro, provocando el diálogo con cualquier cosa, segura desde el comienzo de que él iba a tenerle miedo y a querer escaparse, y que naturalmente se quedaría, engallado y hosco, fingiendo la veteranía y el placer de la aventura. El resto era fácil porque estaba ocurriendo a cinco metros de mí y cualquiera hubiese podido medir las etapas del juego, la esgrima irrisoria; su mayor encanto no era su presente sino la previsión del desenlace. El muchacho acabaría por pretextar una cita, una obligación cualquiera, y se alejaría tropezando y confundido, queriendo caminar con desenvoltura, desnudo bajo la mirada burlona que lo seguiría hasta el final. O bien se quedaría, fascinado o simplemente incapaz de tomar la iniciativa, y la mujer empezaría a acariciarle la cara, a despeinarlo, habládole ya sin voz, y de pronto lo tomaría del brazo para llevárselo, a menos que él, con una desazón que quizá empezara a teñir el deseo, el riesgo de la aventura, se animase a pasarle el brazo

---

[24] ciudad en Francia.

por la cintura y a besarla. Todo esto podía ocurrir pero aún no ocurría, y perversamente Michel esperaba, sentado en el pretil, aprontando casi sin darse cuenta la cámara para sacar una foto pintoresca en un rincón de la isla con una pareja nada común hablando y mirándose.

Curioso que la escena (la nada, casi: dos que están ahí, desigualmente jóvenes) tuviera como un aura inquietante. Pensé que eso lo ponía yo, y que mi foto, si la sacaba, restituiría las cosas a su tonta verdad. Me hubiera gustado saber qué pensaba el hombre del sombrero gris sentado al volante del auto detenido en el muelle que lleva a la pasarela, y que leía el diario o dormía. Acababa de descubrirlo, porque la gente dentro de un auto detenido casi desaparece, se pierde en esa mísera jaula privada de la belleza que le dan el movimiento y el peligro. Y sin embargo el auto había estado ahí todo el tiempo, formando parte (o deformando esa parte de la isla). Un auto: como decir un farol de alumbrado, un banco de plaza. Nunca el viento, la luz del sol, esas materias siempre nuevas para la piel y los ojos, y también el chico y la mujer únicos, puestos ahí para alertar la isla, para mostrármela de otra manera. En fin, bien podía suceder que también el hombre del diario estuviera atento a lo que pasaba y sintiera como yo ese regusto maligno de toda espectativa. Ahora la mujer había girado suavemente hasta poner al muchachito entre ella y el parapeto, los veía casi de perfil y él era más alto, pero no mucho más alto, y sin embargo ella lo sobraba, parecía como cernida sobre él (su risa, de repente, un látigo de plumas), aplastándolo con sólo estar ahí, sonreír, pasear una mano por el aire. ¿Por qué esperar más? Con un diafragma dieciseis, con un encuadre donde no entrara el horrible auto negro, pero sí ese arbol, necesario para quebrar un espacio demasiado gris...

Levanté la cámara, fingí estudiar un enfoque que no los incluía y me quedé al acecho, seguro de que atraparía por fin el gesto revelador, la expresión que todo lo resume, la vida que el movimiento acompasa pero que una imagen rígida destruye al seleccionar el tiempo, si no elegimos la imperceptible fracción esencial. No tuve que esperar mucho. La mujer avanzaba en su tarea de maniatar suavemente al chico, de quitarle fibra a fibra sus últimos restos de libertad, en una lentísima tortura deliciosa. Imaginé los finales posibles (ahora asoma una pequeña nube espumosa, casi sola en el cielo), preví la llegada a la casa (un piso bajo probablemente que ella saturaría de almohadones y de gatos) y sospeché el azoramiento del chico y su desición deseperada de disimularlo y de dejarse llevar fingiendo que nada le era nuevo. Cerrando los ojos, si es que los cerré, puse en orden la escena, los besos burlones, la mujer rechazando con dulzura las manos que pretenderían desnudarla como en las novelas, en una cama que tendría un edredón lila, y obligándolo en cambio a dejarse quitar la ropa, verdaderamente madre e hijo bajo una luz amarilla de opalinas, y todo acabaría como siempre, quizá, pero quizá todo fuera de otro modo, y la iniciación del adolescente no pasara, no la dejaran pasar, de un largo proemio donde las torpezas, las caricias exasperantes, la carrera de las manos se resolviera quién sabe en qué, en un placer por separado y solitario, en una petulante negativa mezclada con el arte de fatigar y desconcertar tanta inocencia lastimada. Podía ser así, podía muy bien ser así; aquella mujer no buscaba un amante en el chico, y a la vez se lo adueñaba para un fin imposible de entender si no lo imaginaba como un juego cruel, deseo de desear sin satisfacción, de exitarse para algún otro, alguien que de ninguna manera podía ser ese chico.

Michel es culpable de literatura, de fabricaciones irreales. Nada le gusta más que imaginar excepciones, individuos fuera de la especie, monstruos no siempre repugnantes. Pero esa mujer invitaba a la invención, dando quizá las claves suficientes para acertar con la verdad. Antes de que se fuera, y ahora que llenaría mi recuerdo durante muchos días, porque soy propenso a la rumia, decidí no perder un momento más. Metí todo en el visor (con el árbol, el pretil, el sol de las once) y tomé la foto. A tiempo para comprender que los dos se habían dado cuenta y que me estaban mirando, el chico como sorprendido e interrogante, pero ella irritada, resueltamente hostiles su cuerpo y su cara que se sabían robados, ignominiosamente presos en una pequeña imagen química.

Lo podría contar con mucho detalle pero no vale la pena. La mujer habló de que nadie tenía derecho a tomar una foto sin permiso, y exigió que le entregara el rollo de película. Todo esto con una voz seca y clara, de buen acento de París, que iba subiendo de color y de tono a cada frase. Por mi parte se me importaba muy poco darle o no el rollo de película, pero cualquiera que me conozca sabe que las cosas hay que pedírmelas por las buenas. El resultado es que me limité a formular la opinión de que la fotografía no sólo no está prohibida en los lugares públicos sino que cuenta con el más decidido favor oficial y privado. Y mientras se lo decía gozaba socarronamente de como el chico se replegaba, se iba quedando atrás—con sólo no moverse —y de golpe (parecía casi increíble) se volvía y echaba a correr, creyendo el pobre que caminaba y en realidad huyendo a la carrera, pasando al lado del auto, perdiéndose como un hilo de la Virgen en el aire de la mañana.

Pero los hilos de la Virgen se llaman también babas del diablo, y Michel tuvo que aguantar minuciosas imprecaciones, oírse llamar entrometido e imbécil, mientras se esmeraba deliberadamente en sonreir y declinar, con simples movimientos de cabeza, tanto envío barato. Cuando empezaba a cansarme, oí golpear la portezuela de un auto. El hombre del sombrero gris estaba ahí, mirándonos. Sólo entonces comprendí que jugaba un papel en la comedia.

Empezó a caminar hacia nosotros, llevando en la mano el diario que había pretendido leer. De lo que mejor me acuerdo es de la mueca que le ladeaba la boca, le cubría la cara de arrugas, algo cambiaba de lugar y forma porque la boca le temblaba y la mueca iba de un lado a otro de los labios como una cosa independiente y viva, ajena a la voluntad. Pero todo el resto era fijo, payaso enharinado u hombre sin sangre, con la piel apagada y seca, los ojos metidos en lo hondo y los agujeros de la nariz negros y visibles, más negros que las cejas o el pelo o la corbata negra. Caminaba cautelosamente, como si el pavimento le lastimara los pies; le vi zapatos de charol, de suela tan delgada que debía acusar cada aspereza de la calle. No sé por qué me había bajado del pretil, no sé bien por qué decidí no darles la foto, negarme a esa exigencia en la que adivinaba miedo y cobardía. El payaso y la mujer se consultaban en silencio: hacíamos un perfecto triángulo insoportable, algo que tenía que romperse con un chasquido. Me les reí en la cara y eché a andar, supongo que un poco más despacio que el chico. A la altura de las primeras casas, del lado de la pasarela de hierro, me volví a mirarlos. No se movían, pero el hombre había dejado caer el diario; me pareció que la mujer, de espaldas al parapeto, paseaba las manos por la piedra, con el clásico y absurdo gesto del acosado que busca la salida.

Lo que sigue ocurrió aquí, casi ahora mismo, en una habitación de un quinto piso. Pasaron varios días antes de que Michel revelara las fotos del domingo, sus tomas de la Conserjería y de la Sainte-Chapelle eran lo que debían ser. Encontró dos o tres enfoques de prueba ya olvidados, una mala tentativa de atrapar un gato asombrosamente encaramado en el techo de un mingitorio callejero, y también la foto de la mujer rubia y el adolescente. El negativo era tan bueno que preparó una ampliación; la ampliación era tan buena que hizo otra mucho más grande, casi como un afiche. No se le ocurrió (ahora se lo pregunta y se lo pregunta) que sólo las fotos de la Conserjería merecían tanto trabajo. De toda la serie, la instantánea en la punta de la isla era la única que le interesaba; fijó la ampliación en una pared del cuarto, y el primer día estuvo un rato mirándola y acordándose, en esa operación comparativa y melancólica del recuerdo frente a la perdida realidad; recuerdo petrificado, como toda foto, donde nada faltaba, ni siquiera y sobre todo la nada, verdadera fijadora de la escena. Estaba la mujer, estaba el chico, rígido el árbol sobre sus cabezas, el cielo tan fijo como las piedras del parapeto, nubes y piedras confundidas en una sola materia inseparable (ahora pasa una con bordes afilados, corre como en una cabeza de tormenta). Los dos primeros días acepté lo que había hecho, desde la foto en sí hasta la ampliación en la pared, y no me pregunté siquiera por qué interrumpía a cada rato la traducción del tratado de José Norberto Allende para reencontrar la cara de la mujer, las manchas oscuras en el pretil. La primera sorpresa fue estúpida; nunca se me había ocurrido pensar que cuando miramos una foto de frente, los ojos repiten exactamente la posición y la visión del objetivo; son esas cosas que se dan por sentadas y que a nadie se le ocurre considerar. Desde mi silla, con la máquina de escribir por delante, miraba la foto ahí a tres metros, y entonces se me ocurrió que me había instalado exactamente en el punto de mira del objetivo. Estaba muy bien así; sin duda era la manera más perfecta de apreciar una foto, aunque la visión en diagonal pudiera tener sus encantos y aun sus descubrimientos. Cada tantos minutos, por ejemplo cuando no encontraba la manera de decir en buen francés lo que José Norberto Allende decía en tan buen español, alzaba los ojos y miraba la foto; a veces me atraía la mujer, a veces el chico, a veces el pavimento donde una hoja seca se había situado admirablemente para valorizar un sector lateral. Entonces descansaba un rato de mi trabajo, y me incluía otra vez con gusto en aquella mañana que empapaba la foto, recordaba irónicamente la imagen colérica de la mujer reclamándome la fotografía, la fuga ridícula y patética del chico, la entrada en escena del hombre de la cara blanca. En el fondo estaba satisfecho de mí mismo; mi partida no había sido demasiado brillante, pues si a los franceses les ha sido dado el don de la pronta respuesta, no veía bien por qué había optado por irme sin una acabada demostración de privilegios, perrogativas y derechos ciudadanos. Lo importante, lo verdaderamente importante era haber ayudado al chico a escapar a tiempo (esto en caso de que mis teorías fueran exactas, lo que no estaba suficientemente probado, pero la fuga en sí parecía demostrarlo). De puro entrometido le había dado oportunidad de aprovechar al fin su miedo para algo útil: ahora estaría arrepentido, menoscabado, sintiéndose poco hombre. Mejor era eso que la compañía de una mujer capaz de mirar como lo miraban en la isla; Michel es puritano a ratos, cree que no se debe corromper por la fuerza. En el fondo, aquella foto había sido una buena acción.

No por buena acción la miraba entre párrafo y párrafo de mi trabajo. En ese momento no sabía por qué la miraba, por qué había fijado la ampliación en la pared; quizá ocurra así con todos los actos fatales, y sea esa la condición de su cumplimiento. Creo que el temblor casi furtivo de las hojas del árbol no me alarmó, que seguí una frase empezada y la terminé redonda.

Las costumbres son como grandes herbarios, al fin y al cabo una ampliación de ochenta por sesenta se parece a una pantalla donde proyectan cine, donde en la punta de una isla una mujer habla con un chico y un árbol agita unas hojas secas sobre sus cabezas.

Pero las manos ya eran demasiado. Acababa de escribir: *Donc, la seconde clé reside dans la nature intrinsèque des difficultés que les sociétés*[25]—y vi la mano de la mujer que empezaba a cerrarse despacio, dedo por dedo. De mí no quedó nada, una frase en francés que jamás habrá de terminarse, una máquina de escribir que cae al suelo, una silla que chirría y tiembla, una niebla. El chico había agachado la cabeza, como los boxeadores cuando no pueden más y esperan el golpe de desgracia; se había alzado el cuello del sobretodo, parecía más que nunca un prisionero, la perfecta víctima que ayuda a la catástrofe. Ahora la mujer le hablaba al oído, y la mano se abría otra vez para posarse en su mejilla, acariciarla y acariciarla, quemándola sin prisa. El chico estaba menos azorado que receloso, una o dos veces atisbó por sobre el hombro de la mujer y ella seguía hablando, explicando algo que lo hacía mirar a cada momento hacia la zona donde Michel sabía muy bien que estaba el auto con el hombre del sombrero gris, cuidadosamente descartado en la fotografía pero reflejándose en los ojos del chico y (cómo dudarlo ahora) en las palabras de la mujer, en las manos de la mujer, en la presencia vicaria de la mujer. Cuando vi venir al hombre, detenerse cerca de ellos y mirarlos, las manos en los bolsillos y un aire entre hastiado y exigente, patrón que va a silbar a su perro después de los retozos en la plaza, comprendí, si eso era comprender, lo que tenía que pasar, lo que tenía que haber pasado, lo que hubiera tenido que haber pasado en ese momento, entre esa gente, ahí donde yo había llegado a trastocar un orden, inocentemente inmiscuído en eso que no había pasado pero que ahora iba a pasar, ahora se iba a cumplir. Y lo que entonces había imaginado era mucho menos horrible que la realidad, esa mujer que no estaba ahí por ella misma, no acariciaba ni proponía ni alentaba para su placer, para llevarse al ángel despeinado y jugar con su terror y su gracia deseosa. El verdadero amo esperaba, sonriendo petulante, seguro ya de la obra; no era el primero que mandaba a una mujer a la vanguardia, a traerle a los prisioneros maniatados con flores. El resto sería tan simple, el auto, una casa cualquiera, las bebidas, las láminas excitantes, las lágrimas demasiado tarde, el despertar en el infierno. Y yo no podía hacer nada, esta vez no

---

[25]Bueno, la segunda clave está en la naturaleza intrínseca de las dificultades más que en las sociedades (francés).

podía hacer absolutamente nada. Mi fuerza había sido una fotografía, ésa, ahí donde se vengaban de mí mostrándome sin disimulo lo que iba a suceder. La foto había sido tomada, el tiempo había corrido; estábamos tan lejos unos de otros, la corrupción seguramente consumada, las lágrimas vertidas, y el resto conjetura y tristeza. De pronto el orden se invertía, ellos estaban vivos, moviéndose, decidían y eran decididos, iban a su futuro; y yo desde este lado, prisionero de otro tiempo, de una habitación en un quinto piso, de no saber quiénes eran esa mujer, y ese hombre y ese niño, de ser nada más que la lente de mi cámara, algo rígido, incapaz de intervención. Me tiraban a la cara la burla más horrible, la de decidir frente a mi impotencia, la de que el chico mirara otra vez al payaso enharinado y yo comprendiera que iba a aceptar, que la propuesta contenía dinero o engaño, y que no podía gritarle que huyera, o simplemente facilitarle otra vez el camino con una nueva foto, una pequeña y casi humilde intervención que desbaratara el andamiaje de baba y de perfume. Todo iba a resolverse allí mismo, en ese instante; había como un inmenso silencio que no tenía nada que ver con el silencio físico. Aquello se tendía, se armaba. Creo que grité, que grité terriblemente, y que en ese mismo segundo supe que empezaba a acercarme, diez centímetros, un paso, otro paso, el árbol giraba cadenciosamente sus ramas en primer plano, una mancha del pretil salía del cuadro, la cara de la mujer, vuelta hacia mí como sorprendida iba creciendo, y entonces giré un poco, quiero decir que la cámara giró un poco, y sin perder de vista a la mujer empezó a acercarse al hombre que me miraba con los agujeros negros que tenía en el sitio de los ojos, entre sorprendido y rabioso miraba queriendo clavarme en el aire, y en ese instante alcancé a ver como un gran pájaro fuera de foco que pasaba de un solo vuelo delante de la imagen, y me apoyé en la pared de mi cuarto y fui feliz porque el chico acababa de escaparse, lo veía corriendo, otra vez en foco, huyendo con todo el pelo al viento, aprendiendo por fin a volar sobre la isla, a llegar a la pasarela, a volverse a la ciudad. Por segunda vez se les iba, por segunda vez yo lo ayudaba a escaparse, lo devolvía a su paraíso precario. Jadeando me quedé frente a ellos; no había necesidad de avanzar más, el juego estaba jugado. De la mujer se veía apenas un hombro y algo de pelo, brutalmente cortado por el cuadro de la imagen; pero de frente estaba el hombre, entreabierta la boca donde veía temblar una lengua negra, y levantaba lentamente las manos, acercándolas al primer plano, un instante aún en perfecto foco, y después todo él un bulto que borraba la isla, el árbol, y yo cerré los ojos y no quise mirar más, y me tapé la cara y rompí a llorar como un idiota.

Ahora pasa una gran nube blanca, como todos estos días, todo este tiempo incontable. Lo que queda por decir es siempre una nube, dos nubes, o largas horas de cielo perfectamente limpio, rectángulo purísimo clavado con alfileres en la pared de mi cuarto. Fue lo que vi al abrir los ojos y secármelos con los dedos: el cielo limpio, y después una nube que entraba por la izquierda, paseaba lentamente su gracia y se perdía por la derecha. Y luego otra, y a veces en cambio todo se pone gris, todo es una enorme nube, y de pronto restallan las salpicaduras de la lluvia, largo rato se ve llover sobre la imagen, como un llanto al revés, y poco a poco el cuadro se aclara, quizá sale el sol, y otra vez entran las nubes, de a dos, de a tres. Y las palomas, a veces, y uno que otro gorrión.

Relatos. Buenos Aires: Editorial Sudamericana, 1970.

GABRIEL GARCIA MARQUEZ (Colombia; 1928)

Los funerales de la Mamá Grande

Esta es, incrédulos del mundo entero, la verídica historia de la Mamá Grande, soberana absoluta del reino de Macondo, que vivió en función de dominio durante 92 años y murió en olor de santidad un martes del setiembre pasado, y a cuyos funerales vino el Sumo Pontífice.

Ahora que la nación sacudida en sus entrañas ha recobrado el equilibrio; ahora que los gaiteros de San Jacinto, los contrabandistas de la Guajira, los arroceros del Sinú, las prostitutas de Guacamayal, los hechiceros de la Sierpe y los bananeros de Aracataca han colgado sus toldos para restablecerse de la extenuante vigilia, y que han recuperado la serenidad y vuelto a tomar posesión de sus estados el presidente de la república y sus ministros y todos aquellos que representaron al poder público y a las potencias sobrenaturales en la más espléndida ocasión funeraria que registren los anales históricos; ahora que el Sumo Pontífice ha subido a los Cielos en cuerpo y alma, y que es imposible transitar en Macondo a causa de las botellas vacías, las colillas de cigarrillos, los huesos roídos, las latas y trapos y excrementos que dejó la muchedumbre que vino al entierro, ahora es la hora de recostar un taburete a la puerta de la calle y empezar a contar desde el principio los pormenores de esta conmoción nacional, antes de que tengan tiempo de llegar los historiadores.

Hace catorce semanas, después de interminables noches de cataplasmas, sinapismos y ventosas,[1] demolida por la delirante agonía, la Mamá Grande ordenó que la sentaran en su viejo mecedor de bejuco para expresar su última voluntad. Era el único requisito que le hacía falta para morir. Aquella mañana, por intermedio del padre Antonio Isabel, había arreglado los negocios de su alma, y sólo le faltaba arreglar los de sus arcas con los nueve sobrinos, sus herederos universales, que velaban en torno al lecho. El párroco, hablando solo y a punto de cumplir cien años, permanecía en el cuarto. Se habían necesitado diez hombres para subirlo a la alcoba de la Mamá Grande,

---

[1]artefactos de vidrio para curación que se aplican para extraer del cuerpo los malos humores.

y se había decidido que allí permaneciera para no tener que bajarlo y volverlo a subir en el minuto final.

Nicanor, el sobrino mayor, titánico y montaraz, vestido de caqui, botas con espuelas y un revólver calibre 38, cañón largo, ajustado bajo la camisa, fue en busca del notario. La enorme mansión de dos plantas, olorosa a melaza y a orégano, con sus oscuros aposentos atiborrados de arcones y cachivaches de cuatro generaciones convertidas en polvo, se había paralizado desde la semana anterior a la expectativa de aquel momento. En el profundo corredor central, con garfios en las paredes donde en otro tiempo se colgaron cerdos desollados y se desangraban venados en los soñolientos domingos de agosto, los peones dormían amontonados sobre sacos de sal y útiles de labranza, esperando la orden de ensillar las bestias para divulgar la mala noticia en el ámbito de la hacienda desmedida. El resto de la familia estaba en la sala. Las mujeres lívidas, desangradas por la herencia y la vigilia, guardaban un luto cerrado que era una suma de incontables lutos superpuestos. La rigidez matriarcal de la Mamá Grande había cercado su fortuna y su apellido con una alambrada sacramental, dentro de la cual los tíos se casaban con las hijas de las sobrinas, y los primos con las tías, y los hermanos con las cuñadas, hasta formar una intrincada maraña de consanguinidad que convirtió la procreación en un círculo vicioso. Sólo Magdalena, la menor de las sobrinas, logró escapar al cerco; aterrorizada por las alucinaciones se hizo exorcizar por el padre Antonio Isabel, se rapó la cabeza y renunció a las glorias y vanidades del mundo en el noviciado de la Prefectura Apostólica. Al margen de la familia oficial, y en ejercicio del derecho de pernada, los varones habían fecundado hatos, veredas y caseríos con toda una descendencia bastarda, que circulaba entre la servidumbre sin apellidos a título de ahijados, dependientes, favoritos y protegidos de la Mamá Grande.

La inminencia de la muerte removió la extenuante expectativa. La voz de moribunda, acostumbrada al homenaje y a la obediencia, no fue más sonora que un bajo de órgano en la pieza cerrada, pero resonó en los más apartados rincones de la hacienda. Nadie era indiferente a esa muerte. Durante el presente siglo, la Mamá Grande había sido el centro de gravedad de Macondo, como sus hermanos, sus padres y los padres de sus padres lo fueron en el pasado, en una hegemonía que colmaba dos siglos. La aldea se fundó alrededor de su apellido. Nadie conocía el origen, ni los límites ni el valor real del patrimonio, pero todo el mundo se había acostumbrado a creer que la Mamá Grande era dueña de las aguas corrientes y estancadas, llovidas y por llover, los postes del telégrafo, los años bisiestos y el calor, y que tenía además un derecho heredado sobre vida y haciendas. Cuando se sentaba a tomar el fresco de la tarde en el balcón de su casa, con todo el peso de sus vísceras y su autoridad aplastado en su viejo mecedor de bejuco, parecía en verdad infinitamente rica y poderosa, la matrona más rica y poderosa del mundo.

A nadie se le había ocurrido pensar que la Mamá Grande fuera mortal, salvo a los miembros de su tribu, y a ella misma, aguijoneada por las premoniciones seniles del padre Antonio Isabel. Pero ella confiaba en que viviría más de 100 años, como su abuela materna, que en la guerra de 1875 se enfrentó a una patrulla del coronel Aureliano Buendía, atrincherada en la cocina de la hacienda. Sólo en abril de este año comprendió la Mamá Grande que Dios no le concedería el privilegio de liquidar personalmente, en franca refriega, a una horda de masones federalistas.

En la primera semana de dolores el médico de la familia la entretuvo con cataplasmas de mostaza y calcetines de lana. Era un médico hereditario, laureado en Montpellier, contrario por convicción filosófica a los progresos de su ciencia, a quien la Mamá Grande había concedido la prebenda de que se impidiera en Macondo el establecimiento de otros médicos. En un tiempo recorría el pueblo a caballo, visitando los lúgubres enfermos del atardecer, y la naturaleza le concedió el privilegio de ser padre de numerosos hijos ajenos. Pero la artritis le anquilosó[2] en un chinchorro, y terminó por atender a sus pacientes sin visitarlos, por medio de suposiciones, correveidiles y recados. Requerido por la Mamá Grande atravesó la plaza en pijama, apoyado en dos bastones, y se instaló en la alcoba de la enferma. Sólo cuando comprendió que la Mamá Grande agonizaba, hizo llevar un arca con pomos de porcelana marcados en latín y durante tres semanas embadurnó a la moribunda por dentro y por fuera con toda suerte de emplastos académicos, julepes magníficos y supositorios magistrales. Después le aplicó sapos ahumados en el sitio del dolor y sanguijuelas en los riñones, hasta la madrugada de ese día en que tuvo que enfrentarse a la disyuntiva de hacerla sangrar por el barbero o exorcizar por el padre Antonio Isabel.

Nicanor mandó a buscar al párroco. Sus diez hombres mejores lo llevaron desde la casa cural hasta el dormitorio de la Mamá Grande, sentado en su crujiente mecedor de mimbre bajo el mohoso palio de las grandes ocasiones. La campanilla del Viático en el tibio amanecer de setiembre fue la primera notificación a los habitantes de Macondo. Cuando salió el sol, la placita frente a la casa de la Mamá Grande parecía una feria rural.

---

[2]envejeció.

Era como el recuerdo de otra época. Hasta cuando cumplió los 70, la Mamá Grande celebró su cumpleaños con las ferias más prolongadas y tumultosas de que se tenga memoria. Se ponían damajuanas de aguardiente a disposición del pueblo, se sacrificaban reses en la plaza pública, y una banda de músicos instalada sobre una mesa tocaba sin tregua durante tres días. Bajo los almendros polvorientos donde la primera semana del siglo acamparon las legiones del coronel Aureliano Buendía, se ponían ventas de masato,[3] bollos, morcillas, chicharrones, empanadas, butifarras, caribañolas, pandeyuca, almojabanas, buñuelos, arepuelas, hojaldres, longanizas, mondongos, cocadas, guarapo, entre todo género de menudencias, chucherías, baratijas y cacharros, y peleas de gallos y juegos de lotería. En medio de la confusión de la muchedumbre alborotada, se vendían estampas y escapularios con la imagen de la Mamá Grande.

Las festividades comenzaban la antevíspera y terminaban el día del cumpleaños, con un estruendo de fuegos artificiales y un baile familiar en la casa de la Mamá Grande. Los selectos invitados y los miembros legítimos de la familia, generosamente servidos por la bastardía, bailaban al compás de la vieja pianola equipada con rollos de moda. La Mamá Grande presidía la fiesta desde el fondo del salón, en una poltrona con almohadas de lino, impartiendo discretas instrucciones con su diestra adornada de anillos en todos los dedos. A veces en complicidad con los enamorados, pero casi siempre aconsejada por su propia inspiración, aquella noche concertaba los matrimonios del año entrante. Para clausurar el jubileo, la Mamá Grande salía al balcón adornado con diademas y faroles de papel, y arrojaba monedas a la muchedumbre.

Aquella tradición se había interrumpido, en parte por los duelos sucesivos de la familia, y en parte por la incertidumbre política de los últimos tiempos. Las nuevas generaciones no asistieron sino de oídas a aquellas manifestaciones de esplendor. No alcanzaron a ver a la Mamá Grande en la misa mayor, abanicada por algún miembro de la autoridad civil, disfrutando del privilegio de no arrodillarse ni en el instante de la elevación para no estropear su saya de volantes holandeses y sus almidonados pollerines[4] de olán. Los ancianos recordaban como una alucinación de la juventud los doscientos metros de esteras que se tendieron desde la casa solariega hasta el altar mayor, la tarde en que María del Rosario Castañeda y Montero asistió a los funerales

---

[3]Masato es una bebida de arroz; las palabras que siguen representan un inventario de comidas típicas de la zona, en su mayoría fritas u horneadas.

[4]complemento de la falda.

de su padre, y regresó por la calle esterada investida de su nueva e irradiante dignidad, a los 22 años convertida en la Mamá Grande. Aquella visión medieval pertenecía entonces no sólo al pasado de la familia, sino al pasado de la nación. Cada vez más imprecisa y remota, visible apenas en su balcón sofocado entonces por los geranios en las tardes de calor, la Mamá Grande se esfumaba en su propia leyenda. Su autoridad se ejercía a través de Nicanor. Existía la promesa tácita, formulada por la tradición, de que el día en que la Mamá Grande lacrara su testamento, los herederos decretarían tres noches de jolgorios públicos. Pero se sabía asimismo que ella había decidido no expresar su voluntad última hasta pocas horas antes de morir, y nadie pensaba seriamente en la posibilidad de que la Mamá Grande fuera mortal. Sólo esa madrugada, despertados por los cencerros del Viático, los habitantes de Macondo se convencieron de que la Mamá Grande no sólo era mortal, sino que se estaba muriendo.

Su hora era llegada. En su cama de lienzo, embadurnada de áloes hasta las orejas, bajo la marquesina de polvorienta espumilla, apenas se adivinaba la vida en la tenue respiración de sus tetas matriarcales. La Mamá Grande, que hasta los cincuenta años rechazó a los más apasionados pretendientes, y que fue dotada por la naturaleza para amamantar ella sola a toda su especie, agonizaba virgen y sin hijos. En el momento de la extremaunción, el padre Antonio Isabel tuvo que pedir ayuda para aplicarle los óleos en la palma de las manos, pues desde el principio de su agonía la Mamá Grande tenía los puños cerrados. De nada valió el concurso de las sobrinas. En el forcejeo, por primera vez en una semana, la moribunda apretó contra su pecho la mano constelada de piedras preciosas, y fijó en las sobrinas la mirada sin color, diciendo: "Salteadoras." Luego vio al padre Antonio Isabel en indumentaria litúrgica y al monaguillo con los instrumentos sacramentales, y murmuró con una convicción apacible: "Me estoy muriendo." Entonces se quitó el anillo con el Diamante Mayor y se lo dio a Magdalena, la novicia, a quien correspondía por ser la heredera menor. Aquel era el final de una tradición: Magdalena había renunciado a su herencia en favor de la Iglesia.

Al amanecer, la Mamá Grande pidió que la dejaran a solas con Nicanor para impartir sus últimas instrucciones. Durante media hora, con perfecto dominio de sus facultades, se informó de la marcha de los negocios. Hizo formulaciones especiales sobre el destino de su cadáver, y se ocupó por último de las velaciones. "Tienes que estar con los ojos abiertos", dijo. "Guarda bajo llave todas las cosas de valor, pues mucha gente no viene a los velorios sino a robar." Un momento después, a solas con el párroco, hizo una confesión dispendiosa, sincera y detallada, y comulgó más tarde en presencia de los sobrinos. Entonces fue cuando pidió que la sentaran en el mecedor de bejuco para expresar su última voluntad.

Nicanor había preparado, en veinticuatro folios escritos con letra muy clara, una escrupulosa relación de sus bienes. Respirando apaciblemente, con el médico y el padre Antonio Isabel por testigos, la Mamá Grande dictó al notario la lista de sus propiedades, fuente suprema y única de su grandeza y autoridad. Reducido a sus proporciones reales, el patrimonio físico se reducía a tres encomiendas adjudicadas por Cédula Real durante la Colonia, y que con el transcurso del tiempo, en virtud de intrincados matrimonios de conveniencia, se habían acumulado bajo el dominio de la Mamá Grande. En ese territorio ocioso, sin límites definidos, que abarcaba cinco municipios y en el cual no se sembró nunca un solo grano por cuenta de los propietarios, vivían a título de arrendatarias 352 familias. Todos los años, en víspera de su onomástico, la Mamá Grande ejercía el único acto de dominio que había impedido el regreso de las tierras al estado: el cobro de los arrendamientos. Sentada en el corredor interior de su casa, ella recibía personalmente el pago del derecho de habitar en sus tierras, como durante más de un siglo lo recibieron sus antepasados de los arrendatarios. Pasados los tres días de la recolección, el patio estaba atiborrado de cerdos, pavos y gallinas, y de los diezmos y primicias sobre los frutos de la tierra que se depositaban allí en calidad de regalo. En realidad, esa era la única cosecha que jamás recogió la familia de un territorio muerto desde sus orígenes, calculado a primera vista en 100.000 hectáreas. Pero las circunstancias históricas habían dispuesto que dentro de esos límites crecieran y prosperaran las seis poblaciones del distrito de Macondo, incluso la cabecera del municipio, de manera que todo el que habitara una casa no tenía más derecho de propiedad del que le correspondía sobre los materiales, pues la tierra pertenecía a la Mamá Grande y a ella se pagaba el alquiler, como tenía que pagarlo el gobierno por el uso que los ciudadanos hacían en las calles.

En los alrededores de los caseríos, merodeaba un número nunca contado y menos atendido de animales herrados en los cuartos traseros con la forma de un candado. Ese hierro hereditario, que más por el desorden que por la cantidad se había hecho familiar en remotos departamentos donde llegaban en verano, muertas de sed, las reses desperdigadas, era uno de los más sólidos soportes de la leyenda. Por razones que nadie se había detenido a explicar, las extensas caballerizas de la casa se habían vaciado progresivamente desde la última guerra civil, y en los últimos tiempos se habían instalado en ellas trapiches de caña, corrales de ordeño, y una piladora de arroz.

Aparte de lo enumerado, se hacía constar en el testamento la existencia de tres vasijas de morrocotas[5] enterradas en algún lugar de la casa durante la guerra de Independencia, que no habían sido halladas en periódicas y
laboriosas excavaciones. Con el derecho de continuar la explotación de la
tierra arrendada y a percibir los diezmos y primicias y toda clase de dádivas
extraordinarias, los herederos recibían un plano levantado de generación en
generación, y por cada generación perfeccionado, que facilitaba el hallazgo del
tesoro enterrado.

La Mamá Grande necesitó tres horas para enumerar sus asuntos te-
rrenales. En la sofocación de la alcoba, la voz de la moribunda parecía dignifi-
car en su sitio cada cosa enumerada. Cuando estampó su firma balbuciente,
y debajo estamparon la suya los testigos, un temblor secreto sacudió el corazón de las muchedumbres que empezaban a concentrarse frente a la casa, a
la sombra de los almendros polvorientos.

Sólo faltaba entonces la enumeración minuciosa de los bienes morales. Haciendo un esfuerzo supremo—el mismo que hicieron sus antepasados
antes de morir para asegurar el dominio de su especie—la Mamá Grande se
irguió sobre sus nalgas monumentales, y con voz dominante y sincera, abandonada a su memoria, dictó al notario la lista de su patrimonio invisible:

La riqueza del subsuelo, las aguas territoriales, los colores de la
bandera, la soberanía nacional, los partidos tradicionales, los derechos del
hombre, las libertades ciudadanas, el primer magistrado, la segunda instancia,
el tercer debate, las cartas de recomendación, las constancias históricas, las
elecciones libres, las reinas de belleza, los discursos trascendentales, las gran-
diosas manifestaciones, las distinguidas señoritas, los correctos caballeros, los
pundonorosos militares, su señoría ilustrísima, la corte suprema de justicia, los
artículos de prohibida importación, las damas liberales, el problema de la carne, la pureza del lenguaje, los ejemplos para el mundo, el orden jurídico, la
prensa libre pero responsable, la Atenas sudamericana, la opinión pública, las
elecciones democráticas, la moral cristiana, la escasez de divisas, el derecho
de asilo, el peligro comunista, la nave del estado, la carestía de la vida, las
tradiciones republicanas, las clases desfavorecidas, los mensajes de adhesión.

No alcanzó a terminar. La numerosa enumeración tronchó su último
vahaje.[6] Ahogándose en el mare mágnum de fórmulas abstractas que durante

---

[5]antiguas monedas de oro macizo.

[6]viento suave; aquí querrá referirse a su último aliento.

dos siglos constituyeron la justificación moral del poderío de la familia, la Mamá Grande emitió un sonoro eructo y expiró.

Los habitantes de la capital remota y sombría vieron esa tarde el retrato de una mujer de veinte años en la primera página de las ediciones extraordinarias, y pensaron que era una nueva reina de la belleza. La Mamá Grande vivía otra vez la momentánea juventud de su fotografía, ampliada a cuatro columnas y con retoques urgentes, su abundante cabellera recogida a lo alto del cráneo con un peine de marfil, y una diadema sobre la gola de encajes. Aquella imagen, captada por un fotógrafo ambulante que pasó por Macondo a principios de siglo y archivada por los periódicos durante muchos años en la división de personajes desconocidos, estaba destinada a perdurar en la memoria de generaciones futuras. En los autobuses decrépitos, en los ascensores de los ministerios, en los lúgubres salones de té forrados de pálidas colgaduras, se susurró con veneración y respeto de la autoridad muerta en su distrito de calor y malaria, cuyo nombre se ignoraba en el resto del país hacía pocas horas, antes de ser consagrado por la palabra impresa. Una llovizna menuda cubría de recelo y de verdín a los transeuntes. Las campanas de todas las iglesias tocaban a muerto. El presidente de la república, sorprendido por la noticia cuando se dirigía al acto de graduación de los nuevos cadetes, sugirió al ministro de guerra, en una nota escrita de su puño y letra en el revés del telegrama, que concluyera su discurso con un minuto de silencio en homenaje a la Mamá Grande.

El orden social había sido rozado por la muerte. El propio presidente de la república, a quien los sentimientos urbanos llegaban como a través de un filtro de purificación, alcanzó a percibir desde su automóvil en una visión instantánea pero hasta un cierto punto brutal, la silenciosa consternación de la ciudad. Sólo permanecían abiertos algunos cafetines de mala muerte, y la Catedral Metropolitana, dispuesta para nueve días de honras fúnebres. En el Capitolio Nacional, donde los mendigos envueltos en papeles dormían al amparo de columnas dóricas y taciturnas estatuas de presidentes muertos, las luces del Congreso estaban encendidas. Cuando el primer mandatario entró a su despacho, conmovido por la visión de la capital enlutada, sus ministros lo esperaban vestidos de tafetán funerario, de pie, más solemnes y pálidos que de costumbre.

Los acontecimientos de aquella noche y las siguientes serían más tarde definidos como una lección histórica. No sólo por el espíritu cristiano que inspiró a los más elevados personeros del poder público, sino por la abnegación con que se conciliaron intereses disímiles y criterios contrapuestos, en el propósito común de enterrar un cadáver ilustre. Durante muchos años la

Mamá Grande había garantizado la paz social y la concordia política de su imperio, en virtud de los tres baúles de cédulas electorales falsas que formaban parte de su patrimonio secreto. Los varones de la servidumbre, sus protegidos y arrendatarios, mayores y menores de edad, ejercitaban no sólo su propio derecho de sufragio, sino también el de los electores muertos en un siglo. Ella era la prioridad del poder tradicional sobre la autoridad transitoria, el predominio de la clase sobre la plebe, la trascendencia de la sabiduría sobre la improvisación mortal. En tiempos pacíficos, su voluntad hegemónica acordaba y desacordaba canongías,[7] prebendas y sinecuras, y velaba por el bienestar de los asociados así tuviera para lograrlo que recurrir a la trapisonda o al fraude electoral. En tiempos tormentosos, la Mamá Grande contribuyó en secreto para armar a sus partidarios, y socorrió en público a sus víctimas. Aquel celo patriótico la acreditaba para los más altos honores.

El presidente de la república no había tenido necesidad de recurrir a sus consejeros para medir el peso de su responsabilidad. Entre la sala de audiencias de Palacio y el patiecito adoquinado que sirvió de cochera a los virreyes, mediaba un jardín interior de cipreses oscuros donde un portugués se ahorcó por amor en las postrimerías de la Colonia. A pesar de su ruidoso aparato de oficiales condecorados, el presidente no podía reprimir un ligero temblor de incertidumbre cuando pasaba por ese lugar después del crepúsculo. Pero aquella noche, el estremecimiento tuvo la fuerza de una premonición. Entonces adquirió plena conciencia de su destino histórico, y decretó nueve días de duelo nacional, y honores póstumos a la Mamá Grande en la categoría de heroína muerta por la patria en el campo de batalla. Como lo expresó en la dramática alocución que aquella madrugada dirigió a sus compatriotas a través de la cadena nacional de radio y televisión, el primer magistrado de la nación confiaba en que los funerales de la Mamá Grande constituyeran un nuevo ejemplo para el mundo.

Tan altos propósitos debían tropezar sin embargo con graves inconvenientes. La estructura jurídica del país, construída por remotos ascendientes de la Mamá Grande no estaba preparada para acontecimientos como los que empezaban a producirse. Sabios doctores de la ley, probados alquimistas del derecho ahondaron en hermenéuticas y silogismos, en busca de la fórmula que permitiera al presidente de la república asistir a los funerales. Se vivieron días de sobresalto en las altas esferas de la política, el clero, y las finanzas. En el vasto hemiciclo del Congreso, enrarecido por un siglo de legislación abstracta,

---

[7]nombramientos eclesiásticos.

entre óleos de próceres nacionales y bustos de pensadores griegos, la evocación de la Mamá Grande alcanzó proporciones insospechables, mientras su
cadáver se llenaba de burbujas en el duro setiembre de Macondo. Por primera vez se habló de ella y se la concibió sin su mecedor de bejuco, sus sopores
a las dos de la tarde y sus cataplasmas de mostaza, y se la vio pura y sin edad,
destilada por la leyenda.

Horas interminables se llenaron de palabras, palabras, palabras que
repercutían en el ámbito de la república, aprestigiadas por los altavoces de la
letra impresa. Hasta que alguien dotado de sentido de la realidad en aquella
asamblea de jurisconsultos asépticos, interrumpió el blablablá histórico para
recordar que el cadaver de la Mamá Grande esperaba la decisión a 40 grados
a la sombra. Nadie se inmutó frente a aquella irrupción del sentido común en
la atmósfera pura de la ley escrita. Se impartieron órdenes para que fuera
embalsamado el cadáver, mientras se encontraban fórmulas, se conciliaban
pareceres o se hacían enmiendas constitucionales que permitieran al presidente de la república asistir al entierro.

Tanto se había parlado, que los parloteos transpusieron las fronteras,
transpasaron el océano y atravesaron como un presentimiento por las habitaciones pontificias de Castelgandolfo. Repuesto de la modorra del ferragosto[8]
reciente, el Sumo Pontífice estaba en la ventana, viendo en el lago sumergirse
los buzos que buscaban la cabeza de la doncella decapitada. En las últimas
semanas los periódicos de la tarde no se habían ocupado de otra cosa, y el
Sumo Pontífice no podía ser indiferente a un enigma planteado a tan corta
distancia de su residencia de verano. Pero en aquella tarde, en una sustitución
imprevista, los periódicos cambiaron las fotografías de las posibles víctimas,
por la de una sola mujer de veinte años, señalada con una blonda de luto. "La
Mamá Grande", exclamó el Sumo Pontífice, reconociendo al instante el borro-
so daguerrotipo que muchos años antes le había sido ofrendado con ocasión
de su ascenso a la silla de San Pedro. "La Mamá Grande", exclamaron a coro
en sus habitaciones privadas los miembros del Colegio Cardenalicio, y por
tercera vez en veinte siglos hubo una hora de desconciertos, sofoquines[9] y
correndillas[10] en el imperio sin límites de la cristiandad, hasta que el Sumo
Pontífice estuvo instalado en su larga góndola negra, rumbo a los fantásticos
y remotos funerales de la Mamá Grande.

---

[8]el duro calor de las tardes de agosto.

[9]enredos.

[10]correrías.

Detrás quedaron los luminosos sembrados de melocotones, la Via Apia Antica con tibias actrices de cine dorándose en las terrazas sin todavía tener noticias de la conmoción, y después el sombrío promontorio del Castelsantangello en el horizonte del Tíber. Al crepúsculo, los profundos dobles de la Basílica de San Pedro se entreveraron con los bronces cuarteados de Macondo. Desde su toldo sofocante, a través de los caños intrincados y las ciénagas sigilosas que marcaban el límite del Imperio Romano y los hatos de la Mamá Grande, el Sumo Pontífice oyó toda la noche la bullaranga de los monos alborotados por el paso de las muchedumbres. En su itinerario nocturno la canoa pontificia se había ido llenando de costales de yuca, racimos de plátanos verdes y huacales[11] de gallina, y de hombres y mujeres que abandonaban sus ocupaciones habituales para tentar fortuna con cosas de vender en los funerales de la Mamá Grande. Su Santidad padeció esa noche, por primera vez en la historia de la Iglesia, la fiebre de la vigilia y el tormento de los zancudos. Pero el prodigioso amanecer sobre los dominios de la Gran Vieja, la visión primigenia del reino de la balsamina y de la iguana, borraron de su memoria los padecimientos del viaje y lo compensaron del sacrificio.

Nicanor había sido despertado por tres golpes en la puerta que anunciaban el arribo inminente de Su Santidad. La muerte había tomado posesión de la casa. Inspirados por sucesivas y apremiantes alocuciones presidenciales, por las febriles controversias de los parlamentarios que habían perdido la voz y continuaban entendiéndose por medio de signos convencionales, hombres y congregaciones de todo el mundo se desentendieron de sus asuntos y colmaron con su presencia los oscuros corredores, los atiborrados pasadizos, las asfixiantes buhardas, y quienes llegaron con retardo se treparon y acomodaron del mejor modo en barbacanas, palenques, atalayas, maderámenes y matacanes. En el salón central, momificándose en espera de las grandes decisiones, yacía el cadáver de la Mamá Grande, bajo un estremecido promontorio de telegramas. Extenuados por las lágrimas, los nueve sobrinos velaban el cuerpo en un éxtasis de vigilia recíproca.

Aún debió el universo prolongar el acecho durante muchos días. En el salón del consejo municipal, acondicionado con cuatro taburetes de cuero, una tinaja de agua filtrada y una hamaca de lampazo, el Sumo Pontífice padeció un insomnio sudoroso, entreteniéndose con la lectura de memoriales y disposiciones administrativas en las dilatadas noches sofocantes. Durante el día, repartía caramelos italianos a los niños que se acercaban a verlo por la

---

[11]montón.

ventana, y almorzaba bajo la pérgola de astromelias[12] con el padre Antonio Isabel, y ocasionalmente con Nicanor. Así vivió semanas interminables y meses alargados por la expectativa y el calor, hasta que Pastor Pastrana se plantó con su redoblante en el centro de la plaza y leyó el bando de la decisión. Se declaraba turbado el orden público, tarrataplán, y el presidente de la república, tarrataplán, disponía de las facultades extraordinarias, tarrataplán, que le permitían asistir a los funerales de la Mamá Grande, trarrataplán, rataplán, plan, plan.

El gran día era venido. En las calles congestionadas de ruletas, fritangas y mesas de lotería, y hombres con culebras enrolladas en el cuello que pregonaban el bálsamo definitivo para curar la erisipela y asegurar la vida eterna; en la placita abigarrada donde las muchedumbres habían colgado sus toldos y desenrollado sus petates, apuestos ballesteros despejaron el paso a la autoridad. Allí estaban, en espera del momento supremo, las lavanderas del San Jorge, los pescadores de perla del Cabo de Vela, los atarrayeros de Ciénaga, los camaroneros de Tasajera, los brujos de la Mojana, los salineros de Manaure, los acordeoneros de Valledupar, los chalanes de Ayapel, los papayeros de San Pelayo, los mamadores de gallo[13] de La Cueva, los improvisadores de las Sabanas de Bolívar, los camajanes de Rebolo, los bogas del Magdalena, los tinterillos de Mompox, además de los que se enumeran al principio de esta crónica, y muchos otros. Hasta los veteranos del coronel Aureliano Buendía—el duque de Marlborough a la cabeza, con su atuendo de pieles y uñas y dientes de tigre—se sobrepusieron a su rencor centenario por la Mamá Grande y los de su especie, y vinieron a los funerales, para solicitar del presidente de la república el pago de las pensiones de guerra que esperaban desde hacía sesenta años.

Poco antes de las once, la muchedumbre delirante que se asfixiaba al sol, contenida por una élite imperturbable de guerreros uniformados de dormanes guarnecidos y espumosos morriones, lanzó un poderoso rugido de júbilo. Dignos, solemnes en sus sacolevas[14] y chisteras, el presidente de la república y sus ministros; las comisiones del parlamento, la corte suprema de justicia, el consejo de estado, los partidos tradicionales y el clero, y los representantes de la banca, el comercio y la industria, hicieron su aparición por la esquina de la telegrafía. Calvo y rechoncho, el anciano y enfermo presidente

---

[12]un tipo de flor.

[13]bromistas.

[14]levita.

de la república desfiló frente a los ojos atónitos de las muchedumbres que lo
habían investido sin conocerlo y que sólo ahora podían dar un testimonio verídico de su existencia. Entre arzobispos extenuados por la gravedad de su ministerio y los militares de robusto tórax acorazado de insignias, el primer
magistrado de la nación transpiraba el hálito inconfundible del poder.

En segundo término, en un sereno transcurso de crespones luctuosos,
desfilaban las reinas nacionales de todas las cosas habidas y por haber. Por
primera vez provistas del esplendor terrenal, allí pasaron, precedidas de la
reina universal, la reina del mango de hilacha, la reina de la ahuyama[15] verde, la reina del guineo manzano, la reina de la yuca harinosa, la reina de la
guayaba perulera, la reina del coco de agua, la reina del frijol de cabecita
negra, la reina de 426 kilómetros de sartales de huevos de iguana, y todas las
que se omiten por no hacer interminables estas crónicas.

En su féretro con vueltas de púrpura, separada de la realidad por
ocho torniquetes de cobre, la Mamá Grande estaba entonces demasiado
embebida en su eternidad de formaldehído para darse cuenta de la magnitud
de su grandeza. Todo el esplendor con que ella había soñado en el balcón de
su casa durante las vigilias del calor, se cumplió con aquellas cuarenta y ocho
gloriosas en que todos los símbolos de la época rindieron homenaje a su memoria. El propio Sumo Pontífice, a quien ella imaginó en sus delirios suspendido en una carroza resplandeciente sobre los jardines del Vaticano, se sobre-
puso al calor con un abanico de palma trenzada y honró con su dignidad suprema los funerales más grandes del mundo.

Obnubilado[16] por el espectáculo del poder, el populacho no determinó el ávido aleteo que ocurrió en el caballete de la casa cuando se impuso
el acuerdo en la disputa de los ilustres, y se sacó el catafalco a la calle en
hombros de los más ilustres. Nadie vio la vigilante sombra de gallinazos que
siguió al cortejo por las ardientes callecitas de Macondo, ni reparó que al
paso de los ilustres éstas se iban cubriendo de un pestilente rastro de desperdicios. Nadie advirtió que los sobrinos, ahijados, sirvientes y protegidos de la
Mamá Grande cerraron las puertas tan pronto como sacaron el cadaver, y
desmontaron las puertas, desenclavaron las tablas y desenterraron los cimientos para repartirse la casa. Lo único que para nadie pasó inadvertido en el
fragor de aquel entierro, fue el estruendoso suspiro de descanso que exhala-
ron las muchedumbres cuando se cumplieron los catorce días de plegarias,

---

[15]un tipo de calabaza o zapallo.

[16]asombrado, enceguecido.

exaltaciones y ditirambos, y la tumba fue sell `a con una plataforma de plomo. Algunos de los allí presentes dispusieron de la suficiente clarividencia para comprender que estaban asistiendo al nacimiento de una nueva época. Ahora podía el Sumo Pontífice subir al cielo en cuerpo y alma, cumplida su misión en la tierra, y podía el presidente de la república sentarse a gobernar según su buen criterio, y podían las reinas de todo lo habido y por haber casarse y ser felices y engendrar y parir muchos hijos, y podían las muchedumbres colgar sus toldos según su leal modo de saber y entender en los desmesurados dominios de la Mamá Grande, porque la única que podía oponerse a ello y tenía suficiente poder para hacerlo había empezado a pudrirse bajo una plataforma de plomo. Sólo faltaba entonces que alguien recostara un taburete en la puerta para contar esta historia, lección y escarmiento de las generaciones futuras, y que ninguno de los incrédulos del mundo se quedara sin conocer la noticia de la Mamá Grande, que mañana miércoles vendrán los barrenderos y barrerán la basura de sus funerales, por todos los siglos de los siglos.

Los funerales de la Mamá Grande. 6a ed. Buenos Aires: Editorial Sudamericana, 1969.

RIGOBERTA MENCHU (Guatemala; 1959?)

Me llamo Rigoberta Menchú[1]

XXXII. Perseguida por el ejército. Clandestina en la capital en un convento de monjas

> *"Mi opción por la lucha no tiene límites ni espacio: sólo nosotros que llevamos nuestra causa en el corazón estamos dispuestos a correr todos los riesgos".*
>
> Rigoberta Menchú.

Ya después de todo eso, yo estaba perseguida y no podía hacer nada. No podía vivir en casa de un compañero, porque significaba que quemaba[2] a la familia. El ejército me buscaba por diferentes lugares y también buscaba a todos mis hermanos. Estuve un tiempo en casa de unas personas que me prestaron todo el cariño, me dieron el apoyo moral que necesitaba en ese tiempo. Todos esos recuerdos me hacen daño de recordarlos porque fueron tiempos muy amargos. Sin embargo, me veía como una mujer grande, como una mujer fuerte, que podía enfrentar esa situación. Yo misma decía: "Rigoberta, tú tienes que madurarte más". Claro era un dolor mi caso, pero yo pensaba en los muchos casos, en los muchos niños que no podían decir o no podrían después contar su historia como yo. Pasaba por alto muchas cosas pero, al mismo tiempo, tenía que enfrentarlas como una persona, como una mujer que tiene conciencia. Yo me decía, no soy la única huérfana que existe en Guatemala, hay muchos y no es mi dolor, es el dolor de todo el pueblo. Y si es dolor de todo el pueblo, lo tenemos que soportar todos los huérfanos que nos hemos quedado. Ya después tuve oportunidad de estar con una de mis hermanitas y mi hermanita me decía que ella era más fuerte que yo, que

---

[1]Menchú no es hispanohablante nativa y por ello, hay ligeras incongruencias lingüísticas en su texto; su idioma nativo es el quiché, lengua indígena del sur de México y Guatemala.

[2]Uso metafórico de quemar en el sentido de delatar.

enfrentaba mejor la situación, porque llegaba un momento en que yo perdía hasta incluso la esperanza. Yo le decía: "¿Cómo es posible que mis padres no existan, que ni siquiera fueron asesinos, ni siquiera supieron robar una cosa del vecino y que después les tocara eso?"

Eso me llevaba a una vida difícil en que muchas veces no podía creerlo y no podía soportarlo. Incluso yo deseaba vicios. Yo decía, si fuera una mujer viciosa quizás me quedaría tirada en la calle con los vicios para no pensar y soportar todo eso. Fue muy lindo mi encuentro con mi hermanita. Mi hermanita tenía doce años. Ella me dijo: "Lo sucedido es señal de triunfo, eso es una más de nuestras razones de luchar. Tenemos que actuar como mujeres revolucionarias. Un revolucionario no nace a causa de algo bueno", decía mi hermanita. "Nace a causa de algo malo, de algo doloroso. Esto es una de nuestras razones. Tenemos que luchar sin límites, sin medir lo que nos toca sufrir o lo que nos toca vivir. Sin pensar que nos tocan cosas monstruosas en la vida", decía. Y, cabalmente, me hacía confirmar y me hacía ver mi cobardía como mujer de no aceptar muchas veces todo eso. Entonces, fue muy alimentadora para mí.

Como no podía vivir en una sola casa tenía que cambiarme de lugar constantemente. Así fue cuando caí enferma en casa de unas personas. Estuve en cama quince días y me recuerdo que fue el tiempo en que se me estalló la úlcera, después de la muerte de mi madre. Estaba muy mal. Después de eso, ya quería salir un poco y yo decía no. Soñé a mi padre y mi padre me decía, no estoy de acuerdo contigo, hija, con lo que estás haciendo. Tú eres una mujer: ¡Basta! Las palabras de mi padre fueron como una medicina que me curó de todo. Así se me levantó el ánimo y salí fuera de la casa donde estaba. Me fui a un pueblito y cabal que me detecta el ejército. Estaba en un pueblito de Huehuetenango. En la calle. Lo que pasó es que yo estaba aburrida ya. Estaba enferma de estar escondida en una casa y llega un momento en que uno ya no quiere, pues. Salí y saliendo de la calle venía un jeep del ejército. Casi me pasó llevando y sus ocupantes me dijeron mi nombre completo. Eso para mí significaba mucho. Significaba mi secuestro o significaba mi muerte. Yo no sabía cómo actuar. En ese momento, me recuerdo la sensación que tenía, que yo no quería morir. Quería hacer muchas cosas todavía. Que no era el tiempo en que yo me iba a morir. Y regresó de nuevo el ejército. Me dijeron que querían hablar conmigo. Pasaron nuevamente. No había casi nada de gente en la calle. ¡No sabía qué hacer! Yo iba con otra persona. Quisimos meternos en una tienda, pero era inútil porque allí nos iban a matar. Entonces tuvimos que correr mucho, mucho, a una iglesia del pueblito donde estábamos. Logramos meternos en la iglesia. Pero el ejército vio donde entramos. Estaban como locos buscándonos. Entraron a la iglesia. Meterme en el cuarto del cura era inútil, porque de todos modos me sacaban. Entonces yo me dije, aquí está pues, mi contribución con la lucha. Aunque me daba tanta pena de morir, porque pensaba que mi participación era bastante valiosa todavía y había muchas cosas que hacer. Me recuerdo que tenía el pelo largo, largo, y lo llevaba recogido. Me solté el pelo e inmediatamente le eché un peinazo. Mi pelo me cubrió la espalda y me quedé hincada. Había dos personas en la iglesia nada más. La compañera se fue a hincar al lado de una persona y yo me quedé al lado de la otra. Allí, esperando el momento en que me agarraran. Pasaron por la iglesia, no nos vieron. Estaban como locos. La iglesia se comunicaba con el mercado y pensaron que nosotros logramos pasar por la iglesia hasta el mercado. No nos reconocieron. Estuvimos allí más de hora y media. De modo que ellos buscaron en el mercado. Salieron afuera del pueblo a rodearlo inmediatamente. Nosotros pudimos escaparnos por otros medios.

No tenía miedo porque no pensaba. Uno cuando corre un peligro donde sabe que a uno le queda un minuto de vida nada más, no se acuerda de lo que hizo ayer. Tampoco se acuerda de lo que va a hacer mañana. Me recuerdo que mi cabeza estaba limpia, limpia. Lo único que tenía en la cabeza era que no quería morir, que todavía quería vivir más. Así fue como me hizo enseñarme, verdaderamente mi cobardía, que muchas veces había deseado la muerte. Para mí era preferible no existir, por todo lo que había pasado. Eso me confirmó una vez más mi participación y yo decía, sí, es posible dar la vida, pero no en estas condiciones. Que pueda yo dar mi vida, pero que sea en una tarea. Claro, en una tarea específica y no como ahorita. Claro, estaba equivocada en ese tiempo, porque claramente yo estaba sufriendo mi contribución a la lucha del mismo pueblo. Sufriendo lo mismo que sufren todos.

Pudimos salir del pueblo. Me recuerdo que tuvimos que caminar mucho para ir lejos del pueblo. En ningún lugar podía estar. Ni en la casa de un campesino ni en la casa de algunas monjas consecuentes. Los compañeros no sabían qué hacer conmigo y no sabían dónde esconderme. Lo que pasaba era que mucha gente me conoce. Hay mucha gente que me conoce simplemente porque yo era trabajadora en las fincas. Muchos jóvenes que eran trabajadores y que después fueron agarrados para el servicio militar. Entonces, inmediatamente, en diferentes lugares, me conocen. Era la situación que enfrentaba. Los compañeros me tuvieron que llevar a la capital de Guatemala. Llegando a la ciudad, ¿qué iba a hacer? ¿Dónde iba a dar? No había una organización como la que hay ahorita, que cualquier compañero se le puede esconder por todos los medios. En ese tiempo todavía no había esa capacidad. Entonces, tuve que entrar en una casa de religiosas, como sirvienta, disimuladamente. Con todos los horrores que llevaba adentro, para mí era desahogar un poco platicar con todos los compañeros o con gentes que lo entiendan a uno. Gentes que respondan a todo eso. Fui a la casa de las monjas y ahí no podía hablar con nadie, porque nadie sabía mi situación. Inmediatamente lo que me hicieron esas personas fue que me pusieron a lavar una cantidad de ropa, donde más me agudizaban la problemática que tenía. Porque lavando ropa me concentraba en todo el panorama pasado. No había con quien contar, no había con quien desahogar. Y si les contaba, no me entenderían. Pero me quedé allí, porque no había otra solución. Estuve allí como quince días. Las monjas empezaron a sospechar de mí, a pesar de que yo no contaba nada. Guardaba en mi corazón todas mis penas, todos mis dolores y no decía nada. Y las monjas, pues, ellas todas eran sagradas, no permitían que un humilde trabajador se acercara de ellas, sino que tenían una comunidad, una casa donde comer bien. Tenían dormitorios específicos para ellas. Hasta su ropa se tenía que lavar con tanta delicadeza porque eran monjas. Entonces para mí era insoportable, un sufrimiento más. Yo me decía: "Qué desgracia estar en estas condiciones, ni siquiera sufriendo por algo, sino que sufría por defender sólo mi vida". Me quedé con ellas. Ninguna de las monjas platicaba conmigo. Así las monjas me pasaban por alto, pero me ponían grandes tareas. Aparte de lavar ropa, me ponían a limpiar la casa y a hacer otras cosas extras, además de mi trabajo. Sinceramente, yo había perdido muchas energías con todas las penas que había tenido. Al mismo tiempo estuve en cama, muchos días no comí y tenía úlcera, se me amontonó todo. Tenía todo encima. Llegó un momento en que empecé a ser amiga de las sirvientas de esas monjas. Por lo menos que hubiera gente que me escuchara, por supuesto no contaba mi situación, ni contaba mi problemática, sino la contaba de otra forma. Contaba mi experiencia en la finca. Eso me desahogaba para no acumular todas las cosas. Me recuerdo que me levantaba muy temprano, a las cinco de la mañana me estaba bañando para empezar a trabajar. Me llamaban a la una y media, dos de la tarde, a comer y a comer todas las sobras que quedaban en los platos. Para mí era una situación dura y difícil. Y al mismo tiempo, obligadamente, tenía que callar la boca. Existía un grupo de alumnas en esa casa y me prohibieron hablar con las alumnas, porque no sé si sospechaban las monjas de mí. Había un muchacho que llegaba constantemente a la casa. A ese muchacho le apartaban pastel. Era el único hombre que podía entrar a la comunidad, al comedor de las monjas. Era el hombre más amado de las monjas. Entonces yo pensé que era un seminarista o un sacerdote. Pero por su hablado era un poco diferente. Se conocía que no era guatemalteco. Entonces yo me decía, ¿con quién estoy, pues? ¿Y qué estoy haciendo aquí? ¿Quién sería ese hombre? Y todas las mañanas cuando llegaba el muchacho, y le decían que su café, que sus trastes y que su pastel. Su comida, que si está caliente y todo eso. Entonces yo me atreví a preguntarle a la muchacha, la cocinera, quién era ese muchacho. Entonces me dijo, no te puedo decir porque las monjas me regañan si se dan cuenta. Entonces allí yo empecé a sospechar, pues. Había que ver quién era, pues. Inmediatamente pensé que tenía que conocer a las gentes donde estaba por todo el riesgo, todo el peligro que yo llevaba. Entonces ya me conquisté a la muchacha y le pregunté, ¿quién es? Y me dijo, es nicaragüense. Ese muchacho viene de Nicaragua y no tiene papá y es pobre, pues. Eso es lo que dice ella. Entonces yo empecé a sospechar muchas cosas. Yo me dije, voy a preguntar, aunque sea indiscreta. Empecé a acercarme a una de las monjas, preguntándole, y, bueno, ¿quién es este muchacho? La monja, que me empezó a tomar confianza, me dijo que era un muchacho que trabajaba con Somoza[3] y que era pobre, que no tenía quién velara por él y que ellas estaban haciendo la caridad de sostenerlo y todo. Aunque ganaba con el Gobierno, pero pobre, pues. Y aunque el Gobierno quería darle una casa, pero pobre él si se iba a vivir solo. No sería posible. Entonces por eso lo tenían en casa. Con esto me bastó para pensar quién era. Después averigüé muy bien que ese muchacho trabajaba en la Judicial. En la policía secreta de Guatemala, que es lo más criminal; que secuestra y tortura. Y yo estaba viviendo con un enemigo. Yo ya no quería vivir una noche más, ya no quería estar más tiempo, en aquel lugar, porque sabía que me iban a descubrir. Pero ya el hecho de que empiecen a tener sospechas de mí, me digan que no puedo hablar con las alumnas, era señal de que estaban pensando algo. Yo tenía grandes penas, preocupaciones. Por las noches no me dormía pensando en lo que iba a hacer. Claro, otras personas estaban trabajando para que yo pudiera salir del país o para que pudiera estar en otro lado. Mucha gente me quería mucho. Pero faltaba mucho todavía. Llegaba la persona y yo le decía, no quiero estar ni un momento más aquí. Y pensaban que yo estaba desesperada. Entonces mi corazón guardaba todo esto porque también me daba pena de que toda esa gente, que si por no hacer bien las cosas, quizás caía en otro error. Y como mi vida estaba en peligro si me encontraban, me iban a matar.

---

[3]Anastasio Somoza Debayle (1925-80), dictador de Nicaragua, depuesto por la revolución sandinista en 1979.

XXXIII. El exilio

> *"Nosotros somos los vengadores de la muerte. Nuestra estirpe*
> *no se extinguirá mientras haya luz en el lucero de la mañana".*
> Popol Vuh.[4]

Así es cuando llega el momento en que yo salí de allí, feliz, pero, al mismo tiempo, me pasaba algo que nunca soñé. Me sacaron los compañeros por avión hacia México. Me sentía la mujer más destrozada, más deshecha porque, yo nunca imaginé que me tocara que un día tenía que abandonar mi patria por culpa de todos esos criminales. Pero también tenía la esperanza de regresar muy pronto. Regresar a seguir trabajando porque yo no quería suspender ni un solo momento mi trabajo porque yo sé que sólo puedo levantar la bandera de mis padres si también me entrego a la misma lucha que ellos no acabaron, que ellos dejaron a medias.[5]

Estuve en diferentes lugares de México y allí sí que no sabía qué hacer. Nosotros los pobres nunca soñamos un viaje al extranjero, nunca soñamos con un paseo siquiera. Porque eso no lo tenemos. Entonces salí, conocí otros lugares, otras personas. Estuve con muchas personas que sí me quieren mucho y he recibido de ellos el mismo cariño que de mis seres queridos. Me recuerdo que me pedían testimonios sobre la situación en Guatemala y en ese tiempo yo estaba bastante herida. Me invitaron a participar a una conferencia de muchos religiosos de América Latina, de América Central y Europeos, donde me pedían una explicación sobre la vida de la mujer y yo con justa razón y con tanto gusto, hablé de mi madre en esa reunión. Tenía que soportar muchas veces el gran dolor que yo sentía al hablar de ella; pero lo hacía con tanto cariño, pensando que no era mi madre la única mujer que ha sufrido, sino que hay muchas madres que son valientes como ella. Luego me avisaron que iba a tener visitantes y que iba a estar junto con compañeros que iban a salir de Guatemala. Yo estaba feliz. No importaba quiénes fueran los compañeros y las compañeras, porque yo tenía un gran amor hacia todo el pueblo

---

[4]Libro sagrado de los maya-quichés.

[5]Los dos padres del Menchú fueron asesinados por elementos del gobierno guatemalteco: el padre fue asesinado cuando tropas oficiales asaltaron la embajada de España donde él y otros habían buscado refugio y la madre fue quemada viva en represalia a las actividades de protesta de su marido.

y los siento igual que mis hermanos, cualquiera de ellos que sea. Poco tiempo después me dieron la sorpresa de mis hermanitas y que así es como yo me sentí feliz. Y no importando, pues, que nosotros, no sólo yo, sino que todos mis hermanos, no conocimos la tumba de mi hermanito, de mis hermanitos muertos en la finca. No conocimos la tumba de mi hermanito torturado, ni de mi madre, ni de mi padre. Mis hermanos, a partir de la muerte de mis padres, no sé nada de ellos, tengo grandes esperanzas que estén vivos. Es que cuando nos separamos, mi hermanita pequeña andaba con mi madre, era como una colaboradora. La otra se había ido a la montaña con los compañeros guerrilleros. Pero salieron las dos fuera del país simplemente porque mi hermanita, la que estaba en la montaña, pensó que tenía que ayudar a la otra, acompañarla, para que ella no hiciera cualquier cosa fuera de lo normal. Mi hermana optó por las armas. Ocho años tenía mi hermanita cuando se fue de guerrillera. Ella pensaba como una mujer adulta, ella se sentía mujer, especialmente para defender a su pueblo. Así es como mi hermanita se fue a la montaña. Quizás porque ella había conocido primero a los guerrilleros que yo, porque yo empecé a salir de la comunidad e ir a otras comunidades, empecé a alejarme de la montaña, empecé a subir a otros pueblos más poblados donde ya no hay montañas como las maravillas que nosotros tenemos en casa. No era tanto que los guerrilleros venían a la aldea, sino que mi hermana bajaba a la finca de los Brol, al corte de café y llegó un momento en que la mayor parte de los mozos de los Brol eran guerrilleros, a causa de la situación. Y mi hermana tuvo contacto con la guerrilla. Y mi hermana sabía guardar todos los secretos. Nunca contaba a mis padres que ella tenía contacto directo porque pensaba inmediatamente que podía causar la muerte de mis padres y arriesgaba todo. Pensaba en la vida de sus padres y pensaba también en la vida de ella, entonces ella guardaba todo eso secreto. Cuando nosotros supimos que mi hermana desapareció, inmediatamente se investigó y se buscó y mucha gente decía, ah, es que ella tenía relación con la guerrilla, entonces de plano que se fue a la montaña. No estábamos seguros y nosotros habíamos pensado que quizás ella se perdió, que la habían secuestrado o lo que sea. Porque las amenazas que recibíamos era que si no caía mi padre, caía uno de nosotros. Lo supe en el setenta y nueve, cuando una vez mi hermana bajó de la montaña y nos encontramos. Me dijo: "Estoy contenta y no tengan pena, aunque yo tenga que sufrir hambre, dolor, caminatas largas en la montaña. Lo estoy haciendo con tanto amor, y lo estoy haciendo por ustedes". Fue en una celebración de misa en una población donde a ella le dieron permiso a escuchar la misa, a hacer su comunión y todo eso. Entonces, bajó a la población y de mera casualidad que estábamos en misa.

En México me encontré con unas personas que nos habían ayudado desde Europa; antes, cuando estaban mis padres. Nos encontraron las mismas personas. Nos ofrecieron ayuda para que nosotros viniéramos a vivir en Europa. Ellos decían que no era posible que un ser humano pudiera aguantar tanto. Y los señores de buen corazón, nos decían que, vámonos allá. Allá les vamos a dar una casa, les vamos a dar todo lo que quieran. Incluso habrá oportunidad para que tus hermanitas estudien. Yo no podía decidir por mis hermanitas, ya que consideraba que eran mujeres capaces de opinar y de pensar por su vida solas. Entonces, hablaron con mis hermanitas e inmediatamente ellas rechazaron la proposición que nos hacían. Que si querían ayudarnos, que nos mandaran la ayuda, pero no para nosotros, para todos los huérfanos que se han quedado. Entonces los señores no entendían por qué a pesar de todo lo que nos ha pasado, queremos vivir todavía en Guatemala. A pesar de todos los riesgos que tenemos. Claro, no lo entendían porque sólo nosotros que llevábamos nuestra causa en el corazón estamos dispuestos a correr todos los riesgos. Después que le pasó un poco la rabia al ejército de buscarnos como locos, regresamos a Guatemala con la ayuda de otros compañeros. Regresamos a Guatemala y así fue como mis hermanitas optaron cada una por una organización. Mi hermanita, la última, decía, yo soy una compañera. Porque nos dijeron los compañeros que nosotros escogiéramos lo que más nos convenía y donde fuera más favorable para nosotros aportar más. Entonces, yo amo al CUC[6] y lo amo porque así es cómo he descubierto que teníamos que desarrollar lo que es la guerra popular revolucionaria, pelear contra nuestros enemigos y, al mismo tiempo, que como pueblo tenemos que pelear por un cambio. Yo estaba clara en eso. Ya entonces yo dije, yo amo al trabajo de masas aunque corra todos los riesgos que tenga que correr. Mi hermanita me decía: "Hermana, desde ahora somos compañeras, yo soy una compañera como tú y tú eres una compañera como yo". Y yo tenía tantas penas porque mi hermanita creció en la montaña, creció en mi aldea, era una aldea muy montañosa, ella ama las montañas; lo verde, toda la naturaleza. Entonces yo pensé que ella quizás optará por una tarea más dura todavía que la mía. Y es cierto, pues. Ella dijo: "Sólo puedo hacerle honor a la bandera de mi madre, cuando yo también tome las armas. Es lo único que me queda", dijo mi hermanita, y lo tomó con tanta claridad, con tanta responsabilidad. Dijo, "Yo soy una mujer adulta". Entonces, ellas tuvieron que buscar sus medios como llegar a sus organizaciones porque estábamos desconectadas de todo. Así es como

---

[6]Comité de Unidad Campesina.

mis hermanas se fueron a la montaña y yo me quedé en la organización de masas. Pensé mucho si regresaba al CUC, pero me di cuenta que en el CUC habían suficientes dirigentes, suficientes miembros campesinos y, al mismo tiempo, muchas mujeres que asumen tareas en la organización. Entonces yo opté por mi reflexión cristiana, por los Cristianos Revolucionarios, "Vicente Menchú". No es porque sea el nombre de mi padre sino porque es la tarea que me corresponde como cristiana, trabajar con las masas. Mi tarea era la formación cristiana de los compañeros cristianos que a partir de su fe están en la organización. Es un poco lo que yo narraba anteriormente, que yo fui catequista. Entonces, mi trabajo es igual que ser catequista, sólo que soy una catequista que sabe caminar sobre la tierra y no una catequista que piensa en el reino de Dios sólo para después de la muerte. Y así es como yo, con toda mi experiencia, con todo lo que he visto, con tantos dolores y sufrimientos que he padecido, aprendí a saber cuál es el papel de un cristiano en la lucha y cuál es el papel de un cristiano en la tierra. Llegábamos a grandes conclusiones con los compañeros. Reflexionando la Biblia. Hemos encontrado que la Biblia se ha utilizado como un medio para acomodarse y no para llevar la luz al pueblo pobre. El trabajo de los cristianos revolucionarios, es más que todo, la condena, la denuncia de las injusticias que se cometen con el pueblo. El movimiento no es clandestino. Es secreto porque somos masas y no podemos escondernos completamente. Nosotros, por las condiciones que tenemos, decimos clandestinos a los compañeros que no viven en la población, que viven en la montaña. Decimos secreto a todo trabajo que se hace escondida-mente pero, viviendo en la población. Entonces, también denunciamos la postura de la iglesia como jerarquía, que muchas veces se toman la mano con el régimen. Eso es precisamente lo que yo reflexionaba mucho, pues, porque se llaman cristianos pero muchas veces son sordos y mudos ante el sufrimien-to del mismo pueblo. Y eso es precisamente a lo que yo me refería anterior-mente al pedir que los cristianos cumplan verdaderamente con la práctica de lo que es ser cristiano. Muchos se llaman cristianos pero ni merecen llamarse cristianos. Tienen toda la tranquilidad y una casa bonita y eso es todo. Por eso puedo decir que la iglesia en Guatemala está dividida en dos. En la iglesia de los pobres y muchos han optado por la iglesia de los pobres y tienen la misma convicción que el pueblo. Y la iglesia como jerarquía y como institución que sigue siendo como una camarilla. La mayor parte de nuestro pueblo es cristia-no. Pero, sin embargo, si sus mismos pastores, como se llaman, son los que enseñan los malos ejemplos, se toman de la mano con el régimen, tampoco vamos a soportarlos. A mí me da mucho que pensar eso. Por ejemplo, las monjas, su vida cómoda, me daba pena, porque eran mujeres desperdiciadas, que no hacen nada por los otros. Entonces mi participación es más a nivel de dirigencia. Precisamente porque el enemigo me conoce. Así es que mi tarea es más que todo de transportar papeles al interior, o adentro de la ciudad y organizar a la gente al mismo tiempo practicando con ellos la luz del evangelio. Yo no soy dueña de mi vida, he decidido ofrecerla a una causa. Me pueden matar en cualquier momento pero que sea en una tarea donde yo sé que mi sangre no será algo vano sino que será un ejemplo más para los compañeros. El mundo en que vivo es tan criminal, tan sanguinario, que de un momento al otro me la quita. Por eso, como única alternativa, lo que me queda es la lucha, la violencia justa, así lo he aprendido en la Biblia. Eso traté de hacerle comprender a una compañera marxista que me decía cómo quería hacer la revolución siendo cristiana. Yo le dije que toda la verdad no estaba en la Biblia, pero que tampoco en el marxismo estaba toda la verdad. Que ella debía aceptar eso así. Porque tenemos que defendernos en contra de un enemigo, pero al mismo tiempo, defender nuestra fe como cristianos, en el proceso revolucionario y, al mismo tiempo estamos pensando que después del triunfo nos tocarán grandes tareas como cristianos en el cambio. Yo sé que mi fe cristiana nadie me la va a quitar. Ni el régimen, ni el miedo, ni las armas. Y eso es lo que tengo que enseñar también a mi gente. Que juntos podemos hacer la Iglesia popular, lo que verdaderamente es una iglesia, no como jerarquía, no como edificio, sino que sea un cambio para nosotras las personas. Lo opté, también, como contribución a la guerra popular del pueblo. Que el pueblo, como mayoría, seamos los que hagamos el cambio. Y yo sé y tengo confianza que el pueblo es el único capaz, las masas son las únicas capaces de transformar la sociedad. Y no es una teoría nada más. Opté por quedarme en la ciudad o en la población, porque, como decía hubiera tenido oportunidad de portar el arma, pero en un cambio, aportamos en diferentes formas y todo va hacia un mismo objetivo. Esa es mi causa. Como decía anteriormente, mi causa, no ha nacido de algo bueno, ha nacido de algo malo, de algo amargo. Precisamente mi causa se radicaliza con la miseria que vive mi pueblo. Se radicaliza por la desnutrición que he visto y que he sufrido como indígena. La explotación, la discriminación que he sentido en carne propia. La opresión, no nos dejan celebrar nuestras ceremonias, y no nos respetan en la vida tal como somos. Al mismo tiempo, han matado a mis seres más queridos y yo tomo también entre los seres más queridos, a los vecinos que tenía en mi pueblo, y así es que mi opción por la lucha no tiene límites, ni espacio. Por eso es que yo he pasado por muchos lugares donde he tenido oportunidad de contar algo sobre mi pueblo. Pero yo necesito mucho tiempo para contar sobre mi pueblo porque no se entiende así. Claro, aquí, en toda mi narración yo creo que doy una imagen de eso. Pero, sin embargo, todavía sigo ocultando mi identidad como indígena. Sigo ocultando lo que yo considero que nadie lo sabe, ni siquiera un antropólogo, ni un intelectual, por más que tenga muchos libros, no saben distinguir todos nuestros secretos.

París, 1982.

Me llamo Rigoberta Menchú. Editado por Elizabeth Burgos Debray. México, D.F.: Siglo XXI Editores, 1986.